河合塾
SERIES

2024 大学入学

共通テスト
過去問レビュー

国語

河合出版

はじめに

大学入学共通テスト（以下、共通テスト）が、2023年1月14日・15日に実施されました。

その出題内容は、大学入試センターから提示されていた、問題作成の基本的な考え方、各教科・科目の出題方針に概ね則したもので、昨年からの大きな変化はありませんでした。

共通テストでは、大学入試センター試験（以下、センター試験）に比べて、身につけた知識や解法を様々な場面で活用できるか－思考力や判断力を用いて解けるか－を問われる傾向が強くなっています。また、読み取る資料の分量は多く、試験時間をより意識して取り組む必要もあります。

こうした出題方針は、これからも引き継がれていくことでしょう。

一方で、センター試験での出題形式を踏襲した問題も見られました。センター試験自体、年々「思考力・判断力・表現力」を求める問題が少しずつ増えていき、それが共通テストに引き継がれたのは、とても自然なことでした。

センター試験の過去問を練習することは、共通テスト対策にもつながります。

本書に収録された問題とその解説を十分に活用してください。みなさんの共通テスト対策が充実したものになることを願っています。

本書の構成・もくじ

’24年度　実施日程、教科等

9月上旬　受験案内を配付
⇩
9月下旬～10月上旬　出願受付・成績通知希望受付
⇩
12月上旬～12月中旬　受験票等を送付
⇩
’24年 1月13日㈯、14日㈰　共通テスト（本試験）実施
⇩
国公立大学出願受付　共通テストの正解等を発表

’24年度出題教科・科目等

大学入学共通テストを利用する大学は、大学入学共通テストの出題教科・科目の中から、入学志願者に解答させる教科・科目及びその利用方法を定めています。入学志願者は、各大学の学生募集要項等により、出題教科・科目を確認の上、大学入学共通テストを受験することになります。

’24年度大学入学共通テストにおいては、次表にあるように6教科30科目が出題されます。

「実施日程」は、本書発行時には未発表であるため’23年度の日程に基づいて作成してあります。また、「’24年度出題教科・科目等」の内容についても’23年3月1日現在大学入試センターが発表している内容に基づいて作成してあります。’24年度の詳しい内容は大学入試センターホームページや’24年度「受験案内」で確認してください。

<table>
<tr><th>教　科</th><th colspan="2">グループ・科目</th><th>時間・配点</th><th colspan="2">出　題　方　法　等</th></tr>
<tr><td>国語</td><td colspan="2">『国語』</td><td>80分
200点</td><td colspan="2">「国語総合」の内容を出題範囲とし、近代以降の文章、古典（古文、漢文）を出題する。</td></tr>
<tr><td>地理歴史</td><td>「世界史Ａ」
「世界史Ｂ」
「日本史Ａ」
「日本史Ｂ」
「地理Ａ」
「地理Ｂ」</td><td rowspan="2">10科目のうちから最大２科目を選択・解答。
同一名称を含む科目の組合せで２科目を選択することはできない。
受験する科目数は出願時に申し出ること。</td><td rowspan="2">１科目選択
60分
100点

２科目選択
130分
（うち解答時間
120分）
200点</td><td rowspan="2">『倫理，政治・経済』は、「倫理」と「政治・経済」を総合した出題範囲とする。</td><td rowspan="2">「同一名称を含む科目の組合せ」とは、「世界史Ａ」と「世界史Ｂ」、「日本史Ａ」と「日本史Ｂ」、「地理Ａ」と「地理Ｂ」、「倫理」と『倫理，政治・経済』及び「政治・経済」と『倫理，政治・経済』の組合せをいう。</td></tr>
<tr><td>公民</td><td>「現代社会」
「倫理」
「政治・経済」
『倫理，政治・経済』</td></tr>
<tr><td rowspan="2">数学</td><td colspan="2">数学①
「数学Ⅰ」
『数学Ⅰ・数学Ａ』
２科目のうちから１科目を選択・解答。</td><td>70分
100点</td><td colspan="2">『数学Ⅰ・数学Ａ』は、「数学Ⅰ」と「数学Ａ」を総合した出題範囲とする。ただし、次に記す「数学Ａ」の３項目の内容のうち、２項目以上を学習した者に対応した出題とし、問題を選択解答させる。
〔場合の数と確率、整数の性質、図形の性質〕</td></tr>
<tr><td colspan="2">数学②
「数学Ⅱ」
『数学Ⅱ・数学Ｂ』
『簿記・会計』
『情報関係基礎』
４科目のうちから１科目を選択・解答。
科目選択に当たり、『簿記・会計』及び『情報関係基礎』の問題冊子の配付を希望する場合は、出願時に申し出ること。</td><td>60分
100点</td><td colspan="2">『数学Ⅱ・数学Ｂ』は、「数学Ⅱ」と「数学Ｂ」を総合した出題範囲とする。ただし、次に記す「数学Ｂ」の３項目の内容のうち、２項目以上を学習した者に対応した出題とし、問題を選択解答させる。
〔数列、ベクトル、確率分布と統計的な推測〕
『簿記・会計』は、「簿記」及び「財務会計Ⅰ」を総合した出題範囲とし、「財務会計Ⅰ」については、株式会社の会計の基礎的事項を含め、財務会計の基礎を出題範囲とする。
『情報関係基礎』は、専門教育を主とする農業、工業、商業、水産、家庭、看護、情報及び福祉の８教科に設定されている情報に関する基礎的科目を出題範囲とする。</td></tr>
<tr><td rowspan="2">理科</td><td>理科①
「物理基礎」
「化学基礎」
「生物基礎」
「地学基礎」</td><td rowspan="2">８科目のうちから下記のいずれかの選択方法により科目を選択・解答。
Ａ　理科①から２科目
Ｂ　理科②から１科目
Ｃ　理科①から２科目及び理科②から１科目
Ｄ　理科②から２科目
受験する科目の選択方法は出願時に申し出ること。</td><td>２科目選択
60分
100点</td><td colspan="2">理科①については、１科目のみの受験は認めない。</td></tr>
<tr><td>理科②
「物理」
「化学」
「生物」
「地学」</td><td>１科目選択
60分
100点
２科目選択
130分（うち解答時間120分）
200点</td><td colspan="2"></td></tr>
<tr><td rowspan="2">外国語</td><td colspan="2" rowspan="2">『英語』『ドイツ語』
『フランス語』『中国語』
『韓国語』
５科目のうちから１科目を選択・解答。
科目選択に当たり、『ドイツ語』、『フランス語』、『中国語』及び『韓国語』の問題冊子の配付を希望する場合は、出願時に申し出ること。</td><td rowspan="2">『英語』
【リーディング】
80分
100点
【リスニング】
60分（うち解答時間30分）
100点
『ドイツ語』
『フランス語』
『中国語』
『韓国語』
【筆記】
80分
200点</td><td colspan="2">『英語』は、「コミュニケーション英語Ⅰ」に加えて「コミュニケーション英語Ⅱ」及び「英語表現Ⅰ」を出題範囲とし、【リーディング】と【リスニング】を出題する。
なお、【リスニング】には、聞き取る英語の音声を２回流す問題と、１回流す問題がある。</td></tr>
<tr><td colspan="2">リスニングは、音声問題を用い30分間で解答を行うが、解答開始前に受験者に配付したICプレーヤーの作動確認・音量調節を受験者本人が行うために必要な時間を加えた時間を試験時間とする。</td></tr>
</table>

１．「　」で記載されている科目は、高等学校学習指導要領上設定されている科目を表し、『　』はそれ以外の科目を表す。
２．地理歴史及び公民並びに理科②の試験時間において２科目を選択する場合は、解答順に第１解答科目及び第２解答科目に区分し各60分間で解答を行うが、第１解答科目及び第２解答科目の間に答案回収等を行うために必要な時間を加えた時間を試験時間とする。
３．外国語において『英語』を選択する受験者は、原則として、リーディングとリスニングの双方を解答する。

2023～2019年度結果概要

本試験科目別平均点の推移

（注）2021年度は第１日程のデータを掲載

科目名（配点）	2023年度	2022年度	2021年度	2020年度	2019年度
国語（200）	105.74	110.26	117.51	119.33	121.55
世界史Ａ（100）	36.32	48.10	46.14	51.16	47.57
世界史Ｂ（100）	58.43	65.83	63.49	62.97	65.36
日本史Ａ（100）	45.38	40.97	49.57	44.59	50.60
日本史Ｂ（100）	59.75	52.81	64.26	65.45	63.54
地理Ａ（100）	55.19	51.62	59.98	54.51	57.11
地理Ｂ（100）	60.46	58.99	60.06	66.35	62.03
現代社会（100）	59.46	60.84	58.40	57.30	56.76
倫理（100）	59.02	63.29	71.96	65.37	62.25
政治・経済（100）	50.96	56.77	57.03	53.75	56.24
倫理，政治・経済（100）	60.59	69.73	69.26	66.51	64.22
数学Ⅰ（100）	37.84	21.89	39.11	35.93	36.71
数学Ⅰ・数学Ａ（100）	55.65	37.96	57.68	51.88	59.68
数学Ⅱ（100）	37.65	34.41	39.51	28.38	30.00
数学Ⅱ・数学Ｂ（100）	61.48	43.06	59.93	49.03	53.21
物理基礎（50）	28.19	30.40	37.55	33.29	30.58
化学基礎（50）	29.42	27.73	24.65	28.20	31.22
生物基礎（50）	24.66	23.90	29.17	32.10	30.99
地学基礎（50）	35.03	35.47	33.52	27.03	29.62
物理（100）	63.39	60.72	62.36	60.68	56.94
化学（100）	54.01	47.63	57.59	54.79	54.67
生物（100）	48.46	48.81	72.64	57.56	62.89
地学（100）	49.85	52.72	46.65	39.51	46.34
英語［リーディング］（100）	53.81	61.80	58.80	－	－
英語［筆記］（200）	－	－	－	116.31	123.30
英語［リスニング］（100）	62.35	59.45	56.16	－	－
英語［リスニング］（50）	－	－	－	28.78	31.42

※2023年度及び2021年度は得点調整後の数値

本試験科目別受験者数の推移

（注）2021年度は第１日程のデータを掲載

科目名	2023年度	2022年度	2021年度	2020年度	2019年度
国語	445,358	460,966	457,304	498,200	516,858
世界史Ａ	1,271	1,408	1,544	1,765	1,346
世界史Ｂ	78,185	82,985	85,689	91,609	93,230
日本史Ａ	2,411	2,173	2,363	2,429	2,359
日本史Ｂ	137,017	147,300	143,363	160,425	169,613
地理Ａ	2,062	2,187	1,952	2,240	2,100
地理Ｂ	139,012	141,375	138,615	143,036	146,229
現代社会	64,676	63,604	68,983	73,276	75,824
倫理	19,878	21,843	19,954	21,202	21,585
政治・経済	44,707	45,722	45,324	50,398	52,977
倫理，政治・経済	45,578	43,831	42,948	48,341	50,886
数学Ⅰ	5,153	5,258	5,750	5,584	5,362
数学Ⅰ・数学Ａ	346,628	357,357	356,492	382,151	392,486
数学Ⅱ	4,845	4,960	5,198	5,094	5,378
数学Ⅱ・数学Ｂ	316,728	321,691	319,696	339,925	349,405
物理基礎	17,978	19,395	19,094	20,437	20,179
化学基礎	95,515	100,461	103,073	110,955	113,801
生物基礎	119,730	125,498	127,924	137,469	141,242
地学基礎	43,070	43,943	44,319	48,758	49,745
物理	144,914	148,585	146,041	153,140	156,568
化学	182,224	184,028	182,359	193,476	201,332
生物	57,895	58,676	57,878	64,623	67,614
地学	1,659	1,350	1,356	1,684	1,936
英語［リーディング］	463,985	480,762	476,173	518,401	537,663
英語［リスニング］	461,993	479,039	474,483	512,007	531,245

志願者・受験者の推移

区分		2023年度	2022年度	2021年度	2020年度	2019年度
志願者数		512,581	530,367	535,245	557,699	576,830
内訳	高等学校等卒業見込者	436,873	449,369	449,795	452,235	464,950
内訳	高等学校卒業者	71,642	76,785	81,007	100,376	106,682
内訳	その他	4,066	4,213	4,443	5,088	5,198
受験者数		474,051	488,383	484,113	527,072	546,198
内訳	本試験のみ	470,580	486,847	(注1) 482,623	526,833	545,588
内訳	追試験のみ	2,737	915	(注2) 1,021	171	491
内訳	本試験＋追試験	707	438	(注2) 407	59	102
欠席者数		38,530	41,984	51,132	30,627	30,632

（注１）2021年度の本試験は、第１日程及び第２日程の合計人数を掲載

（注２）2021年度の追試験は、第２日程の人数を掲載

出題内容一覧

現代文

出典一覧

共通テスト本試

年度	ジャンル	出典	著者
’23	評論	視覚の生命力―イメージの復権	柏木　博
	評論	ル・コルビュジエと近代絵画―二〇世紀モダニズムの道程	呉谷　充利
	小説	飢えの季節	梅崎　春生
’22	評論	食べることの哲学	檜垣　立哉
	評論	食べるとはどういうことか	藤原　辰史
	小説	庭の男	黒井　千次
共通テスト第1日程			
’21	評論	江戸の妖怪革命	香川　雅信
	小説	羽織と時計	加能　作次郎
センター本試			
’20	評論	境界の現象学	河野　哲也
	小説	翳	原　民喜
’19	評論	翻訳をめぐる七つの非実践的な断章	沼野　充義
	小説	花の精	上林　暁
’18	評論	デザインド・リアリティ―集合的達成の心理学	有元　典文・岡部　大介
	小説	キュウリいろいろ	井上　荒野
’17	評論	科学コミュニケーション	小林　傳司
	小説	秋の一日	野上　弥生子
’16	評論	キャラ化する／される子どもたち	土井　隆義
	小説	三等車	佐多　稲子
’15	評論	未知との遭遇	佐々木　敦
	小説	石を愛でる人	小池　昌代
’14	評論	漢文脈と近代日本	齋藤　希史
	小説	快走	岡本　かの子
’13	評論	鐔	小林　秀雄
	小説	地球儀	牧野　信一

共通テスト追試

年度	ジャンル	出典	著者
’23	評論	歴史の必然性について―私たちは歴史の一部である	北川　東子
	小説	パンドラの匣	太宰　治
’22	評論	メディアの中の声	若林　幹夫
	小説	陶古の女人	室生　犀星
共通テスト第2日程			
’21	評論	「もの」の詩学	多木　浩二
	小説	サキの忘れ物	津村　記久子
センター追試			
’20	評論	柔らかなヒューマノイド	細田　耕
	小説	水の中のザクロ	稲葉　真弓
’19	評論	西欧化日本の研究	三枝　博音
	小説	一条の光	耕　治人
’18	評論	ロスト近代―資本主義の新たな駆動因	橋本　努
	小説	麦熟るる日に	中野　孝次
’17	評論	科学技術・地球システム・人間	竹内　啓
	小説	青ざめた行列	浅原　六朗
’16	評論	極北の声	佐佐木　幸綱
	小説	孤児の感情	川端　康成
’15	評論	運動する認識	北垣　徹
	小説	紅茶	大庭　みな子
’14	評論	正義の哲学	田島　正樹
	小説	午後	高見　順
’13	評論	理性の探求	西谷　修
	小説	鏡の中の少女	福永　武彦

〈論理的文章〉 設問内容別一覧

設問内容 ＼ 年度		'12		'13		'14		'15		'16		'17		'18	
		本試	追試	本試	追試	本試	追試	本試	追試	本試	追試	本試	追試	本試	追試
基礎知識	漢字	1	1	1	1	1	1	1	1	1	1	1	1	1	1
	ことわざ・四字熟語・慣用句												1	1	
	語句の意味														
文法	文の構造														
	品詞・用法の識別														
修辞	表現の使い分け・表現意図			1	1	1	1	1	1		1	1	1	1	
読解力	指示語														
	空欄・語句の挿入														
	理由説明（因果関係の把握）		1	1	1	1	1	2		1		1	1	2	1
	内容理解・内容説明	4	3	3	3	3	3	1	4	2	3	3	2	2	2
	論理展開	1	1	1	1	1				1	1	1	1	1	1
	論旨・趣旨判定							1		1	1		1		1
	複数の題材の関連付け														

設問内容 ＼ 年度		'19		'20		'21		'22		'23	
		本試	追試	本試	追試	第1日程	第2日程	本試	追試	本試	追試
基礎知識	漢字	1	1	1	1	1	1	2	1	2	2
	ことわざ・四字熟語・慣用句	1									
	語句の意味										
文法	文の構造										
	品詞・用法の識別										
修辞	表現の使い分け・表現意図	1	1	1	1			1			
読解力	指示語										
	空欄・語句の挿入					4		2			
	理由説明（因果関係の把握）	1	1		2					1	1
	内容理解・内容説明	2	2	3	1	3	3	3	3	3	3
	論理展開	1	1	1	1		1		1		
	論旨・趣旨判定	1	1	1	1		1				
	複数の題材の関連付け					3		2	3	3	2

〈文学的文章〉設問内容別一覧

設問内容＼年度		'12 本試	'12 追試	'13 本試	'13 追試	'14 本試	'14 追試	'15 本試	'15 追試	'16 本試	'16 追試	'17 本試	'17 追試	'18 本試	'18 追試
知識	語句の意味	1	1	1	1	1	1	1	1	1	1	1	1	1	1
文法	文の構造														
	品詞・用法の識別														
修辞	比喩・擬人法など														
読解力	指示語														
	空欄・語句の挿入														
	理由説明(因果関係の把握)	1		2	1		1	1	1				1	2	
	内容理解・内容説明	2	1		1			1	2	1	2	1	1		3
	心情説明	1	1	2	2	4	3	1	1	3	2	3	2	2	1
	場面の構成														
	複数の題材の関連付け														
解釈力	表現の効果・特徴(鑑賞)	1	3	1	1	1	1	1		1	1	1	1	1	1
	人物像							1							

設問内容＼年度		'19 本試	'19 追試	'20 本試	'20 追試	'21 第1日程	'21 第2日程	'22 本試	'22 追試	'23 本試	'23 追試
知識	語句の意味	1	1	1	1	1	1				1
文法	文の構造										
	品詞・用法の識別										
修辞	比喩・擬人法など										
読解力	指示語										
	空欄・語句の挿入						1	1			
	理由説明(因果関係の把握)	1				1		1	1	1	2
	内容理解・内容説明		2	2	3	2		1	2	2	
	心情説明	3	2	2	1	1	4	4	2	3	2
	場面の構成										
	複数の題材の関連付け					2		2	2	2	2
解釈力	表現の効果・特徴(鑑賞)	1	1	1	1				1		1
	人物像										

〈論理的文章〉テーマ別出題一覧

年度／テーマ	'08		'09		'10		'11		'12		'13		'14		'15		'16	
	本試	追試	本試	追試	本試	追試	本試	追試	本試	追試	本試	追試	本試	追試	本試	追試	本試	追試
哲学		●					●		●			●		●		●		
文学																		●
学問																		
文化	●		●	●				●			●		●		●		●	
言語																		
芸術						●												
社会					●					●								
人生																		
環境																		

年度／テーマ	'17		'18		'19		'20		'21		'22		'23	
	本試	追試	本試	追試	本試	追試	本試	追試	第1日程	第2日程	本試	追試	本試	追試
哲学							●				●			
文学														
学問	●	●						●						●
文化			●			●			●	●			●	
言語					●									
芸術														
社会				●								●		
人生														
環境														

〈文学的文章〉テーマ別出題一覧

年度＼テーマ	'08		'09		'10		'11		'12		'13		'14		'15		'16	
	本試	追試	本試	追試	本試	追試	本試	追試	本試	追試	本試	追試	本試	追試	本試	追試	本試	追試
恋　愛												●						
病　気																		
老い・死							●									●		
動　物																		
故　郷																		
事　件																		
少年・少女					●	●												
家　族		●	●	●	●	●		●		●	●		●	●			●	●
人　生	●	●	●	●					●		●				●			

年度＼テーマ	'17		'18		'19		'20		'21		'22		'23	
	本試	追試	本試	追試	本試	追試	本試	追試	第1日程	第2日程	本試	追試	本試	追試
恋　愛														
病　気	●				●			●						
老い・死							●	●			●			
動　物														
故　郷														
事　件											●	●	●	●
少年・少女				●							●			
家　族	●		●		●	●	●	●						
人　生		●							●	●		●	●	●

※テーマがまたがっているものは複数●を付している。

古文

出典一覧

	本試験														第1日程	第2日程	本試験	
年度	'07	'08	'09	'10	'11	'12	'13	'14	'15	'16	'17	'18	'19	'20	'21	'21	'22	'23
出典	兵部卿物語	狗張子	一本菊	恋路ゆかしき大将	保元物語	真葛がはら	松陰中納言物語	源氏物語	夢の通ひ路物語	今昔物語集	木草物語	石上私淑言	玉水物語	小夜衣	栄花物語	山路の露	【文章Ⅰ】増鏡 【文章Ⅱ】とはずがたり	俊頼髄脳
時代	鎌倉末期？	江戸前期	室町	鎌倉末期？	鎌倉〜室町	江戸後期	南北朝？	平安中期	南北朝〜室町初期	平安後期	江戸中期	江戸中期	室町	鎌倉	平安後期	鎌倉初期	南北朝 鎌倉後期	平安後期
	中世	近世	中世	中世	中世	近世	中世	中古	中世	中古	近世	近世	中世	中世	中古	中世	中世	中古
ジャンル	擬古物語	仮名草子	室町時代物語（御伽草子）	擬古物語	軍記物語	随筆	擬古物語	作り物語	擬古物語	説話	擬古物語	歌論	室町時代物語（御伽草子）	擬古物語	歴史物語	擬古物語	歴史物語 日記	歌論
作者		浅井了意				只野真葛		紫式部			宮部万	本居宣長			正編 赤染衛門？ 続編 出羽の弁？		二条良基？ 後深草院二条	源俊頼

古文

出典一覧　'22年度の第２日程は本試験（P. 13）に掲載。特例追試は省略

	追試験															
年度	'07	'08	'09	'10	'11	'12	'13	'14	'15	'16	'17	'18	'19	'20	'22	'23
出典	伊勢源氏十二番女合	雲隠六帖	野守鏡	怪しの世がたり	いはでしのぶ	住吉物語	折々草	うつほ物語	しぐれ	苔の衣	海人の刈藻	鳥部山物語	恨の介	桃の園生	蜻蛉日記	石清水物語
時代	鎌倉中期？	南北朝～室町	鎌倉末期	江戸中期	鎌倉中期	鎌倉中期？	江戸後期	平安中期	室町	鎌倉中期	南北朝？	室町	江戸前期	江戸中期	平安中期	鎌倉
	中世	中世	中世	近世	中世	中世	近世	中古	中世	中世	中世	中世	近世	近世	中古	中世
ジャンル	物語評論	擬古物語	歌論	小説	擬古物語	擬古物語	紀行	作り物語	室町時代物語（御伽草子）	擬古物語	擬古物語	室町時代物語（御伽草子）	仮名草子	擬古物語	日記	擬古物語
作者				荒木田麗女			建部綾足							荒木田麗女	藤原道綱母	

〈古文〉設問内容別出題一覧

設問内容 ＼ 年度		'08		'09		'10		'11		'12		'13		'14		'15	
		本試	追試	本試	追試	本試	追試	本試	追試	本試	追試	本試	追試	本試	追試	本試	追試
語句・文法に重点のある設問	(1)語句・短語句訳	1(3)	1(3)	1(3)	1(2)	1(3)	1(3)	1(3)	1(3)	1(3)	1(3)	1(3)	1(3)	1(3)	1(3)	1(3)	1(3)
	(2)文・長語句訳		1		1												
文脈の読み取りに重点のある設問	(3)主語判定・人物判定																
	(4)指示内容・語句の内容						1		1	1	1	主語と内容1	3				
	(5)理由説明					1	1	1									
	(6)心情説明	1		2		1	1	心情の変化の説明1	1	1	1	1		主語と心情1 心情1	2	2	2
	(7)文・語句補充	1			1												
	(8)和歌の解釈・説明		1	表現と効果1	俳諧の推敲1	1			1	1	1	1			1	1（※1）	1
	(9)要旨	内容合致1(2)	内容合致1 構成1	内容合致1	内容や主張合致1	内容合致1	構成と表現の特徴1	表現の特徴と内容1	表現の特徴と内容1	表現の特徴と内容1	表現の特徴と内容1	表現と内容1	表現と内容1	会話の内容1 内容1	表現と内容1	手紙の内容1 内容1	内容不合致1
知識を問う設問	(10)文法・修辞	「る」「に」「し」の識別1	品詞分解1 枕詞(1)	敬意1	品詞分解1	「なり」の識別1	「し」の識別1	「れ」「ね」「せ」の識別1	敬意1	「れ」「なり」「に」「る」の識別1	「ん」の識別1	「ぬ」「に」の識別1	「に」「む」「れ」「る」の識別1	「な」「れ」「て」「せ」の識別1	「たまふ」「なり」「れ」「に」の識別1	敬意1	「ば」「む」「せ」の識別1
	(11)文学史	1			1												

設問内容 ＼ 年度		'16		'17		'18		'19		'20		'21		'22		'23	
		本試	追試	本試	追試	本試	追試	本試	追試	本試	追試	第1	第2	本試	追試	本試	追試
語句・文法に重点のある設問	(1)語句・短語句訳	1(3)	1(3)	1(3)	1(3)	1(3)	1(3)	1(3)	1(3)	1(3)	1(3)	1(3)	1(2)	1(3)	1(3)	1(3)	1(2)
	(2)文・長語句訳																
文脈の読み取りに重点のある設問	(3)主語判定・人物判定																
	(4)指示内容・語句の内容	1		1		語句の内容2			引き歌の説明1		「心得」の内容説明1	語句・表現の説明1	語句・表現の説明1	語句・表現の説明1	語句・表現の説明1	語句・表現の説明1	文法・内容の説明1
	(5)理由説明	心情の理由の説明1			1		2	1				1	1	1	1		
	(6)心情説明		主語と心情1 心情2	1	発言内容の説明2			2	2	3	2		行動や心境1 心境1（2）	院の言動1			1
	(7)文・語句補充													話し合いの中の空欄3		(話し合いの中の空欄3)	(ノートの中の空欄2)
	(8)和歌の解釈・説明			1			1		短連歌のやり取りの説明1		六首の和歌のやりとりの説明1	三首の和歌の説明1			(本文・資料の和歌の内容1)	(連歌の修辞・内容の説明1)	(本文・引用文の和歌の内容1)
	(9)要旨	2（※2）	内容合致1	人物の説明1	内容不合致1	内容の要約2	内容と表現1	主人公の姿1		内容の説明1		登場人物の説明1	「月」が描かれた場面1	(話し合いの中の空欄3)	段落内容1（2）・心情1・詞書と段落1	話し合いの中の空欄3	人物1・段落1・心情1（3）
知識を問う設問	(10)文法・修辞	「の」の識別1	「む」の識別1	「ぬ」「に」「ね」の識別1	品詞分解と敬語1	品詞分解1	敬意1	敬意1	「に」の識別1	敬意1	敬意1				(文法と内容の説明1)	(連歌の修辞・内容の説明1)	(文法と内容の説明1)
	(11)文学史																

（※1）手紙に含まれた和歌の説明で、「手紙の内容」に含まれている。　（※2）事のあり様の内容1・内容1

漢文

出典一覧

	本	試					験					第1日程		本試験	
年度	'10	'11	'12	'13	'14	'15	'16	'17	'18	'19	'20	'21		'22	'23
出典	野鴻詩的	金華黄先生文集	西畬瑣録	張耒集	陸文定公集	篁墩文集	抱経堂文集	白石先生遺文	続資治通鑑長編	杜詩詳註	文選	韓非子	欧陽文忠公集	揅経室集	白氏文集
作者	黄子雲	黄溍	孫宗鑑	張耒	陸樹声	程敏政	盧文弨	新井白石	李燾	仇兆鰲	蕭統	韓非	欧陽修	阮元	白居易
ジャンル	評論	評論	随筆	随筆	随筆	随筆	随筆	随筆	史伝	随筆	漢詩	史伝	漢詩	随筆・詩	評論
時代	清	元	宋	宋	明	明	清	日本・江戸	南宋	清	六朝・梁	戦国	宋	清	唐
字数	171	208	215	198	184	207	192	198	187	185	100	66	110	205	205

	追			試				験				第2日程		追試験			
年度	'10	'11	'12	'13	'14	'15	'16	'17	'18	'19	'20	'21		'22		'23	
出典	初潭集	宋史	山陽遺稿	四溟詩話	陋軒詩	琴操	芸圃傖談	鷗陂漁話	日知録	王文公文集	文史通義	晋書	墨池記	旧唐書	重編東坡先生外集	性理大全	洋外紀略
作者	李贄	脱脱	頼山陽	謝榛	呉嘉紀	蔡邕	郝敬	葉廷琯	顧炎武	王安石	章学誠	房玄齢	曾鞏	劉昫	蘇軾	胡広	安積艮斎
ジャンル	評論	史伝	随筆	随筆	詩話	史伝	随筆	随筆	評論	随筆	評論	史伝	随筆	史伝	随筆	評論	史伝
時代	明	元	日本・江戸	明	清	後漢	明	清	清	宋	清	唐	宋	後晋	北宋	明	日本・江戸
字数	163	187	209	196	206	218	199	206	203	207	188	22	165	48	157	78	105

〈漢文〉設問内容別出題一覧

設問内容＼年度	'10		'11		'12		'13		'14		'15		'16	
	本試	追試	本試	追試	本試	追試	本試	追試	本試	追試	本試	追試	本試	追試
語の読み										2	2			2
語の意味	2	2	2	2	2	2			2	2		2	3	2
熟　語							2	2						
句・文の読み	1	2	1	1	2	2	1	1	2	1	1	1	1	1
句・文の解釈	2	2	2	1	1	2	1	2	1	1	1	1	2	1
読み・解釈							1							
読みと主張									1					1
内容説明	1			2	1	1	2			1		1	1	
原因・理由説明		4	1		2			1		1	1			
修辞法・表現・文法											3			
指示内容												1		
主語指摘														
内容特定							1							
比喩の説明	1													1
空欄補充		2	1	1	1				1	1		2		1
空欄補充と書き下し														
心情・心境説明							2					1		
内容合致														
趣旨・主題・主張	1		1			1					1		1	
構成・段落分け			1	1		1		1	1					
文学史								1						

設問内容＼年度	'17		'18		'19		'20		'21		'22		'23	
	本試	追試	本試	追試	本試	追試	本試	追試	第1日程	第2日程	本試	追試	本試	追試
語の読み	2			2	2		2		2					
語の意味	2	2	1			2		2			3	2	3	
熟　語														
句・文の読み	1	1	1	1		1	1		1	1	2	1	1	1
句・文の解釈			3	1		1			4	3	1	2	1	3
読み・解釈					1									
読みと主張		1												
内容説明		1	2	1	3		1			1	1	1	2	2
原因・理由説明	2	1	1	1		2		1				1		
修辞法・表現・文法		1		1			1	1		1				
指示内容								1						
主語指摘														
内容特定														
比喩の説明	1												1	1
空欄補充		1					1		1	1	1	1		2
空欄補充と書き下し								1					1	
心情・心境説明					1	1	1				1			
内容合致								1		2				
趣旨・主題・主張				1	1	1			1					
構成・段落分け														
文学史														

出題傾向と学習対策

現代文

出題傾向

二〇二三年度の大学入学共通テスト・国語の**第1問**は、ル・コルビュジエの建築物における窓について論じた二つの評論文(柏木博『視覚の生命力——イメージの復権』と呉谷充利『ル・コルビュジエ——二〇世紀モダニズムの道程』)から出題された。二〇二二年度の**第1問**と同様、**【文章Ⅰ】**と**【文章Ⅱ】**という形で、異なる著者によって書かれた、同じテーマの二つの文章が取り上げられている。そして設問は、**【文章Ⅰ】**から三題、**【文章Ⅱ】**から一題出題され、最後に二つの文章を関連づけて解答する問題(**問6**)が出題されている。**問6**は、二つの文章を読んだ後の三人の生徒による「話し合い」に設けられた空欄を補う問題であり、**【ノート】**や**【メモ】**の空欄を補う形式をとった二〇二一年度の**問5**や二〇二二年度の**問6**とは異なる形式の出題であった。

なお、二〇二三年度・追試験の**第1問**は、二〇二二年度・追試験の**第1問**を踏襲しており、一つの評論文(北川東子「歴史の必然性について——私たちは歴史の一部である」)だけから出題され、最後の**問6**も、本文を読んで生徒が書いたとされる**【文章】**の表現を修正し、まとめを書き加える問題になっている。

第2問は、一つの小説(梅崎春生「飢えの季節」)から出題され、最後の**問7**は、二〇二二年度の**第2問**・**問6**、二〇二一年度の**第2問**・**問5**と同様、小説と他のジャンルの文章を関連づけて解答する問題であった。二〇二一年度が小説と批評文(その小説について批判的に論じた文章)との組み合わせであり、二〇二二年度が小説と国語辞典の記述(その小説に出て来る「案山子」の意味を説明しているもの)や俳句(「案山子」と「雀」を詠んだ俳句)との組み合わせであったのに対して、二〇二三年度は小説と**【資料】**(その小説に出て来る「マツダランプ」の広告)、それらをもとに作成された**【構想メモ】**、**【文章】**との組み合わせであった。なお、二〇二三年度の追試は、小説(太宰治「パンドラの匣」)と**【資料】**(外山滋比古『「読み」の整理学』の一節と小説の本文より後の部分)の組み合わせであった。

設問では、**第1問**・**問1**の漢字問題(ii)で、二〇二二年度と同様、漢字の意味を問う問題が出題された。また、漢字問題は(i)・(ii)とも、二〇二一年度、二〇二二年度と同様に4択であった。**問2**から**問5**は、大学入試センター試験の設問を踏襲した、傍線部の内容や理解を問うものであった。**第1問**のマーク数は12であり、二〇二二年度の11よりも一つ増えた。これらの傾向は、二〇二三年度の追試でも同様であった。

第2問では、設問数がこれまでの問6や問5から問7にまで増えた。また、センター試験で毎年出題され、二〇二一年度の共通テストでも出題された語句の意味を問う問題が、二〇二二年度の本試、追試と同様、出題されなかった。問1から問6は、傍線部の内容や主人公の心情を問うものであり、センター試験で出題されてきたのと同様の設問である。第2問のマーク数は8であり、二〇二二年度と同様であった。

なお、二〇二三年度・追試験の第2問も、設問数が問7にまで増えたが、本試とは異なり、語句の意味を問う問題が出題された。マーク数は10であった。

第1問の文章量は、【文章Ⅰ】と【文章Ⅱ】をあわせて三五〇〇字程度であり、二〇二二年度と同様の分量であった。第2問の文章量は約四〇〇〇字であり、約三二〇〇字であった二〇二二年度よりもかなり増大した。第2問は、文章量が増えた上に、設問数も一つ増えたこともあって、難易度は二〇二二年度と比べてやや増した。

次に、これまで確認してきた二〇二三年度と二〇二二年度の本試験と追試験の問題、二〇二一年度の第一日程の問題を踏まえて、二〇二四年度・共通テストの問題の「出題傾向」を大問ごとに予想していこう。

第1問（論理的文章）

「大学入学共通テスト問題作成方針」には、「学習の過程を意識した問題の場面設定を重視する」、「問題の作成に当たっては、大問ごとに一つの題材で問題を作成するだけでなく、異なる種類や分野の文章などを組み合わせた、複数の題材による問題も含めて検討する」と書かれている。二〇二一年度の第一日程でも二〇二二年度の本試験・追試験でも二〇二三年度の本試験・追試験でも、第1問の最後の問い（問5ないし問6）は、「大学入学共通テスト問題作成方針」通り、「異なる種類や分野の文章などを組み合わせた、複数の題材による問題」になっている。また、「学習の過程を意識した問題の場面設定」として、本文を読んだ生徒が【ノート】や【メモ】や【文章】を作成したり、話し合ったりするという形式がとられている。このような第1問の最後の問いがセンター試験とは異なる共通テスト固有の設問である。

したがって、二〇二四年度の第1問も、二つの評論文から出題される（二〇二二年度と二〇二三年度の本試験のケース）にせよ、一つの評論文から出題されて設問のところで「異なる種類や分野の文章」が提示される（二〇二一年度の第一日程、二〇二二年度と二〇二三年度の追試験のケース）にせよ、最後の問いでは、「複数の題材」を関連づけて解答する問題が出題されると予想される。

その際、文章の内容をよく理解するために生徒が作成した【ノート】や【メモ】、生徒による話し合いが提示され、その空欄箇所を補う形式の設問になることも予想される。

最後の問い以外は、漢字問題、傍線部の内容や理由を問う問題、本文の表現や構成について問う問題など、センター試験でも出題されてきた問題になると予想される。

第２問（文学的文章）

二〇二四年度の第２問は、二〇二一年度・第一日程、二〇二二年度・本試験と追試験、二〇二三年度・本試験と追試験の第２問と同様に、一つの小説から出題され、最後の問いでは、小説とそこで提示されている「異なる種類や分野の文章」とを関連づけて解答する問題が出題されると予想される。「異なる種類や分野の文章」としては、批評文や俳句・短歌・詩や随筆や広告文など様々な種類の文章が考えられる。また、「学習の過程を意識した問題の場面設定」としては、生徒が作成した【ノート】・【文章】（二〇二二年度と二〇二三年度の本試験のケース）や提起された問題について生徒たちが話し合っている会話文（二〇二二年度・追試験のケース）が提示され、その空欄箇所を補うような問題が出題されると予想される。

二〇二三年度の本試験と追試験、二〇二三年度の本試験では語句の意味を問う問題が出題されなかったが、二〇二三年度の追試験では出題された。ということは、語句の意味を問う問題が出題される可能性はあるということである。

第２問でも、最後の問い以外は、傍線部の内容や理由を問う問題、主人公や登場人物の心情を問う問題、小説の表現について問う問題など、センター試験でも出題されてきた問題になると予想される。

学習対策

第１問（論理的文章）

〔出題傾向〕のところで確認したように、センター試験と異なる共通テストの特徴は、「複数の題材による問題」、つまり複数の題材を関連づけて解答する問題にあるが、共通テストの第１問でこの種の問いが出題されるのは、最後の問いだけである。それ以外の問いは一つの題材（評論文）から出題されている。

二〇二二年度と二〇二三年度の本試験のように二つの評論文【文章Ⅰ】・【文章Ⅱ】が取り上げられている場合も、二つの評論文を関連づけて解答する最後の問い以外は、それぞれの評論文から出題されている。また、最後の問い以外は、漢字問題、傍線部の内容や理由を問う問題、本文の表現や構成について問う問題など、センター試験でも出題されてきた問題である。

したがって、一つの論理的な文章（評論文）の内容を的確に読み解く力を養成することが重要になる。「複数の題材」を関連づけて理解する場合にも、それぞれの題材の内容が的確に理解できていなかったら、その理解は不十分なものにしかならないだろう。そこで、**まず、一つの論理的な文章（評論文）を読み解く練習を十分に行い、その上で複数の題材を関連づけて理解する練習を行えばよいだろう。**

一つの論理的な文章（評論文）を読み解く練習は、センター試験の過去問などでも行うことができる。また、複数の題材を関連づけて理解する練習は実際の共通テストの問題（二〇二一年度の第一日程／二〇二三年度の本試験と追試験／二〇二三年度の本試験と追試験）や共通テスト用の模擬試験の問題および共通テスト用の問題集などで行えばよいだろう。

二〇二二年度の本試験、二〇二三年度の本試験と追試験では、**問1**の漢字問題で、一つの漢字が異なる意味を持っていることに着目し、傍線部とは異なる意味で使われているものや、傍線部と同じ意味で使われているものを選ぶ問題が出題された。漢字の書き取りだけではなく、漢字の意味にも日頃から注意するように心がけてほしい。

第2問（文学的文章）

共通テストの**第2問**でも、「複数の題材」を関連づけて解答する問題は最後の問いでしか出題されていない。それ以外の問いは、傍線部の内容や理由を問う問題、主人公や登場人物の心情を問う問題、小説の表現について問う問題など、センター試験でも出題されてきた問題である。

したがって、一つの文学的な文章（小説）を読み、その内容と同時に登場人物の心情や表現の特徴を捉える力を養うことが重要になる。そこで、論理的な文章と同様、**まず、一つの文学的な文章（小説）を読み解く練習を十分に行い、その上で複数の文学的な文章（小説と批評文・随筆・詩など）を関連づけて理解する練習を行えばよいだろう。**

一つの小説を読んで、その内容や登場人物の心情や表現の特徴などを捉える練習は、センター試験の過去問でも行うことができる。また、複数の題材を関連づけて理解する練習は実際の共通テストの問題（二〇二一年度の第一日程／二〇二二年度の本試験と追試験／二〇二三年度の本試験と追試験）や共通テスト用の模擬試験の問題および共通テスト用の問題集などで行えばよいだろう。

すでに指摘したように、語句の意味を問う問題も出題される可能性があるので、センター試験の過去問などで練習しておくとよいだろう。

古　文

出題傾向

'21年度からはじまった大学入学共通テスト3年目の古文は、'21年度の第1日程と同じように、設問の中に別の出典の文章が引用されたもので、'22年度の本試験のように【文章Ⅰ】と【文章Ⅱ】として二つの作品が出題される形式ではなかった。ただし、大学入試センターの発表した「令和3年度大学入学者選抜に係る大学入学共通テスト問題作成方針」(以下「方針」)にある「異なる種類や分野の文章などを組み合わせた、複数の題材による問題を含めて検討する」という方針に沿った出題であることは同じである。本文は、平安時代後期の歌人である源俊頼の歌論書『俊頼髄脳』からの出題で、**問4**に同じ俊頼の私家集『散木奇歌集』の一節(詞書と連歌)が引用されている。出典は歌論であるが、出題本文は、殿上人が皇后寛子のために船遊びをし、その宴を盛り上げるために連歌(短連歌)を企画したが、誰も句を付けることができずに終わるといった話で、内容的には説話といってよいものであった。

設問については、二年間の共通テストを踏襲しており、大きく変更した設問はなかった。**問1**は短い語句の解釈問題で、'22年度本試験と同じ形式で、設問数も同じ三つであった。('21年度第2日程・'22年度追試験は二つ)。**問2**の語句の表現に関する説明問題は、傍線部についての、文法や語句の意味、内容に関わる設問で、'22年度本試験と形式的に同じである。ただ、これまでの設問では、傍線部はひと続きの長い語句であったが、'23年度は短い語句で、離れた所にある5箇所に傍線が引かれていた。傍線部の引き方の違いはあっても問うていることは同じである。このタイプの設問が新傾向の一つで、三年連続して出題されていることからも定着したものと思われる。ただ、'23年度は文法色の強い設問になっていた。**問3**は三つの段落についての内容説明問題で、'22年度追試験や、これまでのセンター試験でも見られたものである。**問4**は、'21年度第1日程と同じで、本文とは違う文章が引用されていたが、設問形式は、'22年度本試験と同じで、教師と生徒の話し合いの場面が設定され、生徒の会話の中に三つの空欄があって、その空欄に入るものを選ぶという問題であった。具体的には(i)は修辞(掛詞)に注目した連歌の解釈、(ii)は本文「もみぢ葉の」の句の解釈、(iii)は本文の読解の3問である。和歌修辞が直接問われたのは共通テストでは初めてである。

三年にわたる共通テストをみると、これまでのセンター試験と設問設定には大きな変化が見られるが、内容的には**大きくセンター試験の流れから外れるものではなかった**。よって、共通テストの古文については、これまでのセンター試験と同じように古文の総合的な力が試されると言ってよい。つまり、重要古語の習得、文法の理解、古典常識の理解、本文内容読解である。よって、これらの力を身につけるには過去のセンター試験も利用して学習することが一番効果が上がる方法といえる。以下にこれまでのセンター試験の特徴も含めて述べるので、それを踏まえて過去のセンター試験も解いてほしい。それに加えて、前述した共通テストの特徴を具体的に知ることも必要である。'23年度本・追試験、'22年度本試験と'21年度第1・第2日程の問題が解説付きで掲載されているので、それによって共通テストの特徴を知り、さらに**〈学習対策〉**を利用して共通テスト対策を行ってほしい。

センター試験や共通テストの国語の各科目の難易度は解く順番などに影響されるので一概にはいえないが、河合塾で集計した本試験のデータを見る限り、難度に相当なばらつきがある。この10年間において、古文の難度を河合塾のデータから難しい順に並べると、'14年度『源氏物語』、'22年度『増鏡』『とはずがたり』、'23年度『俊頼髄脳』、'21年度第1日程『栄花物語』、'15年度『夢の通ひ路物語』、'18年度『石上私淑言』、'20年度『小夜衣』、'19年度『玉水物語』、'17年度『木草物語』、'16年度『今昔物語集』となっている（'21年度第2日程はデータなし）。

ちなみに、同じデータでは、'23年度の古文は、難しい方から3番目で'22年度より易しかったことが判明した。

そこで、学習対策を立てる場合、目標を最初から'14年度『源氏物語』などの難度の高いところに置くのではなく、センター試験や共通テストの中では比較的易しいレベルの問題である'16年度『今昔物語集』、'17年度『木草物語』、'19年度『玉水物語』などに置くのがよい。それには、まず助動詞・助詞を中心に**古典文法**を習得し、同時並行して三五〇語程度の**重要古語**を習得することである。これら古文の基本はできるだけ早い時期に一気に進める方がよい。その上で、古文の標準的な文章を読みながら**古文常識**（その時代の生活習慣）などにも少しずつ理解を深めながら、内容読解の力を高めていくことである（詳しくは後述の**〈学習対策〉**参照）。

出典の時代・ジャンルに関係なく、センター試験や共通テストの古文に見られた顕著な傾向の一つに、**和歌を含む文章が多く**、問題文に和歌があれば、**必ず**設問にされるということがある。この10年間の本試験において、まったく和歌が出題されなかったのは、センター試験では'14・'16・'18・'20年度だけである。共通テストでは'23年度が本文に和歌の一部、設問に一首（連歌）、'22年度が本文に一首、'21年度第1日程が本文・設問で計五首、第2日程が本文に二首、センター試験では、'15年度・'17年度・'19年度は二首（'19年度の一首は連歌）あり、それらはほぼすべてが設問にもなっていた。ということは、**和歌に慣れ、その読解力を養う**必要があるということである。掛詞や序詞といった和歌の修辞について一通りの勉強をしておくべきだし、何よりも和歌を解釈できるようにすることが一番の課題である。

設問は、短い語句の解釈が三つ、助動詞・助詞の識別や敬語、品詞分解などの文法問題が一つ、というのがほぼ定番であった。共通テストになってからは、文法の単独問題は出題されなくなった。主たる設問は、内容・理由・心情の各説明問題や本文の趣旨を問う問題であり、そのほか、主語判定問題、ある程度長い部分の要約問題、本文内容合致問題などもある（配点は部分に関わる設問より本文全体に関わる設問の方が、当然高くなる）。また、文章の表現の特徴や、文章の構造といった、問題文の内容だけでなく、その文章自体の表現や全体の構造などを問う問題も出題されている。'01・'02年度の本・追試験に文学史の問題が出されたが、そのあと本試験では文学史に関する設問はなかった。ところが、'08年度本試験では本文の表現にからめて、江戸時代の作者と作品名が問われた。暗記をするだけで解ける単純な文学史の問題は高校側の批判もあるが、共通テストでは文学史は出さないとは明言していない以上、今後も出題される可能性はある。ちなみに、共通テストでは文学史に関連する問題は出題されなかった。

最後に、センター試験本試験の古文の文章の長さを指摘しておこう。以前は一一〇〇字から一五〇〇字ほどであったが、'09年度は一七〇〇字以上、'10年度は一六〇〇字以上、'11年度は一八〇〇字弱、'12年度は一一五〇字、'13年度は一二〇〇字、'14年度は一二七〇字、'15年度は一二三〇字、'16年度は一七〇〇字、'17年度は一四〇〇字、'18年度は一三〇〇字、'19年度は一七〇〇字、'20年度は一二八〇字ほどであった。'19年度は本文が読みやすかったこともあって'17年度同様長かったが、'20年度はだいぶ短くなっていた。当然一般の入試問題よりは相当長い。これだけ**本文が長い**上に、各設問の選択肢の文もそれなりに長いが、それを二十分で解かなくてはならない。となると、どうしても速く読むことが要求される。これはすぐにできるものではない。訓練が必要である。最初はゆっくりじっくり読むことから始めるしかないが、そのような初心者の読み方から、時間を決めて取り組むなどの練習を重ねて、素早い実戦的な読みに向けて、自分の読み方を発展させていかなくてはならない。これは、大変なことだが、避けては通れない道である。

ちなみに、共通テスト本試験では、'21年度第1日程は本文九一七字、和歌の引用二八字、第2日程は一一六三字、'22年度は本文一一四八字、'23年度は一三二一字であった。センター試験と比べると、短い方だといえよう。ただ、前述したように一般の入試問題よりは相当長い。

学習対策

I 共通テストに対応する古文の総合的な学力を身につけるために

① **やさしい古文からはじめよう。**

この『過去問レビュー』の古文問題を一題でもやってみて、その古文がほとんど読めない、問題が解けない、という受験生は、もう少し易しめの問題集からはじめるべきである（例えば、河合出版の『マーク式基礎問題集　古文』など）。それでも難しいと感じる人はもっと入門的な古文問題集からはじめることだ。いきなり本番レベルの問題集をやってみて、これは自分にはできるものではないと思ってしまうのが一番よくない。正しい段階を踏めば必ず、共通テストの古文は読めるし、解けるようになる。今の自分のレベルに合った古文問題集からはじめること、そして、それなりの力がついた人はこの『過去問レビュー』で実戦的な対応力を養ってほしい。

② **古典文法を習得しよう。**

助動詞・助詞の基本的な意味用法がわかっていなくては、正確な読み方はとてもできるものではない。どんなスポーツにも基本練習というものがあるように、これが身についていてはじめて、試合という実戦の場に出ることができる。基本の鍛錬はあまり面白いものではないが、これをいいかげんにはできない。ぜひとも「文法問題集」を一冊はやってほしい（例えば、河合出版の『ステップアップノート30 古典文法基礎ドリル』『ステップアップノート30 古典文法トレーニング』など）。

③ 重要語句や慣用句をしっかり覚えていこう。

古文の覚えるべき単語は英語のように数千ではない。数百である。古文の問題を一題やると、そこにいわゆる重要語句というのは三十〜四十は出てくる。それを確実に覚える努力をしていけば、数箇月で数百はおのずから蓄えられる。それともう一つ、便利な「古文単語集」というものもある（例えば、河合出版の『春つぐる 頻出古文単語480』など）。これでさらに補強するとよい。

④ 登場人物を押さえ、文の主語を確認しながら読み進めよう。

古文の大きな特徴は、英語のように主語がいつも明示されているわけではないということである。そこで、明示された主語を手がかりに、明示されていないところの主語を確認しながら読むことが求められる。一文の主語が誰かということを常に意識しながら読み進めること。これは古文の内容を読解するには欠かせない訓練である。

⑤ たくさんの問題を解いて本格的な読解力をつけよう。

古文の問題を一題一題確実にやっていくことがもちろん最も大事なことだが、問題を解いた経験が乏しくては、ちょっと新傾向の問題などが出されるともう歯が立たない。内容も文体も違う多くの問題を解いていく中で、単語力も古文常識も増し、様々な設問に対応する幅もでき、そして読むスピードも速くなってくる。そこで、本格的な読解力が培われるのだ。ためらわず常に新たな問題に挑戦し続けてもらいたい。

Ⅱ 共通テスト対策のために

共通テストに準拠した予想問題をたくさん解こう。

前記の共通テストの特徴に合わせた演習が必要であるが、過去のセンター試験問題だけでは十分とはいえない。よって、前記の特徴を踏まえた予想問題を利用した演習が必要になる。例えば、河合出版から『マーク式基礎問題集 古文』や、『大学入学共通テスト総合問題集』『大学入学共通テスト対策パック』などが順次刊行される予定なので、これらを利用して演習量を増やそう。

漢文

出題傾向

本年は、唐の白居易《はくきょい》の『白氏文集《はくしぶんしゅう》』から、**【予想問題】**として序論（問題提起）と**【模擬答案】**として本論が出題された。「君主が賢者を探す方法」を主題とした評論で、**【予想問題】**も**【模擬答案】**も官吏登用試験に備えて作者が自作したひと続きの文章である。

【予想問題】と**【模擬答案】**という体裁で二つの問題文が取り上げられており、「複数の題材による問題」「多面的・多角的な視点」という共通テストの出題方針に沿ったものになっている。しかしながら、日本漢文を取り上げたり、故事成語をモチーフにしたりして、日本文化との関連性を踏まえて出題する試行調査の手法は、見られなかった。

本文の内容については、これまでのセンター試験では、学問論、政治論、教育論などの硬質な評論文から、随筆、さらには人物のエピソード、漢詩、漢詩を含む文と、さまざまなジャンルのものが採用されてきたが、共通テストでもこの方向に変化はないようである。出題される素材の時代は、これまで先秦から清に至るまで様々な時代のものが採り上げられてきたが、共通テストでも特別に限られた時代のものだけが採用されるということはないと予想される。現に、昨年度は**【序文】**も、**【詩】**も清であり、今年度は**【予想問題】**も**【模擬答案】**も唐であり、採り上げられる文章が複数であればなおのこと、様々な時代の詩や文章が用いられるはずである。

設問については、二つの問題文が提示されていたことから、その双方に関わる設問が出題されたが、それ以外は、語の意味の問題、解釈の問題、返り点と書き下し文の問題、比喩の問題と、これまでのセンター試験の問題および共通テストの問題と本質的に大きな変化はなかった。また、複数の問題文相互に関わる設問も、結局はそれぞれの文章の内容を的確に把握できているかどうかが肝要であり、内容の把握ができていれば確実に得点できる問題である。また、二〇一七年度、二〇一八年度の試行調査では、日本における漢詩の受容や故事成語の意味を問う問題など、文学史や成語の知識が必要となる問題があったが、共通テストでは句法や重要語、そして漢詩の知識などをもとに内容を精査していけば解答を得られる問題ばかりであり、この傾向は恐らく今後も続くと考えられる。したがって、語句の読みの問題、語句の意味の問題、熟語の問題、書き下しの問題、解釈の問題、内容説明の問題、理由説明の問題、趣旨や主張に関する問題、構成に関する問題、文法や句法についての問題、漢詩の出題の場合には押韻や対句を絡めた問題など、漢文として極めて一般的な設問が大半を占めるものと想定される。

学習対策

共通テストであっても基本的に要求される学力に変化はない。もちろん出題される形式にある程度慣れておくに越したことはないが、やはり読解力を養い思考力を養成することが何よりも大切である。そして、読解力、思考力の養成には、句形、重要表現の習得と錬成に努め、漢詩を含む基礎事項の習熟に励むのが最も有効な手立てである。

したがって、漢文の実力養成に必要なものとしては、句形や文法の習得、重要表現などの語彙力の獲得、さらに的確な訓読ができるよう訓練することである。一つ一つの文の意味を正しく理解し、筆者が伝えようとしている内容を把握することができるようになれば、どんな問題が出題されても適切に対処することができるはずである。高得点を目指すには、これら基礎的な要件を踏まえた上で、問題演習を行うことである。問題に取り組むにあたっては、以下の点に留意してほしい。

① 漢文の基本構造を習得する。

漢文はもとより中国語であるから、日本語のセンスだけに頼って読むのは危険である。訓読の問題でつまらないミスを犯さないためにも、問題文を復習する際には、語順に注目して文の構造に留意し、主語、述語、目的語などの位置関係を確認しながら読むことを心がけよう。

② さまざまなジャンルの文章に多くあたる。

本番でどういう文章が出題されるかを予測するのは困難である。漢詩を含め、どんなタイプの文章が出題されても対応することのできるように、様々なジャンルの文章にあたり、読解力を養成しよう。

③ 本文の大意の把握につとめる。

要は設問が解ければよいのである。多少わからないところがあってもそこで立ち止まらず、論理の展開やストーリーを大づかみにとらえよう。また、選択肢で迷った場合などには、文章全体の大意をもう一度確認してみるのも効果的である。

④ 設問は必ず本文中に根拠を求めて解く。

文中に根拠を求めずに選択肢ばかりを漫然と眺めているようでは、どんなに多くの問題を解いても確実に高得点を得られるようになることは困難である。傍線部や設問として問われている箇所自体の意味と、その前後の文脈、そして全体の趣旨や大意などに根拠を求めて選択肢を検討するように心がけよう。

⑤ 本文中の句形や重要表現、さらに日常使われる漢字を確認する。

句形の知識や、重要表現などの知識が問われることが少なくないが、さらに現代の日常生活で普通に用いられる漢字の意味などが問われることも少なくない。問題演習の際には、解答と全文解釈を確認するだけでなく、文中に使われている句形や重要表現、そして日常使われる漢字の意味などについても確認しておこう。

河合出版の『入試必須の基礎知識　漢文ポイントマスター』は句形や重要語の用法だけでなく、重要表現、漢詩の規則など、漢文の基礎知識が要領よくまとめられ、漢文学習必携の本としてぜひおすすめしたい。

MEMO

2023
本試験

国　語

(2023年1月実施)

受験者数　445,358

平 均 点　105.74

国　語

解答・採点基準

（200点満点）

問題番号(配点)	設問	解答番号	正解	配点	自己採点
第1問 (50)	問1	1	①	2	
		2	③	2	
		3	②	2	
		4	④	2	
		5	③	2	
	問2	6	③	7	
	問3	7	②	7	
	問4	8	⑤	7	
	問5	9	③	7	
	問6	10	④	4	
		11	②	4	
		12	③	4	
第1問　自己採点小計					
第2問 (50)	問1	13	①	5	
	問2	14	⑤	6	
	問3	15	⑤	6	
	問4	16	①	6	
	問5	17	①	7	
	問6	18	④	7	
	問7	19	③	6	
		20	②	7	
第2問　自己採点小計					

問題番号(配点)	設問	解答番号	正解	配点	自己採点
第3問 (50)	問1	21	③	5	
		22	④	5	
		23	②	5	
	問2	24	③	7	
	問3	25	⑤	7	
	問4	26	④	7	
		27	①	7	
		28	③	7	
第3問　自己採点小計					
第4問 (50)	問1	29	①	4	
		30	①	4	
		31	⑤	4	
	問2	32	③	6	
	問3	33	⑤	7	
	問4	34	①	6	
	問5	35	③	5	
	問6	36	④	6	
	問7	37	④	8	
第4問　自己採点小計					
自己採点合計					

第1問　現代文（論理的文章）

【出典】

【文章Ⅰ】は、柏木博『視覚の生命力――イメージの復権』（岩波書店　二〇一七年）中の、「窓あるいはフレーム」の一節。柏木博（かしわぎ・ひろし）は、一九四六年神戸市生まれの、デザイン・デザイン史の研究家。『日用品の文化誌』『モダンデザイン批判』『近代日本の産業デザイン思想』など、多数の著書がある。二〇二一年没。

【文章Ⅱ】は、呉谷充利『ル・コルビュジエと近代絵画――二〇世紀モダニズムの道程』（中央公論美術出版　二〇一九年）の一節。

呉谷充利（くれたに・みつとし）は、一九四九年生まれの建築史家。『町人都市の誕生　いきとすい、あるいは知』『志賀直哉旧居復元工事記録』などの著書がある。

【本文解説】

【文章Ⅰ】

本文は、病に伏せていた正岡《まさおか》子規《しき》にとってのガラス障子の意義を述べた後、建築家ル・コルビュジエにとっての窓の意義を考察した文章である。その内容を、形式段落に沿って確認していこう。なお、二箇所の引用部分は、直前の段落に含むものとする。

Ⅰ　子規にとってのガラス障子の意義（第1段落〜第5段落）

明治のある時期まで、日本では板ガラスが製造されず、その頃の「ガラス障子」は輸入品であり高価なものであった。けれども、書斎（病室）の障子の紙を板ガラスに入れ替えることにより、病で身動きもままならない子規は、窓外の季節が移ろう景色を眺めることができるようになった。それは、身体を動かすことができず、絶望的な気分になっていた子規にとって、慰めであり、自分が生きていることを確かめることでもあった。このように、彼の書斎は、ガラス障子によって、多様に変化する外界を「見ることのできる装置（室内）」になったのである。（第1段落〜第3段落）

映画研究者のアン・フリードバーグは、窓に関して次のように述べている。屋内と外界とを区切る窓は、外界の風景を切り取るフレームとなることで、三次元である外界を二次元（＝平面）のスクリーンに変える働きをする。子規の書斎のガラス障子も、こうした働きをすることで、いわば「視覚装置」となったのである。（第4段落・第5段落）

Ⅱ　建築家ル・コルビュジエにとっての窓の意義（第6段落〜最終段落）

ル・コルビュジエは、視覚装置としての窓を、建築・住宅に最も重要な要素として考えていた。彼にとって、窓は、換気のためよりも「視界と採光」を優先すべきものであり、外界を切り取るフレームとして捉えるべきものであった。その結果、窓の形たる「『アスペクト比』（ディスプレイの長辺と短辺の比）」の変更がもたらされた。（第6段落〜第8段落）

彼は、両親のために建てた家について、次のように述べている。四方すべてが見える視界では、焦点を欠き退屈してしまう。風景を眺めるためには、壁を建て視界を閉ざし、壁の要所要所に窓（開口部）を設け、その窓によって視界を限定することで、風景の広がりを感じられるようにしなければならない。このように、風景を眺めるために、窓と壁をどのように構成するのかが、ル・コルビュジエにとって課題となっていたのである。
（第9段落・最終段落）

【文章Ⅱ】

本文は、ル・コルビュジエにとっての建築における窓と壁の意義を、【文章Ⅰ】とは異なる観点で考察した文章である。その内容を、形式段落に沿って確認していこう。

ル・コルビュジエの一九二〇年代後期の作品は、外部から見るとみごとな均衡を保つ「横長の窓」を示している。しかし、その窓は、屋内から見ると四周を遮る壁体となり、「横長の窓」は「横長の壁」として現われる。そうした「横長の窓」は、一九三〇年代に入ると、「全面ガラスの壁面」へと移行し、なかには、四周が強固な壁で囲われている作品も建てられている。
（第一段落）

こうした作品をのこしている頃、彼は次のように述べている。「住宅は沈思黙考の場である」と。そして、人間には、光溢《あふ》れる外的な世界と関わり、自らを消耗する〈仕事の時間〉と、光の疎んじられる内面の世界に関わり、自分の心に耳を傾ける〈瞑想《めいそう》の時間〉がある、と。（第二段落・第三段落）

かれは、また、著書『小さな家』で、風景について次のように述べている。壁は、視界を閉ざすためにある。四方八方に広がる景色は焦点を欠き退屈なものになるので、景色を眺めるにはそれを限定すべきである。北側・東側・南側を壁で囲うことがここでの方針であると。ここで述べられている風景は、「動かぬ視点」で切り取られている。壁で隔てられ、かつつながっている風景は、範囲や方向を限定することになる窓を通じて、一定の視点から眺められることになる。このように、壁と窓は、眺められる風景の空間を構造化するのである。こうした、壁で視界を制限することでもたらされる「動かぬ視点」の存在は、彼にとって一時的なものではない。（第四段落・第五段落）

かれは、一時期「動く視点」を強調したこともあり、初期に明言されていた「動かぬ視点」という考えは、表に出なくなった。しかし、彼が後期に手掛けた、沈思黙考・瞑想の場である宗教建築において、この「動かぬ視点」は再度主題化され、深く追求されている。こうした作品に注目することで、ル・コルビュジエにとっての、「動かぬ視点」の意義は明らかになるであろう。（最終段落）

なお、同じくル・コルビュジエの作品を論じているとはいえ、**【文章Ⅰ】**は、風景を眺める装置としての窓の意義を強調しているのに対し、**【文章Ⅱ】**は、視点を限定することで沈思黙考の場をもたらす壁の意義を強調していることを押さえておこう。

【設問解説】

問1　漢字の知識に関する問題

(i)　**傍線部の漢字に相当するものを選ぶ問題**　[1]　①　[2]　③　[3]　②

(ア)は、〈文章など、物事のはじめ〉という意味の「冒頭」。①は、〈風邪〉という意味の「感冒」で、①が正解。②は、「寝坊」。③は、〈忘れ去ること〉という意味の「忘却」。④は、〈ふくれて大きくなること〉という意味の「膨張」。

(エ)は、〈琴の糸にたとえた、感じやすい心情〉という意味の「琴線」。〈琴線に触れる〉などと用いられる。①は、〈身近で、わかりやすい〉という意味の「卑近」。②は、「布巾」。③は「木琴」で、③が正解。④は、〈引き締める〉という意味の「緊縮」。

(オ)は、〈嫌われ、よそよそしくされる〉という意味の「疎んじられる」。①は、〈訴訟を起こすこと〉という意味の「提訴」。②は、〈地域の人口などが少なくなりすぎること〉という意味の「過疎」で、②が正解。③は、〈粗末な品物〉という意味の「粗品」。人にものを贈るときにへりくだって言う。④は、〈身につけている学問・知識・技術〉という意味の「素養」。

(ii)　**傍線部の漢字と同じ意味で用いられているものを選ぶ問題**　[4]　④　[5]　③

(イ)「行った」は、〈物事をする、実施する〉という意味で用いられている。④の「履行」は、〈約束など、決めたことを実際に行う〉という意味で、④が正解。①の「行進」は、〈歩く、あるいは進む〉という意味で、②の「行列」は、〈並び〉という意味で、③の「旅行」は、〈旅〉という意味で、それぞれ用いられている。

(ウ)「望む」は、〈眺める〉という意味で用いられている。③の「展望」は、〈見渡すこと、あるいは見晴らし〉という意味で、③が正解。①の「本望」は、〈本来の望み、あるいは望みが叶《かな》った〉という意味で、②の「嘱望」は、〈将来に望みをかけること〉という意味で、④の「人望」は、〈多くの人々が寄せる、信頼や尊敬のこと〉という意味で、それぞれ用いられている。

問2　傍線部の内容を説明する問題　[6]　③

傍線部の「楽しむことができた」というのは、直前に「障子の紙をガラスに入れ替えることで」とあるので、子規にとって、ガラス障子を取り入れることにより、どのようなことがもたらされたかを読み取ればよい。こうした経緯に焦点を絞り、【文章Ⅰ】の第1段落～第3段落の内容を整理すると、

思うように動けない子規にとって、ガラス障子を通して、季節ごとに多様に変化する外界・景色を眺めることは、「子規の自身の存在を確認する感覚（＝自分が生きているという実感を抱くこと）」であった

となるだろう。こうした内容に合致する③が正解。

①は、「現状を忘れるための有意義な時間」が、②は、「自己の救済」が、⑤は、「作風に転機をもたらした」が、それぞれ根拠のない内容。④も、ガラス障子を通してであれ、実際に外界の景色を眺めているのだから、「外の世界への想像」が根拠のない内容。

問3　傍線部の理由を説明する問題　7　②

映画研究者のアン・フリードバーグは、屋内と外界とを区切る窓が、外界の風景を切り取るフレームとなることで、三次元（＝立体）である外界を二次元（＝平面）であるスクリーンに変えることを述べている。筆者はこれを踏まえて、子規の書斎のガラス障子も、

a　外界の景色を切り取り

b　外界をスクリーンのように二次元（＝平面）として眺める働きをする

ことになり、そうであるがゆえに、ガラス障子は「視覚装置」（＝見ることのできる仕掛け）となる、と述べている。こうした内容に合致する②が正解。

①は、「外界を室内に投影」が、③は、外界と室内を「切り離したり接続したり」が、④は、「新たな風景の解釈を可能にする」が、⑤は、「絵画に見立てる」が、それぞれ根拠のない内容。

問4　傍線部に関する内容を説明する問題　8　⑤

【文章Ⅰ】の第6段落～最終段落で述べられている、ル・コルビュジエにとっての、建築における窓の特徴と効果は、次のように整理できる。

a　窓は、換気よりも「視界と採光」を優先し、外界を切り取るフレームとなる。その結果として、窓の「アスペクト比」（ディスプレイの長辺と短辺の比）の変更をもたらした

b　風景を眺めるために、壁を建て視界を閉ざし、壁の要所要所に窓（開口部）を設け、視界を限定することで風景の広がりを感じることができる

こうした内容に合致する⑤が正解。

①は、「風景がより美しく見えるようになる」が、②は、「居住性を向上させる」が、③は、「アスペクト比の変更を目的とした」が、④は、「囲い壁を効率よく配置」や「風景への没入」が、それぞれ根拠のない内容。

問5　傍線部に関する内容を説明する問題　9　③

住居から外部の風景を眺める際に、壁と窓が、景色とどのような空間的な構造となるのか。これに関して、【文章Ⅱ】の第五段落・第六段落で述べられている内容を整理すると、次のようになる。

住居の内部と風景は、壁によって隔てられる。その壁の一部分のみに開口された窓は、内部から外部を眺めるにあたって「動かぬ視点」となる。視点が、動かぬことによって住居の中は、沈思黙考し瞑想するにふさわしい場となる

こうした内容に合致する③が正解。

①は、「仕事を終えた人間の心を癒やす」が、②は、「人間が風景と向き合う」が、④は、「住宅は風景を鑑賞するための空間」が、⑤は、「自己省察するための空間」が、それぞれ根拠のない内容。

問6　生徒の「話し合いの様子」における空欄を補充する問題

(i)　**引用の仕方に関して空欄 X を補う問題　10　④**

【文章Ⅰ】で引用されているが、【文章Ⅱ】で省略されているのは、

a　周囲の壁で視界を遮り、次に、壁に開口された窓が風景の広がりを感じさせる

という内容である。

逆に、【文章Ⅱ】で引用されているが、【文章Ⅰ】で含まれていないのは、

b　三方に視界を遮る壁を設けることにより、囲われた「庭」を形成する

という内容である。こうしたa・bの内容に合致する④が正解。

①は、「壁の圧迫感」が、②は、「どの方角を遮るかが重要視されている」が、それぞれ根拠のない内容。③は、「外部を遮る壁の機能」が間違い。壁は、「視界を閉ざす」（＝遮る）のであり、外部を遮断するわけではない。

(ii)　**【文章Ⅰ】における子規の話題に関して空欄 Y を補う問題　11　②**

空欄 Y は、【文章Ⅰ】で、子規のことが取り上げられた理由に関して発言している。【文章Ⅰ】の第1段落〜第3段落では、子規が、書斎のガラス障子を通じた外界の眺めに、自分のよりどころを求めていたことにふれ、第5段落でそのガラス障子が「視覚装置」になっていたと述べられている。これを受けて、ル・コルビュジエが、視覚装置としての窓をきわめて重視していたことへと論が進んでいる。

つまり、**ル・コルビュジエが、居住者と風景の関係を考慮して窓を捉えていたことを論じる前に、その導入として、子規の部屋のガラス障子が風景を眺めるための視覚装置となっていたことを示している**のである。こうした内容に合致する②が正解。

①は、「現代の窓の設計に大きな影響を与えた」が、③は、「採光によって美しい空間を演出した」が、④は、「住み心地の追求」が、それぞれ根拠のない内容。

(iii)　**【文章Ⅰ】と【文章Ⅱ】の関連に関して空欄 Z を補う問題　12　③**

空欄 Z は、建物が、沈思黙考や瞑想の場としてあることを論じている【文章Ⅱ】の主旨を踏まえて、【文章Ⅰ】の子規に関する内容を、どのように解釈できるかについての発言である。〈建物は沈思黙考や瞑想の場である〉という点と対応する内容に注意しながら、【文章Ⅰ】で子規に関して

述べられている事柄を整理すると、

a　病で体を動かすことができなかった

b　ガラス障子から見える、庭での季節の移ろいを眺めていた

c　絶望的な気分になりながらも、bに、自身の存在を確認していた

となる。こうした内容に合致する**③が正解**。なお、「動かぬ視点を獲得した」は、a・bの、子規にとっての景色が庭に限定されていたことに対応し、「沈思黙考の場として機能していた」は、cに対応する。

①は、「子規の書斎」が「宗教建築として機能していた」が、②は、「病で外界の眺めを失っていた」が、それぞれ**【文章Ⅰ】**において根拠のない内容。④は、**【文章Ⅱ】**とは関連づけられていない内容になっている。

第2問　現代文（文学的文章）

【出典】

本文は梅崎春生の小説「飢えの季節」（一九四八年発表）の一節。**【資料】**は本文の理解を深めるためにWさんのクラスの教師から提示されたものであり、**【構想メモ】**はその**【資料】**を参考に「マツダランプの広告」と本文の「焼けビル」との共通点を踏まえて「私」の「飢え」を考察、**【文章】**はそれをもとにしてWさんが作成したものである。

梅崎春生（うめざき・はるお）（一九一五年～一九六五年）は、日本の小説家。福岡市生まれ。著作に『桜島』（一九四七年）、『ボロ屋の春秋』（一九五五年）、『砂時計』（一九五五年）、『幻化』（一九六五年）などがある。

【本文解説】

今年の共通テストは、本文に加え、別のテキスト（本文の理解のためにWさんのクラスの教師から提示された**【資料】**を参考にしてWさんが作成した**【構想メモ】【文章】**）を踏まえながら解答する設問（**問7**）が出題された。

本文は、終戦直後の食糧難の中でいつも空腹だった「私」が、看板広告の会議で自分の構想が批判され（**Ⅰ**）、その夕方、老人からの物乞いを断り、一方で自分の飢えている日常を振り返り（**Ⅱ**）、その後、給料の安い会社にしがみついていても飢えから脱する可能性がないと思い、具体的な未来像を持つこともないままに会社を辞めてしまう（**Ⅲ**）、という物語である。

順次その内容を確認していこう。

本文

Ⅰ　会議での会長の「私」への批判（リード文〜腹を立てていたのであった。）

終戦直後の日本で常に空腹を抱えている主人公の「私」は、広告会社に採用され、「大東京の将来」をテーマにした看板広告を練るように命じられた。常に空腹であった「私」は都民が飢えることがないような看板を提案し、自分なりに「晴れがましい気持」だった。しかし、その提案は「てんで問題にされ」ず、会長からは「一体何のためになると思うんだね」と提案の主旨への批判まで出る始末だった。

会長の批判は「私」の提案が金儲《もう》けに繋《つな》がっていないことを指摘するものだった。そこで「私」は、この会社が「戦争中情報局と手を組んで……仕事をやっていたというのも、憂国の至情（＝私的利害よりも国家のために働くことをよしとする心情）にあふれてからの所業ではなくて、たんなる儲け」のためであり、「戦争が終《おわ》って情報局と手が切れて、掌をかえしたように文化国家の建設の啓蒙《けいもう》をやろうというのも、私費を投じた慈善事業」ではなく金儲けのためであることに気づき、そうしたことも考えず、自分の夢だけを詰め込んだ看板の提案をした「自分の間抜けさ加減に腹を立てていた」。

Ⅱ　物乞い老人と「私」自身の飢え（その夕方〜経っているわけであった。）

常に空腹を抱えていた「私」は給料さえもらえればよかったので、提案のやり直しを引き受けた。その夕方、「私」は空腹で倒れそうな老人から食事をめぐんでほしいと要求されたが、「私」も空腹だからと断った。しかし、その老人はなおも食い下がって何度も要求する。そうした老人を前にして自分も生活が苦しいのだから「これ以上自分を苦しめて呉れるな」と思いながらも、その老人から逃れたくて「自分でもおどろくほど邪険な口調で」「駄目だ」と言った。

その出来事の後、「私」は終戦後の日本にいる周囲の豊かな人や貧しい人などのありように思いを巡らせているうちに、「食物のことばかり妄想し、こそ泥のように芋や柿をかすめている私自身の姿」の先にある「おそろしい結末」を想像し、「身ぶるいした（＝恐ろしさで体がふるえた）」。

Ⅲ　食える当てもないまま会社を辞める「私」（私の給料が月給でなく〜最終行）

常に空腹を抱え、会社から給料さえもらえればよいと思っていた「私」に庶務課長が伝えた給料はあまりに安過ぎた。課長が将来の待遇なども語るが、この金額では食べていくことができないと判断した「私」は課長に会社を辞めることを告げる。

その一方で、「私」はこの会社を辞めたらどうなるのかという危惧も抱く。それでも「ふつうのつとめをしていては満足に食べて行けないなら、私は他に新しい生き方を求めるよりなかった」。「盗みもする必要がない、静かな生活を、私はどんなに希求していたことだろう。しかしそれが絶望であることがはっきり判ったこの瞬間」「私はむしろある勇気がほのぼのと胸にのぼってくるのを感じていた」。

【設問解説】

問1 会議で会長に批判された「私」の様子を問う問題

13 ①

終戦直後の日本で常に空腹を抱えている主人公の「私」は、広告会社に採用され、「大東京の将来」をテーマにした看板広告を練るように命じられた。常に空腹である「私」は都民が飢えることがないような看板を提案し、自分なりに「晴れがましい気持」だった。しかし、その提案は「てんで問題にされ」ず、会長からは「一体何のためになると思うんだね」と提案の主旨への批判まで出る始末だった。それを受けて会長の理解を求めようと「私はあわてて説明した」のだから、こうした内容がおさえられている①が正解。

②は、会議に出る前から「会長も出席する」かどうかという情報は本文に書かれていない。

③は、「明確にイメージできていなかった」がおかしい。「私」は都民が飢えることがないような看板を提案し、自分なりに「晴れがましい気持」だった以上、「明確」な「イメージ」はあったはずである。

④は、「都民の現実を見誤っていた」がおかしい。「私」は自分を含め都民の過酷な食糧事情を考えて、この提案をしている。

⑤は、「会長からテーマとの関連不足を指摘され」がおかしい。そもそも「私」の提案は「てんで問題にされなかった」のだから、「関連不足」の点で批判されたのではない。

問2 会議で「私」が腹が立ってきた理由を問う問題 14 ⑤

会長の批判は「私」の提案が金儲けに繋がっていないことを指摘するものだった。そこで「私」は、この会社が「戦争中情報局と手を組んで……仕事をやっていたというのも、憂国の至情(＝私的利害よりも国家のために働くことをよしとする心情)にあふれてからの所業ではなくて、たんなる儲け」のためであり、「戦争が終って情報局と手が切れて、掌をかえしたように文化国家の建設の啓蒙をやろうというのも、私費を投じた慈善事業」ではなく金儲けのためであることに気づき、そうしたことも考えずに、自分の夢だけを詰め込んだ提案を「晴れがましい気持」で出した「自分の間抜けさ加減に腹を立てていた」。こうした内容がおさえられている⑤が正解。

①は、会社の掲げた「理想」の「真意を理解せず」がおかしい。理解したと思ったからこそ「私」は営利抜きの提案をした。また「自分の浅ましさ」に怒りを覚えたわけでもない。

②は、この会社は戦時中も営利を目的にしていたのだから、「戦時中には国家的慈善事業を行っていた会社」がおかしい。また「暴利をむさぼるような経営」に「自分が加担させられていること」を「自覚」したことに怒りを覚えたわけでもない。

③は、この会社は戦時中も戦後も一貫して営利を目的にしているのだから、「戦後に営利を追求するようになった会社」がおかしい。また「会長があきれるような提案しかできなかった自分の無能さ」が「恥ずかしくなって」怒りを覚えた

わけでもない。

④は、「自分の安直な姿勢」に「自嘲の念」が「湧いてきて怒りを覚えたわけではない。「私」は会社の意図を自分なりに汲み取り、「晴れがましい気持」を抱きつつ、きちんとした提案をしたのだから、「安直な姿勢」ではない。

問3　老人の要求を拒絶するに至る「私」の心の動きを問う問題　15　⑤

常に空腹を抱えていた「私」は給料さえもらえればよかったので、提案のやり直しを引き受けた。その夕方、「私」は空腹で倒れそうな老人から食事をめぐんでほしいと要求されたが、「私」も空腹だからと断った。しかし、その老人はなおも食い下がって何度も要求する。そうした老人を前にして自分も生活が苦しいのだから「これ以上自分を苦しめて呉れるな」と思いながらも、その老人から逃れたくて「自分でもおどろくほど邪険な口調」で「駄目だ」と言った。こうした内容がおさえられている**⑤が正解**。

①は、「自分より、老爺の飢えのほうが深刻だと痛感した『私』」がおかしい。傍線部の直前の「老爺よりもどんなに私の方が頭を下げて（食事をめぐんでくれと）願いたかったことだろう」という表現と矛盾する。

②は、「周りの視線を気にしてそれもできない自分へのいらだち」が本文から読み取れない。

③は、「食物をねだり続ける老爺に自分にはない厚かましさ」を「感じた」ことが本文から読み取れない。

④は、「私」の「後ろめたさに付け込」む意図が老爺にあったかどうかは本文から読み取れない。

問4　飢えのために窃盗まで想像している「私」の状況と心理を問う問題　16　①

物乞いの老人の要求を拒絶した後、「私」は終戦後の日本にいる周囲の豊かな人や貧しい人などのありように思いを巡らせているうちに、「食物のことばかり妄想し、こそ泥のように芋や柿をかすめている私自身の姿」の先にある「おそろしい結末」を想像し、「身ぶるいした（＝恐ろしさで体がふるえた）」。こうした内容がおさえられている**①が正解**。

②は、「私」は周囲の豊かな人や貧しい人などのありように思いを巡らせているのだから「ぜいたくに暮らす人びとの存在に気づいた『私』」という表現では不十分である。また「こそ泥のように芋や柿をかすめている私自身の姿」を想像していることを、「農作物を生活の糧にすることを想像し」と表現するのでは不十分である。この表現では泥棒なのか農夫なのかが不明である。

③は、「私」は周囲の豊かな人や貧しい人などのありように思いを巡らせているのだから「したたかに生きる人びとに思いを巡らせた『私』」という表現では不十分である。また「こそ泥のように芋や柿をかすめている私自身の姿」という泥棒の生き方を「不器用な生き方」と表現するのもおかしい。

④は、「こそ泥のように芋や柿をかすめている私自身の姿」を「さらなる貧困に落ちるしかない」と表現するのはおかし

い。

⑤は、「こそ泥のように芋や柿をかすめている私自身の姿」と食糧にばかり関心が向いているからといって、「社会の動向を広く認識できていなかった」と表現するのはおかしい。

問5　庶務課長に対する「私」の発言を問う問題　17　①

常に空腹を抱え、会社から給料さえもらえればよいと思っていた「私」に庶務課長が伝えた給料はあまりに薄給過ぎた。課長が将来の待遇なども語るが、この金額では食べていくことができないと判断した「私」は課長に会社を辞めることを告げる。こうした内容がおさえられている**①が正解**。

②は、「薄給」の理由が会社の「営利主義」にあったと断定できるかどうかは本文からは読み取れない。また、課長が「口先だけ景気の良いことを言」っているかどうかも不明である。

③は、傍線部の発言は「ぞんざいな言い方」とは言えない。

④は、本文の「それも一日三円の割であることを知ったときの私の衝動はどんなであっただろう」という表現からすると「月給ではなく日給であることに怒りを覚え」は不十分である。また「私」が「課長に何を言っても正当な評価は得られないと感じて」いるかどうかも本文から読み取れない。

⑤は、「課長が本心を示していないことはわかる」という内容は本文から読み取れない。また「私」は「此処《ここ》を辞める決心をかためていた」のだから「私」の発言は「負け惜しみ（＝負けていないと理屈をつけて言い張ること）のような主張」ではなく、自分の本心を示しただけのものである。

問6　自分の飢えを満たしてくれない会社を辞めた「私」の心情を問う問題　18　④

課長に会社を辞めることを告げた「私」は、その一方で、この会社を辞めたらどうなるのかという危惧を抱く。それでも「ふつうのつとめをしていては満足に食べて行けないなら、私は他に新しい生き方を求めるよりなかった」。「盗みもする必要がない、静かな生活を、私はどんなに希求していたことだろう。しかしそれが絶望であることがはっきり判ったこの瞬間」「私はむしろある勇気がほのぼのと胸にのぼってくるのを感じていた」。こうした内容がおさえられている**④が正解**。

①は、「その給料では食べていけないと主張できた」から「自由に生きようと徐々に思い始めている」という因果関係は本文から読み取れない。

②は、「課長に言われた言葉を思い出す」から「自信が芽生えてき」たという因果関係は本文から読み取れない。

③は、「物乞いをしてでも生きていこうと決意を固めている」ことが本文から読み取れない。

⑤は、「課長が自分に期待していた事実があることに自信を得」たから「新しい生活を前向きに送ろう」と思ったという因果関係は本文から読み取れない。

問7　【資料】【構想メモ】【文章】を踏まえて本文の内容を問う問題

小問(i)(ii)について考える前に、【資料】【構想メモ】【文章】の内容を確認しておく。

【資料】

「広告」と「補足」から読み取れることは、「マツダランプの広告」が戦中・戦後と「電球を大切にして下さい」という同じことを主張していることである。

【構想メモ】

(1) 戦中・戦後も物資が不足している。戦前の広告を戦後に再利用している。

(2) 「マツダランプの広告」と「焼けビル」には共通点がある。

【文章】

【資料】の中の「マツダランプの広告」と、本文で描かれた「焼けビル」と会長の仕事のやり方の共通点＝ Ⅰ

「かなしくそそり立っていた」という「焼けビル（＝『私』の勤めていた会社の入っているビル）」が象徴するもの＝ Ⅱ

(i) **【文章】の中の Ⅰ に入るものを選ぶ問題　19　③**

戦中も戦後も「電球を大切にして下さい」と同じことを主張している「マツダランプの広告」と戦中・戦後と存在する「焼けビル」の共通点は、戦中・戦後と変化しないことである。さらに Ⅰ の直後にある「本文の会長の仕事のやり方とも重なる」という表現も、戦中・戦後と会長の考えが変化していないことを意味している。こうした内容がおさえられている**③が正解**。他の選択肢に関しては、【資料】【構想メモ】【文章】の全てにおいて焦点が当てられているのは物資不足である以上、戦中・戦後で変わらないものとして、①「戦時下の軍事的圧力の影響」、②「戦時下に生じた倹約の精神」、④「戦時下の国家貢献を重視する方針」といったことを指摘するのがおかしい。

(ii) **【文章】の中の Ⅱ に入るものを選ぶ問題　20　②**

この設問では Ⅱ の直前の「本文の最後の一文に注目して『私』の『飢え』について考察すると」という表現が解答を決める鍵となる。本文の最後の一文では「この焼けビルは、私の飢えの季節の象徴のようにかなしくそそり立っていた」ということが述べられている。したがって、この内容がおさえられている**②が正解**。他の選択肢に関しては、①「給料を払えない会社」、③「今までの飢えた生活……との決別」、④「飢えから脱却する勇気を得たこと」が本文の最後の一文の内容とずれている。

第3問　古文

【出典】

『俊頼髄脳』

成立年代　平安時代後期

ジャンル　歌論

作者　源俊頼

内容　源俊頼が、関白藤原忠実《ただざね》の娘の勲子《くんし》のために述作したものである。和歌を詠むための手引き書として書かれたものだが、和歌の種類、和歌の効用、題詠、秀歌の例など幅広い内容が記され、作歌のための実用書として、和歌説話も豊富に取り込んで具体的な心得を説いている。今回の本文も、和歌説話的な箇所からの出題であった。

〈問4に引用されている文章〉

『散木奇歌集』

成立年代　平安時代後期

ジャンル　歌集

作者　源俊頼

内容　俊頼は『万葉集《まんようしゅう》』以来の古典に精通し、新奇な表現や俗語を多用して、独自の新風を展開したが、晩年に自らの和歌を集大成したものが『散木奇歌集』で、一六二二首（重複三首）を収める。十巻。勅撰《ちょくせん》和歌集のように、整然と部立て（＝和歌を四季・恋・雑などの部に分けること）がなされている。「散木」は「役に立たない木材」の意だが、これは、俊頼が白河《しらかわ》上皇の命令により第五番目の勅撰和歌集『金葉《きんよう》和歌集』を撰進するなど歌道の権威でありながら、官人としては従四位上《じゅしいじょう》の木工頭《もくのかみ》で終わったことによる。

【全文解釈】

皇后に仕える役人たちが集まって、（船遊びに使う）船をどうしたらよいか（と相談して）、紅葉（した枝）をたくさん取りに行かせて、（それを）船の屋根にして、船を操作する人は従者で若いような従者を指名したので、（指名された従者は）急いで狩袴を（今回の催しにふさわしいように）染めるなどして派手に準備をした。その（船遊びの）日になって、人々が、皆参集した。「御船は準備しているか」とお尋ねになったところ、「すべて準備しています」と申し上げて、その（船遊びの）時になって、（頼通《よりみち》邸の庭の池の）島陰から漕ぎ出した船を見ると、どこまでも、（磨き上げて）ひたすら輝いている船を二艘《そう》、飾り立てて出て来た様子は、たいそう風情があった。

人々は、皆分かれて（船に）乗って、楽器の数々を、皇后寛《かん》子《し》からお借りして、そのこと（＝楽器の演奏）をする人々を、（船の）前方に座らせて、徐々に船を動かすうちに、南の普賢《ふげん》堂《どう》に、宇治《うじ》の僧正が、（当時は）僧都の君と呼び申し上げた時で、御修法をしていらっしゃったのだが、このようなことがあるということで、あらゆる僧たち、（すなわち）年配の僧や、若い僧が、集まって、庭に並んで座っていた。寺院で召し使われる稚児《ちご》や、供の法師にいたるまで、花模様の刺繍の装束で着飾って、（僧たちの）後ろに下がって群がって座っていた。

その中に、良暹といった歌人がいたのを、殿上人が、見知っていたので、「良暹が伺候しているのか」と尋ねたところ、良暹は、目を細めて笑って、平伏して伺候して（返事をしないで）いたので、そばに若い僧がいたのが気づいて、「そうでございます」と申し上げたところ、「あの者を、船にお呼び寄せになって乗せて連歌などをさせるようなことは、どうであろうか」と、もう一艘の船の人々に相談し申し上げたところ、「どうであろうか。（そう）するべきではない。後世の人が、そうしなくて（＝良暹を船に乗せてなくて）もきっとよかったことだなあと申し上げるだろうか」などと言ったので、それももっともなことだということで、乗せないで、ただそのまま（の場所で）連歌などはさせてしまおうなどと決めて、（良暹の）近くに（船を）漕ぎ寄せて、「良暹よ、（この場に）ふさわしい連歌などを詠んで献上せよ」と、人々が申し上げなさったところ、（良暹は）相当な者であって、もしかしたらそのようなこともあるだろうかと思って準備していたのであろうか、（人々の言葉を）聞いたのに従ってすぐにそばの僧に何か言ったところ、その僧が、もったいぶって船の方に近づいていって、

「（屋根に飾った）紅葉の葉が焦がれ（＝色づい）て、自然と漕いで（池を進んでいくのが）見える御船だなあ。

と申し上げているのです」と言いかけ申し上げて帰った。

（良暹に呼びかけた）人々は、これを聞いて、二艘の船（に乗っている人々）に聞かせて、（句を）付けようとしたがなかなか付けられなかったので、船を漕ぐともなくて、ゆっくり築島をめぐって、一周する間に、（句を）付けて言おうとしたが、付けることができなかったので、むなしく（一周が）終わってしまった。「どのようか」「遅い」と、互いに二艘の船（の人々）が言い争って、二周（めぐること）になってしまった。やはり、付けることができなかったので、船を漕がないで、島の陰で、「どう考えてもよくないことだ、これ（＝良暹の句）に対して今まで（句を）付けないことは。日はすっかり暮れてしまった。どうしたらよいだろうか」と、今は、（句を）付けようという気持ちはなくて、付け（ることができ）ないで終わってしまうようなことを嘆くうちに、何もわからなくなってしまった。

仰々しく楽器をお借りして船に乗せていたのも、少しも、かき鳴らす人もいなくて終わってしまった。こう言い議論するうちに、普賢堂の前にあれほど多くいた人は、皆座を立ってしまった。人々は、船から下りて、（皇后の）御前で詩歌管絃の遊びをしようなどと思ったけれども、このことのせいで思う通りにはならないで、皆逃げてそれぞれ姿を消してしまった。皇后に仕える役人は、準備をしたけれども、無駄に終わってしまった。

〈問４に引用されている文章〉

人々が大勢石清水八幡宮の御神楽に参上したときに、催しが終わって次の日、別当法印光清の堂の池の釣殿に人々が並んで座って楽しんでいたときに、「（私）光清は、連歌を作ることには心得があることと思われる。たった今連歌（の句）を付けたい」などと申し上げていたので、形ばかりということで申し上

げた（句）、
釣殿の下には魚が住まないのだろうか。　俊重
光清はしきりに考えたけれども、付けることができないで終わってしまったことなどを、（家に）帰って（俊重が）語ったので、試しにということで（付けた句）、
釣殿の梁ではないが、釣針の影が池の底に映って見えていることだ。　俊頼

【設問解説】

問1 短語句の解釈問題　21 ③　22 ④　23 ②

(ア) やうやうさしまはす程に

やうやう	さしまはす	程	に
副詞	動詞 サ行四段活用「さしまはす」連体形	名詞	格助詞

やうやう
1 さまざま。いろいろ。
2 徐々に。次第に。だんだんと。
3 やっとのことで。かろうじて。
＊1は「様様」、2・3は「漸う」と表記される。

程
1 時間的な程度
ア （～している）間。うち。
イ （～の）ころ。
ウ 時間。
2 空間的な程度
ア 距離。
イ 広さ。
ウ （～の）あたり。
3 人事に関わる程度
ア 身分。家柄。
イ 年齢
4 事物の程度
ア 程度。様子。

「やうやう」の意味に該当するのは、②「あれこれ」（前記1）、③「徐々に」・④「次第に」・⑤「段々と」（いずれも前記2）である。「程」の意味に該当するのは、②・③「うち」（前記1ア）、⑤「ころ」（前記1イ）である。「さしまはす」は、「まはす」に接頭語「さし」が付いたもので、文脈から意味を判断することになる。

傍線部の前から傍線部にかけての部分では、主語「人々」の行為として「乗り分かれ」「申し出だし」「おき」「さしまはす」と述語が続き、「そのことする人々」は管絃の演奏をする人々を指す。つまり、文頭の「人々」が、船に乗り分かれ、楽器を借り、演奏する人々を前に置いて、「さしまはし」ているという文脈である。このように、乗船中の人々が主語であることから、傍線部の「さしまはす」は、③「船を動か

す」の意と解するのが正しい。⑤は「そのことする人々」を主語としなければならない点や、「さしまはす」を「演奏が始まる」とは解釈できない点が誤りである。**正解は③**である。

(イ)　**ことごとしく歩みよりて**

形容詞 シク活用 「ことごとし」 連用形	動詞 ラ行四段活用 「歩み寄る」 連用形	接続助詞
ことごとしく	**歩みより**	**て**

ことごとし
1　仰々しい。大げさだ。ものものしい。

「ことごとしく」の意味に該当するのは、④「もったいぶって」だけである。

「歩みよりて」の解釈について文脈を確認すると、ここは良暹のそばにいた僧が良暹の詠んだ句を聞き、取り次ぐために船に近づいて、殿上人たちに言いかけたという場面なので、「船の方に近づいていって」という④の解釈は適当である。

正解は④でよい。

(ウ)　**かへすがへすも**

副詞	係助詞
かへすがへす	**も**

かへすがへす
1　何度も。
2　どう考えても。つくづく。重ね重ね。
3　ひとえに。非常に。

「かへすがへす」の意味に該当するのは、②「どう考えても」のみである。

「かへすがへす」は副詞で、その後の「わろきことなり」に係る。②以外は、「かへすがへす」を動詞の連体形と考える解釈である。①は「繰り返す」、③は「句を返す」、④は「引き返す」、⑤は「話し合う」と、それぞれ意味は異なるが、動詞の連体形として解釈する点は同じである。しかし、「かへすがへす」に動詞の働きはない。文脈は、傍線部の後に「付けでやみなむことを嘆く」とあり、貴族たちが良暹の句によい付け句を思いつかずに困る場面なので、②で解釈して「どう考えてもよくないことだ」とするのは文脈に合うが、それ以外の選択肢は文脈にも合わない。よって、**正解は②**。

問2　語句と表現に関する説明問題　24　③

①は、「若からむ」の「らむ」を「現在推量の助動詞」としている点が不適当である。波線部**a**は、品詞分解をすると、次のようになる。

形容詞 ク活用 「若し」 未然形	助動詞 婉曲 「む」 連体形
若から	**む**
若い	ような

「若から」は、形容詞の活用のしかたから、ク活用形容詞「若し」の未然形だと判断できる。「らむ」の部分が助動詞「らむ」であれば、終止形（ラ変型活用語は連体形）に接続するが、「若か」はそれに該当せず、接続が合わない。推定の助動詞「なり」「めり」や、推量の助動詞「べし」などがラ変型活用語の連体形に接続すると、連体形活用語尾が撥音便（あるいは撥音便の無表記）となるが、「らむ」は一般にはそのような撥音便化はおきない。形容詞の補助活用（カリ系列の活用）もラ変型活用だが、「若からむ」の「若か」を連体形の撥音便無表記と考えることは不適当である。

②は、「侍り」について、「読み手への敬意を込めた表現」としている点が不適当である。波線部**b**は、品詞分解をすると、次のようになる。

副詞	助動詞 断定「なり」連用形	動詞 ラ行変格活用「侍り」終止形
さ	**に**	**侍り**
そう	で	ございます

「に」は、非活用語である副詞「さ」に接続しており、「～に侍り」を「～でございます」と訳すことができる。よって、「に」は断定の助動詞「なり」の連用形、「侍り」は丁寧の補助動詞である。また、波線部**b**は会話文であり、会話文中の丁寧語は、話し手から聞き手への敬意を表す。ここは、殿上人が良暹に声をかけたところ、良暹が平伏して答えないので、そばの若い僧が代わりに答える場面である。よって、「侍り」は話し手の「若き僧」から、聞き手の「殿上人」への敬意を込めた表現になっている。

③が正解である。波線部**c**は、品詞分解をすると、次のようになる。

動詞 カ行下二段活用「まうく」連用形	助動詞 完了「たり」連用形	助動詞 過去「けり」連体形	助動詞 断定「なり」連用形	係助詞 疑問
まうけ	**たり**	**ける**	**に**	**や**
準備し	てい	た	のであろ	うか

「や」は係助詞で、後に「あらむ」などが省略されている。この「にやあらむ」は「～であろうか」などと訳すことができる。「や」は疑問の係助詞である。このように、文中に係り結びの表現「や……連体形」「か……連体形」があり、そこで文が終わっていない場合は、係り結びを含む部分に、その後に続く内容について、作者や語り手の想像・推測が表されていると考えてよい。ここは、良暹が船に乗っている殿上人から連歌を詠むように言いかけられ、すぐに句を詠んだことに関して、良暹は、歌詠みとして相当な者であるから、もしかすると和歌を披露するようなこともあるかもしれないとあらかじめ予想しているのではないかと、作者が推測して「まうけたりけるにや」と表現しているのである。

④は、「ぬ」を「強意の助動詞」としている点が不適当である。波線部**d**は、品詞分解をすると、次のようになる。

名詞	副助詞	動詞	助動詞	係助詞
		カ行下二段活用	打消	
		「付く」未然形	「ず」連体形	
今	**まで**	**付け**	**ぬ**	**は**
今	まで	付け	ないの	は

「ぬ」の識別

1　打消の助動詞「ず」の連体形
《未然形に接続する》

2　完了の助動詞「ぬ」の終止形
《連用形に接続する》

＊未然形・連用形が同形の語に接続している場合は、「ぬ」の活用形で判断する。

波線部**d**の「ぬ」は、動詞「付け」に接続している。「付け」の終止形は「付く」で、カ行下二段活用動詞である。未然形も連用形も「付け」という形になるので、接続から「ぬ」を識別することはできない。そこで、この「ぬ」の活用形が何形かを考える。「ぬ」の直後には係助詞「は」があるが、「は」は活用語であれば連用形や連体形に付くので、「ぬ」は終止形ではなく連体形と判断できる。よって、「ぬ」は完了の助動詞「ぬ」ではなく、打消の助動詞「ず」の連体形である。したがって、「『人々』の驚きを強調した表現」という説明も、不適当である。

なお、完了の助動詞「ぬ」には強意の意味もあるが、「ぬ」が強意になるのは、直後に「む」「べし」などの推量の助動詞が付く場合であるので、この点からも、「強調した表現」とはいえない。

⑤は、「なり」を「推定の助動詞」としている点が不適当である。波線部**e**は、品詞分解をすると、次のようになる。

動詞	助動詞	動詞	助動詞
ヤ行下二段活用	打消	ラ行四段活用	完了
「覚ゆ」未然形	「ず」連用形	「なる」連用形	「ぬ」終止形
覚え	**ず**	**なり**	**ぬ**
わから	なく	なっ	てしまった

「なり」の識別

1　断定の助動詞「なり」
《非活用語・連体形に接続する》

2　伝聞・推定の助動詞「なり」
《終止形（ラ変型活用語は連体形）に接続する》

＊ラ変型活用語の連体形に接続する時、連体形の活用語尾が「ん」と撥音便化したり、「ん」が表記されない場合がある。

3　ラ行四段活用動詞「なる（成る）」
「―と」「―に」、形容詞の連用形「―く」「―しく」、または、打消の助動詞の連用形「―ず」などの後にあることが多い。

＊動詞「なる」は、「鳴る」（ラ行四段活用）や「馴《な》る」（ラ行下二段活用）などの場合もある。

4　ナリ活用形容動詞の活用語尾
　物事の様子や状態を表す語に「―かなり」「―やかなり」「―げなり」が付いている場合は、全体で一語の形容動詞と考えてよい。

　波線部eの「なり」は助動詞「ず」に接続している。「ず」は活用形から連用形か終止形だとわかるが、ここで注意が必要なのは、「ず」は、直後に助動詞が続く場合は原則として補助活用（ザリ系列の活用）となるということである。よって、「ず」を終止形、「なり」を伝聞・推定の助動詞と考えることはできない。「ず」は連用形で、「なり」は前記3のラ行四段活用動詞「なる」の連用形と考えるのが適当である。「～ずなる」という形になった場合は、「～なくなる」「～ないで終わる」などと訳すことも、あわせて覚えておくとよい。
また、波線部eの「なり」は推定の助動詞ではないのだから、選択肢の「今後の成り行きを読み手に予想させる」という説明も不適当である。

問3　**段落の内容についての説明問題**　25　⑤

1～3段落の内容説明の問題である。選択肢の内容と対応する箇所を探して丁寧に訳し、選択肢と照らし合わせることが大切である。

　①は、「当日になってようやく……準備し始めた」が不適当である。宮司の船の準備の様子は1段落に記されている。

　船をばいかがすべき、紅葉を多くとりにやりて、船の屋形にして、……その日になりて、人々、皆参り集まりぬ。（1段落1・2行目）

　宮司は、「紅葉を多くとりにやりて、船の屋形にして」とあるように、事前に紅葉の葉で船の飾り付けなどの準備をしている。「その日になりて、人々、皆参り集まりぬ」とあるが、この「人々」とは船に乗る殿上人たちであって、宮司が当日になってやっと準備を始めたということではない。

　②は、「祈禱を中止し、供の法師たちを庭に呼び集めた」が不適当である。宇治の僧正については2段落に記されている。

　南の普賢堂に、宇治の僧正、僧都の君と申しける時、御修法しておはしけるに、かかることありとて、……集まりて、庭にゐなみたり。童部、供法師にいたるまで、繡花装束きて、さし退きつつ群がれゐたり。（2段落2・3行目）

　宇治の僧正は御修法をしていたが、祈禱を中止したとも供の法師たちを呼び集めたとも書かれていない。

　③は、「良暹は、……船に乗ることを辞退した」が不適当である。良暹が船に乗らなかったいきさつについては3段落に記されている。

　「あれ、船に召して乗せて連歌などせさせむは、いかがあるべき」と、いま一つの船の人々に申しあはせければ、「いかが。あるべからず。……」などありければ、さもあることとて、乗せずして、ただながら連歌などはせさせてむなど定めて、（3段落2～5行目）

　船に乗った殿上人が、もう一艘の船の人々に、良暹を船に乗せて連歌をさせることはどうかと相談したのに対して、もう一艘の船の殿上人たちがそうするべきではないと反対したので、良暹を船に乗せないことに決めたのである。良暹が自ら辞退したのではない。また、「句を求められたことには喜びを感じていた」も、本文に根拠のない記述である。良暹は[3]段落のはじめで殿上人に声をかけられた際には「目もなく笑みて」と笑っているが、句を求められた際には、「かたはらの僧にものを言ひければ」と句を告げたことが書かれているだけである。

④は、連歌を行う理由について、「管絃や和歌の催しだけでは後で批判されるだろうと考え」としている点が不適当である。連歌を行うきっかけは、[3]段落に記されている。

その中に、良暹といへる歌よみのありけるを、……「あれ、船に召して乗せて連歌などせさせむは、いかがあるべき」と、いま一つの船の人々に申しあはせければ、「いかが。あるべからず。後の人や、さらでもありぬべかりけることかなとや申さむ」（[3]段落1～4行目）

③でも述べたように、ある殿上人が、歌人の良暹がいるのに気づいて、良暹に連歌をさせることを提案したのであって、「管絃や和歌の催しだけでは後で批判されるだろう」と考えたからではない。また、殿上人が考えた、後世の人からの批判の内容は、良暹を船に乗せることに対してのものであり、連歌をしないことへのものではない。

⑤が正解である。良暹のそばにいた若い僧については、[3]段落に記されている。

殿上人、見知りてあれば、「良暹がさぶらふか」と問ひければ、良暹、目もなく笑みて、平がりてさぶらひければ、かたはらに若き僧の侍りけるが知り、「さに侍り」と申しければ、（[3]段落1・2行目）

殿上人が声をかけてきたとき、良暹は平伏して伺候していた。これは、良暹の「かしこまる」態度だといえる。そして、良暹がそのような態度のまま答えなかったので、そばにいた若い僧が、代わりに「さに侍り（＝そうでございます）」と答えたのである。

問4　別の文章を踏まえた本文の読解問題　[26] ④　[27] ①　[28] ③

本文の作者源俊頼の私家集である『散木奇歌集』の一節を踏まえて、本文の理解を問う設問で、共通テスト古文の特徴的な設問である。『散木奇歌集』の一節を読んだ後の教師と生徒の会話が示され、生徒の発言中の空欄を埋めるというもので、会話の内容も参考にしながら、示された文章を読み、設問に取り組んでいくとよい。

(i)『散木奇歌集』の俊重の句と俊頼の句について、句の解釈とそのつながりが問われている。掛詞に注目するように促した教師の発言を受けて、生徒Bが空欄 [X] を含む発言をしているので、ここでは連歌における掛詞の判断がポイントとなる。なお、句の解釈においても、通常の文章を読むのと同様に、まず単語に分けて逐語訳をすることが肝要で、その逐語訳を踏まえた掛詞の判断が求められることに留意する。

22

まず、俊重の句について考える。

名詞	格助詞	名詞	格助詞	係助詞	名詞	係助詞 疑問
釣殿	**の**	**下**	**に**	**は**	**魚**	**や**
釣殿	の	下	に	は	魚が	

動詞 「すむ」 マ行四段活用 未然形	助動詞 「ず」 打消 未然形	助動詞 「む」 推量 連体形
すま	**ざら**	**む**
住ま	ない	のだろう か

「すま」は、「釣殿の下には魚が」という内容に続いていることを考えると、「住む」の意であり、「魚やすまざらむ」は「魚が住まないのだろうか」と訳すことができる。

次に、俊頼が付けた句を考える。

名詞	格助詞	名詞	名詞	格助詞	動詞 ヤ行下二段活用 「見ゆ」 連用形	接続助詞
うつばり	**の**	**影**	**そこ**	**に**	**見え**	**つつ**
梁 (釣)針	の	影が	そこ 底	に	見え	ていることだ

「うつばり」は、(注4)に「屋根の重みを支えるための梁」と説明があり、ここでは釣殿の梁だと判断できる。また、「釣殿」は『散木奇歌集』の詞書にも「別当法印光清が堂の池の釣殿」とあるように、池のそばにある建物だから、「そこ」は池の「底」の意と考えられる。それらを踏まえて解釈すると、「梁の影が池の底に映って見えて」などとなる。句を付ける場合は、先に詠まれた句（ここでは、俊重の「釣殿の」の句）と内容がつながるように詠む必要があるが、この訳では、「釣殿の」の句と意味がつながらない。そういった場合は、修辞（ここでは掛詞）を考える。「釣殿の下には魚が住まないのか」という句に付けていることから、「うつばり」の「はり」には「(釣)針」の意味が掛けられていると考え、「梁ならぬ釣針の影が池の底に映って見えていることだ」などと解釈すると、「釣殿の下には魚が住まないのだろうか」という句とうまくつながる。よって、それを説明している**④が正解**である。

①は、「魚やすまざらむ」を、「魚の姿が消えてしまった」と解釈している点が不適当であり、その理由として「皆が釣りすぎたせいで」とするのも、俊重の句からは読み取れない内容である。俊頼の句の説明の、「『そこ』に『底』を掛けて」は間違いではないし、「うつばり」の「はり」には「釣針」の意が掛けられているが、俊頼の句を「水底にはそこかしこに釣針が落ちていて、昔の面影をとどめている」と解釈することはできない。

②は、選択肢全体が不適当である。「すむ」に「心を休める」という意味はないので、俊重の句の「魚やすまざらむ」を「魚は心を休めることもできないだろうか」と解釈することはできないし、俊頼の句を、「うつ」に「鬱」を掛けてあると考えて「梁の影にあたるような場所だと、魚の気持ちも

沈んでしまう」と解釈することもできない。

❸は、まず、「魚やすまざらむ」を「魚の姿は見えない」と、「や」「む」を無視して解釈している点が不適当である。また、「すむ」が「住む」と「澄む」との掛詞となることはあるが、ここでは「澄む」の意で解釈しても意味が通じないので、「澄む」が掛けられていると考えることもできない。さらに、「そこ」は「あなた」の意で使われることもあるが、俊頼の句を「そこにあなたの姿が見えた」と解釈することはできず、ここでは「そこ」は「あなた」との掛詞であるとは考えられない。

(ii)　船に乗った殿上人が良暹の近くに船を漕ぎ寄せて、「ふさわしい連歌をせよ」と言ったのに応じて、良暹が詠んだ句の解釈の問題である。

名詞	格助詞	動詞 ラ行下二段活用「こがる」連用形	接続助詞	動詞 ヤ行下二段活用「見ゆ」連体形	名詞	終助詞 詠嘆
もみぢ葉	**の**	**こがれ**	**て**	**見ゆる**	**御船**	**かな**
紅葉の葉	が	焦がれ 漕がれ	て	見える	御船	だなあ

リード文にあるように、殿上人たちは、皇后寛子のために船遊びをしようとしている。紅葉で飾り立てた船に乗り、詩歌や管絃の遊びをして、皇后寛子を楽しませようとしたものと考えられる。そして、歌人でもあった良暹が、船に乗っている殿上人から、場にふさわしい連歌をせよと命じられて詠んだのがこの句である。このような状況から、「もみぢ葉」は、船に飾りつけられている紅葉を指し、「御船」は紅葉が飾られた、殿上人たちが乗っている船だと考えるのが適当である。「もみぢ葉の」に続いていることから「こがれ」は「焦がれ」と考えられ、ここでは紅葉が「色づく」ことを表すが、「こがれて見ゆる御船」と後に続くことから、「こがれ」には「漕がれ」の意味が掛けられていると考えるのが適当である。よって、これらを説明した**①が正解**である。

❷は、選択肢全体が不適当である。寛子への恋心を伝えることは、殿上人と連歌をするという場にふさわしくなく、「寛子への恋心を伝えるために詠んだ」とは考えられないし、そもそも、良暹が寛子に恋心を抱いていたということも本文から読み取れない。よって、「こがれて」に「恋い焦がれる」の意が込められているとは考えられない。「御船」も、「御」という尊敬の意の接頭語が用いられているのだから、良暹自身をたとえたと考えることはできない。

❸は、選択肢全体が不適当である。船遊びは皇后寛子のためのものであるが、句の逐語訳は「紅葉の葉がこがれて見える御船だなあ」となり、「もみぢ葉」と「御船」が比喩だとすると、たとえば、「紅葉の葉（＝寛子）がこがれて見える御船（＝藤原氏）だなあ」といった解釈となり、文意が通じない。よって、「頼通や寛子を賛美するために詠んだ句」ともいえない。

❹は、「寛子やこの催しの参加者の心を癒やしたい」が、本文に根拠のない説明である。良暹は、船遊びの場にふさわ

しい連歌をするよう求められて詠んだのであり、寛子や殿上人などの心を癒やしたいと思って詠んだのではない。

(iii) 空欄[Z]は、良暹の句に、別の人が七・七の句を付けることが求められているという状況を踏まえたうえで、[4]・[5]段落の内容を問う設問である。

①は、「良暹を指名した責任について殿上人たちの間で言い争いが始まり」が不適当である。本文[4]段落では次のようにある。

やうやう築島をめぐりて、一めぐりの程に、付けて言はむとしけるに、え付けざりければ、むなしく過ぎにけり。「いかに」「遅し」と、たがひに船々あらそひて、二めぐりになりにけり。（[4]段落1〜3行目）

殿上人たちは、「良暹を指名した責任」について言い争ったのではなく、お互いに付句《つけく》ができないことについて、「遅い」などと言い争ったのである。

②は、「自身の無能さを自覚させられ、これでは寛子のための催しを取り仕切ることも不可能だと悟り」が不適当である。本文[4]段落には次のようにある。

付けでやみなむことを嘆く程に、何事も覚えずなりぬ。

（[4]段落4・5行目）

良暹の句に、付句ができず、殿上人たちは「何事も覚えずなりぬ」というが、無能さの自覚が宴の中止の理由だとは書かれていない。

③が正解である。[4]段落の、池を二周してもまだ付句ができないという内容が、選択肢の「殿上人たちは良暹の句にその場ですぐに句を付けることができず」に合致し、[5]段落の「ことごとしく管弦の……いささか、かきならす人もなくてやみにけり」「人々、船よりおりて……皆逃げておのおの失せにけり」「宮司、まうけしたりけれど、いたづらにてやみにけり」が、選択肢の「催しの雰囲気をしらけさせたまま帰り」「宴を台無しにしてしまった」に合致する。

④は、「連歌を始めたせいで予定の時間を大幅に超過し」「せっかくの宴も殿上人たちの反省の場となった」が不適当である。殿上人たちが連歌で付句ができなかったために、庭で待っていた人々は帰ってしまったのであって、予定時間を超過したためとはいえない。また、殿上人たちは船から下りて、皆が姿を消してしまったのだから、宴は「反省の場」となってはいない。

第4問　漢文

【出典】

『白氏文集《はくしぶんしゅう》』全七十五巻（現存は七十一巻）。唐の白居易《はくきょい》の詩文集。中国本土だけでなく、朝鮮やわが国など漢字文化圏で広く流布した。わが国では、白居易の在世中に写本がもたらされて宮中を中心に大いに愛読され、それ以後の文学に多大な影響を与えた。本文は、巻四十六に収載の「族類を以て賢を求むるを請ふ」と題する文章である。

白居易（七七二～八四六）は、唐の詩人、字《あざな》は楽天。二十九歳で官吏登用試験に合格して中央官僚として活躍したが、権力闘争に巻き込まれてたびたび左遷された後は、中央の官界の抗争を嫌って地方官を希望して歴任した。平明な語彙や表現を用いた新しい詩体を考案し、政治や社会を批判する「諷諭詩《ふうゆし》」に巧みであった。

【本文解説】

本文は、リード文に記されている通り、白居易が官吏登用試験に備えて自作した【予想問題】と【模擬答案】である。ただし、【出典】でも説明したように、原典はひとつながりの文章であり、内容によって序論（問題提起）と本論とに分け、それぞれ便宜的に【予想問題】と【模擬答案】と見出しを付けた体裁である。

【予想問題】では、古来君主は賢者を登用したいと思っており、賢者は君主の役に立ちたいと思っているのに、君主と賢者が巡り会わないのはなぜか、と問題を提起する。つまり、主題は「君主が賢者を探す方法」である。

【模擬答案】は、形式段落で二つに分けられているので、順次内容を確認してみよう。

第一段落では、【予想問題】での問題提起を受けて、君主が賢者を得られず、賢者が登用の機会を得られない理由は、身分の差が大きく、朝廷と民間の距離が遠く、賢者にとって君主の存在があまりに遠いことであると、端的に解答を提示する。

第二段落では、賢者を探すには、賢者の「族類」（＝グループ）に注目し、その「族類」の者に適任者を推薦させる方法が最良であると主張する。そして、「糸と矢」という卑近な比喩を用いて詳述する。糸は針を、矢は弦を、それぞれ頼りとしなければ、糸も矢もそれ自身単独では働けない。「糸と矢」と同じように、賢者や善人もたった一人で行動するのではなく、賢者や善人同士で「族類」を成して互いに通じ合い助け合い、愚者や悪人もたった一人で事を行うのではなく、愚者や悪人同士で「族類」を成して通じ合い助け合う。「類は友を呼ぶ」という慣用句を思い浮かべるとわかりやすいだろう。同類の者同士が求め合って集まり、「族類」を成すのは、水が湿ったところに流れ、火が乾燥したところへ広がるのと同じように、「自然之理也」（自然の道理である）と結んでいる。

人材登用の理想は、任官希望者の一人一人の能力を見極め、能力ある者を適材適所に用いることであろう。しかし、実際に行うのは難しい方法である。そこで、作者の白居易は、「族類」に注目し、賢者の「族類」に属する者に、自分の仲間の中から適任者を推薦させる方法を考えたのである。人はそれぞれ個性を持っていて、それぞれ異なった人柄であるが、「同類の者同士は引き合い、寄り集まる」のも人の性質であろう。

【書き下し文・予想問題】

問《と》ふ、古《いにしへ》より以来《いらい》、君《きみ》たる者其《ものそ》の賢《けん》を求《もと》むるを思《おも》はざるは無《な》く、賢《けん》なる者其《ものそ》の用《よう》を効《いた》すを思《おも》はざるは罔《な》し。然《しか》れども両《ふた》つながら相遇《あひあ》はざるは、其《そ》の故《ゆゑ》は何《なん》ぞや。今之《いまこれ》を求《もと》めんと欲《ほっ》するに、其《そ》の術《じゅつ》は安《いづ》くに在《あ》りや。

【書き下し文・模擬答案】

臣聞《しんき》く、人君《じんくん》たる者其《ものそ》の賢《けん》を求《もと》むるを思《おも》はざるは無《な》く、人臣《じんしん》たる者其《ものそ》の用《よう》を効《いた》すを思《おも》はざるは無《な》しと。然《しか》り而《しか》して君《きみ》は賢《けん》を求《もと》めんとして得《え》ず、臣《しん》は用《よう》を効《いた》さんとして由無《よしな》きは、豈《あ》に貴賤《きせん》相懸《あひへだ》たり、朝野《てうや》相隔《あひへだ》たり、堂《だう》は千里《せんり》よりも遠《とほ》く、門《もん》は九重《きうちよう》よりも深《ふか》きを以《もつ》てならずや。

臣以為《しんおも》へらく、賢《けん》を求《もと》むるに術《じゅつ》有《あ》り、賢《けん》を弁《べん》ずるに方《はう》有《あ》り。方術《はうじゅつ》は、各《おのおの》其《そ》の族類《ぞくるい》を審《つまび》らかにし、之《これ》をして推薦《すいせん》せしむるのみ。近《ちか》く諸《これ》を喩《たと》へに取《と》れば、其《そ》れ猶《な》ほ線《いと》と矢《や》とのごときなり。線《いと》は針《はり》に因《よ》りて入《い》り、矢《や》は弦《げん》を待《ま》ちて発《はっ》す。線矢有《せんしあ》りと雖《いへど》も、苟《いやし》くも針弦無《しんげんな》くんば、自《みづか》ら致《いた》すを求《もと》むるも、得《う》べからざるなり。夫《そ》れ必《かなら》ず族類《ぞくるい》を以《もつ》てするは、蓋《けだ》し賢愚《けんぐ》貫《つらぬ》くこと有《あ》り、善悪《ぜんあく》倫《ともがら》有《あ》り、若《も》し類《るい》を以《もつ》て求《もと》むれば、必《かなら》ず類《るい》を以《もつ》て至《いた》ればなり。此《こ》れ亦《ま》た猶《な》ほ水《みづ》の湿《しつ》に流《なが》れ、火《ひ》の燥《さう》に就《つ》くがごとく、自然《しぜん》の理《り》なり。

【全文解釈・予想問題】

問う、昔から、君主は賢者を登用しようと思っており、賢者は君主の役に立ちたいと思っている。しかしながら（君主が賢者を登用することと、賢者が君主の役に立つことの）両方とも互いに巡り会わないのは、その理由はどうしてか。もしも賢者を登用したいと思うと、その方法はどこにあるのか。

【全文解釈・模擬答案】

私は（以下のように）聞いております、君主は賢者を登用しようと思っており、臣下は君主の役に立ちたいと思っていると。それなのに君主は賢者を登用しようと思っても見つけられず、臣下は（君主の）役に立ちたいと思っても方法がないのは、ひょっとして身分の高下が相互にかけ離れていて、朝廷と民間が相互に隔絶していて、君主が執務する場所が一千里よりも遠方で、王城の門が天子の宮殿よりも奥深い（ところにある）からではないでしょうか。

私が考えますに、賢者を登用するには術策があり、賢者を弁別するには方法があります。（その）術策と方法は、それぞれ同類をはっきりさせ、賢者を推薦させるというものなのです。このことを卑近な比喩で言えば、まさしくちょうど糸と矢のようなものです。糸は針を頼りにして（布地に）入り込み、矢は弦を頼りにして飛んで行きます。たとえ糸や矢があったとしても、もしも針や弦がなければ、自分で能力を発揮しようとしても、発揮できないのです。そもそも同類を頼りに（して登用）

する必要があるのは、考えますに賢者も愚者も（それぞれ）一貫するものがあり、善人も悪人も仲間がおり、もしも同類を頼りにして（人材が）やって来るはずです。この（＝人が同類を頼りにして求め合う）ことはまさしくちょうど水が湿ったところに流れ、火が乾燥したところへと広がるようなもので、自然の道理なのです。

【設問解説】

問1　語の意味の問題　29　①　30　①　31　⑤

(ア)「無レ由」は、「無」については、いずれの選択肢も「〜がない」としているので、実質的には「由」のここでの意味が問われている。さらに「由」については、①「方法」、②「伝承」、③「原因」、④「意味」、⑤「信用」としているので、「由」の名詞としての意味を考えればよい。「由」は名詞としては、「原因・理由」、「起源・由緒」、「方法・手段」という意味で用いられるが、④「意味」や⑤「信用」という意味はない。よって、④と⑤は不適切である。①「方法」・②「伝承」・③「原因」のいずれの意味が適切かは、文脈・文意を踏まえて判断する。(ア)「無レ由」の直前には、「臣《ハ》効《サントシテ》レ用《ヲ》」（臣下は〔君主の〕役に立ちたいと思っても）とあるので、ここの「由」は「方法・手段」の意味に解釈すれば、「無《シ》レ由」は「方法がない」と訳出でき、文意が成り立つ。正解は①「方法がない」である。

(イ)「以為」は、重要語であり、「以為《おもへラク》」と読んで「思うに・考えると」という意味である。「以為」は慣用句「以《もつテ》レA《ヲ》為《なス》レB《ト》」（AをBとする・AをBと思う）のAが省略された形である。「以《テ》為《なス》レB《ト》」という読み方もあるが、Bが長めの句であったり、Bを強調したりする場合は、「以為《ヘラク》B《ト》」と読む。正解は①「考えるに」である。

(ウ)「弁」は多義語であり、選択肢はいずれも「弁」を含む熟語の動詞であるので、文脈・文意を考慮してここでの適切な意味を判断する。直前には「求《ムルニ》レ賢《ヲ》有《リ》レ術」（賢者を登用するには術策があり）とあり、(ウ)「弁《ズルニ》レ賢《ヲ》有《リ》レ方」が続いている。対句であること、特に「求《ムルニ》レ賢《ヲ》」と「弁《ズルニ》レ賢《ヲ》」との対比に留意すれば、「弁レ賢有《リ》レ方」は「賢者を見分けるには方法がある」という意味に解釈するのが適切である。したがって、正解は⑤「弁別するには」である。

問2　解釈の問題　32　③

傍線部Aは前半の「君《タル》者無《ク》レ不《ルハ》レ思《ハ》レ求《ムルヲ》二其《ノ》賢《ヲ》一」と後半の「賢《ナル》者罔《なシ》レ不《ルハ》レ思《ハ》レ効《いたスヲ》二其《ノ》用《ヲ》一」の二句から成っていて、どちらの句にも「無《ク》レ不《ルハ》レ思《ハ》二――《ヲ》一」・「罔《なシ》レ不《ルハ》レ思《ハ》二――《ヲ》一」と二重否定の表現が用いられているが、この表現についてはいずれの選択肢も「――と思っており、……と思っている」と解釈しているので、ここで問われているのは、「求《ムルヲ》二其《ノ》賢《ヲ》一」と「効《いたスヲ》二其《ノ》用《ヲ》一」の解釈である。

まず、「求《ムルヲ》二其《ノ》賢《ヲ》一」から考える。「其《ノ》賢」はいずれの選択肢も「賢者」としているので、これを踏まえて直訳すると「賢者を探す」「賢者を尋ね求める」などとなる。この直訳に従うと、①「賢者の仲間を」、④「賢者の意見を」、⑤「賢者の称賛を」は、いずれも「其《ノ》賢《ヲ》」の解釈として適当ではない。

次に、「効《いたスヲ》二其用《ノヲ》一」の解釈を検討する。「効」は、「いたスヲ」という読みが与えられているが、「いたス」と読むときは、「力を出し尽くす」、「与える・差し出す」などの意味である。目的語は「其用《ノ》」であるが、「其」の解釈は選択肢によって様々なので、そのままにして「効《いたスヲ》二其用《ノヲ》一」を直訳すると、「その用途を与える」「その才能を出し尽くす」などとなる。この直訳と意味が合致する解釈は、③「君主の役に立ちたい」だけである。「君主の役に立ちたい」と解釈すれば、前半の句の「君主は賢者を登用しようと思っており」とも対比が成立する。したがって、**正解は③**である。

問3　返り点と書き下し文の問題　33　⑤

解答のポイントは、「豈《あニ》不《ずや》二――《(ナラ)》一」（なんと――ではないか）という詠嘆形、前置詞の働きをする「以《もつテ》」のかかり方、対表現の把握である。

まず、詠嘆形を捉えて「豈に――（なら）ずや」と正しく書き下している選択肢は④と⑤である。

次に「以《もつテ》」であるが、いずれの選択肢も「以《テ》二――《ヲ》一」と返読しているので、ここでは前置詞の働きをしていると判断できる。そこで、「以《もつテ》」がどこまでかかるかを考える。

留意したいのは、「以《もつテ》」に続く、「貴賤相懸」と「朝野相隔」、「堂遠於千里」と「門深於九重」が、それぞれ対表現になっていることである。また、この四句の読み方はいずれの選択肢も同一で、「貴賤相懸《あひへだタル》」と「朝野相隔《タル》」という読み方、「堂遠《ハシ》二於千里《ヨリモ》一」と「門深《ハシ》二於九重《ヨリモ》一」という読み方であり、どの句も「君主や朝廷と登用されるべき賢者との距離が遠く離れている」という趣旨である（**【全文解釈・模擬答案】**の当該箇所を参照）。したがって、「貴賤相懸《あひへだタル》」以下の四句は、ひとまとまりの意味を表すものとして捉えるのが適切である。

以上から、「以《もつテ》」は以下の四句末尾の「門深《ハシ》二於九重《ヨリモ》一」まで かかると判断でき、したがって、「以《テ》下～門深《ハキヲ》中於九重《ヨリモ》上」と返読し、詠嘆形の読み方も正しい**⑤が正解**である。ただし、ここの「豈《あニ》不《ずや》二――《(ナラ)》一」は、皇帝に呈する答案の一節なので、詠嘆形として読むものの、意味は疑問推量として「ひょっとして――ではなかろうか」と理解した方がわかりやすい。

問4　比喩の問題　34　①

傍線部C「其猶《ホ》二線《いとノ》与《レ》一レ矢《キ》也」は、「まさしくちょうど糸と矢のようなものです」と訳出できる。「其」は、「それ」と読むときは、指示代名詞ではなく副詞として働いている場合であり、ここでは強意の語として直後の再読文字「猶《ホ》二――《シ》一《ノ》」を強調している。

さて、この比喩について、「『線』・『矢』のどのような点に着目して用いられているのか」を答えるように指示がある。そこで、傍線部前後の記述を確認してみると、直前には「近《ク》取《レバこれヲたとへニ》二諸喩《ニ》一」（このことを卑近な比喩で言えば）とあるから、比喩そのものの説明は傍線部直後の「線因《リテ》レ針《ニ》而入《ハ》」（糸は針を頼りにして〔布地に〕入り込み）以下に記されているはずである。本文の末尾から3行目に「夫《レ》」（そもそも）と話題を転じる語が用いられているので、「線《ハ》因《リテ》レ針《ニ》而入《リ》」から「夫《レ》」の前の「不《ル》レ可《カラ》レ得也」（発揮できないのです）までの内容を手がかりにすればよい（**【全文解釈・模擬答案】**の当該箇所を参照）。要約すれば、「線」は「針」を、「矢」は「弦」をそれぞれ頼りにしなければ、布地を貫いて縫い合わせたり、勢いよく飛んで行って標的を射抜いたりするという、自分の力を発揮できないということである。したがって、これと同じ内容のことを述べている**①が正解**である。

問5　空欄補充と書き下し文の問題　35　③

空欄[X]を含む「[X]以類至」の直前が「若《シ》以《テ》レ類《ヲ》求《ムレバ》」（もしも同類を頼りにして〔人材を〕探せば）と条件提示であること、第二段落が「賢者を探す方法は、同類をはっきりさせて賢者を推薦させること」という内容であることを踏まえれば、「[X]以類至」は「〔人材は〕同類を頼りにしてやって来る」という方向の意味でなければならない。したがって、①「不」を入れて否定文に解釈したり、②「何」や④「誰」を入れて反語文に解釈したりするのは誤りだと判断できる。②と④は句の末尾を「～んや」と読んでいるので、反語文の選択肢として提示されていることに注目したい。

すると、空欄[X]の正解候補として、③「必」と⑤「嘗」が残るが、ここは過去のことを述べているのではなく、一般論を述べているから、「以前に」の意味の⑤「嘗《かつテ》」を入れるのは不適当であり、空欄[X]には「必」を入れて「必ず類を以て至ればなり」と書き下し、「きっと同類を頼りにして（人材が）やって来るはずです」と解釈するのが最も適当である。したがって、**正解は③**である。

問6　内容説明の問題　36　④

傍線部E「自然之理也」（自然の道理である）は、**【模擬答案】**の末尾の一文の述語である。主語は「此《レ》」であるが、「猶《ホ》水《ノ》流《レ》レ湿《ニ》、火《ノ》就《クガ》レ燥《ニ》」という比喩を伴っている。選択肢はいずれもこの比喩の訳出を含んでいるので、直訳してみると、「ちょうど水が湿り気に流れ、火が乾燥に付くように」となる。この直訳に合致するのは、④「水は湿ったところに流れ、火は乾燥したところへと広がるように」だけである。さらに、④は「此《レ》」の内容について「性質を同じくするものは互いに求め合うのが」と説明しているが、この説明は、さらに前に記述してある「賢者も善人も、愚者も悪人も、通じ合う仲間と同類を成す」という内容を受けた説明として適切である。つまり、「此《レ》亦《タ》（中略）自然之理也」とは、「性質を同じくする者は互いに求め合うのが自然（の道理）である」ということである。**正解は④**。

問7　趣旨の問題　37　④

【予想問題】の問題提起を踏まえて、**【模擬答案】**の要旨を答える問題であるから、まず、それぞれの要旨を確認する。

【予想問題】では、「古来君主は賢者を登用したいと思っているのに、君主と賢者が巡り会わないのはなぜか」との問題が提起されている

（**【本文解説】**の当該箇所を参照）。

これに対して、**【模擬答案】**では、まず第一段落で「賢者を求めている君主と、君主の役に立つことを望んでいる賢者とが身分的にそれぞれあまりにも遠く隔たっているところに居るから、互いに巡り会わないのである」と説明する。続いて第二段落では、「賢者を探すには、賢者の同類に注目し、その同類に適任者を推薦させる方法が最良である」と主張する（**【本文解説】**の当該箇所を参照）。

以上の内容を、選択肢の説明とそれぞれ対比して正誤を判定すればよい。

①は、まず「君主が賢者を採用する機会が少ない」という説明が不適切である。**【模擬答案】**では君主と臣下の身分差を指摘している。また、「採用試験をより多く実施する」ことについては、本文では言及していない。

②は、「君主の考えを広く伝えて、賢者との心理的距離を縮めたうえで」と説明するが、**【模擬答案】**には記述されていない内容である。

③は、「賢者が党派に加わらず、自分の信念を貫いているかどうかを見分けるべき」が、「同類を見極めて同類の者に賢者を推薦させる」という**【模擬答案】**の主張とは正反対の説明である。

④は、「賢者のグループを見極めたうえで、その中から人材を推挙してもらうべき」は、**【模擬答案】**の主張と合致した説明である。

⑤は、「君主が賢者を受け入れない」が、**【模擬答案】**には記述されていない内容である。

以上から、**正解は④**である。

●写真提供・協力
第1問　ユニフォトプレス

国　語

（2023年１月実施）

追試験
2023

国　語

解答・採点基準

(200点満点)

問題番号(配点)	設問	解答番号	正解	配点	自己採点
第1問 (50)	問1	1	③	2	
		2	②	2	
		3	③	2	
		4	②	2	
		5	①	2	
	問2	6	⑤	7	
	問3	7	④	7	
	問4	8	①	7	
	問5	9	②	7	
	問6	10	②	3	
		11	②	3	
		12	①	6	
第1問　自己採点小計					
第2問 (50)	問1	13	④	3	
		14	③	3	
		15	⑤	3	
	問2	16	④	5	
	問3	17	①	5	
	問4	18	⑤	5	
	問5	19	①	6	
	問6	20	④	6	
	問7	21	②	7	
		22	①	7	
第2問　自己採点小計					

問題番号(配点)	設問	解答番号	正解	配点	自己採点
第3問 (50)	問1	23	①	5	
		24	③	5	
		25	①	5	
	問2	26	②	7	
	問3	27	③	7	
	問4	28	②	7	
	問5	29	①	7	
		30	③	7	
第3問　自己採点小計					
第4問 (50)	問1	31	①	4	
		32	⑤	4	
	問2	33	②	5	
		34	④	5	
	問3	35	⑤	5	
	問4	36	①	6	
	問5	37	③	7	
	問6	38	①	7	
		39	⑤	7	
第4問　自己採点小計					
自己採点合計					

第1問　現代文（論理的文章）

【出典】

北川東子「歴史の必然性について――私たちは歴史の一部である」

北川東子（きたがわ・さきこ）（一九五二―二〇一一年）は、福岡県生まれのドイツ思想研究者。著書には、『ジンメル　生の形式』『ハイデガー　存在の謎について考える』などがある。

【本文解説】

本文は、歴史家の言葉を引用しつつ、歴史についての従来の学説を説明した上で、最後にそれとは異なる筆者の主張を提示している文章である。

本文は二十一の形式段落からなる（引用はその前の段落に含まれるものとする）が、それを五つの部分に分けて解説することとする。

Ⅰ　歴史理解は「自分の不在」の意識を前提としている（第一段落～第四段落）

筆者がキャロル・グラックやE・ホブズボームといった歴史家の言葉を紹介しながら、まず明らかにするのは、「『私たちが歴史の一部でしかない』からこそ、歴史を把握できる、あるいは把握しておきたい」という「歴史家たちの態度」である。「『私たちが歴史の一部でしかない』」とは、「『自分はそこにいない』（＝自分は不在である）』ということである」が、「『自分の不在』」を「意識」するために、私たちは「『個人の記憶に直接に残されている出来事より前の時期』としての歴史を意識するようになる」し、その「歴史について知りたいと思う」のである。

Ⅱ　歴史記述は「非対称性」の言説である（第五段落～第七段落）

次に筆者が明らかにするのは、歴史記述が「『非対称性』の言説」だということである。歴史記述が語るのは「歴史的出来事のほんの一部」であり、歴史に登場するのも「実際にその歴史を生きた人々のごく一部である」。このように「歴史記述と歴史的出来事の間」と「登場人物と体験者の間」には「圧倒的な不均衡がある」。この「不均衡」を、筆者は「『非対称性』」と表現しているのである。

Ⅲ　私たちの歴史への関心は「ゆるい関心」である（第八段落～第十二段落）

筆者は、Ⅱの部分で論じた「『非対称性』」について、「歴史の権力性であ」り、「同時に、私たちの願望の現れでもある」と述べる。「『非対称性』」が「歴史の権力性」だとは、歴史では各時代の支配者＝権力者を中心とする出来事が記述されることが多く、歴史に登場するのも支配者＝権力者が多いということだろう。では、「『非対称性』」が「私たちの願望の現れ」だとはどういうことか。筆者は、「平穏な生活が続き、自分が歴史に登場しないことも願っている。歴史的出来事に翻弄されないこと、その当事者でないことを願うのである」と言っている。つまり、「私たちの願望」とは、「平穏な生活」を送り続けるために「歴史」の「当事者でないことを願う」ことである。そして、『非対称性』」が「私たちの願望の現れ」だとは、「歴史に登場できるの」が「私たちのほんの一部の人々である」（第七段落）のは、私たちの多くが「歴史」の「当事者でないことを願」っているからだ、と理解することができる。ここで筆者は、「私が歴史に関心を抱くのは」、「歴史の当事者ではないから」、つまり「自分」が「不在」であるからだと、**Ⅰ**の部分で述べたことを繰り返している。（第八段落・第九段落）

　筆者は、「歴史の当事者ではない」ことを前提にした歴史への関心を「『ゆるい関心』」と名づけている。そして、それを「『歴史的背景』」について知りたいと思い、歴史を理解したいという関心であって、その基本は知的関心である」と説明している。それが「みずから歴史をつくり、歴史を変えたいという欲望ではない」のは当然だろう。そのような欲望を実現しようとすれば、「歴史の当事者」にならざるを得ないからである。それに続いて、筆者は「歴史家」と「私たち素人」との関係を説明する。「私たち素人」は歴史に対して「ゆるい関心」、つまり「知的関心」を抱くが、その私たちに代わって、「このような知的関心を徹底的に追究し、歴史を接近可能にし、あるいは理解可能にしてくれる」のが「歴史家」なのである。ここで注意しなければならないのは、「歴史家」の歴史へ関心も「私たち素人」のそれと同様に「『ゆるい関心』」であり、「実践的・政治的な関心」ではないということである。筆者によれば、「私たちは、暗黙のうちに、歴史について語るときは歴史家の研究や仕事を参照」するが、それは「私たちの歴史への関心が『ゆるい関心』」だからである。（第十段落〜第十二段落）

Ⅳ　歴史の解釈学（第十三段落〜第十八段落）

　筆者は、「ヘーゲル以降のドイツ歴史哲学もまた、基本的に歴史にたいする『ゆるい関心』」に由来する思想だと言う。「ヘーゲル以降のドイツ歴史哲学」は「『歴史認識の可能性と方法』について思索した」が、「この思索の結実が、ドロイゼンを出発点として、ディルタイやジンメルといった哲学者たちが展開した『歴史の解釈学』である」。ドロイゼンによると、「『歴史の解釈学』」は、歴史を「現時点の『知の地平』によって再構成可能な限りでの過去の出来事のこと」だとする。「歴史については、現在の視点においてしか、ただ断片的にしか知りえない」と捉えるのである。そして、歴史家は歴史の「当事者」ではなく、「歴史の外に立っている人」であり、だからこそ「過去の出来事を歴史として理解できる」。つまり、「歴史家たちの態度」は、「歴史的出来事からの『解釈学的距離』によって成立している」のである。

Ⅴ　歴史との正しい関わり方（第十九段落〜最終段落）

　最後に筆者は、「自分がその一部」であり、「その一部でしかない」歴史と「どう関わるべき」か、「『歴史との正しい関わり方』」について問う。**Ⅰ**〜**Ⅳ**まで述べられてきた従来の歴史家の歴史との関わり方とは、「歴史の当事者ではない」（第九段落）ことを前提にした「『ゆるい関心』」（第十段落）しかもたないことであった。しかし筆者は、「私たちはときに、自分が歴史にたいして『ゆるい関心』しかもたないことに」「激しい焦燥や憤りの気持ちを抱くことがある」と言う。それは「『歴史の捏造《ねつぞう》』が感じられるときである」。そのようなときに、「私たちは『ゆるい関心』が『歴史との正しい関わり方』でないことを感じ」、「むしろ『自分の体験』が歴史を正しく理解するための基盤となり、歴史的出来事について客観的に議論するための基盤であってほしいと切望」し、「『歴史の証言者』として名乗り出る」のである。筆者によれば、それは私たちが「歴史の一部」、つまり「『歴史の当事者』」（第十二段落）でもあるからである。

筆者は「『歴史との正しい関わり方』」についてどのように考えているのだろうか。筆者は「私たちは歴史の一部でもあるが、歴史の一部でしかない」（第十九段落）と言う。私たちが「歴史の一部でしかない」とき、つまり「『自分はそこにいない』」（第三段落）ときは、「歴史の外に立っている人」（第十八段落）として「『ゆるい関心』」をもって歴史と関わることは「正しい関わり方」だと言ってよいだろう。しかし、一方で「私たちは歴史の一部でもある」。その私たちが「『歴史の捏造』」を感じるときには、「『歴史の当事者』」として「証言」することが「『歴史との正しい関わり方』」だということになるだろう。筆者は、「私たち」や歴史家たちが「『ゆるい関心』」をもって歴史と関わることがだめだと言っているのではない。ただそのことに安住してはならず、ときには「『歴史の当事者』」として歴史と「実践的・政治的」（第十二段落）に関わるべきだと言っているのである。

【設問解説】

問1　漢字の知識を問う問題

(i)　傍線部と同じ漢字で、意味も同じものを選ぶ問題

1 ③　2 ②

(ア)「挙」には、a〈くわだてる、行う〉という意味（挙式）、b〈高くあげる〉という意味（挙手）、c〈とりあげる〉という意味（選挙）、d〈ならべたてる〉という意味（枚挙）がある。傍線部の箇所は「理由として、○○と、××と(ア)挙げている」となっているので、dの意味で用いられている。選択肢の中でdの意味で用いられているのは、③「列挙」である。①「挙式」、②「快挙」、④「挙動」はすべてaの意味で用いられている。したがって、③が正解。

(オ)「関」には、a〈出入りを取り締まるところ〉という意味、b〈かかわる〉という意味がある。(オ)の「関」がbの意味で用いられていることは明らかである。選択肢の中でbの意味で用いられているのは、〈かかわっていて、事情を知っていること〉を意味する②「関知」である。①「難関」、③「関門」、④「税関」はすべてaの意味で用いられている。したがって、②が正解。

(ii)　傍線部の漢字に相当するものを選ぶ問題　3 ③　4 ②　5 ①

(イ)は、〈思うままにもてあそぶこと〉という意味で、「翻弄」。①は、〈かねてからの願い。本意〉という意味で、「本懐」。②は、〈国家・朝廷、また君主にそむくこと〉という意

味で、「謀反（叛）」。③は、〈意志をひるがえすこと〉という意味で、「翻意」。④は、〈かけまわること〉という意味で、「奔走」。したがって、**③が正解**。

(ウ)は、〈すべきことをなまけて、だらしないこと〉という意味で、「怠惰」。①は、〈できの悪い作品〉という意味で、「駄作」。②は、〈今までの習慣〉という意味で、「惰性」。③は、〈対立している双方が折れ合って一致点を見出《みいだ》し、事をまとめること〉という意味で、「妥協」。④は、〈長く大きなヘビ。一列に長く続いているもののたとえ〉という意味で、「長蛇」。したがって、**②が正解**。

(エ)は、〈余すことなくどこまでも貫くこと〉という意味で、「徹底」。①は、〈物事や考え方のおおもと。根本〉という意味で、「根底」。②は、〈ひそかに他人の行動や内情をさぐることを職業とする人〉という意味で、「探偵」。③は、〈外から見た感じ。外見〉という意味で、「体裁」。④は、〈あれこれ考えて定めること〉という意味で、「策定」。したがって、**①が正解**。

問2　傍線部の内容を説明する問題　6 ⑤

傍線部は「『自分の不在』を前提とするような歴史理解」となっている。この傍線部に近い表現を本文中に探すと、まず、第一段落に、「歴史学的な関心の出発点となっているのは、まさに『自分の不在』の意識である」とある。次に、第二段落に、「自分がいなかった時間を生きた人々の存在を意識することで、『個人の記憶に直接に残されている出来事より前の時期』としての歴史を意識するようになる」とある。また、第三段落に、「『私たちが歴史の一部でしかない』からこそ、歴史を把握できる」、「『歴史の一部でしかない』とは、『自分はそこにいない』ということである」とある。さらに、第九段落に、「私が歴史に関心を抱くのは……歴史の当事者ではないからである」とある。これらの箇所から、傍線部の「『自分の不在』」とは、a〈**自分はそこにいない、自分が歴史の当事者ではないという意識**〉のことであり、傍線部の「歴史理解」とは、b〈**自分の記憶に残っている時期よりも前の時期の出来事に関心を抱き、それを把握しようとすること**〉であるとわかる。そして、傍線部は、a〈**自分はそこにいない、自分が歴史の当事者ではないという意識**〉を前提として、b〈**自分の記憶に残っている時期よりも前の時期の出来事に関心を抱き、それを把握しようとすること**〉と説明することができる。したがって、「自分は歴史の当事者ではないという意識（＝a）を前提として、個人の記憶を超えた歴史的出来事を捉えようとすること（＝b）」とある**⑤が正解**。

①は、「当事者の立場で体験した出来事だけを歴史と考えること」という説明が、aにもbにも反している。

②は、「自分の生命は有限であるという意識」という説明がaに反し、「自分が生きた時代の出来事を歴史上に位置づけて把握すること」という説明がbに反している。

③は、「歴史を動かした少数者だけを当事者と見なすこと」という説明がbに反している。

④は、「自分より年上の人々の経験から学ぼうとすること」

という説明がbに反している。

問3　傍線部の理由を説明する問題　[7]　④

傍線部の「私たちの願望の現れでもある」のは、傍線部の直前にある「この『非対称性』」である。したがって、問われているのは、「この『非対称性』」が「私たちの願望の現れ」だと筆者が述べる理由である。そして、この理由は、「この『非対称性』」が指す内容と「私たちの願望」の内容を確認することで、明らかになるはずである。

まず、「この『非対称性』」が指しているのは、第六段落に書かれている、「歴史記述は歴史的出来事のほんの一部を語るにすぎないし、歴史に登場する人々は、実際にその歴史を生きた人々のごく一部である」という内容（a）である。また、「私たちの願望」は、傍線部の直後に「平穏な生活が続き、自分が歴史に登場しないことも願っている。歴史的出来事に翻弄されないこと、その当事者でないことを願うのである」と書かれていることから、「歴史的出来事に翻弄され」ず、「平穏な生活が続」くように、歴史の「当事者でないことを願う」こと（b）だとわかる。

以上より、「この『非対称性』」が「私たちの願望の現れ」だと筆者が述べるのは、a**〈歴史に登場するのは、その歴史を生きた人々のごく一部にすぎない〉**ということには、b**〈歴史的出来事に翻弄されることのない、平穏な生活を維持するために、歴史の当事者になることは避けたいという私たちの願い〉**が反映されていると考えられるからだ、と判断することができる。このような説明になっているのは④であり、**④が正解**。「歴史は、ある時代を生きた人々の中で一部の者に関する出来事が記述されたものである」という説明がaに適《かな》っており、「歴史に直接関わらずに無事に過ごしたいという、大多数の人々の願い」という説明がbに適っている。

①は、「歴史は、多くの人々が慣れ親しんだ出来事が記述されたものである」という説明が、aにもbにも反している。

②は、「歴史の当事者としての責任からは免れたいという、大多数の人々の願い」という説明が、bに反している。

③は、「歴史は、おびただしい出来事の中で権力を持つ者に関する記憶が記述されたものである」という説明が、aに反している。「歴史に登場する人々は、実際にその歴史を生きた人々のごく一部である」とは書かれているが、その「ごく一部」が「権力を持つ者」に限定されるとは書かれていない。

⑤は、「歴史の書物を通して価値ある出来事だけを知りたいという、大多数の人々の願い」という説明が、bに反している。

問4　傍線部の内容を説明する問題　[8]　①

傍線部の箇所は、「近代史学の方法論を書いたドロイゼンは、くどいほどに史料研究の重要さを説いているが、その背景にはc『健全な歴史家意識』ともいうべき姿勢があった」となっている。ここから、「『健全な歴史家意識』ともいうべき姿勢」とは、a**〈史料研究を重視する姿勢〉**だとわかる。

また、「『健全な歴史家意識』ともいうべき姿勢」については、直後で「つまり、『記述をする者は、シーザーやフリードリヒ大王のように、特に高いところにいて出来事の中心から見たり聞いたりしたわけではない』という意識である」と説明されている。「出来事の中心から見たり聞いたりしたわけではない」とは、**b〈歴史を記述する者は出来事を当事者の立場から捉えるのではない〉**ということだろう。さらに、第十七段落（傍線部Cのある段落の二つ後の段落）には、「この定義（＝ドロイゼンの歴史についての定義）に従えば、歴史とは、現時点の『知の地平』によって再構成可能な限りでの過去の出来事のことである。歴史については、現在の視点においてしか、ただ断片的にしか知りえない」とあり、第十八段落には、「歴史家たちの態度とは……歴史的出来事からの『解釈学的距離』によって成立している」とある。ここから、ドロイゼンが、歴史家の姿勢を、**c〈過去の出来事を現在の視点から距離をとって捉えようとする姿勢〉**だと理解していたことがわかる。以上のa～cに適った説明になっているのは①であり、**①が正解**。「出来事を当事者の立場から捉えるのではなく」はbに、「対象との間に距離を保ちながら」はcに、「史料に基づいた解釈のみによって歴史を認識しようとする」はaにそれぞれ対応している。

②は、「断片的な事実だけを組み合わせて、知りうることの総体を歴史として確定させようとする」という説明が不適当である。ドロイゼンによる歴史の定義に従えば、「歴史については、現在の視点においてしか、ただ断片的にしか知りえない」（第十七段落）のであり、「知りうることの総体を歴史として確定させようとする」などとは述べられていない。

③は、「歴史哲学への懐疑をたえず意識しながら」という説明は、「ヘーゲル以降のドイツ歴史哲学」は「歴史哲学にたいする『深い懐疑』に貫かれている」（第十三段落）と書かれていることと対応している。また、「市民の代理として歴史を解釈しようとする」という説明も、「歴史家は、私たち素人になりかわって、このような知的関心を徹底的に追究し、歴史を接近可能にし、あるいは理解可能にしてくれる」（第十二段落）と書かれていることと対応している。しかし、これらのことは、「『健全な歴史家意識』ともいうべき姿勢」の説明として書かれたaやcの内容とは異なっている。したがって、③は不適当である。

④は、「自分も歴史の一部として、実際に生きた人々の体験のみを記述しようとする」という説明が不適当である。「自分も歴史の一部として」とは〈自分も歴史の当事者として〉という意味になり、明らかにbに反している。

⑤は、「現在の視点から整理された史料に基づいて、客観的に記述された歴史だけを観察しようとする」という説明が不適当である。「史料研究の重要さを説いている」（第十五段落）と書かれているし、「過去の出来事を歴史として理解できるのは、当事者たちではなく、観察者たちなのである」（第十八段落）とも書かれているが、歴史家が「現在の視点から整理された史料に基づいて、客観的に記述された歴史だけを観察しようとする」とは書かれていない。歴史家が「観

察しようとする」のは「過去の出来事」であり、「客観的に記述された歴史だけ」ではないはずである。

問5　傍線部の内容を説明する問題　[9]　②

まず、確認しなければならないのは、傍線部の直前に書かれている「『自分の体験』が歴史を正しく理解するための基礎となり、歴史的出来事について客観的に議論するための基盤であってほしいと切望する」という表現を受けて、傍線部で「私たちは歴史に内在しようとする」と言っていることである。したがって、「私たちは歴史に内在しようとする」とは、**a〈自分の体験を歴史を正しく理解するための基礎としようとする〉**ことだと理解することができる。次に、確認しなければならないのは、「歴史に内在しようとする」前に、「私たち」は歴史とどのように関わっていたかということである。第二十段落（最後から二つ目の段落）に、「自分が歴史にたいして『ゆるい関心』しかもたない」とあるので、**b〈私たちは「ゆるい関心」しかもたずに歴史と関わっていた〉**ことがわかる。では、bの歴史との関わり方がaの関わり方に変わったのはどうしてか。同じ第二十段落に、「『歴史の捏造』が感じられるとき」、「自分が歴史にたいして『ゆるい関心』しかもたないことに」「激しい怒り」を覚えるからだと書かれている。つまり、**c〈「歴史の捏造」が感じられるとき、これまでのbの歴史との関わり方に激しい怒りを覚え〉**、歴史との関わり方をbからaに変えようとするというのである。以上のa～cに適った説明になっているのは②であり、

②が正解。「歴史に対して直接的な関わりを避ける『ゆるい関心』を抱いていた『私たち』」という説明がbに対応し、「『歴史の捏造』に直面して自らのあり方や状況に憤りを覚えることで」という説明がcに対応し、「歴史を語るための基礎に自己の体験を据えようとする」という説明がaに対応している。

①は、「自分は歴史の一部でもあるとする『ゆるい関心』を抱いていた『私たち』」という説明が不適当である。最終段落に「私たちは『ゆるい関心』が『歴史との正しい関わり方』でないことを感じる。私たちがまさに歴史の一部でもあるからである」とある。ここから、「自分は歴史の一部でもある」ことは、「『ゆるい関心』」をもって歴史に関わるbのあり方を否定し、aのあり方を要求することがわかる。第三段落に「『歴史の一部でしかない』とは、『自分はそこにいない（＝自分の不在）』ということである」とある。「『ゆるい関心』」は、「自分は歴史の一部でもある」ことではなく、自分は「歴史の一部でしかない」こと（＝自分の不在）を前提とする関心である。

③は、「自己の体験を中心に据えつつ客観的に歴史を記述しようとする」という説明が不適当である。傍線部の直前には「『自分の体験』が歴史を正しく理解するための基礎となり、歴史的出来事について客観的に議論するための基盤であってほしいと切望する」とある。「私たちは歴史に内在しようとする」（傍線部D）とは、「自己の体験」を「客観的に歴史を記述」するための「基盤」としようとすることではな

く、「歴史的出来事について客観的に議論するための基盤」としようとすることである。

④は、「『歴史の捏造』を生み出す自己の関わり方への怒りを感じることで、歴史的出来事と歴史記述の間の不均衡を解消しようとする」という説明が不適当である。本文に、「『歴史の捏造』を生み出す」のは「自己の関わり方」だとは書かれていないし、「歴史的出来事と歴史記述の間の不均衡を解消しようとする」といったことも書かれていない。

⑤は、「自己の体験を客観的な歴史に重ね合わせようとする」という説明が不適当である。aに反する説明になっている。

問6 **本文を読んでKさんが書いた【文章】を推敲する問題**

(i) **Kさんが書いた文章をより適切な表現に修正する問題**

10 ② 11 ②

傍線部a・bの趣意（＝文章などで伝えようとしている意味）を「より適切」に示すものに修正した表現として最も適当なものを選ぶ問題である。この問題に解答するためには、傍線部がどのような文脈に置かれているかと、傍線部の趣意を押さえる必要がある。

a 傍線部a「難しい話題が扱いやすくなる」は、「『自分の不在』や『ゆるい関心』のように、歴史学の専門家ではない読者にも理解しやすい言葉を使い、それにカギ括弧を付けて強調することで、論点を印象づける工夫がなされている。このようにキーワードを使用することで、」に続く表現である。ここから、傍線部aは、「歴史学の専門家ではない読者にも理解しやすい言葉を使い、それにカギ括弧を付けて強調することで、論点を印象づける工夫」をするような「キーワード」の使い方がもたらす効果の内容になっていることがわかる。この効果の説明になっていて、「難しい話題が扱いやすくなる」という傍線部aの趣意を「より適切」に示しているのは、②の「複雑な議論の核心を端的に表現することが可能になる」である。「歴史の専門家ではない読者にも理解しやすい「キーワード」を「論点を印象づける工夫」をして使用すれば、「複雑な議論の核心を端的に表現することが可能になる」だろう。また、「複雑な議論の核心を端的に表現することが可能になる」ということは、「難しい話題が扱いやすくなる」ということである。つまり、②は傍線部aのより詳しい説明になっているのである。したがって、**②が正解**。

①、③、④は、「歴史の専門家ではない読者にも理解しやすい」「キーワード」を「論点を印象づける工夫」をして「使用する」ことによる効果の説明になっていないので、不適当である。

b 傍線部b「これらによって説得力のある文章になっている。」の「これら」は、傍線部の前に「キーワードが歴史家の言葉と関連づけて用いられている」とあるので、「キーワード」を「歴史家の言葉と関連づけて用い」ることを指している。つまり、傍線部bは、「キーワード」

を「歴史家の言葉と関連づけて用い」ることによって「(本文は) 説得力のある文章になっている」ということを意味している。この傍線部**b**の趣意に適った説明になっているのは、「キーワードの延長線上にある筆者の主張を権威づけている」とある①と、「キーワードの背後にある専門的な知見の蓄積を示している」とある②である。「筆者の主張」が「権威づけ」られていたり、「専門的な知見の蓄積を示してい」たりすれば、「説得力のある文章になっている」と言えるだろう。それに対して、「キーワードの対極にある既存の学説を批判的に検討してい」(③)ても、「キーワードの基盤にある多様な見解を抽象化してい」(④)ても、「説得力のある文章になっている」とは言えないだろう。このように、傍線部bの趣意に適っているか否かという観点から、正解は①か②の二つに絞れるのであるが、どちらが正解かを決める根拠になるのは傍線部**b**直後の「ただし、歴史家の言葉と筆者の主張は必ずしも一致しているわけではない」という一文である。つまり、「歴史家の言葉と筆者の主張」が食い違っているときに、「歴史家の言葉」が「筆者の主張」を「権威づけ」ることにはならないだろう。したがって、①は不適当である。それに対して、「歴史家の言葉と筆者の主張」が食い違っていても、「キーワード」を「歴史家の言葉と関連づけて用い」ることは、「キーワードの背後にある専門的な知見の蓄積を示」すことになるだろう。したがって、**②が正解**。

(ii)　**【文章】の末尾に書き加えるまとめの方針を問う問題**

12　①

【文章】の冒頭には、「本文を読んで、論理的な文章を効果的に書くための技術や工夫について学ぶことができた。そのことについて整理したい。」とあり、【文章】の最後には、「ただし、歴史家の言葉と筆者の主張は必ずしも一致しているわけではない」とある。この二箇所の内容と、本文が、歴史家の言葉を引用しつつ、歴史についての従来の学説を説明した上で、最後にそれとは異なる筆者の主張を提示している文章であることを関連づけると、【文章】の末尾に書き加える「まとめの方針」は、**自己の主張を「効果的に」述べるために、歴史についての「従来の学説」に関してどのような書き方をし、それとの関係で自己の主張についてどのような書き方をする必要があるかを提示するものになる**と予想できる。このような「まとめの方針」になっているのは①であり、**①が正解**。

②は、「自己の主張を効果的に論述するためには、専門的な見解を根拠として引用する」という部分が不適当である。【文章】の最後は「ただし、歴史家の言葉と筆者の主張は必ずしも一致しているわけではない」となっているので、それに続く文章が「専門的な見解を（自己の主張の）根拠として引用する」となるのは、明らかにおかしい。

③は、まず、歴史についての「従来の学説」に関する言及が見られない点が不適当である。また、「自己の主張を効果的に論述するためには、専門用語を適切に使用して論

点を示す」とある点も不適当である。本文では、筆者の主張が論述されている箇所（第十九段落～第二十一段落）で、「専門用語」などは「使用」されていない。

④は、「自己の主張を効果的に論述するためには……多様な学説を参照して相互の整合性を確認する必要がある」とある点が不適当である。本文では、筆者の主張が論述されている箇所（第十九段落～第二十一段落）で、「多様な学説を参照して」はいない。

第2問 現代文（文学的文章）

【出典】

太宰治の小説「パンドラの匣《はこ》」の一節。初出は『河北新報』で、一九四五年十月から翌年一月まで連載された。

太宰治（だざい・おさむ）は、一九〇九年青森県生まれの作家。短編集『晩年』で文壇に登場し、『右大臣実朝《さねとも》』『斜陽』『人間失格』などの作品がある。

【本文解説】

本文は、第二次世界大戦終結直後に、結核療養のための施設で集団生活を送っている「僕」が、友人の「君」に宛てた手紙の中で、同室者との、俳句をめぐる出来事を報告している、という文章である。リード文をふまえ、空白行で分けられている三つの部分について、その内容を確認していこう。なお、同室者たちの名前は、それぞれあだ名で呼ばれている。

Ⅰ 「かっぽれ」が提出しようとしている俳句（冒頭～「ひどいと思った。」）

施設内でのレクリエーションである慰安放送で、次の日曜に、療養者たちの文芸作品の発表会が行われることになった。「僕」のいる「桜の間」の同室者である「かっぽれ」は、俳句を提出することになり、苦労して作った十句ほどの作品を「僕」たちに披露した。苦笑して、「わかりません」と言った「固パン」の次に、その作品を見た「越後《えちご》獅子《じし》」は、「けしからぬ」と言った。上手下手を問題にするならともかく、「けしからぬ」

という批評を、「僕」は、ひどいと思った。

Ⅱ　他者の句を提出しようとする「かっぽれ」（「かっぽれは、蒼《あお》ざめて、」〜「言ってやった。」）

「けしからぬ」と言われ、蒼ざめた「かっぽれ」に、さらに意見を求められた「越後獅子」は、「そちらの先生に聞きなさい」と、「僕」に水を向けた。「僕」は、俳句の評価などできないからと断るべきだったかもしれないが、「かっぽれ」が気の毒で何とかなぐさめたい気もして、とにかく十句の作品を読んでみた。作品をつくる際の苦労を考えると、ありふれた句ではあるが「けしからぬ」と怒ることはないと思った。ところが、最後の一句を読んで、「越後獅子」の憤慨した理由がわかった。他者の句を提出しようとしていたからだ。とはいえ、それを露骨に言うと「かっぽれ」に恥をかかせることになり、それを気遣い、最後の一句を他の句と取り替えるように勧めた。しかし、「かっぽれ」は、不服な顔で、その句が一番いいと思っている、と応じた。俳句に詳しくない「僕」でさえ知っている有名な句であり、優れた句に決まっており、これ以上どう言えばよいのか途方に暮れた。図に乗った（＝調子に乗って、つけあがった）「かっぽれ」は、その句には、〈はかないこの時代にあっても、悲観することなく希望を求めて生きていこうではないか〉という、「いまの日本国に対する私のまごころ」を織り込んでいる、とまで言うのであった。

その句は、そもそも小林一茶《いっさ》が、子供の死に際し、〈はかない世とあきらめてはいるが、それでも悲しくてあきらめきれない〉という心情を込めた句であり、句の意味をすっかり変えている。日本の現状に対する「かっぽれ」のまごころには賛成だが、昔の人の句に自分勝手な意味をつけ、しかも自分の作品として提出するのは、自分たち同室者の名誉にも関わる、と「僕」は思った。

Ⅲ　「一茶の句」と「マア坊」の句をめぐって（「『でも、これと』」〜末尾）

問題となっているその句が、過去の作品の句であることを、「僕」が、気を遣いながら指摘すると、「かっぽれ」は、無邪気な様子でその指摘を受け入れた。そして、よくあることとして、あっさりその句を提出することをやめ、別の句を見せた。「僕」は、一茶の句が盗用されないことにほっとし、つい、新たに見せられた句についての意見を言ってしまった。本当は、その句になんのこだわりもなかったのだけれど。「かっぽれ」は、その意見を取り入れ、これからも俳句の相談に乗ってくれと「僕」に頼んだ。意気揚々と去っていく「かっぽれ」を見ながら、「僕」は、「かなわない気持」になった。

そして、「かっぽれ」の俳句について、もっと驚くべきことが、後で判明した。療養の一環として体を摩擦している最中のことである。「かっぽれ」は、施設で介護の仕事をしている「マア坊」に、コスモスの句に対する「僕」の意見を、自分の考えのように、彼女に言った。「僕」は、「かっぽれ」の自作だと思って助言したが、実は「マア坊」の作品を、自分の作品として提出しようとしていたのである。

なお、「僕」と「かっぽれ」との、俳句をめぐるやり取りの流れを整理すると、以下のようになる。

・「僕」は、「越後獅子」に非難された「かっぽれ」に同情し、なぐさめようとした

↓

・「かっぽれ」の盗用に気づき、「僕」は、遠回しに差し替えを提案した

↓

・「かっぽれ」は、提案を拒み、「僕」を軽蔑したかのような発言をした

↓

・盗用を指摘され、「かっぽれ」はすぐに他の句に差し替えた

↓

・安心のあまり助言までした「僕」は、これからも頼りにしたいと「かっぽれ」に言われ困惑した

↓

・その後、差し替えた句も「かっぽれ」の作品ではないことを知って驚いた

【設問解説】

問1 語句の意味を問う問題 13 ④ 14 ③ 15 ⑤

(ア)の「てんで」は、下に否定的な表現を伴うと、〈まるっきり〜ではない〉と、全面的な否定を表す意味になるので、「全然」の④が正解。他の選択肢はいずれも語意が合致しない。

(イ)の「あからさまに」は、〈包み隠さずに。明らかに。露骨に〉という意味であり、「露骨に」の③が正解。他の選択肢はいずれも語意が合致しない。

(ウ)の「いたずらに」は、〈何の益もなく。むなしく〉という意味であり、「無益に」の⑤が正解。他の選択肢はいずれも語意が合致しない。

問2 傍線部における「僕」の心情を説明する問題 16 ④

傍線部にあるように、「僕」が「かっぽれ」を「なぐさめてやりたく」なったのは、「かっぽれ」の俳句に対する「越後獅子」の非難があったからである。その経緯を整理すると、

a 〈慰安放送での発表会のために〉「かっぽれ」は、何日も時間をかけ真剣に俳句を作っていた

b 「かっぽれ」の作った十句を見た「越後獅子」は、内容に一切触れることなく「けしからぬ」と言った

c 「僕」は、「越後獅子」の批評をひどいと思った

となる。

こうした内容に合致する④が正解。なお、「一刀両断（＝一太刀《ひとたち》で真っ二つに切ることから、きっぱりと思い切った処置をすること）にされた」は、bに対応している。

他の選択肢は、いずれもb・cに対応しておらず、正解にはなりえない。さらに、①は、「豪語していた」「不安を抱き

つつ」「十句そろえたこと自体は評価できる」などが、②は、「『かっぽれ』の体面を傷つけていた」が、③は、「笑われたり」「相談に乗ってあげたい」が、⑤は、「『かっぽれ』を敬う」「称賛してあげたい」が、いずれも根拠のない内容。

問3 傍線部の表現上の特徴を説明する問題 17 ①

選択肢を、順番に吟味していこう。

①について。傍線部の数行前で、「かっぽれに赤恥をかかせるような事もしたくなかった」と述べられているので、選択肢の前半は本文に合致する。また、遠回しに指摘した後でも「かっぽれ」が「僕」の意見を受け入れないことに対して、「僕は、ちょっと途方に暮れた」とあるように、「僕」は困惑しており、選択肢の後半も本文に合致する。したがって、**①が正解**。

②は、「『かっぽれ』をおとしめて盗作を非難する」「『かっぽれ』への『僕』の怒り」が、③は、「『僕』のいら立ち」が、④は、「同室者との会話では常に丁寧な口調で語る」「良識のある『僕』」などが、いずれも根拠のない内容。

問4 傍線部の理由を説明する問題 18 ⑤

「かっぽれ」の示した最後の一句をめぐって、「僕」と「かっぽれ」がやり取りしているうちに、「かっぽれ」は「僕」を軽蔑するような発言をした。これに対して、「僕」が「もはや笑わずに反問した」というのが、傍線部である。傍線部までの、二人のやり取りは、次のように整理できる。

a 「かっぽれ」の示した最後の句は、他者の作品だった
b 「僕」は、「かっぽれ」に恥をかかせぬように、遠回しに、盗用を避けるための提案をした
c 「かっぽれ」は、その句にこだわり、差し替えを拒んだ
d その句が優れていることを認めつつ、「僕」は途方に暮れた
e 「かっぽれ」は、その句に込めてある自分のまごころがわからないのかと、「僕」を軽蔑するような口調で言った
f 「僕」は、それまでの遠慮していた態度ではなく、「まごころ」の内容をきちんと問うた

こうした、a～fの経緯に合致する**⑤が正解**。

①は、「自らの慢心を悔いて」が、②は、「稚拙な俳句に対して笑いをこらえる」が、③は、「お互いの上下関係を明確にするため」が、④は、「俳句に込めた……その言い分を否定」が、いずれも根拠のない内容。

問5 傍線部における「僕」の心理を説明する問題 19 ①

傍線部は、コスモスの句に対する「僕」の意見を「かっぽれ」にほめられ、照れ臭くなった「僕」の気持ちが述べられている場面である。傍線部までの経緯を整理すると、

a 「かっぽれ」は指摘を受け入れて、句の盗用をやめた
b 「僕」は、安心のあまり、差し替えられた句に、思わ

ず意見を述べた

c 「かっぽれ」は、その意見を取り入れ、「僕」をほめた

d その成り行きに、「僕」は、照れ臭く落ち着かない気分になっている

e 内心では、その句にこだわりがないと思っている（ことを示したい）

となるだろう。こうした内容に合致する**①が正解**。

②は、「舞い上がってしまった自分がいた」が、③は、「自分の苦悩を『君』に伝えたい」が、④は、「『僕』の修正案に……張っておきたい」が、⑤は、「客観的に価値判断できている」が、いずれも根拠のない内容。

問6 傍線部のように「僕」が感じた理由を説明する問題

20 ④

「僕」は、「かっぽれ」が意気揚々と引き上げていく様子を見ながら、「かなわない」と感じているが、そこにいたるまでの「僕」と「かっぽれ」とのやり取りを整理すると、

a 「かっぽれ」が有名句を盗用するのを遠回しに止めようとすると、その句に込めた「まごころ」が理解できないのかと、「僕」を軽蔑するような発言をした

b 「僕」がやむなく、盗用になることを指摘したら、それをあっさり受け入れ、他の句に差し替えた

c 「僕」がほっとして思わず口にした、句への意見に「かっぽれ」は感心し、尊敬の気持ちすら抱かれた

d 「かっぽれ」はこれからも相談相手になってくれと言いながら、意気揚々と引き上げていった

e こうした成り行きに「僕」は、困惑し落ち着かない気持ちになっている

となるだろう。こうしたa～eに合致する**④が正解**。なお、選択肢の「捉えどころのない態度」は、a～dにおける、「かっぽれ」の態度の変化が該当する。また、「振り回されてばかりいる」というのは、「かっぽれ」のその時々の態度に、どう対応していいのかと思いまどい、困惑してしまう「僕」の気持ちとして、eが該当する。

①は、「いらだちを……無駄である」が、②は、「まじめに応じる必要はない」が、③は、「『かっぽれ』のけなげな態度」が、⑤は、「自分はからかわれていたのではないか」が、いずれも根拠のない内容。

問7 二重傍線部に関して、【資料】を読み、文学作品と読者との関係を説明する問題

まず、二重傍線部は、「かっぽれ」の発言を受けて、

a 江戸時代の句を盗用し、戦後の時代状況に合うように意味を読み替えるという、ひどいことをしている

と、「僕」が感じたことが述べられている。

次に、aの内容との関りにおいて、【資料】の内容を押さえておこう。

Ⅰの、外山滋比古《とやましげひこ》『「読み」の整理学』の一節では、

b　読者は無意識のうちに、作者の意図した意味から逸脱したとしても、自分のコンテクスト（Ⅱ文脈）に合わせて読み、それが繰り返されているうちに作品は普遍化する

ことが述べられている。

次に、Ⅱの、本文より後の一節では、

c　作品を楽しむことができれば、作者の名などどうでもよく、自分の心にふれた作品だけを自分なりの理解で覚えていくのが、民衆にとっての芸術なのだ

と、「僕」が感じたことが述べられている。

以上、a～cをふまえて設問を見ていこう。

(i)　**【資料】のⅠをふまえ「かっぽれ」の行為を捉え直して説明する問題　21　②**

当初、「僕」は、二重傍線部のように受けとめていた。だが、これを【資料】のⅠをふまえることで捉え直すというのは、〈aにおける意味の読み替えを、bのように、否定すべきことではないと捉え直す〉ということになる。

こうした内容を備えている**②が正解**。

①は、「江戸時代を……はせつつ」が、③は、「江戸時代と戦後とを対比する」が、④は、「共通性を見いだし」が、a・bに合致しない。

(ii)　**【資料】のⅠを参考にして、【資料】のⅡにおける「僕」の考えの変化を説明する問題　22　①**

二重傍線部における「僕」の考えは、〈作品は作者の意図を尊重すべきだ〉（a）、というものであった。けれども、【資料】のⅡでは、〈作品は、誰が作者かは問題ではなく、読者に楽しまれ共有されることで広がりをもつ〉（c）、というふうに変わっている。このように変化した「僕」の考えは、【資料】のⅠの、〈作者の意図を超え、多くの読者に読み替えられることで作品は広がっていく〉（b）、という、作品と読者の関係についての捉え方に即している。

以上から、「僕」は、aという考えであったが、（cの捉え方に即している）、bという考えになっている、という内容の**①が正解**。

②は、「意味を決定するのは読者である」「作品の魅力を減退させていく」が、③は、「価値は作者によって生み出される」「多様性のある価値」が、④は、「文学作品の価値は時代によって変化していく」「読者が……価値づけられる」が、いずれも、本文や【資料】に根拠のない内容。

第3問　古文

【出典】

『石清水物語』

成立年代　鎌倉時代
ジャンル　擬古物語
作者　未詳
内容　左大臣の娘である姫君は、母が左大臣の正妻にねたまれて京都に居られなくなり、常陸守《ひたちのかみ》の妻になっていた姉を頼って常陸国（現在の茨城県）に下ったことにより、そこで生まれた。母は姫君を生むとすぐに亡くなったため、姫君は母の姉に預けられ、常陸国で育った。やがて京都の近郊にある木幡に住まいを移した姫君（木幡の姫君）は、左大臣の息子である中納言に見初められるが、中納言は木幡の姫君が異母妹であることを知り、苦悩する。中納言は、やがて女二の宮と結婚する（本文の場面）が、木幡の姫君のことが忘れられない。一方、常陸守は、伯母とは別に常陸国の女を妻としており、その女との間に生まれた伊予《いよ》守は、成人して上京した後、常陸にいた頃には目にする機会のなかった木幡の姫君の姿を初めて見て恋慕する。

物語は、伊予守と木幡の姫君の恋を軸に展開するが、結局二人は結ばれず、紆余曲折《うよきょくせつ》を経て、木幡の姫君は帝の妃《きさき》となって皇子を生み、皇后に立つことは間違いないというところで物語は終わる。伊予守は木幡の姫君への恋が叶《かな》わず、失意のうちに出家し、修行に打ち込む。対して、今回の本文の中心人物である中納言は、木幡の姫君とは結ばれないが、順調に出世していく。

〈問5に引用されている文章〉

『伊勢《いせ》物語』

成立年代　平安時代前期
ジャンル　歌物語
作者　未詳
内容　和歌と、その和歌が詠まれた事情を記した、一〇〇編以上の短編の集成で、すべての話は、実在の人物である在原業平《ありわらのなりひら》をモデルにしたとされる「男」の話である。ただ、中には、実際には在原業平と無関係の話も含まれている。

最初の勅撰《ちょくせん》和歌集である『古今《こきん》和歌集』の序文の一つ「仮名序」において名を挙げられた平安時代初期の六人の歌人は、後世、「六歌仙《ろっかせん》」と呼ばれたが、在原業平はその一人である。業平の歌も、この『伊勢物語』に収められた話も、後世の種々の文化に多大な影響を与えた。

【全文解釈】

中納言はこのよう（に、女二の宮との婚儀の準備が進められている状況）であるにつけても、他人にはわからない心の内には、あってはならない（異母妹である木幡の姫君への恋慕の）思いばかりが絶える時もなく、苦しくなってゆくのを、ただもう無理に気持ちを静めて月日を送っていらっしゃるが、（女二の）宮のご容貌（の美しさ）が有名だと聞いて心にとめていたので、同じ（女二の宮と結婚するということ）ならば、ものごと（＝木幡の姫君への恋が叶わないこと）の嘆かわしさが紛れるくらいに（女二の宮を愛情を注げる人だと）見なし申し上げたいと思いなさった。（院は、男君の）官位が低いことをもの足りないことに思いなさって、（男君は昇進して）権大納言になりなさった。春の中納言も、いつもどおり（男君と）同じように（権大納言に）なりなさって、（昇進の）お礼を申し上げることも負けずに（華やかに）しなさるけれども、手の届かない枝（のような女二の宮）のことだけで、何もかも興ざめに思われなさっていた。

（陰暦の）十月十日過ぎに、（男君は）女二の宮（のもと）に参上しなさる。得意（になる様子）は、言うまでもない。まず人目を憚《はばか》りつつ三条院へ参上しなさる。（男君は、赴く先が）たいして重要でない場所でさえ、とりわけ際立った配慮をしなさる人であるので、（結婚する女二の宮のもとへ赴く際のご配慮は）まして並一通りであろうか（いや、並一通りのご配慮ではない）。おおげさなぐらい（衣に香を）薫きしめなさって、身なりを整えてお出かけになる直衣姿は、優美で、際立った配慮（の様子）などは、実に帝の御婿というとしても不足なく、（女二の宮が）皇女と申し上げるとしても、人並みのようなご容貌では、並びがたいような男君の御ありさまである。人目を憚っているものの、先払いなど大勢でお出かけになるので、大宮がご存命であったら、どれほど晴れがましく喜ばしく思いなさるだろうと、（男君の出かける様子を見て）殿はまず（大宮のことを）思い出し申し上げなさる。

院におかれては、（男君の女二の宮のもとへの来訪を）待ち受けなさるお心遣いは並々でない。（男君は女二の）宮のご様子を、早く目にしたいと思い申し上げなさるが、御灯火は、火がほのかで、御几帳の内側にいらっしゃる（女二の宮の）灯火に浮かぶ姿は、まずは悪くはなかろうよと見えて、御髪のかかっているあたりは、すばらしく見える。まして、（男君が寄っていって）近い（女二の宮の）ご様子が、推し量っていたのと違わず、かわいらしい感じでおっとりとしたご様子なのを、（男君は）気持ちが落ち着いて、（男君が）思いがけず近づき寄っていった（恋の）道の迷い（のもとである木幡の姫君）とも、思い比べてしまいそうな気のする（女二の宮の）人となりでいらっしゃるのにつけても、（男君は木幡の姫君が）まずつい思い出されて、どのような方と（結ばれるの）かと、人（＝木幡の姫君）が（誰かと縁を）結ぶようなことまでもつい思い続けられるのが、我ながらうとましいと思い知らずにいられない。

（夜が）明けてしまったので、（男君は、女二の宮のもとから）とても早く出なさって、（帰って）すぐにお手紙を差し上げなさる。

「今朝はやはりいっそうしおれてしまう。女郎花にどのように降りた露の名残なのか（今朝はやはりいっそう悲しみに沈んでいる。女郎花のように美しいあなたと、どのように起きて別れてこぼれた涙の名残なのか）。

（今までも陰暦の十月に）いつも時雨は（降っていたけれども、このように袖を濡《ぬ》らす時はなかった。こんなに涙で袖を濡らすのは初めてです）」と書いてある。（院が）お返事を促し申し上げなさると、（女二の宮は）たいそう恥ずかしい様子で、かすか（な字）で、

「今朝だけとりわけ時雨が降るのだろうか。（いや、）女郎花が一面に霜で枯れる野のあたりの常なので（時雨はいつも降っており、あなたが私のもとを離れ悲しみに沈む私は、いつも涙を流しているのです）。」

と書いて、（下に）置きなさったのを、（女房が、包み紙に）包んで（室内から、使者のもとに）出した。（男君からの手紙を届けてきた）ご使者には、女房装束や、細長など、（引出物を持たせるのは）慣例のことである。（女二の宮は）ご筆跡などまでも、並々ならず美しく書きこなしなさっているので、（男君が）待ち受けてご覧になるにつけても、いろいろと理想通りだと思いなさるにちがいない。

こうして（男君は、女二の宮のもとに通って）三日を過ごして、（女二の宮が、男君の住む）邸宅にお入りになる儀式は、格別（のすばらしさ）である。寝殿の渡殿にかけて、（女二の宮と女房たちの部屋の）ご準備がある。女房二十人、召使いの少女四人、下女など、見どころは多くすばらしい（お引っ越しである）。（男君が）女（二の）宮のご様子を、ゆったりと拝見しなさると、たいそう（美しい）盛りで整って、気のせいか気高く、洗練されているものの親しみやすそうで、未熟なところがなくかわいらしい様子で、御髪は袿の裾と同じ（ところまで伸びた長さ）で、姿が（映って）見えるほどきらきらと（背中に）かかっている様子など、（美しいことは）この上ない。（男君が）人知れず心にかかる木幡の里（の姫君）とも同等でいらっしゃるだろうと見えると、お気持ちは落ち着いて、（女二の宮との結婚は）とても価値があると思いなさった。

〈問5に引用されている文章〉

昔、男が、妹がとてもかわいらしい様子であったのを見ていて、

若々しいので共寝《ともね》をするのによさそうに見える若草のようなあなたを、人が（夫婦の）縁を結ぶようなことを（つらく）思う。

と申し上げた。返事、

なんと珍しい言葉だことよ。何の疑いもなく（あなたを兄と）思っていたなあ。

【設問解説】

問1 **短語句の解釈問題** 23 ① 24 ③ 25 ①

(ア) さらぬほどの所

さら	ぬ	ほど	の	所
動詞 ラ行変格活用「さり」未然形	助動詞 打消「ず」連体形	名詞	格助詞	名詞

さらぬ（連語）
1　そうでない。それ以外の。
2　それほどでもない。たいしたことがない。
3　〈避らぬ〉避けられない。

「さらぬほどの」を逐語訳すると、「たいしたことがないほどの」となるが、選択肢中、その意味を反映しているものは、①「たいして重要でない」、④「あまりよく知らない」（以上前記2）、⑤「避けられない」（前記3）の三つである。ただし、そのうち④は、「たいしたことがない」と否定する程度が、知っているかどうかの程度であることを補った解釈になる。しかし、傍線部の前後を見る限り、そのような補いを要求するような文脈はない。また、⑤は「絶対に」が本文に根拠がない。よって、**①が正解**である。

ここでは、院の女二の宮という高貴な女性のもととは異なり、「たいして重要でない場所」という意味で、①は文脈にも合う。

(イ)　**いつしかゆかしう**

いつしか	ゆかしう
副詞	形容詞 シク活用 「ゆかし」 連用形ウ音便

いつしか
1　いつか。
2　早く。
3　早くも。

ゆかし
1　見たい。知りたい。
2　心ひかれる。

「いつしか」の意味を反映している選択肢は、①「いつ」、③「早く」、⑤「すぐ」である。また、「ゆかし」の意味を反映している選択肢は、②「覗こう」、③「目にしたい」、④「調べよう」である。その両方を満たす**③が正解**である。

傍線部は、主語を明示していないが、「女の二の宮のご様子を、『早く目にしたいと』思い申し上げなさる」と解釈されるのだから、主語は男君で、いままで会ったこともない人である女二の宮と、結婚して相手を早く目にしたいというのは、男君の心情として③は文脈にも合う。

(ウ)　**おくれたるところなく**

おくれ	たる	ところ	なく
動詞 ラ行下二段活用 「おくる」 連用形	助動詞 存続 「たり」 連体形	名詞	形容詞 ク活用 「なし」 連用形

おくる
1　遅れる。
2　取り残される。
3　先立たれる。

4　劣る。

「おくる」の意味を反映する選択肢は、①「未熟な」（前記4）、③「流行から外れる」（前記2）である。選択肢④は、「時間にいい加減」という性質が、「遅れる」という行動を説明するものではないので、「おくる」の意味を表しているとはいえない。ここからは文脈で確認する。

ここは、男君が見た女二の宮の様子について、「いみじう盛りに調ひて、思ひなしも気高く、らうらうじきもののなつかしげに」と述べている箇所に続く。これらは女二の宮の様子や人柄に対する賛辞であるから、①「未熟なところがなく」が文脈に合う。よって、①が正解である。

問2　文法と内容に関わる説明問題　26　②

名詞	格助詞	名詞	格助詞	動詞 ラ行下二段活用「紛る」終止形	副助詞	格助詞
もの	**の**	**嘆かしさ**	**の**	**紛る**	**ばかり**	**に**
ものごと	の	嘆かわしさ	が	紛れる	くらい	に

動詞 サ行四段活用「見なす」連用形	動詞 ヤ行下二段活用「聞こゆ」未然形	終助詞	格助詞	係助詞 強意	動詞 サ行四段活用「思す」連用形	助動詞 過去「けり」連体形
見なし	**聞こえ**	**ばや**	**と**	**ぞ**	**思し**	**ける**
見なし	申し上げ	たい	と		思いなさっ	た

各選択肢は、それぞれ傍線部を部分的に引用して、その引用箇所について、前半で文法的な説明、後半で内容上の説明を施している。

①は、前半の「もの」を「接頭語」とする点が不適当。接頭語「もの」は主として形容詞、形容動詞、状態を表す動詞の上に付き、「なんとなく」といった意味を添えるので、格助詞「の」の上に付くことはない。また、リード文をふまえると、この「ものの嘆かしさ」は、木幡の姫君が異母妹であることを知って恋が叶わない苦悩を指すものと思われるので、「このまま女二の宮と結婚しても良いのだろうかという迷い」を表すという説明も不適当である。

②が正解である。副助詞「ばかり」は、ここでは「ほど」「くらい」などと訳すことができ、程度を表しているので、前半の説明は正しい。また、①でも触れたが、「ものの嘆かしさ」は「木幡の姫君への思い」であるから、「紛るばかりに」は、それが「紛れるくらいに」という意味である。よって、後半の説明も正しい。

③は、前半は間違いとはいえない。「聞こゆ」は謙譲の補助動詞で、その前の動詞「見なし」と別々の単語として説明することが一般的だが、補助的な働きをすることから、「聞こゆ」を「見なし」と合わせて「複合動詞」といったとしても間違いとはいいきれない。「ばや」の「願望を表す終助詞」という説明は正しい。しかし、「見なす」は、「実際にはそうではないものを、意識的に別のもののように見て考える」ことを表す語である。ここでは、男君にとって意中の人は木幡

の姫君であり、女二の宮は未知の人物である。その、実際にはどんな人かまったくわからない女二の宮と結婚するにあたって、木幡の姫君への思いが紛れるくらいに、すばらしくて愛情を注げる人だと考えたいのである。「女二の宮に会ってみたいという願い」ではない。

④は、「思し」は「思ふ」の尊敬語「思す」の連用形であるから、前半の説明は正しい。しかし、③で述べたように、男君は、木幡の姫君への思いが紛れるくらい女二の宮を好きになれたらうれしいと思っているに過ぎないので、「いつのまにか女二の宮に恋をしていた」わけではない。

問3　登場人物に関する説明問題　27　③

①・②は、春の中納言についての選択肢である。春の中納言については、1段落3・4行目の記述がすべてである。

春の中納言も、例の同じくなり給ひて、喜び申しも劣らずし給へど、及ばぬ枝の一つことに、よろづすさまじくおぼえ給ひけり。

> **すさまじ**（シク活用形容詞）
> 1　興ざめだ。
> 2　殺風景だ。
> 3　冷淡だ。すげない。
> 4　激しい。ひどい。

「例の同じくなり給ひ」は、①の「男君と同時期に権大納言に昇進した」にあたり、「及ばぬ枝」は、（注3）からもわかるとおり、①の「女二の宮の結婚相手を選ぶ際には一歩及ばず」にあたる。ただ、その際の春の中納言の心情を示す、「よろづすさまじくおぼえ給ひけり」は、女二の宮の結婚相手に選ばれなかったことへの心情であるから、「すさまじ」は前記1で、「何もかも興ざめに思われなさっていた」と解釈することができる。よって①の「男君にあらためて畏敬の念を抱いた」は不適当である。また、②の「女二の宮と結婚することを諦めきれなかったので、すべての力を注いで女二の宮を奪い取ろうという気持ちで日々を過ごしていた」は、この部分の内容からも、ほかの本文の内容からも判断できない。よって、②も不適当である。

③が正解である。③は関白についての選択肢である。関白については、2段落4・5行目の記述がすべてである。

大宮おはせましかば、いかに面立たしく思し喜ばむと、殿はまづ思ひ出で聞こえ給ふ。

> **面立たし**（シク活用形容詞）
> 1　面目が立つ。名誉だ。光栄だ。

「大宮おはせましかば」の「大宮」は、（注6）から男君の亡き母であることがわかる。「大宮おはせましかば、いかに面立たしく思し喜ばむ」は、2段落4行目の「御前などあまたにて出でさせ給ふ」に対する殿の心情だが、「出で」は、具体的には、2段落1行目の「女二の宮に参り給ふ」である。（注4）から、女二の宮は父である院と三条院に一緒に住んでいるとわかるので、2段落1行目の「まづ忍びて三条院へ参り給ふ」ということにもなる。それが③の「女二の宮との結婚に向けて三条院に参上する息子」にあたる。また、その息子の男君の誇らしい姿を見て、「息子の立派な姿を見て、亡き妻がいたらどんなに誇らしく喜ばしく感じただろう」と考えるというのも正しい。さらに、本文2段落1〜4行目の「さらぬほどの所にだに、……御前などあまたにて出でさせ給ふ」には、男君の気遣いや様子を賞賛する言葉が並んでおり、③がこの時の男君の姿を「立派な」とするのも、この趣旨に合う。

④・⑤は、院についての選択肢である。院についての記述は、二箇所ある。

官位の短きを飽かぬことに思しめされて、（1段落3行目）

院には、待ち取らせ給ふ御心づかひなのめならず。（3段落1行目）

> **飽かず**（連語）
> 1　いやにならない。
> 2　もの足りない。名残惜しい。

> **なのめならず**（連語）
> 1　並々でない。一通りでない。はなはだしい。

この部分の内容を踏まえた選択肢は⑤なので、先に⑤の検討をする。

「官位の短き」ことを「飽かぬこと」に思いなさって、「権大納言になり給ひぬ」とある。その後に「春の中納言も、例の同じくなり給ひて、喜び申しも劣らずし給へど」と続いており、（注2）から春の中納言が官位を授けられたことがわかるので、「例のおなじくなり給ひて」は、春の中納言も同じように権大納言になったということであるから、「権大納言になり給ひぬ」は男君が権大納言になったということである。よって、「官位の短き」とは官位が低いこと、「飽かぬ」は前記2の「もの物足りない」の意だと判断できる。リード文からわかるように、男君には女二の宮との婚儀の準備が進んでいるが、それは院の意向であった。院としては、娘の女二の宮の結婚相手として、その時の男君の官位はふさわしくなく、物足りないと考えたのである。男君を、娘の結婚相手としてふさわしい官位に就けようとするのは権威者の院である。よって、1段落3行目の記述から、⑤の「院は、女二の宮の結婚相手にふさわしい官位を得るように男君を」は正しいが、本文に書かれていることは、男君が「権大納言になり給ひぬ」というだけであり、⑤の「叱咤激励し」にあたる院の行為は書かれていない。さらに、3段落1行目の記述は、⑤の「院と女二の宮が住む三条院に男君が訪れた際」の院のふるまいについて、その心遣いが並々でなかったことを説明したものだが、⑤にあるような「あえて厳しく接した」とは本文から読み取れないので、⑤は不適当である。

本文にはこの二箇所以外に院についての記述はないので、④の「院は、これから結婚しようとする娘の晴れ姿を見る」や、「娘が幼かったころの日々が思い出され、あふれる涙を抑えることができなかった」は不適当である。3段落1行目「宮の御さまを、いつしかゆかしう思ひ聞こえ給ふ」を「娘の晴れ姿を見る」と考えるかもしれないが、**【設問解説】問1**(イ)で検討したように、これは男君の心情であり、「ゆかし」は、「見るにつけても」ではなく、「見たい」の意である。

問4　**段落の内容に関する説明問題**　28　②

4段落の二首の和歌の品詞分解と逐語訳は次のとおり。

今朝	は	なほ	しをれ	ぞ	まさる	女郎花
名詞	係助詞	副詞	動詞 ラ行下二段活用「しをる」連用形	係助詞 強意	動詞 ラ行四段活用「まさる」連体形	名詞
今朝	は	やはり	いっそうしおれる			女郎花に

いかに	置き	ける	露	の	名残	ぞ
副詞	動詞 カ行四段活用「置く」連用形	助動詞 過去「けり」連体形	名詞	格助詞	名詞	係助詞
どのように	降り	た	露	の	名残なのか	

今朝	のみ	や	わきて	時雨れ	む
名詞	副助詞	係助詞 疑問	副詞	動詞 ラ行下二段活用「時雨る」未然形	助動詞 推量「む」連体形
今朝	だけ		とりわけ	時雨が降る	だろうか

女郎花	霜がれ	わたる	野辺	の	ならひ	を
名詞	動詞 ラ行下二段活用「霜がる」連用形	動詞 ラ行四段活用「わたる」連体形	名詞	格助詞	名詞	間投助詞
女郎花が	一面に霜で枯れる		野のあたり	の	常	なので

しをる
1　草木などがしおれる。
2　悲しみに沈む。しょんぼりする。

わきて
1　とりわけ。格別に。

霜がる（霜枯る）
1　霜で草木が枯れる。

①・②は、4段落の男君と女二の宮とのやりとりについての選択肢である。「今朝はなほ」の和歌は、女二の宮と過ごした夜が明けて自邸に戻った男君が、女二の宮に贈ったもので、男君の、逢瀬の後の女二の宮への思いが込められている。よって、「女郎花」は女二の宮の比喩で、それに降りる「露」

は、女二の宮と別れるにあたっての男君の悲しみの涙を表していると考えられる。「しをれ」は、女郎花という花とのつながりからは前記1、男君の心情からは前記2の意味と考えるのがふさわしい。また、共寝をしたあと、朝になって女二の宮と別れるという場面であることをふまえると、「置き」には、露が降りることを意味する「置き」に、朝になり、男君が起きて女二の宮のもとを出て行ったという意味が重ねられていて、「起き」との掛詞になっていると考えられる。よって、この和歌は次のように解釈できる。

今朝はやはりいっそうしおれてしまう。女郎花にどのように降りた露の名残なのか（今朝はやはりいっそう悲しみに沈んでいる。女郎花のように美しいあなたと、どのように起きて別れてこぼれた涙の名残なのか）。

したがって、①の「男君は逢瀬の後の寂しさを詠んだ歌を贈った」も、②の「女二の宮のもとを訪れた男君は、翌朝、女二の宮への思いをつづった手紙を送った」も、どちらも正しい。

「今朝のみや」の和歌は、男君から贈られた和歌に対する女二の宮の返歌だが、「今朝のみやわきて時雨れむ」の「や」は、相手に時雨が降るのかと質問する場面とは考えられないので、反語である。「今朝だけとりわけ時雨が降るのだろうか、いや、今朝だけではないだろう」と訳すことができ、「時雨が降るのは今朝だけではない」という意味になる。男君への返歌で、単にいつも雨が降っているということを言いたいわけではないだろうから、「時雨る」は涙を流すことの比喩と見るべきである。つまり、女二の宮は、「泣いているのは今朝だけではない」と言っているのである。女二の宮が泣く理由は、男君が自分のもとを離れ帰宅するからだと考えられ、「霜がれ」の「かれ（＝枯れ）」に「離れ」が掛けられていると判断できる。よって、男君の和歌をふまえて、女二の宮の和歌を解釈すると次のようになる。

今朝だけとりわけ時雨が降るだろうか。（いや、）女郎花が一面に霜で枯れる野のあたりの常なので（時雨はいつも降っており、あなたが私のもとを離れ悲しみに沈む私は、いつも涙を流しているのです）。

①の「女二の宮は景色だけを詠んだ歌を返し」は不適当である。「男君は、本心を包み隠し続ける女二の宮に対して、まだ自分に遠慮しているようだと思った」も、本文からは読み取れない。

一方、②の「女二の宮からの返歌は、男君の手紙の言葉をふまえたもので」は正しい。女君の和歌の「今朝」「女郎花」は、男君の和歌中の語を用いたものであり、女君の和歌が示す、時雨が降って花が霜枯れる様子は、男君の和歌が示す、露が降りて花がしおれる様子に応じたものと思われる。また、「時雨」は、男君の和歌の後に添えられた「いつも時雨は」の一言をふまえてもいる。さらに、本文4段落5・6行目、

御手などさへ、なべてならずをかしげに書きなし給へれば、

の「御手」は筆跡のことで、添加の副助詞「さへ」を用いて「御手などさへ（＝ご筆跡などまでも）」という表現は、前提

として女二の宮の和歌の内容が素晴らしかったということを示している。よって、②の「女二の宮からの返歌は……内容・筆跡ともに素晴らしく」は正しい。また、4段落6行目、

待ち見給ふも、よろづに思ふやうなりと思すべし。

は、一夜を共に過ごした後、和歌を受け取ったところ、女二の宮がさまざまな点で理想的だったということを述べている。よって、②の「理想にかなう女性と結婚できたと男君は満足した」も正しい。**②が正解**である。

③・④は、5段落に関する選択肢である。

③の「結婚に前向きでなかった男君」は、リード文に「男君（本文では『中納言』）は木幡の姫君に恋心を抱く」とあるから間違いとはいえない。「実際に女二の宮に会ってみると、その髪の美しさや容姿の素晴らしさに思いがけず心惹かれた」は、5段落2〜4行目に、

女宮の御さま……いみじう盛りに調ひて、……御髪は桂の裾にひとしくて、影見ゆばかりきらめきかかりたるほどなど、限りなし。人知れず心にかかる木幡の里にも並び給ふべしと見ゆるに、

とあることと一致する。しかし、本文には、男君が「女二の宮とこのまま結婚生活を続けて、密かに木幡の姫君とも関係を持とうと考えた」ことを示す記述はないので不適当である。

④の「女二の宮は、身の回りの世話をする女房・童たち、そして豪華な嫁入り道具とともに男君のもとへ嫁いだ。結婚の儀式が盛大に執り行われる」は、5段落1・2行目に、

殿へ入らせ給ふ儀式、殊なり。寝殿の渡殿かけて、御しつらひあり。女房二十人、童四人、下仕へなど、見どころ多くいみじ。

とあることと一致する。しかし、本文中で女二の宮の心境を示す記述は、4段落の「今朝のみや」の和歌と、その和歌の前の行で示された「いとつつましげに」ぐらいで、④の「男君と木幡の姫君の関係を察していた女二の宮は、この結婚の先行きに不安を感じた」は、本文に根拠がない。よって、④も不適当である。

問5

(i)　**和歌の説明文の空欄補充問題**　29　①

【学習プリント】で引用されている『伊勢物語』の中の、和歌Ⅰについての説明を考える設問である。

形容詞 ク活用 「うら若し」 語幹	接尾語	形容動詞 ナリ活用 「ねよげなり」 連用形	動詞 ヤ行下二段活用 「見ゆ」 連体形	名詞	格助詞	名詞
うら若	**み**	**ねよげに**	**見ゆる**	**若草**	**を**	**人**
若々しい	ので	寝心地が良さそうに	見える	若草	を	人

格助詞	動詞 バ行四段活用 「結ぶ」 未然形	助動詞 婉曲 「む」 連体形	名詞	格助詞	副助詞	係助詞 強意	動詞 ハ行四段活用 「思ふ」 連体形
の	**結ば**	**む**	**こと**	**を**	**し**	**ぞ**	**思ふ**
が	結ぶ	ような	こと	を			思う

第一に、【学習プリント】中の記述と、【ノート】中の上段

枠内の記述から、和歌Ｉの表現には含意のあるものが多いことがわかる。まず、「ねよげに」が、「枕にすれば、いかにも寝心地が良さそう」以外の意味を持つことが、［ステップ１］の説明でわかる。次に、「若草」が、「若草」以外に、「妹」を指していることが、【ノート】上段枠内の一つ目の項目からわかる。最後に、「人の結ばむ」が、「人が結ぶような」以外の意味を持つことが、【ノート】上段枠内の二つ目の項目からわかる。

第二に、【ノート】下段枠内の二つの項目によって、和歌Ｉの内容、およびそこで示された兄の気持ちは、妹がこれまで気づいていなかったもので、驚くようなものであったということがわかる。

以上の情報をもとにして、「人の結ばむ」が示す内容（空欄［X］）と、和歌Ｉの趣旨（空欄［Y］）を考えると、「ねよげに」は「関係を結ぶのに良さそうだ」の意味で、「若草を人の結ばむ」は、他の者が妹と結ばれることを指すものと考えられる。よって、和歌Ｉを通して兄が伝えたかったことは妹に対する恋心である。このような内容に合致する**①が正解**である。

②は、『伊勢物語』には親に関する記述はないし、和歌の趣旨が祝福であれば、妹が驚くようなことではないだろう。

③は、「人の結ばむ」から「結婚させない」ように束縛するといった意味を読み取ることに無理がある。

④は、和歌Ｉの「うら若み」は「形容詞の語幹＋み」で原因理由を表す表現であって、「若いのに」と逆接で後に続くものではないし、「人の結ばむ」ではなく、「ねよげに見ゆる」にかかると考える方が意味が通りやすい。また、和歌の趣旨が妹への心配なのであれば、妹が驚くようなことではない。

(ii) 傍線部の心情説明問題 ［30］ ③

形容動詞 ナリ活用 「いかなり」 連体形	名詞	格助詞	係助詞	格助詞	名詞	格助詞	動詞 バ行四段活用 「結ぶ」 未然形
いかなる	**方**	**に**	**か**	**と、**	**人**	**の**	**結ば**
どのような	方	と	か	と、	人	の	結ぶ

助動詞 婉曲 「む」 連体形	名詞	副助詞	動詞 カ行下二段活用 「思ひつづく」 未然形	助動詞 自発 「らる」 連体形	係助詞 強意
む	**こと**	**さへ**	**思ひつづけ**	**らるる**	**ぞ、**
ような	こと	までも	つい思い続けられるのが、		

名詞	形容詞 ク活用 「うたてし」 語幹	格助詞	動詞 ラ行四段活用 「思ひ知る」 未然形	助動詞 自発 「る」 連体形
我ながら	**うたて**	**と**	**思ひ知ら**	**るる**
我ながら	うとましい	と	思い知ら	ずにいられない

うたてし
1 いやだ。ひどい。
2 嘆かわしい。

『伊勢物語』の和歌Ⅰをふまえて、傍線部Bの心情を考える。和歌Ⅰと傍線部Bとでは、「人の結ばむこと」という表現が一致しており、傍線部Bが和歌Ⅰに基づいていることがわかる。したがって、(i)の空欄 X の解答との関連を意識すると良いということになる。

まず、(ii)の各選択肢は、すべて女二の宮との結婚を契機とする心情であることと、妹である木幡の姫君の他の人との結婚に関する心情であることとが共通している。このことについて、空欄 X の解答をふまえて考えると、傍線部Bの「いかなる方にかと、人の結ばむことさへ思ひつづけらるる」は、木幡の姫君がどのような人物と結婚するのかと、男君が思い続けることだということがわかる。この内容には、③の「妹の将来の結婚相手のことまで想像してしまう」が合致する。①の「妹である木幡の姫君の結婚に意見を言う立場ではなくなった」は、傍線部Bのこの部分と一致しない。②の「兄として木幡の姫君の結婚を願うようになり」は、男君が木幡の姫君の結婚を「願う」という根拠が、本文にはない。④の「妹である木幡の姫君が結婚する将来を想像して」は誤りとはいえないが、③と比較すると、③には本文の「いかなる方にかと、人の結ばむこと」の内容に合う「結婚相手」という言葉があり、③の方が合致の度合いが高いと考えられる。

次に、傍線部B末尾の「我ながらうたてと思ひ知らるる」についてみてみると、「うたて」の語義に照らして、③の「嫌気がさしている」は正しい。①「妹への思いを諦めようとしている」、②「自らの心境の変化に呆れている」、④「感慨に耽っている」は、いずれも「うたて」の語義に合わないので、傍線部B末尾の部分の意味としては不適当。以上のことから、**正解は③**である。

第4問　漢文

【出典】

【文章Ⅰ】・【資料】

『洋外《ようがい》紀略《きりやく》』全三巻。江戸末期の儒学者安積艮斎《あさかごんさい》（一七九一～一八六〇）が国防を論じた書。上巻は世界の大国の歴史地理、中巻はコロンブス、ワシントン等の伝記やキリスト教についての論評、下巻は国防に関する議論が記されている。本文は中巻、アメリカ合衆国初代大統領ワシントンの伝記「話聖東《ワシントン》伝」の一部である。

【文章Ⅱ】

『性理大全《せいりたいぜん》』。明の胡広《ここう》（一三七〇～一四一八）らの奉勅撰《ほうちよくせん》。宋・元の儒学者およそ一二〇家の学説を集大成した書。本文は巻六五、北宋の儒学者范祖禹《はんそう》（一〇四一～一〇九八）の学説である。

【本文解説】

【文章Ⅰ】

アメリカ合衆国初代大統領ワシントンの人柄や仕事ぶりが述べられている。ワシントンは公正な政治に励み、誠意をもって人々に接した。また、才能と見識に優れたハミルトンを財務長官に登用し、政治に参与させた。そのためワシントンの在任中、アメリカの政治と社会は安定した。しかし彼の業績についてあれこれ議論する者がいると、ひどく立腹した。ワシントンは任期満了とともに政界を引退し、二度と表舞台に姿を現すことのないまま故郷で生涯を終えた。

【文章Ⅱ】

儒学者の立場から理想的な君主像が述べられている。君主は誠意をもって賢者と協力して政治を行わなければ、自分一人の能力だけで広大な天下の多くの政務に対処することはできない。したがって君主は必ず雑念を払って公正な心で政治を行わなければならないと説く。

【資料】

安積艮斎がワシントンについて論評した一文で、異民族の出身でありながら優れた人格者であったと称賛している。

【書き下し文・文章Ⅰ】

話聖東《わしんとん》政《まつりごと》を為《な》すや廉《れん》にして公《こう》、誠《まこと》を推《お》して物《もの》に待《たい》す。巴爾《はみる》東《とん》なる者《もの》有《あ》り、明敏《めいびん》にして器識《きしき》有《あ》り、辞令《じれい》に嫻《なら》ひ、大体《だいたい》に通《つう》ず。話聖東之《わしんとんこれ》を挙《あ》げて、政事《せいじ》を参決《さんくゑつ》せしむ。任《にん》に在《あ》ること八年《はちねん》、法令《はふれい》整粛《せいしゆく》、武備《ぶび》森厳《しんげん》にして、閤州《かふしう》大《おほ》いに治《をさ》まる。然《しか》れども人《ひと》或《ある》いは其《そ》の為《な》す所《ところ》を議《ぎ》する者《もの》有《あ》れば、話聖東感憤《わしんとんかんふん》す。任満《にんみ》つるに及《およ》びて、乃《すなは》ち旧閭《きうりよ》に還《かへ》り、深《ふか》く自《みづか》ら韜晦《たうくわい》し、復《ま》た功名《こうめい》の意《い》無《な》し。寿《じゆ》を以《もつ》て家《いへ》に終《を》はる。

【書き下し文・文章Ⅱ】

人君《じんくん》は一人《いちにん》の身《み》を以《もつ》て、四海《しかい》の広《ひろ》きを御《ぎよ》し、万務《ばんむ》の衆《おほ》きに応《おう》ず。苟《いや》しくも至誠《しせい》を以《もつ》て賢《けん》と与《とも》にせずして其《そ》の独智《どくち》を役《えき》して以《もつ》て天下《てんか》に先《さき》だてば、則《すなは》ち耳目心志《じもくしんし》の及《およ》ぶ所《ところ》の者《もの》、其《そ》れ能《よ》く幾何《いくばく》ぞ。是《こ》の故《ゆゑ》に人君《じんくん》必《かなら》ず心《こころ》を清《きよ》めて以《もつ》て之《これ》に涖《のぞ》み、己《おのれ》を虚《むな》しくして以《もっ》て之《これ》に待《たい》すること、鑑《かがみ》の明《めい》なるがごとく、水《みづ》の止《とど》まるがごとくなれば、則《すなは》ち物至《ものいた》るも罔《し》ふること能《あた》はず。

【書き下し文・資料】

嗚呼《ああ》、話聖東《わしんとん》は、戎羯《じゅうけつ》に生《う》まると雖《いへど》も、其《そ》の人《ひと》と為《な》りや多《た》とするに足《た》る者有《ものあ》り。

【全文解釈・文章Ⅰ】

ワシントンの行う政治は私欲がなく公正で、まごころを及ぼして人々に接した。ハミルトンという者がおり、聡明で才能と見識があり、文章の執筆に習熟し、政治の要点に精通していた。ワシントンはハミルトンを登用し、政治に関与させ（政策を）決定させた。（ワシントンは）八年間（大統領の）任にあり、法令は整い、軍規は重々しく（＝規律が守られ威厳があり）、国中はたいそう安定した。けれども人々の中にもしもワシントンの業績について論評する者がいると、ワシントンは憤りを感じた。任期が満了すると、（政界を引退して）故郷に帰り、自らを決して世間の目につかないようにし、もはや（政治の）功績を立てて名声を得ようという意志を抱かなかった。天寿を全うして自らの家でこの世を去った。

【全文解釈・文章Ⅱ】

君主は一人の身で広大な天下を治め、数多くのあらゆる政務に対処しなければならない。（したがって）もしもこの上なく誠実な心によって賢者と協力しあうことなく自分の知恵だけを用いて天下を指導すれば、君主の見聞や思慮が及ぶ範囲は決して広くない。このため君主は心を清潔にして天下を治め、自分（の心）を静めて天下（の政治）に対処する様子が、澄みきった鏡のようで、止まっている水のようであれば、外界の事物が及んでも心をまどわすことはできないのである。

【全文解釈・資料】

ああ、ワシントンは、異民族の出身ではあるけれども、その人柄は称賛に値する点がある。

【設問解説】

問1　空欄補充の問題　31 ①　32 ⑤

空欄 X を含む「話聖東《わしんとん》為《スヤ》㆑政《ヲ》 X 而公」は「ワシントンの行う政治は X で公正で」という意味で、X には「公」（公正である）と同じくワシントンの政治を高く評価した語が入ると判断できる。①「廉」は「私欲がない」の意味、②「刻」は「むごく厳しい」の意味、③「頑」は「かたくなで融通がきかない」の意味、④「濫」は「節度がない」の意味、⑤「偏」は「かたよっていて不公平である」の意味である。ワシントンの政治を称賛した意味に取れるのは①「廉」のみである。したがって、**正解は①**。

空欄 Y は「御《シ》㆓四海之広《キヲ》㆒」（広大な天下を治め）と「応《ズ》㆓万務之 Y ㆒」（ Y なあらゆる政務に対処する）が対句である点に着目すれば、「広」が「四海」の性質を表すのと同様に、「 Y 」にも「万務」の性質を表す語が入ると推測できる。次に「四海之広《キヲ》」と「万務之 Y 」は、後の「君主は自分一人だけで天下の政務に対処することなどできない」という主張の根拠に当たる。したがって、「天下（四海）は広大であるために君主一人では治めきれない」のと同じく、「あらゆる政務（万務）は[Y]であるために君主一人では対処しきれない」として意味が通る語を選べば良い。①「要」は「重要なこと」の意味、②「美」は「立派なこと」の意味、③「対」は「相手・対応するもの」の意味、④「臣」は「臣下」の意味、⑤「衆」は「数多くの事柄・数が多いこと」の意味である。君主一人で「万務」に対処しきれない理由として意味が通じるのは⑤「衆」のみである。したがって、**正解は⑤**。

問2　句の解釈の問題　[33] ②　[34] ④

(ア)「寿」は「長寿」の意味。「終《ハル》」は「死去する」の意味。「于」は前置詞の働きの置き字で、「終《ハル》于家《ニ》」は「家で死去する」の意味。全体では「長寿によって家で死去した」と訳す。**正解は②**。

(イ)「役」は「使う」の意味。「独智」は「一人の知恵」の意味。「其」は「独智」を修飾する指示語で、主語である君主自身を指し、「自分の」と訳す。全体では「自分一人の知恵を使って」と訳す。**正解は④**。

問3　返り点の付け方と書き下し文の問題　[35] ⑤

「有」・「所」の用法に注意して傍線部Aを書き下す。「有」は動詞として下から返って「――有《あ》り」と読むが、後に「者」があると「有」に返読する範囲を表し、「――者有《ものあ》り」（有《リ》二――者一）と読んで「――（する）もの（こと・人）がある」と訳す。この形に書き下しているのは①・⑤である。次に「所」は「所＋[動詞]」の形で動詞から「所」に返読して「[動詞]（する）所《ところ》」（所《スル》二[動詞]一）と読み、「[動詞]（する）こと・[動詞]（する）もの」などの意味。傍線部Aの「所為」は「ワシントンの行ったこと（業績）」の意味で「為《な》す所《ところ》」と読む。①・⑤のうち、この形に書き下している**⑤が正解**で、「けれども人々の中にもしもワシントンの業績について論評する者がいると」と訳す。

問4　解釈の問題　[36] ①

「耳目心志」は「見聞・感覚と思慮」の意味。「其能《ク》幾何《いくばくゾ》」は「所及《ブ》」（及ぶ範囲・対象）を受けて「いったいどれほどまで及ぶことができようか」と直訳できる。「耳目心志」が誰のものか、また「其能《ク》幾何《いくばくゾ》」が疑問・反語どちらの意味かは、文脈から判断する。【文章Ⅱ】冒頭から傍線部Bの直前は、「もし君主が賢者の協力を得ずに自分一人の知恵で広大な天下のあらゆる政務に対処しようとすれば」という内容である。傍線部Bはこれを受けて「君主一人だけではすべての政務に意志を及ぼすことなどできない」という趣旨を述べていると判断できる。したがって「耳目心志」は君主のものだと判断でき、「其能《ク》幾何《いくばくゾ》」は反語で「（君主の意志の及ぶ範囲は）いくらもない＝決して広くない」と解釈できる。これと同じ意味を述べる**①が正解**。

問5　比喩説明の問題　37　③

傍線部Cは「止まっている水のようであれば」という意味。選択肢でこの意味に近いのは、②「まるで水の表面が平衡を保っているようである」・③「まるで波立っていない静かな水のようである」である。傍線部Cは直前の「人君必《ズ》清《メテ》レ心《ヲ》以《テ》涖《のぞミ》レ之《ニ》、虚《むなシクシテ》レ己《ヲ》以《テ》待《スルコト》レ之《ニ》」に対する比喩で、この部分は「君主は心を清潔にして天下を治め、自分（の心）を静めて天下（の政治）に対処する」と訳せる。つまり「君主が清潔で平静な心でいること」を「まるで止まっている水のようである」と喩えている。②・③のうち、「君主が清潔で平静な心でいること」と同じ意味を述べるのは、③「雑念をしりぞけて落ち着いている」のみである。したがって、**正解は③**。

問6　解釈の問題・内容説明の問題　38　①　39　⑤

(i)　**【資料】の解釈を問う問題**

「雖」は「雖《いへどモ》二——一《ト》」と読んで「——であるけれども・たとえ——であっても」の意味。「話聖東、雖レ生二於戎《じゅう》羯《けつ》一」は、「話聖東《わしんとん》は、戎羯《じゅうけつ》に生《う》まると雖《いへど》も」と読んで「ワシントンは、異民族の出身ではあるけれども」と訳す。「雖」の意味を正しく解釈しているのは①・③のみである。「為レ人」は「人《ひと》と為《な》り」と読んで「人柄」の意味。「多」はここでは「足《たる》二——《(スル)ニ》一」という構文で用いられているので、動詞として「多《た》とす」と読んで「称賛する」と訳す。「其為レ人有二足レ多者一」は「其《そ》の人《ひと》と為《な》りや多《た》とするに足《た》る者《もの》有《あ》り」と読んで「ワシントンの人柄は称賛に値する点がある」と訳せる。

したがって、**正解は①**。

(ii)　**【文章Ⅰ】・【文章Ⅱ】の内容を問う問題**

各選択肢の説明を【文章Ⅰ】・【文章Ⅱ】それぞれの内容と対照させることで、その正誤を判断する。

①は、b「ワシントンが人々から反発されても動じなかった」が【文章Ⅰ】の「人或《イハ》有《レバ》下議《スル》二其《ノ》所《ヲ》レ為《ス》者上、話聖東感憤《ス》」（人々の中にもしもワシントンの業績について論評する者がいると、ワシントンは憤りを感じた）の内容に反している。また c「どのような出来事にも信念を曲げない儒学の伝統的な君主像」は、【文章Ⅱ】からは読み取れない内容である。

②は、b「ワシントンが法律を整備して国を安定させた」は【文章Ⅰ】の内容に合致するが、c「個人の力より制度を重視する儒学の伝統的な君主像」は、【文章Ⅱ】からは読み取れない内容である。

③は、b「ワシントンが信頼する部下に自分の地位を譲った」が【文章Ⅰ】からは読み取れない内容で、c「権力や名誉に執着しない儒学の伝統的な君主像」も、【文章Ⅱ】からは読み取れない内容である。

④は、c「人々に対して誠実に向き合う儒学の伝統的な君主像」は、【文章Ⅱ】の「苟《シクモ》不下以《テ》二至誠《ヲ》一与《ともニセ》上賢《ト》而役《シテ》二其《ノ》独智《ヲ》一以《テ》先《ダテバ》二天下《ニ》一、則《チ》耳目心志之所《ノ》レ及《ブ》者、其《レ》能《ク》幾何《いくばくゾ》」（もしもこの上なく誠実な心によって賢者と協力しあうことなく自分の知恵だけを用いて天下を指導すれば、君主の見聞や思慮が及ぶ範囲は決して広くない）から読み取れる内容である。しかし、b「ワシントンが政策の意図を率直に文章で示した」

は、【文章Ⅰ】からは読み取れない内容である。

⑤は、b「ワシントンが優れた人材を登用し、政務に参与させた」が【文章Ⅰ】の「有《リ》二巴爾東《はみるとんナル》者一、明敏《ニシテ》有《リ》二器識一、嫻《ならヒ》二辞令《ニ》一、通《ズ》二大体《ニ》一。話聖東挙《ゲテ》レ之《ヲ》、参二決《セシム》政事《ヲ》一」（ハミルトンという者がおり、聡明で才能と見識があり、文章の執筆に習熟し、政治の要点に精通していた。ワシントンはハミルトンを登用し、政治に関与させ〔政策を〕決定させた）と対応する内容である。また、c「公正な心で賢人と協力する儒学の伝統的な君主像」は、【文章Ⅱ】の「苟《シクモ》不《シテ》下以《テ》二至誠《ヲ》一与《ともニセ》二賢《ト》一而役《シテ》二其《ノ》独智《ヲ》一以《テ》先《ダテバ》二天下《ニ》一、則《チ》耳目心志之《ノ》所《レ》及《ブ》者、其《レ》能《ク》幾《いく》何《ばくゾ》」から読み取れる内容である。

以上の検討より、正解は⑤。

2022
本試験

国　語

（2022年１月実施）

受験者数　460,967

平 均 点　 110.26

国　語

解答・採点基準

(200点満点)

問題番号(配点)	設問	解答番号	正解	配点	自己採点
第1問 (50)	問1	1	②	2	
		2	③	2	
		3	④	2	
		4	②	2	
		5	③	2	
	問2	6	①	7	
	問3	7	②	7	
	問4	8	②	7	
	問5	9	④	7	
	問6	10	②	6	
		11	③	6	
第1問　自己採点小計					
第2問 (50)	問1	12-13	②-⑥	8 (各4)	
	問2	14	①	8	
	問3	15	③	8	
	問4	16	②	6	
		17	①	6	
	問5	18	①	6	
		19	⑤	8	
第2問　自己採点小計					

問題番号(配点)	設問	解答番号	正解	配点	自己採点
第3問 (50)	問1	20	②	5	
		21	②	5	
		22	③	5	
	問2	23	③	7	
	問3	24	④	7	
	問4	25	①	7	
		26	①	7	
		27	④	7	
第3問　自己採点小計					
第4問 (50)	問1	28	④	4	
		29	②	4	
		30	④	4	
	問2	31	④	7	
	問3	32	⑤	7	
	問4	33	③	5	
	問5	34	⑤	5	
	問6	35	⑤	6	
	問7	36	⑤	8	
第4問　自己採点小計					
自己採点合計					

※-(ハイフン)でつながれた正解は，順序を問わない。

第1問　現代文（論理的文章）

【出典】

【文章Ⅰ】は、檜垣立哉『食べることの哲学』（世界思想社、二〇一八年）の一節。

檜垣立哉（ひがき・たつや）は、一九六四年埼玉県生まれの哲学者。著書に『子供の哲学――産まれるものとしての身体』、『ロボット・身体・テクノロジー――バイオサイエンスの時代における人間の未来』などがある。

【文章Ⅱ】は、藤原辰史『食べるとはどういうことか――世界の見方が変わる三つの質問』（農山漁村文化協会、二〇一九年）の一節。

藤原辰史（ふじはら・たつし）は、一九七六年北海道生まれの歴史学者。著書に『ナチスのキッチン――「食べること」の環境史』、『分解の哲学――腐敗と発酵をめぐる思考』などがある。

【本文解説】

【文章Ⅰ】

本文は、宮沢賢治の作品である「よだかの星」を参照して、「食べる」ことを考察した文章である。その内容を、段落ごとに確認していこう。なお、「よだかの星」からの引用部分は、前の段落に含むものとする。

Ⅰ　動物を主題とした、「食べる」ことと「生」にまつわる議論（第1段落）

「食べる」ことと「生」にまつわる議論においては、食べ続けることでしか生き物として存続できない動物が主題になってしまう。そして、もともと動物である人間も、自然のなかで動物と対等な位相で捉えられることになる。

Ⅱ　「よだか」の心の推移（第2段落～第6段落）

「よだかの星」では、主人公に該当する「よだか」が過剰に擬人化され、人間的な感情を抱く存在として表現されている。

「よだか」は、周りのみなからいじめられ、何をしても孤立し、自分が生きる意味に疑問を抱いている。自分が生存することの意味づけに疑問を抱くということは、「よだか」のみならず、人間誰もが、一度は心に抱く感情である。そして、「よだか」はいじめっ子の鷹《たか》に追いつめられ、自分の存在そのものを否定されたように感じる。（第2段落）

しかし、「よだか」は、劣等感を抱いていても、空を飛び移動するときに、大きな口をあけ羽虫や甲虫《かぶとむし》を食べ、自然に対して支配者のような役割を演じることがある。けれども、自分のような存在が、他の生き物を食べて生きていくことに、疑問をもたざるをえない。そして、他の生き物を食べてしまったときに、「ぞっとした」感じになるのであった。（第3段落）

ここから、「よだか」の思考が展開されていく。（第4段落）

「よだか」が他の生き物を食べるのは、自然のなかでは、食物連鎖上のこととしてやむをえないことである。だが、「よだか」は、生きがたさを感じている自分が、他の生き物を殺して食べているという事実に向き合い、思い悩む。自分もいずれ鷹

4

に食べられ死んでしまうことになる。だとすれば、他の生き物を殺すことなく絶食し、他の動物に殺される前に、空の彼方《かなた》へ赴き、自らの存在を消滅させてしまおう。このように、「よだかの星」のはなしは、転変していく。（第5段落）

「よだか」は、億年兆年億兆年かかるといわれながらも、彼方の空へと向かう行為を続け、ついには、自らが燃え尽きることで、自己の行為を昇華（＝物事をより上の状態に高めること）するのであった。（第6段落）

Ⅲ　「食べる」ことと「生」との関わり（第7段落〜第9段落）

作品「よだかの星」では、食べるということを主題にしているわけではない。むしろ、「よだか」にとっては、自分のように惨めな存在がなぜ生き続けなければいけないのか、という疑問が重要なのである。その疑問は、自分が存続することに積極的な意味を見出せないのに、無意識に他の生き物の命を奪ってしまうこと、すなわち「ぞっと」するような思いを伴う、食べることへの疑念、苦悩につながっていく。（第7段落）

「よだかの星」のこうした展開は、食物連鎖の議論のように見える。しかし、他の命を奪うことがつらいのか、自分の命が奪われることがつらいのか、惨めな存在でありながら他の生き物を食べるのがつらいのか、作品中の「よだか」が判然と理解しているわけではない。ストーリーの流れからすれば、食べることではなく、食べないこと（＝断食）につながるテーマが浮上する。そのため、「よだか」は最終的に星に昇華していくという宮沢独特のストーリー性が示されることになる。（第8段落）

ここで宮沢は、食物連鎖からの解放という事態だけをとりあげているのではない。生きている意味を見出せないという心の傷を抱えながら、なおも無意識のうちに他の生き物を食べることに「ぞっと」するという事態をもとりあげている。そうした事態、すなわちおそれにも通じるような感覚は、人間の誰もが共有する思いではないだろうか。そして、この思いは、「数億年数兆年彼方の星に、自らを変容させていくこと」でしか、「昇華」できないのである。（第9段落）

【文章Ⅱ】

本文は、人間に食べられた豚肉である「あなた」の視点から、「食べる」ことについて考察した文章である。その内容を、段落ごとに確認していこう。

Ⅰ　食べられてから排泄《はいせつ》されるまでの過程（第一段落・第二段落）

口のなかに入れられた「あなた」は、アミラーゼをたっぷりかけられ、咀嚼《そしゃく》され、食道から胃へと入り、胃酸のなかでドロドロになった後、十二指腸で消化を助ける膵液《すいえき》・胆汁と混ざりながら小腸にたどり着く。小腸では六メートルに及ぶチューブを通過する間に、小腸から出される消化酵素により、炭水化物がブドウ糖や麦芽糖に、脂肪が脂肪酸とグリセリンに分解され、腸に吸収されていく。ほとんどの栄養素を吸収された「あなた」は形を変えて大腸にたどり着く。（第一段落）

大腸には、消化酵素はないが、かわりに無数の微生物が棲《す》んであり、その微生物が「あなた」のなかの繊維を発酵させ活性化していく。そうして、「あなた」は、便になって肛門からトイレへと移動し、さらには下水道での旅を始めることになる。（第二段落）

Ⅱ 「食べる」ことと生との関係（第三段落～第七段落）

豚肉が、食べられて、消化吸収され便になるまでの例にもあるように、食べものは人間のからだのなかでじっくり時間をかけ徐々に変わっていくのであり、どこまでが食べもので、どこからが食べものでないのかを区切るのは、とても困難である。（第三段落）

その答えは各自で考えることとし、「食べる」ことをめぐる、「二つの極端な見方」を示しておこう。（第四段落）

一つ目の見方。そもそも人間は「食べて」などいない。食べものは、例外を除き、すべて生きものでありその死骸であり、人間のからだを通過しているにすぎない、という見方である。言い換えれば、人間は、生命の循環の通過点にすぎず、地球全体の生命活動がうまく回転するように食べさせられている、という捉え方である。（第五段落）

二つ目の見方。人間の体内から出た便は、下水処理場で微生物の力によって分解され、そこから発生した微生物を魚や虫が食べ、その栄養素を利用して植物が成長し、そうした植物や魚を人間が食べ、いずれはまた便として排出される。このように、「食べる」ことは、食べものが循環していくプロセスだとする捉え方である。つまり食べものは、一度食べられてなくなるのではなく、食べられた後にも変化しながら、他の何かの食べものへと転変を続けていくという見方である。そう考えると、世のなかは食べもので満たされており、その食べものは、生きものとしては死んで他の生きものに命を与える、というバトンリレーが続いているとみなしうる。しかも、「バトン」にたとえられる食べものは無数に増え、「走者」にたとえられる食べる側も無数に増えていくというリレーになる。そうした見方からすれば、食べものは、生きものの一部である人間のなかを、通過しているにすぎないのである。（第六段落）

二つの見方のいずれも、極端ではあるが間違ってはいない。また、「食べる」ことを、ある生きものから他の生きものへの命の受け渡しと見る点では共通している。死ぬことがわかっているのになぜ生き続けるのかという問いへの答えに、「食べる」ことを介して他の生きものに命をつないでいくということが、関わっているかもしれない。（第七段落）

【文章Ⅰ】と【文章Ⅱ】のつながり

二つの文章は、いずれも「食べる」ことと生きることとの関わりを述べているが、「食べる」ことについての捉え方の違いもある。

【文章Ⅰ】では、「よだか」が、自分が存在することの意味を見出せないでいる。しかも、そうした自分が、（鷹に食べられることにふれてはいるが、）食べる側にいて、他の生きものを「食べる」ことに苦悩している。そして、こうした「よだか」の、自分が生きることへの疑念や、他の命を奪うことへの苦悩は、個々の人間にとっても共通であることが述べられている。

これに対し、【文章Ⅱ】では、食べられる側の「豚肉」が、消化、吸収されながら人間の体内を通過していく経緯が述べられている。そして、「食べる」ことは、巨視的な観点からすれば、地球全体の生命の循環、あるいは他の生きものに命を手渡していくバトンリレーだとみなす捉え方が述べられている。

このように、生きること、「食べる」ことへの疑念や苦悩が示されている【文章Ⅰ】を受けて、生きること、「食べる」ことを、生命の循環、命のバトンリレーとして、肯定的な立場で捉えているのが【文章Ⅱ】である。

二つの文章の違いは、次のように整理できるだろう。

【文章Ⅰ】		【文章Ⅱ】
自分が生きている意味が見出せない	⇔	自分の命を他の命につないでいく
＝		
食べることは、自分が他の生を奪うことだと苦悩する	⇔	食べることは、地球全体の生命の循環や命のバトンリレーを担うこと

【設問解説】

問1　漢字の知識を問う問題

(i)　**傍線部の漢字に相当するものを選ぶ問題**　[1] ②　[2] ③　[3] ④

(ア)は、〈必要な量や程度を超えて多すぎること〉という意味で、「過剰」。①は、〈文章や話などが、長すぎてむだが多いこと〉という意味で、「冗長」。②は、〈余り。残り〉という意味の「剰余」で、**②が正解**。③は、〈汚れを取り去りきれいにすること〉という意味で、「浄化」。④は、〈普通に行われるやり方〉という意味で、「常軌」。なお、「常軌を逸する」は、〈普通とは異なった、常識はずれの言動をとる〉という意味になる。

(イ)は、「傷ついた」。①は、〈あることをするように勧め励ますこと〉という意味の「勧奨」。②は、「鑑賞」。③は、〈物事に感じて心を痛めること〉という意味の「感傷」で、**③が正解**。④は、〈対立する物事の間で、衝突や不和などを和らげること〉という意味で、「緩衝」。

(エ)は、〈あることをはたす〉という意味で、「遂げる」。①は、「類推」。②は、〈まじりけがない。純粋〉という意味で、「生粋」。③は、「麻酔」。④は、〈完全にやり遂げる〉という意味の「完遂」で、**④が正解**。

(ii)　**傍線部と同じ漢字だが、異なる意味で用いられているものを選ぶ問題**　[4] ②　[5] ③

(ウ)「襲」には、a〈攻める。危害を加える〉という意味以外にも、b〈重ねる〉、c〈あとを継ぐ〉という意味がある。①「夜襲」(＝夜に攻撃すること)、③「奇襲」(＝すきをねらって、不意に攻撃すること)、④「来襲」(＝攻め込んでくること)は、いずれもaの意味用法。②は、〈身分・財産・職業などを子孫が代々継いでいくこと〉という意味の「世襲」で、これだけがcの意味用法であり、**②が正解**。

(オ)「与」には、a〈与《あた》える、と読んで、所有するものを渡す〉という意味以外にも、b〈与《くみ》する、と読んで、仲間や味方になる〉という意味と、c〈与《あず》かる、と読んで、関わる〉という意味で用いられることがある。①「供与」(＝相手が必要としているものをあたえること)、②「贈与」(＝金品を贈ること)、④「授与」(＝さずけあたえること)は、いずれもaの意味用法。③は、〈あることに関わりをもつこと〉という意味の「関与」で、これだけがcの意味用法であり、**③が正解**。

問2　「よだかの思考の展開」を説明する問題　[6]　①

傍線部に、「ここから」および「つぎのように」とあるので、この両者に該当する内容に着目し、傍線部前後の文脈から、「よだか」がどのように考えを展開していくのかを確認していこう。

まず、「よだか」は、「みなからいじめられ、何をしても孤立してしま」い、「なぜ自分は生きているのか」と思っている。(第2段落)

しかし、「よだか」は、「空を飛び移動するなか」で、「羽虫をむさぼり喰《く》ってしま」い「甲虫《かぶとむし》を食べてしまう」ことに思い悩み、「ぞっとした」ような気になってしまう。(第3段落) ここまでが、傍線部「ここから」に該当する内容である。

そして、「自分は何も食べず絶食し、空の彼方《かなた》へ(＝現実世界から)消えてしまおう」と、その思いを「転変」させていくのである。(第4・第5段落) これが、傍線部「つぎのように」以降の内容である。

以上を整理すると、

a　「よだか」は生きる意味が見出せない
b　aなのに、羽虫や甲虫を食べてしまうことに思い悩む
c　(絶食し、)世界から消えてしまおうと思いいたる

となる。こうしたa→b→cという展開に合致している**①が正解**。

②は、a→bが欠落しており間違い。

③は、前半の「弱肉強食の関係を嫌悪し」や、後半の「不条理な世界を拒絶しようと考える」が、本文に根拠のない内容。なお、「弱肉強食(＝弱いものが強いもののえじきになること)」には、〈強者が弱者を犠牲にして栄える〉といったニュアンスがあり、「食物連鎖(＝生物が、食べる・食べられるの関係でつながっていること)」(第5・第8段落)と同義ではない。

④は、後半の「新しい世界を目指そうと考える」が、cに合致しない。また、前半の「他者を犠牲にして生きる」→「自分の存在自体が疑わしい」という展開では、a→bと逆の展開になってしまう。

⑤は、aが欠落している。また、後半の「遠くの世界で再生しようと考える」が、cに合致しない。

なお、第8段落の「よだかは、……判然と理解しているわけではない」という部分が気になったかもしれない。しかし、設問には、「筆者は」「どのように捉えているか」とあるので、筆者が「よだかの星」の展開をどのように捉えているかが述べられている、第2段落～第5段落を中心に正解の根拠を求めればよい。

問3　「人間」が「共有する」思いを説明する問題　7　②

傍線部の、「人間である」「われわれすべてが共有するもの」とは、直前にある「それは」を受けていることに着目し、まず「それは」が指示している内容を押さえていこう。

「それは」の直前の一文では、「心が傷ついたよだか」が、無意識のうちに他の生命を犠牲にしていることに気づき、「せなかがぞっと」するといった違和感やおそれを抱く点に注目すべきだ、と述べられている。なお、ここで、「心が傷ついたよだか」というのは、主に第2段落で示されている、「よだか」が自分が生きている意味を疑っているということである。以上から、「それは」に該当するのは、

自分の生きる意味に疑問をもちながらも（a）、他の生命を無意識のうちに奪いながら生きること（b）への違和感やおそれ（c）

という、「よだか」のみならず人間すべてが抱くかもしれない思いのことである。

こうした内容に合致する**②が正解**。

①は、前半の「存在理由を喪失した」がaとはズレている。また、「動物の弱肉強食の世界でいつか犠牲になる」や、後半の「自己の無力さに落胆する」が、bやcに合致しない。

③は、前半の「存在を否定されていた」がaとはズレている。それ以上に、後半の「自己を変えようと覚悟する」が、本文に根拠のない内容。

④は、前半の「理不尽な扱いに打ちのめされていた」がaに合致しない。また、後半の「自己の罪深さに動揺する」もcとはズレている。

⑤は、まず前半の「惨めさから逃れたいともがいていた」がaに合致しない。また、「弱肉強食の世界を支える」が、bとはズレている。さらに後半の「自己の身勝手さに絶望する」もcに合致しない。

問4　「二つの極端な見方」の似ている点を説明する問題　8　②

傍線部の「二つ」とは食に関する「二つの極端な見方」（第四段落）のことなので、まず、この「二つ」の見方の内容を確認していこう。

「一つ目」（第五段落）の見方の内容。

食べものは、「すべて生きものであり、その死骸」であり、人間は、「食べて」いるというより、生命（＝食べもの）の循環の通過点にすぎず、地球全体の生命活動の回転を担っている。

「二つ目」（第六段落）の見方の内容。

食べものは、人間の体内を通過しているだけで、生きもの

の死によって、次の生きものの生を支える（＝命をつないでいく）という、「循環のプロセス」であり、「生のバトンリレー」である。

以上、食に関する「二つの極端な見方」の共通性を整理すると、食とは、

a　人間のみの生命維持や存続のためではない
b　ある生きものから他の生きものへと命をつないでいく（バトンリレーである）こと
＝生命を循環させていくプロセスである

となるだろう。

こうした内容を含んでいる②が正解。

①は、前半がaに合致しない。また、後半の「微生物の活動と生物の排泄行為」は、「二つ目」の見方では述べられていない。

③は、前半がaとズレており、後半の「食べられる側の視点から……」が、①と同様に、「二つ目」の見方では述べられていない。

④は、前半がaとズレている。また、後半の「地球環境の保護という観点」が、「二つの極端な見方」のいずれにも述べられていない内容。

⑤は、前半がaとズレている。また、後半の「多様な微生物の働きから……」が、①・③と同様に、「二つ目」の見方では述べられていない。

問5　【文章Ⅱ】の表現に関して説明する問題　9　④

こうした設問においては、本文における描写の特徴（たとえば比喩や擬人法や擬態語など）に着目し、それが本文の内容を表現する上で、どのような効果をもたらしているのかを読み解くようにしよう。

本文では、「豚肉」が消化・吸収されていく過程の描写において、比喩や擬態語などが用いられている。また、「豚肉」を「あなた」と二人称の扱いで表現しており、相手に話しかけるような文体であり、堅苦しさのない言い回しになっている。こうしたことを踏まえ、選択肢をそれぞれ吟味していこう。なお、いずれの選択肢も、前半で、豚肉を「あなた」と表現することにふれているが、こうした部分については、本文に即している。

①は、「食べられる生きものの側の心情を印象的に表現する」が間違い。食べられる側の「心情」は本文で述べられていない。

②は、「消化酵素と微生物とが協同して食べものを分解する」が間違い。「大腸には消化酵素はありません。そのかわりに無数の微生物が棲んでいるのです」（第二段落）とあるように、消化酵素は小腸で作用し、微生物は大腸で作用するので、「協同（＝力を合わせて物事を行うこと）」しているわけではない。また、「比喩的に表現することで」「厳密に描いている」というのも、不自然な説明である。

③は、「くねくね」（第一段落）など、たしかに擬態語が用いられてはいるが、後半の「食べることの特殊な仕組みを筋

道立てて説明している」が、本文に根拠のない表現である。本文のどこにも、「食べること」の一般的な仕組みと、「特殊な仕組み」の比較など、述べられていない。また、「擬態語を用いて表現すること」で「筋道立てて説明している」というのも、根拠のない説明である。

④は、消化の過程を「長い旅」（第一段落）にたとえることをはじめ、人間を無数の微生物の「集合住宅」（第二段落）と述べるなど、「比喩を多用して消化過程を表現」していると言える。また、「ほとんどの栄養を吸い取られ」（第一段落）とあるように、「生きものが他の生物の栄養になるまでの流れ」を説明していると言える。また、「軽妙に」（＝文章や話が軽快で、気が利いており、面白味があるさま）という点に関しては、「大腸は面白いところです」（第二段落）とあるように、筆者が擬態語や比喩などさまざまな表現の工夫を凝らし、消化の過程を面白く説明しようとしていることは読み取れるので、「軽妙に説明している」は間違いではない。したがって、**④が正解**。

⑤は、「生きものが消化器官でかたちを変えて物質になるさまを誇張して表現する」が間違い。第三段落では、食べもの（＝生きものであったもの）が、食べものではないもの（＝物質）に「急に変身を遂げる」のではなく、生きものと物質とを明確に区別することは「とても難しい」と述べられている。したがって、「生きものが消化器官でかたちを変えて物質になる」とは断定できないはずである。

なお、④の「軽妙に」という表現が気になり、迷った人がいたかもしれない。こうした表現に関する設問では、自分自身の印象による判断はいったん留保し、本文の内容と照らし合わせながら、間違っている選択肢を消去していくことで、正解を求めていくようにしたい。

問6　本文の内容を整理した【メモ】の空欄を補う問題

(i)「食べる」ことについて、【文章Ⅰ】における捉え方の特徴を示している、空欄 X を補う問題　10　②

【文章Ⅰ】では、「よだかの星」の内容を紹介した後、第7段落～第9段落（＝最終段落）で、「食べる」ことと生命との関わりが論じられており、そこでは、【文章Ⅱ】とは明らかに異なる考え方が示されている。

人間とは、「よだか」のように、生きる意味が見出せないまま、無意識のうちに他の生き物を「食べる」ことに「ずっと」しながらも、生き続けている存在であることが述べられている。すなわち、人間は、断食し自らを消滅させないかぎり、「ずっと」した思いを抱きながらも、「食べる」ことを続けながら生きていくしかないのである。

こうした内容を踏まえ、選択肢を吟味していこう。

①は、「弱者の生命の尊さを意識させる」が、【文章Ⅰ】とは無関係な内容。

②は、「自己の生命を否応なく存続させる」が、「ずっと」した思いを抱いたとしても「食べる」ことを続けながら生きていくしかない、という内容に合致しており、**②が正解**。

③は、「意図的に他者の生命を奪う」が、「食べる」こと

（＝他者の命を奪うこと）を無意識のうちに続けているという【文章Ⅰ】の内容に反する。

④は、「食物連鎖から生命を解放する契機となる」が、「食べる」ことは他の命を奪うことになるという【文章Ⅰ】の内容に反する。

(ii)「食べる」ことについて、【文章Ⅰ】と【文章Ⅱ】のまとめを示している、空欄 Y を補う問題 11 ③

Mさんの作成した【メモ】の〈3〉は、〈1〉〈2〉を踏まえた「まとめ」なので、それぞれの内容を確認しておこう。

〈1〉二つの文章は、いずれも「食べる」ことと生命との関係を論じている。

〈2〉「食べる」ことは、一方で、他の生き物の命を奪い自分の命を存続させる行為（【文章Ⅰ】）だが、他方で、地球全体の生命活動に組み込まれており、命のバトンリレーを担っている（【文章Ⅱ】）、と捉えられる。

以上の内容を踏まえ、選択肢を吟味していこう。

①は、二文目の「自他の生を昇華させる行為」が間違い。【文章Ⅰ】では、「自己の行為を昇華する」（第6段落）や、「この思いを昇華させる」（第9段落）ことは示されているが、「自他の生を昇華させる」という内容は、【文章Ⅱ】を含め、一切ない。

②について。まず、一文目の「よだかが飢えて死のうとすること」とは、断食により死ぬこと（【文章Ⅰ】）であり、「生命が本質的には食べてなどいない」というのは、食べものが通過していくこと（【文章Ⅱ】）を指している。したがって、断食することが食べものの通過に「通じる」というのは、間違っている。また、二文目の「食べることの認識を改める必要がある」も間違い。認識を改めるまでもなく、「地球全体の生命活動がうまく回転するように食べさせられている」、というのが【文章Ⅱ】における「一つ目」の見方（第五段落）である。

③について。【文章Ⅰ】では、「よだか」が他の生き物を「食べる」ことが、何度も述べられている。そして、【文章Ⅱ】では、他の生きものを「食べる」ことについて、「地球全体の生命活動がうまく回転するように食べさせられている」（第五段落）とあるので、まず前半の一文は正しい内容である。また、【文章Ⅰ】では、無意識のうちに他の生き物を食べてしまう、すなわち「生きることへの衝動」が示されている。そして、【文章Ⅱ】では、微生物などを介して成長した「植物や魚をまた動物や人間が食べる、という循環のプロセス」（第六段落）として、「食べる」ことを捉える見方が示されている。こうした内容に合致しているので、二文目も正しい。したがって、**③が正解**。

④は、一文目の「食物連鎖の関係」が「命のバトンリレーのなかで解消される」が間違い。「食べる」ことを「命のバトンリレー」と捉えても、「食物連鎖の関係」そのものがなくなり「解消される」わけではない。また、二文目の「食べることによって生じる序列が不可欠」も間違い。【文章Ⅰ】では、食べるものと食べられるものとの食物連鎖について述

べられているが、上下や優劣などのニュアンスを伴う「序列」のことなど、**【文章Ⅱ】**を含め、一切ふれられていない。

なお、選択肢はいずれも二つの文で構成されており、しかも二文目が「しかし見方を変えれば」で始まっている。そのため、どちらかの一文が二つの文章の共通点であり、もう一つの一文が二つの文章の違いを示している、と思い込んだかもしれない。あるいは、一文目が**【文章Ⅰ】**の内容で、二文目が**【文章Ⅱ】**の内容に該当すると思い込んだかもしれない。そうした思い込みで、選択肢を吟味する際に困惑した人がいたかもしれない。けれども、まずは、選択肢をしっかり読んで、そこで述べられている内容と二つの文章との一致・不一致を吟味すべきである。

さらに付言すれば、この設問では、「食べる」ことについて、**【文章Ⅰ】**における捉え方を、**【文章Ⅱ】**における考察に即してみると、どのように捉え直すことができるのか、ということが求められている。言い換えれば、生きがたさを抱えながら、無意識のうちに他の生き物を食べる自分に疑念を抱く（**【文章Ⅰ】**）のではなく、地球全体の生の循環や、命のバトンリレーを支える存在として、自己の生のありようを受容する（**【文章Ⅱ】**）という考え方を、二つの文章の「まとめ」として読み解くことが求められている、と思われる。

第2問　現代文（文学的文章）

【出典】

本文は黒井千次の小説「庭の男」（一九九一年発表）の一節。**【ノート】**はそれを読んだNさんが本文に出てくる「案山子」に関して国語辞典や歳時記を参考にしながら作成したもの。

黒井千次（くろい・せんじ）（一九三二年—）は、日本の小説家。東京生まれ。著作に『時間』（一九六九年）、『五月巡歴』（一九七七年）、『群棲』（一九八四年）、『カーテンコール』（一九九四年）、『一日　夢の柵』（二〇〇六年）などがある。

【本文解説】

今年の共通テストは、本文に加え、別のテキスト（本文を読んだNさんが作成した**【ノート】**）を踏まえつつ解答する設問（**問5**）が出題された。

本文は、**Ⅰ**窓から見える立看板に描かれた男に動揺する「私」、**Ⅱ**その看板を立てた隣家の少年と「私」の対面、**Ⅲ**その看板を夜のうちに何とかしようとした「私」の行動、の三つからできている。

順次その内容を確認していこう。

本文

Ⅰ　窓から見える立看板に描かれた男に動揺する「私」（リード文～恐ろしかった。）

隣家の少年が立てたであろう看板に描かれた男の存在が気にかかる「私」は、案山子を前にして脅かされている雀のような気がして動揺していた。その話を相談すると妻からは「立看板をなんとかするよう裏の家の息子に頼んでみたら」と示唆されたが、「少年にどう説明すればよいのか見当もつかない」。また自分でも「隣の家に電話をかけ、親に事情を話して看板をどうにかしてもらう」という手を考えたりもしたが、「少年の頭越しのそんな手段はフェアではないだろう」と思ってもいた。そうして実際の行動には移さないまま日々を過ごしていた。

Ⅱ その看板を立てた隣家の少年と「私」の対面（ある夕暮れ〜やはり耐え難かった。）

ある夕暮れ、散歩に出かけた際に偶然、あの隣家の少年に道で出会った。「私」は無意識のうちに「彼の前に立っていた」。そして「私」は彼に「（立看板に描かれた）あのオジサンを横に移すか、裏返しにするか」して立看板を何とかしてほしいと頼んだのだが、あっさり無視され、最後には「ジジイ――」と捨て台詞まで吐かれた。後に「ひどく後味の悪い夕刻の出来事」を振り返るなかで、「一応は礼を尽して頼んでいるつもりだったのだから、中学生の餓鬼（隣家の少年）にそれを無視され、（「ジジイ――」と）罵られた」ことが「身に応えた」。それは「身体の底を殴られたような厭な痛み」であった。その「痛み」を少しでも和らげようとあれこれ考えてはみるものの「息子よりも遥かに歳若い少年」による「無視」と「罵言」は「私」には「やはり耐え難かった」。

Ⅲ その看板を夜のうちに何とかしようとした「私」の行動（夜が更けて〜最終行）

そうした気持ちを抱えたまま夜更けになり、隣家の少年が「私」の頼みを入れて看板を何とかしてくれたかもしれないという「淡い期待を抱いて隣家の庭を窺った」。しかし、そこには「きっと私を睨み返す男の顔」があった。「私」は「馬鹿奴」と呟き、わけもわからず隣家の庭へと忍び込み、看板に近づいた。しかしそこには雀を脅かす案山子のような男ではなく、「ただの板」が立っているだけだった。こんなものに動揺していたのかと自分に対して「私」は「苦笑した」。

しかし、その「板」に触れた時、それがしっかりとした「硬質のプラスチックに似た物体」であり、しかも小屋の樋に太い針金でしっかりと取り付けられ、向きを変えることも取り外すこともできないことを「私」は悟る。そして、そこにあの少年の覚悟が感じられ、「私」の頭には「あ奴はあ奴でかなりの覚悟でことに臨んでいるのだ、と（あの少年を）認めてやりたいような気分がよぎった」。敵ながら天晴《あっぱれ》れという気分であろう。

【設問解説】

※共通テスト2年目（22年度本試験・追試験）の第2問では語句の意味を問う問題が出題されなかった。しかし、来年度以降も、この出題傾向が定着するかどうかは不明である。

問1 **看板を立てた隣家の少年と「私」が対面しようとした要因を問う問題** 12・13 ②・⑥

まず、傍線部前後の文脈を確認しておく。隣家の少年が立てたであろう看板に描かれた男の存在が気にかかる「私」は、案山子を前にして脅かされている雀のような気がして動揺していた。妻からは「立看板をなんとかするよう裏の家の息子に頼んでみたら」と示唆されたが、「少年にどう説明すればよいのか見当もつかない」。また、自分でも「隣の家に電話をかけ、親に事情を話して看板をどうにかしてもらう」という手を考えもしたが、「少年の頭越しのそんな手段はフェアではないだろう」と思ってもいた。そんな中、ある夕暮れ、散歩に出かけた際に偶然、あの隣家の少年に道で出会った。「私」は無意識のうちに「彼の前に立っていた」。そして「私」は彼に「(立看板に描かれた)あのオジサンを横に移すか、裏返しにするか」ということを言った。

次に、この設問で問われていることが〈「私」が隣家の少年と対面した要因〉であることに着目しよう。その意味からすれば、〈隣家の少年〉との関わりがない選択肢は正解となり得ない。したがって③、④はこの意味で選べない。

それでは、残りの選択肢を順次確認していこう。

①は、「親が看板を取り除いたとしても」がおかしい。「私」が少年に面と向かって立看板を何とかしてくれと話しかけている以上、親に何とかしてもらうことはここでは無関係である。

②は、「私」自身が「隣の家に電話をかけ、親に事情を話して看板をどうにかしてもらう」という手を考えたが、「少年の頭越しのそんな手段はフェアではないだろう」と思ってもいた、という本文の内容と合致する。したがって、**②が一つ目の正解**。

⑤は、少年の「骨格」と「身なり」との「不均衡」は「私」が少年と対面した理由とは無関係である。

⑥は、隣家の少年が立てたであろう看板に描かれた男の存在が気にかかる「私」は、「立看板をなんとかするよう裏の家の息子に頼んでみたら」という妻の示唆に対して「少年にどう説明すればよいのか見当もつかない」と思っていた、という本文の内容と合致する。したがって、**⑥が二つ目の正解**。

問2　隣家の少年と対面した後で感じた「私」の「痛み」を問う問題　[14]　①

隣家の少年の立てた看板に描かれた男に動揺していた「私」は、ある夕暮れ、散歩に出かけた際に偶然、隣家の少年に道で出会った。そして「私」は彼に立看板を何とかしてほしいと頼んだのだが、あっさり無視され、最後には「ジジイ――」と捨て台詞まで吐かれた。後に「ひどく後味の悪い夕刻の出来事」を振り返るなかで、「一応は礼を尽して頼んでいるつもりだったのだから、中学生の餓鬼(隣家の少年)にそれを無視され、(「ジジイ――」と)罵られた」ことが「身に応えた」。それは「身体の底を殴られたような厭な痛み」であったとある。こうした内容がおさえられている**①が正解**。

②は、「汚点だと捉えたことによる、深い孤独」がおかしい。「私」はこの出来事を通じて一人ぼっちになったわけではない。

③は、「説得できると見込んでいた」が第一段落の「少年にどう説明すればよいのか見当もつかない」と矛盾する。また「常識だと信じていたことや経験までもが否定されたように感じた」が本文に書かれていない。しかも「いら立ち」が傍線部の「厭な痛み」という表現と対応しない。

④は、「へりくだった態度で接したために」「少年を増長させてしまった」という因果関係が本文に書かれていない。また「看板についての交渉が絶望的になった」のかどうかも本文からは不明である。

⑤は、「助言してくれた妻の言葉を真に受けた」たから少年と会話をしたわけではない。また「少年に対して一方的な干渉をしてしまった自分」という分析は「厭な痛み」を感じた後で、それを和らげようとあれこれ考えているうちに思いついた内容である。

問3　最後の場面で抱いた「私」の隣家の少年に対する心情を問う問題　15　③

最後の場面の確認をしておく。「私」は、少年への「厭な痛み」を抱えたまま夜を迎える。隣家の少年が「私」の頼みを入れて看板を何とかしてくれたかもしれないという「淡い期待を抱いて隣家の庭を窺った」。しかしそこには「きっと私を睨み返す男の顔」があった。「私」は「馬鹿奴」と呟き、そしてわけもわからず隣家の庭へと忍び込み、看板に近づいた。そして、その「板」に触れた時、それがしっかりとした「硬質のプラスチックに似た物体」であり、しかも小屋の樋に太い針金でしっかりと取り付けられ、向きを変えることも取り外すこともできないことを「私」は悟る。そして、そこにあの少年の覚悟が感じられ、「私」の頭には「あ奴はあ奴でかなりの覚悟でことに臨んでいるのだ、と〈あの少年を〉認めてやりたいような気分がよぎった」。敵ながら天晴れという気分であろう。こうした内容がおさえられている③が正解。

なおこの傍線部の「認めてやりたいような気分」の対象は〈あの少年〉、もしくは〈あの少年の覚悟〉である以上、この点にまったく触れていない④は選べない。

それでは、残りの選択肢を順次確認していこう。

①は、「忍び込むには決意を必要としたため」という理由が間違い。看板が頑丈で、しかも強固に取り付けられていることを知ったから「少年も同様に決意をもって行動した」と考えたのである。

②は、「陰ながら応援したい」が言い過ぎ。ここでは少年の「覚悟」を認めただけであって、「私」にとって不愉快な看板を立てた少年であることに変わりはない。

⑤は、「彼の気持ちを無視して一方的に苦情を申し立てようとしたことを悔やみ、多少なら歩み寄ってもよい」という点がまったく本文から読み取れない内容である。

問4　本文中での人物や事物を示す表現を踏まえた問題

(i)　**隣家の少年を示す表現に表れる「私」の心情を問う問題　16　②**

【本文解説】Ⅱから、最初に少年に話しかけた「私」は

「一応は礼を尽して頼んでいるつもり」で「君」と呼びかけたが、少年による「無視」と「罵言」によって「厭な痛み」を感じ、「餓鬼」と呼ぶようになったことが読み取れる。この内容が出ている**②が正解**。

①は、「我が子に向けるような親しみ」が間違い。**【本文解説】**Ⅱの場面では隣家の少年に対して「私」は否定的な感情しか持っていない。

③は、「少年とのやりとりの最中はつねに『君』と呼んで」がおかしい。「私」は彼を一度しか「君」と呼んでいない。

④は、「我が身の老いを強く意識させられたことで、……彼の若さをうらやんでいる」がおかしい。「私」は年齢差にこだわっているわけではなく、無礼な少年の態度に「厭な痛み」を感じているのである。

⑤は、「彼の年頃を外見から判断しよう」が間違い。「中学生」「息子よりも遥かに歳若い少年」という表現には当てはまるが、「中学生の餓鬼」の「餓鬼」という表現は蔑称であり、外見の問題ではなく、無礼な少年の態度に対するものである。

(ii) **看板の絵に対する表現から読み取れる「私」の様子や心情を問う問題** 17 ①

順番に選択肢を確認していこう。

①について。第二段落では看板の男の絵を「裏の男」と「私」は呼び、傍線部Aの後で少年の前では最初「映画の看板」と呼び、少年の顔に「警戒の色」が浮かぶと「素敵な絵」と呼び、すぐさま「オジサン」と呼んでいる。確かにこれらの呼称に一貫性はない。したがって、こうした内容をまとめている**①が正解**。

②は、「少年が憧れているらしい映画俳優」が本文から読み取れない。また「あのオジサン」という表現では「映画俳優への敬意を全面的に示」せていない。しかも「プライドを捨てて卑屈に振るまう」も本文から読み取れない。

③は、「妻の前では看板を『案山子』と呼び」がおかしい。リード文では「看板のことを妻に相談するなかで、自分が案山子をどけてくれと頼んでいる雀のようだと感じていた」としか述べられていない。

④は、「少年の前でとっさに『映画の看板』『素敵な絵』と表してしまったため」「『あのオジサン』と呼び直している」という因果関係は本文から読み取れない。

問5 【ノート】を踏まえて本文の内容を問う問題

小問(i)(ii)について考える前に、Nさんの【ノート】の内容を確認しておく。

●国語辞典から

二重傍線部に出てくる「案山子」という言葉は季語であり、㋐〈対象をおどして対象が寄るのを防ぐもの〉、㋑〈見かけばかりのもっともらしいもの〉という意味があることがわかる。

●歳時記から

「案山子」と「雀」が詠まれた俳句を探すと、㋐の意味のⓐ飯田蛇笏の俳句と、㋑の意味のⓑ高浜年尾の俳句・ⓒ夏目漱石の俳句が見つかる。

●Nさんが「案山子」と「雀」の関係に注目して、看板に対する「私」の認識を整理したもの

・看板を家の窓から見ていた時の「私」
（【本文解説】Ⅰの時の「私」）
↓ [X]
・看板に近づいた時の「私」
（【本文解説】Ⅲの時の「私」）
↓ [Y]

(i)【ノート】の中の空欄[X]と[Y]に入る内容の組み合わせを問う問題 [18] **①**

【本文解説】のⅠとⅢでの「私」と看板との関係を確認しておくと、Ⅰの時には案山子に脅かされる雀のように動揺している「私」だったが、Ⅲの時には「そんなただの板」に動揺していた自分を「苦笑」できる「私」になっていた。とすれば[X]には㋐〈対象をおどして対象が寄るのを防ぐもの〉という意味の(ア)が入る。一方[Y]には㋑〈見かけばかりのもっともらしいもの〉という意味の(ウ)が入る。したがって①が正解。

(ii)【ノート】を踏まえて「私」の看板に対する認識の変化や心情を問う問題 [19] **⑤**

本文内容や(i)から、「私」は最初のうちは窓越しに見た立看板の男に脅かされていたが、実際に看板に近づいてみると、その男が実は「ただの板」であり大したものではないと気づき、こんな看板に動揺していた自分に「苦笑した」ことが読み取れよう。こうした内容がほぼまとめられている⑤が正解。

それでは、残りの選択肢を順次確認していこう。

①と②は、各選択肢の前半部が、㋑の意味のⓑ高浜年尾の俳句・ⓒ夏目漱石の俳句で説明されている点で、間違い。むしろ最初のうちは㋐の意味で脅かされていた。

③は、「私」は意を決して看板に近づいたのだから「おそるおそる近づいてみた」がおかしい。また「おそるおそる近づいてみた」から「看板の正体を明確に認識」できたわけでもない。しかも「苦笑した」という二重傍線部の表現と「自分に自信をもつことができた」がずれている。

④は、「暗闇に紛れて近づいたことにより」ⓑ高浜年尾の俳句の中の案山子のような〈見かけばかりのもっともらしいもの〉であることを発見したという点がおかしい。「暗闇に紛れて近づいた」からではなく、「ただの板」だと認識したからである。

第3問　古文

【出典】

【文章Ⅰ】

『増鏡』

成立年代　南北朝時代

ジャンル　歴史物語

作者　二条良基《にじょうよしもと》とする説が有力であるが、未詳。

内容　『増鏡』は、『大鏡《おおかがみ》』、『今鏡《いまかがみ》』、『水鏡《みずかがみ》』とならぶ四《し》鏡《きょう》の最後を飾る作品である。全十七巻（十九巻のものは後人の加筆改編）から成る。作者が嵯峨《さが》（現在の京都市右京区の地名）にある清涼寺《せいりょうじ》に詣でた時に、百歳を超える老尼が語った昔語りを筆録するという形式になっている。こういった老人の語りを筆録するという形式は、『大鏡』をはじめとする、先行の鏡物にならったものである。治承《じしょう》四（一一八〇）年の後鳥羽《ごとば》天皇の誕生から、元弘《げんこう》三（一三三三）年に、後醍醐《ごだいご》天皇が配流先の隠岐《おき》から京都に戻り、建武《けんむ》の新政を樹立するまでの約一五〇年間を年次順（編年体）に記している。その内容は、後鳥羽院を中心に叙述した第一部（巻一〜三）、後鳥羽院の孫の後嵯峨院を中心に叙述した第二部（巻四〜十二）、後嵯峨院の曽孫の後醍醐天皇を中心に叙述した第三部（巻十三〜十七）に分けられ、皇位継承を中心に、男女間の恋愛や情事にいたるまで宮廷社会の優艶な生活が叙述されている。文章は、『源氏《げんじ》物語』の影響を受けて、典型的な平安時代の文章をまねた擬古文で書かれており、最初の歴史物語『栄花《えいが》物語』と同じように、それぞれの巻には本文中の和歌から採った、「藤衣《ふじごろも》」、「むら時雨《しぐれ》」といった優雅な名が付けられている。

【文章Ⅱ】

『とはずがたり』

成立年代　鎌倉時代後期

ジャンル　日記

作者　後深草院二条。父は後嵯峨院に仕えた大納言久我雅《こがまさ》忠《ただ》で後深草院にも親しく仕えた。母は大納言四条隆《しじょうたか》親《ちか》の娘で、後嵯峨院や後深草院に仕えていた大納言《だいなごんの》典侍《てんじ》という女房である。その関係で作者は四歳の時から後深草院のもとで養育され、十四歳で院から寵愛《ちょうあい》を受けるようになる。

内容　作者が十四歳の時から四十九歳までの三十年余りのことを、晩年になって書き綴《つづ》った日記で、作者の命名と言われる題名の『とはずがたり』のように、人に語らずにはいられない波瀾万丈《はらんばんじょう》の人生を書き記した作品である。全五巻から成り、内容的に前半（巻一〜巻三）と後半（巻四〜巻五）とに分けられる。前半は、作者が十四歳で院から寵を受けたことに始まり、「雪の曙《あけぼの》」、「有明《ありあけ》の月」といった恋人との逢瀬や、院の后《きさき》に疎まれ、さらに、院の寵愛が薄れて二十八歳で宮仕えを退くことになるまでの、宮中での愛憎劇を中心に描かれている。後半は、出家した三十二歳の作者が、歌僧西行《さいぎょう》を慕って東国、西国へと修行の旅に出た様子とともに、旅の途中での院との再会、院の崩御などが記されている。嘉元《かげん》二（一三〇四）年、作者四十九歳、院の三回忌の記事で終わる。

【文章Ⅰ】・【文章Ⅱ】とも、本文は、後深草院が異母妹の前斎宮に恋慕し、それを『とはずがたり』の作者である二条が手引きする場面を描いたもので、【文章Ⅰ】は【文章Ⅱ】を資料にして書かれたことを前提とした出題である。

【全文解釈】

【文章Ⅰ】

院（＝後深草院）も自身のお部屋に帰って、おやすみになったけれども、お眠りになることができない。先ほどの心に浮かぶ（前斎宮の）お姿が、気になって思い出しなさるのがまったくやりきれない。「わざわざ（逢《あ》いたいと手紙で）申し上げるようなのも、外聞がよろしくないであろう。どうしたものか」と煩悶しなさる。御兄妹といっても、長年別々にお育ちになったので、疎遠な関係（であること）に慣れていらっしゃるので、（妹への懸想はよくないのだという）はばかる御心も浅かったのだろうか、やはり全く気が晴れない（まま）で終わってしまうようなことは、物足りなく残念だとお思いになる。感心できないご性質であるよ。

何とかいう大納言の娘で、（院）ご自身が近くに召し使う女房で、あの（前）斎宮にも、それ相応の縁があって親しく参上し慣れ親しんでいる者（＝二条）を呼び寄せなさって、

「なれなれしい（関係になろうと）までは思ってもいない。ただ少し身近な所で、（恋しく）思う心の一端を（前斎宮に）申し上げたい。このような好機もまったくめったにないだろう」

と切実に本気になっておっしゃるので、（女房は）どのように画策したのだろうか、（院が）夢か現実かわからないままに（前斎宮に）近づき申し上げなさったところ、（前斎宮は）とてもつらいと思いなさるが、弱々しく（魂が）消えてしまうほどに思い悩むなどはしなさらない。

【文章Ⅱ】

（前）斎宮は二十歳を過ぎていらっしゃる。成熟したご様子は、（伊勢の）神も別れを惜しみなさったのももっともで、（その美しさを）花と言うならば、桜にたとえても、人目にはいかがなものか（＝どちらが前斎宮でどちらが桜か）とつい誤解され（るほど美しく）、（桜の花を隠す）霞《かすみ》のように（顔を隠すために）袖を重ねるその隙間さえもどのようにし（て隠れた顔を見）たものだろうかと思ってしまうにちがいないご様子なので、まして（美女には）行き届かないところのないお心（＝手当たり次第の院の好色な下心）の内は、（前斎宮にとって）早くもどんなお悩みの原因（になること）であろうかと、よそながらも（前斎宮のことが）お気の毒に思われなさった。

お話をしなさって、（前斎宮は）伊勢神宮（に奉仕しなさった時）のお話などを、少しずつ申し上げなさって、（院が）

「今夜はひどく更けました。ゆっくりと、明日は嵐山の落葉

して裸になった木々の梢をご覧になって、お帰りなさい」

などと申し上げなさって、自身のお部屋へお入りになって、早くも（私に）、

「どうしたらよいか、どうしたらよいか」

とお言葉がある。思った通りだよと、（私が）おもしろく（思っ）ていると、（院は）

「（お前が）幼いころから（私のもとに）参上し（て仕えてい）た証拠に、このこと（＝前斎宮との逢瀬）を（前斎宮に）申し入れて実現させたとしたら、本当に（私に対する）気持ちがあると思おう」

などとお言葉があって、（私は）すぐに（前斎宮のもとへ）お使いとして参上する。（院から託された口上は）ただありふれた挨拶で、「お目にかかれてうれしく（思います）。ご自宅外でのお泊りは興ざめでしょうか」などで、（それとは別に）こっそりと手紙がある。氷襲の薄様の紙であっただろうか、

「お知りになることはできないでしょうね。たった今（初めて）お会いした心に浮かぶ（あなたの）お姿がそのまま（私の）心に引っかかって離れなかったのだとは」

　夜が更けたので、（前斎宮の）お側にいる女房も皆寄りかかって寝ている。ご主人も小几帳を引き寄せて、おやすみになっているのであった。（私が前斎宮の）近くへ参上して、事情を申し上げると、（前斎宮は）お顔を少し赤らめて、まったく何もおっしゃらず、手紙も特に見るというふうでもなくて、置きなさった。（私が）

「（院には）何と申し上げたらよいでしょうか」

と申し上げると、（前斎宮は）

「思いも寄らないお言葉は、何とも申し上げようもなくて」

と（言う）だけで、またおやすみになってしまったのも気がとがめるので、（私は院のもとへ）帰参して、このことを申し上げる。（院が）

「とにかくおやすみになっている所へ案内しろ、案内しろ」

とお責めになるのもわずらわしいので、お供に参上するようなのはたやすいことで、案内して（前斎宮のもとへ）参上する。（院は）甘のお着物（＝上皇が着用する小直衣）などは大げさなので、大口袴だけで、（前斎宮のいる御几帳の内側へ）こっそりとお入りになる。

　まず（私が）先に参上して、御襖《ふすま》をそっと開けたところ、（前斎宮は）さっきのままでおやすみになっている。お側にいる女房も眠り込んでしまったのであろうか、音を立てる人もなく、（院が）体を縮めて小さくして忍び込みなさった後、どんな事々があったのだろうか。

【設問解説】

問1　短語句の解釈問題　20 ②　21 ②　22 ③

(ア)　まどろまれ給はず

まどろま	れ	給は	ず
動詞 マ行四段活用 「まどろむ」 未然形	助動詞 可能 「る」 連用形	動詞 ハ行四段活用 「給ふ」 未然形	助動詞 打消 「ず」 終止形

まどろむ
1　うとうとする。浅く眠る。

四段活用の「給ふ」
1　与えなさる。くださる。〔「与ふ」の尊敬語〕
2　～なさる。お～になる。〔尊敬の補助動詞〕

選択肢中、「まろどむ」の意味が正しいのは②「眠り」だけである。②は、「れ」を「～でき」と可能の意味に、「ず」を「～ない」と打消に訳しており、文法の面からも正確な解釈である。

文脈を確認すると、【文章Ⅰ】は【文章Ⅱ】の6行目以降を踏まえて書かれているとリード文に説明があるが、【文章Ⅱ】の1～5行目から、院が前斎宮と対面していたことがわかる。【文章Ⅰ】の傍線部のすぐ下に、「ありつる御面影、心にかかりておぼえ給ふ」と、院が、先ほど対面した前斎宮の姿を思い出しているという記述があるので、前斎宮の面影が忘れられず、眠ることができないという院の状態を「お眠りになることができない」と解釈するのは正しい。**正解は②**である。

(イ)　**ねびととのひたる**

ねびととのひ	たる
動詞 ハ行四段活用 「ねびととのふ」 連用形	助動詞 完了 「たり」 連体形

ねびととのふ
1　成熟する。成長して立派な大人の容姿になる。

選択肢中、「ねびととのふ」の意味が正しいのは②「成熟し」だけである。②は、「たる」を「～た」と完了の意味に訳しており、文法の面からも正確な解釈である。

文脈を確認すると、傍線部のすぐ前に「斎宮は二十に余り給ふ」とあり、傍線部のすぐ後には、比喩を用いた前斎宮の美しい容姿についての記述が続くので、②「成熟した」は文脈に合う。**正解は②**である。

(ウ)　**おほかたなるやうに**

おほかたなる	やう	に
形容動詞 ナリ活用 「おほかたなり」 連体形	名詞	格助詞

おほかたなり
1　普通だ。平凡だ。並みだ。

やう
1　形式。
2　様子。
3　状態。
4　理由。わけ。事情。

選択肢中、「おほかたなる」の意味が正しいのは③「ありふれた」だけである。ところが、③は「やう」を「挨拶」と訳しており、文脈からその当否を確認する必要がある。

文脈を確認すると、作者が院の意向を受けて、使者として前斎宮のもとに行き、「御対面うれしく、御旅寝すさまじくや」などと口上を述べて手紙を渡す場面である。この口上を、「おほかたなるやうに」と形容しているので、傍線部は③のように「ありふれた挨拶で」と解釈して問題はない。**正解は③でよい。**

問2 傍線部の語句や表現に関する説明問題 23 ③

形容詞 シク活用 「つつまし」 連体形	名詞	係助詞	形容詞 ク活用 「薄し」 連用形	係助詞	動詞 ラ行変格活用 「あり」 連用形
つつましき	**御思ひ**	**も**	**薄く**	**や**	**あり**
はばかる	御心	も	浅く		あっ

助動詞 過去推量 「けむ」 連体形	副詞	形容動詞 ナリ活用 「ひたぶるなり」 連用形	形容詞 ク活用 「いぶせし」 連用形	接続助詞
けむ、	**なほ**	**ひたぶるに**	**いぶせく**	**て**
たのだろうか、	やはり	全く	気が晴れない（まま）	で

動詞 マ行四段活用 「やむ」 連用形	助動詞 強意 「ぬ」 未然形	助動詞 婉曲 「む」 連体形	係助詞	動詞 カ行四段活用 「あく」 未然形	助動詞 打消 「ず」 連用形
やみ	**な**	**む**	**は、**	**あか**	**ず**
終わっ	てしまう	ようなこと	は、	物足り	なく

形容詞 シク活用 「口惜し」 終止形	格助詞	動詞 サ行四段活用 「思す」 終止形
口惜し	**と**	**思す**
残念だ	と	お思いになる

つつまし
1 遠慮される。はばかる。

ひたぶるなり
1 いちずである。ひたすらである。
2 強引だ。
3 すっかり。全く。
＊3は連用形「ひたぶるに」の用法。

いぶせし
1 気が晴れない。気が滅入《めい》って憂鬱だ。
＊欲求不満な状態から生じる感情。
2 気がかりだ。心もとない。
3 不快だ。

あく
1 満足する。
2 飽き飽きする。
＊「あかず」の形で用いられることが多く、「1不満足だ。物足りない。2飽きることがない」の意を表す。

口惜し
1　残念だ。
2　つまらない。情けない。

傍線部を考える上で、その前後の内容も検討する必要がある。【文章Ⅰ】冒頭では、院が前斎宮と対面した後、その面影を忘れることができず、眠ることができない（【設問解説】問1(ア)参照）。それに続けて院の思考部や状況が次のように書かれている。

a　「さしはへて聞こえむも、人聞きよろしかるまじ。いかがはせむ」と思し乱る。

院は、前斎宮にわざわざ逢いたいと手紙を出すのも外聞が悪いが、どうしても逢いたい、どうしようかと心が乱れている。

b　御はらからといへど、年月よそにて生ひたち給へれば、うとうとしくならひ給へるままに、

院にとって前斎宮は、妹（異母妹）だけれども、長い間別々に育ってきたので、肉親のようには考えられないというのである。「ままに」は、ここでは、「〜ので。〜から」の意味で、bが原因となって傍線部の「つつましき御思ひも薄くやありけむ」に続いている。これは、「〜や〜けむ」と、過去推量の疑問文の形をとって、「なほひたぶるに……あかず口惜し」という院の心中について、「妹だからといって懸想を思いとどまる気持ちが浅かったのだろうか」と、想像し説明している。それ以外の部分は、前記の品詞分解と逐語訳を参考にして、選択肢を検討する。

①は、「つつましき御思ひ」を「斎宮の気持ち」としているので、不適当である。これは、院自身の、相手が妹だというので、懸想をはばかる気持ちである。

②は、「けむ」を過去推量の意味とするのは正しいが、前記のように語り手が院の心中を想像しているのだから、「斎宮の心中を院が想像している」は不適当である。

③が正解である。「いぶせく」は、前記1の意味で「いぶせし」の、「欲求不満な状態から生じる気が晴れない感情」という語義からも「悶々とした気持ち」は正しい。

④は、「『む』は意志の意味」とする点が不適当。「む」の直下には係助詞「は」が接続しており、婉曲の意味である。さらに、「やむ」は継続していた動作・状態が中断して終わることで、「（いぶせくて）やみ」は、院がこのまま前斎宮と逢わずに終わることを言っており、「院が言い寄ってくるのをかわそうという斎宮の気持ち」ではない。この点も不適当である。

⑤は、「あかず口惜し」を「不満で残念だという意味」とするのは正しいが、前記のように、院が前斎宮と逢わずに終わることを不満で残念に思っているのであって、「院が斎宮の態度を物足りなく思っている」のではない。

問3　人物の言動についての説明問題　24　④

せちに	まめだち	て	のたまへ	ば
形容動詞 ナリ活用「せちなり」連用形	動詞 タ行四段活用「まめだつ」連用形	接続助詞	動詞 ハ行四段活用「のたまふ」已然形	接続助詞 順接確定条件
切実に	本気になっ	て	おっしゃる	ので

せちなり
1 切実だ。痛切だ。
2 無理やりだ。強引だ。

まめだつ
1 まじめに振る舞う。誠実になる。
＊「誠実だ。まじめだ」といった意味の「まめなり」「まめまめし」などの形容動詞・形容詞の、動詞の形である。

のたまふ
1 おっしゃる。〔「言ふ」の尊敬語〕

傍線部の逐語訳は前記の通りで、ここで院が二条に向かって本気になって言っている言葉は、傍線部の直前にある。

なれなれしき	**まで**	**は**	**思ひ寄ら**	**ず。**
形容詞 シク活用「なれなれし」連体形	副助詞	係助詞	動詞 ラ行四段活用「思ひ寄る」未然形	助動詞 打消「ず」終止形
なれなれしい	まで	は	思ってもい	ない。

ただ	**少し**	**け近き**	**程**	**にて、**	**思ふ**	**心**
副詞	副詞	形容詞 ク活用「け近し」連体形	名詞	格助詞	動詞 ハ行四段活用「思ふ」連体形	名詞
ただ	少し	身近な	所	で、	思う	心

の	**片端**	**を**	**聞こえ**	**む。**	**かく**
格助詞	名詞	格助詞	動詞 ヤ行下二段活用「聞こゆ」未然形	助動詞 意志「む」終止形	副詞
の	一端	を	申し上げ	たい。	このような

折	**よき**	**事**	**も**	**いと**	**難かる**	**べし**
名詞	形容詞 ク活用「よし」連体形	名詞	係助詞	副詞	形容詞 ク活用「難し」連体形	助動詞 推量「べし」終止形
好機			も	全く	めったにない	だろう

け近し
1 身近だ。近く感じられる。
2 親しみやすい。

敬語の「聞こゆ」
1 申し上げる。〔「言ふ」の謙譲語〕
2 〜申し上げる。お〜する。〔謙譲の補助動詞〕

「なれなれしきまでは思ひ寄らず」とは言っているが、これまでの文脈（**【設問解説】問1**(ア)・**問2**参照）からして、院が前斎宮と逢瀬を結ぶための手引きを二条に懇願していると判断できる。二条になぜ頼むかについては、この院の発言の前に次のようにある。

なにがしの大納言の女、御身近く召し使ふ人、かの斎宮にも、さるべきゆかりありて睦ましく参りなるるを召し寄

せて、

さるべき（慣用句）
1　そうなるのが当然な。そうなる運命の。
2　それ相応の。しかるべき。ふさわしい。
3　りっぱな。れっきとした。
＊ラ行変格活用動詞「さり」の連体形「さる」に、「当然・適当」の意味の「べし」の連体形「べき」が接続したもの。

ゆかり（名詞）
1　かかわり。関係。つながり。縁。
2　血縁。縁者。

なる（ラ行下二段活用動詞）
1　慣れ親しむ。打ち解ける。
2　習慣になる。

（注2）から「なにがしの大納言の女」は【文章Ⅱ】の作者、二条である。また、リード文の「後深草院に親しく仕える」から「御身近く召し使ふ人」も二条の説明であるとわかる。その二条は前斎宮と縁があり、これまで前斎宮のもとに参上して、慣れ親しんでいるというのである。以上の、【文章Ⅰ】5行目「なにがしの大納言」から傍線部までに対応するのが、【文章Ⅱ】の6～10行目の次の記述である。

我が御方へ入らせ給ひて、いつしか、「いかがすべき、いかがすべき」と仰せあり。思ひつることよと、をかしくてあれば、「幼くより参りしるしに、このこと申しかなへたらむ、まめやかに心ざしありと思はむ」など仰せありて、

二条が思った通り、院は前斎宮への募る恋慕をどうしたらよいのかと言い、「このこと申しかなへたらむ、まめやかに心ざしありと思はむ」とまで言って、逢瀬の手引きを頼んだのである。二条はそれをうけて、使いとして前斎宮のもとに行く。以上の検討をもとに選択肢を吟味するとよい。

①は、「二条と斎宮を親しくさせてでも」が不適当。院が必死になっているのは、自分自身が前斎宮と親しくなること（＝逢瀬を結ぶこと）であり、そのために、二条と斎宮を親しくさせようとはしていない。前記のように、すでに二条は前斎宮と親しいのである。

②は、「斎宮の身分と立場を気遣う院の思慮深さが表れている」が不適当。確かに院は「さしはへて聞こえむも、人聞きよろしかるまじ」と、恋心を手紙で伝えることはばかっているが、それは「人聞きよろしかるまじ」、つまり、外聞が悪いと言っているだけで、前斎宮の身分と立場を気遣っているのではない。

③は、「自分の気持ちを斎宮に伝えてほしいだけだという言葉に……誠実さが表れている」が不適当である。前記のように院は、「ただ少しけ近き程にて、思ふ心の片端を聞こえむ」とあり、院自身が前斎宮の近くに行って恋慕の気持ちを直接伝えたいと言っており、二条に自分の気持ちを伝えてほしいだけだとは言っていない。よって、「誠実さが表れている」も不適当である。

④が正解である。「この機会を逃してはなるまい」が、「かく折よき事もいと難かるべし」に対応し、「一気に事を進めようとしている」のは、前斎宮と初めて会ったその夜にさっそく行動を起こしていることからして間違いではない。さらに、【文章Ⅱ】の5行目で前斎宮に言葉を掛け、その後自室に戻ってすぐに二条に手引きを懇願するところなどから、【文章Ⅰ】の傍線部を「院の性急さが表れている」と考えることができよう。

⑤は、「自分と親密な関係になることが斎宮の利益にもなるのだと力説する」が不適当である。「斎宮の利益にもなる」といった内容は本文に根拠を持たず、また、本文にそういったことが類推できる内容もない。よって、「院の傲慢さが表れている」とするのも不適当である。

問4 【文章Ⅰ】【文章Ⅱ】のありようについての問題 25 ① 26 ① 27 ④

授業で【文章Ⅰ】と【文章Ⅱ】について教師と生徒が話し合った場面が設定されているが、設問を見る限り本文の内容読解問題である。それぞれの空欄の選択肢に合う該当箇所を探し、その内容と選択肢を吟味する必要がある。

(i) 生徒Aが、「【文章Ⅱ】のほうが、【文章Ⅰ】より臨場感がある」と言っていることに対して、生徒Bが、それに同意し、【文章Ⅱ】でそれを確かめている部分が空欄 X である。臨場感がどこにあるかを検討する必要がある。

①が正解である。【文章Ⅱ】で院が「発言中で同じ言葉を繰り返している」のは、次の二箇所である。

a 我が御方へ入らせ給ひて、いつしか、「いかがすべき、いかがすべき」と仰せあり。（6〜8行目）

b 帰り参りて、このよしを申す。「ただ、寝たまふらむ所へ導け、導け」と責めさせ給ふも（18〜20行目）

aは、前斎宮と初めて会った後、自室に戻ってすぐに二条に、前斎宮への恋慕の気持ちを、「いかがすべき、いかがすべき」と、同じ言葉を繰り返して伝えている。**b**も、前斎宮の寝所に連れて行くように、「導け、導け」と、同じ言葉を繰り返して催促している。この部分に、恋に夢中になっている院の「いてもたってもいられない」様子が表されていると言ってよい。【文章Ⅰ】には、そういった繰り返しの表現はない。

②は、「斎宮に対する恋心と葛藤が院の中で次第に深まっていく」の「葛藤」が不適当である。院が葛藤している内容は【文章Ⅱ】にはない。前記**a**は、逢瀬を結ぶにはどうしたらいいのかと二条に聞いているのであって、恋心と、それを思いとどまろうとする気持ちとの葛藤ではない。なぜなら、それに続いて、二条が「思ひつることよと、をかしくて」と思っているからである。二条は、好色な院だから、前斎宮を見るなり逢瀬を望むのはわかりきったことだと思っていたのである。①の検討からも、前斎宮への恋慕に対する葛藤や躊《ちゅう》躇《ちょ》は感じられない。

③は、「斎宮の気持ちを繰り返し思いやっているところ」が不適当である。「斎宮の気持ち」を「繰り返し思いや」る

内容は【文章Ⅱ】にはない。例えば5行目の、

「**今宵はいたう更け侍りぬ。のどかに、明日は嵐の山の禿なる梢どもも御覧じて、御帰りあれ**」

は、夜が更けたので宴はお開きにし、明日は景勝地嵐山の落葉を見て帰りなさいと、前斎宮に気を遣っているように見えるが、その後すぐに二条のもとに行って手引きを懇願するように、あくまでも今夜逢瀬を結びたいために言っているだけで、前斎宮を思いやっているのではない。たとえ「思いやっている」と考えても、この後本文には「思いやっている」記述はないので「繰り返し」とは言えない。

④は、全体が不適当である。「院の心躍る様子」が「院の具体的な服装描写から生き生きと伝わってくる」とあるが、【文章Ⅱ】からそれはわからない。前斎宮の返事は、17行目に、
「**思ひ寄らぬ御言の葉は、何と申すべき方もなくて**」
とあり、これは、院から恋慕の言葉を掛けられるとは思ってもみなかったので、どう答えてよいかわからないといったものでしかないが、それを二条が院に伝えたところ、①で検討したように、院がすぐに前斎宮のところに連れて行けと言うのだから、前斎宮の返事は院を拒否するものでなかったことは事実である。「期待通り」だったかどうかはわからないが、心が躍っていると考えることはできる。ただし、それが「服装描写から生き生きと伝わってくる」とまでは言うことはできない。服装については、【文章Ⅱ】の20・21行目に、
甘の御衣などはことごとしければ、御大口ばかりにて、忍びつつ入らせ給ふ。
とあり、これは、上皇の平服として着用する直衣では仰々しいので、表袴は省いて下袴で人目を避けて入ったということであって、心躍る様子が服装の描写に表れているとは考えられない。

(ii) 空欄 **Y** は、生徒Cが【文章Ⅱ】について、「二条のコメントが多いところも特徴的だよね」と言ったすぐ後にあるので、各選択肢に引用されている【文章Ⅱ】の二条のコメントについて、適否を吟味すればよい。

①が正解である。引用されている本文を含めて、【文章Ⅱ】の2・3行目の内容を検討する。前斎宮の容貌の美しさについて述べた後に、
ましてくまなき御心の内は、いつしかいかなる御物思ひの種にかと、
と述べている。

くまなし（ク活用形容詞）
1　暗いところがない。曇りや影がない。
2　行き届かないところがない。

いつしか（副詞）
1　早く。
　＊これから起こるはずの事態を待ち望む時。
2　早くも。いつのまにか。
　＊すでに起こった事態の時。

いかなり（ナリ活用形容動詞）
1 どんなだ。どういうわけだ。

種（名詞）
1 原因。よりどころ。

逐語訳すると、「まして行き届かないところのないお心の内は、早くもどんなお悩みの原因であろうかと、」となる。（注6）を参考にすると、抜け目のない院の好色な下心は、前斎宮にとって、求愛されてさっそく悩みの原因になるだろうというのである。院に親しく仕え、「院の性格を知り尽くしている」からこそ、二条はこのように考えられるのであり、「斎宮の容姿を見た院に、早くも好色の虫が起こり始めたであろうことを感づいている」が、まさにこの部分の内容にあたる。

②は、引用されている二条のコメントの内容に対する説明全体が不適当である。引用されている、

思ひつることよと、をかしくてあれば

は、前記(i)①・②で検討したように、院が前斎宮への恋慕の気持ちを伝えたことに対して、予想通りの展開をおもしろがっているのであって、「斎宮には全く通じていないこと」をおもしろがっているのではない。また、好色な院は「あの手この手で」前斎宮を口説こうともしていない。二条に手引きを頼んでいるだけである。

③も、引用されている二条のコメントの内容に対する説明全体が不適当である。引用箇所とその前の部分は、

近く参りて、事のやう奏すれば、御顔うち赤めて、いと物ものたまはず、文も見るとしもなくて、うち置き給ひぬ。「何とか申すべき」と申せば、「思ひ寄らぬ御言の葉は、何と申すべき方もなくて」とばかりにて、また寝給ひぬるも心やましければ、

となっており、二条が、寝ている前斎宮の近くに寄って院の意向を伝えると、前斎宮は顔を赤らめて何も言わず、院の手紙も見ることなく側に置き、返事を催促する二条に、思いも寄らないことで言葉もないと言って、また寝てしまったのである。二条は「院が強引な行動に出かねないことに対する注意を促すため」に行ったのではないし、「床についていた斎宮を起こしてしまったことに恐縮して」もいない。ここの「心やまし」は、現代語の「やましい」と同じで、「気が咎《とが》める」の意である。長年斎宮として伊勢に籠もっており、恋のやり取りも知らないであろう世間知らずな前斎宮が、院のやって来ることも考えずにすぐに寝てしまっている。その手引きをしていることに二条は気が咎めるのである。

④も引用されている二条のコメントの内容に対する説明全体が不適当である。引用箇所は、前記(i)①bで検討したように、前斎宮の寝所に連れて行くように院が責めたてているのであって、選択肢のように「斎院を院のもとに導く」のではない。よって、「導く手立てが見つからずに困惑している」も不適当である。さらに、「逢瀬の手引きをすることに慣れているはずの二条」というのも、本文からは判断できない。

(iii) 教師が【文章Ⅰ】と【文章Ⅱ】の特徴について、作品の

ジャンルの違いから解説したのを踏まえ、生徒Aが【文章Ⅰ】の特徴をまとめたものが空欄[Z]である。各選択肢における【文章Ⅰ】の捉え方の適否を検討する必要がある。

①は、「権威主義的で高圧的な一面を削っている」が不適当である。そもそも【文章Ⅱ】には、院の権威主義的で高圧的なありようは叙述されていない。確かに院は二条に手引きを強要しているが、それは権威主義的でも高圧的でもない。逆に前記(ii)②で検討したように、「をかしく」には、院の滑稽なまでの好色な面が表現されているし、前記(ii)④で検討したように「むつかしけれ」には、二条の院の要求をうっとうしがっている心中が表現されていて、院のことを権威主義的にも高圧的にも捉えてはいない。よって、「院を理想的な人物として印象づけて、朝廷の権威を保つように配慮している」とも言えないのである。

②は、「複雑に絡み合った三人の恋心を整理している」が不適当である。【文章Ⅰ】にも、【文章Ⅱ】にも、二条の院への恋心は記されていない。二条の心情は、【文章Ⅱ】の3・8・18・20行目にある。

a　**いつしかいかなる御物思ひの種にかと、よそも御心苦しくぞおぼえさせ給ひし。**（3行目）

b　**思ひつることよと、をかしくてあれば、**（8行目）

c　**また寝給ひぬるも心やましければ、**（18行目）

d　**責めさせ給ふもむつかしければ、**（20行目）

aは、好色な院が前斎宮に懸想することで、前斎宮は物思いに沈むことなることを気の毒に思っているのであり、二条の恋心に関するものではない。**b**については前記(ii)②、**c**については前記(ii)③、**d**については前記(ii)④で検討したように、すべて二条の院への恋心ではない。また、院が前斎宮に恋慕することから生まれる嫉妬や苛立《いらだ》ちといった心情でもない。よって、【文章Ⅰ】が三人の恋心を「整理している」とは言えず、「歴史的事実を知る人がわかりやすく描写しようとしている」とも言えないのである。

③は、【文章Ⅱ】12行目の和歌に関連した選択肢である。

動詞 ラ行四段活用「知る」未然形	助動詞 可能「る」未然形	助動詞 打消推量「じ」終止形	終助詞 念押し
知ら	**れ**	**じ**	**な**
知る	ことはでき	ないだろう	ね。

名詞	副助詞	動詞 マ行上一段活用「見る」連用形	助動詞 完了「つ」連体形	名詞	格助詞
今	**しも**	**見**	**つる**	**面影**	**の**
たった今		見	た	姿	が

副詞	名詞	格助詞	動詞 ラ行四段活用「かかる」連用形	助動詞 詠嘆「けり」終止形	格助詞	係助詞
やがて	**心**	**に**	**かかり**	**けり**	**と**	**は**
そのまま	心	に	掛かっ	たのだ	と	は

この和歌は、二条が院の使いとして前斎宮のもとに行って渡した、院の前斎宮への懸想文に書かれていたもので、その状況を踏まえて解釈したものが、**【全文解釈】**に示した解釈である。これを踏まえて選択肢③を検討すると、「いつかは私になびくことになるという歌」は不適当である。和歌の解釈からは前斎宮が院になびくという内容は考えられない。よって、それを前提にした「省略したのは、神に仕えた相手との密通という事件性を弱めて、事実を抑制的に記述しようとしている」も成立しない。

④が正解である。「院の発言を簡略化したり」は、**【文章Ⅰ】・【文章Ⅱ】**の院の発言を比べてみると一目瞭然である。

【文章Ⅰ】

「なれなれしきまでは思ひ寄らず。ただ少しけ近き程にて、思ふ心の片端を聞こえむ。かく折よき事もいと難かるべし」

【文章Ⅱ】

「今宵はいたう更け侍りぬ。のどかに、明日は嵐の山の禿なる梢どもも御覧じて、御帰りあれ」

「いかがすべき、いかがすべき」

「幼くより参りしるしに、このこと申しかなへたらむ、まめやかに心ざしありと思はむ」

「ただ、寝たまふらむ所へ導け、導け」

また、「二条の心情を省略したりする」も、**【文章Ⅱ】**に見られる二条の心情（前記(iii)②の解説参照）は**【文章Ⅰ】**には見られず、正しい。「一方で、斎宮の心情に触れている」は、**【文章Ⅰ】**7・8行目に、

いと心憂しと思せど、あえかに消えまどひなどはし給はず。

とある。それらについて、教師の発言の「**【文章Ⅰ】**は過去の人物や出来事などを後の時代の人が書いたものです。……**【文章Ⅱ】**のように当事者の視点から書いたものではない」が参考になる。**【文章Ⅱ】**は日記であって当事者の視点で書かれているが、**【文章Ⅰ】**は後の時代の人が書いたものであって、「当事者の視点」ではなく、過去の人物や出来事を振り返って「当事者全員を俯瞰する立場から出来事の経緯を叙述しようとしている」と言えるであろう。これが正解である。

第4問　漢文

【出典】

阮元《げんげん》『揅経室集《けんけいしつしゅう》』。一集、二集、三集、四集、外集から成る阮元の詩文集。本文は四集・巻十に収められている「題《シ》二蝶夢園ノ図巻ニ一、用《フ》二董思《とうし》翁《をう》ノ自《みづか》ラ書《セシ》詩ノ韻ヲ一」（蝶夢園の図巻を詠じ、董思翁自筆の詩の韻を使う）と題する詩とその序文。

阮元（一七六四～一八四九）は、清の政治家、学者。地方官を歴任した後に皇帝の補佐役を務め、清朝中期の高官として業績を残した。また、学者として古代の制度や思想の研究に努め、考証学（文献的な証拠に基づいた儒教の古典研究）を大成した。

【本文解説】

本文は**【詩】**とその**【序文】**から成っている。主題は「庭園に飛来した蝶」であり、蝶が現れた庭園で過ごした懐かしい日々の思い出を綴《つづ》り、詠じている。

【序文】の内容から確認してみよう。まず、筆者は、明の文人董其昌《とうきしょう》（＝董思翁）が自作の詩を自ら記した扇を旧蔵していることを明かし、その詩に「名園」「蝶夢」の語を含む句があることも伝える。そのうえで、具体的な出来事を順次記している。

嘉慶《かけい》十六年（一八一一）の秋、珍しい蝶が庭園に飛んで来て、扇にとまった。博識な人によると「太常仙蝶」とのこと。その後、蝶が瓜爾佳《かじか》氏の庭園にふたたび姿を現すと、ある客人が蝶を箱の中に誘い込み、そのまま筆者の庭園まで持って来た。ところが箱を開けてみると、蝶はどこへ行ったのか、中は空であった。

翌年の嘉慶十七年（一八一二）の春、蝶はふたたび筆者の庭園に現れた。ある画家が「私の近くに来てくれたら、きっとおまえを描いてやろう」と願いを込めて言うと、蝶は画家の袖にとまった。その画家はしばらくの間、蝶の形や色を細かに観察した。やがて蝶はゆったりと飛び去った。

同年の秋の半ばに、筆者は朝廷の命を受けて都を出て地方に赴任し、庭園も他人の手に渡ったが、筆者は草木や花々の美しい庭園を思い出し、夢のような日々であったと懐かしんでいる。

以上の**【序文】**を踏まえて、**【詩】**の内容を確認してみよう。まず、詩であるので、「二句連続の原則」（奇数句とその直後の偶数句とでまとまった意味を表す）に留意したい。また、詩の形式が七言律詩であり、頷聯《がんれん》（第三句と第四句）と頸聯《けいれん》（第五句と第六句）がそれぞれ対句（対応する二句の構造が同一で、意味も対応している）になっていることも押さえておこう。首《しゅ》聯《れん》（第一句と第二句）では、春の都はあちらこちらの小さな庭園に花々が美しく咲き、花を愛でる花見の季節だと詠じる。頷聯では、美しい花々を楽しむ者は歩みを止めるが、春が過ぎると花見の人もいなくなってしまい、行く春を止めることはできないと詠じる。頸聯では、転じて董其昌が扇に詩を記したこと、画家の描いた蝶の絵が色鮮やかで素晴らしい出来栄えであることを述べる。尾聯《びれん》（第七句と第八句）では、いつか誰かが竹を植え、王子猷のような風流人が美しい竹を見に訪れるのを待って、いっしょに楽しんでほしいと結んでいる。王子猷のような風流人とは、あるいは筆者の阮元自身を指すのであろうか。

なお、説明の順序が前後するが、リード文も必ず確認してほしい。やや長めのリード文には、筆者の阮元が当時都で屋敷を借りて住んでいたこと、その屋敷には小さな庭園があって、外の喧噪《けんそう》から隔てられた別天地であったことなど、筆者の当時の状況や庭園の様子が簡潔に示されているので、こうした情報もしっかり踏まえて本文の読解や問題の解答に生かしたい。

ついでながら庭園の名前についても言い添えておこう。【序文】の末尾近くに「以《テ》㆓思翁《ノ》詩及《ビ》蝶《ノ》意《ヲ》㆒名《ツク》㆑之《ニ》」（董思翁の詩と蝶の意味合いに因《ちな》んで庭園に名前を付けた）とあるのみで、具体的に何と名付けたのかは明記されていないが、【出典】の項で紹介した詩題の「題《シ》㆓蝶夢園《ノ》図巻《ニ》㆒」という箇所を基に考えると、「蝶夢園」と名付けたらしいことがわかる。まさしく、董其昌の「『名園』『蝶夢』之句」に因んだ命名である。

【書き下し文・序文】

余《よ》旧《もと》董思翁《とうしをう》の自《みづか》ら詩《し》を書《しよ》せし扇《あふぎ》を蔵《ざう》するに、「名園《めいゑん》」「蝶夢《てふむ》」の句《く》有《あ》り。辛未《しんび》の秋《あき》、異蝶《いてふ》の園中《ゑんちう》に来《き》たる有《あ》り。識者《しきしや》知《し》りて太《たい》常仙蝶《じやうせんてふ》と為《な》し、之《これ》を呼《よ》べば扇《あふぎ》に落《お》つ。継《つ》いで復《ま》た之《これ》を瓜爾佳《くわじか》氏《し》の園中《ゑんちう》に見《み》る。客《かく》に之《これ》を呼《よ》びて匣《はこ》に入《い》れ奉《ほう》じて余《よ》の園《ゑん》に帰《かへ》さんとする者《もの》有《あ》り、園《ゑん》に至《いた》りて之《これ》を啓《ひら》くに及《およ》べば、則《すなは》ち空匣《くうかふ》なり。壬申《じんしん》の春《はる》、蝶《てふ》復《ま》た余《よ》の園《ゑん》の台上《だいじやう》に見《あらは》る。画者《ぐわしや》祝《いの》りて曰《い》はく、「苟《いやし》くも我《われ》に近《ちか》づかば、我《われ》当《まさ》に之《これ》を図《ゑが》くべし」と。蝶《てふ》其《そ》の袖《そで》に落《お》ち、審《つまび》らかに視《み》ること良久《ややひさ》しくして、其《そ》の形色《けいしよく》を得《え》、乃《すなは》ち従容《しようよう》として翅《はね》を鼓《う》ちて去《さ》る。園《ゑん》故《もと》名《な》無《な》し。是《ここ》に於《お》いて始《はじ》めて思翁《しをう》の詩《し》及《およ》び蝶《てふ》の意《い》を以《もつ》て之《これ》に名《な》づく。秋半《あきなか》ばにして、余《よ》使《つか》ひを奉《ほう》じて都《みやこ》を出《い》で、是《こ》の園《ゑん》も又《ま》た他人《たにん》に属《しよく》す。芳叢《はうそう》を回憶《くわいおく》すれば、真《まこと》に夢《ゆめ》のごとし。

【書き下し文・詩】

春　城《しゆんじやう》の花事《くわじ》小園《せうゑん》多《おほ》く
幾度《いくたび》か花《はな》を看《み》て幾度《いくたび》か歌《うた》ふ
花《はな》は我《わ》が為《ため》に開《ひら》きて我《われ》を留《とど》め住《とど》め
人《ひと》は春《はる》に随《したが》ひて去《さ》り春《はる》を奈何《いかん》せん
思翁《しをう》夢《ゆめ》は好《よ》くして書扇《しよせん》を遺《のこ》し
仙蝶《せんてふ》図《づ》成《な》りて袖羅《しうら》を染《そ》む
他日《たじつ》誰《た》が家《いへ》か還《ま》た竹《たけ》を種《う》ゑ
輿《こし》に坐《ざ》して子猷《しいう》の過《よぎ》るを許《ゆる》すべき

【全文解釈・序文】

私は以前から董思翁が自身で詩を書き記した扇を所蔵しており、（その詩には）「名園」「蝶夢」の語がある（＝用いられている）。嘉慶十六年（一八一一）の秋、珍しい蝶が庭園内に飛んで来た。（蝶に）知識のある者は太常仙蝶だとわかり、蝶を誘うと（蝶は私蔵の）扇にとまった。（その後）間もなくして太常仙蝶を瓜爾佳氏の庭園内でふたたび見かけた。客の中にその太常仙蝶を誘って箱に入れて私の庭園に連れ戻そうとした人がいて、（私の）庭園までやって来て箱を開けてみると、空の箱だった。嘉慶十七年の春、（太常仙）蝶が私の庭園の高台の上にふたたび現れた。ある画家が願って言った、「もしも私に近づいてくれたならば、必ずおまえを絵に描いてやろう」と。蝶は画家の袖にとまり、（画家が）しばらくの間（袖にとまった蝶を）詳しく観察して、その蝶の形や色を把握すると、（その蝶は）ゆったりと羽を動かして飛び去った。（私の）庭園には元々名前はなかった。そこではじめて董思翁の詩と蝶の意味合いに因んで庭園に名前を付けた。秋の半ばに、私は（朝廷からの）命令を受けて都を出て、この庭園も他人のものになった。花々が美しく咲く草むらを思い起こすと、本当に夢のようである。

【全文解釈・詩】

春の都で花をめでたり、見て歩いたりすると（私の庭園と同じような）小さな庭園（に行きあたること）が多く
何度か花を見て何度か歌を口ずさむ
花は私のために（つぼみを）開いて私（の歩み）を引き留め
人は春（が行くの）につれて去って行き（過ぎゆく）春をどうすること（＝引き留めること）もできない
董思翁の（蝶）夢（の詩）は素晴らしくて（自分で）その詩を書き付けた扇を遺し
（太常）仙蝶の画は仕上がって（画家の）薄絹の袖に（蝶が自分の姿や色を）染め付けたかのよう（な出来栄え）だ
いつか誰かが（竹を植えて竹好きの王子猷を待っていたある家の主人と）同じように竹を植え
輿《こし》に乗って王子猷（のような風流人）が立ち寄るのを待って（引き留めて歓待して）ほしいものだ

【設問解説】

問1　語の意味の問題　28　④　29　②　30　④

(ア)「復」は、動詞として「かへる」（引き返す・戻る）・「かへす」（もとに戻す・答える・報いる）などの用法もあるが、ここの「復」は、直後の動詞「見」《みル》を修飾する副詞として働いていると判断できる。選択肢もすべて副詞であることにも注目しよう。「復」は副詞として「また」と読み、「ふたたび・もう一度」という意味である。したがって、**正解は④**である。同じく「また」と読む「又」（さらに・そのうえ）・「亦」（～も同じく・～もやはり）との意味の違いも押さえておきたい。

(イ)「審」は、動詞として「つまびらかにす」（詳しく調べる・明らかにする）などの用法もあるが、ここの「審」は直後の「視」《みル》を修飾する副詞として働いているので、「つまびらかに」と読み、「詳しく・細かく」という意味である。よって、**正解は②**である。

(ウ)「得」は、選択肢に一通り目を通せばわかるように、ここでは動詞としての意味が問われている。「得」《う》が動詞として働くときは、「手に入れる」「理解する」「満足する」など様々な意味になるので、直後に置かれる目的語の意味との関係を考えてふさわしい意味を決定する。ここの「得」の目的語は「其ノ形ノ色」である。「其」が受けている内容は、直前の「蝶落チ二其ノ袖ニ一、審《つまび》ラカニ視ルコト良久《やや》シクシテ」（蝶は画家の袖にとまり、〔画家が〕しばらくの間〔袖にとまった蝶を〕詳しく観察し

て）とのつながりを考えれば（**【全文解釈・序文】**を参照）、「画家の袖にとまった蝶」であると解するのが適切である。

そこで、波線部(ウ)「得」を含む句「得二其《ノ》形色《ヲ》一」を、「得」をそのままにして、省略されている主語「画者」（＝画家）を補って直訳すると、「画家は袖にとまった蝶の形や色を得て」となる。つまり、画家は袖にとまった蝶をじっと観察して、その蝶の形や色を「理解した」あるいは「捉えた」のであるから、**正解は④**「把握する」である。

問2　返り点と書き下し文の問題　31　④

解答のポイントは、「有《あり》二――者《(スル)もの》一」の構造を捉えることである。「――がある」「――がいる」などの存在の意味を表す「有《あり》」は、「有《リ》二主語一」という語順をとり、「有《リ》」の直前には主語が存在している場所や範囲を示す語が置かれることもある。そのときには場所や範囲を示す語に「ニ」を送って読む。「有《リ》」の直前の「客」を、いずれの選択肢も「客に」と読んでいることを確認しておこう。さらに、主語の末尾に「者」が置かれて主語全体をまとめる働きをすることもある。傍線部Aの末尾に「者」が置かれていることに注目しよう。

以上を踏まえて、「客有《ありニ》二――者《(スル)もの》一」という構造を捉えて読んでいる選択肢に解答の候補を絞ると、②・③・④となる。

次いで、「――者《(スル)もの》」の「――《(スル)》」に当たる「呼之入匣奉帰余園」の読み方を検討する。ここで、「呼之」という箇所に注目する。同一の表現が**【序文】**2行目にもあり、「呼《べバ》レ之《ヲ》」（蝶を誘うと）と読んでいるので、傍線部Aの「呼之」も同じく「之を呼ぶ」と読むのが適切である。すると、選択肢はさらに②・④に絞られる。②と④の読み方の相違は、「帰余園者」を②「帰さんとする余の園の者」と読むか、④「余の園に帰さんとする者」と読むかであるが、②の読み方では「（箱に入れた蝶を）連れ戻そうとする私の庭園の人」となり、「私の庭園の人」、つまり筆者阮元の庭師のような人が客の一人であることになり、この後もまったく記述がない人物ともなってしまい、意味が判然としない。そのうえ、「呼之入匣奉帰」全体が連体修飾語として「余園者」にかかるという構造把握となり、はなはだ無理な読み方となる。④「余の園に帰さんとする者」と読めば「（箱に入れた蝶を）私の庭園に連れ戻そうとした人」が客の中にいたことになり、後の「及《べバ》二至《リテ》レ園《ニ》啓《ひらクニ》レ之《ヲ》一」（私の庭園までやって来て箱を開けてみると）ともうまくつながる。したがって、**正解は④**である。

問3　解釈の問題　32　⑤

仮定形「苟《いやしクモ》――《(セ)バ》」（もし――（する）ならば）、および再読文字「当《まさニ》二――《(ス)》一《べシ》」（当然――（する）べきだ・きっと――（する）にちがいない）がポイントである。傍線部Bの前半「苟近レ我」を仮定形を踏まえて解釈している選択肢は⑤「もしも私に近づいてくれたならば」だけである。④「もし私に近づいてくれたとしても」は「もし～としても」という譲歩の表現になっているが、この解釈が成り立つには傍線部Bの前半に「縦《たとヒ》――《(ス)トモ》」（たとえ――（する）としても）・「雖《いへどモ》二――《(ス)ト》一」（たとえ――（する）としても）が用いられていなければならない。傍線部Bの後半「当レ図レ之」も再読文字「当《まさニ》二――《(ス)》一《ベシ》」を踏まえて解釈しているのは⑤「必ずおまえを絵に描いてやろう」しかない。「当《まさニ》二――《(ス)》一《ベシ》」は、当然・義務や推定の意味を表す再読文字であるが、ここでは文脈を踏まえて「必ず～してやろう」という義務と感じるほどの強い意志として解釈していることに注意したい。したがって、**正解は⑤**である。

問4　押韻と詩の形式の問題　33　③

空欄 X は【詩】の第二句末に設けられているので、押韻の知識を問う問題であると判断する。韻字が配置されるのは偶数句末であるが、【詩】は七言詩なので、第一句末も押韻するのが原則である。そこで音読みを手がかりにして、空欄 X 以外の韻字を確認すると、第一句末は「多」＝「t-a」、第四、六、八句末はそれぞれ「何」＝「k-a」、「羅」＝「r-a」、「過」＝「k-a」であるから、韻は「-a」と判断できる。

そこで、選択肢の字についても音読みを手がかりに韻を確認すると、それぞれ①「座」＝「z-a」、②「舞」＝「b-u」、③「歌」＝「k-a」、④「少」＝「sh-ou」、⑤「香」＝「k-ou」であるから、韻が「-a」であるのは、①「座」と③「歌」である。ただし、いずれの選択肢も、空欄 X に入る字とともに、漢詩の形式についての説明を合わせたものなので、①の「起承転結で構成された七言絶句」と③の「頷聯《がんれん》と頸聯《けいれん》がそれぞれ対句になった七言律詩」という説明についても検討すると、【詩】は八句から成っているので、①の「七言絶句」という説明は誤りである。頷聯（第三句と第四句）と頸聯（第五句と第六句）は、それぞれ構造が同じで、対応する字の意味も対比関係にある対句である。返り点の付け方に注目するとわかりやすい。**正解は③**である。

問5　語の読み方の問題　34　⑤

疑問詞「奈レ□何」の読み方の知識を問う問題である。この疑問詞は「□を奈何《いかん》せん」と読み、「□をどうすればよいのか」という意味で、疑問、反語の両様に用いられる。「□」は、疑問詞であって動詞でもある「奈何《いかんセン》」の目的語である。「如レ□何」「若レ□何」も同じ読み・意味の疑問詞である。傍線部Cでは「□」に当たるのは「春」である。したがって、**正解は⑤**「はるをいかんせん」である。

問6　内容説明の問題　35　⑤

「太常仙蝶」が現れたり、とまったりした三つの場所について、【詩】と【序文】の双方を確認して、その順を答える問題である。【序文】では、蝶の動きを記しているのは1行目「辛未《しんび》ノ秋」から5～6行目「乃従容《チしょうようトシテ》鼓《うチテ》レ翅《はねヲ》而去《ル》」までである。蝶が現れたり、とまったりした場所を記述の順に確認すると、「落《ツ》レ扇《ニ》」（2行目）→「見《ル》二之《ヲ》於瓜爾佳《くわじか》氏《ノ》園中《ニ》一」（2～3行目）→「蝶復見《タあらはル》二於余《ノ》園台上《ニ》一」（4行目）→「蝶落《チ》二其《ノ》袖《ニ》一」（5行目）となる。【詩】では、「太常仙蝶」について詠じているのは第六句「仙蝶図成《リテ》染《ム》二袖羅《ヲ》一」のみで、①

【序文】の「蝶落《チ》二其《ノ》袖《ニ》一」（5行目）に該当する。以上より、**正解は⑤**「扇——阮元の庭園の台——袖」である。

問7　心情説明の問題　[36]　⑤

筆者の心情説明の問題なので、**【詩】**と**【序文】**の記述のうち、客観的な事実ではなく、筆者の心情に関わることを記した箇所について内容を確認し、どのような心情なのかを捉えればよい。とりわけ「喜」や「楽」といったプラスの方向の心情なのか、「怒」や「哀」といったマイナスの方向の心情なのかを押さえる。

【序文】では、本文末尾の「秋半《バニシテ》、余奉《ジテ》レ使《ヒヲ》出《デ》レ都《ヲ》、是《ノ》園《モ》又《タ》属《ス》二他人《ニ》一。回憶《スレバ》芳叢《はうそうヲ》一、真《ニ》如《シ》レ夢《ノ》矣。」（秋の半ばに、私は〔朝廷からの〕命令を受けて都を出て、この庭園も他人のものになった。花々が美しく咲く草むらを思い起こすと、本当に夢のようである。）という二文に注目する。庭園付きの都の屋敷を去って地方に赴任することになった筆者は、花々の美しい庭を思い出して「真《ニ》如《シ》レ夢《ノ》」（本当に夢のようである）と綴っているのであるから、心情はプラスの方向であると解釈できる。**【詩】**では、尾聯「他日誰《たガ》家《カ》還《まタ》種《うヱ》レ竹《ヲ》　坐《シテ》レ輿《こしニ》可《キ》レ許《ス》二子《し》猷《いうノ》過《よぎルヲ》一」（いつか誰かが〔竹を植えて竹好きの王子猷を待っていたある家の主人と〕同じように竹を植え　輿に乗って王子猷〔のような風流人〕が立ち寄るのを待って〔引き留めて歓待して〕ほしいものだ）に留意する。末尾の第八句についての「（王子猷を）引き留めて歓待し、意気投合したという故事を踏まえる」という注記も併せて確認すれば、筆者の心情は、**【序文】**の場合と同じくプラスの方向であると読み取れる。

以上を踏まえて選択肢を検討すると、①「～むなしく思っている」、②「～残念に思っている」、④「～嘆いている」は、説明の詳細を確認せずとも、マイナスの方向の心情として説明しているので、不適切と判断できる。③「～喜んでいる」と⑤「～懐かしく思い出している」が解答の候補として残るが、③の説明には**【序文】**と**【詩】**の記述内容とまったく矛盾した箇所がある。「董思翁の夢を扇に描き」とあるが、扇に記されたのは董思翁の詩であり、しかも書き記したのは筆者ではなく董思翁自身である（**【序文】**の冒頭の一文を参照）。また、「珍しい蝶の模様をあしらった服」とあるが、服の模様や絵柄については、**【序文】**にも**【詩】**にも記述がない。したがって、**【序文】**と**【詩】**の記述内容と矛盾した箇所のない**⑤が正解**である。

国　語

（2022年 1 月実施）

追試験
2022

国　語

解答・採点基準

（200点満点）

問題番号(配点)	設問	解答番号	正解	配点	自己採点
第1問 (50)	問1	1	②	2	
		2	①	2	
		3	③	2	
	問2	4	①	7	
	問3	5	⑤	7	
	問4	6	③	7	
	問5	7	④	7	
	問6	8	②	4	
		9	③	2	
		10	④	2	
		11	②	2	
		12	③	6	
第1問　自己採点小計					
第2問 (50)	問1	13	③	6	
	問2	14	①	6	
	問3	15	⑤	6	
		16	⑤	6	
	問4	17	④	7	
	問5	18	①	7	
	問6	19	①	6	
		20	②	6	
第2問　自己採点小計					

問題番号(配点)	設問	解答番号	正解	配点	自己採点
第3問 (50)	問1	21	②	5	
		22	⑤	5	
	問2	23-24	③-⑥	12（各6）	
	問3	25	⑤	7	
	問4	26	⑤	6	
		27	④	8	
	問5	28	③	7	
第3問　自己採点小計					
第4問 (50)	問1	29	③	4	
		30	②	4	
	問2	31	③	7	
	問3	32	②	7	
	問4	33	③	7	
	問5	34	①	5	
		35	④	8	
	問6	36	①	8	
第4問　自己採点小計					
自己採点合計					

※－（ハイフン）でつながれた正解は，順序を問わない。

第1問　現代文（論理的文章）

【出典】

若林幹夫「メディアの中の声」（『is：季刊 panoramic magazine』No.58 ポーラ文化研究所　一九九二年12月）。

若林幹夫（わかばやし・みきお）（一九六二年〜）は、東京都生まれの社会学者。東京大学大学院社会学研究科博士課程中退。

著書には『地図の想像力』『郊外の社会学――現代を生きる形』『社会学入門一歩前』『ノスタルジアとユートピア』などがある。

【本文解説】

本文は、「声としての言葉」、「文字」、「電気的な複製メディアの中の声」などを中心に、「二十世紀末までのメディア環境」について述べた文章である。まず、「声としての言葉」も内部に文字と同じようなへだたりをもっていることが述べられる（Ⅰ）。次に、「電気的な複製メディアの中の声」が、複製される声とその声を発した身体の間に時間的・空間的なへだたりを持ち込んだことが述べられる（Ⅱ）。そして、最後に、「電気的な複製メディアの中の声」が、言葉のエコノミーの空間に何をもたらしているかということが述べられる（Ⅲ）。

本文は十七の形式段落から成るが、それを以上のⅠ〜Ⅲの部分に分けたうえで、その部分ごとに解説していくこととする。

Ⅰ　声としての言葉はただの音とは異なる内的なへだたりを自らの内に孕《はら》んでいる（第一段落〜第七段落）

筆者は、「文字」が使われるようになったことで、「言葉は『声』と『文字』とに分裂」し、「声」が「言葉を発する身体に直接属する『内的』なものとして位置づけられ」るのに対して、「文字」は「そのような『内面（＝内的なもの）』から距離化された（＝へだてられた）『表層』に位置づけられる」ことになったと言う。「言葉の一次的な媒体」であり、「身体に直接属する『内的』なもの」である「声」に対して、「二次的な媒体」であり、その「声」を表す「文字」には「時間的・空間的な『へだたり』」があるのである。しかし、筆者は「声としての言葉もすでに、その内部に文字と同じようなへだたりをもってい」た」と言う。これはどういうことだろうか。（第一段落・第二段落）

筆者はこのことを「『声』と『音』」との違いに着目することで説明する。「声」は、「人間のような生物の、心のような内的なものにかかわる意味をともなって発せられる音」として、「物や体が擦れ合ったりぶつかったりして出る『音』」から区別されている。「音には『内部（内面）』がない」のに対して、「声には『内部（内面）』がある」のであるが、筆者によれば、これは、「声」が「身体や心の内部にあるものを表現するメディアである」ということである。「声」は、「声の向こう側にある『何か』」である、「身体や心の内部にあるものを表現するメディアである」という意味で、「ただの音とは異なる内的なへだたりを自らの内に孕」んでいるのである。「声の向こう側にある『何か』」は、「身体や心の内部にあるもの」であれば、

「近代的な意味での『主体』や『自我』」ということになるだろう。しかし、筆者はそうである必要はないと言う。「人間の歴史のなかで、人は時に神や祖先の言葉を語り、部族や身分の言葉を語ってきた」からである。「人は自らを媒介として『誰か』の言葉を語る」のである。そして、「近代の社会はこの『誰か』を、もっぱら語る身体の内部にある『私』（＝主体や自我）」へと帰属させるようにして、言葉のエコノミー（＝言葉の生産と流通をめぐる社会的諸関係）の空間を組織してきた」のである。（第三段落～第七段落）

Ⅱ　電気的な複製メディアは声と声を発した身体の間に時間的・空間的なへだたりを持ち込む（第八段落～第十一段落）

筆者が「声としての言葉」の次に問題にするのは、十九世紀の後半に登場した「電話やレコード」などの「電気的」な「複製メディア」である。「電気的なメディアによる声の再生、蓄積、転送は、声としての言葉とそれを発話する人間の身体とを時間的・空間的に切り離す」。たとえば、「電話やラジオは、話す身体と話される言葉を空間的に切り離している」。一方、「レコードやテープ、CDの場合、声としての言葉はそれを発する身体から時間的にも切り離され、任意の時間に任意の場所で、話し手や歌い手の意思にかかわりなく再生される」のである。（第八段落・第九段落）

筆者は、「電気的な複製メディアの初期の発明者たちは、これらのメディアが言葉のエコノミーにもたらすこの時間的・空間的なへだたりを、直観的に理解していたように思われる」と言う。それは、電話を意味するtelephoneが「遠い」teleと「音」phoneを組み合わせてできた単語であり、蓄音器（＝レコード盤に録音された音を再生する装置）を意味するphonograph（フォノグラフ）が「音」phoneと「文字（書）」graphを組み合わせてできた単語であることに示されている。phonographという単語に示唆されているように、電気的な複製メディアの中の声は、「文字が言葉のエコノミーに持ち込んだ声と言葉の間のへだたりと同じようなへだたりを、複製される声とその声を発した身体の間に持ち込むのである」。（第十段落・第十一段落）

Ⅲ　電気的なメディアの中の声が言葉のエコノミーの空間に何をもたらしているのか（第十二段落～最終段落）

筆者は、「電気的なメディアの中の『書かれた声』『遠い声』は、言葉のエコノミーの空間に何をもたらしているのだろうか」と問う。そして、まず指摘するのは、「電気的な複製メディアは声を、それを語り・歌う身体から時間的・空間的に切り離すことで、言葉としての声が内的に孕むあのへだたり（＝言葉としての声は、それが表現する『内部』にたいして外在的な『音』としての位相をもっていること）を顕在化する」ということである。（第十二段落～第十四段落）

次に指摘するのは、「電気的な複製メディアにおいて」は、「再生される声とそれを語る身体は相互に外在しあう」ために、「語り手の主体性が身体にたいして外在したり、身体から切り離された声の側に投射されたりする」ということである。このことは、「電気的なメディアの中の声」は、「時に声を発した身体の側を自らに帰属させて響き、また時には特定の人称から解き放たれて囁《ささや》きかける」（傍線部C）と言い換えられている。「語り手の主体性が身体にたいして外在」することと、「電気的なメディアの中の声」が「声を発した身体の側を自らに帰属させて響」くことが対応し、「語り手の主体性」が「身体から切り離された声の側に投射され」ることと、「電気的なメディアの中の声」が「特定の人称から解き放たれて囁きかける」ことが対応している。そして、「深夜の長電話の最中に自分が『声だけになっている』ような感覚をもつことがある」という「『電話中毒』の大学生」の発言は前者の例であり、「無言電話における他者との関係の感覚」を「『メカトロ』という機械的な隠喩によって語っている」「ある女性」の発言は後者の例である。また、「電気的なメディアの中の声」は「加工、編集された」「『作品』」や「『商品』」として「生産、流通、消費」されるが、「メディアの中のアイドルやDJたちのように、言葉を語り・歌う者の側」がその声に「帰属する者として現われ」るのは前者の例であり、その声が「特定の人称への帰属から切り離され、テクストのように多様な人々の中へと開かれる」のは後者の例である。最後に、筆者は、「電気的なメディアの中の声を聞く時、人が経験するのは身体に外在するこのような声の経験であり、それらの声が可能にする関係の構造の変容である」と述べているが、これは、「電気的なメディアの中の声」が「言葉の生産と流通をめぐる社会的諸関係」である「言葉のエコノミー」に「変容」をもたらしたということである。（第十五段落～最終段落）

【設問解説】

問1　漢字の知識を問う問題　[1] ②　[2] ①　[3] ③

(ア)は、〈美しく飾ること〉という意味で、「**装飾**」。①は、〈特定の仕事を人に頼みまかせること〉という意味で、「委嘱（依嘱）」。②は、〈実質の伴わないうわべだけの飾り〉という意味で、「**虚飾**」。**②が正解**。③は、〈印刷物で文字・記号などに誤りがあること〉という意味で、「誤植」。④は、〈すっかりぬぐい去ること、すべてを取り除くこと〉という意味で、「払拭」。

(イ)は、〈もとに戻すこと〉という意味で、「**還元**」。①は、〈うばいかえすこと〉という意味で、「**奪還**」。**①が正解**。②は、〈物事のおおもとになる、最も大切なところ〉という意味で、「根幹」。③は、〈ある社会で一般に行われてきた伝統的なしきたり〉という意味で、「慣習」。④は、〈しずかでひっそりしていること〉という意味で、「閑散」。

(ウ)は、〈その家の先代以前の人〉という意味で、「**祖先**」。①は、〈見せかけばかりで、実質に乏しいこと〉という意味で、「空疎」。②は、〈ふだん、つねひごろ〉という意味で、「平素」。③は、〈宗派を開いた人〉という意味で、「**開祖**」。**③が正解**。④は、〈訴訟に負けること〉という意味で、「敗訴」。

問2　傍線部の内容説明問題　[4] ①

傍線部Aは、「文字」がその内部に「へだたりをもってい」るということ、そして、「声としての言葉」もまた、「その内部に」「へだたりをもってい」るということを示している。したがって、「文字」が内部にもっている「へだたり」の内容と、「声としての言葉」が内部にもっている「へだたり」の内容を明らかにすれば、傍線部Aの内容を説明したことになるだろう。

まず、「文字」が内部にもっている「へだたり」については、傍線部Aの直前に、「文字に書かれることで、言葉は『声』と『文字』とに分裂する。この時、声の方はしばしば言葉を発する身体に直接属する『内的』なものとして位置づけられ、他方、文字の方はそのような『内面』から距離化された（＝へだてられた）『表層』に位置づけられる」と書かれている。ここから、**a〈「文字」は、身体に直接属する「内的」なものとして位置づけられる「声」からへだてられて、「表層」に位置づけられること〉**を、「文字」が内部に「へだたり」をもっている、と言っていることがわかる。

次に、「声としての言葉」が内部にもっている「へだたり」については、第五段落に、「『声としての音』の背後には、声としての音には還元されない『何か』が存在しており、声はその『何か』を表現する音であることで『言葉』になる」と書かれ、「その『何か』」＝「声の向こう側にある『何か』」（第六段落）は、「しばしば言葉を発する人間の身体の内部や心の内部にあるものと考えられる」と書かれている。ここから、**b〈「声としての言葉」は、その声の向こう側にある身体や心の内部にあるものを表現する音であり、声としての音とそれが表現する身体や心の内部にあるものとの間にはへだたりがあるということ〉**を、「声としての言葉」が内部に「へだたり」をもっている、と言っていることがわかる。

以上のaとbに適《かな》った説明になっている**①が正解**。「言葉は書かれることによって表層としての文字と内面としての声に分裂した」という説明は、aに適っている。aが示しているのは、**「内的」なものとして位置づけられる「声」と「表層」に位置づけられる「文字」とのへだたり（＝分裂）**である。「もともと声に出された言葉にも音とそれが表現している内的なものとの間に差異があった」という説明は、bに適っている。bが示しているのは、「声としての言葉」には、**音とそれが表現する身体や心の内部にあるものとの間にへだたり（＝差異）**があるということである。

②は、「もともと声に出された言葉にも一次的な音としての性質と二次的な心の内部との間に距離があった」という説明が不適当である。第一段落に「言葉の一次的な媒体であった『声』と二次的な媒体である『文字』」とあるが、「音」が「一次的」であり、「心の内部」が「二次的」であると言える根拠はない。

③は、「もともと声に出された言葉にも客体としての音と主体としての声との間に違いがあった」という説明が不適当である。「声に出された言葉」には**音とそれが表現する身体や心の内部にあるものとの間に違いがあった（b）**のであり、「客体としての音と主体としての声との間に違いがあった」

のではない。

④は、「もともと声に出された言葉にも音声学的な音と生物学的な声との間に開きがあった」という説明が不適当である。「声に出された言葉」にある「へだたり」は、**音とそれが表現する身体や心の内部にあるものとの間のへだたり**（**b**）であり、音と声との間のへだたり（＝開き）ではない。

⑤は、「もともと声に出された言葉にも完全な周期性をもった表層的な音と周期性をもたない内的な声との間にずれがあった」という説明が不適当である。第四段落に「楽器の音の音波形には完全な周期性が見られるが、人間の声にはそのような完全な周期性は見られない」とある。「声に出された言葉」は「『何か』を表現する」「『声としての音』」（第五段落）であり、「楽器の音」ではないので、「完全な周期性をもった表層的な音」と表現するのは不適当である。また、「声としての音」が表現する「『何か』」は、「身体や心の内部にあるもの」（第五段落）であり、これを「内的な声」と表現するのも不適当である。

問3 傍線部の内容説明問題 5 ⑤

傍線部**B**の直前には、「人間の歴史のなかで、人は時に神や祖先の言葉を語り、部族や身分の言葉を語ってきた。このような場合、人は私たちが知るような『内面』として語っているのではない。人は自らを媒介として『誰か』の言葉を語る」とある。また、傍線部**B**の少し後には、「近代の社会はこの『誰か』を、もっぱら語る身体の内部にある『私』へと帰属させるようにして、言葉のエコノミーの空間を組織してきた」とある。これらの箇所を踏まえると、傍線部**B**の「『私』とは、その『誰か』が取りうる一つの位相に過ぎない」とは、**a**〈**近代以前に、人は自らを媒介として神や祖先の言葉を語ってきたのであり**〉、**b**〈**近代になって人が「私」の「内面」の言葉を語るようになっても**〉、**c**〈**その「私」の「内面」の言葉は人が語るただ一つのものではない**〉、ということになる。

この内容に適った説明になっている⑤が正解。「声はかつて状況に応じて個人の意志を超えた様々な存在の言葉を伝えるメディアだった」は**a**と対応し、「他者とは異なる『私』の内面を表すという近代的な発想」は**b**と対応し、「（その近代的な発想が）唯一のものではない」は**c**と対応している。

①は、「声が『私』の内面を直接表現すると考える近代社会では両者の関係が密接になっている」という説明が不適当である。傍線部**B**の少し前に、「声の向こう側にある『何か』は、必ずしも近代的な意味での『主体』や『自我』（＝『私』の内面）である必要はない」とある。「『私』の内面」は「声の向こう側にある」ので、「声」とそれが表現する「『私』の内面」の間にはあいかわらず「へだたり」があるのであり、「両者の関係が密接になっている」とは言えない。

②は、「人間は歴史のなかで共同体の秩序とつながったメディアによって意志を決定していた」という説明も、「近代社会では内面の声に従う『私』が他者からへだてられていった」という説明も不適当である。このようなことは本文に書

かれていない。②は、a～cに対応する説明をすべて欠いている。③は、「声は本来人間の長い歴史を蓄積したメディアだった」という説明も、「言葉をなかだちとして『私』が自我とは異なる他者と語りあうという近代社会の発想は一面的である」という説明も不適当である。このようなことは本文に書かれていない。③は、a～cに対応する説明をすべて欠いている。

④は、「声は元来現実の外部にある『何か』によって世界の意味を想定するメディアだった」という説明が不適当である。傍線部Bの直前では、「声の向こう側にある『何か』」は、近代以前には「神や祖先」などであり、人はそれらの言葉を語ってきたと書かれている。「神や祖先」は「現実の外部にある『何か』」であるので、人の声は「現実の外部にある『何か』」である「神や祖先」の言葉を語ってきたとは言われている。しかし、人の声は「現実の外部にある『何か』」である「神や祖先」によって「世界の意味を想定するメディアだった」とは言われていない。

問4　傍線部の内容を説明する問題　6　③

まず、冒頭の「それ」が何を指しているかを確認しよう。直前の「電気的なメディアの中の声」を指していることは明らかである。この声は、一つ前の第十六段落で、〈「加工、編集され」て「商品」として「多くの人々の前に現われ、消費される」ものだ〉と書かれている。

次に、傍線部Cの「(電気的なメディアの中の声が)時に声を発した身体の側を自らに帰属させて響き」の内容を確認しよう。第十六段落の最後の一文に、「時にはメディアの中のアイドルやDJたちのように、言葉を語り・歌う者の側が、生産され流通する声に帰属する者として現われたりもする」と書かれている。ここから、「(電気的なメディアの中の声が)時に声を発した身体の側を自らに帰属させて響き」とは、〈時に電気的なメディアの中の声は言葉を語り・歌う者に帰属するものとして現われたりする〉ということだと判断できる。

さらに、「時には特定の人称から解き放たれて囁きかける」の内容を確認しよう。第十六段落には、「声は……そのような制度と技術(＝語られ・歌われた言葉の生産、流通、消費をめぐる社会的な制度と技術)に支えられ、特定の人称(＝言葉を語り・歌う者)への帰属から切り離され、テクストのように多様な人々の中へと開かれる」と書かれている。ここから、「時には特定の人称から解き放たれて囁きかける」とは、〈時に電気的なメディアの中の声は言葉を語り・歌う者への帰属から切り離されて、人々に多様に消費される〉ということだと判断できる。

以上より、傍線部Cは、a〈加工、編集されて商品や作品として多くの人々の前に現われ、消費される電気的なメディアの中の声は〉、b〈時に言葉を語り・歌う者に帰属するものとして現われたり〉、c〈時に言葉を語り・歌う者への帰属から切り離されて、人々に多様に消費されたりする〉ということだとわかる。

この内容に適った説明になっている**③が正解**。③の「電気的なメディアの中の声は、声を客体として加工し編集することで『作品』となり」という部分はaと対応している。「(電気的なメディアの中の声は) 語り・歌う者の存在を想起させて流通したり」という部分はbと対応している。「電気的なメディアの中の声」が**〈言葉を語り・歌う者に帰属するものとして現われる〉**のなら、その声は「語り・歌う者の存在を想起させ」るだろう。「(電気的なメディアの中の声は) 声を発した身体から切り離されたものとして人々に多様に受容されたりする」はcと対応している。

①は、「(電気的なメディアの中の声は) 声を発する主体としての身体を感じさせない不気味なものとして享受されたりすることがある」という説明が不適当である。cと対応した説明になっていない。また、bに対応する説明がない点でも、①は不適当である。

②は、「(電気的なメディアの中の声は) 複雑な制度や技術から自由になったものとして多くの人々に受容されたりすることがある」という説明が不適当である。すでに確認したように、第十六段落には「声(=電気的なメディアの中の声)は……そのような制度と技術(=語られ・歌われた言葉の生産、流通、消費をめぐる社会的な制度と技術)に支えられ、特定の人称(=言葉を語り・歌う者)への帰属から切り離され、テクストのように多様な人々の中へと開かれる」と書かれている。「電気的なメディアの中の声」が「多くの人々に受容されたりすることがある」のは、「複雑な制度や技術から自由になったものとして」ではなく、「複雑な制度や技術」に「支えられ」てである。

④は、「(電気的なメディアの中の声は) 近代において語られた自我という主体に埋め込まれたものとして密かに消費されたりすることがある」という説明が不適当である。cと対応した説明になっていない。また、bに対応する説明がない点でも、④は不適当である。

⑤は、「電気的なメディアの中の声は、時間的・空間的なへだたりを超えて、様々な身体が統合された『作品』として流通したり」という説明が不適当である。傍線部Cの直前には、「電気的なメディアの中の声は、それを発した身体から時間的・空間的に切り離された声である」と書かれている。その声が「時間的・空間的なへだたりを超え」るということはないのである。また、「様々な身体が統合された『作品』として流通したり」という部分も、aと対応する説明になっていない。さらに、bに対応する説明がない点でも、⑤は不適当である。

問5 本文の構成・展開について問う問題 [7] ④

本文の構成・展開については、**【本文解説】**の冒頭で以下のようにまとめておいた。まず、**「声としての言葉」も内部に文字と同じようなへだたりをもっていることが述べられる**(I)。次に、**「電気的な複製メディアの中の声」が、複製される声とその声を発した身体の間に時間的・空間的なへだた**

りを持ち込んだことが述べられる（Ⅱ）。そして、最後に、「電気的な複製メディアの中の声」が、言葉のエコノミーの空間に何をもたらしているかということが述べられる（Ⅲ）。これを手掛かりとしながら、選択肢を順に検討していくこととする。

①は、「電気的なメディアによって言葉が主体性を獲得していく過程を論じ」という説明が不適当である。Ⅱ（第八段落～第十一段落）で述べられているのは、「電気的な複製メディアの中の声」が、複製される声とその声を発した身体の間に時間的・空間的なへだたりを持ち込んだということであり、「電気的なメディアによって言葉が主体性を獲得していく過程」などではない。また、「近代的な社会構造において声と人間の内部との関係が変容すると総括している」という説明も不適当である。Ⅲ（第十二段落～最終段落）で述べられているのは、「電気的な複製メディアの中の声」が、言葉のエコノミーの空間に何をもたらしているかということである。そして、最後の一文で総括として述べられているのは、「電気的な複製メディアの中の声」が、「関係の構造」、つまり「言葉の生産と流通をめぐる社会的諸関係（＝言葉のエコノミー）」に「変容」をもたらしたということである。「近代的な社会構造において声と人間の内部との関係が変容する」といったことではない。

②は、「声と文字、声と音、さらに声と身体との対照的な関係を捉え直し」という説明が不適当である。Ⅰ（第一段落～第七段落）で述べられているのは、「声としての言葉」も内部に文字と同じようなへだたりをもっているということであり、そこで、「声と文字、声と音、さらに声と身体との対照的な関係」が「捉え直」されているということはない。また、「新たに近代に発明された電気的なメディアで声が身体に内在化していく経緯を説明し」という説明も不適当である。Ⅱで述べられているのは、「電気的な複製メディアの中の声」が、複製される声とその声を発した身体の間に時間的・空間的なへだたりを持ち込んだということであり、「電気的なメディアで声が身体に内在化していく経緯」などではない。

③は、「十九世紀後半の電気的なメディアにおいて声と身体がともに加工されて外在化したことにまで論を広げ」という説明が不適当である。第十六段落（＝最後から二つ目の段落）には、「電気的なメディアにおいて」「加工され」るのは「声」だと書かれており、「声と身体がともに加工され」たとは書かれていない。

④は、まず、「声と文字との関係を導入として言葉が内包するへだたりという概念を中心に論を整理しながら」という部分が、「声としての言葉」も内部に文字と同じようなへだたりをもっているというⅠで述べられていることに適った説明になっている。また、「新たに現れた電気的なメディアがもたらす経験について具体例を挙げて考察し」という部分が、「電気的な複製メディアの中の声」が、言葉のエコノミーの空間に何をもたらしているかというⅢで述べられていることに適った説明になっている。さらに、「言葉をめぐる社会的な関係が変容すると総括している」という部分が、「電気的

な複製メディアの中の声」が、「言葉の生産と流通をめぐる社会的諸関係（＝言葉のエコノミー）」に「変容」をもたらしたという、最後の一文で総括として述べられていることに適った説明になっている。④は、Ⅱで述べられている、「電気的な複製メディアの中の声」が、複製される声とその声を発した身体の間に時間的・空間的なへだたりを持ち込んだという説明を欠くものの、ⅠとⅢの説明は適当である。したがって、④が正解。

⑤は、まず、「かつては声としての音が人間の内部に縛られていたことを問題提起し」という説明が不適当である。Ⅰでこのようなことは述べられていない。また、「電気的なメディアの登場によって声が主体から解放されていく仕組みを検討し」という説明も不適当である。Ⅲには「電気的な複製メディアは、声としての言葉を語り・歌う身体から切り離し」（第十三段落）と述べられている。「電気的なメディアの登場によって声」が「解放されていく」のは、「身体」からであって、「主体」からではない。さらに、「音声が消費される現場で言葉と身体との関係が変容すると総括している」という説明も不適当である。「変容」するのは、「言葉の生産と流通をめぐる社会的諸関係（＝言葉のエコノミー）」であって、「言葉と身体との関係」ではない。

問6　本文を読んだ生徒が書いたとされる文章の語句や表現を修正する問題

(i)　生徒が書いたとされる【文章】の表現を、問題提起として適切な表現に修正する問題　8　②

設問文には、傍線部aについて、「【文章】の内容を踏まえて、問題提起として適切な表現になるように修正した」とある。したがって、選択肢が「問題提起として適切な表現」であるかどうかは、【文章】の内容との関係で決まることになる。そこで、この問いに解答するにあたっては、【文章】の内容をしっかりと把握しておく必要がある。

第一段落では、まず、「『電気的なメディア』によって、声とそれを発する人間の身体とが切り離される」という本文の内容を確認している。そして、第二段落では、「声とそれを発する人間の身体とが切り離される」例として「映画の吹き替え版やアニメ」を挙げ、声優が発した声なのに、「外国映画の俳優やアニメのキャラクター自身がその声を発しているかのように受け止めている」と述べている。しかし、第三段落では、「私たちは（電話やボイスメッセージなどで）声を聞いたときに、そこに実在する誰かがいるかのように考えてしまうことがある」ので、「声と身体は一体化していて、切り離されているとは言い切れない面もあるのではないか」と、本文の内容に反することを述べている。さらに、第四段落では、「電話で母と姉とを取り違えてしまった」ことがあったように、「声によって個人を特定することは不可能なのではないだろうか」と述べている。これは、「電気的なメディアの中の声」が「特定の人称への帰属から切り離され」（本文の第十六段落）ているということである。

以上のように、**【文章】**は、「電気的なメディアの中の声」が身体や人称から切り離されていると言える側面と、それが身体と一体化していると言える側面があることを論じている。このようなことを論じるのにふさわしい「問題提起」の表現は、「密接な関係にあるはずの声と身体とを切り離して捉えることはできるのだろうか」とある②であり、**②が正解**。これは**【文章】**で論じられる二つの側面を含んだ表現となっている。

①は、「社会生活の具体的な場面においても、声によって他者の身体の実在を特定できるだろうか」という表現が不適当である。第四段落に「声によって個人を特定することは不可能なのではないだろうか」とあるように、**【文章】**で論じられているのは、「声によって個人を特定すること」ができるか否かということであり、「声によって他者の身体の実在を特定できる」か否かということではない。

③は、「声と身体とが一致しないことによって他者との関係性はどのように変わるのだろうか」という表現が不適当である。**【文章】**ではこのようなことは論じられていない。

④は、「声と身体との結びつきが成立するには、具体的にどのような条件が想定されるのだろうか」という表現が不適当である。**【文章】**では「声と身体との結びつきが成立する」「条件」については論じられていない。

(ii) **生徒が書いたとされる【文章】の中の語句を適切な表現に修正する問題　9　③　10　④　11　②**

傍線部**b**〜**d**の前後の文脈を確認して、**b**〜**d**の語句を適切な表現に修正すればいいだろう。

傍線部**b**について。傍線部**b**は第三段落の冒頭にあるが、すでに確認したように、第一段落では、「『電気的なメディア』によって、声とそれを発する人間の身体とが切り離される」という本文の内容を確認し、第二段落では、「声とそれを発する人間の身体とが切り離される」例として「映画の吹き替え版やアニメ」を挙げている。それに対して、第三段落では、「私たちは(電話やボイスメッセージなどで)声を聞いたときに、そこに実在する誰かがいるかのように考えてしまうことがある」ので、「声と身体は一体化していて、切り離されているとは言い切れない面もあるのではないか」と、第一段落、第二段落と対立することが述べられている。このように対立する二つの事柄をつなぐのにふさわしい語句は、「その上」ではなく、逆接の接続詞である「しかし」である。したがって、**③が正解**。

傍線部**c**について。傍線部**c**前後の文脈を確認してみよう。第三段落の最後で、「声と身体は一体化していて、切り離されているとは言い切れない面もあるのではないか」と述べた後に、第四段落では、「さらに考えてみると、その声(=電話やボイスメッセージなどで聞く家族や友人の声)は間違いなく家族や友人の声だと決定することはできないかもしれない。c要するに、声によって個人を特定することは不可能なのではないだろうか」と述べている。電話やボイスメッセージなどで聞く家族や友人の声が「間違いなく家族や友人の声だと決定することはできないかもしれない」とは、「電気的なメディアの中の声」はそれを発する身体とは「一体化して」おらず、「切り離されている」かもしれないということである。とすると、「『電気的なメディア』によって、声とそれを発する人間の身体とが切り離される」という、第一段落で確認した本文の内容通りのことになっていないだろうか。傍線部c直後の「声によって個人を特定することは不可能なのではないだろうか」という表現は、「電気的なメディアの中の声」が「特定の人称への帰属から切り離され」（本文の第十六段落）ているということを意味している。【文章】を書いたNさんは、声とそれを発する身体には本文とは異なる面があることを指摘しながらも、「さらに考えてみ」た結果、結局、本文の内容と同じ結論に達しているので、傍線部c「要するに」は、〈いろいろ考えてみても結局は〉という意味になる「やはり」に修正するのが適切である。したがって、④が正解。

傍線部dについて。傍線部dの箇所は次のようになっている。「声（＝電気的なメディアの中の声）によって個人を特定することは不可能なのではないだろうか。……録音した私自身の声を聞いたことがあるが、ふつうにそれが自分の声だとわかっていなければ誰の声か判断できなかったに違いない」。ここで言われているのは、「録音した」声は「誰の声」だと特定することは不可能であり、それが「私自身の声」だと判断できるのは、「自分の声だとわかってい」るからだ。「それが自分の声だとわかっていなければ誰の声か判断できなかったに違いない」、ということである。このとき、傍線部d「ふつうに」を修正するのに適切な表現は、〈ある事態を仮定して述べることを表す〉「もし」である。したがって、②が正解。

(iii) **【文章】の結論を問う問題** 12 ③

再度、【文章】の内容を確認すると、まず、「『電気的なメディア』によって、声とそれを発する人間の身体とが切り離される」という本文の内容（a）を確認したうえで、次に、「声と身体は一体化していて、切り離されているとは言い切れない面もあるのではないか」（b）と本文の内容に反することを述べ、最後に、「声によって個人を特定することは不可能なのではないだろうか」（c）と述べている。ここで着目しておきたいのは、本文の最終段落にある、「電気的なメディアの中の声は、それを発した身体から時間的・空間的に切り離された声である（a）。それは時に声を発した身体の側を自らに帰属させて響き（b）、また時には特定の人称から解き放たれて囁きかける（c）」という表現である。この表現の内容はすべて【文章】の内容と対応している。そして、「【文章】の末尾に全体の結論を示す」としたら、その「結論」はa～cの内容を含んだものになるはずである。選択肢を順に検討していこう。

①は、「自分自身の声を聞いたときには違和感を抱く」という表現が不適当である。このようなことは【文章】では述べられていない。

②は、「人間の声と身体とはつねに結びついている」という表現が**a**〜**c**のすべてに反しており、不適当である。

③は、「声だけで個人を特定することは難しい」という表現が**c**と対応している。また、「他者の声から安心感を得たり、自分自身の声を認識したりしていたことから、声の側に身体を重ねていたことがわかった」という表現が**b**と対応している。**a**に対応する表現はないが、**a**は本文の内容として確認されたものなので、**【文章】**の結論にはなくても問題はないだろう。したがって、**③が正解**。

④は、「声を発した本人以外の何者かに身体性を感じて」という表現が不適当である。このようなことは**【文章】**では述べられていない。

第2問　現代文（文学的文章）

【出典】

室生犀星の小説「陶古の女人」の一節。短編集『陶古の女人』（一九五六年）所収。初出は、文芸雑誌『群像』一九五六年十月号。

室生犀星（むろう・さいせい）は、一八八九年石川県生まれの詩人、小説家。詩集としては『愛の詩集』『抒情《じょじょう》小曲集』、小説としては『幼年時代』『あにいもうと』、随筆としては『女ひと』など、多数の著書がある。一九六二年没。

【本文解説】

本文は、文学者で陶器を愛する「彼」が、避暑先の住まいに訪れてきた、見知らぬ青年の持参した見事な青磁に魅了されたものの、結果的に購入しなかったという経緯と、その心の動きを描いた文章である。二つの形式段落で構成されており、これを前半・後半とし、前半はさらに三つに分けて、それぞれの内容を確認していこう。

《前半・第一段落》「彼」と青年との青磁をめぐる会話（冒頭〜55行目）

Ⅰ　優れた陶器に出会えない不満（「この信州の町……」〜「……ものは、なかった。」）

陶器のこととなると貪欲に（＝意地汚く）なってしまうと、われながらあきれることもある「彼」は、避暑先の信州にあっても、散歩するたびに美術商の店を訪れた。そして、およそ優れたところのない壺《つぼ》に目をとめ、さしたる魅力のない絵柄にもどこかよさを認めようとする自分の見識のなさ（＝定見のなさ）に、自身でもあきれるのであった。「彼」は、たまたま眼《め》にすることとなった、こうしたありふれた壺に惹《ひ》かれてしまう心もちを、通りすがりにすれ違った女性の美しさに目を惹かれる心もちに似ていることから、「郷愁（＝過ぎ去ったものごとをなつかしむ気持ち）」と名づけていた。「彼」は、訪れた店でどこにでもある珍しくもない品物を物欲しげに眺めながらも、結局は何も購入せず店を立ち去るのだが、自分が求めたくなるものもなければ、惹きつけられる品物にも出会えない時など、ただただ寂しい思いがするのであった。東京なら、同じく陶器の置いてある店といっても、じっくり眺める品物があるのに、ここ信州の町では、惹きつけられる品物に出会うことはなかった。（以上、7行目前半まで）

Ⅱ　見知らぬ青年の訪問（「そういう気持《きもち》で……」～「……帰ってゆくのである。」）

「彼」が、そうした寂しい思いで帰宅すると、服装からそのたたずまいまで品の良さが感じられる一人の青年が、庭の中で「彼」の帰宅を待っていた。その青年は、かなりな大きさの箱の包みを携えていた。そして青年は、初対面ではあるが、見てほしいものがあるので訪ねてきた、と挨拶をした。青年の様子からは、携えた品物と関連し、金銭を求めていることが感じ取られた。「彼」は、とくに見たいものなどなく、仕事もあるが、少しの間でよければ話を聞きましょう、と応じた。もともと「彼」は、訪れた人を、会わずに帰すことはなかった。ほんの数分でも会って、手短に用件を聞いてから、適宜それに応じ、仕事中だからとすぐに帰ってもらうことを常としていた。会うの会わないの、といったやり取りで無駄な時間を費やすより、数分でも会って用件を聞けば、遠方から来た人も素直に帰っていくのだから、というのが「彼」の考えであった。（以上、16行目前半まで）

Ⅲ　見事な青磁を持参した青年とのやり取り（「だからきょうの客……」～「……紹介状を書いて渡した。」）

訪れた青年は、青磁の陶器を見てほしいと包みをほどき始めた。さきほど、青年の目に感じた、金銭への飢えた感じは消え去っていた。青年の落ち着きの原因は、携えてきた青磁にあるような気がした。包んでいた絹のきれが除かれると、そこには息をのむほど優美な「雲鶴《うんかく》青磁」が現れた。「彼」は、その青磁に描かれている四羽の鶴の飛び立つ姿に魅入られた。「彼」は、雲鶴青磁の恐ろしいまでの美しさに、寒気《さむけ》を感じるほどの衝撃を受けた。（以上、29行目前半まで）

青年は、自信に満ちた穏やかな目つきで、これは本物でしょうか、と言った。その言葉は、「彼」には、自分をからかっているかのように聞こえたが、眼前の陶器の美しさに驚嘆し、つい邪推（＝ひがみから悪く想像してしまうこと）したのかもしれないと思った。気を取り直した「彼」は、この品物は間違いなく雲鶴青磁であり逸品（＝特に優れた品物）だと答えた。さらに、お宅にあったものか、と尋ねた。青年は、父の所蔵して

52

いた品物の一つで、終戦後いろいろな品物を売り払ったが、最後まで手放さなかったほど父が大切にしていたもので、父の死後しばらく忘れられていたものだ、と答えた。その時、青年は、ふたたび金銭的な欲求をあからさまに感じさせる気配で、自分個人の事情でこの青磁を売りたい、時価は不明で、町の美術商では二万円と言われたが、自分としては三万円で売りたい、と言った。青年は、さらに、「彼」の随筆を読んで（陶器への愛着を知り）、他の人より「彼」に所有してもらう方が嬉《うれ》しい、とも言った。「彼」は、青年の携えてきた青磁が、三万円どころか二十万円から二十五万円はするものだと判断した。それほどの名品を、青年が三万円で売ろうとしているのは、よほど金銭的に困窮しているからだと思わざるをえなかった。そうであれば、もし青年の言うように三万円で購入すると、青磁の正当な価格よりはるかに低い金額しか青年が入手できないことになる。「彼」は、そうした事態は受け容《い》れられないという正義感も抱いた。名品であるこの青磁を売却するのは、青年の母上も了承されているのか、と「彼」が問うと、青年は、この件について母は知らないが、母の世話をしている自分の判断であり、異を唱えないはずだ、と答えた。そして、青磁の価格が三万円では高すぎるのなら、美術商が値付けた二万円との中間の二万五千円でもよく、他の人より「彼」の手元にある方が、父の青磁を愛する思いを大切にすることになり、自分も安心できると言った。「彼」は、そうした青年の言葉に真率さ（＝飾り気のないまじめさ）を感じ、文学者としての自分のひととなりが、はたから見ると、こんなふうに信じられているのか、とも思った。（以上、45行目前半まで）

「彼」は、青年に、知らないかもしれないが、この優れた青磁は最低二十万円するものであり、売るならどれほど安く見積もっても十五万円は受け取るべきであり、二万円の値付けをするような美術商ではなく、一流の美術商を相手に売買すべき逸品である、と言った。そして、青年の父上がかなりの値段で購入されたものであろうし、青磁の価値を知っていながら三万円で購入するといった、青年を騙《だま》すようなことなどできない、と言った。「彼」は、さらに言葉を続けた。由緒ある（＝すじの通った）優れた陶器は土地の価格が年々上昇するのと同じ割合で、その価格も高騰していくことを、ある美術商の言葉として聞いている。そうであれば、その青磁を売却するなら、当然、上昇した価格での金額を受け取るべきである。それだけの価格となると、自分の経済力では購入できない。だとすれば、高額の陶器を扱える美術商を相手にしなければならない。「彼」が、そこまで言って、青磁を青年の手元に返すと、青年は青磁の市価の高額さに驚愕《きょうがく》した。そして、市価がどうあれいったんは「彼」のところに持参したものであるから、自分の言い値に気持ちだけでも加えてもらえれば十分なので、ぜひ「彼」に購入してほしい、と応じた。さらに青年は、たとえ「彼」の支払った金額が市価より少なくとも苦情は言いませんと、本心からと思える様子で述べた。しかし、「彼」は、自分には手が出ないほど高額であることが判明しているのに、それよりはるかに低い価格で購入するのは人を騙すことになると言い、結局、東京の信用できる美術商への紹介状を渡して、青年に帰ってもらっ

た。（以上、55行目まで）

《後半・第二段落》　青年が去った後の「彼」の心の動き（56行目〜最終行）

青年が立ち去った後、「彼」は、名品を低い価格で購入することをせず、損をしたような気持ちになったものの、そうした打算をしてしまう自分の気持ちに不愉快さを抱いた。（以上、56行目）

青年が、「彼」に売却の申し出をした雲鶴青磁は、「彼」の所有している名品に匹敵するものであり、入手できる機会は二度とない優れた品物であった。他の人が所有する逸品を自分が所有したくなるのが、陶器にのめり込んだ者の抱いてしまう気持ちである。自分で支払える価格で、しかもわざわざ「彼」に所有してほしいとまで言われ、入手できたはずの品物を自身で断り、結局、手元に残らなかったことが惜しくもあった。売り手が承知しているのだから、低い価格で購入しても問題はない、と思う一方で、高額の品物を安く購入し金銭的な利益を得ようとする気持ちを抱く自分が卑しく思えた。それは、文学を志す者にとって認めがたい汚らしいことであり、だからこそ、自分が低い価格で購入することなく、一流の美術商を紹介したのはまっとうな判断だ、と思いなしていた。自分の愛する陶器の名品の前で、人を騙すようなことをしてまで低い価格で、新たに名品を入手することなど自分にはできない。そのように思いなし振る舞ったことは、誰にも知られないことではあるが、自分の心が汚れていないことをあらためて確かめ、喜ばしかった。（以上、62行目前半まで）

青年が持ち帰った雲鶴青磁の名品は、結局は自分に縁がなく、自分の手元にとどまることはなかった。しかし、青磁に描かれた四羽の鶴の生き生きとした姿は、日が暮れかけた部屋の中で、真昼の明るさのように、鮮烈に「彼」の眼中に浮かぶのであった。（以上、63行目まで）

なお、「彼」の心情に即して内容を整理すると、次のようになる。

・避暑地で、優れた陶器に出会えないことに不満を抱いている

↓

・見知らぬ青年の持参した青磁の美しさに震撼《しんかん》する

↓

・青年が申し入れた青磁の売却価格の低さに驚く

↓

・不当に低い価格での購入を潔しとせず、東京の信用できる美術商を青年に紹介する

↓

・名品を入手しなかったことを惜しいと感じたものの、自らの潔さをかみしめつつ、出会った名品の美しさを鮮やかに思い浮かべている

【設問解説】

問1　傍線部における「彼」の心情を説明する問題　[13]　③

まず、傍線部に直接関わっている、1行目から7行目前半までの内容を確認していこう。

陶器を愛してやまない「彼」は、避暑先の信州においても、散歩の折に美術商をめぐり、店の中を覗《のぞ》くことが度々ある。そして、さして優れたものではないことがわかっている品物にさえ、心が惹かれ眺めてしまい、しっかりした見識のない（＝「定見のない」）自分の、貪欲さ（＝「意地の汚なさ」）を浅ましいと思うとともに、東京では時間をかけてでも見るべきものがあるのに、ここ信州では、そうした魅力的な品物に出会えぬ（＝「何ももとめる物も、見るべき物もない」）ことに「さびしさ」を感じている。

以上をまとめると、

a　陶器を愛する「彼」は、信州でも美術商を度々訪れている

b　さしたる品物でもないのに心惹かれる自分に定見のなさや浅ましさを感じている

c　見るべき品物のある東京とは違い、田舎では優れた品物のないことをさびしく感じている

となる。

こうした内容に合致する、**③が正解**。なお、選択肢中の「骨董（＝価値のある古道具や古美術品）」は、本文中の「壺」「陶器」に該当し、「節操がない我が身を浅ましいと思い」は、本文中の「何処《どこ》までも定見のない自分に惘《あき》れて」（2行目）に対応している。

①は、「東京から離れてしまった我が身を顧みて、言いようのない心細さを感じている」が、cと合致せず、間違い。

②は、「自身の鑑賞眼のなさを思い知り、やるせなく心が晴れない」が、cと合致せず、間違い。

④は、「遠く離れた故郷を思い出し」が間違い。故郷を懐かしむ心情では、cと合致しない。

⑤は、「陶器への過剰な思い入れを続けることに、切ないほどの空虚さを感じている」が、間違い。①・②・④と同様に、cと合致しない。

問2　傍線部をめぐる表現についての説明　[14]　①

傍線部は青年が持参した陶器のことであるが、「彼」は、この陶器に描かれている、四羽の鶴が飛び立つ姿を眺め、その見事さに「寒気《さむけ》」がしばらく去らないほど感動している（28・29行目）。こうしたことを踏まえ、選択肢を吟味していこう。

①について。引用部分では、たしかに「感覚的な言葉」を用いて鶴の姿が描写されている。また、こうした「感覚的な言葉」を介して、『彼』の興奮がありありと表現されている」も、「彼」が「寒気」を感じるほどこの品物に感動したという本文の内容に合致している。したがって、**①が正解**である。

②について。『彼』の視点を通じて卑俗なもののように表現されている」が間違い。「彼」は、この品物の素晴らしさに感動しており、「卑俗（＝品がなく俗っぽいこと）」さを感じさせるような表現など、本文では一切述べられていない。

③について。『彼』の冷静沈着な態度」が間違い。「寒気」を感じるほど青磁に感動している、「彼」の様子に反している。

④について。「陶器に卑近な印象を持たせ」が間違い。②でふれたように、青磁に感動している「彼」が、「卑近（＝身近でありふれている）な印象」を持つことはない。

⑤について。「陶器の色鮮やかさに目を奪われている」が間違い。この品物が「色鮮やか」であると断定する根拠は本文に一切なく、したがって、「彼」が、そうしたことに「目を奪われている」も根拠のない説明である。

問3　傍線部の内容と「彼」の心情を説明する問題　15　⑤・16　⑤

(i)　**傍線部に関する内容を説明する問題**

傍線部を含む文脈を確認しよう。青年は、持参した雲鶴青磁について、「これは本物でしょうか」と「彼」に問うている。この発言を「彼」は、「取りようによっては」「からかい」かもしれないと「邪推」したのである。

この場合、青年が何の含みもなく、持参した青磁の鑑定を「彼」に委ね、「彼」が自信を持って答えられるのであれば、青年の発言が、「からかい（＝相手を困らせて面白がること）」と受け取られることはない。しかし、もし「彼」が、青磁の鑑定に自信を持てなければ、「彼」は答えに窮し、困り果てることになる。そうなると、青年の発言は、単なる質問ではなく、**〈「彼」が青磁の価値を見極められるのかどうかを疑い、「彼」の能力を試している〉**発言、すなわち、「からかい」の意図を含む発言ではないのか、と疑われることになってしまうのである。

以上から、こうした内容に合致する、**⑤が正解**。

①は、「陶器に対する愛情の強さを冷やかされている」が間違い。傍線部までの文脈では、「彼」と青年との間で、「彼」の「陶器に対する愛情の強さ」など話題になっていない。したがって、それを「冷やかす」こともありえない。

②は、「人物や陶器を見きわめる」が間違い。「人物」を見きわめる「彼」の洞察力など、一切述べられていない。

③は、「陶器を見て自分（＝「彼」）が態度を変えた」が間違い。陶器を見る前後で、「彼」の態度が変わったことなど、本文で述べられていない。

④は、陶器を見た後の「彼」の様子を「面白がられている」が間違い。そうした内容は、本文で述べられていない。

(ii)　**傍線部における「彼」の心情を説明する問題**

傍線部直前に、「青年は穏《おだや》かな眼の中にたっぷりと構えた自信のようなものを見せて」とある。つまり、青年は持参した品物に自信があるのに、わざと「これは本物でしょうか」と質問したように、「彼」には感じられたのである。このように「彼」が感じたのは、眼前の青磁の素晴らしさに驚き感動するあまり、つい気が高ぶっていたせいかもしれない。いずれにしろ、青年は、「本物でしょうか」と質問しているが、実は品物の素晴らしさを知っており、だから自信たっぷりではないのか、と「彼」は「邪推」してしまったのである。

以上から、こうした内容に合致する、**⑤が正解**。

①は、「盗品を持参したのではないかといぶかしんだ」が、本文に根拠のない内容。

②は、「軽妙さを見せた青年」が、本文に根拠のない内容。

③は、「彼」が「青磁の価値に怖じ気づき」が間違い。青磁の素晴らしさに感動したが青磁の価値に怖じ気づいた（＝怖くなって、ひるんだ）わけではない。

④は、「軽薄な態度を取る青年」が、本文に根拠のない内容。

問4　傍線部における青年の様子を「彼」がどのように受け止めたかについて説明する問題　17　④

まず、青年が「彼」に青磁の売却を持ちかけてからの、二人のやりとりについて、傍線部までの内容を確認しておこう。

「彼」は、青年の持参した品物が、まぎれもない雲鶴青磁であり、優れた品物であることを、すぐに見極めた。青年は、亡き父が大切にしていた品物で、時価は不明と言いつつ、町の美術商は二万円ぐらいの価格を提示したが、自分では三万円の価格で売却したい、と言った。そして、「彼」の随筆を読んで、陶器を愛する「彼」に購入してもらえれば、他の人に手渡すよりも嬉しい、と加えた。「彼」は、眼前の雲鶴青磁には、三万円どころか二十万円あるいは二十五万円の値打ちがあるのに、それをはるかに下回る金額しか、経済的な必要に迫られているように見える青年が受け取れないのは不当だと感じた。そう感じている「彼」に青年は、この品物を売却するのは青年自身の判断であるが、青年の母も決して反対はしないだろうし、美術商の評価と自身の評価の間の価格で売却してもよく、他人より「彼」の手元にある方が青磁を愛していた父の思いも満たされる気がする、と言った。そうした青年の「言葉」に、「彼」は「真率さ（＝飾り気のないまじめさ）」を感じた。

以上を整理すると、

a　経済的な必要性から、青年は、亡き父の愛していた雲鶴青磁を売ろうとしている

b　青年の提示した価格は、「彼」の評価よりはるかに低いものであった

c　低い価格であろうと、陶器を愛する「彼」の手元にある方が、父の思いにかなう、と青年は言った

d　「彼」は、cという、青年の言葉に、正直でまじめさ（＝実直さ）を感じた

となるだろう。

こうした、a～dの内容を含んでいる、**④が正解**。

①は、「父の遺品を売ることに心を痛めている」が、本文に根拠のない内容。また、「その言葉」の内容として不可欠

な、bとcの一部が欠落しており、正解にはなりえない。

②は、「市価よりも高い値段で青磁を買い取ってくれるだろうと期待する」が、b・cに反する。

③は、①と同様にbとcの一部が欠落している。また、「両親への愛情を貫こうとする」も間違い。青磁を「彼」に売ることは、亡き父の思いにかなうことは述べられているが、母に関しては、反対はしないとしても、どのような思いを抱くのかは本文でふれられていない。

⑤は、cにおける、亡き父への青年の思いがふれられていない。また、「青年のかたくなさ」が、傍線部の「真率さ」の意味内容に合致しない。

問5 18 ①　**傍線部における「彼」の心情の理由を説明する問題**

傍線部の「その気持」とは、直前の「その後（＝青年が立ち去った後）で損をしたような気がし」たことを指している。この「損」とは、陶器を愛し、優れた品物があればすぐ購入したくなるような「彼」が、時価よりはるかに低い価格で見事な青磁を入手できるという、二度とはない機会を自ら逸したことを指している。相手は、低い価格であることを承知の上で、「彼」に売りたがっていた。にもかかわらず「彼」は、信用できる東京の美術商を青年に紹介したことを、後で悔やんだのである。

ではなぜ、「その気持」が「不愉快」になったのであろうか。

それは、たとえ相手が承知しているとはいえ、時価よりはるかに安く陶器を手に入れ、金銭的な得をするということが、「文学を勉強した者のすることでない汚なさ」（60行目）とあるように、文学に携わる者としていかにもいやしいことのように思えたからである。

以上の内容を整理すると、

a　「彼」は、見事な青磁を安価で売ろうとする青年に、信用できる東京の美術商を紹介した

b　aは、見事な青磁を、格安で手に入れる機会を自ら逃すことであり、損をした気持ちになった

c　金銭的な得を望むことになるbの気持ちを、文学者としていやしいと思った

となるだろう。

こうした、a～cの内容を踏まえている、①が正解。

②は、まず、「青年の熱烈さ」という表現が不適切。「彼」を信頼する言葉に「真率さ」があるとしても、「熱烈さ」があるということなど、本文に根拠はない。また、青磁を購入しなかった「自分（＝「彼」）の狭量さにいらだちを感じた」が間違い。「彼」は、安価で青磁を購入することを潔しとせず、青年に信用できる美術商を紹介したことを「喜ばしかった」（62行目）と感じているのである。

③は、「青年の焦燥感に圧倒されるように」美術商を紹介したという部分が、間違い。むしろ青年は、「彼」が青磁を入手することを望んだのであり、美術商の紹介は「彼」自身

の判断である。また、「自分の小心さに気が滅入った」も間違い。ｃにあるように、文学者として金銭的な利益を度外視したのであり、それを「喜ばしかった」とも感じているのである。

④は、優れた青磁を安価で購入する「勇気を持てなかった自分の臆病さに嫌悪感を抱いた」が間違い。③で示したように、「彼」は、文学者としての矜持《きょうじ》（＝プライド）からあえて低価格での購入を避けたのであり、しかも、そのことに満足している。

⑤は、まず、「『彼』の顔色をひそかに観察していた青年の態度」の部分が、本文に根拠のない内容である。また、青年に青磁の本当の価値を教えたことを「自分の単純さに落胆した」という部分も、ｃにある、文学者としての矜持に反する。

問6　【資料】を踏まえ、傍線部の表現をめぐる話し合いにおける空欄を補う問題　19　①・20　②

まず【資料】の内容を確認していこう。

【出典】

柳宗悦「『もの』と『こと』」の一部。雑誌『工藝《こうげい》』一九三九年二月号に掲載。

柳宗悦（やなぎ・むねよし）は、一八八九年東京生まれの民芸研究家、宗教哲学者。民衆の作った食器などの工芸品に着目し、日用の陶器に美的価値を見出《みいだ》し活用しようとする、民芸運動を提唱。一九六一年没。

【資料の内容】

蒐集家《しゅうしゅうか》と呼ばれている人の中には、何かを蒐集する「こと」それ自体にこだわってしまい、それがどれほど美しい「もの」か否かとはかかわりなく、品物を蒐集する人がいる。だが、自分が何かを所有したいという、蒐集する「こと」それ自体にとらわれることなく、「もの」の美しさを感受するという真の悦《よろこ》びを、他の人と共に分かち合う方が、「もの」に対する、より優れた態度といえるのではないだろうか。

以上は、

「もの」に対しては、それを所有する「こと」にこだわるのではなく、その美しさを他者と分かち合うことが望ましい

とまとめられるだろう。

次に、【資料】の主旨を踏まえ、傍線部の内容を確認しておこう。

「彼」は、結果的に、見事な青磁を購入し所有することはなかった。しかし、眼前にはなくとも、先ほど目にした青磁の美しさは「彼」の心に刻み込まれており、その鮮烈な印象が思い浮かんでくる。こうした「彼」の様子が、青磁が眼前にはないにもかかわらず、「四羽の鶴」が「眼中にあった」と、傍線部で表現されているのである。

これらの点を踏まえ、「Aさん」と「Bさん」と教師との【話し合いの様子】を読み解いていこう。

(i)　**【話し合いの様子】における空欄　Ⅰ　を補う問題**

【話し合いの様子】の前半では、「『こと』への犠牲」になっている蒐集家への批判が話題になっているが、どのようなあり方が批判されているのであろうか。

　これに関して「Aさん」は、「批判されている」のは、「何でも集めてしまうような『蒐集』のあり方です」と発言している。これを受けて、「Bさん」は、「このような『蒐集』」は、[Ⅰ]という理由で批判されるのだ、と述べている。

　では、「このような『蒐集』」は、なぜ批判されるのであろうか。「Aさん」と「Bさん」の発言は、**【資料】**の内容に基づいている。そこでは、「こと」にこだわる「蒐集」のあり方が、美とは無関係に自分の興味に従い、たくさん集める「こと」それ自体にとらわれている、と批判されている。つまり、**【資料】**では、「このような『蒐集』」は、

　X　美と無関係に、たくさん品物を集める「こと」にとらわれている蒐集

だと捉えられており、だからこそ批判されるのである。

　こうした**X**の内容に該当する、**①が正解**。

　②は、「美しいかどうかにこだわりすぎて」が**X**に合致しない。

　③は、「他者との交流が失われる」が**【資料】**の内容とは無関係。

　④は、「対象との出会いを受動的に待つこと」が、③と同様に**【資料】**の内容とは無関係。

　⑤は、「質も量も追い求めた結果」が、**【資料】**にある「質よりも量」を求めるという内容に反する。

(ii)　**【話し合いの様子】における空欄[Ⅱ]を補う問題**

　【話し合いの様子】の後半では、青年の持参した陶器に対する「彼」の態度が話題になり、教師の、「**蒐集家」と「もの」との望ましい関係について把握することができました**、という発言を受けて、話し合いが進められている。

　「Aさん」は三度目の発言で、「彼」が、[Ⅱ]であったから、「その場にない壺の絵が『眼中にあった』という表現になるのではないでしょうか」と述べている。そして、教師は、「Aさん」(及び「Bさん」)の発言について、「彼」の態度を、『もの』と真摯に向き合う『蒐集家』」として「理解を深めることができた」と評価している。

　では、「彼」の態度、すなわち、「『もの』と真摯に向き合う」とはどのような態度であろうか。これに関して、「Aさん」は、**【資料】**の内容を踏まえた二度目の発言で、「もの」を『正しく選ぶ』態度とは、(蒐集し所有するという)『こと』にとらわれることなく『もの』(の美しさ)を見ようとする態度、と言い換えられそうです」と述べている。

　つまり、「Aさん」は、こうしたことを踏まえて、「彼」の態度を、

　Y　蒐集し所有する「こと」より、「もの」の美しさを見ようとする態度

と捉えだからこそ、眼前にない壺の絵が「彼」の「眼中に

あった」という表現になると受け止めているのである。
こうしたYの内容に合致する、**②が正解**。
①は、「『こと』への執着がいっそう強められた」が、Yに反する。
③は、「貴重である『こと』にこだわり続けた」が、Yに反する。
④は、「所有する『こと』は諦められなかった」が、Yに反する。
⑤は、「『もの』から目を背けることになった」が、Yに反する。

第3問 古文

【出典】
『蜻蛉日記』
成立年代　平安時代中期
ジャンル　日記
作者　藤原道綱母《ふじわらのみちつなのはは》
内容　全三巻。藤原兼家《かねいえ》との夫婦生活を中心に、作者の半生を描いた日記文学。天暦《てんりゃく》八（九五四）年の、作者への兼家の求婚から書き起こされ、夫の訪れが遠のき夫婦仲の隔たりに苦悩する心境を、ときに息子道綱の成長や周辺の人々との交流、気晴らしに出かけた旅の描写などを交えながら記したもので、天延《てんえん》二（九七四）年までの二十一年間の記録である。紀貫之《きのつらゆき》の『土《と》佐《さ》日記』の系譜に連なる日記文学であるが、自らの心中についての深い内省を綴《つづ》ったものとしては先駆的な作品で、後世のさまざまな文学作品に大きな影響を与えた。

【資料】
『古今和歌集』
成立年代　平安時代前期
ジャンル　勅撰《ちょくせん》和歌集
編者　紀貫之・凡河内《おおしこうちの》躬恒《みつね》・紀友則《とものり》・壬生忠岑《みぶのただみね》
内容　醍醐《だいご》天皇の下命により編まれた第一番目の勅撰和歌集。

【全文解釈】

このようにして、あれこれすること（＝母の葬式や後始末）などは、世話をする人が多くて、すべて済ませた。今となってはたいそうしみじみとした山寺に集まって、所在なく（喪に服して）いる。夜、眠れないままに、嘆いて夜を明かしながら、山のあたりを見ると、霧は（古歌にあるように）ほんとうに麓を覆っている。京もほんとうに（母の死んだ今は）誰のもとへ身を寄せようとしているのだろうか、いや、身を寄せるところなどない、さあ、やはりこのまま（この山寺で）死にたいと思うのだが、私を死なせないようにしている人（＝息子の道綱）が（いるのは）ほんとうにうらめしいことだ。

こうして十日あまりになった。僧侶たちが念仏の合間によもやま話をするのを聞くと、「この亡くなった人（の姿）が、はっきり見える所がある。そこで、近寄っていくと、消え失《う》せてしまうそうだ。遠くからなら（死んだ人の姿が）見えるということだ」「どこの国と言うのか」「みみらくの島と言うそうだ」などと、口々に語っているのを聞くと、とても（その島のありかを）知りたくて、悲しく思われて、このように口ずさまずにはいられない。

せめて（母が）いるとだけでも遠くからであっても見たい。（そのようなうれしい話で耳を楽しませるという言葉を）名として持っているならば、私に（その島がどこにあるのか）聞かせてほしい。みみらくの島よ。

と言うのを、兄にあたる人が聞いて、その兄も泣きながら、

（みみらくの島は）どこにあるというのか。（亡き人がいるところと）噂《うわさ》にだけ聞くみみらくの島に隠れてしまった人（＝母）を訪ねて行きたい。

こうしている間に、（夫はやって来て）立ったまま面会して、（別の日は使者もよこして）毎日見舞ってくれるようだけれども、（私の方は）目下何も考えられない状態であるのに、（逢《あ》えない）穢れの期間がじれったいこと、気がかりなことなどを、わずらわしく感じるぐらいまで書き連ねてあるけれども、呆然としていたときのことだからであるのか、覚えていない。

（京の）自宅へも（帰ることは）急がないけれども、自分の思いどおりにはできないので、今日は、一同（山寺を）引きあげる日になった。（山寺へ）来たときは、（私の）膝に横になっていらっしゃっていた人（＝母）を、何とかして楽なようにと気をつかっては、私自身は汗びっしょりになりながら、いくらなんでも（亡くなりはしないだろう）と期待する気持ちが加わって、張りがあ（る道中だ）った。今度は、ほんとうに楽で、あきれるぐらいゆったりと乗っていられるにつけても、道中とても悲しい。

（家に着いて牛車《ぎっしゃ》から）降りて（あたりを）見るにつけても、全く何もわからないくらい悲しい。（母と）一緒に（縁側近くまで）出て座っては、手入れをさせた（庭の）草花なども、（母が）発病して以来、放りっぱなしにしてあったので、一面に生い茂って色とりどりに咲き乱れている。（母のための）特別（に行う供養）のことなども、皆が各自思い思いに行っているので、私はただ所在なくぼんやりともの思いにふけっているばかりで、「ひとむら薄《すすき》虫の音の」と（いう古歌を）ただもう

自然と口ずさんでしまう。

（母が発病してからは）手入れもしていないけれども、花は真っ盛りになって（咲き乱れて）しまったのだなあ。（亡くなった母がこの世に）残して置いた（恵みの）露のおかげで。

などと思われる。

（近親の）この人あの人は殿上で働くことなどもしないので、喪に服すことも（さまざまな制約はなく）一緒にし終えたようなので、それぞれ屏風などで部屋を仕切った一時的な小部屋などを作って過ごすような中で、私だけは（悲しさが）紛れることもなくて、夜は念仏の声を聞き始めるときから、そのまま（一晩じゅう）泣くばかりで明かさずにはいられない。四十九日の（法事の）ことは、誰も欠けることがなくて、家でとり行う。私の知る人（＝夫）が、（法事の）およそのことを行っ（てくれ）たようなので、人々が多く（弔問に）集まった。私の（供養の）思いを（表すものとして）、仏（の姿）を描かせた。その日が過ぎてしまうと、皆それぞれ離ればなれに別れて行った。まして（今まで以上に）私の気持ちは心細さがしだいに募ってきて、ますます心を晴らす方法がなく、人（＝夫）は（私の）このような心細い様子を思って、以前よりは足しげく通う。

【資料】

藤原利基朝臣が右近中将で住んでいました部屋が、（利基が）亡くなって後、人も住まなくなってしまったときに、秋の夜が更けてあるところからやって参りましたその折に中をのぞいたところ、以前からあった庭の植え込みも（草が）とても生い茂っていて荒れていたのを見て、昔にそこにお仕えしていたので、その昔を思いやって詠んだ（和歌）

御春有助

あなたが植えた一群の薄が、（手入れをする人もいないままに自然と）生い茂って、虫の鳴き声がしきりにする野原ともなってしまったことだなあ。

【設問解説】

問1　短語句の解釈問題　21 ②　22 ⑤

(ア)　みなしはてつ

みな	し	はて	つ
副詞	動詞 サ行変格活用「す」連用形	動詞 タ行下二段活用「はつ」連用形	助動詞 完了「つ」終止形

～はつ
1　すっかり～する。～し終える。～しきる。
＊補助動詞としての用法。

逐語訳すると、「すべてし終えた」となり、②「すべて済ませた」が適当であることがわかる。

文脈を確認すると、リード文から療養先の山寺で作者の母が死去したことがわかり、傍線部の前は、（注1）・（注2）から葬式やその後始末などの世話をする人が多くて「みなしはてつ」とあるのだから、「すべて済ませた」という解釈は文脈にも合う。よって、**正解は②**である。

(イ) **さらにものおぼえず**

さらに	もの	おぼえ	ず
副詞	名詞	動詞 ヤ行下二段活用 「おぼゆ」 未然形	助動詞 打消 「ず」 連用形

さらに
1 まったく。少しも。けっして。
2 ますます。さらに。
3 改めて。再び。新たに。
＊1は、下に打消表現を伴う場合。

もの
1 何。何か。どこ。ある所。
2 なんとなく。どことなく。
＊1は、対象を特にはっきりさせず、漠然と表す場合で、食物・衣服・調度・場所などを指すことが多い。2は、形容詞・形容動詞の上に付いて、漠然とした感じを表す。この場合は名詞でなく接頭語とされる。

おぼゆ
1 思われる。自然に思われる。
2 思い出される。
3 わかる。
4 似る。似通う。
5 (他の人から)思われる。
6 覚える。
7 思い出す。

ものおぼえず・ものもおぼえず(慣用句)
1 何も考えられない。呆然としている。
2 無我夢中だ。

「さらに」は、下に打消の助動詞「ず」があることを考えると、①「少しも」、⑤「全く」が解釈として適当である。「ものおぼえず」の解釈としては、②「考えられない」、⑤「何もわからない」がどちらも前記1に対応しており、適当である。ここから正解は⑤と考えられるが、文脈を確認する必要がある。

傍線部は、母の葬儀も終わり、山寺から自分の家に帰った作者が、牛車から降りてあたりを見たときの心情を「さらにものおぼえず悲し」と表現しているのだから、「全く何もわからないくらい」悲しいという解釈は文脈にも合う。よって、**正解は⑤**である。

問2 **[2]・[3]段落の内容に関する説明問題** [23]・[24] ③・⑥

①・②・③は、[2]段落に対応している。[2]段落を次のように五つに分けて検討する。

Ⅰ　**僧ども念仏のひまに物語するを聞けば、「この亡くなりぬる人の、あらはに見ゆるところなむある。さて、近く寄れば、消え失せぬなり。遠うては見ゆなり」「いづれの国とかや」「みみらくの島となむいふなる」など、口々語るを聞くに、**

僧が、「みみらくの島」では死者を見ることができるが、近づくと消え失せ、遠くからだと見ることができるという伝承を語っている。

Ⅱ　**いと知らまほしう、悲しうおぼえて、かくぞいはるる。**

それを聞いた作者が、母に会えるかもしれない「みみらくの島」のことをもっと知りたく思う一方で、死んでしまった母を思い悲しくなって和歌を詠んだというのである。

Ⅲ　**ありとだによそにても見む名にし負はばわれに聞かせよみみらくの島**

動詞 ラ行変格活用 「あり」終止形	格助詞	副助詞 限定	名詞	格助詞	係助詞	動詞 マ行上一段活用 「見る」未然形	助動詞 意志 「む」終止形
あり	**と**	**だに**	**よそ**	**にて**	**も**	**見**	**む**
いる	と	だけでも	遠くから	であって	も	見	たい

名詞	格助詞	副助詞	動詞 ハ行四段活用 「負ふ」未然形	接続助詞 順接仮定条件
名	**に**	**し**	**負は**	**ば**
名として持っている				ならば

名詞	格助詞	動詞 カ行四段活用 「聞く」未然形	助動詞 使役 「す」命令形	名詞	格助詞	名詞
われ	**に**	**聞か**	**せよ**	**みみらく**	**の**	**島**
私	に	聞か	せよ	みみらく	の	島

だに

1　類推（〜さえ）

＊「AだにX、ましてBはX′」というのが基本の構文。Aは程度の軽いもの、Bは程度の重いもので、XとX′はほぼ同趣旨の内容となる。

＊ましてBはX′」の部分はしばしば省略される。

2　限定（せめて〜だけでも）

＊後にある意志・希望・願望・仮定・命令の表現と呼応する。

よそ

1　遠い所。他の場所。

2　外部。外。

名に負ふ・名にし負ふ（慣用句）

1　有名だ。名高い。

2　名として持っている。

＊「名にし負ふ」の「し」は強意の副助詞。

この和歌は、作者が、亡くなった人の姿が見えるという

「みみらくの島」のことを聞いて、亡き母のことを思い詠んだ歌である。「見む」は、「(母の姿を)見たい」などと解釈できるところで、「む」は意志の意。「だに」は、意志の助動詞「む」と呼応しているので、前記2の限定の用法、「よそ」は、Ⅰで、近くで見ると消え失せると言っているのを受けて詠んでいるのだから前記1である。死者と会えるという伝承が事実なら、作者も亡くなった母と会えるという、うれしい話を聞くことになるということから、「みみらくの島」は、「みみ」に「耳」、「らく」に「楽」を掛けて、「耳を楽しませる島」の意でもとらえることができる。その上で、「みみらくの島」という名前を持っているなら、その名の通りに、私にみみらくの島がどこにあるのか、どこへ行けば母と会えるのか、うれしい話を聞かせてくれ、と詠んだのである。「名にし負ふ」は、前記2の意味で解釈するのがよい。以上を踏まえて和歌全体を解釈すると、次のようになる。

せめて(母が)いるとだけでも遠くからであっても見たい。(そのようなうれしい話で耳を楽しませるという言葉を)名として持っているならば、私に(その島がどこにあるのか)聞かせてほしい。みみらくの島よ。

Ⅳ　といふを、兄人なる人聞きて、それも泣く泣く、

兄は作者の詠んだ和歌を聞いて、母を思って泣きながら「いづことか」の和歌を詠んだというのである。

Ⅴ　いづことか音にのみ聞くみみらくの島がくれにし人をたづねむ

名詞	格助詞	係助詞	名詞	格助詞	副助詞 限定	動詞 カ行四段活用「聞く」連体形	名詞
いづこ	**と**	**か**	**音**	**に**	**のみ**	**聞く**	**みみらく**
どこ	と	か。	噂	に	だけ	聞く	みみらく

格助詞	動詞 ラ行下二段活用「島がくる」連用形	助動詞 完了「ぬ」連用形	助動詞 過去「き」連体形	名詞	格助詞	動詞 ナ行下二段活用「たづぬ」未然形	助動詞 意志「む」終止形
の	**島がくれ**	**に**	**し**	**人**	**を**	**たづね**	**む**
の	島に隠れ	てしまっ	た	人	を	訪ねて行き	たい

音に聞く(慣用句)
1　噂に聞く。有名だ。

たづぬ
1　探す。
2　質問する。尋ねる
3　訪ねて行く。訪問する。

兄の詠んだ和歌も、作者と同様に母を思って泣きながら詠んだのだから、母と会えるなら「みみらくの島」に行きたいと思っているのであろう。したがって、「たづぬ」は前記3である。それを踏まえた解釈は次のようになる。

(みみらくの島は)どこ(にある)と(いうの)か。(亡き人がいるところと)噂にだけ聞くみみらくの島に隠れ

てしまった人（＝母）を訪ねて行きたい。

①は、「その不真面目な態度に作者は悲しくなった」という説明が不適当である。前記Ⅰのように、僧たちは「みみらくの島」について語っており、前記Ⅱから、それを聞いた作者は母に会えるかもしれない「みみらくの島」について知りたいと思っているのである。前記Ⅲの和歌の解釈からも、僧を不真面目だとする内容は読み取れない。

②は、「『みみらくの島』のことを聞いても半信半疑で」というのは前記Ⅰ・Ⅱからは判断できない内容なので、不適当である。さらに、前記Ⅲの和歌の内容から、「知っているなら詳しく教えてほしいと兄に頼んだ」も不適当である。私に聞かせてくれと呼びかけているのは、「みみらくの島」にであって、兄にではない。

③は、前半の「『みみらくの島』のことを聞いた作者の兄は」が前記Ⅳに合致しており、適当である。さらに、「その島の場所がわかるなら母を訪ねて行きたい」という兄の詠んだ和歌の内容が、前記Ⅴの和歌の解釈として正しい。**③が一つ目の正解**である。

④・⑤・⑥は、3段落に対応している。3段落を次のように四つに分けて検討する。

Ⅰ　かくてあるほどに、立ちながらものして、日々にとふめれど、

とふ（ハ行四段活用動詞）
1　見舞う。安否などを尋ねる。
2　訪ねて行く。訪問する。
3　問いかける。
4　弔問する。弔う。
＊1は、直接見舞いに行くだけでなく、家来などに行かせる場合もある。

（注4）を参考にすると、山寺で喪に服している間、兼家が作者の様子を心配して見舞いにやってきていることがわかる。「日々にとふ」は、前記「とふ」の1で、兼家が直接来ない日は見舞いの使いがやって来ていることを示している。

Ⅱ　ただいまは何心もなきに、

しかし、作者は、母を亡くした悲しみで、兼家の愛情ある行為に何も感じない。

Ⅲ　穢《けが》らひの心もとなきこと、おぼつかなきことなど、むつかしきまで書きつづけてあれど、

心もとなし（ク活用形容詞）
1　待ち遠しい。じれったい。
2　気がかりだ。不安だ。
3　はっきりしない。
4　物足りない。

おぼつかなし（ク活用形容詞）
1　（対象が）はっきりしない。
2　（意味・理由・事情が）よくわからない。
3　心配だ。不安だ。気がかりだ。

4　待ち遠しい。会いたい。

むつかし（シク活用形容詞）
1　不快だ。うっとうしい。
2　気味が悪い。
3　風情がない。見苦しい。
4　わずらわしい。面倒だ。

夫は、作者が山寺で喪に服している間は会えないので、じれったい、気がかりだと書き続けてくるが、作者はわずらわしく感じている。

Ⅳ　ものおぼえざりしほどのことなればにや、おぼえず。

さらに、母の死で呆然としていたからか、作者はそれらの手紙の内容を覚えていないというのである。

④は、「作者は、……兼家にいつ会えるかはっきりしないと伝えた」が不適当である。作者は兼家に「いつ会えるかはっきりしない」と伝えてはいない。

⑤は、「兼家は、……はじめは気遣っていたが、だんだんといい加減な態度になっていった」が不適当である。Ⅰ・Ⅲにあるように、兼家ははじめから終わりまで一貫して作者のことを心配している。

⑥の「作者は、母を亡くして呆然とする余り、兼家から手紙を受け取っても、かえってわずらわしく思った」は、前記Ⅲ・Ⅳにあるように、兼家の愛情をわずらわしく感じており、また、母の死で呆然としているので、手紙の内容を何も覚えていないというのであるから、適当である。よって、**⑥が二つ目の正解**である。

問3　4段落の作者の心中についての説明問題　25　⑤

4段落の内容を、次のように三つに分けて検討する。

Ⅰ　里にも急がねど、心にしまかせねば、今日、みな出で立つ日になりぬ。

母のいない京の自宅に帰ることを急いではいないのだけれども、自分の思い通りにもできず、山寺を引きあげる日になった。

Ⅱ　来し時は、膝に臥し給へりし人を、いかでか安らかにと思ひつつ、わが身は汗になりつつ、さりともと思ふ心そひて、頼もしかりき。

さりとも（副詞）
1　いくらなんでも。

山寺へ来たときは、母は、病気の苦しみから、作者の膝に寄りかかって横になっていた。作者は母が楽になるように狭い牛車の中で気をつかい、汗びっしょりになりながら介抱していた。「さりとも」と思う気持ちが加わって「頼もし」く感じていたとあるので、いくらなんでもこのまま死ぬことはないはずだと、回復することを頼みにする気持ちが作者にあったことがわかる。

Ⅲ　此度は、いと安らかにて、あさましきまでくつろかに乗られたるにも、道すがらいみじう悲し。

帰りの牛車には、母もおらず、気をつかう必要がないので、ゆったりして楽であったのに、道中ずっと悲しく感じていたとある。これは逆説的な言い方で、楽であればあるほど、山寺に来るときに気を張って看病した母の不在を感じないではいられず、だからこそ悲しく感じているのである。

①は、「自宅には帰りたくないと思っていたので、……不本意に思っていた」が不適当である。前記Ⅰにあるように、作者は帰りたくないとまでは思っていない。よって、帰ることを「不本意に思っていた」も本文に根拠をもたない。

②は、「母の不安をなんとか和らげようと、母の気を紛らすことに必死だった」が不適当である。前記Ⅱにあるように、病気が悪化して苦しむ母を少しでも楽にしようと、膝枕をしているのであって、母の気を紛らせようとしたのではない。

③は、選択肢全体が不適当である。作者は、前記Ⅱにあるように、母の回復を期待しているのであって、「母の死を予感して冷や汗をかいていた」のではない。よって、「それを母に悟られないように注意していた」も正しくない。

④は、「山寺に到着するときまでは、祈禱を受ければ母は必ず回復するに違いない」とあるのは、前記Ⅱに母の回復への期待が示されていることから考えると、回復するのを期待していること、また、そのためには当時は祈禱しか考えられないので、不適当とはいえないが、「僧たちを心強く思っていた」とは本文から読み取ることができない。

⑤が正解である。「帰りの車の中では」が、前記Ⅲの「此度は」に対応し、「介抱する苦労がなくなったために」が、前記Ⅲの「いと安らかにて、あさましきまでくつろかに乗られたるにも」に対応している。また、前記Ⅲで「道すがらいみじう悲し」と感じたのは、母の不在をより強く認識させられたからであり、「かえって母がいないことを強く感じてしまった」という説明も適当である。

問4

(i) **語句や表現に関する説明問題** 26 ⑤

名詞	格助詞	名詞	格助詞	動詞 マ行四段活用「住む」連用形	動詞 ラ行変格活用「侍り」連用形
藤原利基朝臣	**の**	**右近中将**	**にて**	**住み**	**侍り**
藤原利基朝臣	が	右近中将	で	住み	まし

助動詞 過去「けり」連体形	名詞	格助詞	動詞 ラ行四段活用「身まかる」連用形	接続助詞	名詞	名詞	係助詞
ける	**曹司**	**の、**	**身まかり**	**て**	**のち、**	**人**	**も**
た	部屋	が、	亡くなっ	て	後、	人	も

動詞 マ行四段活用「住む」未然形	助動詞 打消「ず」連用形	動詞 ラ行四段活用「なる」連用形	助動詞 完了「ぬ」連用形	助動詞 過去「けり」連体形	格助詞	名詞	格助詞
住ま	**ず**	**なり**	**に**	**ける**	**に、**	**秋**	**の**
住ま	なく	なっ	てしまっ	た	ときに、	秋	の

名詞	動詞 カ行下二段活用「ふく」連用形	接続助詞	名詞	格助詞	動詞 カ行変格活用「まうで来」連用形	助動詞 過去「けり」連体形
夜	**ふけ**	**て**	**もの**	**より**	**まうで来**	**ける**
夜が	更け	て	あるところ	から	やって参りまし	た

ついでに	見入れ	けれ	ば、	もと	あり	し
副詞	動詞 ラ行下二段活用「見入る」連用形	助動詞 過去「けり」已然形	接続助詞 順接確定条件	名詞	動詞 ラ行変格活用「あり」連用形	助動詞 過去「き」連体形
その折に	中をのぞい	た	ところ、	以前から	あっ	た

前栽	も	いと	繁く	荒れ	たり	ける
名詞	係助詞	副詞	形容詞 ク活用「繁し」連用形	動詞 ラ行下二段活用「荒る」連用形	助動詞 存続「たり」連用形	助動詞 過去「けり」連体形
庭の植え込み	も	とても	生い茂っていて	荒れ	てい	たの

を	見	て、	はやく	そこ	に	侍り	けれ
格助詞	動詞 マ行上一段活用「見る」連用形	接続助詞	副詞	名詞	格助詞	動詞 ラ行変格活用「侍り」連用形	助動詞 過去「けり」已然形
を	見	て、	昔に	そこ	に	お仕えしてい	た

ば、	昔	を	思ひやり	て	よみ	ける
接続助詞 順接確定条件	名詞	格助詞	動詞 ラ行四段活用「思ひやる」連用形	接続助詞	動詞 マ行四段活用「よむ」連用形	助動詞 過去「けり」連体形
ので、	昔	を	思いやっ	て	詠ん	だ

御春有助
名詞
御春有助

「なり」の識別

1　断定の助動詞「なり」
《非活用語・連体形に接続する》

2　伝聞・推定の助動詞「なり」
《終止形（ラ変型活用語は連体形）に接続する》

＊ラ変型活用語の連体形に接続する時、連体形の活用語尾が「ん」と撥音便化したり、「ん」が表記されない場合がある。

3　ラ行四段活用動詞「なる（成る）」
「―と」「―に」、形容詞の連用形「―く」「―しく」、または、打消の助動詞の連用形「―ず」などの後にあることが多い。

＊動詞「なる」は、「鳴る」（ラ行四段活用）や「馴《な》る」（ラ行下二段活用）などの場合もある。

4　ナリ活用形容動詞の活用語尾
物事の様子や状態を表す語に「―かなり」「―やかなり」「―げなり」がついている場合は、全体で一語の形容動詞と考えてよい。

見入る

1　外から中を見る。のぞきこむ。

2　気をつけて見る。

3　興味深く見る。じっと見る。

＊1・2はラ行下二段活用の他動詞。3はラ行四段活用の自動詞。

前栽
1 庭前に植える草花。
2 庭先の植え込み。

はやく
1 昔。以前に。
＊現在より前の時を表し、下に過去の助動詞を伴う場合が多い。
2 もう。すでに。
＊そのことが以前に実現してしまっている意味を表し、下に完了・過去の助動詞を伴う場合が多い。
3 やはり。はたして。
＊本来の事情や隠された真相に今気づいた驚きを表し、詠嘆の助動詞「けり」と呼応する場合が多い。

侍り
1 お仕えする。〔「仕ふ」の謙譲語〕
2 あります。〔「あり」の丁寧語〕
3 ～ます。〔丁寧の補助動詞〕

①は、「なり」を「伝聞を表し」としているところが不適当である。この場合、打消の助動詞「ず」の連用形に接続しているので、前記『「なり」の識別』の4「ラ行四段活用動詞」である。助動詞「ず」は、直後に助動詞が続く場合は原則としてザリ系列の活用になる。よって、「なり」を伝聞推定の助動詞と考えることはできない。

②は、「見入れけれ」を「思わず見とれてしまった」という意味と説明するところが不適当である。この場合「見入れ」は、連用形接続の助動詞「けり」の已然形が下接しているので、ラ行下二段活用動詞の連用形である。文脈的にも、藤原利基が亡くなって人も住まなくなった部屋のあるところを御春有助がたまたま立ち寄って「見入れ」とあるのだから、前記「見入る」の1の「外から中を見る」がふさわしい。

③は、「前栽」を「庭を囲むように造った垣根」とするのが不適当である。前記のように、「前栽」は庭前や庭先の草花の植え込みであって、垣根ではない。

④は、「はやく」を「時の経過に対する驚きを表している」としているところが不適当である。「はやくそこに侍りければ」と続いており、意味の上で、「はやく」は「侍りけれ」に係っている。この「侍り」を謙譲語（「お仕えする」の意）と考えても丁寧語（「います」の意）と考えても、「侍りけれ」は過去における動作や状態を表していると考えられ、それに係る「はやく」が、「時の経過に対する驚きを表している」とは考えられない。ここは前記1の「昔。以前に」の意味で解釈するのがふさわしい。

⑤が正解である。もし、「侍り」を丁寧語に解釈すると、「そこにおりました」の意で、和歌の詠み手である御春有助が「曹司」に住んでいたことになるが、そこに住んでいたのは、詞書の最初にあるように藤原利基である。よって、「侍り」は謙譲語で「お仕えする」の意で、御春有助は藤原利基に仕えていたと考えるのが適当である。有助は仕えていた当

時のことを思い出して和歌を詠んだのであり、「藤原利基にお仕えしていたので」と解釈することは文脈にも合う。

(ii)　**【資料】と5段落についての説明問題**　27　④

名詞	格助詞	動詞 ワ行下二段活用「植う」連用形	助動詞 過去「き」連体形	名詞	名詞
君	**が**	**植ゑ**	**し**	**ひとむら**	**すすき**
あなた	が	植え	た	一群の	薄が

名詞	格助詞	名詞	格助詞	形容詞 ク活用「しげし」連体形	名詞	格助詞	係助詞
虫	**の**	**音**	**の**	**しげき**	**野辺**	**と**	**も**
虫	の	鳴き声	が	しきりにする	野原	と	も

動詞 ラ行四段活用「なる」連用形	助動詞 完了「ぬ」連用形	助動詞 詠嘆「けり」連体形	終助詞 詠嘆
なり	**に**	**ける**	**かな**
なっ	てしまっ	たことだ	なあ

しげし
1　いっぱいだ。量が多い。
2　しきりである。
3　(草木が)生い茂っている
4　わずらわしい。

四句目の「しげき」は、「虫の音の」と主語・述語の関係にあると考えると意味が通るので、前記2の「しきりである」の意味になる。また、詞書には、藤原利基が亡くなって人も住まなくなった庭について、「もとありし前栽もいと繁く荒れたりける」とあることから、前栽の草木が「生い茂っている」(前記3)の意味にもなり、この「しげき」は掛詞であるとわかる。詞書の内容を加味して解釈すると、和歌の内容は次のようになる。

あなたが植えた一群の薄が、(手入れをする人もいないままに自然と)生い茂って、虫の鳴き声がしきりにする野原ともなってしまったことだなあ。

5段落には、作者が自宅に帰ったときのことが記されている。自宅に到着し、あたりを見るにつけても母の不在がますます感じられる。母と二人で召使いに指図して手入れさせた庭の草花は、母が発病してからは手入れもできず放置していたが、今は草が一面に生い茂り、花が咲き乱れている。自宅で行う母の特別な供養も親族一同がとり行ってくれ、作者自身はすることもなくつくねんともの思いにふけりながら庭をながめている。そのような中で、御春有助の和歌を想起し、自らも和歌を詠むのである。

名詞	動詞 ラ行下二段活用「ふる」未然形	助動詞 打消「ず」已然形	接続助詞 逆接確定条件	名詞	係助詞	形容動詞 ナリ活用「さかりなり」連用形
手	**ふれ**	**ね**	**ど**	**花**	**は**	**さかりに**
手を	ふれ	ない	けれども	花	は	盛りに

動詞 ラ行四段活用「なる」連用形	助動詞 完了「ぬ」連用形	助動詞 詠嘆「けり」終止形	動詞 マ行下二段活用「とどむ」連用形	動詞 カ行四段活用「おく」連用形	助動詞 過去「けり」連体形
なり	**に**	**けり**	**とどめ**	**おき**	**ける**
なっ	てしまっ	たのだなあ	残して	置い	た

名詞	格助詞	動詞 ラ行四段活用「かかる」連用形	接続助詞
露	**に**	**かかり**	**て**
露	に	かかっ	て

かかる
1（雲・霞などが）たなびく。覆い被《かぶ》さる。
2（雨・露・涙などが）注ぐ。
3（情愛・恩恵などが）及ぶ。

「手ふれねど」は、段落内の「わづらひしよりはじめて、うち捨てたりければ」を踏まえると、母の発病から庭の草花の手入れもしていない状態を言っているのだとわかる。「花はさかりになりにけり」は、段落内の「生ひこりていろいろに咲き乱れたり」を詠んだもので、放置しているために草花は今は盛りと咲き乱れている様子を表している。下の句の「とどめおきける露」は、草や花の葉の上におりて残っている露を表す一方で、亡くなった母が今まで世話をした恵みも表しており、「かかりて」は、露が草や花にかかる意味であるが、母が世話をしたその恵みが草花に及んでいることも意味している。それらを踏まえて解釈すると次のようになる。

（母が発病してからは）手入れもしていないけれども、花は真っ盛りになって（咲き乱れて）しまったのだなあ。（亡くなった母がこの世に）残して置いた（恵みの）露のおかげで。

問4(ii)の選択肢は、**【資料】**と5段落の内容が組み合わされているので、それぞれの要素に分け、選択肢の違いを比較して検討する。

Ⅰ【資料】と5段落で共通している状況

①・② 親しかった人が残した植物の変化を
③ 親しかった人が残した庭の様子を
④・⑤ 手入れする人のいなくなった庭の様子を

共通しているのは、それぞれ持ち主が亡くなった庭の変化を詠んでいることであり、いずれも間違いとはいえない。

Ⅱ【資料】について

① 利基の死後は誰も住まなくなった曹司の庭の様子が詠まれている
② 荒れ果てた庭のさびしさが「虫の音」によって強調されている
③ 虫の美しい鳴き声を利基に聴かせたいという思いが詠まれている
④ 野原のように荒れた庭を前にしたもの悲しさが詠まれている
⑤ 利基が植えた草花がすっかり枯れてすすきだけに

なったことへの落胆が詠まれている
①は、藤原利基が亡くなって誰も曹司には住んでいないのだから間違いとはいえない。
②は、「荒れ果てた庭のさびしさ」を「『虫の音』によって強調」しているとするのが不適当である。和歌の趣旨は、持ち主の死後の庭が荒れ果てた感慨を詠むところにあるが、「荒れ果てた庭のさびしさ」を『虫の音』によって強調」しているとはいえない。
③は、前記の御春有助の和歌の解釈からわかるように、虫の鳴き声を藤原利基に聴かせたいという思いは詠んでいないので、不適当である。
④は、前記の御春有助の和歌の解釈からわかるように、利基の生前と死後の庭の変化に感慨を覚えて詠んでいるのだから、「荒れた庭を前にしたもの悲しさ」とするのは適当である。
⑤は、「草花がすっかり枯れてすすきだけになった」が不適当である。詞書には、「いと繁く荒れたりける」としか書かれておらず、草花がすっかり枯れてすすきだけになっているのかどうかの判断はできない。

Ⅲ　5段落について
①　母が亡くなる直前まで手入れをしていたおかげで色とりどりに花が咲いている様子が表現されている。
②　自由に咲き乱れている草花のたくましさが「手ふれねど」によって強調されている。
③　母の形見として咲いている花をいつまでも残しておきたいという願望が詠まれている。
④　悲しみの中にも亡き母が生前に注いだ愛情のおかげで花が咲きほこっていることへの感慨が表現されている。
⑤　母の世話がないにもかかわらずまだ花が庭に咲き残っていることへの安堵が表現されている。
①は、「亡くなる直前まで」が不適当である。5段落には「わづらひしょりはじめて、うち捨てたりければ」とあり、発病したときから世話ができていなかったことがわかる。母は療養先の山寺で亡くなっており、「亡くなる直前まで手入れをしていた」とは考えられない。
②は、世話をしていないのに草花が咲き乱れているのは事実であるが、「たくましさが『手ふれねど』によって強調されている」とまでは、和歌から判断できない。
③は、前記の和歌の解釈から「母の形見として……いつまでも残しておきたいという願望」を読み取ることはできない。
④は、「悲しみの中にも」が本文全体からうかがえる内容で適当である。「亡き母が生前に注いだ愛情のおかげで」が和歌の下の句の内容に、「花が咲きほこっている」が和歌の二句と三句の内容に対応していて適当である。
⑤は、「花が庭に咲き残っていることへの安堵が表現されている」が不適当である。「咲き残る」は「他の花が散った後まで散らないで残る」ということ。作者の邸の草木は「生ひこりていろいろに咲き乱れたり」とあるし、和歌でも「花はさかりになりにけり」とあるので、説明として不適当であ

る。また、和歌の趣旨はあくまでも母の不在への感慨であって、花が咲いていることへの「安堵」ではない。

以上、Ⅰから①〜⑤、Ⅱから①・④、Ⅲから④が適当であることがわかるので、**④が正解。**

問5 段落の表現についての説明問題 28 ③

語	品詞	訳
これ	名詞	この人
かれ	名詞	あの人は
ぞ	係助詞 強意	
殿上	名詞	殿上
など	副助詞	など
も	係助詞	も
せ	動詞 サ行変格活用「す」未然形	し
ね	助動詞 打消「ず」已然形	ない
ば、	接続助詞 順接確定条件	ので、
穢らひ	名詞	喪に服すこと
も	係助詞	も
ひとつ	名詞	一緒
に	格助詞	に
しなし	動詞 サ行四段活用「しなす」連用形	し終え
た	助動詞 完了「たり」連体形（撥音便無表記）	た
めれ	助動詞 推定「めり」已然形	ような
ば、	接続助詞 順接確定条件	ので、
おのがじし	副詞	それぞれ
ひき局	名詞	部屋を仕切った一時的な小部屋
など	副助詞	などで
し	動詞 サ行変格活用「す」連用形	過ごし
つつ	接続助詞	ながら
あ	動詞 ラ行変格活用「あり」連体形（撥音便無表記）	いる

語	品詞	訳
める	助動詞 推定「めり」連体形	ような
中	名詞	中
に、	格助詞	で、
我	名詞	私
のみ	副助詞 限定	だけは
ぞ	係助詞 強意	
紛るる	動詞 ラ行下二段活用「紛る」連体形	紛れる
こと	名詞	ことも
なく	形容詞 ク活用「なし」連用形	なく
て、	接続助詞	て、
夜	名詞	夜
は	係助詞	は
念仏	名詞	念仏
の	格助詞	の
声	名詞	声を
聞き	動詞 カ行四段活用「聞く」連用形	聞き
はじむる	動詞 マ行下二段活用「はじむ」連体形	始めるとき
より、	格助詞	から、
やがて	副詞	そのまま
泣き	動詞 カ行四段活用「泣く」連用形	泣く
のみ	副助詞 強意	ばかりで
明かさ	動詞 サ行四段活用「明かす」未然形	明かさ
る。	助動詞 自発「る」終止形	ずにはいられない。
四十九日	名詞	四十九日
の	格助詞	の
こと、	名詞	ことは、
誰	名詞	誰
も	係助詞	も
欠く	動詞 カ行四段活用「欠く」連体形	欠ける
こと	名詞	ことが
なく	形容詞 ク活用「なし」連用形	なく
て、	接続助詞	て、
家	名詞	家
にて	格助詞	で
ぞ	係助詞 強意	
する。	動詞 サ行変格活用「す」連体形	とり行う。
わ	名詞	私
が	格助詞	の

品詞・活用	本文	訳
動詞 ラ行四段活用「知る」連体形	**知る**	知る
名詞	**人が、**	人が、
副詞	**おほかた**	およそ
格助詞	**の**	の
名詞	**こと**	こと
格助詞	**を**	を
動詞 ハ行四段活用「行ふ」連用形	**行ひ**	行っ
助動詞 完了「たり」連体形（撥音便無表記）	**た**	た
助動詞 推定「めり」已然形	**めれ**	ような
接続助詞 順接確定条件	**ば、**	ので、
名詞	**人々**	人々が
形容詞 ク活用「多し」連用形	**多く**	多く
動詞 ハ行四段活用「さしあふ」連用形	**さしあひ**	集まっ
助動詞 完了「たり」終止形	**たり。**	た。
名詞	**わ**	私
格助詞	**が**	の
名詞	**心ざし**	思い
格助詞	**を**	を、
係助詞	**ば、**	
名詞	**仏**	仏
格助詞	**を**	を
係助詞 強意	**ぞ**	
動詞 カ行四段活用「描く」未然形	**描か**	描か
助動詞 使役「す」連用形	**せ**	せ
助動詞 完了「たり」連体形	**たる。**	た。
名詞	**そ**	そ
格助詞	**の**	の
名詞	**日**	日が
動詞 ガ行上二段活用「過ぐ」連用形	**過ぎ**	過ぎ
助動詞 完了「ぬ」已然形	**ぬれ**	てしまう
接続助詞 順接確定条件	**ば、**	と、
名詞	**みな**	皆
副詞	**おのがじし**	それぞれ
動詞 ラ行下二段活用「行きあかる」連用形	**行きあかれ**	離ればなれに別れて行っ
助動詞 完了「ぬ」終止形	**ぬ。**	た。

品詞・活用	本文	訳
副詞	**まして**	まして
名詞	**わ**	私
格助詞	**が**	の
名詞	**心地**	気持ち
係助詞	**は**	は
形容詞 ク活用「心細し」連用形（ウ音便）	**心細う**	心細く
動詞 ラ行四段活用「なる」連用形	**なり**	しだいに募ってき
動詞 ラ行四段活用「まさる」連用形	**まさり**	
接続助詞	**て、**	て、
副詞	**いと**	ますます
動詞 ラ行四段活用「やる」連体形	**やる**	心を晴らす
名詞	**かた**	方法が
形容詞 ク活用「なし」連用形	**なく、**	なく、
名詞	**人**	人
係助詞	**は**	は
副詞	**かう**	このような
形容動詞 ナリ活用「心細げなり」連体形	**心細げなる**	心細い様子
格助詞	**を**	を
動詞 ハ行四段活用「思ふ」連用形	**思ひ**	思っ
接続助詞	**て、**	て、
連体詞	**ありし**	以前
格助詞	**より**	より
係助詞	**は**	は
形容詞 ク活用「しげし」連用形（ウ音便）	**しげう**	足しげく
動詞 ハ行四段活用「通ふ」終止形	**通ふ**	通う

おのがじし
1　めいめい。それぞれに。

いとど
1　いよいよ。ますます。

2　その上。加えて。

やるかたなし（連語）
1　心を晴らす方法がない。どうしようもない。
2　並々ではない。

ありし
1　以前の。昔の。

通ふ
1　男性が妻や恋人のもとに行く。
※妻問婚《つまどいこん》の風習。

6段落には、母を亡くし、その喪失感を抱いたまま自宅で孤独に過ごす作者の様子が描かれている。

①は、本文に照らし合わせて不適当な内容はない。推定・婉曲の助動詞「めり」は、前記枠内の品詞分解と現代語訳中の傍線部のように三箇所あるので、「繰り返し用いられる」とするのは適当である。いずれも「これかれ」や、「わが知る人」の様子を述べるところで用いられているので、「周囲の人々の様子」についての記述だといえる。また、「めり」は、目に見える事態に対する推定の意を表すといわれているように、目で見て判断するというニュアンスが含まれる助動詞である。つまり、対象と自己との間にはなんらかの距離があるといえるので、「周囲の人々の様子」について、「どこか距離を置いて見ている作者のあり方」と、母を亡くし、その悲しみで、心理的に現実世界と距離を置く今の作者のありようが「めり」の使用から見て取れる。

②は、本文に照らし合わせて不適当な内容はない。前記枠内の品詞分解と現代語訳中の波線部のように、「おのがじし」の後に、「我」「わが」が繰り返されている。「おのがじし」は二箇所使われており、前記の語の意味と（注6）・（注7）を参考にすると、一つ目は、親族がそれぞれ同じ邸内で個別に喪に服していることを表している。その中で作者は、「我のみぞ紛るることなく」と記しているように、自分だけは母を亡くした悲しさが紛れることもないと言っているのだから、親族と「作者の状況が対比され」ているといえる。二つ目は、四十九日の法事が終わった後の場面である。法事は兼家の取り計らいで盛大に行われ、多くの人々が参加した。その後、参加者たちがそれぞれ離ればなれに別れて行った後、「ましてわが心地は心細うなりまさり」と記しているように、法事の参加者と作者とがここでも対比され、自分一人心細く感じる心情を吐露しているのだから、「作者の理解されない悲しみが表現されている」としているのも適当である。

③は、本文に照らして不適当である。前記枠内の品詞分解と現代語訳中の二重傍線部の「仏をぞ描かせたる」は、直前に「わが心ざしをば」とあるように、作者の母の供養のために描かせたのであって、兼家が「心を閉ざした作者を慰めるために」描かせたのではない。よって、作者が兼家に対する「感謝の気持ち」を抱いていたということもない。「ぞ」は強意の係助詞で「ぞ……たる」で係り結びは成立しているが、

ここで強調されているのは「仏を描かせた」という事実である。この③が正解。

④は、本文に照らし合わせて不適当な内容はない。「いとど」は前記のように「その上。ますます」の意味を表す。ここでは、まず、作者が母を失って悲しんでいることが前提にあり、「その上」盛大に行われた四十九日の法事が終わって参加者が帰り、静かになった自宅で作者は心細さが募って、「ますます」心の晴らしようがなかったことについて、「いとどやるかたなく」と述べているのだから、「母を失った悲しみのほかに、親族が法要後に去って心細さまで加わった、作者の晴れない気持ち」を読み取るのは適当である。

⑤も、本文に照らし合わせて不適当な内容はない。「人」は（注10）から兼家のことで、「かう心細げなる」は作者の様子である。「ありしよりはしげう通ふ」とあるのだから、前記枠内の品詞分解と現代語訳や語の意味から、兼家が作者を気づかって作者の家を頻繁に訪れていたことがわかる。よって、「人はかう心細げなるを思ひて」という表現から、兼家を「悲しみに暮れる作者に寄り添ってくれる存在」と認識していたとするのは適当である。

第4問　漢文

【出典】

『重編東坡先生外集《ちょうへんとうばせんせいがいしゅう》』。北宋の文人・政治家蘇軾《そしょく》（一〇三六～一一〇一）の詩文集。蘇軾は古文復興運動に努めた唐宋八大家の一人。本文は巻二一「褚遂良諂妄《ちょすいりょうてんぼう》」と題する文章である。

【資料】

『旧唐書《くとうじょ》』。後晋《こうしん》の劉昫《りゅうく》らによって編纂《へんさん》された唐の正史。歴代皇帝の事跡を記した「本紀」、官吏・学者などの人物の伝記を記した「列伝」、官職・刑法などの制度を記した「志」から成る「紀伝体」の形式で書かれている。本文は巻七一「魏徴《ぎちょう》伝」の一部である。

【本文解説】

第一段落では、唐の王宮に何度も雉《きじ》が集まってくるという事件についての褚遂良の意見と、皇帝である太宗《たいそう》の反応が記されている。褚遂良は、春秋時代の秦《しん》の文公の時に童子が変身した雉が現れ、その後文公が傑出した君主となったという故事を根拠に、王宮に雉が集まったのは太宗が立派な君主であることのしるしだと主張した。太宗はこの意見を喜び、褚遂良を博学な賢者であると称賛した。

第二段落では、褚遂良と太宗のやり取りに対する筆者・蘇軾の批評が述べられている。蘇軾によれば、文公の時に現れた雉は童子が変身した特殊な雉で、太宗の王宮に集まった普通の雉とは別の物である。にもかかわらず褚遂良が両者を同一視し、太宗の徳を称《たた》える根拠としたのは、君主にこびへつらって誤った方向に導く愚かな行為であると、褚遂良の発言を厳しく批判する。次に、太宗がこれを称賛したのも過ちであったと指摘する。そのうえで、諫言《かんげん》を得意とした魏徴がいたならば、きっとこれを天変地異だとして太宗を諫《いさ》めて反省を促していたであろうと述べる。最後に、太宗を諫めずにこびへつらう発言をした褚遂良を、太宗への忠義に欠けた臣下であると結んでいる。

【資料】

太宗が、臣下の魏徴の死を悼んで述べた言葉である。率直な諫言によってたびたび君主の過ちを正してきた魏徴は、太宗にとっては己の身を正す鏡のような存在だったので、彼の死はまるで貴重な鏡を失ったようであるという心境が述べられている。

【書き下し文】

遂良《すいりやう》曰《い》はく、「昔《むかし》秦《しん》の文公《ぶんこう》の時《とき》、童子《どうし》化《くわ》して雉《きじ》と為《な》る。雌《めす》は陳倉《ちんさう》に鳴《な》き、雄《おす》は南陽《なんやう》に鳴《な》く。童子《どうし》曰《い》はく、『雄《おす》を得《う》る者《もの》は王《わう》たり、雌《めす》を得《う》る者《もの》は覇《は》たり』と。文公《ぶんこう》遂《つひ》に諸侯《しよこう》に雄《ゆう》たり。陛《へい》下《か》は本《もと》秦《しん》に封《ほう》ぜらる、故《ゆゑ》に雄雌《ゆうし》並《なら》びに見《あら》はれ、以《もつ》て明徳《めいとく》を告《つ》ぐ」と。上《しやう》説《よろこ》びて曰《い》はく、「人《ひと》以《もつ》て学《がく》無《な》かるべからず、遂良《すいりやう》は所謂《いはゆる》多識《たしき》の君子《くんし》なるかな」と。

予《われ》以《おも》へらく、秦《しん》の雉《きじ》は、陳宝《ちんほう》なり、豈《あ》に常《じやう》雉《ち》ならんや。今《いま》雉《きじ》を見《み》て、即《すなは》ち之《これ》を宝《たから》と為《な》すは、猶《な》ほ白魚《はくぎよ》を得《え》て、便《すなは》ち自《みづか》ら武王《ぶわう》に比《くら》ぶるがごとし。此《こ》れ諂妄《てんばう》の甚《はなは》だしきものにして、其《そ》の君《きみ》を愚瞽《ぐこ》するなり。而《しか》るに太宗《たいそう》之《これ》を善《よ》しとし、史《し》も譏《そし》らず。野《や》鳥《てう》故《ゆゑ》無《な》くして数《しばしば》宮《きう》に入《い》る、此《こ》れ乃《すなは》ち災異《さいい》なり。魏徴《ぎちよう》をして在《あ》らしめば、必《かなら》ず高宗《かうそう》鼎耳《ていじ》の祥《しやう》を以《もつ》て諫《いさ》めん。遂良《すいりやう》此《これ》を知《し》らざるに非《あら》ざるに、鼎雊《ていこう》を捨《す》てて陳宝《ちんほう》を取《と》るは、忠臣《ちうしん》に非《あら》ざるなり。

【資料】

夫《そ》れ銅《どう》を以《もつ》て鏡《かがみ》と為《な》せば、以《もつ》て衣冠《いくわん》を正《ただ》すべく、古《いにしへ》を以《もつ》て鏡《かがみ》と為《な》せば、以《もつ》て興替《こうたい》を知《し》るべく、人《ひと》を以《もつ》て鏡《かがみ》と為《な》せば、以《もつ》て得失《とくしつ》を明《あき》らかにすべし。朕《ちん》常《つね》に此《こ》の三《さん》の鏡《かがみ》を保《たも》ち、以《もつ》て己《おのれ》の過《あやま》ちを防《ふせ》ぐ。今《いま》魏《ぎ》徴《ちよう》殂逝《そせい》し、遂《つひ》に一《いつ》の鏡《かがみ》を亡《うしな》ふ。

【全文解釈】

褚遂良は言った、「昔秦の文公の時代に、童子が変身して雉となりました。雌（の雉）は陳倉で鳴き、雄（の雉）は南陽で鳴きました。童子が言いました、『雄（の雉）を手に入れた者は王者となり、雌（の雉）を手に入れた者は覇者となります』と。文公はこうして諸侯の中で傑出した君主となったのです。陛下は即位以前秦王の位を与えられていらっしゃいました、だから雄と雌（の雉）がそろって出現し、それによって（陛下が）素晴らしい徳（を備えた皇帝であること）を知らせたのです」と。太宗は喜んで言った、「人は学問に励まなければならない、褚遂良は世に言う博学な賢者であることよ」と。

私が考えるに、秦の（文公の王宮に集まった）雉は、童子が変身した雉である、どうして普通の雉であろうか（、いや普通の雉ではない）。ところで今（太宗が）雉を目にして、（褚遂良が）すぐにそれを宝だと考えたのは、ちょうど白い魚を捕らえて、すぐに自分を武王になぞらえたようなものである。これはひどく（君主に）こびへつらった発言であって、自分が仕える君主の判断を誤らせるものである。しかしながら太宗は褚遂良の発言を称賛し、史官も非難しなかった。野生の鳥が理由もなくたびたび王宮に入り込むのは、それこそ天変地異にほかならない。もし魏徴が生きていたならば、きっと殷《いん》の高宗の祭りの時に鼎の取っ手で雉が鳴いたことを異変だと考えた臣下が高宗を諫めたという故事を引きあいにして（太宗を）諫めたであろう。褚遂良がこの故事を知らなかったわけではないのに、この故事を無視して（秦の文公のもとに）童子が変身した雉（が現れた故事）を選び取っ（て自分の発言の根拠とし）たことは、忠義な臣下とは言えないのである。

【資料】

そもそも銅を鏡として用いれば、それによって冠と衣服を正すことができ、過去（の歴史）を鏡として用いれば、それによって（国家の）盛衰を理解することができ、人を鏡として用いれば、それによって人の長所と短所を明らかにすることができる。私はいつもこれら三つの鏡を持ち続け、そうして自分の過ちを防いでいる。ところで今魏徴が亡くなって、その結果（私は）一つの鏡を失ってしまった。

【設問解説】

問1　語の意味の問題　29　③　30　②

(ア)「即」は副詞として「すなはち」と読み、「すぐに」の意味、主語を示す働きで「～はとりもなおさず」の意味、仮定条件を示す働きで「～ならば」の意味、確定条件を示す働きで「～なので」などの意味があるが、ここでは直後の動詞「為《スハ》」を修飾する副詞として働いているので、③「すぐに」の意味であると判断できる。したがって、正解は③である。

(イ)は、「善」の動詞としての意味が問われている。「善」は動詞としては「よくす」と読んで「得意とする・親しくする」の意味、「よしとす」と読んで「称賛する・正しいと認める」などの意味がある。波線部(イ)を含む「而　太宗善《ルニ》レ之《ヲ》」は、第一段落の褚遂良と太宗とのやり取りについて解説した部分で、「之《ヲ》」は褚遂良の意見を指す。第一段落に「遂良所《ハ》謂多識君子《ノ》哉《ナル》」（褚遂良は世に言う博学な賢者であることよ）とあって、太宗が褚遂良の意見を称賛していることから、波線部(イ)の「善」は「よしとす」と読んで「称賛する」という意味に解釈するのが適当である。したがって、正解は②である。

問2　空欄補充の問題　31　③

傍線部直後の「遂良所《ハ》謂多識君子《ノ》哉《ナル》」（褚遂良は世に言う博学な賢者であることよ）で、太宗は褚遂良の優れた学識を称賛しているので、傍線部**A**は学問に励むことが大切であるという意味だと推測できる。各選択肢の書き下し文を訳すと、①は「人は学問に励む必要はない」という意味、②は「人は学問に励まない方がよい」という意味、③は「人は学問に励まなければならない」という意味、④は「人はあたかも学問に励まないようなものだ」という意味、⑤は「人はただ学問に励まないだけではない」という意味。学問に励むことが大切だという意味に取れるのは③のみである。したがって、正解は③である。

問3 解釈の問題 32 ②

「豈――乎」を疑問形・反語形のどちらに解釈するのが適当なのかを、文脈によって把握することが大切である。直前に「秦《ノ》雉《ハ》、陳宝也」とあるように、傍線部**B**は、秦の文公の時に現れた雉を「童子が変身した雉」だと述べ、普通とは異なる特別な雉であると説明していると判断できる。この点を踏まえれば、「豈――乎」は反語形として「豈に常雉ならんや」と読み、「どうして普通の雉であろうか(、いや普通の雉ではない)」と解釈するのが適当である。したがって、正解は②である。

問4 返り点の付け方と書き下し文の問題 33 ③

「野鳥」が雉を指すこと、「故」には「ゆゑ」と読んで「理由」の意味があること、「宮」が「王宮」の意味であることを踏まえれば、傍線部**C**はリード文の「唐の王宮の中に雉が集まってくるという事件が何度も続」いたことを意味していることが分かる。この意味に沿って読めば、「数」は「何度も」の意味に対応して「しばしば」と読み、「無故」を「(王宮の中に雉が集まってくるという)不可解な事件が起きた」という内容に沿って「理由もなく」の意味で「故《ゆゑ》無くして」と読み、「入宮」を「述語+目的語」の構造で「宮に入る」と読むのが適当である。全体で「野鳥故《ゆゑ》無くして数《しばしば》宮に入る」と書き下し、「野生の鳥が理由もなくたびたび王宮に入り込む」と訳す。したがって、正解は③である。

問5

(i) 語の意味の問題 34 ①

波線部を含む文「以《テ》レ人《ヲ》為《セバ》レ鏡《ト》、可《シ》三以《テ》明《ラカニス》二得失《ヲ》一」は、「人を鏡として用いれば、それによって『得失』を明らかにすることができる」と解釈できる。結びの一文「今魏徴殂逝《そせいシ》、遂《ニ》亡《うしなフ》二一鏡《ヲ》一矣」(ところで今魏徴が亡くなって、その結果〔私は〕一つの鏡を失ってしまった)から、ここでの「人」とは魏徴を指していると判断できる。また、傍線部**D**「使《メバ》二魏徴《ヲシテ》在《ラ》一、必《ズ》以《テ》二高宗鼎耳之祥《ヲ》一諫《いさメン》也」(もし魏徴が生きていたならば、きっと殷の高宗の祭りの時に鼎の取っ手で雉が鳴いたことを異変だと考えた臣下が高宗を諫めたという故事を引きあいにして〔太宗を〕諫めたであろう)から、魏徴が諫言によって太宗の過ちを正した人物であることが読み取れる。以上の点を踏まえると、波線部を含む文の「以《テ》レ人《ヲ》為《セバ》レ鏡《ト》」とは「魏徴の諫言を受けて太宗が自分の過ちを正す」ことを指し、その結果明らかになる「得失」の具体的な内容としては、「太宗の優れた行動と誤った行動」と解釈するのが適当である。選択肢の中でこの意味に最も近いのは、①「人の長所と短所」である。したがって、正解は①である。

(ii) 解釈の問題 35 ④

傍線部**D**「使《メバ》二魏徴《ヲシテ》在《ラ》一、必《ズ》以《テ》二高宗鼎耳之祥《ヲ》一諫《いさメン》也」には、仮定形「使《レメバ》二A《ヲシテ》――(セ)一」(もしAが――したならば)が用いられている。「諫《ム》」が「臣下が率直な発言によって君主の過ちを正す」という意味であることも踏まえて傍線部**D**

を訳すと、「もし魏徴が生きていたならば、きっと『高宗鼎耳』の故事を引きあいにして太宗の過ちを正したであろう」となる。

次に、「魏徴が行ったであろう諫言」の内容を考える。「高宗鼎耳之祥」の（注）の「殷の高宗の祭りの時、鼎《かなえ》（三本足の器）の取っ手に雉がとまって鳴き、これを異変と考えた臣下が王をいさめた故事」という説明を参考にすれば、「魏徴が行ったであろう諫言」とは、雉が集まったのはめでたいしるしではなく、太宗の政治に至らぬ点があるために起きた異変であるとして、太宗に政治の欠点を正すよう促すものだったと考えられる。選択肢の中で、「魏徴が行ったであろう諫言」についてこのような説明をしているのは、④の「事件を機に太宗に反省するよう促しただろう」のみである。

①の「事件を誤解している太宗に真実を話しただろう」、②の「事件にかこつけて太宗の無知をたしなめただろう」、③の「事件で悩む太宗に同情して慰めただろう」、⑤の「事件にとまどう太宗に知恵を授けただろう」は、いずれも「高宗鼎耳」の故事を踏まえた魏徴の諫言の説明として不適当である。したがって、**正解は④**である。

問6　**理由説明の問題**　[36]　①

傍線部Eは、本文の筆者（文中の「予」）が褚遂良の意見を批評した後に下した結論で、「褚遂良は忠義な臣下ではない」という意味である。褚遂良がこのように言われる理由を把握するには、褚遂良が太宗に述べた意見がどのようなものなのかで、その意見に対して筆者がどのような批評を加えているかを確かめなければならない。意見の中で褚遂良は、「陛下本《もと》封《ゼラル》レ秦《ニ》、故雄雌並《ビニ》見《あらハレ》、以《テ》告《グ》二明徳《ヲ》一」（陛下は即位以前秦王の位を与えられていらっしゃいました、だから雄と雌〔の雉〕がそろって出現し、それによって〔陛下が〕素晴らしい徳〔を備えた皇帝であること〕を知らせたのです）と述べた。

王宮に雉が集まってきた事件について、褚遂良は、太宗が優れた徳を備えた皇帝であることのしるしだと主張したのである。褚遂良のこの意見について筆者は、「此《レ》諂《てん》妄《ばう》之甚《ダシキモノニシテ》、愚《ぐ》瞽《こスルナリ》二其《ノ》君《ヲ》一」（これはひどく〔君主に〕こびへつらった発言であって、自分が仕える君主の判断を誤らせるものである）と批評している。筆者は、褚遂良の意見が太宗にこびへつらい誤った方向に導くものだったと非難したのである。選択肢のうちで、以上の褚遂良の意見と筆者の批評の説明として合致するのは、①の「褚遂良は、事件をめでたい知らせだと解釈して太宗の機嫌を取った」のみである。したがって、**正解は①**である。

MEMO

2021第1日程

国　語

（2021年１月実施）

受験者数　457,305

平 均 点　117.51

国　語

解答・採点基準

（200点満点）

問題番号(配点)	設　問	解答番号	正解	配点	自己採点
第1問 (50)	問1	1	③	2	
		2	①	2	
		3	②	2	
		4	③	2	
		5	①	2	
	問2	6	①	7	
	問3	7	②	7	
	問4	8	②	7	
	問5	9	④	5	
		10	③	3	
		11	④	3	
		12	②	8	
第1問　自己採点小計					
第2問 (50)	問1	13	②	3	
		14	②	3	
		15	①	3	
	問2	16	③	6	
	問3	17	①	7	
	問4	18	①	8	
	問5	19	⑤	8	
	問6	20	④	6	
		21	④	6	
第2問　自己採点小計					

問題番号(配点)	設　問	解答番号	正解	配点	自己採点
第3問 (50)	問1	22	④	5	
		23	③	5	
		24	①	5	
	問2	25	①	7	
	問3	26	①	6	
	問4	27	⑤	6	
	問5	28	③ ※	8	
		29	⑥ ※	8	
第3問　自己採点小計					
第4問 (50)	問1	30	①	4	
		31	⑤	4	
	問2	32	⑤	5	
		33	③	5	
		34	④	5	
	問3	35	②	6	
	問4	36	④	6	
	問5	37	⑤	6	
	問6	38	③	9	
第4問　自己採点小計					
自己採点合計					

※の正解は順序を問わない。

第１問　現代文（論理的文章）

【出典】

香川雅信『江戸の妖怪革命』（河出書房新社、二〇〇五年）、序章「妖怪のアルケオロジーの試み」の一節。

香川雅信（かがわ・まさのぶ）は、一九六九年香川県生まれの、民俗学研究者。共著に、『47都道府県・妖怪伝承百科』がある。

【本文解説】

本文は、主に、近世（＝ここでは江戸時代）から近代にかけて、妖怪のイメージや概念が変化したことと、その歴史的背景が述べられている文章であるが、大きく三つに分けて、それぞれの内容を確認していこう。

Ⅰ　問題設定・妖怪認識の歴史的な変容（第１段落～第５段落）

フィクションとしての妖怪、その中でも特に娯楽の対象としての妖怪が生じた、歴史的背景をみていこう。（第１段落）

古典的な妖怪を題材にした絵画や芸能は古くから存在した。だが、フィクションの世界に属するものとしての妖怪が、文芸作品や大衆芸能において創作されていくのは、近世中期以降のことである。つまり、フィクションとしての妖怪は、歴史的に登場したものなのである。（第２段落）

人間は常に、自らが経験してきた日常的な因果関係に基づいて、生起する現象を認識し、未来を予見し、さまざまな行動を決定している。しかし、時にそうした了解の仕方では説明のできない現象に出会い、不安や恐怖を感じることがある。こうした意味論的な危機をもたらすものを、なんとか意味の体系の中に位置づけ回収しようとする民俗的な心情から生じた文化的装置が、民間伝承としての妖怪であった。このように妖怪は、人間が秩序ある意味の世界を生きていくうえでの必要性から生じたものとして、人々にとって、切実なリアリティを持っていたのである。（第３段落）

こうした時代においては、妖怪はリアリティある存在であり、人々が妖怪をフィクションとして楽しもうとする感性など、生まれようもなかった。（第４段落）

では、フィクションとしての妖怪が登場するような、妖怪に対する認識の変容は、いかなる歴史的背景から生じたのであろうか。「妖怪娯楽」の具体的事例を通して探っていこう。（第５段落）

Ⅱ　方法論・アルケオロジーに関して（第６段落～第９段落）

妖怪に関する認識の変容を分析するうえで、ミシェル・フーコーの「アルケオロジー」という手法を参考にしよう。（第６段落）

通常「考古学」と訳される「アルケオロジー」とは、思考や認識を可能にしている知の枠組み（＝「エピステーメー」）の変容として歴史を描く試みのことである。人間が事物の秩序を認識し、それに基づいて思考する際に、われわれは、「客観的に」存在する事物の秩序そのものをあるがままに認識しているわけではない。事物の間にある関係性を打ち立てる一つの枠組みを通して、はじめて事物の秩序を認識するのである。こうした枠組みがエピステーメーであり、しかも、この枠組みは時代とともに変容していくのである。（第7段落）

フーコーは、十六世紀から近代にいたる西欧の「知」の変容を論じた著作において、エピステーメーの変容を、「物」「言葉」「記号」「人間」の関係性の再編成として描いている。これらは人間が世界を認識するうえで重要な役割を果たす諸要素であるが、それらの関係性がどのように形成されるのかによって、「知」のあり方は大きく変わる、と論じられている。（第8段落）

この「アルケオロジー」という手法に基づき、同時代に存在する一見無関係な文化事象を同じ世界認識に関わるものとして捉えることで、日本の妖怪観の変容を、大きな文化史的変動の中で考えていこう。（第9段落）

Ⅲ　日本の妖怪観の歴史的変遷（第10段落～第18段落）

アルケオロジー的方法に基づいて再構成した、日本の妖怪観の変遷をみていこう。（第10段落）

(1)　**中世の妖怪観**（第11段落）

中世において、自然に存在するあらゆる「物」は、なんらかの意味を帯びた「記号」であり、人間にできるのは、その「記号」を「読み取る」ことと、それにしたがって神霊への働きかけを行うことだけであった。こうした中世の世界において、妖怪の出現は、神仏など神秘的な存在からの「警告」であり、「凶兆（＝よくないことが起きる前ぶれ）」として解釈されていた。（第11段落）

(2)　**近世の妖怪観**（第12段落～第14段落）

だが、「物」が同時に「言葉」を伝える「記号」だと認識されていた、中世の捉え方は大きく変容する。近世になって、「物」に付随する「言葉」や「記号」としての性質が剝がれ落ち、はじめて「物」は「物」そのものとしてみられるようになった。ここにおいて、近世の自然認識や西洋の博物学に相当する「本草学《ほんぞうがく》」という学問が成立し、妖怪もまた博物学的な思考や、人々の嗜好《しこう》（＝好み、親しむこと）の対象となっていった。（第12段落）

その結果、所与の「物」に付随する存在でしかなかった「記号」の位置づけも変化した。近世において、「記号」は、かつての神霊による支配を逃れ、人間が約束事の中で作り出すことができるものとして、完全に人間のコントロール下に入った。こうした、近世以降の人工的で人間の支配下にある「記号」が、「表象」である。（第13段落）

「表象」は、意味を伝えるというよりも、その形象性、視覚的側面が重要な役割を果たす「記号」である。妖怪もまた、伝承や説話といった「言葉」の世界、意味の世界から切り離され、名前や視覚的形象によって弁別（＝識別）される「表象」になっていった。そして、現代で言うところの「キャラクター」になった妖怪は、民間伝承としての妖怪が帯びていた切実なリアリティを喪失し、フィクショナルな存在として人間の娯楽の題材へと変化していった。このような妖怪の「表象」化は、人間があらゆる「物」を支配することになった帰結であり、かつて神霊が占めていた位置を、人間が占めるようになったことを示している。（第14段落）

(3)　近代の妖怪観（第15段落〜第18段落）

だが、近世の妖怪観は、近代になって、ふたたび編成しなおされることになる。その変化とは、〈近世は、リアルなものとして妖怪を恐怖していた迷信の時代であり、近代は、そうした迷信を合理的思考によって否定した啓蒙《けいもう》の時代である〉という一般的な認識とはまったく逆である。すなわち、「表象」としてリアリティを喪失した妖怪が、以前とは異なる形でリアリティを帯びるようになったのである。（第15段落）

「表象」という人工的な記号を成立させていたのは、人間の力の絶対性であった。ところが近代になると、人間は、「神経」の作用や「心霊」の感応などによって、容易に妖怪を「見てしまう」不安定な存在、「内面」というコントロール不能な部分を抱えた存在として認識されるようになった。いわば、「表象」としてフィクショナルな領域に囲い込まれていた妖怪が、「人間」の内部に棲《す》みつくようになったのである。（第16段落）

そして、こうした認識とともに、「私」という近代特有の思想が生まれた。自分にとって、謎めいた「内面」を抱え込んでいる「私」は「不気味なもの」となり、他方で、未知の可能性を秘めた神秘的な存在となった。こうして妖怪とは、近代特有の「私」を投影した（＝映し出した）存在として現れるようになったのである。（第17段落）

以上が、アルケオロジー的方法に基づいて描いた、妖怪観の変遷である。（第18段落）

【設問解説】

問1　漢字の知識を問う問題　[1] ③　[2] ①　[3] ②　[4] ③　[5] ①

(ア)は、〈人々の伝統的な生活文化。民間の習俗〉という意味で、「民俗」。①は、「所属」。②は、「海賊」。なお、「海賊版」とは、〈著作権者の許可を得ないで、複製・販売される著作物などのこと〉。③は、〈健全な風俗。良い習慣〉という意味の「**良俗**」で、**③が正解**。④は、「継続」。

(イ)は、〈呼び起こす。呼び覚ますこと〉という意味の、「**喚起**」。①は、〈裁判所などが、被告人や証人を呼び出すこと〉という意味の「**召喚**」で、**①が正解**。②は、「返還」。③は、「栄冠」。④は、「交換」。

(ウ)は、〈自説を補強するために、他の文献や事例を引用すること〉という意味で、「**援用**」。①は、「沿線」。②は、「**救援**」で、**②が正解**。③は、〈順繰りに期日を延ばすこと〉という意味で、「順延」。④は、〈人格・知識・技能などが十分に発達し、豊かな内容を持っていること〉という意味で、「円熟」。

(エ)は、「**隔てる**」。①は、〈威力をもっておどすこと〉という意味で、「威嚇」。②は、〈規模を広げて内容を充実させること〉という意味で、「拡充」。③は、〈かけ離れていること〉という意味で、という意味の「隔絶」で、**③が正解**。④は、〈地球の表層の部分〉という意味で、「地殻」。

(オ)は、〈物の姿を映すこと。ある物の存在や影響が、他の物に現れること〉という意味で、「投影」。①は、〈二つのものが互いにぴったり合うこと〉という意味の「投合」で、**①が正解**。なお、「意気投合」は、〈互いに気持ちがぴったり合うこと〉という意味。②は、「倒置」。③は、「系統」。④は、〈力を振るって戦うこと。困難などに対し、力いっぱい努力すること〉という意味で、「奮闘」。

問2 「民間伝承としての妖怪」とはどのような存在かを説明する問題 [6] ①

傍線部の「民間伝承としての妖怪」に関しては、主に第3段落で述べられている。ここでは、人間が「日常的理解を超えた不可思議な現象」に遭遇し、「意味論的な危機」に直面した場合、「意味の体系のなかに回収するために生み出された」ものが「妖怪」だとある。

以上を整理すると、

a 人間の理解を超えた不可思議な現象に遭遇する

b aのとき、日常の意味の体系の中に取り込む(=回収する)もの

となる。こうしたa・bに合致している**①が正解**。

②は、後半の「フィクションの領域においてとらえなおす」が、bに合致しない。

③は、前半の「目の前の出来事から予測される未来への不安」が、aに合致しない。

④は、前半の「日常的な因果関係にもとづく意味の体系のリアリティ」が、aに合致しない。

⑤は、後半の「意味論的な危機を人間の心に生み出す」が、bに合致しない。

問3 「アルケオロジー的方法」を説明する問題 [7] ②

「アルケオロジー」に関しては、第7～9段落、とりわけ第7段落で述べられている。そこでは、人間は事物を「客観的」に認識しているのではなく、「一つの枠組みを通して、はじめて事物の秩序を認識することができる」と述べられている。アルケオロジーとは、そうした「思考や認識を可能にしている知の枠組み」を「時代とともに変容する」ものとして「歴史を描き出す試みのこと」だと示されている。このことは、さらに、第8・9段落で、「『物』『言葉』『記号』『人間』」の「関係性の再編成」として記述する試みだと、より具体的に示されている。

以上を簡潔にまとめると、

a 人間は、ある知の枠組みを通して、はじめて事物の間にある秩序を認識できる

b aの知の枠組みが、時代とともに(=歴史的に)変容することを描き出す試み

となるだろう。

こうした内容に合致する②が正解。

①は、「考古学の方法に倣い、その時代の事物の客観的な秩序を復元して描き出す」がａに反している。われわれは、ある知の枠組みを通してはじめて事物の秩序を認識できるのであって、「事物の客観的な秩序」を認識しているのではない。

③は、「『物』『言葉』『記号』『人間』という要素ごとに分類して」が間違っている。ａにおける知の枠組みとは、そうした要素の関係性のことであり、決して「要素ごとに分類」したものではない。

④は、「ある時代の文化的特徴」が間違い。ｂにあるように、知の枠組みの歴史的な変容を描くのが「アルケオロジー的方法」であり、特定の時代の「文化的特徴」を「分析し記述する方法」ではない。

⑤は、まず「一見関係のないさまざまな歴史的事象を……の関係性に即して接合し」が間違い。ａにおける知の枠組みとは、「物」「言葉」などの要素の関係性のことであり、そうした要素とさまざまな歴史的事象を接合したものではない。また、「大きな世界史的変動として描き出す」も、本文では述べられていない内容である。

問４　「妖怪の『表象』化」を説明する問題　8　②

まず、「〜化」という表現を説明する際には、「〜から、―になった」、すなわち、変化する前の状態と変化した後の状態の、それぞれの内容を明らかにするように心がけよう。

次に、傍線部直前にある「こうした」という指示表現に着目して文脈を押さえると、妖怪が、「伝承や説話といった『言葉』の世界、意味の世界から切り離され、名前や視覚的形象によって弁別される『表象』となっていった」ことで、かつてのリアリティを失い、フィクショナルな人間の娯楽の題材になった、と述べられている。

こうした変化は、第11〜13段落で、より詳しく述べられている。自然物がなんらかの意味を帯びた記号として存在していた中世において、妖怪は、神霊からの「言葉」を伝える「記号」であり、「警告」「凶兆」とみなされていた。しかし、近世の自然認識においては、「物」はたんなる「物」であり、「記号」もまた所与のものではなく、人間が約束事の中で作り出し支配するもの、すなわち「表象」という人工的なものとなったのである。こうした知の枠組みの変容に伴い、妖怪は、神霊の警告などではなくなり、娯楽の対象へと変化していったのである。

以上を簡潔に整理すると、

（変化する前）

ａ　かつて妖怪は、神霊の言葉を伝える記号であった

（変化した後）

ｂ　（自然認識の変容とともに、）記号は所与のものではなく、人間が約束事の中で作り出すものとなった

ｃ　（ｂに伴い、）妖怪は架空の（＝フィクショナルな）存在として娯楽の対象になった

となるだろう。
　こうした内容を含んでいる**②が正解**。
　①は、「妖怪」が「人間が人間を戒めるための道具になった」が、cに反する。
　③は、「人間世界に実在するかのように感じられるようになった」が、cに反する。
　④は、「人間の力が世界のあらゆる局面や物に及ぶきっかけになった」が、本文とは無関係な内容。
　⑤は、「人間の性質を戯画的に形象した」が、本文とは無関係な内容。

問5　本文の内容を整理した【ノート】の空欄を補う問題

(i)　【ノート1】で、見出しになっている空欄を補う問題

9　④

　設問に直接関連するのは、本文の第1～5段落なので、それらの段落の内容を確認していこう。

　第1段落では、娯楽としての妖怪は、いかなる歴史的背景のもとで生まれたのかという、問題提起がなされている。

　第2・3段落では、古典的な民間伝承としての妖怪の存在と、近世の中期以降に、文芸作品や大衆芸能に登場する、フィクションとしての妖怪の存在が示されている。つまり、時代によって妖怪のありようが異なることを通じて、**妖怪に対する認識が歴史性を帯びている**ことが示されている。これが、空欄 I に対応する。

　さらに、第4・5段落では、リアリティを帯びた存在である妖怪が、フィクションとしての妖怪として楽しまれるようになるには、**妖怪に対する認識の変容が**、**いかなる歴史的背景から生じたのか**、という問いが提示されている。これが空欄 II に対応する。

　したがって、Iが「妖怪に対する認識の歴史性」、IIが「いかなる歴史的背景のもとで、どのように妖怪認識が変容したのかという問い」になっている**④が正解**。
　①は、Iの「いかなる歴史的背景のもとで娯楽の対象になったのか」が、第2・3段落の内容に合致しない。この問いは第1段落で提示されているが、第2・3段落では、「娯楽の対象」としての妖怪に関する言及がない。また、IIの「意味論的な危機から生み出される妖怪」の説明は、第3段落で詳しく述べられており、第4・5段落の見出しとして適切ではない。
　②は、①で述べたように、Iの内容がそぐわない。また、IIの「妖怪娯楽の具体的事例の紹介」が、間違い。たしかに、第5段落の末尾に「『妖怪娯楽』の具体的な事例を通して探っていこう」と述べられている。だがこれは、第6段落以降の展開を提示したものであり、「具体的な事例」そのものの「紹介」は、第5段落で述べられてはいない。
　③は、Iの「娯楽の対象となった妖怪の説明」が間違い。①・②でも示したように、そうした妖怪に関する言及は、第2・3段落にはない。

(ii)　**【ノート2】でまとめられている内容の空欄を補う問題**

10 ③　11 ④

【ノート2】では、近世と近代における妖怪観の違いをめぐって、「表象」と「人間」との関係の変容が示されている。こうした内容は、主に第12～17段落で述べられている。ここでは、近世において、名前や視覚的形象によって識別される「表象」としての妖怪、現代でいうところのキャラクターとなった妖怪の登場（第14段落）が示されている。そして、近代においては、コントロール不能で謎めいた（＝理解できない）「内面」を抱え込んでしまった「人間」という存在を投影したものとしての妖怪がリアリティのあるものとして存在するようになった（第15～17段落）ことが示されている。

こうした内容を簡潔にまとめると、

a　近世＝視覚的形象で識別されるキャラクターとしての妖怪が現れた

b　近代＝理解不能で制御できない内面を抱えた人間を投影したものとしての妖怪がリアリティを回復した

となるだろう。

以上から、近世の内容である空欄 Ⅲ には、aに合致する**③が正解**。

①は、「恐怖を感じさせる」が間違い。近世において妖怪は「人間の娯楽の題材へと化していった」（第14段落）のである。

②は、「神霊からの言葉を伝える記号として」が間違い。神霊からの「言葉」を伝えるものとしての妖怪は、中世における妖怪観に属している。

④は、「人を化かす」が間違い。そうした内容は、本文で述べられていない。

また、近代の内容である空欄 Ⅳ には、bに合致する**④が正解**。

①は、「合理的な思考をする」が、②は、「自立した人間」が、③は、「万物の霊長としての人間」が、それぞれbに合致しない。

(iii)　**【ノート3】の考察にある空欄を補う問題**　12 ②

まず、空欄 Ⅴ が、どのような文脈にあるのかに着目しよう。

ここでは、芥川龍之介の小説「歯車」の一節を受けて、「歯車」における「僕」の「こうした自己意識」のありようと、「『私』という近代に特有の思想」（本文第17段落）との関連が指摘されている。

そこで、「歯車」の一節における「僕」の「自己意識」のありよう（Xとする）と、本文における「『私』という近代に特有の思想」（Yとする）の、具体的な内容をみていこう。

【ノート3】のなかの、「考察」に述べられている「ドッペルゲンガー」に関する言い伝えを踏まえ、Xの内容を押さえると、

a　自分には覚えがないのに、もう一人の自分が、他者に複数回目撃されている

b　もう一人の自分を「僕」自身は見たことがない

c　（bから、）「僕」自身がすぐに死ぬことはないと思っている

d　（cから、）もう一人の自分が「僕」より先に死ぬかもしれないと思っている

と整理できるだろう。

次に、Yについて。【ノート3】では、第17段落について言及されている。けれども、この段落冒頭に「そして、こうした認識とともに生み出されたのが、『私』という近代に特有の思想であった」とあるので、Yの内容を正確に読み取るには、「こうした認識」に該当する、第16段落の内容も踏まえておく必要がある。以上から、第16・17段落の内容を押さえると、

e　人間は、コントロール不可能な「内面」を抱えている、不安定で不気味な存在である

と整理できる。

こうした、a〜eの内容を備えている②が正解。なお、選択肢の「ひとまずは安心しながらも」という表現は、cの内容を踏まえている。

①は、「自分が周囲から承認されている」と、「『私』が他人の認識のなかで生かされている」が、本文および【ノート3】に根拠をもたない内容である。

③は、「会いたいと思っていた人の前に別の僕が姿を現していた」と、「別の僕が自分に代わって思いをかなえてくれた」が、いずれも小説「歯車」の引用部分に根拠をもたない内容である。

④は、「自分が分身に乗っ取られるかもしれないという不安を感じた」と、「『私』が『私』という分身にコントロールされてしまう」が、本文および【ノート3】に根拠をもたない内容である。

⑤は、「自分がいるはずのない時と場所で僕を見かけたと言われた」と、「他人にうわさされることに困惑していた」が、いずれも小説「歯車」の引用部分に根拠をもたない内容である。

第２問　現代文（文学的文章）

【出典】

本文は加能作次郎の小説「羽織と時計」（一九一八年発表）の一節。【資料】は宮島新三郎「師走文壇の一瞥《いちべつ》」の一節。

加能作次郎（かのう・さくじろう）（一八八五年―一九四一年）は、日本の小説家。石川県生まれ。著作に『世の中へ』（一九一九年）、『寂しき路《みち》』（一九二〇年）、『若き日』（一九二〇年）などがある。

宮島新三郎（みやじま・しんざぶろう）（一八九二年―一九三四年）は、日本の文芸評論家。埼玉県生まれ。著作に『短篇《たんぺん》小説新研究』（一九二四年）、『芸術改造の序曲』（一九二五年）、『文芸批評史』（一九二九年）などがある。

【本文解説】

共通テスト初年度は、本文だけではなく別のテキスト（【資料】）を踏まえつつ解答する設問（問６）が出題された。これは従来のセンター試験と大きく異なった点である。

本文は、リード文と、一つの空行で分かれた二つの場面（ⅠW君から羽織と時計をもらう、Ⅱ疎遠になったW君に会いに行く）からできている。

【資料】（問６に付属）は、本文が発表された当時、新聞紙上に掲載された批評である。

順次その内容を確認していこう。

本文

Ⅰ　W君から羽織と時計をもらう（リード文～44行目）

「私」と同じ出版社で働くW君は、妻子と従妹と暮らしていたが生活は苦しかった。そのW君が病で休職している間、「私」は何度か彼を訪れ、同僚から集めた見舞金を届けたことがある（リード文）。

こうした「私」の親切へのお礼にW君は「私」に高価な羽織をプレゼントしてくれた（14行目まで）。礼服というものを一枚も持たなかった貧乏な「私」は「羽二重の紋付の羽織というものを、その時始めて着たのであるが、今でもそれが私の持物の中で最も貴重なものの一つとなって居る」（15・16行目）。その羽織を着るたびに妻は褒めてくれるが、「私はW君から貰ったのだということ」（18行目）をつい言いはぐれてしまい（＝言いそびれてしまい）、妻は「私が結婚の折に特に拵えたものと信じて居る」（19行目）。そのためか、妻にこの羽織のことを褒められるたびに、私は「擽ぐられるような思」（23行目）いを抱いていた。「私」は「この羽織を着る毎にW君のことを思い出さずに居なかった」（27・28行目）。

その後、「私は他にいい口（＝転職口）があったので、その方へ転ずることになった」（30行目）。W君は「私」の将来を祝して、社の人々からお金を集めて、記念品を贈ってくれた。時計を持っていなかった「私」は「自分から望んで懐中時計を買って貰った」（32行目）。この時計の寄贈に関して社内では不平を抱いた者もいた。「これはW君が、自分の病気の際に私が奔走して見舞金を贈ったので、その時の私の厚意に酬いようとする個人的の感情から企てたことだといってW君を非難するもの」(36・37行目)や「『あれはW君が自分が罷める時にも、そんな風なことをして貰いたいからだよ。』と卑しい邪推をして皮肉を言ったもの」(38行目)もあった。後でそうしたことを聞いた「私」は不快を覚え、またW君を気の毒に思った。そういう非難を受けてまでも「私」のために奔走してくれたW君の厚い情誼(=友人の間のまごころ)を思うと、「涙ぐましいほど感謝の念」(41・42行目)を抱くとともに、その恩恵に対して、「常に或る重い圧迫」(42行目)も感じてしまっていた。

「羽織と時計——」(43行目)。「私」の持ち物の中で最も高価なものは二つともW君から贈られたものだ。これらが、今でも「私」に「感謝の念と共に、何だかやましいような気恥しいような、訳のわからぬ一種の重苦しい感情」(44行目)を起させるのである。

Ⅱ 疎遠になったW君に会いに行く(46行目~最終行)

会社を辞めた後、「私」はW君と一度も会わなかった。一方、W君は「その後一年あまりして、病気が再発して、遂に社を辞し、いくらかの金を融通して来て、電車通りに小さなパン菓子屋を始めたこと、自分は寝たきりで、店は主に従妹が支配して居て、それでやっと生活して居るということ」(46~48行目)などを「私」は会社の人から聞いた。

「私」は見舞いついでに一度は彼を訪ねなくてはいけないと思っていたが、仕事に忙しく、妻子もでき、彼との境遇も次第に異なったこともあり、「一層足が遠くなった」(51行目)。W君のことを「偶々思い出しても、久しく無沙汰をして居ただけそれだけ、そしてそれに対して一種の自責を感ずれば感ずるほど、妙に改まった気持になって、つい億劫になるのであった」(51・52行目)。

今になって思えば、「羽織と時計——併し本当を言えば、この二つが、W君と私とを遠ざけたようなものであった」(53行目)。これらがなかったなら、「私」はもっと素直な自由な気持ちになって、時々W君を訪れることが出来たであろう。これらは「常にW君から恩恵的債務を負うて居る」(55行目)気持ちを「私」に抱かせたからである。

しかも不思議なことに、「私はW君よりも、彼の妻君の眼を恐れた」(56行目)。「私」が時計や羽織を身につけてW君に会いに行けば、それらは夫があげたものだという眼で見られ、二つとも身につけて行かなければ、「羽織や時計をどうしただろう」という眼で見られる、という「卑しい邪推」(60行目)が生じ、W君を訪れようと思う「私」の足を重くする。そればかりか、こうしてW君を訪れないままにしていくほど、あんなに親切にしてあげた人なのに「見舞に一度も来て下さらない」(63行目)と夫に告げるW君の妻君の姿が想像されて、更に妻君の眼に恐れを抱いてしまう。

そうしたことを考えるうちに、「こちらから出て行って、妻君のそういう考をなくする様に努めるよりも」(66行目)、「私は何か偶然の機会で妻君なり従妹なりと、途中ででも遇わんことを願った」(67行目)。

そうして三年四年と月日が流れ、今年の新緑の頃、子供を連れて郊外へ散歩に行った時に、「私は少し遠廻りして、W君の家の前を通り、原っぱで子供に食べさせるのだからと妻に命じて、態と其の店に餡パンを買わせた」（75・76行目）が、それはW君の家の様子を窺い、うまく行けば、「全く偶然の様に」（76行目）、妻君なり従妹なりに会おうという微かな期待をもっていたからである。「私」は店の様子をそれとなく見たが、出て来た人は、妻君でも従妹でもなく、全く見知らぬ女だった。屋根看板をよく見直したが、たしかにW君の店に相違なかったのだが。

【資料】（問6に付属）

　評者・宮島によれば、加能の長所は、「見た儘、有りの儘を刻明に描写する」ことで「生活の種々相を様々な方面から多角的に描破して、其処から或るものを浮き上らせ」、また「作品の効果を強大にする」ことにある。「ライフ（＝登場人物の人生や生活）の一点だけ」に話題を絞って描写するような「所謂『小話』作家」の面影はなかった。（第一段落）

　しかし、本作『羽織と時計』では、「泣き笑いの悲痛な人生」を描こうとしたものか、単に「羽織と時計に伴う思い出」を中心にして、ある一つの「おち（＝物語の結末）」を作り出そうとしたものか、わからないほど「小話臭味の多過ぎた嫌い」がある。もしこの作品から「小話臭味」を取り去り、「羽織と時計」に焦点を当て過ぎず、あくまで主人公の「私」の見た「W君の生活、W君の病気、それに伴う陰鬱な、悲惨な境遇」を如実に描いたなら、「一層感銘の深い作品になった」と思われる。その意味で「羽織と時計」にこだわり過ぎたことは、この作品をユーモラスなものにする助けにはなったが、作品の効果を増す力にはなっていない。（第二段落）

　要するに、「羽織と時計」といった特定のものに焦点を当てず、加能が描きたい人物の生活の様々な側面をありのままに描けば、本作は一層感銘深い作品になったはずであると、評者・宮島は述べている。

【設問解説】

問1　語句の意味を問う問題　13 ②　14 ②　15 ①

(ア)の「術もなかった」の「術」は〈方法。手段。手立て。〉を意味する。よって「術もなかった」は〈手立てもなかった〉を意味する。したがって**正解は②**。

(イ)の「言いはぐれて」は、〈言うべき機会を失って。言いそびれて。〉を意味する。したがって**正解は②**。

(ウ)の「足が遠くなった」は、〈疎遠になった。行きつけだった所に行かなくなった。〉を意味する。したがって**正解は①**。②は「時間がかかる」が、③は「理由」が、④は「不便」が、⑤「思い出さなくなった」が余計な意味であり、間違いである。

問2　羽織を妻に褒められる時の「私」の思いを説明させる問題　16 ③

　傍線部の「擽ぐられる」とは〈ちょっとした満足感を与えられたり興味や欲を掻《か》き立てられたりするさま〉という意味

である。では、こうした気持ちを「私」が抱いた経緯を振り返ってみよう。

――「私」と同じ出版社で働くW君が病で休職している間、「私」は何度か彼を訪れ、同僚から集めた見舞金を届けたことがある（リード文）。こうした「私」の親切へのお礼にW君は「私」に高価な羽織をプレゼントしてくれた（14行目まで）。礼服というものを一枚も持たなかった貧乏な「私」は「羽二重の紋付の羽織というものを、その時始めて着たのであるが、今でもそれが私の持物の中で最も貴重なものの一つとなって居る」（15・16行目）。その羽織を着るたびに妻は褒めてくれるが、「私はW君から貰ったのだということ」（18行目）をつい言いはぐれてしまい（＝言いそびれてしまい）、妻は「私が結婚の折に特に拵えたものと信じて居る」（19行目）。そのためか、妻にこの羽織のことを褒められるたびに、「私」は「擽ぐられるような思い」（23行目）をしていた。――

つまり、妻に高価な羽織のことを褒められることは嬉しいのだが、その嬉しさの中にW君のことを妻に内緒にしている後ろめたさも交じっているということである。こうした内容がおさえられている**③が正解**。

①は、「妻に対する、笑い出したいような気持ち」が間違い。「私」が妻を軽蔑している箇所は本文にない。

②は、「不安になっている」が〈ちょっとした満足感を抱いている〉という意味の「擽ぐられる」からは離れてしまっている。

④は、②と同じく「物足りなく思う」が「擽ぐられる」の意味から離れてしまっている。

⑤は、「打ち明けてみたい衝動」「妻への不満」が「擽ぐられる」の意味から離れてしまっている。

問3　羽織と時計をW君から送られた「私」の心情を説明させる問題　17　①

「羽織と時計」という、貧しい「私」の持ち物の中で「最も高価なもの」がW君から贈られたことは傍線部の直前からわかる。また、それを贈られた時の気持ちは羽織に関しては明記されていないが、時計に関してはこのような説明がある。

――「私」の転職に際し、W君は「私」の将来を祝して社員にお金を募り記念品を贈ってくれた。時計を持っていなかった「私」は「自分から望んで懐中時計を買って貰った」（32行目）。この時計の寄贈に関して社内では不平を抱いた者もいた。「これはW君が、自分の病気の際に私が奔走して見舞金を贈ったので、その時の私の厚意に酬いようとする個人的の感情から企てたことだといってW君を非難するもの」（36・37行目）や「『あれはW君が自分が罷める時にも、そんな風なことをして貰いたいからだよ。』と卑しい邪推をして皮肉を言ったもの」（38行目）もあった。そういう非難を受けてまでも「私」のために奔走してくれたW君の厚い情誼（＝友人の間のまごころ）を思い、「涙ぐましいほど感謝の念」（41・42行目）とともに、その恩恵に対して「常に或る重い圧迫（＝親切にした相手からの返礼が多すぎると感じてしまう変なプレッシャーのこと）」（42行目）も抱かざるを得なかった。――

ここからわかることは、**a**羽織と時計はW君が苦労して贈ってくれたものであり、**b**貧しい「私」が常日頃持っているものではなく、**c**そうしたものを贈ってくれたW君に深い感謝の念を抱くと同時に、**d**「或る重い圧迫」をさえ感じてしまうということである。なお、傍線部には「感謝の念」は含まれていないので、**abd**の三つの内容がおさえられている①が正解。

②は、「自ら希望した時計」という表現は正しいが、その「時計にも実はさしたる必要を感じていなかった」という内容が本文に書かれていない。

③は、「羽織を贈ってくれたことに味をしめ（＝一度うまくいったことから、暗に次にも同様のことを期待する）、続いて時計までも希望し」が間違い。羽織も時計もW君の発案によって贈られたものであり、「私」が「味をしめ」たから、手に入れたものではない。また選択肢後半「W君へ向けられた批判をそのまま自分にも向けられたものと受け取っている」という内容も本文から読み取れない。

④は、「それらを自分の力では手に入れられなかったことを情けなく感じて」いることも「W君の厚意にも自分へ向けられた哀れみを感じ取っている」ことも本文から読み取れない。

⑤は、選択肢後半「その厚意には見返りを期待する底意（＝したごころ）をも察知している」という内容が本文から読み取れない。

問4　「私」がW君の「妻君の眼」を気にする理由を説明させる問題　18　①

傍線部には「私はW君よりも、彼の妻君の眼を恐れた」とあるので、まずはW君の眼を恐れる理由を確認しておく。それは傍線部の前に書かれていた。

――「私」が会社を辞めた後、W君は一年あまりして、病気が再発して、遂に社を辞し、いくらかの金を融通して来て、小さなパン菓子屋を始めたが、自分は寝たきりで、店は主に従妹が支配して居て、それでやっと生活して居ることを、「私」は元の会社の人から聞いた。そのため、見舞いがてら一度は彼を訪れなくてはと思いながらも、仕事や家庭で忙しく「足が遠く」（51行目）なっていた。その後、W君のことを「思い出しても、久しく無沙汰をして居ただけそれだけ、そしてそれに対して一種の自責を感ずれば感ずるほど、妙に改まった気持になって、つい億劫になるのであった」（51・52行目）。今になって思えば、「羽織と時計――併し本当を言えば、この二つが、W君と私とを遠ざけたようなものであった」（53行目）。これらは「私」に「常にW君から恩恵的債務を負うて居る」（55行目）ように感じさせる。これらがなければ、「私」はもっと素直な自由な気持ちでW君を訪れることが出来ただろう。――

つまり、**a**〈「私」は退社後のW君の苦境を知り見舞いがてら会いに行こうと思いながらも、様々な事情で疎遠になってしまい、そうしたことからW君に対して自責の念を感じていた〉という理由から、W君の眼を恐れるのである。

その上で、「私」が「彼の妻君の眼を恐れた」（56行目）のはなぜか。この点に関しては傍線部の後ろに説明されている。

――「私」が時計や羽織を身につけてW君に会いに行けば、それらは夫があげたものだという眼で見られ、二つとも身につけて行かなければ、「羽織や時計をどうしただろう」（58・59行目）という眼で見られる、という「卑しい邪推」（60行目）が生じ、W君を訪れようと思いつく「私」の足を重くする。そればかりか、こうしてW君を訪れないままにしておくほど、あんなに親切にしてあげた人なのに「見舞に一度も来て下さらない」（63行目）と夫に告げるW君の妻君の姿が想像されて、更に妻君の眼に恐れを抱いてしまう。――

つまり、**b**〈親切にしてあげたはずの「私」の態度が冷たいと妻君に思われていると「私」が邪推していること〉が妻君の眼を恐れる理由である。こうした**a**・**b**の内容がまとめられている**①が正解**。

②は、「パン菓子屋を始めるほど家計が苦しくなった」「彼の恩義に酬いる番だ」「転職後にさほど家計も潤わずW君を経済的に助けられない」ということが本文では述べられていない。

③は、「W君のことをつい忘れてしまう」が誤り。「忘れてしまう」のではなく、むしろW君を「一度見舞旁々訪わねばならぬと思」（49・50行目）っていたのである。

④は、「妻君の前では卑屈にへりくだらねばならない」ということが本文では述べられていない。

⑤は、「W君が『私』を立派な人間と評価してくれた」「W君の窮状を救いたい」ということが本文では述べられていない。

問5　W君のお店を見に行く「私」の行動を説明させる問題

19　⑤

傍線部Dまでのいきさつを確認すると、

――W君への見舞いに行きそびれているうちにW君や妻君の眼を恐れるようになった「私」（問4参照）は、「こちらから出て行って、妻君のそういう考をなくする様に努めるよりも」（66行目）、「私は何か偶然の機会で妻君なり従妹なりと、途中ででも遇わんことを願った」（67行目）。そうして三年四年と月日が流れ、今年の新緑の頃、子供を連れて郊外へ散歩に行った時に、「私は少し遠廻りして、W君の家の前を通り、原っぱで子供に食べさせるのだからと妻に命じて、態と其の店に餡パンを買わせた」（傍線部D）。

そうした「私」の行為には、W君の家の様子を窺い、うまく行けば、「全く偶然の様に」（76行目）、妻君なり従妹なりに会おうという微かな期待が含まれていた。むろん、W君から「羽織」をもらったことを知らない「私」の妻が「私」がW君を見舞うことに関してあれこれ考えてきたことを知らないことは十分に推測できる。そうした妻に「私」は本心を打ち明けずに傍線部Dのことを行わせたのである。――

こうした内容がほぼまとめられている⑤が正解。

①は、「自分たち家族の暮らし向きが好転した」「質素な生活を演出しよう」という内容が本文に書かれていない。

②は、「妻にまで虚勢を張るはめになっている」という点が誤り。餡パンを買わせることが「私」の「虚勢」とは理解できない。

③は、「家族を犠牲にしてまで自分を厚遇してくれたW君」という説明が誤り。羽織は親戚の、時計は会社の人々の手助けによるものであって、「家族を犠牲に」したわけではない。また「店で買い物をする」こともそれ自体はW君の様子をうかがうための方便であって、それによって「かつての（W君の）厚意に少しでも応えることができ」るとも言えない。

④は、「W君の家族との間柄がこじれてしまった（＝物事がもつれて、うまく進まなくなった）」が誤り。「こじれ」ようにも、そもそも顔を合わせてもいない。また「その誤解を解こうとして」も誤り。妻に餡パンを買わせることはW君の様子をうかがうためである。

問６

(i)　**【資料】の評者の本文に対する意見として適当なものを選ばせる問題**　20　④

【資料】の細かな内容は**【本文解説】**を参照してほしい。

そこでの要点をまとめると、

――加能が本文では「羽織と時計」といった特定のものに焦点を当ててしまったことを評者は批判し、加能が描きたいW君の生活の様々な側面をありのままに描くことができれば、本文は一層感銘深い作品になったはずであると断じている。――

ここから、特定の話題にこだわった結果、W君の人生や生活を描けなかったことが述べられている④が正解。

①は、「多くの挿話から」が「羽織と時計」に焦点を当てていることと矛盾する。「予期せぬぶれ」も**【資料】**からは読み取れない。

②は、「実際の出来事を忠実に再現し」が誤り。W君の話が実際の出来事かどうかは不明である。

③は、「W君の一面だけを取り上げ美化している」が誤り。本文ではW君はことさらに「美化」されているわけではない。

(ii)　**【資料】の評者の見解とは異なる、「羽織と時計――」という表現の本文における働きを答える問題**　21　④

評者は「羽織と時計」という特定の思い出の品に執着した加能の描き方を批判している。しかし、この設問ではそうした評者とは異なる見解を提示した選択肢を選ぶことが求められている。では評者からは否定的に理解された「羽織と時計――」という表現が持つ効果を考えよう。

43・44行目には「羽織と時計――。私の身についたものの中で最も高価なものが、二つともW君から贈られたものだ。この意識が、今でも私の心に、感謝の念と共に、何だかやましいような気恥しいような、訳のわからぬ一種の重苦しい感情を起させるのである。」とあり、53行目には「羽織と時計――併し本当を言えば、この二つが、W君と私とを遠ざけたようなものであった。」とある。――ここから、この二つのものがW君の厚意を示すものであると同時に「私」から彼を遠ざけたものであることが確認でき、しかもそうした表現を「私」が繰り返すことで「私」が切ない思いを抱いていることも読み取れよう。こうした内容がほぼまとめられている④が正解。

①は、「私」が「W君を信頼できなくなっていく」という指摘が誤り。「私」の気持ちの中にW君への不信感はない。

②は、「複雑な人間関係に耐えられず生活の破綻を招いてしまった」が誤り。W君の生活破綻の原因があるとすれば、それは彼の病である。

③は、「『私』に必死で応えようとするW君の思いの純粋さ」が本文からは読み取れない内容である。

第3問　古文

【出典】

『栄花物語』

成立年代　平安時代

ジャンル　歴史物語

作者　正編（一〜三十巻）は赤染衛門《あかぞめえもん》、続編（三十一〜四十巻）は出羽弁《でわのべん》の作とされる。

内容　『栄花物語』は、平安時代後期になる歴史物語の嚆矢《こうし》で、宇多《うだ》天皇から堀河《ほりかわ》天皇の寛治《かんじ》六（一〇九二）年にいたる十五代およそ二百年間の宮廷貴族社会の歴史を、藤原道長《ふじわらのみちなが》の栄華を中心に編年体で記した物語である。『源氏《げんじ》物語』にならい「月の宴」「もとのしづく」といった優美な名前が巻ごとにつけられていて、全編四十巻のうち巻三十「鶴の林」までを正編、巻三十一「殿上の花見」以下十巻を続編とし、続編は正編の作者とは別人によって書き継がれたと考えられている。

『栄花物語』は、『大鏡《おおかがみ》』と比較されて、道長の賛美に終始しているとか、史実の書き換え、年紀の誤りや、意図的にぼかした書き方がなされているなどといった批判が多いが、他の同時代の古記録と重なり合う部分もあり、単純に史実から離れているとは言えないようだ。道長の栄華だけを語るのなら、対抗勢力の人たちをことさら詳細に記す必要はなく、逆に理想的な道長像に傷をつけかねない。ところが実際は、道長によって敗れ去った人たちのことも多くの紙数を費やして叙述されている。これらを見ると『栄花物語』は、作者が実際に親しく見聞きした道長の栄華の数々を賛美して書き記してはいるが、今一方で、道長一族の繁栄の影に、失脚し、あるいは零落して、悲嘆の淵《ふち》に沈んでいった多くの貴族とその家族の人々に同情共感し、「あはれに」美しく書いているともいえるのである。

ちなみに正編の作者とされる赤染衛門は、藤原道長の妻である倫子に仕え、続編の作者とされる出羽弁は藤原道長の娘である彰子《しょうし》に仕えたと言われている。藤原道長の周辺にいたからこそ、『栄花物語』という作品を作り出すことができたのではなかろうか。

本文は、道長の息子である藤原長家が妻を亡くし、長家やその親族らが葬送のために亡骸を寺に移す場面と、その寺に籠もっている間の、長家と親しい人たちとの和歌の贈答、長家の亡き妻への追悼の思いなどを記す場面で構成されている。

『千載和歌集』

成立年代　平安時代後期（一一八八年完成）

ジャンル　勅撰和歌集

撰者《せんじゃ》　藤原俊成《としなり》

内容　後白河《ごしらかわ》院の下命により編まれた第七番目の勅撰和歌集。

【全文解釈】

大北の方（＝長家の妻の母）も、この（故人と縁故のあった）人々も、再び何度も転げ回り（悲しみ嘆き）なさる。このことをさえ悲しく大変なことだと言わないでは、ほかに何ごとを（悲しく大変なことだと言うだろう）か（いや、言うことなどないだろう）と思われた。そうして（亡骸を運ぶ）御牛車の後ろに、大納言殿（＝長家の妻の父）、中納言殿、（そのほかの）しかるべき（縁故の深い）人々は徒歩で付き従いなさる。（葬送の様子を）言葉にすれば並一通りの表現で、表現しつくすことはできない。北の方（＝大北の方）の御牛車や、女房たちの牛車などをその後に続けた。御供の人々などは数知れず大勢である。法住寺では、ふだんのお出かけとは異なる御牛車などの様子に、僧都の君（＝長家の妻の叔父）は、（涙のため）御目の前も真っ暗になって、見申し上げることもできなさらない。そうして（亡骸を運ぶ）御牛車（から牛をはずして轅《ながえ》）を降ろして（御牛車を停《と》め）、次々に人々も降りた。

そうしてこの御忌の間（＝亡くなってから四十九日の法要までの間）は、誰もがその法住寺に籠もっていらっしゃるはずであった。（長家が）山の方を物思いにふけりながら見やりなさるにつけても、（山の木々は）自然といろいろな色にすこし紅葉していた。鹿の鳴く声に御目もさめて、もうすこし心細さがまさりなさる。宮々（＝長家の姉たち）からも心をお慰めになるようなお便りが度々あるけれども、現在のところはまるで夢を見ているかのようにばかり自然と思いなさって（日々を）過ごしなさる。月がたいそう明るいのにも、物思いをしつくさないで残しなさることもない（＝物思いをしつくしなさる）。宮中あたりの女房（から）も、あれこれ（お悔やみの）お便りを差し上げるけれども、並一通りの関わり程度の人には、「近いうちに私のほうから（お会いして）」とだけ書きなさる。進内侍と申し上げる人が、（便りを）差し上げた。

千年（までも一緒にいよう）と（奥様と）約束したとかいう（その約束の）千年は、（奥様が亡くなられて）なくなったので、（悲しみで流す）涙（は川や海のようになり、そ）の水底に（沈んで）枕ばかりが浮いて見えているのでしょうか。

中納言殿（＝長家）の御返歌、

（千年までも一緒にいようと）起きても寝ても誓った約束は絶えてしまって、（その一方で妻を亡くした悲しみは）いつまでもつきないので、枕を浮かべるほどの涙であることよ。

また東宮の若宮の御乳母の小弁（が詠んでよこした歌）、

（亡くされた奥様を偲《しの》ぶ）悲しさを、一方では思い慰めてください。（なぜなら）誰もが結局は、とどまることのできるこの世なのか（いや、とどまることなどできないこの世なのだから）。

（長家の）御返歌、

（妻を亡くした悲しみを）慰める方法はまったくないので、この世の無常などということもわきまえられないことよ。

このように思いなさりおっしゃっても、いやはや、（このように和歌を詠むなどまだまだ）分別心があるようだ、いっそう（亡くなって）数か月、数か年にもなるならば、（この悲しさをも）思い忘れることもあるだろうかと、我ながら情けなく思いなさらずにはいられない。（長家の妻は）何ごとにもどうしてこのように（すぐれていらっしゃるのか）と（思われ）感じのよい人でいらっしゃったのになあ、顔や容貌をはじめとして、気立て（もよく）、字も（上手に）書き、絵なども熱中し、先頃まで熱心になさって、うつ伏しうつ伏しして描きなさったけれども、この夏の（頃に描きなさった）絵を、枇杷殿（＝妍《けん》子《し》）に持って参上したところ、たいそうおもしろがり賞賛しなさって、納めなさったが、（その時）よくもまあ持参したものだったなあなどと、ありったけの物思いをしつくしなさるのにまかせて、何かにつけて恋しく思い出し申し上げてばかりいらっしゃる。長年書き集めなさった絵物語など、皆（火事で）焼けてしまった後、去年、今年の間に集めなさったのもたいそう多かったの（だが、それ）を、自邸に戻ったならば、取り出しては見て（心を）慰めようと思いなさらずにはいられなかった。

〈問5に引用されている和歌〉

誰もがみな（この世に）とどまることはできないけれども、（最愛の妻に）先立たれたばかりの今は何といってもやはり悲しいものだ。

【設問解説】

問1 短語句の解釈問題 22 ④ 23 ③ 24 ①

(ア) えまねびやらず

副詞	動詞 バ行四段活用「まねぶ」連用形	動詞 ラ行四段活用「やる」未然形	助動詞 打消「ず」終止形
え	まねび	やら	ず

え
1　～できる。
＊打消表現と呼応する。

まねぶ
1　口まねする。まねをして言う。
2　見聞きしたことをそのまま人に言う。

～やる
1　遠くまで～する。
2　～しきる。最後まで～する。
＊打消表現と呼応する。

逐語訳すると、「口まねしきることはできない」もしくは、「見聞きしたことをそのまま人に言いきることはできない」となる。選択肢の④「表現し」が、逐語訳の「見聞きしたことをそのまま人に言い」、④「～つくす」が「～しきる」に対応し、④「～ことはできない」は、「え～ず」の訳そのままである。よって、**正解は④**である。③は、「真似」は「まねぶ」の意味に相当するが、「とても～しようがない」の部分が「え～やらず」の訳として不適当である。

文脈を確認すると、リード文にあるように長家の妻が亡くなり、親族らが亡骸をゆかりの寺に移す場面で、亡骸を運ぶ牛車の後ろにゆかりの人が続いていることを、「いへばおろかにて（＝言葉にすれば並一通りの表現で）」と記し、傍線部はそれに続いている。葬送の悲しみの場面を「表現しつくすことはできない」とするのは正しい。

(イ)　めやすくおはせしものを

めやすく	おはせ	し	ものを
形容詞 ク活用「めやすし」連用形	動詞 サ行変格活用「おはす」未然形	助動詞 過去「き」連体形	終助詞 逆接詠嘆

めやすし
1　見苦しくない。見た目がよい

おはす
1　いらっしゃる。おありになる。〔「あり」の尊敬語〕
2　いらっしゃる。おでかけになる。おいでになる。〔「行く・来」の尊敬語〕
3　～（て）いらっしゃる。〔尊敬の補助動詞〕

選択肢中、「めやすし」の意味が正しいのは③「感じのよい」と④「見た目のすぐれた」である。尊敬語「おはす」を正しく訳しているのは、②「いらした」、③「いらっしゃった」の二つだけである。よって、**正解は③**である。⑤「おできになった」は、尊敬語の意味（波線部）はあるが、「おはす」にも「めやすく」にも「できる」という意味はないので、不適当である。

文脈を確認すると、長家が亡くなった妻を回顧する場面で、傍線部の直前には、妻のことについて「なにごともいかでかく(＝何ごとにもどうしてこのようにすぐれていらっしゃるのか)」とあり、さらに、傍線部の後には、「顔かたちよりはじめ、心ざま(＝顔や容貌をはじめとして、気立てもよく)」とあるので、③「感じのよい人でいらっしゃったのになあ」は、文脈に合う。

(ウ) 里に出でなば

里	に	出で	な	ば
名詞	格助詞	動詞 ダ行下二段活用 「出づ」 連用形	助動詞 完了 「ぬ」 未然形	接続助詞 順接仮定条件

里
1 実家。
2 山里。
3 田舎。地方。

選択肢中、「里」の意味が正しいのは、①「自邸」、④「実家」(ともに前記1の意味)、③「山里」(前記2の意味)であるが、②「旧都」、⑤「故郷」も前記3の意味に文脈上の補いを加えたものとして間違いとはいえない。しかし、未然形「な」の下に付く「ば」が順接仮定条件を表すので、③「なので」、④「ので」は順接確定条件の意味を表す点で選べない。また、⑤「～とするに」の意味も「ば」から導けないことを考えると、解答は①「ときには」と②「日には」とに絞られる。これらには、順接確定条件の一般的な訳「～ならば。～れば。～たら」と違っているが、「～た～(時間を表す表現)には」といった表現も仮定条件を表していると言える。

文脈を確認すると、亡き妻の菩提を弔うためにゆかりの寺に滞在している長家が妻を回顧している場面で、妻の直筆の絵画が数年前に一度焼けてしまったが、去年、今年集めたものが多くあると記した後、傍線部「里に出でなば」と続いて、その後に、取り出して見て心を慰めようというのだから、②「旧都に引っ越した日には」はあてはまらず、①「自邸に戻ったときには」は正しい。**正解は①となる。**

問2 傍線部の理由説明問題 [25] ①

「今	みづから」	と	ばかり	書か	せ	たまふ
副詞	副詞	格助詞	副助詞 限定	動詞 カ行四段活用 「書く」 未然形	助動詞 尊敬 「す」 連用形	動詞 ハ行四段活用 「たまふ」 終止形

今
1 現在。
2 すぐに。近いうちに。そのうちに。
3 さらに。
＊1は名詞、2・3は副詞として用いられる。

四段活用の「たまふ」
1 与えなさる。くださる。(「与ふ」の尊敬語)
2 ～なさる。お～になる。(尊敬の補助動詞)

多義語「今」はそのままに傍線部を逐語訳すると、『〈今〉私のほうから』とだけ書きなさる」となる。傍線部の前の文脈は、亡き妻の菩提を弔うために寺に籠もっている長家に、いろいろな人々から見舞いの手紙が来たが、「内裏わたりの女房」で「よろしきほど」には、その返事に「〈今〉私のほうから」とだけ書いたというのである。

よろし（シク活用形容詞）

1　好ましい。適当である。悪くない。まずまずだ。

＊平安時代以降、積極的によいとする「よし」に対して、一級劣り、悪くないという相対的・消極的な評価を表す。

ほど（名詞）

1　間。うち。ころ。折り。時間。

2　距離。あたり。広さ。大きさ。

3　程度。様子。ありさま。

4　身分。家柄。年齢。

＊時間・空間・物事・人などの程度・範囲を表す。

「よろしきほど」の女房というのは、「まずまずの程度」の女房の意と考えられるが、ここで「まずまず」というのは、長家や亡き妻にとってそれほどの存在ではない。つまり、関係がそれほど深くない女房たちということである。そういった女房たちには、「〈今〉私のほうから」とだけ書いた理由だが、本文６・７行目に、

宮々よりも思し慰むべき御消息たびたびあれど、ただ今はただ夢を見たらんやうにのみ思されて過ぐしたまふ。

とあるように、自分に近しい親族から慰めの手紙が来ているけれども、長家は、「ただ今はただ夢を見たらんやうにのみ思され」て心が慰められることはなく、日々を過ごしている。その後にも本文７行目に、

月のいみじう明きにも、思し残させたまふことなし。

とあり、月を見ても、物思いの限りをつくしている。このような状況である以上、それほど深い関係でもない女房にきちんとした返事が書けることはないであろう。つまり、傍線部の「今」は前記２の意味で、長家は、そのうちに自ら直接会ったときにでもきちんと挨拶をしようと思い、このように書いたと考えられる。よって**正解は①**である。①「並一通りの関わりしかない人」は、本文の「よろしきほど」に対応している。「おくやみの手紙」は、「さまざま御消息聞こゆれども」に対応している。「丁寧な返事をする心の余裕がなかった」は、前記のようにこの時の長家の心情からして正しい。

②は、「妻と仲のよかった女房たち」とするが、妻と内裏あたりの女房との関係については、本文に根拠のない内容である。さらに、本文は「今みづから」と言っており、近いうちに自分が直接会ってというのだから、「返事を待ってほしい」と相手に伝えるというのは不適当である。

③は、「心のこもったおくやみの手紙」が「よろしきほどは」の内容と合致しない。「表現を十分練って返事をする必要があり」も本文の内容からこのように解釈することはでき

24

ないので、不適当である。

④は、「見舞客の対応で忙しかった」が、前記のように長家のこの時の状況からは考えられないことである。それを前提にした、「いくらか時間ができた時には、ほんの一言ならば返事を書くことができた」というのもありえないので、不適当である。

⑤は、「大切な相手」というのが、「よろしきほど」とは反対の意味で、不適当である。さらに、「すぐに自らお礼の挨拶にうかがわなければならない」も長家のこの時の状況からは考えられない。

問3 語句や表現に関する説明問題 26 ①

よく	ぞ	もてまゐり	に	ける	など、	思し残す
副詞	係助詞	動詞 ラ行四段活用「もてまゐる」連用形	助動詞 完了「ぬ」連用形	助動詞 詠嘆「けり」連体形	副助詞	動詞 サ行四段活用「思し残す」連体形

こと	なき	まま	に、	よろづに	つけ	て
名詞	形容詞 ク活用「なし」連体形	名詞	格助詞	副詞	動詞 カ行下二段活用「つく」連用形	接続助詞

恋しく	のみ	思ひ出で	きこえ	させ	たまふ
形容詞 シク活用「恋し」連用形	副助詞 強意	動詞 ダ行下二段活用「思ひ出づ」連用形	動詞 ヤ行下二段活用「きこゆ」連用形	助動詞 尊敬「さす」連用形	動詞 ハ行四段活用「たまふ」終止形

よく
1 十分に。念を入れて。
2 巧みに。うまく。
3 ひどく。非常に。
4 たびたび。しばしば。
5 よくもまあ。本当にまあ。よくぞ。
6 恥ずかしくもなくまあ。よくもまあ。
＊5は、普通では考えられないような結果を得た時の感嘆の気持ちを表す。

もてまゐる
1 持って参上する。持参する。〔「持って行く」の謙譲語〕

思し残す
1 物思いをしつくさないで残しなさる。あらゆる物思いをあじわいつくしなさらない。
2 未練を残しなさる。
＊1・2ともに「思ひ残す」の尊敬語。

ままに（連語）
1 ～にしたがって。～につれて。
2 ～にまかせて。～のとおりに。～そのままに。
3 ～と同時に。～やいなや。
4 ～ので。～から。

＊名詞「まま」に格助詞「に」がついて、接続助詞のような働きをする。

よろづに
1　すべてに。何かにつけて。

きこゆ
1　申し上げる。〔「言ふ」の謙譲語〕
2　～し申し上げる。〔謙譲の補助動詞〕

傍線部を考える上で、その前後の内容も検討する必要がある。ここは亡き妻を回顧する場面で、傍線部の前と後に以下のような内容がある。

Ⅰ　**絵などの心に入り、さいつころまで御心に入りて、うつ伏しうつ伏して描きたまひしものを、この夏の絵を、枇杷殿にもてまゐりたりしかば、いみじう興じめでさせたまひて、納めたまひし、**

妻は生前絵を描くことに熱心で、病に臥せっていても描いていたが、亡くなる年の夏、妻の描いた絵を枇杷殿に献上したところ、枇杷殿がたいそうおもしろがり、賞賛してくれたというのである。

Ⅱ　**年ごろ書き集めさせたまひける絵物語など、みな焼けにし後、去年、今年のほどにし集めさせたまへるもいみじう多かりし**

長年の間描いた妻の絵物語が火災で焼失してしまったが、去年、今年に描いたものがまだたくさんあるということが記されている。

以上を踏まえて傍線部Bを検討すると、「よく」は、Ⅰの内容を踏まえると前記5の意味がよい。夏の時点でこの後妻が死ぬことなど考えてもいないだろうから、妻が亡くなる前に絵を枇杷殿に持参したことに対して、妻が亡くなった今からすると、よくぞ、あのとき枇杷殿に献上できたものだと気づき感嘆しているのである。よって「ける」は詠嘆の意味である。また、「思し残す」は、前記2「未練を残しなさる」を使って、「思し残すことなきままに」全体を解釈すると「未練を残しなさることがないのにまかせて」となって、「恋しくのみ思ひ出できこえさせたまふ」に続かない。長家が亡くなった妻を恋しく思って回顧している文脈から考えても、前記1の意味である。傍線部を解釈すると、「その時よくもまあ持参したものだったなあなどと、ありったけの物思いをしつくしなさるのにまかせて、何かにつけて恋しく思い出し申し上げてばかりいらっしゃる」となる。

①の説明は正しい。「妻の描いた絵を枇杷殿へ献上していたこと」に対して、「よくぞ……ける」という表現が、「振り返って、そうしておいてよかったと、長家がしみじみと感じていることを表している」とするのは、前記で検討したように、「よく」、「ける」の意味やⅠの内容から正しい。①が正解である。

②は、『思し残すことなき』は、妻とともに過ごした日々に後悔はないという長家の気持ち」という説明が、前記のようにこの場面の「思し残し」の語の解釈から不適当である。

③は、「『ままに』は『それでもやはり』という意味」とあるが、「ままに」の意味の説明が間違いである。また、「長家が妻の死を受け入れたつもり」とあるが、本文第三段落1行目に、

まして月ごろ、年ごろにもならば、思ひ忘るるやうもやあらん

とあり、これから先悲しさを忘れることがあるかもしれないというだけで、長家が妻の死を今受け入れたというわけではないので、これも不適当である。

④は、「『よろづにつけて』は、妻の描いた絵物語のすべてが焼失してしまった」とするが、前記Ⅱや（注7）からも焼けたのは数年前のことで、その後妻が描いている絵が多数あるのだから、この説明は内容的におかしい。「よろづに」は、亡き妻を偲ぶきっかけになるいろいろなものを指しており、絵だけを指しているのではない。

⑤は、「『思ひ出できこえさせたまふ』の『させ』は使役の意味」とし、「ともに亡き妻のことを懐かしんでほしいと、長家が枇杷殿に強く訴えている」とするが、傍線部は長家が亡き妻を追慕している場面で、枇杷殿に話している状況でも、何かを訴えているわけでもない。さらに、「きこえ」は、動詞「思い出で」の直後にあるので、謙譲の補助動詞であり、「言ふ」の謙譲語ではないので、「訴えている」といった内容にはならない。「させ」は尊敬の意味で、長家に対する敬意を表しており、その点でも不適当である。

問4　登場人物の説明問題　[27]　⑤

設問になっている人物は選択肢に明示されているので、本文全体からその人物についての記述を見つけ、選択肢との比較吟味をする問題である。

①は、「大北の方（北の方）」についての説明である。「大北の方」は、本文1・2行目、3行目に登場する。本文は、

大北の方も、この殿ばらも、またおしかへし臥しまろばせたまふ。これをだに悲しくゆゆしきことにいはでは、また何ごとをかはと見えたり。……北の方の御車や、女房たちの車などひき続けたり。御供の人々など数知らず多かり。

とあり、選択肢の「『大北の方』だけは冷静さを保って人々に指示を与えていた」が不適当である。波線部のように「大北の方」も、「この殿ばら」と同じように悲しみで転げ回っている。さらに、「人々に指示を与えていた」という内容は本文に根拠を持たない。

②は、「僧都の君」についての説明である。「僧都の君」は、本文3・4行目に登場する。本文は、

法住寺には、常の御渡りにも似ぬ御車などのさまに、僧都の君、御目もくれて、え見たてまつりたまはず。さて御車かきおろして、つぎて人々おりぬ。

とあり、選択肢の前半の「涙があふれて長家の妻の亡骸を直視できないほどであった」は、破線部と内容的に対応しており正しいが、「気丈に振る舞い亡骸を車から降ろした」が不適当である。「御車かきおろして」の「かきおろし」は、車を引いている牛をはずして、轅（牛車の前方に長く突き出ている二本の長い柄。先端に横木を渡して牛に引かせる）を下

ろす意味で、車を停めたということである。車を停めて亡骸を牛車から降ろしたことはこの場面から想定できるが、降ろした人物が「僧都の君」とは本文には明示されていない。なお、「かきおろす」には「かかえて下に降ろす」の意味もあるが、もし、そのように解釈して、主語を「僧都の君」と考えると、直前では「僧都の君」の動作には「たまは」と尊敬語があるのに、ここでは尊敬語が使われておらず、不自然である。以上から僧都の君が亡骸を車から降ろしたとすることはできない。

③は、長家についての説明である。長家は本文全体に記述があるが、選択肢に関連するのは、本文5～7行目である。

さてこの御忌のほどは、誰もそこにおはしますべきなりけり。山の方をながめやらせたまふにつけても、わざとならず色々にすこしうつろひたり。鹿の鳴く音に御目もさめて、今すこし心細さまさりたまふ。宮々よりも思し慰むべき御消息たびたびあれど、ただ今はただ夢を見たらんやうにのみ思されて過ぐしたまふ。月のいみじう明きにも、思し残させたまふことなし。

選択肢の前半「長家は秋の終わりの寂しい風景を目にするたびに」は、前記の本文の破線部と内容的に対応している。「鹿の鳴く音」から、季節は「秋の終わり」と判断できる。和歌によく詠まれるように、牡鹿《おじか》が牝鹿《めじか》を求めて哀愁を帯びた声で鳴くのは晩秋である。しかし、「山の方をながめやらせたまふにつけても、わざとならず色々にすこしうつろひたり」を「寂しい風景を目にするたびに」とするのは、山の木々が自然といろいろな色に少し紅葉しているという状況からすると不適当である。また、選択肢後半の「妻を亡くしたことが夢であってくれればよいと思っていた」も、不適当である。前記の波線部にあるように、姉たちが弔問の手紙をくれたけれども、長家は現状をまるで夢を見ているように感じている。つまり、前記波線部は、この事態が現実のこととは思えない長家の精神状態を言っているのであって、夢であってほしいと望んでいるとは表現していない。

④は、「進内侍」についての説明である。「進内侍」は、本文8行目に登場し、長家に見舞いの和歌を贈っている。

動詞 ラ行四段活用「契る」連用形	助動詞 過去の伝聞婉曲「けん」連体形	名詞	係助詞	名詞	格助詞	名詞	格助詞
契り	**けん**	**千代**	**は**	**涙**	**の**	**水底**	**に**
約束をし	たとかいう	千年	は	涙	の	水底	に

名詞	副助詞	係助詞	動詞 カ行四段活用「浮く」連用形	接続助詞	動詞 ヤ行下二段活用「見ゆ」終止形	助動詞 現在推量「らん」連体形
枕	**ばかり**	**や**	**浮き**	**て**	**見ゆ**	**らん**
枕	ばかりが		浮い	て	見える	のだろうか。

契り
1　約束
2　前世からの約束。宿縁。
3　因縁。
4　男女の交わり。縁。

前記枠内の直訳をもとに「進内侍」が妻を亡くした長家に贈ったお見舞いの和歌であることを加味して詳しくみてみよう。「契り」は長家と亡き妻とが交わした「契り」である。過去の伝聞婉曲の助動詞「けん」があることがそれを示している。その「契り」は、「千代（千年・永遠）」を約束するものであった。つまり、「契りけん千代」とは、千年までも一緒にいようという約束である。ところが、「千代」を待たず、その妻は亡くなり、約束は果たされなかった。そういった文脈を考えると、「涙」には「無《な》み」が掛けられており、妻が亡くなることで「約束は無くなったので涙を流す」などと解釈することができる。長家は悲しみの涙を流しているが、和歌ではしばしば流す涙が多いことを「涙の川」などと表現する。ここも、流れ出る涙は川や海のようになり、今は涙の川（海）に枕ばかりが浮いているというのである。それらを踏まえて解釈すると、

千年（までも一緒にいよう）と（奥様と）約束したとかいうその約束の千年は、奥様が亡くなられてなくなったので、（悲しみで流す）涙（は川や海のようになり、そ）の水底に（沈んで）枕ばかりが浮いて見えているのでしょうか。

となる。これによって選択肢「自分も枕が浮くほど涙を流している」という部分が不適当だとわかる。「らん」は、現在推量の助動詞で、同時刻の視界の外のことを推量する意味なので、「浮きて見ゆ」は、詠み手である「進内侍」のことではない。「進内侍」が、「今ごろ『浮いて見え』ているだろう」と、長家の様子を推量しているのである。よってこの選択肢は不適当である。

⑤は、「長家の亡き妻」についての説明である。「長家の亡き妻」は、本文全体に記述があるが、選択肢に関連するのは、本文18〜22行目である。

何ごとにもいかでかくとめやすくおはせしものを、顔かたちよりはじめ、心ざま、手うち書き、絵などの心に入り、さいつころまで御心に入りて、うつ伏しうつ伏して描きたまひしものを、この夏の絵を、枇杷殿にもてまゐりたりしかば、いみじう興じめでさせたまひて、納めたまひし、よくぞもてまゐりにけるなど、思し残すことなきままに、よろづにつけて恋しくのみ思ひ出できこえさせたまふ。

> **心を入る・心に入る**（連語）
> 1　熱心にする。真剣に行う。

前記の破線部は、亡き妻の容貌や人柄のよさ、筆跡のすばらしさ、絵を描くことに熱心であったことが書かれている。選択肢が「長家の亡き妻は容貌もすばらしく、字が上手なことに加え、絵にもたいそう関心が深く生前は熱心に描いていた」とするのは内容的に正しい。この**⑤が正解**である。

問5　和歌の解釈とそれを踏まえた本文の説明問題　28・29

③・⑥

まず、本文と【文章】に引用されたそれぞれの和歌を、詠まれた状況を考えて解釈し、さらに、**問5**に引用された【文章】の内容を参考に本文17・18行目の内容を加味して、選択

肢を吟味する問題である。

X

悲しさ	を	かつは	思ひ	も	慰めよ
名詞	格助詞	副詞	動詞 ハ行四段活用 「思ふ」 連用形	係助詞	動詞 マ行下二段活用 「慰む」 命令形
悲しさ	を	一方では	思い		慰めてください。

誰	も	つひに	は	とまる	べき
名詞	係助詞	副詞	係助詞	動詞 ラ行四段活用 「とまる」 終止形	助動詞 可能 「べし」 連体形
誰	も	最後に	は	とどまる	ことのできる

世	か
名詞	係助詞 反語
この世か、いや、そうではない。	

Y

慰むる	方	し	なけれ	ば	世の中	の
動詞 マ行下二段活用 「慰む」 連体形	名詞	副助詞	形容詞 ク活用 「なし」 已然形	接続助詞 順接確定条件	名詞	格助詞
慰める	方法が	まさに	ない	ので	世の中	の

Z

常なき	こと	も	知ら	れ	ざり	けり
形容詞 ク活用 「常なし」 連体形	名詞	係助詞	動詞 ラ行四段活用 「知る」 未然形	助動詞 可能 「る」 未然形	助動詞 打消 「ず」 連用形	助動詞 詠嘆 「けり」 終止形
無常な	こと	も	知る	ことができ	なかっ	たのだよ。

誰	も	みな	とまる	べき	に	は
名詞	係助詞	名詞	動詞 ラ行四段活用 「とまる」 終止形	助動詞 可能 「べし」 連体形	助動詞 断定 「なり」 連用形	係助詞
誰	も	皆	とどまる	ことのできること	で	は

あら	ね	ども	後るる	ほど	は
動詞 ラ行変格活用 「あり」 未然形	助動詞 打消 「ず」 已然形	接続助詞 逆接確定条件	動詞 ラ行下二段活用 「後る」 連体形	名詞	係助詞
ない		けれども	先立たれる	とき	は

なほ	ぞ	悲しき
副詞	係助詞	形容詞 シク活用 「悲し」 連体形
やはり		悲しい。

後る
1　先立たれる。死におくれる。
2　遅れる。

Xは、小弁が長家に贈ったお見舞いの和歌である。上の句の「悲しさ」は妻を亡くした長家の悲しさで、それに対してその「悲しさ」を、「かつは（＝一方で）」「慰めよ」と言っている。下の句は、「つひにとまるべき世か」と、誰もがこの世に永遠にとどまることはできないという世の無常を述べることで、あなただけではない、私たち誰もがみな同じ「悲しさ」を経験するのだと言って慰めている。それを踏まえて解釈すると、

（亡き奥様を偲ぶ）悲しさを、一方では思い慰めてください。（なぜなら）誰もが結局、とどまることのできるこの世なのか、いや、生きとどまることなどできないこの世なのだから。

となる。これによると、選択肢①「妻を失った長家の悲しみを深くは理解していない、ありきたりなおくやみの歌であり……安易に言ってしまっている部分に、その誠意のなさが露呈してしまっている」の破線部が不適当であることがわかる。長家の悲しみを理解した上で、この世は無常で、人の死は、誰もが平等に引き受けなければならないということを引き合いにして慰めているのであって、誠意がないとはいえない。

Zは、Xに対する長家の返歌である。前記の枠内の現代語訳で十分内容は読み取れるが、状況を踏まえてもう少しわかりやすく解釈すると、

誰もがみな（この世に）とどまることはできないけれども、（最愛の妻に）先立たれたばかりの今は何といってもやはり悲しいものだ。

となる。この世の無常を引き合いに出して長家を慰めようとする小弁に対して、上の句で小弁に同意しつつ、逆接の接続助詞「ども」に続けて、妻を亡くした悲しみはどうしようもないと返している。選択肢②のXの「世の中は無常で誰しも永遠に生きることはできない」は、前記の解釈からも正しいが、Zの「妻に先立たれてしまった悲しみをなんとか慰めようとしている」が不適当である。前記の解釈の波線部にあるように、長家は、妻を亡くした悲しみを慰めることはできないと言っている。

選択肢③のXの「誰でもいつかは必ず死ぬ身なのだからと言って長家を慰めようとしている」は、前記の解釈からしても正しい。また、Zの「ひとまずそれに同意を示したうえで」が、前記の解釈の上の句の内容に対応し、さらに、「それでも妻を亡くした今は悲しくてならないと訴えている」は、前記の解釈の波線部の内容に対応している。**③が一つ目の正解**である。

Yは、Xに対する長家の返歌である。前記の枠内の現代語訳で十分内容は読み取れるが、もう少しわかりやすく解釈すると、

（妻を亡くした悲しみを）慰める方法もまったくないので、この世の無常などということもわきまえられないことよ。

となる。Yは、Zと違って、小弁の贈歌の「誰もつひにはとまるべきかは」に対して、「世の中の常なきことも知られざりけり」と全面的に否定している。

選択肢④の『和歌Z』が、『誰も』、『とまるべき』、『悲し』

など和歌Xと同じ言葉を用いることで、悲しみを癒やしてくれたことへの感謝を表現している」が不適当である。贈歌の言葉を答歌で使うのは、贈答歌としては普通のことで、使うこと自体に特別な意味が付加されることはない。同様に、Yにおいても「それらを用いないこと」で、「励ましを拒む姿勢を表明している」とも言えない。Yは、前記のようにXを全面的に否定しており、贈歌の言葉を使う、使わないに関係なく、和歌の内容自体に「拒む姿勢を表明」しているのである。

選択肢⑤のYについて「長家を励まそうとした和歌Xに対して私の心を癒やすことのできる人などいないと反発した歌であり」という、破線部が不適当である。「方」は、方法であって、人ではない。さらに、「長家が他人の干渉をわずらわしく思い、亡き妻との思い出の世界に閉じこもってゆくという文脈」が不適当である。Yの後の文章は、

かやうに思しのたまはせても、いでや、もののおぼゆるにこそあめれ、まして月ごろ、年ごろにもならば、思ひ忘るるやうもやあらんと、われながら心憂く思さる。

とあって、自分の心理状況を「もののおぼゆるにこそあめれ」と分析している。悲しみはどうしようもないというものの、和歌を詠むなど、まだまだ分別心はあること、つまり、嘆きの中にも少しは冷静さもあることを認識し、そうであれば、年月が経つと結局亡き妻のことも忘れることになるだろう。だが、それは情けないことだと、人の死がこの世の無常なら、これだけ悲しむ気持ちもいずれは何も感じなくなってしまうのも世の無常だと自分の心理状況を分析しているのである。この内容と前記の選択肢の破線部とは対応しない。

選択肢⑥の、「和歌Yは、世の無常のことなど今は考えられないと詠んだ歌」というのは、前記のYの解釈の波線部からして正しい。さらに、「そう詠んだことでかえってこの世の無常を意識してしまった長家が、いつかは妻への思いも薄れてゆくのではないかと恐れ、妻を深く追慕してゆく契機となっている」というのも、選択肢⑤で検討したYの後に続く文章の内容から正しいと言える。**もう一方の正解は⑥**である。

第4問 漢文

【出典】

【問題文Ⅰ】

欧陽脩《おうようしゅう》『欧陽文忠公集《おうようぶんちゅうこうしゅう》』全一五三巻、付録五巻。欧陽脩の詩文集。書名の「文忠」は欧陽脩の諡《おくりな》。南宋の周必大《しゅうひつだい》（一一二六〜一二〇四）が編集。本文は巻五に収められている「有リ㆔馬ノ示ス㆓徐無党ニ㆒」と題する五言古詩。

欧陽脩（一〇〇七〜七二）は、北宋の文人、歴史家。漢代以前の簡潔な達意の文体を模範とする古文の復興を支持し、唐宋八大家（古文復興を推し進めた唐宋期の名文家）の一人に数えられる。

【問題文Ⅱ】

韓非《かんぴ》『韓非子《かんぴし》』全五五編。法家を代表する書。君主権の絶対性、信賞必罰、富国強兵などを説いている。本文は「喩老《ゆろう》」編の一節。

韓非（？〜前二三三）は、戦国時代の韓の思想家。儒家の荀子《じゅんし》（前三一三？〜前二三八？）に学び、祖国の韓の弱体化に発憤して法家思想を大成した。

【本文解説】

【問題文Ⅰ】は、「有リ㆔馬ノ示ス㆓徐無党ニ㆒」（徐無党に見せたい馬）という詩題が付けられていて、徐無党という人物に飼い馬を自慢しつつ、馬車を操縦する「御術」について述べたものである。徐無党は、作者欧陽脩の文学の愛弟子《まなでし》である。

第一句から第六句では、飼い馬がいかにすぐれた馬であるかが述べられている。毛なみも骨格も素晴らしく、早足《はやあし》は吹き抜ける風のよう、遅足《おそあし》は堂々として蹄《ひづめ》の音も軽やか。大変な褒めようで、作者自ら「千里の馬」と称している。

第七句から第十四句では、飼い馬が作者の意のままであることが述べられている。手綱加減ひとつで、速度は自在、広い天下のどこへでも行きたいところへ行ける。

第十五句から第二十二句では、この詩の結論が述べられている。伯楽のように名馬を見抜くことはもちろん肝要であるが、王良のように馬の性質を理解し、御者の心と馬の心がそれぞれのびのびとして互いに損ない合うことのないのが、「御術」の最高の境地である。そして「名馬にはすぐれた御者が必要だ」と訴え、「吾言ガ可シ㆑為ス㆑箴《しん》ト」（私の言葉をいましめとしてもらいたい）と、箴言として結んでいる。

【問題文Ⅱ】は、趙国の襄主に仕える王良が「御術」の師として襄主を諭した言葉である。

リード文にあるように、襄主は王良に馬車の駆け競《くら》べを挑んだが、結果は連戦連敗、くやしさのあまり「御術」のすべてを教えていないのではないかと迫った。すると、王良は「御術」の心得を授けた。「御術」の核心は、御者の心と馬の心がぴたりと一つになること、まさしく「人馬一体」であると説く。その上で、襄主が競争相手の王良に先行することばかりに気を取られて、馬にまったく心が向かわず、「人馬一体」とかけ離れてしまっている。だから何度勝負しても勝てないのだと諭したのである。

【書き下し文・問題文Ⅰ】
吾《われ》に千里《せんり》の馬《うま》有《あ》り　毛骨何《もうこつなん》ぞ蕭森《せうしん》たる
疾《はや》く馳《は》すれば奔風《ほんぷう》のごとく　白日《はくじつ》に陰《かげ》を留《とど》むる無《な》し
徐《おもむ》ろに駆《か》くれば大道《だいだう》に当《あ》たり　歩驟《ほしう》は五音《ごいん》に中《あ》たる
馬《うま》に四足《しそく》有《あ》りと雖《いへど》も　遅速《ちそく》は吾《わ》が心《こころ》に在《あ》り
六轡《りくひ》は吾《わ》が手《て》に応《おう》じ　調和《てうわ》すること瑟琴《しつきん》のごとし
東西《とうざい》と南北《なんぼく》と　山《やま》と林《はやし》とを高下《かうげ》す
惟《た》だ意《い》の適《ゆ》かんと欲《ほつ》する所《ところ》にして　九州《きうしう》周《あまね》く尋《たづ》ぬべし
至《いた》れるかな人《ひと》と馬《うま》と　両楽相侵《りやうらくあひをか》さず
伯楽《はくらく》は其《そ》の外《そと》を識《し》るも　徒《た》だ価《あたひ》の千金《せんきん》なるを知《し》る
王良《わうりやう》は其《そ》の性《せい》を得《え》たり　此《こ》の術《じゆつ》固《もと》より已《すで》に深《ふか》し
良馬《りやうば》は善馭《ぜんぎよ》を須《ま》つ　吾《わ》が言箴《げんしん》と為《な》すべし

【書き下し文・問題文Ⅱ】

凡《およ》そ御《ぎよ》の貴《たつと》ぶ所《ところ》は、馬体《ばたい》車《くるま》に安《やす》んじ、人心《じんしん》馬《うま》に調《かな》ひ、而《しか》る後《のち》に以《もつ》て進《すす》むこと速《すみ》やかにして遠《とほ》きを致《いた》すべし。今君後《いまきみおく》るれば則《すなは》ち臣《しん》に逮《およ》ばんと欲《ほつ》し、先《さき》んずれば則《すなは》ち臣《しん》に逮《およ》ばれんことを恐《おそ》る。夫《そ》れ道《みち》に誘《すす》めて遠《とほ》きを争《あらそ》ふは、先《さき》んずるに非《あら》ざれば則《すなは》ち後《おく》るるなり。而《しか》うして先後《せんご》の心《こころ》は臣《しん》に在《あ》り。尚《な》ほ何《なに》を以《もつ》て馬《うま》に調《かな》はん。此《こ》れ君《きみ》の後《おく》るる所以《ゆゑん》なり。

【全文解釈・問題文Ⅰ】
私は一日に千里を走る馬（＝駿馬《しゅんめ》）を養っているが
馬の毛なみと骨格がなんとひきしまって美しいことか
速く走れば勢いよく吹く風のようで
白昼に陰も残さない（ほどだ）
ゆっくり走れば大きな道を行くようで
馬が駆ける音は五音を奏でる（ほど心地よい）
馬には四本の足があるが
（馬が駆ける）速度は私の心次第である
馬車を操る手綱は私の手（の加減）に応え
大きな琴と小さな琴が美しく響き合っているかのようだ
東にも西にも南にも北にも（行き）
山や林を上ったり下ったりする
まったく行きたいと思うところに行き
中国全土あらゆるところに尋ねていくことができる
このような境地にまで到達できるものなのか人と馬が
それぞれ楽しんで互いに邪魔をしないことは
良馬を見抜く名人の伯楽は馬の外見をよく察するが
（目の前の馬が）千金に値するのかどうかを見抜けるだけだ
王良は馬の性質をわかっている
王良の馬の御術はもちろんすぐれたものなのだ
名馬にはすぐれた御者が必要だ
私の言葉をいましめとしてもらいたい

【全文解釈・問題文Ⅱ】

そもそも御術で大切にするべきことは、馬の体が車とぴたりと合い、人（＝御者）の心が馬と一つになることで、そうしてはじめて速度を上げて遠くまで行けるのです。あなたは私に後れると追いつくことだけを考え、前に出るといつ追いつかれるかと心配ばかりしていました。そもそも道を進めて遠乗りを競うときは、前に出るのでなければ後れるのです。それなのに前に出ても後れてもあなたの心は私を気にかけてばかりです。（こんなことで）いったいどうして（心が）馬と一つになることができましょうか。これこそあなたが私に後れた理由です。

【設問解説】

問1　**語の意味の問題**　30 ①　31 ⑤

(ア)「徒」は、名詞として「仲間・ともがら」、形容詞として「むなしい」などの意味があるが、ここの「徒」は直後の動詞「知《ル》」を修飾する副詞の用法であると判断できる。「徒」は、副詞としては「ただ」と読み、「ただ単に〜だけだ」「〜にすぎない」などの意味である。これと同じく限定の意味があるのは、①「只」（ただ）だけである。他の選択肢の副詞の用法を確認してみよう。②「復」は「また」と読んで「再び・もう一度」の意味、④「好」は「よく」と読んで「とても・はなはだ」などの意味、⑤「猶」は「なほ」と読んで「依然として・やはり」などの意味である。③「当」は、副詞的に働くのは再読文字として扱う場合であり、「まさに〜（す）べし」と読んで「当然〜しなければならない」「きっと〜にちがいない」の意味であるが、「徒」は再読文字「当」と同じ意味を持っていないので、正解から除外してよい。したがって、**正解は①**である。

(イ)「固」は、直後の「已深《ニシ》」を修飾していると捉えて、副詞の用法について確かめればよい。「固」は、副詞としては「かたく」と読んで「しっかりと・つよく」などの意味、「もとより」と読んで「もともと・もちろん」などの意味である。ただし、直後の「已」（もうすでに）とのつながりを考えれば、ここの「固」は「もとより」と読む用法だと判断できる。選択肢の副詞の用法を確認してみよう。①「強」は「しひて」と読んで「極力」「無理に」などの意味、③「必」は「かならず」と読んで「きっと〜だろう」「必ず〜しなければならない」などの意味、④「絶」は「たえて」と読んで「決して・全然」などの意味、あるいは「はなはだ」と読んで「とても・非常に」などの意味、⑤「本」は「もとより」と読んで「もともと」などの意味である。②「難」は、確認するべき副詞の用法は見当たらない。したがって、**正解は⑤**である。

一つ付言しておくと、本問は(ア)「徒」と(イ)「固」について「ここでの意味と、最も近い意味を持つ漢字はどれか」と問うているが、実質的には「ただ」と「もとより」という読み方が問われているのと同じであることにも留意しておこう。

問2　**解釈の問題**　32 ⑤　33 ③　34 ④

(1)「何」については、選択肢を一通り確認すれば、副詞としての意味が問われていると判断できる。「何」の疑問詞や副詞としての用法は、(i)「なんぞ」と読んで「なぜ・どうして」、あるいは「なんと」などの意味、(ii)「なにをか」と読んで「なにを」などの意味、(iii)「いづくにか」と読んで「どこに・どこで」などの意味である。以上を踏まえれば、②

「いつから」、③「どのように」は除外できる。次に(1)「何」を含む「毛骨何蕭《せう》森《タル》」という一句の意味を考えて正解を決定する。「毛骨」と「蕭森」の（注）も踏まえつつ訳出すると、「馬の毛なみと骨格はどうしてひきしまって美しいのか」、あるいは「馬の毛なみと骨格はなんとひきしまって美しいことか」などとなる。「馬の毛なみと骨格はどこがひきしまって美しいのか」と解釈したのでは、「馬の毛なみと骨格」に「ひきしまって美しい」部分とそうでない部分とがあることになり、句の意味が成り立たない。よって、①「どこが」も不適切と考えてよい。最後に④「どうして」と⑤「なんと」のどちらが適当かを判断するには、【問題文Ⅰ】の続きの句、つまり第三句から第六句を確認すればよい。【本文解説】で指摘したように、第三句「疾《はやク》駆《はスレバ》如《ク》二奔風《ノ》一　白日《ニ》無《シ》レ留《ムル》レ陰《ヲ》」から第六句「歩《ほ》驟《しうハ》中《あタル》二五音《ニ》一」では、飼い馬の早足と遅足の様子を詠じて称賛しているのだから、第二句は「毛骨何《ゾ》蕭森《タル》」と読んで、疑問文ではなく詠嘆文として「毛なみと骨格がなんとひきしまって美しいことか」と解さなければ文脈が成り立たない。よって、**正解は⑤**である。

(2)「周」は、選択肢を一通り確認すれば、直後の「尋《ヌ》」を修飾する副詞としての意味が問われていると判断できる。「周」は、副詞としては「あまねく」と読んで「隅々までゆきわたって」などの意味である。「周遊」「周知」などの熟語を考えるとわかりやすい。この方向の意味の選択肢は③「あらゆるところに」しかない。したがって、**正解は③**である。

(3)「至《レル》哉」は、詠嘆形を捉えるのがポイントである。

(3)「至《レル》哉」を含む第十五句「至《レル》哉人与《ト》レ馬」と第十六句「両楽不二相侵《サ》一」を、二句連続の原則に留意して解釈すれば、「このような境地にまで到達できるものなのか人と馬がそれぞれ楽しんで互いに邪魔をしないことは」とするのが適切である。つまり、「□《(ナル)かな》哉△（也《や》）」（□であることよ△は）という詠嘆形を踏まえて考えればよい。「□」＝「至《レル》」、「△」＝「人与《ト》レ馬　両楽不二相侵《サ》一」となるから、波線部(3)「至《レル》哉」は「人と馬」の関係が極めて良好であることを表していることになる。したがって、④「このような境地にまで到達できるものなのか」が最も適当な解釈である。**正解は④**である。

問３　押韻の問題　35　②

空欄 X は第八句の末尾、つまり偶数句末に設けられているから、まず、押韻の知識を問う問題であると捉える。

ところで、【問題文Ⅰ】は古詩であるから、押韻については「一韻到底」（すべて同一の韻を用いること）の場合と「換韻」（途中で韻を換えること）の場合の両方を考えておく必要がある。

では、第二句から偶数句の末字をそれぞれ音読みして韻を確認してみよう。「森」＝「sh-in」、「陰」＝「in」、「音」＝「on」あるいは「in」、「琴」＝「k-in」、「林」＝「r-in」、「尋」＝「j-in」、「侵」＝「sh-in」、「金」＝「k-in」あるいは「k-on」、「深」＝「sh-in」、「箴」＝「sh-in」となる。したがって、【問題文Ⅰ】の詩の押韻は、「-in」という韻による一韻到底であることがわかる。

これを踏まえて、韻が「-in」であるものを選ぶと、②「(b) 心」=「sh-in」、③「(c) 進」=「sh-in」、⑤「(e) 臣」=「sh-in」となる。

次に、傍線部A全体の意味を考慮して、②「(b) 心」、③「(c) 進」、⑤「(e) 臣」のうちから最も適当な字を決定すればよい。傍線部Aを、空欄 X はそのままにして直訳すると、「馬には四本の足があるが馬の速いか遅いかは私の X にある」となる。空欄 X に②「(b) 心」を入れてみると、傍線部Aの後半は「馬の速いか遅いかは私の 心 にある」となり、**【問題文Ⅱ】**の二重傍線部(b)の「心」を含む句「人心調《かなヒ》二于馬《ニ》一」(人の心が馬と一つになる)と対応する意味を成す。③「(c) 進」を入れてみると、「馬の速いか遅いかは私の 進むこと にある」となり、意味が成り立たない。最後に⑤「(e) 臣」を入れてみよう。「臣」は「臣下・家来」という意味であるが、主君に対する自己の謙称として「私」という意味で用いられることもある。**【問題文Ⅱ】**は、すべて「王良」という人物が自分の仕えている趙《ちょう》国の君主「襄主《じょうしゅ》」に答えた発言であるから、そこに含まれる二重傍線部(e)の「臣」は「私」の意味であると解するのが適当である。すると、傍線部Aの後半は「馬の速いか遅いかは私の 私 にある」となり、意味不明となる。したがって、**正解は②**である。

問4　返り点と書き下し文の問題　36　④

傍線部B「惟意所欲適」の訓読でまずポイントとなるのは限定形を捉えることであるが、冒頭の「惟」についてはいずれの選択肢も限定形を形成する語として「惟《た》だ」と読んでいるので、「意所欲適」をどのように訓読すればよいかを考える。ここで注目するべき語は「所」である。現代語と同じく「場所」や「地位」を意味することもあるが、漢文では直後に動詞や動詞句が続くときには「V」から返読して「所《ところ》レV《(スル)》」と読み、「Vすること」「Vするもの」「Vする人」「Vする場所」などの意味を表すことに注意する。ここでは「所」の直後に「欲適」という動詞句が置かれているので、右記の用法の「所」であると判断する。「欲適」には願望形「欲《ほつス》二——《(セ)ント》一」(——したいと思う)が用いられていることにも留意する。「適」については、選択肢では「適《かな》ふ」あるいは「適《ゆ》く」と読んでいるので、「所欲適」は「所レ欲レ適」と返り点をつけて「適《かな》はんと欲する所」、あるいは「適《ゆ》かんと欲する所」と訓読すればよい。ただし、「適《かな》はんと欲する所」と読んでいる選択肢はなく、④は「適《ゆ》かんと欲する所」と読んでいるので、④の書き下し文全体の正誤を確認すればよい。「惟だ意の適《ゆ》かんと欲する所にして」と読んでいるので、「ただ考えが行きたいと思うところであって」と直訳できる。つまり、「まったく行きたいと思うところに行き」と解釈でき、直後の第十四句「九州可《シ》二周《あまねク》尋《ヌ》一」(中国全土あらゆるところに尋ねていくことができる)とも意味がつながる。「所《ところ》レV《(スル)》」の用法では、「V」の主語は「所」の直前に置かれて「S所《ノところ》レV《(スル)》」(SがVすること・もの・場所)となることにも留意したい。以上より、**正解は④**である。

問5　**解釈の問題**　37　⑤

　傍線部Cには**問4**で確認した願望形「欲《ほつス》ニ―――一」（―――《（セ）ント》したいと思う）が用いられていることに加えて、仮定条件・確定条件の句を受ける接続語「則《すなはチ》」にも注意しなければならない。「後」については、直後が接続語「則《チ》」であるから、「のちに」と解したのでは修飾を受ける語句がないので意味が成り立たない。**【問題文Ⅱ】**の３行目に見える「後《おく》る」（後れる）の読みを手がかりにすればよい。「臣」は、**問3**で検討したように一人称の謙称として「私」と解すればよい。難しいのは「逮」の意味である。ここの「逮」は「およぶ」と読んで「及ぶ・届く」などの意味に解するのが適当である。選択肢の②、④、⑤に見える「追いつく」という訳語を手がかりにしたいところである。

　以上を踏まえると、傍線部C前半の「今君後則欲レ逮レ臣」は「今君後るれば則ち臣に逮ばんと欲す」と読んで、「もしも我が君は私に後れると追いつきたいと思う」と訳出できる。ここの「今」は後の接続詞「則《チ》」との呼応を考慮して、仮定条件を提示する語として捉えておきたい。また、「君」は、**問3**で確認したように**【問題文Ⅱ】**が臣下である「王良」の主君「襄主」に対する発言であるから、「襄主」を指している。

　さて、右で確認した傍線部C前半の「もしも我が君は私に後れると追いつきたいと思う」という訳出と合致する選択肢は、⑤「あなたは私に後れると追いつくことだけを考え、」しかない。そこで、後半の「先則恐レ逮二于臣一」も確認してみると、⑤は「前に出るといつ追いつかれるかと心配ばかりしていました」と解釈している。「先んずれば則ち臣に逮ばれんことを恐る」という訓読を踏まえた訳出であり、傍線部全体の意味も成立する。ここの「于」が前置詞のはたらきをする語「於」と同様の用法であることにも注意しておこう。よって、**正解は⑤**である。

問6　**趣旨の問題**　38　③

「**【問題文Ⅰ】**と**【問題文Ⅱ】**を踏まえた『御術』と御者の説明として最も適当なもの」を答える問題であるから、それぞれの選択肢の説明と関連のある記述を双方の問題文の中から探し出し、丁寧に対照して選択肢の説明の正誤を判定すればよい。

　①は、説明の前半の「馬を手厚く養うだけでなく、よい馬車を選ぶことも大切」が、本文に見えない内容である。**【問題文Ⅰ】**の第一句「吾有二千里馬一」から作者が名馬を飼育していた事実は読み取れるものの、「手厚く養う」に該当する記述や、「よい馬車を選ぶこと」の大切さを述べた記述は、どちらの問題文にも見当たらない。説明の後半の「車の手入れ」についても、どちらの問題文にも記されていない。

　②は、説明の前半の「馬車を遠くまで走らせることが大切」が誤った説明である。**【問題文Ⅱ】**の「致《ス》レ遠《キヲ》」や「争《フハ》レ遠《キヲ》」（どちらも**【問題文Ⅱ】**２行目）に「馬の遠乗り」のことは触れられているが、その大切さについては述べられていない。また、説明の後半もまったく誤った説明である。王良

の発言は【問題文Ⅱ】に記されているが、裏主との「馬車の駆け競べ」についての王良の評価や見解が述べられているだけで、馬の鍛錬や飼育については言及がない。

③は、前半の説明の「すぐれた馬を選ぶ」は、【問題文Ⅰ】第十七句「伯楽《ハ》識《レルモ》二其《ノ》外《ヲ》一」と対応する内容であり、「馬と一体となって走ることも大切」は、【問題文Ⅰ】第八句「遅速《ハ》在《リ》二吾《ガ》心《ニ》一」（馬が駆ける速度は私の心次第である）や【問題文Ⅱ】冒頭の「御之所《ハ》レ貴《ブ》、馬体安《ンジ》二于車《ニ》一、人心調《かなヒ》二于馬《ニ》一」（御術で大切にするべきことは、馬の体が車とぴたりと合い、人の心が馬と一つになることで）の説明であると判断できる。説明の後半は、【問題文Ⅱ】末尾近くの「先後心《ハ》在《リ》二于臣《ニ》一。尚《ホ》何以《テ》調《ハン》二於馬《ニ》一」（前に出ても後れてもあなたの心は私を気にかけてばかりです。いったいどうして「心が」馬と一つになることができましょうか）の言い換えである。

④は、説明の前半の「馬を厳しく育て、巧みな駆け引きを会得することが大切」は、どちらの問題文にも記述されていない内容である。説明の後半の「常に勝負の場を意識しながら馬を育てなければ」という王良についての説明も、【問題文Ⅱ】にまったく言及がない内容である。王良は馬の飼育について述べていない。

⑤は、説明の前半の「山と林を駆けまわって手綱さばきを磨くことも大切」が誤った説明である。【問題文Ⅰ】第十二句「高二下《ス》山《ト》与《ヲ》レ林一」に「山と林を駆けまわ」ることは記されているが、「手綱さばきを磨くこと」についてはどちらの問題文にも言及がない。説明の後半も説明として不適切である。

【問題文Ⅱ】には、裏主が「型通りの練習をおこな」ったことについては、記されていない。

以上の検討より、正解は③であると判定できる。

2021
第2日程

国　語

（2021年１月実施）

受験者数　1,587

平 均 点　111.49

国　語

解答・採点基準

(200点満点)

問題番号(配点)	設問	解答番号	正解	配点	自己採点
第1問 (50)	問1	1	②	2	
		2	①	2	
		3	③	2	
		4	④	2	
		5	②	2	
	問2	6	②	8	
	問3	7	②	8	
	問4	8	⑤	8	
	問5	9	③	6	
	問6	10	① ※	5	
		11	⑤ ※	5	
第1問　自己採点小計					
第2問 (50)	問1	12	④	3	
		13	④	3	
		14	①	3	
	問2	15	②	7	
	問3	16	⑤	8	
	問4	17	⑤	8	
	問5	18	⑤	8	
	問6	19	②	5	
		20	④	5	
第2問　自己採点小計					

問題番号(配点)	設問	解答番号	正解	配点	自己採点
第3問 (50)	問1	21	①	5	
		22	③	5	
	問2	23	②	6	
	問3	24	⑤	6	
	問4	25	② ※	7	
		26	⑤ ※	7	
	問5	27	③ ※	7	
		28	⑤ ※	7	
第3問　自己採点小計					
第4問 (50)	問1	29	②	5	
		30	④	5	
	問2	31	③	4	
	問3	32	① ※	4	
		33	④ ※	4	
	問4	34	④	7	
	問5	35	②	6	
	問6	36	③	7	
	問7	37	①	8	
第4問　自己採点小計					
自己採点合計					

※の正解は順序を問わない。

第1問　現代文（論理的文章）

【出典】

多木浩二『「もの」の詩学』（岩波書店　一九八四年）

多木浩二（たき・こうじ）（一九二八年―二〇一一年）は、神戸市生まれの美術評論家。東京大学文学部美学美術史学科卒業。

著書には『生きられた家』『眼の隠喩――視線の現象学』『写真の誘惑』などがある。

【本文解説】

本文は、一七世紀に椅子が近代化されたのは身体への配慮からであり、その身体への配慮は当時の宮廷社会のなかで形成された文化的価値だった、ということを述べた文章である。

まず、椅子には生理学的にふたつの問題があること、つまり、椅子は圧迫と筋肉の緊張という苦痛を身体にひきおこすものであることが述べられる（Ⅰ）。次に、筋肉の緊張を緩和するために、一七世紀には背が後ろに傾く椅子が発明されたということが述べられる（Ⅱ）。また、椅子からうける圧迫をやわらげるために古代からクッションが使われてきたが、一六世紀から一七世紀にかけて椅子とクッションを合体させる技術、椅子を塡《つ》め物で柔らかくする技術が発達したということが述べられる（Ⅲ）。そして、このような椅子の近代化をもたらした身体への配慮（＝「生理的配慮」）は、当時の宮廷社会のなかで形成された文化的価値であり、椅子や衣装などの「もの」は宮廷社会への帰属を示す政治的な記号であったということが述べられる（Ⅳ）。最後に、近代社会で支配の座についたブルジョワジーがかつての支配階級の「身体」を継承して、固有の「身体技法」をうみだしていったということが述べられる（Ⅴ）。

本文を以上のⅠ～Ⅴの部分に分けたうえで、その部分ごとに解説していくこととする。

Ⅰ　椅子が身体にひきおこすふたつの生理的苦痛　[1]

筆者は椅子に「生理学的にはふたつの問題があった」と言う。ひとつは、「自らの体重によって圧迫が生じる」という問題である。「ひどい場合には、血行を阻害する」。このことは、現代人のわれわれでも、硬い椅子に座り続けなければならない場合を考えればよく理解できるだろう。もうひとつは、椅子に座って「上体を支えるには、それなりに筋肉を不断に働かせ」なければならないので、「筋肉の緊張が苦痛をもたらす」という問題である。このことも、椅子に長時間座り続けることがいかに苦痛であるかをわれわれは知っているので、よく理解できる。「休息のための道具」である椅子には、「身体に生理的苦痛をひきおこす」面もあるのである。[1]

Ⅱ　筋肉の緊張を緩和するための工夫　[2]・[3]

筆者は、椅子がひきおこす「生理的苦痛」のひとつである「上体を支える筋肉の緊張」を「緩和するため」に、「一七世紀の椅子の背が後ろに傾きはじめた」と言う。すでに一七世紀には、リクライニング・チェアと、これにキャスターをとりつけた車椅子が発明されていたのである。ここで筆者が強調しているのは、このふたつともが「高位の身障者、病人のために発明された」ということである。②

筆者によれば、「一七世紀半ばにスペインの王フェリーペ二世のために考案された椅子のスケッチが残って」おり、「背を倒し足台を上げると、身体に横臥に近い姿勢をとらせることができる」と同時に、「背を立てていると王者らしい威厳も保てる車椅子が考えられていた」のだという。また、これらの「病人用の椅子」から「仮眠のためのスリーピング・チェアがうまれ」たが、それが流行したのも「上流社会」である。③

Ⅲ 椅子からうける圧迫を緩和するための工夫（④・⑤）

椅子がひきおこす「生理的苦痛」のもうひとつは「圧迫」であるが、筆者はその「圧迫をやわらげる努力は古くから行われてきた」と言う。古代のエジプトやアッシリアやギリシャではすでにクッションが使われていたのである。筆者によれば、石や木でできた椅子の硬さをやわらげ、身体に快適さをあたえるクッションは、「ステータス（＝社会的地位）を表示する室内装飾のひとつの要素だった」のであり、「クッションを使うこと」自体が「政治的特権」だったのである。④

古代から椅子にクッションが使われてきたといっても、それらは別々に作られていた。しかし、「椅子とクッションが一六世紀から一七世紀にかけてひとつになりはじめた」。つまり、椅子の座や背を填め物を入れた布や革で蔽《おお》うようにしたのである。筆者によれば、「それまで硬かった椅子そのもののイメージを軟らかくしてしま」い、「椅子についての概念を決定的に変え」た「椅子の近代化」は、「身体への配慮」からはじまった。つまり、「椅子の近代化」は「あらたに見出された快楽を志向する身体」に適合するように椅子を「再構成」する努力からはじまったのである。⑤

Ⅳ 「身体」や「身体への配慮」は文化的なものであり、「もの」は政治的な記号である（⑥・⑦）

筆者は「『もの』を機能的にだけ理解すること」を「一種の抽象」だと言って否定する。「傾いた背をもつ椅子」や「填め物で軟らかくなった椅子」を一七世紀に成立させた思考も技術も、「限られた身分の人間（＝支配階級）」の「身体」への「配慮」によって形成されたのであり、「機能化」や「『身体』との関係」だけでは「説明し切れ」ないからである。つまり、「もの」は「社会的な関係」にとりまかれており、一七世紀であれば身分制度に関わる政治性を帯びていたのである。また、筆者は、「『身体』という概念」が「文化の産物」であり、「『生理的配慮（＝身体への配慮）』」も「文化的価値」だったと言う。「文化」とは〈ある社会などでつくり出され、その社会の人々に共有・習得されながら受け継がれてきた固有の行動様式・生活様式の総体〉のことであるが、一七世紀の「宮廷社会」で生じ、その社会の人々が共有する固有の行動様式である「生理的配慮（＝身体への配慮）」は、「宮廷社会」の「文化」を形成する一要素、すなわち「文化的価値」なのである。⑥

次に、筆者が問題にするのは「『着物をまとった身体』」という「文化としての『身体』」である。筆者は「ひろがったスカート」や「膨らんだスカート」をまとった宮廷社会の婦人の身体に合わせて椅子の形態が変えられたと言う。そして、筆者によれば、「文化としての『身体』」を成立させるこれらの「衣装」も、「宮廷社会への帰属」を示す「政治的な記号」なのである。（7）

まとめると、ここで筆者が強調しているのは、「身体」や「身体への配慮」が自然的なものではなく文化的なものであり、文化の産物である椅子や衣装といった「もの」が「政治的な記号」である、ということである。

Ｖ　宮廷社会の「もの」の文化や「身体」をひきついで固有の「身体技法」をうみだしたブルジョワジー（8）

最後に、筆者は、支配階級に上昇したブルジョワジーが宮廷社会の形成した「もの」の文化や「身体」をひきついだと述べる。しかし、ただひきついだだけではない。「身体」であれば、このひきついだ「身体」をもともとのブルジョワジーの「働く『身体』」と結びつけ、新しい「充分に貴族的な」「ブルジョワジー固有の『身体技法』」をうみだしたのである。（8）

【設問解説】

問１　漢字の知識を問う問題　[1]②　[2]①　[3]③　[4]④　[5]②

(ア)は、〈心の中に考えや感情をもたせる〉という意味で、「**抱かせ**」。①は、「包含」。②は、〈心の中にいだいている決意や計画〉という意味で、「**抱負**」。**②が正解**。③は、〈大砲を据えつけ、砲・砲手などを敵弾から防護する設備を施した堅固な構築物〉という意味で、「砲台」。④は、〈最大限度まで満たされていること〉という意味で、「飽和」。

(イ)は、〈動物の毛や植物などから得る細い糸状の物質〉という意味で、「**繊維**」。①は、〈そのままの状態で保ち続けること〉という意味で、「**維持**」。**①が正解**。②は、「安易」。③は、〈思いもよらないような驚くべきことがら〉という意味で、「驚異」。④は、〈よりどころとすること〉という意味で、「依拠」。

(ウ)は、〈誇らしげに見せびらかすこと〉という意味で、「**誇示**」。①は、〈過去の出来事をあれこれと思い返すこと〉という意味で、「回顧」。②は、〈こり固まること〉という意味で、「凝固」。③は、〈実際よりも大げさに表現すること〉という意味で、「**誇張**」。**③が正解**。④は、〈ひとり超然として高い理想と志を保つこと〉という意味で、「孤高」。

(エ)は、〈他と比べて劣って見えること〉という意味で、「**見劣り**」。①は、〈見せるために物品をならべておくこと〉という意味で、「陳列」。②は、〈勢いがきわめて激しいさま〉という意味で、「猛烈」。③は、「破裂」。④は、〈品性や言動がいやしくきたないこと〉という意味で、「**卑劣**」。**④が正解**。

(オ)は、〈同じ系列にある物事のつながり〉という意味で、「**系譜**」。①は、〈二つ以上の事柄がぴったりと合うこと〉という意味で、「符合」。②は、〈楽譜の書き記された紙面〉という意味で、「**譜面**」。**②が正解**。③は、〈思いがけないこと〉という意味で、「不慮」。④は、〈助け養うこと〉という意味で、「扶養」。

問2 傍線部の内容説明問題 [6] ②

　傍線部の「（椅子の）背の後傾」は、[2]の冒頭に、「一七世紀の椅子の背が後ろに傾きはじめたのは、上体を支える筋肉の緊張をいくらかでも緩和するためであった」とあるので、「上体を支える筋肉の緊張」を「緩和」しようという「生理的配慮」によるものだとわかる。そして、傍線部の「もうひとつの生理的配慮」とは、[1]に、椅子が身体にひきおこす「生理的苦痛」として、「筋肉の緊張」と並んで「圧迫」が取り上げられていたので、この「圧迫」に対する「配慮」であるとわかる。では、「圧迫」を緩和する「配慮」として、椅子にはどのような工夫が施されてきたのだろうか。傍線部の直後に「椅子からうける圧迫をやわらげる努力は古くから行われてきた」とあり、続けて、「古代からクッションが使われてきた」ことが述べられている。しかし、注意しなければならないのは、傍線部が「もうひとつの生理的配慮も、背の後傾とどちらが早いともいえない時期に生じている」となっていることである。すでに確認したように、「上体を支える筋肉の緊張」を「緩和」しようという「生理的配慮」から「椅子の背が後ろに傾きはじめたのは」、「一七世紀」である。したがって、「もうひとつの生理的配慮」も「一七世紀」頃のものでなければならないことになる。クッションを使うことは、「古代」から行われてきたので、傍線部の「もうひとつの生理的配慮」には該当しない。しかし、[5]には、「別々に作られ、使うときに一緒にされていた椅子とクッションが一六世紀から一七世紀にかけてひとつになりはじめた」、「クッションを椅子に合体させた」とある。つまり、椅子の座や背を「塡《つ》め物」を入れた布や革で蔽うようにしたのである。ここから、傍線部の「もうひとつの生理的配慮」とは、「椅子からうける圧迫をやわらげる」ために、「クッションを椅子に合体させた」ことだとわかる。

　以上より、傍線部「もうひとつの生理的配慮も、背の後傾とどちらが早いともいえない時期に生じている」とは、**上体を支える筋肉の緊張をやわらげようという生理的配慮から椅子の背が後ろに傾きはじめたのと同じ一七世紀頃に、椅子からうける圧迫をやわらげようという生理的配慮からクッションを椅子に合体させたということ**、となる。これに適《かな》った説明になっている**②が正解**。

　①は、「椅子にキャスターを付けて可動式とし、身体障害者や病人の移動を容易にするための配慮も現れた」という説明が不適当である。「身体障害者や病人の移動を容易にするための配慮」は「椅子からうける圧迫をやわらげる」ための「もうひとつの生理的配慮」に該当しない。

　③は、「後傾した椅子の背にクッションを取り付けることによって体重による圧迫を軽減する配慮も現れた」という説明が不適当である。「クッションを椅子に合体させた」（[5]）とは、椅子の座や背を「塡め物」を入れた布や革で蔽うようにしたことを意味しており、「椅子の背にクッションを取り付けること」を意味しているのではない。

④は、「エジプトやギリシャにおいてクッションを用いることで椅子の硬さを低減させる配慮も現れた」という説明が不適当である。「エジプトやギリシャ」でこの「配慮」が現れたのは「古代」である（④）が、すでに確認したように、傍線部の「もうひとつの生理的配慮」は「一七世紀」頃のものでなければならない。

⑤は、「それ自体が可動式の家具のようにさえなったクッションを用いて椅子の硬さを緩和する配慮も現れた」という説明が不適当である。④に「中世では……クッションがそれ自体可動の家具のようにさえなっていた」とある。傍線部の「もうひとつの生理的配慮」は、「クッションを椅子に合体」させて、「椅子からうける圧迫をやわらげ」（④）ようとするものであり、「中世」ではなく、「一七世紀」頃のものである。

問３　傍線部の内容説明問題　7　②

傍線部の箇所は、「生理的快適さに触れたとき、椅子に影響する身体を……解剖学的肉体にもとづくイメージであるかのように語ったが、B実際に椅子に掛けるのは『裸の身体』ではなく『着物をまとった身体』なのである。衣装は……実際にかさのある身体として椅子の形態に直接の影響をあたえていた」となっている。「生理的快適さ」と結びついた「解剖学的肉体にもとづくイメージ」と「『裸の身体』」が、「『着物をまとった身体』」と「衣装」が、それぞれ対応しているので、傍線部は**a〈生理的快適さだけではなく、椅子に掛ける人が身にまとった衣装も、椅子に影響をあたえていた〉**ということを意味していると理解できる。傍線部のある7では、続いて、「衣装」が「椅子の形態に直接の影響をあたえていた」具体例として、一六世紀や一八世紀の婦人たちが身にまとっていた「鯨骨を用いてひろがったスカート」や「膨らんだスカート」が椅子の形態に変化をもたらしたことが紹介され、「文化としての『身体』は、さまざまな意味において単純な自然的肉体ではないのである」と述べられている。ここから、**b〈椅子に掛け、椅子に影響をあたえる衣装をまとった身体は、文化としての身体である〉**ということがわかる。

aとbに適った説明になっている**②が正解**。椅子を用いるのが「文化としての『身体』」であるとすれば、「椅子の用い方には……文化的な記号としての側面もあった」と言えるだろう。

①は、「宮廷社会の家具の意匠が国境と身分を越えて行き渡った」という説明が不適当である。6には、「私たちが普通、この時代（＝一七世紀）の家具とみなしているものは、実は支配階級の使用するものであり……新しい意匠の伝播《でんぱ》が生じるが、それは国境を越えて他の国の宮廷、小宮廷貴族、大ブルジョワジーには伝わっても、同じ国の下層へひろまることはなかった」とある。「宮廷社会の家具の意匠」は「国境」を「越えて行き渡った」が、「身分を越えて行き渡」ることはなかったのである。

③は、「宮廷社会では貴族の服飾文化に合わせた形態の椅

子がこれまでとは異なる解剖学的な記号として登場した」という説明がbに反しており、不適当である。「貴族の服飾文化に合わせた形態の椅子」は「解剖学的な記号」ではなく、「文化的な記号」である。

④は、「宮廷社会の椅子には、貴族たちが自分の身体に向けていた生理的な快適さへの関心を……仮面のように覆い隠そうとする政治的な記号としての役割があった」という説明が不適当である。6には、椅子のような「『もの』」は「身分に結びつく政治学をひそかにもっていた」とあるので、「宮廷社会の椅子」が「政治的な記号」であったとは言える。しかし、それには「貴族たちが自分の身体に向けていた生理的な快適さへの関心を……仮面のように覆い隠そうとする政治的な記号としての役割があった」とはどこにも書かれていない。

⑤は、「貴婦人の衣装やパフォーマンスを引き立たせるために、生理的な快適さを手放してでも、社会的な記号としての華美な椅子が重視された」という説明が不適当である。「衣装は……椅子の形態に直接の影響をあたえていた」（傍線部の直後）とは書かれているが、「貴婦人の衣装やパフォーマンスを引き立たせるために」「華美な椅子が重視された」とはどこにも書かれていない。

問4　傍線部の内容説明問題　8　⑤

傍線部の前には、「やがてブルジョワジー（＝裕福な市民層）が上昇し、支配の座につくとき、かれらはかつての支配階級、宮廷社会がうみだし、使用していた『もの』の文化を吸収するのである」、「ブルジョワジーは支配階級の所作のうちに形成された『身体』をひきついで、働く『身体』に結びつけ、充分に貴族的な色彩をもつブルジョワジー固有の『身体技法』をうみだしていたのである」とある。ここに書かれていることを踏まえて、傍線部の「『身体』の仕組み」が「複雑な政治過程を含んでいる」とはどういうことかを考えてみよう。

支配階級が貴族からブルジョワジーに変わったとき、「『もの』の文化」や「『身体』」は新しいものに入れ替わるのではなく、かつての支配階級の「『もの』の文化」や「『身体』」は新しい支配階級に「吸収」され、「ひきつ」がれるのである。しかし、単純に「ひきつ」がれるわけではない。ブルジョワジーは、支配階級になる以前に、貴族とは異なり、「働く『身体』」を形成していた。そして、支配階級になったときにその「『身体』」にかつての支配階級から「ひきつい」だ「『身体』」を結びつけ、「ブルジョワジー固有の『身体技法』をうみだし」たのである。したがって、新しい支配階級の「『身体』」には自らが形成してきたものとかつての支配階級から「ひきつい」だものとが重層化していることになるだろう。

以上をまとめると、傍線部の「『身体』の仕組み」が「複雑な政治過程を含んでいる」とは次のようなことだと理解することができる。

すなわち、**支配階級が貴族からブルジョワジーに変わった**

ときに、ブルジョワジーは、それまでに形成してきた「働く『身体』」にかつての支配階級から「ひきつい」だ「『身体』」を結びつけ、「固有の『身体技法』をうみだし」たが、このように「『身体』」には支配階級の交替にともなう複数のものが重層化して含まれているということ、である。

この内容に適った説明になっている**⑤が正解**。⑤には「人間の『身体』には……新旧の文化が積み重なっている」とあるが、[6]に「『身体』という概念が……文化の産物であり」とあり、[7]に「文化としての『身体』」とあるように、筆者は「『身体』」を「文化」として捉えているので、かつての支配階級から「ひきつい」だ旧《ふる》い「『身体』」と新しい支配階級がうみだした「『身体』」を「新旧の文化」と表現することに、問題はないだろう。

①は、「ブルジョワジーはかつて労働者向けの簡素な『もの』を用いていたが、支配階級に取って代わったとき、彼らの『身体』は『もの』に実用的な機能ではなく、貴族的な装飾や快楽を求めるようになった」という説明が不適当である。本文にこのようなことは書かれていない。

②は、「ブルジョワジーは……それ（＝かつての支配階級から受け継いだ『もの』）を宮廷社会への帰属の印として掲げていった」という説明が不適当である。本文にこのようなことは書かれていないし、ブルジョワジーが「かつての支配階級、宮廷社会がうみだし、使用していた『もの』の文化を吸収する」のは、「支配の座」についたとき（[8]）であり、そのときは「宮廷社会」は消滅するか衰退していたのであるから、ブルジョワジーがかつての支配階級から受け継いだ「『もの』」を「宮廷社会への帰属の印として掲げ」るというようなことはありえないはずである。

③は、「『身体』にかかわる文化は永続的なものではなく、新しい支配階級に合った形がそのつど生じるので予見できない」という説明が不適当である。「新しい支配階級」がかつての支配階級から「『身体』」を受け継ぐので「『身体』の仕組み」が「複雑な政治過程を含」む（傍線部）ことになるのであるが、③にはこの点の説明が抜け落ちている。

④は、「ブルジョワジーがかつての支配階級の所作を受け継いだやり方は……貴族の社会における『もの』の用い方を、労働者の『身体』に適応させるような変化をともなっていた」という説明が不適当である。ブルジョワジーが「ひきつい」だ「支配階級の所作のうちに形成された『身体』」を「結びつけ」たのは、「（ブルジョワジーの）働く『身体』」であり（傍線部の直前）、「労働者の『身体』」ではない。

問５　**本文の構成と内容について問う問題**　[9]　**③**

①は、「[1]段落では、本文での議論が最終的に生理学的問題として解決できるという見通しを示し」という説明が不適当である。[1]では、椅子が身体にふたつの「生理的苦痛」をひきおこすということが述べられているだけであり、「本文での議論が最終的に生理学的問題として解決できるという見通し」など示されていない。

②は、「[5]段落は、椅子の座や背を軟らかくする技術が椅

子についての概念を決定的に変えてしまったことを述べており」という説明は適当であるが、「6段落以降でもこの変化が社会にもたらした意義についての議論を継続している」という説明は不適当である。6・7では、「身体」が文化的なものであり、「もの」が政治的なものであることが述べられており、8では、ブルジョワジーが宮廷社会の「もの」の文化や「身体」をひきついで、固有の「身体技法」をうみだしたということが述べられている。6段落以降で、「椅子についての概念」の「変化」が「社会にもたらした意義についての議論」が「継続」されているわけではない。

③の6段落と7段落についての説明は適当である。1〜5段落では、椅子のもたらす「圧迫」と「筋肉の緊張」というふたつの「生理的苦痛」を緩和するために、椅子にどのような工夫が施されてきたかということが論じられているので、「生理学的な問題への配慮という角度から論じていたそれまでの議論」という説明は適当である。また、6では、「椅子を成立させた思考も技術も……身体への配慮（＝生理的配慮）のなかに形成された」と述べられているので、「それまでの議論を踏まえて」という説明も適当である。さらに、6では、「『もの』はほんらい社会的な関係……にとりまかれ、身分に結びつく政治学をひそかにもっていた」と述べられ、7では、「衣装」という「もの」も「宮廷社会への帰属という、政治的な記号なのである」と述べられているので、「さらに『もの』の社会的あるいは政治的な記号という側面に目を向ける必要性を説いている」という説明も適当である。

したがって、**③が正解**。

④は、「8段落は……5段落までの『もの』の議論と6段落からの『身体』の議論の接続を行っている」という説明が不適当である。本文では一貫して椅子などの「『もの』」と人間の「『身体』」との関係について論じられているのであり、1〜5段落では「『もの』」について論じられ、6・7段落では「『身体』」について論じられているという説明は明らかに誤りである。

問6　本文の趣旨を問う問題　10・11　①・⑤

本文で論じられている「『もの』と『身体』との社会的関係」についての具体例として「本文の趣旨に**合致しないもの**」を選ぶ問題であるので、本文では「『もの』と『身体』との社会的関係」についてどのようなことが論じられているかをあらかじめ確認しておこう。

まず、1〜5では、a〈椅子が身体にひきおこす「生理的苦痛」を緩和するという「生理的な身体への配慮」から、椅子という「もの」には様々な工夫が施されてきた〉ということが論じられている。

次に、6では、b〈『もの』を機能的にだけ理解することはすでに一種の抽象であ」り、「もの」は「限られた身分（＝支配階級）の人間なればこそ生じた身体への配慮」のなかで成立するという政治的な面ももっている〉ということが論じられている。

また、7では、c〈椅子のような「もの」の形態に影響をあたえるのは、「生理的快適さ」だけではなく、「着物をまとった身体」＝「文化としての『身体』」であり、その着物＝衣装も「社会的な記号」であり、「政治的な記号」である〉ということが論じられている。

さらに、8では、d〈支配階級の交代にともない、かつての支配階級の「もの」の文化や「身体」が新しい支配階級にひきつがれる〉ということが論じられている。

以上のことを踏まえたうえで、各選択肢を順に検討していこう。

①は、「私たちの『身体』がそれぞれの環境に適応して心地よく暮らしていくための工夫がいろいろ試みられ、近代的な家屋という『もの』の文化を生み出しています」という意見がbとcに反しており、本文の趣旨に合致しない。この意見では「『もの』の文化を生み出」すものを「生理的快適さ」に限定しているが、「社会的」なものや「政治的」なものからも「『もの』の文化」は生み出されるのである。したがって、**①が一つ目の正解**である。

②は、ユニホームには「機能性を重視」する面や「ファンが着て一体感を生み出す記号」としての面があるなど、「身につける『もの』に複数の側面がある」という意見がbやcに合致する。「ファンが着て一体感を生み出す」ユニホームは「社会的な記号」になっていると言えるだろう。

③は、「『身体』という概念は文化の産物だ」と、6に書かれていることを踏まえて、「その（＝箸の）扱い方には様々な『身体』的決まり事があって、それは文化によって規定されているのだと思います」という意見を述べているが、この箸の扱い方の説明は8にある「『身体技法』」に適っている。したがって、③は本文の趣旨に合致している。

④は、「『身体』がまとう衣装は社会的な記号である」という7に書かれていることを踏まえて、「その姿（＝鹿鳴館《ろくめいかん》で日本の上流階級が交流していたときの華やかな洋装）は単なる服装という『もの』の変化にとどまらず、西洋の貴族やブルジョワジーの『身体』にまつわる文化的な価値を日本が取り入れようとしたことを示しているのではないでしょうか」という意見を述べている。これは、「着物をまとった身体」＝「文化としての『身体』」というcに合致している。

⑤は、「新しい『もの』がそれを用いる世代の感覚やふるまいを変え、さらには社会の仕組みも刷新していくことになる」という意見が、本文の趣旨に合致しない。5には、「クッションを椅子に合体させた」新しい椅子は「それまで硬かった椅子そのもののイメージを軟らかくしてしまった」とあるので、「新しい『もの』がそれを用いる世代の感覚やふるまいを変え」るとは言えるが、「さらには社会の仕組みも刷新していくことになる」とは言えない。このようなことは本文に書かれていない。したがって、**⑤が二つ目の正解**である。

⑥は、「私たちが身につける『もの』の中でも、帽子には日射しを避けるという機能とは別の『身体』のふるまいにかかわる記号としての側面もあるのではないでしょうか」という意見がbやcに合致する。

第2問 現代文（文学的文章）

【出典】

津村記久子の小説「サキの忘れ物」の一節。発表は「文藝」二〇一七年秋季号。短編集『サキの忘れ物』（二〇二〇年）所収。

津村記久子（つむら・きくこ）は、一九七八年大阪市生まれの小説家。大谷大学国際文化学科卒業。二〇〇九年に、「ポトスライムの舟」で芥川賞を受賞。その他、小説としては、「給水塔と亀」（川端康成文学賞）、『浮遊霊ブラジル』（紫式部文学賞）、エッセイとしては、『やりたいことは二度寝だけ』、『まぬけなこよみ』などの著書がある。

【本文解説】

本文は、高校を中退し喫茶店でアルバイトをしていた千春が、常連客の女性が忘れた本をきっかけに、人との関わりや読書への取り組みなど、より前向きな姿勢になっていった、という内容の文章である。リード文を踏まえ、空白行で分けられている前半と後半、それぞれの内容を確認していこう。

〈リード文〉

十八歳の千春は、高校を中退後、病院に併設されている喫茶店で、店長の谷中《やなか》さんや先輩の菊田さんと、アルバイトとして働いている。ある日、常連客の「女の人」が、「サキ」という名前の外国人男性作家による短編集の文庫本を店に忘れた。

〈前半〉

Ⅰ 常連客に忘れた本を返却する（冒頭〜12行目）

忘れ物のあった翌日、いつもと同じように、夜の八時に常連客の「女の人」がやって来て、文庫本の忘れ物がないかを尋ねた。千春は、すぐに忘れ物の棚から取って来てその本を渡した。うれしそうに本を受け取った「女の人」に、千春は、本のことを頭の中でだけ話しかけた。千春にとって、自分から何かを話しかけたい気持ちになることも、頭の中に話しかける文言が浮かぶことも、珍しいことだった。

Ⅱ 「女の人」との会話（13行目〜44行目）

「女の人」は、注文したチーズケーキの皿が置かれると、「いい匂い」と言った。それにつられて、千春は、注文に応じたケーキが最後の一個なので、「お客さんは運がいいですよ」と話した。千春が、注文以外に自分から客に話しかけたのは、店で働いてから初めてのことだった。「それはよかった」と応じる「女の人」の笑った表情がもう少し続けばいいと思った千春は、さらに言葉をかけた。「女の人」は、病院に通うのは友達の見舞いであり、家から通う際に利用する電車の中で本を読んでいると、自分に関するいくつかのことを話した。そして、「電車に乗らなくなってだいぶ経《た》つ」と言う千春に、「女の人」は「それは幸せですねえ」と言った。小さい頃はともかく、他の人に「幸せ」と言われたことが、記憶の及ぶ範囲では一度もない千春は、少しびっくりし、何も返事が出来なかった。「女の人」は、「事情があるかもしれないのに、ごめんなさいね」

と頭を下げた。千春は、自分が黙ってしまったので、「女の人」が気まずい思いをしたのではないかと心配しつつ、その場を離れた。電車に乗らなくなったのは、何の意欲も持てなくなり、高校をやめたからであるが、それにふれると、「女の人」は、言いにくいことを言わせてしまったと申し訳なく思うのではないかと気遣い、何も言わなかった。

Ⅲ　「女の人」の忘れ物と同じ本を購入する（45行目〜60行目）

「女の人」は、いつものように九時少し前まで本を読み、帰って行った。千春は、「女の人」が読んでいたサキの本がどうしても気になり、家とは反対方向ではあるが、病院近くの遅くまで開いている書店に行った。文庫本のコーナーに初めて入り、三十分ほど見て回ったが見つからず、店員にサキの本を探していると話した。他の本を出されることを心配したものの、店員は「女の人」が忘れた文庫本と同じ本をすぐに持ってきてくれた。

初めて文庫本を買ったことを翌日には後悔するかもしれないが、高価ではないので、それでも構わないと千春は思った。いつもより遅く、時間のかかる帰り道を歩きながら、千春は、これから読もうとする本について考えた。何にも意欲が持てず、高校をやめたことの埋め合わせを期待しているわけではない。本がつまらなくてもかまわない。けれども、「この軽い小さい本のことだけでも」面白いかつまらないか自分でわかるようになりたいと思ったのである。

〈後半〉

Ⅳ　「女の人」からブンタンをもらう（64行目〜73行目）

「女の人」は、忘れた本を取り戻した翌日も来店した。そして、見舞いに通っている友人と同室の患者さんの親戚からもらったというブンタンを、「もしよろしければ」と、千春と菊田さんと谷中さんに一つずつ渡してくれた。菊田さんは、これまで関わりのない人同士が入院をきっかけに知り合いになるから不思議だ、と感想を述べていた。千春は、菊田さんと谷中さんに入院の有無を尋ね、菊田さんからはないと言われたものの、谷中さんからは「あるよ」と「ちょっと暗い声」で言われた。

Ⅴ　サキの本を読む千春（74行目〜最終行）

「女の人」に忘れ物を返した日の夜、サキの本を買った千春は、いろんな話の書き出しを読んでみて、牛をめぐる話を読んだ。その話は、牛専門の画家が、家の中に牛が入り込んだので、仕方なく牛の絵を描く、というものだった。千春は、ありえない話と思いつつも、自分の家に牛が入ってくると思うと愉快な気持ちになった。その話は、つまらないわけではないが、声を出して笑うほどでもなかった。ただ、話の中で述べられていることの様子を想像していたいと思い読み続けていった。本は、これまで自分が予想していたような面白さやつまらなさを感じるものではないことを、千春は発見した。

その翌日、ブンタンをもらった日も、千春は帰宅後、どれか読めそうな話を読むつもりだった。そして、家の中に牛がいることを想像していると、「女の人」からもらったブンタンを母に渡すのを忘れ、自分の部屋に持ち帰ってしまった。

千春は、母にブンタンを渡しに行くよりも、お茶を淹《い》れて本を読みたい気持ちが勝り、勉強もしないのに部屋に置いたままの勉強机の上に、ブンタンを置いた。本に向かう千春のかたわらで、ブンタンから、「すっとする、良い香り」が漂った。

以上、千春の行動や気持ちの流れを整理すると、以下のようになる。

・常連客の「女の人」が忘れた本をきっかけに、千春は、「女の人」やサキの本に気持ちが惹《ひ》かれた。

↓

・そのため、千春は、初めて自分から客に話しかけたり、初めて文庫本を購入したりした。

↓

・千春は、購入したサキの本を、これまでとは違う向き合い方で読み続けた。

↓

・本に向かう千春のかたわらで、「女の人」がくれたブンタンの香りが漂っていた。

【設問解説】

問1 **語句の意味を問う問題** [12] ④ [13] ④ [14] ①

(ア)の「居心地の悪さを感じた」は、〈ある場所や地位にいて、よい感じがしない〉という意味。これに最も近く、千春の沈黙に対して常連の女性客が「居心地の悪さを感じた」という文脈にもふさわしい、**④が正解**。①〜③および⑤は、いずれも語意に合致しない。なお、①の「所在ない」は、〈何もすることがなく退屈すること。手持ち無沙汰〉という意味。頻出語として覚えておこう。

(イ)の「危惧した」は、〈心配になった。不安を抱いた〉という意味で、**④が正解**。他の選択肢はいずれも語意が合致しないが、③と⑤で少し迷ったかもしれない。③の「気後れがした」は、〈相手の勢いなどに圧倒され、心がひるんだ〉という意味。また、⑤の「恐れをなした」は〈恐怖を抱いた。こわくなった〉という意味。③も⑤も、千春が、自分の求めている本と別の本を店員が持ってくるのではないかと「危惧した」という文脈に合致しない。

(ウ)の「むしのいい」は、〈自分の都合ばかり考えて他を考慮しない。身勝手〉という意味であり、これに最も近い、**①が正解**。千春は、高校をやめたことを埋め合わせるといった「むしのいい」ことなど望んでいない、という文脈にも合っている。他の選択肢はいずれも語意が合致しない。

問2 [15] ② **傍線部に関して千春の状況や心情を説明する問題**

まず、傍線部とその文脈を確認していこう。

千春は、常連客の「女の人」に、彼女が喫茶店に忘れた本を返し、その人との会話の流れの中で、かなりの間電車に乗っていないので、電車内で時間を過ごす感じを忘れたと言う。それに対して「女の人」から「それは幸せですねえ」と言われるが、「少しびっくりし、返事が出来ないでいる」。ではなぜ、びっくりし、「何も言い返せないでいる」。他人から「幸せ」だと言われたのは、小さい頃はともかく、記憶の限りでは一度もなかったからである。

　以上を整理すると、次のようになる。

a　千春は、他人から「幸せ」だと言われた記憶がない
b　（aなのに）「女の人」から、電車に乗らずに済むのは幸せだ、と言われた
c　（bに）びっくりして、どう返事してよいかわからず黙ってしまった

　こうした内容に最も近い②が正解。

　なお、②の中の「自然な様子で」という表現は本文にはない。けれども、友達の見舞いに通うため、電車に乗る時間を負担に感じている「女の人」からすれば、そうした時間を過ごす必要のない千春が「幸せ」に思え、それをつい口にしたのだから、二人の和やかな会話の中で自然に発せられた言葉として受け止めても問題ないだろう。したがって、「女の人」の発言を「自然な様子で」と表現するのは適切である。また「意表をつかれて」とは〈思いもよらないことをされて〉という意味なので、cの「びっくりして」に対応する表現である。
　①は、まず前半の「周囲の誰からも自分が幸せだとは思われていないと感じていた」の部分に疑問の余地がある。千春が人から「幸せ」だと言われたことがないことは本文で示されている。だが「周囲の誰」もが自分のことを幸せだと思っていないと千春が感じていた、と断定する根拠は本文にない。また、後半の「彼女の境遇を察し」も、そのように断定する根拠は本文にない。
　③は、まず「幸せだったことは記憶の及ぶ限り一度もなかった」の部分に疑問の余地がある。「幸せ」と言われたことが一度もないのであり、「幸せだったこと」があるかないかは、本文でふれられていない。また、「何か話さなくてはならないと焦ってしまった」も、cに合致しない。
　④は、末尾の「その皮肉に言葉が出なくなった」が、cに合致しない。そもそも、「女の人」の言葉を、「皮肉」と受け取ったという根拠はない。
　⑤は、末尾の「話題をうまくやりすごす返答の仕方が見つからなかった」が、cに合致しない。

問３　傍線部に関する千春の心情を説明する問題　16　⑤

　まず、サキの本を読もうとするまでの、千春の心の動きをたどってみよう。

　千春は、常連客に忘れた本を返した際に、自分からその「女の人」に話しかけたいという気持ちになった。店の客に自分から話しかけるのは、千春にとって初めてのことであった。千春は、親しみを感じた「女の人」が読んでいたサキの本が気になって、仕事帰りに本屋に寄り、それと同じ本を購入した。千春は、初めて買ったその文庫本が「おもしろくてもつまらなくてもかまわない」（57行目）と思った。むしろ、それ以上に、とにかく「おもしろいかつまらないか」（58行目）を「自分でわかるようになりたい」（58行目と60行目）と思った。つまり、本の内容そのものではなく、本を読む自分の方に何らかの変化が生じることを期待していたのである。それが、「高校をやめたことの埋め合わせ」（59行目）になることを望んだわけではないが。

以上の経過を整理すると、

a 「女の人」に彼女が忘れた本を返す際に、自分から話しかけたい気持ちになった

b 「女の人」と言葉を交わすきっかけになった本と同じ本を購入し読もうと思った

c 本がおもしろいかつまらないかだけでもわかるように、自分がなれば（＝変われば）よいと思った

d 高校をやめたことの埋め合わせを期待しているわけではない

となるだろう。

以上のa〜dに合致する**⑤が正解**。

なお、「高校をやめたことの理由づけにはならなくても」の部分と同じ表現は本文にないが、dの内容と対応する。また、「何かが変わるというかすかな期待」の部分も本文に同じ表現はないが、cの内容と対応する。

①は、最初の「つまらないと感じたことはやめてしまいがちな自分」や「最後まで本が読めるとは思えなかった」が、千春についてそこまで断定できるか、本文では不明。また、「有名だとわかり」「内容を知りたい」という部分が、bに合致しない。

②は、最初の「高校をやめてしまった挫折感」が、本文の「何の意欲も持てないことをやめたに過ぎなかった」（43行目）に合致しない。また、「その本をきっかけにして女の人とさらに親しくなりたい」も、本文に根拠のない内容。

③は、後半の「内容を知りそれなりに理解できるようになりたい」が、本文の「読めるかどうかもわからないのに」（55行目）という千春の自信のなさや、cにあるような千春の期待とは合致しない。

④は、後半の「自分で読んでそのおもしろさだけでもわかりたい」が、③と同じく、千春の自信のなさや、cに合致しない。

問4 **傍線部に関して千春の読書についての思いを説明する問題** 17 ⑤

千春は、一つの話を読み終えたとき、「予想していたようなおもしろさやつまらなさを感じさせるものではない」（傍線部）ことを発見した。では、千春は、「おもしろさやつまらなさ」ではなく、どのようなことを感じたのであろうか。あらためて、千春が読んだ話と、その感想について確認していこう。

千春は、購入したサキの短編集の中で、自分に理解できそうな話を選び、読んでみた。その話は、牛専門の画家が、家に入り込んでしまった牛の絵を描くという内容だった。そもそも牛専門の画家がいるのかということや、牛が人の家の庭にいて、さらに家の中に入るのもありえないと思った。だが、自分の家に牛が入ってくることを想像すると愉快な気持ちになった。その話は、途中で投げ出すほどつまらないとは思わないが、声を出して笑うほど面白かったわけではない。ただ、「様子を想像していたいと思い、続けて読んでいたいと思った」（79・80行目）のである。

以上を整理すると、

a　千春が読んだのは、牛専門の画家が家に入り込んだ牛の絵を描くという話だった

b　千春は、その話をありえない話だと思った

c　だが、自分の家の中に牛が入り込む様子を想像すると楽しかった

（だからこそ、本の「おもしろさやつまらなさ」とは別に、）

d　自分で本の内容を想像しながら読書を続けたいと思った

となるだろう。

こうした、a～dの内容を含んでいる⑤が正解。

なお、「牛の話」の内容が「突飛（＝思いもよらないこと）」であるという内容がa・bに、「自分のこととして空想すること」に魅力を感じるという内容がcに、自らの「想像」と関わらせることが読書だという内容がdに該当している。

①は、「画家の姿勢には勇気づけられた」、および、「本を読む意義」を「登場人物に共感することで自分の力にすることにある」としている部分が、本文に根拠のない内容。

②は、後半の「本を読む喜び」が「苦労して読み通すその過程によって生み出される」が、本文に根拠のない内容。

③は、前半の「情景を想像するのが難しかった」、および、後半の「世の中には」以下が、本文に根拠のない内容。

④は、「本を読んだ感動」が「それを読むに至る経緯や状況によって左右される」が、本文に根拠のない内容。

問５　傍線部の描写と、千春の気持ちや行動との関係を説明する問題　18　⑤

傍線部で、「すっとする、良い香りがした」と描写されているのは、「女の人」が、入院している友達の同室者の親戚からもらい、喫茶店のスタッフに受け取ってもらったブンタンである。この描写が千春の気持ちや行動とどのように関わっているのかは、本文で明示されているわけではないが、まずは、傍線部までの、千春の行動と心情を確認していこう。

千春が、「女の人」の忘れ物と同じサキの本を購入し、牛の話を読んだ翌日、「女の人」は、喫茶店のスタッフにブンタンを一つずつ渡した。帰宅後、千春は、ブンタンを母に渡すつもりでいた。だが、昨日読んだ牛の話から、家の中のいろんなところに牛がいるところを想像するあまり、ついブンタンを渡しそびれ、部屋に持ってきてしまった。そのブンタンを母に渡しに行くよりも、「お茶を淹れて本を読みたいという気持ちが勝」り、ブンタンを机の上に置いて、本を読もうとしていた。その本は、「女の人」が忘れたことがきっかけになって興味を抱き購入したサキの本である。そして、千春のかたわらでは、「女の人」からもらったブンタンの良い香りが漂っていた。

以上の内容を整理すると、

a　サキの本の忘れ物をした「女の人」からブンタンを店でもらって帰った

b　サキの本の中の牛の話を想像していて、母にブンタンを渡しそびれ、部屋の机の上に置いた

c　ブンタンを母のところに持って行くより、お茶を淹れて本を読みたくなっている

d　読もうとする本は「女の人」の忘れ物と同じ本である

e　机の上のブンタンは、良い香りを漂わせている

となるだろう。

しかし、これだけでは、〈ブンタンの描写と千春の気持ちや行動との関係〉が断定しにくいので、a～eの内容を踏まえ、選択肢をそれぞれ吟味していこう。

①は、「人見知りで口下手だったために自分を過小評価していた千春」や、「一人前の社会人として認められた」や「仕事を通して前向きに生きる自信を回復」という部分が、本文に根拠のない内容であり、間違い。

②は、「女の人の行動を真似」るほど「千春の憧れの強さを表している」や、「他の人の生活に関心を持ち始めた千春」という部分が、本文に根拠のない内容であり、間違い。

③は、前半の「千春が本を読むときに」「ブンタン」を「自分のそばに置きたいと思った」が本文の内容に合致せず、間違い。「ブンタン」は、母に渡すのを忘れて部屋に持ってきたのであり、しかも母に渡しに行くよりも「本を読みたいという気持ちが勝って」（85行目）机の上に置いたのである。また、後半の「自分にしか関心のなかった千春が」以降も、本文に根拠のない内容である。

④は、まず「千春が手にした『ブンタン』」という表現が気になる。千春が本に向かうためには、手にしたブンタンを机の上に置かねばならない。そして、机の上に置かれたブンタンから「良い香りがした」のであり、手に持っているブンタンから香りがしたと読み取れる表現は適切ではない。

そしてそれ以上に、千春と「女の人」との対応が不自然である。勉強机と喫茶店のスタッフという違いはあるが、千春と「女の人」のいずれもが、対象と隔たっている状態から近づくように変化するという内容である。だがこれでは、「女の人」が忘れたサキの本を契機に千春が読書に向かうなど、千春が変わろうとしているという、本文全体の流れが反映されない内容になってしまう。

⑤は、a～eの内容を踏まえている。とはいえ、お茶を淹れて本を読む千春の姿と、コーヒーを飲みながら本を読む「女の人」の姿とを「結びつける」という表現は、直接本文では示されていないので気になったかもしれない。だが、本文の前半では、「女の人」がコーヒーを飲みながら本を読ん

でいる姿を千春が目にしていることが、明示されている。その「女の人」が忘れたサキの本に千春が興味を抱き購入し、かつ牛の話を読んだ後、さらに別の話を、お茶を飲みながら読もうとしているのである。こうしたことから、お茶を飲みながら本を読もうとしている千春の姿（本文末尾）と、コーヒーを飲みながら本を読んでいる「女の人」の姿（本文前半）とを、「女の人」からもらったブンタンとの関わりにおいて、結びつけて読み取ろうとすることは決して不自然ではない。

また、ブンタンの「香りの印象は、千春が本を読む楽しさを発見した清新な喜びにつながっている」という表現も本文で明示されていない。だが、千春は、母にブンタンを渡すことを忘れてしまうほど、早く本を読みたいという気持ちになり、自分で想像しながら読み進めるといった、これまでとは異なる本の読み方があることを「発見した」（81行目）のである。こうした、千春のわくわくする気持ちを踏まえれば、「本を読む千春のかたわらにあるブンタンの香りが、「本を読む楽しさを発見した清新な喜びにつながっている」というのは、妥当な表現である。

以上から、ａ～ｅの内容を踏まえ、かつ本文全体の流れに即している⑤が正解。

問６　登場人物の捉え方に関して、グループでの話し合いにおける空欄を補う問題　19　②　20　④

(1)　**「女の人」はどのように描かれているかについて空欄Ⅰを補う問題**

本文の内容を前提に、クラスのグループの会話を踏まえ、「女の人はどのように描かれているか」を確認していこう。

Ａさん～Ｄさんの最初の発言では、度々笑顔を見せる「女の人」の好ましい印象が示されている。とりわけ、いつもは自分から客に声をかけることのない千春が、「女の人」に話しかけたい気持ちになっている、というＢさんの発言からは、千春が「女の人」に好感を抱いていることが読み取れるので、

ａ　「女の人」は、相手に好感を抱かせる

と整理できるだろう。

また、「自分の事情をざっくばらんに話してもいる」という、Ｃさんの二度目の発言からは、

ｂ　自分に関する事情を相手に素直に話す

ということがわかる。

さらに、「『もしよろしければ』という言い方もしている」という、Ｄさんの二度目の発言からは、

ｃ　相手へ細やかな気配りをしている

ということも確認できる。

こうしたａ～ｃの内容を備えている②が正解。

なお、「相手と気さくに打ち解ける」という部分がａとｂに該当し、「繊細な気遣いも見せる」という部分がｃに該当する。

①は、「自分の心の内は包み隠す」が、うれしいと笑顔を見せたりすることやbに合致しない。

③は、「内心がすぐ顔に出てしまう」が間違い。「女の人」は笑顔を見せるなど、自分の気持ちを隠そうとはしていない。とはいえ、いつも自分の内心が表情に出ているわけではない。このことは、千春が、会話における自分の沈黙を「女の人」がどのように受けとめているのかあれこれ考えている（40～43行目）。つまり、千春は「女の人」の表情からその内心を読み取っているわけではないことを示している。

④は、「どこかに緊張感を漂わせている」が、aに合致しないし、本文にもそうした根拠は示されていない。

⑤は、まず、「相手の気持ちに寄り添」うとまで断定できるかどうかが不明であり、それ以上に「自分の思いもさらけ出す」が、本文に根拠のない内容。③でも示したが、千春が「女の人」との会話において、相手がどう思ったのかあれこれ考えているように、「自分の思いもさらけ出」しているわけではない。

(2) **千春にとって「女の人」はどういう存在として描かれているかについて空欄Ⅱを補う問題**

話し合いにおける、Bさんの二度目の発言、「女の人」の言葉から「千春の心に変化が起こっている」や、Cさんの三度目の発言、「千春の心は揺り動かされている」や、Aさんの四度目の発言、「『わかるようになりたい』という58行目の言葉も印象的だね」などからは、

a 「女の人」が千春の変化のきっかけになった

ということがわかる。

千春の変化については、自分から「お客さんに話しかけるのは初めてだった」（24・25行目）や、本の読み方について「様子を想像していたいと思い、続けて読んでいたいと思った」（79・80行目）や、「本を読みたいという気持ちが勝って」（85行目）などと考え合わせると、

b 物事に対し自分から働きかけようとしている

ということが言えるだろう。

こうした内容に最も近い**④が正解**。

他の選択肢は、いずれもaとbの内容が欠落しているが、さらに吟味していこう。

①は、「目をそらしてきた悩み」とあるが、そうした悩みについての言及は本文にない。

②は、高校中退を「後悔するばかりだった」とあるが、「何の意欲も持てないことをやめたに過ぎなかった」（43行目）という本文の内容に合致しない。

③は、「流されるままにただこなしていた仕事」が、本文に全く根拠のない内容。

⑤は、「自分に欠けていた他人への配慮」が、本文に全く根拠のない内容。

第3問　古文

【出典】

『山路の露』

成立年代　鎌倉時代初期

ジャンル　擬古物語

作者　未詳（藤原伊行《ふじわらのこれゆき》、あるいは、その娘の建礼門院右《けんれいもんいんう》京大夫《きょうのだいぶ》を作者とする説もある）

内容　『源氏物語』五十四帖《じょう》（巻）のうち最後の十帖を宇《う》治《じ》十帖と呼ぶが、その続編として書かれた物語で、薫《かおる》（本文の「男君」）と、その恋人で薫の前から姿を消した浮舟《うきふね》（本文の「女君」）との再会の場面を中心に描く。

都を離れ尼となって山里に隠棲《いんせい》する浮舟は、自分が生きていると薫に知られたことをつらく思い、薫の手紙を持ってきた女君自身の弟の小君《こぎみ》（本文の「童」）にも会おうとしない。小君は何度目かでやっと浮舟に対面するが、薫には人違いだったと言うよう浮舟から懇願される。しかし、小君は薫にありのままを告げ、それを聞いた薫は、小君を従者として山里を訪れ、浮舟との再会を果たす（その対面の場面が、今回の本文である）。帰京した薫から浮舟の生存を知らされた浮舟の母は、浮舟に会いに行き、都へ戻ることを勧めるが、浮舟はそれを受け入れない。薫と浮舟との関係は進展しないまま、物語は終わる。

【全文解釈】

夕霧がたちこめて、道はたいそう（足元が）はっきりしない（ので歩きにくい）けれども、（男君は、女君への）深い（思慕の）心を道案内として、急いでおいでになるのも、一方では不思議で、（女君が尼となってしまった）今は（会ったとしても）そのかいもないだろうが、と思いなさるけれども、過ぎ去った昔の（二人の）夢のような思い出話をだけでも語り合いたく、行く先（である女君の住む山里への道）がつい急がれるお気持ちで（あった）。浮雲を吹き払う四方から吹く嵐で、月が曇りもなく澄んで（東の空に）昇って、はるか遠くまで自然と思いやられる気がするので、ますます物思いをしつくさないで残しなさることはない（＝物思いの限りをしつくしなさる）だろうよ。山深くなるにつれて、道はたいそう（草が）茂っていて、（降りた）露が深いので、御随身はたいそう目立たないような身なりにしているがそうはいうもののやはり（男君の供に）ふさわしく、御先払いの者が露を払う様子も風情があるように見える。

あちら（＝女君の住まいのある所）は、山の麓で、たいそうこぢんまりとした所であった。まずあの童（＝女君の弟）を（女君の住まいの庵《いおり》のあたりに）入れて、様子をうかがわせてみなさると、

「こちらの門のような所は鍵をかけてあるようです。竹垣を作りめぐらしている所に、（中に）通じる道があるようです。ともかく（そこから）お入りください。（あたりに）人の姿もありません」

と申し上げるので、（男君は）

「しばらく静かにして（待っていろ）」

とおっしゃって、自分一人が入りなさる。

　小柴垣というものを形ばかりしつらえてあるのも、（他のどこでも）同じことではあるが、たいそう心ひかれ、風情のある様子である。妻戸も開いて、まだ人が起きているのであろうか、と思われるので、茂っている庭の植え込みのあたりから（茂みを）伝って近寄って、軒に近い常緑樹（の葉）があたりいっぱいに広がっている下に隠れてご覧になると、こちらは仏の御前（＝仏を安置した部屋）であるのだろう。仏前でたく香の香りが、たいそう（心に）深く染み込むように香り出てきて、ちょうどこの（部屋の）端のほうで仏道修行をする人がいるのであろうか、（読誦《どくじゅ》に合わせて）経典が巻き返される音もひそやかに心ひかれるように聞こえて、しんみりとしてすべてにわたってしみじみと心にしみるので、何というわけでもなく、そのまま御涙が流れる気がして、しみじみと見ていらっしゃると、しばらくして、仏道修行が終わったのであろうか、

「すばらしい月の光だなあ」

と（読誦の声の主が）独り言を言って、簾の端を少し上げながら、月の表面をじっと眺めている横顔は、昔のままの（女君の）面影が不意に自然と思い出されなさって、たいそうしみじみ愛《いと》しいので、ご覧になると、月（の光）はすっかり（部屋に）差し込んでいるので、鈍色（＝濃いねずみ色）や、香染（＝薄紅に黄色を帯びた色）などであろうか、袖口（の色合い）が慕わしく見えて、（肩のあたりで）削いだ額髪（＝額から左右に分けて頬のあたりに垂らした髪）がゆらゆらと垂れている目元のあたりが、たいそう優美で魅力的で、このようであるのもかわいらしさがまさって、（思いを）こらえきれずじっと見つめていらっしゃると、（女君は）依然として、しばらくじっと（月に）目をとめて眺めて、

「どの里も区別しない（で降り注ぐ）空の月の光だけが、かつて見た時の秋と変わらないでいるのだろうか（私はかつてとはすっかり変わってしまった）」

と、ひそやかに独り言を言って、涙ぐんでいる様子が、たいそうしみじみと心にしみるので、きまじめな人（＝男君）も、それほどまでには心を鎮めなさることが（でき）なかったのだろうか、

「（あなたと一緒に見た）昔なじみの地の月は（あなたが姿を消した悲嘆の）涙のためにかすんで、その時（＝昔一緒に見た時）のままの光は見なかったことだ」

と詠んで、不意に近寄りなさったところ、（女君は）まったく思いがけず、（世間で）化け物などと言っているようなもので（あろう）と、気味が悪くて、奥のほうに引き入りなさる（女君の）袖を（男君が）引き寄せなさるやいなや、（涙を）抑えることが難しい（男君の）ご様子を、やはり、それ（＝男君）だと見て自然とわかりなさるのは、（女君は）たいそう恥ずかしく不本意に思われて、まるっきり気味の悪い化け物であるならばどうしようか、いや、どうしようもない、（しかし、自分が）この世に生きているものだとも（男君に）聞かれ申し上げてしまったことは情けないことだと思って、なんとかしてそう

ではなかったのだ（＝自分は生きていなかったのだ）と（男君に）聞いて考え直され申し上げたいと、あれやこれやと（これまで）願っていたのに、逃れようもなくはっきりと見て取られ申し上げてしまったと、どうしようもなくて、涙が流れ出るばかりで、茫然《ぼうぜん》としている様子は、たいそう気の毒だ。

【設問解説】

問１　短語句の解釈問題　21　①　22　③

解釈の問題では、古語の意味と文法事項に留意して、逐語訳をすることが大事である。しかし、文脈を踏まえて意味判断をしなくてはならない場合もあるので、普段から、文脈をよく考えた上で解釈をするように心がけたい。

(ア)　かつはあやしく

かつは	あやしく
副詞	形容詞シク活用「あやし」連用形

かつは
1　一方では。一つには。
2　すでに。以前に。

あやし
1　神秘的だ。
2　不思議だ。
3　奇妙だ。変だ。
4　身分が低い。
5　粗末だ。みすぼらしい。
＊1〜3は「怪し・奇し」、4・5は「賤し」とも表記される。

「かつは」の解釈として適当なものは①〜③の「一方では」、「あやし」の解釈として適当なものは①の「不思議で」のみなので、**正解は①**である。

また、文脈を確認すると、ここは、男君が、女君を訪ねて山里へ急ぐ場面である。女君への深い思いから山道を急ぐが、男君は「今はそのかひあるまじきを（＝今は会ったとしてもそのかいもないだろうが）」とも思っている。かいはあるまいと思いつつも山道を急いでいるのだから、「一方では不思議で」という解釈は文脈にも合う。

(イ)　はかなくしなしたる

はかなく	しなし	たる
形容詞ク活用「はかなし」連用形	動詞サ行四段活用「しなす」連用形	助動詞存続「たり」連体形

はかなし
1　しっかりしていない。頼りない。弱々しい。
2　あっけない。むなしい。
3　取るに足りない。つまらない。
4　とりとめがない。いいかげんだ。
5　たわいない。あさはかだ。

しなす
1 ある状態にする。作り上げる。

「はかなし」の解釈として適当なものは、②の「崩れそうな」、③「形ばかり」（いずれも前記1に対応）である。「しなす」は、サ行変格活用動詞「す」の連用形「し」に、サ行四段活用動詞「なす」がついてできた複合動詞で、何かをある状態にするという意味である。その解釈として適当なものは、①の「飾ってある」、③の「しつらえてある」、④の「手入れしてある」である。ここから正解は③であるとわかるが、文脈も確認しよう。

ここは、女君が住む庵の「小柴（＝雑木の小枝で作った低い垣根である小柴垣）」についての描写だが、女君が暮らすのは、本文5行目に「山のふもとに、いとささやかなる所なりけり」とあるように、山里の小さい庵であった。よって、小柴垣を「形ばかりしつらえてある」という解釈は文脈にも合う。**正解は③**である。

問2 語句や表現に関する説明問題 23 ②

まず、二重傍線部の訳を確認しよう。

連体詞	**ありし**	過ぎ去った昔
名詞	**世**	
格助詞	**の**	の
名詞	**夢語り**	夢のような思い出話
格助詞	**を**	を
副助詞 限定	**だに**	だけでも
動詞 サ行下二段活用「語り合はす」未然形	**語り合はせ**	語り合い
助動詞 希望「まほし」連用形ウ音便	**まほしう、**	たく、
名詞	**行く先**	行き先が
動詞 ガ行四段活用「急ぐ」未然形	**急が**	つい急がれる
助動詞 自発「る」連体形	**るる**	
名詞	**御心地**	お気持ち
助動詞 断定「なり」連用形	**に**	で
係助詞 強意	**なむ**	

解釈の上で、注意すべき語句は次の通りである。

ありし世（連語）
1 過ぎ去った昔。
2 生きていた時。

夢語り
1 夢で見たことを人に話すこと。また、その話。
2 夢のようなはかない話。

だに
1 類推（～さえ）
＊「AだにX、ましてBはX′。」というのが基本の構文。Aは程度の軽いもの、Bは程度の重いもので、XとX′はほぼ同趣旨の内容となる。
＊「ましてBはX′」の部分はしばしば省略される。
2 限定（せめて～だけでも）
＊後にある意志・希望・願望・仮定・命令の表現と呼応する。

「ありし」は、ラ行変格活用動詞「あり」の連用形に、過去の助動詞「き」の連体形がついたものだが、体言を修飾する一語の連体詞として使われる場合もある。連体詞の場合は「以前の。昔の。生前の」といった意味で、「ありし世」とある場合は前記のような意味になる。「夢語り」は、この場面が、かつて恋愛関係にあった女君のもとへ会いに行く場面で、その「夢語り」を語り合いたいという文脈から、前記２の意でその「話」とはかつての思い出話だと考えることができる。「だに」は、後に希望の助動詞「まほし」があることから、前記２の用法である。「行く先」は、女君がいる山里を指し、その山里への道がつい急がれる、ということである。末尾の「なむ」は強意の係助詞で、結びの語は省略されている。以上を踏まえて解釈すると、前記のようになる。これを踏まえて選択肢を検討しよう。

①は、「ありし世」を「前世からの縁」と解釈していること、「夢語り」を「夢想していた」と説明している点が、いずれも不適当である。

②が正解。二重傍線部の直前で、男君は女君のもとに向かう中、急いで会いに行っても、そのかいはなく昔のような状況には戻れまい、というあきらめの気持ちを抱いている。そこから、「と思せども」と逆接で二重傍線部に続く。また、「だに」は、前記のように「まほしう」と呼応しており、ここでは限定の用法である。よって、男君は、再会して昔の恋人同士には戻れなくても、せめて恋人同士だった昔の話だけでも語り合いたい、という「わずかな望みにもすがりたいような心境」だったと言える。

③は、「せ」を「使役の意味」ととらえている点が不適当である。「語り合はせまほしう」の主体は男君であるから、「語り合は／せ／まほしう」と単語に分けて、「せ」を使役だと考えると、訳は「話し合いをさせたい」などとなるので、本文の文脈に合わない。また、二重傍線部は、選択肢のような「女君自身の口から事情を説明させよう」という解釈にもならない。

④は、「『るる』は可能の意味」が不適当である。「急がるる御心地」とあるように、「急が」は、男君が先を急ぐ心情を表しており、「るる」は自発の意味だと考えるのが適当である。②の解説でも述べたように、男君は、行ってもかいはないだろうと思うけれども、せめて昔の話だけでも語り合いたいと思い、つい先を急いでしまうのである。

⑤は、「『なむ』の後には『侍らめ』が省略されている」が不適当である。係助詞「なむ」の結びは連体形になるので、もし「侍り＋む」が省略されているのであれば、「む」は連体形で、「侍らむ」となるはずである。

問3 登場人物の行動や心境の説明問題 24 ⑤

男君は本文全体にわたって登場するので、選択肢は本文のどの場面と対応するのかをつかみ、対応する本文の箇所と丁寧に照らし合わせて考えることが必要である。

①は、本文4行目の次の部分が対応している。

道いとしげう、露深ければ、御随身いとやつしたれどさすがにつきづきしく、御前駆の露はらふ様もをかしく見ゆ。

「御前駆の露はらふ様」を「先導の者が露を払いながら進

む」と説明するのはよいが、男君がその様子を「見て、……と思っていた」という説明は不適当である。「見ゆ」は、マ行上一段活用動詞「見る」の未然形「見」に、自発・受身・可能の意味を持つ上代の助動詞「ゆ」がついた語で、眼前に展開する状景が意志とは無関係に視野に入ってくる意を表し、「見える」と訳す。よって、先導の者が露を払いながら進む優美な様子を男君が見たと言っているのではなく、「をかし」く」見えたと言っているのである。男君が具体的に「……見て……思っていた」とするのは不適当である。

②は、本文5〜9行目が対応している。

Ⅰ まづかの童を入れて、案内み給へば、

男君は、童に女君の住まいの様子をうかがわせる。

Ⅱ 「こなたの門だつ方は鎖して侍るめり。竹の垣ほしわたしたる所に、通ふ道の侍るめり。ただ入らせ給へ。人影もし侍らず」と聞こゆれば、

「聞こゆれ」は「申し上げる」意の謙譲語「聞こゆ」の已然形なので、童の発言だとわかる。童は、門のようなところは鍵がかけられていること、竹垣をめぐらしているところに中に通じる道があることを男君に報告し、そこから入るように勧める。

Ⅲ 「しばし音なくてを」とのたまひて、我ひとり入り給ふ。

童の報告をうけて、男君が一人、女君の住む庵に入る。男君の童に対する発言「しばし音なくてを」は、自分が女君の庵に入っている間は、「しばらく音をたてるな（＝静かにしていろ）」ということである。

選択肢の「童が余計な口出しをするのを不快に思い、黙っているように命じた」は前記Ⅱ・Ⅲの内容と異なっており、この点が不適当である。

③は、本文10行目が対応している。

小柴といふものはかなくしなしたるも、同じことなれど、いとなつかしく、よしある様なり。

「小柴」は小柴垣のこと。「はかなくしなしたる」は、「形ばかりしつらえてある」意（【設問解説】問1(イ)参照）。「同じことなれど」は、「他のどこでも同じことではあるが」という意味である。「なつかしく」はシク活用形容詞「なつかし」の連用形で、「慕わしい。心ひかれる」などの意。「よし」は「理由。由緒。方法。風情。趣旨」などの意があるが、ここは形ばかりの小柴垣に対して、「いとなつかしく、よしある」というのだから、「風情」の意でとらえるのが適当である。女君の住む庵の形ばかりの小柴垣は、他のどこにでもあるようなものなのだが、男君にとっては慕わしく風情があると感じられたのである。

選択肢の「懐かしさを覚えた」は、ここでの「なつかしく」の語義と異なるし、「同じこと」を「二人で過ごした場所の雰囲気によく似ている」と解釈している点も不適当である。そもそも本文は「同じことなれど、いとなつかしく」と、逆接の接続助詞「ど」を介して続いているので、「同じことなれ」と「いとなつかしく」とには因果関係はなく、「よく似ているのを見て、懐しさを覚えた」のように説明することはできない。

④は、本文11～19行目が対応している。その中でも男君が女君を見ている箇所を中心に見てみよう。

Ⅰ　軒近き常磐木の所せくひろごりたる下にたち隠れて見給へば、

男君は、軒先近くにある、葉の茂った常緑樹の下に隠れて見ている。

Ⅱ　こなたは仏の御前なるべし。名香の香、いとしみ深くかをり出でて、ただこの端つ方に行ふ人あるにや、経の巻き返さるる音もしのびやかになつかしく聞こえて、

垣間見をしている男君の視点で述べられる。部屋からは、経を読むのに合わせて経典が巻き返される音が聞こえる（波線部）。

Ⅲ　しめじめとものあはれなるに、なにとなく、やがて御涙すすむ心地して、つくづくと見ゐ給へるに、

男君はさらに垣間見をする。

Ⅳ　とばかりありて、行ひはてぬるにや、「……」とひとりごちて、簾のつま少し上げつつ、月の顔をつくづくとながめたるかたはらめ、昔ながらの面影ふと思し出でられて、いみじうあはれなるに、

仏道修行が終わったのか、それまで経を読んでいた人物が、簾を上げて月を眺める。その横顔から、昔のままの姿が思い出される（波線部）。ここから、この人物が女君であるとわかる。

選択肢は、「仏道修行に励んでいる女君の姿を目にし」が不適当である。前記Ⅱから、確かに女君は「仏道修行に励んでいる」が、Ⅱの波線部にあるように「読誦に合わせて経典が巻き返される音もひそやかに心ひかれるように聞こえて」とあるのみで、女君の仏道修行をする姿は見えていない。男君がここではじめて目にしたのは、前記Ⅳの波線部から、仏道修行が終わった後、女君が月を眺める横顔などである。よって、「仏道修行に励んでいる女君の姿を目にし」たことを前提とする「女君の敬虔さに改めて心ひかれた」も不適当である。この場面で男君は、女君の姿を見て「いみじうあはれなる（＝たいそうしみじみ愛しい）」、「いみじうなまめかしうをかしげにて（＝たいそう優美で魅力的で）」、「らうたげさまさりて（＝かわいらしさがまさって）」と感じているが、それらはいずれも「敬虔さ」を感じたと解することはできない。

⑤は、本文20～23行目に対応している。

「里わかぬ……」と、しのびやかにひとりごちて、涙ぐみたる様、いみじうあはれなるに、まめ人も、さのみはしづめ給はずやありけむ、「……」とて、ふと寄り給へるに、

「里わかぬ」の和歌は、「しのびやかにひとりごちて」とあるように、月を眺める女君の独詠歌であり、「涙ぐみたる様」は女君の様子である。「まめ人」は（注５）にあるように、ここでは男君を指す。「しづめ」はマ行下二段活用動詞「しづむ」の連用形で、ここでは「心を落ち着かせる。自制する」の意。以上を踏まえると、ここは、独りで和歌を口ずさんで涙ぐんでいる女君の様子がしみじみ心にしみて、きまじめな男君も自制できなかったのか、和歌を詠んで女君に近寄ったのである。よって、「独り歌を詠み涙ぐむ女君の、可憐な姿を目にするうちに、隠れて見ているだけでは飽き足りなくなってしまった」という説明は正しく、**⑤が正解**である。

問4　登場人物の心境説明問題　25・26　②・⑤

選択肢はいずれも男君が目の前に現れた後の女君の心境を説明したものであり、男君が女君の前に姿を現すのは、本文では23行目以降なので、その部分の内容を確認しよう。

Ⅰ　ふと寄り給へるに、いとおぼえなく、化け物などいふらむものにこそと、むくつけくて、奥ざまに引き入り給ふ袖を引き寄せ給ふままに、せきとめがたき御気色を、

「おぼえなく」はク活用形容詞「おぼえなし」の連用形で、「思いがけず」の意。「むくつけく」はク活用形容詞「むくつけし」の連用形で、「気味が悪い。恐ろしい。無骨だ」といった意味があるが、ここは「化け物などいふらむものにこそと、むくつけくて」と続くので、「気味が悪い」の意ととるのが適当である。ここまでの主語を確認すると、「寄り給へる」のは男君、それを「いとおぼえなく」、「むくつけく」感じたのは女君である。よって、「奥ざまに引き入り給ふ」のは女君で、その女君の袖を「引き寄せ給ふ」のは男君である。「せきとめがたき」は、マ行下二段活用動詞「せきとむ」の連用形に、接尾語「がたし」がついてできたク活用形容詞「せきとめがたし」の連体形で、「流れをさえぎることが難しい。涙や気持ちを抑えることが難しい」などの意。ここでは「御気色」について言うのだから、「涙や気持ちを抑えることが難しい」の意で、「御気色」とは男君の様子である。

Ⅱ　さすが、それと見知られ給ふは、いと恥づかしう口惜しくおぼえつつ、

「見知る」は「見てわかる」の意。女君は前記Ⅰのように、突然現れたものを当初は化け物かと思っていたが、現れたのが男君だと、女君が見てわかったというのである。「見知る」という知覚動詞についていることから、「れ」は自発の助動詞「る」の連用形と考えられる。女君は、現れたのが男君だとわかり、姿を見られたことがたいそう恥ずかしく、不本意に思われたのである。

Ⅲ　a ひたすらむくつけきものならばいかがはせむ、
b「世にあるもの」とも聞かれ奉りぬるをこそは憂きことに思ひつつ、
c「いかで『あらざりけり』と聞きなほされ奉らむ」と、とざまかうざまにあらまされつるを、
d のがれがたく見あらはされ奉りぬると、

この部分は、引用を表す格助詞「と」が四つあるので、まずそれらがどこからどこまでを受けているのかを確認しよう。意味のまとまりや、「と」を受ける用言に着目して、「と」が受ける部分にカギ括弧をつけたのが前記Ⅲである。dの末尾の「と」が受けるのは、aの冒頭から、dの「見あらはされ奉りぬる」までで、その全体が女君の心中表現になっている。

aの「いかがはせむ」は、「どうしようか」という疑問の意になる場合と、「どうしようか、いや、どうしようもない」という反語の意味になる場合とがある。ここは、現れたのが男君だとわかって恥ずかしく不本意に思うという心中に続いており、化け物への対応を考えているわけではない。「相手が化け物であるならどうしようか、いや、どうしようもない」などと反語で解釈するのが適当である。

ｂの「と」が受けているのは、「世にあるもの」である。「世にある」は「生きている。世に認められている」などの意味がある。ここは、リード文から、女君は姿を消して出家していること、男君は女君の生存を伝え聞いて女君に手紙を送っていることがわかるので、「生きている」の意と考えるのがふさわしい。「れ」は受身の助動詞「る」の連用形である。女君は、自分がこうして生きていると男君に聞かれたことを、情けないことだと思ったのである。

ｃの「あらまされつる」は、（注６）も踏まえると、女君が願っていたということだとわかる。その願っていた内容が「いかであらざりけりと聞きなほされ奉らむ」の部分である。よって、「いかで」は「なんとかして」の意、「む」は意志の助動詞で「いかで……む」は「なんとかして……たい」といった意味になる。そして、「あらざりけりと聞きなほされ奉ら」が願いの具体的な内容である。「聞きなほさ」は、「聞いて考え直す。誤解を解く」意のサ行四段活用動詞「聞きなほす」の未然形、「れ」は受身の助動詞「る」の連用形で、「聞いて考え直してもらう」といった意味になる。その「聞きなほされ」の内容が、直前の「あらざりけり」である。「あらず」は連語として「そうではない」の意で用いられることがある。前記ｂにおける、この世に生きていると男君に知られたことが情けないという女君の心中も考え合わせると、「あらざりけりと聞きなほされ」とは、「女君が生きていると聞いたが、実はそうではなかったのだと男君に聞いて考え直してもらいたい」ということである。

ｄの「のがれがたく」は、「逃れることができない」意のク活用形容詞「のがれがたし」の連用形、「見あらはさ」は、「はっきりと見て取る。あらわにする」意の、サ行四段活用動詞「見あらはす」の未然形、「れ」は受身の助動詞「る」の連用形で、「逃れることができないほどはっきりと見て取られてしまった」の意。前記ｃで、女君は、自分が生きているという話について、それは間違いだったと男君に聞いて考え直してもらいたいと願っていたが、ここにいたって男君に姿を見られて、自分が生きているとははっきりと見て取られてしまったと思うのである。

Ⅳ　せむかたなくて、涙のみ流れ出でつつ、我にもあらぬ様、いとあはれなり。

「せむかたなし」は「方法・手段がない。どうしようもない」意。「我にもあらず」は、茫然として我を忘れた状態をいう連語である。女君は、男君に自分が生きていることを知られ、どうしようもなく、涙を流し、茫然としているのである。

以上を踏まえて選択肢を検討しよう。

①は、「涙がこぼれるほど恐ろしく感じた」が不適当である。「むくつけく」を「おそろしく」と捉えることはできるとしても、「涙がこぼれるほど」という内容は本文に根拠がない。「せきとめがたき御気色」は、前記Ⅰで述べたように、男君の様子である。

②が一つ目の正解である。「目の前の相手が男君であることを知って動揺し」は前記**Ⅱ**に対応し、「化け物であってくれたほうがまだあきらめがつくと思った」が前記**Ⅲ・Ⅳ**に対応する。**Ⅲa**では化け物であるならどうしようもないとあり、その後の**Ⅲd・Ⅳ**で示される男君に姿を見られたことを情けなく思う心情と併せて考えると、「化け物であってくれたほうがまだあきらめがつく」という心情が読み取れる。

③は、本文に根拠がなく、不適当である。男君についての世間の噂について、本文で言及している箇所はない。

④も、本文に根拠がなく、不適当である。女君は、男君に見つかってしまった理由については考えていないし、歌を口ずさんだ行為を軽率だと後悔してもいない。

⑤がもう一方の正解である。「男君に姿を見られてしまい、もはや逃げも隠れもできない状況になってしまったことを悟って」は前記**Ⅲd**に対応し、「途方に暮れた」は前記**Ⅳ**に対応している。

⑥は、まず「男君が以前とは打って変わってひどくやつれている」が不適当である。前記**Ⅳ**の「我にもあらぬ様」は女君の様子であるし、「茫然としている」意なので、男君が以前と打って変わってひどくやつれた様子だというのではない。よって、それを見て、女君が「同情の気持ちがわいた」というのも不適当である。前記**Ⅳ**末尾の「あはれなり」は、この物語の語り手が、女君に対して「あはれなり」と述べているのである。

問5　場面の説明問題　27・28　③・⑤

本文で「月」が描かれている場面についての説明問題である。本文の箇所が明示されているので、引用されている部分の逐語訳と、前後の文脈を踏まえての解釈を丁寧に行って、選択肢を検討していけばよい。

①を検討する。本文2・3行目の箇所が該当する。

Ⅰ　浮雲はらふ四方の嵐に、月なごりなうすみのぼりて、

傍線部の「なごりなう」は、「跡形もない。心残りがない」意のク活用形容詞「なごりなし」の連用形のウ音便形で、ここは「すみのぼる（＝澄んで昇る）」を修飾しているので、「（雲など月の光を隠すものが）跡形もない」の意で考えるとよい。月が曇りなく澄んで空に昇っている。

Ⅱ　千里の外まで思ひやらるる心地するに、いとど思し残すことあらじかし。

男君は、はるか遠くまで思いを馳《は》せずにはいられない気持ちがする。男君が思いを馳せるのは、この場面では、山里にいる女君であろう。「思し残す」の解釈には注意が必要である。

思し残す（サ行四段活用動詞）
1　物思いをしつくさないで残しなさる。あらゆる物思いをあじわいつくしなさらない。
2　未練を残しなさる。
＊1・2とも「思ひ残す」の尊敬語。

「いとど思し残すことあらじかし」を、「思し残す」はいったんそのままにして訳をすると「ますます『思し残す』ことはないだろうよ」となる。「いとど（＝ますます。いっそう）」とあることから、「『思し残す』ことがない」という状態はこれ以前からあって、その程度がここでいっそうはなはだしくなっていることがわかる。リード文にあるように、男君は、自分の前から姿を消して手紙にも返事をしない女君を訪ねているのだから、「『思し残す』ことがない」は、女君を思って物思いをするということを表すはずである。よって、「思し残す」は前記１の意で、「思し残すことあらじ」は「物思いをしつくさないで残しなさることはないだろう」、つまり、「物思いの限りをしつくしなさるだろう」と解釈するのが適当である。

選択肢の「男君の心の迷いが払拭された」は前記Ⅱに反する。また、「夜の山道を行くことをためらっていた」は、本文から読み取れない。本文の「道いとたどたどしけれども」は、霧のために足元がはっきりせず歩きにくいことを言うのであって、男君がためらっているということではない。また、前記Ⅰは「女君のもとへいたる道のりを月が明るく照らし出すこと」を表していると言えるが、男君の心情を「象徴的に表現されている」とは言えない。

②・③は、本文の引用箇所が一部重なっているので、まとめて検討を行う。男君が女君を垣間見する場面で、本文14～19行目に該当する。

Ⅲ　とばかりありて、行ひはてぬるにや、「いみじの月の光や」とひとりごちて、簾のつま少し上げつつ、月の顔をつくづくとながめたるかたはらめ、

「行ひはてぬるにや、『……』とひとりごちて」の主体は女君（**【設問解説】**問３④参照）で、「簾のつま少し上げつつ、月の顔をつくづくとながめたる」の主体も同様に女君である。女君は「すばらしい月の光だなあ」と言って月を「ながめ」ている。「かたはらめ」は「傍らから見た姿。横顔」の意で、ここでは、男君が見ている女君の横顔である。

Ⅳ　昔ながらの面影ふと思し出でられて、いみじうあはれなるに、見給へば、

女君の横顔で「昔ながらの面影」を「思し出で」るのは、男君である。男君は、女君の横顔を見て、昔のままの姿が自然と思い出される、すなわち、昔とは変わっていないと男君が思っていることがわかる。

Ⅴ　月は残りなくさし入りたるに、鈍色、香染などにや、袖口なつかしう見えて、額髪のゆらゆらと削ぎかけられたるまみのわたり、いみじうなまめかしうをかしげにて、

「鈍色、香染」は、（注４）から、出家した女君の衣について述べているものとわかる。その女君の袖口が、男君には慕わしく見え、切りそろえられた額髪がかかる目元は、たいそう優美で魅力的な様子である。

Ⅵ　かかるしもこそらうたげさまさりて、忍びがたうまもり給へるに、

「かかる」は、前記Ⅴの尼姿の女君の様子を指す。男君は、尼姿になった女君をここではじめて見るわけだが、出家前と比べて「かわいらしさがまさる」と感じている。その姿を「まもり給へる」、つまり、じっと見つめているのは男君である。

以上を踏まえて選択肢を検討しよう。

②は、全体が不適当である。前記Ⅲで見たように、女君は月を眺めてはいても、「男君の面影を重ね」てはいないし、「男君がいつかはこの山里まで訪ねてきてしまうのではないか」と「不安に思っている」とも書かれていない。

③が一つ目の正解である。「『月の顔をつくづくとながめたる』女君の横顔は、男君の目には昔と変わらないように見えた」は前記Ⅲ・Ⅳに対応し、「『残りなくさし入りたるに』では、月の光が女君の尼姿を照らし出し、以前とは異なる魅力を男君に発見させている」が前記Ⅴ・Ⅵに対応する。月の光が差し込んで、男君には女君の尼姿がよく見える。横顔は以前と変わらないが、出家する前とは打って変わったその姿に対して「なつかしう」、「いみじうなまめかしうをかしげにて」、「らうたげさまさりて」と感じており、「以前とは異なる魅力を男君に発見させている」と言える。

④・⑤・⑥については、三つまとめて検討する。本文15行目と、19~22行目が該当する。

Ⅶ **「いみじの月の光や」**

②・③の解説Ⅲで述べたように、これは女君が月の光の美しさに感嘆した発言である。

Ⅷ **なほ、とばかりながめ入りて、**

「なほ」は「依然として。やはり」などの意。依然としてしばらく「ながめ入」るのは女君で、女君は月を眺めるのである。よって、次の和歌も、女君の詠んだものである。

Ⅸ

語	品詞	文法	訳
里	名詞		里を
わか	動詞	カ行四段活用「わく」未然形	区別し
ぬ	助動詞	打消「ず」連体形	ない
雲居	名詞		空
の	格助詞		の
月	名詞		月
の	格助詞		の
影	名詞		光
のみ	副助詞		だけが
や	係助詞	疑問	
見し世	連語		かつて見た時
の	格助詞		の
秋	名詞		秋
に	格助詞		と
かはら	動詞	ラ行四段活用「かはる」未然形	変わら
ざる	助動詞	打消「ず」連体形	ない
らむ	助動詞	現在推量「らむ」連体形	でいるのだろう
			か

逐語訳は前記の通りである。「里わかぬ雲居の月の影」とは、里を区別しないで照らす、すなわち、すべての里を同じように照らす月の光ということである。その月の光だけが、かつて見た時の秋と変わらないでいるのだろうかという内容だが、これを詠んだ女君の状況を踏まえると、自分は出家して尼姿となって山里に暮らしており、かつてとはすっかり変わってしまった、という思いが読み取れるであろう。

Ⅹ **と、しのびやかにひとりごちて、涙ぐみたる様、いみじうあはれなるに、**

女君は、独り和歌を口ずさんで、涙ぐむ。

Ⅺ **まめ人も、さのみはしづめ給はずやありけむ、**

男君はここまでずっと女君の姿を木の陰から見ていたわけだが、涙ぐむ女君の様子が心にしみて、きまじめな男君も、心を鎮めることができず、次の和歌を詠む。

Ⅻ

名詞	格助詞	名詞	係助詞	名詞	格助詞	動詞 ラ行下二段活用 「かきくる」 連用形	接続助詞	
ふるさと	**の**	**月**	**は**	**涙**	**に**	**かきくれ**	**て**	
昔なじみの地	の	月	は	涙	のために	かすん	で	
名詞	格助詞	名詞	接続助詞	格助詞	名詞	係助詞	動詞 マ行上一段活用 「見る」 未然形	助動詞 打消 「ず」 連用形	助動詞 過去 「き」 終止形
その	**世**	**ながら**	**の**	**影**	**は**	**見**	**ざり**	**き**
その	時	のまま	の	光	は	見	なかっ	た

「ふるさと」は「旧都。昔なじみの地。故郷」などの意があるが、女君の「月の光だけがかつて見た時の秋と変わらないでいるのだろうか」という和歌を聞いて詠んだことを考えると、この「ふるさとの月」は、女君にとっても男君にとってもなじみのある、かつて女君が暮らしていた地の月、と考えるのがよい。「その世」は、女君の和歌の「見し世」を指しており、二人が恋仲であった「昔」のことである。昔なじみの地の月は涙でかすんで、昔のままの光は見なかった、というのだが、男君の涙は、女君が姿を消したことによる嘆きの涙と考えられる。女君が、昔なじみの地の月だけは変わらないでいるのだろうか、と詠んだのに対して、男君は、涙にくれて、あなたと一緒に見た昔なじみの地の月も美しい光はなくなってしまった、と詠みかけたのである。

以上を踏まえて選択肢を検討しよう。

④は、「月だけが女君のつらい過去を忘れさせてくれる存在であったことが暗示されている」が不適当である。「いみじの月の光や」は、眼前の月の美しさに感動する発言だが、その月の光を見て、女君は「里わかぬ」の和歌を詠む。前記Ⅸで見たように、女君はこの和歌で、月の光以外のものはかつてとは変わってしまったという思いを詠んでいるのであり、それは「見し世」すなわち過去を思い出しつつ現在と比べているのである。

⑤がもう一方の正解である。前記Ⅲで見たように、「里わかぬ雲居の月」は、どの里も区別しない、つまり、「世を捨てた者の暮らす山里までもあまねく照らすもの」として詠まれているし、「昔と変わらないその光が、以前とは身の上が大きく変わってしまったことを、否応なく女君に意識させている」も、「里わかぬ」の和歌の説明として適当である。

⑥は、「かつての女君の姿を月にたとえて出家を惜しんでいる」が不適当である。「ふるさとの」の和歌で、月は、女君が姿を消したことで悲しみのあまり流す涙にかすんで、あなたと一緒に見た昔の月の光には見えないと詠まれているのであって、女君の比喩《ひゆ》だと考えることはできないし、たとえ男君に女君の出家を惜しむ心情があったとしても、この和歌がその気持ちを詠んだものであるとまでは言えない。また、「女君の苦悩を理解しない男君の、独りよがりな心が露呈している」も、本文に根拠がなく、不適当である。

第4問　漢文

【出典】

曾鞏《そうきよう》「墨池記《ぼくちき》」。曾鞏（一〇一九～一〇八三）は宋代の文人で古文復興運動に力を尽くした唐宋八大家の一人。「墨池」とは、東晋の書家王羲之《おうぎし》が書の修練に励んだ臨川郡（現在の江西省撫州市一帯）の新城というところにあった池である。「墨池記」は、王羲之の書について触れた上で、墨池のほとりに作られた学校の教授であった王盛の考えについて述べている。


【資料】

『晋書』「王羲之伝」。『晋書』は唐の房玄齢《ぼうげんれい》らによって記された晋の正史で、全一三〇巻。「王羲之伝」は巻八〇、列伝五〇に収められている。


【本文解説】

まず王羲之の書について筆者の考えが述べられている。王羲之の書は年を経てからのものが素晴らしいことから、王羲之の才能は天賦のものではなく、努力によって会得したものであろうとしている。そして後年、王羲之に及ぶ者がいないことから、後世の人々の学問は王羲之に及んでいないのではないかと述べ、さらには道徳をしっかりと身に付けたいと望む者ならなおさら努力を惜しむべきではないと記している。

続いて王羲之が書の練習をした「墨池」のほとりに建てられた州の学校の教授の王盛が、筆者に一筆したためてほしいと求めてきたことが記され、王盛が学生たちを奮起させようとしたことが述べられている。そして一芸に秀でた人物でさえ後世に大きな影響をあたえたのだから、仁愛の徳を備えた人や行いの立派な者はどれほど後世の人々を感化し、その恩恵に浴す者がどれほどになろうかと結んでいる。


【資料】

後漢の書家、張芝《ちようし》について王羲之が述べた箇所である。張芝は池のほとりで、池の水が真っ黒になるまで書を練習したというが、それほどまでに書に打ち込んだならば、張芝にもひけをとらないはずだ、と王羲之は述べている。


【書き下し文】

羲之《ぎし》の書《しよ》は、晩《ばん》なれば乃《すなは》ち善《よ》し。則《すなは》ち其《そ》の能《よ》くする所《ところ》は、蓋《けだ》し亦《ま》た精力《せいりよく》を以《もつ》て自《みづか》ら致《いた》す者《もの》にして、天成《てんせい》に非《あら》ざるなり。然《しか》れども後世《こうせい》未《いま》だ能《よ》く及《およ》ぶ者《もの》有《あ》らざるは、豈《あ》に其《そ》の学《がく》彼《かれ》に如《し》かざるか。則《すなは》ち学《がく》は固《もと》より豈《あ》に以《もつ》て少《か》くべけんや。況《いは》んや深《ふか》く道徳《だうとく》に造《いた》らんと欲《ほつ》する者《もの》をや。墨池《ぼくち》の上《ほとり》は、今《いま》は州《しう》の学舎《がくしや》と為《な》る。教授王君盛《けうじゆわうくんせい》は、其《そ》の章《あらは》れざるを恐《おそ》るるや、晋《しん》の王右軍《わういうぐん》の墨池《ぼくち》の六字《ろくじ》を楹間《えいかん》に書《しよ》し以《もつ》て之《これ》を掲《かか》ぐ。又《ま》た鞏《きよう》に告《つ》げて曰《い》はく、「願《ねが》はくは記《き》有《あ》らんことを」と。王君《わうくん》の心《こころ》を推《お》すに、豈《あ》に人《ひと》の善《ぜん》を愛《あい》して、一能《いちのう》と雖《いへど》も以《もつ》て廃《はい》せずして、因《よ》りて以《もつ》て其《そ》の跡《あと》に及《およ》ぶや。其《そ》れ亦《ま》た其《そ》の事《こと》を推《お》して以《もつ》て其《そ》の学《まな》ぶ者《もの》を勉《はげ》まさんと欲《ほつ》するや。夫《そ》れ人《ひと》の一能《いちのう》有《あ》りて後人《こうじん》をして之《これ》を尚《たつと》ばしむること此《か》くのごとし。況《いは》んや仁人荘士《じんじんさうし》の遺風余思《ゐふうよし》、来世《らいせい》に被《かうむ》る者如何《ものいかん》ぞや。


【資料】

云《い》はく、「張芝《ちやうし》池《いけ》に臨《のぞ》みて書《しよ》を学《まな》び、池水《ちすい》尽《ことごと》く黒《くろ》し。人《ひと》をして之《これ》に耽《ふけ》ること是《か》くのごとくならしめば、未《いま》だ必《かなら》ずしも之《これ》に後《おく》れざるなり」と。

【全文解釈】

王羲之の書は、年を取ってからこそが素晴らしい。そうだとすれば彼の優れた能力は、思うにやはり（王羲之の）精励努力によって自分で会得したものであって、生まれながらの素質によるものではない。（つまり努力によって会得できるものなのに）それにもかかわらず後世の人々にまだ（王羲之に）並ぶことのできる者が現れないのは、後世の人々の学問（に対する努力）が王羲之には及ばないということなのではないだろうか。そうだとすれば学問はもちろんどうして努力を怠ってよいだろうか。ましてしっかりと道徳を身に付けたい者はなおさらであろう。墨池のほとりには、現在は州の学校が建てられている。教授の王盛は、（王羲之が池の水を黒くするほど書の練習に励んだという）墨池の事跡が忘れられてしまうのを憂い、「晋王右軍墨池」という六字を（学校の）正面の大きな柱の間に書いて掲示した。さらに（王盛は私）曾鞏に告げて言った、「どうか（王羲之の墨池の事跡を記した）文章を書いてほしい」と。王盛の思いを推しはかるに、人の長所を愛し、たとえ一芸でも見捨てようとせず、そこでその思いが墨池の跡（の故事）にまで及んだのだろうか。それともやはり墨池の故事に託して学生たちを奮起させようとしたのだろうか。そもそも一芸を備えている人でさえもこのように後世の人々に敬意を抱かせるのだ。まして仁愛の徳を備えた人や行いの立派な者が後世に及ぼす感化は、後世にその恩恵にあずかる者がどれほどいることであろうか。

【資料】

（王羲之は）言った、「張芝は池のそばで書道の練習をし、（そのため）池の水がすっかり黒くなった。もしも人がこれほどまでに書道に打ち込めば、（書道の能力は）必ずしも張芝にかなわないとは限らないのだ」と。

【設問解説】

問1 句の解釈の問題 29 ② 30 ④

(ア)「晩」については①「年齢を重ねた」、②「年を取って」、③「晩年になって」、④「晩年の」、⑤「年齢にかかわらず」となっており、①、②、③、④はほとんど同じ意味である。また「善」はいずれの選択肢も「素晴らしい」となっている。したがって「乃」の意味と文脈が決め手となる。波線部に続く文に「以《テ》二精力《ヲ》一自《ラ》致《ス》者《ニシテ》、非《ザル》二天成《ニ》一也」（精励努力によって自分で会得したものであって、生まれながらの素質によるものではない）とあることから、王羲之の書が素晴らしいのは努力を怠らなかった結果であると述べられているので、努力を怠らなかった結果、つまり年齢を経るにつれてよりよいものになっていったであろうことが推定できる。この方向の内容は①「年齢を重ねたので素晴らしい」、②「年を取ってからこそが素晴らしい」である。一方、「乃」には「そこで」「やっと」「かえって」「なんと」などの意味がある。②「年を取ってからこそが」であれば「乃」を「そこで」「なんと」

の意味と捉えることで成立するが、①「年齢を重ねたので」は「乃」に該当する適当な訳語が見当たらない。したがって②が正解である。

(イ)「豈可㆓以——㆒哉」は原則として「豈《あ》に以《もつ》て——べけんや」と読んで反語文を形成し、「どうして——できようか、——できない」もしくは「どうして——してよかろうか、——してよいはずがない」という意味を表す。波線部を反語として捉えているのは④だけである。また「少」を「少なくする」「欠落する」という意味だと捉え、「豈に以て少《か》くべけんや」と読んで、直前の「学固《ハヨリ》」(学問はもちろん)とあわせて解釈すると、④の場合、「学問はもちろんどうして努力を怠ってよいだろうか」となり、文脈とも矛盾しない。したがって正解は④である。

問2 空欄補充の問題 [31] ③

空欄Xには返り点が施されていることから、選択肢は、①「宜《よろ》しく——(す)べし」(——するのがよい)、②「将《まさ》に——(せ)んとす」(いまにも——しようとする)、③「未《いま》だ——(せ)ず」(まだ——しない)、④「当《まさ》に——(す)べし」(当然——すべきだ/きっと——するにちがいない)、⑤「猶《な》ほ——のごとし」(ちょうど——のようだ)という再読文字の用法だと推測できる。また空欄Xを含んだ「後世[X]レ有㆓能《ク》及《ブ》者㆒」に続いて「豈其学不レ如レ彼邪」(後世の人々の学問が王羲之には及ばないということなのではないだろうか)とあることから、「後世[X]レ有㆓能《ク》及《ブ》者㆒」は「後世の人々に王羲之ほどの力量を持つ者が現れない」という方向でなければ、文脈として成立しない。したがって③「未」が正解である。

問3 句法の説明の問題 [32]・[33] ①・④

傍線部Aには「不レ如レ彼」とあることから、比較形「不《ず》レ如《しカ》㆓——㆒」(——には及ばない)が用いられていることが分かるので、①は説明として適当である。また疑問詞「豈《あニ》」があることから、反語文、疑問文もしくは詠嘆形である可能性がある。よって④「疑問を含んだ推量」、⑤「仮定を含んだ感嘆」が考えられる。傍線部中の「其」は「後世の人々」、「彼」は王羲之を指していることが文脈から分かるので、④は「後世の人々の学問が王羲之には及ばないということなのではないだろうか」、⑤は「後世の人々の学問なら王羲之には及ばないなあ」となる。意味としてはどちらも成立しそうだが、直前の「後世未《ダ》レ有《ラ》㆓能《ク》及《ブ》者㆒」は「後世の人々に王羲之ほどの力量を持つ者が現れない」と、続く「則《チ》学《ハ》固《ヨリ》豈《ニ》可《ケン》㆓以《テ》少《かク》㆒哉」(そうだとすれば学問はもちろんどうして努力を怠ってよいだろうか)との関係を考慮すると⑤よりも④の方が適切である。また、②「受身」、③「限定」、⑥「使役を含んだ仮定」などの用法は含まれていない。したがって正解は①と④である。

問4 解釈の問題 [34] ④

傍線部Bには抑揚形「況《いはンヤ》——邪《ヤ》」(まして——ならなおさらだ)が用いられている。これを踏まえると傍線部は

「まして深く道徳に到達しようとする者ならなおさらだ」と訳せる。「深く道徳に到達する」とは、道徳を確実に自分のものにしたいと望むことにほかならないであろう。この内容に合致するのは、④「ましてしっかりと道徳を身に付けたい者はなおさらであろう」しかない。したがって**正解は④**である。

問5　内容説明問題　35　②

傍線部Ｃ「王君之心」については、傍線部の前に「教授王君盛《ハ》、恐《ル》二其《ノ》不《ルヲ》レ章《あらはレ》一也《や》」（教授の王盛は、王羲之が池の水を黒くするほど書の練習に励んだという墨池の事跡が忘れられてしまうのを憂い）とあり、また傍線部直後に「豈《ニ》愛《シテ》二人之善《ヲ》一、雖《モ》二一能《ト》一不《シテ》二以《テ》廃《セ》一、而因《リテ》以《テ》及《ブ》二乎其《ノ》跡《ニ》一邪。其《レ》亦《タ》欲《スル》下推《シテ》二其《ノ》事《ヲ》一以《テ》勉《はげマサント》中其《ノ》学者《ヲ》上邪」（人の長所を愛し、たとえ一芸でも見捨てようとせず、そこでその思いが墨池の跡の故事にまで及んだのだろうか。それともやはり墨池の故事に託して学生たちを奮起させようとしたのだろうか）とあることから、墨池の故事が忘れられてしまうことを心配し、また一芸ある者を見捨てることなく、学生たちを奮起させようとする意図があったのだと理解できる。この内容に合致するのは②しかない。したがって**正解は②**である。

問6　返り点の付け方と書き下し文の問題　36　③

傍線部Ｄの後半「使後人尚之如此」には「使」があることから、使役形「使《しム》二Ａ《ヲシテ》□《(セ)》一」（Ａに□させる）が用いられているのだと判断する。①と⑤は「後人を使ひて」と読んでいるので、使役形の読み方としてはふさわしくない。一方、②は「後人をして～しむ」、③と④は「後人をして～しむる…」と読んでいるので、使役形として成立する。よって②、③、④に絞られる。

②、③、④を訳してみると、②「あの人をこれを一芸があれば後世の人々にこのように行くことに敬意を抱かせるのだ」、③「そもそも一芸を備えている人でさえもこのように後世の人々に敬意を抱かせるのだ」、④「そもそも人をこれを一芸で後世の人々にこのように敬意を抱かせるということがあるのだ」となる。明らかに②と④では「人をこれを」の意味が通らないし、全体を通しても内容が不明瞭である。それに対し③は文脈に無理なく収まる。したがって**正解は③**である。

問7　内容合致の問題　37　①

本文と【資料】に合致しないものを選ぶ問題である。

①「（王羲之は）張芝には到底肩をならべることができないと考えていた」は、【資料】に「未《ダ》二必《ズシモ》後《ルレ》一レ之《ニ》也」（必ずしも張芝にかなわないとは限らないのだ）とあるのに反している。

②「王盛は王羲之が張芝に匹敵するほど書に熱中したことを墨池の故事として学生に示し、修練の大切さを伝えようとした」は本文の内容に合致する。

③「曾鞏は王羲之には天成の才能があったのではなく、張芝のような並外れた練習によって後に書家として大成したと

考えていた」は本文の内容に合致する。

④「王羲之は張芝が書を練習して池が墨で真っ黒になったのを知って、自分もそれ以上の修練をして張芝に追いつきたいと思った」は【資料】の内容に合致する。

⑤「王盛は張芝を目標として励んだ王羲之をたたえる六字を柱の間に掲げ、曾鞏にその由来を文章に書いてくれるよう依頼した」は本文の内容に合致する。

よって本文と【資料】に合致しないのは①であり、正解は①である。

2020
本試験

国　語

（2020年１月実施）

受験者数　498,200

平 均 点　119.33

国　語

解答・採点基準

（200点満点）

問題番号（配点）	設問	解答番号	正解	配点	自己採点
第1問（50）	問1	1	⑤	2	
		2	①	2	
		3	①	2	
		4	④	2	
		5	⑤	2	
	問2	6	②	8	
	問3	7	③	8	
	問4	8	②	8	
	問5	9	②	8	
	問6	10	①	4	
		11	④	4	
第1問　自己採点小計					
第2問（50）	問1	12	①	3	
		13	①	3	
		14	④	3	
	問2	15	④	7	
	問3	16	②	8	
	問4	17	⑤	8	
	問5	18	②	8	
	問6	19	③ ※	5	
		20	⑥ ※	5	
第2問　自己採点小計					

問題番号（配点）	設問	解答番号	正解	配点	自己採点
第3問（50）	問1	21	③	5	
		22	②	5	
		23	④	5	
	問2	24	①	6	
	問3	25	③	7	
	問4	26	⑤	7	
	問5	27	②	7	
	問6	28	⑤	8	
第3問　自己採点小計					
第4問（50）	問1	29	⑤	4	
		30	③	4	
	問2	31	②	8	
	問3	32	②	8	
	問4	33	①	8	
	問5	34	⑤	9	
	問6	35	④	9	
第4問　自己採点小計					
自己採点合計					

※の正解は順序を問わない。

第1問　現代文（評論）

【出典】

河野哲也『境界の現象学』（筑摩選書、二〇一四年）の一節。

河野哲也（こうの・てつや）は、一九六三年生まれの哲学者。慶應義塾大学大学院文学研究科博士課程修了。専門は、心の哲学・応用倫理学。著書に、『メルロ＝ポンティの意味論』、『善悪は実在するか　アフォーダンスの倫理学』、『意識は実在しない』、『人は語り続けるとき、考えていない　対話と思考の哲学』などがある。

【本文解説】

本文は、環境の変化に適応する能力という意味のレジリエンスという概念を紹介し、その概念がさまざまな分野、とりわけ福祉の分野で取り入れられていることを述べた文章であるが、大きく三つに分けて、それぞれの内容を確認していこう。

Ⅰ　レジリエンスという概念（第1段落～第3段落）

近年さまざまな領域で注目されている、レジリエンスという概念がある。「攪乱を吸収し、基本的な機能と構造を保持し続けるシステムの能力」を意味する概念である。これを、環境システムの専門家であるウォーカーは、波風が激しい大洋を航海しているヨットの中でも、水が運べるようなバランスをとる能力にたとえている。（第1段落～第3段落）

Ⅱ　レジリエンスという概念の独自性と、それが用いられる分野の広がり（第4段落～第6段落）

レジリエンスとは、もともと物性科学において「物質が元の形状に戻る『弾性』のこと」を意味していたが、一九六〇年代になると、生態学や自然保護運動においても、「環境の変化に対して動的に応じていく適応能力」という意味で使われるようになった。（第4段落）

レジリエンスと類似した意味をもつ言葉として、回復力（復元力）およびサステナビリティがある。意味内容が類似しているとしても、レジリエンスとこうした二つの概念との微妙な意味の違いは重要である。回復とは、ある基準に戻ることを意味するが、レジリエンスとは、ある種の均衡状態に到達するための性質ではなく、発展成長する動的過程を促進するための性質である。また、サステナビリティの意味に基づき「サステナブルな自然」という場合には、生態系のなかに唯一の均衡点があるように想定されている。だが、レジリエンスには、あるべき姿などなく、適度の失敗が含意されており、なんらかのマイナス状態を自己の更新の機会として、動的に適応していく性質のことをいっている。（第5段落・第6段落）

Ⅲ　福祉の分野におけるレジリエンスの概念の重要性（第7段落～第14段落）

さらに一九八〇年代になると、レジリエンスの概念は、心理学や精神医学およびソーシャルワークと教育の分野においても重視されることになった。そこでは、さまざまな困難に対して自分自身を維持する抵抗力や、不運から立ち直る個人の心理的な回復力としての意味をもつようになった。たとえばソーシャルワークの分野では、次のような変化が生じた。従来の医学中心的な視点では、患者の問題を専門家がどう除去するのかと考えられ、患者を治療する専門家がケアの方針を決定していた。だが、レジリエンスという概念に注目すると、患者の自発性や潜在能力に着目し、患者が中心になるように援助や支援を行うというように、ケアの方針が変更されることになる。フレイザーの考えるソーシャルワークの特徴は、人間とその社会環境の一方だけに重心を置くのではなく、両者の相互作用に働きかけることにある。依頼者への支援は、本人のレジリエンスの能力が生かせるように環境を構築することに焦点が置かれる。たとえば、支援の対象が子どもの場合、特定の方向性を示すと身につける能力が限定されてしまうので、子どもの潜在性に着目し、環境が変化しても対応できるように、能力を開発すべきだという考え方になる。（第7段落〜第9段落）

こうした分野において取り入れられている、レジリエンスという概念にとって、「脆弱性」ということが重要になる。というのも、回復力の不十分さを意味する脆弱性は、レジリエンスと正反対の性質のように考えられるが、環境の不規則な変化や悪化についてのセンサーともなりうるからである。たとえば、災害に対応しうる施設を作る際に、こうしたセンサーの働きを取り入れ、障害者や高齢者や妊婦などが避難しやすいものにすることが、最善の策となるだろう。（第10段落）

さらに、近年の工学の分野においては、レジリエンスが、複雑な現実世界において、環境の変化に対して自らが変化して対応する柔軟性に近い性能として、取り入れられている。（第11段落）

このようにさまざまな分野に広がっていく、レジリエンスという概念は、複雑なシステムが、変化する環境のなかで自己を維持するために、環境との相互作用を連続的に変化させながら、環境に柔軟に適応していく過程を意味しているところに特徴がある。（第12段落）

福祉とは、人間的な生活を送る上で、その人が必要なものを満たすことである。とはいえ、人がニーズを満たす際に大切なことがある。それは、他者から一方的に与えられるだけではなく、自身で能動的にニーズを充足する力をもつことである。そうでなければ、常に他者に依存することになり、自律的な生活を継続的に送れなくなるからである。だとすれば、自己のニーズを満たせなくなった人に対する福祉の課題は、一方的な援助ではなく、変転する世界における柔軟な適応力すなわちレジリエンスをもてるようにすることである。したがって、人が何らかの原因で脆弱になっている際に、ケアする側がなすべきことは、変化する環境に対応しながら自己のニーズを充足しうる力を獲得できるように本人を支援することとなるだろう。このようにして、環境の変化に対する適応力・回復力としてのレジリエンスという概念は、福祉の最小基準になりうるのである。（第13段落・第14段落）

【設問解説】

問1 **漢字の知識を問う問題**　[1] ⑤　[2] ①　[3] ①

4 ④ **5** ⑤

(ア)は、〈物事がはかどるように、促し進めること〉という意味で、「促進」。①は、〈共通の目的をもつ者が団結すること〉という意味の「結束」。②は、〈目分量で大まかに測ること〉という意味の「目測」。③は、〈とらえること〉という意味で、「捕捉」。④は「自足」。「自給自足」で〈自分が必要なものを、他からは求めずに、自分で生産すること〉という意味。⑤は、「催促」で、⑤が正解。

(イ)は、「健康」。①は、〈世の中がしばらく無事であること。あるいは、病気が何とか治まっていること〉という意味の「小康」で、①が正解。②は、「候補」。③は、〈役目や職についている人がかわること。また、かえること〉という意味の「更迭」。④は、「甲乙」。「甲乙つけがたい」で、〈二つのもののどちらが優れているかを決めるのが難しい〉という意味。⑤は、「技巧」。

(ウ)は、〈法や何らかの規定に基づいて、行使できる範囲〉という意味で、「権限」。①は、「棄権」で、①が正解。②は、「堅固」。③は、〈疑わしいこと。あるいは、そう思われること〉という意味で、「嫌疑」。④は、「検証」。⑤は、「勢力圏」。

(エ)は、「偏って」。①は、「編集」。②は、〈広く各地を巡ること〉という意味で「遍歴」。③は、「返却」。④は、「偏差値」で、④が正解。⑤は、「変調」。

(オ)は、〈体が丈夫で、健康なこと〉という意味で「頑健」。①は、「対岸」。②は、〈大切なところ。主要な点〉という意味で、「主眼」。③は、「岩盤」。④は、「祈願」。⑤は、〈頑固で屈せず強いこと〉という意味の「頑強」で、⑤が正解。

問2 レジリエンスと類似する意味をもつ言葉との違いを説明する問題 **6** ②

まず、傍線部の「そこにある」という指示表現と、「微妙な違い」という表現に注意し、傍線部を含む一文が述べている内容を押さえていこう。その一文には、以下のことが述べられている。

レジリエンスの概念と回復力（復元力）およびサステナビリティという言葉は、類似的な意味をもつ。しかし、レジリエンスと他の二つの言葉との間、すなわち「そこ」には、似ているとはいえ「微妙な意味の違い」があり、その違いに着目すべきである。

以上から、傍線部のいう「意味の違い」とは、レジリエンスと他の二つの言葉との間の「意味の違い」だと押さえられる。レジリエンスについては、「環境の変化に対して動的に応じていく適応能力」（第4段落）、「絶えず変化する環境に合わせて流動的に自らの姿を変更しつつ、それでも目的を達成する」（第5段落）とある。そして、回復力（復元力）については、「あるベースラインや基準に戻ることを意味する」（第5段落）、サステナビリティについては、「サステナブルな自然」という場合は「唯一の均衡点が生態系のなかにあるかのように期待されている」（第6段落）とある。以上を整理すると、

a レジリエンスとは、環境の変化に対して動的に応じて

いく適応能力を意味する

b　回復力（復元力）もサステナビリティも、戻るべき基準（ベースライン）や均衡点（均衡状態）を期待するという意味がある

となる。こうしたa・bに合致している**②が正解**。

①は、「回復力やサステナビリティには基準となるベースラインが存在しない」がbに合致しない。また、「レジリエンスは……本来の形状に戻る」がaに合致しない。

③は、「回復力やサステナビリティは環境の変動に応じて自己を更新し続ける」がbに合致しない。

④では、「回復力やサステナビリティは生態系の中で均衡を維持する自然を想定する」とある。だが「サステナビリティ」にはそうした自然を想定する意味合いはあるが、「回復力」には自然に関する限定的な意味合いはない。また同様に、「レジリエンスは……自然を捉える」も、自然に限定している点でaに合致しない。

⑤について。aにあるように、レジリエンスすなわち適応能力とは、目的を果たすために環境の変化に対して動的に応じていく能力であり、「自己を動的な状態に置いておくこと自体を目的とする」ことではない。

問3　レジリエンスにとって脆弱性が重要な意味をもつことについて説明する問題　[7]　③

傍線部の「ここで」とは、第9段落で述べられている、フレイザーのソーシャルワークにおける考え方のことである。ソーシャルワークでの人に対する支援に関して、人と環境との相互作用を通じて、本人のもつ適応能力が生かせる環境を構築することに焦点を置くべきだ、と述べられている。

以上のことは、

a　最近のソーシャルワークの考え方においては、被支援者（クライエント）の適応能力を生かすように環境を構築することに焦点が置かれている

とまとめられる。

ではこうした考え方において、回復力の不十分性を意味する「脆弱性」が、なぜ重要な意味をもつのだろうか。傍線部以降では、脆弱性の積極的な価値として、「変化や刺激に対する敏感さを意味しており、……環境の不規則な変化や攪乱、悪化にいち早く気づける」センサーのようなものであることが述べられている。そして、「災害に対して対応力に富む施設・建築物」を考えるときに、配慮すべき人々が利用しやすくなるように作ることが「最善の策」であると述べられている。こうした内容は、

b　脆弱性とは、環境の変化にいち早く気づけるセンサーとして働く

c　（bは）災害などのときに対応力に富む施設や設備を作る際に検討すべき重要な役割を果たす

となる。こうした内容を含んでいる**③が正解**。

①は、「脆弱性は、被支援者が支援者にどれだけ依存して

いるかを測る尺度」がbに合致しない。

②は、「環境に対する抵抗力の弱い人々を支援する」がaに合致しない。また、「脆弱性は、変化の起こりにくい環境に変化を起こす刺激として働く」がbに合致しない。

④は、「均衡状態へと戻るための重要な役割を果たす」が、cとは無関係な内容。

⑤は、「人と環境の復元力を保てるように支援を行う」がaとはズレている。また、「脆弱性は、人の回復力が不十分な状態にあることを示す尺度となる」が、bと合致しない。

問4　レジリエンスが福祉の最小の基準になることを説明する問題　8　②

傍線部の「それ」とは、レジリエンスすなわち、〈変化する環境のなかで自己を維持するために、環境との相互作用において柔軟に適応していくための回復力〉を指している。したがって、傍線部の大意は〈回復力としてのレジリエンスは、福祉におけるミニマルな（＝最小限の）基準として提案できる〉となる。そして、なぜ福祉においてそうした提案ができるのかに関しては、傍線部直後の「すなわち」以降の内容に示されている。福祉とは、人間的生活を送る上で必要なものすなわちニーズを充足させるものである。そして、人間が変転する世界のなかで生きていく上で、変化に応じるための柔軟な適応力をもてるようにすることが、そうした福祉の目的だとされている。こうした点を踏まえ、本文末尾では、「ケアする者がなすべきは、さまざまに変化する環境に対応しながら自分のニーズを満たせる力を獲得してもらうように、本人を支援することである」とまとめられている。以上の内容を整理すると、

a　レジリエンスすなわち、変化する環境に適応できる能力が福祉において重要な概念となる

b　福祉の目的は、人間的な生活に必要なものを充足させることである

c　bのためには、aを最小限の基準とすべきである

d　ケア（＝支援）する人は、cになるように支援（＝補助）することが求められる

となるだろう。こうした内容を含んでいる②が正解。

他の選択肢は、いずれも、「福祉における最小の基準」が本文の内容（a〜c）に合致していないだけではなく、「支援者」が求められていることがらも本文の内容（d）と合致しない。

問5　生徒同士の会話における空欄を本文の趣旨に基づいて補う問題　9　②

本文では、「環境の変化に対して動的に応じていく適応能力」（第4段落）という意味の概念、レジリエンスがさまざまな分野において導入されていることが述べられている。さらに、フレイザーの考えに即して、ソーシャルワークは、「人間と社会環境のどちらかではなく、その間の相互作用に働きかける」（第9段落）ものだということが述べられてい

る。こうした本文の趣旨を踏まえて、三人の生徒が話し合っており、生徒Cの「『発展成長する動的過程』ともあるよ。こういう表現は何だか私たちのような高校生に向けられているみたいだね」という発言を「たしかにね」と受けた生徒Aの発言が空欄になっている。

そこで、空欄に入る内容としては

a　環境の変化に対して、相互作用を介して発展成長しながら動的に応じていく適応能力、という内容が踏まえられていること

b　高校生活における出来事に対応していること

という条件を満たしている発言を選べばよい。こうした条件に合致している②が正解。「新チーム」において「部長を引き継いだ」ことが〈環境の変化〉であり、「話し合って現状に合うように工夫したら、目標に向けてまとまりが出てきた」が〈相互作用を介して動的に応じていく適応能力〉に対応している。

①は、「休まず練習を積み重ねたからこそ、最後には地区大会で優勝できた」が、自己自身の努力を強調しており、環境との相互作用を介しての動的な過程というaの内容に合致しない。

③は、「自由な発想を活かしていくことが大切」および「個性が伸ばされていく」がレジリエンスの概念（a）とは合致しない。

④は、「将来のニーズを今から予想していろんなことを学んでおくのが重要」が、レジリエンスの概念（a）と合致しない。

⑤は、授業中と休み時間との切り替えが、aの「発展成長」に合致しない。

問6　この文章の表現と構成に関する説明問題　10　①　11　④

(i)　**本文の表現について説明する問題**

選択肢を順番に検討していこう。

①について。第2段落の最初の文は、停泊中のヨットの中を仮定しており、第2文は荒れた海を航海するヨットの中を仮定しており、いずれも具体的な状況を思い浮かべやすいので、この説明は適切である。したがって、①が正解。

②について。「ここで言う」直後のレジリエンスについての説明は、もともとは物性科学における「弾性」を、「生態学や自然保護運動の文脈」に即して用いたものであり、「筆者が独自に規定した意味」ではないので、説明としては不適切である。

③について。ここでの「といったときには」の働きは、サステナビリティという言葉の意味を考える際に、「サステナブルな自然」という用いられ方をする場合を例として示しているだけで、「本来好ましくないが……筆者の態度を示す」といった働きなどない。なお、本文では直後の文に「本来」という語があるので多少迷ったかもしれない。だが、「唯一の均衡点が生態系のなかにあるかのように期待」するといっ

た自然の捉え方は、「自然のシステムの本来の姿とは合わない」という文脈で用いられており、「直前の表現は本来好ましくない」といった文脈で用いられているわけではない。したがって、説明としては不適切である。

④について。ここでの「あるとされ」は、〈〜であると言われている〉あるいは〈〜であると考えられている〉といった意味合いで用いられており、敬意を示しているわけではないので、説明としては不適切である。

(ii) **本文の構成について説明する問題**

選択肢を順番に検討していこう。

①について。第2段落はウォーカーのたとえの引用であり、それを受けての第3段落では、筆者なりにレジリエンスの意味をより明確にしているので、「筆者の言葉で意味を明確にしてこの概念を導入している」というのは、説明として適切である。

②について。「3段落までに導入したレジリエンスという概念」を前提にして、第5段落・第6段落でレジリエンスと類似する他の概念との違いを説明しているので、説明として適切である。

③について。第4段落では六〇年代、第7段落では八〇年代、第11段落では以上を受けた近年のことが述べられており、レジリエンスの導入がさまざまな領域において拡大されていることが述べられている。したがって、この説明は適切である。

④について。第13段落では、ケアにおけるレジリエンスの意義が述べられている。ゆえに、この概念を「筆者の立場から反論している」というのは、本文の内容と矛盾しており、説明としては適切ではない。したがって、**④が正解**。

第2問　現代文（小説）

【出典】

原民喜の小説「翳」の一節。

原民喜（はら・たみき）（一九〇五年―一九五一年）は、日本の詩人、小説家。広島県生まれ。広島で被爆した体験を、詩「原爆小景」や小説「夏の花」等の作品に残したことで有名である。

【本文解説】

今年は付されなかったが、リード文が付された場合は、本文や選択肢の理解のヒントになることがあるため、読み落としのないようにしよう。

小説は評論以上に主観的な読みに陥りがちだが、選択肢を正確に吟味するためには、書かれている表現にこだわる姿勢を忘れないように。

本文は、空行を挟んで大きく二つの部分に分かれている。Ⅰ魚芳（川瀬成吉）についての思い出を描いた場面、Ⅱその父川瀬丈吉からの手紙を読んで抱いた「私」の感慨を描いた場面、である。順次その内容を確認していこう。

Ⅰ　生前の魚芳（川瀬成吉）の思い出（冒頭～82行目）

「私は一九四四年の秋に妻を喪った」（1行目）。その死を少数の知己や、「妻の死を知って、ほんとうに悲しみを頒ってくれるだろうとおもえた」（5行目）満洲にいる魚芳（川瀬成吉）にも葉書を出していたが「何の返事もなかった」（5・6行目）。妻の四十九日を終え、敗戦が近い「私」の周囲では「妻の義兄が台湾沖で沈んだ」（8行目）り、空襲警報のサイレンが「もう頻々と鳴り唸っていた」（8行目）りしていた。そうした「暗い、望みのない明け暮れにも、私は凝と蹲ったまま、妻と一緒にすごした月日を回想することが多かった」（傍線部**A**）。その年の暮れに川瀬成吉の父・丈吉からの封書が届く。そこにはあの川瀬成吉が「妻より五ヵ月前に既にこの世を去っていた」（12行目）ことが記されていた。

「私がはじめて魚芳（という魚屋の小僧である川瀬成吉）を見たのは十二年前」（13行目）のこと。そして「私がほんとうに魚芳の小僧を見たのは、それから一年後のこと」（18行目）。そしてかすかに関心を持つようになったのはさらに「もう一年は隔っていた」（26行目）。その頃には「日華事変」も始まり普段の日常も少しずつ変わっていく。「私」の家の台所の前には空き地があり、「そこへ毎日、八百屋、魚芳をはじめ、いろんな御用聞がやって来る」（36行目）。「私」の書斎からもそこでの「御用聞と妻との話すことは手にとるように聞える」（37行目）。ある日も、米屋の小僧と魚芳と妻の三人が台所で談笑していた。話題は教練（軍事上の訓練）に移り、魚芳たちは二人とも来年入営するらしく、「兵隊の姿勢を身につけようとして陽気に騒ぎ合っているのだ。その恰好がおかしいので私の妻は笑いこけていた」（41・42行目）。しかし一方で「（妻の心には）何か笑いきれないものが、目に見えないところに残されているようでもあった」（傍線部**B**）。それを示すように、台所に来ていた御用聞のうち、八百屋が兵士として召集され、次に雑貨屋の小僧が、そして豆腐屋の若衆が戦地へと向かっていった。「目に見えない憂鬱の影はだんだん濃くなっていたようだ」（45行目）。そうした中で魚芳が相変わらず元気に働き、「夕方になると台所に彼の弾んだ声がきこえるのだった」（54行目）。この頃が彼にとっては「一番愉しかった時代」（55行目）だったのかもしれない。

翌年春、魚芳は入営し満洲へと渡る。その年の秋から妻は発病し療養生活に入る。妻の病気は二年三年と長引いたが、その間にも妻は魚芳と連絡を取り合っていた。そのうち彼から除隊になった挨拶状が届いた。その翌年、「台所の裏口へ軍服姿の川瀬成吉がふらりと現れた」（66・67行目）。「久振りではあるし、私も頻りに上ってゆっくりして行けとすすめた」（67・68行目）が、「彼はかしこまったまま、台所のところの閾から一歩も内へ這入ろうとしない」（傍線部C）。それは「台所の閾から奥へは遠慮して這入ろうともしない魚芳」（89行目）の御用聞としての態度の現れだろう。それから、彼は間もなく満洲に行き、二三ヵ月後には吏員に就職したらしい。一度、妻と手紙のやり取りがあったが、その後満洲の方からは音沙汰がなかった。

Ⅱ　川瀬丈吉からの手紙を読んで抱いた「私」の感慨（84行目～最終行）

川瀬成吉の父・丈吉の手紙からすると、魚芳は満洲で病み、五月に帰郷したが、一週間後には永眠したとのことであった。その手紙に触発されて、「あんな気性では皆から可愛がられるだろうと、よく妻は云っていた」（87行目）こと、「善良なだけに、彼は周囲から過重な仕事を押つけられ、悪い環境や機構の中を堪え忍ん」（87・88行目）だのではないか、「遂に病軀をかかえ、とぼとぼと遠国から帰って来る男。……ぎりぎりのところまで堪えて、郷里に死にに還った男」（90・91行目）などと「私」は彼のことをあれこれ思い出す。そして、その彼の姿と、終戦後、汽車の中で見かけた「郷里にただ死にに帰って行くらしい疲れはてた青年の姿」（92行目）を「私」は重ねて見てしまう。

【設問解説】

問1　語句の意味を問う問題　12 ①　13 ①　14 ④

(ア)の「興じ合っている」の「合っている」から〈互いに〉〈それぞれが〉〈相手とともに〉といった要素は必要であるが、「興じる」が〈興味を持って面白く過ごす〉を意味するため、**正解は①**。他の選択肢はそうした意味を含まないので、間違い。

(イ)の「重宝がられる」に含まれる「重宝がる」は、〈役に立つものとして喜んで使う・便利だとしてよく使う〉を意味する。したがって**正解は①**。②は「親しみを込めて」、④は「思いのままに」が余計。他の選択肢はそうした意味を含まないので、間違い。

(ウ)の「晴れがましく」は、〈堂々と晴れやかである・晴れやかで誇らしげである〉を意味する。したがって**正解は④**。他の選択肢はそうした意味を含まないので、間違い。

問2　戦争末期の中で亡き妻を思う夫の心境を説明する問題

15　④

傍線部の指示語「そうした」に着目すれば「暗い、望みのない明け暮れ」とは〈輸送船の船長をしていた妻の義兄が台湾沖で沈んだり、空襲警報のサイレンが頻繁に鳴ったりするように戦局が悪化している状況のこと〉であるとわかる。また、傍線部の後半部は〈そうした状況下でも、「私」が亡き妻との思い出に浸ることが多かったこと〉だと理解できる。こうした内容がおさえられている④が正解。

①について。傍線部に「私は凝と蹲ったまま」とあることから「恐怖にかられ」「妻との思い出に逃避し」ているとするのは言い過ぎであろう。

②について。「やがて妻との生活も思い出せなくなる」とする根拠が本文にない。

③について。傍線部は「妻と一緒にすごした月日を回想することが多かった」とまだ「私」は過去に目を向けているのだから「生活への意欲を取り戻そう」という未来を目指す在り方はおかしい。

⑤について。傍線部は「妻と一緒にすごした月日を回想することが多かった」と妻のことで頭が一杯なのだから「かつての交友関係にこだわり続け」るのはおかしい。

問3　「私」が推測した妻の心情を説明する問題

16　②

傍線部直前の接続語の「だが」に着目しよう。妻は御用聞たちの恰好に笑いこけていたが、そこに「笑いきれないもの」を感じていたのである。その内容を傍線部の前後の文章から考えてみよう。

「日華事変」も始まり普段の生活が変わっていく。「私」の家の台所の前には空き地があり、「そこへ毎日、八百屋、魚芳をはじめ、いろんな御用聞がやって来る」（36行目）。「私」の書斎からもそこでの「御用聞と妻との話すことは手にとるように聞える」（37行目）。ある日も、米屋の小僧と魚芳と妻の三人が台所で談笑していた。話題は教練（軍事上の訓練）に移り、魚芳たちは二人とも来年入営するらしく、「兵隊の姿勢を身につけようとして陽気に騒ぎ合っているのだ。その恰好がおかしいので私の妻は笑いこけていた」（41・42行目）。しかし一方で「（妻の心には）何か笑いきれないものが、目に見えないところに残されているようでもあった」（傍線部）。それを示すように、台所に来ていた御用聞のうち、八百屋が兵士として召集され、次に雑貨屋の小僧が、そして豆腐屋の若衆が戦地へと向かっていった。「目に見えない憂鬱の影はだんだん濃くなっていたようだ」（45行目）。こうした「私」の表現から、彼らの面白い恰好も、自分の仕事を止めて戦場に行くことにつながっていると妻が思ったと「私」は推測する。こうした内容がおさえられている②が正解。

①について。「気のはやりがあらわで、そうした態度で軍務につくならば、彼らは生きて帰れない」がおかしい。これでは御用聞たちが軽い調子なので生還できないことになるが、そうしたことは本文に一切述べられていない。

③について。徴兵されても除隊されることもあるのだから、

「商売人として一人前になれなかった」とは言い切れない。

④について。「『になえつつ』の姿勢すらうまくできていない」とは本文からは言えない。

⑤について。「そのふざけ方がやや度を越している」ことではなく、彼らが戦場に行くことに妻が不安を感じているのである。

問4　魚芳（川瀬成吉）が「私達」に対してとった態度を説明する問題　17　⑤

傍線部の前後の文脈を確認しておく。入営し満洲に渡った川瀬成吉から除隊になった旨の挨拶状が届く。その翌年、「台所の裏口へ軍服姿の川瀬成吉がふらりと現れた」（66・67行目）。「彼はきちんと立ったまま、ニコニコしていた」（67行目）。「久振りではあるし、私も頻りに上ってゆっくりして行けとすすめた」（67・68行目）のだが、「彼はかしこまったまま、台所のところの閾から一歩も内へ這入ろうとしない」（傍線部）。この彼の態度を「私」は、「台所の閾から奥へは遠慮して這入ろうともしない魚芳」（89行目）の御用聞としての態度の現れだと理解していた。こうした内容がまとめられている**⑤が正解**。

①について。「連絡せずに」人の家を訪問することが「兵長にふさわしくない行動」なのかが本文から読み取れない。

②について。「勤め先に向かう途中に立ち寄ったので」では〈急いでいるから〉という意味しか読み取れず「遠慮して這入ろうともしない」（89行目）という表現と適合しない。

③について。「すぐに訪れなかったことに対する後ろめたさ」が傍線部直前の「彼はきちんと立ったまま、ニコニコしていた」という表現と適合しない。

④について。川瀬成吉が「病状が悪化している『妻』の姿を目の当たりにして驚」いたのかどうかは本文からは不明である。

問5　本文中に登場する「私」や「妻」あての手紙を読むことで変化する「私」の感情を説明する問題　18　②

順次、確認していこう。

①について。「紋切型の文面からごく少数の知己とでさえ妻の死の悲しみを共有しえないことを知った」がおかしい。「紋切型の悔み状であっても、それにはそれでまた喪にいるものの心を鎮めてくれるものがあった」（2・3行目）と矛盾する。

②について。84行目から最終行まで述べられている、〈川瀬丈吉の手紙に触発されて、「私」は今は亡き川瀬成吉のことをあれこれ思い出し、その彼の姿と、終戦後汽車の中で見かけた郷里にただ死にに帰って行くらしい疲れはてた青年の姿を重ねて見てしまう〉という内容と対応している。したがって**②が正解**。

③について。「きっと魚芳はみんなに可愛がられているに違いない。炊事も出来るし、あの気性では誰からも重宝がられるだろう、と妻は時折噂をした」（59・60行目）とあることと「すぐに赴任先が変わったので、周囲に溶け込めず立場

が悪くなったのではないかと心配になった」という表現が矛盾している。

④について。「千葉に戻って魚屋で働くことを楽しみにしているから帰ったらよろしくお願いするとあった」がおかしい。手紙の中に「魚屋で働くことを楽しみにしているから」という内容は書かれていない。また、「楽天的な傾向が魚芳たちの世代に浸透している」という点も本文からは読み取れない。

⑤について。「他人事のように語る返事」がおかしい。「大根一本が五十銭、内地の暮しは何のことやらわかりません。おそろしいことですね」（80行目）とはっきり内地の苦労に共感していることが書かれている。

問6　19・20　③・⑥　**この文章の表現に関して適当でないものを選ぶ問題**

順次、確認していこう。

①について。「満洲にいる魚芳へも端書を差出して」（1行目）とあることから1行目の「魚芳」は川瀬成吉を指しているとわかる。また「私がほんとうに魚芳の小僧を見た」（18行目）とあることから18行目の「魚芳」は魚屋の名前だとわかる。ここから川瀬成吉が魚芳の名で呼ばれていることが推測できる。したがって、これは適当である。

②について。本文では要所に時が示されている。しかも1行目は「一九四四年」、13行目は「十二年前」と時を遡り、また「終戦後」（92行目）とあって時を下っていることから、「いくつかの時点を行き来しつつ記述している」こともわかる。したがって、これも適当である。

③について。「 」の中の表現がすべて擬態語であるとは言えても、「遂に病軀をかかえ、とぼとぼと遠国から帰って来る男」（90行目）の「とぼとぼ」という表現に「ユーモラス」は読み取れない。したがって**③が一つ目の正解**。

④について。犬や鶉のエピソードはすべて魚芳の川瀬成吉に関わるものであり、しかも彼の人柄がよくわかるものである。したがって、これは適当である。

⑤について。「南風が吹き荒んでものを考えるには明るすぎる、散漫な午後」（38行目）を見れば、「午後」を修飾し、しかも考える（＝思索する）ことに適さないこともわかる。したがって、これも適当である。

⑥について。「 」の中の表現がすべて妻の病状に言及していることは確かだが、だからと言って「『私』の生活が次第に厳しくなっていった」ことまではわからない。したがって**⑥が二つ目の正解**。

第3問　古文

【出典】

『小夜衣』

成立年代　鎌倉時代

ジャンル　擬古物語

作者　未詳

内容　母を亡くし、母方の祖母にあたる尼上に養われて山里で暮らす按察使《あぜち》大納言の姫君は、兵部卿宮《ひょうぶきょうのみや》（問題文では「宮」）と恋仲になる。しかし、異母妹《いぼまい》が入《じゅ》内《だい》する際に、その後見として宮中に入り、宮とは会えなくなってしまう。さらに帝に見初められて求愛されるが、それを知って、異母妹の実母である大納言の北の方が、自らの乳母子《めのとご》に姫君を誘拐させた。宮も帝も姫君の失踪を嘆くが、やがて姫君の居場所を知った大納言が姫君を救出し、北の方を離縁する。姫君は宮の邸《やしき》に迎えられ、歳月を経て宮が帝位に即《つ》くと中宮となり、栄えた。

　本文は、物語のはじめの方で、山里の姫君に関心を抱いた宮が、その近所に住む自らの乳母を訪ねる途中、尼上の姪《めい》で、ちょうど尼上を見舞っていた宰相という女房を頼って、尼上と姫君が暮らす庵を訪ねた場面である。

【全文解釈】

（宮が）「ここはどこだ」と、お供の人々に問いなさると、（お供の者が）「雲林院と申す所です」と申し上げるので、（宮はそれを）聞いて気に掛けなさって、宰相が通う（尼上の）所だろうかと、（また）この頃は（宰相は）ここに（いる）と聞いたが、（その庵は）どこだろうと、知りたくお思いになって、お車をとめて（車の）外をご覧になったところ、どこ（に咲いている卯の花）も同じ卯の花とはいうものの、（古歌に）垣根続き（と詠まれた様子でここに卯の花が咲いているのを見るの）も卯の花の名所である玉川を見るような心地がして、（ここならば）ほととぎすのこの夏初めての鳴き声も（なかなか聞こえないと）心をすり減らさずにすむあたりであろうかと、おのずと心惹《ひ》かれるようにお思いになって、夕暮れの頃であるから、静かに葦の垣根の隙間から、格子戸などが見えるのをのぞきなさると、こちら側は仏間のように見受けられて、閼伽棚《あかだな》も質素で、妻戸や格子戸なども押し広げて、樒《しきみ》の花が青々と散って、（誰かが）花をお供えするというので、（花器が）からからと音を立てる様子も、この（仏事の）方面の行いも、現世においても無益ではなく、来世はまたとても頼もしいことだよ。（宮も）この（仏事の）方面は心にとどまっていることであるから、（この庵の信心深い暮らしぶりは）うらやましくご覧になった。思うに任せない人生で、このようにしても住みたいと、お目がとまってついご覧になっていると、子どもの（召使いの）姿も大勢見える中に、あの宰相のもとにいる子ども（の召使い）もいるのは、（尼上の庵は）ここだろうか、と思いなさるので、お供である兵衛督という者をお呼びになって、「宰相の君（のいらっしゃる所は）はここでしょうか」と、（宰相と）対面したいという旨を申し上げなさった。（宰相は）驚いて、「どうしましょう。宮が、ここまでわざわざ訪ねていらっしゃったのだ。畏れ多いことです」と言って、急いで（応接に）出た。仏のそばの南側の部屋に、お席などを整えて、（宮を）お入れする。

（宮が）ほほえみなさって、「この近くを訪問し申し上げたところ、（あなたが）このあたりにいらっしゃるなどと聞いて、ここまで分け入っております（私の）思いを、お察しくださ い」などとおっしゃるので、（宰相が）「ほんとうに、畏れ多いことにわざわざお訪ねくださっているお気持ちが、心苦しゅうございます。年寄り（＝尼上）が、瀕死のありさまで患っておりますために、最期を看取りましょうと思って、（この尼上のそばに）籠もって（おります）」などと申し上げると、（宮が）「そうでいらっしゃるのでしょう、お気の毒です。そのご容態もお聞かせいただこうと思って、ことさらに参ったが（、ご容態はいかがですか）」などとおっしゃるので、（宰相が）奥に入って、「（宮から）これこれのお言葉がございます」と（尼上に）申し上げなさると、（尼上が）「（私について）そのような者がいると（宮の）お耳に入って、年老いて（人生の）最後に、（お見舞いいただくなどという）このようなすばらしいお恵みをお受けすることこそ、長生きしております命も、今はうれしく、この生涯の面目と思われます。人を介してではなく（お礼を）申し上げるべきですのに、このように弱々しい体調で（それも叶《かな》いませんことを申し訳なく思います）」などと、途切れがちに申し上げている声も、（宮は、別室から）とても理想的だと（感じつつ）聞いていらっしゃる。

人々が、（宮の姿を）のぞいて拝見すると、華やかにのぼった夕方の月のもとで、振る舞いなさっている雰囲気は、たぐいなくすばらしい。山の端から月の光がきらきらとさしたような（宮の）ご様子は、正視できないほど美しい。光沢も色もあふれ出るほどであるお召し物に、直衣が軽く重なっている色合いも、どこに加わっている華やかさだろうか、この世の人が染め出したとも思われず、普通の色とも見えない様子は、模様もほんとうにすばらしい様子である。（尼上のもとにいる女房たちは、容貌が）いまひとつなもの（＝男性たち）さえ見慣れていないありさまであるのに、「世の中にはこのような（美しい）人もいらっしゃったのだ」と、みなひどく感動しあっていた。ほんとうに、姫君と並べてみたいと、（女房たちは）笑みを浮かべて座っていた。宮は、場所の様子などをご覧になると、ほかとは様子が違って見える。人が少なくしんみりとして、ここに悩みを抱いているような人が住んでいるならその心細さ（は大変なものだろう）などと、しみじみとお感じになって、むやみにもの悲しく、お袖も（涙で）濡《ぬ》らしなさりつつ、宰相にも、「きっと、（私が訪ねて来た）かいがあるように（尼上と姫君に）申し上げるようになさってください」などとお話しになって帰りなさるので、人々も名残惜しさでいっぱいだと思われる。

【設問解説】

問１　短語句の解釈問題　21 ③　22 ②　23 ④

(ア)　ゆかしくおぼしめして

ゆかしく	／おぼしめし	／て
形容詞「ゆかし」シク活用 連用形	動詞「おぼしめす」サ行四段活用 連用形	接続助詞

ゆかし
1 心惹かれる。
2 見たい。知りたい。聞きたい。
おぼしめす
1 お思いになる。（「思ふ」の尊敬語）

選択肢中、「ゆかし」の意味が正しいのは③・⑤、「おぼしめす」の意味が正しいのは①・③・④で、いずれも正しいのは③のみである。

文脈を確認すると、ここは宮が、尼上と姫君が暮らす庵はどこだろうかと思っている場面で、③「知りたくお思いになって」は、その文脈に合う。

よって、正解は③である。

(イ)　やをら

やをら
副詞

やをら
1 そっと。静かに。

選択肢中、「やをら」の意味が正しいのは②のみである。

文脈を確認すると、ここは宮が関心を持った庵をのぞく場面で、「やをら」は宮がのぞいている様子を形容しているので、②「静かに」は、文脈に合う。

よって、正解は②である。

(ウ)　重なれるあはひ

重なれ	／る	／あはひ
動詞「重なる」ラ行四段活用 已然形（命令形）	助動詞「り」存続 連体形	名詞

あはひ
1 間。隙間。
2 仲。
3 取り合わせ。つりあい。配合。

選択肢中、「あはひ」の意味が正しいのは④のみである。④は「重なる」「り」も、それぞれ「重なっ」「ている」と訳出されている。

文脈を確認すると、ここは、尼上の庵にいる人々がのぞき見た、宮の着物の様子が記されている場面で、後に「この世の人の染め出だしたるとも見えず、常の色とも見えぬさま」などとあるので、④「重なっている色合い」は、その文脈に合う。

よって、正解は④である。

問2　文法問題　24　①

敬意の対象が問われている。敬意の対象は、敬語の種類によって考える。

敬意の対象（「誰へ」敬意を表しているか。）
①　尊敬語……動作の主体へ。
＊「誰が」その動作を行っているかを考える。
②　謙譲語……動作の受け手へ。
＊「誰に」その動作を行っているか、あるいは「誰を」相手にその動作を行っているかを考える。
③　丁寧語……聞き手・読み手へ。
＊地の文では読者、会話文・手紙文ではその聞き手・読み手へ。

波線部の語の敬語としての意味は、以下の通り。

奉る（動詞・ラ行四段活用）
1　差し上げる。〔「与ふ」の謙譲語〕
2　～申し上げる。〔謙譲の補助動詞〕
3　召し上がる。〔「食ふ」「飲む」の尊敬語〕
4　お召しになる。〔「着る」の尊敬語〕
5　お乗りになる。〔「乗る」の尊敬語〕

給ふ（動詞・ハ行四段活用／ハ行下二段活用）
1　お与えになる。〔「与ふ」の尊敬語〕
2　～なさる。〔尊敬の補助動詞〕
3　～おります。〔謙譲の補助動詞〕
＊1・2は四段活用、3は下二段活用。

侍り（動詞・ラ行変格活用）
1　お仕えする。〔「仕ふ」の謙譲語〕
2　あります。〔「あり」の丁寧語〕
3　～ます。〔丁寧の補助動詞〕

聞こゆ（動詞・ヤ行下二段活用）
1　申し上げる。〔「言ふ」の謙譲語〕
2　～申し上げる。〔謙譲の補助動詞〕

a「奉る」は、動詞「入れ」に敬意を添えており、補助動詞の用法である。したがって、前記2の用法で謙譲語であり、動作の受け手への敬意を表す。ここは、宰相が宮を庵の南側の部屋に入れることを表す部分で、動作の受け手は「宮」である。

b「給ふ」は、動詞「ものし」に敬意を添えており、補助動詞の用法である。波線部**b**は、直後に引用句をうける副詞「など」があることから文末と考えられ終止形であるが、四段活用でも下二段活用でも終止形は「給ふ」と同じかたちになるので、かたちによって活用の種類を判別することはできない。波線部**b**は、宰相や尼上がいるとわかって庵を訪ねてきた宮が、宰相に向かって語る発言の中にあるので、「このわたりにものし給ふ」は、「宰相がこのあたりにいらっしゃると聞いてここまで訪ねてきた」という意味で、主体は宰相である。謙譲語の「給ふ」は基本的に、会話文や手紙の中で自らの動作に対して使うから、この「給ふ」は、謙譲語ではなく、前記2の尊敬の補助動詞だと判断され、動作の主体への敬意を表す。すでに述べた通り、動作の主体は「**宰相**」である。

c「侍る」は、動詞「わづらひ」に敬意を添えており、前記3の補助動詞の用法である。したがって、丁寧語であり、会話文中にあるので、聞き手への敬意を表す。ここは、宰相が宮に語る会話文なので、聞き手は「**宮**」である。

d「聞こえ」は前記1の謙譲語で、動作の受け手への敬意を表す。ここは、奥に入った宰相が、尼上（＝老いた人）に、訪ねて来た宮の言葉を伝えたことを表しており、動作の受け手は「**尼上**」である。

第二段落で、訪ねて来た宮と直接対面しているのは宰相であり、病中の尼上と宮の間を行き来して、それぞれのメッセージを伝える役目も果たしている。波線部**c**・**d**については、その人物関係を正確に読み取ることがポイントになる。

以上により、**正解は①**である。

問3　**心情の説明問題**　25　③

傍線部が宮の心情であることを示した上で、何に対する心情かを問うている。傍線部については、すべての選択肢が「うらやましく思っている」と解釈しており、「何を」という点に注目して正解を選ばせる問題である。

本文の傍線部の2行前に、「のぞき給へば」とあるのに注目すると、それ以後は宮が見た庵の様子が書かれていると判断する。その部分には、

本文

Ⅰこなたは仏の御前と見えて、閼伽棚ささやかにて、妻戸・格子なども押しやりて、樒の花青やかに散りて、花奉るとて、からからと鳴るほども、**Ⅱ**このかたのいとなみも、この世にてもつれづれならず、後の世はまたいと頼もしきぞかし。このかたは心にとどまることなれば、**A**うらやましく見給へり。

とあるが、この部分は、次のように解釈できる。

解釈例

Ⅰこちら側は仏間のように見受けられて、閼伽棚も質素で、妻戸や格子戸なども押し広げて、樒の花が青々と散って、（誰かが）花をお供えするというので、（花器が）からからと音を立てる様子も、**Ⅱ**この（仏事の）方面の行いも、現世においても無益ではなく、来世はまたとても頼もしいことだよ。（宮も）この（仏事の）方面は心にとどまっていることであるから、（この庵の信心深い暮らしぶりは）**A**うらやましくご覧になった。

前記の波線部**Ⅰ**は、宮がのぞき見た庵の様子で、仏に祈る暮らしぶりが具体的に書かれており、波線部**Ⅱ**は、それについて、現世でも来世においても御利益《ごりやく》があるだろうという宮の感想が書かれている。これらの要点を正しく説明する選択肢は、③「**Ⅰ**仏事にいそしむことで**Ⅱ**現世でも充実感があり来世にも希望が持てる、**Ⅰ**この庵での生活を**A**うらやましく

思っている」である。

①は、「極楽浄土のように楽しく暮らすことのできるこの山里の日常」が誤り。本文にはこの庵の生活について、「極楽浄土のよう」だとは書かれていない。

②は、「姫君と来世までも添い遂げようと心に決めている」とも、「いつも姫君のそばにいる人たちをうらやましく思っている」とも本文に書かれていないので、間違い。

④は、「来世のことを考えずに暮らすことのできる」が間違い。本文には「後の世はまたいと頼もしきぞかし」とあり、この庵の暮らしぶりに対する宮の感想に反している。

⑤は、「自由に行動できない身分である自分」と「いつでも山里を訪れることのできる宰相」を比較する内容が本文にはなく、間違いである。

よって、正解は③である。

問4 心情の説明問題 26 ⑤

傍線部は尼上の発言の中にあり、その発言の背後にある尼上の思いを問うている。尼上の思いは、尼上の発言に示されていると考えられるので、傍線部を含む尼上の発言に注目する。その部分には、

本文

Iさる者ありと御耳に入りて、老いの果てに、かかるめでたき御恵みをうけたまはるこそ、Ⅱながらへ侍る命も、今はうれしく、この世の面目とおぼえ侍れ。Bつてならでこそ申すべく侍るに、かく弱々しき心地に

とある。この部分は、次のように解釈できる。

解釈例

I(私について)そのような者がいると(宮の)お耳に入って、年を取ったおわりに、(お見舞いいただくなどという)このようなすばらしいお恵みをお受けすることこそ、Ⅱ長生きしております命も、今はうれしく、この生涯の面目と思われます。B人を介してではなく(お礼を)申し上げるべきですのに、このように弱々しい体調で(それも叶いませんことを申し訳なく思います)

前記の波線部Iは、宮が尼上の存在を顧みて尼上を見舞ってくれたことを、波線部Ⅱは、それを名誉で喜ばしいことだと思っていることを、傍線部は、宮に人づてではなく挨拶したいという気持ちを書いており、これらの要点を正しく説明する選択肢は、⑤「I宮が自分のような者を気にとめて見舞いに来られたことはⅡ実に畏れ多いことであり、B直接ご挨拶申し上げるべきだ、という思い」である。

リード文では、宮が姫君に関心を持っていることが示されているが、本文では、庵を訪ねた宮は姫君のことについては一言も述べていない。せいぜい最後の段落で立ち去り際に「かひあるさまに聞こえなし給へ」と言った言葉に思いを込めたぐらいで、第二段落では姫君のことは話題になっていない点に注意が必要である。

①は、「自分が姫君と宮との仲を取り持って、二人をお引き合わせ申し上げるべきだ」が間違いである。本文で尼上は姫君について一言も言っていない。

②も①と同様の理由で、「この折に姫君のことを直接ご相談申し上げたい」が間違い。

③は、「宮から多大な援助をいただける」が本文に書かれていない。傍線部も「直接お受け取り申し上げるべきだ」という意味ではない。

④は、「仏道について直接お教え申し上げたかった」が間違い。尼上が宮に仏道の手ほどきをするという内容は、本文にはない。

よって、正解は⑤である。

問5　心情の説明問題　27　②

女房たちは、最終段落に「人々」として登場する。彼女たちの目に映った宮は、「似るものなくめでたし」「山の端より月の光のかかやき出でたるやうなる御有様、目もおよばず」などと説明される美貌の持ち主である。「世にはかかる人もおはしましけり」とあるのは、そのたぐいまれな美貌に驚いているのである。そこで、女房たちは、「げに、姫君に並べまほしく」考えている。

選択肢の中で、宮を姫君と並べてみたいということを書いているのは、①「姫君の衣装と比べてみたい」と、②「姫君と宮が結婚したらどんなにすばらしいだろう」の二つだが、宮の美貌に対する賛嘆と結びつくのは、②である。「月光に照らされた宮の美しさを目の当たりにし」は美貌に賛嘆する様子を、「姫君と宮が結婚したらどんなにすばらしいだろう」は、その宮と姫君を夫婦として並べてみたいという心情である。

①は、単に衣装の話になっている点が間違い。たしかに宮の衣装への賛辞も書かれているが、衣装についてだけ賞賛しているわけではない。

③の「姫君が宮を見たらきっと驚くだろう」、④の「姫君とそろって出家するように仕向けることができた」、⑤の「宮が釣り合うはずがない」は、いずれも宮を姫君と並べてみたいという本文の内容に合わない。

よって、正解は②である。

問6　本文内容の説明問題　28　⑤

本文全体についての説明問題で、選択肢ごとに本文のさまざまな箇所と対応する記述になっている。

①は、「葦垣のすきまから仏事にいそしむ美しい女性の姿を見た」が間違い。宮は庵の様子を見たが、女性は見てはいない。したがって、「この人こそ噂に聞いていた姫君に違いないと確信」することもなかったし、姫君と「対面の場を設けるよう宰相に依頼」することもなかった。

②は、「宰相は、兵衛督を呼んで」が間違い。兵衛督は宮の従者である。宮が、兵衛督を呼んで、宰相と対面したい旨を伝えさせたのであり、「どのように対応すればよいか尋ねた」わけでもない。また、南向きの部屋に「尼上と姫君がいる」ということも、本文には書かれていない。南向きの部屋で宮が会話している相手は宰相だけで、尼上は別室にいるものと思われるし、姫君は本文には登場しない。

③は、「尼上は、宰相を通じて自分の亡き後のことを宮に頼んだ」が間違い。そのような記述は本文にない。「姫君についても大切に後見するよう懇願された」ということもないし、したがって、宮が「姫君との関係が自らの望む方向に進んでいきそうな予感を覚えた」とも書かれていない。

④は、「宮はこの静かな山里で出家し、姫君とともに暮らしたいと思うようになった」というのが間違い。【設問解説】の問3で見たように宮は仏道に関心はあるが、出家したいと思うようになったとは書かれていない。

⑤は、本文の最後の所に、

Ⅰ人少なくしめじめとして、Ⅱここにもの思はしからん人の住みたらん心細さなど、あはれにおぼしめされて、そぞろにものがなしく、御袖もうちしほたれ給ひつつ、宰相にも、Ⅲ「かまへて、かひあるさまに聞こえなし給へ」など語らひてⅣ帰り給ふを、Ⅴ人々も名残多くおぼゆ。

という記述と、選択肢の、

Ⅳ宮は山里を去るにあたり、Ⅰこのような寂しい場所でⅡ暮らしている姫君に同情し、Ⅲ必ず姫君に引き合わせてほしいと宰相に言い残した。Ⅴ女房たちは宮のすばらしさを思い、その余韻にひたっていた。

が一致する。

よって、**正解は⑤**である。

第4問 漢文

【出典】

蕭統《しょうとう》『文選《もんぜん》』全六十巻。『文選』は梁《りょう》の蕭統（諡《おくりな》は昭明太子《しょうめいたいし》 五〇一～五三一）が周から南朝の梁に至る千年以上の間のすぐれた詩や文章を編集したもの。我が国には推古天皇（在位五九三～六二八）の時に伝来したと言われ、『万葉集』や『日本書紀』を初めとして日本文学にも大きな影響を与えた。平安時代には宮中を中心に盛んに読まれた。本文は巻三十に収められている謝霊運《しゃれいうん》の「田《でん》南《なんニ》樹《たテ》レ園《えんヲ》激《せきとメテ》レ流《ながれヲ》植《うウ》レ援《えんヲ》」（田園の南に庭園のある住居を建て谷川を引き入れて垣根を植えた）と題する五言古詩である。

謝霊運（三八五～四三三）は、南朝の宋の人で、陳郡陽夏（現在の河南省太康県）の出身。宋の第三代皇帝文帝（在位四二四～四五三）に仕えて諸官を歴任したが、自負心が強く野心家であったため、待遇に満足できずに郷里に隠棲《いんせい》した。山水への遊楽に心の解放を求めて山水を題材とする数々の詩を作り、詩人としては新境地を開いた。

【本文解説】

リード文にもあるように、都で志を果たせずに帰郷した謝霊運が、田園に建てた住居の様子を詠んだ詩である。内容は、三つに分けて考えることができる。順次確認してみよう。

第一句～第六句は、導入部と捉えてよい。作者の謝霊運が故郷に帰ってきた理由、住居を建てた土地の様子や雰囲気が記されている。第四句「養《フモ》レ痾《ヲ》亦《タ》園中」（都の生活で疲れた心身を癒やすのも庭園のある住居である）や第五句「園中屏《ケ》二氛雑《ヲ》一」（庭園のある住居で俗世のわずらわしさを振り払い）に注目してみよう。

第七句〜第十二句では、作者が建てた庭園のある住居に視点が当てられる。北側に丘を背負い、南側にしつらえた門扉《もんぴ》は大きな川に面しているという立地である。生活水は井戸を掘るのではなく谷川の水を引き入れ、槿《むくげ》の木を巡らして垣根とした。

第十三句〜第二十句では、作者の生活を記述するとともに新しい生活の望みが述べられている。曲がりくねった小道をたどって田んぼに行ってみたり、高くそびえる峰を見やったりと、ゆったりした日々。とりたてて欲しいものもやりたいこともなく、また働く気もないので、生活にはあまり手をかけない簡素な暮らし。漢の蔣詡《しょうく》のように庭に小道を作って親友を招き、一緒に美しい山水を眺め、この上ない幸福を味わいたい、それこそが傷心した作者が故郷の山水に囲まれた暮らしに求めたことなのである。

語句や表現にやや難しさや捉えにくさはあるものの、内容はそれほど難しいものではない。リード文には内容の概略が述べられている。（注）も十分に活用して、しっかりと読解したい。

【書き下し文】

樵隠《せういん》倶《とも》に山《やま》に在《あ》るも　由来事《ゆらいこと》は同《おな》じからず
同《おな》じからざるは一事《いちじ》に非《あら》ず　痾《やまひ》を養《やしな》ふも亦《ま》た園中《ゑんちう》
園中氛雑《ゑんちうふんざつ》を屏《しりぞ》け　清曠《せいくわう》遠風《ゑんふう》を招《まね》く
室《しつ》を卜《ぼく》して北《きた》の皐《をか》に倚《よ》り　扉《とびら》を啓《ひら》きて南《みなみ》の江《かは》に面《めん》す
澗《たにがは》を激《せきと》めて井《い》に汲《く》むに代《か》へ　槿《むくげ》を挿《う》ゑて墉《かき》に列《つらな》るに当《あ》つ
群木《ぐんぼく》既《すで》に戸《と》に羅《つらな》り　衆山《しうざん》亦《ま》た窓《まど》に対《たい》す
靡迤《びい》として下田《かでん》に趨《おもむ》き　迢遞《てうてい》として高峰《かうほう》を瞰《み》る
欲《よく》を寡《すくな》くして労《らう》を期《き》せず　事《こと》に即《そく》して人《ひと》の功《こう》罕《まれ》なり
唯《た》だ蔣生《しやうせい》の径《みち》を開《ひら》き　永《なが》く求羊《きうやう》の蹤《あと》を懐《おも》ふ
賞心《しやうしん》忘《わす》るべからず　妙善《めうぜん》冀《こひねが》はくは能《よ》く同《とも》にせんことを

【全文解釈】

木こりも隠者（である私）もどちらも山中に住んではいるが、（山中に住んでいる）理由は事情が同じではない。
同じでないのは一つの事情（だけ）ではなく、（隠者である私は）都の生活で疲れた心身を癒やすのも（この）庭園のある住居である。
（この）庭園のある住居で俗世のわずらわしさを振り払い、清らかで広々とした空間で遠くから吹いてくる風を招き寄せる。
土地の吉凶を占って住居を建てる場所を北側の丘のふもとに決め、南側の大きな川に向かって門扉《もんぴ》をしつらえた。
谷川をせき止め（水を引き入れ）て井戸で（水を）汲む代わりとし、槿《むくげ》の木を植えて垣根を巡らす代わりにした。
木々が戸（の辺り）に連なっている上に、山々も窓の向かいにそびえている。

うねうねと連なり続く道をたどって（山の）下の田に行ったり、
はるか遠くに高い峰を眺めたりする。
（様々な）欲求などほとんどなく働こうとは思わないので、諸事について人の手をかけ過ぎない（ようにしている）。
ただ蔣詡《しょうく》が友人たちを招くために作った小道を通し、（蔣詡の親友の）求仲と羊仲（のような人）が訪ねてくれるのをずっと思い続けている。
美しい風景をめでる心は忘れることはできないし、
この上ない幸福は（親友と）一緒に味わいたいものである。

【設問解説】

問1　語の読みの問題　[29]　⑤　[30]　③

(ア)「倶」は、副詞として「ともに」（一緒に・そろって・いずれも）と読む。動詞として「ともにす」（一緒にいる・一緒に行く）などの用法もあるが、選択肢を確認すれば、ここでは副詞としての読み方を問われていることがわかる。①「たまたま」と読む語は「偶」「適」など、②「つぶさに」と読む語は「具」「備」など、③「すでに」と読む語は「已」「既」など、④「そぞろに」と読む語は「漫」などである。よって、**正解は⑤**である。

(イ)「寡」は、形容詞として「すくなし」（少ない）と読むことが多い。「寡占」などの熟語を思い浮かべるとわかりやすい。ただし、選択肢を眺めれば、ここでは動詞としての読み方を問われているとわかる。したがって、終止形では「すくなくす」（少なくする・減らす）と読む。他の選択肢も終止形の読みで確認すると、①「いつはる」と読む語は「矯」「偽」「陽」など、②「つのる」と読む語は「募」など、④「がへんず」と読む語は「肯」など、⑤「あづく」と読む語は「預」「予」などである。よって、**正解は③**である。

問2　返り点と書き下し文の問題　[31]　②

まず、傍線部前半の「由来事不同」から確認する。①・②の「由来事は同じからず、」も③・④・⑤の「由来事は同じうせず、」も、いずれも文法的には成立する訓読である。

そこで、傍線部後半の「不同非一事」の訓読を考える。「不」と「非」という二つの否定詞に着目すれば、「否定の連用」の句形が用いられている可能性が考えられる。つまり、「二つの句から成る文で、前半と後半のどちらの句も否定形である場合、前半の句は仮定条件を示す」句形であるかもしれない。そうすると、傍線部は「同じからずんば、一事に非ず」と読むことになる。しかし、選択肢にこの読み方をしたものはない。

次に構文の捉え方を改めて「非」に着目し、「A《ハ》非《あらズ》レB《ニ》」（AはBではない）という否定形を想定してみる。すると、「A」＝「不同」、B＝「一事」と捉えることになる。さらに、前半の句とのつながりにも留意すると、後半は前半の句の「不同」を受けていると考えられるから、後半の句「不同非一事」は、「同じからざるは一事に非ず」あるいは「同じうせざるは一事に非ず」と読むことになる。選択肢の中で、後半の句を「A《ハ》非《あらズ》レB《ニ》」の構文と捉えて読んでいるのは②「由来 事は同じからず、同じからざるは一事に非ず」だけである。この訓読に従って訳出すると、「(山中に住んでいる)理由は事情が同じではない、同じでないのは一つの事情(だけ)ではなく」となる(**【全文解釈】**の当該箇所を参照)。よって、**正解は②**である。

問3　内容を模式的に示す問題　32　②

傍線部の記述を読み取って、その内容を模式図に表す問題であるから、まず、傍線部の四句をそれぞれ正しく直訳して、図像化できる内容を整理する。

第七句「卜《ぼくシテ》レ室《ヲ》倚《より》ニ北阜《ノをかニ》」

＝土地の吉凶を占って北の丘に近づけて住居を建てる場所を決め

➡ Ⅰ 住居は北側の丘のふもとに建てた。

第八句「啓《ひらキテ》レ扉《ヲ》面《ス》ニ南江《ノかはニ》」

＝門扉を開いて南側の川に面するようにした

➡ Ⅱ 門扉は南側の川に面している。

第九句「激《せきとメテ》レ澗《たにがはヲ》代《ヘ》レ汲《くムニ》レ井《ニ》」

＝谷川をせき止めて井戸で水を汲む代わりにし

➡ Ⅲ 生活水は谷川から引き込んでいる。

第十句「挿《うヱテ》レ槿《むくげヲ》当《ツ》レ列《つらなルニ》レ墉《かきニ》」

＝槿を植えて垣として連なることに当てている

➡ Ⅳ 槿の木を植えて垣根を巡らしている。

以上、Ⅰ～Ⅳの内容を選択肢の模式図とそれぞれ対照してみよう。

Ⅰ「住居は北側の丘のふもとに建てた」という条件については、模式図の奥手を北の方角とすれば、いずれの選択肢も満たしている。

Ⅱ「門扉は南側の川に面している」という条件についても、いずれの選択肢も満たしている。

Ⅲ「生活水は谷川から引き込んでいる」という条件を満たしているのは、②と④である。

Ⅳ「槿の木を植えて垣根を巡らしている」という条件を満たしているのは、①と②である。

以上から、Ⅰ～Ⅳの内容をすべて反映して傍線部を模式的に示した選択肢は②だけである。よって、**正解は②**である。

問4　押韻の問題　33　①

まず、押韻の知識を問う問題であることを捉える。漢詩では、詩の形式に関わらず、偶数番目の句の末尾に同じ韻の字を配置するのが原則である。空欄 C は第十二句の末尾に設けられているので、他の偶数番目の句の末尾の字と同じ韻の字が入るはずである。ただし、本文は古詩なので、一韻到底(押韻箇所の字がすべて同じ韻)とは限らず、換韻(途中で韻を変える)している可能性も考えておく。

空欄 C 以外の押韻箇所の字の韻を確認してみよう。入試漢文では、音読みを手がかりにして韻を確認する。音読みの冒頭の子音を除いた響きを韻と考えればよい。第二句末の字から順に音をローマ字に表して列挙すると、「同」＝「d-ou」→韻は「-ou」、「中」＝「ch-û」→韻は「-û」、「風」＝「f-û」→韻は「-û」、「江」＝「k-ou」→韻は「-ou」、「墉」＝「y-ou」→韻は「-ou」、「峰」＝「h-ou」→韻は「-ou」、「功」＝「k-ou」→韻は「-ou」、「蹤」＝「sh-ou」→韻は「-ou」、「同」＝「d-ou」→韻は「-ou」となる。音読みを手がかりにした便宜的な確認なので、「-ou」と「-û」は同一の韻であり、本文の押韻は一韻到底の詩だと判断してよい。

さて、選択肢の字の韻を確認すると、①「窓」＝「s-ou」→韻は「-ou」、②「空」＝「k-û」→韻は「-û」、③「虹」＝「k-ou」→韻は「-ou」、④「門」＝「m-on」→韻は「-on」、⑤「月」＝「g-etsu」→韻は「-etsu」であるから、正解の候補は①「窓」、②「空」、③「虹」となる。

次に、正解の候補の三字をそれぞれ空欄 C に入れた上で、当該の句の意味を検討する。ここで、空欄 C を含む第十二句と直前の第十一句とが対句の関係にあることに注目する。

主語　副詞　動詞＋目的語

群木｜既ニ｜羅《つらなり》レ戸ニ

衆山｜亦タ｜対スレ C ニ

句の構造が同一であり、したがって返り点の付け方も同じである。そうすると、空欄 C には第十一句の「戸」と意味が対比する語が入ることになるので、①「窓」がふさわしい。念のために空欄 C に「窓」を入れて第十一句と第十二句を解釈してみると、「木々が戸（の辺り）に連なっている上に、山々も窓の向かいにそびえている」となり【全文解釈】の当該箇所を参照）、意味に矛盾は生じない。よって、**正解は①**である。

問5 表現説明の問題 34 ⑤

いずれの選択肢も正誤判定がしにくい説明であるので、本文と照らしてそれぞれ丁寧に検討する。設問の指示をよく確認し、本問が「**適当でないもの**」を選ぶ問題であることにも注意する。

まず、傍線部を正しく解釈してみると、「うねうねと連なり続く道をたどって（山の）下の田に行ったり、はるか遠くに高い峰を眺めたりする」となる【全文解釈】の当該箇所を参照）。また、返り点の付け方と送り仮名に注目し、前半の句と後半の句が対句を構成していることも捉えたい。この解釈と選択肢を対照して、それぞれ正誤を判断する。

①は、傍線部の前半「靡《び》迤《い》トシテ趨《おもむ》キ二下田一ニ」の説明として不適当な箇所は見当たらない。

②は、対句を踏まえた傍線部全体の説明として成り立っている。

③は、傍線部の後半「迢《てう》遰《てい》トシテ瞰《み》ル二高峰一ヲ」の説明として不適当な箇所は見当たらない。

④は、対句を踏まえた傍線部全体の説明として成り立っている。

⑤は、「田畑を耕作する世俗のいとなみが、作者にとって

高い山々をながめやるように遠いものとなった」が説明として適当でない。傍線部はふもとに広がる田畑と高い山々の風景を対比的に描写しているだけであって、「世俗のいとなみ」が「作者にとって……遠いものとなった」という内容を読み取ることはできない。よって、**正解は⑤**である。

問6　心情説明の問題　35　④

まず、傍線部を正しく訳出し、それを踏まえて選択肢を検討する。傍線部は、「美しい風景をめでる心は忘れることはできないし、この上ない幸福は（親友と）一緒に味わいたいものである」と訳すことができる。傍線部直前の二句「唯《ダ》開《キ》二蔣生《しやうせいノ》径《みちヲ》一　永懐《クおもフ》二求羊《きうやうノ》蹤《あとヲ》一」（ただ蔣詡《しょうく》が友人たちを招くために作った小道を通し、〔蔣詡の親友の〕求仲と羊仲〔のような人〕が訪ねてくれるのをずっと思い続けている）を踏まえて解釈すれば、「同《ともニス》」の相手が作者の謝霊運にとっての親友であると判断できる。つまり、傍線部から読み取ることのできる作者の心情は、

美しい風景をめでて至上の幸福感を親友と一緒に味わいたい

というものである。いずれの選択肢も作者の親友については「漢の蔣生と求仲・羊仲のように、親しい仲間」としているので、作者が親友＝「親しい仲間」とどういうことを「同《ともニセンコトヲ》」望んでいるのかに注目して選択肢を検討すればよい。

①は、「さまざまな見方を教わることがあるので、……どうか遠慮なく何でも言ってください」が誤った説明である。作者は美しい風景の見方について親友に教えを請いたいわけではない。

②は、「その評価は決して一致しないので、……どうか私のことはそっとしておいてください」が不適切である。これでは、作者が親友との交流を望んでいないことになってしまう。

③は正誤判断がやや紛らわしいが、「どうか我が家のことを皆に伝えてください」が不適切な説明である。先に確認したように、傍線部直前の第十七句と第十八句から読み取れるのは、作者が親友の訪問を望む心情であって、自分の新居を建てたことを皆に伝えてほしいと思っているわけではない。

④は、「親しい仲間と一緒にながめてこそ、その楽しさがしみじみと味わえるものなので、……どうか我が家においでください」は、先に確認した作者の心情を矛盾なく適切に説明している。

⑤は、「どうか我が家を時々思い出してください」が不適切な説明である。この説明では、親友が今後は作者の家を訪ねることがないということになってしまう。

よって、**正解は④**である。

MEMO

2019
本試験

国　語

（2019年１月実施）

受験者数　516,858

平 均 点　121.55

国　語

解答・採点基準

（200点満点）

問題番号(配点)	設　問	解答番号	正解	配点	自己採点
第1問 (50)	問1	1	③	2	
		2	②	2	
		3	④	2	
		4	③	2	
		5	②	2	
	問2	6	④	8	
	問3	7	②	8	
	問4	8	②	8	
	問5	9	②	8	
	問6	10	④	4	
		11	②	4	
第1問　自己採点小計					
第2問 (50)	問1	12	③	3	
		13	①	3	
		14	②	3	
	問2	15	③	7	
	問3	16	⑤	8	
	問4	17	②	8	
	問5	18	①	8	
	問6	19	④ ※	5	
		20	⑥ ※	5	
第2問　自己採点小計					

問題番号(配点)	設　問	解答番号	正解	配点	自己採点
第3問 (50)	問1	21	②	5	
		22	④	5	
		23	⑤	5	
	問2	24	④	5	
	問3	25	⑤	7	
	問4	26	③	7	
	問5	27	①	8	
	問6	28	②	8	
第3問　自己採点小計					
第4問 (50)	問1	29	③	4	
		30	④	4	
	問2	31	②	7	
	問3	32	⑤	7	
	問4	33	③	6	
	問5	34	⑤	7	
	問6	35	②	7	
	問7	36	③	8	
第4問　自己採点小計					
自己採点合計					

※の正解は順序を問わない。

第1問　現代文（評論）

【出典】

沼野充義「翻訳をめぐる七つの非実践的な断章」（『早稲田文学』一九九五年）

沼野充義（ぬまの・みつよし）は、一九五四年東京都生まれ、一九七七年東京大学教養学部教養学科卒業。その後、東京大学大学院人文科学研究科、ハーヴァード大学大学院で学ぶ。専攻は、近現代ロシアおよびポーランド文学。現代日本文学を視野に入れた世界文学論、越境・亡命文学にも詳しい。主な著書として、『屋根の上のバイリンガル』、『永遠の一駅手前――現代ロシア文学案内』、『夢に見られて――ロシア・ポーランドの幻想文学』、『スラヴの真空』、『モスクワ－ペテルブルグ縦横記』、『W文学の世紀へ――境界を越える日本語文学』、『徹夜の塊――亡命文学論』、『ユートピア文学論――徹夜の塊』、『世界文学から／世界文学へ　文芸時評の塊 1993-2011』、『チェーホフ七分の絶望と三分の希望』などがある。

【本文解説】

本文は、翻訳家でもある筆者が翻訳について論じたものである。本文は、空白行で四つの部分に分けられているので、それにしたがって、本文の内容を確認していこう。

Ⅰ　翻訳についての二つの考え方（第1段落～第4段落）

筆者の心のうちには翻訳について対極的な二つの考え方が存在しているという。筆者は、楽天的な気分のときは「翻訳なんて簡単さ、たいていのものは翻訳できる」と感じる。しかし、ひとたび悲観的な気分になると、「翻訳」は「原理的に不可能なのだ」と思い、「何かを翻訳できると考える」ことじたいが、「言語とか文学の本質を弁えていない愚かな人間の迷妄ではないか」といった考えに陥ってしまう。（第1段落）

楽天的な気分のときに生じる感覚については、すぐ理解できるだろう。私たちが、街の本屋や図書館に入ると、そこには溢れるように翻訳書が並んでいる。翻訳書が溢れている現実を見れば、翻訳は決して難しいものではないという考えにも納得がいきそうである。さらに、翻訳不可能だと思えるラブレーなどの作品も見事に翻訳されていて、日本語で大筋は読み取れるという現実がある。質についてうるさいことを言いさえしなければ、確かにたいていのものは翻訳されているという現実があり、翻訳は決して難しいものではないということになる。（第2段落）

しかし、同時に筆者は、たとえばラブレーを日本語で読んだとして、それは、フランス語でラブレーを読むのと同じ体験なのかという疑問をもってしまう。そもそも「同じ」などという指標を出すことが間違いで、翻訳とはもともと近似的なものでしかなく、その前提を甘受したうえで始めて成り立つ作業ではないかなどと考えると、悲観的な翻訳観に向かわざるを得なくなる。（第3段落）

だが、筆者は楽天的な文学観を捨てることもできない。筆者は、こうも考える。「まったく違った文化的背景の中で、まったく違った言語によって書かれた文学作品を、別の言語に訳して、それがまがりなりにも理解される」ということじたいが「奇跡」ではないのか、と。翻訳家は、この奇跡を目指して「奇跡と不可能性の間で揺れ動く」ことであり、彼はそうした緊張関係に身を置きながらも、その仕事を続けられるのは、彼がその奇跡を信じる楽天家であるからこそだというのである。(第4段落)

Ⅱ 翻訳不可能なものへの対し方(第5段落~第9段落)

第4段落で見たように、翻訳家は、異言語で書かれた作品を翻訳することで、彼と同じ言語共同体に属する人びとに理解可能なものにしてきた。「まったく違った文化的背景の中で、まったく違った言語によって書かれた文学作品」を別の言語に訳して「まがりなりにも理解される」という「奇跡」を実現してきたのが翻訳である。もちろん、たとえば「ある言語文化に固有な慣用句」などのように、「翻訳不可能」なものも存在する。ここで、筆者はアメリカ留学中に目撃した事例を紹介し、日本語では当たり前の表現である「よろしくお願いします」が、英語やロシア語には翻訳不可能な言葉であることを指摘している。筆者が目撃したのは、はじめてアメリカに留学にやって来た中年過ぎの英文学者で、本はよく読めるけれども、会話は苦手、という典型的な日本の英文学者であった。彼は英文科の秘書に挨拶に来て、たどたどしい英語で自己紹介をしていたが、最後に「よろしくお願いします」と言おうとして、それが自分の和文英訳力では英訳できないことに気づき絶句してしまった。「よろしくお願いします」というのは、日本語としてはごく平凡な慣用句だが、これにぴったり対応するような表現は、少なくとも英語やロシア語には存在しない。存在しないものをもしも無理に「直訳」したら非常に奇妙に響くはずである。(第5段落・第6段落)

こうした翻訳不可能な慣用句はいくらでもあり、特に日常言語で書かれた小説は、そういう慣用句の塊のようなものである。それに対して楽天的な翻訳家の対処の仕方は二つある。一つは、律儀な学者的翻訳によくみられるような、一応「直訳」してから注をつけるといったやり方である。例えば“Good morning!”という表現が出てきたら、とりあえず「いい朝!」と訳し、その後に訳注で、英語では朝の挨拶として「いい朝」という表現を用いる……といった説明を加えるというやり方である。しかし、小説などにこの種の注が頻出するのは興ざめなので、最近はこのやり方は評判が悪い。(第7段落)

そこで注目されるのが、近似的な「言い換え」というもう一つのやり方である。このやり方では、翻訳家は、翻訳に際して、同じような状況のもとで、日本人ならどう言うのがいちばん「自然」かを考える。翻訳といっても、日本語である以上は、日本語として自然なものでなければならない。いかにも翻訳調の「生硬(=未熟で固い感じがすること)」な日本語では評価されない。そのため、たとえばイギリスの恋する男が女に向かって熱烈に浴びせる「私はあなたを愛する」という言葉は、「あのう、花子さん、月がきれいですね」に化けたりする。もちろん、現代の若者の言葉づかいを筆者はよく知らないという。現代の若者は「花子さん……」などとは決して言わないだろう。

だからといって、現代の若者が、英語のI love you.に直接対応するような表現を使うわけではない。そういうことは、あまりはっきりと言わないのがやはり日本語的なのである。つまり、翻訳家は「本当は言わないことをそれらしく言い換えなければならない」のである。だからこそ、「翻訳家はつらい」のである。（第8段落・第9段落）

Ⅲ　子供のときの読書体験と翻訳家としての苦悩（第10段落～第12段落）

筆者の子供のときの読書体験が紹介されている。物心つくかつかないかという時期に、外国文学の翻訳を読み、そのなかで娘が父親に「私はあなたを愛しているわ」などという場面に出会い、子供心にも、「ああガイジンというのはさすがに言うことが違うなあ」と感心したという。もちろん、「私はあなたを愛しているわ」という表現は、先に見たように、日本語としては不自然な、したがって翻訳としては下手くそなものである。だが、純真過ぎる子供であった筆者は、翻訳をするのは偉い先生に決まっているのだから、下手な翻訳などするわけがないなど思い込んでいたのだろう。そしてその後、成長した子供（＝筆者）が専門として選んだのが、ロシア語とかポーランド語といった「特殊言語」であった。翻訳家として筆者は、はじめはまったくの手探りで、「アイ・ラヴ・ユー」に相当するごく単純な表現が出て来るたびに二時間も三時間も考え込んだりしていたのである。（第10段落～第12段落）

Ⅳ　翻訳の難しさ（第13段落～最終段落）

筆者が現代ロシア文学を翻訳で読むというゼミをやっていたとき、一人の女子学生がこう言った。「センセイ、この翻訳って、とってもこなれてますね。『ぼくはあの娘にぞっこんなんだ』だなんて。……」。それは確か、翻訳のうまいことで定評がある、浦雅春さんの訳だったはずである。他の翻訳家であれば「私は彼女を深く愛しているのである」などと四角四面（＝まじめで堅苦しいこと）に訳してすませてしまうところだろう。（第13段落）

「ぼくはあの娘にぞっこんなんだ」と「私は彼女を深く愛しているのである」では、全然違う。「ぞっこん」という言い方は少し古くさいが、話し言葉として圧倒的に自然なのは前者である。後者は話し言葉として不自然であるという以上に、実際の会話で用いる日本人はまずいない。しかし、それでは後者が間違いかと言うと、そうだと決めつけられない。なぜなら、後者のほうが原文の構造に忠実なだけに正しいとさえ言えるのかも知れないのだから。しかし、正しいか、正しくないか、ということに徹底的にこだわるのならば、そもそも正確な翻訳とは何かという言語哲学の問題に行き着くはずである。もちろん、普通の読者は言語哲学について考えるために、翻訳小説を読むのではないので、多少不正確であっても、自然な方がいいと思っているだろう。（第14段落）

確かに不自然な訳文は損をする。例えば英語の小説を日本語に訳す場合、原文に英語として変な表現が出てくれば、当然、同じくらい変な日本語に訳すのが「正確」な翻訳だということになるだろう。しかし、最近の「こなれた訳」に慣れた読者はたいていの場合、その変な日本語を訳者のせいにするから、訳者としてはうまい訳者であればあるほど自分の腕前を疑われたくないばかりに、変な原文をいい日本語に直してしまう傾向がある。かくのごとく翻訳は難しいのである。（最終段落）

【設問解説】

問1　漢字の知識を問う問題　1 ③　2 ②　3 ④　4 ③　5 ②

(ア)は、〈細かい点にまで注意を払うこと、心をこめてていねいにすること〉という意味で、「**丹念**」。①は、〈物事の進行や行為を一時的に中断するさま、いちど、ひとまず〉という意味で、「一旦」。②は、〈きびしい修行や練習を重ねて心身や技芸をきたえること〉という意味で、「鍛錬（練）」。③は、〈うそいつわりのない心、まごころ〉という意味で、「**丹誠**」。したがって、**これが正解**。なお「丹精」は、もともと〈心こめて物事をすること〉という意味で、「丹誠」とは区別されて使われていた。だが、現在では、両者を同じ意味として使われることも多い。④は、「担架」。⑤は、〈物事や人間関係がうまくいかなくなって修復しようのない状態に陥ること〉という意味で、「破綻」。

(イ)は、〈ぼんやりとして、とらえどころのないさま〉という意味で、「**漠然**」。①は、「麦芽」。②は、「**砂漠**」。したがって、**これが正解**。③は、〈まじないをかけて動けなくすること〉という意味で、「呪縛」。④は、「爆笑」。⑤は、「幕末」。

(ウ)は、「**響く**」。①は、「供給」。②は、〈苦労の多い、不運な境遇〉という意味で、「逆境」。③は、「協定」。④は、「**影響**」。したがって、**これが正解**。⑤は、「歩道橋」。

(エ)は、〈しきりに現れ出ること〉という意味で、「**頻出**」。①は、「品質」。②は、〈はまべ、うみべ〉という意味で、「海浜」。③は、〈しきりに行われること〉という意味で、「**頻繁**」。したがって、**これが正解**。④は、〈式典や会合に招待されて来た客〉という意味で、「来賓」。⑤は、〈内容が乏しく見劣りすること〉という意味で、「貧弱」。

(オ)は、「**圧倒**」。①は、「逃避」。②は、〈全心を傾けて、また、持っているもののすべてを出しきって、その仕事に当たること。また、ある人や物事に熱中すること〉という意味で、「**傾倒**」。したがって、**これが正解**。③は、「唐突」。④は、「周到」。⑤は、「糖分」。

問2　傍線部の内容説明問題　6 ④

まず傍線部の「その意味」の指示内容を確認しておきたい。ただ、「その意味」だけをとらえようとするのではなく、傍線部全体を意識して、翻訳家がどういう意味で楽天家だと言えるかを考えていきたい。そうすると傍線部の直前に「心の中のどこかで奇跡を信じているような楽天家」とあり、翻訳家は「奇跡を信じている」という点で楽天家なのだとわかる。では、ここで言う「奇跡」とは何か。さらにその前を見ると「まったく違った文化的背景の中で、まったく違った言語によって書かれた文学作品を、別の言語に訳して、それがまがりなりにも理解されるということじたい、よく考えてみると、何か奇跡のようなことではないのか」とある。以上の点を踏まえて、翻訳家が信じている奇跡を説明すると、次のようになる。

a　言語や文化的背景をまったく異にする文学作品も
b　翻訳によって多くの人に理解されるものになると信じている

以上のa、bを踏まえた説明になっている**④が正解**となる。
①は、全体として本文と直接関係ない説明になっているので、不適当。「いつかは誰でも優れた翻訳家になれる」は、本文にまったく書かれていない。
②と③はともに、上述した翻訳家が信じている奇跡や、奇跡の中味についてまったく説明がないので、不適当。
⑤は、「文学作品を原語で読んだとしても翻訳で読んだとしても、ほぼ同じ読書体験が可能だ」という説明が、不適当。第3段落にあるように、筆者は「フランス語でラブレーを読むのと、渡辺一夫訳でラブレーを読む」のとでは、「はたして、同じ体験と言えるのだろうか」と述べ、さらに、「いや、そもそもそこで『同じ』などという指標を出すことが間違い」だと指摘しているのである。

問3　傍線部の理由説明問題　7　②

傍線部にある「これ」の指示内容、またすべての選択肢が「慣用句のような翻訳しにくい表現」ではじまっていること、とりあえずこの二つを手がかりにして傍線部の意味を考えていこう。

まず、傍線部の「これ」は、直前の「これ」と同じで、その前の「言い換え」を受けており、さらにさかのぼると、第8段落の「近似的な『言い換え』」につながっていくと考えられる。そうすると、もう一つの解答の手がかりである「慣用句のような翻訳しにくい表現」との関係も見えて来るはずである。ただ、あまり先走らず、順に考えていこう。筆者は、第5段落・第6段落で「翻訳不可能」なものの例として、慣用句（たとえば「よろしくお願いします」）のことを指摘していた。翻訳不可能な慣用句（a）に対して楽天的な翻訳家の対処の仕方は二つあった。一つは、学者的翻訳によくみられる、いったん「直訳」してから注をつけるといったやり方である。しかし、小説などにこの種の注が頻出するのは興ざめなので、このやり方は評判が悪い。

そこで注目されるのが、第8段落・第9段落で説明されている近似的な「言い換え」（b）というもう一つのやり方である。このやり方では、翻訳家は、同じような状況のもとで、日本人ならどう言うのがいちばん自然かを考える。いかにも翻訳調の「生硬（＝未熟で固い感じがすること）」な日本語では評価されない。そのため、たとえばイギリスの恋する男が女に向かって熱烈に浴びせる「私はあなたを愛する」という言葉のかわりに、少し前の日本人なら「あのう、花子さん、月がきれいですね」などと言ったりした。もちろん、現代の若者は「花子さん……」などとは決して言わないだろう。だからといって、現代の若者が、英語のI love youに直接対応するような表現を使うわけではない。そういうことは、あまりはっきりと言わないのがやはり日本語的なのである。翻訳家は「本当は言わないことをそれらしく言い換えなければならない」のである。そのように言い換えが上手に行われている翻訳を世間は「こなれている」として高く評価する（b）のだ。だが、筆者はここで根底的な疑問を投げかけている。そのように上手に言い換えられた翻訳は、果たして本当の翻訳なのだろうか、と。「自然」に巧みに言い換えられた言葉は、むしろ翻訳を回避する技術なのかも知れないのだ。つまり、翻訳家は、「慣用句のような翻訳しにくい表現」を、近似的な「言い換え」によって巧みに訳し、その翻訳は「こなれたもの」として高く評価されるようになった（b）。しかし、それは「本当の翻訳」とは異なるもので、日本語としての自然さを重視するあまり（c）、本当の翻訳ではなくなってしまった（d）と筆者はいうのである。以上の点を踏まえて、筆者が、翻訳が本当の翻訳ではなく、近似的な翻訳になり下がってしまった理由を整理すると次のようになる。

a　翻訳不可能な慣用句に対して
b　近似的な「言い換え」によって「こなれたもの」として高く評価されるようになった
c　日本語としての自然さが重視された
d　そのように言い換えられた翻訳は、本当の翻訳とは違うものである

以上のa～dを踏まえた説明になっている**②が正解**となる。ただし、この設問の場合、上述のポイントを捉えるのはかなり難しい。受験生としては消去法で解答を絞り込めれば十分だろう。

①は、「慣用句のような翻訳しにくい表現に対しては、日本語のあいまいさを利用して意味をはっきり確定せずに訳すのが望ましい」という説明が、不適当。「日本語のあいまいさを利用」しようなどといったことは、本文にまったく書かれていない。

③は、「文化の違いにかかわらず忠実に原文を再現するという翻訳の理想」という説明が、不適当。「翻訳の理想」が「文化の違いにかかわらず忠実に原文を再現する」ものなどとは本文に書かれていない。

④は、「慣用句のような翻訳しにくい表現に対して、不自然な表現だとしてもそのまま直訳的に翻訳しておくことで、それが翻訳不可能であることを伝える効果を生む」という説明が、不適当。そうしたことは本文に書かれていない。

⑤は、「文学作品の名訳や先輩翻訳者の成功例などを参考にすることで、こなれた翻訳が可能になることもある」という説明が、不適当。そうしたことは本文に書かれていない。

問4　傍線部からうかがわれる「翻訳」についての筆者の考え方を問う問題　[8]　②

まず傍線で問題となっている「正しさ」とは、何に関するものか。いうまでもなく、「翻訳」の正しさが問題となっている（選択肢がすべて、「翻訳の正しさ」ではじまっていることからも明らかである）。より具体的には、英語のI love you.はどう訳されるべきか。「Aぼくはあの娘にぞっこんなんだ」と「B私は彼女を深く愛しているのである」とではどちらが正しいのか。「ぞっこん」という言い方は少し古くさいが、話し言葉として自然なのはAである。Bは話し言葉として不自然であるという以上に、実際の会話でBのような言い方をする日本人は皆無に近いはずである。しかし、それではBが間違いかと言うと、そうだとは決められない。なぜなら、Bの方が原文の構造に忠実なだけに正しいとさえ言えるのかも知れないのだから。しかし、正しいか、正しくないか、ということ徹底的にこだわるのならば、「そもそも正確な翻訳とは何か」という言語哲学の問題に行き着くはずである。つまり、翻訳の正しさという問題にこだわると、翻訳とは何か、ある言語を他の言語に置き換えるとはどういうことかといった哲学的、原理的な問題にとらわれることになる（a）というのである。そしていったんそうした哲学的、原理的問題にとらわれてしまうと、話し言葉として自然な方がいいとか、原文の構造に忠実な方が正しいという問題はいっそう解決のつかないものとなってしまう（b）というのである。

以上の点を踏まえて、筆者の翻訳についての考え方を整理すると、次のようになる。

a　翻訳の正しさという問題にこだわると、翻訳とは何か、ある言語を他の言語に置き換えるとはどういうことかといった哲学的、原理的な問題にとらわれることになる

b　（aの結果）話し言葉として自然な方がいいとか、原文の構造に忠実な方が正しいという問題はいっそう解決のつかないものとなってしまう

以上のa、bを踏まえた説明になっている**②が正解**となる。ただし、この設問の場合、上述のポイントを捉えるのはかなり難しかった。受験生としては消去法で解答を絞り込めれば十分だろう。

①は、「翻訳の正しさとは、原文の表現が他言語に置き換えられた時に、意味的にも構造的にも一対一で対応すべきという学問的な原則に関わるものである」という説明が、不適当。そうしたことは本文に書かれていない。

③は、「翻訳の正しさとは、標準的な原文も非標準的な原文もいかに自然な日本語に見せることができるかという翻訳家の技術の問題に関わるものである」という説明が、不適当。そうしたことは本文に書かれていない。

④は、「翻訳家は……時代を超えて通用する表現を目指すべきである」という説明が、不適当。本文では、「時代を超えて通用する表現」など問題にされていない。

⑤は、「翻訳の正しさとは、原文の意味を自然な日本語で効率的に伝えること」という説明が、不適当。本文では「効率的に伝える」ことなど問題になっていない。

問5　本文を読んだ五人の生徒の発言のうち本文の趣旨と異なるものを選ぶ問題　9　②

　見慣れない形式の設問だと思った人もいるかも知れないが、解き方は趣旨判定や内容合致問題と一緒である。それぞれの発言とそれに関連する本文を慎重に照らし合わせ、解答を絞り込んでいけばよい。

　①について。主に第9段落の内容に基づいた説明になっており、特に本文に反する説明もないので、この選択肢は本文の趣旨に合っている。

　②について。第4段落に「まったく違った文化的背景の中で、まったく違った言語によって書かれた文学作品を、別の言語に訳して、それがまがりなりにも理解されるということじたい、よく考えてみると、何か奇跡のようなことではないのか……」とあるように、筆者は、翻訳を通して文化の違いが意識されることが大事だと考えている。したがって、「筆者がいうように、時代や文化の違いをなるべく意識させずに読者に理解させることが翻訳の仕事の基本なんだろうね」ということの選択肢の説明は、筆者の考えに反しているので、**これが正解**。

　③について。主に第12段落の内容に基づいた説明になっており、特に本文に反する説明もないので、この選択肢は本文の趣旨に合っている。

　④について。主に第14段落の内容に基づいた説明になっており、特に本文に反する説明もないので、この選択肢は本文の趣旨に合っている。

　⑤について。主に第14段落と最終段落の内容に基づいた説明になっており、特に本文に反する説明もないので、この選択肢は本文の趣旨に合っている。

問6　本文の表現と構成について問う問題

(i)　**本文の表現について問う問題**　10　④

「**適当でないもの**」を選ぶという点を見落とさないように。順に選択肢を検討していこう。

　①は、第4段落の内容に基づいた説明で、特に間違った説明ではないので、適当である。

　②も、第4段落の内容に基づいた説明で、特に間違った説明ではないので、適当である。

　③も、第12段落の内容に基づいた説明で、特に間違った説明ではないので、適当である。

　④は、**不適当**である。「『あの時の少年は一体どんなことを考えただろうか』は、過去の自分が考えたことを回想し、当時を懐かしむ感情を表している」という説明が、第12段落の内容に反している。筆者は、「子供にしても純真過ぎたのだろうか、翻訳をするのは偉い先生に決まっているのだから……と思い込んでいたのか。それとも……受け止めていたのか。今となっては、もう自分でも分からないことだし……」などとあるように、当時の自分を突き放して見ており、懐かしんでいるなどとは言えない。

(ii)　**本文の構成について問う問題**　11　②

　これは「**適当なもの**」を選ぶという点に注意して、順に選択肢を検討していこう。

　①は、「対極的な二つの考え方を示して問題提起し、支持

する立場を一方に確定させている」という説明が、不適当。たしかに、「対極的な二つの考え方」が示されているが、「支持する立場を一方に確定させている」などと言うことはできない。

②は、「『翻訳不可能』な具体例を示して翻訳にまつわる問題点を明確にし、『言い換え』という別の手法を示して論を広げている」という説明は、第5段落～第9段落の部分の説明として、特に間違った説明ではないので、適当である。

③は、「筆者が現在の職業に就くことになったきっかけを紹介し……」という説明が、不適当。そうしたことは本文に書かれていない。

④は、「翻訳の正しさについて検討し、筆者の考える正しさを示しながらも」という説明が、不適当。「翻訳の正しさ」について筆者の考えが示されている箇所を本文に見出すことはできない。むしろ、傍線部Cに反する説明になっている。

第2問　現代文（小説）

【出典】

上林暁の小説「花の精」の一節。

上林暁（かんばやし・あかつき）は、一九〇二年高知県生まれの小説家。一九八〇年没。

尾崎一雄と並び戦後期を代表する私小説（＝心境小説）の作家である。代表作に、『薔薇盗人』『聖ヨハネ病院にて』『春の坂』『白い屋形船』『ブロンズの首』などがある。

【本文解説】

今年のように本文が小説の一節（＝部分）であるときには、本文を読み進めていく上で重要な事柄が、リード文で示されていることが多い。したがって、リード文は丁寧に読んでおくこと。

小説は評論以上に主観的な読みに陥りがちだが、選択肢を正確に吟味するためには、書かれている表現にこだわる姿勢を忘れないように。

本文は、一つの空行で分かれた二つの場面から成り立っている。空行の前では、**Ⅰ妹の菜園仕事**、空行の後では、**Ⅱ O君と月見草を手に入れるいきさつ**が描かれている。まずリード文で「私」と妹の置かれた状況について確認した上で、本文の内容をもう一度見直していこう。

◎「私」と妹の置かれた状況

「私」の妹は夫に先立たれて途方に暮れている。「私」は妻が長期入院しており、そんな「私」の心の慰めだった庭の月見草を、それを単なる雑草と判断した庭師によって抜かれてしまい、空虚な気持ちを抱えている。

Ⅰ　妹の菜園仕事（1～21行目）

「私が朝晩庭に下りて、草花の世話をして、心を紛らわせているのを見ると」（1行目）、妹が野菜を作ると言い出した。この土地では野菜作りは大変なのだと「私」は指摘しながらも、妹の野菜作りに賛意を示す（1～7行目）。妹は野菜の苗を買って来て、庭の空き地に畝を作り、落ち葉を肥料として埋める。その姿を見て「実に手際が好いのである」と「私」は好ましく感じ（13行目）、草花を植えるために「自分だけ好いところを占領するのは気がひけたので」（傍線部**A**）野菜を植える妹にその一部を割いてあげた。妹は菜園仕事をしていくうちに「急に生き生きとして来た」（16行目）。妹は「私が花の世話をするのと同じく、菜園の世話をしていれば、途方にくれた思いも、一と時忘れることが出来、心が慰まるからにちがいない」（17・18行目）と「私」は考える。「兄が花畠をつくり、妹が菜園をつくるのも、皆それぞれ、遣り場のない思いを、慰め、紛らそうがためにほかならないのだ」（19・20行目）と「私」は感じ、一方で「花畠のなかの双璧であった月見草を喪った私の失望落胆は察してもらえるにちがいない」（21行目）と「私」は概嘆する。

Ⅱ　O君と月見草を手に入れるいきさつ（23行目～最終行）

「花畠のなかの双璧であった月見草を喪った」（21行目）「私」の前に月見草が還って来ることになった（23・24行目）。

多摩川べりの是政というところに釣りをしに行く友人のO君から、そこでは山も見ることができるし、月見草も自生していることを告げられ、「私」は是政に行くことにした（25～30行目）。その場所で月見草を見て「私は安心した。そこいらいっぱいの月見草を見ると、もう大丈夫だという感じ」（42行目）がした。釣りをするために瀬の中に入って行くO君、その様子を見ている「私」（52～57行目）。O君が「私」に月見草を取るよう促したので「川原で手頃な月見草を物色した（＝適当なものを得ようと捜した）。匂いのあるのを二本と、匂いのないのを二本」（60行目）手にした。振り返ると、月見草に関心を示すこともなく釣りに興じているO君の姿が瀬の中にあった（61行目）。そんな「O君が月見草の大きな株を手いっぱいに持って」（65行目）やって来たのを見て「それは、なんだかよろこばしい図であった」（傍線部**B**）と「私」は感じた。釣りに興じていたはずのO君は月見草に強い関心を示す「私」のことを考えて月見草を取ってきたのだろう。そうした思いを抱きながら「私」も「大きなやつ」を取ればよかったと思った（65・66行目）。

駅で帰りのガソリン・カアを待つ間に、「骸骨のように見え、人の棲まぬ家かと思われた」（83行目）サナトリウム（＝療養所）の「部屋々々に灯がつきはじめ、建物が生きて来た」（83・84行目）と「私」は感じた。それを見ていると、「突然私は病院にいる妻のことを思い出した」（傍線部C）。思わず寂しさがこみあげ、サナトリウムの方へと歩いて行く。そこでは患者たちの営みが感じられた」(88〜90行目)。そして「妻が直ぐそこの病室にいるかの如き気持になって、妻よ、安らかなれ、とよそながら、胸のなかで、物言う」(91・92行目)「私」がいた。

そうした感傷的な思いを抱えた「私」は、サナトリウムを後にして歩いているうちに「月見草の群落」を見た。「涙など一遍に引っ込んでしまった」(94行目)。「月見草が、私を迎えるように頭を並べて咲き揃っている」。「右にも左にも、群れ咲いている」(95行目)。「私」は待たせているO君のもとに急ぐ。ガソリン・カアに乗った「私」は車内から「すべて一面、月見草の原」(104行目)を見る。「それがあとからあとからひっきりなしにつづく」。「私は息を呑んだ。それはまるで花の天国のようであった」(105・106行目)。

そのような「花の幻」(108行目)が消え、ガソリン・カアは武蔵境の駅に着いた。「是政を出るときには、まだ蕾を閉じていた花々が、早やぽっかりと開いていた」。「私は開いた花を大事にして、月見草の束を小脇に抱え」(109〜111行目)帰路についた。

【設問解説】

問1　語句の意味を問う問題　12　③　13　①　14　②

(ア)の「お手のもので」は、〈得意とするもので〉を意味する。したがって**正解は③**。他の選択肢はそうした意味を含まないので、間違い。

(イ)の「肚を決めた」は、〈決心した・覚悟した〉を意味する。したがって**正解は①**。④の「覚悟を示した」は「示した」が余計。他の選択肢は〈決心・覚悟〉の意味を含まないので、間違い。

(ウ)の「目を見張っていた」は、〈怒ったり、驚いたり、感心したりして目を大きく見開いていた〉を意味する。したがって**正解は②**。他の選択肢は〈目を見開く〉という意味を含まないので、間違い。

問2　傍線部を含む場面における妹への「私」の気持ちや向き合い方を説明する問題　15　③

まず、リード文から〈妹は夫に先立たれて途方に暮れている〉〈「私」は心の慰めだった月見草を失い落ち込んでいる〉という二点をおさえておく。その上で、傍線部を含む場面を確認していく。

「私」が草花の世話で「心を紛らわせている」のを見ていた妹は、自分も野菜を作ると言い出した。「私」は、ここの土地が野菜作りに必ずしも適していないことを指摘しながら、「とにかく、作るなら作って見よ」とこたえた(1〜7行目)。すると、妹は野菜の苗を買って来て、庭の空き地に畝を作り落ち葉を肥料として埋めていくなど、その姿を「実に手際が好い」と「私」は感じた(13行目)。「私」は、草花を植えるために陽あたりの好いところは全部占領していたが、「自分だけ好いところを占領するのは気がひけたので」(傍線部)野菜を植える妹にその一部を割いてあげた。妹は菜園仕事をしていくうちに「急に生き生きとして来た」(16行目)。

妹は「私が花の世話をするのと同じく、菜園の世話をしていれば、途方にくれた思いも、一と時忘れることが出来、心が慰まるからにちがいない」（17・18行目）、「兄が花畠をつくり、妹が菜園をつくるのも、皆それぞれ、遣り場のない思いを、慰め、紛らそうがためにほかならないのだ」（19・20行目）と「私」は感じている。

以上のことから〈妹は菜園仕事を通じて生き生きとしてきたこと〉〈「私」と同じように妹も慰めを求めていること〉〈「私」は自分だけ園芸に好い場所を独占するのは気がひけ、妹にも使わせようと思ったこと〉などが読み取れる。こうした内容がおさえられている**③が正解**。

①は、「一緒にたくさんの野菜を育てる」がおかしい。「兄が花畠をつくり、妹が菜園をつくる」（19・20行目）とあるように、「私」はもっぱら「花」を育て、妹が「野菜」を育てるというのである。

②は、「気後れ（＝何かをしようとするとき、自信がなくて心がひるむこと）していた」がおかしい。「私」は菜園を作る妹の姿を見て「実に手際が好い」と感じており（13行目）、また、「私」が「気後れ」して、自分の草花の世話をやめたりすることもなかった。

④は、「妹に対する居心地の悪さ」がおかしい。「私」が妹に対して「居心地の悪さ」を感じたとする根拠は本文にない。むしろ「私」は菜園を作る妹の姿を見て「実に手際が好い」と感じている（13行目）。

⑤は、「妹の姿に将来の希望を見出したような思い」がおかしい。妹の菜園仕事に「私」の「将来」は関係しない。むしろ「皆それぞれ、遣り場のない思いを、慰め、紛らそう」（20行目）としていると「私」は感じている。

問3　友人O君の姿を「よろこばしい図」と「私」が感じた理由を説明する問題　16　⑤

「花畠のなかの双璧であった月見草を喪った」（21行目）「私」の前に月見草が還ってくることになった場面を踏まえた設問である。

友人のO君が訪れたとき、「私」はO君に山が見たいと訴え、さらに庭の月見草が抜き取られた話をした。それに対してO君は、多摩川べりの是政に釣りに行くとそこから、山も見え、月見草も自生していると教えてくれた。「私」はO君について是政に行くことにした（25〜30行目）。是政につくと、「私」は安心した。そこいらいっぱいの「月見草」を見ると、「もう大丈夫だ」と感じた（42行目）。O君は釣りをするために瀬の中に入って行き、「私」は川原でO君の釣りの様子などを見るなどしながら過ごしていた（52〜57行目）。夕刻が近づき、帰りの時間が迫って来ると、O君は、「私」に月見草を取って来るように促した（59行目）。「私」は、「川原で手頃な月見草を物色した。匂いのあるのを二本と、匂いのないのを二本」（60行目）手にした。「私」は帰路につくため番小屋の前に立って橋賃を払いながら橋番の老人と話をしていると、「O君が月見草の大きな株を手いっぱいに持って、あがって来た」（65行目）。そのO君の姿を「それは、なんだかよろこばしい図であった」と「私」は感じ、どうせなら「私」も「大きなやつ」を取ればよかったと思った（65・66行目）。

では、どうして「月見草の大きな株を手いっぱいに持って来た」O君の姿が「よろこばしい図」だったというのか。リード文にあるように、月見草は庭師が雑草とみなし抜き取ってしまったものである。月見草は一般に特に価値のあるものではなく、O君にとってもそれは変わらない。むしろ釣りのため多摩川の川原によく来るO君にとっては、ありふれた雑草の一つであったろう。ところが、月見草は「私」にとっては特別な価値を持つものだった。つまり、それは月見草に強い関心を示す「私」のことを考えてだろうということが推測できるだろう。このように考えれば、**⑤が正解**となる。

①は、「光景は目新しく、月見草を失った自分の憂いが解消してしまうような」がおかしい。そもそも月見草を持ったO君を見る前から、「私」はすでに月見草を取っていたのだから、この時点で「憂いが解消」するというのは変である。また、O君の月見草への関心は「私」のことを考えてのことだという指摘がないという点がないのも不十分である。

②は「O君の姿は、落胆する自分の気持ちを慰めてくれる」という説明が不適当。「私」は是政につき月見草を見て「安心した」（42行目）のである。

③は、O君の長所を「短い時間で手際よくたくさんの月見草の株」を取ってきたことに見出している点が不適当。O君の長所は月見草の株を取ってくる手際のよさではなく、たとえば「私」の気持ちをO君が察知してくれることである。

④は、「（匂いがするかしないかという）違いを考慮せずに無造作に持ってきた」O君という指摘が不適当。そもそも月見草に匂いのするしないの違いがあるのを教えてくれたのがO君のはずである（44行目）。

問4　病院にいる妻のことを思い出した「私」の心情を説明する問題　17　②

駅で帰りのガソリン・カアを待つうちに、「私」は「骸骨のように見え、人の棲まぬ家かと思われた」（83行目）サナトリウムの「部屋々々に灯がつきはじめ、建物が生きて来た」（83・84行目）様子を目にする。それを見ていると、「突然私は病院にいる妻のことを思い出した」（傍線部）。思わず寂しさがこみあげ、「私」はサナトリウムの方へと歩いていく。そこでは患者たちの営みが感じられた（88〜90行目）。そして「妻が直ぐそこの病室にいるかの如き気持になって、妻よ、安らかなれ、とよそながら、胸のなかで、物言う」（91・92行目）「私」がいた。こうした内容がまとめられている**②が正解**。

①は、「忘れようと努めていた妻の不在」が本文から読み取れない。

③は、「妻もまた健やかに生活しているような錯覚にとらわれ出した」が本文から読み取れない。

④は、「妻の病を忘れていたことに罪悪感を覚え、妻への申し訳なさで頭がいっぱいになっている」がおかしい。「私」

は「妻よ、安らかなれ、とよそながら、胸のなかで、物言う」のであって、「罪悪感」「申し訳なさ」で頭がいっぱいなのではない。

⑤は、「サナトリウムの建物が骸骨のように見えたことで、療養中の妻のことをにわかに意識するようになった」という因果関係がおかしい。妻のことを意識したのはむしろ「部屋々に灯がつきはじめ、建物が生きて来た」のを見たからである。また「退院できないのではないかという不安」も本文に一切述べられていない。

問5　傍線部に至るまでの月見草に関わる「私」の心の動きを説明する問題　18　①

「私」の妻は長期入院しており、妻が不在の「私」の家で「私」の心の慰めであった月見草がそれを雑草だと思った庭師によって抜かれてしまい、「私」は空虚な気持ちを抱えていた（リード文）。そんな「私」に、友人のO君が、是政に月見草が自生していることを伝えたため、二人でそこに赴く。「私」は是政からの帰路、近くのサナトリウムを見て病気の妻の平穏を願う。そんな感傷的な「私」がサナトリウムを後にして歩いているうちに「月見草の群落」を見た。「涙など」一遍に引っ込んでしまった」（94行目）。「月見草が、私を迎えるように頭を並べて咲き揃っている」。「右にも左にも、群れ咲いている」（95行目）。ガソリン・カアに乗った「私」はそこで「すべて一面、月見草の原」（104行目）を見る。「それがあとからあとからひっきりなしにつづく」。「私は息を呑んだ。それはまるで花の天国のようであった」（105・106行目）。こうした物語の流れの中での「私」の心の動きをうまくまとめた**①が正解**。

②は、「持ち帰っても根付かないかもしれないと心配になった」ということは本文に一切書かれていない。

③は、「妻の病も回復に向かうだろうという希望」という具体的な内容は本文から読み取れない。

④は、「月見草に死後の世界のイメージを感じ取り」「運転手は死に魅入られてしまう」がおかしい。むしろ「私」は月見草の群落を見て感動している。

⑤は、③と同じく、「自分と妻の将来に明るい幸福を予感させてくれた」という具体的な内容は本文から読み取れない。

問6　この文章の表現に関して適当なものを選ぶ問題　19・20　④・⑥

順次、確認していこう。

①について、「！」を使用し、「述語を省略する」ことが「会話部分をテンポよく描」くことになるとは言えるが、だからと言って「妹の快活な性格を表現している」とまでは言えない。また、そもそも本文から「妹」が「快活な性格」を持つかどうか判断できない。

②について、「体言止めの繰り返し」は合っているが、だからと言ってそれが「印象深い記憶であったことを強調している」とまでは言えない。

③について、「　」の中の表現が「擬音語・擬態語」であ

るとは言えても、それによって「場面の緊迫感を高めている」とまでは言えない。

④について、44・45行目や60行目に月見草の匂いに関する叙述があるからこそ、110行目の嗅覚体験が引き立つと言える。したがって**④が一つ目の正解**。

⑤について、75行目の部分が短文の積み重ねだとは言えても、「私」の状況が「次第に悪化していく過程を強調」とまでは言えない。

⑥について、「骸骨のように（直喩）」「（月見草が、）私を迎える（擬人法）」は比喩であり、そこに「私」の心情が「間接的に」示されると言える。したがって**⑥が二つ目の正解**。

第3問　古文

【出典】

『玉水物語《たまみず》』

成立年代　室町時代

ジャンル　室町時代物語（御伽草子《おとぎぞうし》）

作者　未詳

内容　花園で姫君を見初めた狐が、人間の女に化けて侍女「玉水の前」として姫君に仕える。ある時催した紅葉《もみじ》合《あわ》せで玉水の助けによって姫君が勝利するが、それが帝の耳に達したことをきっかけとして、姫君は入内《じゅだい》し、玉水も宮中に上がることになる。しかし、姫君への思いが遂げられないことに苦しんだ玉水は、ついに自らの正体や姫君への思いを書き残して姿を消した。

【全文解釈】

ちょうどその時この花園に狐が一匹いましたのが、姫君を拝見し、「ああ美しいお姿だなあ。せめて時々でもこのようなご様子を、遠目にでも拝見したい」と思って、木陰に立ち隠れて、気持ちが静まらずお慕いしたのは驚きあきれたことだ。姫君が帰りなさったので、狐も、こうしていられることではないと思って、自分の巣へ帰った。しみじみと座禅して（＝きちんとすわって）自分のありさまについて深く考えると、「私は、前世（に犯した）どのような罪の報いで、このようなけだものに生まれたのだろう。美しい人を一目見て恋心を抱き申し上げて、届かない恋の道に身をすり減らし、むなしく消え失《う》せてしまうようなことこそが恨めしい」と思案し、さめざめと泣いて横になり思った時に、すばらしい男に化けてこの姫君と逢瀬《おうせ》を持ち申し上げたいと思ったけれど、また思い直して考えるには、「私が、姫君と逢瀬を持ち申し上げたら、必ず（姫君の）御身の上は台無しになってしまいなさるに違いない。（姫君の）父母のお嘆きといい、この世に類ないご様子であるのに、台無しにし申し上げるようなことはおいたわしく（そんなことはできない）」（などと）、あれやこれやと思い乱れて日を過ごしていたうちに、餌をも食べないので、体も疲れて横になって過ごしていた。もしかすると（姫君のお姿を）拝見するかとあの花園によろめきながら出ていくと、人に見られ、時には石ころを投げられ、時には神頭《じんどう》の鏃《やじり》のついた矢を射かけられ、ますます（自分の）心を苦しめたのが切ないことよ。

（狐は）かえって露や霜のようにも消え去ってしまわない（自分の）命を、つらく思ったが、なんとかして（姫君の）おそば近く参って朝夕（お姿を）拝見し心を慰めたいと思い巡らして、ある民家で、男（の子）ばかり大勢いて女の子を持たないで、たくさんいる子どもの中にひとり（でも）女の子だったら（いいのに）と朝夕嘆く（所があった）のを（よい）機会として、十四、五歳の容姿が目立って美しい女に化けて、その家に行き、「私は京都の西の方にいた者である。身よりのない境遇になり、頼るところがないために、足の向くままにここまでさまよって来たけれど、行くべき先も思いつかないので頼り申し上げたい」と言う。（民家の）主の妻が見て、「いたわしいことよ。普通の人ではない（＝高貴な家柄を思わせる）お姿で、どうやってここまでさまよって来たのだろう。どうせ（頼れる人がいないの）なら私を親だと思ってください。男（の子）は大勢いますけれども女の子を持たないので、朝夕欲しい（と思っていた）から」と言う。「そのようなことこそうれしい。どこを目当てに行くとよい（かという）場所もありません（ので）」と（狐の化けた女が）言うと、（主の妻は）並々でなく喜んでかわいがって（狐の化けた女を家に）置き申し上げる。どうにかしてふさわしいような人と結婚させ申し上げたいと準備した。しかし、この娘は、すこしも打ち解ける様子もなく、時々は泣いたりなどしなさるから、（主の妻が）「もし恋仲でいらっしゃる方などいるのでしたら、私に隠さず語ってください」と慰めたところ、（娘は）「けっしてそのようなことはありません。つらい身の上が心外なものと感じられてこのように気分がふさいで憂鬱なさまなので、人と結ばれる（ような）ことなどは思いも寄らない。ただ美しいような姫君などのおそばにお仕えして、御宮仕えをし申し上げたいのです」と言うので、（主の妻は）「よい家へ嫁がせ申し上げたいといつも申し上げるけれども、そのようにも思いなさるならば、どのようにでもお気持ちには背きますまい。高柳殿の姫君が上品で優美でいらっしゃるので、私の妹が、この（高柳殿の姫君の）御所に召使いとしてお仕えしているから、（あなたの出仕について）問い合わせて（その報告を）申し上げよう。どんなことも気安く、思っていらっしゃるようなことはお話しください。（あなたのお気持ちに）背き申し上げないつもりだ」と言うと、（娘は）

とてもうれしいと思っている。

　このように話し合うところに、その者（＝主の妻の妹）が来たので、この（娘を高柳殿の姫君に仕えさせたいという）ことを話すと、（主の妻の妹は）「その事情を（高柳殿に）申し上げよう」と言って、戻って（姫君の）御乳母にお聞きすると、「それでは（その娘を姫君のもとへ）ともかくただちに参上させよ」とおっしゃる。（娘は）喜んで支度を調えて（姫君のもとへ）参上した。（娘は）見た感じや、顔立ちが、美しかったので、姫君もお喜びになって、名を「玉水の前」とつけなさる。（玉水の前は）何かにつけても上品で優美な風情で、姫君のお楽しみごとや、おそばに朝晩親しくお仕えし、洗面の御水を差し上げお食事を差し上げ、（乳母子の）月冴《つきさえ》と同じように（姫君の）御床《とこ》の足元で寝て、（姫君のおそばを）離れることなくお仕えした。お庭に犬などが参ったところ、この人（＝玉水の前）は、顔色が変わり、身の毛がいっせいに逆立つようになる感じで、ものも食べられず、とんでもない様子であるから、（姫君は）お気の毒に思いなさって、お邸《やしき》の中で犬を飼わせなさらない。「あまりにもとんでもない恐がりようだね」「この人の（受ける）ご寵愛《ちょうあい》の深さのおうらやましさよ」などと、傍らには妬《ねた》む人もいるだろう。

　こうして（月日が）過ぎていくうちに、五月半ばの頃、とりわけ月も陰りのない夜、姫君が、御簾《みす》の際近くまですわったままお出ましなさって、（空を）眺めなさった時に、ほととぎすが声を上げて（飛んで）過ぎたので、（姫君が）

　ほととぎすが雲の向こうで声をあげて鳴く。

とおっしゃったところ、玉水がすぐに、

　深い思いを抱く仲間であるのだろう。

続けて「私の心の中」と口ごもるように申し上げたので、「何事だろうか、（あなたの）心の中が知りたい。恋ということだろうか、また（恋しく思う）人（の冷淡な態度）に対して恨む気持ちなどか。不思議に（思われるわ）」とおっしゃって、

　五月雨の頃には空のほととぎすは、
　誰の思い悩んで泣く声の様子を知っているのだろうか。

（とお詠みになった。）

【設問解説】

問1　短語句の解釈問題　[21]　②　[22]　④　[23]　⑤

(ア)　しづ心なく思ひ奉りけるこそあさましけれ

「奉り」は動詞「奉る」の連用形、「あさましけれ」は形容詞「あさまし」の已然形である。

しづ心（名詞）
1　静かな心。落ち着いた心。

奉る（動詞・ラ行四段活用）
1　差し上げる。〔「与ふ」の謙譲語〕
2　〜申し上げる。〔謙譲の補助動詞〕
3　召し上がる。〔「食ふ」「飲む」の尊敬語〕
4　お召しになる。〔「着る」の尊敬語〕
5　お乗りになる。〔「乗る」の尊敬語〕

あさまし（形容詞・シク活用）
1　意外で驚きあきれる。

2 情けない。嘆かわしい。

「しづ心なく」の意味に合う選択肢は、②「気持ちが静まらず」、④「冷静な心を欠いたまま」である。「奉り」は、ここでは動詞「思ひ」に続いているので、前記2の謙譲の補助動詞であり、その語義に合う選択肢は、②「お……し」、⑤「お……申し上げる」である。「あさましけれ」の語義に合う選択肢は、①「嘆かわしいことだ」、②「驚きあきれたことだ」、④「情けないことだ」である。以上、これらのいずれをも満たす選択肢は②である。②については、「思ひ」を「慕い」、「けるこそ」を「～たのは」と訳すことも妥当で、狐が花園で木陰に隠れて姫君の姿を最初に見た時の様子を描写したものとして文脈にも適《かな》う。よって、**正解は②**である。

(イ) いかにして

いかにして（連語）
1 どうして。どのようにして。
2 どうにかして。
*副詞「いかに」＋サ変動詞「す」の連用形「し」＋接続助詞「て」。

この語義に合う選択肢は、②「どのようにして」、③「どういうわけで」（以上は前記1）、④「なんとかして」（前記2）である。ここでは、傍線部の後に「御そば近く参りて朝夕見奉り心を慰めばや」と続くが、「ばや」は願望の終助詞で、この部分は「姫君のおそば近く参って朝夕お姿を拝見し心を慰めたい」という、狐の願望を表す意味になる。後にこの願望表現が続くことから、文脈にふさわしい解釈をしている**④が正解**である。

(ウ) この人の御おぼえのほど

おぼえ（名詞）
1 世間の評判。
2 目上の人からの寵愛。

この語義に合う選択肢は、③「ご評判」（前記1）、⑤「ご寵愛」（前記2）である。傍線部の前では、玉水の前がひどく犬におびえるため、姫君が邸の中に犬を置かないようにしたことが書かれており、傍線部は、それに対する傍らの人の発言中にある。この文脈に適う**⑤が正解**である。

問2 文法問題 24 ④

敬意の対象が問われている。敬意の対象は、敬語の種類によって考える。

敬意の対象（「誰へ」敬意を表しているか）
① 尊敬語……動作の主体へ。
*「誰が」その動作を行っているかを考える。
② 謙譲語……動作の受け手へ。
*「誰に」その動作を行っているか、あるいは「誰を」相手にその動作を行っているかを考える。
③ 丁寧語……聞き手・読み手へ。
*地の文では読者、会話文・手紙文ではその聞き手・読み手。

波線部のうち、「奉る」については問1(ア)【設問解説】参照。それ以外は以下の通り。

候ふ（動詞・ハ行四段活用）・**侍り**（動詞・ラ行変格活用）
1　お仕えする。〔「仕ふ」の謙譲語〕
2　あります。〔「あり」の丁寧語〕
3　～ます。〔丁寧の補助動詞〕
参らす（動詞・サ行下二段活用）
1　差し上げる。〔「与ふ」の謙譲語〕
2　～申し上げる。〔謙譲の補助動詞〕

a「奉る」は、動詞「見」に敬意を添えており、補助動詞の用法である。**問1(ア)【設問解説】**に示した2の意味で、謙譲語であり、動作の受け手への敬意を表す。ここは、狐が姫君を見ることもあるかと考える場面で、動作の受け手は**姫君**である。

b「候は」は、直前に「見給ふ君など」とあることに注意しよう。ある民家の主の妻が、狐が化けた娘を結婚させようとすると、娘が泣くなどするという状況から、「見給ふ君」とは恋仲の相手を言うと考えられる。よって、それに続く「候は」は、前記2の「あり」の丁寧語で、聞き手への敬意を表す。ここは、主の妻が娘に話しかけている会話文の中にあり、聞き手は**娘**（＝**狐**）である。

c「侍る」は、助動詞「たし」の連用形に続いており、「御宮仕へ申したく」という願望に敬意を添えているので、前記3の補助動詞の用法である。丁寧語で、聞き手への敬意を表す。ここは、娘が主の妻に答える会話文の中にあり、聞き手は**主の妻**（＝**主の女房**）である。

d「参らせ」は謙譲語で、動作の受け手への敬意を表す。ここは、姫君に仕えることになった狐（＝玉水の前）が、姫君に食事を差し上げることを表しており（前記1の用法）、動作の受け手は**姫君**である。

以上により、**正解は④**である。

問3　**心情の説明問題**　25　⑤

傍線部中の「いたづらに」は、「役に立たない。むなしい」などの意で、傍線部で狐は、「むなしく消え失せてしまうようなことこそが恨めしい」と思っている。選択肢のうち、①「死んでしまうことを無念に思う」、④「のたれ死にしてしまうことを情けなく思う」、⑤「むなしく死んでしまうことを残念に思う」が、この意味に合う。

さらに、傍線部の直前には、「美しき人を見そめ奉りて、およばぬ恋路に身をやつし」とあるが、「身をやつす」は、「体を弱らせる。体を弱らせるほど思い悩む」の意味を表す。これを踏まえた説明をしているのは⑤「かなわぬ恋に身も心も疲れきって」である。

①は、「身をやつし」に相当する説明がなく、逆に「罪の報いを受けて」が本文に根拠を持たない。

②は、「はやく……たい」が傍線部の意味に合わないうえに、「姫君に何度も近づいたことで疎まれ」も本文の内容と異なる。

③は、「なんとなく」が傍線部の意味に合わないうえに、「姫君に思いを伝えないまま」も本文に根拠を持たない。

④は「悪行を犯して、のたれ死にしてしまう」が本文の内容と異なる。

以上により、**正解は⑤**である。

問4 心情の説明問題 [26] ③

傍線部を含む第二段落の内容を確認する（**【全文解釈】**も参照）。

Ⅰ なかなかに露霜とも消えやらぬ命、……思ひめぐらして、（第二段落1・2行目）

狐は、なんとかして姫君のそば近くにいたいと考える。

Ⅱ ある在家のもとに、……いとほしみ置き奉る。（第二段落2〜7行目）

狐は、十四、五歳の娘に化けて、ある民家の養女になる。

Ⅲ いかにしてさもあらむ人に見せ奉らばやといとなみける。（第二段落7行目）

主の妻は、娘を誰かよい男と結婚させようとした。

Ⅳ されど、この娘、つやつやうちとくる気色もなく、折々はうち泣きなどし給ふゆゑ、（第二段落7・8行目）

娘は、主の妻（＝養母）に打ち解けず泣いていた。

Ⅴ 「もし見給ふ君など候はば、我に隠さず語り給へ」と慰めければ、（第二段落8行目）

養母が、恋の悩みでもあるかと娘を気づかう。

Ⅵ 「ゆめゆめさやうのことは……」と言へば、（第二段落8〜10行目）

娘が、結婚を希望しないこと、どこかの美しい姫君に仕えたいことを告げる。

Ⅶ 「よき所へ……」と言へば、（第二段落10〜12行目）

養母が、高柳殿の姫君のもとへの出仕を提案する。

Ⅷ いと嬉しと思ひたり。（第二段落12・13行目）

娘が喜ぶ。

この段落の展開から、そもそも狐が人間の女に化けたのも、ある民家で養女になったのも、すべては高柳殿の姫君に仕えるための策略だったことが明らかである（前記Ⅰ・Ⅱ）。そして、傍線部に示された娘（＝狐）の悲嘆も、その後、養母に高柳殿の姫君のもとへの出仕の世話をしてもらう展開を導く契機となっていることから、傍線部のふるまいも高柳殿の姫君に仕えるための策略の一貫だったと考えることができる（前記Ⅲ〜Ⅷ）。

このような娘の思いを正しく説明している選択肢は③である。「縁談を喜ばず沈んだ様子を見せ」るというのは、傍線部のふるまいの説明として適当で、「自分の願いを養母に伝えるきっかけが得られるだろうという期待」は、その意図の説明として適当である。実際、このふるまいをきっかけとして、娘は養母に出仕の希望を伝えている（前記Ⅵ）。

①は、「意中の人との縁談を提案してくれるように養母を誘導したい」が、ここでの娘の意図（前記Ⅰ・Ⅵ）と異なる。

②は、「自分の娘の可愛らしい姿を人前で見せびらかしたいと思っている養母」が、傍線部の前の養母の心情の説明（前記Ⅲ）と異なる。

④は、「養女としての立場ゆえの疎外感や他に頼る者のいない心細さ」が、本文に根拠を持たない。

⑤は、「養母をだましていることからくる罪悪感」も「養母の善意を素直に受け入れられないという苦悩」も、本文に根拠を持たない。

以上により、**正解は③**である。

問5　理由の説明問題　27　①

狐が娘に化けたことを示す記述は、第二段落3行目「年十四、五の容貌あざやかなる女に化けて」である。そこに至るまでの本文の中から、狐の心情を表す箇所を確認する（**【全文解釈】**も参照）。

Ⅰ　「あな美しの御姿や。せめて時々もかかる御有様を、よそにても見奉らばや」と思ひて、（第一段落1・2行目）

姫君の美貌に感動し、遠目にでも見ていたいと願う。

Ⅱ　「我、前の世いかなる罪の報いにて……」とうち案じ、さめざめとうち泣きて（第一段落3～5行目）

自分が姫君との恋愛などできないけだものであることを嘆く。

Ⅲ　よきに化けてこの姫君に逢ひ奉らばやと思ひける（第一段落5行目）

よい男に化けて姫君と逢瀬を持ちたいと願う。

Ⅳ　またうち返し思ふやう、「我、姫君に逢ひ奉らば、必ず御身いたづらになり給ひぬべし。父母の御嘆きといひ、……」、とやかくやと思ひ乱れて（第一段落5～7行目）

自分と恋仲になることは姫君を不幸にし、姫君の父母をも嘆かせると思い直す。

Ⅴ　いかにして御そば近く参りて朝夕見奉り心を慰めばやと思ひめぐらして、（第二段落1・2行目）（この部分は問4の【設問解説】のⅠに含まれる）

なんとかして姫君のそば近くにいたいと考える。

これらをまとめると、狐は、姫君と恋仲になるわけにはいかないと思い知りつつ（前記Ⅱ・Ⅳ）、姫君のそばにいたくて（前記Ⅰ・Ⅴ）、娘に化けたということになる。

このような事情を正しく説明している選択肢は①である。「男に化けて姫君と結ばれれば姫君の身を不幸にし、両親を悲しませることにもなると思い」は、狐が姫君と恋仲になれない自分を思い知っていることの説明として、特に前記Ⅳと合致し、「せめて宮仕えのできそうな美しい女に姿を変えてそばにいられるようにしようと考えた」は、姫君のそばにいたいと考えたことの説明として、前記Ⅴと合致する。

②は、「養い親から大事に育てられるし、そのうえ縁談でも持ち上がれば、高柳家との縁もできるのではないかと考えた」が、本文の内容と異なる。

③は、「姫君に気に入ってもらえるようにするには、男の

姿よりも天性の優美さをいかした女の姿の方がよく」も、「そばに仕えられるようになってから思いの丈を打ち明けようと考えた」も、本文に根拠がない。

④は、姫君が「望まない縁談を迫られている」とは本文に書かれていないし、「姫君を守るため」というのも、本文に書かれている理由とは異なる。

⑤は、「高柳家の姫君が自分と年近い侍女を探しているという噂」が流れていたとは本文に書かれていない。

以上により、**正解は①**である。

問6　人物の説明問題　28　②

娘に化けた狐が「玉水の前」と呼ばれて姫君のそばに仕えるようになるのは、本文の第三段落である。それ以降の玉水と姫君の関わりについての記述を確認する（**【全文解釈】**も参照）。

Ⅰ　見様、容貌、美しかりければ、……立ち去ることなく候ひける。（第三段落2～4行目）

娘は姫君に気に入られ、「玉水の前」として常にそば近くに仕えるようになる。

Ⅱ　御庭に犬など参りければ、……御所中に犬を置かせ給はず。（第三段落4・5行目）

玉水が犬をひどく怖がるので、姫君は邸に犬を置かせないようにする。

Ⅲ　「あまりけしからぬ物怖ぢかな」……ねたむ人もあるべし。（第三段落6行目）

姫君の玉水への寵愛ぶりは、周囲の人も嫉妬するほどである。

Ⅳ　五月半ばの頃、……と仰せければ、（第四段落1～4行目）

五月半ばの月の明るい夜にほととぎすが鳴くのを聞き、姫君が歌の上の句を口にする。

Ⅴ　玉水とりあへず、……やがて「わが心の内」とぐぢぐぢ申しければ、（第四段落4～6行目）

玉水は、姫君の詠んだ上の句に下の句を付け、自分に深い悩みがあることをほのめかす。

Ⅵ　「何事にかあらむ、……」とて、五月雨のほどは雲居のほととぎす誰がおもひねの色をしるらむ（第四段落6～9行目）

姫君が不審がり、玉水の悩みを聞き出そうとして歌を詠む。

選択肢を順番に確認する。

①は、「月冴が嫉妬を覚えるほど」が、前記Ⅲの内容と異なる。玉水が姫君に厚遇されていることについて嫉妬した者がいたと書かれているだけで月冴とは書かれていない。また、「姫君と歌を詠み合うことに熱中するあまりに、周囲の不満に気づけない玉水の姿」が、本文に根拠を持たない。玉水が周囲の不満に気づいていたかどうかも書かれていない。

②は、「玉水の秘めた思いを察した姫君は、……胸中を知りたいと戯れる」「思いを姫君本人から問われてしまう」が、

前記Ⅴ・Ⅵの内容に合っており、「それが自身への恋心であるとは思いもよらず」「打ち明けられない思い」も適当である。玉水の正体が姫君に恋した狐であり、姫君がそれを知らないことは、玉水が姫君に仕えることになるまでの本文の内容から明らかである。さらに、そのような玉水の状況を「せつない」と評価することは不自然ではないので、この選択肢の記述は適当である。

③は、『ほととぎす雲居のよそに音をぞ鳴く』の句から、玉水は姫君が密かに心を寄せる殿上人の存在を感じ取ってしまう」が、本文に根拠を持たない。姫君の、雲の向こうに鳴くほととぎすを詠んだ句に、恋の思いが込められていることを示す記述が本文にはないし、玉水がそのように感じ取ったことを示す記述もない。したがって、「姫君の恋を応援しようとする」にも根拠がない。

④は、「姫君に対し、……冷たい応対をせざるを得ない」が、本文に根拠を持たない。本文は、姫君が玉水の心の内を知ろうとする場面（前記Ⅵ）で終わっており、それに対する玉水の応対は書かれていない。

⑤は、「周囲から嫉妬され、涙にくれるような状況にある」が、本文に根拠を持たない。たしかに玉水は周囲から嫉妬される状況にある（前記Ⅲ）が、それを玉水がどう感じているかは書かれていない。したがって、「苦しい立場を理解してくれない姫君に対して、胸の内を歌で訴えている」も、本文に書かれていない内容である。

以上により、**正解は②**である。

第4問　漢文

【出典】

仇兆鰲《きゅうちょうごう》『杜詩《とし》詳註《しょうちゅう》』全二十五巻。付編二巻。杜甫《とほ》の詩と文章の注釈書。本文は、第二十五巻に収められている「唐故万《とうこばん》年県君京兆杜氏墓誌《ねんけんくんけいちょうとしぼし》」と題する杜甫の文章の末尾の一節で、仇兆鰲の注釈は省略されている。

仇兆鰲（一六三八～一七一七）は、清の学者。字《あざな》は滄柱《そうちゅう》。寧波《ニンポー》（現在の浙江省寧波市）の出身。明末の高名な儒学者である黄宗羲《こうそうぎ》に師事した。康熙《こうき》二十四年（一六八五）に科挙（官吏登用試験）に合格し、吏部右侍郎（官僚の人事を司った中央官庁の次官）を務めた。

【本文解説】

リード文に記されているように、唐代の詩人杜甫が、幼少期に育ててもらっていた叔母の死を悼んだ文章である。実の子以上に杜甫を大切にしてくれた叔母への「孝」と「情」が綴《つづ》られている。本文は三つに段落分けされているので、段落ごとに内容を確認してみよう。

第一段落では、ある人の「どうして実の母でもない叔母に孝行を尽くしているのか」との問いかけに対して、杜甫は病気の自分を看病してくれた時のことを語りつつ、叔母に感謝し、その善意に応《こた》えたいだけだとの旨を伝えた。そして、実の子以上に自分を思ってくれた叔母の戒名を「義」としたことも告げた。

第二段落では、実の子を捨て置いてまで兄の子を救った魯の義姑という女性の故事を引いて、「割《た》ツ二私愛ヲ一」（私情を断ち切っ）てまで杜甫に恩愛を注いでくれた叔母の「義」を称賛している。

第三段落では、徳の高かった叔母のために、あえて韻を踏まない銘を記した理由を簡潔に述べている。それは、「うわべを飾るのではなく、真心のこもったことばを捧げようとした」からである。

【書き下し文】

嗚呼《ああ》哀《かな》しいかな。兄《あに》の子《こ》有《あ》り甫《ほ》と曰《い》ふ、服《ふく》を斯《ここ》に制《せい》し、徳《とく》を斯《ここ》に紀《しる》し、石《いし》に斯《ここ》に刻《きざ》む。或《あるひと》曰《い》はく、「豈《あ》に孝童《かうどう》の猶子《いうし》なるか、奚《なん》ぞ孝義《かうぎ》の勤《つと》むること此《か》くのごとき」と。甫《ほ》泣《な》きて対《こた》へて曰《い》はく、「敢《あ》へて是《こ》れに当《あ》たるに非《あら》ざるなり、亦《ま》た報《むく》ゆるを為《な》すなり。甫《ほ》昔《むかし》病《やまひ》に我《わ》が諸姑《しよこ》に臥《ふ》し、姑《こ》の子《こ》又《また》病《や》む。女巫《ぢよふ》に問《と》へば、巫《ふ》曰《い》はく、『楹《はしら》の東南隅《とうなんぐう》に処《を》る者《もの》は吉《きち》なり』と。姑《こ》遂《つひ》に子《こ》の地《ち》を易《か》へ以《もつ》て我《われ》を安《やす》んず。我《われ》是《こ》れを用《もつ》て存《そん》し、而《しか》うして姑《こ》の子《こ》卒《しゆつ》す。後《のち》に乃《すなは》ち之《これ》を走使《そうし》より知《し》る。甫《ほ》嘗《かつ》て人《ひと》に説《と》くこと有《あ》り、客《かく》将《まさ》に涕《なみだ》を出《い》ださんとし、感《かん》ずる者《こと》之《これ》を久《ひさ》しくし、相《あ》ひ与《とも》に謚《おくりな》を定《さだ》め義《ぎ》と曰《い》ふ」と。

君子《くんし》以為《おもへ》らく魯《ろ》の義姑《ぎこ》なる者《もの》は、暴客《ぼうかく》に郊《かう》に遇《あ》ひ、其《そ》の携《たづさ》へる所《ところ》を抱《いだ》き、其《そ》の抱《いだ》く所《ところ》を棄《す》て、以《もつ》て私愛《しあい》を割《た》つと。県君《けんくん》焉《これ》有《あ》り。

是《ここ》を以《もつ》て茲《こ》の一隅《いちぐう》を挙《あ》げ、彼《か》の百行《ひやくかう》を昭《あきら》かにす。銘《めい》して韻《ゐん》せず、蓋《けだ》し情《じやう》至《いた》れば文《ぶん》無《な》し。其《そ》の詞《ことば》に曰《い》はく「嗚呼《ああ》、有唐《いうたう》の義姑《ぎこ》、京兆《けいてう》杜氏《とし》の墓《はか》」。

【全文解釈】

ああ悲しいことよ。（他界した杜氏の）兄の子で名を甫という者（＝わたし）が、喪に服し、（叔母の杜氏の）徳を記し、墓誌を石に刻むものである。ある人が（尋ねて）言った、「あの孝童さんの甥《おい》ですよね。どうして（実の母上でもない叔母さんに）このように孝行と節義を尽くしているのですか」と。わたしは涙を流して答えて言った、「とんでもないことです、ただ叔母の善意に応えているだけです。わたしはずっと前に叔母のところで病の床に臥《ふ》せっていたことがあり、叔母の子も病気でした。女巫《じょふ》に尋ねると、その女巫は言いました、『柱の東南側にいると、運気が良くなります』と。叔母はかくて（自分の）子の（横になっている柱の東南側の）場所を変えて、それでわたしを（その場所に）寝かせてくれました。わたしは叔母のその計らいで生きているのですが、叔母の子は亡くなってしまいました。その後、（わたしは）使用人（の話）からその事情をやっと知ったのです。わたしは以前にその時の事情をある人にお話ししたことがあるのですが、その人は（話を聞くと）涙をこぼしそうになり、長いこと悲しんでいましたが、（わたしはその人と）一緒に（叔母の）戒名を考えて義とすることにしました」と。

君子が考えるには、（春秋時代の）魯の国の義姑という人は、郊外で暴徒（＝斉の国の軍隊）に出くわし、手を引いていた兄の子を抱きあげ、抱いていた自分の子を捨て置いて、それで私情を断ち切っ（て兄の子を救っ）たということだ。叔母にはこのような節義があった。

こういうわけで、この一件を取りあげて、叔母のあらゆる行いをはっきり伝えるのである。銘文を作るが韻は踏まないのは、つまり（叔母への）思いがあふれて形式にのっとったうわべを飾るだけの文など書けないということである。叔母の銘文にはこのように刻んだ、「ああ、唐の義姑、京兆の杜氏の墓」と。

【設問解説】

問1　語の意味の問題　29　③　30　④

(ア)　「対」については、選択肢から動詞としての用法が問われているとわかる。「対」は、動詞としては「たいす」と読んで「向かう・向き合う」、「こたふ」と読んで「答える」などの意味があるが、①「こらえて」、②「そむいて」、④「そろって」、⑤「さけんで」などの意味はない。二重傍線部直後の「曰《ハク》」との組合せを考えても、「対《こたヘテ》」と読むのが適切である。よって、**正解は③**である。

(イ)　「乃」については、選択肢から副詞としての用法が問われているとわかる。「乃」は副詞としては「すなはち」と読んで「そこで・それで」、「やっと・ようやく・はじめて」、「それなのに」、「なんと」などの意味はあるが、②「いつも」、③「ことごとく」、⑤「くわしく」などの意味はない。①「すぐに」が紛らわしいが、「すなはち」と読んで「すぐに」の意味を持っているのは、「即」や「便」である。よって、**正解は④**である。

問2　内容説明の問題　31　②

傍線部Aから読み取れる杜甫の状況が問われているのだから、まず、傍線部Aを正しく解釈してみよう。直訳すると、「どうして孝義について勤勉であることがこのようであるのか」くらいになろう。疑問詞「奚《なんゾ》」および「若《ごとキ》レ此《かクノ》」という連体形で結んだ読み方に注目し、疑問文として訳出すればよい。さらに、「孝義」が「勤《つとム》」の意味上の目的語であることに留意しつつ、「孝義」についても訳語を工夫して直訳を調整すると、「どうしてこのように孝行と節義を尽くしているのか」などと解釈できよう。いずれの選択肢も傍線部の行為の主体を「杜甫」、「孝義を尽くす」対象を「叔母」としているのだから、要するに「杜甫はどうして叔母にこれほど孝行と節義を尽くしているのか」と言っているのである。だから、③「孝行を尽くせていない」と④「孝行を尽くしていない」という方向の説明は不適切である。①、②、⑤の「叔母に孝行を尽くしている」という説明は正しいが、①「杜甫は若い」、⑤「杜甫は正義感が強い」および「困窮した叔母」という内容は、本文には明確に記されていない。したがって、**正解は②**である。

問3　理由説明の問題　32　⑤

傍線部B「非《ザル》二敢《ヘテ》当《タルニ》一レ是《レニ》也」が「とんでもないことです」という恐れ多い気持ちを示す表現であることは設問の指示に明示されているので、杜甫のこの謙虚な発言の意図を示す箇所を探せばよい。まず、文脈を確認すると、直前に「どうして（実の母上でもない叔母さんに）このように孝行と節義を尽くしているのですか」（「奚《なんゾ》孝義之勤《ムルコト》若《キ》レ此《クノ》」）というある人の問いかけがあり（**【設問解説】**の**問2**の項を参照）、「とんでもないことです」と続いているのだから、「実の母ではないものの、叔母に孝行を尽くすのは当然です」という杜甫の気持ちが読み取れよう。杜甫はさらに「亦為《タス》レ報《ユルヲ》也」（ただ叔母の善意に応えているだけです）と述べている。つまり、「叔母に孝行を尽くすのは、恩返しである」ということであり、これが傍線部**B**の発言の理由であることは明らかである。

したがって、「恩返しである」という杜甫の意図に合致する選択肢を探せばよい。各選択肢の後半を検討すると、①「より謙虚でありたいと願ったから」、②「まだその段階にまで達していないと意識しているから」、④「孝行する機会を永遠に失ってしまったから」は、いずれも方向違いの説明である。これで、③「今は喪に服することでしか彼女に恩返しできないから」か⑤「その善意に応えているだけだと思っているから」に絞られるが、③の前半「杜甫は生前の叔母の世話をしていた」は、本文には記されていない内容である。よって、**正解は⑤**である。

問4　書き下し文と解釈の問題　33　③

訓読や解釈の問題では、問われている文や句に基本句形や重要表現が含まれていることが多いが、傍線部**C**にはいずれも用いられていない。したがって、選択肢も手掛かりにしつつ、傍線部**C**の構造を正しく捉え、文脈を踏まえて文意を推測する必要がある。

選択肢を確認すると、［書き下し文］の末尾の「〜者は吉なり」、［解釈］の末尾の「〜と、運気が良くなります」はいずれも共通している。したがって、傍線部**C**の「処楹之東南隅」の箇所について、［書き下し文］と［解釈］を検討すればよい。

すでに確認した「〜と、運気が良くなります」という解釈から、「処楹之東南隅」は「吉なり」、つまり「運気が良くなります」の条件であると判断できる。「処」と「之」の読みがポイントであるが、いずれの選択肢も「処楹之東南隅」の読み方、解釈としてとりあえず成り立ってしまう。そこで、傍線部**C**が「女巫《ぢよふ》」の発したお告げであることを踏まえて文脈を確認してみると、「姑遂易《かへ》二子之地《ヲ》一以安《テンズ》レ我《ヲ》」（叔母はかくて自分の子の場所を変えて、それでわたしをその場所に寝かせてくれました）と続いている。つまり、叔母が女巫のことばに従って自分の子を他所へ移し、そこに杜甫を寝かせたことが記されている。女巫のことばが、病気の二人の子の寝場所の移動へとつながる内容として捉えられるのは、③の「楹の東南隅に処る〜」と書き下し、「柱の東南側にいると、〜」と解釈している③しかない。よって、**正解は③**である。

問5　内容説明の問題　34　⑤

傍線部**D**の内容を問われているので、まず、傍線部自体を解釈してみよう。指示語「是《レ》」と動詞「卒《しゅっス》」をそのままにして直訳すると、「わたしは『是れ』によって存在していて、叔母の子は『卒した』」となる。ここで、「卒《しゅつス》」の意味を、「しゅつす」という読みと、「存《シ》」との意味の対比に注目して考える。「卒」を動詞として「しゅつす」と読む時は、「終わる・終える」、あるいは「死ぬ」という意味である。「存《シ》」との対比、および主体が「姑之子」（叔母の子）であることに留意すると、ここの「卒《しゅつス》」は「死ぬ」と解するのが適当である。つまり、傍線部Dの内容を要約すれば、「わたし（＝杜甫）は生きたが、叔母の子は死んだ」となる。選択肢を検討すると、「卒《しゅつス》」を正しく解釈しているのは、①「命を落とした」と⑤「犠牲になった」である。

残すは、「用《もつテ》レ是《レヲ》」の「是《レ》」の内容である。ここで傍線部Dの直前を見てみると、「姑遂《ニ》易《かへ》二子之地《ヲ》一以《テ》安《ンズ》レ我《ヲ》」（叔母はかくて自分の子の場所を変えて、それでわたしをその場所に寝かせてくれました）とある。つまり、女巫のお告げに従って、叔母が自分の子と杜甫の寝場所を移動したことが述べられており（**【設問解説】**の問4の項を参照）、「是《レ》」がこの内容を受けているのは明らかである。したがって、⑤「杜甫は叔母が寝場所を移してくれたので生きているが、叔母の子は犠牲になった」が説明として適切である。①「女巫のお祓《はら》いを受けた」は、本文に記されていない内容である。よって、

正解は⑤である。

問6　内容説明の問題　[35]　②

傍線部Eを、指示語「焉《これ》」をそのままにして訳出すると、「叔母には『焉』があった」となるから、問われているのは「焉」の指す内容であると判断できる。さらに、選択肢を確認すると、説明の冒頭の「叔母は魯の義姑のように」と末尾の「義と呼べるということ」は、いずれの選択肢も共通しているから、杜甫の叔母のとった行動のどのような点が「魯の義姑のよう」であるのかを考えればよいのであり、それが「焉」の指示内容ということになる。

そこで、第二段落に記されている「魯の義姑」の行動を確認すると、「抱《キ》二其《ノ》所《ヲ》レ携《ヘル》、棄《テ》二其《ノ》所《ヲ》レ抱《ク》、以《テ》割《たツ》二私愛《ヲ》一」（手を引いていた兄の子を抱きあげ、抱いていた自分の子を捨て置いて、それで私情を断ち切った）とある。つまり、「魯の義姑」は「私愛を断ち切り、自分の子を捨て置いて兄の子を救った」のである。このような義の説明としてふさわしいのは、②「私情を断ち切って甥の杜甫を救った」しかない。よって、

正解は②である。

問7　内容説明の問題　[36]　③

まず、傍線部Fを訳出してみよう。前半の「銘《シテ》而不レ韻《セ》」は、注13に「銘文を作るが韻は踏まない」と訳出してあるので、「蓋《シ》」以下の「情至《レバ》無《シ》レ文」の意味を考える。直訳すると「情がやって来ると文がない」となるが、これだけではどういうことを伝える文なのか判然としない。そこで、本文が「叔母の死を悼んだ文章」であることを踏まえると、ここの

「情」とは、他界した叔母に対する筆者の杜甫の「情」であると判断できる。そして、「無《シ》レ文」の「文」とは、「銘《シテ》而不レ韻《セ》」とのつながりを考えると、「形式に従った文」あるいは「美しく飾った文」と解するのが適切である。「文様」や「文飾」などの熟語を思い浮かべるとわかりやすい。また、注13の「銘」についての「通常は修辞として韻を踏む」という説明も手掛かりになる。つまり、杜甫は「叔母への情が次々とわき起こってくるので、形式張った装飾文など書かない」と述べているのである。以上を踏まえて選択肢を検討してみよう。

①は、やや紛らわしいが、「慎み深かった叔母」も「人知れず善行を積んでいた」も、いずれも本文に明示されていない内容なので、不適切な説明と判断する。

②は、「毅然《きぜん》としていた叔母」が本文には記されていない内容であるうえ、「取り乱しがちな自分の感情を覆い隠し」が、傍線部**F**の「情至《レバ》」の意味と合致しない説明である。

③は、本文の記述と矛盾する箇所、本文に記述されていない内容が見当たらず、「うわべを飾るのではなく、真心のこもったことばを捧げようとした」が、傍線部**F**の「情至《レバ》無《シ》レ文」の意味と合致している。

④は、「恩返しできなかった後悔の念」が第一段落の「亦《タ》為《ス》レ報《ユルヲ》也」（ただ叔母の善意に応えているだけです）という記述と一致しないし（**【設問解説】**の**問3**の項を参照）、「ことばが見つからず」も「無《シ》レ文」の説明として不適切である。

⑤は、「あらゆる美点を書きつらねては長文になるので、韻は割愛してできるだけ短くした」が傍線部**F**の「情至《レバ》無《シ》レ文」の意味に合致した説明ではない。

したがって、**正解は③**である。

2018
本試験

国　語

（2018年１月実施）

受験者数　524,724

平 均 点　104.68

国　語

解答・採点基準

(200点満点)

問題番号(配点)	設問	解答番号	正解	配点	自己採点
第1問 (50)	問1	1	②	2	
		2	③	2	
		3	⑤	2	
		4	⑤	2	
		5	②	2	
	問2	6	②	8	
	問3	7	⑤	8	
	問4	8	③	8	
	問5	9	①	8	
	問6	10	④	4	
		11	④	4	
第1問　自己採点小計					
第2問 (50)	問1	12	②	3	
		13	⑤	3	
		14	⑤	3	
	問2	15	③	7	
	問3	16	①	8	
	問4	17	④	8	
	問5	18	③	8	
	問6	19	③ ※	5	
		20	⑥ ※	5	
第2問　自己採点小計					
第3問 (50)	問1	21	①	5	
		22	③	5	
		23	⑤	5	
	問2	24	③	5	
	問3	25	②	6	
	問4	26	③	8	
	問5	27	④	8	
	問6	28	④	8	
第3問　自己採点小計					
第4問 (50)	問1	29	③	5	
	問2	30	①	6	
		31	③	6	
	問3	32	④	5	
		33	③	5	
	問4	34	③	7	
	問5	35	②	8	
	問6	36	④	8	
第4問　自己採点小計					
自己採点合計					

※の正解は順序を問わない。

第1問　現代文（評論）

【出典】

有元典文・岡部大介『デザインド・リアリティ――集合的達成の心理学』（北樹出版、二〇〇八年）

有元典文（ありもと・のりふみ）は、一九六四年生まれ、専門は教育心理学・文化心理学。岡部大介（おかべ・だいすけ）は、一九七三年生まれ、専門は学習心理学。

【本文解説】

本文は、19の形式段落から成っている。原書では、これを三つの部分に分け、それぞれには中見出しがつけられている。ここではそれにしたがってその内容を確認していこう。

Ⅰ　現実をデザインする（第1段落〜第6段落）

ここでは、学習や教育の場をデザインする試みの一例が紹介されている（なお、ここでの「デザイン」ということばの使い方に違和を感じた人も少なくなかったろう。ただそれについては、第5段落以降で説明されるので、そこまで我慢しよう）。

「これから話す内容をどの程度理解できたか、後でテストをする」と、講義の冒頭で教師がいきなり宣言したとする。そうしたら、受講者のほとんどは講義内容の暗記をこころがけるだろう。後でテストされるのだから、憶えやすくノートを整理し、用語を頭の中で繰り返し唱えるなど、暗記しやすいように講義の聴き方を変える。（第1段落・第2段落）

学生にとって、講義とは何か。それは、考えごとをしている学生には空気のふるえに過ぎず、別の学生には教師のモノローグであったり、また目前の問題解決のヒントであったりする。このように講義ひとつをとってみても、多様な捉え方が可能であり、世界は多義的でその意味と価値はたくさんの解釈に開かれている。ところが、冒頭に紹介した「後でテストをする」という教師の一言、教授上の意図的な工夫（＝デザイン）が、学生のふるまいを変える。それまで学生によってさまざまな意味を持っていた講義が、少なくともその講義の単位を取りたいと思っている学生には、一律に暗記の対象となるだろう。（第3段落・第4段落）

次に、「デザイン」ということばについて説明が加えられている。筆者は、まずこれまでデザインということばをどのように用いてきたかを説明する。一般にデザインということばは、〈ある目的を持って意匠・考案・立案すること、つまり意図的に形づくること〉を意味する。ただ、筆者は自分たちがそれをより拡張して、「ものの形ではなく、ひとのふるまいと世界のあらわれ」について用いてきたという。こうした意味でのデザインをどう定義するか、先行研究にその定義を求めても答えは得られない。そこでその定義を試みることで、自分たちが「デザインという概念をどう捉えようとしているのか」を示していくというのである。（第5段落・第6段落）

Ⅱ　オーダーメイドな現実（第7段落〜第15段落）

「デザイン」のラテン語の語源は「印を刻むこと」である。人間は与えられた環境を自分たちが生きやすいように「印を刻み込み」、自然を少しずつ文明に近づけた。それは今ある現実に「人間が手を加えること」だと考えられる。このように環境を改変することが、人間の何よりの特徴であると筆者は考え、こうした環境の加工を、デザインということばで表そうというのである。言いかえれば、デザインすることはまわりの世界を「人工物化」することだ。自然を人工物化したり、そうした人工物を再人工物化することで、人類は文明を築いてきたのである。（第7段落・第8段落）

デザインすることは、秩序のないところに秩序を与え、既存の秩序を別の秩序に変え、異なる意味や価値を与えることである。例えば、本にページ番号をふることで、本には新しい秩序が生まれる。それによって任意の箇所に容易にアクセスすることができる。この小さな工夫によって本の性質が大きく変わる。他にも、一日の時の流れを二四分割するなど……。こうした工夫、新しいデザインによって、現実は人工物化／再人工物化され、新しい秩序が生まれてくるのである。冒頭に紹介した「後でテストをする」という教師の一言、教授上の意図的な工夫（＝デザイン）が、講義の意味を再編成し、「記憶すべき知識群」という新しい秩序に変えたのである。（第9段落）

新しいデザインは、既成の現実とは別の現実を生む。既成のモノ・コトに手を加え、新たにデザインし直すことで、世界の意味は違って見える。例えば、図1のように、湯飲み茶碗に持ち手をつけると珈琲カップになり、指に引っ掛けて持つことができ、モノとしての扱い方が変わる。目の前にあるのが鉛筆なら「つまむ」という情報が、バットなら「にぎる」という情報がモノ自身から提供されるように、湯飲み茶碗と珈琲カップとでは、モノから見て取れるモノの扱い方の可能性（＝アフォーダンスの情報）が変化する。モノの物理的な形状の変化はひとのふるまいを変化させる。持ち手がついた珈琲カップは、両手の指に一個ずつ引っ掛けることで、一度に十個のカップを運ぶことを可能にする。そして、このようなふるまいの変化はここの変化につながる。持ち手がついた珈琲カップを二個ずつ片付けているウェイターは、それを見た雇い主をいらいらさせるに違いない。持ち手がついたことで、珈琲カップの可搬性が変化したが、変化はそれだけではなく、これらの「容器に関してひとびとが知覚可能な現実」そのものが変化したのである。（第10段落～第13段落）

以上のような点を踏まえつつ、筆者はデザインの定義をする。それによれば、デザインとは「対象に異なる秩序を与えること」だという。デザインには、「物理的な変化が、アフォーダンスの変化が、ふるまいの変化が、こころの変化が、現実の変化が伴う」ともいう。例えば、私たちははき物をデザインしてきた。裸足では、熱い砂、ガラスの破片がちらばった床などには踏み込めない。私たちの足の裏は、炎天下の浜辺の乾いた砂の温度に耐えられない。これは人間にとっていわばどうしようもない運命である。しかし、はき物はその知覚可能な現実を変える。自然の摂理が創り上げた運命をこんな簡単な工夫が乗り越えてしまう。はき物が、自転車が、電話が、電子メールが、私たちの知覚可能な現実を変化させ続けている。そのことは、その便利さを失ってみれば身にしみて理解されることである。

（第14段落）

私たちは、文化から生み出され歴史的に洗練されてきた人工物に媒介された、文化的意味と価値に満ちた世界を生きている。それは意味や価値が一意に定まったレディメイドな世界ではなく、自分たちの身の丈に合わせてあつらえられたオーダーメイドな現実である。人間の文化と歴史を眺めてみれば、人間はいわば人間が「デザインした現実」を知覚し、生きてきたといえる。このことは人間を記述し理解していく上で、大変重要なことだと思われると筆者はいう。（第15段落）

Ⅲ　心理ダッシュ（第16段落～第19段落）

筆者は、ここであるモノ・コトのデザインによって変化した行為を「行為′（こういダッシュ）」と呼ぶこととするという。これまでとは異なる現実が知覚されているからである。例えば、本の中から読みかけの箇所を探す時の「記憶」・「想起」と、ページ番号を憶えていて探し出す時の「記憶」とでは、その行いの結果は同じでも、プロセスはまったく異なり、掛かる時間や手間はページ番号の有無でまったく異なる。読みさしの場所の素朴な探し出しが昔ながらの「記憶」活動ならば、ページ番号に助けられた活動は「記憶′（きおくダッシュ）」活動だというのである。（第16段落）

買い物の際の暗算、小学生の百マス計算での足し算、そろばんを使った足し算、表計算ソフトでの集計、これらは同じ計算でありながらも行為者から見た課題のありさまが違う。それは「足し算′」だったり「足し算″」だったり「足し算‴」……だったりする。ただし、これはどこかに無印（むじるし）の、もともとの原行為と呼べる行為があると考えることはできない。原行為も、文化歴史的に設《しつら》えられた環境デザインに対応した、「行為′」だったと考えられるからだ。そもそも人間にはなまの現実はなく、すべて自分たちでつくったと考えれば、すべての人間の行為は人工物とセットになった「行為′」だといえるだろう。（第17段落）

人間は自らの住む環境を徹底的にデザインし続けていくだろう。人間は、動物にとっての環境とは決定的に異なる「環境′（かんきょうダッシュ）」を生きている。それが人間の基本的条件だといえる。心理学が批判されてきたのは主としてこのことに無自覚だったことが原因だと思われる。心理学実験室での「記憶′（きおくダッシュ）」を人間の本来の「記憶（むじるしきおく）」と定めた無自覚さが批判されているのである。ここで筆者は、「心理′学（しんりダッシュがく）」の必要性を指摘する。人間は、現実をデザインするという特質を持っており、それは人間にとって基本的な条件である。人間性は、社会文化と不可分であり、私たちの精神は道具に媒介されている。したがって、「原心理」なるものは想定できず、これまで心理学が対象としてきた私たちのこころの現象は、文化歴史的条件と不可分の一体である「心理′学」として記述し直されるであろう。この「心理′学」は、つまり「文化心理学」のことで、そこでは、人間を文化と深く入り交じった集合体の一部であると捉える。この人間の基本的条件が理解された後、やがて「′」は記載の必要がなくなるものだと筆者は考えるというのである。

6

（第18段落・第19段落）

【設問解説】

問1　漢字の知識を問う問題　[1] ②　[2] ③　[3] ⑤　[4] ⑤　[5] ②

(ア)は、〈作品を作るときの創意や工夫、また、それによって得られる造形美や装飾性〉という意味で、「**意匠**」。①は、〈知性の程度が高く、気品があること〉という意味で、「高尚」。②は、〈芸術などの分野で、際だってすぐれた実績を持つ人、大家〉という意味で、「**巨匠**」。したがって、**これが正解**。③は、「交渉」。④は、「昇格」。⑤は、〈原本となる書類から一部を抜き書きした文書〉という意味で、「抄本」。

(イ)は、「**踏み**」。①は、〈物価・相場が急激に上がること〉という意味で、「急騰」。②は、〈私法上の権利に関する一定の事項を広く社会に公示するために登記所に備えてある帳簿（＝登記簿）に記載すること〉という意味で、「登記」。③は、〈それまでのやり方を受け継いでその通りにやること〉という意味で、「**踏襲**」。したがって、**これが正解**。④は、「陶器」。⑤は、「搭乗」。

(ウ)は、「**乾いた**」。①は、〈激しさや厳しさの程度がやわらぐこと、また、やわらげること〉という意味で、「緩和」。②は、「歓迎」。③は、〈強い決断力をもって、思いきって物事を行うさま〉という意味で、「果敢」。④は、「干拓」。⑤は、「**乾電池**」で、**これが正解**。

(エ)は、〈万物を治め支配している法則〉という意味で、「**摂理**」。①は、「切断」。②は、〈利害の一致しない相手とかけひきをして問題の解決をはかること〉という意味で、「折衝」。③は、〈すきをねらって他人の財物を盗み取ること〉という意味で、「窃盗」。④は、〈恥をそそぐこと、特に、競技などで負けたことのある相手に勝って、敗れたときの恥をそそぐこと〉という意味で、「雪辱」。⑤は、〈取り入れて自分のものとすること〉という意味で、「**摂取**」。したがって、**これが正解**。

(オ)は、「**洗練**」。①は、「旋律」。②は、「**洗浄**」で、**これが正解**。③は、「独占」。④は、「変遷」。⑤は、「潜水艦」。

問2　傍線部の理由説明問題　[6] ②

まず、傍線部の意味を確認しておこう。その際、傍線部には「さえ」という助詞が使われていることに注意したい。この「さえ」は、例えば「初心者でさえすぐにできる」といったように、〈程度のはなはだしいものをあげて他を類推させる意を表わす〉という働きをするものであることに注意したい。そのことも踏まえて、傍線部の意味を考えると、〈学生にとってありふれた日常的な講義でさえ不変な実在とは言えない。ましてや私たちにとって世界は多義的……〉といった意味だとわかる。

では、そのようにいえるのはどうしてか。ところが、困ったことに、本文ではその理由について必ずしも明快な説明がなされていない。こうしたときは選択肢の内容を手がかりにして考えていくしかないだろう。まず、すべての選択肢が

「ありふれた講義形式の授業でも」で始まっていること、また「授業者の冒頭の宣言」に触れていることに気づく。このうち前者は傍線部の「講義というような、学生には日常的なもの」を言い換えたものだとすぐにわかるだろう。また後者は本文冒頭の「これから話す……後でテストをする」という発言のことだとわかる。では、「後でテストをする」という授業者の宣言は、その講義に出ていた学生たちにどのような影響を与えたのか。それは第3段落と第4段落に書かれていた。まず第3段落では、宣言がなされる以前にあって、講義は、考えごとをしている学生には空気のふるえにすぎず、別の学生には教師（＝授業者）のモノローグであったり、また目前の問題解決のヒントであったりした。このように講義ひとつをとってみても、多義的なのである。ところが、第4段落にあるように、「後でテストをする」という教師の一言が、それまで学生によってさまざまな意味を持っていた講義を一律に暗記の対象としてしまうのである。つまり、「ありふれた講義形式の授業でも」、「授業者の冒頭の宣言」があれば講義は一律に暗記の対象になるが、そうした宣言がなされなければ講義は学生にとって多義的なものであり、当然世界の意味も一意に定まるものではないというのである。

以上の点を踏まえた説明になっているのは②であり、**これが正解**。

ほかの選択肢については、以下のとおり。

①は、「学習の場における受講者の目的意識と態度は、授業者の働きかけによって容易に変化していくものである」という説明が、不適当。授業者の働きかけによって受講者の学習効率が決定されるといった趣旨の選択肢だが、「学習効率」といったことは傍線部ではそもそも問題になっていない。

③は、「授業者の教授上の意図的な工夫は、学生の学習効果に大きな影響を与えていくものである」という説明が、不適当。①で説明したように、「学習効率」や「学習効果」といったことは傍線部ではそもそも問題になっていない。

④は、「授業者の冒頭の宣言」を「授業の目的」を意識化するためのものとしている点が、まず不適当。そうしたことは本文にいっさい書かれていない。また、「私たちを取り巻く環境は、多義性を絞り込まれることによって初めて有益な存在となるものである」という説明も、本文に根拠のないものである。

⑤は、「特定の場におけるひとやモノや課題の間の関係は、常に変化していき、再現できるものではない」という説明が、不適当。傍線部ではそうした関係などは問題になってない。

問3　空欄補充問題　[7]　⑤

本文を読んだ後に、図について話し合う四人の生徒の会話に関連して、空欄補充問題が出題されている。問題となっている図は、図1は湯飲み茶碗と、それに持ち手のついた珈琲カップの写真、図2は持ち手のついた珈琲カップを片手で五つ持っている写真である。生徒Cや生徒Dの最初の発言からわかるように、生徒たちは、二つの図を通して、まず持ち手があると湯飲み茶碗を両手ではなく、片手で運ぶことができ、しかも片手で複数を運ぶことができることを確認する。しかし、生徒たちは同時に、一度にたくさん運ぶ必要がなければ珈琲カップを両手で支え持つこともできることに気づいている。それは、「では、デザインを変えたら、変える前と違った扱いをしなきゃいけないわけではないってことか」（生徒Aの二度目の発言）や「それじゃ、デザインを変えたら扱い方を必ず変えなければならないということではなくて」（生徒Cの二度目の発言）といった発言に現れており、空欄には、こうした発言を踏まえたものが入る。しかも、空欄には、それを受けての生徒Dの発言「そうか、それが、『今とは異なるデザインを共有する』ことによって、『今ある現実の別のバージョンを知覚することになる』ってことなんだ」にもつながるものが入らなくてはならない。したがって、空欄には、⑤の「形を変える以前とは異なる扱い方ができることに気づく」が入る。

①は、「どう扱うかは各自の判断に任されている」という説明が、不適当。これでは、空欄の後の生徒Dの発言とうまくつながらない。

②は、「無数の扱い方が生まれる」という説明が、不適当。そうしたことは本文に書かれていない。

③の、「ものの見方やとらえ方を変えることの必要性を実感する」ことは、デザインを変えた場合には必要なことだが、それだけでは不十分であり、特に空欄の後とうまくつながらないので、不適当。

④も、「立場によって異なる世界が存在することを意識していく」ことは、異なったデザインの世界で生きるには必要なことだろうが、③と同じくそれだけでは不十分であり、特に空欄の後とうまくつながらないので、不適当。

問4　傍線部の理由説明問題　8　③

まず、「このこと」の指示内容を確認しておこう。それは、直前の「人間の文化と歴史を眺めてみれば、人間はいわば人間が『デザインした現実』を知覚し、生きてきた」ことを指している。つまり、人間の歴史を振り返るとき、人間は自分たちの身の丈に合わせて作り上げたオーダーメイドな現実を知覚し、その中を生きてきたことを認識することが重要だ（b）というのである。それは、傍線部を含む段落にあるように、人間が生きてきた現実が決して価値中立的な環境ではなく、文化から生み出され歴史的に洗練されてきた人工物に媒介された、人間に好都合な世界だったからである（a）。以上のa、bを踏まえた説明になっている③が正解となる。

①は、まず「現実は、人間にとって常に工夫される前の状態、もしくはこれから加工すべき状態とみなされる」という説明が、本文にまったく根拠のないものである。後半の「人間を記述し理解する際には、デザインされる以前の自然状態を加工し改変し続けるという人間の性質をふまえることが重要になってくる」も、本文にまったく根拠のないものである。

②は、「自然のもたらす形状の変化に適合し、新たな習慣を創出してきた人間の歴史」という説明が、不適当。そうしたことは本文に書かれていない。

④は、「現実は、特定の集団が困難や支障を取り除いていく中で形づくられた場である」という説明が、不適当。そうしたことは本文に書かれていない。

⑤は、「デザインによって人工物を次から次へと生み続ける、人間の創造する力をふまえることが重要になってくる」という説明が、不適当。そうしたことは本文に書かれていない。

問5　傍線部の内容説明問題　[9]　①

「『心理′学（しんりダッシュがく）』の必要性」について問われている。心理学について説明されているのは第18段落と第19段落だけである。したがって、この最終二段落の内容を十分ふまえた説明になっているものが正解となるはずである。まず第18段落で、人間が環境を徹底的にデザインし続ける存在であることが確認される。そのため人間が生きるのは、動物の環境とは決定的に異なる「環境（かんきょうダッシュ）」であり、それが人間の基本的条件であるにもかかわらず、しばしばそのことに無自覚であった点を、これまでの心理学は批判されてきたという。

そして、第19段落では、人間の現実（＝環境）をデザインするという特質が人間の基本的条件であることが再度確認され、人間性は社会文化と不可分のセットで成り立っており、その社会文化は人間が環境をデザインすることで作られたものであるということが述べられる。これまで心理学が対象としてきた私たちのこころの現象は、文化歴史的条件と不可分の一体である「心理′学」として人々の求めに応じていくべきだというのである。つまり、人間の基本的条件、人間が環境をデザインする存在であり、社会文化的存在であることを自覚しない心理学は、心理学として不十分である（a）。私たちのこころの現象を、文化歴史的条件と不可分の一体である「心理′学」として探求していく必要があるというのである（b）。以上のa、bを踏まえた説明になっている①が正解となる。

②は、「人工物に媒介されない行為を無印の行為とみなし、それをもともとの原行為と想定して」という説明が、不適当。第17段落に「これはどこかに無印（むじるし）の行為、つまりもともとの原行為とでも呼べる行為があることを意味しない」とあるように、筆者は「無印の行為」の存在に否定的である。

③は、「心理学実験室での人間の『記憶′』を動物実験で得られた動物の『記憶』とは異なるものとして認知し研究する『心理′学』が必要である」という説明が、不適当。そうした心理学が必要だとは本文にいっさい書かれていない。

④は、「文化歴史的に整備されたデフォルトの環境デザインに対応させて記述する『心理′学』の方が必要である」という説明が、不適当。第17段落で説明されている「デフォルトの環境デザイン」は、「無印の行為」「もともとの原行為」であっても文化歴史的に設えられたものがないわけではないという文脈の中にある。つまり、「デフォルト（初期設定）の環境デザイン」は文化歴史的に設えられたものがゼロでは

ないものの、「無印の行為」「もともとの原行為」に近いものなのである（そのことは「デフォルト」の㊟からもわかる）。それに対して、ここで必要とされている「心理学」は第19段落にあるように「文化歴史的条件と不可分の一体」であり、「人間文化と深く入り交じった集合体の一部」なのである。したがって、「デフォルトの環境デザイン」と「心理学」とを結びつけて説明しているこの選択肢は不適当。

⑤は、「環境をデザインし続ける人間の心性と人間の文化的実践によって変化する現実とを集合体として考えていく『心理学』が必要である」という説明が、不適当。本文では、「心理学」を「環境をデザインし続ける人間の心性と人間の文化的実践によって変化する現実とを集合体として考えていく」ものとして説明していない。

問6　本文の表現と構成について問う問題

(i)　**本文の第1～8段落の表現について問う問題　10　④**

「**適当でないもの**」を選ぶという点を見落とさないように、順に選択肢を検討していこう。

①は、第1段落の内容に基づいた説明なので、適当である。

②も、第3段落の内容に基づいた説明なので、適当である。

③も、第6段落の内容に基づいた説明なので、適当である。

④は、不適当である。例えば、第8段落の「自然を人工物化したり、そうした人工物を再人工物化したりということを、私たちは繰り返してきたのだ」という一文において、「人工物化」や「再人工物化」を繰り返してきたとされる「私たち」とは、「筆者と読者」を念頭に置いたものというよりも、私たち人類、あるいは人間一般のことを意識した表現だと考えるべきであろう。第8段落の冒頭の一文にも同じことがいえるはずである。したがって、これが正解。

(ii)　**本文の構成について問う問題　11　④**

これは「**適当なもの**」を選ぶという点に注意して、順に選択肢を検討していこう。

①は、「冒頭で具体例による問題提起を行い、次に抽象化によって主題を展開し……」という説明が、不適当。本文の特徴は、冒頭に具体例が挙げられているだけではなく、本のページの例、一日の時の流れを分割する例、また湯飲み茶碗、はき物、足し算の例など多くの具体例が繰り返し取り上げられている点にある。

②は、「個別の具体例を複数列挙して共通点を見出し、そこから一般化して抽出した結論をまとめ……」という説明が、不適当。本文の特徴は〈具体例→抽象化→具体例→抽象化……〉が繰り返されている点にあり、それを踏まえた説明になっていない。

③は、「導入部で具体例の報告を行い……」という説明が、不適当。①で確認したように、本文の特徴は、冒頭部以外でも具体例が繰り返し取り上げられている点にある。

④は、本文の特徴は〈具体例→抽象化→具体例→抽象化……〉が繰り返されている点にあり、そうした本文の特徴を的確に指摘しているので、これが正解となる。

第2問　現代文（小説）

【出典】

井上荒野の小説「キュウリいろいろ」の一節。
井上荒野（いのうえ・あれの）は、一九六一年東京都生まれの小説家。
代表作に『潤一』（二〇〇三年）、『切羽へ』（二〇〇八年）、『そこへ行くな』（二〇一一年）、『赤へ』（二〇一六年）などがある。

【本文解説】

今年のようにリード文が付された場合は、本文や選択肢の理解のヒントになることがあるため、リード文も読み落としのないようにしっかりと読もう。また、小説は評論以上に主観的な読みに陥りがちだが、選択肢を正確に吟味するためには、書かれている表現にこだわる姿勢を忘れないように。

本文は、二つの空行で三つの場面に分かれている。Ⅰ三十五年前に息子を、そして昨年夫を亡くし、ひとりでお盆を過ごす場面、Ⅱ夫の高校の同級生の用件を果たすために夫の実家のあった場所に向かう電車の中の場面やそこで夫や自分のスナップ写真を見返している場面、Ⅲ夫の高校を訪ねる場面、である。順次その内容を確認していこう。

Ⅰ　**ひとりでお盆を過ごす場面**（リード文～33行目）

夫を亡くした翌年のお盆に、郁子はキュウリで二頭の馬を作った。「キュウリで作るのは馬、茄子で作るのは牛の見立て」（3行目）である。「足の速い馬は仏様がこちらへ来るときに、足の遅い牛は仏様が向こうへ戻るときに乗っていただく」（4・5行目）。息子の草が亡くなってから三十五年間ずっと、その馬を作ってきた。その時の思いは「馬に乗って帰ってきてほしかったし、一緒に連れていってほしかった」（7行目）というものだった。そうした思いを夫に告げることもあった。すると一度だけ腹に据えかねたのか、「別れようか」と言われたことがあった。郁子は即座に「いやよ」と答えた。「息子の死、息子の記憶」（18行目）にひとりでは耐えられなかったからだ。その夫も亡くなり、「帰りの牛がないけれど……馬に乗ってきて、そのままずっとわたしのそばにいればいい」（22・23行目）と以前とは違うことを考えている自分のことを写真の中の俊介が苦笑した（＝他人や自分の行為の愚かしさに戸惑いを覚えながらも仕方なく笑った）ように見えた。

数日前の夫の高校の時の同級生からの用件は、俊介の写真を借りたいというものだった。そのため夫と約四十年の間に撮りためた写真を見直す必要があった。

Ⅱ　**夫の実家のあった場所に向かう電車の中の場面**（35～69行目）

郁子はその同級生からの用件をきっかけに夫の実家のあった場所に電車を乗り継いで出掛けて行った。その車内で「若い女性がぱっと立ち上がり、わざわざ郁子を呼びに来て、席を譲ってくれた」（傍線部**B**）。「三十数年前、ちょうど今の女性くらいの年の頃、同じこの電車に乗って同じ場所を目指していたことがあった。時間もちょうど同じくらい――午前九時頃」(42・43行目)。あの時「譲ってくれたのは年配の男性だった」(43行目)。「何ヶ月くらいですか？……四ヶ月ですと郁子は答えた」(45行目)。「よくおわかりになりましたね、と俊介が単純に不思議がっている口調で言った。郁子のお腹はまだほとんど目立たない頃だったから」(45〜47行目)。「奥さんじゃなくてご主人の様子を見ていればわかります、と(年配の)男性が笑った」(47行目)。

郁子のトートバッグには俊介の写真が十数枚入っていた。その写真には「結婚したばかりの若い頃のから、亡くなった年のものまでに渡っている」(56行目)。「食事をしている俊介、海の俊介、山の俊介、草を抱く俊介、寺院の前の俊介、草原の俊介、温泉旅館の浴衣を着た俊介」(57・58行目)。「どの俊介もカメラに向かって照れくさそうに微笑み、そうでないときは……いかにも愉しげに笑ったり」(58・59行目)している。それらの写真は郁子にとって「驚き」だった。「幸福そうな俊介の写真」は、「草がいた頃だけでなく、そのあとも撮られているのだった」(62・63行目)。「たしかに草が亡くなってしばらくは二人とも家にじっと閉じこも」(64行目)っていたが、いつしか外に出ていくようになり、そうして笑うようにもなっていたのだ。「そのことをあらためて写真の中にたしかめると」、それはやはり「強い驚き」になった。郁子自身までも「笑って」いる写真もあった。自分の思いとは裏腹に笑顔を見せる自分たちの様子に「強い驚き」を感じていたのだった(傍線部C)。

Ⅲ 夫の高校を訪ねる場面(71行目〜最終行)

駅の出口で俊介の同級生の石井さんに声を掛けられた。感じのいい人だった。郁子は写真を彼に渡したらひとりで「俊介が若い日を過ごしたあちこちを訪ねて歩」(80行目)こうと思っていたが、石井さんは「案内する気満々でやってきた」(81・82行目)ようだった。石井さんは自転車で俊介たちの母校に行くことを勧め、十分も走らないうちに学校に着いた。しばらく外から眺めた後で、正門から正面の校舎まで続くケヤキ並木を通り、裏門へ出た。校内の見学を石井さんから勧められたが、「その必要はありません」(傍線部D)と郁子は答えた。「何かを探しに来たわけではなかったし、もしそうだとしても、もうそれを見つけたような感覚があった」(102・103行目)からだ。「ケヤキの並木のことは、かつて俊介から聞いていた」(104行目)。ラグビー部だったこと、交換日記をつけていたことも。そして頭の中に思い描いていた男子校の風景が「今、自分の心の中から取り出されて、眼前にあらわれたのだという気がした」(106・107行目)。しかも、その記憶の風景が、「ずっと長い間――夫を憎んだり責めたりしている間も――自分の中に保存されていたということに郁子は呆然とした」(107・108行目)。いかに夫のことが自分の心に刻まれていたかを郁子は知ったのであった。

【設問解説】

問1 **語句の意味を問う問題** 12 ② 13 ⑤ 14 ⑤

(ア)の「腹に据えかねた」は、〈怒りを心中に収めておくことができなかった・我慢できなかった〉を意味する。したがって正解は②。他の選択肢はそうした意味を含まないので、間違いである。

(イ)の「戦きながら」は、〈恐ろしくて体がぶるぶる震えながら〉を意味する。したがって正解は⑤。他の選択肢はそうした意味を含まないので、間違いである。

(ウ)の「枷が外れる」は、〈制約が外れる〉を意味する。したがって正解は⑤。他の選択肢はそうした意味を含まないので、間違いである。

問2　夫の笑顔が郁子に「苦笑」と見えた理由を説明する問題

15　③

傍線部の「苦笑」とは〈他人や自分の行為の愚かしさに戸惑いを覚えながらも仕方なく笑うこと〉であり、傍線部の直前には「帰りの牛がないけれど、べつに帰らなくたっていいわよねえ、と思う。馬に乗ってきて、そのままずっとわたしのそばにいればいい」(22・23行目)とある。しかし息子の草が亡くなってから夫が亡くなるまでの三十五年間はキュウリの馬を作り続けてきた。そして、その時の思いは「馬に乗って帰ってきてほしかったし、一緒に連れていってほしかった」(7行目)というものだった。そうした思いを夫に告げることがあった。とすれば、夫の死の前と後では言っていることが違っている身勝手な郁子に対して「苦笑した」と考えるのが妥当である。こうした内容がおさえられている③が正解。

①は、苦笑の対象が、「夫を今も憎らしく思っている」「自分のこと」になっている。

②は、苦笑の対象が、「自分が憎まれ口を利いても、たいていはただ黙り込むだけだったこと」になっている。

④は、苦笑の対象が、「夫の分までキュウリで馬を作っている自分のこと」になっている。

⑤は、苦笑の対象が、「夫に甘え続けていたことに今さら気づいた自分の頼りなさ」になっている。また、「夫に甘え続けていたことに今さら気づいた」という内容は本文から読み取れない。

問3　傍線部の出来事をきっかけにした郁子の心の動きを説明する問題

16　①

夫の同級生から夫の写真を借りたいという申し出があり、郁子はそれを受けて夫の実家のあった場所に電車を乗り継いで出掛けて行った。その車内で「若い女性がぱっと立ち上がり、わざわざ郁子を呼びに来て、席を譲ってくれた」(傍線部**B**)。「三十数年前、ちょうど今の女性くらいの年の頃、同じこの電車に乗って同じ場所を目指していたことがあった。時間もちょうど同じくらい――午前九時頃。」(42・43行目)。あの時「譲ってくれたのは年配の男性だった」(43行目)。「何ヶ月くらいですか？……四ヶ月ですと郁子は答えた」(45行目)。「よくおわかりになりましたね、と俊介が単純に不思議がっている口調で言った。郁子のお腹はまだほとんど目立たない頃だったから」(45〜47行目)。「奥さんじゃなくてご主人の様子を見ていればわかります」(47行目)。このように、傍線部の出来事を通じて三十数年前の夫が身重の自分を気遣っていた様子が思い出されたのだった。こうした内容がおさえられている**①が正解**。

②は、選択肢後半「物足りなく思っている」という内容が本文に書かれていない。

③は、選択肢後半「若くて頼りなかった夫」という内容が本文と矛盾する。むしろ身重の自分を気遣っていた様子を思い出したのである。

④は、選択肢後半「不思議な巡り合わせを新鮮に感じている」が本文に書かれていない。

⑤は、選択肢後半「時の流れを実感している」がおかしい。三十数年間の月日が流れたのでなく、むしろ三十数年前の場面が今の光景と重なっているのである。

問4　夫や自分のスナップ写真を見たときの郁子の心情を説明する問題　17　④

郁子のトートバッグには俊介の写真が十数枚入っていた。その写真には「結婚したばかりの若い頃のから、亡くなった年のものまでに渡っている」(56行目)。「食事をしている俊介、海の俊介、山の俊介、草を抱く俊介、寺院の前の俊介、草原の俊介、温泉旅館の浴衣を着た俊介」(57・58行目)。「どの俊介もカメラに向かって照れくさそうに微笑み、そうでないときは……いかにも愉しげに笑ったり」(58・59行目)している。それらの写真は郁子にとって「驚き」だった。「幸福そうな俊介の写真」は、「草がいた頃だけでなく、そのあとも撮られているのだった」(62・63行目)。「たしかに草が亡くなってしばらくは二人とも家にじっと閉じこも」(64行目)っていたが、いつしか外に出ていくようになり、そうして笑うようにもなっていたのだ。「そのことをあらためて写真の中にたしかめると」、それはやはり「強い驚き」になった。郁子自身も「笑って」いる写真もあった。息子の死を耐えがたいと思っていたはずなのに、その自分の思いとは裏腹に笑顔を見せる自分たちの様子に、郁子は強い驚きを感じている(傍線部C)。こうした内容がまとめられている**④が正解**。

①は、「強い驚き」を踏まえた説明になっていないので、不適当。傍線部Cで郁子が、「それが紛れもない自分と夫であることを何度でもたしかめた」のは、息子を亡くして夫も自分も悲しみのうちにつらい生活をしてきたはずなのに、「幸福そうな俊介」と自分の写真がたくさん出てきたため、それに驚き、そこに写っているのが本当に自分たちであるのかをたしかめようとしたためである。つまり、傍線部Cにおける郁子の心情には、そうした「強い驚き」が含まれているはずなのに、①はそれをいっさい無視している点で、不適当。

また②と③も、①と同様に、「強い驚き」を踏まえた説明になっていないので、不適当。さらに、②は「悲しみに耐えて明るく振る舞っていた夫」が、③は「息子の死後も明るさを失わない夫」が、それぞれ「草が亡くなってしばらくは二人とも家にじっと閉じこも」(64行目)っていたことと矛盾する。

⑤は、「互いに傷つけ合った記憶があざやかであるだけに」という条件文がおかしい。むしろ息子の死のつらさがあるからこそ「幸福そうな姿が自分たちのものとは信じることができなかった」はずである。

問5　郁子が夫の高校の校内を見なくてよいと答えた理由を説明する問題　18　③

俊介の同級生の石井さんが自転車で俊介たちの母校に郁子を連れていった。しばらく外から眺めた後で、正門から正面の校舎まで続くケヤキ並木を通り、裏門へ出た。さらに校内の見学を石井さんから勧められたが、「その必要はありません」（傍線部**D**）と郁子は答える。「何かを探しに来たわけではなかったし、もしそうだとしても、もうそれを見つけたような感覚があった」（102・103行目）。

「ケヤキの並木のことは、かつて俊介から聞いていた」（104行目）。ラグビー部だったこと、交換日記をつけていたことも。そして頭の中に思い描いていた男子校の風景が「今、自分の心の中から取り出されて、眼前にあらわれたのだという気がした」（106・107行目）。しかもその記憶の風景が、「ずっと長い間――夫を憎んだり責めたりしている間も――自分の中に保存されていたということに郁子は呆然とした」（107・108行目）。こうした内容がほぼまとめられている③が正解。

①は、「夫をいとおしむ心の強さをあらためて確認することができた」がおかしい。むしろ郁子は、記憶の風景が「ずっと長い間――夫を憎んだり責めたりしている間も――自分の中に保存されていたということ」（107・108行目）に呆然としていたのである。

②は、「亡くなるまでの夫の姿」がおかしい。この場面では夫の高校生時代の様子しか思い浮かんでいない。

④は、「町並みを確認してゆくうちに」と「町並み」に限定して説明している点が、不適当。郁子は「俊介が若い日を過ごしたあちこちを訪ねて歩きたい」（80行目）と思い、石井さんに案内を頼んだのである。そして、傍線部**D**までで、駅から俊介の通った高校まで案内され、外部から高校の様子を見学し、俊介の高校時代の姿を思い浮かべることができたのである。つまり、郁子は、町並みを見、夫の母校の様子を確認したので、校内までは見学する必要はないというのである。

⑤は、「今は彼のことをいたわってあげたいという穏やかな心境になった」「重苦しい夫婦生活からようやく解放されたのだ」という内容が本文から読み取れない。

問6　この文章の表現の説明として適当でないものを選ぶ問題　19・20　③・⑥

順次、確認していこう。

①について、「　」の付されている箇所の指摘は合っている。しかも「　」のない部分は郁子の思考の流れに沿って文章が構成されているので、この選択肢の説明は本文に合って

いる。

②について、三人称の「郁子」よりも一人称の「わたし」の方が郁子の率直な思いを印象づけることができる。

③について、（　）の中の内容は「郁子の本音」ではあっても、97行目の（それでも自分の足で歩いたら三十分はかかっただろうから、郁子は石井さんの好意にあらためて感謝した）は石井さんという「他人に隠したい」内容ではない。したがって**これが一つ目の正解**。

④について、「食事をしている俊介、海の俊介、山の俊介、草を抱く俊介、寺院の前の俊介、草原の俊介、温泉旅館の浴衣を着た俊介」（57・58行目）には俊介のさまざまな姿が描かれ、そうした写真を広げて見ているのは郁子なのだから、「気づいた」ということも言える。

⑤について、「名所旧跡」に傍点がついていることに注意したい。傍点は、「注意、強調」などのために用いられるものである。本文では、郁子の「俊介が若い日を過ごしたあちこちを訪ねて歩きたい」（80行目）という願いに対して、石井さんが「僕らの母校に行ってから、名所旧跡を通って駅のほうへ帰ってきましょう」（86行目）と答えている。つまり、傍点は、石井さんがこれから案内する「名所旧跡」がいわゆる「名所旧跡」（＝景色や建造物、歴史的事件が起こったことなどで有名な場所）ではなく、若き日の俊介たちにとってゆかりのある場所であることを示すために使われているのである。

⑥について、「前者（＝一度も来訪することはなかったのだった）には郁子の悔やんでいる気持ちがあらわれており」という説明が、不適当。92行目以降にあるように、郁子は俊介と一緒になったばかりの頃、一度だけ俊介の実家を訪ねている。しかし、その当時ひとり暮らしだった義母は、その後俊介の兄夫婦と同居することになり、実家の家と土地は売却されてしまった。つまり、「一度も来訪することはなかった」のは、そもそも来訪すべき場所がなくなってしまったからであり、後悔するしないの問題ではないのである。したがって**これが二つ目の正解**。

第3問　古文

【出典】

『石上《いそのかみの》私淑《ささめ》言《ごと》』

成立年代　江戸時代中期（一七六三年執筆）

ジャンル　歌論

作者　本居宣長

内容　近世の国学者である本居宣長の歌論。和歌とはどのようなものかについて問答体の形式で述べたもので、和歌の起源についての論から筆を起こし、和歌の本質、和歌と漢詩との比較、和歌と道徳との関係などを詳しく論じている。その中心にある考えは、和歌の本質を、人の道徳的な善悪の判断を超えた、物に感ずる心の働きにあるとするもので、宣長の「物のあはれ」論として有名である。

出題された本文は、和歌には恋を詠んだものが多いことについて、「情」と「欲」という言葉を使いながら、和歌は「情」から生まれたものだから、恋の歌が多いのだと結論づけている。

【全文解釈】

質問して言うことには、恋の歌が世の中に多いのはどういうことであろうか。

答えて言うことには、まず『古事記』『日本書紀』に見えているたいそう古い時代の多くの歌などをはじめとして、歴代の数々の勅撰和歌集にも、恋の歌ばかりが格別多い中でも、『万葉集』には相聞とあるのが恋（の歌）であって、（『万葉集』では）すべての歌を雑歌、相聞、挽歌と三つに分け、巻八、巻十などでは四季の雑歌、四季の相聞と分けている。このように（恋の歌の）他をすべて雑（歌）と言っているのであって、歌は恋を第一のものとすることを知らなければならない。そもそもどういうわけでこのようであるのかというと、恋（というもの）はいろいろな情趣にまさって深く人の心に染みて、たいそうこらえがたい事柄であるからなのである。そうであるので、特別にしみじみとした情趣の方面のことは常に恋の歌に多いことなのである。

質問して言うことには、だいたい世間の人がそれぞれいつも深く心の中で願っていることは、恋愛のことを思う（心）よりも、自分の繁栄を願い財宝を求める心など（の方）は、ひたむきで抑えがたく見えるようなのに、どうしてそのような様子のこと（＝自分の繁栄を願い財宝を求める心など）は歌に詠まないのか。

答えて言うことには、情と欲との区別がある。まずすべての人の心にいろいろと思う思い（というもの）は、みな情である。その思いの中でも、ああありたいこうありたいと求める思いは欲というものである。だから、この二つはともに切り離せないもので、一般には欲も情の中の一種であるけれども、また特に区別して、人を愛しいと思い、かわいいと思い、あるいはつらいとも切ないとも思うような種類のものを（特に）情と言ったのである。そうは言うもののその情から出てきて欲にも変化し、また欲から出て情にも変化して、一通りでなくいろいろであるが、どのようであっても、歌は情の方面から生まれてくるものである。これは、情の方面の思いは物にも感じやすく、しみじみとしたことがたいそう深いためである。欲の方面の思いは一途に願い求める気持ちだけで、たいして身に染みるほど思いが細やかではないからであろうか、ちょっとした花の色や鳥の鳴き声にも涙が自然にこぼれてくる（時の気持ち）ほどは深くない。その財宝を強く求めるような思いは、この欲というもので、物事のしみじみとした方面には関係がないために歌はできないのであろう。恋愛を思うのももともとは欲から出てくるが、特に情の方面に深く関わる思いであって、すべての生きているものが逃れることのできないことである。まして人は格別に物事のしみじみとしたことを知るものであるから、特に深く心に染みて、切実な思いをこらえられないのはこの（恋の）思いである。その（恋の）他にもあれこれにつけて物事のしみじみとしたことに関して、歌はできるものだと知らなければならない。

そうではあるが、情の方面は前にも言ったように、意気地がないのを恥ずかしがる後世の習いで（情を）隠してがまんすることが多いために、かえって欲より浅くも見えるのであるようだ。しかし、この歌だけは古い時代の心を失っていない。人の心の真実の姿をそのまま詠んで、女々しく意気地がないことも全く恥じることがないので、後世になって上品で優美に（歌を）詠もうとする時には、ますます物事のしみじみとした方面だけを大切にして、その欲の方面のことはもっぱら嫌ってしまって、（歌に）詠むようなものとは思っていない。（欲を）ごくたまに（詠んだとして）もあの『万葉集』の巻三に（ある）「酒を讃めたる歌」のたぐい（である）よ、漢詩では（欲の方面を詠むのは）いつものことで、このような種類のものばかり多いけれど、歌にはとてもいとわしく憎くまでも思われて、全く心ひかれない。何の見どころもないよ。これは、欲は汚い（という）思いで、しみじみとした思いではないためである。それなのに中国では、しみじみとした情を恥と考えて隠して、汚い欲を立派なものに皆が言っているのはどういうことであろうか。

【設問解説】

問1　短語句の解釈問題　[21] ①　[22] ③　[23] ⑤

センター試験古文の**問1**は、例年、短語句の解釈を問う問題が三問出題される。古語の意味と文法事項に留意して訳をすることは当然だが、時には、逐語訳ではなく意訳した選択肢が正解となる設問もあるので、普段から、文脈も考え合わせて状況に応じた解釈をするように心がけたい。

(ア)　あながちにわりなく

ポイントは「あながちに」「わりなく」で、次のような意味がある。

あながちなり（ナリ活用形容動詞）
1　無理矢理だ。強引だ。
2　ひたむきだ。一途だ。
3　むやみだ。度を越している。

わりなし（ク活用形容詞）

1　道理に合わない。むちゃくちゃだ。わけがわからない。
2　並々でない。
＊物事の程度を表し、連用形の形で使われることが多い。
3　苦しい。ひどい。つらい。
4　どうしようもない。

「あながちに」の意味からは、①「ひたむきで」が前記2にあたり、⑤「どうしようもなく」が前記3の意訳として認められる。これらの選択肢のうち、⑤は、「わりなく」の部分を「無粋に」としているが、「無粋に」は、人の裏表や男女間の情の微妙さがわからないことを意味し、「わりなし」の語義と合わない。一方、①は、「わりなく」の部分を「抑えがたく」としており、「わりなく」の語義に合わないように見えるが、「抑えがたく」という、感情を抑制することができない状態は、「わりなし」の意味する、道理や理性で判断できない状態と同じことである。文脈的にも、傍線部の直前には「身の栄えを願ひ財宝を求むる心などこそは」とあり、身の栄えを願ったり、財宝を求めたりする心は、「ひたむきで抑えがたく」となって意味が通じるので、**①が正解**である。

(イ)　**いかにもあれ**

「いかにもあれ」は、次のような意味がある。

いかにもあれ（連語）
1　（結果が）どのようであっても。いずれにせよ。
＊品詞分解をすると、次のようになる。
いかに（副詞）　も（係助詞）　あれ（ラ行変格活用動詞の命令形の放任法）

この語義に合う選択肢は③だけなので、**正解は③**である。

(ウ)　**さらになつかしからず**

ポイントは「さらに」「なつかしから」で、次のような意味がある。

さらに（副詞）
1　全く。決して。全然。
＊打消表現と呼応する。
2　いっそう。その上。かさねて。
3　あらためて。新たに。

なつかし（形容詞・シク活用）
1　心ひかれる。慕わしい。
2　慕わしく思い出される。

「さらに」は打消の助動詞「ず」の終止形と呼応しており、前記1の意味で、この語義に合うのは、⑤「全く」だけである。また、「なつかし」の語義に合う選択肢は③「親しみがわか」と⑤「心ひかれ」だけなので、**正解は⑤**である。

問2　**文法問題**　24　③

センター試験の古文の**問2**は、例年、語の識別の問題や敬語の問題が出題されているが、18年度本試験では、17年度追

試験と同様に、品詞分解を前提にして多角的に文法の知識を問う問題が出題された。波線部を品詞分解すると、次の通りである。

身	名詞
に	格助詞
しむ	マ行四段活用動詞・連体形
ばかり	副助詞
細やかに	ナリ活用形容動詞・連用形
は	係助詞
あら	ラ行変格活用動詞・未然形
ね	打消の助動詞「ず」・已然形
ば	接続助詞（順接確定条件）
に	断定の助動詞「なり」・連用形
や	係助詞（疑問）

選択肢の中で「適当でないもの」は、「仮定条件を表す接続助詞」とある③である。接続助詞「ば」は、未然形に接続する場合は順接の仮定条件の用法になり、已然形に接続する場合は、順接の確定条件の用法である。「ね」は打消の助動詞「ず」の已然形なので、この「ば」は、順接の確定条件である。その他の選択肢には、前記の品詞分解の内容と相違するところはない。

問3 **内容の説明問題** 25 ②

傍線部Aの問いに対して、本文2行目の「答へて云はく」以下にその答えが述べられている。その内容を三つにわけて把握する。

Ⅰ まづ『古事記』『日本紀』に見えたる……歌は恋をむねとすることを知るべし。

古い時代の歌をはじめとして歴代の勅撰和歌集などにも恋の歌が多いが、特に『万葉集』は、歌を雑歌、相聞、挽歌と三つに分け、その相聞とあるのが恋の歌である。その中でも巻八、巻十は相聞以外はすべて雑歌としているように、恋の歌を第一のものとしている。

Ⅱ そもいかなればかくあるぞといふに……いみじく堪へがたきわざなるゆゑなり。

その理由は、恋というものがいろいろな情趣にまさって深く人の心に染みて、たいそうこらえがたいものだからである。

Ⅲ されば、すぐれてあはれなるすぢは常に恋の歌に多かることとなり。

よって、歌が人の心情を詠む以上、常に恋の歌が多くなるのだ。

以上の内容を踏まえると、**正解は②**である。この選択肢と前記の内容を照合すると、「人の抱くいろいろな感慨の中でも特に恋は切実なものなので」は前記Ⅱに、「恋の歌が上代から中心的な題材として詠まれている」は前記Ⅰ・Ⅲの内容に適合する。

それ以外の選択肢については、次のようなところがまちがいの根拠である。

①は、「『万葉集』の影響力が強かったため」とするところが、本文に示されていない内容であるし、論の核心であるⅡの内容が全くない。

③は、「相手への思いをそのまま言葉にしても、気持ちは伝わりにくいので」とするところが、本文に示されていない内容であるし、答えの核心であるⅡの内容が全くない。

④・⑤は、選択肢全体が本文に示されていない内容である

し、答えの核心であるⅡの内容が全くない。

問4　内容の説明問題　26　③

「情」と「欲」については、本文9行目の「答へて云はく」以下に述べられている。本文の「情」と「欲」について論じている部分の内容を八つにわけて確認する。

Ⅰ　まづすべて人の心にさまざま思ふ思ひは、みな情なり。

人の思いは、すべて「情」である。

Ⅱ　その思ひの中にも……求むる思ひは欲といふものなり。

「情」の中でも、こうありたいと求める気持ちが「欲」である。

Ⅲ　されば、この二つはあひ離れぬものにて……情とはいひける。

「情」と「欲」は切り離せないもので、「欲」も「情」の一種だが、「欲」とちがって「情」は、特に人を愛しい、かわいい、つらい、切ないと思う種類のものを言う。

Ⅳ　さるは……歌は情の方より出で来るものなり。

「情」から「欲」が生じたり、「欲」から「情」が生じたりすることもあるが、歌は「情」から生まれてくるものである。

Ⅴ　これ、情の方の思ひは物にも感じやすく、あはれなることことよなう深きゆゑなり。

その理由は、「情」は物に感じやすく、しみじみとした思いが深いからである。

Ⅵ　欲の方の思ひは……物のあはれなるすぢにはうときゆゑに歌は出で来ぬなるべし。

「欲」は一途に願い求める気持ちだけで、花や鳥の美しさが身に染みるほど思いが深くはなく、しみじみとした物事の情趣とは無関係なので、歌は生まれない。

Ⅶ　色を思ふも本は欲より出づれども……あはれに堪へぬはこの思ひなり。

恋はもとは「欲」から生まれるが、特に「情」と深く関わる思いで、人は、格別「物のあはれ」を知るものだから、特に心に染みて切実な思いをこらえられないのが恋の思いである。

Ⅷ　その他もとにかくにつけて物のあはれなることには、歌は出で来るものと知るべし。

恋愛以外でも「物のあはれ」から歌は生まれる。

以上の内容を踏まえると、**正解は③**である。この選択肢と前記の内容を照合すると、「人の心に生まれるすべての思いは『情』であるが」は前記Ⅰに、「特には、誰かをいとしく思ったり鳥の鳴き声に涙したりするなど、身にしみる細やかな思いを指す」は前記Ⅲ・Ⅵ・Ⅶの内容に、「一方、我が身の繁栄や財宝を望むなど、何かを願い求める思いは『欲』にあたる」は前記Ⅱ・Ⅵに、「恋は『欲』と『情』の双方に関わる感情だが、『欲』よりも『情』に密接に関わっている」は前記Ⅳ・Ⅶの内容に適合する。

それ以外の選択肢については、次のようなところがまちがいの根拠である。

①は、「『情』と『欲』はいずれも恋に関わる感情であり、

人に深い感慨を生じさせる」が、Ⅵの内容と相反する。また、「哀れだ、いとしいといった、恋の相手についての思いを生じさせるものが『欲』である」が、Ⅲ・Ⅵ・Ⅶの内容と相反する。さらに、「恋において『情』と『欲』は対照的な関係にある」とするところが、本文に示されていない内容である。

②は、「『情』は何かから感受する受動的なものである。これに対して『欲』は何かに向かう能動的な感情であり」とするところが、本文に示されていない内容である。さらに、「恋は『情』からはじまり、やがて『欲』へと変化する」が、Ⅳ・Ⅶの内容と相反する。

④は、「恋を成就させるには『欲』だけではなく様々な感情が必要なので、『情』にも通じるべきである」とするところが、本文に示されていない内容である。

⑤は、「『欲』は自然よりも人間の作った価値観に重きを置く」とするところが、本文に示されていない内容である。また、「恋は……『欲』を源にすることはない」がⅦの内容と相反する。

問5　**内容の説明問題**　27　④

「情」と「欲」の時代による違いと歌との関係は、本文19行目から22行目までに記されている。その部分の内容で設問に関わるところを四つにわけて確認する。

Ⅰ　さはあれども、情の方は……心弱きを恥づる後の世のならはしにつつみ忍ぶこと多きゆゑに、

後世の人は、意気地がないのを恥ずかしがる習いから「情」を隠してがまんすることが多い。

Ⅱ　かへりて欲より浅くも見ゆるなめり。

それによって「情」は「欲」よりも浅くも見える。

Ⅲ　されど、この歌のみは上つ代の心ばへを失はず。人の心のまことのさまをありのままに詠みて、めめしう心弱き方をもさらに恥づることなければ、

しかし、歌は古い時代の心を失わず、人の心の真実の姿をそのまま詠んで、女々しく意気地がないことも全く恥じることがなかった。

Ⅳ　後の世に至りて優になまめかしく詠まむとするには……かの欲のすぢはひたすらにうとみはてて、詠まむものとも思ひたらず。

後世において歌を優美に詠もうとする場合には、しみじみとした情趣（＝「情」）を中心とし、「欲」はすっかり嫌ってしまって詠むものと思っていない。

以上の内容を踏まえると、**正解は④**である。この選択肢と前記の内容を照合すると、「『情』は『欲』より浅いものと見られがちであるが」は前記Ⅱに、「これは後世において『情』を心弱いものと恥じて、表に出さないようになったからである」は前記Ⅰに、「しかし、歌の世界においては上代から一貫して『情』を恥じることがなかった」は前記Ⅲ・Ⅳの内容に適合する。

それ以外の選択肢については、次のようなところがまちがいの根拠である。

①は、「『欲』のあり方は変わった」とするところが、本文

に示されていない内容である。また、「恋の歌は『情』と『欲』の両者に支えられているため、後世の恋の歌は、上代の恋の歌とは性質を異にしている」が、前記Ⅳの内容と相反する。さらに、論の核心であるⅢの内容が全くない。

②は、「『情』は『欲』に比べると弱々しい感情なので、時代が経つにつれて人々の心から消えていった」が、Ⅰ～Ⅲの内容と相反する。前記Ⅰにあるように、後世で、「情」は心の中に隠し持っているというのだから、「今でも歌の中にだけは『情』が息づいている」も、本文の内容と相反する。

③は、選択肢全体の内容が、本文に示されていない内容である。さらに、論の核心であるⅢ・Ⅳの内容が全くない。

⑤は、「歌はもともとは『欲』にもとづいて詠まれていた。しかし、しだいに『情』を中心に据えて優美な世界を詠まねばならないことになり、『万葉集』の歌が振り返られることはなくなった」とするところが、本文に示されていない内容であるとともに、Ⅲ・Ⅳの内容とも相反する。

問6　内容の説明問題　28　④

歌や詩と「物のあはれ」との関係を述べているのは、主に最終段落の部分であるが、「物のあはれ」自体については、15行目「物のあはれなるすぢには」から18行目にも述べられているので、その部分も含めて、設問に関わるところを四つに分けて内容を確認する。

Ⅰ　かの財宝をむさぼるやうの思ひは、この欲といふものにて、物のあはれなるすぢにはうときゆゑに……生きとし生けるもののまぬかれぬところなり。

「欲」は「物のあはれ」に関係がないために、「欲」から歌は生まれない。恋は、もとは「欲」から生まれるものだが、特に「情」に深く関わる思いで、すべての生きものが逃れることのできないことである。

Ⅱ　まして人はすぐれて物のあはれを知るものにしあれば……この思ひなり。

人は、格別に「物のあはれ」を知るものだから、特に心に染みてこらえられないのは、恋の思いである。

Ⅲ　その他もとにかくにつけて物のあはれなることには、歌は出で来るものと知るべし。

恋以外でも「物のあはれ」に関して歌はできるものである。

Ⅳ　まれまれにも……欲はきたなき思ひにて、あはれならざるゆゑなり。

まれに『万葉集』にも「欲」を詠んだ歌がある。漢詩では「欲」を詠むのは普通だが、「欲」は汚く、「物のあはれ」でないので、歌は「欲」を嫌うのである。

以上の内容を踏まえると、正解は④である。この選択肢と前記の内容を照合すると、「『情』は生きている物すべてが有するものだが」は前記Ⅰに、「とりわけ人は『物のあはれ』を知る存在である」は前記Ⅱに、「歌は『物のあはれ』から生まれるものであって」は前記Ⅲに、「『欲』を重視する詩とは大きな隔たりがある」は前記Ⅳの内容に適合する。

それ以外の選択肢については、次のようなところがまちがいの根拠である。

①は、「何を『あはれ』の対象とし、何を『欲』の対象とするかは国によって異なるので、歌と詩が同じ対象を詠むこともあり得る」とするところが、本文に示されていない内容である。

②は、「詩の影響を受けるあまり、『欲』を断ち切れずに歌を詠むこともあった」とするところが、本文に示されていない内容であり、この論の核心であるⅢの内容とも相反する。

③は、「歌は『物のあはれ』に関わる気持ちしか表すことができない」が、Ⅳの内容と相反する。また、「一途に願い求める気持ちを表すときは、歌に代わって詩が詠まれるようになった」とするところが、本文に示されていない内容である。

⑤は、「詩も『物のあはれ』を知ることから詠まれるが、詩では、『物のあはれ』が直接表現されることを恥じて避ける傾向がある」とするところが、本文に示されていない内容である。

第4問 漢文

【出典】

李燾《りとう》『続資治通鑑長編《ぞくしじつがんちょうへん》』全五二〇巻。『続資治通鑑長編』は李燾（一一一五〜一一八四）の著した歴史書。司馬光（一〇一九〜一〇八六）の『資治通鑑』を模範として、太祖趙匡胤《ちょうきょういん》（在位九六〇〜九七六）に始まる北宋王朝（九六〇〜一一二七）の事績を編年体で記している。本文は、巻五五の真宗咸平《しんそうかんぺい》六年（一〇〇三）に収められている記事である。

李燾は南宋の歴史家。眉州丹稜《たんりょう》（現在の四川省丹稜県）の人。字《あざな》は仁甫《じんふ》、諡《おくりな》は文簡。紹興八年（一一三八）に科挙（官吏登用試験）に合格して地方と中央の官職を歴任した後、文物や図書、歴史記録をつかさどる中央の役職に相次いで就任し、歴史家として健筆を振るった。

【本文解説】

北宋の著名な文人王禹偁《おううしょう》の子の嘉祐《かゆう》が、開封府の知事であった寇準《こうじゅん》の宰相就任について、高い見識を示した逸話である。

ある日、寇準が自分自身の評価について王嘉祐に尋ねた。王嘉祐は、まず、「間もなく宰相になるだろう」という世間の論評を答えた。次に、「宰相とならないほうがよい。宰相となれば、寇準の名声が損なわれる」という王嘉祐自身の見解を述べた。つまり、寇準に対する評価は、世間と王嘉祐とでは正反対であったのである。そこで、寇準は「宰相とならないほうがよい」と考える理由を王嘉祐に問いただした。王嘉祐の返答は、『水魚の交わり』と言われるように、君臣関係が良好でなければ、賢明な宰相も能力を発揮することはできない。ところが、皇帝と寇準との関係は良好とは言えない。だから、宰相となっても名声に傷がつくだけだ」というものであった。寇準は、王嘉祐の「深識遠慮（高い見識と遠く将来を見通す力）」にすっかり感服してしまったのである。

やや抽象度が高い内容で読み取りにくかったかもしれないが、今回のような君臣論に限らず、政治に関わる議論は漢文の定番の主題であるから、敬遠せずに読み慣れておきたい。

【書き下し文】

嘉祐《かいう》は、禹偁《うしよう》の子《こ》なり。嘉祐《かいう》は平時《へいじ》は愚騃《ぐがい》のごときも、独《ひと》り寇準《こうじゆん》のみ之《これ》を知《し》る。準開封府《じゆんかいほうふ》に知《ち》たりしとき、一日《いちじつ》、嘉祐《かいう》に問《と》ひて曰《い》はく、「外間《ぐわいかん》準《じゆん》を議《ぎ》すること云何《いかん》」と。嘉祐曰《かいうい》はく、「外人皆《ぐわいじんみな》丈人旦夕《ぢやうじんたんせき》入《い》りて相《しやう》たらんと云《い》ふ」と。準曰《じゆんい》はく、「吾子《ごし》に於《お》いては意《おも》ふこと何如《いかん》」と。嘉祐曰《かいうい》はく、「愚《ぐ》を以《もつ》て之《これ》を観《み》るに、丈人未《ぢやうじんいま》だ相《しやう》と為《な》らざるに若《し》かず。相《しやう》と為《な》れば則《すなは》ち誉望損《よばうそこ》なはれん」と。準曰《じゆんい》はく、「何《なん》の故《ゆゑ》ぞ」と。嘉祐曰《かいうい》はく、「古《いにしへ》より賢相《けんしやう》の能《よ》く功業《こうげふ》を建《た》て生民《せいみん》を沢《うるほ》す所以《ゆゑん》は、其《そ》の君臣相《くんしんあ》ひ得《う》ること皆魚《みなうを》の水有《みづあ》るがごとければなり。故《ゆゑ》に言聴《げんき》かれ計《けい》従《したが》はれ、而《しか》して功名倶《こうみやうとも》に美《び》なり。今丈人天下《いまぢやうじんてんか》の重望《ぢゆうばう》を負《お》ひ、相《しやう》たれば則《すなは》ち中外太平《ちゆうぐわいたいへい》を以《もつ》て責《もと》めん。丈人《ぢやうじん》の明主《めいしゆ》に于《お》けるや、能《よ》く魚《うを》の水有《みづあ》るがごときか。嘉祐《かいう》の誉望《よばう》の損《そこ》なはれんことを恐《おそ》るる所以《ゆゑん》なり」と。準喜《じゆんよろこ》び、起《た》ちて其《そ》の手《て》を執《と》りて曰《い》はく、「元之《げんし》は文章《ぶんしやう》は天下《てんか》に冠《くわん》たりと雖《いへど》も、深識遠慮《しんしきゑんりよ》に至《いた》りては、殆《ほとん》ど吾子《ごし》に勝《まさ》る能《あた》はざるなり」と。

【全文解釈】

（王）嘉祐は（王）禹偁の子である。（王）嘉祐は普段は愚かなようであったが、寇準だけは王嘉祐が決して愚かな人物ではないことを知っていた。（寇）準は開封府の知事を務めていた時、ある日、（王）嘉祐に尋ねて言った、「世間は（この私寇準のことをどのように論評していますか」と。（王）嘉祐が言った、「世間の人々は誰しもあなたが間もなく朝廷に入って宰相の役職に就くだろうと言っています」と。（寇）準が言った、「あなたに関しては（私のことを）どのように考えていますか」と。（王）嘉祐が言った、「私からあなたのことを考えてみますと、あなたはまだ宰相とならないほうがよろしいでしょう。もし、あなたが宰相となれば、あなたの名声は損なわれるでしょう」と。（寇）準が言った、「どうしてですか」と。（王）嘉祐が言った、「昔から賢明な宰相が功績をあげ人々に恩恵を施すことができた理由は、当該の君臣が互いに魚に水が必要であるようなものだ（＝君臣の関係が極めて良好であ）ったからです。だから（賢明な宰相の）進言が（君主によって）聴き入れられ（賢明な宰相の）考えが（君主によって）受け入れられ、そうして（宰相の）功績も名誉もどちらもすばらしかったのです。さて、あなたは世間の人々の厚い期待を担っており（ますから）、宰相となれば朝廷の人々も民間の人々も（世の中を）太平（にすること）を望むでしょう。（しかしながら、）あなたの皇帝に対する関係は魚に水が必要であるようなものであり得ますか（＝あなたと皇帝との関係は極めて良好であるとは言えません）。（これこそが、この私（王）嘉祐があなたの名声が損なわれるだろうと心配する理由なのです」と。（寇）準は嬉《うれ》しく思い、立ち上がって（王）嘉祐の手を握って言った、「（あなたのお父上の）元之殿は、文章（の才能）では世の中で最も優れているが、高い見識と遠く将来を見通す力の点では、きっとあなたにかなわないはずです」と。

【設問解説】

問1 語の意味の問題 29 ③

二重傍線部**X**「議」の選択肢は、いずれも「議」の動詞としての意味であるから、直後の「準」は「レ準《ヲ》」という返り点・送り仮名も手掛かりにすれば、「議」の目的語と解釈できる。さて、「議」の動詞としての用法には、「はかる」（相談する・討論する）、「ぎす」（論評する・評価する）、「そしる」（非難する・あげつらう）などがあるが、④「**X** 礼賛する」という用法はない。さらに、「議レ準《ヲ》」の直後に「云何《いかん》」（どのようであるか）とあること、および、「外人皆云《フ》二丈人旦夕入《リテ》相《タラント》一」（世間の人々は誰しもあなたが間もなく朝廷に入って宰相の役職に就くだろうと言っています）との王嘉祐の発言が続いていることを踏まえると、「議レ準《ヲ》」は「（寇）準を論評する」と解釈しなければ、文脈が成立しない。よって、二重傍線部**X**「議」の意味としては③「**X** 論評する」が最も適切である。

この設問は、二重傍線部**X**「議」と**Y**「沢」の意味の組合せの正しいものを選ぶのであるから、**Y**「沢」の意味として③「**Y** 恩恵を施す」がふさわしいかどうかを確認すればよい。**Y**「沢」についても、選択肢から動詞としての意味が問われていることがわかるし、直後の「生民」（人々）が目的語であることも明らかである。ここで、**Y**「沢」を含む句「自《リ》レ古賢相《ノ》所下以能《ク》建《テ》二功業《ヲ》一沢中生民《ヲ》上者」を、「沢」に③「**Y** 恩恵を施す」の意味を当てはめて訳出すると、「昔から賢明な宰相が功績をあげ人々に恩恵を施すことができた理由は」となり、古来の賢明な宰相を述べた句として意味に矛盾はない。以上より、**正解は③**である。

問2 解釈の問題 30 ① 31 ③

波線部**I**「知レ之」の選択肢は、末尾がいずれも「〜ことを知っていた」となっている。つまり「知」についてはどの選択肢も同じに解釈しているので、波線部**I**は「知《ル》レ之《ヲ》」と読み、指示語「之」の内容を確定すればよい。

そこで、波線部**I**を含む句「独《リ》寇準《ノミ》知《ル》レ之《ヲ》」を、指示語「之」をそのままにして訳出すると、「寇準だけは『このこと』を知っていた」となる。つまり、寇準だけが「之」を知っていたのである。ここで、直前の句を見てみると、「嘉祐《ハ》平時《ハ》若《キモ》二愚騃《ノ》一」（王嘉祐は普段は愚かなようであったが）とあるから、寇準だけが知っていたこととは、「王嘉祐が本当は愚かではない」ということであると判断できる。したがって、**正解は①**である。②と⑤も「愚かではない」という方向は正しいが、それぞれ「乱世には」および「文才」という限定が設けられているので不正解。

波線部Ⅱ「知二開封府一」も、Ⅰ「知レ之」と同じく「知」を含んでいるが、Ⅱの「知」についての解釈は、各選択肢で異なっているので、ここでは、目的語と考えられる「開封府」との意味のつながりを考慮しつつ、「知」の意味についても考えなければならない。そこで、目的語「開封府」が地名であることに注目する。「知」が目的語として郡名・県名・都市名など地名をとるときは、「知《ちタリ》二――一《ニ》」と読んで、「――の長官である・――の知事である」という意味であることを習得しておこう。したがって、**正解は③**である。

問3　書き下し文と解釈の問題　32　④　33　③

長い句や文の書き下し文や解釈の問題では、当該の文や句の構造を正しく捉えることがポイントであり、基本句形や重要表現が用いられていれば、それが解答の大きな手掛かりとなる。

(i)書き下し文から考えてみよう。まず、二つの文から成る傍線部の前半の文に、

A不《ハず》レ若《しカ》レB《ニ》　AはBにおよばない

AよりBのほうがよい(＝A不《ハず》レ如《カ》レB《ニ》)

という比較形が用いられていることを捉える。比較形では、右の「A」の要素が省略されることが多い。傍線部もそうである。「丈人」は、比較形の「A」要素ではなく、話題提示の語であることに注意しよう。したがって、正解の候補は、「丈人～に若かず」と書き下している②か④に絞られる。

さて、②と④の読み方の相違は、前半の文にも後半の文にも含まれる「為相」の箇所のみである。②は

為《ためニス》レ相《しやうノ》　宰相のためにはたらく　→　宰相を補佐する

という読み方であり、④は

為《なル》レ相《しやうト》　宰相となる

という読み方である。どちらも訓読としては成立するが、本文2～3行目の「外間議《スルコト》レ準《ヲ》云何」(世間はこの私寇準のことをどのように論評していますか)、「外人皆云《フ》二丈人旦夕入《リテ》レ相《タラント》一」(世間の人々は誰しもあなたが間もなく朝廷に入って宰相の役職に就くだろうと言っています)という寇準と王嘉祐の問答に注目すれば、ここでは、「宰相を補佐する」ということではなく「宰相となる」ということが話題となっているとわかる。したがって、**正解は④**である。参考までに、正解の書き下し文に従って傍線部に返り点と送り仮名を施しておこう。

丈人不レ若カ未ダレルニ為ラ相ト。為レバ相ト則チ誉望損ナハレント矣。

(ii)解釈については、(i)書き下し文の問題で得られた正解④の書き下し文を現代語に直訳してみれば、解答できるはずである。直訳は、「あなたはまだ宰相とならないほうがよい。これ宰相となれば名誉と人望は損なわれるだろう」となる。これに合致する解釈は③だけである。よって、**正解は③**である。

問4　内容説明の問題　34　③

傍線部は「言葉が聴き入れられ計画が従われる」と直訳できる。ただし、傍線部は王嘉祐の長い発言の一部であり、ここでは、昔の「賢相」（賢明な宰相）の場合の君臣関係が話題となっていることを踏まえて考える。つまり、

臣下が「進言」や「計画」を提示する
↓
君主が「進言」や「計画」の提示を受けて諾否の判断をする

という「言」や「計」についての流れを押さえよう。したがって、

(i)「賢相」の「言」「計」が
↓
(ii)「君」によって「聴かれ」「従はれ」る

と考えればよいから、**正解は③**である。

問5　理由説明の問題　35　②

まず、傍線部を訳出すると「この私、王嘉祐があなたの名声が損なわれるだろうと心配する理由なのです」となる。傍線部は王嘉祐の長い発言の結びであるから、この発言の中に傍線部の理由・根拠が示されているはずである。そこで、発言の半ばに「今」（さて・ところで）という話題転換を示す語が用いられていることに注目する。つまり、「昔の賢明な宰相が高い能力を発揮できたのは、『魚之有《ル》ㇾ水』がごとく、君臣の関係が極めて良好だったからだ」との一般論・理想論を述べた後、話題を現実に転じて、寇準と時の皇帝との関係に言及している。まず、「丈人負《ヒ》㆓天下重望《ヲ》㆒、相《タレバ》則中外以《テ》㆓太平《ヲ》㆒責《もとメン》焉」（あなたは世間の人々の厚い期待を担っておりますから、宰相となれば朝廷の人々も民間の人々も世の中を太平にすることを望むでしょう）と述べ、「丈人之于《おケルヤ》㆓明主《ニ》㆒、能若《クキ》㆓魚之有《ルガ》ㇾ水乎《か》」（あなたの皇帝に対する関係は魚に水が必要であるようなものであり得ますか）と続けている。要するに、「寇準への期待が厚いからこそ、宰相となった場合、朝廷、民間ともに人々の要求も大きいはずだが、前提条件としての君臣関係が良好だと言えるのか」、つまり「皇帝と寇準の関係が良好でなければ寇準は宰相となっても上手くいかないだろう」と主張しているのであり、以上が傍線部の発言の理由である。

以上を踏まえて選択肢を検討する。まず、「寇準に対して天下を太平にしてほしいと期待する」のは「中外」＝「朝廷や民間の人々」であるから、「期待する」主体を「宰相は」とする①と⑤、「皇帝は」とする③は、どれも不適切である。残った②と④の後半を確かめると、④は「もし寇準が皇帝の意向に従ってしまえば太平は実現されず」という説明が誤りである。「寇準が皇帝の意向に従ってしまえば」、とりあえず皇帝と寇準との君臣関係は「良好」の方向に向かうはずであり、先に確認した内容と矛盾するからである。一方、②の「もし寇準が皇帝と親密な状態になれなければ太平は実現されず」は、「君臣関係が良好ではない」という方向の説明であり、傍線部の前の記述と矛盾しない。よって、**正解は②**である。

ある。

問6　内容説明の問題　36　④

傍線部を訳出すると、「きっとあなたにかなわないはずです」となる。この文の意味を明確にするには、「誰が」「どういう点で」という内容を補う必要がある。この問題で問われているのは、この内容補足である。そこで、傍線部を含む寇準の発言全体を現代語に訳すと、「（あなたのお父上の）元之殿は、文章（の才能）では世の中で最も優れているが、高い見識と遠く将来を見通す力の点では、きっとあなたにかなわないはずです」となる。これで、補うべき二つの要素である「誰が」＝「元之が」と「どういう点で」＝「高い見識と遠く将来を見通す力の点で」がきちんと補足できたわけである。「至《リテハ》二於深識遠慮《ニ》一」（高い見識と遠く将来を見通す力の点では）については、「遠慮」の意味に注意しておこう。現代語では「人に対して言葉や行動を慎み控えめにする」や「辞退する」という意味で用いられることが多いが、本来は「遠謀」と同じく「遠い将来を見通して考えをめぐらす」という意味である。

以上から、傍線部を含む一文の趣旨は「元之＝父の王禹偁は、高い見識と遠く将来を見通す力の点では、子の王嘉祐にかなわない」ということである。したがって、傍線部の説明として最も適当な選択肢は、「見識の高さという点では、父の王禹偁もおそらく王嘉祐にはかなわない」と述べている④である。①「政治家としての思考の適切さという点では」、②「意志の強さという点では」、③「歴史についての知識の深さという点では」、⑤「言動の慎重さという点では」は、いずれも「深識遠慮」の言い換えとして不適切である。**正解は④**である。

MEMO

2017
本試験

国　語

(2017年1月実施)

受験者数　519,129

平 均 点　106.96

国　語

解答・採点基準

（200点満点）

問題番号(配点)	設問	解答番号	正解	配点	自己採点
第1問 (50)	問1	1	⑤	2	
		2	⑤	2	
		3	③	2	
		4	①	2	
		5	④	2	
	問2	6	⑤	8	
	問3	7	④	8	
	問4	8	③	8	
	問5	9	④	8	
	問6	10	③	4	
		11	①	4	
第1問　自己採点小計					
第2問 (50)	問1	12	①	3	
		13	②	3	
		14	①	3	
	問2	15	④	7	
	問3	16	⑤	8	
	問4	17	②	8	
	問5	18	④	8	
	問6	19	④ ※	5	
		20	⑤ ※	5	
第2問　自己採点小計					

問題番号(配点)	設問	解答番号	正解	配点	自己採点
第3問 (50)	問1	21	③	5	
		22	③	5	
		23	④	5	
	問2	24	⑤	5	
	問3	25	②	7	
	問4	26	②	7	
	問5	27	④	8	
	問6	28	①	8	
第3問　自己採点小計					
第4問 (50)	問1	29	⑤	4	
		30	②	4	
	問2	31	②	5	
		32	③	5	
	問3	33	②	8	
	問4	34	④	8	
	問5	35	②	8	
	問6	36	①	8	
第4問　自己採点小計					
自己採点合計					

※の正解は順序を問わない。

第1問　現代文（評論）

【出典】

小林傳司「科学コミュニケーション」（金森修、中島秀人編著『科学論の現在』勁草書房、二〇〇二年所収）。

小林傳司（こばやし・ただし）は、一九五四年生まれ、一九七八年京都大学理学部生物学科卒、一九八三年東京大学大学院理学系研究科博士課程単位取得退学。専門は、科学哲学・科学技術社会論。著書として、『誰が科学技術について考えるのか　コンセンサス会議という実験』、『トランス・サイエンスの時代　科学技術と社会をつなぐ』などがある。

【本文解説】

本文は十三の形式段落からなっているが、便宜上それを三つの部分に分けて、その内容を確認していこう。

Ⅰ　近代科学の成立とその後の変容（第1～4段落）

ここで筆者は近代科学の成立以降を次に示すような三つの段階に分けて、科学や科学技術の変容を説明している。

X　十六、十七世紀

Y　十九世紀から二十世紀前半

Z　二十世紀後半以降

それぞれの時期の科学を筆者がどう説明しているのかを確認しておこう。

X　十六、十七世紀＝近代科学の成立期

一般に近代科学は、十六、十七世紀に成立したものとされる。もちろん、近代科学が成立したからといって、ただちに今日の私たちが「科学」と考えているものと同じようなものが社会に浸透したというわけではない。この時代には、科学は「伝統的な自然哲学」の一環として、「一部の好事家（＝変わったことに興味を持つ人）による楽しみの側面が強かった」。

Y　十九世紀から二十世紀前半＝「もっと科学を」

十九世紀になると「科学者」という職業的専門家が誕生し、彼らは「各種高等教育機関」で知識生産に従事するようになった。私たち現代人が抱く科学イメージにかなり近づいたものになっている。さらに二十世紀になり、国民国家の競争の時代になると、科学は技術と結びつき、科学－技術となって国家間の競争において重大な力を発揮するようになった。とりわけ二度の世界大戦は、科学－技術の社会における位置づけを決定的にした。もちろん、十九世紀から二十世紀前半までの科学の力は、現代に比べて小さかった。しかし、技術と結びつきはじめた科学は、社会の諸問題を解決する力を持っており、人々は「もっと科学を」という言葉を自然に受け入れ、科学－技術を肯定的に捉えていたのである。

Z　二十世紀後半以降＝「科学が問題ではないか」

しかし、二十世紀後半になると、科学－技術は両面価値的存在（＝プラス面とマイナス面を持つ存在）となり始めた。科学－技術はもともとは自然の仕組みを解明するという役割を担うものであったが、現代の科学－技術はそうした役割よりも、さまざまな人工物を作り出すなどといったように、あるがままの自然に介入し、自然を操作するものへと変わってきている。その結果、科学－技術は、人類を苦しめてきた病や災害といった自然の脅威を制御できるようになる（＝科学－技術のプラス面）と同時に、環境破壊に代表されるように、人類にさまざまな災厄をもたらしてもいるのである（＝科学－技術のマイナス面）。Ｙの時代には「もっと科学を」と科学を肯定的に捉えていた人々が、「科学が問題ではないか」という新たな意識を持ち始めたのである。

しかし、科学者の多くは、そうした人々の意識の変化を正しく受けとめることができず、相変わらず「もっと科学を」という発想にとどまっていた。科学者の多くが、「科学が問題ではないか」という人々の問いかけを、科学に対する無知や誤解から生まれたものと見なしたのである。

Ⅱ　コリンズとピンチの『ゴレム』（第5～9段落）

科学者の多くは、人々の間に広がった科学に対する懐疑を正当に受けとめることができないばかりか、それを人々の科学に対する無知から生まれたものと考えていた。そうした状況に一石を投じたのがコリンズとピンチの『ゴレム』である。ゴレムはユダヤの神話に登場する怪物で、人間の命令に従って仕事をしてくれるが、適切に制御しなければ主人を破壊する威力を持っている。つまり、ゴレムはプラス面とマイナス面をあわせ持つ存在だというのである。ところが、現代では、科学が、全面的に善なる存在か全面的に悪なる存在かのどちらかのイメージに引き裂かれているという。それは、科学者が「全面的に善なる存在というイメージ」を振りまいたためであり、その一方ではチェルノブイリ事故などによって「科学への幻滅」が生じ、「全面的に悪なる存在というイメージ」に変わったためだという。こうした状況に対して、コリンズとピンチは、科学者が振りまいた「実在と直結した無謬の知識という神のイメージ」を、科学の実態すなわち「不確実で失敗しがちな向こう見ずでへまをする巨人のイメージ」に取りかえるべきだと主張した。つまり、科学を「全面的に善なる存在」とする見方をプラス面とマイナス面をあわせ持つゴレムのイメージに取りかえるべきだというのである。そして、科学史から七つの具体的な実験をめぐる論争を取り上げ、科学上の論争の終結が、必ずしも論理的、方法論的決着ではないことを明らかにしている。（第5・6段落）

コリンズとピンチが「実験家の悪循環」（この言葉自体が最初に出て来るのは第8段落）と呼んだ例が紹介されている。一九六九年、ウェーバーは、自らが開発した実験装置で重力波の測定に成功したと発表した。その後、追試実験をする研究者があらわれ、重力波の存在をめぐって論争が起きた。追試実験から、ウェーバーの実験結果を否定するようなデータを手に入れた研究者は、厄介な問題を抱え込む。否定的な実験結果を発表することは、ウェーバーの実験が誤りであり、重力波の存在を否定することになる。しかし、実は追試実験の方に不備があり、ウェーバーの実験結果の方が正しいのであれば、追試実験の結

果の公表は自らの実験能力の低さを公表することになってしまう。（第7段落）

実験以前に、実験結果がおおよそわかっている学生実験の場合、実験の成否は比較的簡単にわかる。しかし、そうした例外的な場合を除くと、科学の実験結果が成功であるか否かの判断は容易ではない。重力波の場合でも、重力波が検出されれば実験は成功なのか、それとも検出されなければ実験は成功なのか……。問題は、重力波が存在するかどうかであり、実験はそのために行われる。何が実験の成功なのかは事前にはわからない。しかし、実験を成功させるためには、優れた検出装置を作る必要がある。ところが、実験で適切な結果を入手してはじめて、その装置が優れたものかどうかは判断できる。しかし、優れた装置がなければ、何が適切な結果かということはわからない……。こうした循環を、コリンズとピンチは「実験家の悪循環」と名づけた。重力波の論争に関しては、このような悪循環が存在し、実験的研究ではその存在が完全に否定されたわけでもないにもかかわらず、ある有力科学者の否定的発言をきっかけに、科学者共同体の判断は重力波の存在を否定する方向で一致してしまった。（第8・9段落）

Ⅲ　**コリンズとピンチの主張と筆者の見解**（第10～最終段落）

重力波の実験などの具体例を検討することで、コリンズとピンチは、科学者の多くがとった「もっと科学を」という立場、すなわち科学を全面的に善なる存在とし、科学に無知な一般市民を啓蒙しようとする立場を批判した。たしかに、民主主義国家の一般市民は、原子力発電や遺伝子組み換え食品などの是非について意思表明や決定を求められる。そのためには、一般市民も科学に「ついての」知識ではなく、科学知識そのものを身につけるべきだとされる。しかし、コリンズとピンチは、このような論争が起きた場合、どちらの側にも科学者や技術者といった専門家がつくのが普通であり、またこの種の論争では、重力波の例で見たように、専門家の間でさえ論理的に結論が導き出されるとはかぎらないという。彼らは、科学を一般市民にもっと伝える必要があることを認めながらも、伝えるべきことは科学の内容ではなく、専門家と政治家やメディア、そして一般市民との関係についてであると考えている。科学を全面的に善なる存在とする見方から「ゴレムのイメージ」（＝「ほんとうの」姿）でとらえなおそうというコリンズとピンチの主張は、科学を一枚岩（＝しっかりとまとまっているもの）とみなす発想を掘り崩すものであった。（第10・11段落）

しかしながら、筆者はコリンズとピンチの議論の仕方には問題があるという。彼らは、「実在と直結した無謬の知識という神のイメージ」（＝科学を全面的に善なる存在とする）を「ゴレム」（＝プラス面とマイナス面をあわせ持つ）に取り替えれば、科学の「ほんとうの」姿（＝プラス面とマイナス面をあわせ持つ）を認識できるという。そしてそれができれば、科学を全面的に善なる存在とする科学至上主義も、またその裏返しの反科学主義も克服できるという。しかし、筆者は、科学を怪物にたとえるのは、「ゴレム」が最初ではないという。科学を怪物にたとえ、その暴走を危惧するような小説はこれまでに多数

書かれてきたのである。（第12段落）

　こうしたことから、筆者は「コリンズとピンチは科学者の一枚岩という『神話』を掘り崩すのに成功はした」と彼らのことを評価する一方で、その作業のために「『一枚岩の』一般市民という描像を前提に」してしまったという。さらに、「一般市民は一枚岩的に『科学は一枚岩』だと信じている……言い換えれば……一般市民も科学の『ほんとうの』姿を知らない」ということを前提にしているという。つまり、コリンズとピンチは、一般市民がみんな科学を全面的に善なるものと信じていると認定してしまい、科学者も、一般市民も科学の「ほんとうの」姿を知らないという前提に立ってしまったのである。では誰が「ほんとうの」姿を知り、科学を正当に語る資格があるのか。コリンズとピンチは、その問いに対して、「科学社会学者である」と答える構造の議論をしてしまった。筆者は、コリンズとピンチが、科学を論じる資格があるのは自分たち科学社会学者だけだという前提に立って議論を進めていると、彼らのことを批判しているのである。（最終段落）

【設問解説】

問1　漢字の知識を問う問題　1 ⑤　2 ⑤　3 ③　4 ①　5 ④

　(ア)は、〈二倍に増加すること〉という意味で、「倍増」。①は、〈草木をつちかい養うこと。転じて、実力などを養い育てること。また、微生物・動植物組織などを、栄養・温度などの外部条件を制御しながら、人工的に発育・増殖させること〉という意味で、「培養」。②は、〈伝達の媒介となる手段、メディア〉という意味で、「媒体」。③は、〈一般市民の中から選ばれた人々が裁判の審理に参加し、与えられた事実問題に対し証拠に基づいて評決を下す制度〉という意味で、「陪審」。④は、〈他人・他国に与えた損害をつぐなうこと〉という意味で、「賠償」。⑤は、〈二倍になる、二倍にする。また大いに増える、大いに増やす〉という意味で、「倍した」。したがって、**これが正解**。

　(イ)は、〈ある物事を生じさせた主な原因、ある物事を成立させる主な要素〉という意味で、「要因」。①は、〈ある目的のために人や物を組織的にかり集めること〉という意味で、「動員」。②は、「強引」。③は、「婚姻」。④は、〈密かに企む悪い計画〉という意味で、「陰（隠）謀」。⑤は、〈それが直接の原因となって物事が起こること〉という意味で、「起因」。したがって、**これが正解**。

　(ウ)は、〈手間がかかって面倒なこと〉という意味で、「厄介」。①は、〈神仏から受ける恩恵〉という意味で、「ご利益」。②は、「通訳」。③は、「厄年」で、**これが正解**。④は、〈あせってむきになること〉という意味で、「躍起」。⑤は、「薬効」。

　(エ)は、〈告げ知らせること〉という意味で、「宣告」。①は、〈上訴の一つ、控訴審の判決に不服があるとき、さらに上級の裁判所に対して再度の審査を求めること〉という意味で、「上告」。したがって、**これが正解**。②は、「克明」。③は、〈善と悪、正と邪、是と非〉という意味で、「黒白」。④は、

「穀倉」。「穀倉地帯」で、〈穀物を多く産出する地域〉という意味。⑤は、〈非常によく似ていること〉という意味で、「酷似」。

(オ)は、〈病気や傷がなおる〉という意味で、「**癒やされる**」。①は、「空輸」。②は、「比喩」。③は、〈心から満足して喜ぶこと〉という意味で、「愉悦」。④は、〈本来離れているべき臓器や組織が炎症などのためにくっついてしまうこと、本来離れているべき者どうしが利害のために強く結びつくこと〉という意味で、「**癒着**」。したがって、**これが正解**。⑤は、「教諭」。

問2　傍線部の内容説明問題　6　⑤

まず、傍線部の主語が「現代の科学技術」であることを確認しておこう。【本文解説】のⅠで確認したように、筆者は本文の最初で近代科学をX、Y、Zの三段階に分けて考えていた。したがって、傍線部は「現代の科学（技術）」の特徴、すなわちZの段階の科学の特徴を説明しているのだが、そのとき筆者がXやYの段階の科学との違いを念頭に置いていたのは確かなことであろう。実際、傍線部の直前に「かつてのような思弁的、宇宙論的伝統に基づく自然哲学的性格を失い」などとあり、それは第3段落では「自然の仕組みを解明し、宇宙を説明するという営みの比重が下がり」などと言い換えられている。Xの段階では色濃く残っていた「自然哲学的性格」は、Yの段階を経て、現代の科学では希薄になったのである。では、現代の科学はどういうものになっているのか。第3段落にあるように、現代の科学は、「自然に介入し、操作する能力の開発に重点が移動して」おり、科学－技術が生み出す「新知識が、われわれの日々の生活に商品や製品として放出されてくる」のである。つまり、現代の科学は、「自然哲学的性格」、すなわち「自然の仕組みを解明し、宇宙を説明する」という知的活動に重きを置いた科学の本来のあり方を失った（a）。そのかわり、現代の科学は、技術と結びついて「自然に介入し、操作する能力の開発」に注力し、人々の生活に「商品や製品」を供給し利益を追求するものになった（b）。なお、本文には、〈知的活動〉という言葉も〈利益の追求〉という言葉も直接は出てこない。しかし、「商品や製品」を供給するのはなぜか？　〈利益の追求〉のため。またそうした〈利益の追求〉に対して、「自然哲学的性格」とは何か？　と考えれば、〈知的活動〉というように解答が導き出せたはずである。

以上ここまでの内容をもう一度整理すると、次のようになる。

a　現代の科学は、自然の仕組みを解明し、宇宙を説明するという知的活動に重きを置くあり方を失った

b　現代の科学は、技術と結びついて自然に介入し操作し、人々の生活に商品や製品を供給し利益を追求するものになった

以上の点で解答を確定できるといいのだが、設問にもどろう。設問の要求は、「先進国の社会体制を維持する……」という傍線部の内容説明である。ところが、先にまとめたa、bには「国家」に関する説明が全くなかった。そこで、国家と科学とを関連させた記述がないかと本文を探すと、第1段落に、「国民国家の競争の時代になると、科学は技術的な威力と結びつくことによって、この競争の重要な戦力としての力を発揮し始める」とある。つまり、より進んだ科学技術を獲得した国家が、国家間の競争において、より優位な立場を確保できるというのである（c）。

この点を整理すると、次のようになる。

c より進んだ科学技術を獲得した国家が、国家間の競争でもより優位な立場を確保できる

したがって、以上のa〜cを踏まえた説明になっている⑤が正解。しかし、①が紛らわしい。そこで先に②〜④を切っておこう。

②は、現代の科学が「国家に奉仕し続ける任務を担うものへと変化している」という説明が、不適当。そうしたことは本文にいっさい書かれていない。

③は、「現代の科学は、『科学者』という職業的専門家による小規模な知識生産ではなくなり」という説明が、不適当。そうしたことは本文にいっさい書かれていない。

④は、矛盾した説明になっているので、不適当。第3段落の説明から、「『もっと科学を』というスローガンが説得力を持っていた頃」とは、十九世紀から二十世紀の前半（**【本文解説】** IでYとした段階）である。また「世界大戦の勝敗を決する戦力を生み出す技術となった」のも十九世紀から二十世紀の前半（Yの段階）である。つまり、この選択肢は、「『もっと科学を』というスローガンが説得力を持っていた頃（Yの段階）の地位を離れ」（Yの段階から離れ＝Zの段階に入り）、「世界大戦の勝敗を決する戦力を生み出す技術となった」（Yの段階となった）というおかしな説明になっている。

最後に、紛らわしい①を検討しよう。①が紛らわしいのは、①が本文に反した説明を含んでいないからである。では、どうやって①を切るのか。それは⑤と比較して、どちらが設問の要求に合った説明になっているかで判断するしかない。設問の要求は、「先進国の社会体制を維持……」という傍線部の内容説明である。求められているのは「国の社会体制を維持」することの説明である。⑤は、「国家間の競争の中で先進国の体系的な仕組みを持続的に支える不可欠な要素へと変化している」というように、「国の社会体制の維持」の説明になっている。それに対して、①では、「先進国としての威信を保ち対外的に国力を顕示する手段となることで」というように、「国の社会体制を維持」することの説明になりかけておきながら、その後「経済的投資」の話になってしまい、「国の社会体制を維持」をきちんと説明していない。したがって、①は不正解である。

問3 傍線部の内容説明問題 7 ④

まず傍線部を二つに分けて考えることができることに気づきたい。傍線部の前半では、「『もっと科学を』というスローガン」が説得力を持った時代があったこと、後半では、そうしたスローガンが説得力を失って「『科学が問題ではないか』という新たな意識」が社会に生まれ始めているということが述べられている。**【本文解説】**のⅠで確認したように、筆者は本文の最初で近代科学をX、Y、Zの三段階に分けて考えていた。第3段落の内容から明らかなように、「もっと科学を」というスローガンが説得力を持った時代がYの段階であり、「科学が問題ではないか」という新たな意識が社会に生まれ始めているというのは、Zの段階のことである。それぞれを本文にもどって確認しておこう。

第3段落のはじめにあるように、十九世紀から二十世紀前半（Yの段階）においては、いまだ「科学という営みの規模は小さ」いものだった。しかし、技術と結びつきはじめた科学－技術は、「社会の諸問題を解決する能力を持っていた」。そのため、「もっと科学を」というスローガンは説得力を持ったのである（a）。

しかし二十世紀後半（Zの段階）に入ると、地球環境問題、先端医療、情報技術などに見られるように、「科学－技術の作り出した人工物が人類にさまざまな災いをもたらし始め」たのである（第3段落）。そのため人々の間に、「科学が問題ではないか」という疑念が広がった（b）のである。あるいは、第5段落にあるように、「チェルノブイリ事故や狂牛病に象徴されるような事件によって科学への幻滅が生じ」、科学を「全面的に悪なる存在」として捉え、「科学が問題ではないか」という意識を持つようになった（b）というのである。

以上の点をもう一度整理すると、次のようになる。

a　十九世紀から二十世紀前半において、科学－技術はさまざまな社会問題を解決する力を持っていたため、「もっと科学を」というスローガンは説得力を持っていた

b　二十世紀後半に入ると、科学－技術の作り出した人工物が人類にさまざまな災いをもたらし始めたため、人々の科学に対する信頼感が揺らぎ、「科学が問題ではないか」という疑念が広がった

したがって、以上の点を踏まえた説明になっている**④が正解**。

①は、二十世紀前半まで人々の科学に対する信頼が厚かった理由が明確に説明されていないばかりか、その信頼が現在は失われてしまった理由も明確に説明されていないので、不適当。

②は、現代人の科学に対する失望感が、現代の科学の営利的傾向からもたらされたと説明している点が、不適当。そうしたことは本文にいっさい書かれていない。現代人の科学に対する失望感は、上述のbに示したものである。

③も、現代人の科学に対する違和感が、「天然では生じない条件の下に人工物を作り出すようにな」ったことから生じているという説明が、不適当。そうしたことは本文にいっさい書かれていない。現代人が科学に違和感を感じているとし

たら、それも上述のｂに関連したものと考えるべきだろう。
⑤も、現代人の科学に対する不安感が、科学の新知識が「市民の日常的な生活感覚から次第に乖離するようにな」ったためと説明している点が、不適当。そうしたことは本文にいっさい書かれていない。現代人が科学に不安を感じているとしたら、それも上述のｂに関連したものと考えるべきだろう。

問４　傍線部の内容説明問題　**8**　**③**

傍線部を含むセンテンスは、「コリンズとピンチの処方箋」を説明したものである。何に対する処方箋か。傍線部の前の第５段落には、コリンズとピンチが『ゴレム』の中で描いた現代科学をめぐる状況、すなわち、現代では科学が「全面的に善なる存在か全面的に悪なる存在かのどちらかのイメージに引き裂かれている」という状況が記されていた。「コリンズとピンチの処方箋」とは、そうした状況に対するものである。そしてそれは、傍線部を含むセンテンスにあるように、「実在と直結した無謬の知識という神のイメージ」（＝科学を全面的に善とするもの）を「不確実で失敗しがちな向こう見ずでへまをする巨人のイメージ」（＝ゴレムのイメージ）に取りかえることを主張したものである。言うまでもなく、ゴレムはプラスとマイナスの両面を持ったものとしてイメージされる。つまり、科学者が振りまいたような科学を全面的に善とする見方（ａ）に対して、コリンズとピンチは、科学をプラスとマイナスの両面を持つゴレムのイメージで捉えなおす（ｂ）ことで、現実の科学もプラスとマイナスの両面を持ったものであると主張しようとした（ｃ）というのである。なお、ここでのプラス面とマイナス面とは、あくまでも人間にとってのものであることは言うまでもない。

以上の点をもう一度整理すると、次のようになる。

ａ　科学者は科学を全面的に善とする見方を振りまいてきた

ｂ　コリンズとピンチは、科学をプラスとマイナスの両面を持つゴレムのイメージで捉えなおすことを主張しようとした

ｃ　コリンズとピンチは、（ｂによって）現実の科学もプラスとマイナスの両面を持ったものであると主張しようとした

したがって、以上の点を踏まえた説明になっている**③が正解**。特に選択肢を検討していく際には、ゴレムのプラス面とマイナス面が十分説明されているかどうか、現実の科学に関してもそのプラス面とマイナス面が十分説明されているかどうかを吟味していきたい。③では、「人間の役に立つ（＝プラス面）が欠陥が多く危険な面も備える（＝マイナス面）」というようにゴレムの両面が的確に説明されており、現実の科学についても、「新知識の探求を通じて人類に寄与する（＝プラス面）一方で制御困難な問題も引き起こす（＝マイナス面）存在である」と、その両面が的確に説明されている。
①は、ゴレムについての説明がマイナス面だけになってお

り、また現実の科学の説明もプラス面が明確になっておらずマイナス面だけの説明になっているので、不適当。

②は、ゴレムのマイナス面の説明が単に「不器用」とあるだけでマイナス面が明確になっていない。また現実の科学についての説明に関しても、プラス面とマイナス面が明確に書かれていないので、不適当。

④は、ゴレムについての説明のプラス面が明確ではない。また、現実の科学についての説明も、プラス面とマイナス面が明確に書かれていないので、不適当。

⑤は、ゴレムの説明には問題がないものの、現実の科学についてプラス面の説明がないので、不適当。

問5　傍線部の理由説明問題　9　④

筆者は、第5段落以降で、コリンズとピンチの見解を紹介してきた。傍線部Dの前まで、彼らの見解を肯定的に紹介してきたのだが、傍線部Dでは、「この（＝コリンズとピンチの）議論の仕方には問題がある」と、彼らの見解に否定的でもあることが明らかにされている。

コリンズとピンチは、たとえば第6段落で紹介されているように、科学者が振りまいた「実在と直結した無謬の知識という神のイメージ」（＝科学を全面的に善なる存在とする）を「ゴレム」（＝プラス面とマイナス面をあわせ持つ）に取りかえよ、それができれば、科学の「ほんとうの」姿（＝プラス面とマイナス面をあわせ持つ）を認識できるという。彼らは、科学をゴレムという怪物にたとえることで、科学を全面的に善なる存在とする見方を批判する（a）。また、第10段落では、コリンズとピンチが、一般市民に対して、科学そのものを伝えるよりも、「専門家（＝科学者）と政治家やメディア、そしてわれわれ（＝一般市民）との関係」について伝えるべきだ（b）と考えていることが紹介されている。このように、筆者は、コリンズとピンチの見解を肯定的に紹介してきたのだが、傍線部D以降では、彼らの見解に対して批判を加えている。

彼らへの批判は、特に最終段落にまとめられている。筆者は彼らが「科学者の一枚岩という『神話』を掘り崩すのに成功はした」と評価しながらも、その作業のために「『一枚岩の』一般市民という描像を前提に」してしまったという。彼らは、「一般市民は一枚岩的に『科学は一枚岩』だと信じている……言いかえれば……一般市民も科学の『ほんとうの』姿を知らない」ということを前提にしているという。これはどういうことか。第4段落に、科学者が一般市民を科学に無知だと決めつけていた（c）といったことが記されていたが、コリンズとピンチも一般市民を科学に無知だと決めつけている（d）点を、筆者は批判しているのである。

以上の点をもう一度整理すると、次のようになる。

a　コリンズとピンチは、科学をゴレムという怪物にたとえることで、科学を全面的に善なる存在とする見方を批判した

b　彼ら（＝コリンズとピンチ）は、一般市民に対して、

科学そのものを伝えるよりも、「専門家（＝科学者）と政治家やメディア、そしてわれわれ（＝一般市民）との関係」について伝えるべきだと考えている

c　科学者は一般市民を科学に無知だと決めつけていた

d　bのような考え方をするコリンズとピンチも、一般市民を科学に無知だと決めつけている

したがって、以上の点を踏まえた説明になっている④が正解。

①は、「それ以前の多くの小説家も同様のイメージを描き出すことで、一枚の岩のように堅固な一般市民の科学観をたびたび問題にしてきた」という説明が、不適当。コリンズとピンチ以前にも、科学を怪物にたとえた小説は多数書かれているが、それが「一枚の岩のように堅固な一般市民の科学観」を問題にしたものだなどとは本文にいっさい書かれていない。

②は、「コリンズとピンチは……一般市民自らが決定を下せるように、市民に科学をもっと伝えるべきだと主張してきた」という説明が、第10段落の最後にある「一般市民に……伝えるべきことは、科学の内容ではなく、専門家と政治家やメディア、そしてわれわれとの関係についてなのだ」という説明に反するので、不適当。

③は、「多くの市民の生活感覚からすれば科学はあくまでも科学であって、実際には専門家の示す科学的知見に疑問を差しはさむ余地などない」という説明が、本文にいっさい根拠がないものなので、不適当。

⑤は、「彼らのような科学社会学者（＝コリンズとピンチ）は、……科学知識そのものを十分に身につけていないため……」という説明が、不適当。コリンズとピンチなどの科学社会学者が科学知識そのものをどれだけ身につけていたのかは本文に直接書かれていないので判断できない。したがって、科学知識そのものを「十分身につけていない」と決めつけることもできない。

問6　本文の表現と構成・展開について問う問題

(i)　本文の第1〜8段落の表現について問う問題　10　③

「適当でないもの」を選ぶという点を見落とさないように。順に選択肢を検討していこう。

①は、第1段落の内容に基づいた説明で、特に間違った説明ではないので、適当である。

②も、第5段落の内容に基づいた説明で、特に間違った説明ではないので、適当である。

③は、不適当である。まず「対症療法」という言葉の意味を確認しておこう。「対症療法」は、〈疾病の原因に対してではなく、主要な症状を軽減するために治療を行うもの〉という意味。本文には「コリンズとピンチの処方箋」が「対症療法」だなどとはいっさい書かれていない。むしろ、彼らは、人々が科学の「ほんとうの」姿を見失った原因を探ろうとしており、そうして書かれたのが『ゴレム』である。よって、これが正解。

④は、第8段落にある「実験家の悪循環」に関する説明とし

て、特に間違った説明ではないので、適当である。

(ii)　**本文の構成・展開について問う問題**　11　①

これも「**適当でないもの**」を選ぶという点を見落とさないように。順に選択肢を検討していこう。

①は、不適当。まず「時系列」という言葉の意味を確認しておこう。「時系列」は、〈ある事象の観測値を時間の経過に沿って並べたもの〉という意味。とすると、第1・2段落で十六世紀から二十世紀後半にかけての科学について述べ、第3段落でいったん「十九世紀から二十世紀前半」にもどっている本文について、「第1〜3段落では十六世紀から二十世紀にかけての科学に関する諸状況を時系列的に述べ」と説明するのは、厳密にいうと正しくはない。また、「第4段落ではその諸状況が科学者の高慢な認識を招いた」と結論づけるという説明も、不適当。特に第4段落冒頭の文に「科学者は依然として……なじんでおり」とあることから、「その諸状況が科学者の高慢な認識を招いた」わけではないと判断できたはずである。

②は、適当。第5・6段落で「『ゴレム』の趣旨と主張をこの文章の論点として提示し」という説明も、また第7〜9段落で「彼らの取り上げたケーススタディーの一例を紹介している」という説明も正しい。

③は、適当。第10段落では「コリンズとピンチの説明を追いながら彼らの主張を確認し」ているという説明は間違っていない。また、「高エネルギー物理学、ヒトゲノム計画……」などの具体例をあげて彼らの主張を説明している第11段落を「現代の科学における多様な領域の存在を踏まえつつ、彼らの主張の意義を確認している」という説明も正しい。

④は、適当。傍線部Dで「コリンズとピンチの議論の仕方に問題のあること」を指摘した後、問題点を具体的に指摘しており、第13段落で「コリンズとピンチの主張の実質を確認して、筆者の見解を述べている」という説明も正しい。

第2問　現代文（小説）

【出典】

野上弥生子の小説「秋の一日」（一九一二年発表）の一節。

野上弥生子（のがみ・やえこ）は、一八八五年大分県生れ、一九〇六年明治女学校高等科卒業。同年、同郷の英文学者野上豊一郎と結婚、その縁で夏目漱石門下となり、漱石門下の文学的雰囲気のなかで小説を書きはじめた。一九八五年没。

代表作に『真知子』、『迷路』、『秀吉と利休』、『森』などがある。

【本文解説】

本文は、秋晴れの一日、主人公の直子が子供と一緒に公園を散策したり、展覧会に出かけたりしたことを、我が子のことを思う母親の視点から描いた小説の一節である。

小説の問題では、今年のようにリード文が付されることがあるが、そうした場合、本文や選択肢の理解のヒントになることがあるため、読み落としのないようにしよう。

本文は、Ⅰ展覧会に行く日の前日まで、Ⅱ当日、展覧会に出向くまで、Ⅲ展覧会場にて、の三つの場面に分けることができる。順にその内容を確認していこう。

Ⅰ　展覧会に行く日の前日まで（リード文～15行目）

一昨年の秋、病床にあった直子は、夫がくれた土産の手提籠の中に好きな物を入れてピクニックに出掛けることを楽しみにしていた（リード文）。そして「今年の秋は如何《どう》したせいか大変健《すこや》か」（4・5行目）なのだが、「特別に行き度《た》いと思う処《ところ》もなかった」（7行目）。そんな直子に絵が好きな夫が展覧会の話をしてくれ、しかも「明日の晴れやかな秋日和を想像」（12行目）したことをきっかけに、「展覧会……に出掛けて、すんだら……静かな田舎に」（13行目）、「籠に好きな食べものを入れてぶらぶら遊びながら」（11行目）行こうと思いついたことで、「楽しい事が急に湧いたような」（傍線部**A**）心持ちになった。

Ⅱ　当日、展覧会に出向くまで（16～41行目）

当日の朝、直子はいつもより早く起きて外出の準備に余念がなく、その用意が終わった時には「ただ訳もなく嬉《うれ》しく満足であった」（17行目）。

直子は「子供の手を引いて、人気の稀《ま》れな朝の（上野の）公園の並木道」（21・22行目）を歩いて行った。小路に入ると落葉が多く、そこを歩くと「さくさくと鳴る」（23行目）のが秋の公園らしかった。そこに大きな鴉《からす》が来てかァかァかァと鳴くと「子供も／『かァかァかァ。』／と云って口真似《まね》をした」（26～28行目）。両大師前の路を左に廻るとどこかの「小学校の運動会」（29行目）に出会った。そこでは「小さい一群れの子供が遊戯を始めているところであった」（31行目）。「くたびれて女中に負《おぶ》さった子供は、初めて見る此珍らしい踊りの群れを、呆《あ》っけに取られた顔をして熱心に眺めた」（32・33行目）。直子も「子供に劣らぬもの珍らしい心を以《もっ》て立ち留まって眺めていた」（33・34行目）が、「ふと訳もない涙が上瞼の内から熱くにじみ出して来た。訳もない涙。直子はこの涙が久しく癖になった。……可愛いと云うのか、悲しいと云うのか、美しいからか、清らかな故にか、なんにも知らぬ。……ただその有様《ありさま》が胸に沁《し》む」（34～39行目）。「（運動会を）眺め入ってる自分の子供を顧みると、我知らず微笑《ほほえ》まれたが、この微笑の底にはいつでも涙に変《かわ》る或物《あるもの》が沢山隠れているような気がした」（40・41行目）。

Ⅲ　展覧会場にて（42行目～最終行）

展覧会場では、直子は子供が「どんな顔をして眺めるだろうか、と云う事に注目する事は怠らなかった」（49行目）。子供は「自分の知った動物とか鳥とか花とかの形を見出した時には、非常に満足な笑い方をし」（50・51行目）、「女の裸体像を見つけては、／『おっぱい、おっぱい。』／とさも懐《なつか》しそうに指《ゆび》しをする」（51～53行目）。「まだ朝なのでこうした戯れも誰の邪魔にもならぬ位《くらい》入場者のかげは乏しかった」（53・54行目）。

そして直子は「幸ある朝」という絵画を見た時「其画家と其義妹《いもうと》にあたる直子の古い学校友達（＝淑子）との間につながる無邪気な昔話」（63行目）、すなわち淑子の性格、暑中休暇での淑子たちとの会話などを、いろいろと「昨日の出来事」（93行目）のように思い出す。その淑子も今は亡くなり、その回想の中で直子は「其（＝遊び友達の群れの）中に交じる自分は、ひとり画の前に立つ此自分ではなくって全く違った別の人のような気」（94・95行目）がしている。こうした「追懐」にこの時の直子は「封じられてる（＝引き留められている）」（97行目）。

その時、「突然けたたましい子供の泣き声が耳に入った。驚いて夢から覚めたように声の方に行くと」（97・98行目）、子供が絵の中の虎に驚いて泣いているのだった。子供をなだめながら直子は女中と共に大急ぎで出口に廻った。

【設問解説】

問1　語句の意味を問う問題　12　①　13　②　14　①

(ア)の「呆っけに取られた」は、〈ことの意外さに驚きあきれてぼんやりした〉ことを意味する。したがって**正解は①**。残りの選択肢はそうした意味を含まないので、間違いである。ただ、②を少しまぎらわしいと感じた人もいたかもしれない。しかし、「呆っけに取られた」には、「とまどった」などという意味はない。

(イ)の「生一本」は、〈純真で、まじめ一すじに物事に打ち込んでいく〉ことを意味する。したがって**正解は②**。他の選択肢はそうした意味を含まないので、間違いである。

(ウ)の「あてつけがましい」は、〈いかにもあてつけるような態度である〉ことを意味し、「あてつけ」は、〈あてこすり・皮肉〉を意味する。したがって**正解は①**。他の選択肢はそうした意味を含まないので、間違いである。

問2　傍線部に示された直子の心情を説明する問題　15　④

リード文にあるように、直子は手提げ籠の中に好きな物を入れてピクニックに出掛けることを楽しみにしていた。「今年の秋は如何《どう》したせいか大変健《すこや》か」（4・5行目）なのだが、「特別に行き度《た》いと思う処《ところ》もなかった」（7行目）。そんな直子が、「明日の晴れやかな秋日和を想像」（12行目）したことをきっかけに、「展覧会……に出掛けて、すんだら……静かな田舎に」（13行目）「籠に好きな食べものを入れてぶらぶら遊びながら」（11行目）行こうと思いつき、傍線部Aのような心持ちになった。こうした内容が過不足なくおさえられている④が正解。

①は、選択肢後半の「子供と一緒に絵を見ることが待ち遠しくなった」という説明が本文に書かれていない。

②は、選択肢冒頭の「長い間患っていた病気」が「直子は秋になると屹度《きっと》何かしら病気をする」（2・3行目）と矛盾する。選択肢後半の「全快を実感できる」も本文に書かれていない。

③は、「明日の晴れやかな秋日和を想像」（12行目）したことがきっかけになったことに触れていない。しかも「静かな田舎に」（13行目）、「籠に好きな食べものを入れてぶらぶら遊びながら」（11行目）行こうと思ったことについても触れられていない。

⑤は、選択肢前半の「子供は退屈するのではないかとためらっていた」ということが本文に書かれていない。

問3　傍線部に示された直子の心情を説明する問題　16　⑤

まず傍線部の「この微笑」が何を受けているのかを確認しておこう。傍線部直前に「〈運動会を〉眺め入ってる自分の子供を顧みると、我知らず微笑《ほほえ》まれたが」とあることから、「この微笑」は〈運動会を見ている子供の様子に反応したもの〉だとわかる。この点を忠実にふまえた説明になっているのは、①・⑤である。それ以外は、②の「踊る姿に驚く子供」、③の「子供の振る舞いのかわいらしさ」、④の「幸せそうな子供」が「この微笑」をもたらしたものとズレている。

次に傍線部の「いつでも涙に変《かわ》る或物《あるもの》」について触れている箇所を見ていくと、34行目以降「ふと訳もない涙が上瞼《うわまぶた》の内から熱くにじみ出して来た。訳もない涙。直子はこの涙が久しく癖になった。何に出る涙か知らぬ。……ただ流れ出る涙であった。……可愛いと云うのか、悲しいと云うのか、美しいからか、清らかな故にか、なんにも知らぬ。……ただその有様《ありさま》が胸に沁《し》むのである」とあるから、訳もなく出る涙は、純粋な思いが胸に沁みてにじみ出るものであることが読み取れる。①・⑤の中でそれを表している⑤が正解。①は「病弱な自分がいつも心弱さから流す涙」という説明が、上述した〈訳もなく出る涙〉に反している。また、それ以外の選択肢は、先に指摘した以外にも、②の「子供の将来を思う不安から流す涙」、③の「純真さをいつまでも保ってほしいと願うあまりに流れる涙」、④の「さまざまな苦労をして流した涙の記憶」という説明が、上述した〈訳もなく出る涙〉に反するものである。

問4　傍線部に示された直子の心情を説明する問題　17　②

61行目以降「幸ある朝」という絵画を見た直子は「其画家と其義妹《いもうと》にあたる直子の古い学校友達（＝淑子）との間につながる無邪気な昔話」、すなわち淑子の性格、暑中休暇での淑子たちとの会話などを、いろいろと「昨日の出来事」（93行目）のように思い出す。その淑子も今は亡くなっており、そうした回想の中で直子は「其（＝遊び友達の群れの）中に交じる自分は、ひとり画の前に立つ此自分ではなくって全く違った別の人のような気」（94・95行目）がしている。こうした「追懐」にこの時の直子は「封じられてる（＝引き留められている）」（97行目）。こうした内容がまとめられている②が正解。

①は、68行目以降で語られる暑中休暇の出来事は「ささいなこと」ではない。また選択肢後半の「長い間の病気」が「直子は秋になると屹度《きっと》何かしら病気をする」（2・3行目）と矛盾する。

③は、本文の「親しい影の他人を……見て、笑い度いような冷やかしたいような且慨《かつあわれ》み度いような気がした。……過去の姿の、如何《いか》にも価なく見すぼらしいのを悲しんだ」（95～97行目）から、選択肢後半の「当時の未熟さが情けなく」とは言えても、「後悔の念に胸がふさがれている」とまでは言えない。

④は、本文の「十年近くの長い日が挟まっているのだけれども、ちっともそんな気はしない。ほんの昨日の出来事で」（93行目）と選択肢後半の「この世にいない淑子さんの姿がかすんでしまっている」とが矛盾している。

⑤は、本文に「親しい影の他人を……見て、笑い度いような冷やかしたいような気がした。……過去の姿の、如何にも価なく見すぼらしいのを悲しんだ」（95～97行目）とあることから、選択肢後半の「（女学生の頃を）取り戻したい」とは言えない。

問５　子供の様子を見守る直子の心情が描かれている場面の説明として適切なものを選ぶ問題　18　④

順に場面を確認しつつ、各選択肢の内容を吟味していこう。

①は、1～7行目の場面のことである。選択肢後半の「秋のピクニックを計画する余裕もないほどに」が「毎年よそに見はずした秋の遊び場のそこ此処《ここ》を思いやったが」（6・7行目）に対応していない。

②は、24～28行目の場面のことである。選択肢前半の「子供とは異なる思いでそれらを眺める直子の心の動きが描かれている」が26～28行目の記述からは読み取れない。また選択肢後半の「長い間病床についていた」が「直子は秋になると屹度《きっと》何かしら病気をする」（2・3行目）と矛盾する。

③は、29～41行目の場面のことである。選択肢後半の「直子には見慣れたものである秋の風物」が「子供に劣らぬもの珍らしい心を以《もっ》て立ち留まって眺めていた」（33・34行目）と矛盾する。

④は、47～54行目の場面のことである。「どんな顔をして眺めるだろうか、と云う事に注目する事は怠らなかった」（49行目）に選択肢前半が対応し、「たまたま自分の知った動物とか鳥とか花とかの形を見出した時には、非常に満足な笑い方をした」（50・51行目）、「女の裸体像を見つけては、／『おっぱい、おっぱい。』／とさも懐《なつか》しそうに指《ゆびさ》しをする」

(51~53行目)に選択肢中盤が対応し、「まだ朝なのでこうした戯れも誰の邪魔にもならぬ位《くら》い入場者のかげは乏しかった」(53・54行目)に選択肢後半が対応している。したがって、**④が正解**。

⑤は、97~107行目の場面のことである。この場面では娘時代を回想する直子が子供の突然の泣き声で現実に引き戻されるが、だからといって、選択肢前半の「自分の思いよりも子供のことを優先する直子の心の動き」という内容までは読み取れない。

問6　この文章の表現に関する説明として適当でないものを選ぶ問題　[19]・[20]　④・⑤

順に、選択肢を検討していこう。

①について。傍点は傍点の付された語を強調する役割をもっている。だが、そればかりではなく例えば「少しはあんよして行けるだろ」と表記された場合、「あんよ」は他のひらがなの中に埋没してしまう。ところが「少しはあんよして行けるだろ」と傍点を付すことで、連続するひらがな表記からその語を識別しやすくなる。したがって、①は適当。

②について。落葉や日本画の場面では確かに色彩語が用いられており、しかも23行目に「歩みの下にさくさくと鳴る」と擬音語も用いられている。したがって、②も適当。

③について。「秋晴《あきばれ》の空のま下に、透明な黄色い光線の中を」(38行目)、「高い磨《す》りガラスの天井……真珠色の柔らかい燻《いぶ》したような光線の中に」(54・55行目)から読み取れる内容である。したがって、これも適当。

④について。確かに43・44行目の記述が直子の絵画に対する「無知」の指摘とは言えるが、直子を「突き放そうとする」ということまでは言えない。したがって**④が一つ目の正解**。

⑤について。「絵画も彫刻も……悦《よろこ》びを歌いながら、安らかに休息しているかのように見えた」(55・56行目)の文章の主語を確認すれば、「絵画や彫刻にかたどられた人たち」ではなく、「絵画や彫刻」自体であることがわかる。したがって**⑤が二つ目の正解**。

⑥について。回想の場面の中に会話まで再現することで、過去のことがリアルに思い出されたさまを表現していると言える。したがって、これは適当。

第3問 古文

【出典】

『木草物語』

成立年代　江戸時代中期

ジャンル　擬古物語

作者　宮部《みやべ》万《まん》

内容　『源氏物語』の影響を強く受けた擬古物語で、特定の主人公を持たず、多くの貴公子たちの恋愛模様を描く。本文に登場する菊君の父には東の対の方と西の対の方という二人の妻がいたが、東の対の方の弟にあたる青柳中納言や、西の対の方の弟にあたる月草中将、そして、西の対の方が生んだ子の菊君などが中心的な登場人物となる。書名は、主要な登場人物がすべて植物の呼び名を持つことによる。

【全文解釈】

急のことなので、（屋敷の）主人（＝蔵人）は「（十分な）おもてなしもできず、たいそう恐れ多い（おもてなしの）お席ですよ」と、急いで、酒肴《しゅこう》を捜して、（菊君の）お供の人々をもてなすために奔走《ほんそう》するが、菊君は「涼しい方に」とおっしゃって（建物の）端近くで物に寄りかかって横になり、くつろいでいらっしゃるご様子は、（趣きある蔵人の屋敷の）場所柄まして類なく（すばらしく）見えなさる。

隣というのも（それで想像されるより）とても近く、ちょっとした透垣《すいがい》などをめぐらせているところに、夕顔の花があふれんばかりにまとわりついて咲いているのは、（夕顔は賤《いや》しい者の庭に咲くので、菊君は）見慣れていらっしゃらないけれど、風情があるとご覧になる。次第に暮れ始める（夕日を反射する、夕顔の花に置く）露の輝きも紛れるもののない（際だった）美しさであるので、（菊君が庭に）降り立ってこの花を一房摘みなさったときに、透垣の少し隙間ができている所からのぞきなさると、尼の住まいと思われて、閼伽棚《あかだな》にちょっとした草の花などを摘んで散らしてあるところへ、五十歳ほどの尼が出て来て、水で洗いなどする。花を入れる器に数珠《じゅず》が引っぱられて、さらさらと鳴っている様子もとても風情が感じられるところへ、また奥の方からかすかに居ざり出て来る人がいる。年齢は、二十歳ぐらいと見えて、とても色白で小柄だが、髪の毛の先が、座ると床につくほどの長さで豊かに広がっているのは、この女も尼であるだろうか、たそがれ時の見間違い（のよう）で、はっきりと見て取ることもおできにならない。片手に経を持っているが、何ごとだろうか、この老尼にささやいてほほえんでいる様子も、このような葎《むぐら》の（生い茂る質素な住まいの）中には不釣り合いなほど、気品があってかわいらしい。とても若いのに、どれほどの気持ちを起こしてこのように（俗世に）背いてしまっているのだろうかと、些細《ささい》なことにお心がとまる性格なので、（菊君は、この若い女を）とてもしみじみと見捨てがたくお思いになる。

主人は、御果物などを（菊君にお出しするのに）ふさわしい様子で持って出て、「せめてこれをだけでも（お召し上がりください）」と、世話をして奔走するが、（菊君は、室内に）お入りになっても（出された果物に）興味も示しなさらない。とても心にしみる人を見てしまったなあ、尼でないならば、恋仲にならずにはいられそうにないお気持ちがして、人のいない隙に御前にお仕えしている童に尋ねなさる。「この隣にいる人はどのような者だ。知っているか」とおっしゃると、（童は）「主人の姉妹の尼と申しました人が、ここ数ヶ月山里に住んでいますが、最近一時的にここに出て来ていて、あなたさまがこのように急にお越しになったのは、時機が悪いと言って、主人は（尼の間の悪い滞在を）とてもわずらわしがっております」と申し上げる。「その尼は、年はいくつぐらいであるのか」と、（菊君が）さらにお尋ねになると、（童は）「五十歳過ぎにもなるでしょうか。娘でたいそう若い者も、（母と）同じ様子で俗世に背いて（出家している）」と承ったのは、ほんとうでしょうか。身分のわりには下賤《げせん》な様子もなくて、格別に気位を高く持っている人であるために、すっかり俗世に嫌気《いやけ》がさしてしまっておりますとか。ほんとうに仏に仕える心の尊さは立派でございます」と言って笑う。（菊君は）「心にしみることよ。それほど（仏道に）決意を固めた方のそばで、はかないこの世についての話も申し上げたい気がするが、突然の軽率なふるまいも罪深いにちがいないものの、どう言おうか、試しに手紙を伝えてくれるだろうか」とおっしゃって、御畳紙《たとうがみ》に、

　露がかかる心もはかない（＝夕顔の花にかかるはかない露のように、私があなたを思う心もはかない）ことだ。夕暮れ時にほのかに見た家の（夕顔の）花の（ように美しいあなたの）夕（方の）顔よ。

童は（菊君の考えに）気づきもせず、何かわけがあるのだろうと思って、（その手紙を）懐に入れて（隣へ）行った。

（菊君が、美しい尼を見た）名残も（あって）もの思いにふけっていらっしゃると、人々が、御前に参り、主人も「退屈でいらっしゃるだろう」ということで、さまざまにお話などし申し上げるうちに、夜もたいそう更けて行くので、菊君はあのお返事がとても知りたいのに、間が悪い人の多さをつらくお思いになるので、眠そうにふるまいなさって物に寄りかかって横になりなさると、人々は、御前で「さあ、はやくお休みになってしまってください」と申し上げて、主人もそっと奥へ入った。

ようやく童が帰り参ったので、（菊君が）「どうだ」とお尋ねになると、「『まったくこのようなお手紙を人づてにでもいただくのにふさわしい人も（ここには）おりません。場所をお間違えでしょうか』と、あの老尼が、思いがけないことのように申し上げた」と申し上げて、

『俗世を遁れる葎の（生い茂る質素な）家で見苦しいところに、（あなたは）見たのか。どのような夕顔の花（のように美しい夕方の顔）を。（ここには、そのように関心を持たれる者はおりません。）

このように申し上げてください』と、不審がりましたので、帰り参った」と申し上げるので、（菊君は、手紙を送った）かいがないものの、（老尼がそのように不審がるのも）当然のことと思い返しなさるが、お休みになれない。不思議なことに、かわいらしかった面影が、夢でない御枕元にぴったりと寄り添っ

ているお気持ちがして、「間近けれども（＝人に知られない恋心が何のためになるかと思いつつ、そばにいるけれども逢う方法はないのだ）」と独り言をおっしゃる。

【設問解説】

問1　短語句の解釈問題　21 ③　22 ③　23 ④

(ア)　にげなきまで

「にげなき」は、形容詞「にげなし」の連体形である。

> **にげなし（似げ無し）**（形容詞・ク活用）
> 1　似合わない。ふさわしくない。

この語義に合う選択肢は③だけなので、**正解は③**である。

(イ)　聞こえまほしき

「聞こえ」は動詞「聞こゆ」の未然形、「まほしき」は願望の助動詞「まほし」の連体形である。

> **聞こゆ**（動詞・ヤ行下二段活用）
> 1　聞こえる。
> 2　噂される。評判である。
> 3　理解できる。わかる。
> 4　申し上げる。（「言ふ」の謙譲語）
> 5　〜申し上げる。（謙譲の補助動詞）

この語義に合う選択肢は③だけなので、**正解は③**である。

①の「うかがう」は、「聞く」の謙譲表現で、「言ふ」の謙譲表現ではない。②は「聞いて」とあるが、「聞く」と「聞こえる」とは意味が違うので、「聞こゆ」の解釈としては正しくない。④・⑤の「話し」は、前記4の「言ふ」と同じ意味だと言えるが、これらの選択肢はいずれも敬語でないため間違いである。

また、「まほし」は「〜たい」「〜てほしい」などと訳せるので、すべての選択肢が「まほし」の意味に合うが、文脈を考えると、菊君が隣家の尼と話したいという、自己の願望を述べている部分なので、「〜てほしい」は不適切である。②・④は、その点でも排除できる。

(ウ)　あやしう

「あやしう」は、形容詞「あやし」の連用形「あやしく」のウ音便形である。

> **あやし**（形容詞・シク活用）
> 1　不思議だ。
> 2　普通と違う。
> 3　不審だ。
> 4　不都合だ。
> 5　見苦しい。
> 6　身分が低い。

この語義に合う選択肢は①・③・④である。傍線部の直後を見ると、「らうたかりし面影の、夢ならぬ御枕上のつと添ひたる御心地して（＝かわいらしかった面影が、夢でない御枕元にぴったりと寄り添っているお気持ちがして）」とある。つまり、老尼の娘の面影が、夢ではなく現実に、枕元に寄り添う気がすることを「あやしう」というのであるから、①

「いやしいことに」や、③「疑わしいことに」では文脈に合わない。**正解は④**である。

問2 **文法問題** 24 ⑤

「ぬ」「に」「ね」に波線が引かれ、意味が同じものの組合せが問われている。波線部それぞれが、文法的にどのように説明されるかを確認しなければならないが、以下に、「ぬ」「ね」と「に」に分けて、それぞれについて、どのような文法的説明の可能性があるか、また、どのように識別すればよいかをまとめる。

「ぬ」〔「ね」〕の識別

※以下、〔 〕の前に示すのは「ぬ」の形になる場合の活用形で、〔 〕の中は「ね」の形になる場合の活用形。

1　完了の助動詞「ぬ」の終止形〔命令形〕
　＊連用形に接続する。

2　打消の助動詞「ず」の連体形〔已然形〕
　＊未然形に接続する。

3　動詞（の活用語尾）
　＊ナ行下二段活用動詞「寝《ぬ》」の終止形〔未然形・連用形〕や、ナ行変格活用動詞「死ぬ」「往《い》（去《い》）ぬ」の終止形〔命令形〕の活用語尾。

「に」の識別

1　完了の助動詞「ぬ」の連用形
　＊連用形に接続する。直下に助動詞「けり」「たり」「き」「けむ」のいずれかが付く。

2　断定の助動詞「なり」の連用形
　＊非活用語（体言など）や連体形に接続し、「で（ある）」「で（いらっしゃる）」「で（ございます）」などと訳せる。
　＊下に「あり」や「あり」の敬語（「おはす」「おはします」「はべり」「さぶらふ」など）を伴うことが多い。

3　格助詞
　＊体言や連体形などに接続し、多くは「〜に」と訳せる。

4　接続助詞
　＊連体形に接続し、「〜ので」「〜と」「〜けれども」などと訳せる。

5　ナ行変格活用動詞の連用形の活用語尾
　＊「死に」「往（去）に」の形のみ。

6　ナリ活用形容動詞の連用形の活用語尾
　＊「あはれに」「まめに」など、物事の状態・性質を表す単語の一部である。

7　副詞の一部
　＊「いかに」「げに」「さすがに」など。

a「ぬ」は、未然形「給は」に接続しているので、**打消の助動詞「ず」**である。

b「に」は、体言に接続して、下に「あり」を伴い、「尼であるだろうか」と解釈することができるので、**断定の助動詞「なり」**である。

c「ぬ」は、連用形「そむき」に接続しているので、**完了の助動詞「ぬ」**である。

d「ね」は、連用形「給ひ」に接続しているので、**完了の助動詞「ぬ」**である。

e「ぬ」は、未然形「なら」に接続しているので、**打消の助動詞「ず」**である。

以上により、〔**ae**〕、〔**cd**〕が同じで、〔**b**〕は他に同じものがないので、**正解は⑤**である。

問3　心情の説明問題　25　②

傍線部「御心地」の内容は、その直前に「いとあはれなる人を見つるかな、尼ならずは、見ではえやむまじき」と示されている。

まず、「いとあはれなる人を見つるかな」について、誰がどのような人を見たのかを確かめるために、ここまでの本文を見てみよう。本文2行目で「端近う寄り臥し」た「君（＝菊君）」が、さらに夕顔の咲く庭に「おりたちてこの花一房とり給へる」（4行目）際に、透垣の隙間から「五十ばかりの尼」と「また奥の方よりほのかにゐざり出づる人」とを垣間見ている。その際、後から現れた人物について、菊君は、「いと若きに、何ばかりの心をおこしてかくはそむきぬらむ」（9行目）と感じ、「いとあはれと見捨てがたう思す」（10行目）と書かれている。よって、「いとあはれなる人を見つるかな」とは、菊君が透垣の隙間から若い娘を見て「いとあはれなる」と感じた心情を述べたものだとわかる。これによって、選択肢の③〜⑤は、蔵人や老尼の心情とする点でも、その内容においても、間違っていることが明らかである。

次に、「尼ならずは、見ではえやむまじき」を理解するために、この部分の解釈を考える。以下の語句に注意すること。

1　「は」は、形容詞の「〜く」の形や打消の助動詞の「ず」の形について、「〜くは」「〜ずは」の形となる場合、順接仮定条件を表し、「〜ならば」と訳す。

2　「見る」には、現代語「見る」の意味以外に、「恋愛関係になる」という意味を表す場合がある。

3　「で」は、打消接続を表し、「〜ないで」と訳す。

4　「え」は、打消表現とともに用いられて不可能を表し、「〜できない」と訳す。ここでは、下にある「まじき」と呼応している。

5　「まじき」は、打消推量の助動詞「まじ」の連体形で、「まじ」は「〜ないだろう」「〜はずがない」などの意味を持つ。

以上の語句に注意して、当該部分を直訳すると、「尼でないならば、見ないではやむことができないだろう」となる。それは要するに、「尼でないならば見るだろう」ということである。前記2に示したように、「見る」に「恋愛関係になる」という意味を表す場合があること、また、菊君が隣家の娘を見て、「いとあはれと見捨てがたう」思っていることを考慮すると、これは、尼でないならば恋愛関係になりたい、ということであり、②の「尼であるらしいとは思いながらも湧き上がってくる菊君の恋心」という内容と合致する。一方、①の「どういう事情で出家したのか確かめずにはいられない菊君の好奇心」という内容とは合致しない。したがって、**正解は②**である。

問4 **行動の意図の説明問題** 26 ②

傍線部の「もてない」は、サ行四段活用動詞「もてなす」の連用形「もてなし」のイ音便形で、「ふるまう」の意である。傍線部全体では、「眠そうにふるまいなさって」という解釈になる。この解釈は、各選択肢に、①「眠そうなふりをして」、②「眠そうなそぶりを見せた」、③「眠そうなふりをして」、④「眠くなったふりをした」、⑤「早く眠りにつきたいということを伝えようとした」と書かれており、いずれも間違っていない。さらに、そのような態度を取ったのが菊君であるということも、各選択肢すべてが揃って指摘するところだから、この問いは、要するに、菊君がどのような意図で眠そうにふるまったかを問う設問である。

その意図は、傍線部の直前に、「かの御返しのいとゆかしきに、あやにくなる人しげさをわびしう思せば」と書かれているので、この趣旨を記した選択肢を選べばよい。当該箇所を解釈する上で注意すべき点は、次の通りである。

1 「かの御返し」は、その前の場面で、菊君が童に託して隣家にXの歌を贈っているので、それに対する返事を指すと考えてよい。

2 「ゆかしき」は、形容詞「ゆかし」の連体形である。「ゆかし」は、好奇心をかき立てられる様を示し、「見たい」「知りたい」などと訳す。

3 「あやにくなる」は、形容動詞「あやにくなり」の連体形である。「あやにくなり」は、予期に反して起こる不本意な状況を表し、「間が悪い」「不都合だ」などと訳す。

4 「しげさ」は、形容詞「しげし」から派生した名詞で、「しげし」は「多い」という意味だから、「しげさ」は「多さ」という意味である。

5 「わびしう」は、形容詞「わびし」の連用形「わびしく」のウ音便形である。「わびし」は、苦痛を表し、「つらい」「苦しい」などと訳す。

6 「思せ」は、動詞「思す」の已然形である。「思す」は、「思ふ」の尊敬語で、「思いなさる」「お思いになる」などと訳す。

7 「ば」は接続助詞で、已然形に接続する時には、順接の確定条件を表し、「〜ので」「〜すると」などと訳す。

以上を踏まえて、この部分を直訳すると、「君はあのお返事がとても知りたいのに、間が悪い人の多さをつらくお思いになるので」となる。

選択肢の中で、この趣旨に合致するものは、①「老尼の娘と恋文を交わそうとしていたが」、②「童を隣家へ遣わして、その帰りをひそかに待っていた」、③「老尼の娘からの返事が待ちきれず」で、娘からの返事を心待ちにしているという内容が一切ない④と⑤は間違いだとわかる。④の、蔵人に対して菊君が「早く解放してあげようと気を利かせ」たという内容や、⑤の、菊君が「慣れない他人の家にいることで気疲れをしていた」という内容は、本文にないものでもある。

そこで、残った①～③の選択肢をさらに詳しく見ると、①の「蔵人たちがそうした（＝老尼の娘と恋文を交わそうとしていた）菊君の行動を警戒して」という内容は、本文から読み取れない。蔵人たちについては、傍線部の前の行で、「主も『つれづれにおはしまさむ』とて、さまざま御物語など聞こゆるほど」とあるように、菊君が退屈しないようにそばで話し相手をしようとしていたとしか書かれていない。また、③の「こっそり蔵人の屋敷を抜け出して娘のもとに忍び込もうと考えた」という内容も、本文から読み取れない。傍線部の後で、「主もすべり入りぬ」と、蔵人たちが姿を消した後、菊君は、帰参した童から老尼の**Y**の歌を伝えられて、寝ることができず、独り言を言うところで本文は終わっている。娘のいる隣家に忍び込もうという考えは、菊君の気持ちとしても記されてはいない。それに対して、②の「蔵人たちがなかなか自分のそばから離れようとしない」は、傍線部の前に、「人々、御前に参り、主も……さまざま御物語など聞こゆるほど、夜もいたく更け行けば」とあることから、蔵人たちが夜更けまで菊君のそばにいたことがわかり、その内容と合致する。また、「人々を遠ざける」は、菊君の意図として示した箇所の「あやにくなる人しげさをわびしう思せ（＝間が悪い人の多さをつらくお思いになる）」結果としての行動と考えられ、内容的に合致するので、すべてが本文に即した内容になっている。したがって、**正解は②**である。

問5　和歌の説明問題　27　④

先に結論を述べると、**X**の歌の説明はどの選択肢も正しく、解答は**Y**の歌についての記述で決まる。この解説では、まず、**X**の歌についての各選択肢の記述の正しさを確認し、その後に、**Y**の歌について検討する。

Xの歌を解釈する上で注意すべき語句を列挙すると、次の通りである。

1　「はかな」は、形容詞「はかなし」の語幹の用法で、ここで詠嘆的に文が切れている。

2　「ほの見」は、動詞「ほの見る」の連用形で、「ほの見る」は、「ほのかに見る」という意味である。

3　「し」は、過去の助動詞「き」の連体形で、「～た」と訳す。

これらに注意して、**X**の歌を直訳すると、「露がかかる心もはかないことだ。夕暮れ時にほのかに見た家の花の夕顔よ」となる。

詠まれた状況を考えると、この歌は、菊君が、隣家の若い娘を見かけ、関心を抱いて贈ったものである。よって、「ほの見し」は、菊君が隣家の若い娘を見た行為を指すと考えられる。「ほの見し宿」の「宿」は菊君が見た隣家を指すと考えられ、④のXの歌についての説明は正しいとわかる。また、「花の夕顔」は、隣家に咲く花を指すと同時に、隣家の老尼の娘の様子を花にたとえたものと見ることができるので、⑤のXの歌についての記述も正しい。さらに、菊君が隣家の娘を見たことは第二段落に記されているが、本文4行目に「やや暮れかかる露の光も」とあることから、それが夕暮れ時であったとわかる。よって、「たそかれ」とは菊君が隣家の娘を見た時間だと判断でき、③のXの歌についての説明は正しいとわかる。次に、上の句で「心もはかな」と詠まれている「心」は、隣家の老尼の娘の姿を見た折の菊君の心を指しているものと考えられるので、②のXの歌についての記述も正しい。さらに、「心も」と並列の係助詞「も」が用いられているところから、他に「はかない」ものがあり、それと老尼の娘を想う菊君の「心」が、並べて表現されているとわかるが、その「はかない」ものとは初句に詠み込まれている「露」の他には考えられない。古典文学の世界で、「露」がしばしばはかないものの象徴として用いられることを知っていれば、考える手がかりになるだろう。したがって、「露」は菊君の恋心のはかなさを印象づける景物でもあるのである。よって、①のXの歌についての記述も正しい。以上の検討から、各選択肢のXの歌についての記述はすべて正しいということになる。Xの歌は、全体としては「夕顔の花にかかるはかない露のように、私があなたを思う心もはかないことだ。夕暮れ時にほのかに見た家の夕顔の花のよ（その夕顔の花のように美しい、あなたの夕方の顔よ）」といった意味になる。

次に、Yの歌を解釈する上で注意すべき語句を列挙すると、次の通りである。

1 「世をそむく」は、「俗世を遁れる」「隠遁する」「出家する」という意味の慣用句で、ここでは老尼が出家していることを指す。

2 「葎」は、（注6）の記述からもわかる通り、家屋が質素な様子であることを表す。

3 「あやしき」は、形容詞「あやし」の連体形。「あやし」については問1(ウ)の解説で種々の意味を挙げたが、ここは「葎の宿」の性質を述べているので、そこで挙げた5「見苦しい」の意味がふさわしい。

4 「し」は、過去の助動詞「き」の連体形で、「〜た」と訳す。

5 「や」は、疑問・反語・詠嘆を表す終助詞（係助詞）であるが、ここは疑問の用法で、「〜か」と訳す。

これらに注意して、Yの歌を直訳すると、「俗世を遁れる葎の生い茂る質素な家で見苦しいところに、見たのか、どのような花の夕顔を」となる。菊君が「ほの見し宿の花の夕顔」と詠んだのに対して「宿のあやしきに見しやいかなる花の夕顔」と返しているのだから、「見しや」の主語は菊君で、Yは、「いったいあなたは、尼の住む質素な我が家で、どのような女性を見たというのか」といった意味の歌である。これを、Yの歌の前の「すべてかかる御消息伝へうけたまはるべき人も侍らず」という老尼の言い分と併せて考えると、さらに「尼の住む質素な我が家には、あなたが恋文を送るような美女はいない」という意図が込められていることがわかる。

このような趣旨に合致する選択肢は、④の「ここは尼の住む粗末な家であり、あなたの恋の相手となるような女性はいない」である。Yの歌は、①の「そんな頼りない気持ちであるならば、一時の感傷に過ぎないのだろう」のように、菊君の気持ちに言及した歌ではない。②のように「恋は仏道修行の妨げになるので」とも言っていない。③の「夕暮れ時は怪しいことが起こるので、何かに惑わされたのだろう」も、歌の内容と異なる。⑤の「この家に若い女性は何人かいる」という内容も、歌を含めて本文のどこにも示されていない。したがって、**正解は④**である。

問6　登場人物の説明問題　28　①

例年、センター試験の**問6**は、「文章の内容に関する説明」「文章の内容に合致するもの」などを選ばせるかたちで、選択肢と対応する箇所を本文全体から探して検討しなければならないものが出される。今年の「この文章の登場人物に関する説明」を問うものも、設問の表現はやや目新しいが、おおむね例年の傾向に沿ったものである。

①は、童についての選択肢である。

1　「菊君から隣家にいる女性たちの素性を問われ」は、本文12・13行目の「御前にさぶらふ童に問ひ給ふ。『この隣なる人はいかなるものぞ。知りたりや』とのたまへば」と一致する。

2　「蔵人のきょうだいの老尼とその娘であることを伝えつつ」は、本文13行目の「主のはらからの尼となむ申し侍りし」、および15・16行目の「娘のいと若きも、同じさまに世をそむきて、とうけたまはりし」と一致する。

3　「娘は気位が高いので出家したのだろうとも言った」は、本文16・17行目の「こよなう思ひ上がりたる人ゆゑ、おほくは世をも倦んじ果て侍るとかや」と一致する。

4　「菊君から使いに行くように頼まれた」は、本文18・19行目で、菊君が童に「いかがいふぞ、こころみに消息伝へてむや」と言っていることと一致する。

5　「その時も、その真意をはかりかねたが、何かわけがあるのだろうと察して、引き受けた」は、本文21行目の「童は心も得ず、あるやうあらむと思ひて、懐に入れて行きぬ」と一致する。

このように、①の記述は、すべて本文の記述と一致する。

②は、菊君についての選択肢である。この選択肢では、まず「出家した女性を恋い慕うことに対して罪の意識を強く感じた」が本文の記述と異なる。たしかに、本文12行目で「尼ならずは、見ではえやむまじき御心地（＝尼でないならば、恋仲にならずにはいられそうにないお気持ち）」と言っているから、菊君は、尼であることについて恋愛を阻む条件だと考えているようだが、自分が隣家の老尼の娘に関心を持ったことについて「罪の意識」を感じたとは書かれていない。また、本文18行目には「うちつけなるそぞろごとも罪深かるべけれど」とあるが、ここで罪深いとされているのは、「うち

つけなるそぞろごと」、つまり、突然手紙を贈る行為についてであって、「出家した女性を恋い慕うこと」についてではない。さらに、その罪の意識を前提に「本心からの恋であるならそれも許されるだろうと考え」たとは、本文のどこにも書かれていないので、間違いである。

③は、蔵人についての選択肢である。この選択肢では、蔵人が菊君に対して「不満を感じていた」「ますます不快に思った」ということが、本文に根拠がなく、間違いである。たしかに、蔵人が「来訪した菊君に対して精一杯のもてなしをしようとつとめ」ていたことや、蔵人が提供した食事が「わざわざ用意した」ものであることは、本文1・2行目「こゆるぎのいそぎ、さかな求めて、御供の人々もてなし騒ぐ」などからわかるし、菊君が「連絡もなくやって来た」ことも、本文1行目「にはかのこと」と一致する内容である。また、菊君が食事に手もつけなかったことは、本文11行目に「見入れ給はず」とあることが示している。しかし、それらの場面で、蔵人がそうした菊君の態度に不満や不快感を抱いていることは書かれていない。本文14行目の童の発言の中で、「折悪しとて、主はいみじうむつかり侍る（＝時機が悪いと言って、主人はとてもわずらわしがっております）」とあるのが、唯一、蔵人が不快感を抱いたことを表す場面だが、これは、菊君が訪れた際に、隣に姉妹の尼とその娘が来あわせている時機の悪さについてであって、菊君の態度に向けられたものではない。まして、蔵人が「他人の気持ちを汲み取ることができない菊君をあわれだと思った」とは、本文のどこにも書かれていない。

④は、老尼についての選択肢である。この選択肢では、「菊君に娘の姿を見られてしまったので、蔵人に間の悪さを責められた」が間違いである。③の解説でも述べた通り、蔵人は、老尼が隣家に滞在する間の悪さについてわずらわしがっているのだが、そのことを童が菊君に語るより前に、蔵人は、菊君が老尼の娘の姿を垣間見てしまったことを、知っているはずはない。よって、その不快感は、「娘の姿を見られてしまった」ことに対するものではないし、蔵人が老尼を責めたはずもない。その他、尼が隣家に滞在しているいきさつについて、童が、本文13・14行目で「月頃山里に住み侍るを、この頃あからさまにここに出でものして（＝ここ数ヶ月山里に住んでいますが、最近一時的にここに出て来ていて）」と説明しているが、ここからは、選択肢に書かれている、老尼は、「ふだんは」山里に住んでいること、蔵人をたずねたのが「久しぶり」であること、その来訪が「ちょっとした用事」によるものであることはわからないので、この選択肢はこれらの点でも、本文に根拠がないと言える。

⑤は、老尼の娘についての選択肢である。この選択肢では、娘が「高貴な身分から落ちぶれた」というのが、本文に根拠のない記述である。この娘については、童が、本文16行目で「身のほどよりはいやしげなくて、こよなう思ひ上がりたる人（＝身分のわりには下賤な様子もなくて、格別に気位を高く持っている人）」と説明しているが、この説明は、娘の身分がさほど高くないことを示唆してはいても、「高貴な身分

から落ちぶれた」というような身分の変化の説明にはなっていない。また、「菊君から歌を贈られたことで心を乱し、眠れなくなった」も間違った記述である。本文中で眠れないことについて記しているのは、28・29行目に「寝られ給はず」とある箇所だけだが、ここは、菊君が、自分が贈った歌に対する老尼からのそっけない返信に接して、眠れなくなっているというのであって、老尼の娘の様子を語るものではない。

以上のことから、**正解は①**である。

第4問　漢文

【出典】

新井白石《あらいはくせき》『白石先生遺文《はくせきせんせいいぶん》』全三巻。『白石先生遺文』は、新井白石（一六五七〜一七二五）の漢詩文集。史論を中心にした三十八編の論文・随筆、七首の詩、二編の聯句《れんく》から構成されている。本文は、下巻に収める「江関遺聞序」の一部である。

新井白石は江戸時代中期の儒学者、政治家。名は君美《きんみ》、白石は号。木下順庵（一六二一〜九八）に朱子学を学び、甲府侯徳《とく》川綱豊《がわつなとよ》（後の家宣《いえのぶ》）の儒臣となった。一七〇九年に家宣が第六代の将軍職につくと、幕政に参加していわゆる「正徳の治《しょうとくのち》」（正徳年間を中心に行われた、儒学を理念とする文治政治）を行った。吉宗が第八代将軍になるとともに政界を退き、以後は学問と著述に専念した。儒学のみならず、歴史学、地理学、国語学、兵学など多方面で活躍した。『折たく柴の記』『西洋紀聞』『読史余論』などの著作がよく知られている。

【本文解説】

新井白石が、『江関遺聞』という著書を著した動機を述べた文章である。

第一段落では、「時代が遠く隔たれば、物事も大きく変化する」ということの理解を訴えている。「轟《とどろ》く雷鳴もはるか遠くで聞けば小さく聞こえ、広大な長江や黄河もはるか遠くで見れば小さく見える」という比喩や、船上から水中に剣を落とした人が、船べりに傷をつけ、その傷を目印にして停泊後に剣を拾おうとした故事を用いて読者の理解を助けている。

第二段落では、名実ともに大都市である江戸も、古くは地名さえ定かではなかったことを踏まえて、時代の推移とともに江戸の世相も事物もすっかり変わっていくはずだと予見している。

第三段落では、江戸の姿が時代の推移とともに大きく変わっていくに違いないことに筆者は感慨を抱いており、その感慨こそが『江関遺聞』執筆の理由、動機であることを明記して、本文を結んでいる。

【書き下し文】

雷霆《らいてい》を百里《ひやくり》の外《そと》に聴《き》けば、盆《ぼん》を鼓《こ》するがごとく、江河《かうが》を千《せん》里《り》の間《かん》に望《のぞ》めば、帯《おび》を縈《まと》ふがごときは、其《そ》の相《あ》ひ去《さ》るの遠《とほ》きを以《もつ》てなり。故《ゆゑ》に千載《せんざい》の下《しも》に居《を》りて之《これ》を千載《せんざい》の上《かみ》に求《もと》むるに、相《あ》ひ去《さ》るの遠《とほ》きを以《もつ》て其《そ》の変《へん》有《あ》るを知《し》らざれば、則《すなは》ち猶《な》ほ舟《ふね》に刻《きざ》みて剣《けん》を求《もと》むるがごとし。今《いま》の求《もと》むる所《ところ》は、往者《わうしや》の失《うしな》ふ所《ところ》に非《あら》ざるも、其《そ》の刻《きざ》みしは此《ここ》に在《あ》り、是《こ》れ従《よ》りて墜《お》つる所《ところ》なりと謂《おも》へり。豈《あ》に惑《まど》ひならずや。

今《いま》夫《そ》れ江戸《えど》は、世《よ》の称《しよう》する所《ところ》の名都《めいと》大邑《だいいふ》、冠蓋《くわんがい》の集《あつ》まる所《ところ》、舟車《しうしや》の湊《あつ》まる所《ところ》にして、実《まこと》に天下《てんか》の大都会《だいとくわい》たるなり。而《しか》れども其《そ》の地《ち》の名《な》たる、之《これ》を古《いにしへ》に訪《たづ》ぬるも、未《いま》だ之《これ》を聞《き》かず。豈《あ》に古今《ここん》相《あ》ひ去《さ》ること日《ひび》に遠《とほ》く、事物《じぶつ》の変《へん》も亦《ま》た其《そ》の間《かん》に在《あ》るに非《あら》ずや。蓋《けだ》し知《し》る、後《のち》の今《いま》に於《お》けるも、世《よ》の相《あ》ひ去《さ》ること愈遠《いよいよとほ》く、事《こと》の相《あ》ひ変《へん》ずること愈多《いよいよおほ》く、其《そ》の聞《き》かんと欲《ほつ》する所《ところ》を求《もと》むるも得《う》べからざること、亦《ま》た猶《な》ほ今《いま》の古《いにしへ》に於《お》けるがごときを。吾窃《われひそか》に焉《これ》に感《かん》ずる有《あ》り。『遺聞《いぶん》』の書《しよ》、由《よ》りて作《つく》る所《ところ》なり。

【全文解釈】

雷鳴を百里離れた所で聞けば、杯を太鼓のように叩く（大きさの音）くらいであり、長江や黄河を千里離れた所で眺めれば、（腰に）帯を巻いている（その帯の大きさ）くらいであるのは、観察者の雷鳴や長江と黄河からの距離が遠く隔たっているからである。だから遠い未来（の今の世）に居てある対象を遠い過去に探すときに、その対象からの時間が遠く隔たっているためにその対象が変化していることに気づかなければ、まるで（船中から水中に剣を落とした人が、）船べりに傷をつけて（船が停泊してから船べりにつけた傷を目印に）剣を探すようなものだ。今（剣を）探している場所は、以前（剣を）失くした場所ではないのに、（剣を落とした場所として）自分が傷をつけたのはここである、だからここが落ちた場所であると思っている。なんと甚だしい誤解ではないか。

今そもそも江戸は、世（の人々）が言う名高い首都である大きな都市、身分の高い人が集まる城府、水陸の交通の要衝であって、まことに天下の大都会である。しかしながら江戸の地の名称は、それを昔に求めても、その名を耳にしない。ひょっとして昔と今とは日ごとに遠く隔たっていき、事物の変化もやはり昔と今が遠く隔たっていく間に起こるのではないか。考えてみると、後の世は今の世に対して、世相がどんどん遠く隔たっていき、事物がどんどん大きく変わっていき、自分が聞きたいと思うことを探しても手に入れられないのは、ちょうど今の世の昔の世に対する関係と同じだということがわかるのである。

私は胸中でこうした隔たりや変化に感慨を抱いている。『(江関)遺聞』という著書は、だから(=この感慨を抱いたから)著したのである。

【設問解説】

問1 語の読み方の問題 29 ⑤ 30 ②

(ア)「蓋」には、「おおふ(覆い隠す)」「ふた」などの読み・用法もあるが、副詞としては「けだし」と読み、「思うに・考えてみると・そもそも」という意味である。筆者が自身の考えや意見を述べるときに用いる。「なんぞ(どうして・なぜ)」と読む語には「何」「奚」「胡」、「はたして(思ったとおり・案の定)」と読む語には「果」、「まさに(ちょうど・まさしく)」と読む語には「方」「正」、「すなはち」と読む語には「即(すぐに・そのまま)」「便(すぐに・たやすく)」「乃(そこで・やっと)」「則(そうだとすれば・だから)」「輒(そのたびに)」、などがそれぞれある。**正解は⑤**である。

(イ)「愈」には、「いゆ(治る)」「まさる(すぐれる)」などの読み・用法もあるが、副詞としては「いよいよ」と読み、「ますます」という意味である。程度が増すことを表す。「しばしば(たびたび)」と読む語には「数」「屢」、「かへって(逆に・反対に)」と読む語には「反」「却」「翻」、「はなはだ(たいそう・非常に)」と読む語には「甚」「太」、「すこぶる(かなり・少し)」と読む語には「頗」、などがそれぞれある。

正解は②である。

副詞の読みと意味には注意が必要である。「すなはち」のように、読み方が同じでも字によって意味が異なる場合も少なくないからである。重要語は、読み方・意味ともにしっかり習得しておきたい。

問2 語の意味の問題 31 ② 32 ③

(1)「千載之上」については、ポイントが二つある。一つは、「千載」の意味を正しく捉えること、いま一つは、傍線部とその前にある「千載之下」との対比に留意することである。まず、「千載」が「千歳」と同意語であり、文字通り「千年」、転じて「長い年月」という意味であることを押さえる。「千載一遇」という四字熟語を想起するとわかりやすい。「長い年月」という時間的な意味を含んだ選択肢は②と⑤である。次に傍線部「千載之上」と「千載之下」との意味の対比を考える。「千載」の意味を踏まえれば、ここの「上」「下」は、時間的な意味合いで用いられていることは明らかである。つまり、「千載之上」は「ずっと前の過去」、「千載之下」は「ずっと先の未来」の意味である。「時間をさか**のぼる**」=「上」、「時間を**くだる**」=「下」と考えればよい。よって、**正解は②**である。

(2)「舟車之所レ湊《マル》」は、「所《ところ》ニ[動詞]《(スル)》ニ」(――すること・もの)の表現に注意して直訳すると、「船や馬車が集まるもの」となる。「湊」は、名詞として「みなと(港)」の意味でも用いられるが、ここの「湊」は、与えられている「あつマル」

という読み、および傍線部直前の「冠蓋之所レ集《マル》」との対比に留意すれば、「集まる・集合する」の意味だと判断できる。ただし、ここでは「夫《レ》江戸者」とあるとおり、話題は「江戸」なので、ここの「所」は文字通り「場所」の意に解して「あつまる場所」と訳す方が文脈に合致する。また、「舟車」が「湊《マル》」の主体であることも正しく捉えよう。「船や馬車が集まる場所」と同内容の選択肢は③「水陸の交通の要衝」だけである。よって、**正解は③**である。

問3　比喩説明の問題　[33]　②

長い一文であるが、文の構造は決して複雑ではない。図解すれば、

[Ⅰ]《(スレ)バ》者、如《ク》二[Ⅱ]《(スル)ガ》一、[Ⅲ]《(スレ)バ》者、如《キハ》二[Ⅳ]《(スル)ガ》一、以《もつテ》二——《ヲ》一也《なり》。

（[Ⅰ]すれば、[Ⅱ]するかのようであり、[Ⅲ]すれば、[Ⅳ]するかのようであるのは、——だからである。）

となる。仮定条件の句を提示する「——者《バ》」（ここの「者」は、訓読では置き字として扱って読まない）という表現、「如《シ》二……《(スル)ガ》一」（……するかのようである）という比喩表現、そして理由説明の「以《テ》二——《ヲ》一也」（——だからである）に留意しよう。

さて、文の構造を踏まえて、傍線部冒頭から「如《キハ》レ縈《まとフガ》レ帯《ヲ》」までの比喩の部分を直訳すると、「雷鳴を百里離れた所で聞けば、杯を太鼓のように叩くかのようであり、長江や黄河を千里離れた所で眺めれば、帯を巻いているかのようであるのは」となるが、比喩部分を訳出しただけでは、どういうことを言っているのか捉えにくい。しかし、続く「以《テ》二其《ノ》相《ヒ》去《ル》之遠《キヲ》一也」に比喩の意味が示されている。「相《ヒ》」と「去《ル》」の用法、および「其」の示す内容を明らかにして直訳すると、「雷鳴や長江と黄河の観察者が雷鳴や長江と黄河から立ち去っていることが遠いからである」となる。「相《ヒ》」が直後に置かれる他動詞の目的や対象を示すこと、ここの「去《ル》」が「去《ルコト》レ門《ヲ》十里」（門から十里の距離）のように距離を表す用法であることを正しく捉えて解釈したい。要するに、「観察者の対象からの距離が遠い」と言っているのである。したがって、傍線部は「雷鳴や長江と黄河までの距離が遠いから、大きな雷鳴も杯を叩くほどの小さな音に聞こえ、大きな長江と黄河も腰に巻く帯ほどの大きさに見える」と言っているのである。

これを最も適切に説明しているのは、②「『百里』や『千里』ほども遠くから見聞きしているために、『雷霆』や『江河』のように本来は大きなものも、小さく感じられる」だけである。①「聴覚と視覚とは別の感覚なので」と⑤「空の高さと陸の広さとは違うので」は、どちらも「以《テ》二其《ノ》相《ヒ》去《ル》之遠《キヲ》一也」の説明として誤りである。また、③「『雷霆』や『江河』をどのくらい小さく感じるかの程度が違ってくる」という説明も、傍線部の「距離が遠いと音も物も小さく感じられる」という趣旨と一致しない。さらに、④のように「危険なものも、小さく感じられて怖くなくなる」と心理面まで説明したのでは、やはり傍線部の説明として不適切である。よって、**正解は②**である。

問4 理由説明の問題 [34] ④

傍線部は「なんと甚だしい誤解ではないか」と訳出できる。「豈《あニ》不《ず》㆑□《(ナラ)》乎《や》」(なんとまことに□ではないか)という詠嘆形を正しく捉えて解釈しよう。つまり、「大変な誤りだ」と言っているのである。

問われているのは、筆者が「大変な誤り」と判断した理由である。ただし、「刻《ミテ》㆑舟《ニ》求《ム》㆑剣《ヲ》」(船べりに傷をつけて剣を探した)の故事に即するという条件がついているから、故事の趣旨を捉えれば、それが正解のはずである。

この故事については、まず(注3)の説明が大きな手掛かりとなる。船から水中に剣を落とした人が、落とした位置の船べりに傷をつけ、船の停泊後に傷を目印に剣を探そうということであるから、「時間の経過や場所の移動をまったく考慮していない」誤った行動を述べている故事と判断できる。

このことは、傍線部直前の一文「今之所《ハ》㆑求《ムル》、非《ザルモ》㆓往者《ノ》所《ニ》㆒㆑失《フ》、而謂《おもへリ》㆘其《ノ》刻《ミシハ》在《リ》㆑此《ニ》、是所《レ》㆓従《よりテ》墜《おツル》㆒也《ト》㆖」(今剣を探している場所は、以前剣を失くした場所ではないのに、剣を落とした場所として自分が傷をつけたのはここである、だからここが落ちた場所であると思っている)にも述べられている。

以上を踏まえて選択肢を検討すると、まず、①「剣は水中でどんどん錆《さ》びていくのに」や③「目印のつけ方が正しいかどうかばかりを議論している」は、観点がまったく違った説明として排除できる。②と⑤が紛らわしいが、②「船がどれくらいの距離を移動したかを調べもせずに」、⑤「船が動いて場所が変われば、それに応じて新しい目印をつけるべきなのに、怠けてそれをしなかった」という説明は、「時間の経過や場所の移動を考慮した」ものであるから、故事の趣旨と矛盾する。「時間の経過や場所の移動をまったく考慮していない」という故事の趣旨に合致した説明は、④「船が今停泊している場所と、剣を落とした場所との違いに気づいていない」だけである。よって、正解は④である。

問5 返り点と書き下し文の問題 [35] ②

返り点と送り仮名の両方が省略されている「白文」の訓読が問われているときには、選択肢の返り点や書き下し文だけに頼り切って判断するのは禁物である。「白文」の訓読の問題は、結局「文の構造の把握」を問われているのであるから、句形や重要表現が含まれている場合には、それらの事項にも留意して正しく構造を捉えることが肝要である。

さて、傍線部は三つの句から構成されているので、判断しやすい句の訓読から考えるのがコツである。まず、最初の句では多義語「為」がポイントであるが、訓読としてはどの選択肢の読み方も成り立つので、第二句「訪之於古」から考えてみよう。この句「訪之於古」が本文二〜三行目の「求《ム》㆓之《ヲ》于千載之上《ニ》㆒」(ある対象を遠い過去に探す)と構造・意味ともに同一であることに気づいてほしい。つまり「訪《ヌ》㆓之《ヲ》於古《いにしへニ》㆒」と訓読するのが正しい。第二句を正しく読んでいるのは②と⑤である。

次に、正解候補に絞られた②と⑤を、第三句「未之聞」について検討する。「未」については、どちらも再読文字「未だ――(せ)ず」と解し、「聞」については、どちらも動詞「聞く」と解しているので、「之」の解釈について判断すればよい。②は「之《これ》を」と指示代名詞として、⑤は「之《ゆ》く」と動詞として訓読しているが、⑤「其の地の名為《た》る、之を古に訪ぬるも、未だ之かざるを聞く」と読んだのでは、「江戸の地の名称というものは、それを昔に求めても、まだ行っていないことを聞いている」という解釈となり、文意が成り立たない。ここで、「否定文では、動詞の目的語が代名詞の場合、目的語が動詞の直前に倒置される」という原則を考慮しよう。この原則を踏まえた読み方が、②「未だ之を聞かず」である。②の書き下し文全体を、「其」の内容を明らかにして直訳すれば、「江戸の地の名称というものは、それを昔に求めても、その名を聞いたことがない」となり、文意も成立する。よって、**正解は②**である。

問6 理由説明の問題 36 ①

傍線部を含む二つの文から構成されている第三段落を、「焉《これニ》」をそのままにして訳出すると、

私は胸中でこれに感慨を抱いている。『(江関)遺聞』という著書は、だから著したのである。

となる。つまり、問われている『江関遺聞』執筆の理由は、「有《リ》レ感《ズル》レ焉《これニ》」＝「これに感慨を抱いている」ことである。したがって、「焉」の内容を確かめればよい。

そこで、直前の第二段落の内容を確認してみよう。注目するのは「蓋《けだシ》」(思うに・考えてみると・そもそも)である。問1(ア)で確かめたように、筆者が自身の考えや意見を述べるときに用いる語である。当該の段落の冒頭から「蓋《シ》」の直前までは、大都市「江戸」の今昔を中心に、事実関係が記されている。これに対して、「蓋《シ》」以降では「江戸」の未来についての筆者の予測や考えが述べられている。つまり、「焉」の内容は「蓋《シ》」以降の記述に求められ、その内容を基にして選択肢を検討すればよい。

第二段落の全体の内容を踏まえつつ、「蓋《シ》」以降の記述を要約すると、

政治・経済の中心として大都市に発展している江戸も、昔は地名すらはっきりわからない。まさに今昔の感に堪えない。この変遷を踏まえれば、未来の江戸は今とはすっかり変わっているに違いない。

となる。この要約を基にして選択肢を検討してみよう。

②は「今後も発展を続ける保証はないし、逆にさびれてしまうおそれさえある」が誤った説明と判断する。筆者は「江戸の未来は大きく変わる」と述べているだけで、「発展する」とも「さびれる」とも、変化の方向は明示していない。

③は「江戸の今と昔とを対比することで、江戸が大都市へと発展してきた過程をよりはっきり示したい」と説明しているが、過去から現在までの江戸の姿の変化しか考慮されておらず、江戸の未来の変化についてはまったく触れられていないので、不適切な説明である。

④の「変化に対応した最新の江戸の情報を提供し」ということは本文中に述べられていないうえ、③と同様に江戸の未

来について言及されていない。

⑤は「昔の江戸の風情が失われてきており、しかもこの傾向は今後いっそう強まりそう」と説明しているが、〈昔の風情の喪失〉については、本文では触れられていない。

①の説明は、本文に照らして矛盾した箇所がない。「江戸は大都市だが、～未来の江戸も今とは全く違った姿になっているはずなので」は、第二段落の要約として適切である。説明後半の「後世の人がそうした違いを越えて、事実を理解するための手助けをしたい」が、〈江戸の姿の変化〉への感慨であり、『江関遺聞』執筆の動機であると判断できる。したがって、**正解は①**である。

MEMO

2016
本試験

国　語

（2016年1月実施）

受験者数　507,791

平 均 点　 129.39

国　語

解答・採点基準　（200点満点）

問題番号(配点)	設　問	解答番号	正解	配点	自己採点
第1問 (50)	問1	1	③	2	
		2	⑤	2	
		3	⑤	2	
		4	③	2	
		5	⑤	2	
	問2	6	①	8	
	問3	7	②	8	
	問4	8	④	8	
	問5	9	②	8	
	問6	10	①	4	
		11	③	4	
第1問　自己採点小計					
第2問 (50)	問1	12	⑤	3	
		13	③	3	
		14	②	3	
	問2	15	①	7	
	問3	16	④	8	
	問4	17	③	8	
	問5	18	②	8	
	問6	19	① ※	5	
		20	④ ※	5	
第2問　自己採点小計					

問題番号(配点)	設　問	解答番号	正解	配点	自己採点
第3問 (50)	問1	21	③	5	
		22	⑤	5	
		23	①	5	
	問2	24	①	5	
	問3	25	④	7	
	問4	26	④	8	
	問5	27	④	7	
	問6	28	③	8	
第3問　自己採点小計					
第4問 (50)	問1	29	⑤	4	
		30	④	4	
	問2	31	①	6	
	問3	32	①	6	
	問4	33	④	6	
	問5	34	④	8	
	問6	35	③	8	
	問7	36	⑤	8	
第4問　自己採点小計					
自己採点合計					

※の正解は順序を問わない。

第1問　現代文（評論）

【出典】

土井隆義『キャラ化する／される子どもたち』（岩波書店〈岩波ブックレット759〉、二〇〇九年）

土井隆義（どい・たかよし）は、一九六〇年山口県生まれ、大阪大学大学院人間科学研究科博士後期課程中退。専門は犯罪社会学、法社会学、逸脱行動論、社会問題論。著書として、『非行少年の消滅』、『「個性」を煽られる子どもたち』、『友だち地獄』、『若者の気分』、『つながりを煽られる子どもたち』などがある。

【本文解説】

本文は、価値観が多元化し、人が「一貫したアイデンティティ」というものを持ちにくくなった現代において、特に若い世代の間で、わかりやすい「キャラ」を設定することで人間関係を安定させようとする傾向が強くなっている、ということを論じたものである。本文を読解する際には、人びとが「一貫したアイデンティティ」の確立を目指していた時代と、人びとが「キャラ」を設定することで人間関係を安定させようとする時代の違いをしっかりと捉えるようにしたい。

では、本文を便宜上二つの部分に分けて、その内容を確認していこう。

◎　**前半部**（第1段落～第6段落）

ここでは、リカちゃん人形が取り上げられ、時代の推移のなかでリカちゃんの捉えられ方が変わってきたこと、そしてその変化は現代人、特に若者のあり方の変化を反映したものだということが説明されている。

リカちゃん人形は、一九六七年に発売されて以来、その累計出荷数が五千万体を超えており、まさに国民的アイドルと呼ぶべき存在である。ただ、そんなリカちゃんにも、時代の推移のなかで変化が見られる。かつてのリカちゃんは、「子どもたちにとって憧れの生活スタイルを演じてくれるイメージ・キャラクター」だった。リカちゃんの家庭環境などの情報が発売元から提供され、子どもたちは設定された物語の枠組のなかで「ごっこ遊び」を楽しんでいた。ところが、平成に入ってからのリカちゃんは、設定された物語の枠組から徐々に解放され、現在ではミニーマウスなどの別キャラクターを演じるようにもなっている。つまり、リカちゃんは、「特定の物語を背後に背負ったキャラクター」から、「どんな物語にも転用可能なプロトタイプを示す言葉となったキャラ」へと変容したのである。（第1段落・第2段落）

「物語から独立して存在するキャラ」は、一次作品からキャラクターだけを取り出して当初の作品とはかけ離れた物語が展開される二次創作などにも見受けられる。だが、こうした現象は、「物語の主人公がその枠組に縛られていたキャラクターの時代」には想像できなかったものである。それは、何よりも物語を破壊する行為だからである。では、どうしてキャラクター

4

は、「物語から独立して」キャラ化したのか。現代では、人びとに共通の枠組を提供していた「大きな物語」が失われ、価値観の多元化によって人間関係は流動化している。そうしたなかで現代人は、それぞれの対人場面に適合した外キャラを意図的に演じ、複雑になった関係を乗り切っていこうとしている。キャラクターのキャラ化は、そうした現代人の心性を反映していると考えられるのである。（第3段落・第4段落）

多くの人々に共有された「大きな物語」が存在していた時代には、人は揺らぎをはらみながらも一貫したアイデンティティの確立を目指していた。付きあう相手や場の空気に応じて表面的な態度を取り繕うことは、自己欺瞞だと感じられたからである。それに対して、今日の若い世代は、キャラという言葉で示されるような断片的な要素を寄せ集めたものとして、自らの人格をイメージするようになっており、「対人関係に応じて意図的に演じられる外キャラ」も、「生まれもった人格特性を示す内キャラ」も、あらかじめ出来上がっている固定的なものである。（第5段落・第6段落）

◎**後半部**（第7段落〜最終段落）

次にここでは、現在の日本人、特に若い世代はキャラを演じることを当然のこととして行っているが、そうしたことが行われるようになった社会的背景が説明され、キャラを演じることが決して否定的に捉えられるべきものではないことが明らかにされている。

現在の日本は価値観の多元化が進んでおり、どれほど正しく見える意見であろうと、別の観点から見るとその正当性が疑問視されるといった状況にある。現代社会では、自己評価だけではなく、対人関係においても、一貫した評価基準を失っているのである。そのため、たとえ同じ人間関係のなかにいても、その時々の状況ごとに評価が大きく変動するようになっている。私たちの日常生活を振り返って、ある場面にいる自分と別の場面にいる自分とが、異なった自分のように感じられたりすることも多くなっている。現代は、一貫したアイデンティティを持って生きることが難しい社会になってしまっているのである。（第7段落〜第9段落）

ハローキティやミッフィーなどのキャラのことを思い起こしてみよう。それらのキャラは最小限の線で描かれており、その単純な造形は私たちに強い印象を与える。このことは、生身の人間のキャラの場合にも当てはまるだろう。あえて人格の多面性を削ぎ落とし、最小限の要素で描き出された人物像（＝キャラ）は、錯綜した人間関係を単純化し、透明化してくれる。また、たとえば日本のハローキティが特定の文化を離れて万国で受け入れられているように、単純化された人物像（＝キャラ）はどんな場面にも臨機応変に対応することができる。それゆえ、「生身のキャラにも、単純明快でくっきりとした輪郭が求められる」のである。（第10段落・第11段落）

二〇〇八年には、コンビニの売上高が百貨店のそれを超えた。外食産業でもファーストフード化が進む。百貨店やレストランの店員には丁寧な接客態度が期待されるが、コンビニやファーストフードの店員には丁寧な接客態度は必ずしも期待されない。

感情を前面に押し出して個別的に接してくれる百貨店やレストランよりも、感情を背後に押し殺して定形的に接してくれるコンビニやファーストフードのほうが、気をつかわなくて楽だと客の側も感じはじめているのではないか。コンビニやファーストフードが増加する背景には、人びとのそうした気持ちもあるとも考えられる。（第12段落）

　このように見てくると、人間関係において外キャラを演じるのは、異なる価値観を持った人間どうしが、複雑化した人間関係を決して決裂させることなく、コミュニケーションを成立させていくための技法の一つだといえるのではないか。したがって、外キャラを演じるのは、自己欺瞞でもなければ、相手を騙すことでもない。たとえば、ケータイの着メロの選択でその人のキャラが決まってしまうこともあるように、キャラとはきわめて単純化されたものである。しかし、ある側面だけを切り取って強調した自分らしさの表現であり、その意味では個性の一部なのである。キャラは、人間関係を構成するジグソーパズルのピースのようなものであり、他のピースとは取り替えることはできないばかりか、ピースの一つでも欠けると予定調和の関係は成立しない。その意味では、自分をキャラ化して呈示することは、他者への誠実な態度ともいえる。価値観の多元化した相対性の時代には、誠実さの基準も変わらざるをえないのである。（第13段落〜最終段落）

【設問解説】

問1　漢字の知識を問う問題　[1] ③　[2] ⑤　[3] ⑤　[4] ③　[5] ⑤

(ア)は「繕う」。「取り繕う」で、〈外見だけを飾って、よく見えるようにする〉という意味。①は〈次第に増えること、また増やすこと〉という意味で、「漸増」。②は「全容」。③は〈建築物を造ったり修理したりすること〉という意味で、「営繕」。したがってこれが正解。④は「然」。⑤は「禅問答」。

(イ)は〈おさまりがつくこと、また、おさまりをつけること〉という意味で、「収束」。①は「反則」。②は「促進」。③は「閉塞」。④は「一触即発」。⑤は「束縛」で、これが正解。

(ウ)は「顧みても」。①は「故意」。②は「古式」。③は「鼓舞」。④は「孤独」。⑤は〈よく考慮して、気をくばること〉という意味で、「顧慮」。したがってこれが正解。

(エ)は「回避」。①は「大会」。②は「大海」。③は「転回」で、これが正解。④は「下界」。⑤は「開陳」。

(オ)は「縮減」。①は「祝して」。②は〈静かでおごそかなさま〉という意味で、「粛粛」。③は「宿敵」。④は「淑女」。⑤は「緊縮」で、これが正解。

問2　傍線部の内容を説明する問題　[6] ①

　設問の要求から、「リカちゃんの捉えられ方」がa→bへと変容したことを説明すればよいことがわかる。しかも、傍線部の直前の記述からa、bが次のように整理できる。

　a　「特定の物語を背後に背負ったキャラクター」（から）

　↓

b「どんな物語にも転用可能なプロトタイプを示す言葉となったキャラ」（へと変容した）

さらに、aについては、第1段落に「かつてのリカちゃんは、子どもたちにとって憧れの生活スタイルを演じてくれるイメージ・キャラクター」だったとあり、また発売元からリカちゃんの家庭環境などの情報が提供され、「設定されたその物語の枠組のなかで、子どもたちは『ごっこ遊び』を楽しんだ」などとある。

bについては、第2段落に「平成に入ってからのリカちゃんは、その物語の枠組から徐々に解放され、現在はミニーマウスやポストペットなどの別キャラクターを演じる」ようにもなっているとある。

以上のような点も踏まえて、a、bを整理し直すと次のようになる。

a　特定の物語を背後に背負い、憧れの生活スタイルを演じてくれるキャラクター（から）

↓

b　設定された物語の枠組から解放され、どんな物語にも転用可能なキャラ（へと変容した）

以上のa、bを踏まえた説明になっている①が正解。

②は、「世代ごとに異なる物語空間を作るものへと変わっている」という説明が、不適当。そうしたことは、本文にいっさい書かれていない。

③は、まず「平成になってからは人気のある遊び道具としての意味を逸脱して」という説明が、本文にいっさい書かれていない内容なので、不適当。また「平成になってからは……国民的アイドルといえるものへと変わっている」という説明も、不適当。第1段落に、リカちゃんは「一九六七年の初代から現在の四代目に至るまで、世代を超えて人気のある国民的キャラクターです。……まさに世代を越えた国民的アイドルといえる」とあり「平成になってから……」は、この説明と矛盾する。

④は、「より身近な生活スタイルを感じさせるものへと変わっている」という説明が、不適当。そうしたことは、本文にいっさい書かれていない。

⑤は、「自由な想像力を育むイメージ・キャラクターとして評価されるものへと変わっている」という説明が、不適当。第1段落にあるように、本文はかつて（＝「変容」前）のリカちゃんを「イメージ・キャラクター」だったと説明しているのに、この選択肢は「変容」後のリカちゃんを「イメージ・キャラクター」だとしている点が誤りである。

問3　傍線部の内容を説明する問題　7　②

「人びと」と「大きな物語」の関係を説明する問題。まず傍線部自体から、「大きな物語」が「人びとに共通の枠組を提供していた」ことがわかる。これは、どういうことか。少しわかりにくいが、この設問の場合、選択肢がヒントになる。すべての選択肢が「『人びと』は、社会のなかの価値基準を支える『大きな物語』を共有する」で始まっており、これが「大きな物語」が「人びとに共通の枠組を提供していた」を言い換えた説明になっていることは比較的容易に理解できただろう。

さらに、傍線部を含むセンテンスから「大きな物語」が、「キャラクターのキャラ化」した現代では失われたものだとわかる。そこで、「大きな物語」が存在した少し前の時代について説明した箇所を探すと、第5段落に「『大きな物語』という揺籃のなかでアイデンティティの確立が目指されていた時代」などとある。またアイデンティティに関して、同じ第5段落に「アイデンティティとは、外面的な要素も内面的な要素もそのまま併存させておくのではなく、揺らぎをはらみながらも一貫した文脈へとそれらを収束させていこうとする」とあり、第6段落に「アイデンティティは、いくども揺らぎを繰り返しながら、社会生活のなかで徐々に構築されていくもの」だとある。つまり、「人びと」は、「大きな物語」を共有することで自己の外面的な要素と内面的な要素とが揺らぎながらも、一貫したアイデンティティの確立を目指していたというのである。以上の点を踏まえた説明になっているのは②なので、**これが正解**。

なお、②の「自己の外面的な要素と内面的な要素との隔たりに悩みながらも」は、第5段落の「外面的な要素も内面的な要素もそのまま併存させておくのではなく、揺らぎをはらみながらも」に基づいた説明である。また「矛盾のない人格のイメージを追求していた」も、第5段落の「揺らぎをはらみながらも一貫した文脈へと……収束させていこうとする」に基づいた説明である。

①は、「臨機応変に複数の人格のイメージを使い分けようとしていた」という説明が、不適当。第5段落や第6段落からわかるように、「大きな物語」のなかで「アイデンティティの確立が目指されていた時代」には、アイデンティティという言葉で表されるような「一貫した」人格であることが求められたのである。

③は、「社会的に自立した人格のイメージを手に入れようとしていた」という説明が、不適当。本文には、そうしたことはいっさい書かれていない。

④は、「生まれもった人格のイメージを守ろうとしていた」という説明が、不適当。第5段落や第6段落にあるように、「大きな物語」が存在した時代においては、アイデンティティは「社会生活のなかで徐々に構築されていくもの」と考えられており、それと「生まれもった人格」は結びつかない。「生まれもった人格」は、「キャラクターのキャラ化」した時代に問題となるものである。

⑤は、紛らわしい。正解の②と比較して考えていこう。「自己の外面的な要素と内面的な要素とを合致させながら」という説明は、「自己の外面的な要素と内面的な要素との隔たりに悩み」、両者をなんとか合致させようとしたと考えれば、誤りとはいえないだろう。また「人格のイメージを形成しようとしていた」という説明も、誤りではない。問題となるのは、どのような「人格のイメージを形成しようとしてい

た」のかである。第5段落にあるように、「大きな物語」のなかで目指されたのは「アイデンティティの確立」であり、その人格は「一貫した」ものであることが期待されていた。つまり、「大きな物語」のなかで求められていたのは一貫したアイデンティティだったのである。この「一貫した」というニュアンスを、②の「矛盾のない」は含んでいるのに対して、⑤の「個別的で偽りのない」は含んでいないので、⑤は正解とならない。

問4　傍線部の理由を説明する問題　[8]　④

傍線部では生身のキャラが問題にされているが、その前ではハローキティやミッフィーについて論じられており、ハローキティやミッフィーなどにいえることが、生身のキャラ（＝人間）についてもいえるというのが、傍線部の前後の内容だと理解するのは決して難しくないだろう。しかも、そのことはすべての選択肢が「ハローキティやミッフィーなどは……、人間の場合も……」となっていることから確認できる。

では、まずハローキティやミッフィーなどについて何がいわれているかを確認していこう。ハローキティやミッフィーが最初に取り上げられる第10段落では、両者が「最小限の線で描かれた単純な造形」であること、しかもそれが「私たちに強い印象を与え」ており、第11段落にあるように「いまや特定の文化を離れて万国で受け入れられている」というのである。

次に、生身のキャラ（＝人間）について考えてみよう。生身のキャラも同様であって、第10段落にあるように、「あえて人格の多面性を削ぎ落とし、限定的な最小限の要素で描き出された人物像は、錯綜した不透明な人間関係を単純化し、透明化してくれる」のである。そして第11段落にあるように、「きわめて単純化された人物像は、どんなに場面が変化しようと臨機応変に対応することができ」るというのである。それゆえ、生身のキャラにも、単純明快でくっきりとした輪郭が求められるのである。以上の点を整理すると次のようになる。

◎　ハローキティやミッフィーなど

a　最小限の線で描かれた単純な造形によって

b　特定の文化を離れて万国で受け入れられている
（＝幅広い人びとに受け入れられている）

◎　生身のキャラ（＝人間）

c　限定的な最小限の要素で描き出された人物像は、錯綜した人間関係を透明化してくれる

d　どんなに場面が変化しようと臨機応変に対応することができる

以上の点を踏まえた説明になっているのは④であり、**これが正解**となる。

①は、「人間の場合も、人物像が単純で一貫性をもっている」という説明が、不適当。ここで問題になっている「人間」は、傍線部に「生身のキャラ」とあることから明らかなようにキャラ化した人間である。それに対して、「一貫性」

を問題にするのは、アイデンティティの確立を目指した、キャラ化する以前の人間である。

②は、「人物像の個性がはっきりして際だっている」という説明が、不適当。本文では、「個性」が「際だっている」ことなど問題になっていない。

③も、「個性を堅固にしたほうが……」という説明が、不適当。本文では、「個性」を「堅固」にすることなど問題になっていない。

⑤は、「人間の場合も……素朴である」ほうが「若者たちに親しまれるようになる」という説明が、不適当。本文は、「素朴」であることなど問題にしていない。

問5　本文を読んだ五人の生徒の発言のうち本文の趣旨に最も近いものを選ぶ問題　9　②

新しい形式の設問だと思い戸惑った人もいるかもしれない。ただ、こうした形式の設問は、九〇年代には何度か出題されたものであり、しかも実際に設問を解いてみると、趣旨判定や内容合致問題とほとんど変わらないことがわかるはず。つまり、趣旨判定などを解くときと同じように、それぞれの発言とそれに関連する本文の記述とを慎重に照らし合わせて、解答を絞り込んでいけばよい。

①について。まず「自分の中に確固とした信念をもたなくてはいけないはず」という発言が、本文に全く根拠を持たないものである。また、「他者に対して誠実であろうとするときには、自分が信じる正しさを貫き通さないと、って思う」という発言も、傍線部Dの直前にある「自分をキャラ化して呈示することは、他者に対して誠実な態度といえなくもない」という筆者の考えに反する。

②について。「今の時代、自分の信念を貫き通せる人なんて、そんなにいないんじゃないかな」という発言は、第9段落の「ある場面にいる自分と別の場面にいる自分とが、それぞれ異なった自分のように感じられることが多くなり、そこに一貫性を見出すことは難しくなっています」などに基づくものと考えられる。また、「何が正しいか、よく分からない時代だし。状況に応じて態度やふるまいが変わるのも仕方がないよ」という発言は、第8段落の「人びとのあいだで価値の物差しが共有されなくなり、その個人差が大きくなっているために、たとえ同じ人間関係のなかにいても、その時々の状況ごとに……評価が大きく変動するようになっている」などに基づくものと考えられる。さらに、「そういう意味で、キャラを演じ分けることも一つの誠実さだと思うんだけど」という発言は、傍線部Dの直前の「自分をキャラ化して呈示することは、他者に対して誠実な態度といえなくもない」に基づいている。したがって、これが筆者の考えに沿った発言であり、傍線部D「価値観が多元化した相対性の時代には、誠実さの基準も変わっていかざるをえないのです。」という本文の趣旨に最も近いものなので、**これが正解**。

③について。「どんなときでも自分らしさを忘れないように意識すべきだと思う」や「他者よりも、まずは自分に対して誠実でなくっちゃ」といった発言は、本文に全く根拠を持

たないものである。

④について。「自分らしさを抑えて、キャラになりきることのほうが重要なのでは？」という発言に見られるように、「自分らしさ」と「キャラ」を対立するものとしている点が、筆者の考えに反している。第14段落に「キャラとはきわめて単純化されたものに違いはありません。しかし、ある側面だけを切り取って強調した自分らしさの表現であり」とあるように、筆者は、「自分らしさ」と「キャラ」を対立するものとは考えていない。

⑤について。「他者に対する誠実さそのものが成り立たない」という発言が、筆者の考えに反している。傍線部**D**の直前に「自分をキャラ化して呈示することは、他者に対して誠実な態度といえなくもない」とあるように、筆者は、価値観の多元化した時代にはそれにふさわしい「誠実さ」があると考えているのである。

問6 本文の表現と構成・展開について問う問題

(i) **本文の第1～5段落の表現について問う問題** 10 ①

設問が**適当でないもの**を選べとなっていることを見落とさないようにしたい。こうした設問では、消去法が有効である。その際、判断に迷う選択肢があったら、それについての判断は保留して、適否がはっきりしている選択肢から片づけていくようにしたい。

①について。「演じる側から行為をうける側に向かう敬意を示している」という説明が、不適当。ここでの文脈でいうならば、リカちゃん（＝演じる側）が子どもたち（＝行為をうける側）のために彼ら彼女らの憧れの生活スタイルを示してくれているのだから、子どもたち（＝行為を受ける側）からリカちゃん（＝演じる側）に敬意が示されると考えるのが普通であろう。したがって、それとは逆方向に敬意が示されると説明しているこの選択肢は、不適当。したがって**これが正解**。

②について。「評論家の～整理にしたがうなら」という表現が、「他人の考えと自分の考えを区別するというルールを筆者が踏まえていることを示している」ともいえるので、この選択肢の説明は適当。

③について。「しているようにも思われます」という表現と、「しています」という表現を比較すれば、前者の方がより「断定を控えた論述」だといえるので、この選択肢の説明も適当。

④について。「揺らぎをはらみながらも」という表現は、「揺らぎ」は存在するが、「はらみ（＝その中に含み持ち）」とあるため、外側から見えにくいことを示しているといえるので、この選択肢の説明も適当。

(ii) **本文の第7段落以降の構成・展開について問う問題** 11 ③

(i)と同様に、**適当でないもの**を選べとなっていることに注意したい。また、消去法が有効なのも(i)と同じである。

①について。第6段落で現代の若者が外キャラを演じてい

ることを指摘した上で、第7段落の冒頭で「では、自分の本心を隠したまま……外キャラを演じ続けることは……いい加減な態度なのでしょうか」と疑問が投げかけられている。したがって、「まず前段落までの内容を踏まえながら新たな問いを提示して論述の展開を図」っているといえる。そして、第7段落の「……価値観の多元化が進んでいます。自己評価においてだけでなく、対人関係においても……」という説明は、第13段落で「外キャラの呈示は、それぞれの価値観を根底から異にしてしまった人間どうしが、……コミュニケーションを成立させていくための技法の一つといえる」という答えへとつながっていく。したがって「その問いを考えるための論点を提出している」といえるので、この選択肢の説明は適当だと言える。

②について。第10段落では、ハローキティやミッフィーを具体例として取り上げ、一貫したアイデンティティをもって生きるのが難しいとした第9段落の内容をとらえ直している。そして第11段落では、ハローキティなどのキャラは単純化されているがゆえに特定の文化を離れて万国で受け入れられているというように、第10段落と同一のキャラクターについて別の観点を提示しているので、この選択肢の説明は適当。

③について。たしかに、第12段落では「百貨店やコンビニエンス・ストアなどの店員による接客といった具体例」を取り上げている。しかし、それは百貨店などとは異なり、コンビニの店員に求められていることは「その店のキャラを一面的に演じてくれる」ことだとあるように、第11段落までの話題を受け継いだものである。したがって、「それまでとはやや異質な問題を提示し、論述方針の変更を図っている」という説明が不適当なので、**これが正解**となる。

④について。第13段落では、「～ないでしょうか」という断定を避けた表現が重ねて用いられている。そして第14段落では、互いにキャラを演じあっているという第13段落の内容をふまえ、「ケータイの着メロの選択」や「カラオケの選曲」といった日常での具体例を取り上げそうした演じられたキャラも個性の一部であるという第14段落の結論を導き出している。したがって、この選択肢の説明は適当。

第2問　現代文（小説）

【出典】

佐多稲子の短編小説「三等車」の全文。

佐多稲子（さた・いねこ）は、一九〇四年（明治三十七年）長崎県に生れる。一九九八年（平成十年）に没。本名は佐田イネ。

著書に『女の宿』、『樹影』、『時に佇つ』、『夏の栞』、『月の宴』などがある。

【本文解説】

本文は、戦後期の、混雑した長距離列車内を舞台に主人公の「私」が体験し感得したことを描いた短編小説の全文である。小説の全文が出題される場合、本文を補足説明するリード文は付されないことも多いが、今年は時代背景を説明したリード文が付されている。リード文が付された場合は、本文や選択肢の理解のヒントになることがあるため、読み落としのないようにしよう。

小説は評論以上に主観的な読みに陥りがちだが、小説でも試験としてその読みが問題にされる以上、問われるのは客観レベルでの読みである。勝手な深読みなどはもってのほかである。また、小説を読解するためには、書かれている表現にもこだわる姿勢を忘れないように。

本文は、Ⅰ「私」が座席を闇で買うエピソードと、Ⅱ「私」と子連れの夫婦との関わりのエピソードとの、二つに分けることができる。順次その内容を確認していこう。

Ⅰ　「私」が座席を闇で買う（冒頭～30行目）

満員の三等車（＝料金の最も安い車両）に乗ることになった「私」は、立っていくよりはと、座る席を確保するために「闇（＝正規の手続きを踏まないこと）」で席を買う。「坐席を闇で買うのは初めてだった。が話は聞いていたので、私はその男との応対も心得たふうに言って、内心ほっとしていた」。「二百円（＝現在の二千円から三千円にあたる金額）」を渡して「坐席にいた男の立ってくるのと入れかわった。私は周囲に対して少し照れながら再びほっとした」。その後、乗り合わせた婦人と「二百円でした」「ああ、じゃおんなじですよ」という会話をし、闇で座席を買った値段が他の客と変わらなかったことに安堵する。なお、この場面からは闇で座席を買うこと自体に対して「私」がどう感じているのかが明確ではないが、128行目に「私は闇の坐席を買った罪ほろぼし」とあり、そこから闇で座席を買うことに「私」が後ろめたさを感じていたとわかる。

Ⅱ　「私」と子連れの夫婦との関わり（31行目～最終行）

「丁度私たちの坐席のそばにきて、そこで足をとめたのも、まあ乗り込んだだけで仕方がない」というように、偶然、子連れの若い夫婦が現れる。その夫婦は子供がむずかるのをきっかけに言い合いを始め、見送りの父親はさっさと車を降りる。その後、母親は用事があるらしく男の子を一人おいて車から出ていこうとする。「私」は同情して男の子を預かる。発車のベルが鳴ったころ、帰ったはずの父親がわざわざ男の子を見送る。

母親はまだ戻ってこない。そのため後から戻ってきた母親は「言い合いのまま車を出ていった夫が、やっぱり発車までホームに残っていたということを知らずにいる」。その様子を知っている「私の方が残念な気がして」「汽車が出るとき、子どもさんはお父さんと握手しましたよ」と父親の様子を母親に告げる。

しかし、彼女は「そうですか」と感動するわけでもなく、夫への愚痴を「ぼそぼそ」と語り、それを周囲の乗客が聞く。そして「彼女は二人の子どもを連れ、明日まで〈乗り続けることになるはず〉の汽車の中にようやく腰をおろしたふうだ（＝落ち着いたようだ）」。

「私」はホームで別れた夫について想像する。きっと今頃は見送った妻子に対していろいろな思いを巡らしているだろう。一方、男の子は静かになってきた汽車の中で「父ちゃん来い、父ちゃん来い」と歌うように言う。彼は別れてきた父親への思いが口をついたのだろう。その声を「私」は「可憐に弱々しく、無心なつぶやき」と感じている。

【設問解説】

問1　語句の意味を問う問題　12 ⑤　13 ③　14 ②

この問題は、基本的には語句の辞書的な意味を問う知識問題である。傍線部前後の文脈から勝手に判断するのではなく、傍線部の語句がそもそもどういう意味かといったことを考えたうえで、解答を選ぶことが大切である。

(ア)の「目くばせした」は、〈目つきで知らせた、または指図したこと〉を意味する。したがって**正解は⑤**。他の選択肢はそうした意味を含まないので、間違いである。

(イ)の「無造作に」は、〈大事なことととして慎重にするのでなく、手軽にやってのける様子〉を意味する。したがって**正解は③**。他の選択肢はそうした意味を含まないので、間違いである。

(ウ)の「見栄もなく」の「見栄」とは、〈見た目の姿を意識して、実際以上によく見せようとする態度〉を意味するため、「見栄もなく」は〈外見を飾って見せようともせず〉の意味になる。したがって**正解は②**。他の選択肢はそうした意味を含まないので、間違いである。

問2　闇で座席を買い、その席に着くまでの「私」の心情を説明する問題　15 ①

設問にあるように闇で座席を買ったときの「私」の様子は、本文1行目から30行目に描かれている。したがって、そこを中心に「私」の心情を考えていけばよいはずだが、後に（128行目）「闇の坐席を買った」ことをふり返った記述があることにも気づいて欲しかった。

12・13行目に「坐席を闇で買うのは初めてだった」が、「私はその男との応対も心得たふうに言って、内心ほっとしていた」、18・19行目に「坐席にいた男の立ってくるのと入れかわった。私は周囲に対して少し照れながら再びほっとした」、26〜28行目に「二百円でした」／「ああ、じゃおんなじですよ」／「先方も、私も、安心したようになって」とある。ここから〈席に座れたこと〉〈闇の値段が他の客と変わらなかったこと〉に安堵していることがわかる。また、128行目に「私は闇の坐席を買った罪ほろぼし」とあることから〈闇で座席を買ったことを後ろめたく思っていること〉もわかる。こうした内容が過不足なくおさえられている①が正解。

②は、後半部の「年配の女性であることに安心している」がおかしい。23〜28行目にあるように、彼女に関しては闇で買った座席の値段が同じであったことで安心したのである。

③は、前半部の「闇で座席を買わされたことを耐えがたく思いながら」がおかしい。前の座席にいた、五十年配の婦人が「つい、遠くへ行くんじゃァね。二百円でも出してしまいますよ」といったのに対して、「私」は「そうですね」と答えている。つまり、「私」は、座席を闇で買うことにうしろめたさを感じつつも、それを仕方のないことだとも思っているのである。したがって、「買わされた」わけでもなく、「耐えがたく思いながら」でもない。

④は、後半部の「女性と親しくなって、長い道中を共に過ごせることに満足している」がおかしい。彼女に関しては闇で買った座席の値段が同じであったことで安心したのである。

⑤は、後半部の「次の仕事の準備ができることにほっとしている」がおかしい。「仕事」に関しては13行目に「今朝まで仕事をして、今夕先方へ着けばすぐ用事があった」とあるだけで、「仕事の準備」という点にまでは言及していない。

問3　乗り合わせた若い夫婦のすれ違いを目にした「私」の心情を説明する問題　16　④

若い夫婦についての記述がはじまるのは34・35行目である。したがって34行目以降の記述から若い夫婦に対する「私」の心情を読みとっていけばよいことになる。まず、34・35行目に若い夫婦が「丁度私たちの坐席のそばにきて、そこで足をとめたのも、まあ乗り込んだだけで仕方がない、というように」と描かれていることから、〈「私」と夫婦は偶然出会ったこと〉がわかる。また41〜54行目に〈夫婦の言い合い〉が、60〜63行目に〈「私」が同情して男の子を預かる場面〉が描かれ、69〜78行目に帰ったはずの〈父親がわざわざ男の子を見送る場面〉が描かれていた。そうして傍線部手前の84行目に「彼女は、言い合いのまま車を出ていった夫が、やっぱり発車までホームに残っていたということを知らずにいるのだ」とあり、86行目に「汽車が出るとき、子どもさんはお父さんと握手しましたよ」と父親らしいところを「私」が母親に告げた場面が描かれている。こうした点をふまえた④が正解。

①は、後半部の「(夫婦)二人を和解させたいと思った」がおかしい。この場面では、目の前に夫がいない以上、「汽車が出るとき、子どもさんはお父さんと握手しましたよ」(86行目)と父親らしいところを母親に告げることは、母親のもつ父親の印象の改善にはつながるかもしれない。しかしそれによって二人が和解できるとは考えられない。そもそも、「私」がそうしたねらいをもっていたとする根拠もない。

②は、後半部の「夫の無理解を嘆く」がおかしい。母親が夫の悪口を言うのは傍線部より後の94行目以降である。また「東京に残る夫のことを思いやってほしいと訴えたくなった」もおかしい。ここで「私」は父親らしく子どもを見送ったことを伝えたに過ぎない。

③は、後半部の「男の子が……けなげな姿を母親に伝えたい」がおかしい。「私」が母親に伝えたいのは父親のホームでの姿である。

⑤も、後半部の「男の子の心情を理解してほしくなった」がおかしい。③と同様に「私」が伝えたいのは父親の姿である。また前半部の「父親と別れて落ち着かない男の子」もおかしい。こうした情報は本文にない。

問4　母子が列車内で落ちつくことができた時の、「私」が推察した母親の心情を説明する問題　17　③

「私」が「推察している」と問うところからもわかるように、それほど明確に本文から母親の心情が読み取れるわけではない。そこでまず、傍線**A**の前後から傍線**B**にいたる場面をしっかりと押さえること。そこでは、言い合った夫が男の子を見送ってくれたことを「私」から聞いても、彼女は夫への不満や愚痴を、次第に興奮するのではなく「見栄もなくぼそぼそと」話し、そうした彼女の言葉を周囲の乗客が聞いてくれ、「彼女は二人の子どもを連れ、明日まで（乗り続けることになるはず）の汽車の中にようやく腰をおろしたふうだ（＝落ち着いたようだ）」。こうした情報から大きく外れていない（＝推察される）**③が正解**。

①は、中ほどの「周囲の乗客に励まされたことで冷静になることができた」がおかしい。116行目に「三等車の中では、聞えるほどのものは同感して聞いているし」とあるだけで、乗客は「励ま」していない。また「日ごろからいさかいを繰り返している夫」という情報も本文にはない。

②は、中ほどの「日ごろから子育てを一人で担っている」がおかしい。そのように判断する根拠は本文にはない。また「周囲の人たちの優しさと気遣いに感激している」という説明も、本文に全く根拠のないものである。むしろ95〜97行目にあるように、「私のとなりの坐席にいた会社員らしい若い男も、席を詰めて、彼女の乳作りの道具をおく場所をあけてやった」にもかかわらず「彼女はうっとうしい表情のまま粉乳をお茶でといた」と、夫への不満の表情を崩してはいない。

④は、中ほどの「お茶を買いに列車の外へ出たが、発車の直前に何とか車内へ戻ることができた」がおかしい。こうした情報は本文にない。また傍線部の前に描かれている、夫への愚痴やそれを周囲の乗客が聞いてくれたことに全く言及していない点もおかしい。

⑤は、後半部の「夫婦間の不満をまくし立てるほど、周囲に気を許している」がおかしい。彼女は「見栄もなくぼそぼそと」不満を述べているし、また「周囲に気を許している」かどうかも本文からは読み取れない。

問5　父親と別れた男の子の様子や声をめぐって「私」が考えたことを説明する問題　18　②

「父ちゃん来い、父ちゃん来い」と言うのだから、男の子の別れてきた父親への思いの強さはおさえておきたい。しかもその男の子の声を「私」は「可憐に弱々しく、無心なつぶやき」だと思っている。また65〜68行目の「私」との会話や78・79行目の父親との別れの場面などで、うまく会話できていない男の子の様子などをふまえて、「私」の考えをまとめると、それらが示されている②が正解。

①は、前半部の「男の子」が「車内の騒がしさに圧倒されておとなしくしていた」という説明が、本文では全く述べられていないので、不適当。

③は、前半部の「父親は怒りっぽい性格のため」がおかしい。120行目に「今日の気分の故か癇性な男に見えた」とあるように、「癇性な男に見えた」のは一時的なものと推測されており、また父親らしくホームで男の子を見送る場面から考えると「怒りっぽい性格」とは断定できない。

④は、「男の子は両親の不和に対してやるせない思いを抱えている」という説明が本文から確定できないものである。男の子が「両親の不和」を認識していたかどうか、また、それに「やるせない思い」を感じていたかどうかはいずれも本文からは確定できない。また、後半部の「家族に対する父親の態度が改まることを願っている」が、84行目の父親らしい姿の描写と矛盾した内容である。

⑤は、前半部の「父親のことだけは信頼している」がおかしい。そうしたことは本文に書かれていない。また、後半部の「無邪気にはしゃぐ男の子の姿」も本文では述べられていない。

問6　この文章の表現に関して適当でないものを選ぶ問題　19・20　①・④

順次、確認していこう。

①について、20行目は「小さな所帯」が詰め込まれていると述べているだけであって「車内全体が……一体感に包まれている」とは言えず、したがって135行目の表現も車内の客が疲れてきたことを意味するだけで「一体感が徐々に壊れ始めている」とも言えない。その点で不適当である。したがって①が一つ目の正解。

②について、乗り込んできた家族は「普段着」「はき古した」「古びた籠」と貧しいことが読み取れる一方、「私」は闇で二百円もする座席を買えるという点で「異なること」が読み取れる。

③について、赤ん坊の泣く様子を背景に夫が癇癪を示す様子が本文で描かれている。

④について、後半部の「母親が話をするにつれて次第に気持ちを高ぶらせていく」がおかしい。母親のセリフは確かに夫への愚痴であるが、114〜116行目からわかるとおり、彼女の怒りは終息に向かい、また話し方も「ぼそぼそと」したものである。したがって④が二つ目の正解。

⑤について、「〜かもしれない」などの言い方から、家族

を思う父親の心情が推測でしかないことがわかる。

⑥について、「男の子とそっくりの、痩せて、顔も頭もほっそりした男」は36・37行目に、「口紅がずれてついていた」妻は52行目に、「汽車の窓に片足をかけた小さい息子のズック」は72・73行目にそれぞれ事前に記述されている。

第3問　古文

【出典】

『今昔物語集』

成立年代　平安時代後期
ジャンル　説話
作者　未詳
内容　全三十一巻（巻八・十八・二十一は欠巻）。千話あまりを収め、現存する説話集の中では最大規模のものである。書名は、各話の冒頭が「今は昔」で始まることによる。全体は天竺《てんじく》（インド）・震旦《しんたん》（中国）・本朝（日本）の三部に分けられ、巻十一以降が本朝部である。本朝部のうち、巻十一～二十には仏教説話、巻二十二以降には世俗説話が収められている。

今回出題されたのは、巻十六「隠形《おんぎょう》の男、六角堂の観音の助けに依《よ》りて身を顕《あらわ》せる語《こと》」の一部である。なお、原典では、この本文の後に「其の後、姫君も男も、身に病なかりけり。火界の呪の霊験のいたすところなり。観音の御利益には、かかる希有の事なむありけるとなむ語り伝へたるとや」という文が続いて終わっており、この説話の主題が「観音の御利益」であることが明確に示されている。

【全文解釈】

男は、「もうこれで最後であることだよ」と思っているうちに、一人の鬼が、走ってきて、男をつかんで引っ張って（橋の上に）上げた。鬼どもが言うことには、「この男は、重い罪があるはずの者でもない。許してしまえ」と言って、鬼が、四、五人ばかりで男に唾を吐きかけながら皆通り過ぎた。

その後、男は、殺されずにすんだことを喜んで、気分が悪く頭が痛いけれども、我慢して、「早く家に行って、さきほどの様子をも妻に語ろう」と思って、急いで行って家に入ったところ、妻も子も皆、男を見るけれども言葉もかけない。また、男が、言葉をかけるけれども、妻子は、答えもしない。だから、男は、「あきれたことだ」と思って近寄ったけれども、（妻子は）そばに人（＝男）がいるのにいるとも思わない。その時に、男が、理解することには、「なんと、鬼どもが私に唾を吐きかけたことによって、我が身が見えなくなってしまったのであることよ」と思うと、悲しいことはこの上ない。自分自身は人を見ることは元のようだ（＝元のように人が見える）。また、人が言うことをも差し障りなく聞く。人は自分の姿をも見ず、声をも聞かない。だから、人が置いている物を取って食べるけれども、人はそのことを知らない。こうして夜も明けたので、妻子は、自分を、「昨夜、人に殺されてしまったのであるようだ」と言って、嘆き合っていることはこの上ない。

そうして、数日経つが、（状況が変わらず）どうしようもない。だから、男は、六角堂に参籠して、「観音、私を助けてください。長年頼みにし申し上げて参詣しました霊験としては、元のように私の身を見えるようにしてください」と祈願して、籠っている人の食べ物や寺に寄付された米などを取って食べているけれども、そばにいる人は、（男の振る舞いを）知ることはない。こうして十四日間ほどにもなったが、（男が）夜寝ている時に、夜明け前頃の夢に、観音像の周りに垂らしてある布のあたりに、尊い様子の僧が出て（＝現れて）、男のそばに立って、告げておっしゃることには、「おまえは、すぐさま、翌朝ここから退出したなら、（その時に、）最初に会ったような者の言うようなことに従え」と（いうことだ）。このように見る時に夢が覚めた。

夜が明けたので、（六角堂を）退出すると、門のあたりに牛飼の童子でたいそう恐ろしそうな様子の牛飼の童子が、大きな牛を引いて来合わせた。（牛飼の童子が）男を見て言うことには、「さあ、そこにいるあなた、私の供として（一緒に来い）」と。男は、これを聞くと、「私の身は見えたのだなあ」と思うと、うれしくて、喜びながら（六角堂で見た）夢（のお告げ）を信じて（牛飼の）童子の供として行くと、西の方に十町ほど行って、大きな棟門がある。門は閉じて開かないので、牛飼（の童子）が、牛を門につないで、扉の隙間で人が通ることもできそうにない隙間から入ると言って、男を引いて、「おまえも一緒に入れ」と言うので、男は、「どうしてこの隙間からは入れるだろうか、いや、入れないだろう」と言うが、（牛飼の）童子は、「ともかく入れ」と言って男の手を取って引き入れると、男も一緒に入ってしまった。見ると、家の中は大きくて、人が、たいそう多くいる。

（牛飼の）童子は、男を連れて（建物の外側にある）板張りの場所に上って、（部屋の）内へひたすら入るが、どうして（入ってきているのか）と（見とがめて）言う人はまったく（誰も）いない。はるかに奥のほうに入って見ると、姫君が、病気に苦しんで（床に）臥している。（姫君の）足元と枕元に女房たちが並んで座ってこの姫君を看病している。（牛飼の）童子は、そこに男を連れて行って、小さい槌を持たせて、この苦しむ姫君のそばに座らせて、（槌で姫君の）頭を打たせ腰を打たせる。その時に、姫君は、頭を起こしてひどく苦しむことはこの上ない。だから、（姫君の）父母は、「この病気で、（姫君は）今は最期であるようだ」と言って泣き合っている。（男が）見ると、読経を行い、また、尊い験者を招くために（使いを）行かせるようだ。しばらくたって、験者が来た。病人のそば近くに座って、般若心経を読んで祈ると、この男は、尊く感じることはこの上ない。（尊さに）身の毛がよだって、なんとなく寒気を感じるように思われる。

そうしているうちに、この牛飼の童子は、この験者をちょっと見るやいなや、ひたすら逃げに逃げて外へ去ってしまった。験者は不動明王の力によって災厄をはらう呪文を読んで、病人のために祈禱をする時に、男が着ている物に火がついた。ひたすら焼けに焼けるので、男は、声を上げて叫ぶ。だから、男は、姿がすっかり見えるようになった。その時に、家の人、（すなわち）姫君の父母をはじめとして女房たちが見ると、たいそう身分が低そうな男が、病人のそばに座っている。驚きあきれて、ともかく男を捕らえて（姫君の部屋から）引っ張り出した。「これはどういうことだ」と問いただすと、男は、事の様子をありのままに初めから語る。人は皆これを聞いて、「不思議なことだ」と思う。そうしているうちに、男が、姿が見えるようになったところ、病人は、ぬぐいさったように病が治った。だから、家中の者は、喜び合ったことはこの上ない。

その時に、験者が言うことには、「この男は、罪があるはずの者でもない。六角堂の観音の御利益を受けた者である。だから、すぐに許しなさるのがよい」と言ったので、（姫君の家の者たちは、男を）追い出し逃がした。だから、男は、家に帰って、事の様子を語ったところ、妻は、「驚いたことだ」と思いながら喜んだ。

あの牛飼（の童子）は神の従者であった。誰かの頼みによってこの姫君に取り憑いて苦しめたのであった。

【設問解説】

問1　短語句の解釈問題　21 ③　22 ⑤　23 ①

センター試験の古文の問1は、例年、短語句の解釈を問う問題が三問出される。古語の意味と文法事項に留意して訳すことは当然だが、文脈も考え合わせて選択肢を吟味しなければならないことも多い。また、今年度のように、逐語訳したものがそのまま正解になるのではなく、意訳した選択肢が正解となることもある。普段から、状況に応じて正解を選ぶように心がけたい。

(ア)　念じて

「念ず」は「神仏に祈る。我慢する」の意の動詞で、この意味に該当するのは②「祈願し」、③「我慢し」である。ここは、男が、気分が悪く頭が痛いけれども「念じて」急いで家に帰った、という文脈なので、「(具合が悪いのを)我慢して」の意だと考えるのがふさわしい。よって、**正解は③**。

(イ) **いかでかこの迫よりは入らむ**

「迫」は「隙間」の意の名詞、「より」は「〜から」の意の格助詞。重要語「いかで」には、次のような意味がある。

いかで(副詞)
1 なんとかして。《願望》
　*後に、意志・願望の意の語を伴う。
2 どうして。どうやって。《疑問》
3 どうして〜か、いや、〜ない。《反語》

また、傍線部の末尾の助動詞「む」には、次のような用法がある。

む(助動詞)
1 意志(〜よう。〜たい)
2 推量(〜だろう)
3 適当・勧誘(〜のがよい。〜しませんか)
4 仮定・婉曲(〜としたら。〜ような)
　*文中にあり、連体形になる場合は、仮定・婉曲の用法と考えてよい。

「いかで」は、この「む」の用法が意志であれば、前記1の意味になるが、「む」が意志でなければ、前記2・3の意味と判断できる。

傍線部の前で、牛飼の童子は男に対して「人通るべくもなき(=人が通ることもできそうにない)」隙間から屋敷に入れと言い、それに対する傍線部の男の発言を受けて、牛飼の童子は「ただ入れ(=ともかく入れ)」と言って男の手を取って引き入れているから、男は自分の意志でこの隙間を通ろうとしているのではないと判断できる。よって「む」は意志ではなく、「いかで」も前記2・3の意味だと考えられる。

ここで、牛飼の童子が男に指示した隙間が、人の通ることもできそうにもないものだったことを踏まえると、「いかで」を前記3の反語、「む」を推量と考えて、傍線部は、「どうしてこの隙間からは入れるだろうか、いや、入れないだろう」と解釈するのがふさわしい。ところが、選択肢にはこの解釈と同じ表現はないので、内容的に同じことを言っている**⑤が正解**である。

(ウ) **いかにと言ふ人あへてなし**

重要語は「いかに」「あへて」である。

いかに(副詞)
1 どのように。
2 どんなに。
3 どうして。
4 なんとまあ。

あへて（副詞）
1 積極的に。
2（下に打消の語を伴って）決して。まったく。

傍線部の「あへて」は、直下に「なし」があるので前記2の意味であり、「あへてなし」は「まったくいない」と訳せる。それに該当するのは、①・②の「誰もいない」である。
また、傍線部の直前で、牛飼が男を連れて、本来は入れないはずの屋敷の中に、許可を受けることもせずに入り込んでいる。それを考えると、「いかに」は、牛飼と男が屋敷の中に入り込んでいることに対して、屋敷の人が「どうして（入ってきているのか）」と見とがめて声をかける発言だと考えるのがふさわしい。したがって、傍線部を解釈すると「どうして（入ってきているのか）と言う人はまったくいない」となるが、選択肢にそのままの表現はない。これも(イ)と同じで、内容的に同じことを言っている**①が正解**である。

問2　文法問題　24　①

センター試験の古文の**問2**は、例年、語の識別の問題や敬語の問題が出題されているが、今年は助詞「の」の意味・用法を見分ける問題が出題された。文法については、助動詞や敬語だけではなく、助詞の意味・用法についても、しっかり確認をしておきたい。
「の」の意味・用法には、次の五つがある。いずれの意味・用法であるかは、「の」を含む部分の訳を踏まえて考える必要がある。

1 主格（〜が）
＊「の」の直上の語が主語になる。
2 同格（〜で）
＊基本的に、次のような形になり、「の」の直上の体言を、後にくる連体形の下に補って訳せる。

〜体言 ＋の、〜連体形＋（助詞）〜

(例) いと清げなる僧の、黄なる地の袈裟着たるが来て、…
とても美しい様子の僧で、黄色い生地の袈裟を着ている僧が来て、…

3 連体修飾格（〜の）
＊後の体言を修飾する。
4 連用修飾格（〜のように）
＊後の用言を修飾する。
＊「例の（＝いつものように）」の形で用いられることが多い。
5 準体格（〜のもの）
＊「の」が体言の代用をする。

a 鬼どもの我に唾を吐きかけつるによりて
「唾を吐きかけ」たのは、本文2行目に「鬼、……男に唾を吐きかけつつ」とあるように、「鬼ども」である。よって、**a**は、「〜が」と訳す主格の用法である。

b　男の傍らに立ちて

「男の」は、直下の「傍ら」という体言を修飾しているので、bは、「～の」と訳す連体修飾格の用法である。

c　牛飼の童のいと恐ろしげなる、大きなる牛を引きて会ひたり

「の」の後に、形容動詞「恐ろしげなり」の連体形「恐ろしげなる」があり、その直下に「牛飼の童」を補って、「牛飼の童でたいそう恐ろしい様子の牛飼の童が、大きな牛を引いて来合わせた」と訳すことができる。よって、cは、「～で」と訳す同格の用法である。

d　扉の迫の人通るべくもなきより入るとて

「の」の後に、形容詞「なし」の連体形「なき」があり、その直下に「迫（＝隙間）」を補って、「扉の隙間で人が通ることもできそうにない隙間から入ると言って」と訳すことができる。よって、dは、「～で」と訳す同格の用法である。

e　男の手を取りて

「男の」は、直下の「手」という体言を修飾しているので、eは、「～の」と訳す連体修飾格の用法である。

以上からaは主格、bとeは連体修飾格、cとdは同格なので、そのように分けている**①が正解**である。

問3　理由の説明問題　25　④

傍線部は「悲しいことはこの上ない」の意。傍線部を含む一文を見てみると、「その時に、男、心得るやう、『……』と思ふに、悲しきこと限りなし」とあるから、男が悲しく思った理由は、男が気づいた内容、すなわち「と思ふ」が受けている『……』の部分に示されている。そして、そこで示されている内容は、鬼が自分に唾を吐きかけたために、「我が身の隠れにけるにこそありけれ」ということである。「隠る」は「隠れる。亡くなる」の意だが、第二段落の2・3行目に、妻子は男を見ても何も言わず、男が話しかけても答えず、男が妻子に近寄ってもそばに人がいるとも思わない、ということが述べられているから、「我が身の隠れにける」とは「自分の身が人から見えなくなった」の意だと判断できる。それらのことを踏まえた説明をしているのは④で、**これが正解**である。

①は、傍線部の前で示されている、男の気づいた内容とは違っているし、男が鬼に唾をかけられて「屈辱を味わった」ということも、本文から読み取れない。

②は、①同様に、傍線部の前にある男の気づいた内容とは違っているし、「このままでは死んでしまうと思った」ということも、本文から読み取れない。

③は、「誰が近くに寄っても返事をしなくなっている」が誤り。妻子は、「誰が近くに寄っても」返事をしないのではない。声をかけても返事をせず、近づいても気がつかないのは男に対してだけである。

⑤は、第二段落6・7行目の内容に該当するが、男が殺されてしまったと妻子が思い込んだのは、夜が明けてからのこ

とであり、それは男が自分の姿が見えなくなったことに気づいて悲しんだ時点より後のことだから、傍線部で男が悲しく思う理由にはあたらない。

問4　内容の説明問題　26　④

説明問題も、まずは傍線部を正しく訳すことが大切である。「頼み」は、マ行四段活用動詞「頼む」の連用形で、「頼みにする。あてにする。信じる」といった意味なので、傍線部の訳は「喜びながら夢を信じて（牛飼の）童子の供として行く」となる。この「夢を頼みて」の意味に注目すると、選択肢①「夢のお告げの内容を話して……頼んでみた」は、夢を信じた内容ではないので誤りである。また、③には「頼み」の意味に該当する説明がない上に、「怪しげな牛飼だったために不安を抱いた」「半信半疑ながらも牛飼の言葉に従ってついて行った」とあって、逆に夢を疑っているので誤りである。

次に、傍線部の男の行為を考える上でのポイントは、男の「喜び」はどのようなことに対してのものか、「夢」はどのような内容であったか、の二点である。

男の夢は、第三段落3〜5行目の、「御帳の辺……僧出でて、……告げてのたまはく、『汝、……従ふべし』と」の部分に書かれている。その中で、僧の「汝、すみやかに、朝ここより罷り出でむに、初めて会へらむ者の言はむことに従ふべし」という発言内容に着目すると、この部分は、「罷り出で」が「退出する」の意の動詞「罷り出づ」の未然形、「会へらむ者」の「ら」は完了の助動詞「り」の未然形、「罷り出でむに」「会へらむ者」「言はむこと」の「む」は、いずれも仮定・婉曲の助動詞「む」の連体形であることを踏まえると、「おまえは、すぐさま、翌朝ここから退出したなら、その時に、最初に会ったような者の言うようなことに従え」と解釈できる。僧は、男に対して、六角堂から出て最初に会った者の言うことに従うように言ったのである。この夢の内容を正しく説明しているのは、③・④である。①「六角堂から出てきた人について行くように」、②「元の姿に戻る方法を尋ねるように」、⑤「牛飼に出会ったらついて行くように」は、それぞれ夢のお告げの内容と相違している。以上のことから**正解は④**である。

念のために「喜び」の対象についても確認すると、第四段落で、男は六角堂を出たところで牛飼に自分の供になれと声をかけられる。ところが、男は鬼に唾を吐きかけられた後に姿が見えなくなっていたわけだから、ここで牛飼に声をかけられるということは姿が見えていることになり、「我が身は顕れにけり（＝私の身は見えたのだなあ）」とうれしく思ったのである。よって、傍線部の「喜びながら」は、姿が見えるようになったと思って喜んだのであり、③・④はこの点の説明も正しい。ただ、前述したように③は「夢を頼みて」の部分についての説明が誤っているので正解にはならない。①「牛飼が快く引き受けてくれたので」、②「すぐれた験者のもとに連れて行ってやろう」、⑤「夢のお告げが信用できることを確信して、この牛飼について行けば、きっと妻子と再会することができるだろう」は、それぞれ喜びの対象として間違っている。

なお、男の姿が本当に周囲の人に見えるようになるのは、第六段落で男が「不動の火界の呪」を聞いた後である。それまで男の姿が人から見えていないことは、第五段落で牛飼と共に屋敷に入り込んだのに、誰も見とがめなかったということからもわかる。牛飼は神の従者であるため、男の姿が見えたのである。

問5　内容説明の不合致問題　27　④

傍線部は、男が家に帰って、それまでの経緯を妻に語る部分である。その語った内容として**適当でないもの**を選ぶ設問であることに留意したい。正解を選ぶにあたっては、本文の内容と選択肢とを丁寧に照らし合わせていくことが大切である。

①は、第一・二段落の内容を踏まえている。第一段落で、男は鬼に唾を吐きかけられた。その後、第二段落の2行目に「妻も子も皆、男を見れども物も言ひかけず」とあることから、「男の姿が周囲の者には見えなくな」ったとわかり、「男、物言ひかくれども、妻子、答へもせず」とあることから、「男が言葉をかけても相手には聞こえなくなった」とわかる。よって、①は、内容として適当である。

②は、第三段落の内容を踏まえている。「日ごろを経るに、せむ方なし（＝数日経つが、どうしようもない）」とあるから、男が「元の姿に戻れなくなった」ことがわかる。そこで、男は六角堂の観音に対して「年ごろ頼みをかけ奉りて参り候ひつる験には、元のごとく我が身を顕し給へ」と祈る。「年ごろ」は「長年」の意、「頼みをかけ」は「頼みにする」の意で、ここから男が「長年参詣して帰依していることを訴えて」、元の姿に戻れるように「助けを求め」ていることがわかる。よって、②は、内容として適当である。

③は、第五段落の内容を踏まえている。「童、男を具して板敷きに上りて、内へただ入りに入る」が、「男が牛飼に連れられて屋敷に入る」に該当する。また、「姫君、病に悩み煩ひて臥したり。跡・枕に女房たち居並みてこれをあつかふ」とあり、「あつかふ」は「看病する」の意なので、この箇所が「病気で苦しむ姫君が寝ていて、女房たちが並んで座って看病をしていた」に該当する。よって、③は内容として適当である。

④は、第五・六段落の内容を踏まえている。第五段落5行目「心経を読みて祈る」が「すぐれた験者が読経をした」に該当する。しかし、その読経によって男が「尊い存在となり」というのは不適当である。「心経を読みて祈るに」の直後の「この男、尊きこと限りなし」とは、男が尊い存在になったのでなく、本文に「尊きこと限りなし。身の毛いよだちて、そぞろ寒きやうにおぼゆ」とあるように、男が験者の読経を聞いて、この上なく尊く感じ、尊さに身の毛がよだってなんとなく寒気を感じたということである。また、第六段落で男の姿が見えるようになった場面で、「いといやしげなる男、病者の傍らに居たり」とあることからも、男が「尊い

存在」になったとは言えない。よって、④は、内容として適当でなく、**これが正解**である。

⑤は、第六・七段落の内容を踏まえている。第六段落3・4行目「まづ男を捕へて引き出だしつ」が「姫君の家の者は男を捕らえた」に該当する。姫君のそばに突然男が現れたので、家の者はその男を捕まえたわけだが、第七段落で験者が「この男、……六角堂の観音の利益を蒙れる者なり。しかれば、すみやかに許さるべし」と言う。「利益」とは、ここでは観音から与えられた「恵み」の意、「蒙る」は「受ける」の意であるから、この験者の発言が、「男が六角堂の観音の加護を受けた者だと見抜いて、許すように言った」に該当する。よって、⑤は内容として適当である。

問6　本文内容の説明問題　28　③

内容説明の問題では、選択肢で示されている内容が、本文のどこを根拠としたものかをつかみ、速やかに本文の該当箇所に戻って精読することが必要である。また、今年度の場合この設問は、単に本文の訳を追うだけではなく、本文の趣旨を読み取ることが求められるものであった。

①は、「姫君に取り憑いていた牛飼の正体を暴いて退散させ、さらに男を牛飼から解き放してやった」が不適当である。牛飼の正体は最終段落で筆者によって明かされているが、牛飼は験者を見るやいなや逃げ出しているので、験者が牛飼の正体を暴いて退散させたり、男を牛飼から解き放したりしたという内容は本文から読み取れない。

②は、選択肢全体が不適当である。第五段落末の「身の毛がよだちて、そぞろ寒きやうにおぼゆ」は、「身の毛がよだってなんとなく寒気を感じる」といった意味である。また、第六段落1行目の「僧は不動の火界の呪を読みて、病者を加持する」も、験者は姫君の病気の治癒を祈って呪文を唱えているのである。よって、男を助けようとすることを前提とした、「加減ができずに男の着物を燃やしてしまった」まで含めて、全体が不適当である。

③が正解である。人から姿が見えなくなった男は、六角堂に参籠し、長年帰依していた観音に助けを求めた。男は観音のお告げを受け、それに従って牛飼に出会う。姫君に取り憑いていた牛飼の供となった男は、姫君を苦しめる行為をさせられ、姫君の病状が悪化する。そこで姫君の父母が験者を呼んで加持をさせたため、姫君のそばにいた男も験者の呪文を聞くことになり、その呪文によって元の姿に戻ることができたのである。すなわち、観音のお告げは、単に男を牛飼に巡り合わせるのみならず、験者の呪文を聞いて元の姿に戻れるよう導くものであった。③はこのことを正しく説明している。

④は、選択肢全体が不適当である。六角堂の観音は、「牛飼が男を救」うと思って、「牛飼を信頼して男を預けた」のではない。③でも述べたように、観音は、最終的に験者の呪文が聞けるように、男を牛飼に巡り合わせたのである。また、観音が「験者の姿となって現れ」たということは本文に根拠がなく、不適当である。

⑤は、「元の姿に戻すことと引き替えに」が不適当である。

牛飼は、何も説明せずに男に小槌を持たせ、姫君の頭や腰を打たせて、姫君の病気を悪化させる手伝いをさせているだけで、男を元の姿に戻す約束はしていない。男を元の姿に戻したのは験者である。

⑥は、選択肢全体が不適当である。牛飼の心情については本文にはまったく言及がなく、心情を推測させるような記述もないので、「やむなく姫君を苦しめていた」「内心では姫君を助けたく思っていた」とは言えない。また牛飼は、験者を見るやいなや「ただ逃げに逃げて外ざまに去りぬ」とあるから、牛飼は験者の呪文を嫌って逃げ出したと考えられ、「験者が来てくれたのを機に屋敷から立ち去った」のではない。

第4問 漢文

【出典】

盧文弨《ろぶんしょう》『抱経堂文集《ほうけいどうぶんしゅう》』全三十四巻。『抱経堂文集』は、清の盧文弨（一七一七〜一七九五）の著作集。

盧文弨は仁和（現在の浙江省杭州市）の人で、字《あざな》を召弓と言い、抱経、あるいは磯漁《きぎょ》と号した。乾隆十七年（一七五二）に科挙（官吏登用試験）に合格し、侍読学士（中央の書庫に収蔵されている図書の校勘や刊行などを司る役職）に登用され、湖南学政（湖南の教育行政の長官）の任にも当たった。戴震《たいしん》（一七二三〜一七七七）や段玉裁《だんぎょくさい》（一七三五〜一八一五）などの大学者と親しく交流し、古典籍の校勘（複数の写本や刊本を比較検討して、文字の異同・正誤を調べること）に尽力した。

【本文解説】

生後わずか十か月で母を亡くした張荷宇が、夢で母に再会し、その場面を描いた絵を見た筆者の盧文弨が、子の母を慕う気持ちの強さについて述べた文章である。

第一段落では、荷宇の不幸な身の上が語られる。幼時に母が他界したため、母の顔さえ知らないまま育った荷宇は、ものごころがついてからは、母を思う気持ちを募らせていったのである。

第二段落では、荷宇が筆者のもとを訪れた時のことが記されている。夢で亡き母に再会した荷宇は、母への気持ちを切々と訴える。そして夢での母との再会を二枚の絵に描いたが、筆者はその中の一枚を目にする。

最後の第三段落は、筆者が荷宇に語った言葉によって構成されている。「まことの心は生死も越えて通じるものであり、まして母と子はいっそう固く結ばれているのだ」と語り、「母上に対するあなたのいつわりのない思いが届いたからこそ、夢で再会できたのだ」と、荷宇を励まして文章を結んでいる。

【書き下し文】

荷宇《かう》は生《う》まれて十月《じふげつ》にして其《そ》の母《はは》を喪《うしな》ふ。知《ち》有《あ》るに及《およ》び、即《すなは》ち時時《じじ》母《はは》を念《おも》ひて置《お》かず、弥 久《いよいよひさ》しくして弥《いよいよ》篤《あつ》し。其《そ》の身《み》の一《いち》日《じつ》として母《はは》に事《つか》ふる能《あた》はざるを哀《かな》しむなり。母《はは》の言語動作《げんごどうさ》も亦《ま》た未《いま》だ識《し》る能《あた》はざるを哀《かな》しむなり。

荷宇《かう》は香河《かうが》の人《ひと》なり。嘗《かつ》て南《みなみ》に遊《あそ》びて反《かへ》るに、銭唐《せんたう》に至《いた》る。既《すで》に母《はは》の来前《らいぜん》するを夢《ゆめ》み、夢中《むちゆう》に即《すなは》ち其《そ》の母《はは》たるを知《し》るなり。既《すで》に覚《さ》め、乃《すなは》ち嗷然《けうぜん》として以《もつ》て哭《こく》して曰《い》はく、「此《こ》れ真《まこと》に吾《わ》が母《はは》なり。母《はは》よ、胡為《なんす》れぞ我《われ》をして今日《こんにち》に至《いた》りて乃《すなは》ち見《み》るを得《え》しむるや。母《はは》よ、又《ま》た何《なん》ぞ我《われ》を去《さ》ることの速《すみ》やかなるや。母《はは》よ、其《そ》れ我《われ》をして此《これ》を継《つ》ぎて見《み》るを得《え》しむべけんや」と。是《ここ》に於《お》いて夢《ゆめ》に見《み》る所《ところ》に即《そく》して之《これ》が図《づ》を為《つく》る。此《こ》の図《づ》は吾之《われこれ》を見《み》ざるなり。今《いま》の図《づ》は吾之《われこれ》を見《み》るに、則《すなは》ち其《そ》の母《はは》を夢《ゆめ》みるの境《きやう》なるのみ。

余《よ》因《よ》りて之《これ》に語《かた》りて曰《い》はく、「夫《そ》れ人《ひと》の精誠《せいせい》の感《かん》ずる所《ところ》に、幽冥死生《いうめいしせい》の隔《へだ》て無《な》きは、此《こ》れ理《り》の信《しん》ずべく誣《し》ひざる者《もの》なり。況《いは》んや子《こ》の親《おや》に於《お》ける、其《そ》の喘息呼吸《ぜんそくこきふ》も相《あ》ひ通《つう》じ、本《もと》より之《これ》を間《へだ》つる者《もの》有《あ》る無《な》きをや」と。

【全文解釈】

荷宇は生後十か月で実母を亡くした。ものごころがつくと、いつも母のことを思い続けてやむことがなく、時が経てば経つほどますます（母への思いが）強くなっていった。自分自身がほんの一日も母に孝行することができなかったのを悲しく思っているのである。母の物言いや仕草もやはり知ることができないのを悲しく思っているのである。

荷宇は香河の人である。以前に故郷を離れ遠方の南部の地を訪ねて（故郷に）戻る時に、銭唐にきたことがあった。（荷宇は）母が目の前にやってくる夢を見て、夢の中ですぐにその人が母であるとわかったのである。（夢から）覚め、そこで大声をあげて泣きながら言った、「この方こそが本当に私のお母様です。お母様、なぜ今日になって私に会ってくださったのですか。お母様、いったいなぜ早くに私から去っていかれたのですか。お母様、きっと今後は私に会ってはくださらないのでしょうね」と。そこで（荷宇は）夢で見たとおりに絵を描いた。この絵は、私は見ていないのである。（私のもとに荷宇が持ってきた）今の絵は、私が見るところでは、荷宇が母の夢を見る場面である。

私はそこで荷宇に話して言った、「そもそも人のまことの心が感じることには、あの世とこの世、生と死の隔たりなどないということは、信じてよい、いつわりではない道理です。まして子は親については、親の息づかいでも（自分の親だと）わかるものですし、子と親の間をさえぎるものなどないことは言うまでもありません」と。

【設問解説】

問1　語の意味の問題　29　⑤　30　④

(1)「有《ル》レ知《ニ》」は、「知」の意味に注意する。波線部を含む句「及《ビ》レ有《ル》レ知《ニ》」を、「知」はそのままにして直訳すると、「『知』があるようになると」「『知』を持つようになると」などとなろう。ここで直前の文「荷宇生《ハ》《マレテ》　十月《ニシテ》　而喪《フ》二其《ノ》母《ヲ》一」（荷宇は生後十か月で実母を亡くした）とのつながりを確かめてみると、「生《マレテ》　十月《ニシテ》　」と「及《ビ》レ有《ル》レ知《ニ》」とが対比の関係にあることがわかる。つまり、「生後十か月」に対して「知恵がつくと」という方向の意味に捉えればよいと判断できる。波線部「有《リ》レ知」について、この意味と合致するのは、⑤「ものごころがつく」だけである。したがって、**正解は⑤**である。

(2)「遊《ビテ》」は、現代日本語での用法だけを手がかりに考えるのは禁物である。現代日本語では、「好きなことをして楽しい時間を過ごす」「とりたてて何もせずにぶらぶらと過ごす」「酒や賭け事にふける」などの意味で用いられることが多い。そこで、このいずれかの意味で波線部を含む一文の解釈が成り立つかを確かめてみよう。「遊《ビテ》」の意味をそのままにして訳出すると、「（荷宇は）以前に南部で『遊んで』戻る時に、銭唐にきたことがあった」となる。直前に「荷宇《ハ》香河《ノ》人《ナリ》」（荷宇は香河の人である）とあり、「荷宇」の故郷が今の北京東部の「香河」であることが示されているから、「反《ル》」（戻る・帰る）の目的語が故郷の「香河」であることは明らかである。そこで、「反《ル》」の目的語「香河」を補ったうえで、「遊」を先に挙げた現代日本語で用いられる意味に解して波線部を含む一文を訳すと、「（荷宇は）以前に南部で『好きなことをして楽しい時間を過ごし』・『とりたてて何もせずにぶらぶらと過ごし』・『酒や賭け事にふけっ』て（故郷の）香河に戻る時に、銭唐にきたことがあった」などとなり、文意はとりあえず成り立つものの、荷宇が南部で趣味に興じたり、ぶらぶらと無為に過ごしたり、あるいは放蕩《ほうとう》したりということは、本文にはまったく記されていない。ここで、「遊」には「故郷や住居を離れて他所に出る」という意味があることに気づいてほしい。「遊学」「遊子」などの熟語を考えるとわかりやすい。「遊」をこの意味に解すると、「（荷宇は）以前に故郷を離れ遠方の南部の地を訪ねて（故郷の香河に）戻る時に、銭唐にきたことがあった」と訳出でき、「遊《ビテ》」と「反《ル》」との意味の対比・つながりが明確となって、文脈も無理なく成り立つ（**【本文解説】**および**【全文解釈】**を参照）。したがって、**正解は④「故郷を離れ遠方の地を訪ねて」**である。

問2　語の意味の問題　31　①

二重傍線部(ア)「即《チ》」と(イ)「乃《チ》」は、どちらも「すなはち」と読む語であるが、読み方が同じでも字が異なる場合には、意味も相違するのが原則である。

(ア)「即《チ》」は、「すぐに・即座に」という意味で用いられることが多いが、主語を強調して提示する用法もあり、「とりもなおさず」などと訳される。これを踏まえて選択肢を検討すると、「即《チ》」には②・⑤「意外にも」や③「そこで」という意味はないので、正解は①・④「すぐに」に絞られる。

(イ)「乃《チ》」は、「そこで・それで」という意味で用いられることが多いが、この他にも「ようやく・やっと」、「かえって・それなのに」、「なんと・意外にも」など、様々な意味がある。以上を踏まえて絞り込んだ選択肢①と④の(イ)「乃《チ》」の意味を確認すると、④「まさしく」が不適切であり、①「そこで」が適当であると判断できる。

したがって、**正解は①**。

問3　解釈の問題　32　①

傍線部には基本句形や重要表現も用いられていない。「時時」と「不レ置《カ》」の意味を正しく捉えることがポイントである。

まず、「時時」の意味を確認してみよう。「時折・ときどき」の意味で用いられることの多い語であるが、「いつも・常に」、「その時その時・季節季節」、「折りにふれて」などの意味もあることに注意したい。以上を踏まえ、「時時」の解釈について選択肢を検討してみると、①「いつも」、②「繰り返し」、③「時折」、⑤「ずっと」はいずれも当てはまり、④「ある日」だけがやや不適切と言えるが、「折りにふれて」と同方向の意味であるとも解せるから、まったくの間違いであるとは判断しにくい。

そこで、「時時」に続く「念《ヒテ》レ母《ヲ》不レ置《カ》」について考える。「念《ヒテ》レ母《ヲ》不レ置《カ》」を直訳すると、「母のことを思って置いておかず」などとなろう。ここで考えなければならないのが、「不レ置《カ》」の目的語、つまり「何を」置いておかなかったのかである。文脈を確かめてみると、「荀宇は幼時に母を亡くし、ものごころがつくと」とあり、傍線部を挟んで「時が経てば経つほどますます強くなっていった（弥久《シクシテ》　弥篤《シ》）」と続いている。もちろん、「ますます強くなっていった」のは「亡き母への思い」である。したがって、「不レ置《カ》」の目的語も「亡き母への思い」と考え、「母のことを思って『その思いを』置いておかず」と解釈するのが適当である。つまり、傍線部は荀宇が「母のことを思い続けた」ことを述べているのである。この方向の解釈になっているのは、①「いつも母のことを思い続けてやむことがなく」だけである。「不レ置《カ》」が「不レ止《ヤマ》」と同じ意味の表現であることに気づけばわかりやすい。

よって、**正解は①**である。

問4　返り点と書き下し文の問題　33　④

返り点も送り仮名も省かれた文の訓読が問われているので、文の構造を正しく捉えることが肝要である。文の構造を把握するうえで注目すべき事項は、基本句形や重要表現であることは言うまでもないが、傍線部の構造を捉えるには、ここでは直後の一文が大きな手がかりとなっていることに気づいてほしい。傍線部と直後の一文とは対句の関係にあり、どちらの文も「哀《シム》ニ——《ヲ》一也」という構造になっている。これを踏まえると、傍線部では、「其身不能一日事乎母」が「哀《シム》」の目的語「——」に該当することになり、傍線部を書き下し文に改めると、末尾は「——を哀しむなり」となるはずである。書き下し文の末尾が「——を哀しむなり」となっているのは③と④である。したがって、正解は③と④に絞られる。⑤がやや紛らわしいが、「——を母に哀しむなり」と書き下しており、構造を取り違えた訓読になっていることに注意したい。

　次に、③と④の「其身不能一日事乎母」の読み方について確認すればよい。③は「其の身の一日の事を母に能くせざる」と書き下しているが、この書き下し文を現代語に訳すと、「自分自身の一日のことを母に対してできない」となり、「生後十か月で母を亡くし、ものごころがついてからは母のことを思い続けている」という文脈にも合致しないし（**【本文解説】**および**【全文解釈】**を参照）、文意自体も意味不明である。一方、④は傍線部全体を「其の身の一日として母に事ふる能はざるを哀しむなり」と書き下している。これを現代語に訳せば、「自分自身がほんの一日も母に孝行することができなかったのを悲しく思っているのである」（**【全文解釈】**を参照）となり、文脈にも合致する。したがって、**正解は④**である。

問5　解釈の問題　34　④

　まず、「母《ヨ》」（お母様）という母への呼びかけの後の、「胡《なん》為《すレゾ》乎——《(スル)》也《や》」（なぜ——するのか）という疑問形を捉えることが重要であるが、この句形についてはいずれの選択肢も「なぜ——（し）たのですか」と正しく解釈しているので、「使《ムル》下我《ヲシテ》至《リテ》二今日《ニ》一乃《チ》得レ見《ルヲ》」の箇所の解釈を検討すればよい。

　ここで留意すべきは、使役形「使《シム》二A《ヲシテ》B《(セ)》一」（AにBさせる）と重要表現「得《う》二——《(スル)ヲ》一」（——することができる）とである。この二つの文法事項を踏まえて傍線部を直訳すると、「お母様、なぜ私に今日になってなんと会うことができるようにさせたのですか」となる。傍線部が、幼時に他界した母と夢の中で再会し、驚きつつ母に語った荷宇の言葉であることを考慮し、「乃《チ》」は驚きの気持ちを表す語として、「見《ル》」は「母に会う」の意味を表す語として、それぞれ解釈するのが適当である。

　次に、「お母様、なぜ私に今日になってなんと会うことができるようにさせたのですか」という傍線部の直訳と同じ内容の解釈となっている選択肢を確認すると、④「お母様、なぜ今日になって私に会ってくださったのですか」だけであるとわかる。②「お母様、なぜ今日になって私をここに来させたのですか」は、「——させた」という使役形の解釈は正しいが、「得レ見《ルヲ》」を「ここに来る」と解しているのは明らかな誤りである。したがって、**正解は④**である。

問6　内容説明の問題　35　③

　傍線部**D**「此図」と傍線部**E**「今之図」の内容説明の問題であるから、それぞれの「図」（絵）について具体的に説明している箇所を本文中から探せばよい。

　傍線部**D**「此図」については、直前の「即《シテ》二夢《ニ》所《ニ》レ見《ル》為《ル》二之《ガ》図《ヲ》」（荷宇は夢で見たとおりに絵を描いた）という記述に注目する。つまり、荷宇は夢で見た母を描いたのである。一方、傍線部**E**「今之図」については、傍線部の後の「其《ノ》夢《ミル》レ母《ヲ》之境」（荷宇が母の夢を見る場面）という記述に注目する。「境」には、「区切り目」「場所・地域」「状況・場面」など様々な意味があるが、ここでは「其《ノ》夢《ミル》レ母《ヲ》」を受けているので、「状況・場面」という方向の意味に解するのが適当である。

以上を踏まえて選択肢を検討する。傍線部**D**「此図」について「荷宇の夢に現れた母の姿が描かれた絵である」と正しく説明しているのは、③と④である。そして、③と④のうち、傍線部**E**「今之図」について「荷宇が母の夢を見る場面の描かれた絵である」と正しく説明しているのは③である。よって、**正解は③**である。

問7　**趣旨の問題**　36　⑤

傍線部「余因《リテ》語《リテ》レ之《ニ》曰《ハク》」（私はそこで荷宇に話して言った）以下の内容について、要約的に問われているのだから、傍線部以下の「余」（＝筆者「廬文弨」）の「荷宇」に対する発言を、まず丁寧に訳出してみると、

そもそも人のまことの心が感じることには、あの世とこの世、生と死の隔たりなどないということは、信じてよい、いつわりではない道理です。

まして子は親については、親の息づかいでも（自分の親だと）わかるものですし、子と親の間をさえぎるものなどないことは言うまでもありません。

となろう（**【全文解釈】**を参照）。一文目には「A之《の》B（スル）者《もの》」（AであってBするもの・BするA）という同格の表現が、二文目には「況《いはンヤ》——《ヲ》乎《や》」（まして——はなおさらである・まして——は言うまでもない）という抑揚形が用いられていることに注意したい。

さて、以上の解釈を踏まえて選択肢を検討してみよう。まず、筆者の発言の要約を確認すると、「まことの心は生死をも超えて相手に通じる」という説明は、すべての選択肢に共通であり、発言の一文目の「あの世とこの世、生と死の隔たりなどない」という内容と合致している。次に、発言の二文目では「子と親の間をさえぎるものなどない」と述べていることを踏まえて、選択肢を確認すると、①「まして親が我が子を見捨てるはずはない」、②「やはり子が親と離れるのはつらいことだ」、④「やはり子は親と固く結ばれるべきだ」は、いずれも誤った説明であると判断できる。④がやや紛らわしいが、本文の発言では抑揚形を用いて子と親の結びつきについての「当然」を述べているのであり、「固く結ばれるべきだ」という「義務」を訴えているのではない。

これで正解は③と⑤に絞られるので、③と⑤の後半の説明を検討する。③は「母の愛情を評価したたえている」と結んでいるが、本文で取り上げられているのは「荷宇が亡き母を思う心」であって（**【本文解説】**を参照）、「母が我が子を思う愛情」ではないので、説明として誤りであると判断する。⑤の「母に対するあなたの思いは届いたのだと、荷宇の心情

に寄り添いつつ力づけている」という説明は、「荷宇が亡き母を思う心」という主題とも本文内容とも合致する説明である。よって、正解は⑤である。

2015
本試験

国　語

（2015年1月実施）

受験者数　501,415

平均点　119.22

国　語

解答・採点基準

(200点満点)

問題番号(配点)	設問	解答番号	正解	配点	自己採点
第1問 (50)	問1	1	⑤	2	
		2	⑤	2	
		3	②	2	
		4	④	2	
		5	④	2	
	問2	6	③	8	
	問3	7	②	8	
	問4	8	④	8	
	問5	9	②	8	
	問6	10	③ ※	4	
		11	④ ※	4	
第1問　自己採点小計					
第2問 (50)	問1	12	③	3	
		13	⑤	3	
		14	③	3	
	問2	15	②	7	
	問3	16	③	8	
	問4	17	①	8	
	問5	18	②	8	
	問6	19	① ※	5	
		20	⑤ ※	5	
第2問　自己採点小計					
第3問 (50)	問1	21	④	5	
		22	②	5	
		23	①	5	
	問2	24	⑤	5	
	問3	25	③	7	
	問4	26	③	9	
	問5	27	④	7	
	問6	28	⑤	7	
第3問　自己採点小計					
第4問 (50)	問1	29	⑤	4	
		30	③	4	
	問2	31	④	4	
		32	④	4	
	問3	33	④	5	
	問4	34	③	7	
	問5	35	④	7	
	問6	36	⑤	7	
	問7	37	②	8	
第4問　自己採点小計					
自己採点合計					

※の正解は順序を問わない。

第1問　現代文（評論）

【出典】

佐々木敦『未知との遭遇――無限のセカイと有限のワタシ――』（筑摩書房、二〇一一年）。

佐々木敦（ささき・あつし）は、一九六四年名古屋市生まれ。映画、音楽、小説やサブカルチャーの評論を手がける。著書として、『ニッポンの音楽』、『ニッポンの思想』、『あなたは今、この文章を読んでいる』、『「4分33秒」論』、『批評時空間』など多数。

【本文解説】

本文は、十一の形式段落からなっているが、それを便宜上四つの部分に分けて、その内容を確認していこう。

Ⅰ　ネット上の啓蒙の問題点（第1段落）

まず、ここではネット上の啓蒙についての筆者の考えが示されている。筆者は、ネット上の啓蒙の問題点として、「啓蒙のベクトルが、どんどん落ちていく」ことを指摘する。たとえば、掲示板やブログに「〇〇について教えてください」などという書き込みをする「教えて君」に対して、必ず「教えてあげる君」が現れる。自分で調べてもすぐにわかりそうなことを他人に質問し、誰かが答えるのだが、その結果、両者がともに「よりものを知らない人へ知らない人へと向かってしまうという現象」が起きている。そして筆者は、特に「教えてあげる君」の方に問題があるという。「自分が知らないことを新たに知ることができる方向に向かっていった方がいいに決まっている」にもかかわらず、「教えてあげる君」は、自分の知識を増やそうとはしない。そうした知的好奇心に欠ける「教えてあげる君」に教わる「教えて君」も、新たに知的好奇心を喚起されることはないだろう。未知の世界を求めず既知の世界にとどまろうとする「教えてあげる君」は、最終段落で「未知なるものへの好奇心／関心／興味を刺激することの方をやはりしたい」と述べる筆者とは対極の位置にあると言ってもよいだろう。（第1段落）

Ⅱ　類似した考えや作品が生まれる理由（第2段落～第6段落）

ここでは、オリジナルとして生み出されたものが過去の考えや作品と類似したものである理由が明らかにされるとともに、意識的な盗作についての筆者の考えが説明されている。

まず「どうして自分が考えたことをすでに考えた誰かが必ずといっていいほど存在するのか」という問いに対する筆者の解答が示されている。それは、人類が長い歴史を持ち、いろいろな分野で過去のストックが溜まっており、しかもわれわれは過去のすべてを知っているわけではないからだという。したがって自分ではオリジナルな考えだと思ったものが、実際には過去にあったもののリヴァイバルにすぎないことがある。では、そうした事態にどう対処すればいいのか。「自力で考えてみることと、過去を参照することを、ワンセットでやる」べきだという。つまり、「自分が考えつつあることと、他人が考えたこと」

を突き合わせることで、現在よりも先に進むことができるのである。（第2段落・第3段落）

それに関連して、盗作、パクリの問題がある。たとえば音楽でも、ある時期からメロディラインが非常に似た曲が頻出するという現象が起きてきた。これは、意図的な盗作というより、オリジナルを知らないのになぜかよく似てしまうということだろう。人類は長い歴史を持ち、これまでに沢山の曲を作ってきた。だから「誰かがふと思いついたメロディが過去に前例がある」ということは起き易くなっている。もちろん、こうしたことは、新しいメロディを生み出そうとする音楽家にとっては、なかなか厳しい問題だろう。しかし、自分の口ずさんだメロディが、過去に前例があるものだとしてもめげる必要はない。ただ、それを認めることは必要である。（第4段落・第5段落）

その一方で、意識的な盗作がなされ、しかもそれが盗作だとばれない場合もある。受け取る側のリテラシーの低さゆえに、明白なパクリがオリジナルとして流通し、それが盗作側の利益になっているとすれば、一定のリテラシーが担保されなければならない。つまり、意識的な盗作を見抜くためのリテラシーを形成するための啓蒙が必要だというのである。（第6段落）

Ⅲ　**ネット以前とネット以後の「歴史」**（第7段落～第10段落）

ここでは、インターネットが普及する以前と以後では、人々の「歴史」の捉え方が大きく変わってしまったことが説明されている。

自分が独自に考え出したものが実は過去にあったものに似てしまうという問題は、人類が長い歴史を持ち、過去にさまざまなことが行われてきた以上、仕方がないことだろう。ただ、何かをしようとしたとき、累積された過去があまりにも多過ぎて、どうにも「げんなり」してしまう。しかし、それらは今、突然、一気に現れたのではなく、人類の長い歴史のなかで、多くのものが積み重なったということに過ぎない。しかしながら、人々が積み重ねられた「多様性」を否定的に受け取ってしまうのは、それが「ひと塊のマッス（量）」としていきなり自分の前に現れたように思えてしまうからだろう。（第7段落）

人々が積み重ねられた過去（＝「歴史」）を「塊＝マッス」と捉えるようになった背景にはインターネットの普及がある。ネット以前にあっては、「歴史」には「時間」が介在しており、過去から現在を経て未来へと流れてゆく「時間」というものが、出来事と出来事を因果関係で結びつける「物語」を必要としていた。ところが、ネット以後、そうした「歴史」を圧縮したり編集したりすることが容易になったばかりか、そういう圧縮や編集が勝手に起きてしまうようになった。ネットの普及は、人々が時間軸を抜きにして「歴史」を一個の「塊＝マッス」として丸ごと捉えることを可能にしたのである。本来「歴史」は、時間の流れとともに語られる「物語」であり、「一種の系譜学的な知」であった。ところが、ネット以後、『歴史』全体を『塊』のように捉える」包括的な考え方が中心となってきた。つまり、まず「現在」という「扉」があって、そこを開けると「『塊』としての『歴史』」があり、その「歴史」を大摑みに摑むことが、「歴史」の把握の仕方として一般的になって来たと

いうのである。（第8段落～第10段落）

Ⅳ　啓蒙についての筆者の考え（第11段落）

最後に、ここでは啓蒙についての筆者の考え方が説明されるとともに、評論家としての筆者の基本的な姿勢が明らかにされている。

相手に何かをわかってもらうためには、相手が最低限のリテラシーを持っていることが条件になる。とりわけゼロ年代になって、そうした最低限のリテラシーを形成するための啓蒙の必要性が主張されるようになった。九〇年代以後、時間軸に拘束されない、崩壊した「歴史」の捉え方が少しずつ中心となり、ゼロ年代に入るとその弊害も起こってきた。そのひとつの例が「意図的なパクリ」である。したがって、「意図的なパクリ」を見抜くためのリテラシーを形成するための啓蒙も必要だという考えを、筆者も持つようになったという。しかし、筆者は、啓蒙は他人に任せておきたいと述べ、筆者自身は「未知なるものへの好奇心／関心／興味を刺激することの方をやはりしたい」という。ここには、「教えてあげる君」のように既知の世界に安住するのではなく、知的好奇心を持って「未知との遭遇」を求める筆者の基本的な姿勢が示されていると考えることができるだろう。（第11段落）

【設問解説】

問1　漢字の知識を問う問題　1 ⑤　2 ⑤　3 ②　4 ④　5 ④

(ア)は〈上の者が下の者に示したり与えたりする〉という意味で、「**垂れる**」。①は〈ある物事に心を奪われて夢中になること。また、ある人に感服して心から尊敬すること。〉という意味で、「心酔」。②は「睡魔」。③は〈粋《いき》でないこと。人情の機微、特に男女間の微妙な情愛を解さないこと。また、風情がわからないこと。〉という意味で、「無（不）粋」。④は「自炊」。⑤は「**懸垂**」で、**これが正解**。

(イ)は「**大概**」。①は〈物事に広く通じていること〉という意味で、「該博」。②は〈犯罪や不正を明らかにして、責任を追及すること〉という意味で、「弾劾」。③は〈形だけ残して、実質的な意味や価値を持たないもの〉という意味で、「形骸」。④は「感慨」。⑤は「**概要**」で、**これが正解**。

(ウ)は〈ものが豊富にあること〉という意味で、「**潤沢**」。①は「循環」。②は「**湿潤**」で、**これが正解**。③は「殉教者」。④は「巡回」。⑤は「純度」。

(エ)は〈はっきりしているさま〉という意味で、「**端的**」。①は〈心をこめて物事をすること〉という意味で、「丹精」。②は〈世俗の名利から離れて、淡々としていること。また、俗っぽさがなく、淡々とした中に深い味わいがあること。〉という意味で、「枯淡」。③は「大胆」。④は「**発端**」で、**これが正解**。⑤は「探究（求）」。

(オ)は〈楽器を演奏する〉という意味で、「**奏で**」。①は「捜査」。②は「双眼鏡」。③は「一掃」。④は〈天子、国王などに申し上げること〉という意味で、「**奏上**」。したがって**これが正解**。⑤は「操業」。

問2 「教えてあげる君」に問題があると思う理由を説明する

問題 6 ③

「教えてあげる君」には、どういう問題があるのか。まず傍線部の直後から、「自分が知らないことを新たに知ることができる方向に向かっていった方がいいに決まっている」にもかかわらず、「教えてあげる君」は、「自分より知識や情報を持っていない方に向か」っている点が問題だとわかる。つまり、「教えてあげる君」は、自分の知識を増やそうとはしない（a）という問題があるのである。

では、なぜ筆者はそのことを問題だというのか。「教えてあげる君」のそうしたあり方が、筆者の基本的な姿勢に反するからである。最終段落で、筆者は、「未知なるものへの好奇心／関心／興味を刺激することの方をやはりしたい」と述べていた。自分の知識を増やそうとはしない「教えてあげる君」は、筆者とは異なり、知的好奇心に欠けるばかりか、「教えて君」の知的好奇心を刺激することはない（b）のである。

さらに筆者は、第1段落の最初で、ネット上の啓蒙の問題点として「啓蒙のベクトルが、どんどん落ちていく」ことを指摘していた。「教えて君」と「教えてあげる君」の「両者が一緒になって、川が下流に流れ落ちるように、よりものを知らない人へ知らない人へと向かってしまう」のである。つまり、自分の知識を増やそうとはしない（a）「教えてあげる君」は、「教えて君」の知的好奇心を刺激することはない（b）ため、「教えて君」を自分と同じように知識を増やそうとはしない状況に導く（c）というのである。

以上の点をもう一度整理すると、次のようになる。

a　「教えてあげる君」は、自分の知識を増やそうとはしない

b　「教えてあげる君」は、「教えて君」の知的好奇心を刺激することはない

c　（bのため）、「教えてあげる君」は、「教えて君」を自分と同じように知識を増やそうとはしない状況に導く

したがって、以上の点を踏まえた③が正解となる。なお、③の「社会全体の知的レベルが向上していかないことにもなる」という説明は、本文に明示されてはいないが、「啓蒙のベクトルが、どんどん落ちていく」という表現から導き出せることなので、この点でこの選択肢を誤りとすることはできない。

①は、「無責任な回答をする」が本文に全く根拠がない説明なので、不適当。

②は、「その時点での相手の知的レベルに応じた回答をしているわけではないため、『教えて君』をいたずらに困惑させてしまい」という説明が、本文に全く根拠がないので、不適当。

④は、「教えて君の向学心に直接働きかけようとして教えているわけではない」という説明が、おかしい。「教えてあげる君」は少なくとも「教えて君」の質問に直接答えようとしている。

⑤は、「自己満足を目的として教えているに過ぎず」という説明が、「他者に対して啓蒙的な態度を取るということに、一種の義務感を持ってやってらっしゃる」という本文の冒頭の表現と矛盾する。

問3　音楽家にとって厳しい問題である理由を説明する問題

7　②

まず、傍線部の「これ」の指示内容を確認しよう。「これ」は、直前の「過去に素晴らしいメロディが数多く紡ぎ出された」ため「新しいメロディが、なかなか出てこない」ということを受けている。では、そのことがどうして音楽家にとって「厳しい問題」となるのか。当然のことながら、音楽家は新しい曲を生み出すことを期待されている（a）。しかし、人類は長い歴史を持ち、「これまでに沢山の曲を作ってきた」（b）。だから「誰かがふと思いついたメロディが過去に前例がある」（c）ということが起き易くなっている。つまり、これまでに沢山の曲が作られてきた（b）ので、自分が新しい曲だと思って考え出したものに前例がある可能性が高くなる（c）ため、本当にオリジナルな新しい曲を作ることが難しくなっている（d）というのである。

以上の点をもう一度整理すると、次のようになる。

a　音楽家は新しい曲を生み出すことを期待されている

b　これまでに沢山の曲が作られてきた

c　自分が新しい曲だと思って考え出したものに前例がある可能性が高くなる

d　（cのため、）本当にオリジナルな新しい曲を作ることが難しくなっている

したがって、以上の点を踏まえた**②が正解**となる。

①は、「音楽家は……豊富な音楽の知識を活用するが、逆にその知識が自由な発想を妨げてしまう」という説明が、本文に全く根拠がないものなので、不適当。

③は、「音楽家は……過去のメロディを自作の一部として取り込むことが避けられなくなってきている」という説明が、本文に全く根拠がないものなので、不適当。

④は、「社会に多くの曲が出回っているために、曲のオリジナリティを正当に評価されることが難しく」、「才能がある音楽家ほど不満を抱くことが多くなってきている」という説明がそれぞれ、本文に全く根拠がないものなので、不適当。

⑤は、「音楽家は……過去の膨大な曲を確認する時間と労力が大きな負担になってきている」という説明が、本文に全く根拠がないものなので、不適当。

問4　「『歴史』の崩壊」について説明する問題　8　④

各選択肢が「インターネットによる情報収集の普及にともない」ではじまっていることからもわかるように、「『歴史』の崩壊」をもたらしたのはインターネットの普及である。したがって、インターネットの普及する以前と以後で、「歴史」の捉え方がどう変わったのかを考えていけばよいだろう。

「歴史」については、本文の第8段落以降で論じられている。まず第8段落に、「そういった『歴史』を圧縮したり編集したりすることが、昔よりもずっとやり易く」なったとあり、また「時間軸を抜きにして、それ（＝歴史）を一個の『塊＝マッス』として、丸ごと捉えることが可能になった」とある。つまり、ネットの普及によって、時間軸にとらわれることなく、「歴史」を圧縮、編集されるようになった（ｂ）のである。

では、ネット以前はどうであったのか。それについては、第9段落に記されている。「歴史」には「時間」が介在しており、「過去から現在を経て未来へと流れてゆく『時間』というものが、そのあり方からして『物語』を要求してくる。『物語』とは因果性の別名」だとある。つまり、ネット以前においては、過去から現在を経て未来へと流れてゆく「時間」によって、出来事と出来事を因果関係で結びつけていくのが「歴史」だと見なされていた（ａ）のである。

以上の点をもう一度整理すると、次のようになる。

ａ　ネット以前の「歴史」＝時間の流れによって、出来事と出来事を因果関係で結びつけていくものだった

ｂ　ネット以後＝時間軸にとらわれることなく、「歴史」を圧縮、編集できるようになった

したがって、インターネットの普及によって、ｂのようになったため、ａという見方が失われたという説明になっている**④が正解**。

①は、「過去の出来事と現在の出来事との類似性を探し出す」という説明が、本文に全く根拠がないものなので、不適当。

②は、「インターネットによる情報収集の普及にともない、累積された過去に内在する多様性を尊重することが要求されるようになった」という説明が、不適当。第8段落にあるように、ネットの普及によって、「歴史」は一個の「塊＝マッス」と捉えられるようになったのだから、むしろ「多様性」は見失われたと考えるべきだろう。

③は、「過去の出来事を重要度の違いによって分類することができるようになった」、「等価なものとして拾い出された過去の出来事の集合体を歴史と捉える理解の仕方」という説明がそれぞれ、本文に全く根拠がないものなので、不適当。

⑤は、「インターネットによる情報収集の普及にともない、累積された膨大な情報を時間の流れに即して圧縮したり編集したりすることが容易になった」という説明が、不適当。第8段落にあるように、ネットの普及によって、「歴史」は「時間軸を抜きにして」捉えられようになったのである。

問5　「啓蒙」に対する筆者の考えを説明する問題　9　②

「啓蒙」について述べられているのは、第1段落と第11段落である。まず第1段落では、ネット上で「啓蒙」する「教えてあげる君」を否定的に論じていた。ところが、第11段落で、筆者は「啓蒙」の必要性を認める。それは、どうしてか。「意図的なパクリ」の問題などがあるためである。第6段落にあるように、意識的な盗作がなされても、それが盗作だとばれない場合がある。受け取る側のリテラシーの低さゆえに、明白なパクリがオリジナルとして流通する。しかも、それが盗作側の利益になっているとすれば、一定のリテラシーが担保されなければならない。つまり、意識的な盗作を見抜き、作品の価値を正当に判断するリテラシーを形成するための啓蒙が必要だ（a）と筆者は考えるようになっているのである。しかしながら、筆者は、「啓蒙は他の人に任せておきたい」（b）ともいう。そして筆者自身は「未知なるものへの好奇心／関心／興味を刺激することの方をやはりしたい」（c）という。

以上の点をもう一度整理すると、次のようになる。

a　作品の価値を正当に判断するリテラシーを形成するために啓蒙も必要だ

b　しかし、啓蒙は他の人に任せたい

c　自分は未知なるものへの好奇心を刺激する立場にいたい

したがって、以上の点を踏まえた②が正解となる。

①は、「単に他者を啓蒙するだけにとどまらず、有効な啓蒙の方法を模索することも必要だと考えている」という説明が、上述のbに反するので、不適当。

③は、「あえて他者を啓蒙する場にとどまり続けたい」という説明が、上述のb、cに反するので、不適当。

④は、「啓蒙という行為に積極的に関わることで人々の倫理意識を高めたい」という説明が、上述のbに反するので、不適当。

⑤は、「あえて啓蒙の意義を否定し」という説明が、上述のaに反するので、不適当。

問6　本文の表現に関する説明問題　10・11　③・④

こうした設問では、各選択肢の内容を本文の該当箇所と照らし合わせて、適否を判断していく必要がある。「適当でないもの」を選ぶのだから、迷ったら判断を留保し、明確に誤りと判断できる選択肢を選ぶこと。いずれにせよ、解くのに手間と時間のかかる設問である。

①について。「教えて君」や「教えてあげる君」に対して、筆者は否定的な評価しかしていない。したがって、「君」付けの呼称も「親しみ」ではなく、「軽いからかいの気持ち」を含んだものである。以上のことを踏まえた、この選択肢は適当である。

②について。「第3段落の前半にある丁寧の助動詞『ます』がその段落の後半に出てこなくなる」というのは、事実その通りである。丁寧な言葉が使われなくなっているのは、読み手への「気配り」とは言えず、「内容そのものの説明に重点が移っているから」だと説明も間違っているとは言えない。したがって、この選択肢は適当である。

③について。

A「なぜかよく似てしまう、そのことの方がむしろ問題だと思います」

B「なぜかよく似てしまうことの方がむしろ問題だと思います」

この選択肢は、Aの「そのこと」という指示表現が、Bに比べて「次の段落への接続をより滑らかにする働きをしている」というものである。しかし、二つを比べてみても、指示表現の有無によって、「次の段落への接続」の「滑らか」さに違いがあるとは言えない。したがって、この選択肢は不適当。よって、**これが一つ目の正解**。

④について。第5段落での筆者の主張は明確である。人類は長い歴史を持ち、これまでに沢山の曲を作ってきた。だから「誰かがふと思いついたメロディが過去に前例がある」ということは起き易くなっている。しかし、過去に前例があるものだとしてもめげる必要はない。ただ、それを認めることは必要である。こうした筆者の主張は一貫したものであるから、「肯定の立場から否定の立場に転じて論じている」というこの選択肢の説明は、明らかに不適当。よって、**これが二つ目の正解**。

⑤について。第7段落では、人類の長い歴史のなかでさまざまなことが行われてきたことを前提に、まず第2文で「目の前に立ちはだかってくるもの……が、あまりにも多過ぎ」ることが指摘される。それに対して、第3文で「しかしそれを無視することはできないし……」と記し、さらに第4文では、「目の前に立ちはだかってくるもの」に対して「しかしだからといって、それらは今、突然、一気に現れたわけではありません」と記されている。したがって、以上の内容を踏まえた、この選択肢は適当である。

⑥について。筆者は、第8段落〜第10段落で、ネット以前とネット以後の「歴史」の捉え方の違いを説明している。カギカッコ付きの「歴史」は、ネットの普及によって「崩壊」したとされる（傍線部C）「従来の捉え方による歴史」である。したがって、この選択肢は適当である。

⑦について。第10段落の第2文の「ある意味では」という表現が、「何か特定の内容を示す」ためのものではないことは明らかであり、それが「一文全体を婉曲な言い回しにするという働きをしている」という説明も、特に誤りではない。したがって、この選択肢は適当である。

⑧について。第11段落では、筆者は「啓蒙」の必要性を認めながら、「啓蒙は他の人に任せておきたい」という。筆者自身は「それ（＝啓蒙）とは異なる次元にある、未知なるものへの好奇心／関心／興味を刺激することの方をやはりしたい」というのである。つまり、筆者は、「啓蒙」とは距離を置きたいのであり、それが「なさって」という尊敬表現になったのである。以上の内容を踏まえた、この選択肢は適当である。

第2問 現代文（小説）

【出典】

小池昌代の短編小説「石を愛でる人」の全文。『感光生活』（二〇〇四年 筑摩書房刊）に収録されている。

小池昌代（こいけ・まさよ）は、一九五九年東京都生まれ、詩人、小説家。

詩集には『永遠に来ないバス』（一九九七年 思潮社）、『もっとも官能的な部屋』（一九九九年 書肆山田）、『夜明け前十分』（二〇〇一年 思潮社）、『地上を渡る声』（二〇〇六年 書肆山田）、『ババ、バサラ、サラバ』（二〇〇八年 本阿弥書店）、『コルカタ』（二〇一〇年 思潮社）などがある。

小説には、本書『感光生活』（二〇〇四年 筑摩書房）、『タタド』（二〇〇七年 新潮社）、『たまもの』（二〇一四年 講談社）などがある。

【本文解説】

本文は、人間関係に疲れ孤独に癒しを求めていた「わたし」が、愛石家の山形さんという人物に偶然出会い、山形さんの人柄に惹かれるうちに、人とのつながりを意識し始めるというストーリーのエッセイ風の短編小説である。

今年も、全文での出題のため、本文を補足説明するリード文が付されていないが、年によってはそれが付けられることがある。リード文は本文や選択肢の理解のヒントになることがあるため、読み落としのないようにしよう。

小説は評論以上に主観的な読みに陥りがちだが、選択肢を正確に吟味するためには、書かれている表現にこだわる姿勢が大切であることを忘れないように。

本文は、内容から、Ⅰ「わたし」の石への関心と孤独好きな性格、Ⅱ山形さんとの出会いと彼の性格、Ⅲ石の鑑賞と山形さんに惹かれていく「わたし」と、三つに分けることができる。順次その内容を確認していこう。

Ⅰ 「わたし」の石への関心と孤独好きな性格（冒頭〜28行目）

趣味にはいろいろなものがあり、山形さんの趣味は石を愛でることだった。その彼から「アイセキカ」友の会に入会しましたと聞かされたとき、「わたし」は一瞬の「愛惜」と聞き返すくらい、その言葉の意味が「愛石家」だとはすぐにはわからなかった。

そういう「わたし」も「石が好きである」。子供の頃は海や川といった水辺の石を拾って帰ってきた。乾くとただの石だが、水に濡れているときは妙に魅力があった。今の「わたし」はイタリアで拾った微妙な色の差を見せる大理石のかけらが好きだ。夜一人、言葉を交わす人間関係に疲れてイライラしているときなど、石と自分との混ざり合わない、「無機質で冷たい関係（＝関わりのなさ・孤独の世界）」に「わたし」は不思議な安らぎを覚えている。初めて投稿した詩のタイトルは「石ころ」だった。そんなことを思い合わせてみると、「わたし」もまた「充分、アイセキカの一人」と言える。

Ⅱ 山形さんとの出会いと彼の性格（29行目〜57行目）

その「アイセキカ（＝愛石家であり愛惜家）」の山形さんとは、彼の担当するテレビ番組に「わたし」が出演したことがきっかけとなり知り合うことになった。テレビ番組に初めて出演した「わたし」は、番組の中だけの人間関係や自分の発言などに関してあれこれと思い悩み、落ち込んでしまった。そんな「わたし」を山形さんは「石のように表情のない顔」で慰めてくれた。逆に「こいけさんもそのうちね……ぜったいテレビにどんどん出たくなりますよ」と自信を持って他人の気持ちを決めつけてくる。その彼は石を出品したので見に来ないかと案内状を送ってよこし、さらに追い討ちをかけるように電話でしつこく招待して「わたし」の行動を勝手に決めてしまう人でもあった。

Ⅲ　石の鑑賞と山形さんに惹かれていく「わたし」（58行目〜最終行）

出かけた日は雨だった。雨降りは石を見に行くのにいい日のように「わたし」には思われた。雨の日は傘を差す。もともと石との冷たい関係がもたらす孤独に癒しを感じている「わたし」は「ひとりひとりの頭のうえに開き、ひとりひとりを囲んでいる傘」が作り出す独りきりの傘の世界に心地よさを感じている。しかも雨の水は、湿った水辺の石の魅力を連想させる。独りきりの傘のなかを華やかな世界と表現した自殺した女性の詩人のことも思い出す。

そんなことを思い出しながら、石を展示しているアトリエに到着する。そこには小さな石どもがずらっと並んでいた。アトリエは薄暗く、他の客もまばら。そこへ山形さんが入ってきた。（山形さん、わたし、来ましたよ）（ああ、よく来てくれました、むし暑いのに、……）と「わたし」は心の中で彼と声にならない会話をする。「よく来てくれましたね、暑いのに」と今度は山形さんの本当の声がした。心の中での会話の繰り返しのようでもあるが、その声は不思議な浸透力を持って「わたし」の身体に入ってくる。どこかほっとするあたたかい声。彼の目は出品された石とよく似た漆黒の瞳。疲れはてて気弱な目。そんな彼の目を見ているうちに彼のことが少しわかったような気がする。孤独好きの「わたし」は彼に心惹かれていたのかもしれない。「何かが何かを少しずつひっぱっている」。その日は、そんな感じの日であった。

アトリエを出た「わたし」を山形さんが居酒屋で一杯どうかと誘う。何も答えない。しかし「わたし」はそのとき「言葉を使わないと、わたしたちもまた、石のようなものだ。何を考えているか、わからない。互いにころがっていくほかはない。石もひとも。ころがり、ぶつかりあって、わかりあうしかない」と、孤独の世界を離れて人と関わる世界へと心を向け始めていた。そして「わたし」は彼とお店の中へと向かう。

【設問解説】

問1　語句の意味を問う問題　12 ③　13 ⑤　14 ③

(ア)の「透明な」は、〈透き通って向こうが見える・透き通って濁りがない〉を意味する。したがって**正解は③**。①の「ぬくもり（＝あたたかさ）」、②の「悪意のない」、④の「形のない」には〈向こうが見える・濁りがない〉という意味がない。また透明だからといって⑤の「暗さのない（＝明るい）」ということにはならない。

(イ)の「とくとくと」は、〈得意そうなさま〉を意味する。したがって正解は⑤。他の選択肢はそうした意味を含まないので、間違いである。

(ウ)「追い討ちをかけて」は、〈すでに負けて逃げているものをさらに攻撃し、勝利を決定的なものにすること〉を意味する。つまり〈一つのことに向けて何度も働きかける〉というニュアンスがあるため、「しつこく働きかけて」の③が正解。①の「無理に」、②の「強く」、④の「時間の見境なく」、⑤の「わざわざ」にはそうしたニュアンスがない。

問2　言葉を持たない石のような存在に「わたし」が惹かれていることを説明する問題　15　②

「言葉を持たない石のような冷やかさ」が「わたし」には「あたたかさ」と感じられ「身にしみる」点について本文を読み取っていこう。「わたし」は20行目にある通りａ〈言葉を交わす人間関係には疲れている〉。またそうした「わたし」は17〜19行目にあるようにｂ〈石との冷たい孤独な関係に安らぎを覚えている〉。こうした内容が過不足なくおさえられている②が正解。

①は、「物言わぬ石がもたらす緊張感」がおかしい。「わたし」は石との距離感（＝冷たい関係）に「安らぎ」を感じているのである。また「自分が確かな存在であることを実感させ」「人としての自信を取り戻させてくれる」がおかしい。「わたし」は人間関係に疲れ、慰めを求めているだけである。

③は、後半部の「周囲の人との心の通い合いの大切さがかえって切実に思えてくる」がおかしい。「わたし」は人間関係に疲れ、孤独の世界に慰めを求めている。

④は、前半部の「時に嘘をつき自分を偽ることがある」がおかしい。「わたし」は自分の性格に問題を感じているのではなく、人間関係に疲れているのである。そのため最後の「虚飾のない本当の自分を強く実感できる」も本文とは無関係である。

⑤は、「距離を置いて見つめ直してみることによって」がおかしい。「わたし」と石との関わりは意図的に距離を置かなくても、17〜19行目にあるように〈混じりあうことのない、無機質で冷たい関係〉である。

問3　「わたし」から見た「山形さん」の人物像を説明する問題　16　③

29〜57行目の中で示されている山形さんに関する記述を拾っていこう。29行目〈アイセキカ（＝愛石家・愛惜家）で、石のように無口なひと〉、46〜47行目〈テレビ出演で落ち込む「わたし」を、石のように表情のない顔でなぐさめるひと〉、47〜49行目〈「わたし」がテレビ出演に魅せられると自信を持って決めつけるひと〉、50〜54行目〈自分の趣味の石の鑑賞に「わたし」を強引に誘うひと〉という人物像が読み取れたはずだ。したがって、こうした人物像を説明している

③が正解。

①は、前半部の「テレビ業界の魅力を説くことで」がおかしい。47〜48行目には「テレビに出ることには、けっこう魅力がある」としか山形さんは述べていない。

②は、後半部の「自分の要求はすべて通さずにはいられない」がおかしい。本文全体からわかることだが、山形さんは愛石家なので石の鑑賞にはこだわっているが、その他のことに関しては全く説明されていない以上、「要求はすべて」とは言えない。

④は、「わたしの心を気遣うふりをして」がおかしい。46〜47行目にあるように山形さんは「わたし」を本当になぐさめている。

⑤は、「話題（＝テレビ出演でわたしが落ち込んでいること）をそらしてごまかし」がおかしい。④と同様に山形さんは「わたし」をなぐさめている。また、ちゃんとなぐさめているのだから「無責任な人物」ではない。

問4　雨の日が石の鑑賞に都合がよいことの理由を説明する問題

題 17 ①

この設問では、「わたし」にとって雨の日が石の鑑賞に都合がよいのはなぜなのかを考える。まず傍線部直後の「傘というものがわたしは好きだ。ひとりひとりの頭のうえに開き、ひとりひとりを囲んでいる傘が。……彼女もまた（＝わたし同様に）、雨の日と、傘が、好きだったのだろう。」という表現と、17〜21行目に示されていた〈人間関係に疲れ、深い関わりを持たなくて済む石との孤独な関係に心惹かれていた「わたし」〉のことを踏まえると、a〈雨の日の傘が石と同じように満ち足りた孤独な世界を作ってくれること〉が読み取れる。また〈雨と言えば水を連想させること〉から、9〜13行目の表現からb〈わたしは水辺の石を持ち帰ることがあり、しかもその石の魅力は水の力ではないかと思っていること〉も雨の日が石の魅力を引き出すようで、石の鑑賞には都合がよいと言える。こうしたことを指摘している**①が正解**。

②は、前半部の「傘は見方によって様々に姿を変える」という点が本文には書かれていない内容である。また後半部の「水石の世界があることを知ってからは」という表現が傍線部よりも後に記されている出来事であり、傍線部の時点での理由になるのはおかしい。

③は、前半部の「女性詩人の顔の皺には……石に似た魅力があった」がおかしい。本文では女性詩人の皺と石とは比較されていない。女性詩人は傘から想起されたのである。

④は、前半部の「乾いた石に愛着を覚えていた」がおかしい。11行目に「乾いてしまうと、ただの石だ」とあるように「わたし」は乾いた石を否定的にとらえている。

⑤は、後半部の「外出の億劫さ」という点がおかしい。「わたし」は人間関係に疲れ孤独は求めているが、だからと言って〈外出することが面倒だ〉とは説明されていない。

問5　18 ②　アトリエでの「わたし」の変化する思いを説明する問題

傍線部の「何かが何かを少しずつひっぱっている」は、直前の「わたしもそのとき、山形さんに、心を惹かれていたのかもしれない」という表現を踏まえれば、a〈「わたし」が山形さんに惹かれつつある〉という意味であろう。そして、そのきっかけを本文に求めると、94〜96行目からb〈山形さんの声が不思議な浸透力を持ってわたしの身体に入ってきて、ほっと安堵したこと〉や、97〜100行目からc〈山形さんの気弱な目に山形という人が理解できたこと〉が読み取れる。これらの要素が説明されている**②が正解**。なお選択肢の前半部の「冷たい石と向き合う沈黙のひとときに安らぎを感じていたわたし」という点に関しては17〜19行目や、傍線部Aで示されていた。

①は、「わたし」に関しても「自分にもそうした両面（＝強さと弱さ）があることを発見し」という説明が、本文には全く書かれていない内容である。

③は、後半部の「彼の見識（＝石に関する知識）の高さに感動したわたし」が「石を出品してみたいと感じはじめている」という説明が、本文には全く書かれていない内容である。

④は、「山形さんが石を愛するようになったことで孤独から脱するきっかけを得た」がおかしい。人間関係の疲労から人は石との関わりを持つのだから、むしろ石を愛することで人は孤独になるのである。また傍線部の「何かが何かを少しずつひっぱっている」という比喩的表現を踏まえると、結論部の「今までの自分とは違う人間に変える」という表現は不適切である。

⑤は、「石との関係が……壊れてきていることにわたしは気づいている」という説明が、本文に全く書かれていない内容である。

問6　この文章の表現について説明する問題　19・20　①・⑤

順に確認していこう。

①について。4〜6行目から「わたし」が「意味を取れずに音だけ理解し」、「アイセキ」という音に対して「愛石」ではなく「愛惜」という字を思い浮かべたことがわかる。そのため、たとえば29行目の「そのアイセキカ、山形さん」の箇所は、「愛石家」でもあり、また奥さんなくした（5行目）「愛惜家」でもある山形さんと読める。つまり、「アイセキカ」は「愛石家」の意味に限定されていないのである。したがって**①が一つ目の正解**。

②について。はじめてのテレビ番組収録に関して落ち込む「わたし」に山形さんが、「テレビに初めて出た人間はそんなもんですよ……となぐさめてくれた」（46〜47行目）という表現から、この場面の山形さんはテレビ局の人間として「わたし」をなぐさめこそすれ、その語りかけが「他人事として突き放すような、投げやりなものである」とは言えない。

③について。アトリエに出かけた「わたし」は、そこに展示されている愛石家たちの石に対して否定的な感情を示していない以上、「他人が拾った『小石』を軽んじる気持ちが生じた」とは言えない。

④について。前半部の山形さんの「目」に「わたし」が着目している点を踏まえれば「わたしが山形さんに徐々に惹かれていく」ことは読み取れるとしても、そこから「石からは次第に心が離れつつある」とは断定できない。

⑤について。80、82、86～87行目のカッコの直後の表現から、106行目は107行目のカッコの中の「ように思った」という表現から、カッコを使うものはすべて「わたし」の思念や、「わたし」が山形さんの思念を推測したものだとわかる。またカギカッコの方はすべて実際に「わたし」が聞いた山形さんの声である。したがって、**⑤が二つ目の正解**。

⑥について。本文中では「詩人であるわたし」の「以前」の表現についての説明がなされていない以上、「表現技巧が以前と比べて洗練された」とは言えない。

第3問 古文

【出典】

『夢の通ひ路物語』

成立年代　南北朝時代～室町時代初期

ジャンル　擬古物語

作者　未詳

内容　『夢の通ひ路物語』は、現存する擬古物語の中でも最も長編の作品で、全六巻。二代の帝にわたる五四年間（一説に二七年間）のことを描き、登場人物は百三十人にも及ぶといわれる大作である。ある聖が、夢の中で、すでに亡くなっている一条中将（問題文の男君）から託された巻物を、夢から覚めた後に、読み進めるという趣向で始まる。その巻物には、一条中将と姫君（問題文の女君）との悲恋の物語が書かれていた。

物語の前半では、一条中将と京極大納言の姫君との思い通りにならない恋が語られ、二人がやっと結ばれたかと思うと、今度は、姫君が一条中将の子どもを身ごもったまま梅壺女御として入内し、帝の寵愛を受けるという悲運が二人を襲う。姫君は、三の宮（問題文の皇子）を産むが、参内した一条中将は、自分に生き写しの三の宮を見て、苦悩のうちにこの世を去ってしまう。姫君は悲しみのあまり物の怪に取り憑かれ、最後には、聖のもとで出家してしまった。

問題文は、物語の後半で、思うにまかせない二人の苦しみが手紙のやりとりを中心に描かれているところである。

【全文解釈】

（男君と女君は）お互いに恋しく物思いをつのらせなさることが様々であるけれど、夢（の中）でなければ通っていくことのできる身ではないので、現実にあてにさせた逢瀬が絶えてしまったつらさばかりを思い続けなさり、大空ばかりを物思いに沈みながら眺めては、心細く思い続けていらっしゃった。男君のお気持ちには、なおさら（女君が）恨めしく、（女君への）どうにもならない（恋の）苦悩に加えて、皇子のご様子もとても気が引け、鏡（に映った男君自身）の顔も（皇子の顔に）そっくりだと思われるので、ますます「（皇子がわが子であるか、どうかという真実を）はっきりさせたい」と思い続けなさるけれど、以前のように相談相手（の右近）までも（ご連絡申し上げないので、「みっともなく、今さら関係し、愚かなものだと当惑されるだろうか」と自然と遠慮されて、清さだにさえも御心をゆるしておっしゃらないで、ますますひどい物思いをしなさった。

こちらの女君の方でも絶えず思い嘆きなさるけれど、どうして（その苦しみを）漏らしなさるだろうか、いや、漏らしなさることはない。女君が帝の寝所にたびたび召され、自然と帝のお側にいらっしゃることも多く、（帝の）ご愛情がこの上なく深くなっていくのも、本当につらく、恐ろしく、人知れず苦しく思いなさって、少し御自室に戻りなさっていた。人も少なく、しんみりと物思いに沈んでいらっしゃった夕暮れに、右近が、（女君の）お側に参上して、（女君の）御髪を整え申し上げるついでに、あの（男君の）御事をそれとなく申し上げる。

「最近（男君を）拝見したところ、（男君の）ご両親が思い悩んでいらっしゃるのももっともなことでございます。本当にげっそりお痩せになり、この上もなくお（顔の）色も真っ青だと拝見しました。清さだも、（男君には）長い間無沙汰しておりましたので、（男君は）どのようにあきらめなさったのだろうかと、ここ数日は気がかりで、恐ろしく思わずにはいられませんでしたが、やはり（男君は）我慢しきれないでいらっしゃるのでしょうか、昨日（清さだが私に）手紙をよこした中に、このようなものがございました。（清さだの手紙には）『本当に、（男君が）思っていらっしゃることは、日数が経ち言葉にする甲斐もないほどひどく、拝見するのも気の毒で。（参内すると）皇太子がとてもかわいらしくまとわりつきなさるので、くつろいでも（ご自宅に）お籠りになることもないが、この頃は、連続して参内なさることもできないで、ひたすら苦しみが増していらっしゃる』とございました」

と言って、（男君の）お手紙を取り出したけれど、（女君は）かえってつらく、何となく恐ろしいので、

「どうして、このように言うのだろうか」

と言って、泣きなさった。（右近も）

「今回は、最後でございましょう。（あなた様が）ご覧にならなかったら、（後で）罪深いことだときっとお思いになるでしょう。」と言って、泣いて、

「（お二人が）昔のままのご様子でしたら、このように思いもよらないことになり、どちらにも苦しいお気持ちが加わるでしょうか、いや、加わることもなかったでしょう」
と、こっそり申し上げるので、（女君は）ますます恥ずかしく、本当に悲しくて、振り捨ててしまうことができないで（男君のお手紙を）ご覧になる。

A「そうはいっても（また逢えるだろう）と期待をさせた甲斐もない、（私の）亡き後に、せめて世間並み以上の深い物思いだけでもしてくれ。

（あなたが入内して私の手の届かないところに行ってしまい）宮中で拝見し、（帝とあなたの前で御簾を隔てて）あの笛を演奏した夕べから、心地も乱れ、苦しく思っておりましたが、まもなく（私の）魂がつらい（この）身を捨てて、あなたのあたりにさまよい出てしまったら、（私の魂をこの世に）引き留めてくださいね。（もう）惜しくもない（この）命も、まだ絶えはててはいないので」

などと、しみじみと、いつもよりいっそう見所があるように（美しい文字で）書き流していらっしゃるのをご覧になると、これまでのことやこれから先のことがすべてひどくつらいものと思われて、（女君は流す涙で）御袖をひどく濡らしなさる。（女君が）伏せっていらっしゃるのを、（右近は）拝見するのも気の毒で、「（お二人は）どのようであった前世の御宿縁なのだろうか」と思い嘆くようである。

「人目がないうちに、さあ、お返事を」
と（右近が）申し上げると、（女君は）御心もせわしくて、

B「心ならずも（二人が）離れてしまったことを嘆いて、きっと（私の命はあなたの命と）一緒に消えはててしまうだろう。

（私はあなたに死に）遅れるつもりは（ない）」

とだけ、お書きになっても、（手紙を）結びなさることもおできにならないで、深く当惑しなさって泣き沈みなさる。（右近は）「このように言葉が少なく、まとまった長さもないけれど、（男君は）いっそうしみじみと愛おしくも気の毒にも、（この手紙を）ご覧になるだろう」と、（男君と女君の）それぞれを思いやるにつけても、悲しく拝見した。

【設問解説】

問1　短語句の解釈問題　21 ④　22 ②　23 ①

センター試験の古文の**問1**は、例年、短語句の解釈を問う問題が三問出題される。古語の意味と文法事項に注意して解釈をするのは言うまでもないが、古語の意味を文脈から判断しなくてはならない場合もある。問題を解くにあたっては古語の辞書的な意味と文脈との両面をよく考えることを心がけることが重要である。

(ア)　**あぢきなき嘆き**

ポイントは形容詞「あぢきなき」である。これは、道理をわきまえずどうにもならない状態や、それに対するあきらめの気持ちを表す形容詞「あぢきなし」の連体形で、「思うようにならない。どうしようもない。するかいがない。つまらない」などと訳す。よって、「あぢきなき」の解釈としては、

④「どうにもならない」が正しい。**正解は④**。⑤「ふがいない」は、「意気地がない。だらしない」という意味で、「あぢきなし」の語意からは外れる。

(イ) あきらめてしがな

ポイントは「あきらめ」と「てしがな」である。先に「〜したい」と訳す希望の終助詞「てしがな」の部分の解釈を見ると、①〜③は、「〜たい」となっているが、④・⑤は、「〜ほしい」となって、自分の行為についての希望を表す「てしがな」の解釈としては不適当である。これによって選択肢は①〜③に絞られる。「あきらめ」は、漢字表記すると、「諦め」と「明らめ」になるが、ここでは(注1)で示された、皇子の顔が男君にそっくりだという文脈からは「諦める」という意味には解釈できない。この「あきらめ」は、物事を「明らかにする。はっきりさせる」という意味の動詞「明らむ」の連用形であると考えるのがふさわしい。この語を正しく解釈しているのは、②「真実をはっきりさせ」だけである。**正解は②**。

(ウ) 御こころざしのになきさまになりまさる

ポイントは「こころざし」「になき」である。先に「になき」の解釈を検討すると、これは、「比類ない。二つとないくらいすばらしい」という意味の形容詞「になし」の連体形である。よって、「になき」の解釈が正しいのは、①「この上なく」だけで、**正解は①**と決まる。「こころざし」は、「意向。目的。愛情。誠意」といった意味の名詞で、その点でも①「ご愛情」は正しい。

問2 文法問題 24 ⑤

センター試験の**問2**は、例年、助動詞・助詞の識別といった文法問題が出題されるが、敬語が問われることもある。敬語は、まずそれぞれの敬語の種類が尊敬・謙譲・丁寧のどれにあたるものかを正しく判別することが大切で、とりわけ語によっては尊敬・謙譲・丁寧のうち、二種類にわたるものもあるから、そういった場合の正しい判別も含めて十分に注意しなければならない。

a「侍り」は、謙譲語と丁寧語の二種類の意味があるが、**a**は、形容動詞「むべなり」の連用形「むべに」に接続しているので、補助動詞である。補助動詞には丁寧語しかないので、**a**は丁寧語と決まる。

b「給は」、**c**「給へ」の「給ふ」は尊敬語と謙譲語の二種類の用法がある。

「給ふ」の識別

1 四段活用
本動詞 →「与ふ」の尊敬語(=お与えになる・くださる)
補助動詞→尊敬の補助動詞(〜なさる・お〜になる・〜ていらっしゃる)

2 下二段活用
本動詞 →なし
補助動詞→謙譲の補助動詞(〜ます・〜させていただく・〜ております)

＊謙譲の補助動詞になる場合は次のような特徴がある。
①　終止形はまれで、命令形はない。
②　会話や手紙文の中でのみ使われる。
③　「思ふ・見る・聞く」などの動詞につく。
④　動作の主体は話し手・書き手である。
⑤　会話であれば話し手からその聞き手、手紙などであれば書き手からその読み手に対する敬意を示している。

b「給は」は、四段活用動詞の未然形なので、尊敬語である。

c「給へ」は、過去の助動詞「き」の連体形「し」に接続しているので、連用形である。連用形が「給へ」になるのは、下二段活用だけなので、**c**は謙譲語である。

以上から敬語の種類が正しいものは、①と⑤だけである。

次に誰から誰への敬意かという、敬意の対象についてであるが、①と⑤は、**b**の「誰から」だけが違っているので、その部分だけを検討すればよいことがわかる。

敬意の方向
1　「誰から」敬意を表しているか。
①　地の文……作者から。
②　会話文・手紙文……話し手・書き手から。
＊尊敬語・謙譲語・丁寧語の区別は関係ない。
2　「誰へ」敬意を表しているか。
①　尊敬語……動作の主体。
＊「誰が」その動作主であるかを考える。
②　謙譲語……動作の受け手。
＊「誰に」その動作が及んでいるか、その動作が「誰を」相手にしたものであるか、その動作は「誰から」受けたものかを考える。その「誰」が答えとなる。
③　丁寧語……聞き手・読み手。
＊地の文では読者が敬意の対象となる。会話であればその聞き手、手紙などであればその読み手が誰であるかを考える。

bは、「右近、御側に参りて、御かしらなど参るついで、かの御事をほのかに聞こえ奉る」の直後にあるので、右近の、姫君に対する発言の中にある。さらに、『　』で括られた手紙の直前に、「昨日おこせし中に、かかるものなむ侍りける」とあるが、ここで「おこせし」と、尊敬語が使われていないことに注意しよう。もし、この手紙をよこしたのが男君の両親であるならば、男君の両親は右近にとって敬うべき人物であるから、「御方々思しわづらふ」とあるように、右近の発言の中で尊敬語を用いるはずである。また、この発言の後、右近が男君の手紙を女君に渡しているが、事情を知らない男君の両親が男君の手紙を右近に届けたとは考えられない。よって、右近に、男君の手紙を添えて手紙をよこしたのは、男君の従者である清さだと考えるのが適当である。

そこで、敬意の方向を考えると、**b**は手紙の中にあり、尊敬語なので前記の1②と2①から、「書き手」から「動作の主体」への敬意とわかる。「書き手」は清さだで、「とけても籠らせ給はぬ」の主体は男君なので、「清さだから男君へ」となっている**⑤が正解**である。

b以外の敬意の方向を確認すると、**a**は丁寧語で会話文の中にあるので、「話し手」から「聞き手」に対する敬意である。**b**でも検討したが、この発言は、右近が姫君へしたものなので、これも⑤は正しい。**c**は、選択肢がすべて「男君から女君へ」となっている。よって検討の余地はないが、前記「『給ふ』の識別」の表の2の⑤から、手紙の書き手である男君から、読み手の女君に対する敬意であると確認できる。

問3　心情の説明問題　25　③

女君の心情を問う問題であるが、選択肢はすべて「右近に〜されて恥ずかしくなり、また〜れて、悲しく感じている」となっており、実際は右近の発言内容を検討すればよい問題である。右近の発言は問題文2ページ目の4行目と6行目にある。

今回は、　最後でございましょう。　ご覧にならなかったら、
こたびは、とぢめにも侍らむ。Ⅰ御覧ぜざらむは、
罪深いことだとお思いになるだろう
罪深きことにこそ思ほさめ
昔のままの　ご様子でしたら、
Ⅱ昔ながらの御ありさまならましかば、

このように思いもよらないことになり、
かくひき違ひ、
どちらにも　苦しいお気持ちが加わるでしょうか、いや、加わることもなかったでしょう
Ⅱいづこにも苦しき御心の添ふべきや

選択肢を検討すると、Ⅰ部分が選択肢③「男君からの手紙を見ないのは罪作りなことだ」に対応し、Ⅱ部分が③「昔の間柄のままであったら二人とも苦しまなかっただろう」に対応しているので、**正解は③**である。

①は、「男君の病状が悪くなったのは自分のせいだと責められて」にあたる内容が本文に書かれていないので間違いである。

②は、右近に「二人の仲を詳しく知られて恥ずかしくなり」や、「二人の仲が公にできないと思い知らされて」が本文に書かれていない内容なので間違いである。

④は、「男君が送ってきた罪深い内容の手紙」が間違いである。女君はこの時点では男君の手紙をまだ読んでいないので、その内容が罪深いかどうかはわからない。右近が「罪深き」と言ったのは女君が手紙を見ないことについてである。

⑤は、右近は女君の子どもについては何も言っていないので間違いである。

問4　和歌を含む手紙の内容の説明問題　26　③

手紙**A**・**B**ともに和歌があるので、和歌の内容を検討する必要がある。

男君の歌の「頼め」は、下に連用形に接続する過去の助動詞「き」の連体形「し」があるので、下二段に活用する「頼

む」の連用形で、「期待させる」という意味である。「なき」は、「甲斐も無き」と「亡き後」の掛詞になっている。「だに」は、サ行変格活用動詞「す」の命令形「せよ」と呼応しているので限定の用法で、「せめて〜だけでも」と訳す。「ながめ」は、「物思いに沈む」という意味の動詞「ながむ」の連用形「ながめ」が名詞に転成したものである。全体を逐語訳すると、

さりともと《そうはいってもと》／Ⅰ頼めし甲斐も《期待をさせた甲斐も》／なきあとに《ない、亡き後に》／
世のつねならぬ《せめて世間の並みでない》／ながめだにせよ《物思いだけでもしてくれ。》

となる。歌の前半は、女御となってしまい手の届かない存在になってしまった女君に対して、男君が、「以前に期待させた」というのだから、それは逢瀬への期待と考えてよい。しかし、今となっては、その期待をさせた甲斐もないということである。歌の後半は、男君が、「自分の亡き後には、私を思って物思いに沈むことだけでもしてほしい」と訴えているのである。

また、和歌以外の男君の手紙で、以前宮中で帝と女君の前で笛を演奏したことを述べ、「それ以来心も乱れ苦しんでいる」とあった後に、

Ⅱほどなく《まもなく》 魂の憂き身を捨てて、《魂がつらい身を捨てて、》君があたり迷ひ出でなば、《あなたのあたりにさまよい出てしまったら、》
結びとめ給へかし。《引き留めてくださいね。》
惜しけくあらぬ命も、《惜しくもない命も、》まだ絶えはてねば《まだ絶えはててはいないので》

とある。

選択肢を検討すると、Ⅰの部分が選択肢③「私は逢瀬の期待もむなしく死ぬだろう」に、Ⅱの部分が③「それまでに魂がこの身から離れてあなたのもとにさまよい出たときは引き留めてほしい」に対応している。

次に、手紙**B**の女君の歌の「なめ」は、強意（完了）の助動詞「ぬ」の未然形に推量の助動詞「む」の已然形が接続したもので、「きっと〜だろう」と訳す。全体を逐語訳すると、

Ⅲ思はずも《心ならずも》／隔てしほどを《離れてしまったことを》／嘆きては《嘆いては》／
Ⅳもろともにこそ《一緒に》／消えもはてなめ《きっと消えはててしまうだろう。》

となり、和歌の後に「Ⅳ遅るべうは《遅れるつもりは》」とある。女君は、男君が死んでしまうだろうと言ってきたので、「私も一緒に死ぬだろう」と返歌し、「死に遅れるつもりはない」と付け加えたのである。

選択肢を検討すると、Ⅲが選択肢③「心ならずも離ればなれになってしまったことが悲しく」に対応し、Ⅳが③「あなたが死んだら私も死に遅れはしない」に対応している。**正解は③**である。

①は、「迷い出そうな魂もあなたのことを考えるとこの身にとどまって死にきれない」が、前記Ⅱの内容とずれている。

②は、「死にきれないので私を受け入れてはくれないもの

か」が、前記Ⅰ・Ⅱの内容とずれている。「もはやあなたを愛することはできないが、前世からの因縁と思えばつらく」は本文にない内容である。

④は、「あなたを恨みながら死ぬだろう」、「誰のせいでこうなったのか」などは、本文にない内容である。

⑤は、「空を眺めてほしい」は、男君の歌にある「ながめ」が、本文では空を眺める意味ではないので間違いである。「今逢えないことでさえもどかしく」は本文にない内容で、「魂の訪れなど待たずに」は、前記Ⅳの内容とずれている。

問5　心情の説明問題　27　④

傍線部Yの前の「　」で括られた部分が傍線部Yのように思う右近の具体的な心情を記している。

Ⅰ　かやうにこと少なく《このように言葉が少なく、》、節なきものから《まとまった長さもないけれど、》、

Ⅱ　いとどあはれにもいとほしうも《いっそうしみじみと愛おしくも気の毒にも》御覧ぜむ《ご覧なさるだろう》

選択肢を検討すると、Ⅰの部分が選択肢④「短く書くことしかできない女君の手紙」に対応し、Ⅱの部分が④「男君はさらに女君への思いを募らせるだろう」に対応している。よって**正解は④**である。

①は、「気持ちは男君にきっと伝わるだろう」が本文にない内容で間違いである。

②は、「病のせいで言葉少ない男君の手紙を見て、女君はいっそう気の毒に思っているだろう」が本文にない内容で間違いである。

③は、「落胆するだろう」がⅡの内容とずれている。また、「二人の別れを予感し」は、本文にない内容で間違いである。

⑤は、「控えめな人柄がうかがえる女君の手紙」、「二人の将来を危ぶんで」が本文にない内容で間違いである。

問6　問題文の内容についての説明問題　28　⑤

この問題では、選択肢が問題文のどこに対応しているかを確認し、正誤を判断すること。

①は、「女君が不快に思うのではと恐れて」が間違いである。問題文1ページ目の4行目に、

人わろく《みっともなく、》、いまさらかかづらひ《今さら関係し、》、をこなるものに《愚かなものだと》思ひ《当惑さ》まどわれむか《れるだろうか》

とあるのに対応しているが、これは清さだにも心を許して話せず、右近に連絡を取らない理由で、女君に対してではない。また、男君は相手が「不快に思う」ことを恐れているのではなく、「自分が愚かな者だと当惑される」ことを気にしている。

②は、「ついには人目を忍んで男君への手紙を右近に取り次がせようとした」が本文にない内容で間違いである。女君は、問題文2ページ目の1行目にあるように、男君の手紙を受け取ることでさえ「そら恐ろし」と考えている。

③は、「右近から手紙が来ないことを不審に思い、帝が真相に気づいたのではないかと心配になり、事情を知らせるように」が本文にない内容で間違いである。**問2**で検討したよ

24

うに、清さだの手紙は男君の苦しみようを心配するもので、右近からの連絡についても帝についても一切触れられていない。

④は、「東宮のもとに無理に出仕をしたため病気が重くなり」が間違い。問題文1ページ目の12行目には、

東宮のいとかなしうまつはさせ給へば、《皇太子がとてもかわいらしくまとわりつきなさるので、》とけても籠らせ給はぬを、《くつろいでお籠りになることもないが、》この頃こそ、《この頃は、》えうちつづきても参り給はで、《連続して参内なさることもできないで、》ひとへに悩みまさらせ給へ《ひたすら苦しみが増していらっしゃる》

とあり、東宮のもとに出仕したために病気が重くなったのではなく、出仕さえもできなくなるほど苦しみが増したというのである。

⑤は、問題文2ページ目の1行目、2行目、7行目、11行目に

Ⅰ 御消息取う出たれど、《お手紙を取り出したけれど、》なかなか心憂く、《かえってつらく、》そら恐ろしきに、《何となく恐ろしいので、》

Ⅱ 「いかで、かくは言ふにかあらむ」《どうして、このように言うのだろうか》とて、泣き給ひぬ。《と言って、泣きなさった。》

Ⅲ 振り捨てやらで御覧ず。《振り捨ててしまうことができないでご覧になる。》

Ⅳ 来し方行く先みなかきくれて、《これまでのことやこれから先のことがすべてひどくつらいものと思われて、》

とあるのにそれぞれ対応している。選択肢の「男君の手紙を見せられて恐ろしく感じ」がⅠに、「手紙を取り次いだ右近を前に当惑して泣いた」がⅡに、「無視もできずに手紙を読んだところ」がⅢに、「絶望的な気持ちになった」がⅣの内容をふまえたもので、矛盾はない。正解は⑤である。

第4問　漢文

【出典】

程敏政《ていびんせい》『篁墩文集《こうとんぶんしゅう》』全九十三巻。『篁墩文集』は、明の程敏政（一四四五？～一四九九）の著作集。

程敏政は休寧（現在の安徽省休寧県）の人で、字《あざな》は克勤、篁墩と号した。成化二年（一四六六）に科挙（官吏登用試験）に合格し、少詹事《しょうせんじ》（太子を補佐する役所の次官）、侍講学士（太子の教官）、礼部右侍郎（儀礼や官吏の登用を司った中央官庁「礼部」の次官）などを歴任した。知識は該博で文才にも優れていたため、妬みを買うこともしばしばであった。明代の正史である『明史』にも伝記が収められている。

【本文解説】

老いた飼い猫と他家からやって来た二匹の子猫が、実の母猫と子猫のような関係になったという話を踏まえて、たとえ血のつながりがなくても、親子の関係は慈愛と孝によって結ばれていなければならないことを訴えた文章である。

筆者は、まず自分の老いた飼い猫の話を紹介する。間もなく子猫を産もうとしていた老猫が、思わぬ不祥事で流産してしまった。そんな折り、他家から二匹の子猫がもらわれて来た。当初、二匹の子猫は老猫に寄りつこうともしなかった。しかし、老猫が撫《な》でてやったり、うぶ毛を舐《な》めてやったり、餌を分けてやったりと懸命に働きかけた結果、ようやく気持ちが通じたのか、二匹の子猫は老猫を母親として受け入れ、実の母猫と子猫のように仲睦《むつ》まじい関係になった。

次に、同類の話として、漢の明徳馬后の逸話を挙げる。第二代皇帝の顕宗は、皇后の明徳馬后に子がなかったので、他の妃《きさき》の子（後の章帝）を引き取り、「母子の間に必ずしも血のつながりは必要ない。大切なのは情愛を注ぐことである」と述べて、その子の養育を明徳馬后に託した。明徳馬后はその子をたいそう慈しんで育て、その子も何ら構えることなく皇后を母親として慕った。

筆者は、文章をこのように結んでいる。「親子の関係にある者が、慈愛や孝の情を持っていないようでは、古人に顔向けができないだけではない。この猫の親子にも劣っている」と。

【書き下し文】

家《いへ》に一老貍奴《いちらうりど》を蓄《やしな》ふ。将《まさ》に子《こ》を誕《う》まんとす。一女童《いちぢよどう》誤《あやま》りて之《これ》に触《ふ》れ、而《しかう》して堕《だ》す。日夕《につせき》嗚嗚然《ををぜん》たり。会《たまたま》両小貍奴《りやうせうりど》を餽《おく》る者《もの》有《あ》り。其《そ》の始《はじ》め、蓋《けだ》し漠然《ばくぜん》として相《あ》ひ能《よ》くせざるなり。老貍奴《らうりど》なる者《もの》、従《したが》ひて之《これ》を撫《ぶ》し、徬徨焉《はうくわうえん》たり、躑躅焉《てきちよくえん》たり。臥《ぐわ》すれば則《すなは》ち之《これ》を擁《よう》し、行《ゆ》けば則《すなは》ち之《これ》を翊《たす》く。其《そ》の氄《じよう》を舐《な》めて之《これ》に食《しよく》を譲《ゆづ》る。両小貍奴《りやうせうりど》なる者《もの》も、亦《ま》た久《ひさ》しくして相《あ》ひ忘《わす》るるなり。稍《やうや》く之《これ》に即《つ》き、遂《つひ》に其《そ》の乳《ちち》を承《う》く。是《こ》れより欣然《きんぜん》として以《もつ》て良《まこと》に己《おのれ》の母《はは》なりと為《な》す。老貍奴《らうりど》なる者《もの》も、亦《ま》た居然《きよぜん》として以《もつ》て良《まこと》に己《おの》が出《い》だすと為《な》すなり。吁《ああ》、亦《ま》た異《い》なるかな。

昔《むかし》、漢《かん》の明徳馬后《めいとくばこう》に子《こ》無《な》し。顕宗《けんそう》他《た》の人子《じんし》を取《と》り、命《めい》じて之《これ》を養《やしな》はしめて曰《い》はく、「人子《じんし》何《なん》ぞ必《かなら》ずしも親《みづか》ら生《う》まんや。但《た》だ愛《あい》の至《いた》らざるを恨《うら》むのみ」と。后遂《こうつひ》に心《こころ》を尽《つ》くして撫育《ぶいく》し、而《しかう》

26

して章帝《しやうてい》も亦《ま》た恩性天至《おんせいてんし》たり。母子《ぼし》の慈孝《じかう》、始終纖芥《しじゆうせんかい》の間無《かんな》し。貍奴《りど》の事《こと》、適《まさ》に契《かな》ふ有《あ》り。然《しか》らば則《すなは》ち世《よ》の人親《じんしん》と子《こ》と為《な》りて、不慈不孝《ふじふかう》なる者《もの》有《あ》るは、豈《あ》に独《ひと》り古人《こじん》に愧《は》づるのみならんや。亦《ま》た此《こ》の異類《いるい》に愧《は》づるのみ。

【全文解釈】

　家に一匹の老猫を飼っていた。（その猫が）間もなく子を産もうとしていた（時のことである）。ある（使用人の）若い娘が誤ってその老猫にぶつかり、それで（床に）落とし（て流産させ）てしまった。（その老猫は、）昼も夜も一日中（子を失ったことを）嘆き悲しんで鳴いていた。（そんな折り、）偶然にも二匹の子猫をくれた人がいた。（二匹の子猫は）もらわれて来たばかりの頃、（私が）思うに（老猫に）無関心で、老猫を母親として受け入れようとしなかったようである。老猫の方は、二匹の子猫に寄り添って撫《な》でてやり、（子猫の側で）うろうろしたり足踏みをしたりして、落ち着かない様子であった。（二匹の子猫が）横になると（老猫は）子猫を抱いてやり、（二匹の子猫が）立ち歩くと（老猫は）子猫を手助けしてやった。（老猫は）子猫のうぶ毛を舐《な》めてやったり、子猫に餌を分けてやったりした。二匹の子猫の方も、やはりしばらくすると（老猫が実の母親ではないことを）忘れてしまった。（二匹の子猫は）だんだんと老猫に寄り添うようになり、こうして老猫の授乳を受け入れたのである。この時から（二匹の子猫は）よろこんだ様子で、（老猫を）本当に自分たちの母親であると思うようになった。老猫の方も、やはりやすらかな様子で（二匹の子猫を）本当に自分が産んだ（子である）と思うようになったのである。ああ、なんとすばらしいことであろう。

　昔（の話だが）、漢の明徳馬后には子がなかった。（そこで、）顕宗が他の妃《きさき》（＝側室）の子を引き取って、（明徳馬后に）命令してその子を養育させ（ることにし）て言った、「子というものは、どうして自分で産む必要があろうか（、自分で産んだかどうかが大事なのではない）。（子への）情愛が十分でないことが残念でならないのだ」と。明徳馬后はこうしてせいいっぱい努力して（その子を）慈しみ育て、そして（後の）章帝（＝その子）にも親に対する愛情が、自然にそなわっていた。母子の（間の母の子に対する）慈愛と（子の母に対する）孝（の情）には、最初から最後までわずかな隔たりさえなかったのである。猫の事例は、ちょうど（母子の慈愛と孝の情にわずかな隔たりさえなかったということに）合致している。そうだとすると、世の中に、人の親であり（人の）子でありながら、慈愛や孝（の情）に欠ける者がいるというのは、昔の人に対して恥ずかしいだけではない。この動物（＝猫）に対しても恥ずかしいことなのだ。

【設問解説】

問1　**語の意味の問題**　29 ⑤　30 ③

(1)「承」は、「うく」「うけたまはる」と読み、「受ける・引き継ぐ」「うけたまわる」という意味であること、および目的語が直後の「其乳」（老猫の乳・授乳）であることに注意すれば、⑤「受け入れた」が正しいと判断できる。①「授けた」・④「差し出した」は、「承」とはまったく逆の意味である。また、②「認識した」や③「納得した」では、目的語の「其乳」と意味がつながらない。**正解は⑤**である。

(2)「適」が、ここでは直後の「有」を修飾する副詞として働いていることに留意する。「適」が副詞として用いられている時には、「たまたま」と読んで「偶然・ちょうど」の意味、もしくは「まさに」と読んで「ちょうど」の意味のいずれかであると考えてよい。「偶然」の意味に該当する選択肢はない。したがって、**正解は③「ちょうど」**である。

問2　語の読み方の問題　31　④　32　④

(ア)「将」は、「レ点」に従って直後の「誕」から返って読むこと、および「誕」の「うマント」という読み方に注目すれば、ここの「将」は再読文字として「将《まさ》に――(せ)んとす」(いまにも――しようとする・――しそうだ)と読むべきことが分かる。再読文字として「将」と同じ読み方・意味であるのは「且」である。よって、**正解は④「且」**。

(イ)「自」は、「レ点」が施されているので、直後の「是」から返読することになる。「自」を下から返って読む時は前置詞の働きをし、「より」と読んで「〜から」の意味である。これと同じ読み方・意味を持っているのは「従」である。よって、**正解は④「従」**。

問3　語の読み方と意味の説明の問題　33　④

句末・文末に置いて断定や詠嘆などの意味を添える、いわゆる助字の読み方と用法を問う問題である。そこで、(a)「矣」から(e)「已」までの読み方と用法を整理してみよう。

(a)「矣」……断定の意味を添えるが、訓読する時には置き字として扱って読まない。

(b)「也」……断定の意味を添え、「なり」と読む。疑問や反語の副詞と併用されて疑問形や反語形を形成することもあり、その時には「か」あるいは「や」と読む。

(c)「耳」……限定の意味を添え、「のみ」と読む。

(d)「焉」……断定の意味を添えるが、訓読する時には置き字として扱って読まない。

(e)「已」……限定の意味を添え、「のみ」と読む。副詞として用いられる時は、「すでに」と読み、「もう――してしまった」という完了の意味を表す。

以上に矛盾しない説明は、**④「(c)『耳』は『のみ』と読み、限定の意味を添え、(d)『焉』は文末の置き字で、断定の意味を添える」**である。①は「(a)『矣』は『かな』と読み、詠嘆の意味を添え」が、②は「(a)『矣』は『かな』と読み、感動の意味を添え」が、③は「也」についての「伝聞の意味を添え」が、そして⑤は「焉」についての「意志の意味を添え」が、それぞれ誤った説明である。特に注意したいのが、③「(b)『也』は『なり』と読み、伝聞の意味を添え」の箇所である。助動詞「なり」は、漢文の訓読では「断定」の意味でのみ用いられ、「伝聞」の意味は考えなくてよい。したがって、**正解は④**である。

問4 理由説明の問題 34 ③

まず、傍線部A「吁《ああ》、亦《タ》異《ナル》哉《かな》」の意味を考える。留意したいのは「異」の読み方と意味である。そこで、「異」の読み方や意味は最後に判断することにして、まず、詠嘆形「亦《まタ》□《(ナル)》哉《かな》」に注意して直訳すると、「なんと□であろう」となる。

次に、「異」の読み方と意味について考えてみると、「ナル」という送り仮名を手がかりにして「ことなる」と読みたくなるが、それでは全体の文意は「なんと異なっていることだろう」となり、どういうことと異なっているのか、意味が判然としなくなってしまう。ここで、「異」には「いなり」と読んで、「不思議である」、あるいは「すばらしい・すぐれている」などの意味があることに留意したい。つまり、傍線部Aは「なんと不思議なことであろう」、あるいは「なんとすばらしいことであろう」などと解釈できるわけである。

ところで、傍線部Aは第一段落の末尾の文であるから、同段落の内容全体を受けているはずである。内容の骨子は、

Ⅰ 他家からもらわれて来た二匹の子猫は、老猫にまったく懐こうとしなかった。
↓
Ⅱ 老猫は、うぶ毛を舐《な》めてやったり餌を分けてやったりと、二匹の子猫をとてもかわいがった。
↓
Ⅲ 二匹の子猫は心を開いて老猫を母親として受け入れ、老猫と二匹の子猫は実の母猫と子猫のようになった。

ということである。つまり、この話の勘所は、「二匹の子猫が、血のつながらない老猫を母親として受け入れた」ことである（**【本文解説】**および**【全文解釈】**を参照）。

以上を踏まえると、傍線部Aの理由として適当なものは、**③「老猫と出会った初めは『漠然』としていた子猫たちが、ついには『欣然』と老猫のことを慕うようになったため」**しかない。①は「子猫たちと戯れる姿を見せるようになった」が誤り。老猫は二匹の子猫と戯れていたのではなく、面倒を見ようとしていたのである。②は「互いに『漠然』として親子であることを忘れていた猫たちが、……本来の関係をとりもどした」が誤り。これでは、老猫と二匹の子猫が血のつながった実の親子の関係にあることになってしまう。④は「子猫たちが『居然』として」および「老猫も『嗚嗚然』たる深い悲しみを乗り越えることができた」が誤り。「居然」は本文では老猫の様子を表した語であるうえ、老猫が悲しみを乗り越えたことに理由説明の力点を置くのは不適切である。⑤は前半の説明も後半の説明も、ともに不適切である。子猫たちは「欣然」として老猫を母親として受け入れたのであり、また、老猫が「深い悲しみを隠しきれずにいる」ことも、本文から読み取れない。よって、**正解は③**である。

問5 解釈の問題 35 ④

傍線部Bには送り仮名が施されていないので、まず、構造

と文法事項に留意しつつ直訳してみる。ただし、「人子」については、いずれの選択肢も「子というものは」と解釈しているので、「何必親生」の箇所について考えればよい。そこで注目したいのが「何必――」という句形である。これは「何必《なんゾかならズシモ》　――《(セ)ン(ヤ)》」と読む、反語表現を用いた部分否定の句形であり、通常は「どうして必ず――しようか（、いや――するとは限らない）・どうして――する必要があろうか（、いや――する必要はない）」などと訳す。この部分否定の句形を踏まえて選択肢を検討すると、①「いつまでも……ゆけば良いのか」、③「どのようにして……べきではない」、⑤「いつまでも……たいものだ」は、どれも誤った解釈であると判断できる。よって、残った②と④について、「親生」の解釈を確認すればよい。

「親」は、副詞として「みづから」と読んで「自分で・直接に」の意味に用いられることがあることに注意したい。これを踏まえて傍線部Bを直訳すると「子というものは、どうして自分で産む必要があろうか（、自分で産む必要はない）」となり、「人子《じんし》何《なん》ぞ必《かなら》ずしも親《みづか》ら生《う》まんや」と書き下すことができる。この直訳を、④「子というものは、自分で産んだかどうかが大事なのではない」と表現を改めることも可能である。一方、②「親の思い通りに（なる）」は、傍線部Bの「生」と「思い通りに（なる）」との対応が判然とせず、書き下し文も確定できない。したがって、**正解は④**である。

問6　書き下し文の問題　36　⑤

長い一文の書き下し文が問われているが、傍線部Cの中ほどの「而有㆓不慈不孝者㆒」については、いずれの選択肢も「不慈不孝なる者有るは」と書き下しているので、「世之為㆓人親与㆑子」および「豈独愧㆓于古人㆒」の箇所について考えればよい。

「世之為㆓人親与㆑子」については、いずれの選択肢も返り点の指示通りの順序に読んでいるので、全体の文意を考慮しなければ、書き下し文としては一応成り立ってしまう。そこで、まず「豈独愧㆓于古人㆒」の箇所から検討する。

注目しなければならないのは、「豈独《あニひとり》――《ノミナランヤ》」（どうして――だけであろうか、いや――だけではない）という反語表現を用いた累加形である。この累加形を「豈に独り古人に愧づるのみならんや」（どうして昔の人に対して恥ずかしいだけであろうか、いや昔の人に対して恥ずかしいだけではない）と正しく書き下しているのは、②と⑤である。

次に、②と⑤の「世之為㆓人親与㆑子」の読み方を確認する。②「世の人親の子に与ふと為すも」を直訳すると「世の中に、人の親が子に与えるとみなしても」などとなり、親が子に何を与えるのか判然としないうえ、後の二句とも意味がつながらず、文意が成立しない。これに対して、⑤「世の人親と子と為りて」は「世の中に、人の親や子となって」と直訳でき、後の二句とのつながりに不都合はなく、文意も成立する。表現を整えて傍線部Cを訳出すると「世の中に、人の親であり（人の）子でありながら、慈愛や孝（の情）がない者がいるというのは、昔の人に対して恥ずかしいだけではない」くらいになろう。したがって、**正解は⑤**である。

問7 **趣旨説明の問題** 37 ②

「この文章全体から読み取れる筆者の考え」を問う問題であるから、つまり、趣旨説明の問題である。そこで、既に**【本文解説】**で確認した本文の趣旨について再度確かめてみると、

老いた飼い猫と他家からやって来た二匹の子猫が、実の母猫と子猫のような関係になったという話を踏まえて、たとえ血のつながりがなくても、親子の関係は慈愛と孝によって結ばれていなければならないことを訴えた。

ということであった。つまり、筆者の考えが、本文の傍線部C「世之為《リテ》二人親与《ト》レ子、而有《ルハ》二不慈不孝《ナル》者一、豈《ニ》独《リ》愧《ヅルノミナランヤ》二于古人《ニ》一」（世の中に、人の親であり子でありながら、慈愛や孝がない者がいるというのは、昔の人に対して恥ずかしいだけではない）、およびその直後の一文「亦《タ》愧《はヅル》二此《ノ》異類《ニ》一已」（この動物〔＝猫〕に対しても恥ずかしいことなのだ）に集約的に述べられていることに留意したい。

以上を踏まえて、選択肢を検討してみよう。

①は、「猫の親子でも家族の危機を乗り越え、たくましく生きている」が本文に見えない内容であるうえ、「悲嘆のあまり人間本来の姿を見失った親子も、古人が言うように互いの愛情によって立ち直ると信じたい」は筆者の考えとは異なった内容である。

③は、「子猫たちとの心あたたまる交流によっても、ついに老猫の悲しみは癒やされることはなかった」が本文に述べられていない内容である。

④は、「素直になれず、愛情がすれ違う昨今の親子を見ると、誠にいたたまれなくなる」が、「親子の間では慈愛と孝の情が大切だ」という筆者の主張とずれている。

⑤は紛らわしいが、「成長しても肉親の愛情に恩義を感じない子がいることは」が不適切な説明である。筆者は、「親から子への慈愛」と「子から親への孝」という、親子の双方からの情愛の働きかけを訴えているのである。⑤は、子から親への情愛である「孝」についてまったく触れていない。

②の「血のつながらない猫同士でさえ実の親子ほどに強く結ばれることがある」は、第一段落の要約として正しいし、「人でありながら互いに愛情を抱きあえない親子がいること」は、古人はおろか猫の例にも及ばないほど嘆かわしい」は、先に指摘したように、筆者の考えが集約的に述べられている傍線部Cとその直後の一文「亦《タ》愧《はヅル》二此《ノ》異類《ニ》一已」の内容と合致する。したがって、**正解は②**である。

2014
本試験

国　語

（2014年１月実施）

受験者数　503,587

平 均 点　　98.67

国語

解答・採点基準

(200点満点)

問題番号(配点)	設問	解答番号	正解	配点	自己採点
第1問 (50)	問1	1	②	2	
		2	③	2	
		3	④	2	
		4	②	2	
		5	③	2	
	問2	6	④	8	
	問3	7	②	8	
	問4	8	④	8	
	問5	9	③	8	
	問6	10	②	4	
		11	①	4	
第1問 自己採点小計					
第2問 (50)	問1	12	⑤	3	
		13	④	3	
		14	①	3	
	問2	15	③	7	
	問3	16	④	8	
	問4	17	③	8	
	問5	18	①	8	
	問6	19	④ ※	5	
		20	⑥ ※	5	
第2問 自己採点小計					
第3問 (50)	問1	21	⑤	5	
		22	①	5	
		23	④	5	
	問2	24	⑤	5	
	問3	25	③	7	
	問4	26	②	7	
	問5	27	①	8	
	問6	28	④	8	
第3問 自己採点小計					
第4問 (50)	問1	29	④	5	
		30	③	5	
	問2	31	⑤	6	
	問3	32	①	7	
	問4	33	⑤	7	
	問5	34	③	6	
	問6	35	①	6	
	問7	36	⑤	8	
第4問 自己採点小計					
自己採点合計					

※の正解は順序を問わない。

第1問　現代文（評論）

【出典】

齋藤希史『漢文脈と近代日本』（NHKブックス、二〇〇七年）

齋藤希史（さいとう・まれし）は、一九六三年生まれ。京都大学大学院文学研究科博士課程中途退学。専攻は、中国文学、東アジア人文学。主な著書に『漢文脈の近代』、『漢文スタイル』などがある。

【本文解説】

本文は、日本の近世社会で漢文学習が果たした役割を、中国における古典文のあり方を引き合いに出しつつ論じたものである。二十の形式段落からなる本文は、その内容から三つの部分に分けることができる。では、順にその内容を確認していこう。

Ⅰ　漢文学習を通して形成された思考や感覚の型（第1段落〜第4段落）

まずリード文から、十八世紀末から十九世紀にかけて、漢文を読み書きする行為が士族階級を中心に日本全国に広まっていたこと、そしてそのことを前提にして本文が書かれていることを確認しておこう。

漢文学習は、漢籍を訓点に従ってただ棒読みする素読に始まるが、素読すなわち訓読は、漢籍を解釈することでもあり、解釈の標準が定まっていないと訓読もまちまちになり、素読を統一することはできない。中国に範をとって設けられた「素読吟味」という試験制度は、素読の正確さを問うものだったから、訓読の統一、さらにその前提として解釈の統一が必要だったのである。つまり、「寛政異学の禁」によって朱子学が正統の学問とされ、それに基づいた解釈の統一があったからこそ、近世後期の日本に漢文の素読が広く普及したのである。（第1段落）

このように漢文学習が普及していくなかで、漢文は公的に認知された素養となったが、士族階級の多くの人々は漢文の専門家になるためではなく、いわば基礎学問としての漢学を修めた。漢学は知的世界への入り口として機能し、大量の漢籍に親しむことで、彼らは自身の知的世界を形成していった。つまり、士族階級のなかに漢文学習を通して「ある特定の思考や感覚の型」が形成されていったのである。（第2段落〜第4段落）

Ⅱ　中国の士大夫にとっての古典文（第5段落〜第10段落）

ここでは、中国に目を転じて時代をさかのぼり、古典文と士大夫との関係が説明されている。

そもそも中国の古典文は、特定の地域の特定の階層の人々によって担われた書きことばとして始まった。たとえば『論語』は、「学んで時に習う…」と始められるように、「学ぶ」階層（＝知識人）の生き方を語ったものである。前漢から魏晋《ぎしん》にかけて、そうした書きことばの世界は古典世界としてのシステムを整え、高度な読み書き能力によって社会の支配的階層を占める、士人、士大夫と呼ばれる人々を生んだ。（第5段落〜第7段落）

『詩経』には民歌に類するものが含まれているが、その注釈や編纂《へんさん》が士人の手によるものである以上、それは統治のために民情を知るためのものであった。魏晋以降、士人が自らの志や情を託しうるものとして詩を捉え、詩作が彼らの生にとってほとんど不可欠の要素だったことを考えれば、古典詩はすでに士人のものだったと言える。こういう観点からすれば、古典詩文の能力を問う科挙は、士大夫を制度的に再生産するシステムであっただけではなく、士大夫の「思考や感覚の型（＝エトス）」の継承をも保証するシステムだったのである。（第8段落〜第9段落）

日本の近世社会における漢文の普及も、士人的エトス、士人意識への志向を用意した。日本でも、中国の古典文を読み、その詩文をまねて書いているうちに、人々のうちに自然と士人としての心の構えが芽ばえたというのである。（第10段落）

Ⅲ　武士にとっての漢文学習の意義（第11段落〜第20段落）

最後に、再び日本の近世社会に戻り、武士にとっての漢文学習の意義が説明されている。

古典文の世界に自らを馴染《なじ》ませていくこと自体には、中国でも日本でも大差はなかったが、その主体が誰であるのかには注意が必要である。中国の古典文の世界が士大夫階級によって支えられていたのに対して、日本の漢文学習の担い手は士族階級であった。もちろん、戦乱の治まった近世幕藩体制下における士族は統治を維持するための吏僚であって、中国の士大夫と類似した立場にあった。ただ、中国の士大夫が文によって自らのアイデンティティを確保していたのに対し、武士は武から離れてアイデンティティを確保することはできない。そこには、文と武の越えがたい対立があるかのように見える。（第11段落〜第13段落）

だが、近世後期の武士は、武を文に対立するものではなく、忠の現れと見なすことで、平和な時代にあっても武士としてのアイデンティティを確保したのである。それは、武への価値づけの転換であり、そうした武に支えられてこその文であるという意識を生むことにもなった。つまり、近世後期の武士にとっては、行政能力が文、忠義の心が武であり、武芸も技術ではなく精神修養に重点が置かれるようになったのである。（第14段落〜第16段落）

特に寛政以降の教化政策によって、朱子学が正統の学問となり、「学問吟味」と「素読吟味」という試験制度が設けられるようになると、学問は士族が身を立てるために必須の要件となった。武士は、武芸ではなく学問を通して政治と関わるようになったのである。その学問は、「修身（＝自分の行いを律し、我が身を正しく保つこと）」に始まるが、それは「治国（＝国を正しく治めること）」、「平天下（＝世の中を平穏に保つこと）」という統治意識に連なるものだった。ここには、士大夫の自己認識の重要な側面があり、日本の武士たちもその意識、「経世（＝世の中を治めること）の志」を分かちもつことで、士となったのである。昌平黌や藩校の学生たちにとって、漢文で読み書きする世界は、日常の言語とは異なるものであり、それは道理と天下を語ることばであった。つまり、武士は、漢文を読み書きすることで、道理（＝思考や感覚の型）を身につけ、

天下を背負う（＝統治者意識をもつ）ようになったというのである。（第17段落～第20段落）

【設問解説】

問1　漢字の知識を問う問題　[1]　②　[2]　③　[3]　④　[4]　②　[5]　③

(ア)は「棒読み」。①は「窮乏」。②は、〈座禅のときに師が心の定まらない者を打ち懲らす棒〉という意味で「痛棒」。「痛棒を食らわす」で、〈手厳しく叱責する〉という意味。したがってこれが正解。③は「膨張（脹）」。④は「無謀」。⑤は「存亡」。

(イ)は「占める」。①は「浅薄」。②は「旋風」。③は「占拠」で、これが正解。④は「宣告」。⑤は「潜在」。

(ウ)は〈戦争における功績〉という意味で、「軍功」。①は〈こだわること〉という意味で、「拘泥」。②は〈うなずくこと、納得して賛成すること〉という意味で、「首肯」。③は「巧拙」。④は「功罪」で、これが正解。⑤は〈未熟でかたい感じがすること〉という意味で、「生硬」。

(エ)は「容易」。①は〈物事の筋道、いきさつ〉という意味で、「経緯」。②は「簡易」で、これが正解。③は「遺産」。④は「偉大」。⑤は〈くわしい事柄や事情〉という意味で、「委細」。

(オ)は「契機」。①は「鶏口」。「鶏口となるも牛後となるなかれ」で、〈大きな団体や組織のなかで使われるよりも、小さな団体や組織の長となる方がよい〉という意味。②は「啓発」。③は「契約」で、これが正解。④は「恩恵」。⑤は「警鐘」。

問2　傍線部の理由説明問題　[6]　④

「もう少し広く考えてみましょう」というのは、傍線部以降の内容から、またすべての選択肢が「中国に目を転じて時代をさかのぼり」で始まっていることからも、中国の事例を取り上げて考えることだとわかる。では、筆者はどうして中国の事例を取り上げたのか。

傍線部の前の第1段落～第3段落では、近世後期の日本社会で漢文学習が広く普及し、漢文が「公的に認知された素養」であったこと、士族階級の多くの人々が基礎学問としての漢学を修め、漢籍に親しむことで彼らは自身の知的世界を形成していったことなどが述べられている。そして、第4段落では、そうした過程で「ある特定の思考や感覚の型が形成されていった」ことにも注意を向ける必要があると書かれている。つまり、傍線部の前では、士族階級のなかに漢文学習を通して「ある特定の思考や感覚の型」が形成されていったことが指摘されているのである。

次に、傍線部の後を見てみよう。傍線部の後では、中国古典文と士大夫との関係が説明されており、特に第9段落では、「古典詩文の能力を問う科挙は、士大夫を制度的に再生産するシステムであったのみならず、士大夫の思考や感覚の型——とりあえずこれをエトスと呼ぶことにします——の継承をも保証するシステムだった」などと説明されている。つまり、近世後期の日本社会に先立って、中国でも古典文の学習を通して「思考や感覚の型」が形成されていたのである。

以上の点を踏まえると、筆者が「もう少し広く考えてみましょう」と言ったのは、中国古典文と士大夫との関係を考えることによって、近世後期の日本社会で漢文学習を通して「思考や感覚の型」が形成されていったさまを、より理解しやすくするためだとわかる。したがって、**④が正解**となる。

①は、「中国古典文に見られる思想と文学の共通点を考慮に入れる」ことと「近世後期の日本において漢籍が知的世界の基礎になった根拠」の把握は、直接結びつかないので、不適当。

②は、中国の「学問の制度化の歴史的起源に関する議論」と「近世後期の日本において漢学が素養として公的に認知された理由」の把握は、直接結びつかないので、不適当。

③は、「近世後期の日本において漢文学習により知的世界が多様化した」という説明が、不適当。第1段落や（注2）から明らかなように、近世後期の日本社会では、朱子学が正統の学問とされ、それによって「解釈の統一」が行われたのである。

⑤は、「中国古典文に示された民情への視線を分析する」ことと「近世後期の日本において漢学の専門家以外にも漢文学習が広まった背景」の把握は、直接結びつかないので、不適当。

問3　傍線部の内容を具体的に説明する問題　7　②

中国では、傍線部の内容が具体的にどのように展開したかを説明する問題。中国については、傍線部を含む第6段落から第9段落で説明されているので、その記述を手がかりに考えていこう。

まず、傍線部の前後から、ここで問題となっている「ことば」が、後に中国古典文と呼ばれるようになる書きことばのことだとわかる。そして、その高度なリテラシー（読み書き能力）によって社会の支配階層となったのが士大夫と呼ばれる人々で、彼らが中国古典文の世界を支えたという。つまり、中国古典文の高度なリテラシーをもつことが士大夫の条件だ（a）というのである。

第7段落からは、中国古典文が「学ぶ」階層のために書かれたものである（b）こと、また第8段落からは、士人、士大夫が統治者の立場に立っていた（c）ことがわかる。さらに、第9段落には、古典詩文の能力を問う科挙が、士大夫の思考や感覚の型の継承を保証するものだった（d）とある。

以上のa〜dを踏まえて、傍線部を具体的に説明すればよいのだが、これが難しい。こうしたときは消去法を活用すべきだろう。

まずbの中国古典文が「学ぶ」階層のためのものであるという点に着目して選択肢を検討してみよう。すると、①は「中国古典文が社会規範として広く支持される」という説明が、③は「その世界（＝中国古典文の世界）で重視された儒家の教えが社会規範として流布（＝世間に広まること）し」

という説明が、⑤は「士大夫が堅持してきた書きことば（＝中国古典文）の規範が大衆化し」という説明が、それぞれｂに反するので、不適当。

　また、本文には「身分秩序」の「流動化」といったことはいっさい書かれていないので、④の「科挙制度のもとで確立した身分秩序が流動化していった」という説明は、不適当。

　したがって、残った②が正解となる。

　②の「中国古典文の素養が士大夫にとって不可欠になる」は上述のａに対応し、「中国古典文が書きことばの規範となり、やがてその規範に基づく科挙制度を通して統治システムが行き渡っていった」は上述のｃ、ｄを踏まえた説明だと考えることができる。しかし「リテラシーの獲得に対する人々の意欲が高まる」という説明は本文には直接書かれていないので、この部分でこの選択肢は不適当だと考えた人もいるかもしれない。ただ、士大夫という支配階層に入るためにリテラシーの獲得に意欲をもった人は多く存在しただろうことは容易に想像でき、実際多くの人が科挙の試験に挑んだという事実がある以上、この部分でこの選択肢を誤りと判断することはできないだろう。

問４　傍線部の内容説明問題　[8]　④

　傍線部で述べられていることによって近世後期の武士は、どういうことが可能になったのかが問われている。傍線部は、もともと武勇の象徴だった刀を忠義の象徴と見なすこと（ａ）を示している。そして、傍線部の直後にあるように、それは「武への価値づけの転換」であるとともに、「そうした武に支えられてこその文であるという意識」を生むことにもなった。

　まず、「そうした武に支えられてこその文であるという意識」とは何かを考えてみよう。「行政能力が文、忠義の心が武」（第15段落）だというのだから、それは、忠義の心（＝武）が基礎となって行政能力（＝文）を支えているという意識（ｂ）のことだとわかる。

　次に、「武への価値づけの転換」とは何かを考えてみよう。それは、傍線部の前にあるように、近世後期の武士が、武を文に対立するものではなく、忠の現れと見なしたことを示し、それは「平時における自己確認」を容易にするものだった。「学問は士族が身を立てるために必須の要件」（第17段落）となるような平和な時代にあって、武士は学問に励むことで自己のアイデンティティを確保したのである（ｃ）。

　以上の点をもう一度整理すると、次のようになる。

ａ　もともと武勇の象徴だった刀を忠義の象徴と見なすことで

ｂ　忠義の心が基礎となって行政能力を支えているという意識が生まれ

ｃ　武士は学問に励むことで自己のアイデンティティを確保した

　したがって、以上の点を踏まえた④が正解となる。

①は、まず「理想とする中国の士大夫階級」という説明が、

不適当。武士が士大夫階級を理想としたとする根拠は、本文にはない。また「日本独自の文と武に関する理念を打ち出すことができるようになった」という説明も、本文には書かれていない。

②は、「刀を、漢文学習によって得られた吏僚としての資格」を「象徴するものと見なす」という説明が、不適当。そうしたことは本文にいっさい書かれていない。

③は、「刀を持つことが本来意味していた忠義の精神」という説明が、不適当。傍線部にあるように、もともと武勇の象徴であった刀が、近世後期になって忠義の象徴となったのである。

⑤は、「出世のための学問を重んじる風潮に流されず」という説明が、上述のcに反するので、不適当。

問5　**傍線部の内容説明問題**　[9]　③

まず「漢文で読み書きする」ことの意味を考えておこう。本文が問題にしている近世後期の日本社会にあっては、第17段落にあるように、「学問は士族が身を立てるために必須の要件」だった（a）。

では、漢文を読み書きすることが「道理」を「背負ってしまう」とはどういうことであろうか。それを考える際に、設問に「本文全体の内容に照らして」とあることを見落とさないようにしたい。特に、【本文解説】でＩとした部分の最後にあたる第4段落に、漢文学習を通して「ある特定の思考や感覚の型が形成されていった」とあることに注意したい。つまり、道理を背負うとは、漢文学習を通して、武士が「ある特定の思考や感覚の型」を身につけた（b）ことをいうのである。

次に、「天下」を「背負ってしまう」とはどういうことであるかを考えよう。第18段落にあるように、「儒学はまず修身に始まるわけですが、それが治国・平天下に連なっている」というのである。つまり、漢文学習を通して、武士は、「治国（＝国を正しく治めること）」、「平天下（＝世の中を平穏に保つこと）」という「統治への意識」をもつようになった（c）というのである。

以上の点をもう一度整理すると、次のようになる。

a　漢文学習は士族が身を立てるために必須の要件だった
b　武士は、漢文学習を通して「ある特定の思考や感覚の型」を身につけた
c　武士は、漢文学習を通して「統治への意識」を持つようになった

したがって、以上の点を踏まえた**③が正解**となる。

①は、「エリートとしての内面性を備えるようになった」という説明が、不適当。そうしたことは本文にいっさい書かれていない。また、この選択肢には、「天下を背負ってしまう（＝統治への意識）」に該当する説明が全くないことからも誤りと判断できる。

②は、「行政能力としての文と忠義の心としての武とを個々の内面において調和させる」という説明が、第14段落の

「武（＝忠義の心）に支えられてこその文（＝行政能力）であるという意識」に反するので、不適当。

④は、「士人としての生き方を超えた」という説明が、不適当。そうしたことは本文にいっさい書かれていない。むしろ「近世幕藩体制下における士族」は「士人意識には同化しやすい」（第13段落）のであり、「武将とその家来たちもまた、その意識（＝統治への意識）を分かちもつことで、士となった」（第18段落）のである。

⑤は、「国家を統治するという役割を天命として引き受ける気になった」という説明が、不適当。そうしたことは本文にいっさい書かれていない。

問6

(i) **表現上の特徴を説明する問題**　10　②

こうした設問では、一つ一つの選択肢の説明を本文の記述と慎重に照らし合わせ、消去法を使って解答を確定していくこと。順に選択肢を検討していこう。

①について。第9段落は「読み手に問いかけるような」ものになっていないので、この選択肢は不適当。

②について。「やや極端な言い方ですが」、「逆に言えば」、「正直に言えば」などの表現により、その前後の関係がわかりやすくなっているという、この選択肢の説明には特に誤りはないので、**これが正解**。

③について。「『〜のです』という文末表現」は、「次の話題に移る」ことを示すものではないので、この選択肢は不適当。

④について。「漢籍を待たずとも」、「文武両道なるものは」という表現は、古めかしいものとは言えても、「学術的な言い回し」とは言えないので、この選択肢は不適当。

(ii) **文章全体の構成を説明する問題**　11　①

【本文解説】で示したように、本文は三つの部分からなっている。まずⅠでは、近世後期の日本社会では、漢文学習を通して、ある特定の思考や感覚の型が形成されたことが説明されている。Ⅱでは、中国の士大夫と古典文との関係が説明されており、古典詩文の能力を問う科挙が士大夫の思考や感覚の型の継承を保証するものだったことが説明されている。最後のⅢでは、再び日本の近世社会の話題に戻り、武士が漢文学習を通して道理（＝思考や感覚の型）を身につけ、天下を背負う（＝統治者意識をもつ）ようになったことが説明されている。つまり、Ⅰでいったん全体的な見通しを示した後、ⅡとⅢでより具体的な説明がなされているのである。したがって、以上の点を踏まえた**①が正解**となる。

②は、「第3段落〜第16段落が中心部分となり、それに対して、第17段落〜第20段落が補足部分という構成になっている」という説明が、不適当。特に最後の第20段落は、筆者の見解の中心をなすものである。

③は、「大きく二つの部分に分けられ」という説明が、不適当。すでに説明したように、本文は三つの部分から

なっているのである。第5段落で話は大きく転換しており、第1段落～第10段落を一つのまとまりと見なすのは無理がある。

④は、本文を四つの部分からなるとしている点が、不適当。すでに説明したように、本文は三つの部分からなっているのである。また、「起承転結」の「転」に該当する部分が本文にないことからも、この選択肢は誤りだと判断できたはずである。

第2問 現代文（小説）

【出典】

岡本かの子の短編小説「快走」の全文。一九三八（昭和十三）年に雑誌『令女界』の十二月号で発表され、一九三九年刊行の短編集『老妓抄』に収録されている。

岡本かの子（おかもと・かのこ）は、一八八九年東京生まれ。文学活動の始まりは短歌であり、『かろきねたみ』や『愛のなやみ』などの歌集を出版する。小説家としては、芥川龍之介を描いた『鶴は病みき』によって文壇に登場し、世評の高い『老妓抄』で確固たる地位を得る。一九三九年没。

なお、一九八八年に実施されたセンター試験試行テストでは、岡本かの子「鮨」が出題されている。

【本文解説】

女学校卒業後は、鬱屈した日々を過ごすことの多い道子が、気晴らしとして、月光を浴びながら堤防の上を疾走するというエピソードを軸に、ある家族のほほえましいありようを描いた文章。

小説の全文ということもあり、リード文では特に情報は示されていないので、状況設定や登場人物の特徴や人間関係などを整理しながら、本文を読み進めていこう。

なお、本文が小説の一節（＝部分）であるときには、本文を読み進めていくうえで重要な事柄が、リード文で示されていることが多い。そうした場合にはリード文を丁寧に読んでおくように。

本文は三か所の空白行で、四つの部分に分けられている。全体の内容を順次確認していこう。

I　走ることに生きる充実感を得る道子（冒頭〜47行目）

昭和の、国民生活に国家の統制が加えられていた時代のことである。そうした国策のことも配慮し、道子は弟の準二や兄の陸郎のために正月用の着物を縫っている。道子は忙しく縫い物をしながら、兄の陸郎に、会社以外は和服で過ごすことを勧める。だが、陸郎は笑って「一人で忙《いそ》がしがってら」と道子を冷やかし、「俺《おれ》は和服なんか着ないよ（8行目）」と言い放ち、その場を去って行った。陸郎の後姿を見ていた道子は「ほーっと吐息をついて（9行目）」縫い物を中断した。すると急に屈托（＝屈託）して来て（＝疲れて飽きてしまい）散歩に出かけた。

散歩しながら道子は、女学校卒業以来ずっと窮屈な日々を送り、こんな風に景色をゆっくり眺めるのは、久しぶりであることに気づき、「ほーっと大きな吐息をまたつい（18行目）」た。歩き続けて堤防の上に立つと、人目がないことを確認し思い切り手足を動かしているうちに、女学校在学中ランニングの選手だった時の気持ちがよみがえり、着物の裾を端折《はしょ》って堤防の上を駆け出した。走り終わると「ほんとうに溌剌《はつらつ》と活《い》きている感じがする（29行目）」のであった。こうした充実感を味わいたくて、道子は堤防の上を毎晩走りたくなった。

だが、道子はこの計画を家族には内緒にした。というのも、両親には反対されるだろうし、兄弟にはからかわれるだろうと思えたし、それ以上に「月明の中に疾駆する興奮した気持ち（33行目）」を自分だけで味わいたかったからである。

家族に内緒でランニングをするため、道子は銭湯に行くと言って外出し、堤防にやって来た。月光の下で準備してきた服装になり、堤防の上を疾走し、充実感を得るとともに、自分だけが別の世界に生きているような気になった。

II　道子の様子に不審を抱く母親（49行目〜55行目）

道子は堤防で疾走した後、家人に言った通り銭湯に行き、汗を流した。他の人々が近くにいる、もとの世界に戻った気になりながらも、一人で疾走するという行動が「自分独特の生き方を発見した」ように思え、その「興奮（50行目）」にあらためてわくわくした気分になった。帰宅すると、銭湯に行くだけにしては長過ぎたのか、不審を抱いた母親に「お湯から何処《どこ》へまわったの（52行目）」と尋ねられた。道子は、肩凝りをほぐすため「お湯にゆっくり入ってた（53行目）」と言い訳するのであった。

III　道子の走る姿を見たくなる両親（57行目〜119行目）

お湯屋で過ごす時間を短縮しても、その前にランニングをしているのだから、道子の銭湯通いにはどうしても時間がかかる。母親は道子の長湯を気にし、陸郎に道子の後をつけてくれと頼んだ。だが、陸郎にとって妹の後をつけるのは「親し過ぎるだけに妙に照れくさ（60行目）」く、母親の依頼を真剣に実行する気にはなれなかった。

心配する母親は道子と一緒に銭湯に行くことにする。道子は隠し事がばれないようにわざと長湯をするが、たかだか四十分しかかからなかった。道子一人で銭湯に行くと一時間半もかかるので、両親は、道子がお湯屋のほかにどこに寄っているのか心配であった。母親が陸郎に道子の監視を頼んだものの、全く当てにならなかったので、父親も首をひねり考え込むしかなかった。

そうこうしているうちに、道子宛《あて》の手紙が友達から届いた。両親は道子に無断でその手紙を読んだ。手紙によれば、道子は「毎晩パンツ姿も凛々《りり》しく月光を浴びて多摩川の堤防の上を疾駆（101行目）」しているのだと言う。両親はともに驚き、母親は道子を呼び寄せて叱《しか》ろうと提案した。しかし、父親は冬の晩にランニングをするのは、よほど屈託した日々を過ごしているからだろうと推測し、同情するのであった。そればかりか、父親は「娘が月光の中で走るところを見たくなったよ（110行目）」と好奇心を示した。それにつられたのか母親までも一緒に、娘の走る姿を見に行くこととなった。つい先ほどまでは道子のことが心配だったのに、両親は好奇心を刺激され、娘の疾走する姿を見るのが待ち遠しい気持ちにまでなった。こうしたなりゆきに、両親は思わず笑い出したのであった。

Ⅳ 久しぶりに懸命に走り充実感を味わっている夫婦（121行目～最終行）

銭湯に行きたいと言う道子の申し出を両親はすんなり認め、外出させた。急いで堤防の上にやって来た道子は、身支度をしていきなり弾丸のように走り出した。後から追って来た父親が、堤防から離れている草原で娘の走る姿を見つけ「あれだ、あれだ（135行目）」と妻に指さした。ずっと遅れて駆けて来た妻に、「あなたったら、まるで青年のように走るんですもの（137行目）」と言われ、夫は得意になる。さらに「家からここまで一度も休まずに駆けて来た（141行目）」と言う妻に、夫は「俺達は案外まだ若いんだね（142行目）」と応じた。こんなふうに「月光の下を寒風を切って走ったこと（145行目）」は、二人にとってしばらくなかった喜びをもたらした。今や二人は、娘の走る姿を見たいという気持ちより、むしろ一生懸命走ったことによる充実感に喜び、声を立てて笑うのであった。

【設問解説】

問1 語句の意味を問う問題 [12] ⑤ [13] ④ [14] ①

(ア)の「刻々に」は、〈時間がだんだんと進んだり、迫ってきたりするさま〉を意味する。この意味に該当する**⑤が正解**。①のように、急な変化を示す語意ではないし、②のように、瞬間的なさまを示す語意ではない。また、③のように、ものごとの順序を示す語意でもなければ、④のように、頻度を示す語意でもない。

(イ)の「腰を折られて」は、〈何かしようとしているのに、相手によって途中で気がそがれて〉という語意であり、これに該当する**④が正解**。①は、〈へりくだった態度に出られて〉という語意で間違い。②は、〈意外さに驚いて〉という限定された意味になってしまう。③で少し迷ったかもしれないが、この表現では〈相手によって途中で気がそがれて〉という内容が欠落しており、間違い。また、⑤のように「屈辱」感を示す語意ではない。

(ウ)の「われ知らず」は、〈自分（＝われ）でも気づかずに。無意識のうちに〉という語意であり、これに該当する**①が正解**。②・③・⑤はどれも、明らかに自覚的・意識的な内容を含んでおり、間違い。また、④で少し迷ったかもしれないが、「逆に」と判断できるということは、自分の「本当の思い」がわかっていることが含意されるので、〈無意識のうちに〉という語意に合致しない。

なおこうした設問では、いきなり文脈から意味を類推するのではなく、まずは語句の辞書的な意味をしっかり確認し、その後に文脈との適合性を吟味するのが無難である。

問2　**「道子」が「吐息をついて」縫い物の手を休めたときの心情を説明する問題**　15　③

傍線部には「ほーっと吐息をついて」とある。一般的に「吐息」とは〈がっかりしたり、ほっとしたりして吐く大きな息。ため息〉のことである。道子がどうして「吐息」をついたのだろうか？　中断した「縫い物」との関わりを含め、その経緯を確認していこう。

国策のこともあり、仕事以外では和服で過ごしたらいいと思っている道子は、正月用の着物を縫うのに忙しい。そうした道子に対して、兄の陸郎は、「一人で忙がしがってら」と道子をからかい、「俺は和服なんか着ないよ（8行目）」と言い放ち、その場を離れて行った。その後ろ姿をじっと見上げていた道子が「ほーっと吐息」をついたのである。せっかく頑張って家族のために縫い物仕事をしているのに、陸郎に軽くあしらわれてしまったのだから、「吐息をついて」という表現には、〈がっかりした＝気落ちした〉というニュアンスが含まれていることを、とりあえずは読み取っておこう。こうした経緯から、

a　家族のために縫い物に忙しかった

b　しかし、兄の陸郎は道子の仕事を評価せず、からかいの言葉さえ発した

c　そうした兄の後ろ姿を見てがっかりし（＝気落ちし）、仕事を中断する

というポイントが得られる。これで選択肢を選ぶこともできるだろうが、念のためもう少し傍線部以降、すなわち縫い物仕事を中断した後の道子の様子を確認していこう。

肩凝りを感じた道子は戸外へ出て、身体を動かしながら散歩する。冬の夕景色を眺めながら、最近「縮こまった生活ばかりして（17行目）」ゆっくり景色を眺めることなど女学校の卒業以来であるような気がした。この時、縫い物を中断した時のように、「ほーっと大きな吐息をまたついて（18行目）」しまうのであった。このように、道子はある種の緊張状態からゆったりした状態になった時に「ほーっと（大きな）吐息」をつくようである。こうしたことを踏まえれば、「ほーっと吐息をついて」という表現には、〈がっかりした＝

気落ちした〉というニュアンスだけではなく、

d　緊張状態から気が緩んだ状態にもなっている

というニュアンスも読み取るべきであろう。こうしたa～dポイントを含んでいる**③が正解**。③の中には、〈がっかりした＝気落ちした〉という語句はないが、「その苦心が兄には真剣に受け止められていないことに気づき、張りつめた気持ちが緩んでいる」という表現から、〈がっかりしている＝気落ちしている〉というニュアンスも読み取れるだろう。

他の選択肢は、①「孤独を感じている」、②「恥ずかしさにいたたまれなくなっている」、④「憤りを抑えがたくなっている」、⑤「投げやりな気分になっている」が、傍線部の「吐息をついて」という表現に合致しない。

なお、それ以外の部分も確認しておこう。

①は、「家族のための仕事をひたすらこなすよう強いられている」が間違い。傍線部の後にあるように、道子は、特に許可を得ることもなく、自分の判断で仕事を中断し、散歩にさえ出かけているのだから、「強いられている」とは断定できないはずだ。なお、「始終追いつめられて（16行目）」という部分が気になったかもしれないが、これは縫い物を強いられ「追いつめられ」ていたと限定して読むのではなく、女学校卒業後、日々の仕事に追われていたことを示している、と読み取る方がよいだろう。

②は、「その仕事（＝縫い物）の使命感に酔っていると兄に指摘され」とあるが、道子が国策を意識して和服を縫っているとしても、「使命感に酔っている」とまで断定できる根拠は本文中にない。また、兄の「指摘」で「恥ずかしさにいたたまれなくなっている」とあるが、これでは道子は「使命感」を抱いていることを自覚していることになる。そう断定する根拠も本文中にはない。

④は、「仕事は正しいものであると信じてきた」とあるが、道子が縫い物の仕事に対してそうした思い込みや信念を抱いていたと断定できる根拠は本文中にはない。

⑤は、「その仕事を続けなければならないので」とあるが、傍線部の「縫い物を畳の上に置いた」＝仕事を中断した、という内容に反する。

問3　「わくわく」している「道子」の心の動きを説明する問題　16　④

傍線部の「わくわく」する気持ちは、直前の「自分独特の生き方を発見した興奮」から生じたものであることをまず押さえておこう。次に、「自分独特の生き方」とはどのようなものかを読み取ろう。そして、設問に「道子の内面の動きはどのようなものか」とあることに注意し、「自分独特の生き方を発見」するまでの経緯もしっかり確認しよう。

家族のためにと思って忙しく縫い物をしていた道子は、兄の態度に気落ちし散歩する。そして堤防の上まで来て、屈託した気持ちを払いのけようと、堤防の上を走り出す。走った後で「ほんとうに溌剌と活きている感じ（29行目）」がして「いっそ毎日やったら（＝走ったら）（30～31行目）」という気になる。家人には「銭湯に行って来ます（39行目）」とごまかし、「青白い月光に照らし出された堤防の上（44行目）」を全力で駆け抜ける。そして、「自分はいま溌剌と生きてはいるが、違った世界に生きているという感じ」や「淋しいがしかも厳粛な世界に生きているという感じ（45～46行目）」を抱くのであった。その後の入浴中に、「またもとの人間界に立ち戻った気（49行目）」持ちになりつつも、走るという「自分独特の生き方を発見した興奮にわくわく」するのであった。こうした経緯、すなわち道子の「内面の動き」は次のように整理できる。

a　仕事が家族から評価されないという屈託した気持ちを振り払うように

b　月光の下、堤防の上を駆け抜ける

c　bにより、溌剌と生きていることを実感する

d　bにより、家族など他の人々とは違う世界に生きている気になる

e　（入浴中、もとの世界に戻った気がしつつも）自分独特の生き方を発見したことにあらためて興奮する

以上のa～eポイントを含んでいる④が正解。なお④では、道子がなぜ堤防の上を走るようになったのかというaポイントが省かれているように見える。だが、「社会や家族の一員としての役割意識から逃れた別の世界を見つけられた」という部分に注目しよう。ここには、国策も配慮し家族のために忙しく仕事をするといった鬱屈《うっくつ》した状態から逃れ、のびのびしたいという気持ちが含意されており、間接的であれaポイントの内容が踏まえられている。

①は、「自分の行為の正しさを再認識し、その自信を得た」とあるが、道子は「走る」という行為を正しいか否かという基準で捉えているわけではないので不適切。

②は、「走る」という行為を「非常時では世間から非難されるかもしれないことに密《ひそ》かな喜びを感じ始め」という部分が不適切。これでは、世間のものの見方や価値観との対立に喜びを感じていることになってしまう。道子がそうした気持ちを抱いているという根拠は本文中に示されていない。

③は、「窮屈に感じていた生活が変わるかもしれないという明るい予感」が不適切。現実生活そのものが変化する可能性については、本文中に何ら述べられていない。

⑤は、「社会や家庭の中で役割を持つ自分の存在を感覚的に確かめようとしている」が、本文中の内容に反している。道子は、家族を含め他者とは違った世界にいるという実感を通じて生き生きとした自分を感じているのであって、社会や家庭での役割を持つ自分の存在の確認を求めているのではない。

問4　道子と陸郎はどのように意識し合う関係かを説明する問題　17　③

道子と陸郎は、互いをどのように意識し合っているのであろうか。場面の進行に従って確認していこう。

〔第一場面の1～10行目における両者の関わり〕

道子は、それが家族のためになると思って、正月の着物を縫っている。しかし、陸郎はそうしたきまじめな道子に対し、笑いながら「一人で忙がしがってら」と冷やかに軽口をたたき、「俺は和服なんか着ないよ（8行目）」とまで言っている。そうした兄に対して、道子は「吐息（9行目）」をつくものの、特に露骨な反発を示すこともなく、後姿をじっと見るだけであった。こうしたことからは、

a　陸郎はきまじめな道子をからかうような冷やかしの発言をする

b　道子はそうした陸郎に対し、露骨な反応を示すことはない

というポイントが得られる。

〔第一場面の32〜34行目における両者の関わり〕

月光の下、堤防の上を駆け抜けることに充実感をおぼえた道子であるが、毎日堤防の上で疾走しようという計画を両親のみならず兄弟にも話しはしない。というのも、「兄弟は親し過ぎて揶揄《からか》うぐらいのものであろうから。いやそれよりも彼女は月明の中に疾駆する興奮した気持ちを自分独りで内密に味わいたかったから（33〜34行目）」である。こうしたことから、

c　道子は陸郎と親し過ぎるがゆえに、毎日走りたいという気持ちを伝えず、走る喜びは自分だけで味わいたいと思っている

というポイントが得られる。

〔第三場面の57〜62行目と87〜88行目における両者の関わり〕

道子の長湯が気になる母親は、陸郎に道子の後をつけるように依頼する。だが、「陸郎は妹の後をつけるということが親し過ぎるだけに妙に照れくさかった（60行目）」。そうした気持ちから、すぐに道子の後をつけようとはしない。しかも、道子は銭湯に行っただけ母親に報告している。こうしたことから、

d　陸郎は妹道子と親しいだけに、（仮に秘密があったとしても）あまり立ち入りたくない

というポイントが得られる。こうしたa〜dの内容を含んでいる**③が正解**。

①は、「陸郎は誠実な道子の性格をいとおしく感じており」がaポイントに合致しない。また、「心の底では信頼し合っている」という部分も本文から確定できない説明である。

②は、まず「妹の面倒を見てほしいと母親に頼まれても」が、本文の内容とは合致しない。母親は銭湯に行く道子の後をつけることを頼んだのであり、「妹の面倒を見てほしい」などと頼んだわけではない。また、「道子も奔放な陸郎への憧れを」とあるが、こうした内容は本文中のどこにも示されていない。

④は、まず陸郎が「道子が融通の利かない性格」と思っているという根拠は、本文中にない。また、「二人はそれぞれの性格を熟知している」とあるが、二人が互いの性格をどれ

だけ理解しているかについては、本文中で全く言及されていない。

⑤は、まず「陸郎は道子の大人びた振る舞いを兄として信頼しており」という部分が**a**ポイントと合致しない。また、「自分（＝道子）の発見を伝えなくても兄には理解してもらえる」という部分が、**c**ポイントに反する。

問5 **18** **①** **二つの場面における両親の笑いをそれぞれ説明する問題**

二つの場面において、両親はどんなことで笑っているのかを順に確認していこう。

〔傍線部Cの笑いについて〕

道子の両親は、銭湯の行き帰りにあまりにも長い時間をかける道子に不審を抱き、陸郎に監視させようとするほど道子を心配していた。けれども、道子の友人からの手紙を読んで、道子が「月光を浴びて多摩川の堤防の上を疾駆（101行目）」していることを知り驚いた。道子を叱りつけようとした母親を制して、父親は「娘が月光の中で走るところを見たくなった（110行目）」と言い出す。初めはあきれていた母親までもが「そいじゃ私も一緒に行きますわ（116行目）」と応じるので、両親とも思わず笑い出してしまったのである。こうした内容を整理すると、

a　両親は監視したいくらいに道子の最近の様子を心配していた

b　だが、道子の行動を知り、走る姿を見たくなる

c　そうした自分たちのことがおかしくて笑う

というポイントが得られる。

〔傍線部Dの笑いについて〕

道子の走る姿を見ようと、両親は堤防が見えるところまで走って行く。「あなたったら、まるで青年のように走るんですもの、追いつけやしませんわ（137行目）」という妻の言葉に夫は得意になる。妻が、「これでも一生懸命……家からここまで一度も休まずに駆けて来たんですから（141行目）」と言うと、夫は「俺達は案外まだ若いんだね（142行目）」と応じる。夫婦は「月光の下を寒風を切って走ったこと（145行目）」に最近では珍しいほど喜び、笑い出すのであった。以上の内容をまとめると、

d　娘の姿を見ることより自分達が月光の下を全力で走ったことに快感を抱く

e　その喜びに笑い出す

というポイントも得られる。こうした**a**〜**e**ポイントを含む**①が正解**。

②は、「たかだかランニング程度にあまりに深刻になっていたと気がつきおかしさをこらえられない」が、**a**〜**c**ポイントと合致しない。また、「自分たちの勇気のなさを互いに笑い飛ばそうとしている」も**d**・**e**ポイントに合致しない。

③は、「余計な取り越し苦労をしたことに気がつき苦笑し合っている」が**a**〜**c**ポイントと合致しない。また、「疾走

する娘を心配のあまり」も間違い。両親は心配しているというより、娘の走る姿が見たいのである。

④は、「娘や息子を子ども扱いしている自分たちに気がつき……思い入れの強さに苦笑し合っている」が、a～cポイントと合致しない。また「娘の気持ちが理解できたことを喜び」も、d・eポイントに合致しない。

⑤は、まず「娘を諭す親としての建て前を互いに言い募っていた」という部分が間違い。母親は叱ろうかと言ったが、父親はそれを制止しており、決して「娘を諭す親としての建て前」を「言い募っていた」わけではない。また、「暗い世相の中に明るい未来を予感し」も、本文中に全く根拠のない内容である。

問6　四つの場面の表現に関する説明問題　19・20　④・⑥

こうした設問では、特別な知識や理解力が要求されているわけではない。あくまで場面ごとに明示されている内容を根拠にして、選択肢の適否を判断しなければならない。以下、順番に選択肢を吟味していこう。

①は、「道子の心情」が「心内のつぶやきのみで説明されている」が間違い。「道子は……一度もなかったような気がした。……という感じが道子を不満にした（15～17行目）」や、「道子は……違った世界に生きているという感じがした。……生きているという感じだった（45～47行目）」というふうに、道子の心情は外部の視点からも説明されている。

②は、「道子」の「不自然な返答」と「兄の誇張した言い回しが母親の不審を呼び」が間違い。道子が母親の質問に返答する（53行目）前に、すでに「母親が不審そうな顔をして（51行目）」いるのである。

③は、「まあ」という発言について、「（その直後に）読点のないものはあきれた気持ちを表している」が間違い。108行目で父親が母親に対して、「まあ待ちなさい」と言っているが、これはすぐに娘を叱ろうとする母親を制止しているのであり、決して母親の発言にあきれたがゆえの言葉ではない。

④について。第一場面の終わりでは、「道子は弾条仕掛のように飛び出した。……青白い月光に照らし出され……多摩川が銀色に光って……（43～44行目）」とある。また、第四場面では、「青白い月の光が彼女の白いアンダー・シャツを銀色に光らせ、腰から下は黒のパンツに……（130～131行目）」とある。たしかに「直喩を用いたり」「情景を描くのに色彩表現を用いたり」しており、また、こうした描写が「イメージ豊かに表現されている」と言っても間違いではない。したがって、**これが一つ目の正解**。

⑤について。「道子の台詞は、四つの場面を通じて、家族からの問いへの応答から始まっている」が間違い。「ちょっと銭湯に行って来ます（39行目）」や「お湯へやって下さい。頭が痛いんですから（125行目）」とあるように、道子は自分からも家族に対して発言している。

⑥について。第一場面と第二場面では、明らかに道子が中心となっている内容であった。ところが第三場面からは道子のことを心配する夫婦の会話が中心となり、しかも第四場面

の終わりでは、道子の父親と母親という立場より、むしろ夫婦という立場で会話している。こうした変化は、父親・母親という呼称が、136～140行目では夫・妻という呼称に変わっていることでも確かめられるだろう。したがって、**これが二つ目の正解**。

第3問　古文

【出典】

『源氏物語』（夕霧の巻）

成立年代　平安時代中期
ジャンル　作り物語
作者　紫式部
内容　『源氏物語』は、七十年余りにわたる出来事を、全五十四帖の長編で記す、壮大な物語である。その中では、主人公の光源氏のみならず、光源氏の養女玉鬘《たまかずら》や、光源氏の子として育てられた薫《かおる》など、多くの人物を中心にしたさまざまな物語が展開する。夕霧の巻は、第三十九帖にあたり、光源氏の子息、夕霧を中心にした物語である。

【本文解説】

大将殿（＝夕霧）は、幼馴染で、いとこの三条殿（＝雲居雁）と結婚し、長い年月を夫婦円満に過ごして、多くの子を儲けていた。しかし、親友の柏木の死後、その妻であった落葉宮に恋をし、強引に関係を結ぶ。その様子に憤った妻、三条殿は子どものうちの数人を連れて父の邸へ帰ってしまう。なかなか大将殿を許そうとしない三条殿であったが、最終的には和解し、大将殿は、月の半分を三条殿のもとで、残りの半分を落葉宮のもとで過ごすようになる。本文は、三条殿が父の邸へ帰り、大将殿が彼女を連れ戻そうと迎えに出向く場面である。

全体は、六つの形式段落からなっている。〔第三段落〕中にある、大将殿と三条殿との手紙のやりとりA～Cは、設問にする都合から変則的に改行されており、そのため、段落構成が捉えにくくなっているので注意が必要である。この〔第三段落〕以降は、三条殿の父の邸が舞台になる。大将殿も三条殿も同じ邸内にいるが、三条殿は姉妹にあたる女御の部屋に留まっているため、本文全体を通じて、二人が直接対面することはない。

各段落の内容は、次の通りである。

〔第一段落〕

三条殿が大将殿と暮らす邸を離れて父おとどのもとへ移る。

〔第二段落〕

それを聞いた大将殿が慌てて自邸に戻り、残されていた子どもたちの様子を見る。

〔第三段落〕

大将殿が三条殿の父の邸へ迎えに行く。三条殿は、里下がりして実家に滞在中の女御のもとへ行っており、三条殿がいるはずの部屋には子どもたちだけが乳母とともにいたので、同じ邸の中ではあるが、大将殿は三条殿に会えない。A～Cの会話文は直接対面して話しているのではなく、三条殿の部屋にいる大将殿と、女御の部屋に留まっている三条殿との間で手紙（もしくは、使者による伝言）によって交わされたものである。大将殿は、結局三条殿と会えないまま、三条殿のいないその部屋に、子どもたちと泊まる。

〔第四段落〕

大将殿は、物思いに沈みつつ独りで夜を過ごす。

〔第五段落〕

夜が明けてから、三条殿の部屋にいる大将殿が、女御の部屋にいる三条殿のもとに手紙を送り、その手紙を読んだ三条殿は不安を感じている。

〔第六段落〕

大将殿がそばにいる娘に話しかけている。

【全文解釈】

三条殿は、「（大将殿との仲は）おしまいであるようだ」と、「『そのようには（あるはずがあろう）か（、いや、そこまでにはなるまい）』と、一方では信じていたのに、『きまじめな人が心変わりするのはうってかわったように（なる）』と聞いていたのは、ほんとうであったのだ」と、夫婦仲（がどのようなものか）を試し終えた気分がして、「何としてもこの（夫の）無礼なうちを目にするまい」と思いなさったので、大殿（＝三条殿の父の邸）へ「方違えをしよう（＝不吉な方角を避けるために居場所を移そう）」とおっしゃってお移りになってしまったが、（ちょうど、姉妹にあたる）女御が実家（である大殿）にいらっしゃる時などで対面しなさって、少しは悩みも晴らせるところだとお思いになって、いつものようにも急いでお戻りにはならない。

大将殿もお聞きになって、「思った通りだ、ひどく気短でいらっしゃるお人柄だ。この（三条殿の父の）おとども、また、大人びて落ち着いているところがやはりなくて、ひどくせっかちで、派手に振る舞って事を荒立てなさる人たちで、『気に入らない、見たくない、聞きたくない』などと（考えて）、ひねくれた行為のあれこれをきっとやり出しなさるにちがいない」と、自然と心が騒ぎなさって、三条殿（＝大将殿と三条殿の邸）にお戻りになったところ、子どもたちも一部は留まっていらっしゃるので、（三条殿は）姫君たちと、さらにとても幼い子とを連れていらっしゃった、（その残された子どもたちが、父の大将殿を）見つけて喜んでまとわりつき、ある子どもは奥方（＝三条殿）を恋しがり申し上げて悲しんで泣きなさるのを、「かわいそうだ」とお思いになる。

（大将殿は、三条殿に）手紙を何度も差し上げて、迎えに（人を）遣わし申し上げなさるけれど、（三条殿からは）お返事さえない。「（私たちは）このように愚かしく軽々しい仲なのだな」と、不愉快に思われなさるけれども、おとどが見聞きなさることもあるので、日暮れを待って自ら（迎えに）参上なさった。（三条殿の父の邸では）「（三条殿は、女御のいる）寝殿にいらっしゃる」というので、いつも（三条殿が）いらっしゃる部屋は、女房たちのみがお仕えしている。若君たちは乳母に寄り添っていらっしゃった。

（大将殿が）「今さらに子どもじみたご対応だね。このような人（＝子どもたち）を、あちらこちらに放り出しておきなさって、どうして寝殿の（女御との）おつきあいは（なさるのか）。（私とは）合わないご気性とは長年見知っていたけれど、そうなるはずの縁だろうか、昔から心に離れがたく思い申し上げて、今はこのように手のかかる大勢の人々がかわいらしいのを、『（私もあなたも）互いに見棄てることができようか（、いや、できないだろう）』と信じ申し上げていた。取るに足りないちょっとしたことで、このようには振る舞いなさってよいものか（、いや、このようなお振る舞いはあるべきではない）」と、激しく非難し恨み申し上げなさるので、

（三条殿は）「何ごとにつけても、（あなたが）『今はもう（おしまいだ）』と見飽きなさってしまった私なので、今は、もはや、元通りになるはずでもないのに、『どうして（あなたと一緒にいよう）か（、いや、離れてしまおう）』と思って（父の邸に帰ってきた）。みっともない人々（＝私が生んだ子どもたち）は、お見捨てにならなければ嬉しいだろう」と申し上げなさった。

（大将殿は）「おだやかなお返事だね。結局のところ、誰の評判が惜しいのか（、他の誰でもない、あなたの評判の下がることが惜しまれるだけなのに）」と言って、強いて「お越し下さい」と言うこともなくて、その夜は独りでお休みになった。

「おかしなことに身の置き所のない時だなあ」と思いつつ、子どもたちを前に寝かせなさって、あちら（＝落葉宮のもと）でも、また、どんなにか思い乱れなさっているだろうと思われる様子を想像し申し上げ、安らかでない心労のさまなので、「どのような人にとって、このような（恋のやりとりをする）ことが、楽しいと思われるのだろうか」などと、こりごりしてしまいそうに思われなさる。

夜が明けてしまったので、「人が見聞きするというのに対しても子どもじみているのに、（ついに）『おしまいだ』とおっ

しゃってしまうならば、そのように（離れることに）して試してみよう。あちら（＝大将殿と三条殿の邸）にいる人々（＝年長の息子たち）も、いじらしい様子でお慕い申し上げているようだったが、選んで残しなさっていることは、『わけがあるのだろう』とは思いながらも、見捨て難いので、とにかく（私が）世話をしよう」と、威し申し上げなさると、（三条殿は）「思い切りのよいご性格で、この（父の邸へ連れてきた）子どもたちまでも、（私の）知らない場所（＝落葉宮のもと）に連れて移しなさるだろうか」と、心配である。

（大将殿は）姫君に、「さあ、こちらへおいでなさいな。（あなたに）お目にかかるためにこのように（こちらの邸に）参り来ることもきまりが悪いから、いつも参り来ることは（でき）ないだろう。あちら（の邸）でも人々（＝他の子どもたち）がかわいらしいので、せめて同じ所でだけでもお世話をしよう」と申し上げなさる。（姫君は）まだとても幼くかわいらしい様子でいらっしゃる（のを）、（大将殿は）「とてもかわいい」と拝見なさって、「母君のお教えに従いなさるな。とても情けなく、分別のできない性格があるのは、とても悪いことだ」と、言い知らせ申し上げなさる。

【設問解説】

問1　短語句の解釈問題　21　⑤　22　①　23　④

センター試験古文の定番の設問である。語句や文法の知識と文脈理解が問われる。

(ア)　いかさまにしてこのなめげさを見じ

「いかさまに」は、「どのようだ・どんなふうだ」という意味の形容動詞「いかさまなり」の連用形なので、「いかさまにして」の解釈として考えられるのは、①「いかなる手段を用いても」・⑤「何としても」である。

「なめげさ」は、「無礼だ」という意味の形容動詞「なめげなり」の語幹「なめげ」に、接尾語「さ」が付いて名詞となったものである。よって、「なめげさ」の解釈として考えられるのは、②「失礼な態度」・⑤「無礼なしうち」である。

「じ」は、打消推量・打消意志の助動詞なので、その解釈として考えられるのは、①「会うまい」・②「見ずにすむだろう」・⑤「目にするまい」である。③は打消の意味がなく、④は「見せ」と使役の意味があるので選べない。

したがって、**正解は⑤**である。⑤の解釈は文脈にも合う（**【全文解釈】**参照）。

(イ)　らうたげに恋ひ聞こゆめりしを

「らうたげに」は、「かわいらしい様子だ」という意味の形容動詞「らうたげなり」の連用形なので、「らうたげに」の解釈として考えられるのは、①「いじらしい様子で」・②「いじらしげに」・③「かわいらしげに」・④「かわいらしいことに」である。

「聞こゆ」は、動詞「恋ひ」の直下にあるので、謙譲の補助動詞である。謙譲の補助動詞「聞こゆ」の意味が出ているのは、①・⑤「申し上げ」である。④は「申し上げ」が「言う」行為自体を表している点が不適切である。

「めり」は、推定の助動詞で、その意味が出ているのは、

①・③・④・⑤「ようだ」である。②「らしいと聞いていた」は推定の訳ではあるが、「めり」は一般に、見たものを根拠として、そのように見える意味を表すので、「聞いていた」が不適切である。

「し」は、過去の助動詞「き」の連体形で、その意味が出ているのは、①・②・⑤「た」である。

したがって、**正解は①**である。①の解釈は文脈にも合う（**【全文解釈】**参照）。

(ウ)　いざ、給へかし

「いざ給へ」は「さあいらっしゃい」と誘いかける意味を表す慣用表現で、その解釈として考えられる選択肢は④「さあ、こちらへおいでなさいな」しかない。したがって、**正解は④**である。④には念押しの終助詞「かし」の訳として「な」もあり、この解釈は文脈にも合う（**【全文解釈】**参照）。

問2　**文法問題**　24　⑤

センター試験の古文の**問2**は文法問題であることが定番になっている。近年では、文法的に紛らわしい語の識別を、組合せで問うことが多く、今回もその形式である。

a「な」は、選択肢を見ると「限りなる」について、名詞「限り」に断定の助動詞「なり」が付いたものか、一語の形容動詞かの判断を求めているわけだが、「限りなり」という形容動詞はないので、**「なり」は断定の助動詞**である。もし、ここで判断できなかった場合は**a**を保留にして、**b**・**c**・**d**で判定しても解答は決まるようになっている。**a**の「な」は、断定の助動詞「なり」の連体形「なる」が、下に助動詞「めり」が付くことによって撥音便化して「なん」となり、その「ん」が表記されていないものである。

b「れ」は、受身・尊敬・可能・自発を表す助動詞「る」で、選択肢は、受身の用法か、自発の用法かの判断を求めているが、これは文脈で判断するしかない。今回、波線部の2行前からの文を見ると、「大将殿も聞き給ひて、『……』と、驚かれ給うて」となっている。三条殿が自分の父の邸に行ってしまったことを聞いた大将殿が、聞いた話に心が騒いだというのは意味が通じるが、聞いたことで、誰かに心が騒がれたというのは意味が通じない。よって、波線部は受身の用法ではないと言える。さらに「つい心が騒いだ」と自発で解釈することに問題はないから、**自発の助動詞**である。

c「て」の直前、「のたまひは」の直後で単語を切り、「のたまひは」を活用語の連用形と考えることはできない。よって、「て」を、連用形接続の完了の助動詞「つ」が活用したものとすることはできない。下二段活用動詞「果《は》つ」は、動詞の連用形の下に付くと「最後まで～する」という意味になる。「のたまひはて」を「最後までおっしゃる」という意味の動詞の未然形と考えることは、理に適っている。「て」は**動詞の活用語尾**とする説明が正しい。

d「せ」は、使役・尊敬を表す助動詞「す」の連用形である。この助動詞が尊敬の用法である際には、必ず直後に「給ふ」「おはします」などの尊敬語を伴う。しかし、波線部の直後の「奉り」は謙譲の補助動詞であって、尊敬語ではないから、波線部の「せ」は尊敬の用法ではない。さらに、大将殿が娘に自分の思いを言って、知らせるという文脈からも、波線部が**使役の助動詞**であることが確かめられる。

以上のa〜dがすべて正しい**正解は⑤**である。

問3　心情の説明問題　25　③

心情の主体と内容を同時に問うている。

傍線部にある「心苦し」は、「胸が痛む。つらい。気の毒だ」などの意味を表す形容詞で、選択肢①「愚かなことをした」・②「すまないことをした」のような、自責の念を表すようになるのは、江戸時代以降である。また、選択肢④「ひどいと思っている」のような非難の気持ちを表すことはない。したがって、「心苦し」の語義に適う選択肢は、③・⑤のみである。

文脈を考えると、傍線部のある〔**第二段落**〕は、三条殿が父の邸へ移ったという話を大将殿が聞いて、夫婦で暮らす邸（傍線部の前行の「三条殿」）へやってきた場面である。「君たちも片へはとまり給へれば」とあるように、そこには子どもたちのうち一部は留まっていた。傍線部の直前には、その子どもたちが、帰ってきた父を「見つけて喜び睦れ、あるは上（＝三条殿）を恋ひ奉りて愁へ泣き給ふ」様子が描かれており、それに対して「心苦し」と思うのは、大将殿である。選択肢①と②は、三条殿の心情としており、⑤は三条殿に連れて行かれた姫君の心情としているので、いずれも不適切である。③と④は、我が家へ帰ってきた大将殿の心情を述べているが、大将殿が直面した子どもたちの様子として、③の「父の姿を見つけて喜んだり母を求めて泣いたりする様子」は、前述した傍線部直前の記述に合っており、**正解は③**とわかる。④は、「心苦し」の語義からも間違いとわかるが、「母に連れて行かれた姉妹や弟をうらやんで」という記述も本文に根拠を持たず、間違いである。

問4　心情の説明問題　26　②

心情の主体が大将殿であることを示した上で、心情の内容だけを問うている。

傍線部「もの懲りしぬべうおぼえ給ふ」は、「こりごりしてしまいそうに思われなさる」の意味である。このようにこりごりしている理由は、傍線部を含む一文の冒頭の「中空なる」に付けられた注に「落葉宮には疎まれ、妻には家出されるという、身の置き所のない様」とあり、落葉宮と無理に深い関係になってしまったことで、双方から疎まれているからだとわかる。この内容が示唆されている選択肢は、②の「三条殿には出て行かれ、落葉宮は落葉宮で傷ついているだろうと想像されて」のみである。この②は、「かしこに、また、いかに思し乱るらんさま思ひやり聞こえ」を「落葉宮は落葉宮で傷ついているだろうと想像されて」と説明し、「やすからぬ心づくしなれば」を「心労ばかりがまさるため」と説明し、「いかなる人、かうやうなること、をかしうおぼゆらん」を「恋のやりとりを楽しいと思っている人間の気が知れない」と説明し、傍線部の「もの懲りしぬべうおぼえ給ふ」を「嫌気がさしかけている」とするなど、それぞれ本文の記述と対応しており、的確であることからも、**正解は②**であるとわかる。

他の各選択肢について検討すると、①は、落葉宮と三条殿双方から疎まれる孤独感に言及せず、「いかに思し乱るらんさま思ひやり」と他者の心情を思いやる気持ちにも触れていない。「どうしてこんな女を良いと思ったのか」は、傍線部直前の記述に基づくと思われ、そうだとすると「かうやうなること」が三条殿を指すものと理解するしかないが、人物を「こと」と指すのは不自然だから、ここの解釈も成り立たない。

③も、落葉宮と三条殿双方から疎まれる孤独感に言及せず、「かしこ」の「思し乱るらんさま」を、子どもを残して家を出て行った三条殿の苦悩と考えることは文脈に合わない。そもそも、大将殿が今いる場所は、三条殿の父の邸で、その目の前には三条殿が連れて出た子どもたちが「臥せ」ているのである。

④の「不思議と落葉宮と三条殿との間で心が揺れ」が、本文に書かれていないので間違いである。本文の「あやしう中空なる」は、双方から疎まれた状態を指すもので、双方に好意を抱く心情を指すものではない。

⑤の「三条殿との生活が嫌になり、別れたいと望んでいる」という趣旨は、「中空なる」の注が示す、「妻には家出されるという、身の置き所のない様」という内容と一致しない。大将殿は、自分と落葉宮との関係に腹を立てて家を出た妻を迎えに、その父の邸へ出向いていているわけだから、本文全体の内容からも三条殿と別れようとしているわけではないことがわかる。

問5　会話文の内容説明問題　27　①

大将殿と三条殿の会話文の内容を説明する問題で、①・②・④・⑤は、Bを三条殿の発言とし、その前後のAないしCを大将殿の発言とするが、③だけは、Aを三条殿の、Bを大将殿の発言とする。状況から言えば、三条殿に連れ出された子どもたちに対面する場面であるから、それに続くAは大将殿の発言と考えるのが自然である。また、Cの直後には、「とて、強ひて『渡り給へ』ともなくて」とある。大将殿が三条殿を迎えに来たことを考えると、「渡り給へ」も大将殿が三条殿に戻るように言っているものと考えられるから、そこへ続いていくCの発言も、大将殿のものと考えられる。そのほか、会話文の内容のさまざまな点からも、③は誤りだとわかる。根拠の一つを挙げると、Aの1行目に「寝殿の御まじらひ」とあるが、「寝殿」はその2行前の注から女御の部屋のある建物だとわかり、本文3行目で三条殿について「女御の里におはするほどなどに対面し給うて」とあることなどから、寝殿で女御と一緒にいるのは三条殿だと察せられる。その状況について「御」を用いて敬意を込めて表現するAの話し手は、三条殿自身ではない。したがって、③については内容を吟味するまでもなく、間違いだとわかる。

残る選択肢のうち、Aについては、①・②の選択肢が言及する。①の「三条殿の年がいのなさを責め」は本文の「若々しの御まじらひや」、「多くの子をなすほど深い仲なのに」は「かくくだくだしき人の数々あはれなるを、『かたみに見棄つべきにやは』と頼み聞こえける」、「少しの出来心ぐらいで実家に帰るなんて」は「はかなき一ふしに、かうはもてなし給ふべくや」と対応しており、正しい。②は「子育ての苦労ぐらいで」が誤り。Aの会話文中にそれに該当する記述はないし、事実としても、リード文にあるように、三条殿は夫が他の女と深い仲になったことで父の邸に帰ったのである。

Bについては、①・②・④・⑤の選択肢が言及する。①の「大将殿のお心が離れた自分は」は本文の「『今は』と見飽き給ひにける身なれば」と、「変わりようもなく」は「直るべきにもあらぬ」と、「何をしようと勝手だ」は「何ごとも、……『何かは』とて」と、「子どもたちのことは後はよろしく」は「あやしき人々は、思し棄てずは嬉しうこそはあらめ」と対応しており、正しい。②は「浮気者との間の子を育てるのに今は飽き飽きしており」が本文にない内容で誤り。本文の「見飽き」は直後に尊敬語「給ひ」が付くことからも、Bの手紙を書いている三条殿自身の行為とは考えられない。④は「私のことはともかく」は本文に根拠のない記述だが、それ以外の主要な部分についてはBについては正しい。⑤は、まず、「あなたのお気持ちがもはやもとに戻るはずもなく」が間違い。「(見飽き給ひにける)身」は三条殿自身を指しており、「直るべきにもあらぬ」は、自分が変わらないと言っているのである。この部分に尊敬語が使われていないことからも、この部分が大将殿の気持ちについて言っているのではないことがわかる。また、「お好きになさればよいが」も本文に根拠を持たない。この場の状況から言っても、Aの会話文の内容から言っても、ここでは三条殿の身の処し方が話題になっている。

Cについては、④・⑤の選択肢が言及する。④は「私の名誉も考えてほしい」が間違いである。本文の「誰が名か惜しき(=誰の評判が惜しいのか)」は、「他の誰でもない、あなたの評判の下がることが惜しまれるだけなのに」という意味で、一連の騒動が誰よりも三条殿の不名誉になるのだとおどしているのである。⑤はCについては正しい記述である。

以上のように、①はA・Bいずれについても正しく、②はA・Bいずれについても間違っている。④はBについては大きくは間違っていないがCについては間違い。⑤は逆にCについては正しいがBについて間違っている。よって**正解は①**である。

この場面は、二人が実際には対面せず、これが手紙のやりとりであるという事情がつかみにくいし、子どもたちを「くだくだしき人」「あやしき人々」と呼んだり、相手の不穏な対応を「なだらかの御答へ」と皮肉まじりに言うなど、随所に屈折した表現があって、本文の該当箇所の読解もきわめて難しかったし、選択肢⑤の誤りも見つけにくく、大変な難問である。

問6 **文章内容の説明問題** 28 ④

本文中の特定の箇所に基づく問いではないので、選択肢ごとに内容を確かめるしかない。

①は、「おとどと語ることで、やっと『少しもの思ひ晴るけどころ』を見つけ」が間違い。〔第一段落〕3行目によると、姉妹にあたる女御と対面することで「少しもの思ひ晴るけどころ」を見つけたのである。また、「このまま別れる決心をした」というところまでは、本文に書かれていない。

②は、「おとどは、三条殿のことを心配して、大将殿に『消息たびたび聞こえ』たが、大将殿は全く返事をしない」が間違

い。〔第三段落〕1行目で「消息たびたび聞こえ」たのは大将殿で、その手紙は家を出た三条殿に宛てたものである。また、「かたくなしう軽々しの世や」は、手紙に返事もよこさない三条殿に対する大将殿の不満だから、これを大将殿に対するおどの不満のように書いている点も間違い。

③は、「すぐさま」が間違い。引用箇所に「暮らして」とあるように、大将殿は日暮れまで待っているし、三条殿が家を出たと知って「消息たびたび聞こえて、迎へに奉れ給へど」とあるように、まず、手紙を出したり使者を派遣したりして、他の手段を試している。

④は、「強気に帰宅を拒みながらも」が、〔第三段落〕の大将殿からの手紙や使者を無視する三条殿の様子と合致し、Bの発言内容からもうかがわれる。また、「思い切りのよい『すがすがしき御心』の大将殿ならば」以下の記述は、〔第五段落〕3行目の「すがすがしき御心にて」以下に示される三条殿の心情表現の内容と合致する。したがってこれが正解である。

⑤は、「三条殿の手もとで育つことになる姫君」が間違い。〔第六段落〕において、大将殿は「同じ所にてだに見奉らん」と姫君を自邸に連れ帰る気持ちを語っており、この時点で、姫君が三条殿のもとで育つことになるとは言えない。また、「せめて教訓を言い聞かせることで、父の役割を果たそうとした」も、大将殿が教訓を意図して娘に語りかけていたかどうかは、少なくとも本文ではわからない。

以上より、**正解は④**である。

第4問　漢文

【出典】

陸樹声《りくじゅせい》『陸文定公集《りくぶんていこうしゅう》』全二十六巻。『陸文定公集』は、明の陸樹声（一五〇九～一六〇五）の著作集。

陸樹声は華亭（現在の上海市松江区）の人で、字《あざな》は与吉、平泉と号した。嘉靖《かせい》二十年（一五四一）に科挙（官吏登用試験）に合格し、南京の国子祭酒（教育政策を司る国子監の長官）や礼部尚書（文教政策を司る中央官庁の長官）などを歴任した。長寿をまっとうし、「文定」という諡《おくりな》を賜わった。

本文は、『陸文定公集』巻一に収められている「苦竹記」と題する随筆であり、冒頭よりほぼ四分の三の分量に相当する箇所である。

【本文解説】

江南（長江下流の地域）は、竹を多く産出するため、古来タケノコを食する習慣がある。本文は、江南のタケノコ食を事例として取り上げ、『荘子』に見える「無用之用」という考え方について論じた文章である。

『荘子』「人間世」に、「無用之用」について端的に記述した箇所がある。

山木自《ラ》寇《あだスル》也。膏火《かうくわハ》自《ラ》煎《やク》也。桂《ハ》可《キガ》レ食《フ》故《ニ》伐《きル》レ之《ヲ》。漆《ハ》可《キガ》レ用《フ》故《ニ》割《さク》レ之《ヲ》。人皆知《ルモ》二有用之用《ヲ》一、而莫《キ》レ知《ル》二無用之用《ヲ》一也。（山の木は自分で自分を損なう。灯火は自分で自分を焼く。肉桂は〔人が〕食べるために切ってしまう。漆は〔人が〕使うため

28

に剥《は》がしてしまう。人は誰しも有用なものが役に立つことは分かっていても、無用なものが役に立つことを分かっていないのである。）

つまり、「無用之用」とは、「一見役に立たないように見えるものが、かえって役に立つ」という逆説的な道理である。筆者は、「おいしいタケノコは、おいしいからこそ人に取られて食べられてしまうが、苦いタケノコは、苦いからこそ人に取られずに、かえって竹として天寿をまっとうできる」（本文四～五行目「独《リ》其《ノ》味苦《クシテ》　而不《ル》レ入《ラ》二食品《ニ》一者《ノミ》、筍常《ニ》全《まつたシ》」、および本文六行目「而《ルニ》甘《キ》者《ハ》至《ル》三取《リテ》レ之《ヲ》或《イハ》尽《クスニ》二其《ノ》類《ヲ》一」などを参照）というところに、「無用之用」の道理を見出し、「世間で一般に無用とされるものこそ幸運なのだ」（本文八行目「然《レドモ》　亦《まタ》知《ル》三取《ラルル》　者之不《シテ》レ幸《ヒナラ》、而偶《たまたま》　幸《ヒナルヲ》二　於棄《テラルル》　者《ニ》一」を参照）と訴えているのである。

【書き下し文】

江南《こうなん》に竹多《たけおほ》し。其《そ》の人《ひと》筍《たけのこ》を食《く》らふを習《なら》ふ。春《はる》の時《とき》に方《あ》たる毎《ごと》に、苞甲土《はうかふつち》より出《い》で、頭角繭栗《とうかくけんりつ》、率《おほむ》ね以《もつ》て採食《さいしよく》に供《きよう》す。或《あ》るいは蒸瀹《じようやく》して以《もつ》て湯《たう》と為《な》し、茹介茶荈《じよかいちやせん》以《もつ》て饋《き》に充《あ》つ。事《こと》を好《この》む者《もの》目《もく》するに清嗜《せいし》を以《もつ》てし方《まさ》に長《ちやう》ずるを斬《と》らず。故《ゆゑ》に園林豊美《ゑんりんほうび》、複垣重扃《ふくゑんちようけい》にして、主人居《しゆじんきよ》嘗《しやう》愛護《あいご》すと雖《いへど》も、其《そ》の之《これ》を食《く》らふに甘《あま》しとするに及《およ》ぶや、剪伐《せんばつ》して顧《かへり》みず。独《ひと》り其《そ》の味苦《あぢにが》くして食《しよく》品《ひん》に入《い》らざる者《もの》のみ、筍《たけのこ》常《つね》に全《まつた》し。毎《つね》に渓谷巌陸《けいこくがんりく》の間《かん》に当《あ》たりて、地《ち》に散漫《さんまん》して収《をさ》められざる者《もの》は、必《かなら》ず苦《にが》きに棄《す》てらるる者《もの》なり。而《しか》るに甘《あま》き者《もの》は之《これ》を取《と》りて或《あ》るいは其《そ》の類《るい》を尽《つ》くすに至《いた》る。然《しか》らば甘《あま》き者《もの》は自《みづか》ら戕《そこな》ふに近《ちか》し。而《しか》るに苦《にが》き者《もの》は棄《す》てらると雖《いへど》も、猶《な》ほ剪伐《せんばつ》せらるるを免《まぬか》るるがごとし。夫《そ》れ物類《ぶつるい》は甘《あま》きを尚《たつと》びて、苦《にが》き者《もの》は全《まつた》きを得《え》たり。世《よ》に貴《き》は取《と》られ賤《せん》は棄《す》てられざるは莫《な》し。然《しか》れども亦《ま》た取《と》らるる者《もの》の幸《さいは》ひならずして、偶《たまたま》棄《す》てらるる者《もの》に幸《さいは》ひなるを知《し》る。豈《あ》に荘子《さうし》の所謂《いはゆる》無用《むよう》を以《もつ》て用《よう》と為《な》す者《もの》の比《たぐ》ひなるか。

【全文解釈】

江南には竹が多い。（だから、）江南の人はタケノコを食べるのを習慣としている。毎年春になると、タケノコの身を包む一番外側の皮が地面からつき出て、子牛の生えたばかりの角のような形をしたタケノコの若芽は繭や栗のように小さく、大抵はそれを取って食用にする。場合によっては蒸したり煮たりしてスープにし、タケノコの穂先の柔らかい皮や茶を食卓にならべることもある。好事家は（タケノコを食べることを）清雅なものへの嗜好（の一つ）と見なし、ちょうど成長してしまった（おいしくない）タケノコを取らない。だから幾重もの垣根や門扉をしつらえた美しい庭園で、（庭園の）主人が平常（竹林を）大切に守って（育てて）いても、タケノコが食べたらおいしい頃になると、ためらわずに（タケノコを）切り取って（食べて）しまう。味が苦くて食用にならないタケノコだけが、タケノコとしていつも完全なままなのである。いつも渓谷や山の中に、散在して切られないままのものは、きまって苦くて（食用にならずに）見捨てられたものである。しかし、おいしいタケノコは（人が）取ってしまい、場合によってはおいしい種類のタケノコを取り尽くしてしまうことである。そうだとすれば、おいしいタケノコは、（それ自身がおいしいゆえに人に取られてしまうのだから）自分で自分を損なうようなことである。しかし、苦いタケノコは、（それ自身が苦いゆえに人に取られないのだから）見捨てられはするが、切り取られずにすんだのと同じようなことだ。そもそも食物はおいしいものを尊重して、苦いものは完全なままでいられる（＝食べられずにすむ）。世間ではきまって価値の高いものは取られ価値の低いものは見捨てられるのである。しかしながら、（タケノコの場合のように、価値が高いゆえに）取られるものが不幸であり、（価値が低いゆえに）見捨てられるものに偶然にも幸運があるということもまた分かるのである。これこそ『荘子』のいわゆる「無用ヲ以テ用ト為ス（＝役に立たないことがかえって役に立つ）」もののたぐいではなかろうか。

【設問解説】

問1　語の意味の問題　29　④　30　③

⑴「習」は、「ならひ」と読んで「ならわし・慣習」という意味の名詞としても用いられるが、いずれの選択肢も動詞としての意味を掲げているので、ここでは動詞の用法に絞って考えればよい。動詞として働くときは「ならふ」と読み、ⅰ「繰り返し練習する」、ⅱ「学ぶ」、ⅲ「慣れる・慣れ親しむ」などの意味であるが、傍線部の直後に「於食《ラフヲ》レ筍《たけのこヲ》」（タケノコを食べることを）とあり、この語句から「習《フ》」に返読していることに注意する。つまり、前置詞の働きをする「於」を用いて「習《フ》」の対象を示しているので、「慣れる・慣れ親しむ」という方向の意味に解釈するのが適切である。すると、解答は②「弊習としている」と④「習慣としている」に絞られるが、タケノコを食べることを「弊習（悪い習慣）としている」という内容は、本文からは読み取れないので、**正解は④**「習慣としている」である。

⑵「尚」は、「なほ」と読んで、ⅰ「やはり」、ⅱ「さらに・そのうえ」、ⅲ「〜でさえ」などの意味の副詞として用いられることが多いが、ここでは「甘《キヲ》」から返読していること、および選択肢に掲げられている意味から、動詞としての用法を考えればよい。「尚」が動詞として働くときは「たつとぶ」あるいは「たふとぶ」と読み、「尊敬する」「重視する」「あがめる」などの意味である。したがって、①「誇示する」、②「思慕する」、④「保全する」は除外できる。③「尊重する」と⑤「崇拝する」が残るが、「甘《キヲ》」（甘いものを・おいしいものを）とのつながりを考えると、⑤「崇拝する」と解釈したのでは文意が正しく成り立たない。よって、**正解は③**「尊重する」である。

問2　返り点と読み方の問題　31　⑤

傍線部冒頭の「好事者」については、いずれの選択肢も「好《ム》レ事《ヲ》者」（好事家《こうずか》・物好きな人）と読んでいるので、「目以清嗜不斬方長」の読み方を考える。まず「目」に注目する。「目」は文字通り「目」の意味の名詞として用いられることが多い。しかし、「目」を名詞として解し、④「事を好む者目は清嗜を以てし長きに方ぶを斬らず」と読んだのでは、

「事を好む者」を話題主語、「目」を意味上の主語と解釈し、「好事家については、目が清雅なものへの嗜好によって行い、長いものと並んでいるものを取らない」などと訳出するほかなく、意味不明の文となってしまう。そもそも、「目が……を取らない」という表現は、通常はあり得ない。したがって、ここでは、「目」を動詞として解釈して「目す」（見なす）と読むのが適切である。この点については、残りの選択肢①、②、③、⑤のいずれも同一で、「目す」と読んでいる。

「目」を「目す」と動詞として読む前提で考えると、次に注目するのは「目以清嗜」の箇所である。つまり、前置詞の働きをする「以」の構文は、

i　以《テ》二□《ヲ》一——《(ス)》

ii　——《(スル)ニ》以《テス》二□《ヲ》一

である。ここでは、述語の「目す」が「以」の句の前に置かれるii「——《(スル)ニ》以《テス》二□《ヲ》一」の形であるから、「目以清嗜」は「目するに清嗜を以てす」（「目以二清嗜一」）と読めばよい。選択肢①、②、③、⑤のうち、「目以清嗜」を「目するに清嗜を以てす」と読んでいるのは⑤だけである。そこで、⑤の読み方が全体として正しいかどうかを、文脈も考慮して確認すればよい。

⑤は傍線部全体を「事を好む者目するに清嗜を以てし方に長ずるを斬らず」（「好レ事者目以二清嗜一不レ斬二方長一」）と読んでいる。これを直訳すると、「好事家は清雅なものへの嗜好と見なし、ちょうど成長してしまったものを取らない」となろう。ここで、タケノコの食習慣が話題となっていることに留意したい。つまり、「目す」の対象は「タケノコを食べること」だと判断してよい。さらに、傍線部の前の「毎《ニ》レ方《タル》二春時《ノ》一、苞甲出《デ》レ土《ヨリ》、頭角繭栗、率《ネ》以《テ》供《ス》二採食《ニ》一」（毎年春になると、タケノコの身を包む一番外側の皮が地面からつき出て、子牛の生えたばかりの角のような形をしたタケノコの若芽は繭や栗のように小さく、それを取って食用にする）、および傍線部直後の一文「故《ニ》雖《モ》二園林豊美、複垣重扃《ニシテ》、主人居嘗愛護《スト》一、及《ブ》三其《ノ》甘《シトスルニ》二於食《ラフニ》一レ之《ヲ》也、剪伐《シテ》不レ顧《ミ》」（だから幾重もの垣根や門扉をしつらえた美しい庭園で、〔庭園の〕主人が平常〔竹林を〕大切に守って〔育てて〕いても、タケノコが食べたらおいしい頃になると、ためらわずに〔タケノコを〕切り取って〔食べて〕しまう）を踏まえれば、「方《まさ》に長ずるを斬《と》らず」は「ちょうど成長してしまった（おいしくない）タケノコを取らない」と解釈するのが適切である。

以上から、先の直訳を言葉を補って調整すると「好事家は（タケノコを食べることを）清雅なものへの嗜好（の一つ）と見なし、ちょうど成長してしまった（おいしくない）タケノコを取らない」となり、傍線部の前後の記述とも矛盾なくつながる。したがって、**正解は⑤**である。

問3　**空欄補充の問題**　[32]　①

選択肢を確認すれば、[I]～[IV]のいずれの空欄も、入る語は「苦《シ》」か「甘《シ》」のどちらかであることが分かる。さらに、

本文四行目の「及《ブ》㆔其《ノ》甘《シトスルニ》㆓　於食《ラフニ》㆑之《ヲ》也、剪伐《シテ》不㆑顧《ミ》」（タケノコが食べたらおいしい頃になると、ためらわずに〔タケノコを〕切り取って〔食べて〕しまう）、および本文四～五行目の「独《リ》其《ノ》味苦《クシテ》　而不㆑入《ラ》㆓食品《ニ》㆒者《ノミ》、筍常《ニ》全《シ》」（味が苦くて食用にならないタケノコだけが、タケノコとしていつも完全なままな〔＝切られずに残っている〕のである）という記述から、「苦《シ》」とはタケノコの味が「苦い・まずい」こと、「甘《シ》」はタケノコの味が「甘い・おいしい」ことをそれぞれ表していると分かる。したがって、各空欄を含む箇所が「おいしいタケノコ」についての記述なのか、それとも「まずいタケノコ」についての記述なのかを判断すればよい。

[I]を含む箇所は「必《ズ》棄《テラルル》㆓　於[I]㆒者也」、即ち「きまって人に見捨てられる」まずいタケノコについての記述であるから、[I]＝「苦《キニ》」である。[II]を含む箇所は「而《ルニ》[II]者《ハ》至《ル》㆔取《リテ》㆑之《ヲ》或《イハ》尽《クスニ》㆓其《ノ》類《ヲ》㆒」、即ち「人が取って、場合によってはその種類を取り尽くしてしまうこともある」おいしいタケノコについての記述であるから、[II]＝「甘《キ》」である。[III]を含む箇所は「然《ラバ》[III]者《ハ》近《シ》㆓自《ラ》戕《フニ》㆒」、即ち「自分で自分を損なうようなことである」＝「人に取られてしまう」おいしいタケノコについての記述であるから、[III]＝「甘《キ》」である。[IV]を含む箇所は「而《ルニ》[IV]者《ハ》雖《モ》㆑棄《テラルト》」、即ち「人に見捨てられる」まずいタケノコについての記述であるから、[IV]＝「苦《キ》」である。

よって、**正解は①**である。

問4　解釈の問題　[33]　⑤

まず留意すべき語は「猶」である。「猶」は、「なほ」と読んで「やはり」「そのうえ」という意味で用いられたり、「猶《なホごとシ》㆓――《（スル）ガ》㆒」（なほ――（する）がごとし）と再読して「ちょうど――（するか）のようだ・まるで――（する）みたいだ」という意味で用いられたりする語である。

ただし、傍線部の「猶」には「レ点」が付けられているから、ここの「猶」は再読文字として読み、解釈すべきであると判断できる。そこで、再読文字「猶」の意味に注意して選択肢を検討すると、「猶」を正しく解釈しているのは、⑤「……のと同じようなことだ」だけである。「免《ル》㆓於剪伐《セラル》㆒」の部分は「切り取られずにすんだ」と解釈しており、原文と照らして誤りや矛盾のない解釈と判断できる。つまり、⑤は、「猶《ホシ》㆑免《ルルガ》㆓　於剪伐《セラルルヲ》㆒」（猶ほ剪伐せらるるを免るるがごとし）と読み、「切り取られずにすんだのと同じようなことだ」と解釈しているのである。したがって、**正解は⑤**である。

問5　書き下し文の問題　[34]　③

最初に注目すべきは、「莫《なシ》㆑不《ざルハ》㆓――《（セ）》㆒」（――しないものはない・――しないことはない）という二重否定の句形が用いられていることである。二重否定の句形を正しく書き下している選択肢は、①と③だけである。

次に確認しなければならないのは、「貴取賤棄」の部分の読み方である。それぞれ①「取るを貴び棄つるを賤しむ」、③「貴は取られ賤は棄てらる」と書き下している。この読み方に従って双方を直訳してみると、①「取るを貴び棄つるを賤しむ」→「取ることを尊重し見棄てることを軽視する」、③「貴は取られ賤は棄てらる」→「価値の高いものは取られ価値の低いものは見捨てられる」となる。それぞれ独立した文の読み方・解釈としては成り立つが、傍線部の直前の「夫《レ》物類《ハ》尚《ビテ》レ甘《キヲ》、而苦《キ》者《ハ》得《タリ》レ全《キヲ》」（そもそも食物はおいしいものを尊重して、苦いものは完全なままでいられる〔＝食べられずにすむ〕）とのつながりを考慮しなければならない。つまり、「甘」（おいしいもの）と「貴」（価値の高いもの）、および「苦」（まずいもの）と「賤」（価値の低いもの）という意味の対応を考えると、傍線部全体を①「世に取るを貴び棄つるを賤しまざるは莫し」（世間では取ることを尊重し見棄てることを軽視しないことはない）と書き下したのでは、直前の文とのつながりが成立しなくなってしまう。

これに対して、③は「世に貴は取られ賤は棄てられざるは莫し」（「世《ニ》莫《シ》レ不《ルハ》二貴《ハ》取《ラレ》 賤《ハ》棄《テラレ》一也」）と書き下している。つまり、「世間ではきまって価値の高いものは取られ価値の低いものは見捨てられるのである」と解釈している。このように書き下し、解釈すれば、傍線部の直前の内容とも無理なくつながる。よって、**正解は③**である。

問6　段落分けの問題　35　①

本文を論旨の展開に従って三つの部分に分ける候補のうち、㋓の直後に「夫《レ》」の語があることに注目したい。本文の「夫」には「レ」という送り仮名が付けられているので、「それ」と読んでいることが分かる。「夫」を「それ」と読むときは、「そもそも」という意味であり、重要な内容や本質論へと話題を転換するのに用いられる。本文の「夫《レ》」以降の内容を確認してみても、タケノコの話題から一般的な抽象論、さらに「無用之用」論へと、論旨が展開していることが確認できるであろう。問5で触れたように、食べ物の価値判断を示す「甘」「苦」と、一般的なことの価値判断を示す「貴」「賤」との対応にも留意すると考えやすい。したがって、本文はまず㋓の箇所で分けられると判断できる。本文を三つの部分に分ける候補の一つに㋓を挙げている選択肢は①と③だけなので、②、④、⑤は除外してよい。

そうすると、①と③は本文の㋓の箇所以降に部分分けの候補を設けていないので、本文冒頭から㋓までを二つに分ける箇所を考えればよい。㋓までの本文の内容を確認してみると、冒頭からすべてタケノコの話となっているが、㋐が設けられている「茹介茶荈《じょかいちゃせん》以《テ》充《あツ》レ饋《きニ》」までは、江南におけるタケノコの食習慣、調理法や食べ方などの紹介であるが、㋐の直後の「好《ム》レ事《ヲ》者目《スルニ》 以《テシ》二清嗜《ヲ》一不《ラ》レ斬《ニ》二方長《ズルヲ》一」以降は、好事家がタケノコ食を清雅なものへの嗜好と見なし、丹精込めて育てても、食べ頃になるとためらわずに切って食べてしまい、その一方でまずいタケノコには見向きもせず、その結果まずいタケノコの方がかえって竹としての天寿をまっとうするということが記述されている。したがって、選択肢①のように㋐で本文を分けることは可能である。

一方、選択肢③のようにタケノコを話題とした㋓までの内容を㋑の箇所で分けるのは無理である。なぜならば、㋑の直前には食べ頃のおいしいタケノコについて「剪伐シテ不レ顧ミ」（ためらわずに〔タケノコを〕切り取って〔食べて〕しまう）とあるのに対し、㋑の後にはまずいタケノコについて「筍常ニ全シ」（タケノコとしていつも完全なままな〔＝切られずに残っている〕のである）と述べられているからである。つまり、「おいしいタケノコが切られてしまう」ことと「まずいタケノコが切られずに残る」ことが対比されており、㋒から㋓までの内容も「おいしいものが取られ、まずいものが捨てられる」と、同様の対比で論が進められている。これを踏まえると、㋑の前後の記述は同一の話題の中に置き、内容上連続していると考えなければならない。したがって、**正解は**①「㋐と㋓」である。

問7　読み方と筆者の主張の説明の問題　36　⑤

傍線部の読み方と筆者の主張が問われているが、いずれの選択肢にも「読み方＝書き下し文」と「解釈」とが、筆者の主張の説明と併記されているので、まず傍線部の読み方と解釈を決定し、その後で筆者の主張について確認する、という手順で考えるとよい。

傍線部は返り点と送り仮名の両方が省かれている白文であるから、文の構造を正しく捉えることが大切である。そこで最初に気づいてほしいのは、傍線部全体が「豈――耶」という句形の文であることである。「豈――耶」は、「豈に――（せ）んや」（どうして――しようか〔、いや――しない〕）と読む反語の句形である場合が多いが、「豈に――（する）か」（――ではなかろうか）と読む推測の句形の場合もあるので、十分に注意したい。

次に注目したいのが、「豈――耶」の「――」の部分に当たる「荘子所謂以無用為用者比」に、「以《もつ》テレAヲ為《な》スレBト」（AをBとする・AをBと見なす）という表現が用いられていることである。

以上を踏まえて選択肢を検討してみよう。「豈――耶」については、①「豈に……比《たと》へんや」・④「豈に……比《くら》べんや」が反語として、②「豈に……比《たぐ》ひなるか」・⑤「豈に……比《たぐ》ひなるか」・③「豈に……比《たと》ふるか」が推測としてそれぞれ読んでおり、反語であるか推測であるかの判断はともかくとして、「豈――耶」の句形を無視した誤った読み方をしている選択肢はない。

では、「荘子所謂以無用為用者比」の箇所はどうであろうか。「荘子所謂」については、いずれの選択肢も「荘子の所《いは》謂《ゆる》」と読んでいるから、検討する必要はない。ところが、「以テレAヲ為スレBト」の表現については、「無用を以て用と為す」と正しく読んでいる選択肢は⑤だけである。④の「無用を以て用を為す」という読み方が紛らわしいので、注意したい。

したがって、「豈――耶」の句形についても、「以テレAヲ為スレBト」の表現についても、正しく読んでいる選択肢は⑤「豈に荘子の所謂無用を以て用と為す者の比《たぐ》ひなるか」しかない。併記されている解釈は「これこそ『荘子』のいわゆる『無用ヲ以テ用ト為ス』もののたぐいではなかろうか」となっている。つまり、「豈――耶」を推測の句形と解しているわけである。この読み方と解釈が正しいかどうかを判断するには、傍線部の前の内容とのつながりを確かめてみればよい。傍線部の前の二文は、「世《ニ》莫《シ》レ不《ル》ニ貴《ハ》取《ラレ》賤《ハ》棄《テラレ》一也。然《レドモ》亦《まタ》知《ル》三取《ラルル》者之不《シテ》レ幸《ヒナラ》、而偶《たまたま》幸《ヒナルヲ》二於棄《テラルル》者《ニ》二」（世間ではきまって価値の高いものは取られ価値の低いものは見捨てられるのである。しかしながら、〔タケノコの場合のように、価値が高いゆえに〕取られるものが不幸であり、〔価値が低いゆえに〕見捨てられるものに偶然にも幸運があるということもまた分かるのである）となっている。つまり、「価値の高いもの（＝取られるもの）が不幸であるのに対して、価値の低いもの（＝見捨てられるもの）はかえって幸運である」と言っているのであるから、この二文はまさしく「荘子」の「無用之用」という考え方そのものである（**【本文解説】**を参照）。したがって、「豈――耶」は推測の句形だと解するのが正しいことが分かる。反語の句形だと理解すると、傍線部の要旨は「『無用之用』という考え方ではない」という内容になってしまい、文脈が成り立たなくなるからである。

⑤の筆者の説明についても確認しておくと、「この苦いタケノコのなかに、世間で無用とされるものこそ天寿をまっとうするのだという『荘子』の考え方を見いだしている」としており、本文全体の内容を踏まえた矛盾のない説明となっている。よって、**正解は⑤**である。

MEMO

MEMO

MEMO

MEMO

MEMO

MEMO

MEMO

MEMO

MEMO

河合出版ホームページ
http://www.kawai-publishing.jp/
E-mail
kp@kawaijuku.jp

表紙デザイン　河野宗平

2024大学入学共通テスト
過去問レビュー
国　語

発　行　2023年5月20日

編　者　河合出版編集部

発行者　宮本正生

発行所　**株式会社　河合出版**
［東　京］東京都新宿区西新宿7－15－2
〒160-0023　tel (03)5539-1511
fax(03)5539-1508
［名古屋］名古屋市東区葵3－24－2
〒461-0004　tel (052)930-6310
fax(052)936-6335

印刷所　名鉄局印刷株式会社

製本所　望月製本所

ISBN 978-4-7772-2677-1

河合塾
SERIES

2024 大学入学

共通テスト
過去問レビュー

国語

●問題編●

河合出版

▼問題編▲

2023
本試験

国　語

（2023年 1 月実施）

80分　200点

国語

（解答番号 1 ～ 37）

第1問　次の【文章Ⅰ】は、正岡子規《まさおかしき》の書斎にあったガラス障子と建築家ル・コルビュジエの建築物における窓について考察したものである。また、【文章Ⅱ】は、ル・コルビュジエの窓について【文章Ⅰ】とは別の観点から考察したものである。どちらの文章にもル・コルビュジエ著『小さな家』からの引用が含まれている（引用文中の（中略）は原文のままである）。これらを読んで、後の問い（問1〜6）に答えよ。なお、設問の都合で表記を一部改めている。（配点　50）

【文章Ⅰ】

寝返りさえ自らままならなかった子規にとっては、室内にさまざまなものを置き、それをながめることが楽しみだった。そして、ガラス障子のむこうに見える庭の植物や空を見ることが慰めだった。味覚のほかは視覚こそが子規の自身の存在を確認する感覚だった。子規は、視覚の人だったともいえる。障子の紙をガラスに入れ替えることで、A子規は季節や日々の移り変わりを楽しむことができた。

『墨汁一滴』(注1)の三月一二日には「不平十ケ条《じっかじょう》」として、「板ガラスの日本で出来ぬ不平」と書いている。この不平を述べている一九〇一（明治三四）年、たしかに日本では板ガラスは製造していなかったようだ。石井研堂(注2)の『増訂明治事物起原』には、「（明治三十六年、原料も総《すべ》て本邦のものにて、完全なる板硝子《いたがらす》を製出せり。大正三年、欧州大戦の影響、本邦の輸入硝子は其《その》船便を失ふ、是《ここ》に於《おい》て、旭《あさひ》硝子製造会社等の製品が、漸《ようや》く用ひらるることとなり、わが板硝子界は、大発展を遂ぐるに至れり」とある。

これによると板ガラスの製造が日本で始まったのは、一九〇三年ということになる。子規が不平を述べた二年後である。してみれば、虚子(注3)のすすめで子規の書斎（病室）に入れられた「ガラス障子」は、輸入品だったのだろう。高価なものであったと思われる。高価であってもガラス障子にすることで、子規は、庭の植物に季節の移ろいを見ることができ、青空や雨をながめることができるようになった。ほとんど寝たきりで身体を動かすことができなくなり、絶望的な気分の中で自殺することも頭によぎっていた子規。彼の書斎（病室）は、ガラス障子によって「見ることのできる装置（室内）」あるいは「見るための装置（室内）」へと変容したのである。

映画研究者のアン・フリードバーグ(注4)は、『ヴァーチャル・ウインドウ』の(ア)ボウトウで、「窓」は「フレーム」であり「スクリーン」でもあるといっている。

窓はフレームであるとともに、プロセニアム(舞台と客席を区切る額縁状の部分)でもある。窓の縁(エッジ)が、風景を切り取る。窓は外界を二次元の平面へと変える。つまり、窓はスクリーンとなる。窓と同様に、スクリーンは平面であると同時にフレーム——映像(イメージ)が投影される反射面であり、視界を制限するフレーム——でもある。スクリーンは建築のひとつの構成要素であり、新しいやり方で、壁の通風を演出する。

子規の書斎は、ガラス障子によるプロセニアムがつくられたのであり、それは外界を二次元に変えるスクリーンでありフレームとなったのである。**B**ガラス障子は「視覚装置」だといえる。

子規の書斎(病室)の障子をガラス障子にすることで、その室内は「視覚装置」となったわけだが、実のところ、外界をながめることのできる「窓」は、視覚装置として、建築・住宅にもっとも重要な要素としてある。

建築家のル・コルビュジエは、いわば視覚装置としての「窓」をきわめて重視していた。そして、彼は窓の構成こそ、建築を決定しているとまで考えていた。したがって、子規の書斎(病室)とは比べものにならないほど、ル・コルビュジエは、視覚装置としての窓の多様性を、デザインつまり表象として実現していった。とはいえ、窓が視覚装置であるという点においては、子規の書斎(病室)のガラス障子といささかもかわることはない。しかし、ル・コルビュジエは、住まいを徹底した視覚装置、まるでカメラのように考えていたという点では、子規のガラス障子のようにおだやかなものではなかった。子規のガラス障子は、フレームではあっても、操作されたフレームではない。他方、**C**ル・コルビュジエの窓は、確信を持ってつくられたフレームであった。

ル・コルビュジエは、ブエノス・アイレスで(イ)行った講演のなかで、「建築の歴史を窓の各時代の推移で示してみよう」といい、また窓によって「建築の性格が決定されてきたのです」と述べている。そして、古代ポンペイの出窓、ロマネスクの窓、ゴシックの窓、さらに一九世紀パリの窓から現代の窓のあり方までを歴史的に検討してみせる。そして「窓は採光のためにあり、換気のためではない」とも述べている。こうしたル・コルビュジエの窓についての言説について、アン・フリードバーグは、ル・コルビュジエのいう住宅は「住むための機械」であると同時に、それはまた「見るための機械でもあった」のだと述べている。さらに、ル・コルビュジエは、窓に換気ではなく「視界と採光」を優先したのであり、それは「窓のフレームと窓の形、すなわち「アスペクト比」の変更を引き起こした」と指摘している。ル・コルビュジエは窓を、外界を切り取るフレームだと捉えており、その結果、窓の形、そして「アスペクト比」(ディスプレイの長辺と短辺の比)が変化したというのである。

実際彼は、両親のための家をレマン湖のほとりに建てている。まず、この家は、塀(壁)で囲まれているのだが、これについてル・コルビュジエは、次のように記述している。

　囲い壁の存在理由は、北から東にかけて、さらに部分的に南から西にかけて視界を閉ざすためである。四方八方に蔓延《まんえん》する景色というものは圧倒的で、焦点をかき、長い間にはかえって退屈なものになってしまう。このような状況では、もはや〝私たち〟は風景を〝眺める〟ことができないのではなかろうか。景色を(ウ)望むには、むしろそれを限定しなければならない。思い切った判断によって選別しなければならないのだ。すなわち、まず壁を建てることによって視界を遮《さえ》ぎり、つぎに連《つ》らなる壁面を要所要所取り払い、そこに水平線の広がりを求めるのである。(注5)(『小さな家』)

風景を見る「視覚装置」としての窓(開口部)と壁をいかに構成するかが、ル・コルビュジエにとって課題であったことがわかる。

(柏《かしわ》木《ぎ》博《ひろし》『視覚の生命力——イメージの復権』による)

【文章Ⅱ】

一九二〇年代の最後期を飾る初期の古典的作品サヴォア邸(注6)は、見事なプロポーション(注7)をもつ「横長の窓」を示す。が一方、「横長の窓」を内側から見ると、それは壁をくりぬいた窓であり、その意味は反転する。それは四周を遮る壁体となる。「横長の窓」は、「横長の壁」となって現われる。「横長の窓」は一九二〇年代から一九三〇年代に入ると、「全面ガラスの壁面」へと移行する。スイス館(注8)がこれをよく示している。しかしながらスイス館の屋上庭園の四周は、強固な壁で囲われている。大気は壁で仕切られているのである。

かれは初期につぎのようにいう。「住宅は沈思黙考の場である」。あるいは「人間には自らを消耗する〈仕事の時間〉があり、自らをひき上げて、心の(エ)キンセンに耳を傾ける〈瞑想《めいそう》の時間〉とがある」。

これらの言葉には、いわゆる近代建築の理論においては説明しがたい一つの空間論が現わされている。一方は、いわば光の(オ)ウトんじられる世界であり、他方は光の溢《あふ》れる世界である。つまり、前者は内面的な世界に、後者は外的な世界に関わっている。

かれは『小さな家』において「風景」を語る：「ここに見られる囲い壁の存在理由は、北から東にかけて、さらに部分的に南から西にかけて視界を閉ざすためである。四方八方に蔓延する景色というものは圧倒的で、焦点をかき、長い間にはかえって退屈なものになってしまう。このような状況では、もはや〝私たち〟は風景を〝眺める〟ことができないのではなかろうか。景色を望むには、むしろそれを限定しなければならない。（中略）北側の壁と、そして東側と南側の壁とが〝囲われた庭〟を形成すること、これがここでの方針である」。

ここに語られる「風景」は動かぬ視点をもっている。かれが多くを語った「動く視点」にた

サヴォア邸

いするこの「動かぬ視点」は風景を切り取る。視点と風景は、一つの壁によって隔てられ、そしてつながれる。風景は一点から見られ、眺められる。**D**<u>壁がもつ意味は、風景の観照の空間的構造化である。</u>この動かぬ視点(注9)théōria《テオリア》の存在は、かれにおいて即興的なものではない。

　かれは、住宅は、沈思黙考、美に関わると述べている。初期に明言されるこの思想は、明らかに動かぬ視点をもっている。その後の展開のなかで、沈思黙考の場をうたう住宅論は、動く視点が強調されるあまり、ル・コルビュジエにおいて影をひそめた感がある。しかしながら、このテーマはル・コルビュジエが後期に手がけた「礼拝堂」(注10)や「修道院」において再度主題化され、深く追求されている。「礼拝堂」や「修道院」は、なによりも沈思黙考、瞑想の場である。つまり、後期のこうした宗教建築を問うことにおいて、動く視点にたいするル・コルビュジエの動かぬ視点の意義が明瞭になる。

（呉谷充利《くれたにみつとし》『ル・コルビュジエと近代絵画——二〇世紀モダニズムの道程』による）

（注）
1　『墨汁一滴』——正岡子規（一八六七—一九〇二）が一九〇一年に著した随筆集。
2　石井研堂——ジャーナリスト、明治文化研究家（一八六五—一九四三）。
3　虚子——高浜虚子（一八七四—一九五九）。俳人、小説家。正岡子規に師事した。
4　アン・フリードバーグ——アメリカの映像メディア研究者（一九五二—二〇〇九）。
5　『小さな家』——ル・コルビュジエ（一八八七—一九六五）が一九五四年に著した書物。自身が両親のためにレマン湖のほとりに建てた家について書かれている。
6　サヴォア邸——ル・コルビュジエの設計で、パリ郊外に建てられた住宅。
7　プロポーション——つりあい。均整。
8　スイス館——ル・コルビュジエの設計で、パリに建てられた建築物。
9　動かぬ視点théōria《テオリア》——ギリシア語で、「見ること」「眺めること」の意。
10　「礼拝堂」や「修道院」——ロンシャンの礼拝堂とラ・トゥーレット修道院を指す。

8

問1 次の(i)・(ii)の問いに答えよ。

(i) 傍線部(ア)・(エ)・(オ)に相当する漢字を含むものを、次の各群の①～④のうちから、それぞれ一つずつ選べ。解答番号は [1] ～ [3] 。

(ア) ボウトウ [1]
① 流行性のカンボウにかかる
② 今朝はネボウしてしまった
③ 過去をボウキャクする
④ 経費がボウチョウする

(エ) キンセン [2]
① ヒキンな例を挙げる
② 食卓をフキンで拭く
③ モッキンを演奏する
④ 財政をキンシュクする

(オ) ウトんじられる [3]
① 裁判所にテイソする
② 地域がカソ化する
③ ソシナを進呈する
④ 漢学のソヨウがある

(ii) 傍線部(イ)・(ウ)と同じ意味を持つものを、次の各群の①～④のうちから、それぞれ一つずつ選べ。解答番号は [4]・[5]。

(イ) 行った [4]

① 行シン
② 行レツ
③ リョ行
④ リ行

(ウ) 望む [5]

① ホン望
② ショク望
③ テン望
④ ジン望

問2　傍線部A「子規は季節や日々の移り変わりを楽しむことができた」とあるが、それはどういうことか。その説明として最も適当なものを、次の①～⑤のうちから一つ選べ。解答番号は 6 。

① 病気で絶望的な気分で過ごしていた子規にとって、ガラス障子越しに外の風物を眺める時間が現状を忘れるための有意義な時間になっていたということ。

② 病気で塞ぎ込み生きる希望を失いかけていた子規にとって、ガラス障子から確認できる外界の出来事が自己の救済につながっていったということ。

③ 病気で寝返りも満足に打てなかった子規にとって、ガラス障子を通して多様な景色を見ることが生を実感する契機となっていたということ。

④ 病気で身体を動かすことができなかった子規にとって、ガラス障子という装置が外の世界への想像をかき立ててくれたということ。

⑤ 病気で寝たきりのまま思索していた子規にとって、ガラス障子を取り入れて内と外が視覚的につながったことが作風に転機をもたらしたということ。

問3　傍線部B「ガラス障子は『視覚装置』だといえる。」とあるが、筆者がそのように述べる理由として最も適当なものを、次の①～⑤のうちから一つ選べ。解答番号は 7 。

① ガラス障子は、季節の移ろいをガラスに映すことで、隔てられた外界を室内に投影して見る楽しみを喚起する仕掛けだと考えられるから。

② ガラス障子は、室外に広がる風景の範囲を定めることで、外の世界を平面化されたイメージとして映し出す仕掛けだと考えられるから。

③ ガラス障子は、外の世界と室内とを切り離したり接続したりすることで、視界に入る風景を制御する仕掛けだと考えられるから。

④ ガラス障子は、視界に制約を設けて風景をフレームに収めることで、新たな風景の解釈を可能にする仕掛けだと考えられるから。

⑤ ガラス障子は、風景を額縁状に区切って絵画に見立てることで、その風景を鑑賞するための空間へと室内を変化させる仕掛けだと考えられるから。

問4 傍線部C「ル・コルビュジエの窓は、確信を持ってつくられたフレームであった」とあるが、「ル・コルビュジエの窓」の特徴と効果の説明として最も適当なものを、次の ① ～ ⑤ のうちから一つ選べ。解答番号は 8 。

① ル・コルビュジエの窓は、外界に焦点を合わせるカメラの役割を果たすものであり、壁を枠として視界を制御することで風景がより美しく見えるようになる。

② ル・コルビュジエの窓は、居住性を向上させる機能を持つものであり、採光を重視することで囲い壁に遮られた空間の生活環境が快適なものになる。

③ ル・コルビュジエの窓は、アスペクト比の変更を目的としたものであり、外界を意図的に切り取ることで室外の景色が水平に広がって見えるようになる。

④ ル・コルビュジエの窓は、居住者に対する視覚的な効果に配慮したものであり、囲い壁を効率よく配置することで風景への没入が可能になる。

⑤ ル・コルビュジエの窓は、換気よりも視覚を優先したものであり、視点が定まりにくい風景に限定を施すことでかえって広がりが認識されるようになる。

問5　傍線部D「壁がもつ意味は、風景の観照の空間的構造化である。」とあるが、これによって住宅はどのような空間になるのか。その説明として最も適当なものを、次の①～⑤のうちから一つ選べ。解答番号は 9 。

① 三方を壁で囲われた空間を構成することによって、外光は制限されて一方向からのみ部屋の内部に取り入れられる。このように外部の光を調整する構造により、住宅は仕事を終えた人間の心を癒やす空間になる。

② 外界を壁と窓で切り取ることによって、視点は固定されてさまざまな方向から景色を眺める自由が失われる。このように壁と窓が視点を制御する構造により、住宅はおのずと人間が風景と向き合う空間になる。

③ 四周の大部分を壁で囲いながら開口部を設けることによって、固定された視点から風景を眺めることが可能になる。このように視界を制限する構造により、住宅は内部の人間が静かに思索をめぐらす空間になる。

④ 四方に広がる空間を壁で限定することによって、選別された視角から風景と向き合うことが可能になる。このように一箇所において外界と人間がつながる構造により、住宅は風景を鑑賞するための空間になる。

⑤ 周囲を囲った壁の一部を窓としてくりぬくことによって、外界に対する視野に制約が課せられる。このように壁と窓を設けて内部の人間を瞑想へと誘導する構造により、住宅は自己省察するための空間になる。

問6　次に示すのは、授業で【文章Ⅰ】【文章Ⅱ】を読んだ後の、話し合いの様子である。これを読んで、後の(i)～(iii)の問いに答えよ。

生徒A――【文章Ⅰ】と【文章Ⅱ】は、両方ともル・コルビュジエの建築における窓について論じられていたね。
生徒B――【文章Ⅰ】にも【文章Ⅱ】にも同じル・コルビュジエからの引用文があったけれど、少し違っていたよ。
生徒C――よく読み比べると、［　X　］。
生徒B――そうか、同じ文献でもどのように引用するかによって随分印象が変わるんだね。
生徒C――【文章Ⅰ】は正岡子規の部屋にあったガラス障子をふまえて、ル・コルビュジエの話題に移っていた。
生徒B――なぜわざわざ子規のことを取り上げたのかな。
生徒A――それは、［　Y　］のだと思う。
生徒B――なるほど。でも、子規の話題は【文章Ⅱ】の内容ともつながるような気がしたんだけど。
生徒C――そうだね。【文章Ⅱ】と関連づけて【文章Ⅰ】を読むと、［　Z　］と解釈できるね。
生徒A――こうして二つの文章を読み比べながら話し合ってみると、いろいろ気づくことがあるね。

(i)　空欄 **X** に入る発言として最も適当なものを、次の①～④のうちから一つ選べ。解答番号は 10 。

① 【文章Ⅰ】の引用文は、壁による閉塞とそこから開放される視界についての内容だけど、【文章Ⅱ】の引用文では、壁の圧迫感について記された部分が省略されて、三方を囲んで形成される壁の話に接続されている

② 【文章Ⅰ】の引用文は、視界を遮る壁とその壁に設けられた窓の機能についての内容だけど、【文章Ⅱ】の引用文では、壁の機能が中心に述べられていて、その壁によってどの方角を遮るかが重要視されている

③ 【文章Ⅰ】の引用文は、壁の外に広がる圧倒的な景色とそれを限定する窓の役割についての内容だけど、【文章Ⅱ】の引用文では、主に外部を遮る壁の機能について説明されていて、窓の機能には触れられていない

④ 【文章Ⅰ】の引用文は、周囲を囲う壁とそこに開けられた窓の効果についての内容だけど、【文章Ⅱ】の引用文では、壁に窓を設けることの意図が省略されて、視界を遮って壁で囲う効果が強調されている

(ii) 空欄 Y に入る発言として最も適当なものを、次の ①～④ のうちから一つ選べ。解答番号は 11 。

① ル・コルビュジエの建築論が現代の窓の設計に大きな影響を与えたことを理解しやすくするために、子規の書斎にガラス障子がもたらした変化をまず示した

② ル・コルビュジエの設計が居住者と風景の関係を考慮したものであったことを理解しやすくするために、子規の日常においてガラス障子が果たした役割をまず示した

③ ル・コルビュジエの窓の配置が採光によって美しい空間を演出したことを理解しやすくするために、子規の芸術に対してガラス障子が及ぼした効果をまず示した

④ ル・コルビュジエの換気と採光についての考察が住み心地の追求であったことを理解しやすくするために、子規の心身にガラス障子が与えた影響をまず示した

(iii)　空欄 Z に入る発言として最も適当なものを、次の①～④のうちから一つ選べ。解答番号は 12 。

① 病で絶望的な気分の中にいた子規は、書斎にガラス障子を取り入れることで内面的な世界を獲得したと言える。そう考えると、子規の書斎もル・コルビュジエの主題化した宗教建築として機能していた

② 病で外界の眺めを失っていた子規は、書斎にガラス障子を取り入れることで光の溢れる世界を獲得したと言える。そう考えると、子規の書斎もル・コルビュジエの指摘する仕事の空間として機能していた

③ 病で自由に動くことができずにいた子規は、書斎にガラス障子を取り入れることで動かぬ視点を獲得したと言える。そう考えると、子規の書斎もル・コルビュジエの言う沈思黙考の場として機能していた

④ 病で行動が制限されていた子規は、書斎にガラス障子を取り入れることで見るための機械を獲得したと言える。そう考えると、子規の書斎もル・コルビュジエの住宅と同様の視覚装置として機能していた

第2問

次の文章は、梅崎春生《うめざきはるお》「飢《う》えの季節」(一九四八年発表)の一節である。第二次世界大戦の終結直後、食糧難の東京が舞台である。いつも空腹の状態にあった主人公の「私」は広告会社に応募して採用され、「大東京の将来」をテーマにした看板広告の構想を練るよう命じられた。本文は、「私」がまとめ上げた構想を会議に提出した場面から始まる。これを読んで、後の問い(問1〜7)に答えよ。(配点 50)

私が無理矢理に拵《こしら》え上げた構想のなかでは、都民のひとりひとりが楽しく胸をはって生きてゆけるような、そんな風の都市をつくりあげていた。私がもっとも念願する理想の食物都市とはいささか形はちがっていたが、その精神も少《すくな》からずこの構想には加味されていた。たとえば緑地帯には柿の並木がつらなり、夕昏《ゆうぐれ》散歩する都民たちがそれをもいで食べてもいいような仕組《しくみ》になっていた。私の考えでは、そんな雰囲気のなかでこそ、都民のひとりひとりが胸を張って生きてゆける筈《はず》であった。絵柄や文章を指定したこの二十枚の下書きの中に、私のさまざまな夢がこめられていると言ってよかった。このような私の夢が飢えたる都市の人々の共感を得ない筈はなかった。町角に私の作品が並べられれば、道行く人々は皆立ちどまって、微笑《ほほえ》みながら眺めて呉《く》れるにちがいない。そう私は信じた。だから之《これ》を提出するにあたっても、私はすこしは晴れがましい気持でもあったのである。

会長も臨席した編輯《へんしゅう》(注1)会議の席上で、しかし私の下書きは散々の悪評であった。悪評であるというより、てんで問題にされなかったのである。

「これは一体どういうつもりなのかね」

私の下書きを一枚一枚見ながら、会長はがらがらした声で私に言った。

「こんなものを街頭展に出して、一体何のためになると思うんだね」

「そ、それはです」と**A**私はあわてて説明した。「只今《ただいま》は食糧事情がわるくて、皆意気が衰え、夢を失っていると思うんです。だからせめてたのしい夢を見せてやりたい、とこう考えたものですから――」

会長は不機嫌な顔をして、私の苦心の下書きを重ねて卓の上にほうりだした。

「――大東京の将来というテーマをつかんだら」しばらくして会長ははき出すように口をきった。「現在何が不足しているか。

理想の東京をつくるためにはどんなものが必要か。そんなことを考えるんだ。たとえば家を建てるための材木だ」

会長は赤らんだ掌《てのひら》をくにゃくにゃ動かして材木の形をしてみせた。

「材木はどこにあるか。どの位のストックがあるか。そしてそれは何々材木会社に頼めば直《す》ぐ手に入る、とこういう具合《ぐあい》にやるんだ」

会長は再び私の下書きを手にとった。

「明るい都市？　明るくするには、電燈《でんとう》だ。電燈の生産はどうなっているか。マツダランプの工場では、どんな数量を生産し、将来どんな具合に生産が増加するか、それを書くんだ。電燈ならマツダランプという具合だ。そしてマツダランプから金を貰《もら》うんだ」

ははあ、とやっと胸におちるものが私にあった。会長は顔をしかめた。

「緑地帯に柿の木を植えるって？　そんな馬鹿な。土地会社だ。東京都市計画で緑地帯の候補地がこれこれになっているから、そこの住民たちは今のうちに他に土地を買って、移転する準備したらよい、という具合だ。そのとき土地を買うなら何々土地会社へ、だ。そしてまた金を貰う」

佐藤や長山アキ子や他の編輯員たちの、冷笑するような視線を額にかんじながら、私はあかくなってうつむいていた。飛《と》んでもない誤解をしていたことが、段々判《わか》ってきたのである。思えば戦争中情報局(注2)と手を組んでこんな仕事をやっていたというのも、憂国の至情にあふれてからの所業ではなくて、たんなる儲《もう》け仕事にすぎなかったことは、少し考えれば判る筈であった。そして戦争が終《お》わって情報局と手が切れて、掌をかえしたように文化国家の建設の啓蒙《けいもう》をやろうというのも、私費を投じた慈善事業である筈がなかった。会長の声を受けとめながら、椅子に身体《からだ》を硬くして、頭をたれたまま、**B**私はだんだん腹が立ってきたのである。私の夢が侮蔑されたのが口惜しいのではない。この会社のそのような営利精神を憎むのでもない。佐藤や長山の冷笑的な視線が辛《つら》かったのでもない。ただただ私は自分の間抜けさ加減に腹を立てていたのであった。

その夕方、私は憂鬱《ゆううつ》な顔をして焼けビル(注3)を出、うすぐらい街を昌平橋《しょうへいばし》(注4)の方にあるいて行った。あれから私は構想のたてなおしを命ぜられて、それを引受《ひきう》けたのであった。しかしそれならそれでよかった。給料さえ貰えれば始めから私は何でもやるつもりでいたのだから。憂鬱な顔をしているというのも、ただ腹がへっているからであった。膝をがくがくさせながら昌平橋のたもとまで来たとき、私は変な老人から呼びとめられた。共同便所の横のうすくらがりにいるせいか、その老人は人間というより一枚の影に似ていた。

「旦那」声をぜいぜいふるわせながら老人は手を出した。「昨日から、何も食っていないんです。ほんとに何も食っていないんです。たった一食でもよろしいから、めぐんでやって下さいな。旦那、おねがいです」

老人は外套《がいとう》(注5)も着ていなかった。顔はくろくよごれていて、上衣《うわぎ》の袖から出た手は、ぎょっとするほど細かった。身体が小刻みに動いていて、立っていることも精いっぱいであるらしかった。老人の骨ばった指が私の外套の袖にからんだ。私はある苦痛をしのびながらそれを振りはらった。

「ないんだよ。僕も一食ずつしか食べていないんだ。ぎりぎり計算して食っているんだ。とても分けてあげられないんだよ」

「そうでしょうが、旦那、あたしは昨日からなにも食っていないんです。何なら、この上衣を抵当(注6)に入れてもよござんす。一食だけ。ね。一食だけでいいんです」

老人の眼《め》は暗がりの中ででもぎらぎら光っていて、まるで眼球が瞼《まぶた》のそとにとびだしているような具合であった。頬はげっそりしなびていて、そこから咽喉《のど》にかけてざらざらに鳥肌が立っていた。

「ねえ。旦那。お願い。お願いです」

頭をふらふらと下げる老爺《ろうや》よりもどんなに私の方が頭を下げて願いたかったことだろう。あたりに人眼がなければ私はひざまずいて、これ以上自分を苦しめて呉れるなと、老爺にむかって頭をさげていたかも知れないのだ。しかし私は、C自分でもおどろくほど邪険な口調で、老爺にこたえていた。

「駄目だよ。無いといったら無いよ。誰か他の人にでも頼みな」

暫《しばら》くの後私は食堂のかたい椅子にかけて、変な臭いのする魚の煮付と芋まじりの少量の飯をぼそぼそと噛《か》んでいた。しきりに胸を熱くして来るものがあって、食物の味もわからない位だった。私をとりまくさまざまの構図が、ひっきりなしに心を去来した。毎日白い御飯を腹いっぱいに詰め、鶏にまで白米をやる下宿のあるじ、闇売り(注7)でずいぶん儲けたくせに柿のひとつやふたつで怒っている裏の吉田さん。高価な莨《たばこ》(注8)をひっきりなしに吸って血色のいい会長。鼠《ねずみ》のような庶務課長。膝頭が蒼《あお》白く飛出《とびで》た佐藤。長山アキ子の腐った芋の弁当。国民服一着しかもたないT・I氏。お尻の破れた青いモンペ(注9)の女。電車の中で私を押して来る勤め人たち。ただ一食の物乞いに上衣を脱ごうとした老爺。それらのたくさんの構図にかこまれて、朝起きたときから食物のことばかり妄想し、こそ泥のように芋や柿をかすめている私自身の姿がそこにあるわけであった。こんな日常が連続してゆくことで、一体どんなおそろしい結末が待っているのか。**D**それを考えるだけで私は身ぶるいした。

食べている私の外套の背に、もはや寒さがもたれて来る。もう月末が近づいているのであった。かぞえてみるとこの会社につとめ出してから、もう二十日以上も経っているわけであった。

私の給料が月給でなく日給であること、そしてそれも一日三円の割であることを知ったときの私の衝動はどんなであっただろう。それを私は月末の給料日に、鼠のような風貌の庶務課長から言いわたされたのであった。庶務課長のキンキンした声の内容によると、私は(私と一緒に入社した者も)しばらくの間は見習《みならい》社員というわけで、実力次第ではこれからどんなにでも昇給させるから、力を落《おと》さずにしっかりやるように、という話であった。そして声をひそめて、

「君は朝も定刻前にちゃんとやってくるし、毎日自発的に一時間ほど残業をやっていることは、僕もよく知っている。会長も知っておられると思う。だから一所懸命にやって呉れたまえ。君にはほんとに期待しているのだ」

私はその声をききながら、私の一日の給料が一枚の外食券(注10)の闇価(注11)と同じだ、などということをぼんやり考えていたのである。日給三円だと聞かされたときの衝動は、すぐ胸の奥で消えてしまって、その代《かわ》りに私の手足のさきまで今ゆるゆると拡《ひろ》がってき

たのは、水のように静かな怒りであった。私はそのときすでに、此処《ここ》を辞める決心をかためていたのである。課長の言葉がとぎれるのを待って、私は低い声でいった。

「私はここを辞めさせて頂きたいとおもいます」

なぜ、と課長は鼠のようにずるい視線をあげた。

「一日三円では食えないのです。E食えないことは、やはり良くないことだと思うんです」

そう言いながらも、ここを辞めたらどうなるか、という危惧がかすめるのを私は意識した。しかしそんな危惧があるとしても、それはどうにもならないことであった。私は私の道を自分で切りひらいてゆく他はなかった。ふつうのつとめをしていては満足に食べて行けないなら、私は他に新しい生き方を求めるよりなかった。そして私はあの食堂でみる人々のことを思いうかべていた。鞄《かばん》の中にいろんな物を詰めこんで、それを売ったり買ったりしている事実を。そこにも生きる途《みち》がひとつはある筈であった。そしてまた、あの惨《みじ》めな老爺にならって、外套を抵当にして食を乞う方法も残っているに相違なかった。

「君にはほんとに期待していたのだがなあ」

ほんとに期待していたのは、庶務課長よりもむしろ私なのであった。ほんとに私はどんなに人並みな暮《くら》しの出来る給料を期待していただろう。盗みもする必要がない、静かな生活を、私はどんなに希求していたことだろう。しかしそれが絶望であることがはっきり判ったこの瞬間、F私はむしろある勇気がほのぼのと胸にのぼってくるのを感じていたのである。

その日私は会計の係から働いた分だけの給料を受取《うけと》り、永久にこの焼けビルに別れをつげた。電車みちまで出てふりかえると、曇り空の下で灰色のこの焼けビルは、私の飢えの季節の象徴のようにかなしくそそり立っていたのである。

（注）

1　編輯――「編集」に同じ。

2　情報局――戦時下にマスメディア統制や情報宣伝を担った国家機関。

3　焼けビル――戦災で焼け残ったビル。「私」の勤め先がある。

4　昌平橋――現在の東京都千代田区にある、神田川にかかる橋。そのたもとに「私」の行きつけの食堂がある。

5　外套――防寒・防雨のため洋服の上に着る衣類。オーバーコート。

6　抵当――金銭などを借りて返せなくなったときに、貸し手が自由に扱える借り手側の権利や財産。

7　闇売り――公式の販路・価格によらないで内密に売ること。

8　国民服――国民が常用すべきものとして一九四〇年に制定された服装。戦時中に広く男性が着用した。

9　モンペ――作業用・防寒用として着用するズボン状の衣服。戦時中に女性の標準服として普及した。

10　外食券――戦中・戦後の統制下で、役所が発行した食券。

11　闇価――闇売りにおける価格。

問1　傍線部A「私はあわてて説明した」とあるが、このときの「私」の様子の説明として最も適当なものを、次の①～⑤のうちから一つ選べ。解答番号は 13 。

① 都民が夢をもてるような都市構想なら広く受け入れられると自信をもって提出しただけに、構想の主旨を会長から問いただされたことに戸惑い、理解を得ようとしている。

② 会長も出席する重要な会議の場で成果をあげて認められようと張り切って作った構想が、予想外の低評価を受けたことに動揺し、なんとか名誉を回復しようとしている。

③ 会長から頭ごなしの批判を受け、街頭展に出す目的を明確にイメージできていなかったことを悟り、自分の未熟さにあきれつつもどうにかその場を取り繕おうとしている。

④ 会議に臨席した人々の理解を得られなかったことで、過酷な食糧事情を抱える都民の現実を見誤っていたことに今更ながら気づき、気まずさを解消しようとしている。

⑤「私」の理想の食物都市の構想は都民の共感を呼べると考えていたため、会長からテーマとの関連不足を指摘されてうろたえ、急いで構想の背景を補おうとしている。

問2　傍線部B「私はだんだん腹が立ってきたのである」とあるが、それはなぜか。その理由として最も適当なものを、次の①～⑤のうちから一つ選べ。解答番号は 14 。

① 戦後に会社が国民を啓蒙し文化国家を建設するという理想を掲げた真意を理解せず、給料をもらって飢えをしのぎたいという自らの欲望を優先させた自分の浅ましさが次第に嘆かわしく思えてきたから。

② 戦時中には国家的慈善事業を行っていた会社が戦後に方針転換したことに思い至らず、暴利をむさぼるような経営にいつの間にか自分が加担させられていることを徐々に自覚して反発を覚えたから。

③ 戦後に営利を追求するようになった会社が社員相互の啓発による競争を重視していることに思い至らず、会長があきれるような提案しかできなかった自分の無能さがつくづく恥ずかしくなってきたから。

④ 戦後の復興を担う会社が利益を追求するだけで東京を発展させていく意図などないことを理解せず、飢えの解消を前面に打ち出す提案をした自分の安直な姿勢に自嘲の念が少しずつ湧いてきたから。

⑤ 戦時中に情報局と提携していた会社が純粋な慈善事業を行うはずもないことに思い至らず、自分の理想や夢だけを詰め込んだ構想を誇りをもって提案した自分の愚かさにようやく気づき始めたから。

問3 傍線部C「自分でもおどろくほど邪険な口調で、老爺にこたえていた」とあるが、ここに至るまでの「私」の心の動きはどのようなものか。その説明として最も適当なものを、次の①～⑤のうちから一つ選べ。解答番号は 15 。

① ぎりぎり計算して食べている自分より、老爺の飢えのほうが深刻だと痛感した「私」は、彼の懇願に対してせめて丁寧な態度で断りたいと思いはしたが、人目をはばからず無心を続ける老爺にいら立った。

② 一食を得るために上衣さえ差し出そうとする老爺の様子を見た「私」は、彼を救えないことに対し頭を下げ許しを乞いたいと思いつつ、周りの視線を気にしてそれもできない自分へのいらだちを募らせた。

③ 飢えから逃れようと必死に頭を下げる老爺の姿に自分と重なるところがあると感じた「私」は、自分も食べていないことを話し説得を試みたが、食物をねだり続ける老爺に自分にはない厚かましさも感じた。

④ 頬の肉がげっそりと落ちた老爺のやせ細り方に同情した「私」は、彼の願いに応えられないことに罪悪感を抱いていたが、後ろめたさに付け込み、どこまでも食い下がる老爺のしつこさに嫌悪感を覚えた。

⑤ かろうじて立っている様子の老爺の懇願に応じることのできない「私」は、苦痛を感じながら耐えていたが、なおもすがりつく老爺の必死の態度に接し、彼に向き合うことから逃れたい衝動に駆られた。

問4　傍線部D「それを考えるだけで私は身ぶるいした。」とあるが、このときの「私」の状況と心理の説明として最も適当なものを、次の①～⑤のうちから一つ選べ。解答番号は 16 。

① 貧富の差が如実に現れる周囲の人びとの姿から自らの貧しく惨めな姿も浮かび、食物への思いにとらわれていることを自覚した「私」は、農作物を盗むような生活の先にある自身の将来に思い至った。

② 定収入を得てぜいたくに暮らす人びとの存在に気づいた「私」は、芋や柿などの農作物を生活の糧にすることを想像し、そのような空想にふける自分は厳しい現実を直視できていないと認識した。

③ 経済的な格差がある社会でしたたかに生きる人びとに思いを巡らせた「私」は、一食のために上衣を手放そうとした老爺のように、その場しのぎの不器用な生き方しかできない我が身を振り返った。

④ 富める人もいれば貧しい人もいる社会の構造にやっと思い至った「私」は、会社に勤め始めて二十日以上経ってもその構造から抜け出せない自分が、さらなる貧困に落ちるしかないことに気づいた。

⑤ 自分を囲む現実を顧みたことで、周囲には貧しい人が多いなかに富める人もいることに気づいた「私」は、食糧のことで頭が一杯になり社会の動向を広く認識できていなかった自分を見つめ直した。

問5 傍線部E「食えないことは、やはり良くないことだと思うんです」とあるが、この発言の説明として最も適当なものを、次の①～⑤のうちから一つ選べ。解答番号は 17 。

① 満足に食べていくため不本意な業務も受け入れていたが、あまりにも薄給であることに承服できず、将来的な待遇改善や今までの評価が問題ではなく、現在の飢えを解消できないことが決め手となって退職することを淡々と伝えた。

② 飢えた生活から脱却できると信じて営利重視の経営方針にも目をつぶってきたが、営利主義が想定外の薄給にまで波及していると知り、口先だけ景気の良いことを言う課長の態度にも不信感を抱いたことで、つい感情的に反論した。

③ 飢えない暮らしを望んで夢を侮蔑されても会社勤めを続けてきたが、結局のところ新しい生き方を選択しないかぎり静かな生活は送れないとわかり、課長に正論を述べても仕方がないと諦めて、ぞんざいな言い方しかできなかった。

④ 静かな生活の実現に向けて何でもすると決意して自発的に残業さえしてきたが、月給ではなく日給であることに怒りを覚え、課長に何を言っても正当な評価は得られないと感じて、不当な薄給だという事実をぶっきらぼうに述べた。

⑤ 小声でほめてくる課長が本心を示していないことはわかるものの、静かな生活は自分で切り開くしかないという事実に変わりはなく、有効な議論を展開するだけの余裕もないので、負け惜しみのような主張を絞り出すしかなかった。

問6　傍線部F「私はむしろある勇気がほのぼのと胸にのぼってくるのを感じていたのである」とあるが、このときの「私」の心情の説明として最も適当なものを、次の①～⑤のうちから一つ選べ。解答番号は 18 。

① 希望していた静かな暮らしが実現できないことに失望したが、その給料では食べていけないと主張できたことにより、これからは会社の期待に添って生きるのではなく自由に生きようと徐々に思い始めている。

② これから新しい道を切り開いていくため静かな生活はかなわないと悲しんでいたが、課長に言われた言葉を思い出すことにより、自分がすべきことをイメージできるようになりにわかに自信が芽生えてきている。

③ 昇給の可能性もあるとの上司の言葉はありがたかったが、盗みをせざるを得ないほどの生活不安を解消するまでの説得力を感じられないのでそれを受け入れられず、物乞いをしてでも生きていこうと決意を固めている。

④ 人並みの暮らしができる給料を期待していたが、その願いが断たれたことで現在の会社勤めを辞める決意をし、将来の生活に対する懸念はあるものの新たな生き方を模索しようとする気力が湧き起こってきている。

⑤ 期待しているという課長の言葉とは裏腹の食べていけないほどの給料に気落ちしていたが、一方で課長が自分に期待していた事実があることに自信を得て、新しい生活を前向きに送ろうと少し気楽になっている。

問7　Wさんのクラスでは、本文の理解を深めるために教師から本文と同時代の【資料】が提示された。Wさんは、【資料】を参考に「マツダランプの広告」と本文の「焼けビル」との共通点をふまえて「私」の「飢え」を考察することにし、【構想メモ】を作り、【文章】を書いた。このことについて、後の(i)・(ii)の問いに答えよ。なお、設問の都合で広告の一部を改めている。

【資料】

●マツダランプの広告

雑誌『航空朝日』（一九四五年九月一日発行）に掲載

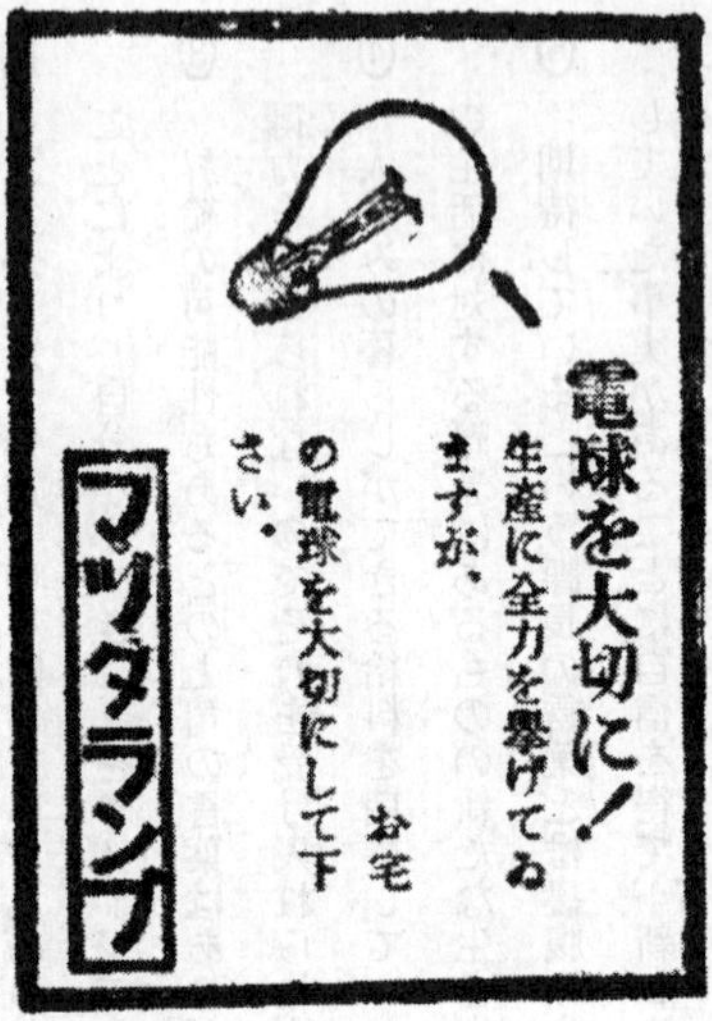
電球を大切に！
生産に全力を挙げてゐますが、お宅の電球を大切にして下さい。
マツダランプ

●補足

この広告は、戦時中には「生産《せいさん》に全力《ぜんりょく》を挙《あ》げてゐますが、御家庭用は尠《すく》なくなりますから、お宅の電球を大切にして下さい。」と書かれていた。戦後も物が不足していたため、右のように変えて掲載された。

【構想メモ】

(1)　【資料】からわかること

・社会状況として戦後も物資が不足していること。

・広告の一部の文言を削ることで、戦時中の広告を終戦後に再利用しているということ。

(2)　【文章】の展開

①　【資料】と本文との共通点

・マツダランプの広告

・「焼けビル」（本文末尾）

↓

②　「私」の現状や今後に関する「私」の認識について

↓

③　「私」の「飢え」についてのまとめ

【文章】

【資料】のマツダランプの広告は、戦後も物資が不足している社会状況を表している。この広告と「飢えの季節」本文の最後にある「焼けビル」とには共通点がある。［Ⅰ］この共通点は、本文の会長の仕事のやり方とも重なる。そのような会長の下で働く「私」自身はこの職にしがみついていても苦しい生活を脱する可能性がないと思い、具体的な未来像を持つこともないままに会社を辞めたのである。そこで改めて【資料】を参考に、本文の最後の一文に注目して「私」の「飢え」について考察すると、「かなしくそそり立っていた」という「焼けビル」は、［Ⅱ］と捉えることができる。

(i)　空欄［Ⅰ］に入るものとして最も適当なものを、次の①～④のうちから一つ選べ。解答番号は［19］。

①　それは、戦時下の軍事的圧力の影響が、終戦後の日常生活の中においても色濃く残っているということだ。
②　それは、戦時下に生じた倹約の精神が、終戦後の人びとの生活態度においても保たれているということだ。
③　それは、戦時下に存在した事物が、終戦に伴い社会が変化する中においても生き延びているということだ。
④　それは、戦時下の国家貢献を重視する方針が、終戦後の経済活動においても支持されているということだ。

(ii)　空欄［Ⅱ］に入るものとして最も適当なものを、次の①～④のうちから一つ選べ。解答番号は［20］。

①　「私」の飢えを解消するほどの給料を払えない会社の象徴
②　「私」にとって解消すべき飢えが継続していることの象徴
③　「私」の今までの飢えた生活や不本意な仕事との決別の象徴
④　「私」が会社を辞め飢えから脱却する勇気を得たことの象徴

第3問 次の文章は源俊頼《としより》が著した『俊頼髄脳《としよりずいのう》』の一節で、殿上人たちが、皇后寛子のために、寛子の父・藤原頼通の邸内で船遊びをしようとするところから始まる。これを読んで、後の問い(問1〜4)に答えよ。なお、設問の都合で本文の段落に[1]〜[5]の番号を付してある。(配点 50)

[1] 宮司《みやづかさ》(注1)ども集まりて、船をばいかがすべき、紅葉《もみぢ》を多くとりにやりて、船の屋形にして、船《ふな》さし(注2)は侍《さぶらひ》の a若からむ をさしたりければ、俄《にはか》に狩袴《かりばかま》(注3)染めなどしてきらめきけり。その日になりて、人々、皆参り集まりぬ。「御船はまうけたりや」と尋ねられければ、「皆まうけて侍り」と申して、その期《ご》になりて、島がくれ(注4)より漕《こ》ぎ出でたるを見れば、なにとなく、ひた照《て》りなる船を二つ、装束《さうぞ》き出でたるけしき、いとをかしかりけり。

[2] 人々、皆乗り分かれて、管絃《くわんげん》の具ども、御前(注5)より申し出だして、そのことする人々、前におきて、(ア)やうやうさしまはす程に、南の普賢堂に、宇治の僧正(注6)、僧都《そうづ》の君と申しける時、御修法《みずほふ》しておはしけるに、かかることありとて、もろもろの僧たち、大人、若き、集まりて、庭にゐなみたり。童部《わらはべ》、供《とも》法師にいたるまで、繡花《しうくわ》(注7)装束きて、さし退《の》きつつ群がれゐたり。

[3] その中に、良暹《りやうぜん》といへる歌よみのありけるを、殿上人、見知りてあれば、「良暹がさぶらふか」と問ひければ、良暹、目もなく(注8)笑みて、平《ひら》がりてさぶらひければ、かたはらに若き僧の侍りけるが知り、「b さに侍り」と申しければ、「あれ、船に召して乗せて連歌《れんが》(注9)などせさせむは、いかがあるべき」と、いま一つの船の人々に申しあはせければ、「いかが。あるべからず。後の人や、さらでもありぬべかりけることかなとや申さむ」などありければ、さもあることとて、乗せずして、ただ、さながら連歌などはせさせてむなど定めて、近う漕ぎよせて、「良暹、さりぬべからむ連歌などして参らせよ」と、人々申されければ、さる者にて、もしさやうのこともやあるとて c まうけたりけるにや、聞きけるままに程もなくかたはらの僧にものを言ひければ、その僧、(イ)ことごとしく歩みよりて、

「もみぢ葉のこがれて見ゆる御船《みふね》かな

と申し侍るなり」と申しかけて帰りぬ。

4 人々、これを聞きて、船々に聞かせて、付けむとしけるが遅かりければ、船を漕ぐともなくて、やうやう築島《つくじま》をめぐりて、一めぐりの程に、付けて言はむとしけるに、え付けざりければ、むなしく過ぎにけり。「いかに」「遅し」と、たがひに船々あらそひて、二《ふた》めぐりになりにけり。なほ、え付けざりければ、船を漕がで、島のかくれにて、「(ウ)かへすがへすもわろきことなり、これを d 今まで付けぬは。日はみな暮れぬ。いかがせむずる」と、今は、付けむの心はなくて、付けでやみなむことを嘆く程に、何事も e 覚えずなりぬ。

5 ことごとしく管絃の物の具申しおろして船に乗せたりけるも、いささか、かきならす人もなくてやみにけり。かく言ひ沙汰する程に、普賢堂の前にそこばく多かりつる人、皆立ちにけり。人々、船よりおりて、御前にて遊ばむなど思ひけれど、このことにたがひて、皆逃げておのおの失《う》せにけり。宮司、まうけしたりけれど、いたづらにてやみにけり。

（注）
1 宮司——皇后に仕える役人。
2 船さし——船を操作する人。
3 狩袴染めなどして——「狩袴」は狩衣を着用する際の袴。これを、今回の催しにふさわしいように染めたということ。
4 島がくれ——島陰。頼通邸の庭の池には島が築造されていた。そのため、島に隠れて邸《やしき》側からは見えにくいところがある。
5 御前より申し出だして——皇后寛子からお借りして。
6 宇治の僧正——頼通の子、覚円。寛子の兄。寛子のために邸内の普賢堂で祈禱《きとう》をしていた。
7 繍花——花模様の刺繡《ししゅう》。
8 目もなく笑みて——目を細めて笑って。
9 連歌——五・七・五の句と七・七の句を交互に詠んでいく形態の詩歌。前の句に続けて詠むことを、句を付けるという。

問1　傍線部(ア)～(ウ)の解釈として最も適当なものを、次の各群の①～⑤のうちから、それぞれ一つずつ選べ。解答番号は 21 ～ 23 。

(ア) やうやうさしまはす程に 21
① さりげなく池を見回すと
② あれこれ準備するうちに
③ 徐々に船を動かすうちに
④ 次第に船の方に集まると
⑤ 段々と演奏が始まるころ

(イ) ことごとしく歩みよりて 22
① たちまち僧侶たちの方に向かっていって
② 焦った様子で殿上人のもとに寄っていって
③ 卑屈な態度で良暹のそばに来て
④ もったいぶって船の方に近づいていって
⑤ すべてを聞いて良暹のところに行って

(ウ) かへすがへすも 23
① 繰り返すのも
② どう考えても
③ 句を返すのも
④ 引き返すのも
⑤ 話し合うのも

問2　波線部a～eについて、語句と表現に関する説明として最も適当なものを、次の①～⑤のうちから一つ選べ。解答番号は 24 。

① a「若からむ」は、「らむ」が現在推量の助動詞であり、断定的に記述することを避けた表現になっている。

② b「さに侍り」は、「侍り」が丁寧語であり、「若き僧」から読み手への敬意を込めた表現になっている。

③ c「まうけたりけるにや」は、「や」が疑問の係助詞であり、文中に作者の想像を挟み込んだ表現になっている。

④ d「今まで付けぬは」は、「ぬ」が強意の助動詞であり、「人々」の驚きを強調した表現になっている。

⑤ e「覚えずなりぬ」は、「なり」が推定の助動詞であり、今後の成り行きを読み手に予想させる表現になっている。

問3 [1]〜[3]段落についての説明として最も適当なものを、次の①〜⑤のうちから一つ選べ。解答番号は[25]。

① 宮司たちは、船の飾り付けに悩み、当日になってようやくもみじの葉で飾った船を準備し始めた。
② 宇治の僧正は、船遊びの時間が迫ってきたので、祈禱を中止し、供の法師たちを庭に呼び集めた。
③ 良暹は、身分が低いため船に乗ることを辞退したが、句を求められたことには喜びを感じていた。
④ 殿上人たちは、管絃や和歌の催しだけでは後で批判されるだろうと考え、連歌も行うことにした。
⑤ 良暹のそばにいた若い僧は、殿上人たちが声をかけてきた際、かしこまる良暹に代わって答えた。

問4　次に示すのは、授業で本文を読んだ後の、話し合いの様子である。これを読んで、後の(i)～(iii)の問いに答えよ。

教　師――本文の[3]～[5]段落の内容をより深く理解するために、次の文章を読んでみましょう。これは『散木奇歌集《さんぼくきかしゅう》』の一節で、作者は本文と同じく源俊頼《としより》です。

人々あまた八幡《やはた》の御神楽《みかぐら》(注1)に参りたりけるに、こと果てて又の日、別当《べつたう》法印(注2)光清《くわうせい》が堂の池の釣殿《つりどの》に人々ゐなみて遊びけるに、「光清、連歌作ることなむ得たることとおぼゆる。ただいま連歌付けばや」など申しゐたりけるに、かたのごとくとて申したりける、

釣殿の下には魚《いを》やすまざらむ　　俊重《とししげ》(注3)

光清しきりに案じけれども、え付けでやみにしことなど、帰りて語りしかば、試みにとて、

うつばり(注4)の影そこに見えつつ　　俊頼

(注) 1　八幡の御神楽――石清水八幡宮《いわしみずはちまんぐう》において、神をまつるために歌舞を奏する催し。

2　別当法印――「別当」はここでは石清水八幡宮の長官。「法印」は最高の僧位。

3　俊重――源俊頼の子。

4　うつばり――屋根の重みを支えるための梁《はり》。

教　師――この『散木奇歌集』の文章は、人々が集まっている場で、連歌をしたいと光清が言い出すところから始まります。その後の展開を話し合ってみましょう。

生徒A――俊重が「釣殿の」の句を詠んだけれど、光清は結局それに続く句を付けることができなかったんだね。

生徒B――そのことを聞いた父親の俊頼が俊重の句に「うつばりの」の句を付けてみせたんだ。

生徒C――そうすると、俊頼の句はどういう意味になるのかな？

生徒A――その場に合わせて詠まれた俊重の句に対して、俊頼が機転を利かせて返答をしたわけだよね。二つの句のつながりはどうなっているんだろう……。

教　師――前に授業で取り上げた「掛詞《かけことば》」に注目してみると良いですよ。

生徒B――掛詞は一つの言葉に二つ以上の意味を持たせる技法だったよね。あ、そうか、この二つの句のつながりがわかった！　**X**　ということじゃないかな。

生徒C――なるほど、句を付けるって簡単なことじゃないんだね。うまく付けられたら楽しそうだけど。

教　師――そうですね。それでは、ここで本文の『俊頼髄脳』の 3 段落で良暹《りょうぜん》が詠んだ「もみぢ葉の」の句について考えてみましょう。

生徒A――この句は　**Y**　。でも、この句はそれだけで完結しているわけじゃなくて、別の人がこれに続く七・七を付けることが求められていたんだ。

生徒B――そうすると、 4 ・ 5 段落の状況もよくわかるよ。　**Z**　ということなんだね。

教　師――良い学習ができましたね。『俊頼髄脳』のこの後の箇所では、こういうときは気負わずに句を付けるべきだ、と書かれています。ということで、次回の授業では、皆さんで連歌をしてみましょう。

(i)　空欄 **X** に入る発言として最も適当なものを、次の①～④のうちから一つ選べ。解答番号は 26 。

① 俊重が、皆が釣りすぎたせいで釣殿から魚の姿が消えてしまったと詠んだのに対して、俊頼は、「そこ」に「底」を掛けて、水底《みなそこ》にはそこかしこに釣針が落ちていて、昔の面影をとどめているよ、と付けている

② 俊重が、釣殿の下にいる魚は心を休めることもできないだろうかと詠んだのに対して、俊頼は、「うつばり」に「鬱」を掛けて、梁の影にあたるような場所だと、魚の気持ちも沈んでしまうよね、と付けている

③ 俊重が、「すむ」に「澄む」を掛けて、水は澄みきっているのに魚の姿は見えないと詠んだのに対して、俊頼は、「そこ」に「あなた」という意味を掛けて、そこにあなたの姿が見えたからだよ、と付けている

④ 俊重が、釣殿の下には魚が住んでいないのだろうかと詠んだのに対して、俊頼は、釣殿の「うつばり」に「針」の意味を掛けて、池の水底には釣殿の梁ならぬ釣針が映って見えるからね、と付けている

(ii) 空欄 Y に入る発言として最も適当なものを、次の①〜④のうちから一つ選べ。解答番号は 27 。

① 船遊びの場にふさわしい句を求められて詠んだ句であり、「こがれて」には、葉が色づくという意味の「焦がれて」と船が漕がれるという意味の「漕がれて」が掛けられていて、紅葉に飾られた船が池を廻《めぐ》っていく様子を表している

② 寛子への恋心を伝えるために詠んだ句であり、「こがれて」には恋い焦がれるという意味が込められ、「御船」には出家した身でありながら、あてもなく海に漂う船のように恋の道に迷い込んでしまった良暹自身がたとえられている

③ 頼通や寛子を賛美するために詠んだ句であり、「もみぢ葉」は寛子の美しさを、敬語の用いられた「御船」は栄華を極めた頼通たち藤原氏を表し、順風満帆に船が出発するように、一族の将来も明るく希望に満ちていると讃《たた》えている

④ 祈禱を受けていた寛子のために詠んだ句であり、「もみぢ葉」「見ゆる」「御船」というマ行の音で始まる言葉を重ねることによって音の響きを柔らかなものに整え、寛子やこの催しの参加者の心を癒やしたいという思いを込めている

(iii)　空欄 Z に入る発言として最も適当なものを、次の①～④のうちから一つ選べ。解答番号は 28 。

① 誰も次の句を付けることができなかったので、良暹を指名した責任について殿上人たちの間で言い争いが始まり、それがいつまでも終わらなかったので、もはや宴《うたげ》どころではなくなった

② 次の句をなかなか付けられなかった殿上人たちは、自身の無能さを自覚させられ、これでは寛子のための催しを取り仕切ることも不可能だと悟り、準備していた宴を中止にしてしまった

③ 殿上人たちは良暹の句にその場ですぐに句を付けることができず、時間が経っても池の周りを廻るばかりで、ついにはこの催しの雰囲気をしらけさせたまま帰り、宴を台無しにしてしまった

④ 殿上人たちは念入りに船遊びの準備をしていたのに、連歌を始めたせいで予定の時間を大幅に超過し、庭で待っていた人々も帰ってしまったので、せっかくの宴も殿上人たちの反省の場となった

第4問 唐の白居易は、皇帝自らが行う官吏登用試験に備えて一年間受験勉強に取り組んだ。その際、自分で予想問題を作り、それに対する模擬答案を準備した。次の文章は、その**【予想問題】**と**【模擬答案】**の一部である。これを読んで、後の問い(**問1**～7)に答えよ。なお、設問の都合で本文を改め、返り点・送り仮名を省いたところがある。(配点 50)

【予想問題】

問フ、自リレ古《いにしへ》以来、A 君タル者無クレ不ルハレ思ハレ求ムルヲ二其ノ賢ヲ一、賢ナル者罔《なシ》レ不ルハレ思ハレ効《いたスヲ》二其ノ用ヲ一。然レドモ両《ふたツナガラ》不ルハ二相《あひ》遇ハ一、其ノ故ハ何ゾ哉。今欲スルニレ求メントレ之ヲ、其ノ術ハ安クニ在リヤ。

【模擬答案】

(注1)臣聞ク、人君タル者無クレ不ルハレ思ハレ求ムルヲ二其ノ賢ヲ一、人臣タル者無シトレ不ルハレ思ハレ効スヲ二其ノ用ヲ一。然リ而シテ君ハ求メントシテレ賢ヲ而不レ得、臣ハ効サントシテレ用ヲ而(ア)無レ由者、B 豈不以貴賤相懸、(注2)朝野相隔、(注3)堂遠於千里、(注4)門深於九重。

臣(イ)以為、求ムルニレ賢ヲ有リレ術、(ウ)弁ズルニレ賢ヲ有リレ方。方術者、各《おのおの》審《つまびラカニシ》二其ノ族類ヲ一、使ムル二之ヲシテ推薦セ一而已。近ク取レバ二諸《これヲ》喩《たとヘニ》一、C其レ猶ホ二線与《いとト》レ矢也。線ハ因リテレ針ニ而入リ、矢ハ待チテレ弦ヲ而発ス。雖モレ有リト二線矢一、苟クモ無クンバ二針弦一、求ムルモ二自ラ致スヲ一焉、不ルレ可カラレ得也。夫レ必ズ以テスル二族類ヲ一者、蓋シ賢愚有リレ貫クコト、善悪有リレ倫《ともがら》、若シ以テレ類ヲ求ムレバ、D[X]以類至。此レ亦タ猶ホ二水ノ流レ湿ニ、火ノ就クガ一レ燥ニ、E自然之理也。

（白居易『白氏文集』による）

（注）
1　臣――君主に対する臣下の自称。
2　朝野――朝廷と民間。
3　堂――君主が執務する場所。
4　門――王城の門。

問1　波線部(ア)「無レ由」、(イ)「以為」、(ウ)「弁」のここでの意味として最も適当なものを、次の各群の①～⑤のうちから、それぞれ一つずつ選べ。解答番号は 29 ～ 31 。

(ア)「無レ由」 29
① 方法がない
② 伝承がない
③ 原因がない
④ 意味がない
⑤ 信用がない

(イ)「以為」 30
① 考えるに
② 同情するに
③ 行うに
④ 目撃するに
⑤ 命ずるに

(ウ)「弁」 31
① 弁償するには
② 弁護するには
③ 弁解するには
④ 弁論するには
⑤ 弁別するには

問2　傍線部A「君者無レ不レ思レ求ニ其賢一、賢者罔レ不レ思レ効ニ其用一」の解釈として最も適当なものを、次の①～⑤のうちから一つ選べ。解答番号は 32 。

① 君主は賢者の仲間を求めようと思っており、賢者は無能な臣下を退けたいと思っている。
② 君主は賢者を顧問にしようと思っており、賢者は君主の要請を辞退したいと思っている。
③ 君主は賢者を登用しようと思っており、賢者は君主の役に立ちたいと思っている。
④ 君主は賢者の意見を聞こうと思っており、賢者は自分の意見は用いられまいと思っている。
⑤ 君主は賢者の称賛を得ようと思っており、賢者は君主に信用されたいと思っている。

問3 傍線部**B**「豈不以貴賤相懸、朝野相隔、堂遠於千里、門深於九重」の返り点の付け方と書き下し文との組合せとして最も適当なものを、次の①～⑤のうちから一つ選べ。解答番号は 33 。

① 豈不ㇾ以二貴賤相懸一、朝野相隔、堂遠二於千里一、門深二於九重一
豈に貴賤相懸《あひへだ》たるを以てならずして、朝野相隔たり、堂は千里よりも遠く、門は九重よりも深きや

② 豈不ㇾ以二貴賤相懸、朝野相隔一、堂遠二於千里一、門深二於九重一
豈に貴賤相懸たり、朝野相隔たるを以てならずして、堂は千里よりも遠く、門は九重よりも深きや

③ 豈不ㇾ以三貴賤相懸、朝野相隔、堂遠二於千里一、門深二於九重一
豈に貴賤相懸たり、朝野相隔たり、堂は千里よりも遠きを以てならずして、門は九重よりも深きや

④ 豈不下以三貴賤相懸、朝野相隔、堂遠二於千里一、門深中於九重上
豈に貴賤相懸たり、朝野相隔たり、堂は千里よりも遠きを以て、門は九重よりも深からずや

⑤ 豈不ㇾ以下貴賤相懸、朝野相隔、堂遠二於千里一、門深中於九重上
豈に貴賤相懸たり、朝野相隔たり、堂は千里よりも遠く、門は九重よりも深きを以てならずや

問4　傍線部C「其猶ニ線与レ矢也」の比喩は、「線」・「矢」のどのような点に着目して用いられているのか。最も適当なものを、次の①～⑤のうちから一つ選べ。解答番号は 34 。

① 「線」や「矢」は、単独では力を発揮しようとしても発揮できないという点。
② 「線」と「矢」は、互いに結びつけば力を発揮できるという点。
③ 「線」や「矢」は、針や弦と絡み合って力を発揮できないという点。
④ 「線」と「矢」は、助け合ったとしても力を発揮できないという点。
⑤ 「線」や「矢」は、針や弦の助けを借りなくても力を発揮できるという点。

問5　傍線部D「[X]以類至」について、(a)空欄[X]に入る語と、(b)書き下し文との組合せとして最も適当なものを、次の①～⑤のうちから一つ選べ。解答番号は[35]。

① (a) 不　(b) 類を以てせずして至ればなり
② (a) 何　(b) 何ぞ類を以て至らんや
③ (a) 必　(b) 必ず類を以て至ればなり
④ (a) 誰　(b) 誰か類を以て至らんや
⑤ (a) 嘗　(b) 嘗《かつ》て類を以て至ればなり

問6　傍線部E「自然之理也」はどういう意味を表しているのか。その説明として最も適当なものを、次の①～⑤のうちから一つ選べ。解答番号は 36 。

① 水と火の性質は反対だがそれぞれ有用であるように、相反する性質のものであってもおのおの有効に作用するのが自然であるということ。

② 水の湿り気と火の乾燥とが互いに打ち消し合うように、性質の違う二つのものは相互に干渉してしまうのが自然であるということ。

③ 川の流れが湿地を作り山火事で土地が乾燥するように、性質の似通ったものはそれぞれに大きな作用を生み出すのが自然であるということ。

④ 水は湿ったところに流れ、火は乾燥したところへと広がるように、性質を同じくするものは互いに求め合うのが自然であるということ。

⑤ 水の潤いや火による乾燥が恵みにも害にもなるように、どのような性質のものにもそれぞれ長所と短所があるのが自然であるということ。

問7 【予想問題】に対して、作者が【模擬答案】で述べた答えはどのような内容であったのか。その説明として最も適当なものを、次の①～⑤のうちから一つ選べ。解答番号は 37 。

① 君主が賢者と出会わないのは、君主が賢者を採用する機会が少ないためであり、賢者を求めるには採用試験をより多く実施することによって人材を多く確保し、その中から賢者を探し出すべきである。

② 君主が賢者と出会わないのは、君主と賢者の心が離れているためであり、賢者を求めるにはまず君主の考えを広く伝えて、賢者との心理的距離を縮めたうえで人材を採用するべきである。

③ 君主が賢者と出会わないのは、君主が人材を見分けられないためであり、賢者を求めるにはその賢者が党派に加わらず、自分の信念を貫いているかどうかを見分けるべきである。

④ 君主が賢者と出会わないのは、君主が賢者を見つけ出すことができないためであり、賢者を求めるには賢者のグループを見極めたうえで、その中から人材を推挙してもらうべきである。

⑤ 君主が賢者と出会わないのは、君主が賢者を受け入れないためであり、賢者を求めるには幾重にも重なっている王城の門を開放して、やって来る人々を広く受け入れるべきである。

国　語

（2023年 1 月実施）

80分　200点

追試験
2023

国語

（解答番号 1 ～ 39 ）

第1問　次の文章を読んで、後の問い（問1～6）に答えよ。（配点　50）

歴史家のキャロル・グラック(注1)は、人々が歴史について知りたいと思う理由として、「私たちがいつかは死ぬ運命にある」ことと、それにもかかわらず「物事の成り行きを知っておきたいという欲望」とを(ア)挙げている。歴史学的な関心の出発点となっているのは、まさに「自分の不在」の意識である。

あるいは、私たちがどのようにして歴史を意識するようになるかについて、歴史家のE・ホブズボーム(注2)は、「自分より年上の人びとと共に生きる」ことを挙げている。自分がいなかった時間を生きた人々の存在を意識することで、「個人の記憶に直接に残されている出来事より前の時期」としての歴史を意識するようになると。

こうした歴史家たちの態度は、「私たちが歴史の一部でしかない」からこそ、歴史を把握できる、あるいは把握しておきたいという態度である。この場合の「歴史の一部でしかない」とは、「自分はそこにいない」ということである。歴史家たちの意識は「自分の不在」という意識と結びついている。

あるいは、A「自分の不在」を前提とするような歴史理解が歴史学の言説を成立させ、歴史を理解可能にしているのではないだろうか。

私たちが歴史書を読むことで、または学校で歴史教育を受けるなかで慣れ親しんできた言説は、基本的に「非対称性」の言説である。

たとえば、歴史記述は歴史的出来事のほんの一部を語るにすぎないし、歴史に登場する人々は、実際にその歴史を生きた人々のごく一部である。歴史記述と歴史的出来事の間には、そして、登場人物と体験者の間には圧倒的な不均衡がある。

このように、私たちが知りうる歴史は「不均衡」によって成立している。それにもかかわらず私たちが歴史記述にたいして大きな違和感を覚えないのは、歴史そのものが根本的に「非対称性」であるという前提に立っているからであろう。歴史を動かすのは少数者であり、歴史に登場できるのは私たちのほんの一部の人々である。また、おびただしい過去の出来事のなかで、歴史として知る価値があるのはごく一部である。

この「非対称性」は歴史の権力性である。**B**しかし同時に、私たちの願望の現れでもある。一人のささやかな市民として、私は自分が歴史に登場しないことを知っている。平穏な生活が続き、自分が歴史に登場しないことも願っている。歴史的出来事に(イ)ホンロウされないこと、その当事者でないことを願うのである。

だから、私が歴史に関心を抱くのは、自分がなんらかその一部であるにしても、歴史の当事者ではないからである。「自分の不在」は、私たちを歴史から救済してくれる。

そのような関心を、「ゆるい関心」とでも名づけておこう。自分がその一部であり、したがって、まったく無関係ではないが、他方で、当事者そのものでもないような事柄にたいする関心のことである。「ゆるい関心」は知的タイ(ウ)ダではない。急速な環境破壊や制度崩壊のなかで、それでも私たちが生きていけるのは、主として「ゆるい関心」で処理しているからである。私たちが歴史に興味をもち、歴史書を読もうとするのにも、このような「ゆるい関心」が背後にある。

「ゆるい関心」は、みずから歴史をつくり、歴史を変えたいという欲望ではない。むしろ、「歴史的背景」について知りたいと思い、歴史を理解したいという関心であって、その基本は知的関心である。歴史家は、私たち素人になりかわって、このような知的関心をテッ(エ)テイ的に追究し、歴史を接近可能にし、あるいは理解可能にしてくれる。

私たちは、暗黙のうちに、歴史について語るときは歴史家の研究や仕事を参照しなければならないという約束に従う。今日の歴史研究が個別専門化してしまい、史料調査や史料評価の専門的能力を必要とするからだけではない。私たちの歴史への関心が「ゆるい関心」であって、実践的・政治的な関心ではないからである。自分たちが「歴史の当事者」であるとは思わないし、そうありたいとも思わないから、歴史にたいしては「間接的な関わり方」が基本であると考えるからである。

ヘーゲル(注3)以降のドイツ歴史哲学もまた、基本的に歴史にたいする「ゆるい関心」からの思想であった。この歴史哲学は、H・シュネーデルバッハ(注4)のことばを借りれば、歴史哲学にたいする「深い懐疑」に貫かれている。「哲学的な仕方で歴史に関わることが、そもそも可能なのかどうか」という懐疑である。

したがって、ヘーゲル以降の歴史哲学は、学問的認識としての「歴史認識の可能性と方法」について思索した。この思索の結実が、ドロイゼン(注5)を出発点として、ディルタイ(注6)やジンメル(注7)といった哲学者たちが展開した「歴史の解釈学」である。

たとえば、近代史学の方法論を書いたドロイゼンは、くどいほどに史料研究の重要さを説いているが、その背景にはＣ「健全な歴史家意識」ともいうべき姿勢があった。つまり、「記述をする者は、シーザー(注8)やフリードリヒ大王(注9)のように、特に高いところにいて出来事の中心から見たり聞いたりしたわけではない」という意識である。

歴史家とは歴史を理解しようとする人々であって、みずからが歴史に登場するわけではない。ドロイゼンは、「歴史とはなにか」について次のような定義を行っている。

歴史ということばでわれわれが考えているのは、時間の経過のなかで起きたことの総体であるが、なんらかのかたちでわれわれの知識がそれに及ぶ限りでのことである。

この定義に従えば、歴史とは、現時点の「知の地平」によって再構成可能な限りでの過去の出来事のことである。歴史については、現在の視点においてしか、ただ断片的にしか知りえない。

歴史について知る人は、歴史の外に立っている人である。過去の出来事を歴史として理解できるのは、当事者たちではなく、観察者たちなのである。歴史家たちの言う「歴史認識の客観性」は、「体験されなかったし、もはや体験もされない」という外の視点から行われる再構成の客観性である。歴史家たちの態度とは、すでに書かれてしまった外国語のテキストを読むような態度なのかもしれない。どちらも、著者や原テキストや歴史的出来事からの「解釈学的距離」(注10)によって成立している。

私たちは歴史の一部でもあるが、歴史の一部でしかない。私たちは、自分がその一部であるようなものを、そしてその一部でしかないようなものについてどう(オ)関わるべきなのだろうか。「歴史との正しい関わり方」とはどのようなものか。

私たちはときに、自分が歴史にたいして「ゆるい関心」しかもたないことに、あるいは、「ゆるい関心」しかもってはいけないことにたいして、激しい焦燥や憤りの気持ちを抱くことがある。「歴史の捏造《ねつぞう》」が感じられるときである。そのようなとき、激しい怒りが私たちを襲う。

そうした怒りのなかで、私たちは「ゆるい関心」が「歴史との正しい関わり方」でないことを感じる。私たちがまさに歴史の一部でもあるからである。むしろ「自分の体験」が歴史を正しく理解するための基礎となり、歴史的出来事について客観的に議論するための基盤であってほしいと切望する。D私たちは歴史に内在しようとするのだ。おそらくそのようなとき、人は「歴史の証言者」として名乗り出るのであろう。

（北川東子《きたがわさきこ》「歴史の必然性について――私たちは歴史の一部である」による）

（注）
1 キャロル・グラック――アメリカの歴史学者（一九四一― ）。
2 E・ホブズボーム――イギリスの歴史学者（一九一七―二〇一二）。
3 ヘーゲル――ドイツの哲学者（一七七〇―一八三一）。
4 H・シュネーデルバッハ――ドイツの哲学者（一九三六― ）。
5 ドロイゼン――ドイツの歴史学者（一八〇八―一八八四）。
6 ディルタイ――ドイツの哲学者（一八三三―一九一一）。
7 ジンメル――ドイツの哲学者（一八五八―一九一八）。
8 シーザー――古代ローマの将軍・政治家（前一〇〇頃―前四四）。各地の内乱を平定し、独裁官となった。
9 フリードリヒ大王――プロイセン国王フリードリヒ二世（一七一二―一七八六）。プロイセンをヨーロッパの強国にした。
10 原テキスト――歴史記述のもとになる文献のこと。

問1　次の(i)・(ii)の問いに答えよ。

(i)　傍線部(ア)・(オ)と同じ意味を持つものを、次の各群の①～④のうちから、それぞれ一つずつ選べ。解答番号は［1］・［2］。

(ア)　挙げて　［1］

① 挙シキ
② カイ挙
③ レッ挙
④ 挙ドウ

(オ)　関わる　［2］

① ナン関
② 関チ
③ 関モン
④ ゼイ関

(ii) 傍線部(イ)～(エ)に相当する漢字を含むものを、次の各群の①～④のうちから、それぞれ一つずつ選べ。解答番号は 3 ～ 5 。

(イ) ホンロウ 3
① ホンカイを遂げる
② 君主へのムホンを企てる
③ 説得されてホンイする
④ 資金集めにホンソウする

(ウ) タイダ 4
① ダサクと評価される
② ダセイで動く
③ 泣く泣くダキョウする
④ 客がチョウダの列をなす

(エ) テッテイ 5
① コンテイからくつがえす
② タンテイに調査を依頼する
③ テイサイを整える
④ 今後の方針をサクテイする

問2　傍線部A「『自分の不在』を前提とするような歴史理解」とあるが、それはどういうことか。その説明として最も適当なものを、次の①～⑤のうちから一つ選べ。解答番号は 6 。

① 自分は歴史の一部でしかないという意識を前提として、当事者の立場で体験した出来事だけを歴史と考えること。
② 自分の生命は有限であるという意識を前提として、自分が生きた時代の出来事を歴史上に位置づけて把握すること。
③ 自分には関与できない出来事があるという意識を前提として、歴史を動かした少数者だけを当事者と見なすこと。
④ 自分の生まれる前の出来事は体験できないという意識を前提として、自分より年上の人々の経験から学ぼうとすること。
⑤ 自分は歴史の当事者ではないという意識を前提として、個人の記憶を超えた歴史的出来事を捉えようとすること。

問3　傍線部**B**「しかし同時に、私たちの願望の現れでもある。」とあるが、筆者がこのように述べる理由として最も適当なものを、次の①～⑤のうちから一つ選べ。解答番号は 7 。

① 歴史は、多くの人々が慣れ親しんだ出来事が記述されたものである。こうした捉え方には、歴史の当事者ではないながらもそこに生きた人々の存在を意識したいという、大多数の人々の願いが含まれていると考えられるから。

② 歴史は、世界に起きたさまざまな出来事の中で歴史を動かした者の体験が記述されたものである。こうした捉え方には、歴史の当事者としての責任からは免れたいという、大多数の人々の願いが働いていると考えられるから。

③ 歴史は、おびただしい出来事の中で権力を持つ者に関する記憶が記述されたものである。こうした捉え方には、歴史に名が残ることのない一人の市民として平穏に暮らしたいという、大多数の人々の願いが表れていると考えられるから。

④ 歴史は、ある時代を生きた人々の中で一部の者に関する出来事が記述されたものである。こうした捉え方には、歴史に直接関わらずに無事に過ごしたいという、大多数の人々の願いが反映されていると考えられるから。

⑤ 歴史は、時代を大きく動かした人々を中心として記述されたものである。こうした捉え方には、歴史の書物を通して価値ある出来事だけを知りたいという、大多数の人々の願いが込められていると考えられるから。

問4　傍線部C『健全な歴史家意識』ともいうべき姿勢」とあるが、それはどのような姿勢か。その説明として最も適当なものを、次の①～⑤のうちから一つ選べ。解答番号は 8 。

① 出来事を当事者の立場から捉えるのではなく、対象との間に距離を保ちながら、史料に基づいた解釈のみによって歴史を認識しようとする姿勢。

② 出来事を自己の体験に基づいて捉えるのではなく、断片的な事実だけを組み合わせて、知りうることの総体を歴史として確定させようとする姿勢。

③ 出来事を権力の中枢から捉えるのではなく、歴史哲学への懐疑をたえず意識しながら、市民の代理として歴史を解釈しようとする姿勢。

④ 出来事を専門的な知識に基づいて捉えるのではなく、自分も歴史の一部として、実際に生きた人々の体験のみを記述しようとする姿勢。

⑤ 出来事を個人の記憶に基づいて捉えるのではなく、現在の視点から整理された史料に基づいて、客観的に記述された歴史だけを観察しようとする姿勢。

問5　傍線部D「私たちは歴史に内在しようとする」とあるが、それはどういうことか。その説明として最も適当なものを、次の①～⑤のうちから一つ選べ。解答番号は 9 。

① 自分は歴史の一部でもあるとする「ゆるい関心」を抱いていた「私たち」が、「歴史の捏造」を正さなければならないと感じることで、自己の体験を基盤とした客観的な議論が起こることを望むようになること。

② 歴史に対して直接的な関わりを避ける「ゆるい関心」を抱いていた「私たち」が、「歴史の捏造」に直面して自らのあり方や状況に憤りを覚えることで、歴史を語るための基礎に自己の体験を据えようとすること。

③ 観察者として歴史を周辺から眺める「ゆるい関心」を抱いていた「私たち」が、「歴史の捏造」を強く批判する必要性を感じることで、自己の体験を中心に据えつつ客観的に歴史を記述しようとすること。

④ 実践性や政治性を伴わない歴史への「ゆるい関心」を抱いていた「私たち」が、「歴史の捏造」を生み出す自己の関わり方への怒りを感じることで、歴史的出来事と歴史記述の間の不均衡を解消しようとすること。

⑤ 歴史の当事者ではないことを基本とした「ゆるい関心」を抱いていた「私たち」が、「歴史の捏造」に由来する焦燥に駆られることで、自己の体験を客観的な歴史に重ね合わせようとすること。

問6　授業で本文を読んだKさんは、文章を書く上での技術や工夫について考える課題を与えられ、次のような【文章】を書いた。その後、Kさんは提出前にこの【文章】を推敲《すいこう》することにした。このことについて、後の(i)・(ii)の問いに答えよ。

【文章】

本文を読んで、論理的な文章を効果的に書くための技術や工夫について学ぶことができた。そのことについて整理したい。

まず気づいた点は、キーワードを巧みに使用していることである。「自分の不在」や「ゆるい関心」のように、歴史学の専門家ではない読者にも理解しやすい言葉を使い、それにカギ括弧を付けて強調することで、論点を印象づける工夫がなされている。このようにキーワードを使用することで、**a** 難しい話題が扱いやすくなる。

次に気づいた点は、キーワードが歴史家の言葉と関連づけて用いられていることである。例えば、冒頭ではキャロル・グラックの発言をふまえて「自分の不在」という言葉が示されている。また、後半では「ゆるい関心」という言葉を説明した上で、ドロイゼンによる歴史の定義が引用されている。**b** これらによって説得力のある文章になっている。ただし、歴史家の言葉と筆者の主張は必ずしも一致しているわけではない。

(i) Kさんは、傍線部**a**・**b**をより適切な表現に修正することにした。修正する表現として最も適当なものを、次の各群の①～④のうちから、それぞれ一つずつ選べ。解答番号は 10 ・ 11 。

a 「難しい話題が扱いやすくなる」 10

① 筆者の体験をふまえて議論を開始することが可能になる
② 複雑な議論の核心を端的に表現することが可能になる
③ 理論的な根拠に基づいて議論を展開することが可能になる
④ 多岐にわたる議論の論点を取捨選択することが可能になる

b 「これらによって説得力のある文章になっている。」 11

① このように歴史家の言葉を用いることで、キーワードの延長線上にある筆者の主張を権威づけている。
② このように歴史家の言葉を用いることで、キーワードの背後にある専門的な知見の蓄積を示している。
③ このように歴史家の言葉を用いることで、キーワードの対極にある既存の学説を批判的に検討している。
④ このように歴史家の言葉を用いることで、キーワードの基盤にある多様な見解を抽象化している。

(ii)　Kさんは、【文章】の末尾にまとめを書き加えることにした。書き加えるまとめの方針として最も適当なものを、次の①～④のうちから一つ選べ。解答番号は 12 。

① 自己の主張を効果的に論述するためには、従来の学説を正確に提示するとともに、その問題点をわかりやすく説明する必要がある。そのことによって、主張の位置づけが明確になり、読者も問題意識を持って議論に参加できるようになることを述べる。

② 自己の主張を効果的に論述するためには、専門的な見解を根拠として引用するとともに、論点を絞り筋道立てて展開する必要がある。そのことによって、主張が明確に方向づけられ、読者も前提となる知識をふまえて議論に参加できるようになることを述べる。

③ 自己の主張を効果的に論述するためには、専門用語を適切に使用して論点を示すとともに、身近な事例を挙げて読者の理解を促す必要がある。そのことによって、主張の説得力が強まり、読者も具体的に対象を把握した上で議論に参加できるようになることを述べる。

④ 自己の主張を効果的に論述するためには、議論の鍵となる言葉を示すとともに、多様な学説を参照して相互の整合性を確認する必要がある。そのことによって、主張の客観性が高まり、読者も広い視野を持って議論に参加できるようになることを述べる。

66

第2問

次の文章は、太宰治《だざいおさむ》「パンドラの匣《はこ》」（一九四六年発表）の一節である。この小説は、第二次世界大戦の終結直後、結核を患う主人公の「僕」が、療養施設の「塾生」（療養者）たちとの集団生活を、友人「君」に宛てて報告する手紙という設定で書かれている。本文中に登場する「かっぽれ」「固パン」「越後獅子《えちごじし》」は、「僕」がいる「桜の間」の同室者たちのあだ名である。これを読んで、後の問い（問1～7）に答えよ。（配点　50）

きょうは一つ、かっぽれさんの俳句でも御紹介しましょうか。こんどの日曜の慰安放送(注1)は、塾生たちの文芸作品の発表会という事になって、和歌、俳句、詩に自信のある人は、あすの晩までに事務所に作品を提出せよとの事で、かっぽれは、僕たちの「桜の間」の選手として、お得意の俳句を提出する事になり、二、三日前から鉛筆を耳にはさみ、ベッドの上に正坐《せいざ》して首をひねり、真剣に句を案じていたが、けさ、やっとまとまったそうで、十句ばかり便箋《びんせん》に書きつらねたのを、同室の僕たちに披露した。まず、固パンに見せたけれども、固パンは苦笑して、

「僕には、わかりません。」と言って、すぐにその紙片を返却した。次に、越後獅子に見せて御批評を乞うた。越後獅子は背中を丸めて、その紙片をねらうようにつくづくと見つめ、「けしからぬ。」と言った。下手《へた》だとか何とか言うなら、まだしも、けしからぬという批評はひどいと思った。

かっぽれは、蒼《あお》ざめて、

「だめでしょうか。」とお伺いした。

「そちらの先生に聞きなさい。」と言って越後は、ぐいと僕の方を顎でしゃくった。

かっぽれは、僕のところに便箋を持って来た。僕は不風流だから、俳句の妙味など(ア)てんでわからない。やっぱり固パンのように、すぐに返却しておゆるしを乞うべきところでもあったのだが、Aどうも、かっぽれが気の毒で、何とかなぐさめてやりたく、わかりもしない癖に、とにかくその十ばかりの句を拝読した。そんなにまずいものではないように僕には思われた。月《つき》

並《なみ》とでもいうのか、ありふれたような句であるが、これでも、自分で作るとなると、なかなか骨の折れるものなのではあるまいか。

乱れ咲く乙女心の野菊かな、なんてのは少しへんだが、それでも、けしからぬと怒るほどの下手さではないと思った。けれども、最後の一句に突き当《あた》って、はっとした。越後獅子が憤慨したわけも、よくわかった。

露の世は露の世ながらさりながら

誰やらの句だ。これは、いけないと思った。けれども、それを(イ)あからさまに言って、かっぽれに赤恥をかかせるような事もしたくなかった。

「どれもみな、うまいと思いますけど、この、最後の一句は他のと取りかえたら、もっとよくなるんじゃないかな。素人考えですけど。」

「そうですかね。」かっぽれは不服らしく、口をとがらせた。「その句が一ばんいいと私は思っているんですがね。」

Bそりゃ、いい筈《はず》だ。俳句の門外漢の僕でさえ知っているほど有名な句なんだもの。

「いい事は、いいに違いないでしょうけど。」

僕は、ちょっと途方に暮れた。

「わかりますかね。」かっぽれは図に乗って来た。「いまの日本国に対する私のまごころも、この句には織り込まれてあると思うんだが、わからねえかな。」と、少し僕を軽蔑するような口調で言う。

「どんな、まごころなんです。」と僕も、Cもはや笑わずに反問した。

「わからねえかな。」と、かっぽれは、君もずいぶんトンマな男だねえ、と言わんばかりに、眉をひそめ、「日本のいまの運命をどう考えます。露の世でしょう？　その露の世は露の世である。さりながら、諸君、光明を求めて進もうじゃないか。(ウ)いたずらに悲観する勿《なか》れ、といったような意味になって来るじゃないか。これがすなわち私の日本に対するまごころというわけのものなんだ。わかりますかね。」

しかし、僕は内心あっけにとられた。この句は、君、一茶《いっさ》(注2)が子供に死なれて、露の世とあきらめてはいるが、それでも、悲しくてあきらめ切れぬという気持《きもち》の句だった筈ではなかったかしら。それを、まあ、ひどいじゃないか。きれいに意味をひっくりかえしている。これが越後の所謂《いわゆる》(注3)「こんにちの新しい発明」かも知れないが、あまりにひどい。かっぽれのまごころには賛成だが、とにかく古人の句を盗んで勝手な意味をつけて、もてあそぶのは悪い事だし、それにこの句をそのまま、かっぽれの作品として事務所に提出されては、この「桜の間」の名誉にもかかわると思ったので、僕は、勇気を出して、はっきり言ってやった。

「でも、これとよく似た句が昔の人の句にもあるんです。盗んだわけじゃないでしょうけど、誤解されるといけませんから、これは、他のと取りかえたほうがいいと思うんです。」

「似たような句があるんですか。」

かっぽれは眼《め》を丸くして僕を見つめた。その眼は、溜息《ためいき》が出るくらいに美しく澄んでいた。盗んで、自分で気がつかぬ、という奇妙な心理も、俳句の天狗《てんぐ》たちには、あり得る事かも知れないと僕は考え直した。実に無邪気な罪人である。まさに思い邪《よこしま》(注4)無しである。

「そいつは、つまらねえ事になった。俳句には、時々こんな事があるんで、こまるのです。何せ、たった十七文字ですからね。似た句が出来るわけですよ。」どうも、かっぽれは、常習犯らしい。「ええと、それではこれを消して、」と耳にはさんであった鉛筆で、あっさり、露の世の句の上に棒を引き、「かわりに、こんなのはどうでしょう。」と、僕のベッドの枕元の小机で何やら素早くしたためて僕に見せた。

コスモスや影おどるなり乾《ほし》(注5)むしろ

「けっこうです。」僕は、ほっとして言った。下手でも何でも、盗んだ句でさえなければ今は安心の気持だった。「ついでに、コスモスの、と直したらどうでしょう。」と安心のあまり、よけいの事まで言ってしまった。

「コスモスの影おどるなり乾むしろ、ですかね。なるほど、情景がはっきりして来ますね。偉いねえ。」と言って僕の背中をぽんと叩《たた》いた。「隅に置けねえや。」

僕は赤面した。

「おだてちゃいけません。」落ちつかない気持になった。「コスモスや、のほうがいいのかも知れませんよ。僕には俳句の事は、全くわからないんです。ただ、コスモスの、としたほうが、僕たちには、わかり易《やす》くていいような気がしたものですから。」

そんなもの、どっちだっていいじゃないか、とD内心の声は叫んでもいた。

けれども、かっぽれは、どうやら僕を尊敬したようである。これからも俳句の相談に乗ってくれと、まんざらお世辞だけでもないらしく真顔で頼んで、そうして意気揚々と、れいの爪先《つまさき》立ってお尻を軽く振って歩く、あの、音楽的な、ちょんちょん歩きをして自分のベッドに引き上げて行き、僕はそれを見送り、Eどうにも、かなわない気持であった。俳句の相談役など、じっさい、文句入りの都々逸《どどいつ》(注6)以上に困ると思った。どうにも落ちつかず、閉口の気持で、僕は、「とんでもない事になりました。」と思わず越後に向って愚痴を言った。さすがの新しい男(注7)も、かっぽれの俳句には、まいったのである。

越後獅子は黙って重く首肯した。

けれども話は、これだけじゃないんだ。さらに驚くべき事実が現出した。けさの八時の摩擦(注8)の時には、マア坊(注9)が、かっぽれの番に当っていて、そうして、かっぽれが彼女に小声で言っているのを聞いてびっくりした。

「マア坊の、あの、コスモスの句、な、あれは悪くねえけど、でも、気をつけろ。コスモスや、てのはまずいぜ。コスモスの、だ。」

おどろいた、あれは、マア坊の句なのだ。

（注）1　慰安放送——施設内でのレクリエーションの一つ。
2　一茶——小林一茶（一七六三—一八二七）。江戸時代後期の俳人。
3　「こんにちの新しい発明」——本文より前の一節で、「越後獅子」は詩の創作には「こんにちの新しい発明が無ければいけない。」と述べている。
4　まさに思い邪無し——本文より前の一節で、「僕」が「君」に対して「詩三百、思い邪無し、とかいう言葉があったじゃありませんか。」と語りかけていた箇所をふまえた表現。
5　乾むしろ——藁《わら》などを編んで作った敷物。
6　都々逸——江戸時代後期から江戸を中心に広まった俗曲。
7　新しい男——「僕」は、戦争が終わり世界が大きく変動する時代の中で、新しい価値観を体現する人物になることを自らに誓っている。
8　摩擦の時——施設では一日に数回、毛のブラシで体をこすって鍛えることを日課としている。
9　マア坊——施設で働く人物。結核患者たちを介護している女性。

問1　傍線部(ア)～(ウ)の本文中における意味を表す語句として最も適当なものを、次の各群の①～⑤のうちから、それぞれ一つずつ選べ。解答番号は 13 ～ 15 。

(ア) てんで 13
① 元来
② 所詮
③ 依然
④ 全然
⑤ 格別

(イ) あからさまに 14
① 故意に
② 平易に
③ 露骨に
④ 端的に
⑤ 厳密に

(ウ) いたずらに 15
① 絶対に
② 過剰に
③ 軽々に
④ 当然に
⑤ 無益に

問2　傍線部A「どうも、かっぽれが気の毒で、何とかなぐさめてやりたく」とあるが、このときの「僕」の心情の説明として最も適当なものを、次の①～⑤のうちから一つ選べ。解答番号は 16 。

① 俳句は得意だと豪語していたもののいざ詠ませると大いに手間取っている「かっぽれ」に不安を抱きつつも、十句そろえたこと自体は評価できるので、不自然でない程度には褒めてあげたいと思っている。

② 素人にもかかわらず「先生」と名指しされたことで、俳句が得意だという「かっぽれ」の体面を傷つけていたことに思い至り、自分が解説を加えることで彼の顔を立ててあげたいと思っている。

③ 自分たちの代表としてせっかく「かっぽれ」が俳句を詠んでくれたのに、笑われたり相手にされなかったりする様子に同情して、持てる最大限の見識を示して相談に乗ってあげたいと思っている。

④ 時間をかけてまとめた俳句をその内容に触れることなく一刀両断にされた「かっぽれ」が哀れに思われて、簡単に切り捨てるようなことはせず、何かしら制作の労をねぎらってあげたいと思っている。

⑤ 真剣に俳句に打ち込んだ「かっぽれ」を敬う一方で、彼の作った俳句が軽くいなされたり酷評されたりしている状況に憤りを覚え、巧拙にかかわらずどうにかして称賛してあげたいと思っている。

問3　傍線部B「そりゃ、いい筈だ。俳句の門外漢の僕でさえ知っているほど有名な句なんだもの。」とあるが、ここに見られる表現上の特徴についての説明として最も適当なものを、次の①～④のうちから一つ選べ。解答番号は 17 。

① 傍線部の前後では「かっぽれ」を傷つけないために断定を避けた表現が重ねられているが、傍線部では「かっぽれ」の言うことを当然のこととしながらも「そりゃ」「なんだもの」と軽い調子で表現され、表面上の「僕」の配慮と、盗作に無自覚な様子の「かっぽれ」に対するあきれや困惑といった本音との落差が示されている。

② 傍線部の直前にある「素人考えですけど」が「僕」の控えめな態度を表すのに対し、傍線部にある「門外漢の僕でさえ」という表現は「かっぽれ」をおとしめて盗作を非難するものに変化しており、類似した謙遜表現の意味合いを反転させることで、不遜な態度を取る「かっぽれ」への「僕」の怒りが強く示されている。

③ 傍線部の「そりゃ、いい筈だ」が直後の「いいに違いないでしょうけど」と、「門外漢の僕でさえ」が直前の「素人考えですけど」とそれぞれ対応しているように、形を変えつつ同じ意味の表現を繰り返し用いることで、言葉を尽くしてもいっこうに話の通じない「かっぽれ」に対する「僕」のいら立ちが示されている。

④ 傍線部で「そりゃ、いい筈だ」「なんだもの」とぞんざいな表現が使われることで、同室者との会話では常に丁寧な口調で語る「僕」の様子が明らかになり、「わからねえかな」と乱暴な口をきく「かっぽれ」の横柄な態度が浮かび上がっており、良識のある「僕」と名句を流用する非常識な「かっぽれ」との対比が示されている。

問4　傍線部C「もはや笑わずに反問した」とあるが、それはなぜか。その理由の説明として最も適当なものを、次の①～⑤のうちから一つ選べ。解答番号は 18 。

① 俳句に対する「かっぽれ」の真摯な態度に触れる中で、「僕」は笑いながら無難にやり過ごそうとしていた自らの慢心を悔いて、よりよい作品へと昇華させるために心を鬼にして添削しようと意気込んだから。

② 「かっぽれ」の稚拙な俳句に対して笑いをこらえるのに必死であったが、俳句に対する真剣な思いをとうとうと述べるその姿に触発されて、「僕」も本気で応えなければ失礼に当たると深く反省したから。

③ 「僕」に俳句の知識がないと見くびっている「かっぽれ」に対し、提出された俳句が盗作であることに気付いていることを匂わせ、お互いの上下関係を明確にするため決然と異議を唱えておきたいと考えたから。

④ 「かっぽれ」の俳句に対して曖昧な批判をしたことで、「僕」には俳句を評する力がないと「かっぽれ」が侮ってきたため、俳句に込めた彼の思いをとことん追及することでその言い分を否定しようとしたから。

⑤ 「かっぽれ」の顔を立てて名句の盗用について直接的な指摘を避けるうちに、「かっぽれ」が「僕」を軽んじる態度を取り始めたため、調子を合わせるのを止めて改まって発言の趣旨を聞きただそうとしたから。

問5　傍線部**D**「内心の声は叫んでもいた」とあるが、本文が「君」に宛てた手紙であることをふまえて、この表現に見られる「僕」の心理の説明として最も適当なものを、次の①～⑤のうちから一つ選べ。解答番号は 19 。

① 「かっぽれ」にうっかり示した修正案を思いもよらず激賞され、その事態にあわてて追加説明をしたものの、本当は「かっぽれ」の俳句に関心がなく、この展開に違和感を抱いていることを「君」に知ってほしいという心理。

② 「かっぽれ」に褒められて舞い上がってしまった自分がいたのも確かである一方、「かっぽれ」の俳句などに関わっている状況自体が恥ずべきことだと訴える、内なるもう一人の自分がいたことを「君」にわかってほしいという心理。

③ 「かっぽれ」の俳句に対する姿勢に不満を抱きつつも、現実の人間関係の中でははっきりと糾弾できない状況にあったことを示して、微細な修正案を提示することしかできなかった自分の苦悩を「君」に伝えたいという心理。

④ 「かっぽれ」には俳句の修正案を示したものの、実際にはそこまで真剣に考えていたわけではないということを強調して、「僕」の修正案に批判的な見解が出されないように「君」に対して予防線を張っておきたいという心理。

⑤ 「かっぽれ」には自分は俳句がわからないと説明したものの、内心ではどう修正しても彼の俳句が良くなることはないと感じており、本当は自らの修正案も含めて客観的に価値判断できているのだと「君」に示したいという心理。

問6　傍線部E「どうにも、かなわない気持であった」とあるが、「僕」がそのように感じた理由として最も適当なものを、次の①～⑤のうちから一つ選べ。解答番号は 20 。

① 自分を軽蔑しているのか尊敬しているのかよくわからず、俳句に対するこだわりも感じさせないような「かっぽれ」の奔放な態度に接して、いらだちを見せたところで結局無駄であることに思い至ったから。

② 句の差し替えを提案されると敵意をむき出しにしたのに、別の句を褒められれば上機嫌になるというような「かっぽれ」の気まぐれな態度に接して、これ以上まじめに応じる必要はないと思い至ったから。

③ 「越後獅子」に冷たくあしらわれてもくじけることなく、自分のところにやってきては俳句に関する教えを乞うような「かっぽれ」のけなげな態度に接して、盗作まがいの行為にも悪意はなかったのだと思い至ったから。

④ 自分を軽んじたかと思えば盗作に関する指摘を簡単に受け入れ、ついには敬意さえ示して得意げに引き返すような「かっぽれ」の捉えどころのない態度に接して、振り回されてばかりいることに思い至ったから。

⑤ 日本の運命についてまじめに語るようでいながら、そこで提示される俳句は盗作でしかないというような「かっぽれ」のちぐはぐな態度に接して、自分はからかわれていたのではないかと思い至ったから。

問7　授業で本文を読んだ後、二重傍線部「古人の句を盗んで勝手な意味をつけて、もてあそぶ」をきっかけに、文学作品と読者との関係はどのようなものかを考えることになった。教師からは、外山滋比古《とやましげひこ》『「読み」の整理学』の一節と、本文よりも後の場面の一節とが【資料】として配付された。これを読んで、後の(i)・(ii)の問いに答えよ。

【資料】

●文学作品と読者との関係を考える――太宰治「パンドラの匣」をきっかけに

Ⅰ　外山滋比古『「読み」の整理学』より

一般の読者は、作品に対して、いちいち、添削を行うことはしない。しかし、無意識に、添削をしながら読んでいるものである。自分のコンテクスト(注)に合わせて読む。それがとりもなおさず、目に見えない添削になる。

多くの読者が、くりかえしくりかえしこういう読み方をしているうちに、作品そのものが、すこしずつ特殊から普遍へと性格を変える。つまり、古典化するのである。

逆から見れば、古典化は作者の意図した意味からの逸脱である。いかなる作品も、作者の考えた通りのものが、そのままで古典になることはできない。だれが改変するのか。読者である。

未知を読もうとして、読者は不可避的に、自分のコンテクストによって解釈する。

(注)　コンテクスト――文脈の意。

Ⅱ　太宰治「パンドラの匣」本文より後の「マア坊」の発言から始まる一節

「慰安放送？　あたしの句も一緒に出してよ。ほら、いつか、あなたに教えてあげたでしょう？　乱れ咲く乙女心の、という句。」

果《はた》して然《しか》りだ。しかし、かっぽれは、一向に平気で、

「うん。あれは、もう、いれてあるんだ。」

「そう。しっかりやってね。」

僕は微笑した。

これこそは僕にとって、所謂「こんにちの新しい発明」であった。この人たちには、作者の名なんて、どうでもいいんだ。みんなで力を合《あわ》せて作ったもののような気がしているのだ。そうして、みんなで一日を楽しみ合う事が出来たら、それでいいのだ。芸術と民衆との関係は、元来そんなものだったのではなかろうか。ベートーヴェン(注1)に限るの、リスト(注2)は二流だのと、所謂その道の「通人」たちが口角泡をとばして議論している間に、民衆たちは、その議論を置き去りにして、さっさとめいめいの好むところの曲目に耳を澄まして楽しんでいるのではあるまいか。あの人たちには、作者なんて、てんで有り難くないんだ。一茶が作っても、かっぽれが作っても、マア坊が作っても、その句が面白くなけりゃ、無関心なのだ。社交上のエチケットだとか、または、趣味の向上だなんて事のために無理に芸術の「勉強」をしやしないのだ。自分の心にふれた作品だけを自分流儀で覚えて置くのだ。それだけなんだ。

(注)　1　ベートーヴェン――ドイツの作曲家(一七七〇―一八二七)。

2　リスト――ハンガリーのピアニストで作曲家(一八一一―一八八六)。

(i) 本文の二重傍線部で「僕」によって「古人の句を盗んで勝手な意味をつけて、もてあそぶ」ことだと表現されていた「かっぽれ」の行為は、【資料】のⅠをふまえることで、どのように捉え直すことができるか。その説明として最も適当なものを、次の①～④のうちから一つ選べ。解答番号は 21 。

① 江戸時代を生きた人々の心情に思いをはせつつも、自分たちを取り巻く戦後の状況に影響を受けて意図せず句の意味を取り違えている。

② 江戸時代に作られた句に対して、その本来の意味から離れて自分たちが生きる戦後という時代に即したものへと読み替えている。

③ 江戸時代と戦後とを対比することで、句に込められた作者の個人的な思いを時代を超えた普遍性を備えたものへと昇華させている。

④ 江戸時代の人々と戦後を生きる自分たちの境遇に共通性を見いだし、古典化していた句に添削を施すことで現代的な解釈を与えている。

(ii) 【資料】のⅡを読むと、文学作品と読者との関係についての「僕」の考えが、本文の二重傍線部の時点から変化したことがわかる。この変化について、【資料】のⅠを参考に説明したものとして最も適当なものを、次の①～④のうちから一つ選べ。解答番号は 22 。

① 「僕」は、文学作品を作者が意図する意味に基づいて読むべきだという考えであったが、その後、読者に共有されることで新しい意味を帯びることもあるという考えを持ち始めている。

② 「僕」は、文学作品の意味を決定するのは読者であるという考えであったが、その後、作者の意図に沿って読む厳格な態度は作品の魅力を減退させていくという考えになりつつある。

③ 「僕」は、文学作品の価値は作者によって生み出されるという考えであったが、その後、多様性のある価値は読者によって時代とともに付加されていくという考えを持ち始めている。

④ 「僕」は、文学作品の価値は時代によって変化していくものだという考えであったが、その後、読者が面白いと感じることによって価値づけられることもあるという考えになりつつある。

第3問　次の文章は『石清水《いわしみず》物語』の一節である。男君（本文では「中納言」）は木幡《こわた》の姫君に恋心を抱くが、異母妹であることを知って苦悩している。一方、男君の父・関白（本文では「殿」）は、院の意向を受け入れ、院の娘・女二の宮（本文では「宮」「女宮」ともいう）と男君との婚儀の準備を進めていた。本文はそれに続く場面である。これを読んで、後の問い（問1～5）に答えよ。なお、設問の都合で本文の段落に 1 ～ 5 の番号を付してある。（配点　50）

1　中納言はかかるにつけても、人知れぬ心の内には、あるまじき思ひのみやむ世なく、苦しくなりゆくを、強ひて思ひ冷ましてのみ月日を送り給《たま》ふに、宮の御かたちの名高く聞き置きたれば、同じくは、Aものの嘆かしさの紛るばかりに見なし聞こえばやとぞ思《おぼ》しける。官位《つかさくらゐ》の短きを飽かぬことに思しめされて、権《ごん》大納言になり給ひぬ。春の中納言(注1)も、例の同じくなり給ひて、喜び申し(注2)も劣らずし給へど、及ばぬ枝(注3)の一つことに、よろづすさまじくおぼえ給ひけり。

2　神無月十日余りに、女二の宮に参り給ふ。心おごり、言へばさらなり。まづ忍びて三条院(注4)へ参り給ふ。(ア)さらぬほどの所にだに、心殊《こと》なる用意のみおはする人なるに、ましておろかならむやは。こちたきまで薫《た》きしめ給ひて、ひき繕ひて出《い》で給ふ直衣《なほし》姿、なまめかしく、心殊なる用意など、まことに帝の御婿(注5)と言はむにかたほならず、宮と聞こゆるとも、おぼろけならむ御かたちにては、並びにくげなる人の御さまなり。忍びたれど、御前《ごぜん》などあまたにて出でさせ給ふに、大宮(注6)おはせましかば、いかに面立《おもだ》たしく思し喜ばむと、殿はまづ思ひ出で聞こえ給ふ。

3　院には、待ち取らせ給ふ御心づかひなのめならず。宮の御さまを、(イ)いつしかゆかしう思ひ聞こえ給ふに、御殿油《おほとなぶら》、火ほのかにて、御几帳《きちやう》の内におはします火影は、まづけしうはあらじはやと見えて、御髪《みぐし》のかかりたるほど、めでたく見ゆ。まして、近き御けはひの、推し量りつるに違《たが》はず、らうたげにおほどかなる御さまを、心落ちゐて、(注7)思ひの外に近づき寄りたりし道の迷ひにも、よそへぬべき心地する人ざまにおはしますにも、まづ思ひ出でられて、Bいかなる方にかと、人の結ばむことさへ思ひつづけらるるぞ、我ながらうたてと思ひ知らるる。

4　明けぬれば、いと疾《と》く出で給ひて、やがて御文奉り給ふ。

「今朝はなほしをれぞまさる女郎花《をみなへし》いかに置きける露の名残ぞ
(注8)いつも時雨《しぐれ》は」とあり。御返しそのかし申させ給へば、いとつつましげに、ほのかにて、

「今朝のみやわきて時雨《しぐ》れむ女郎花霜がれわたる野辺のならひを」

とて、うち置かせ給へるを、包みて出だしつ。御使ひは女の装束、細長など、例のことなり。御手などさへ、なべてならずをかしげに書きなし給へれば、待ち見給ふも、よろづに思ふやうなりと思すべし。

5 かくて三日過ぐして、殿へ(注9)入らせ給ふ儀式、殊なり。寝殿の渡殿《わたどの》かけて、御しつらひあり。女房二十人、童《わらは》四人、下仕へなど、見どころ多くいみじ。女宮の御さま、のどかに見奉り給ふに、いみじう盛りに調ひて、思ひなしも気高く、らうらうじきもののなつかしげに、(ウ)おくれたるところなくうつくしき人のさまにて、御髪は袿《うちき》の裾にひとしくて、影見ゆばかりきらめきかかりたるほどなど、限りなし。人知れず心にかかる木幡の里にも並び給ふべしと見ゆるに、御心落ちゐて、いとかひありと思したり。

(注) 1 春の中納言 —— 男君のライバル。女二の宮との結婚を望んでいた。
2 喜び申し —— 官位を授けられた者が宮中に参上して感謝の意を表すること。
3 及ばぬ枝 —— 女二の宮との結婚に手が届かなかったことを指す。
4 三条院 —— 女二の宮と院の住まい。女二の宮の結婚が決まった後、帝の位を退いた院は、この邸《やしき》で女二の宮と暮らしている。
5 御前 —— ここでは、貴人の通行のとき、道の前方にいる人々を追い払う人。
6 大宮 —— 男君の亡き母宮。
7 思ひの外に近づき寄りたりし道の迷ひ —— 前年の春に出会って以来、男君が恋心を抱き続けている木幡の姫君のことを指す。
8 いつも時雨は —— 「神無月いつも時雨は降りしかどかく袖ひつる折はなかりき」という和歌をふまえる。
9 殿 —— 男君の住む邸宅。

問1　傍線部(ア)〜(ウ)の解釈として最も適当なものを、次の各群の①〜⑤のうちから、それぞれ一つずつ選べ。解答番号は 23 〜 25 。

(ア)　さらぬほどの所 23
① たいして重要でない場所
② 立ち去りがたく思う場所
③ ことさら格式張った場所
④ あまりよく知らない場所
⑤ 絶対に避けられない場所

(イ)　いつしかゆかしう 24
① いつ見られるかと
② こっそり覗《のぞ》こうと
③ 早く目にしたいと
④ 焦って調べようと
⑤ すぐ明白になると

(ウ)　おくれたるところなく 25
① 未熟なところがなく
② 物怖《ものお》じするところがなく
③ 流行から外れることなく
④ 時間にいい加減ではなく
⑤ 無遠慮なところがなく

問2　傍線部A「ものの嘆かしさの紛るばかりに見なし聞こえばやとぞ思しける」は男君の心情を述べたものだが、その文法と内容に関わる説明として最も適当なものを、次の①～④のうちから一つ選べ。解答番号は 26 。

① 「ものの」は、接頭語「もの」に格助詞「の」が接続したもので、このまま女二の宮と結婚しても良いのだろうかという迷いをそれとなく表している。

② 「紛るばかりに」は、動詞「紛る」に程度を表す副助詞「ばかり」が接続したもので、木幡の姫君への思いが紛れるくらいにという意味を表している。

③ 「見なし聞こえばや」は、複合動詞「見なし聞こゆ」に願望を表す終助詞「ばや」が接続したもので、女二の宮に会ってみたいという願いを表している。

④ 「思しける」は、尊敬の動詞「思す」に過去の助動詞「けり」が接続したもので、いつのまにか女二の宮に恋をしていたことに対する気づきを表している。

問3　1 ～ 3 段落の登場人物に関する説明として最も適当なものを、次の①～⑤のうちから一つ選べ。解答番号は 27 。

① 春の中納言は、男君と同時期に権大納言に昇進したものの、女二の宮の結婚相手を選ぶ際には一歩及ばず、男君にあらためて畏敬の念を抱いた。

② 春の中納言は、女二の宮と結婚することを諦めきれなかったので、すべての力を注いで女二の宮を奪い取ろうという気持ちで日々を過ごしていた。

③ 関白は、女二の宮との結婚に向けて三条院に参上する息子の立派な姿を見て、亡き妻がいたらどんなに誇らしく喜ばしく感じただろうと思った。

④ 院は、これから結婚しようとする娘の晴れ姿を見るにつけても、娘が幼かったころの日々が思い出され、あふれる涙を抑えることができなかった。

⑤ 院は、女二の宮の結婚相手にふさわしい官位を得るように男君を叱咤《しった》激励し、院と女二の宮が住む三条院に男君が訪れた際も、あえて厳しく接した。

問4 [4]・[5]段落の内容に関する説明として最も適当なものを、次の①～④のうちから一つ選べ。解答番号は[28]。

① 男君は逢瀬《おうせ》の後の寂しさを詠んだ歌を贈ったが、女二の宮は景色だけを詠んだ歌を返して、男君の思いに応えようとしなかった。男君は、本心を包み隠し続ける女二の宮に対して、まだ自分に遠慮しているようだと思った。

② 女二の宮のもとを訪れた男君は、翌朝、女二の宮への思いをつづった手紙を送った。女二の宮からの返歌は、男君の手紙の言葉をふまえたもので、内容・筆跡ともに素晴らしく、理想にかなう女性と結婚できたと男君は満足した。

③ 結婚に前向きでなかった男君は、実際に女二の宮に会ってみると、その髪の美しさや容姿の素晴らしさに思いがけず心惹《ひ》かれた。そこで、女二の宮とこのまま結婚生活を続けて、密《ひそ》かに木幡の姫君とも関係を持とうと考えた。

④ 女二の宮は、身の回りの世話をする女房・童たち、そして豪華な嫁入り道具とともに男君のもとへ嫁いだ。結婚の儀式が盛大に執り行われる中、男君と木幡の姫君の関係を察していた女二の宮は、この結婚の先行きに不安を感じた。

問5　Nさんのクラスでは、授業で本文を読んだ後、本文の表現について理解を深めるために、教師から配られた【学習プリント】をもとに、グループで話し合うことになった。このことについて、後の(i)・(ii)の問いに答えよ。

【学習プリント】

傍線部B「いかなる方にかと、人の結ばむことさへ思ひつづけらるるぞ、我ながらうたてと思ひ知らるる」の「人の結ばむこと」は、以下にあげる『伊勢物語』の和歌Ⅰをふまえた表現です。

むかし、男、妹のいとをかしげなりけるを見をりて、

Ⅰ　うら若みねよげに見ゆる若草を人の結ばむことをしぞ思ふ

と聞こえけり。返し、

Ⅱ　初草のなどめづらしき言の葉ぞうらなくものを思ひけるかな

［ステップ1］　和歌Ⅰの「うら若みねよげに見ゆる若草」には、「引き結んで枕にすれば、いかにも寝心地が良さそうな若草」という意味がありますが、ほかに別の意味が込められています。それが何かを示して、兄（ここにあげた『伊勢物語』の本文では「男」）が妹に何を伝えたかったかを話し合ってみましょう。

［ステップ2］　ステップ1での話し合いをふまえて、傍線部Bに表現された男君の心情について話し合ってみましょう。

(i) Nさんのグループでは「ステップ1」の話し合いを行い、その結果を次のように【ノート】にまとめた。空欄 X ・ Y に入る内容の組合せとして最も適当なものを、次の①～④のうちから一つ選べ。解答番号は 29 。

【ノート】

・和歌Iは愛らしい妹を見て詠んだ歌なので、「若草」は妹のことを指していると思われる。

・「人」が「若草」を「結ばむこと」には、 X という意味が重ねられている。

・和歌IIは妹からの返歌で、「などめづらしき言の葉ぞ」には、和歌Iの内容に対する驚きが表れている。

・「うらなくものを思ひけるかな」は、自身が兄の気持ちにこれまで気づいていなかったことを示している。

・和歌Iを通して兄が伝えたかったことは Y であると考えられる。

① X ―自分ではなく他人が妹と結婚すること　Y ―妹への恋心

② X ―親が妹の将来の結婚相手を決めること　Y ―妹への祝福

③ X ―自分が妹を束縛して結婚させないこと　Y ―妹への執着

④ X ―妹がまだ若いのに結婚してしまうこと　Y ―妹への心配

(ii)　Nさんのグループでは、［ステップ2］の話し合いを行い、その結果を教師に提出した。傍線部**B**に表現された男君の心情として最も適当なものを、次の①～④のうちから一つ選べ。解答番号は 30 。

① 自分が女二の宮と結婚したことで、妹である木幡の姫君の結婚に意見を言う立場ではなくなったので、これを機に妹への思いを諦めようとしている。

② 妹と釣り合う相手はいないと思っていたが、女二の宮との結婚後は、兄として木幡の姫君の結婚を願うようになり、自らの心境の変化に呆《あき》れている。

③ 女二の宮と結婚しても妹である木幡の姫君への思いを引きずっており、妹の将来の結婚相手のことまで想像してしまう自分自身に嫌気がさしている。

④ 娘の結婚相手として自分を認めてくれた院の複雑な親心が理解できるようになり、妹である木幡の姫君が結婚する将来を想像して感慨に耽《ふけ》っている。

90

第4問　次の【文章Ⅰ】は、江戸末期の儒学者安積艮斎《あさかごんさい》が書いたアメリカ合衆国初代大統領ワシントンの伝記「話聖東《ワシントン》伝」の一節であり、【文章Ⅱ】は、宋代の儒学者范祖禹《はんそう》が君主の道について述べた文章の一節である。これらを読んで、後の問い（問1～6）に答えよ。なお、設問の都合で返り点・送り仮名を省いたところがある。（配点　50）

【文章Ⅰ】

話《わ》聖《しん》東《とん》為スヤ㆑政ヲ **X** 而公、推シテ㆑誠ヲ待ス㆑物ニ。有リ㆓巴《は》（注1）爾《みる》東《とん》ナル者㆒、明敏ニシテ有リ㆓器（注2）識㆒、嫻《なら》ヒ（注3）㆓辞令㆒ニ、通ズ㆓大体（注4）㆒ニ。話聖東挙ゲテ㆑之ヲ、参㆓決セシム政事㆒ヲ。在ルコト（注5）㆑任ニ八年、法令整粛、武備森厳（注6）ニシテ、闔《かふ》（注7）州《しう》大イニ治マル。A然人或有議其所為者、話聖東感憤ス。及ビテ㆓任満ツルニ㆒、乃チ還リ㆓旧閭《きうりよ》（注8）㆒ニ、深ク自ラ韜晦《たうくわい》（注9）シ、無シ㆓復タ功名ノ意㆒。（ア）以テ㆑寿ヲ終ハル㆓于家㆒ニ。

（安積艮斎『洋外紀略』による）

（注）1　巴爾東——ハミルトン（一七五七—一八〇四）。建国期のアメリカで財務長官を務めた。
2　器識——才能と見識。
3　嫻ニ辞令一——文章の執筆に習熟している。
4　大体——政治の要点。
5　在レ任——大統領の地位にあること。
6　森厳——重々しいさま。
7　闔州——国中。
8　旧閭——故郷。
9　韜晦——世間の目につかないようにする。

【文章Ⅱ】

人君ハ以テ二一人之身ヲ一、而御シ二四（注10）海之広キヲ一、応ズ二万務之 Y 一。苟シクモ不下シテ以テ二至誠ヲ一与《とも》ニセ上賢ト而（イ）役シテ二其ノ独智ヲ一以テ先ダテバ二天下ニ一、則チ B耳目心志之所レ及ブ者、其レ能ク幾《いく》何《ばく》ゾ。是ノ故ニ人君必ズ清メテレ心ヲ以テ涖《のぞ》ミレ之ニ、虚《むな》シクシテレ己ヲ以テ待スルコトレ之ニ、如クニ二鑑《かがみ》之明ナルガ一、C如クナレバ二水之止マルガ一、則チ物（注11）至ルモ而不レ能ハレ罔《し》フルコト（注12）矣。

（『性理大全』による）

（注）10　四海——天下。
11　物——外界の事物。
12　罔——心をまどわすこと。

問1　空欄 **X** ・ **Y** に入る語として最も適当なものを、次の各群の①～⑤のうちからそれぞれ一つずつ選べ。解答番号は 31 ・ 32 。

31 **X**

① 廉
② 刻
③ 頑
④ 濫
⑤ 偏

32 **Y**

① 要
② 美
③ 対
④ 臣
⑤ 衆

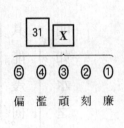

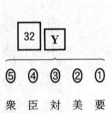

問2　波線部(ア)「以レ寿終二于家一」・(イ)「役二其独智一」の解釈として最も適当なものを、次の各群の①～⑤のうちからそれぞれ一つずつ選べ。解答番号は 33 ・ 34 。

(ア)「以レ寿終二于家一」 33

① めでたいことに自らの家で事業を成し遂げた
② 天寿を全うして自らの家でこの世を去った
③ 人々に祝福されて自らの家で余生を過ごした
④ 長寿の親のために自らの家で力を尽くした
⑤ 民の幸せを願いながら自らの家で節義を貫いた

(イ)「役二其独智一」 34

① 比類のない見識を発揮して
② 自己の知識を誇示して
③ 孤高の賢人を模倣して
④ 自分の知恵だけを用いて
⑤ 独特の見解をしりぞけて

問3　傍線部A「然人或有議其所為者」の返り点の付け方と書き下し文との組合せとして最も適当なものを、次の①～⑤のうちから一つ選べ。解答番号は　35　。

① 然人或有下議二其所一為者上
　然れども人或いは其の所を議して為す者有れば

② 然人或有議二其所レ為者一
　然れども人或いは有りて其の為にする所の者を議すれば

③ 然人或有レ議二其所レ為者一
　然れども人或いは其の為にする所の者を議する有れば

④ 然人或有レ議其所レ為者
　然れども人或いは議有りて其の為す所の者なれば

⑤ 然人或有下議二其所一レ為者上
　然れども人或いは其の為す所を議する者有れば

問4　傍線部B「耳目心志之所レ及者、其能幾何」の解釈として最も適当なものを、次の①～⑤のうちから一つ選べ。解答番号は 36 。

① 君主の見聞や思慮が及ぶ範囲は決して広くない。
② 天下の人々の見聞や思慮が及ぶ範囲は君主以上に広い。
③ 天下の人々の感覚や思慮が及ぶ範囲は狭くなってしまう。
④ 君主の感覚や思慮が及ぶ対象はとても数え切れない。
⑤ 天下の人々の感覚や思慮が及ぶ対象は千差万別である。

問5　傍線部C「如二水之止一」に関する説明として最も適当なものを、次の①～⑤のうちから一つ選べ。解答番号は 37 。

① 君主のもとに人々の意見が集まることが、まるで水が低い場所に自然とたまっていくようであるということ。
② 君主が公平な裁判を常に行っていることが、まるで水の表面が平衡を保っているようであるということ。
③ 君主が雑念をしりぞけて落ち着いていることが、まるで波立っていない静かな水のようであるということ。
④ 君主のこれまで積んできた善行の量が多いことが、まるで豊富に蓄えられた水のようであるということ。
⑤ 君主が無欲になって人々のおごりを戒めることが、まるであふれそうな水をせき止めるようであるということ。

問6　次に示すのは、**【文章Ⅰ】**と**【文章Ⅱ】**を読んだ後に、教師と二人の生徒が交わした会話の様子である。これを読んで、後の(i)・(ii)の問いに答えよ。

教　師　**【文章Ⅰ】**の安積艮斎「話聖東伝」は、森鷗外《もりおうがい》の作品『渋江《しぶえ》抽斎《ちゅうさい》』においても言及されています。渋江抽斎は、江戸末期の医者であり漢学者でもあった人物です。抽斎はもとは西洋に批判的だったのですが、「話聖東伝」を読んで考えを改め、西洋の言語を自分の子に学ばせるようにと遺言しました。鷗外によれば、「話聖東伝」の中でも抽斎がとりわけ気に入ったのは、次の**【資料】**の一節だったようです。

【資料】（送り仮名を省いた）

> 嗚呼、話聖東、雖レ生ニ於戎《じゅう》羯《けつ》一、其為レ人有ニ足レ多者一。

教　師　「戎羯」は異民族といった意味です。この**【資料】**で艮斎はどのようなことを言っていますか。

生徒A　［**a**］。ワシントンに対する**【資料】**のような見方が、抽斎の考えを変えたのでしょう。

生徒B　なぜ、**【資料】**のようにワシントンは評価されているのでしょうか。

教　師　【文章Ⅱ】の『性理大全』の一節は、儒学の伝統的な君主像を示しています。【文章Ⅰ】と【文章Ⅱ】には似ているところがありますね。

生徒A　［ b ］。

生徒B　［ c ］。「話聖東伝」を通じて、抽斎は立派な為政者が西洋にいたことを知り、感動したのですね。

教　師　このように漢文の教養は、西洋文化を受容する際の土台になったわけです。面白いと思いませんか。

(i)　空欄 **a** に入る発言として最も適当なものを、次の①～⑤のうちから一つ選べ。解答番号は 38 。

① 「異民族の出身ではあるけれども」とあるように、艮斎は西洋の人々に対する偏見から完全に脱却していたわけではないものの、ワシントンの人柄には称賛に値する点があると言っています

② 「異民族の生まれだと言うものもいるが」とあるように、艮斎はワシントンの出自をあげつらう人々を念頭に置いて、そのような人々よりもワシントンの方が立派な人物であると言っています

③ 「異民族に生まれていながらも」とあるように、艮斎はワシントンが西洋人であることを否定的に見る一方で、ワシントンの政策には肯定的に評価すべき面があると言っています

④ 「異民族の出自であることを問わずに」とあるように、艮斎は欧米と東アジアの人々を対等であると認識し、ワシントンの人生はあらゆる人々にとって学ぶべきものであると言っています

⑤ 「異民族の出身でなかったとしても」とあるように、艮斎は欧米と東アジアを区別しない観点に立ち、ワシントンの統治の方法にはどのような国でも賛同する人が多いであろうと言っています

(ii) 空欄 b ・ c に入る発言の組合せとして最も適当なものを、次の①～⑤のうちから一つ選べ。解答番号は 39 。

① b――【文章Ⅰ】は、ワシントンが人々から反発されても動じなかったことを述べていますね
c――それは、【文章Ⅱ】のどのような出来事にも信念を曲げない儒学の伝統的な君主像に重なります

② b――【文章Ⅰ】は、ワシントンが法律を整備して国を安定させたことを述べていますね
c――それは、【文章Ⅱ】の個人の力より制度を重視する儒学の伝統的な君主像に重なります

③ b――【文章Ⅰ】は、ワシントンが信頼する部下に自分の地位を譲ったことを述べていますね
c――それは、【文章Ⅱ】の権力や名誉に執着しない儒学の伝統的な君主像に重なります

④ b――【文章Ⅰ】は、ワシントンが政策の意図を率直に文章で示したことを述べていますね
c――それは、【文章Ⅱ】の人々に対して誠実に向き合う儒学の伝統的な君主像に重なります

⑤ b――【文章Ⅰ】は、ワシントンが優れた人材を登用し、政務に参与させたことを述べていますね
c――それは、【文章Ⅱ】の公正な心で賢人と協力する儒学の伝統的な君主像に重なります

2022
本試験

国　語

（2022年１月実施）

80分　200点

国語

（解答番号 1 ～ 36）

第1問　次の【文章Ⅰ】【文章Ⅱ】を読んで、後の問い（問1〜6）に答えよ。（配点　50）

【文章Ⅰ】　次の文章は、宮沢賢治の「よだかの星」を参照して「食べる」ことについて考察した文章である。なお、表記を一部改めている。

「食べる」ことと「生」にまつわる議論は、どうしたところで動物が主題になってしまう。そこでは動物たちが人間の言葉をはなし、また人間は動物の言葉を理解する（まさに神話的状況である）。そのとき動物も人間も、自然のなかでの生き物として、まったく対等な位相にたってしまうことが重要なのである。動物が人間になるのではない。宮沢の記述からかいまみられるのは、そもそも逆で、人間とはもとより動物である（そうでしかありえない）ということである。そしてそれは考えてみれば、あまりに当然すぎることである。

「よだかの星」は、その意味では、擬人化がカ(ア)ジョウになされている作品のようにおもわれる。その感情ははっきりと人間的である。よだかは、みなからいじめられ、何をしても孤立してしまう。いつも自分の醜い容姿を気にかけている。親切心で他の鳥の子供を助けても、何をするのかという眼差《まなざ》しでさげすまれる。なぜ自分は生きているのかとおもう。ある意味では、多かれ少なかれ普通の人間の誰もが、一度は心のなかに抱いたことのある感情だ。さらには、よだかにはいじめっ子の鷹《たか》がいる。鷹は、お前は鷹ではないのになぜよだかという名前を名乗るのだ、しかも夜という単語と鷹という単語を借りておかしいではないか、名前を変えろと迫る。よだかはあまりのことに、自分の存在そのものを否定されたかのように感じる。

しかしよだかは、いかに醜くとも、いかに自分の存在を低くみようとも、空を飛び移動するなかで、おおきな口をあけ、羽虫をむさぼり喰《く》ってしまう。それが喉につきささろうとも、甲虫《かぶとむし》を食べてしまう。自然に対しては、自分は支配者のような役割を演じてしまいもするのである。だがどうして自分は羽虫を「食べる」のか。なぜ自分のような存在が、劣等感をもちながらも、他の生き物を食べて生きていくのか、それがよいことかどうかがわからない。

夜だかが思ひ切って飛ぶときは、そらがまるで二つに切れたやうに思はれます。一疋《ぴき》の甲虫が、夜だかの咽喉《のど》にはひって、ひどくもがきました。よだかはすぐそれを呑《の》みこみましたが、その時何だかせなかがぞっとしたやうに思ひました。

（『宮沢賢治全集5』、八六頁《ページ》）

A ここからよだかが、つぎのように思考を展開していくことは、あまりに自明なことであるだろう。

（ああ、かぶとむしや、たくさんの羽虫が、毎晩僕に殺される。そしてそのただ一つの僕がこんどは鷹に殺される。それがこんなにつらいのだ。ああ、つらい、つらい。僕はもう虫をたべないで餓《う》ゑて死なう。いやその前にもう鷹が僕を殺すだらう。いや、その前に、僕は遠くの遠くの空の向ふに行ってしまはう。）（同書、八七頁）

当然のことながら、夏の夜の一夜限りの生命かもしれない羽虫を食べること、短い時間しかいのちを送らない甲虫を食べることは、そもそも食物連鎖上のこととしてやむをえないことである。それにそもそもこの話は、もともとはよだかが自分の生のどこかに困難を抱えていて（それはわれわれすべての鏡だ）、それが次第に、他の生き物を殺して食べているという事実の問いに転化され、そのなかで自分も鷹にいずれ食べられるだろう、それならば自分は何も食べず絶食し、空の彼方《かなた》へ消えてしまおうというはなしにさらに転変していくものである。

よだかは大犬座の方に向かい億年兆年億兆年かかるといわれても、さらに大熊星の方に向かい頭を冷やせといわれても、なおその行為をやめることはしない。結局よだかは最後の力を振り絞り、自らが燃え尽きることにより、自己の行為を昇華するのである。

食べるという主題がここで前景にでているわけではない。むしろまずよだかにとって問題なのは、どうして自分のような惨めな存在が生きつづけなければならないのかということであった。そしてその問いの先にあるものとして、ふと無意識に口にしていた羽虫や甲虫のことが気にかかる。そして自分の惨めさを感じつつも、無意識にそれを咀嚼《そしゃく》してしまっている自分に対し「せなかがぞっとした」「思ひ」を感じるのである。

よくいわれるように、このはなしは食物連鎖の議論のようにみえる。確かに表面的にはそう読めるだろう。だがよだかは、実はまだ自分が羽虫を食べることがつらいのか、自分が鷹に食べられることがつらいのか、たんに惨めな存在である自らが食べ物を殺して咀嚼することがつらいのか判然と理解しているわけではない。これはむしろ、主題としていえば、まずは食べないことの選択、つまりは断食につながるテーマである。そして、そうであるがゆえに、最終的な星への昇華という宮沢独特のストーリー性がひらかれる仕組みになっているようにもみえる。

ここで宮沢は、食物連鎖からの解放という(仏教理念として充分に想定される)事態だけをとりだすのではない。むしろここでみいだされるのは、心が(イ)キズついたよだかが、それでもなお羽虫を食べるという行為を無意識のうちになしていることに気がつき「せなかがぞっとした」「思ひ」をもつという一点だけにあるようにおもわれる。それは、B人間である(ひょっとしたら同時によだかでもある)われわれすべてが共有するものではないか。そしてこの思いを昇華させるためには、数億年数兆年彼方の星に、自らを変容させていくことしか解決策はないのである。

(檜垣立哉《ひがきたつや》『食べることの哲学』による)

【文章Ⅱ】 次の文章は、人間に食べられた豚肉(あなた)の視点から「食べる」ことについて考察した文章である。

長い旅のすえに、あなたは、いよいよ、人間の口のなかに入る準備を整えます。箸で挟まれたあなたは、まったく抵抗できぬままに口に運ばれ、アミラーゼの入った唾液をたっぷりかけられ、舌になぶられ、硬い歯によって噛《か》み切られ、すり潰されます。そのあと、歯の隙間に残ったわずかな分身に別れを告げ、食道を通って胃袋に入り、酸の海のなかでドロドロになります。十二指腸でも膵液《すいえき》と胆汁が流れ込み消化をアシストし、小腸にたどり着きます。ここでは、小腸の運動によってあなたは前後左右にもまれながら、六メートルに及ぶチューブをくねくね旅します。そのあいだ、小腸に出される消化酵素によって、炭水化物がブドウ糖や麦芽糖に、脂肪を脂肪酸とグリセリンに分解され、それらが腸に吸収されていきます。ほとんどの栄養を吸い取られたあなたは、すっかりかたちを変えて大腸にたどり着きます。

大腸は面白いところです。大腸には消化酵素はありません。そのかわりに無数の微生物が棲《す》んでいるのです。人間は、微生物の集合住宅でもあります。その微生物たちがあなたを(ウ)襲い、あなたのなかにある繊維を発酵させます。繊維があればあるほど、大腸の微生物は活性化するので、小さい頃から繊維をたっぷり含むニンジンやレンコンなどの根菜を食べるように言われているのです。そうして、いよいよあなたは便になって肛門《こうもん》からトイレの中へとダイビングします。こうして、下水の旅をあなたは始めるのです。

こう考えると、食べものは、人間のからだのなかで、急に変身を(エ)トげるのではなく、ゆっくり、じっくりと時間をかけ、徐々に変わっていくのであり、どこまでが食べものであり、どこからが食べものでないのかについて決めるのはとても難しいことがわかります。

答えはみなさんで考えていただくとして、二つの極端な見方を示して、終わりたいと思います。

一つ目は、人間は「食べて」などいないという見方です。食べものは、口に入るまえは、塩や人工調味料など一部の例外を除いてすべて生きものであり、その死骸であって、それが人間を通過しているにすぎない、と考えることもけっして言いすぎではありません。人間は、生命の循環の通過点にすぎないのであって、地球全体の生命活動がうまく回転するように食べさせられている、と考えていることです。

二つ目は、肛門から出て、トイレに流され、下水管を通って、下水処理場で微生物の力を借りて分解され、海と土に戻っていき、そこからまた微生物が発生して、それを魚や虫が食べ、その栄養素を用いて植物が成長し、その植物や魚をまた動物や人間が食べる、という循環のプロセスと捉えることです。つまり、ずっと食べものである、ということ。世の中は食べもので満たされていて、食べものは、生きものの死によって、つぎの生きものに生を(オ)与えるバトンリレーである。しかも、バトンも走者も無数に増えるバトンリレー。誰の口に入るかは別として、人間を通過しているにすぎないのです。

どちらも極端で、どちらも間違いではありません。しかも、C二つとも似ているところさえあります。死ぬのがわかっているのに生き続けるのはなぜか、という質問にもどこかで関わってきそうな気配もありますね。

（藤原辰史《ふじはらたつし》『食べるとはどういうことか』による）

問1　次の(i)・(ii)の問いに答えよ。

(i)　傍線部(ア)・(イ)・(エ)に相当する漢字を含むものを、次の各群の①～④のうちから、それぞれ一つずつ選べ。解答番号は［1］～［3］。

(ア)　カジョウ［1］
①　ジョウチョウな文章
②　予算のジョウヨ金
③　汚れをジョウカする
④　ジョウキを逸する

(イ)　キズついた［2］
①　入会をカンショウする
②　音楽をカンショウする
③　カンショウ的な気分になる
④　箱にカンショウ材を詰める

(エ)　トげる［3］
①　過去の事例からルイスイする
②　キッスイの江戸っ子
③　マスイをかける
④　計画をカンスイする

(ii)　傍線部(ウ)・(オ)とは**異なる意味**を持つものを、次の各群の①～④のうちから、それぞれ一つずつ選べ。解答番号は［4］・［5］。

(ウ)　襲い［4］

① ヤ襲
② セ襲
③ キ襲
④ ライ襲

(オ)　与える［5］

① キョウ与
② ゾウ与
③ カン与
④ ジュ与

問2　傍線部A「ここからよだかが、つぎのように思考を展開していく」とあるが、筆者はよだかの思考の展開をどのように捉えているか。その説明として最も適当なものを、次の①～⑤のうちから一つ選べ。解答番号は 6 。

① よだかは、生きる意味が見いだせないままに羽虫や甲虫を殺して食べていることに苦悩し、現実の世界から消えてしまおうと考えるようになる。

② よだかは、みなにさげすまれるばかりかついには鷹に殺されてしまう境遇を悲観し、彼方の世界へ旅立とうと考えるようになる。

③ よだかは、羽虫や甲虫を殺した自分が鷹に殺されるという弱肉強食の関係を嫌悪し、不条理な世界を拒絶しようと考えるようになる。

④ よだかは、他者を犠牲にして生きるなかで自分の存在自体が疑わしいものとなり、新しい世界を目指そうと考えるようになる。

⑤ よだかは、鷹におびやかされながらも羽虫や甲虫を食べ続けているという矛盾を解消できず、遠くの世界で再生しようと考えるようになる。

問3　傍線部B「人間である(ひょっとしたら同時によだかでもある)われわれすべてが共有するものではないか」とあるが、それはどういうことか。その説明として最も適当なものを、次の①～⑤のうちから一つ選べ。解答番号は 7 。

① 存在理由を喪失した自分が、動物の弱肉強食の世界でいつか犠牲になるかもしれないと気づき、自己の無力さに落胆するということ。

② 生きることに疑念を抱いていた自分が、意図せずに他者の生命を奪って生きていることに気づき、自己に対する強烈な違和感を覚えるということ。

③ 存在を否定されていた自分が、無意識のうちに他者の生命に依存していたことに気づき、自己を変えようと覚悟するということ。

④ 理不尽な扱いに打ちのめされていた自分が、他者の生命を無自覚に奪っていたことに気づき、自己の罪深さに動揺するということ。

⑤ 惨めさから逃れたいともがいていた自分が、知らないままに弱肉強食の世界を支える存在であったことに気づき、自己の身勝手さに絶望するということ。

問4　傍線部C「二つとも似ているところさえあります」とあるが、どういう点で似ているのか。その説明として最も適当なものを、次の①～⑤のうちから一つ選べ。解答番号は 8 。

① 人間の消化過程を中心とする見方ではなく、微生物の活動と生物の排泄行為から生命の再生産を捉えている点。
② 人間の生命維持を中心とする見方ではなく、別の生きものへの命の受け渡しとして食べる行為を捉えている点。
③ 人間の食べる行為を中心とする見方ではなく、食べられる側の視点から消化と排泄の重要性を捉えている点。
④ 人間の生と死を中心とする見方ではなく、地球環境の保護という観点から食べることの価値を捉えている点。
⑤ 人間の栄養摂取を中心とする見方ではなく、多様な微生物の働きから消化のメカニズムを捉えている点。

問5　【文章Ⅱ】の表現に関する説明として最も適当なものを、次の①～⑤のうちから一つ選べ。解答番号は　9　。

① 豚肉を「あなた」と見立てるとともに、食べられる生きものの側の心情を印象的に表現することで、無機的な消化過程に感情移入を促すように説明している。

② 豚肉を「あなた」と見立てるとともに、消化酵素と微生物とが協同して食べものを分解する様子を比喩的に表現することで、消化器官の働きを厳密に描いている。

③ 豚肉を「あなた」と見立てるとともに、食べものが消化器官を通過していく状況を擬態語を用いて表現することで、食べることの特殊な仕組みを筋道立てて説明している。

④ 豚肉を「あなた」と二人称で表しながら、比喩を多用して消化過程を表現することで、生きものが他の生物の栄養になるまでの流れを軽妙に説明している。

⑤ 豚肉を「あなた」と二人称で表しながら、生きものが消化器官でかたちを変えて物質になるさまを誇張して表現することで、消化の複雑な過程を鮮明に描いている。

問6 Mさんは授業で**【文章Ⅰ】**と**【文章Ⅱ】**を読んで「食べる」ことについて自分の考えを整理するため、次のような**【メモ】**を作成した。これについて、後の(i)・(ii)の問いに答えよ。

【メモ】

〈1〉 共通する要素
［どちらも「食べる」ことと生命の関係について論じている。］

〈2〉「食べる」ことについての捉え方の違い
【文章Ⅰ】［ **X** ］
【文章Ⅱ】［「食べる」ことは、生物を地球全体の生命活動に組み込むものである。］

〈3〉 まとめ
［ **Y** ］

(i) Mさんは〈1〉を踏まえて〈2〉を整理した。空欄 **X** に入る最も適当なものを、次の①～④のうちから一つ選べ。解答番号は 10 。

① 「食べる」ことは、弱者の生命の尊さを意識させる行為である。
② 「食べる」ことは、自己の生命を否応なく存続させる行為である。
③ 「食べる」ことは、意図的に他者の生命を奪う行為である。
④ 「食べる」ことは、食物連鎖から生命を解放する契機となる行為である。

(ii) Mさんは〈1〉〈2〉を踏まえて「〈3〉まとめ」を書いた。空欄 Y に入る最も適当なものを、次の ①～④ のうちから一つ選べ。解答番号は 11 。

① 他者の犠牲によってもたらされたよだかの苦悩は、生命の相互関係における多様な現象の一つに過ぎない。しかし見方を変えれば、自他の生を昇華させる行為は、地球全体の生命活動を円滑に動かすために欠かせない要素であるとも考えられる。

② 苦悩から解放されるためによだかが飢えて死のうとすることは、生命が本質的には食べてなどいないという指摘に通じる。しかし見方を変えれば、地球全体の生命活動を維持するためには、食べることの認識を改める必要があるとも考えられる。

③ 無意識によだかが羽虫や甲虫を食べてしまう行為には、地球全体の生命活動を循環させる重要な意味がある。しかし見方を変えれば、一つ一つの生命がもっている生きることへの衝動こそが、循環のプロセスを成り立たせているとも考えられる。

④ 他者に対してよだかが支配者となりうる食物連鎖の関係は、命のバトンリレーのなかで解消されるものである。しかし見方を変えれば、地球全体の生命活動を円滑にするためには、食べることによって生じる序列が不可欠であるとも考えられる。

第2問 次の文章は、黒井千次《くろいせんじ》「庭の男」(一九九一年発表)の一節である。「私」は会社勤めを終え、自宅で過ごすことが多くなっている。隣家(大野家)の庭に息子のためのプレハブ小屋が建ち、そこに立てかけられた看板に描かれた男が、「私」の自宅のダイニングキチン(キッチン)から見える。その存在が徐々に気になりはじめた「私」は、看板のことを妻に相談するなかで、自分が案《か》山子《かし》をどけてくれと頼んでいる雀《すずめ》のようだと感じていた。以下はそれに続く場面である。これを読んで、後の問い(問1〜5)に答えよ。(配点 50)

立《たて》看板をなんとかするよう裏の家の息子に頼んでみたら、という妻の示唆を、私は大真面目で受け止めていたわけではなかった。落着《おちつ》いて考えてみれば、その理由を中学生かそこらの少年にどう説明すればよいのか見当もつかない。相手は看板を案山子などとは夢にも思っていないだろうから、雀の論理は通用すまい。ただあの時は、妻が私の側に立ってくれたことに救われ、気持ちが楽になっただけの話だった。いやそれ以上に、男と睨《にら》み合った時、なんだ、お前は案山子ではないか、と言ってやる僅かなゆとりが生れるほどの力にはなった。裏返されればそれまでだぞ、と窓の中から毒突くのは、一方的に見詰められるのみの関係に比べればまだましだったといえる。

しかし実際には、看板を裏返す手立てが摑《つか》めぬ限り、いくら毒突いても所詮空威張りに過ぎぬのは明らかである。そして裏の男は、私のそんな焦りを見透《みすか》したかのように、前にもまして帽子の広いつばの下の眼に暗い光を溜《た》め、こちらを凝視して止《や》まなかった。流しの窓の前に立たずとも、あの男が見ている、との感じは肌に伝わった。暑いのを我慢して南側の子供部屋で本を読んだりしていると、すぐ隣の居間に男の視線の気配を覚えた。そうなると、本を伏せてわざわざダイニングキチンまで出向き、あの男がいつもと同じ場所に立っているのを確かめるまで落着けなかった。

隣の家に電話をかけ、親に事情を話して看板をどうにかしてもらう、という手も考えた。少年の頭越しのそんな手段はフェアではないだろう、との意識も働いたし、その前に親を納得させる自信がない。もしも納得せぬまま、ただこちらとのいざこざを避けるために親が看板を除去してくれたとしても、相手の内にいかなる疑惑が芽生えるかは容易に想像がつく。あの家には頭のおかしな人間が住んでいる、そんな噂《うわさ》を立てられるのは恐ろしかった。

ある夕暮れ、それは妻が家に居る日だったが、日が沈んで外が少し涼しくなった頃、散歩に行くぞ、と裏の男に眼で告げて玄関を出た。家を離れて少し歩いた時、町会の掲示板のある角を曲って来る人影に気がついた。迷彩色のシャツをだらしなくジーパンの上に出し、俯《うつむ》きかげんに道の端をのろのろと近づいて来る。まだ育ち切らぬ柔らかな骨格と、無理に背伸びした身なりとのアンバランスな組合せがおかしかった。細い首に支えられた坊主頭がふと上り、またすぐに伏せられた。A隣の少年だ、と思うと同時に、私はほとんど無意識のように道の反対側に移って彼の前に立っていた。

「ちょっと」

声を掛けられた少年は怯《おび》えた表情で立ち止《どま》り、それが誰かわかると小さく頷《うなず》く仕種《しぐさ》で頭だけ下げ、私を避けて通り過ぎようとした。

「庭のプレハブは君の部屋だろう」

何か曖昧な母音を洩《も》らして彼は微《かす》かに頷いた。

「あそこに立てかけてあるのは、映画の看板かい」

細い眼が閉じられるほど細くなって、警戒の色が顔に浮かんだ。

「素敵な絵だけどさ、うちの台所の窓の真正面になるんだ。置いてあるだけなら、あのオジサンを横に移すか、裏返しにするか——」

そこまで言いかけると、相手は肩を聳《そび》やかす身振りで歩き出そうとした。

「待ってくれよ、頼んでいるんだから」

肩越しに振り返る相手の顔は無表情に近かった。

「もしもさ——」

追おうとした私を振り切って彼は急ぎもせずに離れて行く。

「ジジイ——」

吐き捨てるように彼の俯いたまま低く叫ぶ声がはっきり聞えた。少年の姿が大野家の石の門に吸い込まれるまで、私はそこに立ったまま見送っていた。

ひどく後味の悪い夕刻の出来事を、私は妻に知られたくなかった。少年から見れば我が身が碌《ろく》な勤め先も持たぬジジイであることに間違いはなかったろうが、一応は礼を尽《つく》して頼んでいるつもりだったのだから、中学生の餓鬼にそれを無視され、罵られたのは身に応えた。**B**身体の底を殴られたような厭《いや》な痛みを少しでも和らげるために、こちらの申し入れが理不尽なものであり、相手の反応は無理もなかったのだ、と考えてみようともした。謂《いわ》れもない内政干渉として彼が憤る気持ちもわからぬではなかった。しかしそれなら、彼は面を上げて私の申し入れを拒絶すればよかったのだ。所詮当方は雀の論理しか持ち合わせぬのだから、黙って引き下《さが》るしかないわけだ。その方が私もまだ救われたろう。無視と捨台詞《すてぜりふ》にも似た罵言とは、彼が息子よりも遥《はる》かに歳若《とし》い少年だけに、やはり耐え難かった。

夜が更けてクーラーをつけた寝室に妻が引込んでしまった後も、私は一人居間のソファーに坐《すわ》り続けた。穏やかな鼾《いびき》が寝室の戸の隙間を洩《も》れて来るのを待ってから、大型の懐中電灯を手にしてダイニングキチンの窓に近づいた。もしや、という淡い期待を抱いて隣家の庭を窺《うかが》った。手前の木々の葉越しにプレハブ小屋の影がぼうと白く漂うだけで、庭は闇に包まれている。網戸に擦《こす》りつけるようにして懐中電灯の明《あか》りをともした。光の環《わ》の中に、きっと私を睨《にら》み返す男の顔が浮かんだ。闇に縁取られたその顔は肌に血の色さえ滲《にじ》ませ、昼間より一層生々しかった。

「馬鹿奴《め》」

呟《つぶや》く声が身体にこもった。暗闇に立つ男を罵っているのか、夕刻の少年に怒りをぶつけているのか、自らを嘲っているのか、自分でもわからなかった。懐中電灯を手にしたまま素早く玄関を出た。土地ぎりぎりに建てた家の壁と塀の間を身体を斜めにしてすり抜ける。建築法(注)がどうなっているのか識《し》らないが、もう少し肥《ふと》れば通ることの叶《かな》わぬ僅かな隙間だった。ランニングシャツ一枚の肩や腕にモルタルのざらつきが痛かった。

東隣との低い生垣《いけがき》に突き当《あた》り、檜葉《ひば》の間を強引に割ってそこを跨《また》ぎ越し、我が家のブロック塀の端を迂回《うかい》すると再び大野家との生垣を掻《か》き分けて裏の庭へと踏み込んだ。乾いた小さな音がして枝が折れたようだったが、気にかける余裕はなかった。繁みの下の暗がりで一息つき、足許《あしもと》から先に懐中電灯の光をさっと這《は》わせてすぐ消した。右手の母屋も正面のプレハブ小屋も、明りは消えて闇に沈んでいる。身を屈《かが》めたまま手探りに進み、地面に雑然と置かれている小さなベンチや傘立てや三輪車をよけて目指す小屋の横に出た。

男は見上げる高さでそこに平たく立っていた。光を当てなくとも顔の輪郭は夜空の下にぼんやり認められた。そんなただの板と、窓から見える男が同一人物とは到底信じ難かった。これではあの餓鬼に私の言うことが通じなかったとしても無理はない。案山子にとまった雀はこんな気分がするだろうか、と動悸《どうき》を抑えつつも苦笑した。

しかし濡《ぬ》れたように滑らかな板の表面に触れた時、指先に厭な違和感が走った。それがベニヤ板でも紙でもなく、硬質のプラスチックに似た物体だったからだ。思わず懐中電灯をつけてみずにはいられなかった。果《はた》して断面は分厚い白色で、裏側に光を差し入れるとそこには金属の補強材が縦横に渡されている。人物の描かれた表面処理がいかなるものかまでは咄嗟《とっさ》に摑めなかったが、それが単純に紙を貼りつけただけの代物ではないらしい、との想像はついた。雨に打たれて果無《はかな》く消えるどころか、これは土に埋められても腐ることのないしたたかな男だったのだ。

それを横にずらすか、道に面した壁に向きを変えて立てかけることは出来ぬものか、と持ち上げようとした。相手は根が生えたかの如《ごと》く動かない。これだけの厚みと大きさがあれば体重もかなりのものになるのだろうか。力の入れやすい手がかりを探ろうとして看板の縁を辿《たど》った指が何かに当った。太い針金だった。看板の左端にあけた穴を通して、針金は小屋の樋《とい》としっかり結ばれている。同じような右側の針金の先は、壁に突き出たボルトの頭に巻きついていた。その細工が左右に三つずつ、六ヵ所にわたって施されているのを確かめると、最早《もはや》男を動かすことは諦めざるを得なかった。夕暮れの少年の細めた眼を思い出し、理由はわからぬものの、C あ奴《やつ》はあ奴でかなりの覚悟でことに臨んでいるのだ、と認めてやりたいような気分がよぎった。

（注） モルタル――セメントと砂を混ぜ、水で練り合わせたもの。タイルなどの接合や、外壁の塗装などに用いる。

問１　傍線部Ａ「隣の少年だ、と思うと同時に、私はほとんど無意識のように道の反対側に移って彼の前に立っていた。」とあるが、「私」をそのような行動に駆り立てた要因はどのようなことか。その説明として適当なものを、次の①～⑥のうちから二つ選べ。ただし、解答の順序は問わない。解答番号は 12 ・ 13 。

① 親が看板を取り除いたとしても、少年にどんな疑惑が芽生えるか想像し恐ろしく思っていたこと。
② 少年を差し置いて親に連絡するような手段は、フェアではないだろうと考えていたこと。
③ 男と睨み合ったとき、お前は案山子ではないかと言ってやるだけの余裕が生まれていたこと。
④ 男の視線を感じると、男がいつもの場所に立っているのを確かめるまで安心できなかったこと。
⑤ 少年の発育途上の幼い骨格と、無理に背伸びした身なりとの不均衡をいぶかしく感じていたこと。
⑥ 少年を説得する方法を思いつけないにもかかわらず、看板をどうにかしてほしいと願っていたこと。

問2　傍線部B「身体の底を殴られたような厭な痛み」とはどのようなものか。その説明として最も適当なものを、次の①～⑤のうちから一つ選べ。解答番号は 14 。

① 頼みごとに耳を傾けてもらえないうえに、話しかけた際の気遣いも顧みられず一方的に暴言を浴びせられ、存在が根底から否定されたように感じたことによる、解消し難い不快感。

② 礼を尽くして頼んだにもかかわらず少年から非難され、自尊心が損なわれたことに加え、そのことを妻にも言えないほどの汚点だと捉えたことによる、深い孤独と屈辱感。

③ 分別のある大人として交渉にあたれば、説得できると見込んでいた歳若い相手から拒絶され、常識だと信じていたことや経験までもが否定されたように感じたことによる、抑え難いいら立ち。

④ へりくだった態度で接したために、少年を増長させてしまった一連の流れを思い返し、看板についての交渉が絶望的になったと感じたことによる、胸中をえぐられるような癒し難い無念さ。

⑤ 看板について悩む自分に、珍しく助言してくれた妻の言葉を真に受け、幼さの残る少年に対して一方的な干渉をしてしまった自分の態度に、理不尽さを感じたことによる強い失望と後悔。

問3　傍線部C「あ奴はあ奴でかなりの覚悟でことに臨んでいるのだ、と認めてやりたいような気分がよぎった」における「私」の心情の説明として最も適当なものを、次の①～⑤のうちから一つ選べ。解答番号は 15 。

① 夜中に隣家の庭に忍び込むには決意を必要としたため、看板を隣家の窓に向けて設置した少年も同様に決意をもって行動した可能性に思い至り、共感を覚えたことで、彼を見直したいような気持ちが心をかすめた。

② 隣家の迷惑を顧みることなく、看板を撤去し難いほど堅固に設置した少年の行動には、彼なりの強い思いが込められていた可能性があると気づき、陰ながら応援したいような新たな感情が心をかすめた。

③ 劣化しにくい素材で作られ、しっかり固定された看板を目の当たりにしたことで、少年が何らかの決意をもってそれを設置したことを認め、その心構えについては受け止めたいような思いが心をかすめた。

④ 迷惑な看板を設置したことについて、具体的な対応を求めるつもりだったが、撤去の難しさを確認したことで、この状況を受け入れてしまったほうが気が楽になるのではないかという思いが心をかすめた。

⑤ 看板の素材や設置方法を直接確認し、看板に対する少年の強い思いを想像したことで、彼の気持ちを無視して一方的に苦情を申し立てようとしたことを悔やみ、多少なら歩み寄ってもよいという考えが心をかすめた。

問4 本文では、同一の人物や事物が様々に呼び表されている。それらに着目した、後の(i)・(ii)の問いに答えよ。

(i) 隣家の少年を示す表現に表れる「私」の心情の説明として最も適当なものを、次の①～⑤のうちから一つ選べ。解答番号は 16 。

① 当初はあくまで他人として「裏の家の息子」と捉えているが、実際に遭遇した少年に未熟さを認めたのちには、「息子よりも遥かに歳若い少年」と表して我が子に向けるような親しみを抱いている。

② 看板への対応を依頼する少年に礼を尽くそうとして「君」と声をかけたが、無礼な言葉と態度を向けられたことで感情的になり、「中学生の餓鬼」「あの餓鬼」と称して怒りを抑えられなくなっている。

③ 看板撤去の交渉をする相手として、少年とのやりとりの最中はつねに「君」と呼んで尊重する様子を見せる一方で、少年の外見や言動に対して内心では「中学生の餓鬼」「あの餓鬼」と侮っている。

④ 交渉をうまく進めるために「君」と声をかけたが、直接の接触によって我が身の老いを強く意識させられたことで、「中学生の餓鬼」「息子よりも遥かに歳若い少年」と称して彼の若さをうらやんでいる。

⑤ 当初は親の方を意識して「裏の家の息子」と表していたが、実際に遭遇したのちには少年を強く意識し、「中学生の餓鬼」「息子よりも遥かに歳若い少年」と彼の年頃を外見から判断しようとしている。

(ii)　看板の絵に対する表現から読み取れる、「私」の様子や心情の説明として最も適当なものを、次の①～④のうちから一つ選べ。解答番号は 17 。

① 「私」は看板を「裏の男」と人間のように意識しているが、少年の前では「映画の看板」と呼び、自分の意識が露呈しないように工夫する。しかし少年が警戒すると、「素敵な絵」とたたえて配慮を示した直後に「あのオジサン」と無遠慮に呼んでおり、余裕をなくして表現の一貫性を失った様子が読み取れる。

② 「私」は看板について「あの男」「案山子」と比喩的に語っているが、少年の前では「素敵な絵」と大げさにたたえており、さらに、少年が憧れているらしい映画俳優への敬意を全面的に示すように「あのオジサン」と呼んでいる。少年との交渉をうまく運ぼうとして、プライドを捨てて卑屈に振るまう様子が読み取れる。

③ 「私」は妻の前では看板を「案山子」と呼び、単なる物として軽視しているが、少年の前では「素敵な絵」とたたえ、さらに「あのオジサン」と親しみを込めて呼んでいる。しかし、少年から拒絶の態度を示されると、「看板の絵」「横に移す」「裏返しにする」と物扱いしており、態度を都合よく変えている様子が読み取れる。

④ 「私」は看板を「裏の男」「あの男」と人間に見立てているが、少年の前でとっさに「映画の看板」「素敵な絵」と表してしまったため、親しみを込めながら「あのオジサン」と呼び直している。突然訪れた少年との直接交渉の機会に動揺し、看板の絵を表する言葉を見失い慌てふためいている様子が読み取れる。

問5　Nさんは、二重傍線部「案山子にとまった雀はこんな気分がするだろうか、と動悸を抑えつつも苦笑した。」について理解を深めようとした。まず、国語辞典で「案山子」を調べたところ季語であることがわかった。そこでさらに、歳時記（季語を分類して解説や例句をつけた書物）から「案山子」と「雀」が詠まれた俳句を探し、これらの内容を【ノート】に整理した。このことについて、後の(i)・(ii)の問いに答えよ。

【ノート】

●国語辞典にある「案山子」の意味

㋐竹や藁《わら》などで人の形を造り、田畑に立てて、鳥獣が寄るのをおどし防ぐもの。とりおどし。［季語・秋］。

㋑見かけばかりもっともらしくて、役に立たない人。

●歳時記に掲載されている［案山子と雀の俳句］

ⓐ「案山子立つれば群雀空にしづまらず」（飯田蛇笏《だこつ》）

ⓑ「稲雀追ふ力なき案山子かな」（高浜年尾）

ⓒ「某《それがし》は案山子にて候《そうろう》雀殿」（夏目漱石）

●解釈のメモ

ⓐ遠くにいる案山子に脅かされて雀が群れ騒ぐ風景。

ⓑ雀を追い払えない案山子の様子。

ⓒ案山子が雀に対して虚勢を張っているように見える様子。

●「案山子」と「雀」の関係に注目し、看板に対する「私」の認識を捉えるための観点。

・看板を家の窓から見ていた時の「私」→［　X　］

・看板に近づいた時の「私」→［　Y　］

(i) Nさんは、「私」が看板を家の窓から見ていた時と近づいた時にわけたうえで、国語辞典や歳時記の内容と関連づけながら【ノート】の傍線部について考えようとした。空欄 X と Y に入る内容の組合せとして最も適当なものを、後の①～④のうちから一つ選べ。解答番号は 18 。

(ア) X ―― 歳時記の句ⓐでは案山子の存在に雀がざわめいている様子であり、国語辞典の説明㋐にある「おどし防ぐ」存在となっていることに注目する。

(イ) X ―― 歳時記の句ⓒでは案山子が虚勢を張っているように見え、国語辞典の説明㋑にある「見かけばかりもっともらしい」存在となっていることに注目する。

(ウ) Y ―― 歳時記の句ⓑでは案山子が実際には雀を追い払うことができず、国語辞典の説明㋑にある「見かけばかりもっともらしい」存在となっていることに注目する。

(エ) Y ―― 歳時記の句ⓒでは案山子が雀に対して自ら名乗ってみせるだけで、国語辞典の説明㋐にある「おどし防ぐ」存在となっていることに注目する。

① X ―(ア)　Y ―(ウ)

② X ―(ア)　Y ―(エ)

③ X ―(イ)　Y ―(ウ)

④ X ―(イ)　Y ―(エ)

(ii)　【ノート】を踏まえて「私」の看板に対する認識の変化や心情について説明したものとして、最も適当なものを、次の①～⑤のうちから一つ選べ。解答番号は 19 。

① はじめ「私」は、ⓒ「某は案山子にて候雀殿」の虚勢を張る「案山子」のような看板に近づけず、家のなかから眺めているだけの状態であった。しかし、そばまで近づいたことで、看板は㋑「見かけばかりもっともらし」いものであることに気づき、これまで「ただの板」にこだわり続けていたことに対して大人げなさを感じている。

② はじめ「私」は、ⓑ「稲雀追ふ力なき案山子かな」の「案山子」のように看板は自分に危害を加えるようなものではないと理解していた。しかし、意を決して裏の庭に忍び込んだことで、看板の㋐「おどし防ぐもの」としての効果を実感し、雀の立場として「ただの板」に苦しんでいる自分に気恥ずかしさを感じている。

③ はじめ「私」は、自分を監視している存在として看板を捉え、㋐「おどし防ぐもの」と対面するような落ち着かない状態であった。しかし、おそるおそる近づいてみたことで、ⓒ「某は案山子にて候雀殿」のように看板の正体を明確に認識し、「ただの板」に対する怖さを克服しえた自分に自信をもつことができたと感じている。

④ はじめ「私」は、㋐「とりおどし」のような脅すものとして看板をとらえ、その存在の不気味さを感じている状態であった。しかし、暗闇に紛れて近づいたことにより、実際にはⓑ「稲雀追ふ力なき案山子かな」のような存在であることを発見し、「ただの板」である看板に心を乱されていた自分に哀れみを感じている。

⑤ はじめ「私」は、常に自分を見つめる看板に対してⓐ「群雀空にしづまらず」の「雀」のような心穏やかでない状態であった。しかし、そばに近づいてみたことにより、看板は㋑「見かけばかりもっともらし」いものであって恐れるに足りないとわかり、「ただの板」に対して悩んできた自分に滑稽さを感じている。

第3問

次の【文章Ⅰ】は、鎌倉時代の歴史を描いた『増鏡』の一節、【文章Ⅱ】は、後深草《ごふかくさ》院に親しく仕える二条という女性が書いた『とはずがたり』の一節である。どちらの文章も、後深草院（本文では「院」）が異母妹である前斎宮《さいぐう》（本文では「斎宮」）に恋慕する場面を描いたものであり、【文章Ⅰ】の内容は、【文章Ⅱ】の6行目以降を踏まえて書かれている。【文章Ⅰ】と【文章Ⅱ】を読んで、後の問い（問1～4）に答えよ。なお、設問の都合で【文章Ⅱ】の本文の上に行数を付してある。（配点　50）

【文章Ⅰ】

院も我が御方にかへりて、うちやすませ給《たま》へれど、(ア)まどろまれ給はず。ありつる御面影、心にかかりておぼえ給ふぞいとわりなき。「さしはへて(注1)聞こえむも、人聞きよろしかるまじ。いかがはせむ」と思《おぼ》し乱る。御はらからといへど、年月よそにて生ひたち給へれば、うとうとしくならひ給へるままに、Aつつましき御思ひも薄くやありけむ、なほひたぶるにいぶせくてやみなむは、あかず口惜しと思す。けしからぬ御本性《ほんじやう》なりや。

なにがし(注2)の大納言の女《むすめ》、御身近く召し使ふ人、かの斎宮(注3)にも、さるべきゆかりありて睦《むつ》ましく参りなるるを召し寄せて、

「なれなれしきまでは思ひ寄らず。ただ少しけ近き程にて、思ふ心の片端を聞こえむ。かく折よき事もいと難かるべし」

とBせちにまめだちてのたまへば、いかがたばかりけむ、夢うつつともなく近づき聞こえ給へれば、いと心憂しと思せど、あえかに消えまどひなどはし給はず。

【文章Ⅱ】

斎宮は二十に余り給ふ。(イ)ねびととのひたる御さま、神(注4)もなごりを慕ひ給ひけるもことわりに、花といはば、桜にたとへても、よそ目はいかがとあやまたれ、霞(注5)の袖を重ぬるひまもいかにせましと思ひぬべき御ありさまなれば、ましてくまなき(注6)御心の内は、いつしかいかなる御物思ひの種にかと、よそも御心苦しくぞおぼえさせ給ひし。

御物語ありて、神路《かみぢ》(注7)の山の御物語など、絶え絶え聞こえ給ひて、

30

「今宵はいたう更け侍《はべ》りぬ。のどかに、明日は嵐の山(注8)の禿《かぶろ》なる梢《こずゑ》ども御覧じて、御帰りあれ」

など申させ給ひて、我が御方へ入らせ給ひて、いつしか、

「いかがすべき、いかがすべき」

と仰せあり。思ひつることよと、をかしくてあれば、

「(注9)幼くより参りししるしに、このこと申しかなへたらむ、まめやかに心ざしありと思はむ」

など仰せありて、やがて御使《つかひ》に参る。ただ(ウ)おほかたなるやうに、「御対面うれしく。御旅寝すさまじくや」などにて、忍びつつ文あり。氷襲《こほりがさね》(注10)の薄様《うすやう》にや、

「知られじな今しも見つる面影のやがて心にかかりけりとは」

更けぬれば、御前なる人もみな寄り臥《ふ》したる。御主《ぬし》も小几帳《こぎちやう》(注11)引き寄せて、御殿籠《とのごも》りたるなりけり。近く参りて、事のやう奏すれば、御顔うち赤めて、いと物ものたまはず、文も見るとしもなくて、うち置き給ひぬ。

「何とか申すべき」

と申せば、

「思ひ寄らぬ御言の葉は、何と申すべき方もなくて」

とばかりにて、また寝給ひぬるも心やましければ、帰り参りて、このよしを申す。

「ただ、寝たまふらむ所へ導け、導け」

と責めさせ給ふもむつかしければ、御供に参らむことはやすくこそ、しるべして参る。甘《かん》(注12)の御衣《ぞ》などはことごとしければ、御大口《おほくち》(注13)ばかりにて、忍びつつ入らせ給ふ。

まづ先に参りて、御障子をやをら開けたれば、ありつるままにて御殿籠りたる。御前なる人も寝入りぬるにや、音する人もなく、小《ちひ》(注14)さらかに這《は》ひ入らせ給ひぬる後、いかなる御事どもかありけむ。

（注）
1　さしはへて――わざわざ。
2　なにがしの大納言の女――二条を指す。二条は【文章Ⅱ】の作者である。
3　斎宮――伊勢神宮に奉仕する未婚の皇族女性。天皇の即位ごとに選ばれる。
4　神もなごりを慕ひ給ひける――斎宮を退きながらも、帰京せずにしばらく伊勢にとどまっていたことを指す。
5　霞の袖を重ぬる――顔を袖で隠すことを指す。美しい桜の花を霞が隠す様子にたとえる。
6　くまなき御心――院の好色な心のこと。
7　神路の山の御物語――伊勢神宮に奉仕していた頃の思い出話を指す。
8　嵐の山の禿なる梢ども――嵐山《あらしやま》の落葉した木々の梢。
9　幼くより参りし――二条が幼いときから院の側近くにいたことを指す。
10　氷襲の薄様――「氷襲」は表裏の配色で、表も裏も白。「薄様」は紙の種類。
11　小几帳――小さい几帳のこと。
12　甘の御衣――上皇の平服として着用する直衣《のうし》。
13　大口――束帯のときに表袴の下にはく裾口の広い下袴。
14　小さらかに――体を縮めて小さくして。

問1　傍線部(ア)～(ウ)の解釈として最も適当なものを、次の各群の①～⑤のうちから、それぞれ一つずつ選べ。解答番号は 20 ～ 22 。

(ア)　まどろまれ給はず 20
① 酔いが回らずにいらっしゃる
② お眠りになることができない
③ ぼんやりなさっている場合ではない
④ お心が安まらずにいらっしゃる
⑤ 一息つこうともなさらない

(イ)　ねびととのひたる 21
① 将来が楽しみな
② 成熟した
③ 着飾った
④ 場に調和した
⑤ 年相応の

(ウ)　おほかたなるやうに 22
① 特別な感じで
② 落ち着き払って
③ ありふれた挨拶で
④ 親切心を装って
⑤ 大人らしい態度で

問2　傍線部A「つつましき御思ひも薄くやありけむ、なほひたぶるにいぶせくてやみなむは、あかず口惜しと思す」の語句や表現に関する説明として最も適当なものを、次の①～⑤のうちから一つ選べ。解答番号は 23 。

① 「つつましき御思ひ」は、兄である院と久しぶりに対面して、気恥ずかしく思っている斎宮の気持ちを表している。
② 「ありけむ」の「けむ」は過去推量の意味で、対面したときの斎宮の心中を院が想像していることを表している。
③ 「いぶせくて」は、院が斎宮への思いをとげることができずに、悶々《もんもん》とした気持ちを抱えていることを表している。
④ 「やみなむ」の「む」は意志の意味で、院が言い寄ってくるのをかわそうという斎宮の気持ちを表している。
⑤ 「あかず口惜し」は、不満で残念だという意味で、院が斎宮の態度を物足りなく思っていることを表している。

問3　傍線部B「せちにまめだちてのたまへば」とあるが、このときの院の言動についての説明として最も適当なものを、次の①～⑤のうちから一つ選べ。解答番号は 24 。

① 二条と斎宮を親しくさせてでも、斎宮を手に入れようと企《たくら》んでいるところに、院の必死さが表れている。
② 恋心を手紙で伝えることをはばかる言葉に、斎宮の身分と立場を気遣う院の思慮深さが表れている。
③ 自分の気持ちを斎宮に伝えてほしいだけだという言葉に、斎宮に対する院の誠実さが表れている。
④ この機会を逃してはなるまいと、一気に事を進めようとしているところに、院の性急さが表れている。
⑤ 自分と親密な関係になることが斎宮の利益にもなるのだと力説するところに、院の傲慢さが表れている。

問4　次に示すのは、授業で【文章Ⅰ】【文章Ⅱ】を読んだ後の、話し合いの様子である。これを読み、後の(i)～(iii)の問いに答えよ。

教　師　いま二つの文章を読みましたが、【文章Ⅰ】の内容は、【文章Ⅱ】の6行目以降に該当していました。【文章Ⅰ】は【文章Ⅱ】を資料にして書かれていますが、かなり違う点もあって、それぞれに特徴がありますね。どのような違いがあるか、みんなで考えてみましょう。

生徒A　【文章Ⅱ】のほうが、【文章Ⅰ】より臨場感がある印象かなあ。

生徒B　確かに、院の様子なんかそうかも。【文章Ⅱ】では［X］。

生徒C　ほかに、二条のコメントが多いところも特徴的だよね。【文章Ⅱ】の［Y］。普段から院の側に仕えている人の目で見たことが書かれているっていう感じがあるよ。

生徒B　そう言われると、【文章Ⅰ】では【文章Ⅱ】の面白いところが全部消されてしまっている気がする。すっきりしてまとまっているけど物足りない。

教　師　確かにそう見えるかもしれませんが、【文章Ⅰ】がどのようにして書かれたものなのかも考える必要がありますね。【文章Ⅰ】は過去の人物や出来事などを後の時代の人が書いたものです。文学史では「歴史物語」と分類されていますね。【文章Ⅱ】のように当事者の視点から書いたものではないということに注意しましょう。

生徒B　そうか、書き手の意識の違いによってそれぞれの文章に違いが生じているわけだ。

生徒A　そうすると、【文章Ⅰ】で［Z］、とまとめられるかな。

生徒C　なるほど、あえてそういうふうに書き換えたのか。

教　師　こうして丁寧に読み比べると、面白い発見につながりますね。

(i) 空欄 **X** に入る最も適当なものを、次の①～④のうちから一つ選べ。解答番号は 25 。

① いてもたってもいられない院の様子が、発言中で同じ言葉を繰り返しているあたりからじかに伝わってくる

② 斎宮に対する恋心と葛藤が院の中で次第に深まっていく様子が、二条との会話からありありと伝わってくる

③ 斎宮に執着する院の心の内が、斎宮の気持ちを繰り返し思いやっているところからはっきりと伝わってくる

④ 斎宮から期待通りの返事をもらった院の心躍る様子が、院の具体的な服装描写から生き生きと伝わってくる

(ii) 空欄 **Y** に入る最も適当なものを、次の①～④のうちから一つ選べ。解答番号は 26 。

① 3行目「いつしかいかなる御物思ひの種にか」では、院の性格を知り尽くしている二条が、斎宮の容姿を見た院に、早くも好色の虫が起こり始めたであろうことを感づいている

② 8行目「思ひつることよと、をかしくてあれば」では、好色な院があの手この手で斎宮を口説こうとしているのに、世間離れした斎宮には全く通じていないことを面白がっている

③ 18行目「寝給ひぬるも心やましければ」では、院が強引な行動に出かねないことに対する注意を促すため、床についていた斎宮を起こしてしまったことに恐縮している

④ 20行目「責めさせ給ふもむつかしければ」では、逢瀬《おうせ》の手引きをすることに慣れているはずの二条でさえ、斎宮を院のもとに導く手立てが見つからずに困惑している

(iii) 空欄 Z に入る最も適当なものを、次の①～④のうちから一つ選べ。解答番号は 27 。

① 院の斎宮への情熱的な様子を描きつつも、権威主義的で高圧的な一面を削っているのは、院を理想的な人物として印象づけて、朝廷の権威を保つように配慮しているからだろう

② 院と斎宮と二条の三者の関係性を明らかにすることで、複雑に絡み合った三人の恋心を整理しているのは、歴史的事実を知る人がわかりやすく描写しようとしているからだろう

③ 院が斎宮に送った、いつかは私になびくことになるという歌を省略したのは、神に仕えた相手との密通という事件性を弱めて、事実を抑制的に記述しようとしているからだろう

④ 院の発言を簡略化したり、二条の心情を省略したりする一方で、斎宮の心情に触れているのは、当事者全員を俯瞰《ふかん》する立場から出来事の経緯を叙述しようとしているからだろう

第4問 清の学者・政治家阮元《げんげん》は、都にいたとき屋敷を借りて住んでいた。その屋敷には小さいながらも花木の生い茂る庭園があり、門外の喧噪《けんそう》から隔てられた別天地となっていた。以下は、阮元がこの庭園での出来事について、嘉慶《かけい》十八年（一八一三）に詠じた【詩】とその【序文】である。これを読んで、後の問い（問1〜7）に答えよ。なお、設問の都合で返り点・送り仮名・本文を省いたところがある。（配点　50）

【序文】

余旧《もと》蔵《スルニ》二(注1)董《とう》思《し》翁《をうノ》自《ラ》書《セシ》レ詩《ヲ》扇《ヲ》一、有《リ》二「名園」「蝶《てふ》夢《む》」之句一。辛《しん》(注2)未《びノ》秋、有《リ》三異蝶《ノ》来《タル》二園中《ニ》一。識者知《リテ》為《シ》二太常仙蝶《ト》一、呼《ベバ》レ之《ヲ》落《ツ》レ扇《ニ》。継《イデ》而復(ア)見《ル》二之《ヲ》於《ニ》瓜《くわ》(注3)爾《じ》佳《か》氏《ノ》園中《ニ》一。A客有呼之入匣奉帰余園者、及《ベバ》二至《リテ》レ園《ニ》啓《ひらクニ》レ之《ヲ》、則《チ》空《くう》(注4)匣《かふ》也。壬《じん》(注5)申《しんノ》春、蝶復見《あらはル》二於余《ノ》園《ノ》台上《ニ》一。画者祝《いのリテ》曰《ハク》、B「苟近《ク》レ我、我当《ニ》レ図《ス》レ之。」蝶落《チ》二其《ノ》袖《ニ》一、審(イ)視《ルコト》良《やや》久《シクシテ》(ウ)、得《ニ》二其《ノ》形色《ヲ》一、乃《チ》従《しよう》(注6)容《ようトシテ》鼓《うチテ》レ翅《はねヲ》而去《ル》。園故《もと》無《シ》レ名也。於《イテ》レ是《ニ》始《メテ》以《テ》二思翁《ノ》詩及《ビ》蝶《ノ》意《ヲ》一名《ヅク》レ之《ニ》。秋半《バニシテ》、余奉《ジテ》レ使《ヒヲ》出《デ》レ都《ヲ》、是《ノ》園又《タ》属《ス》二他人《ニ》一。回一レ憶《スレバ》芳《はう》叢《そうヲ》一、真《ニ》如《シ》レ夢《ノ》矣。

【詩】

春城ノ花(注7)事小園多ク　幾《いく》度《たび》カ看テレ花ヲ幾度カ　X

花ハ為ニレ我ガ開キテ留《とど》メレ我ヲ住《とど》メ　人ハ随ヒテレ春ニ去リ奈レ春何　C

思翁ハ夢好《よ》クシテ遺シ二書扇ヲ一　Ⅱ仙蝶図成リテ染ム二袖羅ヲ一

他日誰《た》ガ家カ還《ま》タ種《う》ヱレ竹ヲ　坐(注8)シテレ輿《こし》ニ可キレ許ス二子《し》猷《いう》ノ過《よぎ》ルヲ一

（阮元『揅経室集《けんけいしつしゅう》』による）

（注）
1　董思翁――明代の文人・董其昌《とうきしょう》（一五五五―一六三六）のこと。
2　辛未――清・嘉慶十六年（一八一一）。
3　瓜爾佳――満州族名家の姓。
4　空匣――空の箱。
5　壬申――清・嘉慶十七年（一八一二）。
6　従容――ゆったりと。
7　花事――春に花をめでたり、見て歩いたりすること。
8　坐レ輿可レ許二子猷過一――子猷は東晋・王徽之《おうきし》の字《あざな》。竹好きの子猷は通りかかった家に良い竹があるのを見つけ、感嘆して朗詠し、輿《こし》に乗ったまま帰ろうとした。その家の主人は王子猷が立ち寄るのを待っていたので、引き留めて歓待し、意気投合したという故事を踏まえる。

問1 波線部(ア)「復」・(イ)「審」・(ウ)「得」のここでの意味として最も適当なものを、次の各群の①〜⑤のうちから、それぞれ一つずつ選べ。解答番号は 28 〜 30 。

(ア)「復」 28
① なお
② ふと
③ じっと
④ ふたたび
⑤ まだ

(イ)「審」 29
① 正しく
② 詳しく
③ 急いで
④ 謹んで
⑤ 静かに

(ウ)「得」 30
① 気がつく
② 手にする
③ 映しだす
④ 把握する
⑤ 捕獲する

問2　傍線部A「客有呼之入匣奉帰余園者」について、返り点の付け方と書き下し文との組合せとして最も適当なものを、次の①～⑤のうちから一つ選べ。解答番号は 31 。

① 客有㆔呼㆑之入㆓匣奉㆒帰㆓余園㆒者　　客に之を呼び匣《はこ》に奉じ入るること有りて余の園に帰る者あり

② 客有㆓呼㆑之入㆑匣奉帰余園者㆒　　客に之を呼び匣に入れ奉じて帰さんとする余の園の者有り

③ 客有㆘呼㆓之入㆒㆑匣奉帰㆓余園㆒者㆖　　客に之を匣に入れ呼び奉じて余の園に帰る者有り

④ 客有㆘呼㆑之入㆑匣奉帰㆓余園㆒者㆖　　客に之を呼びて匣に入れ奉じて余の園に帰さんとする者有り

⑤ 客有㆑呼㆑之入㆑匣奉㆑帰㆓余園者㆒　　客に之を呼ぶこと有りて匣に入れ余の園の者に帰すを奉ず

問3　傍線部**B**「苟 近レ我、我 当レ図レ之」の解釈として最も適当なものを、次の①～⑤のうちから一つ選べ。解答番号は 32 。

① どうか私に近づいてきて、私がおまえの絵を描けるようにしてほしい。
② ようやく私に近づいてきたのだから、私はおまえの絵を描くべきだろう。
③ ようやく私に近づいてきたのだが、どうしておまえを絵に描けるだろうか。
④ もし私に近づいてくれたとしても、どうしておまえを絵に描けただろうか。
⑤ もしも私に近づいてくれたならば、必ずおまえを絵に描いてやろう。

問4　空欄 **X** に入る漢字と【詩】に関する説明として最も適当なものを、次の①〜⑤のうちから一つ選べ。解答番号は 33 。

① 「座」が入り、起承転結で構成された七言絶句。
② 「舞」が入り、形式の制約が少ない七言古詩。
③ 「歌」が入り、頷聯《がんれん》と頸聯《けいれん》がそれぞれ対句になった七言律詩。
④ 「少」が入り、第一句の「多」字と対になる七言絶句。
⑤ 「香」が入り、第一句末と偶数句末に押韻する七言律詩。

問5　傍線部C「奈ㇾ春何」の読み方として最も適当なものを、次の①～⑤のうちから一つ選べ。解答番号は 34 。

① はるもいかん

② はるにいづれぞ

③ はるにいくばくぞ

④ はるをなんぞせん

⑤ はるをいかんせん

問6　【詩】と【序文】に描かれた一連の出来事のなかで、二重傍線部Ⅰ「太常仙蝶」・Ⅱ「仙蝶」が現れたり、とまったりした場所はどこか。それらのうちの三箇所を、現れたりとまったりした順に挙げたものとして、最も適当なものを次の①～⑤のうちから一つ選べ。解答番号は 35 。

① 春の城《まち》――袖――瓜爾佳氏の庭園
② 春の城《まち》――阮元の庭園の台――画家の家
③ 董思翁の家――扇――画家の家
④ 瓜爾佳氏の庭園――扇――袖
⑤ 扇――阮元の庭園の台――袖

問7　【詩】と【序文】から読み取れる筆者の心情の説明として最も適当なものを、次の①～⑤のうちから一つ選べ。解答番号は［36］。

① 毎年花が散り季節が過ぎゆくことにはかなさを感じ、董思翁の家や瓜爾佳氏の園に現れた美しい蝶《ちょう》が扇や絵とともに他人のものとなったことをむなしく思っている。

② 扇から抜け出し庭園に現れた不思議な蝶の美しさに感動し、いずれは箱のなかにとらえて絵に描きたいと考えていたが、それもかなわぬ夢となってしまったことを残念に思っている。

③ 春の庭園の美しさを詩にできたことに満足するとともに、董思翁の夢を扇に描き、珍しい蝶の模様をあしらった服ができあがったことを喜んでいる。

④ 不思議な蝶のいる夢のように美しい庭園に住んでいたが、都を離れているあいだに人に奪われてしまい、厳しい現実と美しい夢のような世界との違いを嘆いている。

⑤ 時として庭園に現れる珍しい蝶は、捕まえようとしても捕まえられない不思議な蝶であったが、その蝶が現れた庭園で過ごしたことを懐かしく思い出している。

国　語

（2022年１月実施）

80分　200点

追試験
2022

国語

（解答番号 1 ～ 36）

第1問

次の文章は、二十世紀末までのメディア環境について述べたもので、言葉の生産と流通をめぐる社会的諸関係を「言葉のエコノミー」と規定した後に続く部分である。これを読んで、後の問い（問1～6）に答えよ。（配点　50）

言葉のエコノミーの空間に文字が持ち込んだ重要なことの一つは、言葉が声以外の表現媒体を持つことによって、言葉の一次的な媒体であった「声」と二次的な媒体である「文字」との間に時間的・空間的な「へだたり」が持ち込まれたということである。文字に書かれることで、言葉は「声」と「文字」とに分裂する。この時、声の方はしばしば言葉を発する身体に直接属する「内的」なものとして位置づけられ、他方、文字の方はそのような「内面」から距離化された「表層」に位置づけられる。だが、ここで注意したいのは、A声としての言葉もすでに、その内部に文字と同じようなへだたりをもっていたということだ。

このことは、「声」と「音」との区別を考えてみると分かりやすい。

「音声」という言葉があるように、普通言う意味での人間の声は音である。では、声である音と声でない音とはどう違うのか。音声学的な音の特性によって区別することも可能である。たとえば、楽器の音の音波形には完全な周期性が見られるが、人間の声にはそのような完全な周期性は見られない。ヴィブラートによる声の(ア)ソウショクは、人間の声のこの特性を利用している。だが、さしあたりそのような音声学的な特性とは別に考えるとすれば、私たちは普通、人間のような生物の、心のような内的なものにかかわる意味をともなって発せられる音を「声」と呼んで、物や体が擦れ合ったりぶつかったりして出る「音」から区別しているのだと言うことができる。

もう少し抽象的な言い方をすれば、声には「内部（内面）」があるが、音には「内部（内面）」がない。「声としての音」の背後には、声としての音には(イ)カンゲンされない「何か」が存在しており、声はその「何か」を表現する音であることで「言葉」になる。音としての声が表現するこの「何か」は、しばしば言葉を発する人間の身体の内部や心の内部にあるものと考えられる。この時、身体に発する音は、身体や心の内部にあるものを表現するメディアであることで「声」になる。あるいは物理学者ホーキング(注1)の音声合成装置から発する「声」のように、人の身体から直接発したのではない音でも、人に発する意志や意味を表現することによって声になるのである。

声は言葉のメディア（あるいは意味のメディア）であることによって、ただの音とは異なる内的なへだたりを自らの内に孕《はら》む。声の向こう側にある「何か」は、必ずしも近代的な意味での「主体」や「自我」である必要はない。人間の歴史のなかで、人は時に神や(ウ)ソセンの言葉を語り、部族や身分の言葉を語ってきた。このような場合、人は私たちが知るような「内面」として語っているのではない。人は自らを媒介として「誰か」の言葉を語る。B「私」とは、その「誰か」が取りうる一つの位相に過ぎない。このことは、声やそれを発する身体もまた、語られる言葉にとっては一つのメディアであることを意味している。

話される言葉の向こうに居る者が誰であるのかは、言葉のエコノミーの構造を決定する重要な条件である。近代の社会はこの「誰か」を、もっぱら語る身体の内部にある「私」へと帰属させるようにして、言葉のエコノミーの空間を組織してきた。声を電気的に複製し、再生し、転送するメディアが現《あら》われるのは、言葉、とりわけ声を人々の内部へとつなぎとめるこの近代という時代の、十九世紀も後半になってからのことである。電話やレコードのように音声を電気的に再生し、伝達し、蓄積する一群の技術が発明・開発されると、これらの技術を利用した複製メディアの中に、肉体から切り離されて複製された「声」が現われる。

電気的なメディアによる声の再生、蓄積、転送は、声としての言葉とそれを発話する人間の身体とを時間的・空間的に切り離す。電話やラジオの場合、話される言葉は、話されるとほぼ同時に、話す身体とは遠く離れた場所で再生される。この時、電話やラジオは、話す身体と話される言葉を空間的に切り離している。他方、レコードやテープ、ＣＤの場合、声としての言葉はそれを発する身体から時間的にも切り離され、任意の時間に任意の場所で、話し手や歌い手の意思にかかわりなく再生される。そこでは声は、ちょうど文字のように、それを発する身体から空間的にも時間的にも切り離されて生産され、流通し、消費される。

電気的な複製メディアの初期の発明者たちは、これらのメディアが言葉のエコノミーにもたらすこの時間的・空間的なへだたりを、直観的に理解していたように思われる。電話を意味する〝telephone〟は、「遠い」teleと「音」phoneが結びつくところに成立している。また、初期のレコードの発明者たちが彼らの発明に与えたフォノグラフやグラフォフォン、グラモフォン等の名は、「音」phoneと「文字(書)」graph, gramを組み合わせて造語されている。これらの名は、声を身体から遠く引き離し、かつて文字がそうしたように、声としての言葉を蓄積し、転送し、再現することを可能にするという、これらのメディアの原理的なあり方を表現している。

電気的な複製メディアの中の声は「書かれた声」、「遠い声」である。それらは、その所記性(注3)や遠隔性によって、文字が言葉のエコノミーに持ち込んだ声と言葉の間のへだたりと同じようなへだたりを、複製される声とその声を発した身体の間に持ち込むのである。

電気的なメディアの中の「書かれた声」「遠い声」は、言葉のエコノミーの空間に何をもたらしているのだろうか。

かつて文字というメディアは、「声でない言葉」をつくり出すことで、言葉から声を引き剥がし、やがてそれを人びとの内部(内面)に帰属させていった。電気的な複製メディアは、声としての言葉を語り・歌う身体から切り離し、引き剥がすことによって、声が身体にとって外在的な位相をとることを可能にする。

すでに述べたように、声としての言葉はそもそも、それが表現する「内部」にたいして外在的な「音」としての位相をもっていた。だから、より精確に言えば、電気的な複製メディアは声を、それを語り・歌う身体から時間的・空間的に切り離すことで、言葉としての声が内的に孕むあのへだたりを顕在化するのだというべきだろう。

電気的な複製メディアにおいて、再生される声とそれを語る身体は相互に外在しあう。この時、声と身体は、それまで互いを結びつけてきた言葉のエコノミーから束《つか》の間解放される。たとえば筆者たちがインタヴューした「電話中毒」の大学生の一人は、深夜の長電話の最中に自分が「声だけになっている」(注4)ような感覚をもつことがあると語っていた。また、精神科医の大平健が報告する事例において、ある女性は無言電話における他者との関係の感覚を、(注5)エレクトロニクスの技術と機械とを結びつけた言葉である「メカトロ」という機械的な隠喩によって語っている。このような身体感覚(あるいは脱—身体感覚)は、語る身体と語られる声とが相互に外在化する電気的な複製メディアのなかの空間で、語り手の主体性が身体にたいして外在したり、身体から切り離された声の側に投射されたりすることを示している。

レコードやCDのように、時に様々な加工をほどこされた声を蓄積し、再生するメディアや、ラジオ番組やテレビ番組のような組織的に編集された「作品」のなかの声の場合、事情はより複雑である。これらのメディアの中で、声はそれを語り・歌う者を主体とする表現という形をとる場合もある。だが、そのような表現はつねに、語り・歌う者以外の多くの人々による、声を対象とした様々な操作とともにある。そこでは声は主体としてではなく客体として対象化されており、さらに、そのようにして加工、編集された声は「商品」として多くの人々の前に現われ、消費される。このような場合、声はもはや特定の身体や主体に帰属するとは言いがたい。そこでは声は、語られ・歌われた言葉の生産、流通、消費をめぐる社会的な制度と技術の中に深く埋め込まれており、そのような制度と技術に支えられ、特定の人称への帰属から切り離され、テクスト(注6)のように多様な人々の中へと開かれる。そして時にはメディアの中のアイドルやDJたちのように、言葉を語り・歌う者の側が、生産され流通する声に帰属する者として現われたりもするのである。

電気的なメディアの中の声は、それを発した身体から時間的・空間的に切り離された声である。Cそれは時に声を発した身体の側を自らに帰属させて響き、また時には特定の人称から解き放たれて囁《ささや》きかける。電気的なメディアの中の声を聞く時、人が経験するのは身体に外在するこのような声の経験であり、それらの声が可能にする関係の構造の変容である。

(若林幹夫《わかばやしみきお》「メディアの中の声」による)

(注) 1 ホーキング——イギリスの理論物理学者(一九四二—二〇一八)。難病により歩行や発声が困難であったため、補助器具を使っていた。

2 レコードやテープ、CD——音声や音楽を録音して再生するためのメディア。

3 所記性——書き記されていることのうち、意味内容としての性質。

4 無言電話——電話に出ても発信者が無言のままでいること。かつての電話には番号通知機能がなかった。

5　エレクトロニクス――通信・計測・情報処理などに関する学問。電子工学。

6　テクスト――文字で書かれたもの。文章や書物。

問1　傍線部(ア)～(ウ)に相当する漢字を含むものを、次の各群の①～④のうちから、それぞれ一つずつ選べ。解答番号は［1］～［3］。

(ア)　ソウショク［1］
① 調査をイショクする
② キョショクに満ちた生活
③ ゴショクを発見する
④ フッショクできない不安

(イ)　カンゲン［2］
① 首位をダッカンする
② 主張のコンカンを問う
③ カンシュウに倣う
④ カンサンとした町

(ウ)　ソセン［3］
① クウソな議論
② ヘイソの努力
③ 禅宗のカイソ
④ 原告のハイソ

問2　傍線部A「声としての言葉もすでに、その内部に文字と同じようなへだたりをもっていた」とあるが、それはどういうことか。その説明として最も適当なものを、次の①～⑤のうちから一つ選べ。解答番号は［4］。

① 言葉は書かれることによって表層としての文字と内面としての声に分裂したが、もともと声に出された言葉にも音とそれが表現している内的なものとの間に差異があったということ。

② 言葉は書かれることによって一次的な声と二次的な文字に分裂したが、もともと声に出された言葉にも一次的な音としての性質と二次的な心の内部との間に距離があったということ。

③ 言葉は書かれることによって媒体としての文字と身体から発する声に分裂したが、もともと声に出された言葉にも客体としての音と主体としての声との間に違いがあったということ。

④ 言葉は書かれることによって時間性をともなった声と空間的に定着された文字に分裂したが、もともと声に出された言葉にも音声学的な音と生物学的な声との間に開きがあったということ。

⑤ 言葉は書かれることによって文字と声に分裂したが、もともと声に出された言葉にも完全な周期性をもった表層的な音と周期性をもたない内的な声との間にずれがあったということ。

問3　傍線部B「『私』とは、その『誰か』が取りうる一つの位相に過ぎない。」とあるが、それはどういうことか。その説明として最も適当なものを、次の①～⑤のうちから一つ選べ。解答番号は 5 。

① 人間はもともと他者の言葉を語ったため音と身体との間にへだたりがあったが、声が「私」の内面を直接表現すると考える近代社会では両者の関係が密接になっているということ。

② 人間は歴史のなかで共同体の秩序とつながったメディアによって意志を決定していたが、近代社会では内面の声に従う「私」が他者からへだてられていったということ。

③ 声は本来人間の長い歴史を蓄積したメディアだったのであり、言葉をなかだちとして「私」が自我とは異なる他者と語りあうという近代社会の発想は一面的であるということ。

④ 声は元来現実の外部にある「何か」によって世界の意味を想定するメディアだったのであり、表現される考えが「私」の内部に帰属するという発想は近代になるまで現れなかったということ。

⑤ 声はかつて状況に応じて個人の意志を超えた様々な存在の言葉を伝えるメディアだったのであり、他者とは異なる「私」の内面を表すという近代的な発想が唯一のものではないということ。

問4　傍線部C「それは時に声を発した身体の側を自らに帰属させて響き、また時には特定の人称から解き放たれて囁きかける。」とあるが、それはどういうことか。その説明として最も適当なものを、次の①〜⑤のうちから一つ選べ。解答番号は［6］。

① 電気的なメディアの中の声は、語り・歌う者から発した声を元に様々に複製された「商品」として流通したり、声を発する主体としての身体を感じさせない不気味なものとして享受されたりすることがあるということ。

② 電気的なメディアの中の声は、客体として対象化した声を「作品」とし、身体を付随させて流通したり、複雑な制度や技術から自由になったものとして多くの人々に受容されたりすることがあるということ。

③ 電気的なメディアの中の声は、声を客体として加工し編集することで「作品」となり、語り・歌う者の存在を想起させて流通したり、声を発した身体から切り離されたものとして人々に多様に受容されたりすることがあるということ。

④ 電気的なメディアの中の声は、語り・歌う者の身体から声のみが引き剝がされて「商品」として流通したり、近代において語られた自我という主体に埋め込まれたものとして密かに消費されたりすることがあるということ。

⑤ 電気的なメディアの中の声は、時間的・空間的なへだたりを超えて、様々な身体が統合された「作品」として流通したり、社会的な制度や技術に組み込まれたものとして人々に享受されたりすることがあるということ。

問5　この文章の構成・展開に関する説明として最も適当なものを、次の①～⑤のうちから一つ選べ。解答番号は［7］。

① 声と音とのへだたりを論拠に声から自我が切り離されていたことを指摘しながら、電気的なメディアによって言葉が主体性を獲得していく過程を論じ、近代的な社会構造において声と人間の内部との関係が変容すると総括している。

② 声と文字、声と音、さらに声と身体との対照的な関係を捉え直し、新たに近代に発明された電気的なメディアで声が身体に内在化していく経緯を説明しながら、社会的な制度や技術における言葉の関係が変容すると総括している。

③ 表現媒体としての文字、音、声、身体の区別を明確にしながら、十九世紀後半の電気的なメディアにおいて声と身体がともに加工されて外在化したことにまで論を広げ、言葉の生産と流通をめぐる関係が変容すると総括している。

④ 声と文字との関係を導入として言葉が内包するへだたりという概念を中心に論を整理しながら、新たに現れた電気的なメディアがもたらす経験について具体例を挙げて考察し、言葉をめぐる社会的な関係が変容すると総括している。

⑤ かつては声としての音が人間の内部に縛られていたことを問題提起し、電気的なメディアの登場によって声が主体から解放されていく仕組みを検討しながら、音声が消費される現場で言葉と身体との関係が変容すると総括している。

問6　授業で「メディアの中の声」の本文を読んだNさんは、次のような【文章】を書いた。その後、Nさんは【文章】を読み直し、語句や表現を修正することにした。このことについて、後の(i)～(iii)の問いに答えよ。

【文章】

本文では、「電気的なメディア」によって、声とそれを発する人間の身体とが切り離されるということが述べられていた。<u>a本文を読んで気づいたことがあるので、そのことを書きたい。</u>たとえば、映画の吹き替え版やアニメなどが考えられる。声を発する本人の姿が見えないにもかかわらず、外国映画の俳優やアニメのキャラクター自身がその声を発しているかのように受け止めている。つまり、別の存在が発した声であっても、私たちは違和感なく聞いているのだ。

<u>bその上</u>、私たちは声を聞いたときに、そこに実在する誰かがいるかのように考えてしまうことがある。たとえば、電話やボイスメッセージなどで家族や友人の声を聞くと、そこにその人がいるように感じて安心することがある。声と身体は一体化していて、切り離されているとは言い切れない面もあるのではないか。

さらに考えてみると、その声は間違いなく家族や友人の声だと決定することはできないかもしれない。<u>c要するに</u>、声によって個人を特定することは不可能なのではないだろうか。私は電話で母と姉とを取り違えてしまったことがある。また、録音した私自身の声を聞いたことがあるが、<u>dふつうに</u>それが自分の声だとわかっていなければ誰の声か判断できなかったに違いない。

(i) 傍線部 **a**「本文を読んで気づいたことがあるので、そのことを書きたい。」について、【文章】の内容を踏まえて、問題提起として適切な表現になるように修正したい。修正する表現として最も適当なものを、次の①〜④のうちから一つ選べ。解答番号は 8 。

① だが、個人の声と身体とは不可分な関係にあり、声は個人の存在と強く結びついている。それでは、社会生活の具体的な場面においても、声によって他者の身体の実在を特定できるだろうか。

② だが、声は個人の身体から発せられるものであり、声と身体とは通常は結びつけて考えられる。それでは、密接な関係にあるはずの声と身体とを切り離して捉えることはできるのだろうか。

③ だが、声と身体とは強く結びついているものの、身体と声の持ち主とは必ずしも一致しない。それでは、声と身体とが一致しないことによって他者との関係性はどのように変わるのだろうか。

④ だが、声と個人の身体との関係は状況によっては異なり、つねに結びついているとは限らない。それでは、声と身体との結びつきが成立するには、具体的にどのような条件が想定されるのだろうか。

(ii) 傍線部b～dについて、【文章】の内容を踏まえて、適切な表現に修正したい。修正する表現として最も適当なものを、次の各群の①～④のうちから、それぞれ一つずつ選べ。解答番号は、［9］～［11］。

b 「その上」［9］
① そのため
② しかも
③ しかし
④ あるいは

c 「要するに」［10］
① まさに
② ところで
③ いまだに
④ やはり

d 「ふつうに」［11］
① まさか
② もし
③ あたかも
④ おそらく

(iii) Nさんは、【文章】の末尾に全体の結論を示すことにした。どのような結論にするのがよいか。その内容の説明として最も適当なものを、次の①～④のうちから一つ選べ。解答番号は 12 。

① 他者の声については個人と身体を切り離さずに無条件に親近感を抱くことがある一方、自分自身の声を聞いたときには違和感を抱くことから、自分以外の存在に限って、声と切り離されない身体性を感じるという結論にする。

② 声を聞いたときに実在する誰かがいるかのように考えたり、身近な人間の声を聞くとその存在を感じて安心したりすることから、人間の声と身体とはつねに結びついているが、その関係は一定のものではないという結論にする。

③ 声だけで個人を特定することは難しいにもかかわらず、他者の声から安心感を得たり、自分自身の声を認識したりしていたことから、声の側に身体を重ねていたことがわかったという結論にする。

④ 声を通して人間の存在を感じたり、声を発した本人以外の何者かに身体性を感じて本人の声であっても異なる人物の声と誤解したりすることから、人間の声と身体との関係は一つに限定することはできないという結論にする。

第2問　次の文章は、室生犀星《むろうさいせい》「陶古の女人」（一九五六年発表）の一節である。これを読んで、後の問い（問1～6）に答えよ。なお、設問の都合で本文の上に行数を付してある。（配点　50）

この信州(注1)の町にも美術商と称する店があって、彼は散歩の折《おり》に店の中を覗《のぞ》いて歩いたが、よしなき壺《つぼ》に眼《め》をとめながら何という意地の汚なさであろうと自分でそう思った。見るべくもない陶画(注2)をよく見ようとする、何処《どこ》までも定見のない自分に惘《あき》れていた、彼はこれらのありふれた壺に、ちょっとでも心が惹かれることは、行きずりの女の人に眼を惹かれる美しさによく似ている故《ゆえ》をもって、郷愁という名称をつけていた。天保《てんぽう》(注3)から明治にかけてのざらにある染付物《そめつけもの》(注4)や、李朝《りちょう》(注5)後期のちょっとした壺の染付などに、彼はいやしく眼をさらして、思い返して何も買わずに店を立ち去るのであるが、**A**何ももとめる物も、見るべき物もない折のさびしさはなかなかであった。東京では陶器の店のあるところでは時間をかけて見るべきものもあるが、田舎の町では何も眼にふれてくるものは、なかった。そういう気持《きもち》できょうも家まで帰って来ると、庭の中に一人の青年紳士が立っていた。服装もきちんとし眼のつかい方にも、この若い男の生い立ちの宜《よ》さのほどが見えた。手には相当に大きい尺《しゃく》(注6)もある箱の包《つつみ》をさげていた。かれは初めてお伺いする者だが、ちょっと見ていただきたい物があってお忙しいとは知りながらお訪ねしたといった。彼はこの青年の眼になにかに飢《う》えているものを感じて、その飢えは金銭にあることがその箱の品物と関聯《かんれん》して直《す》ぐに感じられた。彼は何を見せにお見えになったのか知らんが、僕は何も見たい物なんかないといい、これから仕事にかからなければならないから、些《ほ》んのちょっとの間だけお会いするといって、客を茶の間に通した。彼はどういう場合にも居留守をつかったことはないし、会えないといって客を突き帰すことをしなかった。二分間でも三分間でも会って非常な速度で用件を聞いてから、いい事なら即答をしてやっていた。そして率直にいま仕事中だからこれだけ会ったのだからお帰りというのがつねである。一人の訪客に女中(注7)やら娘やらが廊下を行ったり来たりして、会うとか会わんとかいう事でごたごたした気分がいやであった。会えば二三分間で済むことであり遠方から来た人も、会ってさえ貰《もら》えば素直に帰ってゆくのである。だからきょうの客にも彼は一体何を僕に見てくれというのかと訊《き》くと、客は言下に陶器を一つ見ていただきたいのですといった。陶器にも種類がたくさんにあるが何処の物ですかというと、青磁(注8)でございますといった。彼は客の眼に注意してみたが先刻庭の中で見かけた飢えたものがなくなり、穏《おだや》かになっていた。どうやら彼の穏かさは箱の中の青磁に原因した落着《おちつ》きにあるらしい、客はむしろ無造作に箱の中からもう一度包んだ絹のきれをほどきはじめた、そして黄いろい絹の包の下から、突然とろりとした濃い乳緑の青磁どくとくの釉調《ゆうちょう》(注9)が、ひろがった。絹のきれが全く除《よ》けられてしまうと、そこにはだかのB雲鶴《うんかく》(注10)青磁が肩衝《かたつき》(注11)もなめらかに立っているのを見た。彼は陶器が裸になった羞《はず》かしさを見たことがはじめてであった。彼はこの梅瓶《メイピン》(注12)に四羽の鶴の飛び立っているのに見入った。一羽はすでに雲の上に出てようやくに疲れて、もう昇るところもない満足げなものに見えた。またの一羽は雲の中からひと呼吸《いき》に飛翔するゆるやかさが、二つならべて伸した長い脚のあたりに、ちからを抜いている状態のものであった。そして第三羽の鶴は白い雲の中から烈《はげ》しい啼《な》き声を発して、遅れまいとして熱っぽい翼際の骨のほてりまでが見え、とさかの黒い立ち毛は低く、蛇の頭のような平たい鋭さを現わしていた。最後の一羽にあるこの鳥の念願のごとき飛翔状態は、とさかと同じ列に両翼の間から伸べられた脚までが、平均された一本の走雲《はしりぐも》のような平明さをもって、はるかな雲の間を目指していた。それらの凡《すべ》ての翼は白くふわふわしていて、最後の一羽のごときは長い脚の爪までが燃えているようであった。彼はこの恐ろしい雲鶴青磁を見とどけた時の寒気《さむけ》が、しばらく背中にもむねからも去らないことを知った。客の青年は穏かな眼の中にたっぷりと構えた自信のようなものを見せて、これは本物でしょうかと取りようによっては、C幾《いく》らかのからかい気分まで見せていった。併《しか》しそれはあまりに驚きが大きかったために、彼がそういう邪推をしてうけとったものかも知れなかった。彼は疑いもなくこれは雲鶴青磁であり逸品であるといい、これはお宅にあったものかと訊くと、終戦後にいろいろ売り払ったなかに、これが一つ最後まで売り残されていた事、売り残されているからには父が就中《なかんずく》、たいせつにしていた物だが、二年前父の死と同時にわすられて(注13)了《しま》っている事を青年はいったが、その時ふたたびこの若い男の眼に飢えたような例のがつがつしたものが、うかべられた。そして青年は実は私個人の事情でこの青磁を売りたいのですが、時価はどれだけするものか判《わか》らないが私は三万円くらいに売りたいと思っているんです。町の美術商では三万円くらいならというんですが……私は或《あ》る随筆を読んであなたに買って貰えば余処者《よそもの》の手に渡るよりも嬉しいと思って上《あが》ったのだとかれは言った。彼は二万や三万どころではなく最低二十万円はするものだ、或《ある》いは二十五万円はするものかも知れない、それなのにたった三万円で売ろうとしているのに、彼は例の飢えたような眼に何かを突き当てて見ざるをえないし、当然うけとるべき金を知らずにうけとらないということに、正義をも併せて感じた。君はこの雲鶴梅瓶を君だけの意志で売ろうとなさるか、それとも、先刻、お話のお母上の意志も加《くわわ》って居るのかどうかと聞くと、青年は私だけの考えで母はこの話は一《いっ》さい知らないのだといい、若《も》し母が知ってもひどくは咎《とが》めない筈《はず》です、私はいま勤めていて母を見ているし、私のすることで誰も何もいいはしないと彼はいい、若し三万円が無理なら商店の付値《つけね》と私の付値の中間で結構なのです、外の人の手に渡すよりあなたのお手元にあれば、そのことで父が青磁を愛していたおもいも、そこにとどまるような気もして、あんしんしてお預けできる気がするのですと、D その言葉に真率さがあった。文学者なぞ遠くから見ていると、こんな信じ方をされているのかと思った。彼は言った、君は知らないらしいが、実は僕の見るところではこれだけの逸品は、最低二十万円はらくにするものだろう、そしてこの青磁がどんなにやすく見つもっても、十五万円はうけとるべき筈です、決して避暑地なぞで売る物ではなく一流の美術商に手渡しすべき物です、ここまでお話したからには、僕は決して君を騙《だま》すような買い方をする事は出来ない、お父上が買われた時にも相当以上に値のしたものであろうし、三万円で買い落すということは君を欺《だま》すことと同じことになりますと彼は言い、更に或る美術商の人が言ったことばに陶器もすじの通ったものは、地所と同じ率で年々にその価格が上騰(注14)してゆくそうだが、全くその通りですね、そういう事になれば当然君は市価と同じ価格をうけとらねばならない、とすると僕にはそういう金は持合《もちあわ》せていないし、勢い君は確乎《かっこ》とした美術商に当りをつける必要がある、彼はこういって青年の方に梅瓶をそっとずらせた。青年は彼のいう市価の高い格にぞっとして驚いたらしかったが、唾《つば》をのみ込んでいった。たとえ市価がどうあろうとも一《いっ》たん持参した物であるから、私の申出ではあなたのお心持《こころもち》を添えていただけば、それで沢山なのです、たとえ、その価格がすくないものであっても苦情は申しませんと、真底からそう思っているらしくいったが、彼は当然、価格の判定しているものに対して、人をだますような事は出来ない、東京に信用の於《お》ける美術商があるからと彼は其処《そこ》に、一通の紹介状を書いて渡した。(注15)客は間もなく立ち去ったが、彼はその後で損をしたような気がし、Eその気持が不愉快だった。しかも青年の持参した雲鶴青磁は、彼の床の間にある梅瓶にくらべられる逸品であり、再度と手にはいる機会の絶無の物であった。(注16)人の物がほしくなるのが愛陶のこころ根であるが、当然彼の手にはいったも同様の物を、まんまと彼自身でそれの入手を反らしたことが、(注17)惜しくもあった。対手《あいて》が承知していたら構わないと思ったものの、やすく手に入れる身そぼらしさ、(注18)多額の金をもうけるような仕打《しうち》を自分の眼に見るいやらしさ、文学を勉強した者のすることでない汚なさ、それらは結局彼にあれはあれで宜かったのだ、自分をいつわることを、一等好きな物を前に置いて、それをそうしなかったことが、誰も知らないことながら心までくさっていないことが、喜ばしかった。F因縁がなくてわが書斎に佇《たたず》むことの出来なかった四羽の鶴は、その生きた烈しさが日がくれかけても、昼のように皓々《こうこう》(注19)として眼中にあった。

(注)
1 信州——信濃《しなの》国(現在の長野県)の別称。
2 陶画——陶器に描いた絵。
3 天保——江戸時代後期の元号。一八三〇—一八四四年。
4 染付物——藍色の顔料で絵模様を描き、その上に無色のうわぐすりをかけて焼いたもの。うわぐすりとは、素焼きの段階の陶磁器の表面に塗る薬品。加熱すると水の浸透を防ぎ、つやを出す。
5 李朝後期——美術史上の区分で、一八世紀半ばから一九世紀半ばまでの時期を指す。
6 尺——長さの単位。一尺は、約三〇センチメートル。
7 女中——雇われて家事をする女性。当時の呼称。
8 青磁——鉄分を含有した青緑色の陶磁器。
9 釉調——うわぐすりの調子。質感や視覚的効果によって得られる美感のことを指す。

10　雲鶴青磁――朝鮮半島高麗《こうらい》時代の青磁の一種で、白土や赤土を用いて、飛雲と舞鶴との様子を表したもの。
11　肩衝――器物の口から胴につながる部分の張り。
12　梅瓶――口が小さく、上部は丸く張り、下方に向かって緩やかに狭まる形状をした瓶。ここでは、青年が持参した雲鶴青磁のことを指している。
13　わすられて――ここでは「わすれられて」に同じ。
14　上騰――高く上がること。高騰。
15　於ける――ここでは「置ける」に同じ。
16　再度と――ここでは「二度と」に同じ。
17　入手を反らした――手に入れることができなかった、の意。
18　身そぼらしさ――みすぼらしさ。
19　皓々――明るいさま。

問1　傍線部A「何ももとめる物も、見るべき物もない折のさびしさ」とあるが、このときの「彼」の心情の説明として最も適当なものを、次の①～⑤のうちから一つ選べ。解答番号は 13 。

①　散歩の折に美術商を覗いて意地汚く品物をあさってみても、心を惹かれるものが何も見つからないという現実の中で、東京から離れてしまった我が身を顧みて、言いようのない心細さを感じている。

②　信州の美術商なら掘り出し物があると期待して、ちょっとした品もしつこく眺め回してみたが、結局何も見つけられなかったことで自身の鑑賞眼のなさを思い知り、やるせなく心が晴れないでいる。

③　骨董に対して節操がない我が身を浅ましいと思いながらも、田舎の町で機会を見つけてはありふれた品をも貪欲に眺め回し、東京に比べて気になるものすらないことがわかって、うら悲しくなっている。

④　時間をかけて見るべきすぐれた品のある東京の美術商とは異なり、ありふれた品物しかない田舎町での現実を前にして、かえって遠く離れた故郷を思い出し、しみじみと恋しく懐かしくなっている。

⑤　どこへ行っても求めるものに出会えず、通りすがりに覗く田舎の店の品物にまで執念深く眼を向けた自分のさもしさを認め、陶器への過剰な思い入れを続けることに、切ないほどの空虚さを感じている。

問2　傍線部B「雲鶴青磁」をめぐる表現を説明したものとして最も適当なものを、次の①～⑤のうちから一つ選べ。解答番号は［14］。

① 25行目「熱っぽい翼際の骨のほてり」、26行目「平たい鋭さ」といった感覚的な言葉を用いて鶴が生き生きと描写され、陶器を見た時の「彼」の興奮がありありと表現されている。

② 22行目「陶器が裸になった」、28行目「爪までが燃えているよう」など陶器から受ける印象を比喩で描き出し、高級な陶器が「彼」の視点を通じて卑俗なもののように表現されている。

③ 22行目「見入った」、28行目「見とどけた」など「彼」の見る動作が繰り返し描写され、陶器に描かれている鶴の動きを分析しようとする「彼」の冷静沈着な態度が表現されている。

④ 20行目「とろりと」、27行目「ふわふわして」という擬態語を用いて陶器に卑近な印象を持たせ、この陶器の穏やかなたたずまいに対して「彼」の感じた慕わしさが間接的に表現されている。

⑤ 25行目「黒い立ち毛」、27行目「翼は白く」など陰影を強調しながらも他の色をあえて用いないことで、かえって陶器の色鮮やかさに目を奪われている「彼」の様子が表現されている。

問3 傍線部C「幾らかのからかい気分まで見せていった」について、後の(i)・(ii)の問いに答えよ。

(i) 「彼」が「からかい」として受け取った内容の説明として最も適当なものを、次の①〜⑤のうちから一つ選べ。解答番号は 15 。

① 自分の陶器に対する愛情の強さを冷やかされていると感じた。
② 人物や陶器を見きわめる自らの洞察力が疑われていると感じた。
③ 陶器を見て自分が態度を変えたことを軽蔑されていると感じた。
④ 自分が陶器におののいているさまを面白がられていると感じた。
⑤ 自分が陶器の価値を適切に見定められるかを試されていると感じた。

(ii) 「からかい気分」を感じ取った「彼」の心情の説明として最も適当なものを、次の①〜⑤のうちから一つ選べ。解答番号は 16 。

① 「彼」は青磁の価値にうろたえ、態度と裏腹の発言をした青年が盗品を持参したのではないかといぶかしんだ。
② 「彼」は青磁の素晴らしさに動転し、軽妙さを見せた青年が自分をだまそうとしているのではないかと憶測した。
③ 「彼」は青磁の価値に怖じ気づき、穏やかな表情を浮かべる青年が陶器を見極める眼を持っていると誤解した。
④ 「彼」は青磁の素晴らしさに圧倒され、軽薄な態度を取る青年が自分を見下しているのではないかと怪しんだ。
⑤ 「彼」は青磁の素晴らしさに仰天し、余裕を感じさせる青年が陶器の真価を知っているのではないかと勘繰った。

問4　傍線部D「その言葉に真率さがあった」とあるが、このときの青年について「彼」はどのように受け止めているか。その説明として最も適当なものを、次の①～⑤のうちから一つ選べ。解答番号は 17 。

① 父の遺品を売ることに心を痛めているが、せめて陶器に理解のある人物に託すことで父の思い出を守ろうとするところに、最後まで可能性を追い求める青年の懸命さがあると受け止めている。

② 父同様に陶器を愛する人物であれば、市価よりも高い値段で青磁を買い取ってくれるだろうと期待するところに、文学者の審美眼に対して多大な信頼を寄せる青年の誠実さがあると受け止めている。

③ 父が愛した青磁の売却に際して母の意向を確認していないものの、陶器への態度が父と重なる人物を交渉相手に選ぶところに、両親への愛情を貫こうとする青年の一途さがあると受け止めている。

④ 経済的な問題があるものの、少しでも高く売り払うことよりも自分が見込んだ人物に陶器を手渡すことを優先しようとするところに、意志を貫こうとする青年の実直さがあると受け止めている。

⑤ いたしかたなく形見の青磁を手放そうとするが、適切な価格で売り渡すよりも自分が見出した人物に何としても手渡そうとするところに、生真面目な青年のかたくなさがあると受け止めている。

問5　傍線部E「その気持が不愉快だった」とあるが、「彼」がそのように感じた理由として最も適当なものを、次の①～⑤のうちから一つ選べ。解答番号は 18 。

①　「彼」に信頼を寄せる青年の態度に接し、東京の美術商を紹介することで誠実さを見せたものの、逸品を安価で入手する機会を逃して後悔した自分のいやしさを腹立たしく思ったから。

②　随筆を読んで父の遺品を託す相手が「彼」以外にないと信じ、初対面でも臆することなく来訪した青年の熱烈さに触れ、その期待に応えられなかった自分の狭量さにいらだちを感じたから。

③　日々の生活苦を解消するため、父の遺品を自宅から独断で持ち出した青年の焦燥感に圧倒されるように、より高値を付ける美術商を紹介し手を引いてしまった自分の小心さに気が滅入ったから。

④　たまたま読んだ随筆だけを手がかりに、唐突に「彼」を訪ねてきた青年の大胆さを前に、逸品を入手する機会を前にしてそれに手を出す勇気を持てなかった自分の臆病さに嫌悪感を抱いたから。

⑤　父の遺品の価値を確かめるために、「彼」の顔色をひそかに観察していた青年の態度に比べて、品物の素晴らしさに感動するあまり陶器の価値を正直に教えてしまった自分の単純さに落胆したから。

問6　傍線部**F**「因縁がなくてわが書斎に佇むことの出来なかった四羽の鶴は、その生きた烈しさが日がくれかけても、昼のように皓々として眼中にあった。」について、壺は青年が持ち帰ったにもかかわらず「四羽の鶴」が「眼中にあった」とはどういうことか。AさんとBさんは、**【資料】**を用いつつ教師と一緒に話し合いを通して考えることにした。次に示す**【資料】**と**【話し合いの様子】**について、後の(i)・(ii)の問いに答えよ。

【資料】

私は又異なる例を挙げよう。この世に蒐集《しゅうしゅう》家と呼ばれている人は多い。併《しか》し有体《ありてい》に云って全幅的に頭の下《さが》る蒐集に出逢《あ》ったためしがない。中には実に珍妙なのがある。例えば猫に因《ちな》んだものなら何なりと集める人がある。そういう蒐集はどうあっても価値の大きなものとはならない。なぜなのか。猫を現したものだという「こと」に興味が集注(注1)されて、それがどんな品物であるかは問わなくなるからである。だから二目と見られぬようなくだらぬものまで集める。質よりも量なのだから、特に珍らしい品に随喜して了《しま》う。併しそれは珍《めず》らしい「こと」への興味で、それが美しい「もの」か醜い「もの」かは別に問わない。美しいものが中にあれば、それは只《ただ》偶然にあるというに過ぎない。そういう蒐集は質的に選練(注2)される見込みはない。

併しこんな愚かな蒐集を例に挙げる要はないかも知れぬ。もっと進んだ所謂《いわゆる》「美術品」の蒐集に就いて一言する方がよい。忌憚《きたん》なく云って、真に質のよい美術品の蒐集がこの世にどれだけあるのであろうか。筋の通った蒐集が少《すくな》いのは、やはり集める「こと」、自分のものにする「こと」、自慢する「こと」等に余計魅力があるからなのであろう。而《しか》も標準は大概、有名なものである「こと」、時には高価なものである「こと」でさえある。「もの」を見るより、「こと」で購《あがな》う。「物」をじかに見ているなら、集める物に筋が通る筈《はず》である。いつも玉石が混合して了うのは、蒐集する「こと」が先だって了うからだと思える。欲が先故、眼が曇るのだとも云える。蒐集家には明るい人が少く、何かいやな性質がつきまとう。併し「もの」に真の悦《よろこ》びがあったら、明るくなる筈である。悦びを人と共に分《わか》つことが多くなる筈である。蒐集家は「こと」

への犠牲になってはいけない。「もの」へのよき選択者であり創作家でなければいけない。蒐集家には不思議なくらい、正しく選ぶ人が少い。

柳宗悦《やなぎむねよし》『「もの」と「こと」』（『工藝《こうげい》』一九三九年二月）の一部。なお、原文の仮名遣いを改めてある。

（注）1 集注――「集中」に同じ。

2 選練――「洗練」に同じ。

【話し合いの様子】

教　師――**【資料】**の二重傍線部には「蒐集家は『こと』への犠牲になってはいけない。」とあります。ここでは、どういうことが批判されているのか、考えてみましょう。

Aさん――批判されているのは「猫を現したもの」なら何でも集めてしまうような「蒐集」のあり方です。

Bさん――このような「蒐集」が批判されるのは、それが **Ⅰ** だと捉えられているからではないでしょうか。

Aさん――そうだとすると、二重傍線部の直後で述べられている「正しく選ぶ」態度とは、「こと」にとらわれることなく「もの」を見ようとする態度、と言い換えられそうです。

教　師――**【資料】**の中で述べられていた、「蒐集家」と「もの」との望ましい関係について把握することができました。では、この内容を踏まえると、青年の持参した陶器に対する「彼」の態度について、どのように説明できるでしょうか。

Bさん――青年が立ち去った後、その場にないはずの壺の絵が「眼中にあった」とされていることが重要ですね。結果として壺は手元に残らなかったのに、壺の与えた強い印象が「彼」の中に残ったということだと思います。

Aさん――つまり、このときの「彼」は、 **Ⅱ** のですね。だから、その場にない壺の絵が「眼中にあった」という表現になるのではないでしょうか。

教　師――**【資料】**とあわせて考えることで、「もの」と真摯に向き合う「蒐集家」としての「彼」について、理解を深めることができたようです。

(i)　空欄 I に入る発言として最も適当なものを、次の①～⑤のうちから一つ選べ。解答番号は 19 。

① 多くの品を集めることにとらわれて、美という観点を見失うこと
② 美しいかどうかにこだわりすぎて、関心の幅を狭めてしまうこと
③ 趣味の世界に閉じこもることで、他者との交流が失われること
④ 偶然の機会に期待して、対象との出会いを受動的に待つこと
⑤ 質も量も追い求めた結果、蒐集する喜びが感じられなくなること

(ii)　空欄 II に入る発言として最も適当なものを、次の①～⑤のうちから一つ選べ。解答番号は 20 。

① 「もの」に対する強い関心に引きずられ、「こと」への執着がいっそう強められた
② 入手するという「こと」を優先しなかったからこそ、「もの」の本質をとらえられた
③ 貴重である「こと」にこだわり続けたことで、「もの」に対する認識を深められた
④ 「もの」への執着から解放されても、所有する「こと」は諦められなかった
⑤ 所有する「こと」の困難に直面したために、「もの」から目を背けることになった

第3問

次の文章は、『蜻蛉《かげろう》日記』の一節である。療養先の山寺で母が死去し、作者はひどく嘆き悲しんだ。以下は、その後の場面から始まる。これを読んで、後の問い（問1～5）に答えよ。なお、設問の都合で本文の段落に[1]～[6]の番号を付してある。（配点　50）

[1] かくて、とかう（注1）ものすることなど、いたつく（注2）人多くて、(ア)みなしはてつ。いまはいとあはれなる山寺に集ひて、つれづれとあり。夜、目もあはぬままに、嘆き明かしつつ、山づらを見れば、霧はげに麓《ふもと》をこめたり。京もげに誰《た》がもとへかは出《い》でむとすらむ、いで、なほここながら死なむと思へど、生くる人（注3）ぞいとつらきや。

[2] かくて十余日になりぬ。僧ども念仏のひまに物語するを聞けば、「この亡くなりぬる人の、あらはに見ゆるところなむある。さて、近く寄れば、消え失せぬなり。遠うては見ゆなり」「いづれの国とかや」「みみらくの島となむいふなる」など、口々語るを聞くに、いと知らまほしう、悲しうおぼえて、かくぞいはるる。

　ありとだによそにても見む名にし負はばわれに聞かせよみみらくの島

といふを、兄人《せうと》なる人聞きて、それも泣く泣く、

　いづことか音にのみ聞くみみらくの島がくれにし人をたづねむ

[3] かくてあるほどに、立ちながら（注4）ものして、日々にとふめれど、ただいまは何心もなきに、穢《けが》らひの心もとなきこと、おぼつかなきことなど、むつかしきまで書きつづけてあれど、ものおぼえざりしほどのことなればにや、おぼえず。

[4] 里にも急がねど、心にしまかせねば、今日、みな出で立つ日になりぬ。来し時は、膝に臥《ふ》し給《たま》へりし人を、いかでか安らかにと思ひつつ、わが身は汗になりつつ、さりともと思ふ心そひて、頼もしかりき。此度《こたみ》は、いと安らかにて、あさましきまでくつろかに乗られたるにも、道すがらいみじう悲し。

[5] 降りて見るにも、(イ)さらにものおぼえず悲し。もろともに出で居つつ、つくろはせし草なども、わづらひしよりはじめて、うち捨てたりければ、生ひこりていろいろに咲き乱れたり。わざとのこと（注5）なども、みなおのがとりどりすれば、我はただ

つれづれとながめをのみして、「ひとむらすすき虫の音《ね》の」とのみぞいはるる。

　手ふれねど花はさかりになりにけりとどめおきける露にかかりて

などぞおぼゆる。

6　これかれぞ（注6）殿上などもせねば、穢らひもひとつにしなしためれば、おのがじしひき局《つぼね》（注7）などしつつあめる中に、我のみぞ紛るることなくて、夜は念仏の声聞きはじむるより、やがて泣きのみ明かさる。四十九日《しじふくにち》（注8）のこと、誰《たれ》も欠くことなくて、家にてぞする。わが知る人（注9）、おほかたのことを行ひためれば、人々多くさしあひたり。わが心ざしをば、仏をぞ描《か》かせたる。その日過ぎぬれば、みなおのがじし行きあかれぬ。ましてわが心地は心細うなりまさりて、いとどやるかたなく、人（注10）はかう心細げなるを思ひて、ありしよりはしげう通ふ。

（注）
1　とかうものすることなど――葬式やその後始末など。
2　いたつく――世話をする。
3　生くる人――作者を死なせないようにしている人。
4　立ちながらものして――作者の夫である藤原兼家が、立ったまま面会しようとしたということ。立ったままであれば、死の穢《けが》れに触れないと考えられていた。
5　わざとのこと――特別に行う供養。
6　これかれぞ殿上などもせねば、穢らひもひとつにしなしためれば――殿上人もいないので、皆が同じ場所に籠もって喪に服したことを指す。殿上で働く人には、服喪に関わる謹慎期間をめぐってさまざまな制約があった。
7　ひき局――屏風《びょうぶ》などで仕切りをして一時的に作る個人スペース。
8　四十九日のこと――人の死後四十九日目に行う、死者を供養するための大きな法事。
9　わが知る人――作者の夫、兼家。
10　人――兼家。

問1　傍線部(ア)・(イ)の解釈として最も適当なものを、次の各群の①～⑤のうちから、それぞれ一つずつ選べ。解答番号は 21 ・ 22 。

(ア) みなしはてつ 21
① 皆が疲れ果てた
② すべて済ませた
③ 一通り体裁を整えた
④ 見届け終わった
⑤ 悲しみつくした

(イ) さらにものおぼえず 22
① 少しもたとえようがないくらい
② これ以上は考えられないくらい
③ 再び思い出したくないくらい
④ もはや何も感じないくらい
⑤ 全く何もわからないくらい

問2　2段落、3段落の内容に関する説明として適当なものを、次の①～⑥のうちから二つ選べ。ただし、解答の順序は問わない。解答番号は 23 ・ 24 。

① 僧たちが念仏の合間に雑談しているのを聞いて、その不真面目な態度に作者は悲しくなった。
② 作者は「みみらくの島」のことを聞いても半信半疑で、知っているなら詳しく教えてほしいと兄に頼んだ。
③ 「みみらくの島」のことを聞いた作者の兄は、その島の場所がわかるなら母を訪ねて行きたいと詠んだ。
④ 作者は、今は心の余裕もなく死の穢れのこともあるため、兼家にいつ会えるかはっきりしないと伝えた。
⑤ 兼家は、母を亡くした作者に対して、はじめは気遣っていたが、だんだんといい加減な態度になっていった。
⑥ 作者は、母を亡くして呆然《ぼうぜん》とする余り、兼家から手紙を受け取っても、かえってわずらわしく思った。

問3 4段落に記された作者の心中についての説明として最も適当なものを、次の①～⑤のうちから一つ選べ。解答番号は 25 。

① 自宅には帰りたくないと思っていたので、人々に連れられて山寺を去ることを不本意に思っていた。
② 山寺に向かったときの車の中では、母の不安をなんとか和らげようと、母の気を紛らすことに必死だった。
③ 山寺へ向かう途中、母の死を予感して冷や汗をかいていたが、それを母に悟られないように注意していた。
④ 山寺に到着するときまでは、祈禱《きとう》を受ければ母は必ず回復するに違いないと、僧たちを心強く思っていた。
⑤ 帰りの車の中では、介抱する苦労がなくなったために、かえって母がいないことを強く感じてしまった。

問4　5 段落の二重傍線部「ひとむらすすき虫の音の」は、『古今和歌集』の、ある和歌の一部を引用した表現である。その和歌と詞書《ことばがき》（和歌の前書き）は、次の【資料】の通りである。これを読んで、後の(i)・(ii)の問いに答えよ。

【資料】

（注1）藤原利基《としもと》朝臣《あそん》の右近中将にて住み侍《はべ》りける曹司《ざうし》（注2）の、身まかりてのち、人も住まずなりにけるに、秋の夜ふけてものよりまうで来けるついでに見入れければ、もとありし前栽もいと繁く荒れたりけるを見て、はやくそこに侍りければ、昔を思ひやりてよみける

御春有助《みはるのありすけ》（注3）

君が植ゑしひとむらすすき虫の音のしげき野辺ともなりにけるかな

（注）1　藤原利基朝臣――平安時代前期の貴族。
2　曹司――邸宅の一画にある、貴人の子弟が住む部屋。
3　御春有助――平安時代前期の歌人。

(i) 【資料】の詞書の語句や表現に関する説明として最も適当なものを、次の ①～⑤ のうちから一つ選べ。解答番号は 26 。

① 「人も住まずなりにける」の「なり」は伝聞を表し、誰も住まないと聞いたという意味である。
② 「見入れければ」は思わず見とれてしまったところという意味である。
③ 「前栽」は庭を囲むように造った垣根のことである。
④ 「はやく」は時の経過に対する驚きを表している。
⑤ 「そこに侍りければ」は有助が利基に仕えていたことを示す。

(ii)　【資料】および 5 段落についての説明として最も適当なものを、次の①～⑤のうちから一つ選べ。解答番号は 27 。

① 5 段落の二重傍線部は、親しかった人が残した植物の変化を描く【資料】と共通しているために思い起こされたものだが、【資料】では利基の死後は誰も住まなくなった曹司の庭の様子が詠まれているのに対して、 5 段落では母が亡くなる直前まで手入れをしていたおかげで色とりどりに花が咲いている様子が表現されている。

② 5 段落の二重傍線部は、親しかった人が残した植物の変化を描く【資料】と共通しているために思い起こされたものだが、【資料】では荒れ果てた庭のさびしさが「虫の音」によって強調されているのに対して、 5 段落では自由に咲き乱れている草花のたくましさが「手ふれねど」によって強調されている。

③ 5 段落の二重傍線部は、親しかった人が残した庭の様子を描く【資料】と共通しているために思い起こされたものだが、【資料】では虫の美しい鳴き声を利基に聴かせたいという思いが詠まれているのに対して、 5 段落では母の形見として咲いている花をいつまでも残しておきたいという願望が詠まれている。

④ 5 段落の二重傍線部は、手入れする人のいなくなった庭の様子を描く【資料】と共通しているために思い起こされたものだが、【資料】では野原のように荒れた庭を前にしたもの悲しさが詠まれているのに対して、 5 段落では悲しみの中にも亡き母が生前に注いだ愛情のおかげで花が咲きほこっていることへの感慨が表現されている。

⑤ 5 段落の二重傍線部は、手入れする人のいなくなった庭の様子を描く【資料】と共通しているために思い起こされたものだが、【資料】では利基が植えた草花がすっかり枯れてすすきだけになったことへの落胆が詠まれているのに対して、 5 段落では母の世話がないにもかかわらずまだ花が庭に咲き残っていることへの安堵《あんど》が表現されている。

問5　6 段落では、作者の孤独が描かれているが、その表現についての説明として適当でないものを、次の①～⑤のうちから一つ選べ。解答番号は 28 。

① 推定・婉曲を表す「めり」が繰り返し用いられることで、周囲の人々の様子をどこか距離を置いて見ている作者のあり方が表現されている。

② 「おのがじし」の描写の後に、「我」「わが」と繰り返し作者の状況が対比されることで、作者の理解されない悲しみが表現されている。

③ 「仏をぞ描かせたる」には、心を閉ざした作者を慰めるために兼家が仏の姿を描いてくれたことへの感謝の気持ちが、係り結びを用いて強調されている。

④ 「いとどやるかたなく」からは、母を失った悲しみのほかに、親族が法要後に去って心細さまで加わった、作者の晴れない気持ちが読み取れる。

⑤ 「人はかう心細げなるを思ひて」からは、悲しみに暮れる作者に寄り添ってくれる存在として、作者が兼家を認識していることがうかがわれる。

第4問

唐の王宮の中に雉《きじ》が集まってくるという事件が何度も続き、皇帝である太宗《たいそう》は何かの前触れではないかと怪しんで、臣下に意見を求めた。以下は、この時に臣下の褚遂良《ちょすいりょう》が出した意見と太宗の反応とに対する批評である。これを読んで、後の問い（問1〜6）に答えよ。なお、設問の都合で本文を改め、返り点・送り仮名を省いたところがある。（配点　50）

遂良曰ハク、「昔秦文公ノ（注1）時、童子化シテ為ル㆑雉ト。雌ハ鳴キ㆓（注2）陳倉ニ㆒、雄ハ鳴ク㆓（注3）南陽ニ㆒。童子曰ハク、『得ル㆑雄ヲ者ハ王タリ、得ル㆑雌ヲ者ハ覇タリト。』文公遂ニ雄《ゆう》タリ㆓諸侯ニ㆒。陛下（注4）ハ本《もと》封ゼラル㆑秦ニ、故ニ雄雌並ビニ見《あら》ハレ、以テ告グト㆓明徳ヲ㆒。」上（注5）説《よろこ》ビテ曰ハク、「A 人 X 以無学、遂良ハ所謂多識ノ君子ナル哉ト。」

予以謂《おも》ヘラク、秦ノ雉ハ、陳宝（注6）也、B 豈常雉乎。今見テ㆑雉ヲ、即（ア）為スハ㆓之ヲ宝ト㆒、猶ホ（注7）得テ㆓白魚ヲ㆒、便チ自ラ比スルガ㆗武王ニ㆖。此レ諂（注8）《てん》妄《ばう》之甚ダシキモノニシテ、愚（注9）㆓瞽スル其ノ君ヲ㆒ナリ。而ルニ太宗（イ）善シトシ㆑之ヲ、史（注10）モ不㆑識《そし》ラ焉。C 野鳥無故数入宮、此レ乃チ災異ナリ。D 使メバ（注11）魏徴《ぎちょう》ヲシテ在ラ、必ズ以テ㆓（注12）高宗鼎耳《ていじ》之祥ヲ㆒諫《いさ》メン也。遂良非ザルニ㆑不ルニ㆑知ラ㆑此ヲ、捨テテ㆓鼎雊《ていこう》ヲ㆒而取ルハ㆓陳宝ヲ㆒、E 非ザル㆓忠臣ニ㆒也。

（蘇軾《そしょく》『重編東坡先生外集《ちょうへんとうばせんせいがいしゅう》』による）

（注）
1　秦文公――春秋時代の諸侯の一人で、秦の統治者。
2　陳倉――地名。現在の陝西《せんせい》省にあった。
3　南陽――地名。現在の河南省と湖北省の境界あたりにあった。
4　陛下本封レ秦――太宗は即位以前、秦王の位を与えられていた。唐の長安も春秋時代の秦の領地に含まれる。
5　上――太宗。
6　陳宝――童子が変身した雉を指す。
7　猶下得二白魚一、便自比中武王上――周の武王が船で川を渡っていると、白い魚が船中に飛び込んできた故事を踏まえる。その後、武王は殷《いん》を滅ぼして周王朝を開き、白魚は吉兆とされた。
8　諂妄――こびへつらうこと。
9　愚瞽――判断を誤らせる。
10　史――史官。歴史書編集を担当する役人。
11　魏徴――太宗の臣下。
12　高宗鼎耳之祥――殷の高宗の祭りの時、鼎《かなえ》（三本足の器）の取っ手に雉がとまって鳴き、これを異変と考えた臣下が王をいさめた故事。後に見える「鼎雊」もこれと同じ。「雊」は雉が鳴くこと。

問1　波線部(ア)「即」・(イ)「善」のここでの意味として最も適当なものを、次の各群の①～⑤のうちから、それぞれ一つずつ選べ。解答番号は 29 ・ 30 。

(ア) 「即」 29
① かえって
② そこではじめて
③ すぐに
④ そのときには
⑤ かりに

(イ) 「善」 30
① 崇拝する
② 称賛する
③ 整える
④ 得意とする
⑤ 親友になる

問2　傍線部A「人 X 以無学」について、空欄 X に入る語と書き下し文との組合せとして最も適当なものを、次の①〜⑤のうちから一つ選べ。解答番号は 31 。

① 須　　人須らく以て学無かるべし
② 不如　人以て学無きに如かず
③ 不可　人以て学無かるべからず
④ 猶　　人猶ほ以て学無きがごとし
⑤ 不唯　人唯だ以て学無きのみにあらず

問3　傍線部B「豈 常 雉 乎」の解釈として最も適当なものを、次の①～⑤のうちから一つ選べ。解答番号は 32 。

① きっといつもの雉だろう
② どうして普通の雉であろうか
③ おそらくいつも雉がいるのだろう
④ なんともありふれた雉ではないか
⑤ なぜ普通の雉なのだろう

問4　傍線部**C**「野鳥無故数入宮」について、返り点の付け方と書き下し文との組合せとして最も適当なものを、次の①～⑤のうちから一つ選べ。解答番号は 33 。

① 野鳥無レ故レ数レ入レ宮　　野鳥宮に入るを数ふるに故《ゆゑ》無し

② 野鳥無二故数一入レ宮　　野鳥故《ことさら》に数ふる無く宮に入る

③ 野鳥無レ故数入レ宮　　野鳥故《ゆゑ》無くして数《しばしば》宮に入る

④ 野鳥無故数入レ宮　　野鳥無きは故《もと》より数《しばしば》宮に入ればなり

⑤ 野鳥無二故数入一レ宮　　野鳥故《ことさら》に数《しばしば》宮に入ること無し

問5　傍線部**D**「使ニ魏徴在一、必以ニ高宗鼎耳之祥一諫也」とあるが、次の**【資料】**は、魏徴が世を去ったときに太宗が彼を悼んで述べた言葉である。これを読んで、後の(i)・(ii)の問いに答えよ。

【資料】

夫レ以テレ銅ヲ為セバレ鏡ト、可クシ三以テ正スニ衣冠ヲ一、以テレ古ヲ為セバレ鏡ト、可ク三以テ知ルニ興(注1)替ヲ一、以テレ人ヲ為セバレ鏡ト、可シ三以テ明ラカニスルニ得失ヲ一。朕常ニ保チ二此ノ三鏡ヲ一、以テ防グ二己ノ過チヲ一。今魏徴殂《そ》(注2)逝《せい》シ、遂ニ亡《うしな》フ二一ノ鏡ヲ一矣。

（『旧唐書《くとうじょ》』による）

（注）1　興替——盛衰。
　　2　殂逝——亡くなる。

(i) 波線部「得失」のここでの意味として最も適当なものを、次の①～⑤のうちから一つ選べ。解答番号は 34 。

① 人の長所と短所
② 自国と他国の優劣
③ 臣下たちの人望の有無
④ 過去の王朝の成功と失敗
⑤ 衣装選びの当否

(ii) **【資料】**から、傍線部**D**「使二魏徴在一、必以二高宗鼎耳之祥一諫也」と述べられた背景をうかがうことができる。この**【資料】**を踏まえた傍線部**D**の解釈として最も適当なものを、次の①～⑤のうちから一つ選べ。解答番号は 35 。

① 鏡が物を客観的に映しだすように、魏徴は太宗に決してうそをつかなかったから、彼なら「高宗鼎耳」の故事を引用し、事件を誤解している太宗に真実を話しただろう。
② 鏡で身なりを点検するときのように、魏徴は太宗の言動に目を光らせていたから、彼なら「高宗鼎耳」の故事を引用し、事件にかこつけて太宗の無知をたしなめただろう。
③ 鏡に映った自分自身であるかのように、魏徴は太宗のことを誰よりも深く理解していたから、彼なら「高宗鼎耳」の故事を引用し、事件で悩む太宗に同情して慰めただろう。
④ 鏡が物のありのままの姿を映すように、魏徴は太宗に遠慮せず率直に意見するから、彼なら「高宗鼎耳」の故事を引用し、事件を機に太宗に反省するよう促しただろう。
⑤ 鏡が自分を見つめ直す助けとなるように、魏徴は歴史の知識で太宗を助けてきたから、彼なら「高宗鼎耳」の故事を引用し、事件にとまどう太宗に知恵を授けただろう。

問6　傍線部**E**「非㆓忠臣㆒也」とあるが、そのように言われる理由として最も適当なものを、次の①～⑤のうちから一つ選べ。解答番号は **36** 。

① 褚遂良は、事件をめでたい知らせだと解釈して太宗の機嫌を取ったが、忠臣ならば、たとえ主君が不機嫌になるとしても、厳しく忠告して主君をより良い方向へと導くべきだったから。

② 褚遂良は、事件から貴重な教訓を引き出して太宗の気を引き締めたが、忠臣ならば、たとえ主君が緊張を解いてしまうとしても、主君の良い点をほめて主君に自信を持たせるべきだったから。

③ 褚遂良は、事件は過去にも例があり珍しくないと説明して太宗を安心させたが、忠臣ならば、たとえ主君が不安を感じるとしても、事件の重大さを強調して主君に警戒させるべきだったから。

④ 褚遂良は、事件と似た逸話を知っていたおかげで太宗を感心させたが、忠臣ならば、たとえ主君から聞かれていないとしても、普段から勉強して主君の求めに備えておくべきだったから。

⑤ 褚遂良は、事件の実態を隠し間違った報告をして太宗の注意をそらしたが、忠臣ならば、たとえ主君から怒られるとしても、本当のことを伝えて主君に事実を教えるべきだったから。

MEMO

2021
第1日程

国　語

（2021年1月実施）

80分　200点

国語

（解答番号 1 ～ 38 ）

第1問　次の文章は、香川雅信《かがわまさのぶ》『江戸の妖怪革命』の序章の一部である。本文中でいう「本書」とはこの著作を指し、「近世」とは江戸時代にあたる。これを読んで、後の問い（問1～5）に答えよ。なお、設問の都合で本文の段落に[1]～[18]の番号を付してある。（配点　50）

[1]　フィクションとしての妖怪、とりわけ娯楽の対象としての妖怪は、いかなる歴史的背景のもとで生まれてきたのか。

[2]　確かに、鬼や天狗《てんぐ》など、古典的な妖怪を題材にした絵画や芸能は古くから存在した。しかし、妖怪が明らかにフィクションの世界に属する存在としてとらえられ、そのことによってかえっておびただしい数の妖怪画や妖怪を題材とした文芸作品、大衆芸能が創作されていくのは、近世も中期に入ってからのことなのである。つまり、フィクションとしての妖怪という領域自体が歴史性を帯びたものなのである。

[3]　妖怪はそもそも、日常的理解を超えた不可思議な現象に意味を与えようとするミン(ア)ゾク的な心意から生まれたものであった。人間はつねに、経験に裏打ちされた日常的な原因—結果の了解に基づいて目の前に生起する現象を認識し、未来を予見し、さまざまな行動を決定している。ところが時たま、そうした日常的な因果了解では説明のつかない現象に遭遇する。それは通常の認識や予見を無効化するため、人間の心に不安と恐怖を(イ)カンキする。このような言わば意味論的な危機に対して、それをなんとか意味の体系のなかに回収するために生み出された文化的装置が「妖怪」だった。それは人間が秩序ある意味世界のなかで生きていくうえでの必要性から生み出されたものであり、それゆえに切実なリアリティをともなっていた。A民間伝承としての妖怪とは、そうした存在だったのである。

[4]　妖怪が意味論的な危機から生み出されるものであるかぎり、そしてそれゆえにリアリティを帯びた存在であるかぎり、それをフィクションとして楽しもうという感性は生まれえない。フィクションとしての妖怪という領域が成立するには、妖怪に対する認識が根本的に変容することが必要なのである。

5 妖怪に対する認識がどのように変容したのか。そしてそれは、いかなる歴史的背景から生じたのか。本書ではそのような問いに対する答えを、「妖怪娯楽」の具体的な事例を通して探っていこうと思う。

6 妖怪に対する認識の変容を記述し分析するうえで、本書ではフランスの哲学者ミシェル・フーコーの「アルケオロジー」の手法を(ウ)エンヨウすることにしたい。

7 アルケオロジーとは、通常「考古学」と訳される言葉であるが、フーコーの言うアルケオロジーは、思考や認識を可能にしている知の枠組み――「エピステーメー」(ギリシャ語で「知」の意味)の変容として歴史を描き出す試みのことである。人間が事物のあいだにある秩序を認識し、それにしたがって思考する際に、われわれは決して認識に先立って「客観的に」存在する事物の秩序そのものに触れているわけではない。事物のあいだになんらかの関係性をうち立てるある一つの枠組みを通して、はじめて事物の秩序を認識することができるのである。この枠組みがエピステーメーであり、しかもこれは時代とともに変容する。事物に対する認識や思考が、時間を(エ)ヘダてることで大きく変貌してしまうのだ。

8 フーコーは、十六世紀から近代にいたる西欧の「知」の変容について論じた『言葉と物』という著作において、このエピステーメーの変貌を、「物」「言葉」「記号」そして「人間」の関係性の再編成として描き出している。これらは人間が世界を認識するうえで重要な役割を果たす諸要素であるが、そのあいだにどのような関係性がうち立てられるかによって、「知」のあり方は大きく様変わりする。

9 本書では、このアルケオロジーという方法を踏まえて、日本の妖怪観の変容について記述することにしたい。それは妖怪観の変容を「物」「言葉」「記号」「人間」の布置の再編成として記述する試みである。この方法は、同時代に存在する一見関係のないさまざまな文化事象を、同じ世界認識の平面上にあるものとしてとらえることを可能にする。これによって日本の妖怪観の変容を、大きな文化史的変動のなかで考えることができるだろう。

10 では、ここで本書の議論を先取りして、Bアルケオロジー的方法によって再構成した日本の妖怪観の変容について簡単に述べておこう。

11 中世において、妖怪の出現は多くの場合「凶兆」として解釈された。それらは神仏をはじめとする神秘的存在からの「警告」であった。すなわち、妖怪は神霊からの「言葉」を伝えるものという意味で、一種の「記号」だったのである。これは妖怪にかぎったことではなく、あらゆる自然物がなんらかの意味を帯びた「記号」として存在していた。つまり、「物」は物そのものと言うよりも「記号」であったのである。これらの「記号」は所与のものとして存在しており、人間にできるのはその「記号」を「読み取る」こと、そしてその結果にしたがって神霊への働きかけをおこなうことだけだった。

12 「物」が同時に「言葉」を伝える「記号」である世界。こうした認識は、しかし近世において大きく変容する。「物」にまとわりついた「言葉」や「記号」としての性質が剝ぎ取られ、はじめて「物」そのものとして人間の目の前にあらわれるようになるのである。ここに近世の自然認識や、西洋の博物学に相当する本草学《ほんぞうがく》(注)という学問が成立する。そして妖怪もまた博物学的な思考、あるいは嗜好《しこう》の対象となっていくのである。

13 この結果、「記号」の位置づけも変わってくる。かつて「記号」は所与のものとして存在し、人間はそれを「読み取る」ことしかできなかった。しかし、近世においては、「記号」は人間が約束事のなかで作り出すことができるものとなった。これは、「記号」が神霊の支配を逃れて、人間の完全なコントロール下に入ったことを意味する。こうした「記号」を、本書では「表象」と呼んでいる。人工的な記号、人間の支配下にあることがはっきりと刻印された記号、それが「表象」である。

14 「表象」は、意味を伝えるものであるよりも、むしろその形象性、視覚的側面が重要な役割を果たす「記号」である。妖怪は、伝承や説話といった「言葉」の世界、意味の世界から切り離され、名前や視覚的形象によって弁別される「表象」となっていった。それはまさに、現代で言うところの「キャラクター」であった。そしてキャラクターとなった妖怪は完全にリアリティを喪失し、フィクショナルな存在として人間の娯楽の題材へと化していった。妖怪は「表象」という人工物へと作り変えられたことによって、人間の手で自由自在にコントロールされるものとなったのである。こうしたＣ妖怪の「表象」化は、人間の支配力が世界のあらゆる局面、あらゆる「物」に及ぶようになったことの帰結である。かつて神霊が占めていたその位置を、いまや人間が占めるようになったのである。

15 ここまでが、近世後期——より具体的には十八世紀後半以降の都市における妖怪観である。だが、近代になると、こうした近世の妖怪観はふたたび編成しなおされることになる。「表象」として、リアリティの領域から切り離されてあった妖怪が、以前とは異なる形でリアリティのなかに回帰するのである。これは、近世は妖怪をリアルなものとして恐怖していた迷信の時代、近代はそれを合理的思考によって否定し去った啓蒙《けいもう》の時代、という一般的な認識とはまったく逆の形である。

16 「表象」という人工的な記号を成立させていたのは、「万物の霊長」とされた人間の力の絶対性であった。ところが近代になると、この「人間」そのものに根本的な懐疑が突きつけられるようになる。人間は「神経」の作用、「催眠術」の効果、「心霊」の感応によって容易に妖怪を「見てしまう」不安定な存在、「内面」というコントロール不可能な部分を抱えた存在として認識されるようになったのだ。かつて「表象」としてフィクショナルな領域に囲い込まれていた妖怪たちは、今度は「人間」そのものの内部に棲《す》みつくようになったのである。

17 そして、こうした認識とともに生み出されたのが、「私」という近代に特有の思想であった。謎めいた「内面」を抱え込んでしまったことで、「私」は私にとって「不気味なもの」となり、いっぽうで未知なる可能性を秘めた神秘的な存在となった。妖怪は、まさにこのような「私」を(オ)トウエイした存在としてあらわれるようになるのである。

18 以上がアルケオロジー的方法によって描き出した、妖怪観の変容のストーリーである。

(注) 本草学——もとは薬用になる動植物などを研究する中国由来の学問で、江戸時代に盛んとなり、薬物にとどまらず広く自然物を対象とするようになった。

問1　傍線部(ア)〜(オ)に相当する漢字を含むものを、次の各群の①〜④のうちから、それぞれ一つずつ選べ。解答番号は 1 〜 5 。

(ア) ミンゾク 1
① 楽団にショゾクする
② カイゾク版を根絶する
③ 公序リョウゾクに反する
④ 事業をケイゾクする

(イ) カンキ 2
① 証人としてショウカンされる
② 優勝旗をヘンカンする
③ 勝利のエイカンに輝く
④ 意見をコウカンする

(ウ) エンヨウ 3
① 鉄道のエンセンに住む
② キュウエン活動を行う
③ 雨で試合がジュンエンする
④ エンジュクした技を披露する

(エ) ヘダてる 4
① 敵をイカクする
② 施設のカクジュウをはかる
③ 外界とカクゼツする
④ 海底のチカクが変動する

(オ) トウエイ 5
① 意気トウゴウする
② トウチ法を用いる
③ 電気ケイトウが故障する
④ 強敵を相手にフントウする

問2　傍線部A「民間伝承としての妖怪」とは、どのような存在か。その説明として最も適当なものを、次の①～⑤のうちから一つ選べ。解答番号は 6 。

① 人間の理解を超えた不可思議な現象に意味を与え日常世界のなかに導き入れる存在。
② 通常の認識や予見が無効となる現象をフィクションの領域においてとらえなおす存在。
③ 目の前の出来事から予測される未来への不安を意味の体系のなかで認識させる存在。
④ 日常的な因果関係にもとづく意味の体系のリアリティを改めて人間に気づかせる存在。
⑤ 通常の因果関係の理解では説明のできない意味論的な危機を人間の心に生み出す存在。

問3　傍線部B「アルケオロジー的方法」とは、どのような方法か。その説明として最も適当なものを、次の①～⑤のうちから一つ選べ。解答番号は 7 。

① ある時代の文化事象のあいだにある関係性を理解し、その理解にもとづいて考古学の方法に倣い、その時代の事物の客観的な秩序を復元して描き出す方法。

② 事物のあいだにある秩序を認識し思考することを可能にしている知の枠組みをとらえ、その枠組みが時代とともに変容するさまを記述する方法。

③ さまざまな文化事象を「物」「言葉」「記号」「人間」という要素ごとに分類して整理し直すことで、知の枠組みの変容を描き出す方法。

④ 通常区別されているさまざまな文化事象を同じ認識の平面上でとらえることで、ある時代の文化的特徴を社会的な背景を踏まえて分析し記述する方法。

⑤ 一見関係のないさまざまな歴史的事象を「物」「言葉」「記号」そして「人間」の関係性に即して接合し、大きな世界史的変動として描き出す方法。

問4　傍線部C「妖怪の『表象』化」とは、どういうことか。その説明として最も適当なものを、次の①～⑤のうちから一つ選べ。解答番号は 8 。

① 妖怪が、人工的に作り出されるようになり、神霊による警告を伝える役割を失って、人間が人間を戒めるための道具になったということ。

② 妖怪が、神霊の働きを告げる記号から、人間が約束事のなかで作り出す記号になり、架空の存在として楽しむ対象になったということ。

③ 妖怪が、伝承や説話といった言葉の世界の存在ではなく視覚的な形象になったことによって、人間世界に実在するかのように感じられるようになったということ。

④ 妖怪が、人間の手で自由自在に作り出されるものになり、人間の力が世界のあらゆる局面や物に及ぶきっかけになったということ。

⑤ 妖怪が、神霊からの警告を伝える記号から人間がコントロールする人工的な記号になり、人間の性質を戯画的に形象した娯楽の題材になったということ。

問５　この文章を授業で読んだＮさんは、内容をよく理解するために【ノート１】～【ノート３】を作成した。本文の内容とＮさんの学習の過程を踏まえて、(i)～(iii)の問いに答えよ。

(i)　Ｎさんは、本文の 1 ～ 18 を【ノート１】のように見出しをつけて整理した。空欄 Ⅰ ・ Ⅱ に入る語句の組合せとして最も適当なものを、後の①～④のうちから一つ選べ。解答番号は 9 。

【ノート１】

●問題設定（1～5）
　2～3　Ⅰ
　4～5　Ⅱ
●方法論（6～9）
　7～9　アルケオロジーの説明
●日本の妖怪観の変容（10～18）
　11　中世の妖怪
　12～14　近世の妖怪
　15～17　近代の妖怪

①　Ⅰ　妖怪はいかなる歴史的背景のもとで娯楽の対象になったのかという問い
　　Ⅱ　意味論的な危機から生み出される妖怪
②　Ⅰ　妖怪はいかなる歴史的背景のもとで娯楽の対象になったのかという問い
　　Ⅱ　妖怪娯楽の具体的事例の紹介
③　Ⅰ　娯楽の対象となった妖怪の説明
　　Ⅱ　いかなる歴史的背景のもとで、どのように妖怪認識が変容したのかという問い
④　Ⅰ　妖怪に対する認識の歴史性
　　Ⅱ　いかなる歴史的背景のもとで、どのように妖怪認識が変容したのかという問い

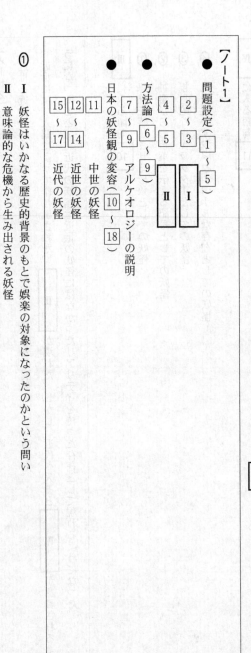

(ii)　Nさんは、本文で述べられている近世から近代への変化を【ノート2】のようにまとめた。空欄 Ⅲ ・ Ⅳ に入る語句として最も適当なものを、後の各群の①～④のうちから、それぞれ一つずつ選べ。解答番号は 10 ・ 11 。

【ノート2】

近世と近代の妖怪観の違いの背景には、「表象」と「人間」との関係の変容があった。

近世には、人間によって作り出された、 Ⅲ が現れた。しかし、近代へ入ると Ⅳ が認識されるようになったことで、近代の妖怪は近世の妖怪にはなかったリアリティを持った存在として現れるようになった。

Ⅲ に入る語句 10

① 恐怖を感じさせる形象としての妖怪
② 神霊からの言葉を伝える記号としての妖怪
③ 視覚的なキャラクターとしての妖怪
④ 人を化かすフィクショナルな存在としての妖怪

Ⅳ に入る語句 11

① 合理的な思考をする人間
② 「私」という自立した人間
③ 万物の霊長としての人間
④ 不可解な内面をもつ人間

(iii)　【ノート2】を作成したNさんは、近代の妖怪観の背景に興味をもった。そこで出典の『江戸の妖怪革命』を読み、【ノート3】を作成した。空欄 V に入る最も適当なものを、後の①～⑤のうちから一つ選べ。解答番号は 12 。

【ノート3】

本文の 17 には、近代において「私」が私にとって「不気味なもの」となったということが書かれていた。このことに関係して、本書第四章には、欧米でも日本でも近代になってドッペルゲンガーや自己分裂を主題とした小説が数多く発表されたとあり、芥川龍之介の小説「歯車」（一九二七年発表）の次の一節が例として引用されていた。

第二の僕、――独逸《どいつ》人の所謂《いわゆる》 Doppelgaenger は仕合《しあわ》せにも僕自身に見えたことはなかった。しかし亜米利加《あめりか》の映画俳優になったK君の夫人は第二の僕を帝劇の廊下に見かけていた。（僕は突然K君の夫人に「先達《せんだつて》はつい御挨拶もしませんで」と言われ、当惑したことを覚えている。）それからもう故人になったある隻脚《かたあし》の翻訳家もやはり銀座のある煙草《たばこ》屋に第二の僕を見かけていた。死はあるいは僕よりも第二の僕に来るのかも知れなかった。

考察　ドッペルゲンガー（Doppelgaenger）とは、ドイツ語で「二重に行く者」、すなわち「分身」の意味であり、もう一人の自分を「見てしまう」怪異のことである。また、「ドッペルゲンガーを見た者は死ぬと言い伝えられている」と説明されていた。

17 に書かれていた「『私』という近代に特有の思想」とは、こうした自己意識を踏まえた指摘だったことがわかった。 V

①　「歯車」の僕は、自分の知らないところで別の僕が行動していることを知った。僕はまだ自分でドッペルゲンガーを見たわけではないと安心し、別の僕の行動によって自分が周囲から承認されているのだと悟った。これは、「私」が他人の認識のなかで生かされているという神秘的な存在であることの例にあたる。

②　「歯車」の僕は、自分には心当たりがない場所で別の僕が目撃されていたと知った。僕は自分でドッペルゲンガーを見たわけではないのでひとまずは安心しながらも、もう一人の自分に死が訪れるのではないかと考えていた。これは、「私」が自分自身を統御できない不安定な存在であることの例にあたる。

③　「歯車」の僕は、身に覚えのないうちに、会いたいと思っていた人の前に別の僕が姿を現していたと知った。僕は自分でドッペルゲンガーを見たわけではないが、別の僕が自分に代わって思いをかなえてくれたことに驚いた。これは、「私」が未知なる可能性を秘めた存在であることの例にあたる。

④　「歯車」の僕は、自分がいたはずのない場所に別の僕がいたことを知った。僕は自分でドッペルゲンガーを見たわけではないと自分を落ち着かせながらも、自分が分身に乗っ取られるかもしれないという不安を感じた。これは、「私」が「私」という分身にコントロールされてしまう不気味な存在であることの例にあたる。

⑤　「歯車」の僕は、自分がいるはずのない時と場所で僕を見かけたと言われた。僕は今のところ自分でドッペルゲンガーを見たわけではないので死ぬことはないと安心しているが、他人にうわさされることに困惑していた。これは、「私」が自分で自分を制御できない部分を抱えた存在であることの例にあたる。

第2問 次の文章は、加能作次郎《かのうさくじろう》「羽織と時計」（一九一八年発表）の一節である。「私」と同じ出版社で働くW君は、妻子と従妹《いとこ》と暮らしていたが生活は苦しかった。そのW君が病で休職している期間、「私」は何度か彼を訪れ、同僚から集めた見舞金を届けたことがある。以下はそれに続く場面である。これを読んで、後の問い（問1～6）に答えよ。なお、設問の都合で本文の上に行数を付してある。（配点　50）

春になって、陽気がだんだん暖かになると、W君の病気も次第に快《よ》くなって、五月の末には、再び出勤することが出来るようになった。

『君の家の紋（注1）は何かね？』

彼が久し振りに出勤した最初の日に、W君は突然私に尋ねた。私は不審に思いながら答えた。

『円《まる》（注2）に横モッコです。平凡なありふれた紋です。何ですか？』

『いや、実はね。僕も長い間休んで居て、君に少《すく》からぬ世話になったから、ほんのお礼の印に羽二重《はぶたえ》（注3）を一反《いったん》（注4）お上げしようと思っているんだが、同じことなら羽織にでもなるように紋を抜いた（注5）方がよいと思ってね。どうだね、其方《そのほう》がよかろうね。』とW君は言った。

W君の郷里は羽二重の産地で、彼の親類に織元《おりもと》があるので、そこから安く、実費で分けて貰《もら》うので、外にも序《ついで》があるから、そこから直接に京都へ染めにやることにしてあるとのことであった。

『染《そめ》は京都でなくちゃ駄目だからね。』とW君は独りで首肯《うなず》いて、『じゃ早速言ってやろう。』

私は辞退する(ア)術《すべ》もなかった。

一ケ月あまり経《た》って、染め上《あが》って来た。W君は自分でそれを持って私の下宿を訪れて呉《く》れた。私は早速W君と連れだって、呉服屋へ行って裏地を買って羽織に縫って貰った。

貧乏な私は其時《そのとき》まで礼服というものを一枚も持たなかった。羽二重の紋付《もんつき》の羽織というものを、その時始めて着たのであるが、今でもそれが私の持物《もちもの》の中で最も貴重なものの一つとなって居る。

『ほんとにいい羽織ですこと、あなたの様な貧乏人が、こんな羽織をもって居なさるのが不思議な位ですわね。』

妻は、私がその羽織を着る機会のある毎《ごと》にそう言った。私はW君から貰ったのだということを、妙な羽目からつい(イ)言いはぐれて了《しま》って、今だに妻に打ち明けてないのであった。妻が私が結婚の折に特に拵《こしら》えたものと信じて居るのだ。下に着る着物でも袴《はかま》でも、その羽織とは全く不調和な粗末なものばかりしか私は持って居ないので、

『よくそれでも羽織だけ飛び離れていいものをお拵えになりましたわね。』と妻は言うのであった。

『そりゃ礼服だからな。これ一枚あれば下にどんなものを着て居ても、兎《と》に角《かく》礼服として何処《どこ》へでも出られるからな。』私は**A**擽《くす》ぐられるような思《おもい》をしながら、そんなことを言って誤魔化《ごまか》して居た。

『これで袴だけ仙台平《せんだいひら》(注6)か何かのがあれば揃《そろ》うのですけれどね。どうにかして袴だけいいのをお拵えなさいよ。これじゃ羽織が泣きますわ。こんなぼとぼとしたセル(注7)の袴じゃ、折角《せっかく》のいい羽織がちっとも引き立たないじゃありませんか。』

妻はいかにも惜しそうにそう言い言いした。

私もそうは思わないではないが、今だにその余裕がないのであった。私はこの羽織を着る毎にW君のことを思い出さずに居なかった。

その後、社に改革があって、私が雑誌を一人でやることになり、W君は書籍の出版の方に廻《まわ》ることになった。そして翌年の春、私は他にいい口があったので、その方へ転ずることになった。

W君は私の将来を祝し、送別会をする代《かわ》りだといって、自ら奔走して社の同人(注8)達《たち》から二十円ばかり醵金《きょきん》(注9)をして、私に記念品を贈ることにして呉れた。私は時計を持って居なかったので、自分から望んで懐中時計を買って貰った。

『贈××君。××社同人。』

こう銀側の蓋の裏に小さく刻まれてあった。

この処置について、社の同人の中には、内々不平を抱いたものもあったそうだ。まだ二年足らずしか居ないものに、記念品を

贈るなどということは曾《かつ》て例のないことで、これはW君が、自分の病気の際に私が奔走して見舞金を贈ったので、その時の私の厚意に酬《むく》いようとする個人的の感情から企てたことだといってW君を非難するものもあったそうだ。また中には、『あれはW君が自分が罷《や》める時にも、そんな風なことをして貰いたいからだよ。』と卑しい邪推をして皮肉を言ったものもあったそうだ。

私は後でそんなことを耳にして非常に不快を感じた。そしてW君に対して気の毒でならなかった。そういう非難を受けてまでも(それはW君自身予想しなかったことであろうが)私の為《ため》に奔走して呉れたW君の厚い情誼《じょうぎ》(注10)を思いやると、私は涙ぐましいほど感謝の念に打たれるのであった。それと同時に、その一種の恩恵に対して、常に或《あ》る重い圧迫を感ぜざるを得なかった。

羽織と時計——。私の身についたものの中で最も高価なものが、二つともW君から贈られたものだ。この意識が、今でも私の心に、感謝の念と共に、**B**何だかやましいような気恥《きはずか》しいような、訳のわからぬ一種の重苦しい感情を起《おこ》させるのである。

××社を出てから以後、私は一度もW君と会わなかった。W君は、その後一年あまりして、病気が再発して、遂《つい》に社を辞し、いくらかの金を融通して来て、電車通りに小さなパン菓子屋を始めたこと、自分は寝たきりで、店は主に従妹が支配して居て、それでやっと生活して居るということなどを、私は或る日途中で××社の人に遇《あ》った時に聞いた。私は××社を辞した後、或る文学雑誌の編輯《へんしゅう》に携《たずさわ》って、文壇の方と接触する様になり、交友の範囲もおのずから違って行き、仕事も忙しかったので、一度見舞旁々《みまいかたがた》訪《おとな》わねばならぬと思いながら、自然と遠ざかって了った。その中《うち》私も結婚をしたり、子が出来たりして、境遇も次第に前と異《こと》って来て、一層(ウ)足が遠くなった。偶々《たまたま》思い出しても、久しく無沙汰をして居ただけそれだけ、そしてそれに対して一種の自責を感ずれば感ずるほど、妙に改まった気持《きもち》になって、つい億劫《おっくう》になるのであった。

羽織と時計——併《しか》し本当を言えば、この二つが、W君と私とを遠ざけたようなものであった。これがなかったなら、私はもっと素直な自由な気持になって、時々W君を訪れることが出来たであろうと、今になって思われる。何故《なぜ》というに、私はこの二個の物品を持って居るので、常にW君から恩恵的債務を負うて居るように感ぜられたからである。この債務に対する自意識は、私をして不思議にW君の家の敷居を高く思わせた。而《しか》も不思議なことに、**C** 私はW君よりも、彼の妻君《さいくん》の眼を恐れた。私が時計を帯にはさんで行くとする、『あの時計は、良人《うち》(注11)が世話して進《あ》げたのだ。』斯《こ》う妻君の眼が言う。私が羽織を着て行く、『ああの羽織は、良人が進げたのだ。』斯う妻君の眼が言う。もし二つとも身につけて行かないならば、『あの人は羽織や時計をどうしただろう。』斯う妻君の眼が言うように空想されるのであった。どうしてそんな考《かんがえ》が起《おこ》るのか分《わか》らない。或《あるい》は私自身の中に、そういう卑しい邪推深い性情がある為であろう。が、いつでもW君を訪れようと思いつく毎に、妙にその厭《いや》な考が私を引き止めるのであった。そればかりではない、こうして無沙汰を続ければ続けるほど、私はW君の妻君に対して更に恐れを抱くのであった。

『○○さんて方は随分薄情な方ね、あれきり一度も来なさらない。こうして貴郎《あなた》が病気で寝て居らっしゃるのを知らないんでしょうか、見舞に一度も来て下さらない。』

斯う彼女が彼女の良人《おっと》に向《むか》って私を責めて居そうである。その言葉には、あんなに、羽織や時計などを進げたりして、こちらでは尽《つく》すだけのことは尽してあるのに、という意味を、彼女は含めて居るのである。

そんなことを思うと迚《とて》も行く気にはなれなかった。こちらから出て行って、妻君のそういう考をなくする様に努めるよりも、私は逃げよう逃げようとした。私は何か偶然の機会で妻君なり従妹なりと、途中ででも遇わんことを願った。そうしたら、『W君はお変《かわ》りありませんか、相変らず元気で××社へ行っていらっしゃいますか？』としらばくれて尋ねる、すると、疾《と》うに社をやめ、病気で寝て居ると、相手の人は答えるに違いない。

『おやおや！　一寸《ちっと》も知りませんでした。それはいけませんね。どうぞよろしく言って下さい。近いうちに御《お》見舞に上りますから。』

こう言って分れよう。そしてそれから二三日置いて、何か手土産を、そうだ、かなり立派なものを持って見舞に行こう、そうするとそれから後は、心易《こころやす》く往来出来るだろう――。

そんなことを思いながら、三年四年と月日が流れるように経って行った。今年の新緑の頃、子供を連れて郊外へ散歩に行った時に、**D** 私は少し遠廻りして、W君の家の前を通り、原っぱで子供に食べさせるのだからと妻に命じて、態《わざ》と其《そ》の店に餡《あん》パンを買わせたが、実はその折陰ながら家の様子を窺《うかが》い、うまく行けば、全く偶然の様に、妻君なり従妹なりに遇おうという微《かす》かな期待をもって居た為《た》めであった。私は電車の線路を挟んで向側《むかいがわ》の人道に立って店の様子をそれとなく注視して居たが、出て来た人は、妻君でも従妹でもなく、全く見知らぬ、下女《げじょ》(注12)の様な女だった。私は若《も》しや家が間違っては居ないか、または代《だい》が変ってでも居るのではないかと、屋根看板をよく注意して見たが、以前××社の人から聞いたと同じく、××堂W——とあった。たしかにW君の店に相違なかった。それ以来、私はまだ一度も其店の前を通ったこともなかった。

(注)
1　紋——家、氏族のしるしとして定まっている図柄。
2　円に横モッコ——紋の図案の一つ。
3　羽二重——上質な絹織物。つやがあり、肌ざわりがいい。
4　一反——布類の長さの単位。長さ一〇メートル幅三六センチ以上が一反の規格で、成人一人分の着物となる。
5　紋を抜いた——「紋の図柄を染め抜いた」という意味。
6　仙台平——袴に用いる高級絹織物の一種。
7　セル——和服用の毛織物の一種。
8　同人——仲間。
9　醵金——何かをするために金銭を出し合うこと。
10　情誼——人とつきあう上での人情や情愛。
11　良人——夫。
12　下女——雑事をさせるために雇った女性のこと。当時の呼称。

問１　傍線部(ア)～(ウ)の本文中における意味として最も適当なものを、次の各群の①～⑤のうちから、それぞれ一つずつ選べ。解答番号は 13 ～ 15 。

(ア)　術もなかった　13

①　理由もなかった
②　手立てもなかった
③　義理もなかった
④　気持ちもなかった
⑤　はずもなかった

(イ)　言いはぐれて　14

①　言う必要を感じないで
②　言う機会を逃して
③　言うのを忘れて
④　言う気になれなくて
⑤　言うべきでないと思って

(ウ)　足が遠くなった　15

①　訪れることがなくなった
②　時間がかかるようになった
③　会う理由がなくなった
④　行き来が不便になった
⑤　思い出さなくなった

問２　傍線部Ａ「擽ぐられるような思」とあるが、それはどのような気持ちか。その説明として最も適当なものを、次の①～⑤のうちから一つ選べ。解答番号は 16 。

① 自分たちの結婚に際して羽織を新調したと思い込んで発言している妻に対する、笑い出したいような気持ち。
② 上等な羽織を持っていることを自慢に思いつつ、妻に事実を知られた場合を想像して、不安になっている気持ち。
③ 妻に羽織をほめられたうれしさと、本当のことを告げていない後ろめたさとが入り混じった、落ち着かない気持ち。
④ 妻が自分の服装に関心を寄せてくれることをうれしく感じつつも、羽織だけほめることを物足りなく思う気持ち。
⑤ 羽織はＷ君からもらったものだと妻に打ち明けてみたい衝動と、自分を侮っている妻への不満とがせめぎ合う気持ち。

問3　傍線部B「何だかやましいような気恥しいような、訳のわからぬ一種の重苦しい感情」とあるが、それはどういうことか。その説明として最も適当なものを、次の①～⑤のうちから一つ選べ。解答番号は［17］。

① W君が手を尽くして贈ってくれた品物は、いずれも自分には到底釣り合わないほど立派なものに思え、自分を厚遇しようとするW君の熱意を過剰なものに感じてとまどっている。

② W君の見繕ってくれた羽織はもちろん、自ら希望した時計にも実はさしたる必要を感じていなかったのに、W君がその贈り物をするために評判を落としたことを、申し訳なくももったいなくも感じている。

③ W君が羽織を贈ってくれたことに味をしめ、続いて時計までも希望し、高価な品々をやすやすと手に入れてしまった欲の深さを恥じており、W君へ向けられた批判をそのまま自分にも向けられたものと受け取っている。

④ 立派な羽織と時計とによって一人前の体裁を取り繕うことができたものの、それらを自分の力では手に入れられなかったことを情けなく感じており、W君の厚意にも自分へ向けられた哀れみを感じ取っている。

⑤ 頼んだわけでもないのに自分のために奔走してくれるW君に対する周囲の批判を耳にするたびに、W君に対する申し訳なさを感じたが、同時にその厚意には見返りを期待する底意をも察知している。

問４　傍線部C「私はW君よりも、彼の妻君の眼を恐れた」とあるが、「私」が「妻君の眼」を気にするのはなぜか。その説明として最も適当なものを、次の①～⑤のうちから一つ選べ。解答番号は［18］。

①　「私」に厚意をもって接してくれたW君が退社後に寝たきりで生活苦に陥っていることを考えると、見舞に駆けつけなくてはいけないと思う一方で、「私」の転職後はW君と久しく疎遠になってしまい、その間看病を続けた妻君に自分の冷たさを責められるのではないかと悩んでいるから。

②　W君が退社した後慣れないパン菓子屋を始めるほど家計が苦しくなったことを知り、「私」が彼の恩義に酬いる番だと思う一方で、転職後にさほど家計も潤わずW君を経済的に助けられないことを考えると、W君を家庭で支える妻君には申し訳ないことをしていると感じているから。

③　退職後に病で苦労しているW君のことを思うと、「私」に対するW君の恩義は一生忘れてはいけないと思う一方で、忙しい日常生活にかまけてW君のことをつい忘れてしまうふがいなさを感じたまま見舞に出かけると、妻君に偽善的な態度を指摘されるのではないかという怖さを感じているから。

④　自分を友人として信頼し苦しい状況にあって頼りにもしているだろうW君のことを想像すると、見舞に行きたいという気持ちが募る一方で、かつてW君の示した厚意に酬いていないことを内心やましく思わざるを得ず、妻君の前では卑屈にへりくだらねばならないことを疎ましくも感じているから。

⑤　W君が「私」を立派な人間と評価してくれたことに感謝の気持ちを持っているため、W君の窮状を救いたいという思いが募る一方で、自分だけが幸せになっているのにW君を訪れなかったことを反省すればするほど、苦労する妻君には顔を合わせられないと悩んでいるから。

問5 傍線部D「私は少し遠廻りして、W君の家の前を通り、原っぱで子供に食べさせるのだからと妻に命じて、態と其の店に餡パンを買わせた」とあるが、この「私」の行動の説明として最も適当なものを、次の①～⑤のうちから一つ選べ。解答番号は 19 。

① W君の家族に対する罪悪感を募らせるあまり、自分たち家族の暮らし向きが好転したさまを見せることがためらわれて、かつてのような質素な生活を演出しようと作為的な振る舞いに及んでいる。

② W君と疎遠になってしまった後悔にさいなまれてはいるものの、それを妻に率直に打ち明け相談することも今更できず、逆にその悩みを悟られまいとして妻にまで虚勢を張るはめになっている。

③ 家族を犠牲にしてまで自分を厚遇してくれたW君に酬いるためのふさわしい方法がわからず、せめて店で買い物をすることによって、かつての厚意に少しでも応えることができればと考えている。

④ W君の家族との間柄がこじれてしまったことが気がかりでならず、どうにかしてその誤解を解こうとして稚拙な振る舞いに及ぶばかりか、身勝手な思いに事情を知らない自分の家族まで付き合わせている。

⑤ 偶然を装わなければW君と会えないとまで思っていたが、これまで事情を誤魔化してきたために、今更妻に本当のことを打ち明けることもできず、回りくどいやり方で様子を窺う機会を作ろうとしている。

問６　次に示す【資料】は、この文章（加能作次郎「羽織と時計」）が発表された当時、新聞紙上に掲載された批評（評者は宮島新三郎、原文の仮名遣いを改めてある）の一部である。これを踏まえた上で、後の(i)・(ii)の問いに答えよ。

【資料】

今までの氏は生活の種々相を様々な方面から多角的に描破（注１）して、其処《そこ》から或るものを浮き上《あが》らせようとした点があったし、又そうすることに依《よ》って作品の効果を強大にするという長所を示していたように思う。見た儘《まま》、有りの儘を刻明に描写する――其処に氏の有する大きな強味がある。由来（注２）氏はライフの一点だけを覘《ねら》って作をするというような所謂《いわゆる》『小話《こばなし》』作家の面影は有《も》っていなかった。

それが『羽織と時計』になると、作者が本当の泣き笑いの悲痛な人生を描こうとしたものか、それとも単に羽織と時計に伴う思い出を中心にして、ある一つの興味ある覘いを、否一つのおちを物語ってでもやろうとしたのか分《わか》らない程謂《い》う所の小話臭味の多過ぎた嫌いがある。若《も》し此《この》作品から小話臭味を取去《とりさ》ったら、即《すなわ》ち羽織と時計とに作者が関心し過ぎなかったら、そして飽くまでも『私』の見たW君の生活、W君の病気、それに伴う陰鬱な、悲惨な境遇を如実に描いたなら、一層感銘の深い作品になったろうと思われる。羽織と時計とに執し過ぎた（注３）ことは、この作品をユーモラスなものにする助けとはなったが、作品の効果を増す力にはなって居ない。私は寧《むし》ろ忠実なる生活の再現者としての加能氏に多くの尊敬を払っている。

宮島新三郎「師走文壇の一瞥《いちべつ》」（『時事新報』一九一八年一二月七日）

（注）１　描破――あまさず描きつくすこと。
２　由来――元来、もともと。
３　執し過ぎた――「執着し過ぎた」という意味。

(i) 【資料】の二重傍線部に「羽織と時計とに執し過ぎたことは、この作品をユーモラスなものにする助けとはなったが、作品の効果を増す力にはなって居ない。」とあるが、それはどのようなことか。評者の意見の説明として最も適当なものを、次の ① ～ ④ のうちから一つ選べ。解答番号は 20 。

① 多くの挿話からW君の姿を浮かび上がらせようとして、W君の描き方に予期せぬぶれが生じている。
② 実際の出来事を忠実に再現しようと意識しすぎた結果、W君の悲痛な思いに寄り添えていない。
③ 強い印象を残した思い出の品への愛着が強かったために、W君の一面だけを取り上げ美化している。
④ 挿話の巧みなまとまりにこだわったため、W君の生活や境遇の描き方が断片的なものになっている。

(ii) 【資料】の評者が着目する「羽織と時計」は、表題に用いられるほかに、「羽織と時計――」という表現として本文中にも用いられている(43行目、53行目)。この繰り返しに注目し、評者とは異なる見解を提示した内容として最も適当なものを、次の ① ～ ④ のうちから一つ選べ。解答番号は 21 。

① 「羽織と時計――」という表現がそれぞれ異なる状況において自問自答のように繰り返されることで、かつてのようにはW君を信頼できなくなっていく「私」の動揺が描かれることを重視すべきだ。
② 複雑な人間関係に耐えられず生活の破綻を招いてしまったW君のつたなさが、「羽織と時計――」という余韻を含んだ表現で哀惜の思いをこめて回顧されていることを重視すべきだ。
③ 「私」の境遇の変化にかかわらず繰り返し用いられる「羽織と時計――」という表現が、好意をもって接していた「私」に必死で応えようとするW君の思いの純粋さを想起させることを重視すべきだ。
④ 「羽織と時計――」という表現の繰り返しによって、W君の厚意が皮肉にも自分をかえって遠ざけることになった経緯について、「私」が切ない心中を吐露していることを重視すべきだ。

第3問　次の文章は、『栄花物語』の一節である。藤原長家（本文では「中納言殿」）の妻が亡くなり、親族らが亡骸《なきがら》をゆかりの寺（法住寺《ほうじゆうじ》）に移す場面から始まっている。これを読んで、後の問い（問1〜5）に答えよ。（配点　50）

大北の方も、この殿ばら（注1）も、またおしかへし臥《ふ》しまろばせたまふ。これをだに悲しくゆゆしきことにいはでは、また何ごとをかはと見えたり。さて御車の後《しり》（注2）に、大納言殿（注3）、中納言殿、さるべき人々は歩ませたまふ。いへばおろかにて、(ア)えまねびやらず。北の方の御車（注4）や、女房たちの車などひき続けたり。御供の人々など数知らず多かり。法住寺には、常の御渡りにも似ぬ御車などのさまに、僧都《そうづ》の君（注5）、御目もくれて、え見たてまつりたまはず。さて御車かきおろして、つぎて人々おりぬ。

さてこの御忌《いみ》のほどは、誰《たれ》もそこにおはしますべきなりけり。山の方をながめやらせたまふにつけても、わざとならず色々にすこしうつろひたり。鹿の鳴く音《ね》に御目もさめて、今すこし心細さまさりたまふ。宮々（注6）よりも思《おぼ》し慰むべき御消息《せうそこ》たびたびあれど、ただ今はただ夢を見たらんやうにのみ思されて過ぐしたまふ。月のいみじう明《あか》きにも、思し残させたまふことなし。内裏《うち》わたりの女房も、さまざま御消息聞こゆれども、よろしきほどは、A「今みづから」とばかり書かせたまふ。進内侍《じんのないし》と聞こゆる人、聞こえたり。

契りけん千代は涙の水底《みなそこ》に枕ばかりや浮きて見ゆらん

中納言殿の御返し、

起き臥しの契りはたえて尽きせねば枕を浮くる涙なりけり

また東宮の若宮の御乳母《めのと》の小弁《こべん》、

X　悲しさをかつは思ひも慰めよ誰もつひにはとまるべき世か

御返し、

Y　慰むる方しなければ世の中の常なきことも知られざりけり

かやうに思しのたまはせても、もののおぼゆるにこそあめれ、まして月ごろ、年ごろにもならば、思ひ忘るるやうもやあらんと、われながら心憂く思さる。何ごとにもいかでかくと(イ)めやすくおはせしものを、顔かたちよりはじめ、心ざま、手うち書き、絵などの心に入り、さいつころまで御心に入りて、うつ伏しうつ伏して描《か》きたまひしものを、この夏の絵を、枇杷《びは》殿《どの》にもてまゐりたりしかば、いみじう興じめでさせたまひて、納めたまひし、Bよくぞもてまゐりにけるなど、思し残すことなきままに、よろづにつけて恋しくのみ思ひ出できこえさせたまふ。年ごろ書き集《つ》めさせたまひける絵物語など、みな焼けにし(注7)後《のち》、去年《こぞ》、今年のほどにし集めさせたまへるもいみじう多かりし、(ウ)里に出でなば、とり出でつつ見て慰めむと思されけり。

（注）1 この殿ばら —— 故人と縁故のあった人々。
2 御車 —— 亡骸を運ぶ車。
3 大納言殿 —— 藤原斉信。長家の妻の父。
4 北の方 ——「大北の方」と同一人物。
5 僧都の君 —— 斉信の弟で、法住寺の僧。
6 宮々 —— 長家の姉たち。彰子や妍子（枇杷殿）ら。
7 みな焼けにし後 —— 数年前の火事ですべて燃えてしまった後。

〈人物関係図〉

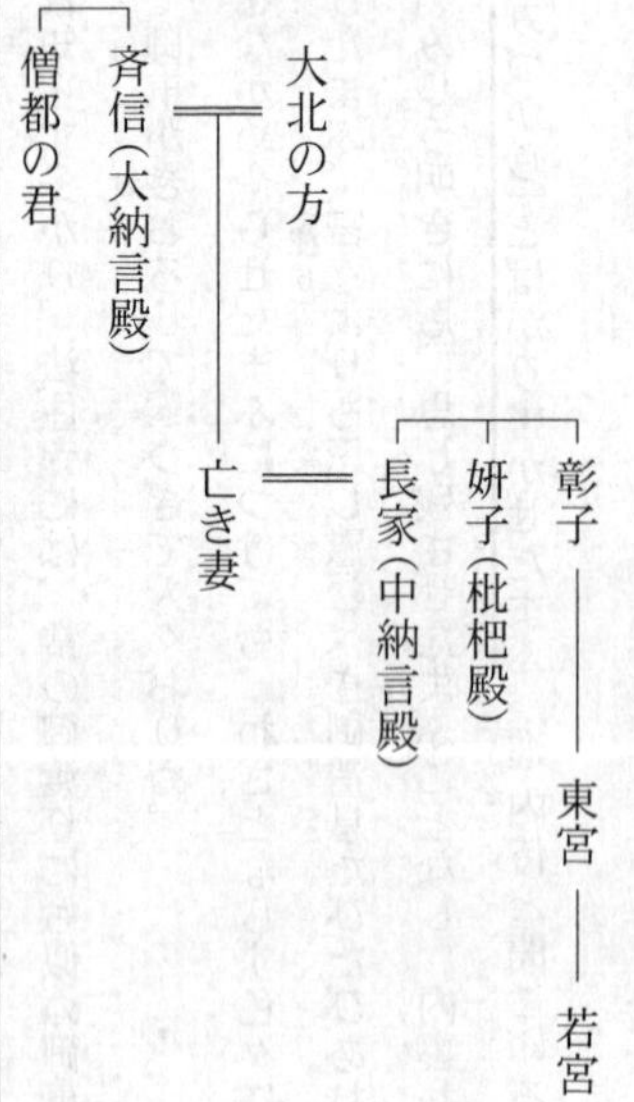

問１　傍線部(ア)～(ウ)の解釈として最も適当なものを、次の各群の①～⑤のうちから、それぞれ一つずつ選べ。解答番号は 22 ～ 24 。

(ア)　えまねびやらず 22

①　信じてあげることができない
②　かつて経験したことがない
③　とても真似《まね》のしようがない
④　表現しつくすことはできない
⑤　決して忘れることはできない

(イ)　めやすくおはせしものを 23

①　すばらしい人柄だったのになあ
②　すこやかに過ごしていらしたのになあ
③　感じのよい人でいらっしゃったのになあ
④　見た目のすぐれた人であったのになあ
⑤　上手におできになったのになあ

(ウ)　里に出でなば 24

①　自邸に戻ったときには
②　旧都に引っ越した日には
③　山里に隠棲《いんせい》するつもりなので
④　妻の実家から立ち去るので
⑤　故郷に帰るとすぐに

問2　傍線部A「『今みづから』とばかり書かせたまふ」とあるが、長家がそのような対応をしたのはなぜか。その理由の説明として最も適当なものを、次の①～⑤のうちから一つ選べ。解答番号は 25 。

① 並一通りの関わりしかない人からのおくやみの手紙に対してまで、丁寧な返事をする心の余裕がなかったから。
② 妻と仲のよかった女房たちには、この悲しみが自然と薄れるまでは返事を待ってほしいと伝えたかったから。
③ 心のこもったおくやみの手紙に対しては、表現を十分練って返事をする必要があり、少し待ってほしかったから。
④ 見舞客の対応で忙しかったが、いくらか時間ができた時には、ほんの一言ならば返事を書くことができたから。
⑤ 大切な相手からのおくやみの手紙に対しては、すぐに自らお礼の挨拶にうかがわなければならないと考えたから。

問３　傍線部B「よくぞもてまゐりにけるなど、思し残すことなきままに、よろづにつけて恋しくのみ思ひ出できこえさせたまふ」の語句や表現に関する説明として最も適当なものを、次の①～⑤のうちから一つ選べ。解答番号は 26 。

① 「よくぞ……ける」は、妻の描いた絵を枇杷殿へ献上していたことを振り返って、そうしておいてよかったと、長家がしみじみと感じていることを表している。

② 「思し残すことなき」は、妻とともに過ごした日々に後悔はないという長家の気持ちを表している。

③ 「ままに」は「それでもやはり」という意味で、長家が妻の死を受け入れたつもりでも、なお悲しみを払拭することができずに苦悩していることを表している。

④ 「よろづにつけて」は、妻の描いた絵物語のすべてが焼失してしまったことに対する長家の悲しみを強調している。

⑤ 「思ひ出できこえさせたまふ」の「させ」は使役の意味で、ともに亡き妻のことを懐かしんでほしいと、長家が枇杷殿に強く訴えていることを表している。

問4　この文章の登場人物についての説明として最も適当なものを、次の①～⑤のうちから一つ選べ。解答番号は 27 。

① 親族たちが悲しみのあまりに取り乱している中で、「大北の方」だけは冷静さを保って人々に指示を与えていた。
② 「僧都の君」は涙があふれて長家の妻の亡骸を直視できないほどであったが、気丈に振る舞い亡骸を車から降ろした。
③ 長家は秋の終わりの寂しい風景を目にするたびに、妻を亡くしたことが夢であってくれればよいと思っていた。
④ 「進内侍」は長家の妻が亡くなったことを深く悲しみ、自分も枕が浮くほど涙を流していると嘆く歌を贈った。
⑤ 長家の亡き妻は容貌もすばらしく、字が上手なことに加え、絵にもたいそう関心が深く生前は熱心に描いていた。

問５　次に示す【文章】を読み、その内容を踏まえて、X・Y・Zの三首の和歌についての説明として適当なものを、後の①～⑥のうちから二つ選べ。ただし、解答の順序は問わない。解答番号は 28 ・ 29 。

【文章】

『栄花物語』の和歌Xと同じ歌は、『千載和歌集』にも記されている。妻を失って悲しむ長家のもとへ届けられたという状況も同一である。しかし、『千載和歌集』では、それに対する長家の返歌は、

Z　誰もみなとまるべきにはあらねども後《おく》るるほどはなほぞ悲しき

となっており、同じ和歌Xに対する返歌の表現や内容が、『千載和歌集』の和歌Zと『栄花物語』の和歌Yとでは異なる。『栄花物語』では、和歌X・Yのやりとりを経て、長家が内省を深めてゆく様子が描かれている。

① 和歌Xは、妻を失った長家の悲しみを深くは理解していない、ありきたりなおくやみの歌であり、「悲しみをきっぱり忘れなさい」と安易に言ってしまっている部分に、その誠意のなさが露呈してしまっている。

② 和歌Xが、世の中は無常で誰しも永遠に生きることはできないということを詠んでいるのに対して、和歌Zはその内容をあえて肯定することで、妻に先立たれてしまった悲しみをなんとか慰めようとしている。

③ 和歌Xが、誰でもいつかは必ず死ぬ身なのだからと言って長家を慰めようとしているのに対して、和歌Zはひとまずそれに同意を示したうえで、それでも妻を亡くした今は悲しくてならないと訴えている。

④ 和歌Zが、「誰も」「とまるべき」「悲し」など和歌Xと同じ言葉を用いることで、悲しみを癒《い》やしてくれたことへの感謝を表現しているのに対して、和歌Yはそれらを用いないことで、和歌Xの励ましを拒む姿勢を表明している。

⑤ 和歌Yは、長家を励まそうとした和歌Xに対して私の心を癒やすことのできる人などいないと反発した歌であり、長家が他人の干渉をわずらわしく思い、亡き妻との思い出の世界に閉じこもってゆくという文脈につながっている。

⑥ 和歌Yは、世の無常のことなど今は考えられないと詠んだ歌だが、そう詠んだことでかえってこの世の無常を意識してしまった長家が、いつかは妻への思いも薄れてゆくのではないかと恐れ、妻を深く追慕してゆく契機となっている。

第4問　次の【問題文Ⅰ】の詩と【問題文Ⅱ】の文章は、いずれも馬車を操縦する「御術《ぎょじゅつ》」について書かれたものである。これらを読んで、後の問い（問1～6）に答えよ。なお、設問の都合で返り点・送り仮名を省いたところがある。（配点　50）

【問題文Ⅰ】

吾ニ有リ二千里ノ馬一　毛（注1）骨(1)何蕭《せう》（注2）森タル

疾《はや》ク馳《は》スレバ如ク二奔風ノ一　白日ニ無シレ留ムルレ陰ヲ

徐《おもむ》ロニ駆《か》クレバ当タリ二大道ニ一　歩《ほ》（注3）驟《しう》ハ中《あ》タル二五（注4）音ニ一

A

馬ニ雖モレ有リト二四足一　遅速ハ在リ二吾ガ　X　一

六《りく》（注5）轡《ひ》ハ応ジ二吾ガ手ニ一　調和スルコト如シ二瑟《しつ》（注6）琴ノ一

東西ト与二南北一　高三下ス山ト与ヲレ林

B

惟意所欲適　九（注7）州可シ二周(2)尋ヌ一

(3)至レル哉　人ト与レ馬　両楽不二相侵サ一

（注）
1　毛骨——馬の毛なみと骨格。
2　蕭森——ひきしまって美しい。
3　歩驟——馬が駆ける音。
4　五音——中国の伝統的な音階。
5　六轡——馬車を操る手綱。
6　瑟琴——大きな琴と小さな琴。

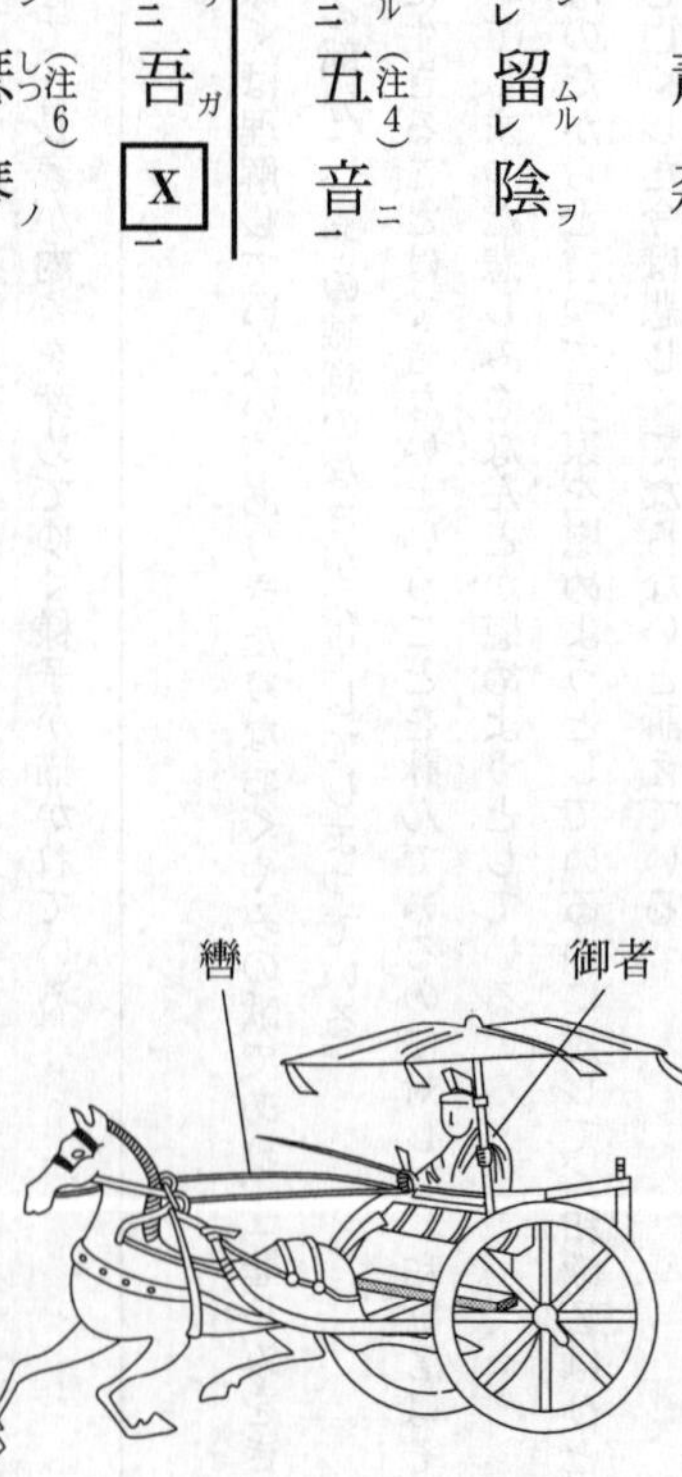

馬車を走らせる御者

伯楽(注8)ハ識ルモ二其ノ外一ヲ　徒(ア)知ル二価ノ千金一ナルヲ

王良ハ得タリ二其ノ性一ヲ　此ノ術固(イ)已ニ深シ

良馬ハ須ツ二善(注9)馭《ぎよ》ヲ一　吾ガ言可シレ為スレ箴《しん》ト(注10)

7　九州――中国全土。

8　伯楽――良馬を見抜く名人。

9　善馭――すぐれた御者（前ページの図を参照）。
馭は御に同じ。

10　箴――いましめ。

（欧陽脩《おうようしゅう》『欧陽文忠公集《おうようぶんちゅうこうしゅう》』による）

【問題文Ⅱ】

王良は趙《ちょう》国の襄主《じょうしゅ》に仕える臣であり、「御術」における師でもある。ある日、襄主が王良に馬車の駆け競《くら》べを挑み、三回競走して三回とも勝てなかった。くやしがる襄主が、まだ「御術」のすべてを教えていないのではないかと詰め寄ると、王良は次のように答えた。

凡ソ御之所ハレ貴ブ、馬体(a)安ンジ二于車一ニ、人心(b)調ヒ二于馬一ニ、而ル後ニ可シ二以テ(c)進ムコト速《すみ》ヤカニシテ致スレ遠キヲ。C今君後ルレバ則欲シレ逮バントレ臣ニ、先ンズレバ則恐ルレ逮バレンコトヲ二于臣一ニ。夫レ誘《すす》メテレ道ニ争フハレ遠キヲ、非ザレバレ先ンズルニ則チ後ルル也。而シテ(d)先後ノ心ハ在リ二于臣一ニ。(e)尚ホ何ヲ以テ調ヘン二於馬一ニ。此レ君之所二以ル後ルル一也。

（『韓非子《かんぴし》』による）

問1 波線部(ア)「徒」・(イ)「固」のここでの意味と、最も近い意味を持つ漢字はどれか。次の各群の①～⑤のうちから、それぞれ一つずつ選べ。解答番号は 30 ・ 31 。

(ア)「徒」 30
① 只
② 復
③ 当
④ 好
⑤ 猶

(イ)「固」 31
① 強
② 難
③ 必
④ 絶
⑤ 本

問２　波線部⑴「何」・⑵「周」・⑶「至　哉」のここでの解釈として最も適当なものを、次の各群の①～⑤のうちから、それぞれ一つずつ選べ。解答番号は 32 ～ 34 。

⑴ 「何」 32
① どこが
② いつから
③ どのように
④ どうして
⑤ なんと

⑵ 「周」 33
① 手あたり次第に
② 何度も繰り返して
③ あらゆるところに
④ きちんと準備して
⑤ はるか遠くより

⑶ 「至　哉」 34
① あのような遠くまで行くことができるものなのか
② こんなにも人の気持ちが理解できるものなのか
③ あのような高い山まで登ることができようか
④ このような境地にまで到達できるものなのか
⑤ こんなにも速く走ることができるだろうか

問3 【問題文Ⅰ】の傍線部A「馬雖ㇾ有二四足一遅速在二吾 X 一」は「御術」の要点を述べている。【問題文Ⅰ】と【問題文Ⅱ】を踏まえれば、【問題文Ⅰ】の空欄 X には【問題文Ⅱ】の二重傍線部(a)～(e)のいずれかが入る。空欄 X に入る語として最も適当なものを、次の①～⑤のうちから一つ選べ。解答番号は 35 。

① (a) 体
② (b) 心
③ (c) 進
④ (d) 先
⑤ (e) 臣

問4　傍線部B「惟 意 所 欲 適」の返り点の付け方と書き下し文との組合せとして最も適当なものを、次の①～⑤のうちから一つ選べ。解答番号は 36 。

① 惟 意 所ニ欲 適一　　惟《た》だ意の欲して適《かな》ふ所にして
② 惟 意 所 欲レ適　　惟だ意《おも》ふ所に適《かな》はんと欲して
③ 惟 意レ所レ欲 適　　惟だ欲する所を意《おも》ひ適《ゆ》きて
④ 惟 意 所レ欲レ適　　惟だ意の適《ゆ》かんと欲する所にして
⑤ 惟 意レ所ニ欲 適一　　惟だ欲して適《ゆ》く所を意《おも》ひて

問5　傍線部C「今君後則欲レ逮レ臣、先則恐レ逮ニ于臣一。」の解釈として最も適当なものを、次の①～⑤のうちから一つ選べ。解答番号は **37** 。

① あなたは私に後ろにつかれると馬車の操縦に集中するのに、私が前に出るとすぐにやる気を失ってしまいました。

② あなたは今回後れても追いつこうとしましたが、以前は私に及ばないのではないかと不安にかられるだけでした。

③ あなたはいつも馬車のことを後回しにして、どの馬も私の馬より劣っているのではないかと憂えるばかりでした。

④ あなたは後から追い抜くことを考えていましたが、私は最初から追いつかれないように気をつけていました。

⑤ あなたは私に後れると追いつくことだけを考え、前に出るといつ追いつかれるかと心配ばかりしていました。

問６　【問題文Ⅰ】と【問題文Ⅱ】を踏まえた「御術」と御者の説明として最も適当なものを、次の①～⑤のうちから一つ選べ。
解答番号は 38 。

① 「御術」においては、馬を手厚く養うだけでなく、よい馬車を選ぶことも大切である。王良のように車の手入れを入念にしなければ、馬を快適に走らせることのできる御者にはなれない。

② 「御術」においては、馬の心のうちをくみとり、馬車を遠くまで走らせることが大切である。王良のように馬の体調を考えながら鍛えなければ、千里の馬を育てる御者にはなれない。

③ 「御術」においては、すぐれた馬を選ぶだけでなく、馬と一体となって走ることも大切である。襄主のように他のことに気をとられていては、馬を自在に走らせる御者にはなれない。

④ 「御術」においては、馬を厳しく育て、巧みな駆け引きを会得することが大切である。王良のように常に勝負の場を意識しながら馬を育てなければ、競走に勝つことのできる御者にはなれない。

⑤ 「御術」においては、訓練場だけでなく、山と林を駆けまわって手綱さばきを磨くことも大切である。襄主のように型通りの練習をおこなうだけでは、素晴らしい御者にはなれない。

MEMO

2021
第2日程

国　語

（2021年1月実施）

80分　200点

国　語

（解答番号 1 ～ 37 ）

第１問　次の文章を読んで、後の問い（問１～６）に答えよ。なお、設問の都合で本文の段落に［1］～［8］の番号を付してある。

（配点　50）

［1］　椅子の「座」と「背」について生理学的にはふたつの問題があった。西欧での椅子の座法は、尻、腿《もも》、背をじかに椅子の面に接触させる。そこに自らの体重によって圧迫が生じる。接触とはほんらい相互的であるから、一方が硬ければ軟らかい方が圧迫される。板にじかに座ることを考えればよい。ひどい場合には、血行を阻害する。たぶん椅子の硬さは、人びとに「血の流れる袋」のような身体のイメージを喚起していたにちがいない。もうひとつは椅子に座ることで人間は両足で立つことからは解放されるとはいえ、上体を支えるには、それなりに筋肉を不断に働かせている。この筋肉の緊張が苦痛をもたらすことは、私たちが椅子の上で決して長時間、一定の姿勢をとりつづけられず、たえず動いている方がずっと楽だという経験的事実からも明らかである。椅子は休息のための道具とはいえ、身体に生理的苦痛をひきおこすものでもある。

［2］　一七世紀の椅子の背が後ろに傾きはじめたのは、上体を支える筋肉の緊張をいくらかでも緩和するためであった。そのためには身体を垂直の姿勢から次第に横臥《おうが》の状態に近づけていけばよい。イノケンティウス一〇世（注１）の肖像でみたように、公的な場で使われる椅子では決して威厳を失うほど後ろに靠《もた》れた姿勢がとられなかったが、「背」の後傾が純粋に生理的な身体への配慮から追求される場合もあった。その結果が、私たちがもっと後の時代の発明ではないかと想像しがちなリクライニング・チェアの発明になった。これにキャスターをとりつけた車椅子も同時にうまれていた。このふたつとも、もちろん、一七世紀にあっては高位の身障者、病人のために発明されたのである。リクライニング・チェアは、骨とそれをつつむ筋肉からなる一種のバロック（注２）的な「身体機械」のイメージを(ア)イダかせたにちがいない。次の世紀には『人間機械論』（注３）があらわれて、「人間はゼンマイの集合にすぎない」というようになる時代である。

［3］　一七世紀半ばにスペインの王フェリーペ二世のために考案された椅子のスケッチが残っている。普通の状態ではすでにあげた一七世紀の椅子のかたちと同じだが、後ろに重心がかかるから、倒れないために後脚を少し斜め後ろに張り出している。馬

の毛を塡《つ》めたキルティング（注4）で蔽《おお》った背は両側の大きな留め金具で適度な傾きに調整でき、足台も同様の留め金具でそれにあわせて動かせるので、背を倒し足台を上げると、身体に横臥に近い姿勢をとらせることができる。こうして背を立てていると王者らしい威厳も保てる車椅子が考えられていた。実際にフェリーペ二世のためにつくられた車椅子はこのスケッチとは若干ことなり、天幕を張っていたようであり、足台はなかった。このような仕掛けはいろいろ工夫される。たとえばスウェーデンのチャールズ一〇世の身障者椅子では、背と足台を腕木にあけた穴を通した紐《ひも》で連動させていた。病人用の椅子から、背の両側に目隠し用の袖を立てた仮眠のためのスリーピング・チェアがうまれ、それは上流社会で静かに流行した。

4 Aもうひとつの生理的配慮も、背の後傾とどちらが早いともいえない時期に生じている。どちらも身体への配慮にもとづくから不思議ではない。椅子からうける圧迫をやわらげる努力は古くから行われてきた。エジプト人は座に曲面をあたえた椅子をつくっていたし、植物セン(イ)イや革紐で網をあんで座の枠に張ってもいた。ギリシャのクリスモス（注5）の座も編んだしなやかなものであった。しかし、それでも充分とはいえなかったので、古代からクッションが使われてきた。エジプトでもアッシリアでも玉座には美しいクッションが使われているし、ギリシャのクリスモスの上にもクッションを置いて使うのが常であった。中世では四角い膨らんだクッションがそれ自体可動の家具のようにさえなっていた。長持ち（注6）はその上にクッションを置けば腰掛けにもなった。窓ぎわの石の腰掛けもクッションを置きさえすれば快適だった。クッションは石や木の硬さをやわらげ、身体は軟らかい触覚で座ることができた。しかし、いまから考えれば驚くことだが、クッションはその美しい色彩とともに、それだけでステータス（注7）を表示する室内装飾のひとつの要素だったのである。クッションを使うこと、つまり身体に快適さを与えること自体が政治的特権であった。オランダ語で「クッションに座る」といえば、高い官職を保持することを意味したといわれるが、この換喩法《メトニミー》（注8）が成立すること自体、いかにクッションの使用が階層性と結びついていたかを物語っている。たしかに王や女王、貴族たちを描いた絵画や版画を調べていくと、さまざまな意匠のクッションがその豊富なヴォリュームと色彩を(ウ)コジするように使われているのである。

5 こうして別々に作られ、使うときに一緒にされていた椅子とクッションが一六世紀から一七世紀にかけてひとつになりはじめた。この結びつけの技術は一七世紀のあいだに著しく発達する。最初は木の座や背の上に塡め物を素朴にとりつけることからはじまったが、椅子張り職人（アプホルストラー(注9)——実際にはテキスタイル全般をあつかった職人《アプホルスター》）の技術の向上とともに、布や革で蔽われた座や背はほとんど今日のものにミ(エ)オトりしないほどに進んだ。こうした塡め物は、たんにクッションを椅子に合体させただけではなかった。それまで硬かった椅子そのもののイメージを軟らかくしてしまったことが、椅子についての概念を決定的に変え、近代の方向に椅子を押しやるきっかけになったのである。エリック・マーサー(注10)も指摘するように椅子の近代化は形態からではなく、装飾の消去からでもなく、身体への配慮、あらたに見出された快楽を志向する身体による椅子の再構成からはじまったのであった。

6 だが、近代人ならばすぐに機能化と呼んでしまいそうな椅子を成立させた思考も技術も、一七世紀にあっては限られた身分の人間なればこそ生じた身体への配慮のなかに形成されたのである。つまり傾いた背をもつ椅子も、塡め物で軟らかくなった椅子も、それ自体をいま見る限りでは「身体」との関係で説明し切れるように思えるが、さらに視野をひろげて階層社会をみれば、「もの」はほんらい社会的な関係——ここでは宮廷社会——にとりまかれ、身分に結びつく政治学をひそかにもっていたのである。むしろ「もの」を機能的にだけ理解することはすでに一種の抽象である。私たちが普通、この時代の家具とみなしているものは、実は支配階級の使用するものであり、一六世紀頃からは版画による意匠集の出版、「人形の家」という玩具でもあれば一種の商品見本でもあるものによって、新しい意匠の伝播《でんぱ》が生じるが、それは国境を越えて他の国の宮廷、小宮廷貴族、大ブルジョワジー(注11)には伝わっても、同じ国の下層へひろまることはなかった。私たちはあらためて「身体」という概念が、自然の肉体ではなく、普遍的な哲学の概念でもなく、文化の産物であり、ここまで「生理的配慮」とよんできたものも、宮廷社会のなかで生じた新しい感情やそれに伴う新しい振舞方《ふるまいかた》と切り離せない文化的価値だったことに気がつくのである。その時代に哲学ではスピノザ(注12)をのぞけば「身体」の不思議さに謎を感じているものはなかったのである。

7 生理的快適さに触れたとき、椅子に影響する身体を「血の流れる袋」とか「筋肉と骨からなる身体機械」とか、解剖学的肉体にもとづくイメージであるかのように語ったが、**B** 実際に椅子に掛けるのは「裸の身体」ではなく「着物をまとった身体」なのである。衣装は一面では仮面と同じく社会的な記号としてパフォーマンスの一部である。同時に、実際にかさのある身体として椅子の形態に直接の影響をあたえていた。一六世紀には婦人たちは鯨骨を用いてひろがったスカート（ファージンゲール）で座るために、「背」はあるが腕木はないバック・ストゥールや、ズガベルロ（イタリアの椅子のタイプ）がうまれたし、一八世紀のフォートゥイユ（安楽椅子）の腕木がずっと後方にさげられるのも、やはり婦人たちの膨らんだスカートのためであった。このように文化としての「身体」は、さまざまな意味において単純な自然的肉体ではないのである。もちろんこの衣装も本質的には宮廷社会という構図のなかに形成されるし、宮廷社会への帰属という、政治的な記号なのである。

8 やがてブルジョワジーが上昇し、支配の座につくとき、かれらはかつての支配階級、宮廷社会がうみだし、使用していた「もの」の文化を吸収するのである。（注13）ベンヤミンが「ルイ＝フィリップあるいは室内」で幻影として批評したブルジョワジーの家具、調度類は、この宮廷社会の「もの」の文化のケイ㈵フに属していた。いいかえるならそっくりそのままではないが、ブルジョワジーは支配階級の所作のうちに形成された「身体」をひきついで、働く「身体」に結びつけ、充分に貴族的な色彩をもつブルジョワジー固有の「身体技法」（注14）をうみだしていたのである。**C**「身体」の仕組みはそれ自体、すでにひとつの、しかし複雑な政治過程を含んでいるのである。

（多木浩二《たきこうじ》『「もの」の詩学』による）

（注）1　イノケンティウス一〇世の肖像——スペインの画家ベラスケスが描いた肖像画。わずかに後傾した椅子にモデルが座っている。

2　バロック——芸術様式の一つ。技巧や有機的な装飾を重視し、動的で迫力ある特色を示す。

3　『人間機械論』——フランスの哲学者ラ・メトリの著書。

4　キルティング——刺繍《ししゅう》の一種。二枚の布のあいだに綿や毛糸などを入れ、模様などを刺し縫いする。

5　クリスモス——古代ギリシャからローマ時代にかけて使われた椅子の一種。

6　長持ち――衣類や調度などを収納する、蓋付きの大きな箱。
7　ステータス――社会的地位。
8　換喩法《メトニミー》――あるものを表す際に、関係の深い別のもので置き換える表現技法。
9　テキスタイル――織物。布。
10　エリック・マーサー――イギリスの建築史家（一九一八―二〇〇一）。
11　ブルジョワジー――裕福な市民層。ブルジョアジー。
12　スピノザ――オランダの哲学者（一六三二―一六七七）。
13　ベンヤミン――ドイツの批評家（一八九二―一九四〇）。
14　「身体技法」――フランスの民族学者モースによる概念。人間は社会の中で身体の扱い方を習得することで、特定の文化に組み入れられるという考え方。

問1 傍線部(ア)～(オ)に相当する漢字を含むものを、次の各群の①～④のうちから、それぞれ一つずつ選べ。解答番号は 1 ～ 5 。

(ア) イダかせ 1
① 複数の意味をホウガンする
② 卒業後のホウフ
③ 港にホウダイを築く
④ 交通量がホウワ状態になる

(イ) センイ 2
① 現状をイジする
② アンイな道を選ぶ
③ キョウイ的な回復力
④ 条約にイキョする

(ウ) コジ 3
① 偉人のカイコ録
② 液体のギョウコ
③ コチョウした表現
④ ココウの詩人

(エ) ミオトり 4
① 商品を棚にチンレツする
② モウレツに勉強する
③ 風船がハレツする
④ ヒレツな策を用いる

(オ) ケイフ 5
① フゴウしない証言
② フメン通りの演奏
③ フリョの事故
④ 家族をフヨウする

問２　傍線部**A**「もうひとつの生理的配慮も、背の後傾とどちらが早いともいえない時期に生じている。」とあるが、それはどういうことか。その説明として最も適当なものを、次の①～⑤のうちから一つ選べ。解答番号は 6 。

①　身体を横臥の状態に近づけて上体の筋肉を不断の緊張から解放する配慮が現れたのとほとんど同じ時期に、椅子にキャスターを付けて可動式とし、身体障害者や病人の移動を容易にするための配慮も現れたということ。

②　椅子の背を後傾させて上半身を支える筋肉の緊張をやわらげる配慮が現れたのとほとんど同じ時期に、椅子と一体化したクッションを用いて背や座面から受ける圧迫をやわらげる配慮も現れたということ。

③　椅子の背を調整して一定の姿勢で座り続ける苦痛をやわらげる配慮が現れたのとほとんど同じ時期に、後傾した椅子の背にクッションを取り付けることによって体重による圧迫を軽減する配慮も現れたということ。

④　椅子の背を後ろに傾けて上体の筋肉の緊張を低減しようという配慮が現れたのとほとんど同じ時期に、エジプトやギリシャにおいてクッションを用いることで椅子の硬さを低減させる配慮も現れたということ。

⑤　後傾させた椅子の背によって上半身の筋肉を緊張から解放する配慮が現れたのとほとんど同じ時期に、それ自体が可動式の家具のようにさえなったクッションを用いて椅子の硬さを緩和する配慮も現れたということ。

問3 傍線部**B**「実際に椅子に掛けるのは『裸の身体』ではなく『着物をまとった身体』なのである」とあるが、それはどういうことか。その説明として最も適当なものを、次の①～⑤のうちから一つ選べ。解答番号は 7 。

① 宮廷社会の家具の意匠が国境と身分を越えて行き渡ったということは、身体に配慮する政治学の普遍性を示すものであり、人々が椅子に座るときの服装やふるまいといった社会的な記号の由来もここから説明できるということ。

② 貴婦人の椅子が彼女たちの衣装やふるまいに合わせてデザインされていたように、椅子の用い方には生理的な快適さの追求という説明だけでは理解できない文化的な記号としての側面もあったということ。

③ 座るのは自然的肉体であっても、服装のヴォリュームも考慮に入れた機能的な椅子が求められており、宮廷社会では貴族の服飾文化に合わせた形態の椅子がこれまでとは異なる解剖学的な記号として登場したということ。

④ 宮廷社会の椅子には、貴族たちが自分の身体に向けていた生理的な快適さへの関心を、機能性には直結しない服飾文化に振り向けることで仮面のように覆い隠そうとする政治的な記号としての役割があったということ。

⑤ 椅子と実際に接触するのは生身の身体よりも衣服であるから、貴婦人の衣装やパフォーマンスを引き立たせるために、生理的な快適さを手放してでも、社会的な記号としての華美な椅子が重視されたということ。

問４　傍線部**C**「『身体』の仕組みはそれ自体、すでにひとつの、しかし複雑な政治過程を含んでいるのである。」とあるが、それはどういうことか。その説明として最も適当なものを、次の①～⑤のうちから一つ選べ。解答番号は 8 。

① ブルジョワジーはかつて労働者向けの簡素な「もの」を用いていたが、支配階級に取って代わったとき、彼らの「身体」は「もの」に実用的な機能ではなく、貴族的な装飾や快楽を求めるようになった。このように、本質的には人間の「身体」は、新しい「もの」の獲得によって新たな感覚や好みを備えて次々と変容していくものだということ。

② ブルジョワジーは働く「身体」という固有の特徴を受け皿にして、かつての支配階級が所有していた家具や調度類といった「もの」を受け継ぎ、それを宮廷社会への帰属の印として掲げていった。このように、「身体」と「もの」の文化は部分的に支配階級の権威の影響を受けており、相互に影響し合って単純に固有性が見いだせるものではないということ。

③ ブルジョワジーがかつての支配階級に取って代わったという変革は単なる権力の奪取ではなく、貴族に固有の「もの」や「身体」で構成された宮廷文化を解消していくという側面も持っていた。このように、「身体」にかかわる文化は永続的なものではなく、新しい支配階級に合った形がそのつど生じるので予見できないということ。

④ ブルジョワジーがかつての支配階級の所作を受け継いだやり方はそっくりそのままではなく、貴族の社会における「もの」の用い方を、労働者の「身体」に適応させるような変化をともなっていた。このように、働く「身体」には「もの」の機能を追求し、それに応じて「もの」の形態を多様化させる潜在的な力があるということ。

⑤ ブルジョワジーは新しい支配階級となるにあたって貴族社会のすべてを拒否したわけではなく、彼らの働く「身体」に応じて、宮廷社会の「もの」に付随する所作や感覚を受け継いで再構成した。このように、人間の「身体」には、権力構造の変遷にともなうさまざまな社会的要素がからみ合い、新旧の文化が積み重なっているということ。

問5　この文章の構成と内容に関する説明として最も適当なものを、次の①～④のうちから一つ選べ。解答番号は 9 。

① 1 段落では、本文での議論が最終的に生理学的問題として解決できるという見通しを示し、2 ～ 5 段落では、支配階級の椅子を詳しく描写しながら 1 段落で触れた問題を解決するための過去の取り組みを説明している。

② 5 段落は、椅子の座や背を軟らかくする技術が椅子についての概念を決定的に変えてしまったことを述べており、6 段落以降でもこの変化が社会にもたらした意義についての議論を継続している。

③ 6 段落と 7 段落では、生理学的な問題への配慮という角度から論じていたそれまでの議論を踏まえて、さらに「もの」の社会的あるいは政治的な記号という側面に目を向ける必要性を説いている。

④ 8 段落は、新たな支配階級がかつての支配階級の「もの」の文化を吸収し、固有の「身体技法」を生み出したことを述べ、5 段落までの「もの」の議論と 6 段落からの「身体」の議論の接続を行っている。

問6 次に示すのは、この文章を読んだ後に、教師の指示を受けて六人の生徒が意見を発表している場面である。本文の趣旨に**合致しないものを**、次の①～⑥のうちから**二つ**選べ。ただし、解答の順序は問わない。解答番号は 10 ・ 11 。

教師――この文章では「もの」と「身体」との社会的関係について論じていましたね。本文で述べられていたことを、皆さんの知っている具体的な例にあてはめて考えてみましょう。

① 生徒A――快適さを求めて改良されてきた様々な家具が紹介されていましたが、家に関しても寒い地域では断熱性が高められる一方で、暑い地域では風通しが良いように作られています。私たちの「身体」がそれぞれの環境に適応して心地よく暮らしていくための工夫がいろいろ試みられ、近代的な家屋という「もの」の文化を生み出しています。

② 生徒B――身につける「もの」に複数の側面があるということは、スポーツで用いるユニホームについても言えると思います。競技の特性や選手の「身体」に合わせた機能性を重視し、そろいのデザインによって所属チームを明らかにすることはもちろんですが、同じ「もの」をファンが着て一体感を生み出す記号としての役割も大きいはずです。

③ 生徒C――「身体」という概念は文化の産物だと述べられていますが、私たちが箸を使うときのことを思い出しました。二本の棒という「もの」を用いて食事をするわけですが、単に料理を口に運べればよいのではなく、その扱い方には様々な「身体」的決まり事があって、それは文化によって規定されているのだと思います。

④ 生徒D――「身体」がまとう衣装は社会的な記号であるということでしたが、明治時代の鹿鳴館《ろくめいかん》では当時の上流階級が華やかな洋装で交流していたそうです。その姿は単なる服装という「もの」の変化にとどまらず、西洋の貴族やブルジョワジーの「身体」にまつわる文化的な価値を日本が取り入れようとしたことを示しているのではないでしょうか。

⑤　生徒Ｅ――支配階級の交代にともなって「身体」のありようが変容するとありましたが、現代ではスマートフォンの登場によって、娯楽だけでなく勉強の仕方も大きく変わってきています。このような新しい「もの」がそれを用いる世代の感覚やふるまいを変え、さらには社会の仕組みも刷新していくことになるのではないでしょうか。

⑥　生徒Ｆ――椅子や衣装にともなう所作のもつ意味に関連して、私たちが身につける「もの」の中でも、帽子には日射しを避けるという機能とは別の「身体」のふるまいにかかわる記号としての側面もあるのではないでしょうか。「脱帽」という行為は相手への敬意を表しますし、帽子を脱いだ方がふさわしい場もあると思います。

第2問

次の文章は、津村記久子《つむらきくこ》「サキの忘れ物」（二〇一七年発表）の一節である。十八歳の千春は高校を中退し、病院に併設されている喫茶店で、店長の谷中《やなか》さんとアルバイトの先輩の菊田さんと働いている。ある日、常連客の「女の人」が喫茶店に文庫本を忘れる。その本は、「サキ」という名前の外国人男性作家が書いた短編集だった。以下はそれに続く場面である。これを読んで、後の問い（問1～6）に答えよ。なお、設問の都合で本文の上に行数を付してある。（配点　50）

本を店に忘れた女の人は、いつもと同じように夜の八時にやってきた。女の人は、席に着くなり申し訳なさそうに、私昨日忘れ物をしていったかもしれないんですけど調べてもらえますか？　文庫本なんですが、と千春に言った。千春は、ありましたよ、とうなずいてすぐに忘れ物の棚に取りに行き、女の人に本を渡した。女の人は、よかった、電車に忘れてたら買い直そうと思ってたんだけど、とうれしそうに笑って本を受け取った。

「ここに忘れててよかったです。電車だと手続きが面倒だし、たぶん戻ってこないから」

「そうなんですか」

ここに忘れてよかった、というのはなんだかへんな表現だと千春は思う。でも、女の人がとても喜んでいる様子なのはよかった。

「サキ」はおもしろいですか？（注1）どんな話を書いているかわからない顔の男の人ですね。私は別れた彼氏と付き合ってた頃、この人と結婚して娘ができたらサキっていう名前にしようと思っていました。

千春は、頭の中でそう言いながら、女の人のオーダーを取った。珍しいことだった。千春が誰かに何かを話しかけたいと思うことは。何を話しかけたいか、ちゃんと頭の中に文言が出てくるということは。

女の人は、チーズケーキとブレンドコーヒーを注文した。チーズケーキは、昨日帰り際に谷中さんが仕込んでいたもので、たぶん最後の一きれだったはずだ。

あなたは運がいいですよ。

千春はそう思いながら、もちろんそれも口にはしなかった。

手順通りコーヒーを淹《い》れて、チーズケーキを冷蔵庫から出して、昨日店に本を忘れた女の人の席へと持って行く。谷中さんは厨房《ちゅうぼう》で、昨日と同じように明日のチーズケーキの仕込みをしていた。(注2)午前に千春がビルマのことについてたずねたことは、完全に忘れているようだった。

ソーサーに乗せたコーヒーカップと、チーズケーキのお皿をテーブルの上に置くと、女の人は、いい匂い、と言った。初めてのことだった。もしかしたら今日、忘れ物に関して注文以外の会話をしたからかもしれないし、この店に来るまでに何か良いことがあったのかもしれない、と千春は思った。

「お客さんは運がいいですよ。ケーキ、最後の一個だったんで」

そう話しながら、緊張で全身に血が巡るような感覚を千春は覚えた。今年の五月から半年ぐらいここで働いているけど、お客さんに話しかけるのは初めてだった。

「そうなんですか、それはよかったです」

女の人は、千春を見上げてかすかに笑った。千春はその表情をもう少しだけ続けさせたい、と思って、本をこの店に忘れてよかったですね、と女の人が言っていたことをそのまま言った。女の人はうなずいた。

「友達のお見舞いに来てるんですけど、眠ってる時間が長くて、本がないと間が持たないんですよね」

あと、ここから家までも一時間ぐらいあるし、と女の人は付け加えた。遠くから来ているのだな、と千春は思った。いくつか情報を与えられて、フロアには他のお客さんもいなかったし、もう少し話を続けてみよう、と千春は決めた。

「遠くからお越しなんですね」

「携帯を見ていてもいいんですけど、電車で見ると頭が痛くなるんですよね。ほんともう年だから」

おいくつなんですか？ と言いかけて、千春はやめる。女の人に年を訊《き》くのは失礼にあたるかもしれないということぐらいは、千春も知っている。

「私は電車に乗らなくなってだいぶ経《た》つから、そういう感じは忘れました」

「それは幸せですねえ」

女の人にそう言われると、千春は自分が少しびっくりするのを感じた。他の人に「幸せ」なんて言われたのは、生まれて初めてのような気がしたのだった。小さい頃にはあったかもしれないけれども、とにかく記憶の及ぶ範囲では一度もなかった。

A何も言い返せないでいると、女の人は、もしかしたら事情があるかもしれないのに、ごめんなさいね、と頭を下げて、コーヒーカップに口を付けた。千春は、自分が黙ってしまったことで女の人が(ア)居心地の悪さを感じたのではないかと怖くなって、いえいえ事情なんて、と何度も頭を下げながらその場を離れた。高校をやめたから、と言ったら、たぶんその人はより申し訳ない気持ちになるのではないかと千春は思った。千春自身にとっては、何の意欲も持てないことをやめたに過ぎなかったけれども、高校をやめることがそう頻繁にはないことは千春も知っている。

その日も女の人は、九時の少し前まで店で本を読んで帰っていった。千春は、忘れた本人のところに戻っていったものの、(注3)一度は家に持って帰ったサキの本のことがどうしても気になって、家に帰るのとは反対方向の、病院の近くの遅くまで開いているチェーンの書店に寄って「サキ」の本を探した。文庫本のコーナーに入るのは初めてで、表紙を上にして置いてある本以外は、背表紙の文字だけが頼りなのでめまいがするようだった。本棚の分類が出版社別になっているということも、千春を混乱させた。女の人が忘れた本が、どこの出版社のものかなんてまったく見ていなかった。

三十分ほど文庫本のコーナーを見て回ったあと、千春は、棚の整理に来た小柄な女性の店員さんに、サキの本を探しているのですが、と話しかけた。正直、それだけの情報では、なんとかサキだとか、サキなんとかという人の本を出されるのではないかと千春は(イ)危惧したのだが、店員さんは、ああはい、少々お待ちください、と言い残した後、女の人が忘れていったのとまったく同じ本をすぐに持ってきて、今お店にはこの本しか置いていないんですけれども、と言った。千春は少し興奮して、これです、ありがとうございます、と受け取り、早足でレジに向かった。

文庫本なんて初めて買った。読めるかどうかもわからないのに。明日になったら、どうしてこんなものを買ったのと思うかもしれないけれども、それでもべつにいいやと思える値段でよかった。

いつもより遅くて長い帰り道を歩きながら、千春は、これがおもしろくてもつまらなくてもかまわない、とずっと思っていた。それ以上に、おもしろいかつまらないかをなんとか自分でわかるようになりたいと思った。それで自分が、何にもおもしろいと思えなくて高校をやめたことの埋め合わせが少しでもできるなんて(ウ)むしのいいことは望んでいなかったけれども、**B** とにかく、この軽い小さい本のことだけでも、自分でわかるようになりたいと思った。

＊

次の日、その女の人は、いらなかったらいいんですけど、もしよろしければ、とすごく大きなみかんを千春と菊田さんと谷中さんに一つずつつくれた。みかんというか、グレープフルーツというか、とにかく大きな丸い果物だった。すいかほどではないが、プリンスメロンぐらいの大きさはあった。レジで応対して直接もらった菊田さんによると、ブンタン、という名前らしい。

「友達の病室で、隣のベッドの患者さんの親戚の人が五つくれたんだけど、一人じゃこんなに食べれないし、明日職場で配るにしても持って帰るのがとにかく重いから、って」

菊田さんはブンタンを右手に置いて、おもしろそうに手を上下させて千春に見せた。黄色いボールみたいだった。

「隣のベッドの人のお見舞いの人が、いろんなものをくれるんだって。本当ならぜんぜん関わりがないような人同士が同じ場所にいて、その周囲の知らない人がさらに集まってくるから、入院って不思議よね」

菊田さん自身は、まだ入院はしたことがないそうだけれども、その日の暇な時間帯に谷中さんにたずねると、あるよ、とちょっと暗い声で答えた。

昨日本を買って帰った千春は、いろんな話の書き出しを読んでみて、自分に理解できそうな話をなんとか探し、牛の話を読んだ。牛専門の画家が、隣の家の庭に入り込んで、おそらく貴重な花を食べている牛を追っ払おうとするが、逆に牛は家の中に入り込んでしまい、仕方ないので画家は牛を絵に描くことにする、という話だった。牛専門の画家というのがそもそもいるのかという感じだったし、牛が人の家の庭にいて、さらに家の中に入ってくるというのもありえないと思ったが、千春は、自分の家の庭に牛がいて、それが玄関から家の中に入ってくると思うと、ちょっと愉快な気持ちになった。

その話を読んでいて、千春は、声を出して笑ったわけでも、つまらないと本を投げ出したわけでもなかった。ただ、様子を想像していたいと思い、続けて読んでいたいと思った。**C**本は、千春が予想していたようなおもしろさやつまらなさを感じさせるものではない、ということを千春は発見した。

ブンタンをもらったその日も、家に帰ってからどれか読めそうな話を読むつもりだった。ブンタンはお母さんに渡そうと思っていたが、千春は家の中のいろんなところに牛がいるところを想像していて、お母さんに渡すのは忘れて部屋に持って帰ってしまった。

また持って行くよりは、お茶を淹れて本を読みたいという気持ちが勝って、もう勉強なんてしないのに部屋に置いてある勉強机の上に、千春は大きなブンタンを置いた。**D**すっとする、良い香りがした。

（注）１　どんな話を書いているかわからない顔の男の人――本文の前の場面で、千春は女の人が忘れた本のカバーに載っていたサキの写真を見ていた。

２　午前に千春がビルマのことについてたずねた――本文の前の場面で、サキが「ビルマ」（現在のミャンマー）の出身であることを知った千春は谷中さんに「ビルマ」について尋ねていた。

３　一度は家に持って帰ったサキの本――前日、千春は女の人が忘れた本に興味を持ち、自宅に持ち帰ってしまったが、翌日、その本を店の忘れ物の棚に戻しておいた。

問1　傍線部(ア)～(ウ)の本文中における意味として最も適当なものを、次の各群の①～⑤のうちから、それぞれ一つずつ選べ。解答番号は 12 ～ 14 。

(ア)　居心地の悪さを感じた 12
① 所在ない感じがした
② あじけない感じがした
③ やるせない感じがした
④ 落ち着かない感じがした
⑤ 心細い感じがした

(イ)　危惧した 13
① 疑いを持った
② 慎重になった
③ 気後れがした
④ 心配になった
⑤ 恐れをなした

(ウ)　むしのいい 14
① 都合がよい
② 手際がよい
③ 威勢がよい
④ 要領がよい
⑤ 気分がよい

問２　傍線部Ａ「何も言い返せないでいる」とあるが、このときの千春の状況や心情の説明として最も適当なものを、次の①〜⑤のうちから一つ選べ。解答番号は 15 。

① 周囲の誰からも自分が幸せだとは思われていないと感じていただけに、女の人から幸せだと指摘されたことで、あまり目を覚ましてくれない友達の見舞いを続ける彼女の境遇を察し、言葉を失ってしまった。

② 人から自分が幸せに見えることがあるとは思っていなかっただけに、女の人が自然な様子で千春の境遇を幸せだと言ったことに意表をつかれて、その後の会話を続ける言葉が思い浮かばなかった。

③ 女の人の笑顔をもう少し見ていたくて会話を続けているのに、幸せだったことは記憶の及ぶ限り一度もなかったために話題が思い浮かばず、何か話さなくてはならないと焦ってしまった。

④ 仕事や見舞いのために長時間電車に乗らなくてはならない女の人と比べると、高校をやめたのも電車に乗らなくてよいという点からは幸せに見えるのだと気づかされ、その皮肉に言葉が出なくなった。

⑤ これまでお客さんと会話をすることがほとんどなかったために、その場にふさわしい話し方がわからず、千春が幸せな境遇かどうかという話題をうまくやりすごす返答の仕方が見つからなかった。

問3　傍線部B「とにかく、この軽い小さい本のことだけでも、自分でわかるようになりたいと思った」とあるが、このときの千春の心情はどのようなものか。その説明として最も適当なものを、次の①～⑤のうちから一つ選べ。解答番号は 16 。

① つまらないと感じたことはやめてしまいがちな自分に最後まで本が読めるとは思えなかったが、女の人も愛読するサキの本は書店でもすぐに見つかるほど有名だとわかり、自分でも読んでみて内容を知りたいと思った。

② 高校をやめてしまった挫折感が和らぐことは期待できなくても、女の人が買い直してもよいとまで言うサキの本と同じものを入手して読むことで、その本をきっかけにして女の人とさらに親しくなりたいと思った。

③ 仕事帰りに書店に立ち寄り見つけるのに苦労しながら初めて購入した本なので、読書体験の乏しい自分でもこの軽い小さい本のことだけは、内容を知りそれなりに理解できるようになりたいと思った。

④ 娘が生まれたらつけようと思っていたサキという名を持つ作家について女の人から教えてもらいたかったのに、話がそれてしまったので、自分で読んでそのおもしろさだけでもわかりたいと思った。

⑤ 高校をやめたことの理由づけにはならなくても、何かが変わるというかすかな期待をもって、女の人と会話をするきっかけとなったこの本のおもしろさやつまらなさだけでも自分で判断できるようになりたいと思った。

問４　傍線部Ｃ「本は、千春が予想していたようなおもしろさやつまらなさを感じさせるものではない、ということを千春は発見した。」とあるが、千春は読書についてどのように思ったか。その説明として最も適当なものを、次の①～⑤のうちから一つ選べ。解答番号は　17　。

①　「牛の話」の内容そのものには嘘くささを感じたが、追い払おうとした牛を受け入れ自分の画業に生かした画家の姿勢には勇気づけられた。このことから、本を読む意義は、ただ内容を読み取るだけではなく、物語を想像し登場人物に共感することで自分の力にすることにあると思った。

②　きっかけは単なる偶然でしかなかったが、初めての経験がもたらす新鮮な驚きに支えられながら「牛の話」を読み通すところまでたどり着けた。このことから、本を読む喜びは、内容のおもしろさによって与えられるのではなく、苦労して読み通すその過程によって生み出されるのだと思った。

③　「牛の話」は日常とかけ離れていて情景を想像するのが難しかったが、世界には牛と人との生活がすぐ近くにある人たちもいるという事実を知ることができた。このことから、本を読む価値は、内容のおもしろさよりもむしろ、世の中にはまだ知らないことが多いと気づくことにあると思った。

④　「牛の話」の内容そのものはおもしろいとは思わなかったが、未知の体験を経て想像しながら読んだ本には愛着を感じることができた。このことから、本を読んだ感動は、それを読むに至る経緯や状況によって左右されるので、内容がおもしろいかつまらないかはさほど重要ではないと思った。

⑤　「牛の話」の内容そのものはいかにも突飛なものに思えたが、それを自分のこととして空想することには魅力が感じられた。このことから、本を読むという体験には、書かれているものをただ受けとめるだけではなく、自ら想像をふくらませてそれと関わることが含まれるのだと思った。

問5 傍線部**D**「すっとする、良い香りがした。」とあるが、「ブンタン」の描写と千春の気持ちや行動との関係についての説明として最も適当なものを、次の①～⑤のうちから一つ選べ。解答番号は 18 。

① 女の人が喫茶店のスタッフに一つずつくれた「ブンタン」は、人見知りで口下手だったために自分を過小評価していた千春が一人前の社会人として認められたことを示している。その香りの印象は、千春が仕事を通して前向きに生きる自信を回復する予兆となっている。

② 千春が自室に持ち込んだ「ブンタン」は、友達の見舞いの帰りに喫茶店で本を読む女の人の行動を真似、家とは反対方向の書店にわざわざ出かけて本を探した千春の憧れの強さを表している。その香りの印象は、他の人の生活に関心を持ち始めた千春の変化を示している。

③ 千春が本を読むときに自分のそばに置きたいと思った「ブンタン」は、女の人や喫茶店のスタッフに対する積極的な好意を表している。その香りの印象は、自分にしか関心のなかった千春がその場しのぎの態度を改めて周囲との関係を作っていこうとする前向きな変化を強調している。

④ 千春が手にした「ブンタン」は、長く使っていなかった勉強机に向かった千春の姿と、交流のなかった喫茶店のスタッフに「ブンタン」を分けてくれた女の人の姿とを結びつける。その香りの印象は、千春が自分の意志で新たなことに取り組もうとする積極性を表している。

⑤ 女の人がくれた「ブンタン」は、それを勉強机に置き、その香りのなかでお茶を淹れて本を読もうとしている千春の姿と、喫茶店でコーヒーを飲みながら本を読む女の人の姿とを結びつける。その香りの印象は、千春が本を読む楽しさを発見した清新な喜びにつながっている。

問6　Aさんのクラスでは国語の授業で千春の描写を中心に学んできた。続いてもうひとりの登場人物である女の人について各グループで話し合うことになった。Aさんのグループでは「⑴女の人はどのように描かれているか」「⑵千春にとって女の人はどういう存在として描かれているか」について考えることにした。次はAさんのグループの話し合いの様子である。本文の内容を踏まえて、空欄 Ⅰ ・ Ⅱ に入る最も適当なものを、後の各群の①～⑤のうちから、それぞれ一つずつ選べ。解答番号は 19 ・ 20 。

Aさん――まずは表情に注目してみよう。本文の1行目で、「申し訳なさそうに」忘れ物の本のことを尋ねてきた女の人は、4行目で本があったことを千春が告げると、うれしそうに笑っている。

Bさん――それに釣られるようにして、千春も女の人に話しかけたいと思う言葉を頭の中でめぐらせ始めている。

Cさん――千春の運んだコーヒーとチーズケーキについて、女の人が「いい匂い」と口にしたことで、二人の会話が始まったね。

Dさん――23行目で千春が緊張しながら話しかけると、女の人は笑顔で応じている。

Cさん――友達のお見舞いに来ているという自分の事情をざっくばらんに話してもいるよ。

Dさん――でも、67行目で喫茶店のスタッフに果物をあげるときに、職場で配るために持って帰るのも重いとわざわざ付け加えているのも、この人らしいね。そうそう、64行目では「もしよろしければ」という言い方もしているよ。

Aさん――そうすると、この人は Ⅰ ように描かれていることになるね。これを⑴のまとめにしよう。

Bさん――次に⑵の「千春にとって女の人はどういう存在として描かれているか」についてだけど、5行目にある「ここに忘れててよかった」、という女の人の言葉をなんだか変な表現だと思ったところから、千春の心に変化が起こっているね。

Dさん――気になる存在になった。どうしてだろう。

Aさん――文庫本もきっかけだけど、それだけじゃない。

Bさん――37行目で女の人に「それは幸せですねえ」と言われたのに千春が何も言い返せないでいたら、女の人が「もしかしたら事情があるかもしれないのに、ごめんなさいね」と言う。このやりとりは気になるね。

Cさん――女の人から「幸せ」だと言われたり、「事情があるかもしれない」と配慮されたりすることで、千春の心は揺り動かされているのかな。

Bさん――そうか、女の人は　Ⅱ　きっかけを千春に与えてくれたんだ。

Aさん――「わかるようになりたい」という58行目の言葉も印象的だね。Bさんの言ったことが(2)のまとめになる。

Ⅰ　19

① 相手を気遣うようでありながら、自分の心の内は包み隠す人である
② 相手と気さくに打ち解ける一方で、繊細な気遣いも見せる人である
③ 相手への配慮を感じさせつつ、内心がすぐ顔に出てしまう人である
④ 相手に気安く接しながら、どこかに緊張感を漂わせている人である
⑤ 相手の気持ちに寄り添いながら、自分の思いもさらけ出す人である

Ⅱ　20

① 周囲の誰に対しても打ち明けられないまま目をそらしてきた悩みに改めて向き合う
② 高校を中退してしまったことを後悔するばかりだった後ろ向きの思考から抜け出す
③ 流されるままにただこなしていた仕事に意義や楽しさを積極的に見出していく
④ 他の人や物事に自ら働きかけることのなかったこれまでの自分について考え始める
⑤ 他人に気遣われる経験を通して自分に欠けていた他人への配慮について意識する

第３問

次の文章は、『山路の露』の一節である。男君との恋愛関係のもつれに悩んで姿を消した女君は、やがて出家し、ある山里でひっそりと暮らしていた。女君の生存を伝え聞いた男君は、女君の弟（本文では「童」）を使いとして何度か手紙を送ったが、女君は取り合わなかった。本文は、あきらめきれない男君が女君の住む山里を訪ねる場面から始まる。これを読んで、後の問い（問１～５）に答えよ。なお、設問の都合で本文の上に行数を付してある。（配点　50）

夕霧たちこめて、道いとたどたどしけれども、深き心をしるべにて、急ぎわたり給《たま》ふも、(ア)かつはあやしく、今はそのかひあるまじきを、と思《おぼ》せども、ありし世の夢語りをだに語り合はせまほしう、行く先急がるる御心地になむ。浮雲はらふ四方《よも》の嵐に、月なごりなうすみのぼりて、千里《ちさと》の外《ほか》（注１）まで思ひやらるる心地するに、いとど思し残すことあらじかし。山深くなるままに、道いとしげう、露深ければ、御随身《ずいじん》いとやつしたれどさすがにつきづきしく、御前駆《さき》（注２）の露はらふ様もをかしく見ゆ。

かしこは、山のふもとに、いとささやかなる所なりけり。まづかの童《わらは》を入れて、案内み給へば、

「こなたの門だつ方は鎖《さ》して侍《はべ》るめり。竹の垣ほしわたしたる所に、通ふ道の侍るめり。ただ入らせ給へ。人影もし侍らず」

と聞こゆれば、

「しばし音なくてを」

とのたまひて、我ひとり入り給ふ。

小柴《こしば》といふもの(イ)はかなくしなしたるも、同じことなれど、いとなつかしく、よしある様なり。妻戸も開《あ》きて、いまだ人の起きたるにや、と見ゆれば、しげりたる前栽《せんさい》のもとよりつたひよりて、軒近き常磐木《ときはぎ》の所せくひろごりたる下にたち隠れて見給へば、こなたは仏の御前なるべし。名香《みやうがう》（注３）の香《か》、いとしみ深くかをり出でて、ただこの端つ方に行ふ人あるにや、経の巻き返さるる音もしのびやかになつかしく聞こえて、しめじめとものあはれなるに、なにとなく、やがて御涙すすむ心地して、つくづくと見ゐ給へるに、とばかりありて、行ひはてぬるにや、

「いみじの月の光や」

とひとりごちて、簾《すだれ》のつま少し上げつつ、月の顔をつくづくとながめたるかたはらめ、昔ながらの面影ふと思し出でられて、いみじうあはれなるに、見給へば、月は残りなくさし入りたるに、鈍色《にびいろ》(注4)、香染《かうぞめ》などにや、袖口なつかしう見えて、額髪《ひたひがみ》のゆらゆらと削《そ》ぎかけられたるまみのわたり、いみじうなまめかしうをかしげにて、かかるしもこそらうたげさまさりて、忍びがたうまもりゐ給へるに、なほ、とばかりながめ入りて、

「里わかぬ雲居の月の影のみや見し世の秋にかはらざるらむ」

と、しのびやかにひとりごちて、涙ぐみたる様、いみじうあはれなるに、まめ人(注5)も、さのみはしづめ給はずやありけむ、

「ふるさとの月は涙にかきくれてその世ながらの影は見ざりき」

とて、ふと寄り給へるに、いとおぼえなく、化け物などいふらむものにこそと、むくつけくて、奥ざまに引き入り給ふ袖を引き寄せ給ふままに、せきとめがたき御気色《けしき》を、さすが、それと見知られ給ふは、いと恥づかしう口惜しくおぼえつつ、ひたすらむくつけきものならばいかがはせむ、世にあるものとも聞かれ奉りぬるをこそは憂きことに思ひつつ、いかであらざりけりと聞きなほされ奉らむと、とざまかうざまにあらまされつる(注6)を、のがれがたく見あらはされ奉りぬると、せむかたなくて、涙のみ流れ出でつつ、我にもあらぬ様、いとあはれなり。

(注) 1 千里の外まで――はるか遠くまで。
2 案内み給へば――様子をうかがわせてみると。
3 名香――仏前でたく香。
4 鈍色、香染――どちらも出家者が身につける衣の色。
5 まめ人――きまじめな人。ここでは、男君を指す。
6 あらまされつる――願っていた。

問１　傍線部(ア)・(イ)の解釈として最も適当なものを、次の各群の①～⑤のうちから、それぞれ一つずつ選べ。解答番号は［21］・［22］。

(ア)　かつはあやしく［21］
① 一方では不思議で
② 一方では不愉快で
③ 一方では不気味で
④ そのうえ不体裁で
⑤ そのうえ不都合で

(イ)　はかなくしなしたる［22］
① かわいらしく飾ってある
② 崩れそうな様子である
③ 形ばかりしつらえてある
④ こぎれいに手入れしてある
⑤ いつのまにか枯れている

問2　二重傍線部「ありし世の夢語りをだに語り合はせまほしう、行く先急がるる御心地になむ」の語句や表現に関する説明として最も適当なものを、次の①～⑤のうちから一つ選べ。解答番号は 23 。

① 「ありし世の夢語り」には、二人の仲は前世からの縁であるはずだと、男君が夢想していたことが表現されている。
② 「だに」は「まほしう」と呼応して、男君がわずかな望みにもすがりたいような心境であったことを表現している。
③ 「語り合はせ」の「せ」は使役の意味で、男君が女君自身の口から事情を説明させようとしていることを表現している。
④ 「急がるる」の「るる」は可能の意味で、女君のためなら暗い山道を行くこともいとわない男君の決意を表現している。
⑤ 「なむ」の後には「侍らめ」が省略されているが、それをあえて書かないことで余韻をもたせた表現になっている。

問３　この文章の男君の行動や心境についての説明として最も適当なものを、次の①～⑤のうちから一つ選べ。解答番号は 24 。

① 女君のもとへ行く途上、先導の者が露を払いながら進むのを見て、山道の雰囲気に合う優美な様子だと思っていた。
② 童に女君の住まいの様子を調べさせたが、その童が余計な口出しをするのを不快に思い、黙っているように命じた。
③ 女君の住まいの様子が、かつて二人で過ごした場所の雰囲気によく似ているのを見て、懐かしさを覚えた。
④ 木陰から垣間見たところ、仏道修行に励んでいる女君の姿を目にし、女君の敬虔《けいけん》さに改めて心ひかれた。
⑤ 独り歌を詠み涙ぐむ女君の、可憐《かれん》な姿を目にするうちに、隠れて見ているだけでは飽き足りなくなってしまった。

問4　この文章の女君の心境についての説明として適当なものを、次の①～⑥のうちから二つ選べ。ただし、解答の順序は問わない。解答番号は 25 ・ 26 。

① 突然現れた男君を化け物だと思い込み、着物の袖をつかまれたことで、涙がこぼれるほど恐ろしく感じた。
② 目の前の相手が男君であることを知って動揺し、化け物であってくれたほうがまだあきらめがつくと思った。
③ 男君ほどつらい思いをしている者はこの世にいないだろうと世間が噂《うわさ》しているのを聞き、不愉快に感じていた。
④ 男君に見つかってしまったのは、歌を口ずさんだのを聞かれたせいに違いないと思い、軽率な行動を後悔した。
⑤ 男君に姿を見られてしまい、もはや逃げも隠れもできない状況になってしまったことを悟って、途方に暮れた。
⑥ 男君が以前とは打って変わってひどくやつれているのを見て、その苦悩の深さを知り、同情の気持ちがわいた。

問5　この文章では、「月」がたびたび描かれ、登場人物を照らし、和歌にも詠まれている。それぞれの場面についての説明として適当なものを、次の①～⑥のうちから二つ選べ。ただし、解答の順序は問わない。解答番号は［27］・［28］。

① 3行目「月なごりなうすみのぼりて」では、遠く離れた場所に住む女君のもとへといたる道のりを月が明るく照らし出すことで、夜の山道を行くことをためらっていた男君の心の迷いが払拭されたことが象徴的に表現されている。

② 16行目「月の顔をつくづくとながめたる」では、女君は月を見て男君の面影を重ねながら長々と物思いにふけっており、男君がいつかはこの山里まで訪ねてきてしまうのではないかと、女君が不安に思っていることが明示されている。

③ 16行目「月の顔をつくづくとながめたる」女君の横顔は、男君の目には昔と変わらないように見えたが、17行目「残りなくさし入りたるに」では、月の光が女君の尼姿を照らし出し、以前とは異なる魅力を男君に発見させている。

④ 15行目「いみじの月の光や」、20行目「里わかぬ雲居の月」と、女君が月を見て二度まで独りごとを言う場面では、仏道修行に専念する生活の中で、月だけが女君のつらい過去を忘れさせてくれる存在であったことが暗示されている。

⑤ 20行目「里わかぬ雲居の月」の歌における月は、世を捨てた者の暮らす山里までもあまねく照らすものとして詠まれており、昔と変わらないその光が、以前とは身の上が大きく変わってしまったことを、否応《いやおう》なく女君に意識させている。

⑥ 22行目「ふるさとの月」の歌は、20行目「里わかぬ雲居の月」の歌に答える形で詠まれたものだが、かつての女君の姿を月にたとえて出家を惜しんでいるところに、女君の苦悩を理解しない男君の、独りよがりな心が露呈している。

第4問 次の文章は、北宋《ほくそう》の文章家曾鞏《そうきよう》が東晋《とうしん》の書家王羲之《おうぎし》に関する故事を記したものである。これを読んで、後の問い(問1〜7)に答えよ。なお、設問の都合で返り点・送り仮名を省いたところがある。(配点 50)

羲之之書ハ、(ア)晩乃善。則チ其ノ所ハレ能クスル、蓋シ亦タ以テ二精力ヲ一自ラ致ス者ニシテ、非ザル二天成ニ一也。然レドモ後世 X レ有二能ク及ブ者一、A豈其学不レ如レ彼邪。則チ学ハ固ヨリ(イ)豈可二以少一哉。B況ンヤ欲スル三深ク造《いた》ラント二道徳ニ一者ヲ邪。墨池之上《ほとり》ハ、今ハ為ル二州(注1)ノ学舎ト一。教(注2)授王君盛ハ、恐ルル二其ノ不ルヲレ章《あらは》レ也《や》、書シ二晋ノ王右軍(注3)ノ墨池之六字ヲ於楹《えい》(注4)間《かん》ニ一以テ掲グレ之ヲ。又タ告ゲテ二於鞏(注5)ニ一曰ハク、「願ハクハ有ランコトヲトレ記。」推スニ二C王君之心ヲ一、豈ニ愛シテ二人之善ヲ一、雖モ二一能ト一不シテ二以テ廃セ一、而因リテ以テ及ブ二乎其ノ跡ニ一邪。其レ亦タ欲スル下推シテ二其ノ事ヲ一以テ勉《はげ》マサント中其ノ学ブ者ヲ上邪。D夫人之有一能而使後人尚之如此。況ンヤ仁人荘士(注6)之遺風(注7)余思、被《かうむ》ル二於来世ニ一者如何ゾ哉。

(曾鞏「墨池記《ぼくちき》」による)

（注）
1　州学舎――州に設置された学校。
2　教授王君盛――教授の王盛《おうせい》のこと。
3　王右軍――王羲之を指す。右軍は官職名。
4　楹――家屋の正面の大きな柱。
5　鞏――曾鞏の自称。
6　仁人荘士――仁愛の徳を備えた人や行いの立派な者。
7　遺風余思――後世に及ぶ感化。

問1 波線部(ア)「晩乃善」・(イ)「豈可㆓以少㆒哉」のここでの解釈として最も適当なものを、次の各群の①～⑤のうちから、それぞれ一つずつ選べ。解答番号は 29 ・ 30 。

(ア)「晩乃善」 29

① 年齢を重ねたので素晴らしい
② 年を取ってからこそが素晴らしい
③ 晩年になってさえも素晴らしい
④ 晩年のものはいずれも素晴らしい
⑤ 年齢にかかわらず素晴らしい

(イ)「豈可㆓以少㆒哉」 30

① やはり鍛錬をおろそかにするにちがいない
② きっと稽古が足りないにちがいない
③ なんと才能に恵まれないことだろうか
④ どうして努力を怠ってよいだろうか
⑤ なぜ若いときから精進しないのか

問２　空欄 X に入る語として最も適当なものを、次の①～⑤のうちから一つ選べ。解答番号は 31 。

① 宜
② 将
③ 未
④ 当
⑤ 猶

問3 傍線部**A**「豈 其 学 不ㇾ如ㇾ彼 邪」に用いられている句法の説明として適当なものを、次の①～⑥のうちから**二つ**選べ。ただし、解答の順序は問わない。解答番号は 32 ・ 33 。

① この文には比較の句法が用いられており、「～には及ばない」という意味を表している。
② この文には受身の句法が用いられており、「～されることはない」という意味を表している。
③ この文には限定の句法が用いられており、「～だけではない」という意味を表している。
④ この文には疑問を含んだ推量の句法が用いられており、「～ではないだろうか」という意味を表している。
⑤ この文には仮定を含んだ感嘆の句法が用いられており、「～なら～ないなあ」という意味を表している。
⑥ この文には使役を含んだ仮定の句法が用いられており、「～させたとしても～ではない」という意味を表している。

問４　傍線部**B**「況欲㆔深造㆓道徳㆒者邪。」とあるが、その解釈として最も適当なものを、次の①～⑤のうちから一つ選べ。解答番号は 34 。

① ましてつきつめて道徳を理解しようとする者がいるのだろうか。
② まして道徳を体得できない者はなおさらであろう。
③ それでもやはり道徳を根付かせたい者がいるであろう。
④ ましてしっかりと道徳を身に付けたい者はなおさらであろう。
⑤ それでも道徳を普及させたい者はなおさらではないか。

問5　傍線部C「王君之心」の説明として最も適当なものを、次の①～⑤のうちから一つ選べ。解答番号は 35 。

① 一握りの才能ある者を優遇することなく、より多くの人材を育ててゆこうとすること。
② 王羲之の墨池の跡が忘れられてしまうことを憂い、学生たちを奮起させようとすること。
③ 歴史ある学舎の跡が廃れていることを残念に思い、王羲之の例を引き合いに出して振興しようとすること。
④ 王羲之の天賦の才能をうらやみ、その書跡を模範として学生たちを導こうとすること。
⑤ 王羲之ゆかりの学舎が忘れられてしまったことを嘆き、その歴史を曾鞏に書いてもらおうとすること。

問６　傍線部**D**「夫人之有一能而使後人尚之如此」の返り点の付け方と書き下し文との組合せとして最も適当なものを、次の①～⑤のうちから一つ選べ。解答番号は 36 。

① 夫人之有二一能一而使二後人一尚レ之レ如レ此
夫《か》の人の一能有りて後人を使ひて此《か》くのごとく之を尚《たつと》ぶ

② 夫人之有二一能一而使二後人尚一レ之レ如レ此
夫の人を之れ一能有れば而《すなは》ち後人をして此くのごときに之《ゆ》くを尚ばしむ

③ 夫人之有二一能一而使二後人尚一レ之如レ此
夫《そ》れ人の一能有りて後人をして之を尚ばしむること此くのごとし

④ 夫人之有下一能而使二後人尚一レ之如上此
夫れ人を之れ一能にして後人をして之を尚ばしむること此くのごとき有り

⑤ 夫人之有下一能而使二後人一尚レ之如上此
夫れ人の一能にして後人を使ひて之を尚ぶこと此くのごとき有り

問7　「墨池」の故事は、王羲之が後漢の書家張芝《ちょうし》について述べた次の**【資料】**にも見える。本文および**【資料】**の内容に**合致しな**いものを、後の①～⑤のうちから一つ選べ。解答番号は 37 。

> **【資料】**
>
> 云《ハク》、「張芝臨《ミテ》レ池《ニ》学《ビ》レ書《ヲ》、池水尽《ク》黒《シ》。使《メバ》ニ人耽《ふけ》《ヲシテルコト》レ之《ニ》若《クナラ》レ是《かくノ》、未《ダ》ニ必《ズシモ》後《レ》レ之《ニ》也《ト》。」
>
> （『晋書《しんじょ》』「王羲之伝《おうぎしでん》」による）

① 王羲之は張芝を見習って池が墨で真っ黒になるまで稽古を重ねたが、張芝には到底肩をならべることができないと考えていた。

② 王盛は王羲之が張芝に匹敵するほど書に熱中したことを墨池の故事として学生に示し、修練の大切さを伝えようとした。

③ 曾鞏は王羲之には天成の才能があったのではなく、張芝のような並外れた練習によって後に書家として大成したと考えていた。

④ 王羲之は張芝が書を練習して池が墨で真っ黒になったのを知って、自分もそれ以上の修練をして張芝に追いつきたいと思った。

⑤ 王盛は張芝を目標として励んだ王羲之をたたえる六字を柱の間に掲げ、曾鞏にその由来を文章に書いてくれるよう依頼した。

2020
本試験

国　語

（2020年１月実施）

80分　200点

国語

（解答番号 1 ～ 35 ）

第1問

次の文章は、近年さまざまな分野で応用されるようになった「レジリエンス」という概念を紹介し、その現代的意義を論じたものである。これを読んで、後の問い（問1～6）に答えよ。なお、設問の都合で本文の段落に［1］～［14］の番号を付してある。（配点　50）

［1］環境システムの専門家であるウォーカーは、以下のような興味深い比喩を持ち出している。

［2］あなたは、港に停泊しているヨットのなかでコップ一杯の水を運んでいるとしよう。そして、同じことを荒れた海を航海しているときに行ったとしよう。港に停泊しているときにコップの水を運ぶのは簡単である。この場合は、できるだけ早く、しかし早すぎないように運べばよいのであって、その最適解は求めやすい。しかし、波風が激しい大洋を航海しているときには、早く運べるかどうかなど二の次で、不意に大きく揺れる床の上で転ばないでいることの方が重要になる。あなたは、膝を緩め、突然やってくる船の揺れを吸収し、バランスをとらねばならない。海の上での解は、妨害要因を吸収する能力を向上させることをあなたに求める。すなわち、波に対するあなたのレジリエンスを向上させることを求めるのである。

［3］この引用で言う「レジリエンス（resilience）」とは、近年、さまざまな領域で言及されるようになった注目すべき概念である。この言葉は、「攪乱《かくらん》を吸収し、基本的な機能と構造を保持し続けるシステムの能力(注1)」を意味する。

［4］レジリエンスの概念をもう少し詳しく説明しよう。レジリエンスは、もともとは物性科学のなかで物質が元の形状に戻る「弾性」のことを意味する。六〇年代になると生態学や自然保護運動の文脈で用いられるようになった。そこでは、生態系が変動と変化に対して自己を維持する過程という意味で使われた。しかし、ここで言う「自己の維持」とは単なる物理的な弾力のことではなく、環境の変化に対して動的に応じていく適応能力のことである。

5 レジリエンスは、回復力（復元力）、あるいは、サステナビリティ(注2)と類似の意味合いをもつが、Aそこにある微妙な意味の違いに注目しなければならない。たとえば、回復とはあるベースラインや基準に戻ることを意味するが、レジリエンスでは、かならずしも固定的な原型が想定されていない。絶えず変化する環境に合わせて流動的に自らの姿を変更しつつ、それでも目的を達成するのがレジリエンスである。レジリエンスは、均衡状態に到達するための性質ではなく、発展成長する動的過程を(ア)ソクシンするための性質である。

6 また、サステナビリティに関しても、たとえば、「サステナブルな自然」といったときには、唯一の均衡点が生態系のなかにあるかのように期待されている。しかしこれは自然のシステムの本来の姿とは合わない。レジリエンスで目指されているのは、ケン(イ)コウなダイナミズム(注3)である。レジリエンスには、適度な失敗が最初から包含されている。たとえば、小規模の森林火災は、その生態系にとって資源の一部を再構築し、栄養を再配分することで自らを更新する機会となる。こうした小規模の火災まで防いでしまうと、森林は燃えやすい要素をため込み、些細《ささい》な発火で破滅的な大火災にまで発展してしまう。

7 さらに八〇年代になると、レジリエンスは、心理学や精神医学、ソーシャルワーク(注4)の分野で使われるようになった。そこでは、ストレスや災難、困難に対処して自分自身を維持する抵抗力や、病気や変化、不運から立ち直る個人の心理的な回復力として解釈される。

8 たとえば、フレイザー(注5)は、ソーシャルワークと教育の分野におけるレジリエンスの概念の重要性を主張する。従来は、患者の問題を専門家がどう除去するかという医学中心主義的な視点でソーシャルワークが行われていた。患者の問題の原因は患者自身にあるとされ、患者を治療する専門家にケアの方針を決定する(ウ)ケンゲンが渡された。こうして患者は医師に依存させられてきた。これに対して、レジリエンスに注目するソーシャルワークでは、患者の自発性や潜在能力に着目し、患者に中心をおいた援助や支援を行う。

9 フレイザーのソーシャルワークの特徴は、人間と社会環境のどちらかではなく、その間の相互作用に働きかけることにある。クライエント(注6)の支援は、本人の持つレジリエンスが活《い》かせる環境を構築することに焦点が置かれる。たとえば、発達障害のある子どもに対して、特定の作業所で務められるような仕事をどの子どもにも同じように教えることは妥当ではない。そうすると身につけられる能力が(エ)カタヨって特定の作業所に依存してしまい、学校から作業所へという流れの外に出ることができなくなる。それでは一種の隔離になる。子どもの潜在性に着目して、職場や環境が変わっても続けられる仕事につながるような能力を開発すべきである。

10　**B** ここでレジリエンスにとって重要な意味をもつのが、「脆弱性《ぜいじゃく》(vulnerability)」である。通常、脆弱性はレジリエンスとは正反対の意味を持つと考えられている。レジリエンスは、ある種の(オ)ガンケンさを意味し、脆弱性とは回復力の不十分さを意味するからである。しかし見方を変えるなら、脆弱性は、レジリエンスを保つための積極的な価値となる。なぜなら、脆弱性とは、変化や刺激に対する敏感さを意味しており、このようなセンサーをもったシステムは、環境の不規則な変化や攪乱、悪化にいち早く気づけるからである。たとえば、災害に対して対応力に富む施設・建築物を作り出したいのなら、障害者や高齢者、妊娠中の女性にとって避難しやすい作りにすることが最善の策となる。

11　さらに、近年のエンジニアリング(注7)の分野においては、レジリエンスは、安全に関する新しい発想法として登場した。レジリエンス・エンジニアリングとは、複雑性を持つ現実世界に対処できるように、適度な冗長性(注8)を持ち、柔軟性に富んだ組織の能力を高める方法を見いだすものである。エンジニアリングの分野では、レジリエンスは、環境の変化に対して自らを変化させて対応する柔軟性にきわめて近い性能として解釈される。

12　以上のように、レジリエンスという概念に特徴的なことは、それが自己と環境の動的な調整に関わることである。回復力とは、システムどうしが相互作用する一連の過程から生じるものであり、システムが有している内在的性質ではない。レジリエンスの獲得には、当人や当該システムの能力の開発のみならず、その能力に見合うように環境を選択したり、現在の環境を改変したりすることも求められる。レジリエンスは、複雑なシステムが、変化する環境のなかで自己を維持するために、環境との相互作用を連続的に変化させながら、環境に柔軟に適応していく過程のことである。

13　レジリエンスがこうした意味での回復力を意味するのであれば、**C** それをミニマルな福祉の基準として提案できる。すな

6

わち、ある人が変転する世界を生きていくには、変化に適切に応じる能力が必要であって、そうした柔軟な適応力を持てるようにすることが、福祉の目的である。福祉とは、その人のニーズを充足することである。ニーズとは人間的な生活を送る上で必要とされるものである。ニーズを充足するには他者から与えられるものを受け取るばかりではなく、自分自身でそのニーズを能動的に充足する力を持つ必要がある。そうでなければ、自律的な生活を継続的に送れないからである。

14 レジリエンスとは、自己のニーズを充足し、生活の基本的条件を維持するために、個人が持たねばならない最低限の回復力である。人間は静物ではなく、生きている。したがって、傷ついて、病を得て、あるいは、脆弱となって自己のニーズを満たせなくなった個人に対してケアする側がなすべきは、物を修復するような行為ではないし、単に補償のための金銭を付与することでもない。物を復元することと、生命あるものが自己を維持することとはまったく異なる。生命の自己維持活動は自発的であり、生命自身の能動性や自律性が要求される。したがって、ケアする者がなすべきは、さまざまに変化する環境に対応しながら自分のニーズを満たせる力を獲得してもらうように、本人を支援することである。

（河野《こうの》哲也《てつや》『境界の現象学』による）

（注）1　物性科学――物質の性質を解明する学問。
2　サステナビリティ――持続可能性。「サステイナビリティ」と表記されることも多い。後出の「サステナブルな」は「持続可能な」の意。
3　ダイナミズム――動きのあること。
4　ソーシャルワーク――社会福祉事業。それに従事する専門家が「ソーシャルワーカー」。
5　フレイザー――マーク・W・フレイザー（一九四六―　）。ソーシャルワークの研究者でレジリエンスの提唱者。
6　クライエント――相談者、依頼人。「クライアント」ともいう。
7　エンジニアリング――工学。
8　冗長性――ここでは、余裕を持たせておくこと。

問1　傍線部(ア)〜(オ)に相当する漢字を含むものを、次の各群の①〜⑤のうちから、それぞれ一つずつ選べ。解答番号は 1 〜 5 。

(ア) ソクシン 1
① 組織のケッソクを固める
② 距離のモクソクを誤る
③ 消費の動向をホソクする
④ 自給ジソクの生活を送る
⑤ 返事をサイソクする

(イ) ケンコウ 2
① ショウコウ状態を保つ
② 賞のコウホに挙げられる
③ 大臣をコウテツする
④ コウオツつけがたい
⑤ ギコウを凝らした細工

(ウ) ケンゲン 3
① マラソンを途中でキケンする
② ケンゴな意志を持つ
③ ケンギを晴らす
④ 実験の結果をケンショウする
⑤ セイリョクケンを広げる

(エ) カタヨって 4
① 雑誌をヘンシュウする
② 世界の国々をヘンレキする
③ 図書をヘンキャクする
④ 国語のヘンサチが上がった
⑤ 体にヘンチョウをきたす

(オ) ガンケン 5
① タイガンまで泳ぐ
② 環境保全にシュガンを置く
③ ドリルでガンバンを掘る
④ 勝利をキガンする
⑤ ガンキョウに主張する

問2 傍線部**A**「そこにある微妙な意味の違い」とあるが、どのような違いか。その説明として最も適当なものを、次の①～⑤のうちから一つ選べ。解答番号は 6 。

① 回復力やサステナビリティには基準となるベースラインが存在しないが、レジリエンスは弾性の法則によって本来の形状に戻るという違い。

② 回復力やサステナビリティは戻るべき基準や均衡状態を期待するが、レジリエンスは環境の変化に応じて自らの姿を変えていくことを目指すという違い。

③ 回復力やサステナビリティは環境の変動に応じて自己を更新し続けるが、レジリエンスは適度な失敗を繰り返すことで自らの姿を変えていくという違い。

④ 回復力やサステナビリティは生態系の中で均衡を維持する自然を想定するが、レジリエンスは均衡を調整する動的過程として自然を捉えるという違い。

⑤ 回復力やサステナビリティは原型復帰や均衡状態を目指すが、レジリエンスは自己を動的な状態に置いておくこと自体を目的とするという違い。

問3　傍線部B「ここでレジリエンスにとって重要な意味をもつのが、『脆弱性（vulnerability）』である。」とあるが、それはどういうことか。その説明として最も適当なものを、次の①～⑤のうちから一つ選べ。解答番号は［7］。

① 近年のソーシャルワークでは、人の自発性や潜在能力に着目して支援を行う。そのとき脆弱性は、被支援者が支援者にどれだけ依存しているかを測る尺度となるため、特定の人物に過度の依存が起こらない仕組みを作るにあたって重要な役割を果たすということ。

② 近年のソーシャルワークでは、環境に対する抵抗力の弱い人々を支援する。そのとき脆弱性は、変化の起こりにくい環境に変化を起こす刺激として働くため、障害者や高齢者といった人々が周囲の環境の変化に順応していく際に重要な役割を果たすということ。

③ 近年のソーシャルワークでは、被支援者の適応力を活かせるような環境を構築する。そのとき脆弱性は、環境の変化に対していち早く反応するセンサーとして働くため、非常時に高い対応力を発揮する施設や設備を作る際などに重要な役割を果たすということ。

④ 近年のソーシャルワークでは、人間と環境の相互作用に焦点を置いて働きかける。そのとき脆弱性は、周囲の変化に対する敏感なセンサーとして働くため、人間と環境の双方に対応をうながし、均衡状態へと戻るための重要な役割を果たすということ。

⑤ 近年のソーシャルワークでは、人と環境の復元力を保てるように支援を行う。そのとき脆弱性は、人の回復力が不十分な状態にあることを示す尺度となるため、障害者や高齢者などを支援し日常的な生活を取り戻す際などに重要な役割を果たすということ。

問4　傍線部C「それをミニマルな福祉の基準として提案できる」とあるが、それはどういうことか。その説明として最も適当なものを、次の①～⑤のうちから一つ選べ。解答番号は 8 。

① 個人が複雑な現実世界へ主体的に対応できるシステムを、福祉における最小の基準とすることができる。これに基づいて、支援者には被支援者が主体的に対応できるよう必要な社会体制を整備することが求められるということ。

② 個人がさまざまな環境に応じて自己の要求を充足してゆく能力を、福祉における最小の基準とすることができる。これに基づいて、支援者には被支援者がその能力を身につけるために補助することが求められるということ。

③ 個人が環境の変化の影響を受けずに自己のニーズを満たせることを、福祉における最小の基準とすることができる。これに基づいて、支援者には被支援者が自己のニーズを満たすための手助けをすることが求められるということ。

④ 個人が環境の変化の中で感じたニーズを満たすことを、福祉における最小の基準とすることができる。これに基づいて、支援者には被支援者のニーズに応えて満足してもらえるよう尽力することが求められるということ。

⑤ 個人が生活を維持するための経済力を持つことを、福祉における最小の基準とすることができる。これに基づいて、支援者には被支援者に対する金銭的補償にとどまらず、多様な形で援助することが求められるということ。

問5　次に示すのは、本文を読んだ後に、三人の生徒が話し合っている場面である。本文の趣旨を踏まえ、空欄に入る発言として最も適当なものを、後の①～⑤のうちから一つ選べ。解答番号は 9 。

教　師――この文章の主題はレジリエンスでしたね。ずいぶん専門的な事例がたくさん挙げられていましたが、ここで説明されていることを、皆さん自身の問題として具体的に考えてみることはできないか、グループで話し合ってみましょう。

生徒A――最初に出てくるヨットのたとえ話は比較的イメージしやすかったな。ここで説明されていることを、もう少し身近な場面に置きかえてみればいいのかな。

生徒B――海の様子しだいで船の中の状況も全然違ってくるという話だったよね。環境の変化という問題は私たちにとっても切実だよ。4段落に「自己の維持」と書かれているけど、このごろは、高校を卒業して新しい環境に入っても、今までのように規則正しい生活習慣をしっかり保ち続けられるかどうか、心配していたところなんだ。

生徒C――そういうことだろうか。この文章では、さまざまに変化する環境の中でどんなふうに目的に向かっていくか、ということが論じられていたんじゃないかな。5段落には「発展成長する動的過程」ともあるよ。こういう表現は何だか私たちのような高校生に向けられているみたいだね。

生徒A――たしかにね。[　　　　　　　　]

生徒B――なるほど。「動的」ってそういうことなのか。少し誤解してたけど、よくわかった気がするよ。

①　発展とか成長の過程というのは、私は部活のことを考えると納得したな。まったく経験のない競技を始めたけど、休まず練習を積み重ねたからこそ、最後には地区大会で優勝できたんだよ。

②　私が部活で部長を引き継いだとき、以前のやり方を踏襲したのにうまくいかなかったんだ。でも、新チームで話し合って現状に合うように工夫したら、目標に向けてまとまりが出てきたよ。

③　授業の時間でも生活の場面でも、あくまで私たちの自由な発想を活かしていくことが大切なんだね。そうすることで、ひとりひとりの個性が伸ばされていくということなんじゃないかな。

④　私たちが勉強する内容も時代に対応して変化しているんだよね。だからこそ、決まったことを学ぶだけでなく、将来のニーズを今から予想していろんなことを学んでおくのが重要なんだよ。

⑤　環境の変化に適応する能力は大事だと思うんだ。同じ教室でも先生が授業している時と休み時間に友達どうしでおしゃべりしている時とは違うのだから、オンとオフは切り替えなきゃ。

問6　この文章の表現と構成について、次の(i)・(ii)の問いに答えよ。

(i)　この文章の表現に関する説明として最も適当なものを、次の①～④のうちから一つ選べ。解答番号は 10 。

① 2 段落の最初の文と第2文は「としよう」で終わっているが、どちらの文も仮定の状況を提示することで、読者にその状況を具体的に想像させる働きがある。

② 4 段落の最後の文の「ここで言う」は、直後の語句が他の分野で使われている意味ではなく、筆者が独自に規定した意味で用いていることに注意をうながす働きがある。

③ 6 段落の最初の文の「といったときには」は、直前の表現は本来好ましくないが、あえて使用しているという筆者の態度を示す働きがある。

④ 8 段落の第3文の「あるとされ」は、筆者から患者に対する敬意を示すことで、患者に対しても配慮のある丁寧な文章にする働きがある。

(ii) この文章の構成に関する説明として**適当でないもの**を、次の①～④のうちから一つ選べ。解答番号は 11 。

① 2 段落では、レジリエンスについて他者の言葉で読者にイメージをつかませ、3 段落では、筆者の言葉で意味を明確にしてこの概念を導入している。

② 5 段落と 6 段落では、3 段落までに導入したレジリエンスという概念と、類似する他の概念との違いを詳しく説明し、レジリエンスについての説明を補足している。

③ 4 段落、7 段落、11 段落では、時系列順にそれぞれの時代でどのようにレジリエンスという概念が拡大してきたかを紹介している。

④ 13 段落では、これまでの議論を踏まえ、レジリエンスという概念について一般的な理解を取り上げた後、筆者の立場から反論している。

第2問　次の文章は、原民喜《はらたみき》「翳《かげ》」（一九四八年発表）の一節である。これを読んで、後の問い（問1〜6）に答えよ。なお、設問の都合で本文の上に行数を付してある。（配点　50）

私は一九四四年の秋に妻を喪《うしな》ったが、ごく少数の知己へ送った死亡通知のほかに、満洲《まんしゅう》にいる魚芳《うおよし》へも端書《はがき》を差出《さしだ》しておいた。妻を喪った私は悔《くや》み状が来るたびに、丁寧に読み返し仏壇のほとりに供えておいた。紋切型の悔み状であっても、それにはそれでまた喪にいるものの心を鎮めてくれるものがあった。出した死亡通知に何の返事も来ないものもあった。本土空襲も漸《ようや》く切迫しかかった頃のことで、出した筈《はず》の通知にまだ返信が来ないという些細《ささい》なことも、私にとっては時折気に掛《かか》るのであったが、妻の死を知って、ほんとうに悲しみを頒《わか》ってくれるだろうとおもえた川瀬成吉からもどうしたものか、何の返事もなかった。

私は妻の遺骨を郷里の墓地に納めると、再び棲《す》みなれた千葉の借家に立帰《たちかえ》り、そこで四十九日を迎えた。輸送船の船長をしていた妻の義兄が台湾沖で沈んだということをきいたのもその頃である。サイレンはもう頻々と鳴り唸《うな》っていた。**A**そうした、暗い、望みのない明け暮れにも、私は凝《じっ》と蹲《うずくま》ったまま、妻と一緒にすごした月日を回想することが多かった。その年も暮れようとする、底冷えの重苦しい、曇った朝、一通の封書が私のところに舞込《まいこ》んだ。差出人は新潟県××郡××村×川瀬丈吉となっている。一目見て、魚芳の父親らしいことが分《わか》ったが、何気なく封を切ると、内味《なかみ》まで父親の筆跡で、息子の死を通知して来たものであった。私が満洲にいるとばかり思っていた川瀬成吉は、私の妻より五ヵ月前に既にこの世を去っていたのである。

私がはじめて魚芳を見たのは十二年前のことで、私達が千葉の借家へ移った時のことである。私たちがそこへ越した、その日、彼は早速顔をのぞけ（注1）、それからは殆《ほとん》ど毎日註文《ちゅうもん》を取りに立寄《たちよ》った。大概朝のうち註文を取ってまわり、夕方自転車で魚を配達するのであったが、どうかすると何かの都合で、日に二三度顔を現わすこともあった。そういう時も彼は気軽に一里（注2）あまりの路《みち》を自転車で何度も往復した。私の妻は毎日顔を逢《あ》わせているので、時々、彼のことを私に語るのであったが、まだ私は何の興味も関心も持たなかったし、殆ど碌《ろく》に顔も知っていなかった。

私がほんとうに魚芳の小僧を見たのは、それから一年後のことと云《い》っていい。ある日、私達は隣家の細君と一緒にブラブラと千葉海岸の方へ散歩していた。すると、向《むこう》の青々とした草原の径《みち》をゴムの長靴をひきずり、自転車を脇に押しやりながら、ぶらぶらやって来る青年があった。私達の姿を認めると、いかにも懐《なつか》しげに帽子をとって、挨拶をした。

「魚芳さんはこの辺までやって来るの」と隣家の細君は訊《たず》ねた。

「ハア」と彼はこの一寸《ちよつと》した逢遭《ほうそう》(注3)を、いかにも愉《たの》しげにニコニコしているのであった。やがて、彼の姿が遠ざかって行くと、隣家の細君は、

「ほんとに、あの人は顔だけ見たら、まるで良家のお坊ちゃんのようですね」と嘆じた。その頃から私はかすかに魚芳に興味を持つようになっていた。

その頃——と云っても隣家の細君が魚芳をほめた時から、もう一年は隔《へだ》っていたが、——私の家に宿なし犬が居ついて、表の露次(注4)でいつも寝そべっていた。褐色の毛並《けなみ》をした、その懶惰《らんだ》な雌犬は魚芳のゴム靴の音をきくと、のそのそと立上《たちあが》って、鼻さきを持上《もちあ》げながら自転車の後について歩く。何となく魚芳はその犬に対しても愛嬌《あいきよう》を示すような身振《みぶり》であった。彼がやって来ると、この露次は急に賑《にぎ》やかになり、細君や子供たちが一頻《ひとしき》り陽気に騒ぐのであったが、ふと、その騒ぎも少し鎮まった頃、窓の方から向を見ると、魚芳は木箱の中から魚の頭を取出《とりだ》して犬に与えているのであった。そこへ、もう一人雑魚売りの爺《じい》さんが天《てん》秤棒《びんぼう》を担いでやって来る。魚芳のおとなしい物腰に対して、この爺さんの方は威勢のいい商人であった。そうするとまた露次は賑やかになり、爺さんの忙しげな庖丁《ほうちよう》の音や、魚芳の滑らかな声が暫《しばら》くつづくのであった。——こうした、のんびりした情景はほとんど毎日繰返《くりかえ》されていたし、ずっと続いてゆくもののようにおもわれた。だが、日華事変(注5)の頃から少しずつ変《かわ》って行くのであった。

私の家は露次の方から三尺幅(注6)の空地を廻《まわ》ると、台所に行かれるようになっていたが、そして、台所の前にもやはり三尺幅の空地があったが、そこへ毎日、八百屋、魚芳をはじめ、いろんな御用聞《ごようきき》(注7)がやって来る。台所の障子一重を隔てた六畳が私の書斎に

なっていたので、御用聞と妻との話すことは手にとるように聞《きこ》える。私はぼんやりと彼等《かれら》の会話に耳をかたむけることがあった。ある日も、それは南風が吹き荒《すさ》んでものを考えるには明るすぎる、散漫な午後であったが、米屋の小僧と魚芳と妻との三人が台所で賑やかに談笑していた。そのうちに彼等の話題は教練(注8)のことに移って行った。二人とも青年訓練所へ通っているらしく、その台所前の狭い空地で、魚芳たちは「になえつつ(注9)」の姿勢を実演して(ア)興じ合っているのであった。二人とも来年入営(注10)する筈であったので、兵隊の姿勢を身につけようとして陽気に騒ぎ合っているのだ。その恰好《かっこう》がおかしいので私の妻は笑いこけていた。だが、**B**何か笑いきれないものが、目に見えないところに残されているようでもあった。台所へ姿を現していた御用聞のうちでは、八百屋がまず召集され、つづいて雑貨屋の小僧が、これは海軍志願兵になって行ってしまった。それから、豆腐屋の若衆がある日、赤襷《あかだすき》(注11)をして、台所に立寄り忙しげに別れを告げて行った。

目に見えない憂鬱の影はだんだん濃くなっていたようだ。が、魚芳は相変らず元気で小豆《こまめ》に立働《たちはたら》いた。妻が私の着古しのシャツなどを与えると、大喜びで彼はそんなものも早速身に着けるのであった。朝は暗いうちから市場へ行き、夜は皆が寝静まる時まで板場で働く、そんな内幕も妻に語るようになった。料理の骨《こつ》が憶《おぼ》えたくて堪《たま》らないので、教えを乞うと、親方は庖丁を使いながら彼の方を見やり、「黙って見ていろ」と、ただ、そう呟《つぶや》くのだそうだ。鞠躬如《きっきゅうじょ》(注12)として勤勉に立働く魚芳は、もしかすると、そこの家の養子にされるのではあるまいか、と私の妻は臆測もした。ある時も魚芳は私の妻に、――あなたとそっくりの写真がありますよ。それが主人のかみさんの妹なのですが、と大発見をしたように告げるのであった。

冬になると、魚芳は鶲《ひよどり》を持って来て呉《く》れた。彼の店の裏に畑があって、そこへ毎朝沢山小鳥が集まるので、釣《つり》針に蚯蚓《みみず》を附《つ》けたものを木の枝に吊《つる》しておくと、小鳥は簡単に獲《と》れる。餌は前の晩しつらえておくと、霜の朝、小鳥は木の枝に動かなくなっている――この手柄話を妻はひどく面白がったし、私も好きな小鳥が食べられるので喜んだ。すると、魚芳は殆ど毎日小鳥を獲ってはせっせと私のところへ持って来る。夕方になると台所に彼の弾んだ声がきこえるのだった。――この頃が彼にとっては一番愉しかった時代かもしれない。その後戦地へ赴いた彼に妻が思い出を書いてやると、「帰って来たら又幾羽でも鶲《ひよどり》を獲って差上げます」と何かまだ弾む気持をつたえるような返事であった。

翌年春、魚芳は入営し、やがて満洲の方から便りを寄越すようになった。その年の秋から私の妻は発病し療養生活を送るようになったが、妻は枕頭《ちんとう》(注13)で女中を指図して慰問の小包を作らせ魚芳に送ったりした。温かそうな毛の帽子を着た軍服姿の写真が満(注14)洲から送って来た。きっと魚芳はみんなに可愛《かわい》がられているに違いない。炊事も出来るし、あの気性では誰からも(イ)重宝がられるだろう、と妻は時折噂《うわさ》(注16)をした。妻の病気は二年三年と長びいていたが、そのうちに、魚芳は北支(注15)から便りを寄越すようになった。もう程なく除隊になるから帰ったらよろしくお願いする、とあった。魚芳はまた帰って来て魚屋が出来ると思っているのかしら……と病妻は心細げに嘆息した。一しきり台所を賑わしていた御用聞きたちの和やかな声ももう聞かれなかったし、世の中はいよいよ兇悪《きょうあく》な貌《かお》を露出している頃であった。千葉名産の蛤《はまぐり》の缶詰を送ってやると、大喜びで、千葉へ帰って来る日をたのしみにしている礼状が来た。年の暮、新潟の方から梨の箱が届いた。差出人は川瀬成吉とあった。それから間もなく除隊になった挨拶状が届いた。魚芳が千葉へ訪れて来たのは、その翌年であった。

その頃女中を傭《やと》えなかったので、妻は寝たり起きたりの身体で台所をやっていたが、ある日、台所の裏口へ軍服姿の川瀬成吉がふらりと現れたのだった。彼はきちんと立ったまま、ニコニコしていた。久振《ひさしぶ》りではあるし、私も頻《しき》りに上《あが》ってゆっくりして行けとすすめたのだが、C彼はかしこまったまま、台所のところの閾《しきい》から一歩も内へ這入《はい》ろうとしないのであった。「何になったの」と、軍隊のことはよく分らない私達が訊ねると、「兵長になりました」と嬉《うれ》しげに応え、これからまだ魚芳へ行くのだからと、倉皇(注17)として立去《たちさ》ったのである。

そして、それきり彼は訪ねて来なかった。あれほど千葉へ帰る日をたのしみにしていた彼はそれから間もなく満洲の方へ行ってしまった。だが、私は彼が千葉を立去る前に街の歯医者でちらとその姿を見たのであった。恰度《ちょうど》私がそこで順番を待っていると、後から入って来た軍服の青年が歯医者に挨拶をした。「ほう、立派になったね」と老人の医者は懐しげに肯《うなず》いた。やがて、私が治療室の方へ行きそこの椅子に腰を下《おろ》すと、間もなく、後からやって来たその青年も助手の方の椅子に腰を下した。「これは仮りにこうしておきますから、また郷里の方でゆっくりお治しなさい」その青年の手当はすぐ終《おわ》ったらしく、助手は「川瀬成吉さんでしたね」と、机のところのカードに彼の名を記入する様子であった。それまで何となく重苦しい気分に沈んでいた私はその名をきいて、はっとしたが、その時にはもう彼は階段を降りてゆくところだった。

それから二三ヵ月して、新京(注18)の方から便りが来た。川瀬成吉は満洲の吏員(注19)に就職したらしかった。あれほど内地を恋しがっていた魚芳も、一度帰ってみて、すっかり失望してしまったのであろう。私の妻は日々に募ってゆく生活難を書いてやった。すると満洲から返事が来た。「大根一本が五十銭、内地の暮しは何のことやらわかりません。おそろしいことですね」――こんな一節があった。しかしこれが最後の消息であった。その後私の妻の病気は悪化し、もう手紙を認《したた》めることも出来なかったが、満洲の方からも音沙汰なかった。

その文面によれば、彼は死ぬる一週間前に郷里に辿《たど》りついているのである。「兼て彼《か》の地に於《おい》て病を得、五月一日帰郷、五月八日、永眠仕《つかまつり》候《そうろう》」と、その手紙は悲痛を押《おし》つぶすような調子ではあるが、それだけに、侘《わび》しいものの姿が、一そう大きく浮《うか》び上って来る。

あんな気性では皆から可愛がられるだろうと、よく妻は云っていたが、善良なだけに、彼は周囲から過重な仕事を押つけられ、悪い環境や機構の中を堪え忍んで行ったのではあるまいか。親方から庖丁の使い方は教えて貰えなくても、辛棒《しんぼう》した魚芳、久振りに訪ねて来ても、台所の閾から奥へは遠慮して這入ろうともしない魚芳。郷里から軍服を着て千葉を訪れ、(ウ)晴れがましく顧客の歯医者で手当してもらう青年。そして、遂に病軀《びょうく》をかかえ、とぼとぼと遠国から帰って来る男。……ぎりぎりのところまで堪えて、郷里に死にに還った男。私は何となしに、また魯迅《ろじん》(注20)の作品の暗い翳を思い浮べるのであった。

終戦後、私は郷里にただ死にに帰って行くらしい疲れはてた青年の姿を再三、汽車の中で見かけることがあった。……

（注）

1 彼は早速顔をのぞけ――「彼は早速顔をのぞかせ」の意。
2 一里――里は長さの単位。一里は約三・九キロメートル。
3 逢遭――出会い。
4 露次――ここでは、家と家との間の細い通路。「露地」「路地」などとも表記される。
5 日華事変――日中戦争。当時の日本での呼称。
6 三尺――尺は長さの単位。一尺は約三〇・三センチメートル。
7 御用聞――得意先を回って注文を聞く人。
8 教練――軍事上の訓練。
9 になえつつ――銃を肩にかけること。また、その姿勢をさせるためにかけた号令でもあった。
10 入営――兵務につくため、軍の宿舎に入ること。
11 赤襷――ここでは、召集令状を受けて軍隊に行く人がかけた赤いたすき。
12 鞠躬如として――身をかがめてかしこまって。
13 女中――ここでは、一般家庭に雇われて家事をする女性。当時の呼称。
14 写真が満洲から送って来た。――「写真が満洲から送られて来た。」の意。
15 北支――中国北部。当時の日本での呼称。
16 除隊――現役兵が服務解除とともに予備役（必要に応じて召集される兵役）に編入されて帰郷すること。
17 倉皇として――急いで。
18 新京――現在の中国吉林省長春市。いわゆる「満洲国」の首都とされた。
19 吏員――役所の職員。
20 魯迅――中国の作家（一八八一―一九三六）。本文より前の部分で魯迅の作品に関する言及がある。

問1　傍線部(ア)〜(ウ)の本文中における意味として最も適当なものを、次の各群の①〜⑤のうちから、それぞれ一つずつ選べ。解答番号は 12 〜 14 。

(ア) 興じ合っている 12
① 互いに面白がっている
② 負けまいと競っている
③ それぞれが興奮している
④ わけもなくふざけている
⑤ 相手とともに練習している

(イ) 重宝がられる 13
① 頼みやすく思われ使われる
② 親しみを込めて扱われる
③ 一目置かれて尊ばれる
④ 思いのままに利用される
⑤ 価値が低いと見なされる

(ウ) 晴れがましく 14
① 何の疑いもなく
② 人目を気にしつつ
③ 心の底から喜んで
④ 誇らしく堂々と
⑤ すがすがしい表情で

問2　傍線部A「そうした、暗い、望みのない明け暮れにも、私は凝と蹲ったまま、妻と一緒にすごした月日を回想することが多かった。」とあるが、それはどういうことか。その説明として最も適当なものを、次の①～⑤のうちから一つ選べ。解答番号は 15 。

① 生命の危機を感じさせる事態が続けざまに起こり恐怖にかられた「私」は、妻との思い出に逃避し安息を感じていた。
② 身近な人々の相次ぐ死に打ちのめされた「私」は、やがて妻との生活も思い出せなくなるのではないかとおびえていた。
③ 世の中の成り行きに閉塞感を覚えていた「私」は、妻と暮らした記憶によって生活への意欲を取り戻そうとしていた。
④ 戦局の悪化に伴って災いが次々に降りかかる状況を顧みず、「私」は亡き妻への思いにとらわれ続けていた。
⑤ 思うような連絡すら望めない状況にあっても、「私」は妻を思い出させるかつての交友関係にこだわり続けていた。

問3　傍線部B「何か笑いきれないものが、目に見えないところに残されているようでもあった」とあるが、「私」がこのとき推測した妻の心情はどのようなものか。その説明として最も適当なものを、次の①～⑤のうちから一つ選べ。解答番号は 16 。

① 魚芳たちが「になえつつ」を練習する様子に気のはやりがあらわで、そうした態度で軍務につくならば、彼らは生きて帰れないのではと不安がっている。

② 皆で明るく振る舞ってはいても、魚芳たちは「になえつつ」の練習をしているのであり、以前の平穏な日々が終わりつつあることを実感している。

③ 「になえつつ」の練習をしあう様子に、魚芳たちがいだく期待を感じ取りつつも、商売人として一人前になれなかった境遇にあわれみを覚えている。

④ 魚芳たちは熱心に練習してはいるものの、「になえつつ」の姿勢すらうまくできていないため、軍務についたら苦労するのではと懸念している。

⑤ 魚芳たちは将来の不安を紛らそうとして、騒ぎながら「になえつつ」の練習をしているのだが、そのふざけ方がやや度を越していると感じている。

24

問4　傍線部C「彼はかしこまったまま、台所のところの閾から一歩も内へ這入ろうとしないのであった」とあるが、魚芳は「私達」に対してどのような態度で接しようとしているか。その説明として最も適当なものを、次の①〜⑤のうちから一つ選べ。解答番号は 17 。

① 戦時色が強まりつつある時期に、連絡せずに「私達」の家を訪問するのは兵長にふさわしくない行動だと気づき、改めて礼儀を重んじようとしている。

② 再び魚屋で仕事ができると思ってかつての勤め先に向かう途中に立ち寄ったので、台所から上がれという「私達」の勧めを丁重に断ろうとしている。

③ 「私達」に千葉に戻るのを楽しみだと言いつつ、除隊後新潟に帰郷したまま連絡を怠り、すぐに訪れなかったことに対する後ろめたさを隠そうとしている。

④ 「私達」と手紙で近況を報告しあっていたが、予想以上に病状が悪化している「妻」の姿を目の当たりにして驚き、これ以上迷惑をかけないようにしている。

⑤ 除隊後に軍服姿で「私達」を訪ね、姿勢を正して笑顔で対面しているが、かつて御用聞きと得意先であった間柄を今でもわきまえようとしている。

問5　本文中には「私」や「妻」あての手紙がいくつか登場する。それぞれの手紙を読むことをきっかけとして、「私」の感情はどのように動いていったか。その説明として最も適当なものを、次の①～⑤のうちから一つ選べ。解答番号は 18 。

① 妻の死亡通知に対する悔み状（2行目）を読んで、紋切型の文面からごく少数の知己とでさえ妻の死の悲しみを共有しえないことを知った。その後、満洲にいる魚芳から返信が来ないという些細なことが気掛かりになる。やがて魚芳とも悲しみを分かち合えないのではないかと悲観的な気持ちが強まった。

② 川瀬丈吉からの封書（10行目、84行目）を読んで、川瀬成吉が帰郷の一週間後に死亡していたことを知った。生前の魚芳との交流や彼の人柄を思い浮かべ、彼の死にやりきれなさを覚えていく。終戦後、汽車でしばしば見かけた疲弊して帰郷する青年の姿に、短い人生を終えた魚芳が重なって見えた。

③ 満洲から届いた便り（57行目）を読んで、魚芳が入営したことを知った。妻が送った防寒用の毛の帽子をかぶる魚芳の写真が届き（58行目）、新たな環境になじんだ様子を知る。だが、すぐに赴任先が変わったので、周囲に溶け込めず立場が悪くなったのではないかと心配になった。

④ 北支から届いた便り（60行目）を読んで、魚芳がもうすぐ除隊になることを知った。そこには千葉に戻って魚屋で働くことを楽しみにしているから帰ったらよろしくお願いするとあった。この言葉から、時局を顧みない楽天的な傾向が魚芳たちの世代に浸透しているような感覚にとらわれていった。

⑤ 新京から届いた便り（78行目）を読んで、川瀬成吉が満洲の吏員に就職したらしいことを知った。妻が内地での生活難を訴えると、それに対してまるで他人事のように語る返事が届いた。あれほど内地を恋しがっていたのに、役所に勤めた途端に内地への失望感を高めたことに不満を覚えた。

問6　この文章の表現に関する説明として**適当でないもの**を、次の①～⑥のうちから二つ選べ。ただし、解答の順序は問わない。解答番号は 19 ・ 20 。

① 1行目「魚芳」は川瀬成吉を指し、18行目の「魚芳」は魚屋の名前であることから、川瀬成吉が、彼の働いている店の名前で呼ばれている状況が推定できるように書かれている。

② 1行目「私は一九四四年の秋に妻を喪った」、13行目「私がはじめて魚芳を見たのは十二年前のことで」のように、要所で時を示し、いくつかの時点を行き来しつつ記述していることがわかるようにしている。

③ 18行目「ブラブラと」、22行目「ニコニコ」、27行目「のそのそと」、90行目「とぼとぼと」と、擬態語を用いて、人物や動物の様子をユーモラスに描いている。

④ 28～30行目に記された宿なし犬との関わりや51～56行目の鶫をめぐるエピソードを提示することで、魚芳の人柄を浮き彫りにしている。

⑤ 38行目「南風が吹き荒んでものを考えるには明るすぎる」という部分は、「午後」を修飾し、思索に適さない様子を印象的に描写している。

⑥ 57行目「私の妻は発病し」、60行目「妻の病気は二年三年と長びいていたが」、62行目「病妻」というように、妻の状況を断片的に示し、「私」の生活が次第に厳しくなっていったことを表している。

第3問

次の文章は『小夜衣《さよごろも》』の一節である。寂しい山里に祖母の尼上と暮らす姫君の噂《うわさ》を耳にした宮は、そこに通う宰相という女房に、姫君との仲を取り持ってほしいと訴えていた。本文は、偶然その山里を通りかかった宮が、ある庵《いおり》に目をとめた場面から始まる。これを読んで、後の問い（問1～6）に答えよ。（配点　50）

「ここはいづくぞ」と、御供の人々に問ひ給《たま》へば、「雲林院《うりんゐん》(注1)と申す所に侍《はべ》る」と申すに、御耳とどまりて、宰相が通ふ所にやと、このほどはここにとこそ聞きしか、いづくならんと、(ア)ゆかしくおぼしめして、御車をとどめて見出《みい》し給へるに、いづくもおなじ卯《う》の花とはいひながら、垣根続きも玉川(注2)の心地して、ほととぎすの初音も心尽くさぬあたりにやと、ゆかしくおぼしめされて、夕暮れのほどなれば、(イ)やをら葦垣《あしがき》の隙《ひま》より、格子《かうし》などの見ゆるをのぞき給へば、こなたは仏の御前と見えて、閼伽棚《あかだな》(注3)ささやかにて、妻戸(注4)・格子なども押しやりて、樒《しきみ》(注5)の花青やかに散りて、花奉るとて、からからと鳴るほども、このかたのいとなみも、この世にてもつれづれならず、後《のち》の世はまたいと頼もしきぞかし。このかたは心にとどまることなれば、Aうらやましく見給へり。あぢきなき世に、かくても住まほしく、御目とまりて見え給へるに、童《わらは》べの姿もあまた見ゆる中に、かの宰相のもとなる童べもあるは、ここにや、とおぼしめせば、御供なる兵衛督《ひやうゑのかみ》といふを召し給ひて、「宰相の君はこれにて侍るにや」と、対面すべきよし聞こえ給へり。驚きて、「いかがし侍るべき。宮の、これまで尋ね入《い》らせ給へるにこそ。かたじけなく侍り」とて、いそぎ出でたり。仏のかたはらの南面に、おましなどひきつくろひて、入れ a奉る。

うち笑み給ひて、「このほど尋ね聞こゆれば、このわたりにものし b給ふなど聞きて、これまで分け入り侍る心ざし、おぼし知れ」など仰せらるれば、「げに、かたじけなく尋ね入らせ給へる御心ざしこそ、かたはらいたく侍れ。老い人(注6)の、限りにわづらひ c侍るほどに、見果て侍らんとて、籠《こ》もりて」など申すに、「さやうにおはしますらん、不便《ふびん》に侍り。その御心地もうけたまはらんとて、わざと参りぬるを」など仰せらるれば、内へ入りて、「かうかうの仰せ言こそ侍れ」と d聞こえ給へば、「さる者ありと御耳に入りて、老いの果てに、かかるめでたき御恵みをうけたまはるこそ、ながらへ侍る命も、今はうれしく、この世の面目とおぼえ侍れ。Bつてならでこそ申すべく侍るに、かく弱々しき心地に」など、たえだえ聞こえたるも、いとあらまほしと聞き給へり。

人々、のぞきて見奉るに、はなやかにさし出でたる夕月夜に、うちふるまひ給へるけはひ、似るものなくめでたし。山の端より月の光のかかやき出でたるやうなる御有様、目もおよばず。艶《つや》も色もこぼるばかりなる御衣《ぞ》に、直衣《なほし》はかなく(ウ)重なれるあはひも、いづくに加はれるきよらにかあらん、この世の人の染め出だしたるとも見えず、常の色とも見えぬさま、文目《あやめ》もげにめづらかなり。わろきだに見ならはぬ心地なるに、「世にはかかる人もおはしましけり」と、めでまどひあへり。げに、姫君に並べまほしく、C笑みゐたり。宮は、所の有様など御覧ずるに、ほかにはさまかはりて見ゆ。人少なくしめじめとして、ここにもの思はしからん人の住みたらん心細さなど、あはれにおぼしめされて、そぞろにものがなしく、御袖もうちしほたれ給ひつつ、宰相にも、「かまへて、かひあるさまに聞こえなし給へ」など語らひて帰り給ふを、人々も名残多くおぼゆ。

（注）
1　雲林院――都の郊外にあった寺。姫君は尼上とともにこの寺の一角にある寂しい庵で暮らしている。
2　玉川の心地して――卯の花の名所である玉川を見るような心地がして。
3　閼伽棚――仏前に供える水や花などを置くための棚。
4　妻戸――出入り口に付ける両開きの板戸。
5　樒――仏前に供えられることの多い植物。
6　老い人――ここでは、尼上を指す。

問1　傍線部(ア)～(ウ)の解釈として最も適当なものを、次の各群の①～⑤のうちから、それぞれ一つずつ選べ。解答番号は 21 ～ 23 。

(ア) ゆかしくおぼしめして 21
① いぶかしくお思いになって
② もどかしくお思い申し上げて
③ 知りたくお思いになって
④ 縁起が悪いとお思いになって
⑤ 会いたいとお思い申し上げて

(イ) やをら 22
① 急いで
② 静かに
③ かろうじて
④ まじまじと
⑤ そのまま

(ウ) 重なれるあはひ 23
① 重なる様子
② 重ねた風情
③ 重なった瞬間
④ 重なっている色合い
⑤ 重ねている着こなし

問2　波線部a～dの敬語は、それぞれ誰に対する敬意を示しているか。その組合せとして正しいものを、次の①～⑤のうちから一つ選べ。解答番号は 24 。

① a 宮　b 宰相　c 宮　d 老い人
② a 宮　b 宰相　c 老い人　d 宮
③ a 宮　b 宮　c 宮　d 老い人
④ a 宰相　b 宮　c 老い人　d 宮
⑤ a 宰相　b 宰相　c 老い人　d 老い人

問3　傍線部A「うらやましく見給へり」とあるが、宮は何に対してうらやましく思っているか。その説明として最も適当なものを、次の①～⑤のうちから一つ選べ。解答番号は 25 。

① 味気ない俗世から離れ、極楽浄土のように楽しく暮らすことのできるこの山里の日常をうらやましく思っている。
② 姫君と来世までも添い遂げようと心に決めているので、いつも姫君のそばにいる人たちをうらやましく思っている。
③ 仏事にいそしむことで現世でも充実感があり来世にも希望が持てる、この庵での生活をうらやましく思っている。
④ 鳥の鳴き声や美しい花に囲まれた庵で、来世のことを考えずに暮らすことのできる姫君をうらやましく思っている。
⑤ 自由に行動できない身分である自分と異なり、いつでも山里を訪れることのできる宰相をうらやましく思っている。

問4　傍線部B「つてならでこそ申すべく侍るに」とあるが、尼上はどのような思いからこのように述べたのか。その説明として最も適当なものを、次の①～⑤のうちから一つ選べ。解答番号は 26 。

① 病気のためにかなわないが、本来であれば直接自分が姫君と宮との仲を取り持って、二人をお引き合わせ申し上げるべきだ、という思い。

② 長生きしたおかげで、幸いにも高貴な宮の来訪を受ける機会に恵まれたので、この折に姫君のことを直接ご相談申し上げたい、という思い。

③ 老いの身で宮から多大な援助をいただけることはもったいないことなので、宰相を介さず直接お受け取り申し上げるべきだ、という思い。

④ 今のような弱々しい状態ではなく、元気なうちに宮にお目にかかって、仏道について直接お教え申し上げたかった、という思い。

⑤ 宮が自分のような者を気にとめて見舞いに来られたことは実に畏《おそ》れ多いことであり、直接ご挨拶申し上げるべきだ、という思い。

問5　傍線部C「笑みゐたり」とあるが、この時の女房たちの心情についての説明として最も適当なものを、次の①～⑤のうちから一つ選べ。解答番号は 27 。

① 普段から上質な衣装は見慣れているが宮の衣装の美しさには感心し、姫君の衣装と比べてみたいと興奮している。

② 月光に照らされた宮の美しさを目の当たりにし、姫君と宮が結婚したらどんなにすばらしいだろうと期待している。

③ 宮が噂以上の美しさであったことに圧倒され、姫君が宮を見たらきっと驚くだろうと想像して心おどらせている。

④ 山里の生活を宮に見せることで仏道に導き、姫君とそろって出家するように仕向けることができたと喜んでいる。

⑤ これまで平凡な男とさえ縁談がなかった姫君と、このようなすばらしい宮が釣り合うはずがないとあきれている。

問6　この文章の内容に関する説明として最も適当なものを、次の①～⑤のうちから一つ選べ。解答番号は 28 。

① 宮は山里の庵を訪ねた折、葦垣のすきまから仏事にいそしむ美しい女性の姿を見た。この人こそ噂に聞いていた姫君に違いないと確信した宮は、すぐに対面の場を設けるよう宰相に依頼した。

② 宮の突然の来訪に驚いた宰相は、兵衛督を呼んで、どのように対応すればよいか尋ねた。そして大急ぎで出迎えて、宮に失礼のないように席などを整え、尼上と姫君がいる南向きの部屋に案内した。

③ 重篤の身である尼上は、宰相を通じて自分の亡き後のことを宮に頼んだ。姫君についても大切に後見するよう懇願された宮は、姫君との関係が自らの望む方向に進んでいきそうな予感を覚えた。

④ 宮の美しさはあたかも山里を照らす月のようで、周囲の女房たちは、これまでに見たことがないほどだと驚嘆した。一方宮はこの静かな山里で出家し、姫君とともに暮らしたいと思うようになった。

⑤ 宮は山里を去るにあたり、このような寂しい場所で暮らしている姫君に同情し、必ず姫君に引き合わせてほしいと宰相に言い残した。女房たちは宮のすばらしさを思い、その余韻にひたっていた。

第4問

次に挙げるのは、六朝時代の詩人謝霊運《しゃれいうん》の五言詩である。名門貴族の出身でありながら、都で志を果たせなかった彼は、疲れた心身を癒やすため故郷に帰り、自分が暮らす住居を建てた。これはその住居の様子を詠んだ詩である。これを読んで、後の問い(問1～6)に答えよ。なお、設問の都合で返り点・送り仮名を省いたところがある。(配点　50)

樵《せう》(注1)隠倶(ア)在ルモレ山ニ　A由(注2)来事不同

不同非一事　養フモレ痾《やまひ》ヲ(注3)亦タ園(注4)中

園中屏《しりぞ》ケ二氛《ふん》(注5)雑ヲ一　清《せい》(注6)曠《くわう》招ク二遠風ヲ一

B卜《ぼく》シテレ(注7)室ヲ倚《より》二北ノ阜《をか》ニ一　啓《ひら》キテレ扉ヲ面ス二南ノ江《かは》ニ一

激《せきと》メテレ澗《たにがは》ヲ代ヘレ汲《く》ムニレ井ニ　挿《う》ヱテレ槿《むくげ》ヲ当ツレ列《つらな》ルニレ墉《かき》ニ

群木既ニ羅《つらなり》レ戸ニ　衆山亦タ対スレ［C］ニ

D靡《び》(注8)迤《い》トシテ趨《おもむ》キ二下田ニ一　迢《てう》(注9)遰《てい》トシテ瞰《み》ル二高峰ヲ一

(イ)寡レ欲ヲ不レ期セレ労ヲ　即シテレ事ニ罕《まれ》ナリ二(注10)人ノ功一

唯《ダ》開《キ》二蔣《しやう》生《せいノ》(注11)径《みちヲ》一　永《ク》懐《おもフ》二求《きう》羊《やうノ》(注12)蹤《あとヲ》一

E 賞(注13)心不レ可《カラ》レ忘《ル》　妙(注14)善冀《こひねがハクハ》能《よク》同《ともニセンコトヲ》

(『文選《もんぜん》』による)

(注) 1　樵隠——木こりと隠者。

2　由来——理由。

3　養レ痾——都の生活で疲れた心身を癒やす。

4　園中——庭園のある住居。

5　氛雑——俗世のわずらわしさ。

6　清曠——清らかで広々とした空間。

7　トレ室——土地の吉凶を占って住居を建てる場所を決めること。

8　靡迤——うねうねと連なり続くさま。

9　迢遰——はるか遠いさま。

10　罕二人功一——人の手をかけ過ぎない。

11　蔣生——漢の蔣詡《く》のこと。自宅の庭に小道を作って友人たちを招いた。

12　求羊——求仲と羊仲のこと。二人は蔣詡の親友であった。

13　賞心——美しい風景をめでる心。

14　妙善——この上ない幸福。

問1　波線部(ア)「倶」・(イ)「寡」のここでの読み方として最も適当なものを、次の各群の①～⑤のうちから、それぞれ一つずつ選べ。解答番号は 29 ・ 30 。

(ア)「倶」 29
① たまたま
② つぶさに
③ すでに
④ そぞろに
⑤ ともに

(イ)「寡」 30
① いつはりて
② つのりて
③ すくなくして
④ がへんじて
⑤ あづけて

問2　傍線部**A**「由来事不同、不同非一事」について、(a)返り点の付け方と、(b)書き下し文との組合せとして最も適当なものを、次の①～⑤のうちから一つ選べ。解答番号は 31 。

① (a) 由来事不レ同、不レ同レ非二一事一　(b) 由来事は同じからず、一事を非とするを同じうせず

② (a) 由来事不レ同、不レ同 非二一事一　(b) 由来事は同じからず、同じからざるは一事に非ず

③ (a) 由来事不レ同、不レ同二非レ一事一　(b) 由来事は同じうせず、一に非ざる事を同じうせず

④ (a) 由来事不レ同、不レ同レ非一レ事　(b) 由来 事は同じうせず、非を同じうせずんば事を一にす

⑤ (a) 由来事不レ同、不レ同二非一事一　(b) 由来 事は同じうせず、非とするは一事に同じからず

問3 傍線部B「卜レ室 倚ニ北 阜一、啓レ扉 面ニ南 江一、激レ澗 代レ汲レ井、挿レ槿 当レ列レ墉」を模式的に示したとき、住居の設備と周辺の景物の配置として最も適当なものを、次の①～④のうちから一つ選べ。解答番号は 32 。

①

②

③

④

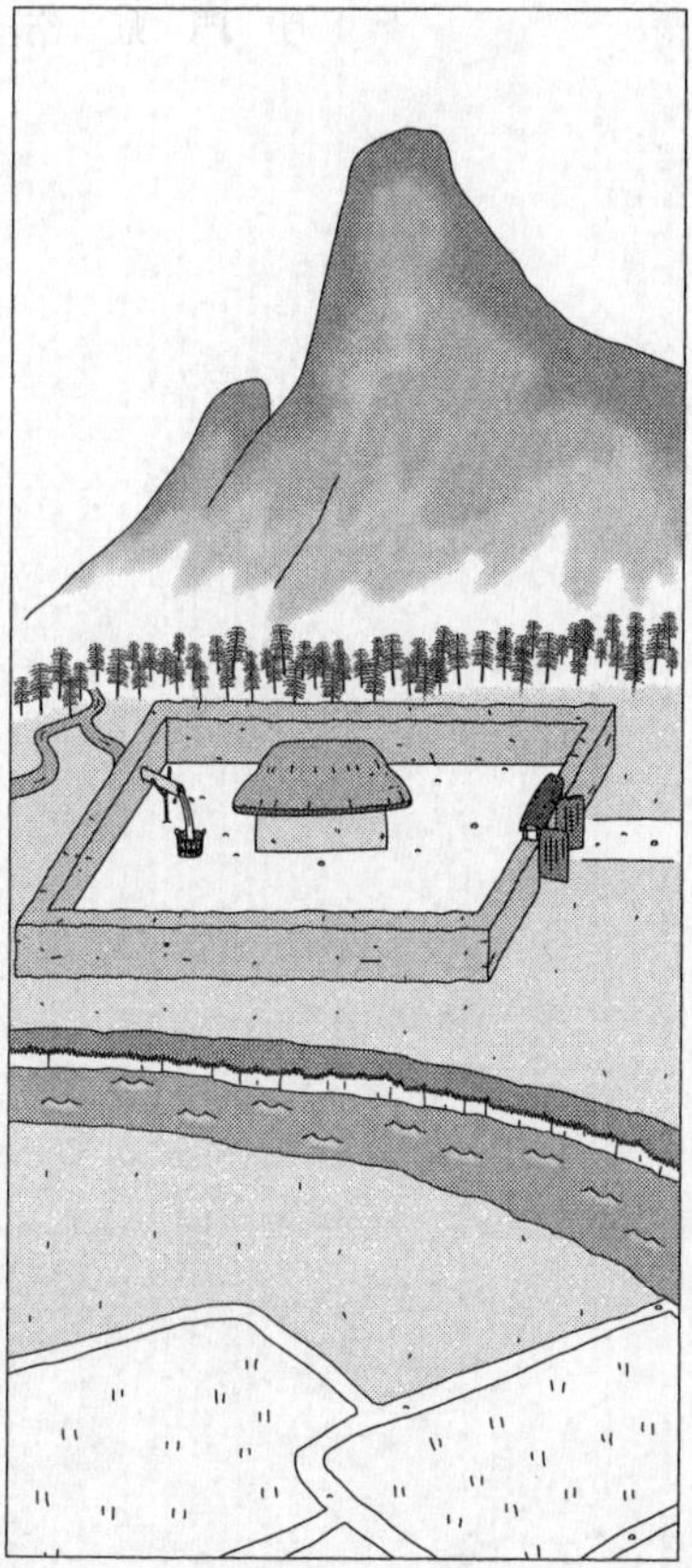

問4　空欄 C に入る文字として最も適当なものを、次の①～⑤のうちから一つ選べ。解答番号は 33 。

① 窓
② 空
③ 虹
④ 門
⑤ 月

問5　傍線部D「靡 迤 趨二下 田一、迢 逓 瞰二高 峰一」の表現に関する説明として適当でないものを、次の①～⑤のうちから一つ選べ。解答番号は 34 。

① 「靡迤《びい》」という音の響きの近い語の連続が、「下田に趨《おもむ》く」という動作とつながることによって、山のふもとの田園風景がどこまでも続いていることが強調されている。

② 「靡迤として」続いている田園風景と「迢逓《てうてい》として」はるか遠くに見える山々とが対句として構成されることによって、住居の周辺が俗世を離れた清らかな場所であることが表現されている。

③ 「迢逓」という音の響きの近い語の連続が、「高峰を瞰《み》る」という動作とつながることによって、山々がはるか遠くのすがすがしい存在であることが強調されている。

④ 山のふもとに広がる「下田」とはるか遠くの「高峰」とが対句として構成されることによって、この詩の風景が、垂直方向だけでなく水平方向にものびやかに表現されている。

⑤ 「趨く」と「瞰る」という二つの動詞が対句として構成されることによって、田畑を耕作する世俗のいとなみが、作者にとって高い山々をながめやるように遠いものとなったことが強調されている。

問6 傍線部E「賞心不レ可レ忘、妙善冀能同」とあるが、作者がこの詩の結びに込めた心情はどのようなものか。その説明として最も適当なものを、次の①～⑤のうちから一つ選べ。解答番号は 35 。

① 美しい風景も、漢の蔣生と求仲・羊仲のように、親しい仲間と一緒にながめると、さまざまな見方を教わることがあるので、立派な人格者である我が友人たちよ、どうか遠慮なく何でも言ってください。

② 美しい風景は、漢の蔣生と求仲・羊仲のように、親しい仲間と一緒にながめても、その評価は決して一致しないので、立派な人格者である我が友人たちよ、どうか私のことはそっとしておいてください。

③ 美しい風景は、漢の蔣生と求仲・羊仲のように、親しい仲間と一緒にながめてこそ、その苦心が報われるものなので、立派な人格者である我が友人たちよ、どうか我が家のことを皆に伝えてください。

④ 美しい風景は、漢の蔣生と求仲・羊仲のように、親しい仲間と一緒にながめてこそ、その楽しさがしみじみと味わえるものなので、立派な人格者である我が友人たちよ、どうか我が家においでください。

⑤ 美しい風景も、漢の蔣生と求仲・羊仲のように、親しい仲間と一緒にながめないと、永遠に称賛されることはないので、立派な人格者である我が友人たちよ、どうか我が家を時々思い出してください。

2019
本試験

国　語

（2019年１月実施）

80分　200点

国　語

（解答番号 1 ～ 36 ）

第1問

次の文章を読んで、後の問い（問1～6）に答えよ。なお、設問の都合で本文の段落に 1 ～ 15 の番号を付してある。

（配点　50）

1 僕は普段からあまり一貫した思想とか定見を持たない、いい加減な人間なので、翻訳について考える場合にも、そのときの気分によって二つの対極的な考え方の間を揺れ動くことになる。楽天的な気分のときは、翻訳なんて簡単さ、たいていのものは翻訳できる、と思うのだが、悲観的な気分に落ち込んだりすると、翻訳なんてものは原理的に不可能なのだ、何かを翻訳できると考えることじたい、言語とか文学の本質を弁《わきま》えていない愚かな人間の迷妄ではないか、といった考えに傾いてしまう。

2 まず楽天的な考え方についてだが、翻訳書が溢《あふ》れかえっている世の中を見渡すだけでいい。現実にはたいていのものが——それこそ、翻訳などとうてい不可能のように思えるフランソワ・ラブレー（注1）からジェイムズ・ジョイス（注2）に至るまで——見事に翻訳されていて、日本語でおおよそのところは読み取れるという現実がある。質についてうるさいことを言いさえしなければ、確かにたいていのものは翻訳されている、という確固とした現実がある。

3 しかし、それは本当に翻訳されていると言えるのだろうか。フランス語でラブレーを読むのと、渡辺一夫（注3）訳でラブレーを読むのとでは——渡辺訳が大変な名訳であることは、言うまでもないが——はたして、同じ体験と言えるのだろうか。いや、そもそもそこで「同じ」などという指標を出すことが間違いなのかも知れない。翻訳とはもともと近似的なものでしかなく、その前提を甘受したうえで始めて成り立つ作業ではないのだろうか。などと考え始めると、やはりどうしても悲観的な翻訳観のほうに向かわざるを得なくなる。

4 しかし、こう考えたらどうだろうか。まったく違った文化的背景の中で、まったく違った言語によって書かれた文学作品を、別の言語に訳して、それがまがりなりにも理解されるということじたい、よく考えてみると、何か奇跡のようなことではないのか、と。翻訳をするということ、いや翻訳を試みるということは、この奇跡を目指して、奇跡と不可能性の間で揺れ動くことだと思う。もちろん、心の中のどこかで奇跡を信じているような楽天家でなければ、奇跡を目指すことなどできないだろう。「翻訳家という楽天家たち」とは、青山南(注4)さんの名著のタイトルだが、**A**翻訳家とはみなその意味では楽天家なのだ。

5 もちろん、個別の文章や単語を(ア)タンネンに検討していけば、「翻訳不可能」だと思われるような例はいくらでも挙げられる。例えばある言語文化に固有の慣用句。昔、アメリカの大学に留学していたときに、こんなことを実際に目撃した記憶がある。中年過ぎの英文学者が生まれて始めてアメリカに留学にやって来た。本はよく読めるけれども、会話は苦手、という典型的な日本の外国文学者である。彼は英文科の秘書のところに挨拶に顔を出し、しばらくたどたどしい英語で自己紹介をしていたのだが、最後に辞去する段になって、「よろしくお願いします」と言おうと思って、それが自分の和文英訳力ではどうしても英訳できないことにはたと気づき、秘書の前に突っ立ったまま絶句してしまったのだ。

6 「よろしくお願いします」というのは、日本語としてはごく平凡な慣用句だが、これにぴったり対応するような表現は、少なくとも英語やロシア語には存在しない。もっと具体的に「私はこれからここで、これこれの研究をするつもりだが、そのためにはこういうサーヴィスが必要なので、秘書であるあなたの助力をお願いしたい」といった言い方ならもちろん英語でもあり得るが、具体的な事情もなくごく(イ)バクゼンと「よろしくお願いします」というのは、もしも無理に「直訳」したら非常に奇妙に(ウ)ヒビくはずである。秘書にしても、もしも突然やってきた外国人に藪《やぶ》から棒にそんなことを言われたら、付き合ったこともない男からいきなり「私のことをよろしく好きになってください」と言われたような感覚を覚えるのではないだろうか。

7 このような意味で訳せない慣用句は、いくらでもある。しかし、日常言語で書かれた小説は、じつはそういった慣用句の塊のようなものだ。それを楽天的な翻訳家はどう処理するのか。戦略は大きく分けて、二つあると思う。一つは、律儀な学者的翻訳によくあるタイプで、一応「直訳」してから、注をつけるといったやり方。例えば、英語で"Good morning!"という表現が出てきたら、とりあえず「いい朝！」と訳してから、その後に(訳注　英語では朝の挨拶として「いい朝」という表現を用いる。もともとは「あなたにいい朝があることを願う」の意味)といった説明を加え、訳者に学のあるところを示すことになる。しかし、小説などにこの種の注が(エ)ヒンシュツするとどうも興ざめなもので、最近特にこういったやり方はさすがに日本でも評判が悪い(ちなみに、この種の注は、欧米では古典の学術的な翻訳は別として、現代小説ではまずお目にかからない)。

8 では、どうするか。そこでもう一つの戦略になるわけだが、これは近似的な「言い換え」である。つまり、同じような状況のもとで、日本人ならどう言うのがいちばん自然か、考えるということだ。ここで肝心なのは「自然」ということである。翻訳といえども、日本語である以上は、日本語として自然なものでなければならない。いかにも翻訳調の「生硬」な日本語は、最近は評価されない。むしろ、いかに「こなれた」訳文にするかが、翻訳家の腕の見せ所になる。というわけで、イギリス人が「よい朝」と言うところは、日本人なら当然「おはよう」となるし、恋する男が女に向かって熱烈に浴びせる「私はあなたを愛する」という言葉は、例えば、「あのう、花子さん、月がきれいですね」に化けたりする。

9 僕は最近の一〇代の男女の実際の言葉づかいをよく知らないのだが、英語の I love you. に直接対応するような表現は、日本語ではまだ定着していないのではないだろうか。そういうことは、あまりはっきりと言わないのがやはり日本語的なのであって、本当は言わないことをそれらしく言い換えなければならないのだから、翻訳家はつらい。ともかく、そのように言い換えが上手に行われている訳を世間は「こなれている」として高く評価するのだが、厳密に言ってこれは本当に翻訳なのだろうか。B翻訳というよりは、これはむしろ翻訳を回避する技術なのかも知れないのだが、まあ、あまり固いことは言わないでおこう。

10 あまり褒められたことではないのだが、ここで少し長い自己引用をさせていただく。

11 『屋根の上のバイリンガル』という奇妙なタイトルを冠した、僕の最初の本からだ。一九八八年に出て、あまり売れなかった本だから、知っている読者はほとんどいないだろう。

12 「……まだ物心つくかつかないかという頃読んだ外国文学の翻訳で、娘が父親に『私はあなたを愛しているわ』などと言う箇所があったことを、今でも鮮明に覚えている。子供心にも、ああガイジンというのはさすがに言うことが違うなあ、と妙な感心こそしたものの、決して下手くそな翻訳とは思わなかった。子供にしても純真過ぎたのだろうか、翻訳をするのは偉い先生に決まっているのだから、下手な翻訳、まして誤訳などするわけがない、と思い込んでいたのか。それとも、外国人が日本人でない以上、日本人とは違った風にしゃべるのも当然のこととして受け止めていたのか。今となっては、もう自分でも分からないことだし、まあ、そんな詮索はある意味ではどうでもいいのだが、それから二〇年後の自分が翻訳にたずさわり、そういった表現をいかに自然な日本語に変えるかで（自然というのがここでは虚構に過ぎないにしても）四苦八苦することになるだろうと聞かされたら、あの時の少年は一体どんなことを考えただろうか。自分の読んでいる翻訳書がいいものと悪いものに分かれるなどとは夢にも思わず、全てが不分明な薄明のような世界に浸りながら至福の読書体験を送ったかつての少年が後に専門として選んだのはたまたまロシア語とかポーランド語といった『特殊言語』(注5)であったため、当然、翻訳の秘密を手取り足取り教えてくれるようなアンチョコ(注6)に出会うこともなく、始めはまったく手探りで、それこそ『アイ・ラヴ・ユー』に相当するごく単純な表現が出て来るたびに、二時間も三時間も考え込むという日々が続いていたのだった……」

13 大学で現代ロシア文学を翻訳で読むというゼミをやっていたときのこと。ある日、一年生のまだ初々しい女子学生が寄ってきて、こう言った。「センセイ、この翻訳って、とってもこなれてますね。『ぼくはあの娘にぞっこんなんだ』だなんて。まるでロシア文学じゃないみたい」。それは確か、わが尊敬する先輩で、翻訳のうまいことで定評がある、浦雅春(注7)さんの訳だったと思う。そのときすぐにロシア語の原文を確認したわけではないので、単なる推量で言うのだが、それは人によっては「私は彼女を深く愛しているのである」などと四角四面に訳してもおかしくないような箇所だったのではないかと思う。

14 「ぼくはあの娘にぞっこんなんだ」と「私は彼女を深く愛しているのである」では、全然違う。話し言葉として(オ)アットウ的に自然なのは前者であって（ただし「ぞっこん」などという言い方じたい、ちょっと古くさいが）、実際の会話で後者のような言い方をする人は日本人ではまずいないだろう。しかし、それでは後者が間違いかと言うと、もちろんそう決めつけるわけにもいかない。ある意味では後者のほうが原文の構造に忠実なだけに正しいとさえ言えるのかも知れないのだから。しかし、C正しいか、正しくないか、ということは、厳密に言えば、そもそも正確な翻訳とは何かという言語哲学の問題に行き着くのであり、普通の読者はもちろん言語哲学について考えるために、翻訳小説を読むわけではない。多少不正確であっても、自然であればその方がいい、というのが一般的な受け止め方ではないか。

15 確かに不自然な訳文は損をする。例えば英語の小説を日本語に訳す場合、原文に英語として非標準的な、要するに変な表現が出てくれば、当然、同じくらい変な日本語に訳すのが「正確」な翻訳だということになるだろう。しかし、最近の「こなれた訳」に慣れた読者はたいていの場合、その変な日本語を訳者のせいにするから、訳者としては——うまい訳者であればあるほど——自分の腕前を疑われたくないばかりに、変な原文をいい日本語に直してしまう傾向がある。

（沼野《ぬまの》充義《みつよし》「翻訳をめぐる七つの非実践的な断章」による）

（注）1　フランソワ・ラブレー——フランスの作家（一四九四—一五五三頃）。
2　ジェイムズ・ジョイス——アイルランドの作家（一八八二—一九四一）。
3　渡辺一夫——フランス文学者（一九〇一—一九七五）。特にラブレーの研究や翻訳に業績がある。
4　青山南——翻訳家、アメリカ文学者、文芸評論家（一九四九— ）。
5　『特殊言語』——ここでは当時の日本でこれらの言語の学習者が英語などに比べて少なかったことを表現している。
6　アンチョコ——教科書などの要点が簡潔にまとめられた、手軽な学習参考書。
7　浦雅春——ロシア文学者（一九四八— ）。

8

問1　傍線部(ア)〜(オ)に相当する漢字を含むものを、次の各群の①〜⑤のうちから、それぞれ一つずつ選べ。解答番号は［1］〜［5］。

(ア)　タンネン　［1］
① イッタン休止する
② タンレンを積む
③ タンセイを込める
④ タンカで運ぶ
⑤ 計画がハタンする

(イ)　バクゼン　［2］
① バクガからビールが作られる
② サバクの景色を見る
③ ジュバクから解き放たれる
④ 観客がバクショウする
⑤ バクマツの歴史を学ぶ

(ウ)　ヒビく　［3］
① 物資をキョウキュウする
② ギャッキョウに耐える
③ 他国とキョウテイを結ぶ
④ エイキョウを受ける
⑤ ホドウキョウを渡る

(エ)　ヒンシュツ　［4］
① ヒンシツを管理する
② カイヒン公園で水遊びをする
③ ヒンパンに訪れる
④ ライヒンを迎える
⑤ 根拠がヒンジャクである

(オ)　アットウ　［5］
① 現実からトウヒする
② ジャズ音楽にケイトウする
③ トウトツな発言をする
④ シュウトウに準備する
⑤ 食事のトウブンを抑える

問2　傍線部A「翻訳家とはみなその意味では楽天家なのだ」とあるが、どういうことか。その説明として最も適当なものを、次の①～⑤のうちから一つ選べ。解答番号は 6 。

① 難しい文学作品を数多く翻訳することによって、いつかは誰でも優れた翻訳家になれると信じているということ。
② どんな言葉で書かれた文学作品であっても、たいていのものはたやすく翻訳できると信じているということ。
③ どんなに翻訳が難しい文学作品でも、質を問わなければおおよそのところは翻訳できると信じているということ。
④ 言語や文化的背景がどれほど異なる文学作品でも、読者に何とか理解される翻訳が可能だと信じているということ。
⑤ 文学作品を原語で読んだとしても翻訳で読んだとしても、ほぼ同じ読書体験が可能だと信じているということ。

問3 傍線部**B**「翻訳というよりは、これはむしろ翻訳を回避する技術なのかも知れない」とあるが、筆者がそのように考える理由として最も適当なものを、次の①～⑤のうちから一つ選べ。解答番号は 7 。

① 慣用句のような翻訳しにくい表現に対しては、日本語のあいまいさを利用して意味をはっきり確定せずに訳すのが望ましい。だが、それでは原文の意味が伝わらないこともありえ、言葉の厳密な意味を伝達するという翻訳本来の役割から離れてしまうから。

② 慣用句のような翻訳しにくい表現でも、近似的に言い換えることによってこなれた翻訳が可能になる。だが、それは日本語としての自然さを重視するあまり、よりふさわしい訳文を探し求めることの困難に向き合わずに済ませることになるから。

③ 慣用句のような翻訳しにくい表現でも、直訳に注を付す方法や言い換えによって翻訳が可能になる。だが、それでは生硬な表現か近似的な言い方となってしまうため、文化の違いにかかわらず忠実に原文を再現するという翻訳の理想から離れたものになるから。

④ 慣用句のような翻訳しにくい表現に対して、不自然な表現だとしてもそのまま直訳的に翻訳しておくことで、それが翻訳不可能であることを伝える効果を生む。だが、一方でそのやり方は日本語として自然な翻訳を追求する努力から逃げることになるから。

⑤ 慣用句のような翻訳しにくい表現でも、文学作品の名訳や先輩翻訳者の成功例などを参考にすることで、こなれた翻訳が可能になることもある。だが、それでは適切な言い換え表現を自ら探求するという翻訳家の責務をまぬがれることになるから。

問4　傍線部C「正しいか、正しくないか、ということは、厳密に言えば、そもそも正確な翻訳とは何かという言語哲学の問題に行き着く」とあるが、ここから翻訳についての筆者のどのような考え方がうかがえるか。その説明として最も適当なものを、次の①～⑤のうちから一つ選べ。解答番号は 8 。

① 翻訳の正しさとは、原文の表現が他言語に置き換えられた時に、意味的にも構造的にも一対一で対応すべきという学問的な原則に関わるものである。そのため、このような翻訳家が理想とする厳密な翻訳と、一般の読者が理想とする自然な日本語らしい翻訳とは必然的に相反するものになるという考え方。

② 翻訳の正しさとは、原文の表現を他言語に置き換えるとはどういうことか、あるいはどうあるべきか、という原理的な問いに関わるものである。そのため、原文を自然な日本語に訳すべきか、原文の意味や構造に忠実に訳すべきかという翻訳家の向き合う問題は、容易に解決しがたいものになるという考え方。

③ 翻訳の正しさとは、標準的な原文も非標準的な原文もいかに自然な日本語に見せることができるかという翻訳家の技術の問題に関わるものである。そのため、結果としてなされた翻訳が言語哲学的な定義に則して正確であるかそうでないかは、あまり本質的な問題ではないという考え方。

④ 翻訳の正しさとは、結局は原文を近似的な言葉に置き換えることしかできないという翻訳の抱える限界に関わるものである。とはいえ、翻訳家は自然な日本語に訳すことと原文の意味や構造を崩すことなく訳すことを両立させ、時代を超えて通用する表現を目指すべきであるという考え方。

⑤ 翻訳の正しさとは、原文の意味を自然な日本語で効率的に伝えることと、原文の構造に則して忠実に伝達することという二方向の目的に対する翻訳家の選択に関わるものである。とはいえ、正確であるとはどういうことかは学問的に定義して決定していくべきであるという考え方。

問5 次に示すのは、本文を読んだ後に、五人の生徒が翻訳の仕事について話し合っている場面である。本文の趣旨と**異なる発言**を、次の①～⑤のうちから一つ選べ。解答番号は 9 。

① 生徒A――私たちは英語の授業などでI love you. は「私はあなたを愛する」と訳すのだと教わったけど、たしかに実際に日本語でそのように言う人はあまりいないよね。筆者は、翻訳先の言語の中に原文とぴったり対応する表現がなくてもそれらしく言い換えなくてはならないことを、翻訳の仕事の難しさだと考えているよ。

② 生徒B――そうだね、原文をそのまま訳すとどうしても違和感が出てしまう場合があるよね。でも、「あのう、花子さん、月がきれいですね」では、愛を告白するという意図が現代の私たちには伝わらないよ。やはり筆者がいうように、時代や文化の違いをなるべく意識させずに読者に理解させることが翻訳の仕事の基本なんだろうね。

③ 生徒C――筆者は子供の頃、外国の小説で「私はあなたを愛しているわ」と娘が父親に言う場面を読んで、翻訳の良し悪しを意識せずにいかにも外国人らしいと感心したけど、翻訳家としての経験を積んだ今ではなぜそんなに感心したのかと思っている。考えてみれば私たちは父親にそんな言い方をしないし、結局そこにも文化の差があるってことかな。

④ 生徒D――ロシア語からの翻訳の話でいえば「ぼくはあの娘にぞっこんなんだ」は少し古いけど、「私は彼女を深く愛しているのである」と比べたら会話としては自然だね。でも、筆者がいうように後者も正しくないとは言い切れない。こうしたことが起こるのも、ある言葉に対応する表現が別の言語文化の中に必ずあるとは限らないからだね。

⑤ 生徒E――でも、普通の読者はそこまで考えないから、自然な印象ならそれでいいってことになる。それで最近の翻訳では、ある言語文化の中で標準的でない表現がわざと用いられている文章まで、こなれた表現に訳す傾向がある。しかし、それではもとの表現がもつ独特のニュアンスが消えてしまう。そこにも筆者の考える翻訳の難しさがあるね。

問6　この文章の表現と構成について、次の(i)・(ii)の問いに答えよ。

(i)　この文章の表現に関する説明として**適当でないもの**を、次の①～④のうちから一つ選べ。解答番号は 10 。

① 第 4 段落の「しかし、こう考えたらどうだろうか。」は、「こう」の指示内容がわからない段階で提案を投げかけ、読者の注意を引きつける働きをしている。

② 第 4 段落の「翻訳をするということ、いや翻訳を試みるということ」は、「翻訳」に対する筆者の捉え方を、「する」を打ち消して「試みる」に言い換えることによって強調して表している。

③ 第 12 段落の「ガイジン」は、現在では「外国人」という語のほうが一般的であるが、筆者はあえて子供時代の感覚を再現するために、カタカナ表記で使用している。

④ 第 12 段落の「あの時の少年は一体どんなことを考えただろうか」は、過去の自分が考えたことを回想し、当時を懐かしむ感情を表している。

(ii) この文章は、空白行によって四つの部分に分けられている。構成に関する説明として最も適当なものを、次の①～④のうちから一つ選べ。解答番号は 11 。

① はじめの部分（1～4段落）は、この文章のテーマである「翻訳」について、対極的な二つの考え方を示して問題提起し、支持する立場を一方に確定させている。

② 2番目の部分（5～9段落）は、「翻訳不可能」な具体例を示して翻訳にまつわる問題点を明確にし、「言い換え」という別の手法を示して論を広げている。

③ 3番目の部分（10～12段落）は、過去のエピソードを引用しながら、筆者が現在の職業に就くことになったきっかけを紹介し、論を補強している。

④ 4番目の部分（13～15段落）は、翻訳の正しさについて検討し、筆者の考える正しさを示しながらも、結論を読者の判断に委ねている。

第2問　次の文章は、上林暁《かんばやしあかつき》「花の精」の一節である。妻が病で入院し長期間不在の「私」の家には、三人の子と、夫に先立れ途方に暮れている妹がいる。「私」にとって庭の月見草は心を慰めてくれる存在だったが、ある日、庭師が月見草を雑草だと思ってすべて抜いてしまった。「私」は空虚な気持ちで楽しめない日々を過ごしていた。以下はそれに続く場面である。これを読んで、後の問い(問1～6)に答えよ。なお、設問の都合で本文の上に行数を付してある。(配点　50)

私が朝晩庭に下りて、草花の世話をして、心を紛らわせているのを見ると、或《ある》日妹が言った。

「空地利用しようか!」

「なにを植えるんだ。」

「茄子《なす》やトマトなんかを。」

「前にも作ったことがあったが、ここは湿気が多いのと、隣の家の風呂の煙のために、駄目なんだ。糸瓜《へちま》と茄子と紫蘇《しそ》を植えて、一番好《よ》かったのは紫蘇だけだった。糸瓜は糸瓜水を一合ばかり採ったが、茄子は一つもならなかった。——とにかく、作るなら作って見よ。」

妹は市場へ行った序《つい》でに、茄子とチシャ菜の苗を買って来た。

「茄子は、一人に一本ずつで、十分間に合うそうだから。」

と言うわけで、茄子は五本買って来た。そんな言葉を言っているのを聞くと、いかにも百姓(注1)が妹の身に染みている感じがするのだった。妹は郷里では百姓をしていたのである。養蚕や田作りや葉煙草《たばこ》の栽培が、仕事であった。妹は(ア)お手のもので、鍬《くわ》を持つと、庭の空いてる西隅に鍵の手に畝を切った。畝には、泥溝《どぶ》からあげた泥や、腐敗した落葉《おちば》などを集めて来て埋めた。それが実に手際が好いのである。そして一定の間隔をおいて、五本の茄子を植えた。チシャ菜は、黄色い落葉を散らしたように、一面に植えた。二三日すると、今度はトマトを三本買ってきた。私は、草花を植えるために、縁先の陽《ひ》あたりの好いところは全部占領していたけれど、A自分だけ好いところを占領するのは気がひけたので、そこの一部を割いて、トマトを植えさせた。

小さな菜園だが、作りはじめると、妹は急に生き生きとして来た。故郷で身についた親しい生活を、小規模ながらも味わえるのが、楽しいのであろう。それからまた、私が花の世話をするのと同じく、菜園の世話をしていれば、途方にくれた思いも、一《ひ》と時忘れることが出来、心が慰まるからにちがいない。妹も朝晩バケツに水を汲《く》み、柄杓《ひしゃく》で茄子やチシャ菜の根にかけた。米の研ぎ汁は、養分の多いことに思いついて、擬宝珠《ぎぼうし》(注2)にまで撒《ま》くことになったのである。小さな庭のなかに、兄が花畠《はなばたけ》をつくり、妹が菜園をつくるのも、皆それぞれ、遣《や》り場のない思いを、慰め、紛らそうがためにほかならないのだ。とすれば、擬宝珠と並んで、花畠のなかの双璧であった月見草を喪《うしな》った私の失望落胆は察してもらえるにちがいない。

然《しか》るに、その月見草を喪ってから十日と経《た》ぬうちに、私の家の庭には、ふたたび新しい月見草が還《かえ》って来て、私の精神の秩序も回復されることとなるのである。

それは、六月の中旬。友人のO君が来たとき、どっか山の見えるところへ行きたいと私が言うと、多摩川べりの是政《これまさ》というところへ行けば、すぐ川のむこうへ山が迫っているという。O君は是政へ鮠《はや》を釣りに行くから、一緒に行ってもいいということだった。山を見たいとは言ったものの、それだけでは腰をあげる気のしなかった私は、そのあとでまた、月見草のことをO君に訴えたのである。すると、是政へ行けば、月見草なんか川原に一杯咲いているという。私は忽《たちま》ち腰をあげる気持《きもち》になった。O君が釣《つり》をしている間じゅう、私は川原で寝そべったり、山を見たりして遊び、かえりには月見草を引いて来ることに、(イ)肚《はら》を決めたのである。

その日の午後、私達《たち》は省線(注3)武蔵境駅からガソリン・カア(注4)に乗った。是政行《ゆき》は二時間おきにしか出ないので、仕方なく北多磨行に乗った。そこから多摩川まで歩くのである。私は古洋服に、去年の麦藁《むぎわら》帽子をかぶり、ステッキをついていた。O君は色眼鏡をかけ、水に入る用意にズックの靴をはき、レイン・コオトを纏《まと》って、普段のO君とまるでちがい、天《あ》っ晴《ぱ》れ釣師の風態《ふうてい》であった。ガソリン・カアは動揺激しく、草に埋《うも》れたレエルを手繰り寄せるように走って行った。風が起《おこ》って、両側の土手の青草が、サアサアと音を立てながら靡《なび》くのが聞《きこ》えた。私達は運転手の横、最前頭部の腰掛《こしかけ》に坐《すわ》っていた。

「富士山が近く見えるよ。」とO君が指さすのを見ると、成る程雪がよく見える。

多磨墓地前で停車。あたりは、石塔を刻む槌《つち》の音ばかりである。次が北多磨。そこで降りて、私達は線路伝いに、多摩川へ向《むか》って行った。麦が熟れ、苗代の苗が伸びていた。線路は時々溝や小川の上を跨《また》がっていて、私達は枕木伝いに渡らねばならなかった。

「もう、ここらから月見草が、いっぱいだよ。」とO君が、釣竿《ざお》で指すのを見ると、線路のふちに、月見草が一杯並んでいる。昨夜の花は萎え凋《しぼ》み、葉は暑さのためにうなだれている。一体に痩せた感じで、葉色も悪く、うちにあったのが盛んであったさまを思い、私は少し物足りなかった。しかし私は安心した。そこいらいっぱいの月見草を見ると、もう大丈夫だという感じだった。

「月見草には二種類あるんだね。匂いのするのと、しないのと。」

そう言えば、私のうちの庭にあったのは、葉が密生していて、匂いのしないのであった。

線路に別れると、除虫菊の咲いた畠の裾を歩いたり、桑の切株《きりかぶ》のならんだ砂畠を通ったりして、荒地野菊の間を分け、私達は多摩川の土手にあがって行った。眼《め》のまえは、多摩川の広い川原である。旱天《かんてん》つづきで、川筋は細々と流れている。川のむこうは直《す》ぐ山で、緑が眼に沁《し》みた。南武電車の鉄橋を、二輌《りょう》連結の電車が渡って行った。

川原に降りると、また月見草がいっぱいだった。

「かえりには、もう咲いてるだろうな。」

「咲いてるとも。いいのを見つくろって、引いてゆくといいよ。」

O君は瀬の中へ入って、毛針を流しはじめた。私は上衣《うわぎ》を脱いで、川原に坐った。帽子が風に吹き飛ばされるので、脱いで、石を載せておいた。O君が流れを下ると、それにつれて、私は魚籠《びく》を提《さ》げて、川原を下った。時々靴をぬいで、水を渉《わた》らねばならなかった。川原に坐って流れを見ていると、眼先が揺れはじめ、眼を上げて見ると、山も揺れるのであった。緑の濃い夏山のたたずまいは、ふと私に故郷の山を思い出させた。山を見るのも何年ぶりであろう。時々千鳥が啼《な》いた。魚がかかると、O君は腰を一寸《ちよつと》うしろに引き、釣針を上げた。すると私は魚籠を差し出した。O君が中流に出るため魚籠を腰につけると、私は閑《ひま》になったので、砂利を採ったあとの凹《くぼ》みに入って寝ころがった。人差《ひとさし》指ほどの鯇を八匹、それがO君の獲物であった。夕翳《ゆうかげ》が出て、川風が冷えて来た。

「もうあと十分やるから、君は月見草を引いててくれない?」

私はO君を残し、川原で手頃な月見草を物色した。匂いのあるのを二本と、匂いのないのを二本、新聞紙にくるんだ。蕾《つぼみ》はまだ綻《ほころ》びていない。振りかえってみると、O君はまだ寒そうな恰好《かつこう》をして瀬の中に立っている。川原の路《みち》を、夜釣の人が自転車を飛ばしてゆく。

私は仮橋を渡り、番小屋の前に立って橋賃を払いながら、橋番(注5)の老人と話をしていた。私の家が杉並天沼だというと、天沼に親戚があると言った。

そこへ、O君が月見草の大きな株を手いっぱいに持って、あがって来た。B<u>それは、なんだかよろこばしい図であった</u>。それを見ると、私も思い切って大きなやつを引けばよかったと思った。

「あれから、どうだった?」

「駄目々々。」

「今日は曇っているから、魚があがって来ないんだよ。」と橋番の老人が言った。

「これ、一緒に包んでくれない?」

私は、O君の月見草を、自分のと一緒に新聞紙に包み、O君が首に巻いていた手拭《てぬぐい》で、それを結《ゆわ》えた。そして小脇に抱えた。

「みんな、それを引いてくんだがね、なかなかつかないんだよ。種を播《ま》いとく方がいいよ。」とまた橋番の老人が言った。そう言いながらも、老人の眼は絶えず、橋行く人に注がれている。

是政の駅は、川原から近く、寂しい野の駅だった。古びた建物には、駅員のいる室だけに電燈《とう》が点《つ》いていて、待合室は暗かった。私達は、そこの、暗いベンチに腰をおろした。疲れていた。寒かった。おなかが空いていた。カアが来るまでにはまだ一時間ある。七時五十五分が終発なのだ。

「寒いことはない？」

「いや。」そう言ったが、水からあがったばかりのO君は脛《すね》まで濡《ぬ》れ、寒そうに腕組みしていた。

二時間に一度しか汽動車の入って来ない閑散な駅なので、駅員はゆっくりと新聞を読んでいた。その新聞には、ドイツ軍の巴《ぱ》里《り》肉薄が載っているはずであった。駅員は七時になると徐《おもむ》ろに立ち上《あが》って待合室の電燈をつけた。

私はベンチを離れ、待合室の入口《いりぐち》に立って、村の方を見ていた。村は暗く、寂しい。畑のむこう、林を背にして、サナトリウ(注6)ムの建物が見えた。私が待合室の入口に立った時には、どの部屋にもまだ灯がついていなかったので、暗い窓をもった建物は、窩《あな》をもった骸骨のように見え、人の棲《す》まぬ家かと思われた。そのうちにポツリ、ポツリと、部屋々々に灯がつきはじめ、建物が生きて来た。それを見ていると、C突然私は病院にいる妻のことを思い出した。今日家を出てから、妻のことを思い出すのは初めてである。妻は今ごろどうしているだろうか。もう疾《と》っくに晩飯をすませ、独り窓のそばに坐っているだろうか。廊下にでも出て立っているだろうか。それとも、もう電燈を消して、寝床に入っているだろうか。

寂しさがこみあげて来た。私はO君を一人残して、サナトリウムの方へ歩いて行った。恰《あたか》も自分の妻もこのサナトリウムに住んでいるかの如《ごと》き気持で、私はその建物に向って突き進んで行った。部屋々々には、もう明るく灯がともり、蚊帳の影も見える。炊事室らしく、裏手の方からは皿や茶碗《ちゃわん》を洗う音が聞えた。二階の娯楽室らしい広間には、岐阜提燈《ちょうちん》に灯が入り、水色の光のなかを、あちこち動いている患者の姿も見えた。私は、それらの光景を、ゆっくりと眼や耳に留めながら、サナトリウムの前を通り過ぎた。通りすぎながら、またしても、妻が直ぐそこの病室にいるかの如き気持になって、妻よ、安らかなれ、とよそながら、胸のなかで、物言うのであった。私は感傷的で、涙が溢《あふ》れそうであった。

ほとんど涙を湛《たた》えたような気持で、サナトリウムを後に、乾いた砂路をポクポク歩いていると、ふと私は吸いつけられたように足を停《と》めた。眼の前一面に、月見草の群落なのである。涙など一遍に引っ込んでしまった。薄闇の中、砂原の上に、今開いたばかりの月見草が、私を迎えるように頭を並べて咲き揃《そろ》っているのである。右にも左にも、群れ咲いている。遠いのは、闇の中に姿が薄れていて、そのため却《かえ》って、その先一面どこまでも咲きつづいているような感じを与えるのであった。私は暫《しばら》く佇《たたず》んで(ウ)目を見張っていたが、いつまで見ていても果てしがない。O君のことも思い出したので、急ぎ足にそこを立ち去った。

七時五十五分、最終のガソリン・カアで、私たちは是政の寒駅を立った。乗客は、若い娘が一人、やはり釣がえりの若者が二人、それにO君と私とだった。自転車も何も一緒に積み込まれた。月見草の束は網棚の上に載せ、私達はまた、運転手の横の腰掛に掛けた。線路の中で咲いた月見草を摘んでいた女車掌が車内に乗り込むと、さっき新聞を読んでいた駅員が駅長の赤い帽子を冠《かぶ》り、ホームに出て来て、手を挙げ、ベルを鳴らした。

ガソリン・カアはまた激しく揺れた。私は最前頭部にあって、吹き入る夜風を浴びながら、ヘッドライトの照《てら》し出す線路の前方を見詰めていた。是政の駅からして、月見草の駅かと思うほど、構内まで月見草が入り込んでいたが、驚いたことには、今ガソリン・カアが走ってゆく前方は、すべて一面、月見草の原なのである。右からも左からも、前方からも、三方から月見草の花が顔を出したかと思うと、火に入る虫のように、ヘッドライトの光に吸われて、後へ消えてゆくのである。それがあとからあとからひっきりなしにつづくのだ。私は息を呑《の》んだ。D それはまるで花の天国のようであった。毎夜毎夜、この花のなかを運転しながら、運転手は何を考えるだろうか？　うっかり気を取られていると、花のなかへ脱線し兼ねないだろう。

花の幻が消えてしまうと、ガソリン・カアは闇の野原を走って、武蔵境の駅に着いた。是政からかえると、明るく、花やかで、眩《まぶ》しいほどだった。網棚の上から月見草の束を取り下ろそうとすると、是政を出るときには、まだ蕾を閉じていた花々が、早やぽっかりと開いていた。取り下ろす拍子に、ぷんとかぐわしい香りがした。私は開いた花を大事にして、月見草の束を小脇に抱え、陸橋を渡った。

（注）
1　百姓――ここでは農作業をすること。
2　擬宝珠――夏に白色、淡紫色などの花を咲かせるユリ科の植物の名称。
3　省線――この文章が発表された一九四〇年当時、鉄道省が管理していた大都市周辺の鉄道路線。
4　ガソリン・カア――ガソリンエンジンで走行する鉄道車両。
5　橋番――橋の通行の取り締まりや清掃などの仕事をする人。
6　サナトリウム――郊外や高原で新鮮な空気や日光などを利用して長期に療養するための施設。

問1　傍線部(ア)〜(ウ)の本文中における意味として最も適当なものを、次の各群の①〜⑤のうちから、それぞれ一つずつ選べ。解答番号は 12 〜 14 。

(ア)　お手のもので 12

① 見通しをつけていて
② 腕がよくて
③ 得意としていて
④ ぬかりがなくて
⑤ 容易にできそうで

(イ)　肚《はら》を決めた 13

① 気持ちを固めた
② 段取りを整えた
③ 勇気を出した
④ 覚悟を示した
⑤ 気力をふりしぼった

(ウ)　目を見張っていた 14

① 間違いではないかと見つめていた
② 感動して目を見開いていた
③ 動揺しつつも見入っていた
④ 集中して目を凝らしていた
⑤ まわりを見わたしていた

問2　傍線部A「自分だけ好いところを占領するのは気がひけたので、そこの一部を割いて、トマトを植えさせた」とあるが、この場面からわかる、妹に対する「私」の気持ちや向き合い方はどのようなものであるか。その説明として最も適当なものを、次の①～⑤のうちから一つ選べ。解答番号は 15 。

① 自分だけが庭の日なたの部分を使い花を育てていることに後ろめたい気持ちになり、これからは一緒にたくさんの野菜を育てることで落ち込んでいた妹を励まそうとしている。

② 活力を取り戻して庭に野菜畑を作るために次々と行動する妹に接し、気後れしていたが、家族である妹との関わりは失った月見草に代わる新しい慰めになるのではないかと思い始めている。

③ 野菜を植える手慣れた様子に妹の回復の兆しを感じ、慰めを求めているのは自分だけではないのだから園芸に適した場所を独占するのは悪いと思い、妹にもそこを使わせる気遣いをしている。

④ 自分が庭を一人占めしていることを妹から指摘されたような気持ちになり、再出発した妹に対する居心地の悪さを解消するために、栽培に好都合な場所を妹と共用しようとしている。

⑤ 何もない土地に畝を作り、落ち葉を埋める妹の姿に将来の希望を見出したような思いになり、前向きになっている妹の気持ちを傷つけないように、その望みをできるだけ受け入れようとしている。

問3 傍線部**B**「それは、なんだかよろこばしい図であった。」とあるが、そう感じたのはなぜか。その説明として最も適当なものを、次の①～⑤のうちから一つ選べ。解答番号は 16 。

① いつの間にか月見草に関心をもっていたO君と、大きな月見草の株とが一緒になった光景は目新しく、月見草を失った自分の憂いが解消してしまうような爽快なものだったから。

② 月見草を傷つけまいと少ししか月見草をとらなかった自分と対照的に、たくさんの月見草の株をとってきたO君の姿は、落胆する自分の気持ちを慰めてくれるかのような力強いものだったから。

③ 釣りをしていたはずのO君が、短い時間で手際よくたくさんの月見草の株を手にして戻ってきた光景は驚くべきもので、その行動の大胆さは自分を鼓舞するような痛快なものだったから。

④ 匂いがするかしないかを考えて月見草をとってきた自分とは異なり、その違いを考慮せずに無造作に持ってきたO君の姿は、いかにも月見草に興味がない人の行為のようなほほえましいものだったから。

⑤ 月見草に関心がなく、釣りに夢中だと思っていたO君が月見草の大きな株を手にしていた光景は意外で、月見草への自分の思いをO君が理解してくれていたと思わせるようなうれしいものだったから。

問4　傍線部C「突然私は病院にいる妻のことを思い出した」とあるが、この前後の「私」の心情はどのようなものか。その説明として最も適当なものを、次の①～⑤のうちから一つ選べ。解答番号は 17 。

① 暗く寂しい村の中に建つサナトリウムの建物を見ているうちに、忘れようと努めていた妻の不在がふと思い出されて絶望的な思いになった。しかし、今の自分にできることは気持ちだけでも妻に寄り添うようにすることだと思い直し、妻の病状をひたすら案ずるようになっている。

② サナトリウムの建物に灯がともり始めたのを見て、離れた地で入院中の妻のことが急に頭に浮かび、その不在を感じた。妻がすぐそこにいるような思いにかられて建物に近づき、人々の生活の気配を感じるうちに妻のことを改めて意識して、その平穏を願い胸がいっぱいになっている。

③ 生気のなかったサナトリウムの建物が次第に活気づいてきたと思っているうちに、他の施設に入院している妻もまた健やかに生活しているような錯覚にとらわれ出した。しかし、あまり思わしくない妻の病状を考え、現実との落差に対する失望感から泣き出しそうな思いになっている。

④ サナトリウムの建物の内部が生き生きとしてきたことがきっかけとなって、入院している妻が今どのように過ごしているかを想像し始めた。朝から月見草をめぐる自分の心の空虚さにこだわり、妻の病を忘れていたことに罪悪感を覚え、妻への申し訳なさで頭がいっぱいになっている。

⑤ サナトリウムの建物が骸骨のように見えたことで、療養中の妻のことをにわかに意識するようになった。その感情が是政駅で感じた寒さや疲労と結びついて、妻がいつまでも退院できないのではないかという不安がふくらみ、妻の回復を祈るしかないと感じている。

問5 傍線部**D**「それはまるで花の天国のようであった。」とあるが、ここに至るまでの月見草に関わる「私」の心の動きはどのようなものか。その説明として最も適当なものを、次の①～⑤のうちから一つ選べ。解答番号は 18 。

① 是政の駅に戻る途中で目にした、今咲いたばかりの月見草の群れは、どこまでも果てしなく広がるようで、自分の感傷を吹き飛ばすほどのものだった。さらに武蔵境へ向かう車中で見た、三方から光の中に現れては闇に消えていく一面の月見草の花によって、憂いや心労に満ちた日常から自分が解放されるように感じた。

② 月見草を求めて出かけたが、多摩川へ向かう途中の月見草が痩せていて生気のないことや橋番の悲観的な言葉などによって、持ち帰っても根付かないかもしれないと心配になった。しかし、是政の駅を出て目にした、ヘッドライトに照らされた月見草は、自分の心を癒やしてくれ、庭に月見草が復活するという確信を得た。

③ サナトリウムを見たときは妻を思って涙ぐんだが、一面に広がる月見草の群落が自分を迎えてくれるように感じられ、現実の寂しさを忘れることができた。さらに帰りの車中で目にした月見草の原は、この世のものとも思えない世界に入り込んだような安らかさを感じさせ、妻の病も回復に向かうだろうという希望をもった。

④ 月見草を手に入れた後に乗ったガソリン・カアの前方には月見草の原が広がり、驚いて息を呑むばかりだった。サナトリウムの暗い窓を思わせる闇から、次々に現れては消える月見草に死後の世界のイメージを感じ取り、毎夜このような光景を見ている運転手は死に魅入られてしまうのではないかと想像した。

⑤ O君のおかげで多摩川へ行く途中にたくさんの月見草を見ることができたうえに、匂いのする新しい月見草まで手に入った。気がかりなのは妻のことだったが、是政から武蔵境に行く途中に見た、闇の中から現れ光の果てに消えていく月見草の幻想的な光景は、自分と妻の将来に明るい幸福を予感させてくれた。

問6 この文章の表現に関する説明として適当なものを、次の①～⑥のうちから二つ選べ。ただし、解答の順序は問わない。解答番号は 19 ・ 20 。

① 2行目「空地利用しようか!」では「!」を使用し、また4行目「茄子やトマトなんかを。」では述語を省略することで、菜園を始める際の会話部分をテンポよく描き、妹の快活な性格を表現している。

② 25行目「それは、六月の中旬。」、37行目「多磨墓地前で停車。」、「次が北多磨。」などの体言止めの繰り返しによって、O君と一緒に是政に行く旅が、「私」にとって印象深い記憶であったことを強調している。

③ 35行目「サアサアと音を立てながら」、83行目「ポツリ、ポツリと、部屋々々に灯がつきはじめ」、93行目「ポクポク歩いていると」など、カタカナ表記の擬音語・擬態語を使うことで、それぞれの場面の緊迫感を高めている。

④ 44・45行目や、60行目における月見草の匂いの有無に関する叙述は、110行目の、「私」が網棚から月見草を下ろすときに「ぷんとかぐわしい香りがした」という嗅覚体験を際立たせる表現となっている。

⑤ 75行目「疲れていた。寒かった。おなかが空いていた。」という部分は、短い文を畳みかけるように繰り返すことで、「私」の状況が次第に悪化していく過程を強調する表現になっている。

⑥ 82行目「建物は、窩をもった骸骨のように見え」、95行目「私を迎えるように頭を並べて咲き揃っている」のように、比喩を用いることによって、「私」の心理を間接的に表現している。

第3問　次の文章は『玉水物語《たまみず》』の一節である。高柳《たかやなぎ》の宰相には十四、五歳になる美しい姫君がいた。本文は、花園に遊ぶ姫君とその乳母子《めのとご》の月冴《つきさえ》を一匹の狐《きつね》が目にしたところから始まる。これを読んで、後の問い（問1～6）に答えよ。（配点　50）

折節この花園に狐一つ侍《はべ》りしが、姫君を見奉り、「あな美しの御姿や。せめて時々もかかる御有様《ありさま》を、よそにても見奉らばや」と思ひて、木陰に立ち隠れて、(ア)しづ心なく思ひ奉りけるこそあさましけれ。姫君帰らせ給《たま》ひぬれば、狐も、かくてあるべきことならずと思ひて、我が塚へぞ帰りける。つくづくと座禅して身の有様を観ずるに、「我、前《さき》の世いかなる罪の報いにて、かかるけだものと生まれけむ。美しき人を見そめ奉りて、およばぬ恋路に身をやつし、**A**いたづらに消え失せなむこそうらめしけれ」とうち案じ、さめざめとうち泣きて臥《ふ》し思ひけるほどに、よきに化けてこの姫君に逢ひ奉らばやと思ひけるが、またうち返し思ふやう、「我、姫君に逢ひ奉らば、必ず御身いたづらになり給ひぬべし。父母の御嘆きといひ、世にたぐひなき御有様なるを、いたづらになし奉らむこと御いたはしく」、とやかくやと思ひ乱れて明かし暮らしけるほどに、餌食《ゑじき》をも服《ぶく》せねば、身も疲れてぞ臥し暮らしける。もしや見**a**奉るとかの花園によろぼひ出《い》づれば、人に見られ、あるは飛礫《つぶて》を負ひ、あるは神頭《じんどう》(注1)を射かけられ、いとど心を焦がしけるこそあはれなれ。

なかなかに露霜とも消えやらぬ命、もの憂く思ひけるが、(イ)いかにして御そば近く参りて朝夕見奉り心を慰めばやと思ひめぐらして、ある在家(注2)のもとに、男ばかりあまたありて女子を持たで、多き子どもの中にひとり女ならましかばと朝夕嘆くをたよりにて、年十四、五の容貌《かたち》あざやかなる女に化けて、かの家に行き、「我は西の京の辺にありし者なり。無縁の身となり、頼む方なきままに、足にまかせてこれまで迷ひ出でぬれど、行くべき方もおぼえねば頼み奉らむ」と言ふ。主《あるじ》の女房うち見て、「いたはしや。徒人《ただびと》ならぬ御姿にて、いかにしてこれまで迷ひ出でけむ。同じくは我を親と思ひ給へ。男はあまた候《さぶら》へども女子を持たねば、朝夕欲しきに」と言ふ。「さやうのことこそ嬉《うれ》しけれ。いづこを指して行くべき方も侍らず」と言へば、なのめならず喜びていとほしみ置き奉る。いかにしてさもあらむ人に見せ奉らばやといとなみける。されど、**B**この娘、つやつやうちとくる気色もなく、折々はうち泣きなどし給ふゆゑ、「もし見給ふ君など**b**候はば、我に隠さず語り給へ」と慰めければ、「ゆめゆめさやうのことは侍らず。憂き身のめざましくおぼえてかく(注3)結ぼれたるさまなれば、人に見ゆることなどは思ひもよらず。ただ美しからむ姫君などの御そばに侍りて、御宮仕へ申したく**c**侍るなり」と言へば、「よき所へありつけ奉らばやとこそ常に申せども、さも思《おぼ》し召さば、ともかくも御心には違《たが》ひ候ふまじ。高柳殿の姫君こそ優にやさしくおはしませば、わらはが妹、この御所に御(注4)非上《ひじやう》にて候へば、聞きてこそ申さめ。何事も心やすく、思されむことは語り給へ。違へ奉らじ」と言へば、いと嬉しと思ひたり。

かく語らふところに、かの者来たりければ、この由を語れば、「そのやうをこそ申さめ」とて、立ち帰り御乳母にうかがへば、「さらばただやがて参らせよ」とのたまふ。喜びてひきつくろひ参りぬ。見様《みざま》、容貌、美しかりければ、姫君も喜ばせ給ひて、名をば玉水の前とつけ給ふ。何かにつけても優にやさしき風情して、姫君の御遊び、御そばに朝夕なれ仕うまつり、御手水《てうづ》参らせ(注5)供御《ぐご》**d**参らせ、月冴と同じく御衣《きぬ》の下に臥し、立ち去ることなく候ひける。御庭に犬など参りければ、この人、顔の色違ひ、身の毛一つ立《だ》ちになるやうにて、物も食ひ得ず、けしからぬ風情なれば、御心苦しく思されて、御所中に犬を置かせ給はず。「あまりけしからぬ物怖《お》ぢかな」(ウ)この人の御おぼえのほどの御うらやましさよ」など、かたはらにはねたむ人もあるべし。

かくて過ぎ行くほどに、五月半ばの頃、ことさら月も隈《くま》なき夜、姫君、御簾《みす》の際近くゐざらせ給ひて、うちながめ給ひけるに、ほととぎすおとづれて過ぎければ、

　ほととぎす雲居のよそに音をぞ鳴く

と仰せければ、玉水とりあへず、

　深き思ひのたぐひなるらむ

やがて「わが心の内」と(注6)ぐちぐち申しければ、「何事にかあらむ、心の中こそゆかしけれ。恋とやらむか、また人に恨むる心などか。あやしくこそ」とて、

　五月雨のほどは雲居のほととぎす
　誰《た》がおもひねの色をしるらむ

（注）

1 神頭――鏃《やじり》の一種。

2 在家――ここでは民家のこと。

3 結ぼれたるさま――気分がふさいで憂鬱なさま。

4 非上――貴人の家などで働く女性。

5 供御――飲食物。

6 ぐちぐち――ぼそぼそと。口ごもるように言うさま。

問1　傍線部(ア)～(ウ)の解釈として最も適当なものを、次の各群の①～⑤のうちから、それぞれ一つずつ選べ。解答番号は 21 ～ 23 。

(ア) しづ心なく思ひ奉りけるこそあさましけれ 21
① 身のほどを知らず恋い焦がれたのは嘆かわしいことだ
② 気持ちが静まらずお慕いしたのは驚きあきれたことだ
③ 見境なく恋心をお伝えになったのはあさはかなことだ
④ 冷静な心を欠いたまま判断なさったのは情けないことだ
⑤ 理性を失い好意をお寄せ申し上げるのは恐ろしいことだ

(イ) いかにして 22
① 思い直して
② どのようにして
③ どういうわけで
④ なんとかして
⑤ いずれにしても

(ウ) この人の御おぼえのほど 23
① この人のご自覚の強さ
② この人と姫君のお似合いの様子
③ この人に対するご評判の高さ
④ この人のご記憶の確かさ
⑤ この人の受けるご寵愛《ちょうあい》の深さ

問2　波線部a〜dの敬語は、それぞれ誰に対する敬意を示しているか。その組合せとして正しいものを、次の①〜⑤のうちから一つ選べ。解答番号は 24 。

① a 狐　b 見給ふ君　c 娘　d 玉水の前
② a 狐　b 娘　c 主の女房　d 姫君
③ a 姫君　b 見給ふ君　c 娘　d 姫君
④ a 姫君　b 娘　c 主の女房　d 姫君
⑤ a 姫君　b 娘　c 娘　d 玉水の前

問3　傍線部A「いたづらに消え失せなむこそうらめしけれ」とあるが、このときの狐の心情はどのようなものか。その説明として最も適当なものを、次の①〜⑤のうちから一つ選べ。解答番号は 25 。

① 人間に恋をしたことにより、罪の報いを受けて死んでしまうことを無念に思う気持ち。
② 姫君に何度も近づいたことで疎まれ、はやく消えてしまいたいと悲しく思う気持ち。
③ 姫君に思いを伝えないまま、なんとなく姿を消してしまうのも悔しいと思う気持ち。
④ 人間に化けるという悪行を犯して、のたれ死にしてしまうことを情けなく思う気持ち。
⑤ かなわぬ恋に身も心も疲れきって、むなしく死んでしまうことを残念に思う気持ち。

問4　傍線部B「この娘、つやつやうちとくる気色もなく、折々はうち泣きなどし給ふ」とあるが、娘はどのような思いからこのような態度を示したのか。その説明として最も適当なものを、次の①～⑤のうちから一つ選べ。解答番号は 26 。

① 思い悩んでいるふりをして、意中の人との縁談を提案してくれるように養母を誘導したいという思惑。
② 自分の娘の可愛らしい姿を人前で見せびらかしたいと思っている養母に対して、逆らえないという不満。
③ 縁談を喜ばず沈んだ様子を見せれば、自分の願いを養母に伝えるきっかけが得られるだろうという期待。
④ 養女としての立場ゆえの疎外感や他に頼る者のいない心細さを、はっきりと養母に伝えたいという願望。
⑤ 養母をだましていることからくる罪悪感によって、養母の善意を素直に受け入れられないという苦悩。

問5　狐が娘に化けた理由として最も適当なものを、次の①～⑤のうちから一つ選べ。解答番号は 27 。

① 男に化けて姫君と結ばれれば姫君の身を不幸にし、両親を悲しませることにもなると思い、せめて宮仕えのできそうな美しい女に姿を変えてそばにいられるようにしようと考えたから。

② 男子しかいない家に美しい娘の姿で引き取ってもらえれば、養い親から大事に育てられるし、そのうえ縁談でも持ち上がれば、高柳家との縁もできるのではないかと考えたから。

③ 姫君に気に入ってもらえるようにするには、男の姿よりも天性の優美さをいかした女の姿の方がよく、そばに仕えられるようになってから思いの丈を打ち明けようと考えたから。

④ 人間に化けて姫君に近づけば愛《いと》しい人をだますことになるが、望まない縁談を迫られている姫君を守るためには、男の姿より、近くで仕えられる女の姿の方が都合がよいと考えたから。

⑤ 高柳家の姫君が自分と年近い侍女を探しているという噂《うわさ》を聞きつけ、つてを作るために、同情をひきやすい、年若く薄幸な女の姿で在家の主に引き取ってもらおうと考えたから。

問6　この文章では、姫君との関係において、玉水のどのような姿が描かれているか。その説明として最も適当なものを、次の①～⑤のうちから一つ選べ。解答番号は 28 。

① 犬をおそれる玉水のために邸内に犬を置かせないようにするなど、月冴が嫉妬を覚えるほど、姫君は玉水を厚遇した。最愛の姫君と歌を詠み合うことに熱中するあまりに、周囲の不満に気づけない玉水の姿が描かれている。

② 玉水の秘めた思いを察した姫君は、それが自身への恋心であるとは思いもよらず、胸中を知りたいと戯れる。打ち明けられない思いを姫君本人から問われてしまうという、せつない状況に置かれた玉水の姿が描かれている。

③ 「ほととぎす雲居のよそに音をぞ鳴く」の句から、玉水は姫君が密《ひそ》かに心を寄せる殿上人の存在を感じ取ってしまう。自らの恋心を隠しながら下の句を付け、姫君の恋を応援しようとする、けなげな玉水の姿が描かれている。

④ 思わず口をついて出た「わが心の内」という玉水の言葉に反応し、姫君はその内実をしつこく問い詰める。その姫君に対し、私の思いをわかってもらえるはずもないと、冷たい応対をせざるを得ない玉水の姿が描かれている。

⑤ 念願かなって姫君の寵愛を受けられるようになった玉水だが、そのことで周囲から嫉妬され、涙にくれるような状況にある。苦しい立場を理解してくれない姫君に対して、胸の内を歌で訴えている玉水の姿が描かれている。

第4問　次の文章は、唐代の詩人杜甫《とほ》が、叔母の死を悼んだ文章である。杜甫は幼少期に、この叔母に育ててもらっていた。これを読んで、後の問い(問1～7)に答えよ。なお、設問の都合で返り点・送り仮名を省いたところがある。(配点　50)

　鳴《あ》呼《あ》哀シイ哉《かな》。有リ二兄ノ子一曰レフ甫(注1)ト、制(注2)シ二服ヲ於斯《ここ》ニ一、紀《しる》シ二徳ヲ於斯ニ一、刻《きざ》ム(注3)二石ニ於斯ニ一。或《あるひと》曰ハク、「豈ニ(注4)孝童之猶ナル子与《か》、A奚《なん》ゾ孝義之勤ムルコト若キレ此クノ。」甫泣キテ而対(ア)曰ハク、「B非ザル二敢ヘテ当タルニレ是レニ也、亦タ為スレ報ユルヲ也。甫昔臥《ふ》シ二病ニ於我ガ諸《しょ》姑《こ》(注5)ニ一、姑之子又病ム。問ヘバ二女《ぢょ》巫《ふ》(注6)ニ一、巫曰ハク、『C処楹之東南隅者吉。』姑遂ニ易《かへ》二子之地ヲ一以テ安ンズレ我ヲ。D我用《もつ》テレ是レヲ存シ、而シテ姑之子卒《しゅっ》ス。後乃(イ)チ知ル二之ヲ於走使(注7)ヨリ一。甫嘗《かつ》テ有リレ説クコト二於人ニ一、客将《まさ》ニレ出ダサントレ涕《なみだ》ヲ、感ズル者久シクシレ之ヲ、相ヒ与ニ定メレ謚《おくりな》(注8)ヲ曰フレ義ト。」

　君子以《おも》ヘラク為スト魯《ろ》ノ(注9)義姑ナル者ハ、遇ヒ二暴客(注10)ニ於郊ニ一、抱キ二其ノ所ヲレ携ヘル、棄テ二其ノ所ヲレ抱ク、以テ割《たつ》ト二私愛ヲ一。E県(注11)君有リレ焉《これ》。是《ここ》ヲ以テ挙ゲ二茲《こ》ノ一隅ヲ一、昭《あきら》カニス二彼《か》ノ百行(注12)ヲ一。F銘(注13)シテ而不レ韻セ、蓋シ情至レバ無シレ文。其ノ詞《ことば》ニ

曰《ハク》「嗚呼、有唐(注14)ノ義姑、京兆(注15)杜氏之墓。」

(『杜詩《とし》詳註《しょうちゅう》』による)

(注)
1　甫――杜甫自身のこと。
2　制二服於斯一――喪に服する。
3　刻二石於斯一――墓誌(死者の経歴などを記した文章)を石に刻む。
4　豈孝童之猶子与――あの孝童さんの甥《おい》ですよね、の意。杜甫の叔父杜并《とへい》は親孝行として有名で、「孝童」と呼ばれていた。「猶子」は甥。
5　諸姑――叔母。後に出てくる「姑」も同じ。
6　女巫――女性の祈禱師《きとうし》。後に出てくる「巫」も同じ。
7　走使――使用人。
8　諡――生前の事績を評価して与える呼び名。
9　魯義姑――漢の劉向《りゅうきょう》の『列女伝』に登場する魯の国の女性。自分の子を抱き、兄の子の手を引いていた際に、「暴客」(注10)と遭遇した。
10　暴客――暴徒。ここでは魯の国に攻めてきた斉《せい》の国の軍隊を指す。
11　県君――婦人の称号。ここでは叔母を指す。
12　百行――あらゆる行い。
13　銘而不レ韻――銘文を作るが韻は踏まない。「銘」は銘文を指し、死者への哀悼を述べたもの。通常は修辞として韻を踏む。
14　有唐――唐王朝を指す。
15　京兆――唐の都である長安(いまの陝西省西安市)を指す。

問1　二重傍線部(ア)「対」・(イ)「乃」のここでの意味として最も適当なものを、次の各群の①～⑤のうちから、それぞれ一つずつ選べ。解答番号は 29 ・ 30 。

(ア) 対　29
① こらえて
② そむいて
③ こたえて
④ そろって
⑤ さけんで

(イ) 乃　30
① すぐに
② いつも
③ ことごとく
④ やっと
⑤ くわしく

問2　傍線部**A**「奚孝義之勤若レ此」から読み取れる杜甫の状況を説明したものとして最も適当なものを、次の①～⑤のうちから一つ選べ。解答番号は［31］。

① 杜甫は若いにもかかわらず、叔母に孝行を尽くしている。
② 杜甫は実の母でもない叔母に対し、孝行を尽くしている。
③ 若い杜甫は仕事が忙しく、叔母に対して孝行を尽くせていない。
④ 杜甫は実の母でもない叔母には、それほど孝行を尽くしていない。
⑤ 杜甫は正義感が強いので、困窮した叔母に孝行を尽くしている。

問3　傍線部**B**「非二敢当レ是也一」は、「とんでもないことです」という恐れ多い気持ちを示す表現である。なぜ杜甫がこのように語るのか、その理由として最も適当なものを、次の①～⑤のうちから一つ選べ。解答番号は［32］。

① 杜甫は孝行を尽くしたという自負は持っていたが、より謙虚でありたいと願ったから。
② 杜甫は他者に優しくありたいと望んではいたが、まだその段階にまで達していないと意識しているから。
③ 杜甫は生前の叔母の世話をしていたが、今は喪に服することでしか彼女に恩返しできないから。
④ 杜甫は叔父だけでなく叔母も亡くしてしまい、孝行する機会を永遠に失ってしまったから。
⑤ 杜甫は自分を養育してくれた叔母に感謝し、その善意に応えているだけだと思っているから。

問4　傍線部C「処楹之東南隅者吉」の書き下し文とその解釈として最も適当なものを、次の①～⑤のうちから一つ選べ。解答番号は 33 。

① [書き下し文] 楹《はしら》の東南隅を処《しよ》する者は吉なり
[解釈] 東南側の柱を処分すると、運気が良くなります

② [書き下し文] 楹に処りて東南隅に之《ゆ》く者は吉なり
[解釈] 柱から東南側へ向かってゆくと、運気が良くなります

③ [書き下し文] 楹の東南隅に処る者は吉なり
[解釈] 柱の東南側にいると、運気が良くなります

④ [書き下し文] 楹を之《こ》の東南隅に処する者は吉なり
[解釈] 柱を家の東南側に立てると、運気が良くなります

⑤ [書き下し文] 楹を処し東南隅に之く者は吉なり
[解釈] 柱に手を加えて東南側へ移すと、運気が良くなります

問5　傍線部D「我用レ是存、而姑之子卒」の説明として最も適当なものを、次の①～⑤のうちから一つ選べ。解答番号は 34 。

① 杜甫は女巫のお祓《はら》いを受けたことで元気を取り戻したが、叔母の子は命を落とした。
② 杜甫は叔母がすぐに寝場所を替えてくれたので命拾いしたが、叔母の子は重病となった。
③ 杜甫は叔母のおかげで気持ちが落ち着いたので助かり、叔母の子の病気も治った。
④ 杜甫は叔母が優しく看病してくれたので病気が治り、叔母の子も回復した。
⑤ 杜甫は叔母が寝場所を移してくれたので生きているが、叔母の子は犠牲になった。

問6　傍線部E「県君有レ焉」の説明として最も適当なものを、次の①～⑤のうちから一つ選べ。解答番号は 35 。

① 叔母は魯の義姑のように、一族の跡継ぎを重んじる考え方に反発していたので、義と呼べるということ。
② 叔母は魯の義姑のように、私情を断ち切って甥の杜甫を救ったので、義と呼べるということ。
③ 叔母は魯の義姑のように、いつも甥の杜甫を実子と同様に愛したので、義と呼べるということ。
④ 叔母は魯の義姑のように、愛する実子を失ったことを甥の杜甫に黙っていたので、義と呼べるということ。
⑤ 叔母は魯の義姑のように、暴徒をも恐れぬ気概を持っていたので、義と呼べるということ。

問7　傍線部F「銘而不レ韻、蓋情至無レ文」についての説明として最も適当なものを、次の①～⑤のうちから一つ選べ。解答番号は 36 。

① 杜甫は慎み深かった叔母のために、韻を踏まない銘を記した。それは実子以上に自分をかわいがってくれた叔母への感謝を思いのままに述べては、人知れず善行を積んでいた叔母の心情に背くと考えたためである。

② 杜甫は毅然《きぜん》としていた叔母のために、韻を踏まない銘を記した。それは取り乱しがちな自分の感情を覆い隠し、飾り気のない文に仕立て上げてこそ、叔母の人柄を表現するのにふさわしいと思ったためである。

③ 杜甫は徳の高かった叔母のために、韻を踏まない銘を記した。それは自分を大切に養育してくれた叔母の死を偲《しの》び、うわべを飾るのではなく、真心のこもったことばを捧げようとしたためである。

④ 杜甫は恩人であった叔母のために、韻を踏まない銘を記した。それは恩返しできなかった後悔の念ゆえ、「嗚呼」と詠嘆するぐらいしかことばが見つからず、巧みな韻文に整えられなかったためである。

⑤ 杜甫はたくさんの善行をのこした叔母のために、韻を踏まない銘を記した。それはあらゆる美点を書きつらねては長文になるので、韻は割愛してできるだけ短くしたためである。

2018
本試験

国　語

（2018年１月実施）

80分　200点

国語

（解答番号 1 ～ 36 ）

第1問

次の文章を読んで、後の問い(問1〜6)に答えよ。なお、設問の都合で本文の段落に[1]〜[19]の番号を付してある。(配点　50)

[1]「これから話す内容をどの程度理解できたか、後でテストをする」

[2] 授業の冒頭でこう宣言されたら、受講者のほとんどは授業内容の暗記をこころがけるだろう。後でテストされるのだ、内容をちゃんと憶《おぼ》えられたか否かで成績が評価されるのである。こうした事態に対応して、私たちは憶えやすく整理してノートを取る、用語を頭の中で繰り返し唱える、など、暗記に向けた聴き方へと、授業の聴き方を違える。これは学習や教育の場のデザインのひとつの素朴な例である。

[3] 講義とは何か。大きな四角い部屋の空気のふるえである。または教室の前に立った、そしてたまにうろつく教師のモノローグ(注1)である。またはごくたまには、目前の問題解決のヒントとなる知恵である。講義の語りの部分にだけ注目してみても、以上のような多様な捉え方が可能である。世界は多義的でその意味と価値はたくさんの解釈に開かれている。世界の意味と価値は一意に定まらない。A講義というような、学生には日常的なものでさえ、素朴に不変な実在とは言いにくい。考えごとをしているものにとっては空気のふるえにすぎず、また誰かにとっては暗記の対象となるだろう。

[4] 冒頭の授業者の宣言は授業の意味を変える。すなわち授業のもつ多義性をしぼり込む。空気のふるえや、教師のモノローグを、学生にとっての「記憶すべき一連の知識」として設定する作用をもつ。授業者の教授上の意図的な工夫、または意図せぬ文脈の設定で、その場のひとやモノや課題の間の関係は変化する。ひとのふるまいが変化することもある。呼応した価値を共有する受講者、つまりこの講義の単位を取りたいと思っている者は、聞き流したり興味のある箇所だけノートしたりするのでなく、後の評価に対応するためまんべんなく記憶することにつとめるだろう。

[5] 本書(注2)ではこれまで、さまざまなフィールドのデザインについて言及してきた。ここで、本書で用いてきたデザインという語についてまとめてみよう。一般にデザインということばは、ある目的を持ってイ(ア)ショウ・考案・立案すること、つまり意

図的に形づくること、と、その形づくられた構造を意味する。これまで私たちはこのことばを拡張した意味に用いてきた。ものの形ではなく、ひとのふるまいと世界のあらわれについて用いてきた。

6 こうした意味でのデザインをどう定義するか。デザインを人工物とひとのふるまいの関係として表した新しい古典、ノーマン(注3)の『誰のためのデザイン』の中を探してみても、特に定義は見つからない。ここではその説明を試みることで、私たちがデザインという概念をどう捉えようとしているのかを示そうと思う。

7 辞書によれば「デザイン」のラテン語の語源は〝de signare〟つまり〝to mark〟、印を刻むことだという。人間は与えられた環境をそのまま生きることをしなかった。自分たちが生きやすいように自然環境に印を刻み込み、自然を少しずつ文明に近づけていったと考えられる。それは大地に並べた石で土地を区分することや、太陽の高さで時間の流れを区分することなど、広く捉えれば今ある現実に「人間が手を加えること」だと考えられる。

8 私たちはこうした自分たちの活動のための環境の改変を、人間の何よりの特徴だと考える。そしてこうした環境の加工を、デザインということばで表そうと思う。デザインすることはまわりの世界を「人工物化」することだと言いかえてみたい。自然を人工物化したり、そうした人工物を再人工物化したりということを、私たちは繰り返してきたのだ。英語の辞書にはこのことを表すのに適切だと思われる〝artificialize〟という単語を見つけることができる。アーティフィシャルな、つまりひとの手の加わったものにするという意味である。

9 デザインすることは今ある秩序(または無秩序)を変化させる。現行の秩序を別の秩序に変え、異なる意味や価値を与える。例えば本にページ番号をふることで、本には新しい秩序が生まれる。それは任意の位置にアクセス可能である、という、ページ番号をふる以前にはなかった秩序である。この小さな工夫が本という人工物の性質を大きく変える。他にも、一日の時の流れを二四分割すること、地名をつけて地図を作り番地をふること、などがこの例である。こうした工夫によって現実は人工物化/再人工物化され、これまでとは異なった秩序として私たちに知覚されるようになる。冒頭の例では、講義というものの意味が再編成され、「記憶すべき知識群」という新しい秩序をもつことになったのである。

図1　持ち手をつけたことでのアフォーダンスの変化

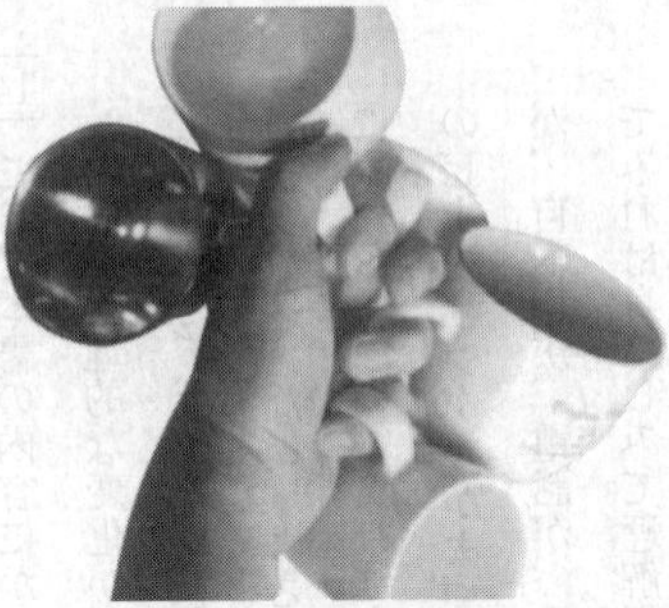

図2　アフォーダンスの変化による行為の可能性の変化

10　今とは異なるデザインを共有するものは、今ある現実の別のバージョンを知覚することになる。あるモノ・コトに手を加え、新たに人工物化し直すこと、つまりデザインすることで、世界の意味は違って見える。例えば、B図1のように、湯飲み茶碗《ちゃわん》に持ち手をつけると珈琲《コーヒー》カップになり、指に引っ掛けて持つことができるようになる。このことでモノから見て取れるモノの扱い方の可能性、つまりアフォーダンスの情報が変化する。

11　モノはその物理的なたたずまいの中に、モノ自身の扱い方の情報を含んでいる、というのがアフォーダンスの考え方である。鉛筆なら「つまむ」という情報が、バットなら「にぎる」という情報が、モノ自身から使用者に供される(アフォードされる)。バットをつまむのは、バットの形と大きさを一見するだけで無理だろう。鉛筆をにぎったら、突き刺すのには向くが書く用途には向かなくなってしまう。

12　こうしたモノの物理的な形状の変化はひとのふるまいの変化につながる。持ち手がついたことで、両手の指に一個ずつ引っ掛けるといっぺんに十個のカップを運べる。

13　ふるまいの変化はこころの変化につながる。たくさんあるカップを片手にひとつずつ、ひと時に二個ずつ片付けているウェイターを見たら、雇い主はいらいらするに違いない。持ち手をつけることで、カップの可搬性が変化する。ウェイターにとってのカップの可搬性は、持ち手をつける前と後では異なる。もっとたくさんひと時に運べるそのことは、ウェイターだけでなく雇い主にも同時に知覚可能な現実である。ただ単に可搬性にだけ変化があっただけではない。これらの「容器に関してひとびとが知覚可能な現実」そのものが変化しているのである。

14 ここで本書の内容にかなったデザインの定義を試みると、デザインとは「対象に異なる秩序を与えること」と言える。デザインには、物理的な変化が、ふるまいの変化が、こころの変化が、現実の変化が伴う。例えば私たちははき物をデザインしてきた。裸足《はだし》では、ガレ場、(注4)熱い砂、ガラスの破片がちらばった床、は怪我《けが》をアフォードする危険地帯で(イ)フみ込めない。はき物はその知覚可能な現実を変える。私たち現代人の足の裏は、炎天下の浜辺の(ウ)カワいた砂の温度に耐えられない。これは人間というハードウェアの性能の限界であり、いわばどうしようもない運命である。その運命を百円のビーチサンダルがまったく変える。自然の(エ)セツリが創り上げた運命をこんな簡単な工夫が乗り越えてしまう。はき物が、自転車が、電話が、電子メールが、私たちの知覚可能な現実を変化させ続けていることは、その当たり前の便利さを失ってみれば身にしみて理解されることである。そしてまたその現実が、相互反映的にまた異なる人工物を日々生み出していることも。

15 私たちの住まう現実は、価値中立的な環境ではない。文化から生み出され歴史的に(オ)センレンされてきた人工物に媒介された、文化的意味と価値に満ちた世界を生きている。それは意味や価値が一意に定まったレディメイドな世界ではない。文化や人工物の利用可能性や、文化的実践によって変化する、自分たちの身の丈に合わせてあつらえられた私たちのオーダーメイドな現実である。人間の文化と歴史を眺めてみれば、人間はいわば人間が「デザインした現実」を知覚し、生きてきたといえる。C このことは人間を記述し理解していく上で、大変重要なことだと思われる。

16 さてここで、あるモノ・コトのデザインによって変化した行為を「行為′（こういダッシュ）」と呼ぶこととする。これまでとは異なる現実が知覚されているのである。もはやそこは、このデザイン以前と同じくふるまえるような同じ現実ではないのである。そうした現実に対応した行為にはダッシュをふってみよう。例えば、前後の内容を読んで、本の中から読みかけの箇所を探す時の「記憶」・「想起」と、ページ番号を憶えていて探し出す時の「記憶」とでは、その行いの結果は同じだがプロセスはまったく異なる。読み手から見た作業の内容、掛かる時間や手間はページ番号の有無でまったく異なる。読みさしの場所の素朴な探し出しが昔ながらの「記憶」活動ならば、ページ番号という人工物に助けられた活動は「記憶′（きおくダッシュ）」活動ということだ。台所でコップを割ってしまったが、台所ブーツをはいているので破片を恐れずに歩くのは、もうそれまでの歩行とは違う「歩行′」。「今日話す内容をテストする」、と言われた時の受講者の記憶は「記憶′」。人工物化された（アーティフィシァライズされた）新たな環境にふるまう時、私たちのふるまいはもはや単なるふるまいではなく、「デザインされた現実」へのふるまいである。

17 買い物の際の暗算、小学生の百マス計算での足し算、そろばんを使った足し算、表計算ソフトでの集計、これらは同じ計算でありながらも行為者から見た課題のありさまが違う。それは「足し算′」だったり「足し算″」だったり「足し算‴」……する。ただし、これはどこかに無印（むじるし）の行為、つまりもともとの原行為とでも呼べる行為があることを意味しない。原行為も、文化歴史的に設《しつら》えられてきたデフォルト（注5）の環境デザインに対応した、やはり「行為′」であったのだと考える。ページ番号がふられていない本にしても、それ以前のテキストの形態である巻き物から比べれば、読みさしの箇所の特定はたやすいだろう。人間になまの現実はなく、すべて自分たちでつくったと考えれば、すべての人間の行為は人工物とセットになった「行為′」だといえるだろう。

18 人間は環境を徹底的にデザインし続け、これからもし続けるだろう。動物にとっての環境とは決定的に異なる「環境′（かんきょうダッシュ）」を生きている。それが人間の基本的条件だと考える。ちなみに、心理学が批判されてきた／されているポイントは主にこのことの無自覚だと思われる。心理学実験室での「記憶′（きおくダッシュ）」を人間の本来の「記憶（むじるしきおく）」と定めた無自覚さが批判されているのである。

19 D「心理′学（しんりダッシュがく）」の必要性を指摘しておきたい。人間の、現実をデザインするという特質が、人間にとって本質的で基本的な条件だと思われるからである。人間性は、社会文化と不可分のセットで成り立っており、ヴィゴツキー（注6）が主張する通り私たちの精神は道具に媒介されているのである。したがって、「原心理」なるものは想定できず、これまで心理学が対象としてきた私たちのこころの現象は、文化歴史的条件と不可分の一体である「心理′学」として再記述されていくであろう。この「心理′学」は、つまり「文化心理学」のことである。文化心理学では、人間を文化と深く入り交じった集合体の一部で

8

あると捉える。この人間の基本的条件が理解された後、やがて「、」は記載の必要がなくなるものだと思われる。

（有元典文《ありもとのりふみ》・岡部大介《おかべだいすけ》『デザインド・リアリティ――集合的達成の心理学』による）

（注）1　モノローグ――独り言。一人芝居。

2　本書ではこれまで、さまざまなフィールドのデザインについて言及してきた。――本文より前のところで、コスプレや同人誌など現代日本のサブカルチャーが事例としてあげられていたことを受けている。

3　ノーマン――ドナルド・ノーマン（一九三五～　）。アメリカの認知科学者。

4　ガレ場――岩石がごろごろ転がっている急斜面。

5　デフォルト――もともとそうなっていること。初期設定。

6　ヴィゴツキー――レフ・ヴィゴツキー（一八九六～一九三四）。旧ソ連の心理学者。

問1　傍線部(ア)～(オ)に相当する漢字を含むものを、次の各群の①～⑤のうちから、それぞれ一つずつ選べ。解答番号は 1 ～ 5 。

(ア) イショウ 1
① コウショウな趣味を持つ
② 演劇界のキョショウに会う
③ 出演料のコウショウをする
④ 課長にショウカクする
⑤ 戸籍ショウホンを取り寄せる

(イ) フみ 2
① 株価がキュウトウする
② 役所で不動産をトウキする
③ 前例をトウシュウする
④ ろくろでトウキをつくる
⑤ 飛行機にトウジョウする

(ウ) カワいた 3
① 渋滞をカンワする
② 新入生をカンゲイする
③ 難題にカカンに挑む
④ 浅瀬をカンタクする
⑤ カンデンチを買う

(エ) セツリ 4
① 電線をセツダンする
② 予算のセッショウをする
③ セットウの罪に問われる
④ セツジョクをはたす
⑤ 栄養をセッシュする

(オ) センレン 5
① センリツにのせて歌う
② センジョウして汚れを落とす
③ 利益をドクセンする
④ 言葉のヘンセンを調べる
⑤ センスイカンに乗る

問2　傍線部A「講義というような、学生には日常的なものでさえ、素朴に不変な実在とは言いにくい。」とあるが、それはなぜか。その理由の説明として最も適当なものを、次の①～⑤のうちから一つ選べ。解答番号は 6 。

① ありふれた講義形式の授業でも、授業者の冒頭の宣言によって学生が授業内容の暗記をこころがけていくように、学習の場における受講者の目的意識と態度は、授業者の働きかけによって容易に変化していくものであるから。

② ありふれた講義形式の授業でも、授業者の冒頭の宣言がなければ学生にとっての授業の捉え方がさまざまに異なるように、私たちの理解する世界は、その解釈が多様な可能性をもっており、一つに固定されたものではないから。

③ ありふれた講義形式の授業でも、授業者の冒頭の宣言がなければ学生の授業の聴き方は一人ひとり異なるように、授業者の教授上の意図的な工夫は、学生の学習効果に大きな影響を与えていくものであるから。

④ ありふれた講義形式の授業でも、授業者の冒頭の宣言がなければ学生にとって授業の目的が明確には意識されないように、私たちを取り巻く環境は、多義性を絞り込まれることによって初めて有益な存在となるものであるから。

⑤ ありふれた講義形式の授業でも、授業者の冒頭の宣言によって学生のふるまいが大きく変わってしまうように、特定の場におけるひとやモノや課題の間の関係は、常に変化していき、再現できるものではないから。

問3　傍線部B「図1のように」とあるが、次に示すのは、四人の生徒が本文を読んだ後に図1と図2について話している場面である。本文の内容をふまえて、空欄に入る最も適当なものを、後の①〜⑤のうちから一つ選べ。解答番号は［7］。

生徒A――たしかに湯飲み茶碗に図1のように持ち手をつければ、珈琲カップとして使うことができるようになるね。
生徒B――それだけじゃなく、湯飲み茶碗では運ぶときに重ねるしかないけど、持ち手があれば図2みたいに指を引っ掛けて持つことができるから、一度にたくさん運べるよ。
生徒C――それに、湯飲み茶碗は両手で支えて持ち運ぶけど、持ち手があれば片手でも運べるね。
生徒D――でも、湯飲み茶碗を片手で持つこともできるし、一度にたくさん運ぶ必要がなければ珈琲カップを両手で支えて持つことだってできるじゃない。
生徒B――なるほど。指で引っ掛けて運べるようになったからといって、たとえウェイターであっても、常に図2のような運び方をするとは限らないね。
生徒A――では、デザインを変えたら、変える前と違った扱いをしなきゃいけないわけではないってことか。
生徒C――それじゃ、デザインを変えたら扱い方を必ず変えなければならないということではなくて、［　　］ということになるのかな。
生徒D――そうか、それが、「今とは異なるデザインを共有する」ことによって、「今ある現実の別のバージョンを知覚することになる」ってことなんだ。
生徒C――まさにそのとおりだね。

① どう扱うかは各自の判断に任されていることがわかる
② デザインが変わると無数の扱い方が生まれることを知る
③ ものの見方やとらえ方を変えることの必要性を実感する
④ 立場によって異なる世界が存在することを意識していく
⑤ 形を変える以前とは異なる扱い方ができることに気づく

問4　傍線部C「このことは人間を記述し理解していく上で、大変重要なことだと思われる。」とあるが、どうしてそのように考えられるのか。その理由として最も適当なものを、次の①～⑤のうちから一つ選べ。解答番号は 8 。

① 現実は、人間にとって常に工夫される前の状態、もしくはこれから加工すべき状態とみなされる。そのため、人間を記述し理解する際には、デザインされる以前の自然状態を加工し改変し続けるという人間の性質をふまえることが重要になってくるから。

② 現実は、どうしようもないと思われた運命や限界を乗り越えてきた、人間の工夫の跡をとどめている。そのため、人間を記述し理解する際には、自然のもたらす形状の変化に適合し、新たな習慣を創出してきた人間の歴史をふまえることが重要になってくるから。

③ 現実は、自分たちが生きやすいように既存の秩序を改変してきた、人間の文化的実践によって生み出された場である。そのため、人間を記述し理解する際には、自分たちの生きる環境に手を加え続けてきた人間の営為をふまえることが重要になってくるから。

④ 現実は、特定の集団が困難や支障を取り除いていく中で形づくられた場である。そのため、人間を記述し理解する際には、環境が万人にとって価値中立的なものではなく、あつらえられた世界でしか人間は生きられないという事実をふまえることが重要になってくるから。

⑤ 現実は、人工物を身の丈に合うようにデザインし続ける人間の文化的実践と、必然的に対応している。そのため、人間を記述し理解する際には、デザインによって人工物を次から次へと生み続ける、人間の創造する力をふまえることが重要になってくるから。

問5　傍線部D「『心理′学（しんりダッシュがく）』の必要性」とあるが、それはどういうことか。その説明として最も適当なものを、次の①～⑤のうちから一つ選べ。解答番号は 9 。

① 人間が文化歴史的条件と分離不可能であることに自覚的ではない心理学は、私たちのこころの現象を捉えるには不十分であり、自らがデザインした環境の影響を受け続ける人間の心理を基本的条件とし、そのような文化と心理とを一体として考える「心理′学」が必要であるということ。

② 人工物に媒介されない行為を無印の行為とみなし、それをもともとの原行為と想定して私たちのこころの現象を捉えるこれまでの心理学に代わって、人工物化された新たな環境に直面した際に明らかになる人間の心理を捕捉して深く検討する「心理′学」が今後必要であるということ。

③ 価値中立的な環境に生きる動物と文化的意味や価値に満ちた環境に生きる人間との決定的な隔たりに対して、従来の心理学は無関心であったため、心理学実験室での人間の「記憶′」を動物実験で得られた動物の「記憶」とは異なるものとして認知し研究する「心理′学」が必要であるということ。

④ 私たちのこころの現象を文化歴史的条件と切り離した現象として把握し、それを主要な研究対象としてきた既存の心理学よりも、環境をデザインし続ける特質を有する人間の心性を、文化歴史的に整備されたデフォルトの環境デザインに対応させて記述する「心理′学」の方が必要であるということ。

⑤ ある行い（「行為」）の結果と別の行い（「行為′」）の結果とが同じ場合には両者の差異はないものとして処理する心理学の欠点を正し、環境をデザインし続ける人間の心性と人間の文化的実践によって変化する現実とを集合体として考えていく「心理′学」が必要であるということ。

問6 この文章の表現と構成について、次の(i)・(ii)の問いに答えよ。

(i) この文章の第 1 ～ 8 段落の表現に関する説明として**適当でないもの**を、次の ① ～ ④ のうちから一つ選べ。解答番号は **10** 。

① 第 1 段落の「これから話す内容をどの程度理解できたか、後でテストをする」は、会話文から文章を始めることで読者を話題に誘導し、後から状況説明を加えて読者の理解を図っている。

② 第 3 段落の「講義とは何か。大きな四角い部屋の空気のふるえである。」は、講義の語りの部分について、教室の中で授業者の口から発せられた音声の物理的な現象面に着目して表現している。

③ 第 6 段落の「新しい古典」は、紹介されている著作について、発表後それほどの時間を経過していないが、その分野で広く参照され、今後も読み継がれていくような書物であることを表している。

④ 第 8 段落の「私たちはこうした～考える。」と、「～、私たちは繰り返してきたのだ。」の「私たち」は、両方とも、筆者と読者とを一体化して扱い、筆者の主張に読者を巻き込む効果がある。

(ii)　この文章の構成に関する説明として最も適当なものを、次の①～④のうちから一つ選べ。解答番号は 11 。

① この文章は、冒頭で具体例による問題提起を行い、次に抽象化によって主題を展開し、最後に該当例を挙げて統括を行っている。

② この文章は、個別の具体例を複数列挙して共通点を見出し、そこから一般化して抽出した結論をまとめ、主張として提示している。

③ この文章は、導入部で具体例の報告を行い、展開部で筆者の主張と論拠を述べ、結論部で反対意見への反論と統括とを行っている。

④ この文章は、個別の例を提示して具体的に述べることと、抽象度を高めてその例を捉え直すこととを繰り返して論点を広げている。

第2問

次の文章は、井上荒野《いのうえあれの》の小説「キュウリいろいろ」の一節である。郁子は三十五年前に息子を亡くし、以来夫婦ふたり暮らしだったが、昨年夫が亡くなった。以下は、郁子がはじめてひとりでお盆を迎える場面から始まる。これを読んで、後の問い(問1〜6)に答えよ。なお、設問の都合で本文の上に行数を付してある。(配点　50)

おいしいビールを飲みながら、郁子は楊枝《ようじ》をキュウリに刺して、二頭の馬を作った。(注1)本棚に並べた息子と夫の写真の前に置く。

キュウリで作るのは馬、茄子《なす》で作るのは牛の見立てだという。郁子は田舎の生まれだから、実家の立派な仏壇にも、お盆の頃には提灯《ちょうちん》と一緒にそれらが飾られていた。足の速い馬は仏様がこちらへ来るときに、足の遅い牛は仏様が向こうへ戻るときに乗っていただくのだという。

実家を出てからも、郁子は毎年それを作ってきた。三十五年間――息子の草《そう》が亡くなってからずっと。

馬に乗って帰ってきてほしかったし、一緒に連れていってほしかった。あるときそれを夫に打ち明けてしまったことがある。キュウリの馬を作っていたら、君はほんとにそういうことを細々と熱心にやるねと、からかう口調で言われて、なんだか妙に腹が立ったのだ。あの子と一緒に乗っていけるように、立派な馬を作ってるのよ。言った瞬間に後悔したが、遅かった。俊介は何も言い返さなかった。ただ、それまでの無邪気な微笑《ほほえ》みがすっと消えて、暗い、寂しい顔になった。

後悔はしたのだ、いつも。だがなぜか再び舌が勝手に動いて、憎まれ口が飛び出す。そういうことが幾度もあった。俊介はたまったものではなかっただろう。いつも黙り込むだけだったが、いちどだけ(ア)腹に据えかねたのか「別れようか」と言われたことがあった。

別れようか。俺と一緒にいることが、そんなにつらいのなら……。

いやよ。郁子は即座にそう答えた。とうとう夫がその言葉を言ったということに(イ)戦《おのの》きながら、でもその衝撃を悟られまいと虚勢を張って。

あなたは逃げるつもりなのね？　そんなの許さない。わたしは絶対に別れない。

震える声を抑えながら、そう言った。それは本心でもあった。息子の死、息子の記憶に、ひとりでなんかとうてい耐えきれるはずがなかった。だから昨年、俊介が死んでしまったときは、怒りがあった。とうとう逃げたのね、と感じた。怒りは悲しみよりも大きいようで、どうしていいかわからなかった。

郁子はビールを飲み干すと、息子の写真を見、それから夫の写真を見た。キュウリの馬は、それぞれにちゃんと一頭ずつ作ったのだった。帰りの牛がないけれど、べつに帰らなくたっていいわよねえ、と思う。馬に乗ってきて、そのままずっとわたしのそばにいればいい。

A写真の俊介が苦笑したように見えた。亡くなる少し前、友人夫婦と山へ行ったときのスナップ(注2)。会話しながら笑っている顔。いかにも愉《たの》しげなゆったりとした表情をしているが、あとから友人にあれはあなたと喋《しゃべ》っているときよと教えられた。嘘《うそ》だわと思い、本当かしらとも思った。

数日前の同級生からの用件は、俊介の写真を借りたい、というものだった。名簿は一ページを四人で分割する形にして、本人が書いた簡単なプロフィールとともに、高校時代のスナップと、現在の写真を並べて載せたいのだという。この写真を貸すことはできるが、そうしたら返ってくるまでの間、書棚の額の片方が空になってしまう。

そのことが目下の懸案事項なのだった。写真を探さなければならない、と郁子は思った——じつのところ、この数日ずっとそう思っていた。夫と暮らした約四十年間の間に撮ったり、撮られたりして溜《た》まったスナップ写真は、押し入れの下段の布張りの箱に収まっている。箱の上には俊介が整理したアルバムも三冊ある。あれを取り出してみなければ。郁子はそう考え、なんだかもうずっと前、三十年も四十年も前から、そのことばかり考え続けていたような気がした。

お盆にしては空《す》いてるわね、と思った電車は乗り継ぐほどに混んできた。郁子が向かう先は都下とはいっても西の端の山間部だから、帰省する人もいるだろうし遊びに行く人もいるのだろう。

リュックを背負った中高年の一団に押し込まれるように車内の奥に移動すると、B少し離れた場所に座っていた若い女性がぱっと立ち上がり、わざわざ郁子を呼びに来て、席を譲ってくれた。どうもありがとう。やや面食らいながらお礼を言って、ありがたく腰を下ろした。

女性は、彼女の前に立っていた男性と二人連れらしかった。郁子が座ると、気を遣わせまいとしてか二人は離れた場所へ移動していった。恋人同士か、夫婦になったばかりの二人だろう。

三十数年前、ちょうど今の女性くらいの年の頃、同じこの電車に乗って同じ場所を目指していたことがあった。時間もちょうど同じくらい――午前九時頃。あのときも郁子は席を譲られたのだった。譲ってくれたのは年配の男性だった。男性の妻が郁子の隣に座っていたので、男性はそのままそこにいた。二人の女性が座り、向き合って二人の男性が立っているというかたちになって、四人でいくらかの言葉を交わした。何ヶ月くらいですか？と男性の妻が郁子に訊《たず》ね、四ヶ月ですと郁子は答えた。よくおわかりになりましたね、と俊介が単純に不思議がっている口調で言った。郁子のお腹《なか》はまだほとんど目立たない頃だったから。経験者ですから、と男性の妻は笑い、奥さんじゃなくてご主人の様子を見ていればわかります、と男性が笑ったのだった。

山の名前の駅に着き、リュックサックの人たちが降りると、車内はずいぶん見通しがよくなった。気のせいかもしれないが温度も幾分下がったように感じられる。郁子は膝の上のトートバッグから封筒を取り出した。封筒の中には俊介の写真が十数枚入っている。

結局、本棚の上の遺影はそのままにしておくことにして、名簿用にはこの十数枚の中のどれかを使ってもらうつもりだった。もっとも十数枚を持ってきたのは、今日これから会う約束をしている俊介の元・同級生に見せるためというよりは、自分のためかもしれない。じつのところ、押し入れから箱を取り出しその蓋をとうとう開けてからというもの、写真を眺めるのは毎晩の日課のようになっていた。写真なんて見たくない、見ることなんてできない、とずっと意固地になっていたのに、ひとたびその(ウ)枷《かせ》が外れると、幾度繰り返し見ても足りなかった。

持ってきた写真は、結婚したばかりの若い頃のから、亡くなった年のものまでに渡っている(なるべく最近の写真を、というのが電話してきた同級生の希望だったのだから、彼のためではないことはやはりあきらかだ)。食事をしている俊介、海の俊介、山の俊介、草を抱く俊介、寺院の前の俊介、草原の俊介、温泉旅館の浴衣を着た俊介。どの俊介もカメラに向かって照れくさそうに微笑み、そうでないときは――本人に気づかれずに誰かが撮影したのだろう――いかにも愉しげに笑ったり、あるいはどこか子供みたいな熱心な顔で、何かを注視したり、誰かの言葉に耳を傾けたりしている。

郁子にとっては驚きだった。もちろん喧嘩《けんか》の最中や、不機嫌な顔をしているときにわざわざ写真を撮ったりはしないものだが、それにしてもこんなに幸福そうな俊介の写真が、これほどたくさんあるなんて。しかもそういう写真は、草がいた頃だけでなく、そのあとも撮られているのだった。

たしかに草が亡くなってしばらくは二人とも家にじっと閉じこもり、写真を撮ることにも撮られることにも無縁だった。それでもいつしか外に出て行くようになり、そうして笑うようにもなっていったのだ。植物が伸びるように人間は生きていく以上は笑おうとするものだ。そんなことはわかっている、と思っていたが、そのことをあらためて写真の中にたしかめると、それはやはり強い驚きになった。当然のこととして何枚かの写真には郁子自身も写っていた。やはり笑って。俊介と顔を見合わせて微笑み合っている一枚すらある。C郁子はまるで見知らぬ誰かを見るようにそれらを眺め、それが紛れもない自分と夫であることを何度でもたしかめた。

「鹿島さん?　でしょ?」

俊介の元・同級生の石井《いしい》さんに、改札口を出たら電話をかけることになっていたが、公衆電話を探そうとしているところに声をかけられた。石井さんは、見事な白髪の上品そうな男性だった。

「今時携帯電話を持ってないなんて、いかにも俊介の奥さんらしいですから」

すぐわかりましたよ、と石井さんは笑った。

「お盆休みにお呼びだてしてごめんなさい」

石井さんの感じの良さにほっとしながら、郁子は謝った。

「いやいや、お呼びだてしたのはこちらですよ。わざわざ写真を持ってきていただいたんですから。それにもう毎日が休みみたいなものだから、盆休みといったってとりたてて予定もありませんしね。お申し出に、大喜びで参上しました」

写真は自分でそちらへ持っていきたい、そのついでに、俊介が若い日を過ごしたあちこちを訪ねて歩きたいのだ、と郁子は石井さんに言ったのだった。石井さんに写真を渡したら自分ひとりでぶらぶら歩くつもりでいたのだが、石井さんは案内する気満々でやってきたようだった。

「第一、こんな炎天下に歩きまわったら倒れますよ」

駅舎の外に駐《と》めてあった自転車に跨《また》がった石井さんは、「どうぞ」と当たり前のようにうしろの荷台を示した。郁子はちょっとびっくりしたけれど、乗せてもらうことにした。

「まず僕らの母校へ行ってから、名所旧跡を通って駅のほうへ帰ってきましょう。なに、あっという間ですよ」

トートバッグを前のカゴに入れてもらい、郁子は荷台に横座りした(さすがに初対面の男性の腰に腕を巻きつけることはできなくて、遠慮がちにサドルの端を摑《つか》んだ)。自転車は風を切って走り出した。たしかに炎天ではあったが、石井さんは上手に日陰を選んで走ったので、さほど暑さは感じなかった。アスファルトより土が多い町だから、気温が都心よりも低いということもあるのかもしれない。

「この町ははじめてですか?」

「いいえ……彼と一緒になったばかりの頃に一度だけ」

それ以後、一度も来訪することはなかったのだった。広い庭がある古い木造の家に当時ひとり暮らしだった義母は、それから数年後に俊介の兄夫婦と同居することになり、家と土地は売却されたから。そのたった一度の機会も、郁子が妊娠中だったこともあり駅から俊介の実家へ行く以外の道は通らなかった。それでも今、自転車のスピードに合わせて行き過ぎる風景のところどころに、懐かしさや既視感を覚えて郁子ははっと目を見開いた。

十分も走らないうちに学校に着いた（それでも自分の足で歩いたら三十分はかかっただろうから、郁子は石井さんの好意にあらためて感謝した）。ケヤキや銀杏《いちょう》の大木がうっそうと繁《しげ》る向こうに、広々した校庭と、すっきりした鉄筋の建物が見える。校庭では女生徒たちがハードルの練習をしている。二十年くらい前に共学になって、校舎も建て替えたんですよね、と石井さんが言った。

しばらく外から眺めてから、正門から正面の校舎まで続くケヤキ並木を通り、屋根の下をくぐり抜けて裏門へ出た。守衛さんに事情を話せば校内の見学もできるだろうと石井さんは言ったが、Dその必要はありませんと郁子は答えた。何かを探しに来たわけではなかったし、もしそうだとしても、もうそれを見つけたような感覚があった。

見事なケヤキの並木のことは、かつて俊介から聞いていた。高校時代俊介はラグビー部だったことや、女子校の生徒と交換日記をつけていたことも。何かの拍子にそういう話を聞かされるたびに、その時代の俊介に会ってみたい、と思ったものだった。そして頭の中に思い描いていた男子校の風景が、今、自分の心の中から取り出されて、眼前にあらわれたのだという気がした。それが、ずっと長い間——夫を憎んだり責めたりしている間も——自分の中に保存されていたということに郁子は呆然《ぼうぜん》とした。呆然としながら、詰め襟の学生服を着た十六歳の俊介が、ハードルを跳ぶ女子学生たちを横目に見ながら校庭を横切っていく幻を眺めた。

（注）1　馬——お盆の時に、キュウリを使って、死者の霊が乗る馬に見立てて作るもの。

2　スナップ——スナップ写真のこと。人物などの瞬間的な動作や表情を撮った写真。

問1　傍線部(ア)～(ウ)の本文中における意味として最も適当なものを、次の各群の①～⑤のうちから、それぞれ一つずつ選べ。解答番号は 12 ～ 14 。

(ア) 腹に据えかねた 12
① 本心を隠しきれなかった
② 我慢ができなかった
③ 合点がいかなかった
④ 気配りが足りなかった
⑤ 気持ちが静まらなかった

(イ) 戦《おのの》きながら 13
① 勇んで奮い立ちながら
② 驚いてうろたえながら
③ 慌てて取り繕いながら
④ あきれて戸惑いながら
⑤ ひるんでおびえながら

(ウ) 枷《かせ》が外れる 14
① 問題が解決する
② 苦しみが消える
③ 困難を乗り越える
④ いらだちが収まる
⑤ 制約がなくなる

問2　傍線部A「写真の俊介が苦笑したように見えた。」とあるが、そのように郁子に見えたのはなぜか。その理由として最も適当なものを、次の①～⑤のうちから一つ選べ。解答番号は 15 。

① キュウリで馬を作る自分に共感しなかった夫を今も憎らしく思っているが、そんな自分のことを、夫は嫌な気持ちを抑えて笑って許してくれるだろうと想像しているから。

② 自分が憎まれ口を利いても、たいていはただ黙り込むだけだったことに、夫は後ろめたさを感じながら今も笑って聞き流そうとしているだろうと想像しているから。

③ かつては息子の元へ行きたいと言い、今は息子も夫も自分のそばにいてほしいと言う、身勝手な自分のことを、夫はあきれつつ受け入れて笑ってくれるだろうと想像しているから。

④ 亡くなった息子だけでなく夫の分までキュウリで馬を作っている自分のことを、以前からかったときと同じように、夫は今も皮肉交じりに笑っているだろうと想像しているから。

⑤ ゆったりとした表情を浮かべた夫の写真を見て、夫に甘え続けていたことに今さら気づいた自分の頼りなさを、夫は困ったように笑っているだろうと想像しているから。

問3　傍線部B「少し離れた場所に座っていた若い女性がぱっと立ち上がり、わざわざ郁子を呼びに来て、席を譲ってくれた」とあるが、この出来事をきっかけにした郁子の心の動きはどのようなものか。その説明として最も適当なものを、次の①～⑤のうちから一つ選べ。解答番号は 16 。

① 三十数年前にも年配の夫婦が席を譲ってくれたことを思い起こし、他人にもわかるほど妊娠中の妻を気遣っていた夫とその気遣いを受けていたあの頃の自分に思いをはせている。

② 席を譲ってくれた年配の夫婦と気兼ねなく話した出来事を回想し、いま席を譲ってくれた女性が気を遣わせまいとわざわざ離れた場所に移動したことに感謝しつつも、物足りなく思っている。

③ まだ席を譲られる年齢でもないと思っていたのに譲られたことに戸惑いを感じつつ、以前同じように席を譲ってくれた年配の男性の優しさを思い起こし、若くて頼りなかった夫のことを懐かしんでいる。

④ 席を譲ってくれた女性と同じくらいの年齢のときにも、同じくらいの時間帯に同じ場所を目指して、夫と電車に乗っていて席を譲られたことを思い出し、その不思議な巡り合わせを新鮮に感じている。

⑤ 若い女性が自分に席を譲ってくれた配慮が思いもかけないことだったので、いささか慌てるとともに、同じようなことが夫と同行していた三十数年前にもあったのを思い出し、時の流れを実感している。

問4　傍線部C「郁子はまるで見知らぬ誰かを見るようにそれらを眺め、それが紛れもない自分と夫であることを何度でもたしかめた。」とあるが、その時の郁子の心情はどのようなものか。その説明として最も適当なものを、次の①～⑤のうちから一つ選べ。解答番号は 17 。

① 息子を亡くした後、二人は悲しみに押しつぶされ、つらい生活を送ってきた。しかし、写真の二人からはそのような心の葛藤は少しも見いだすことができず、そこにはどこかの幸せな夫婦が写っているとしか思われなかった。

② 息子を亡くした悲しみに耐えて明るく振る舞っていた夫から、距離をとりつつ自分は生きてきたと思っていた。しかし、案外自分も同様に振る舞い、夫に同調していたことを、写真の中に写った自分たちの姿から思い知った。

③ 息子の死後も明るさを失わない夫に不満といらだちを抱いていたが、そんな自分も時には夫のたくましさに助けられ、夫とともに明るく生きていた。写真に写った自分たちのそのような様子は容易には受け入れがたく思われた。

④ 息子の死にとらわれ、悲しみのうちに閉じこもるようにして夫と生きてきたと思っていたが、自分も夫も知らず知らず幸福に向かって生きようとしていた。写真に写るそんな自分たちの笑顔は思いがけないものだった。

⑤ 息子の死に打ちのめされた二人は、ともに深い悲しみに閉ざされた生活を送ってきた。互いに傷つけ合った記憶があざやかであるだけに、写真に残されていた幸福そうな姿が自分たちのものとは信じることができなかった。

問5　傍線部D「その必要はありませんと郁子は答えた」とあるが、このように答えたのはなぜか。その説明として最も適当なものを、次の①～⑤のうちから一つ選べ。解答番号は 18 。

①　夫の実家のある町並みを経て、彼が通った高校まで来てみると、校内を見るまでもなく若々しい夫の姿がありありと見えてきた。今まで夫を憎んでいると思い込んでいたが、その幻のあまりのあざやかさから、夫をいとおしむ心の強さをあらためて確認することができたから。

②　自分の心が過去に向けられ、たった一度来たきりで忘れたものと思っていた目の前の風景にも懐かしさや既視感を覚えるほどだった。高校時代から亡くなるまでの夫の姿が今や生き生きとよみがえり、大切なことは記憶の中にあるのだと認識することができたから。

③　夫が若い頃過ごした町並みや高校を訪ねるうちに、いさかいの多かった暮らしの中でも、夫のなにげない思いや記憶を受け止め、夫の若々しい姿が自分の中に刻まれていたことに気がついた。そのような自分たち夫婦の時間の積み重なりを実感することができたから。

④　長年夫を憎んだり責めたりしていたが、夫が若い日々を過ごした町並みを確認してゆくうちに、ようやく許す心境に達し、夫への理解も深まった。目の前にあらわれた若い夫の姿に、夫への感謝の念と、自分の新しい人生の始まりを予感することができたから。

⑤　長く苦しめながら頼りにもしてきた夫が、学生服姿の少年として眼前にあらわれ、今は彼のことをいたわってあげたいという穏やかな心境になった。自分と夫は重苦しい夫婦生活からようやく解放されたのだということを、若き夫の幻によって確信することができたから。

問6　この文章の表現に関する説明として**適当でないもの**を、次の①～⑥のうちから二つ選べ。ただし、解答の順序は問わない。解答番号は 19 ・ 20 。

①　1行目から69行目は12行目の俊介の言葉を除いて「　」がないが、71行目から92行目は郁子と石井の会話に「　」が使われ、93行目以降また使われなくなる。「　」のない部分は郁子の思考の流れに沿って文章が展開している。

②　22行目「馬に乗ってきて、そのままずっとわたしのそばにいればいい。」は、郁子の心情が「郁子は～と思った」などの語句を用いずに「わたし」という一人称で直接述べられている。これは郁子のその場での率直な思いであることを印象づける表現である。

③　56行目、87行目、97行目では郁子の心情が（　）の中に記されている。ここでは、（　）の中に入れることによって、その内容が他人に隠したい郁子の本音であることが示されている。

④　57行目「食事をしている俊介、海の俊介、山の俊介、草を抱く俊介、寺院の前の俊介、草原の俊介、温泉旅館の浴衣を着た俊介。」の一文には一枚一枚の写真の中の俊介の様子が「～俊介」の反復によって羅列されている。これによって、夫のさまざまな姿に郁子が気づいたということが表現されている。

⑤　「名所旧跡」という語は、本来、有名な場所や歴史的事件にゆかりのある場所を表すが、86行目の「名所旧跡」は、俊介という個人に関わりのある場所として用いられている。この傍点は、石井が、あえて本来の意味を離れ、冗談めかしてこの語を使ったことを示している。

⑥　93行目「一度も来訪することはなかったのだった」の「のだった」や、105行目「その時代の俊介に会ってみたい、と思ったものだった」の「ものだった」は、回想において改めて思い至ったことを確認する文末表現である。前者には郁子の悔やんでいる気持ちがあらわれており、後者には懐かしむ気持ちがあらわれている。

第3問

次の文章は『石上私淑言《いそのかみのささめごと》』の一節で、本居宣長《もとおりのりなが》が和歌についての自身の見解を問答体の形式で述べたものである。これを読んで、後の問い(問1〜6)に答えよ。(配点　50)

問ひて云《い》はく、A恋の歌の世に多きはいかに。

答へて云はく、まづ『古事記』『日本紀』(注1)に見えたるいと上《かみ》つ代《よ》の歌どもをはじめて、代々《よよ》の集どもにも、恋の歌のみことに多かる中にも、『万葉集』には相聞《さうもん》とあるが恋にて、すべての歌を雑歌《ざふか》、相聞、挽歌《ばんか》(注2)と三つに分かち、八の巻、十の巻などには四季の雑歌、四季の相聞と分かてり。かやうに他をばすべて雑といへるにて、歌は恋をむねとすることを知るべし。そもいかなればかくあるぞといふに、恋はよろづのあはれにすぐれて深く人の心にしみて、いみじく堪《た》へがたきわざなるゆゑなり。されば、すぐれてあはれなるすぢは常に恋の歌に多かることなり。

問ひて云はく、おほかた世の人ごとに常に深く願ひ忍ぶことは、色を思ふよりも、身の栄えを願ひ財宝《たから》を求むる心などこそは、(ア)あながちにわりなく見ゆめるに、などてさるさまのことは歌に詠まぬぞ。

答へて云はく、B情と欲とのわきまへあり。まづすべて人の心にさまざま思ふ思ひは、みな情なり。その思ひの中にも、とあらまほしかくあらまほしと求むる思ひは欲といふものなり。されば、この二つはあひ離れぬものにて、なべては欲も情の中の一種《ひとくさ》なれども、またとりわきては、人をあはれと思ひ、かなしと思ひ、あるはうしともつらしとも思ふやうの類をなむ情とはいひける。さるはその情より出《い》でて欲にもわたり、また欲より出でて情にもわたりて、一様《ひとやう》ならずとりどりなるが、(イ)いかにもあれ、歌は情の方より出で来るものなり。これ、情の方の思ひは物にも感じやすく、あはれなることこよなう深きゆゑなり。欲の方の思ひはひとすぢに願ひ求むる心のみにて、さのみ身にしむばかり細やかにはあらねばにや、はかなき花鳥の色音《いろね》にも涙こぼるるばかりは深からず。かの財宝をむさぼるやうの思ひは、この欲といふものにて、物のあはれなるすぢにはうときゆゑに歌は出で来ぬなるべし。色を思ふも本は欲より出づれども、ことに情の方に深くかかる思ひにて、生きとし生けるもののまぬかれぬところなり。まして人はすぐれて物のあはれを知るものにしあれば、ことに深く心に染《そ》みて、あはれに堪へぬはこの思ひなり。その他もとにかくにつけて物のあはれなることには、歌は出で来るものと知るべし。

さはあれども、(注3)情の方は前にいへるやうに、心弱きを恥づる後の世のならはしにつつみ忍ぶこと多きゆゑに、かへりて欲より浅くも見ゆるなめり。されど、この歌のみは上つ代の心ばへを失はず。人の心のまことのさまをありのままに詠みて、めめしう心弱き方をもさらに恥づることなければ、後の世に至りて優になまめかしく詠まむとするには、いよいよ物のあはれなる方をのみむねとして、かの欲のすぢはひたすらにうとみはてて、詠まむものとも思ひたらず。

まれまれにもかの『万葉集』の三の巻に「(注4)酒を讃《ほ》めたる歌」の類よ、(注5)詩には常のことにて、かかる類のみ多かれど、歌にはいと心づきなく憎くさへ思はれて、(ウ)さらになつかしからず。何の見所も無しかし。これ、欲はきたなき思ひにて、あはれならざるゆゑなり。しかるを人の国には、あはれなる情をば恥ぢ隠して、きたなき欲をしもいみじきものにいひ合へるはいかなることぞや。

（注）
1 『日本紀』――『日本書紀』のこと。
2 挽歌――死者を哀悼《あいとう》する歌のこと。
3 情の方は前にいへるやうに――この本文より前に「情」に関する言及がある。
4 酒を讃めたる歌――大伴旅人《おおとものたびと》が酒を詠んだ一連の歌のこと。
5 詩――漢詩のこと。

問1 傍線部(ア)〜(ウ)の解釈として最も適当なものを、次の各群の①〜⑤のうちから、それぞれ一つずつ選べ。解答番号は 21 〜 23 。

(ア) あながちにわりなく 21
① ひたむきで抑えがたく
② かえって理不尽に
③ なんとなく不合理に
④ ややありきたりに
⑤ どうしようもなく無粋に

(イ) いかにもあれ 22
① 言うまでもなく
② そうではあるが
③ どのようであっても
④ どういうわけか
⑤ どうにかしてでも

(ウ) さらになつかしからず 23
① あまり共感できない
② どうにも思い出せない
③ なんとなく親しみがわかない
④ ますます興味がわかない
⑤ 全く心ひかれない

問2　波線部「身にしむばかり細やかにはあらねばにや」についての文法的な説明として**適当でないもの**を、次の①～⑤のうちから一つ選べ。解答番号は 24 。

① 打消の助動詞「ず」が一度用いられている。
② 断定の助動詞「なり」が一度用いられている。
③ 仮定条件を表す接続助詞「ば」が一度用いられている。
④ 疑問を表す係助詞「や」が一度用いられている。
⑤ 格助詞「に」が一度用いられている。

問3　傍線部A「恋の歌の世に多きはいかに」とあるが、この問いに対して、本文ではどのように答えているか。最も適当なものを、次の①～⑤のうちから一つ選べ。解答番号は 25 。

① 恋の歌が多い『万葉集』の影響力が強かったため、『万葉集』以後の歌集でも恋の歌は連綿と詠まれ続けてきた。
② 人の抱くいろいろな感慨の中でも特に恋は切実なものなので、恋の歌が上代から中心的な題材として詠まれている。
③ 相手への思いをそのまま言葉にしても、気持ちは伝わりにくいので、昔から恋心は歌に託して詠まれてきた。
④ 恋の歌は相聞歌のみならず四季の歌の中にもあるため、歌集内の分類による見かけの数以上に多く詠まれている。
⑤ 自分の歌が粗雑であると評価されることを避けるあまり、優雅な題材である恋を詠むことが多く行われてきた。

問4　傍線部B「情と欲とのわきまへ」と恋との関係について、本文ではどのように述べているか。最も適当なものを、次の①～⑤のうちから一つ選べ。解答番号は 26 。

① 「情」と「欲」はいずれも恋に関わる感情であり、人に深い感慨を生じさせる。ただし、悲しい、つらいといった、自分自身についての思いを生じさせるものが「情」であるのに対し、哀れだ、いとしいといった、恋の相手についての思いを生じさせるものが「欲」である。恋において「情」と「欲」は対照的な関係にあると言える。

② 「情」は「欲」を包含する感情であるが、両者を強いて区別すれば、「情」は何かから感受する受動的なものである。これに対して「欲」は何かに向かう能動的な感情であり、その何かを我がものにしたいという行為を伴う。したがって、恋は「情」からはじまり、やがて「欲」へと変化する。

③ 人の心に生まれるすべての思いは「情」であるが、特には、誰かをいとしく思ったり鳥の鳴き声に涙したりするなど、身にしみる細やかな思いを指す。一方、我が身の繁栄や財宝を望むなど、何かを願い求める思いは「欲」にあたる。恋は「欲」と「情」の双方に関わる感情だが、「欲」よりも「情」に密接に関わっている。

④ 人の心に生じる様々な感情はすべて「情」である。一方、「欲」は何かを願い求める感情のことであり、「情」の中の一つに過ぎない。もともと恋は誰かと一緒にいたいという「欲」に分類される感情だが、恋を成就させるには「欲」だけではなく様々な感情が必要なので、「情」にも通じるべきである。

⑤ 「情」は自然を賛美する心とつながるものであり、たいへん繊細な感情である。しかし、「欲」は自然よりも人間の作った価値観に重きを置くので、経済的に裕福になることをひたすら願うことになる。恋は花や鳥を愛するような心から生まれるものであって、「欲」を源にすることはない。

問5 「情」と「欲」の、時代による違いと歌との関係について、本文ではどのように述べているか。最も適当なものを、次の①～⑤のうちから一つ選べ。解答番号は 27 。

① 人の「情」のあり方は上代から変わっていないが、「欲」のあり方は変わった。恋の歌は「情」と「欲」の両者に支えられているため、後世の恋の歌は、上代の恋の歌とは性質を異にしている。

② 「情」は「欲」に比べると弱々しい感情なので、時代が経《た》つにつれて人々の心から消えていった。しかし、歌の世界においては伝統的に「情」が重んじられてきたので、今でも歌の中にだけは「情」が息づいている。

③ 人は恋の歌を詠むときに自らの「情」と向き合うため、恋の歌が盛んだった時代には、人々の「情」も豊かにはぐくまれた。後世、恋の歌が衰退してくると、人々の「情」は後退し、「欲」が肥大してしまった。

④ 「情」は「欲」より浅いものと見られがちであるが、これは後世において「情」を心弱いものと恥じて、表に出さないようになったからである。しかし、歌の世界においては上代から一貫して「情」を恥じることがなかった。

⑤ 『万葉集』に酒を詠んだ歌があるように、歌はもともとは「欲」にもとづいて詠まれていた。しかし、しだいに「情」を中心に据えて優美な世界を詠まねばならないことになり、『万葉集』の歌が振り返られることはなくなった。

問6 歌や詩は「物のあはれ」とどのように関わっているのか。本文での説明として最も適当なものを、次の①～⑤のうちから一つ選べ。解答番号は 28 。

① 歌は「物のあはれ」を動機として詠まれ、詩は「欲」を動機として詠まれる。しかし、何を「あはれ」の対象とし、何を「欲」の対象とするかは国によって異なるので、歌と詩が同じ対象を詠むこともあり得る。

② 上代から今に至るまで、人は優美な歌を詠もうとするときに「物のあはれ」を重視してきたが、一方で、詩の影響を受けるあまり、「欲」を断ち切れずに歌を詠むこともあった。

③ 歌は「物のあはれ」に関わる気持ちしか表すことができない。そこで、一途《いちず》に願い求める気持ちを表すときは、歌に代わって詩が詠まれるようになった。

④ 「情」は生きている物すべてが有するものだが、とりわけ人は「物のあはれ」を知る存在である。歌は「物のあはれ」から生まれるものであって、「欲」を重視する詩とは大きな隔たりがある。

⑤ 歌も詩も「物のあはれ」を知ることから詠まれるが、詩では、「物のあはれ」が直接表現されることを恥じて避ける傾向があるため、簡単には「物のあはれ」を感受できない。

第4問 次の文章を読んで、後の問い（問1～6）に答えよ。なお、設問の都合で返り点・送り仮名を省いたところがある。（配点 50）

嘉《か》(注1)祐《いう》ハ、禹《う》(注2)偁《しよう》ノ子也。嘉祐ハ平時ハ若キモ二愚《ぐ》(注3)騃《がい》ノ一、独リ寇《こう》(注4)準《じゅん》ノミ I知レ之。準 II知二開(注5)封府一、一日、問ヒテ二嘉祐ニ一曰ハク、「外(注6)間議X レ準ヲ云何《いかんト》。」嘉祐曰ハク、「外人皆云フ二丈(注7)人旦(注8)夕入リテ(注9)相タラント一。」準曰ハク、「於《お》イテハ二吾《ご》(注10)子《し》ニ一意《おも》フコト何如《いかんト》。」嘉祐曰ハク、「以テレ愚(注11)ヲ観《み》ルニレ之ヲ、A丈人不若未為相。為相則誉望損矣。」準曰ハク、「何ノ故ゾト。」嘉祐曰ハク、「自《より》レ古《いにしへ》賢相所下以能ク建テ二功業ヲ一沢Y中生(注12)民ヲ上者《は》、其ノ君臣相ヒ得ルコト皆如ケレバナリ(注13)二魚之有ルガ一レ水。故ニB言聴カレ計従ハレ、而シテ功名倶《とも》ニ美ナリ。今丈人負ヒ二天下ノ重望ヲ一、相タレバ則チ中外以テ二太平ヲ一責《もと》メン焉。丈人之於《お》ケルヤ(注14)二明主ニ一、能ク若キ二魚之有ルガ一レ水乎《か》。C嘉祐ノ所三以恐ルル二誉望之損ナハレンコトヲ一也ト。」準喜ビ、起《た》チテ執《と》リテ二其ノ手ヲ一曰ハク、「元《げん》(注15)之《し》ハ雖モ三文章ハ冠タリト二天下ニ一、至リテハ二

D 於深識遠慮ニ、殆《ほとんド》不ル能ハ勝ルニ吾子ニ也ト。」

（李燾《りとう》『続資治通鑑長編《ぞくしじつがんちょうへん》』による）

（注）
1　嘉祐――王嘉祐。北宋の人。
2　禹偁――王禹偁。王嘉祐の父で、北宋の著名な文人。
3　愚騃――愚かなこと。
4　寇準――北宋の著名な政治家。
5　開封府――現在の河南省開封市。北宋の都であった。
6　外間――世間。
7　丈人――あなた。年長者への敬称。
8　旦夕――すぐに、間もなく。
9　入――朝廷に入って役職に就く。
10　吾子――あなた。相手への親しみをこめた言い方。
11　愚――私。自らを卑下する謙譲表現。
12　生民――人々。
13　如ニ魚之有レ水――魚に水が必要であるようなものだ。君臣の関係が極めて良好であるさま。
14　明主――皇帝を指す。
15　元之――王禹偁の字《あざな》。

問1　二重傍線部**X**「議」、**Y**「沢」の意味の組合せとして最も適当なものを、次の①～⑤のうちから一つ選べ。解答番号は 29 。

① **X**　相談する　**Y**　水を用意する
② **X**　非難する　**Y**　田畑を与える
③ **X**　論評する　**Y**　恩恵を施す
④ **X**　礼賛する　**Y**　物資を供給する
⑤ **X**　批判する　**Y**　愛情を注ぐ

問2　波線部Ⅰ「知レ之」・Ⅱ「知二開封府一」の解釈として最も適当なものを、次の各群の①～⑤のうちから、それぞれ一つずつ選べ。解答番号は 30 ・ 31 。

Ⅰ「知レ之」 30
① 王嘉祐が決して愚かな人物ではないことを知っていた
② 王嘉祐が乱世には非凡な才能を見せることを知っていた
③ 王嘉祐が世間の評判通り愚かであるということを知っていた
④ 王嘉祐が王禹偁の子にしては愚かなことを知っていた
⑤ 王嘉祐が王禹偁の文才を受け継いでいることを知っていた

Ⅱ「知二開封府一」 31
① 開封府の長官の知遇を得た
② 開封府には知人が多くいた
③ 開封府の知事を務めていた
④ 開封府から通知を受けた
⑤ 開封府で王嘉祐と知りあった

問3 傍線部A「丈人不若未為相。為相則誉望損矣」について、(i)書き下し文・(ii)その解釈として最も適当なものを、次の各群の①～⑤のうちから、それぞれ一つずつ選べ。解答番号は 32 ・ 33 。

(i) 書き下し文 32

① 丈人に若《し》かずんば未だ相と為《な》らず。相と為れば則ち誉望損なはれんと

② 丈人未だ相の為《ため》にせざるに若かず。相の為にすれば則ち誉望損なはれんと

③ 丈人若《なんぢ》の未だ相と為らずんば不《あら》ず。相と為れば則ち誉望損なはれんと

④ 丈人未だ相と為らざるに若かず。相と為れば則ち誉望損なはれんと

⑤ 丈人に若かずんば未だ相の為にせず。相の為にすれば則ち誉望損なはれんと

(ii)　解釈 33

① 誰もあなたに及ばないとしたら宰相を補佐する人はいません。ただ、もし補佐する人が現れたら、あなたの名声は損なわれるでしょう。

② あなたはまだ宰相を補佐しないほうがよろしいでしょう。もし、あなたが宰相を補佐すれば、あなたの名声は損なわれるでしょう。

③ あなたはまだ宰相とならないほうがよろしいでしょう。もし、あなたが宰相となれば、あなたの名声は損なわれるでしょう。

④ あなたは今や宰相とならないわけにはいきません。ただ、あなたが宰相となれば、あなたの名声は損なわれるでしょう。

⑤ 誰もあなたに及ばないとしたら宰相となる人はいません。ただ、もし宰相となる人が現れたら、あなたの名声は損なわれるでしょう。

問4 傍線部**B**「言聴計従」とあるが、(i)誰の「言」「計」が、(ii)誰によって「聴かれ」「従はれ」るのか。(i)と(ii)との組合せとして最も適当なものを、次の①～⑤のうちから一つ選べ。解答番号は 34 。

① (i) 丈人 (ii) 相
② (i) 君 (ii) 生民
③ (i) 賢相 (ii) 君
④ (i) 明主 (ii) 賢相
⑤ (i) 生民 (ii) 明主

問5　傍線部C「嘉祐所以恐二誉望之損一也」とあるが、王嘉祐がそのように述べるのはなぜか。その理由として最も適当なものを、次の①～⑤のうちから一つ選べ。解答番号は 35 。

① 宰相は寇準に対して天下を太平にしてほしいと期待するだろうが、もし寇準が昔の偉大な臣下より劣るとすれば太平は実現されず、宰相の期待は失われてしまうから。

② 人々は寇準に対して天下を太平にしてほしいと期待するだろうが、もし寇準が皇帝と親密な状態になれなければ太平は実現されず、彼らの期待は失われてしまうから。

③ 皇帝は寇準に対して天下を太平にしてほしいと期待するだろうが、もし寇準の政策が古代の宰相よりも優れていなければ太平は実現されず、皇帝の期待は失われてしまうから。

④ 人々は寇準に対して天下を太平にしてほしいと期待するだろうが、もし寇準が皇帝の意向に従ってしまえば太平は実現されず、彼らの期待は失われてしまうから。

⑤ 宰相は寇準に対して天下を太平にしてほしいと期待するだろうが、もし寇準が皇帝の信用を得られなければ太平は実現されず、宰相の期待は失われてしまうから。

問6　傍線部**D**「殆　不レ能レ勝ニ吾　子一也」とあるが、その説明として最も適当なものを、次の①～⑤のうちから一つ選べ。解答番号は 36 。

① 王嘉祐は宰相が政治を行う時、どのように人々と向き合うべきかを深く知っている。したがって政治家としての思考の適切さという点では、父の王禹偁もおそらく王嘉祐にはかなわない。

② 王嘉祐は寇準の政治的立場に深く配慮し、世間の意見の大勢にはっきりと反対している。したがって意志の強さという点では、父の王禹偁もおそらく王嘉祐にはかなわない。

③ 王嘉祐は今の政治を分析するにあたり、古代の宰相の功績を参考にしている。したがって歴史についての知識の深さという点では、父の王禹偁もおそらく王嘉祐にはかなわない。

④ 王嘉祐は皇帝と宰相の政治的関係を深く理解し、寇準の今後の進退について的確に進言している。したがって見識の高さという点では、父の王禹偁もおそらく王嘉祐にはかなわない。

⑤ 王嘉祐は理想的君臣関係について深く考えてはいるものの、寇準に問われてはじめて自らの政治的見解を述べている。したがって言動の慎重さという点では、父の王禹偁もおそらく王嘉祐にはかなわない。

2017
本試験

国　語

（2017年１月実施）

80分　200点

国語

（解答番号 1 ～ 36）

第1問　次の文章は、二〇〇二年に刊行された科学論の一節である。これを読んで、後の問い（問1～6）に答えよ。なお、設問の都合で本文の段落に[1]～[13]の番号を付してある。また、表記を一部改めている。（配点　50）

[1]　現代社会は科学技術に依存した社会である。近代科学の成立期とされる十六世紀、十七世紀においては、そもそも「科学」という名称で認知されるような知的活動は存在せず、伝統的な自然哲学の一環としての、一部の好事家による楽しみの側面が強かった。しかし、十九世紀になると、科学研究は「科学者」という職業的専門家によって各種高等教育機関で営まれる知識生産へと変容し始める。既存の知識の改訂と拡大のみを生業とする集団を社会に組み込むことになったのである。さらに二十世紀になり、国民国家の競争の時代になると、科学は技術的な威力と結びつくことによって、この競争の重要な戦力としての力を発揮し始める。二度にわたる世界大戦が科学－技術の社会における位置づけを決定的にしていったのである。

[2]　第二次世界大戦以後、科学技術という営みの存在は膨張を続ける。プライス（注1）によれば、科学技術という営みは十七世紀以来、十五年で(ア)バイゾウするという速度で膨張してきており、二十世紀後半の科学技術の存在はGNP（注2）の二パーセント強の投資を要求するまでになってきているのである。現代の科学技術は、かつてのような思弁的、宇宙論的伝統に基づく自然哲学的性格を失い、**A**先進国の社会体制を維持する重要な装置となってきている。

[3]　十九世紀から二十世紀前半にかけては科学という営みの規模は小さく、にもかかわらず技術と結びつき始めた科学－技術は社会の諸問題を解決する能力を持っていた。「もっと科学を」というスローガンが説得力を持ち得た所以《ゆえん》である。しかし二十世紀後半の科学－技術は両面価値的存在になり始める。現代の科学－技術では、自然の仕組みを解明し、宇宙を説明するという営みの比重が下がり、実験室の中に天然では生じない条件を作り出し、そのもとでさまざまな人工物を作り出すなど、自然に介入し、操作する能力の開発に重点が移動している。その結果、永らく人類を脅かし苦しめてきた病や災害といった自然の脅威を制御できるようになってきたが、同時に、科学－技術の作り出した人工物が人類にさまざまな災いをもたらし始めてもいるのである。科学－技術が恐るべき速度で生み出す新知識が、われわれの日々の生活に商品や製品として放出されてくる。い

わゆる「環境ホルモン」(注3)や地球環境問題、先端医療、情報技術などがその例である。Bこうして「もっと科学を」というスローガンの説得力は低下し始め、「科学が問題ではないか」という新たな意識が社会に生まれ始めているのである。

4 しかし、科学者は依然として「もっと科学を」という発想になじんでおり、このような「科学が問題ではないか」という問いかけを、科学に対する無知や誤解から生まれた情緒的反発とみなしがちである。ここからは、素人の一般市民への科学教育の充実や、科学啓蒙《けいもう》プログラムの展開という発想しか生まれないのである。

5 このような状況に一石を投じたのが科学社会学者のコリンズとピンチの『ゴレム』(注4)である。ゴレムとはユダヤの神話に登場する怪物である。人間が水と土から創り出した怪物で、魔術的力を備え、日々その力を増加させつつ成長する。人間の命令に従い、人間の代わりに仕事をし、外敵から守ってくれる。しかしこの怪物は不器用で危険な存在でもあり、適切に制御しなければ主人を破壊する威力を持っている。コリンズとピンチは、現代では、科学が、全面的に善なる存在か全面的に悪なる存在かのどちらかのイメージに引き裂かれているという。そして、このような分裂したイメージを生んだ理由は、科学が実在と直結した無謬《むびゅう》の知識という神のイメージで捉えられてきており、科学が自らを実態以上に美化することによって過大な約束をし、それが必ずしも実現しないことが幻滅を生み出したからだという。つまり、全面的に善なる存在というイメージが科学者から振りまかれ、他方、チェルノブイリ事故(注5)や狂牛病(注6)に象徴されるような事件によって科学への幻滅が生じ、一転して全面的に悪なる存在というイメージに変わったというのである。

6 コリンズとピンチの処方箋は、科学者が振りまいた当初の「実在と直結した無謬の知識という神のイメージ」を科学の実態に即した「不確実で失敗しがちな向こう見ずでへまをする巨人のイメージ」、つまりCゴレムのイメージに取りかえることを主張したのである。そして、科学史から七つの具体的な実験をめぐる論争を取り上げ、近年の科学社会学研究に基づくケーススタディーを提示し、科学上の論争の終結がおよそ科学哲学者が想定するような論理的、方法論的決着ではなく、さまざまなヨウ(イ)インが絡んで生じていることを明らかにしたのである。

7 彼らが扱ったケーススタディーの一例を挙げよう。一九六九年にウェーバー(注7)が、十二年の歳月をかけて開発した実験装置を用いて、重力波の測定に成功したと発表した。これをきっかけに、追試をする研究者があらわれ、重力波の存在をめぐって論争となったのである。この論争において、実験はどのような役割を果たしていたかという点が興味深い。追試実験から、ウェーバーの結果を否定するようなデータを手に入れた科学者は、それを発表するかいなかという選択の際に(ウ)ヤッカイな問題を抱え込むのである。否定的な結果を発表することは、ウェーバーの実験が誤りであり、このような大きな値の重力波は存在しないという主張をすることになる。しかし、実は批判者の追試実験の方に不備があり、本当はウェーバーの検出した重力波が存在するということが明らかになれば、この追試実験の結果によって彼は自らの実験能力の低さを公表することになる。

8 学生実験の場合には、実験をする前におおよそどのような結果になるかがわかっており、それと食い違えば実験の失敗がセン(エ)コクされる。しかし現実の科学では必ずしもそうはことが進まない。重力波の場合、どのような結果になれば実験は成功といえるかがわからないのである。重力波が検出されれば、実験は成功なのか、それとも重力波が検出されなければ、実験は成功なのか。しかしまさに争点は、重力波が存在するかどうかであり、そのための実験なのである。何が実験の成功といえる結果なのかを、前もって知ることはできない。重力波が存在するかどうかを知るために、「優れた検出装置を作らなければならない。しかし、その装置を使って適切な結果を手に入れなければ、装置が優れたものであったかどうかはわからない。しかし、優れた装置がなければ、何が適切な結果かということはわからない……」。コリンズとピンチはこのような循環を「実験家の悪循環」と呼んでいる。

9 重力波の論争に関しては、このような悪循環が生じ、その存在を完全に否定する実験的研究は不可能であるにもかかわらず(存在、非存在の可能性がある)、結局、有力科学者の否定的発言をきっかけにして、科学者の意見が雪崩を打って否定論に傾き、それ以後、重力波の存在は明確に否定されたのであった。つまり、論理的には重力波の存在もしくは非存在を実験によって決着をつけられていなかったが、科学者共同体の判断は、非存在の方向で収束したということである。

10 コリンズとピンチは、このようなケーススタディーをもとに、「もっと科学を」路線を批判するのである。民主主義国家の一

(注8)(注9)

般市民は確かに、原子力発電所の建設をめぐって、あるいは遺伝子組み換え食品の是非についてなどさまざまな問題に対して意思表明をし、決定を下さねばならない。そしてそのためには、一般市民に科学に「ついての」知識ではなく、科学知識そのものを身につけさせるようにすべきだ、と主張される。しかしこのような論争を伴う問題の場合には、どちらの側にも科学者や技術者といった専門家がついているではないか。そしてこの種の論争が、専門家の間でさえ、ケーススタディーが明らかにしたように、よりよい実験やさらなる知識、理論の発展あるいはより明晰《めいせき》な思考などによっては必ずしも短期間に解決できないのであり、それを一般市民に期待するなどというのはばかげていると主張するのである。彼らはいう。一般市民に科学をもっと伝えるべきであるという点では、異論はないが、伝えるべきことは、科学の内容ではなく、専門家と政治家やメディア、そしてわれわれとの関係についてなのだ、と。

11　科学を「実在と直結した無謬の知識という神のイメージ」から「ゴレムのイメージ」(=「ほんとうの」姿)でとらえなおそうという主張は、科学を一枚岩とみなす発想を掘り崩す効果をもっている。そもそも、高エネルギー物理学、ヒトゲノム計画、古生物学、工業化学などといった一見して明らかに異なる領域をひとしなみに「科学」となぜ呼べるのであろうか、という問いかけをわれわれは真剣に考慮する時期にきている。

12　**D**にもかかわらず、この議論の仕方には問題がある。コリンズとピンチは、一般市民の科学観が「実在と直結した無謬の知識という神のイメージ」であり、それを「ゴレム」に取り替えよ、それが科学の「ほんとうの」姿であり、これを認識すれば、科学至上主義の裏返しの反科学主義という病理は(オ)イやされるという。しかし、「ゴレム」という科学イメージはなにも科学社会学者が初めて発見したものではない。歴史的にはポピュラーなイメージといってもよいであろう。メアリー・シェリーが『フランケンシュタインあるいは現代のプロメテウス』を出版したのは一八一八年のことなのである。その後も、スティーブンソンの『ジキル博士とハイド氏』、H・G・ウェルズの『モロー博士の島』さらにはオルダス・ハクスリーの『すばらしき新世界』など、科学を怪物にたとえ、その暴走を危惧するような小説は多数書かれており、ある程度人口に膾炙《かいしゃ》していたといえるからである。

13 結局のところ、コリンズとピンチは科学者の一枚岩という「神話」を掘り崩すのに成功はしたが、その作業のために、「一枚岩の」一般市民という描像を前提にしてしまっている。一般市民は一枚岩的に「科学は一枚岩」だと信じている、と彼らは認定しているのである。言いかえれば、科学者はもちろんのこと、一般市民も科学の「ほんとうの」姿を知らないという前提である。では誰が知っているのか。科学社会学者という答えにならざるを得ない。科学を正当に語る資格があるのは誰か、という問いに対して、コリンズとピンチは「科学社会学者である」と答える構造の議論をしてしまっているのである。

（小林《こばやし》傳司《ただし》「科学コミュニケーション」による）

（注）
1　プライス――デレク・プライス（一九二二～一九八三）。物理学者・科学史家。
2　GNP――国民総生産（Gross National Product）。GNI（国民総所得　Gross National Income）に同じ。
3　環境ホルモン――環境中の化学物質で、生体内でホルモンのように作用して内分泌系をかく乱するとされるものの通称。その作用については未解明の部分が多い。
4　コリンズとピンチ――ハリー・コリンズ（一九四三～　）とトレヴァー・ピンチ（一九五二～　）のこと。『ゴレム』は、一九九三年に刊行された共著である。
5　チェルノブイリ事故――一九八六年四月二十六日、旧ソ連にあったチェルノブイリ原子力発電所の四号炉で起きた溶解、爆発事故のこと。
6　狂牛病――BSE（Bovine Spongiform Encephalopathy　ウシ海綿状脳症）。牛の病気。脳がスポンジ状になって起立不能に陥り、二週間から半年で死に至る。病原体に感染した家畜の肉や骨から製造された人工飼料（肉骨粉）によって発症・感染した可能性が指摘されている。一九八六年、イギリスで最初の感染牛が確認された。
7　ウェーバー――ジョセフ・ウェーバー（一九一九～二〇〇〇）。物理学者。
8　重力波――時空のゆがみが波となって光速で伝わる現象。一九一六年にアインシュタインがその存在を予言していた。
9　重力波の存在は明確に否定された――ウェーバーによる検出の事実は証明されなかったが、二〇一六年、アメリカの研究チームが直接検出に成功したと発表した。

問1　傍線部(ア)～(オ)に相当する漢字を含むものを、次の各群の①～⑤のうちから、それぞれ一つずつ選べ。解答番号は [1] ～ [5]。

(ア) バイゾウ [1]
① 細菌バイヨウの実験
② 印刷バイタイ
③ 裁判におけるバイシン制
④ 事故のバイショウ問題
⑤ 旧にバイしたご愛顧

(イ) ヨウイン [2]
① 観客をドウインする
② ゴウインな勧誘に困惑する
③ コンイン関係を結ぶ
④ インボウに巻き込まれる
⑤ 不注意にキインした事故を防ぐ

(ウ) ヤッカイ [3]
① ごリヤクがある
② ツウヤクの資格を取得する
③ ヤクドシを乗り切る
④ ヤッキになって反対する
⑤ ヤッコウがある野草を探す

(エ) センコク [4]
① 上級裁判所へのジョウコク
② コクメイな描写
③ コクビャクのつけにくい議論
④ コクソウ地帯
⑤ 筆跡がコクジした署名

(オ) イやされる [5]
① 物資をクウユする
② ヒユを頻用する
③ ユエツの心地を味わう
④ ユチャクを断ち切る
⑤ キョウユとして着任する

問2　傍線部A「先進国の社会体制を維持する重要な装置となってきている」とあるが、それはどういうことか。その説明として最も適当なものを、次の①～⑤のうちから一つ選べ。解答番号は 6 。

① 現代の科学は、伝統的な自然哲学の一環としての知的な楽しみという性格を失い、先進国としての威信を保ち対外的に国力を顕示する手段となることで、国家の莫大《ばくだい》な経済的投資を要求する主要な分野へと変化しているということ。

② 現代の科学は、自然の仕組みを解明して宇宙を説明するという本来の目的から離れて、人々の暮らしを自然災害や疾病から守り、生活に必要な製品を生み出すことで、国家に奉仕し続ける任務を担うものへと変化しているということ。

③ 現代の科学は、「科学者」という職業的専門家による小規模な知識生産ではなくなり、為政者の厳重な管理下に置かれる国家的な事業へと拡大することで、先進国間の競争の時代を継続させる戦略の柱へと変化しているということ。

④ 現代の科学は、「もっと科学を」というスローガンが説得力を持っていた頃の地位を離れ、世界大戦の勝敗を決する戦力を生み出す技術となったことで、経済大国が国力を向上させるために重視する存在へと変化しているということ。

⑤ 現代の科学は、人間の知的活動という側面を薄れさせ、自然に介入しそれを操作する技術により実利的成果をもたらすことで、国家間の競争の中で先進国の体系的な仕組みを持続的に支える不可欠な要素へと変化しているということ。

問3　傍線部B「こうして『もっと科学を』というスローガンの説得力は低下し始め、『科学が問題ではないか』という新たな意識が社会に生まれ始めているのである。」とあるが、それはどういうことか。その説明として最も適当なものを、次の①～⑤のうちから一つ選べ。解答番号は 7 。

① 二十世紀前半までの科学は、自然の仕組みを知的に解明するとともに自然の脅威と向き合う手段を提供したが、現代における技術と結びついた科学は、自然に介入しそれを操作する能力の開発があまりにも急激で予測不可能となり、その前途に対する明白な警戒感が生じつつあるということ。

② 二十世紀前半までの科学は、自然哲学的な営みから発展して社会の諸問題を解決する能力を獲得したが、現代における技術と結びついた科学は、研究成果を新商品や新製品として社会へ一方的に放出する営利的な傾向が強まり、その傾向に対する顕著な失望感が示されつつあるということ。

③ 二十世紀前半までの科学は、日常の延長上で自然の仕組みを解明することによって社会における必要度を高めたが、現代における技術と結びついた科学は、実験室の中で天然では生じない条件の下に人工物を作り出すようになり、その方法に対する端的な違和感が高まりつつあるということ。

④ 二十世紀前半までの科学は、その理論を応用する技術と強く結びついて日常生活に役立つものを数多く作り出したが、現代における技術と結びついた科学は、その作り出した人工物が各種の予想外の災いをもたらすこともあり、その成果に対する全的な信頼感が揺らぎつつあるということ。

⑤ 二十世紀前半までの科学は、一般市民へ多くの実際的な成果を示すことによって次の段階へと貪欲に進展したが、現代における技術と結びついた科学は、その新知識が市民の日常的な生活感覚から次第に乖離《かいり》するようになり、その現状に対する漠然とした不安感が広がりつつあるということ。

問4　傍線部C「ゴレムのイメージに取りかえることを主張したのである」とあるが、それはどういうことか。その説明として最も適当なものを、次の①～⑤のうちから一つ選べ。解答番号は 8 。

① 全面的に善なる存在という科学に対する認識を、超人的な力を増加させつつ成長するがやがて人間に従属させることが困難になる怪物ゴレムのイメージで捉えなおすことで、現実の科学は人間の能力の限界を超えて発展し続け将来は人類を窮地に陥れる脅威となり得る存在であると主張したということ。

② 全面的に善なる存在という科学に対する認識を、水と土から産み出された有益な人造物であるが不器用な面を持ちあわせている怪物ゴレムのイメージで捉えなおすことで、現実の科学は自然に介入し操作できる能力を獲得しながらもその成果を応用することが容易でない存在であると主張したということ。

③ 全面的に善なる存在という科学に対する認識を、魔術的力とともに日々成長して人間の役に立つが欠陥が多く危険な面も備える怪物ゴレムのイメージで捉えなおすことで、現実の科学は新知識の探求を通じて人類に寄与する一方で制御困難な問題も引き起こす存在であると主張したということ。

④ 全面的に善なる存在という科学に対する認識を、人間の手で創り出されて万能であるが時に人間に危害を加えて失望させる面を持つ怪物ゴレムのイメージで捉えなおすことで、現実の科学は神聖なものとして美化されるだけでなく時には幻滅の対象にもなり得る存在であると主張したということ。

⑤ 全面的に善なる存在という科学に対する認識を、主人である人間を守りもするがその人間を破壊する威力も持つ怪物ゴレムのイメージで捉えなおすことで、現実の科学は適切な制御なしにはチェルノブイリ事故や狂牛病に象徴される事件を招き人類に災いをもたらす存在であると主張したということ。

12

問5　傍線部D「にもかかわらず、この議論の仕方には問題がある。」とあるが、それはなぜか。その理由として最も適当なものを、次の①～⑤のうちから一つ選べ。解答番号は 9 。

① コリンズとピンチは、「ゴレム」という科学イメージを利用することによって、初めて科学の「ほんとうの」姿を提示し科学至上主義も反科学主義も共に否定できたとするが、それ以前の多くの小説家も同様のイメージを描き出すことで、一枚の岩のように堅固な一般市民の科学観をたびたび問題にしてきたという事実を、彼らは見落としているから。

② コリンズとピンチは、さまざまな問題に対して一般市民自らが決定を下せるように、市民に科学をもっと伝えるべきだと主張してきたが、原子力発電所建設の是非など、実際の問題の多くは「科学者」という職業的専門家の間でも簡単に解決できないものであり、単に科学に関する知識を伝えるだけでは、市民が適切に決定を下すには十分でないから。

③ コリンズとピンチは、科学を裂け目のない一枚の岩のように堅固なものと見なしてきたそれまでの科学者を批判し、古生物学、工業化学などといった異なる領域を一括り《ひとくく》に「科学」と呼ぶ態度を疑問視しているが、多くの市民の生活感覚からすれば科学はあくまでも科学であって、実際には専門家の示す科学的知見に疑問を差しはさむ余地などないから。

④ コリンズとピンチは、歴史的にポピュラーな「ゴレム」という科学イメージを使って科学は無謬の知識だという発想を批判したが、科学者と政治家やメディア、そして一般市民との関係について人々に伝えるべきだという二人の主張も、一般市民は科学の「ほんとうの」姿を知らない存在だと決めつける点において、科学者と似た見方であるから。

⑤ コリンズとピンチは、これまでの科学者が振りまいた一枚の岩のように堅固な科学イメージを突き崩すのに成功したが、彼らのような科学社会学者は、科学に「ついての」知識の重要性を強調するばかりで、科学知識そのものを十分に身につけていないため、科学を正当に語る立場に基づいて一般市民を啓蒙していくことなどできないから。

問6　この文章の表現と構成・展開について、次の(i)・(ii)の問いに答えよ。

(i)　この文章の第1～8段落の表現に関する説明として**適当でないもの**を、次の①～④のうちから一つ選べ。解答番号は 10 。

①　第1段落の「『科学者』という職業的専門家」という表現は、「科学者」が二十世紀より前の時代では一般的な概念ではなかったということを、かぎ括弧をつけ、「という」を用いて言いかえることによって示している。

②　第5段落の「このような状況に一石を投じた」という表現は、コリンズとピンチの共著『ゴレム』の主張が当時の状況に問題を投げかけ、反響を呼んだものとして筆者が位置づけているということを、慣用句によって示している。

③　第6段落の「コリンズとピンチの処方箋」という表現は、筆者が当時の状況を病理と捉えたうえで、二人の主張が極端な対症療法であると見なされていたということを、医療に関わる用語を用いたたとえによって示している。

④　第8段落の「優れた検出装置を～。しかし～わからない。しかし～わからない……」という表現は、思考が循環してしまっているということを、逆接の言葉の繰り返しと末尾の記号によって示している。

(ii) この文章の構成・展開に関する説明として**適当でないもの**を、次の①～④のうちから一つ選べ。解答番号は 11 。

① 第1～3段落では十六世紀から二十世紀にかけての科学に関する諸状況を時系列的に述べ、第4段落ではその諸状況が科学者の高慢な認識を招いたと結論づけてここまでを総括している。

② 第5～6段落ではコリンズとピンチの共著『ゴレム』の趣旨と主張をこの文章の論点として提示し、第7～9段落で彼らの取り上げたケーススタディーの一例を紹介している。

③ 第10段落ではコリンズとピンチの説明を追いながら彼らの主張を確認し、第11段落では現代の科学における多様な領域の存在を踏まえつつ、彼らの主張の意義を確認している。

④ 第12段落ではコリンズとピンチの議論の仕方に問題のあることを指摘した後に具体的な事例を述べ、第13段落ではコリンズとピンチの主張の実質を確認して、筆者の見解を述べている。

第2問

次の文章は、野上弥生子《のがみやえこ》の小説「秋の一日」(一九一二年発表)の一節である。一昨年の秋、夫が旅行の土産にあけびの蔓《つる》で編んだ手提げ籠を買ってきた。直子は病床からそれを眺め、快復したらその中に好きな物を入れてピクニックに出掛けることを楽しみにしていた。本文はその続きの部分である。これを読んで、後の問い(問1〜6)に答えよ。なお、設問の都合で本文の上に行数を付してある。(配点 50)

「此《この》秋になったら坊やも少しはあんよして行けるだろ、小《ちい》さい靴を穿《は》かして一緒に連れて行こう。」

とこんな事を楽しんだ。けれどもその秋も籠は一度も用いらるる事なく戸棚に吊《つ》られてあった。直子は秋になると屹度《きっと》何かしら病気をするのであった。その癖一年のうちに秋は彼女の最も好きな季節で、その自然の風物は一枚の木の葉でも一粒の露でも、涙の出るような涼《すず》しい感銘を催させる場合が多いけれども、彼女は大抵それを病床から眺めねばならぬのである。ところが今年の秋は如何《どう》したせいか大変健《すこや》かで、虫歯一つ痛まずぴんぴんして暮らした。直子は明け暮れ軽快な心持ちで、もう赤ん坊を脱して一《い》ッぱしいたずら小僧の資格を備えて来た子供を相手に遊び暮らしながら、毎年よそに見はずした秋の遊び場のそこ此処《ここ》を思いやったが、そうなると又特別に行き度《た》いと思う処《ところ》もなかった。

その内文部省(注1)の絵の展覧会が始まって、世の中は一しきりその取沙汰《とりざた》で賑《にぎ》やかであった。直子の家では主人が絵ずきなので早々見に行って来て、気に入った四五枚の絵の調子や構図の模様などをあらまし話してくれた。二三の知った画家の出した絵の様子なども聞いた。直子は去年も一昨年も見なかったので、今年は早く行って見ようと思った。けれども長い間の望みの如《ごと》く、彼《あ》のあけび細工の籠に好きな食べものを入れてぶらぶら遊びながらと云《い》う事を思いついたのは、其《その》前日の全く偶然な出来心であった。直子は夕方の明るく暮れ行く西の空に、明日の晴れやかな秋日和を想像して左様《そう》しようと思った。

「それが可《よ》い。展覧会は込むだろうから朝早くに出掛けて、すんだら上野から何処《どこ》か静かな田舎に行く事にしよう。」

とそう思うと、A誠に物珍《めず》らしい楽しい事が急に湧いたような気がして、直子は遠足を待つ小学生のような心で明日を待った。

あけの日は何時《いつ》もより早目に起きて、海苔《のり》を巻いたり焼き結飯《むすび》を拵《つく》ったり女中(注2)を相手に忙しく立ち働いた。支度が出来ていよいよ籠に詰め終《おわ》った時には、直子はただ訳もなく嬉《うれ》しく満足であった。菓子も入れた。無くてはならぬものと思った柿も、きざ(注3)柿の見事なのを四つ五つ入れた。提げて見ると随分重かった。

「それをみんな食べて来る気かい。」

と云って家の人々は笑った。

上野の山は可《か》なり久しぶりであった。直子は新《あた》らしい帽子、新らしい前掛けに可愛《かわい》らしく装われた子供の手を引いて、人気の稀《ま》れな朝の公園の並木道を竹の台の方へ歩いて行った。小路《こみち》に這入《はい》ると落葉《おちば》が多かった。灰色、茶色、鈍《に》びた朱色、種々な木の葉の稍《やや》焦げた芝の縁や古い木の根方などに乾《から》びつつ集まっているのが、歩みの下にさくさくと鳴るのも秋の公園の路《みち》らしかった。其処《そこ》此処の立ち木も大抵葉少なな姿になって、園内は遠くの向《むこ》うまで明るく広々と見渡された。その葉のない淋《さび》しい木の枝に大きな鴉《からす》が来て、ぽっつりと黒く留まってるのが、町中の屋根の端なぞにたまたま見るものなどよりもずっと大きく、ずっと黒く、異様な鳥のように直子の目に映った。その鴉が枝からかァかァかァと鳴いて立つと、子供も

「かァかァかァ。」

と云って口真似《まね》をした。女中もその度に子供と一緒にかァかァかァと真似をした。両大師前の路を古びた寺の土塀に添うて左に廻《まわ》ると、急に賑やかな楽器の音が聞《きこ》えて並木一つ越した音楽堂の前に大勢の人だかりが見えた。何処か小学校の運動会と見えて赤い旗などをくも手に引き廻した中に、沢山な子供の群れがいた。近づいて見ると本郷区何々と染めぬいた大きい赤旗が立って、長方形に取り囲まれた見物人の人垣の中に今小さい一群れの子供が遊戯を始めているところであった。赤旗の下にある一張りの白いテントの内からは、ピアノ音がはずみ立って響いた。くたびれて女中に負《おぶ》さった子供は、初めて見る此珍らしい踊りの群れを、(ア)呆《あ》っけに取られた顔をして熱心に眺めた。直子も何年ぶりかでこんな光景を見たので、子供に劣らぬもの珍らしい心を以《もっ》て立ち留まって眺めていたが、五分許《ばか》りも見ている間に、ふと訳もない涙が上瞼《うわまぶた》の内から熱くにじみ出して来た。訳も

ない涙。直子はこの涙が久しく癖になった。何に出る涙か知らぬ。何に感じたと気のつく前に、ただ流れ出る涙であった。なんでもない朝夕の立ち居の間にも不図《ふと》この涙におそわれる事があった。子供に乳房を与えながら、その清らかなまじめな瞳を見詰めている内に溢《あふ》るる涙のとどめられなくなる時もあった。可愛いと云うのか、悲しいと云うのか、美しいからか、清らかな故にか、なんにも知らぬ。今目の前に踊る小さい子供の群れ、秋晴《あきばれ》の空のま下に、透明な黄色い光線の中をただ小鳥のように魚のように、手を動かしたり足をあげたりしている、ただその有様《ありさま》が胸に沁《し》むのである。直子はそんな心持《こころもち》から女中の肩を乗り出して眺め入ってる自分の子供を顧みると、我知らず微笑《ほほえ》まれたが、**B** この微笑の底にはいつでも涙に変《かわ》る或物《あるもの》が沢山隠れているような気がした。

此涙の後に浮《うか》ぶ、いつもの甘い悲しみを引いた安らかな心は、落ち着いて絵を見て歩《あ》りくのに丁度《ちょうど》適した心持ちであった。こう云うと一っぱし見る目のついた人のようだけれども、直子は本統《ほんとう》は画《え》の事などは何にも知らぬのである。ただ好きと云う事以外には、家で画の話を聞く機会が多いと云う事以外には、画の具の名さえ委《くわ》しくは知らぬ素人である。陳列替えになった(注4)三越《みつこし》を見に行くのと余り大した違いのない見物人の一人である。家を出る時、子供連れで初めから一枚一枚丁寧に見て行っては大変だから、余り疲れぬ内に西洋画の方に行けと云いつかっていたから、直子は其言葉に従って最初の日本画の右左に美しい彩色の中を通りぬけて奥の西洋画の室《へや》に急いで行こうとした。其間にも非常に画の好きな此二つの自分の子供が、朝夕家の人々から書いて貰《もら》う、鳩《はと》の画、犬の画、猫の画、汽車の画などの粗い鉛筆画に引き代えて、こうした赤や青や黄や紫やいろいろな画の具を塗った美しい大きな画を、どんな顔をして眺めるだろうか、と云う事に注目する事は怠らなかった。子供は女中の背中からさもさも真面目な顔つきをして左右の絵の壁を眺め廻した。そしてたまたま自分の知った動物とか鳥とか花とかの形を見出した時には、非常に満足な笑い方をしたが、彫刻の並んだ明るい広い室に這入った時に、女の裸体像を見つけては、

「おっぱい、おっぱい。」

とさも懐《なつか》しそうに指《ゆびさ》しをするのには直子も女中も一緒に笑い出した。まだ朝なのでこうした戯れも誰の邪魔にもならぬ位《くらい》入場者のかげは乏しかったのである。どの室もひっそりとして寂しく、高い磨《す》りガラスの天井、白い柱、棕梠《しゅろ》の樹《き》の暗緑色の葉、こ

18

う云うものの間に漂う真珠色の柔らかい燻《いぶ》したような光線の中に、絵画も彫刻も、暫時うるさい「品定め」から免れた悦《よろこ》びを歌いながら、安らかに休息してるかのように見えた。「瓦焼き」の前に来た時、直子は此画に対して聞かされた、当て気のない清らかな感情の溢れている、円満な真率な矢張り作者の顔の窺《のぞ》いてる画、と云う様な批評の声を再び思い起《おこ》して見た。而《しか》して彼の碧《あお》い海から、二つの瓦釜(注5)から、左側の草屋根から、其前に働く男から、路ばたの子供から、花畑の紅《あか》い花、白い花から、これらすべての上に漲《みなぎ》る明るい暖かそうな日光から、その声を探って見て決して失望はしなかった。けれども三十分程前会場の前の小さい踊りの群れを見た時のような奇《あや》しい胸のせまりはなかった。ただ安らかに気持ちよく見られた。そして不図先日仏蘭西《フランス》から帰った画家が持って来て主人の書斎の壁にピンで止めたシャヴァンヌ(注6)の「芸術と自然の中間」とか云う銅版画を思い出した。「幸ある(注7)朝」の前に立った時には、直子はいろいろ取り集めたような動揺した感情の許《もと》にあった。けれどもそれは其画とは全く関係のない事で、ただ其画家と其義妹《いもうと》にあたる直子の古い学校友達との間につながる無邪気な昔話であった。其友達は淑子さんと云って直子などよりも二級上にいた姉さん分であったけれども、同じ道筋の通学生で、親しいお仲間であった。数学の飛び抜けて旨《うま》い人だったので、直子などの二三人の出来ない連中は、少し面倒な宿題でも出ると、もう考えるより先に淑子さんに頼んで解いて貰っては、それをめいめいのノートに写して行った。そんな時にはむきになってまっ青な顔をして怒る人であった。少し頑固な点のある位(イ)生《き》一本なので、時とすると衝突して喧嘩《けんか》をした。それでも正直な無邪気な方なので直《す》ぐ仲直りは出来た。

話は或《あ》る暑中休暇の事であった。そう云う風な三四人の友達がよって、午前丈《だ》けいろいろな学科の復習をしたり、編み物をしたり、又新らしい書物を読んだりする小さい会のようなものを拵って、二週間許り有益な楽しい日を作り度いと云う相談が出来た。勿論《もちろん》淑子さんも其お仲間の積《つも》りでいると、

「私は駄目よ。」

と云う意外な申《もうし》出《い》でに皆《み》んな当てが外れた。

「淑子さんが這入って下さらなくちゃ何にも出来なくなるわ。避暑にでも入《い》らっしゃるの。」

と聞くと、

「左様じゃないんですけども、この夏は午前だけ是非用事があるんですもの。」

と云ってどうしても聞き入れないので、

「初《はな》ッからそんな方が出ては屹度長続きはしないから、いっそ止めましょうよ。」

とおしまいにはこんな(ウ)あてつけがましいお転婆を云って止めてしまった。その日一緒につれ立って帰る時、淑子さんは直子に向《むか》って、

「私全く困ったわ。みんな怒ったでしょうねえ。でもこれからお休みになると毎日義兄《あに》の家に通わなくちゃならない事があるんですもの。」

と云った。義兄と云うのはこの画家の事であった。直子は油画でも始めるのかともって(注8)尋ねて見ると、

「まさか。」

とにやにやして、

「今に秋になれば分《わか》る事。」

と謎のような言葉を残して別れた。暑中休暇がすんで秋になって、おいおい画の季節が来た時白馬会(注9)が開《ひら》けた。直子の友達仲間は例になって毎年淑子さんから貰う招待券でみんなして行って見ると驚いた。淑子さんが画になっているのであった。確か「造花」とか云う題であったと思う。大きな模様の浴衣を着た淑子さんが椅子に腰かけて、何か桃色の花を拵ってる処の画なのであった。みんな会話の時などを思い当《あた》った。そして出し抜かれたような、珍らしい賑やかな心持ちになって淑子さんを探すと、今まで傍《そば》にいた人が遠くの向うの室に逃げて此方《こちら》を見てにこにこ笑って立っていた。

直子は今「幸ある朝」の前に立って丁度その頃の事がいろいろ思い出されたのであった。淑子さんはそれから卒業すると間もなくお嫁に行って、そして間もなく亡くなられた。今はもうこの世にない人である。彼《あの》「造花」の画のカンヴァスから此《こ》のカンヴァスの間にはかれこれ十年近くの長い日が挟まっているのだけれども、ちっともそんな気はしない。ほんの昨日の出来事で、今にもあの快活な紅い頬をしたお転婆な遊び友達の群れが、どやどやと此室に流れ込んで来そうな気がする。そして其中に交じる自

分は、ひとり画の前に立つ此自分ではなくって全く違った別の人のような気がする。直子はその親しい影の他人を正面に見据えて見て、笑い度いような冷やかしたいような且憫《かつあわれ》み度いような気がした。而してふり返る度にうつる過去の姿の、如何《いか》にも価なく見すぼらしいのを悲しんだ。直子はCこうした雲のような追懐に封じられてる内に、突然けたたましい子供の泣き声が耳に入った。驚いて夢から覚めたように声の方に行くと向うの室の棕梠の蔭《かげ》に女中に抱かれて子供は大声をあげて泣いている。如何したのかと思ったら、

「あの虎が恐《こわ》いってお泣きになりましたので。」

と女中は不折《ふせつ》(注10)の大きな画を見ながら云って、

「もう虎はおりません。あちらに逃げて仕舞いました。」

となだめすかした。直子は急に堪《たま》らなく可笑《おか》しくなったが子供は矢張り、

「とや、とや。」

と云って泣くので、

「じゃもう出ましょう。虎ううが居ちゃ大変だからね。」

と大急ぎで出口に廻った。

（注）
1　文部省の絵の展覧会――一九〇七年に始まった文部省美術展覧会のこと。日本画・洋画・彫刻の三部構成で行われた。
2　女中――ここでは一般の家に雇われて家事手伝いなどをする女性。当時の呼び名。
3　きざ柿――木についたまま熟し、甘くなる柿。
4　陳列替えになった三越――百貨店の三越は、豪華な商品をショーケースに陳列し、定期的に展示品を替えていた。
5　瓦釜――瓦窯。瓦を焼くためのかまど。
6　シャヴァンヌ――ピュヴィス・ド・シャヴァンヌ（一八二四～一八九八）。フランスの画家。
7　「幸ある朝」――絵の題名。藤島武二（一八六七～一九四三）に同名の作品がある。この後に出てくる「造花」も同じ。
8　もって――「思って」に同じ。
9　白馬会が開らけた――白馬会は明治期の洋画の美術団体。その展覧会が始まったということ。
10　不折――中村不折（一八六六～一九四三）。日本の画家・書家。

問1　傍線部(ア)～(ウ)の本文中における意味として最も適当なものを、次の各群の①～⑤のうちから、それぞれ一つずつ選べ。解答番号は 12 ～ 14 。

(ア) 呆《あ》っけに取られた 12
① 驚いて目を奪われたような
② 意外さにとまどったような
③ 真剣に意識を集中させたような
④ 急に眠気を覚まされたような
⑤ 突然のことにうれしそうな

(イ) 生《き》一本 13
① 短気
② 純粋
③ 勝手
④ 活発
⑤ 強情

(ウ) あてつけがましい 14
① いかにも皮肉を感じさせるような
② 遠回しに敵意をほのめかすような
③ 暗にふざけてからかうような
④ あたかも憎悪をにじませるような
⑤ かえって失礼で慎みがないような

問2　傍線部A「誠に物珍《めず》らしい楽しい事が急に湧いたような気がして」とあるが、それはどういうことか。その説明として最も適当なものを、次の①〜⑤のうちから一つ選べ。解答番号は 15 。

① この秋はそれまでの数年間と違って体調がよく、籠を持ってどこかへ出掛けたいと考えていたところ、絵の鑑賞を夫から勧められてにわかに興味を覚え、子供と一緒に絵を見ることが待ち遠しくなったということ。

② 長い間患っていた病気が治り、子供も自分で歩けるほど成長しているので一緒に外出したいと思っていたところ、翌日は秋晴れのようだから、全快を実感できる絶好の日になるとふと思いついて、心が弾んだということ。

③ 珍しく秋に体調がよく、子供とどこかへ出掛けたいのに行き先がないと悩んでいたところ、夫の話から久しぶりに絵の展覧会に行こうとはたと思いつき、手頃な目的地が決まって楽しみになったということ。

④ 籠を持って子供と出掛けたいと思いながら、適当な行き先が思い当たらずにいたところ、翌日は秋晴れになりそうだから、展覧会の絵を見た後に郊外へ出掛ければいいとふいに気がついて、うれしくなったということ。

⑤ 展覧会の絵を早く見に行きたかったが、子供は退屈するのではないかとためらっていたところ、絵を見た後にどこか静かな田舎へ行けば子供も喜ぶだろうと突然気づいて、晴れやかな気持ちになったということ。

問3 傍線部B「この微笑の底にはいつでも涙に変《かわ》る或物《あるもの》が沢山隠れているような気がした」とあるが、それはどういうことか。その説明として最も適当なものを、次の①～⑤のうちから一つ選べ。解答番号は 16 。

① 思わずもらした微笑は、身を乗り出して運動会を見ている子供の様子に反応したものだが、そこには病弱な自分がいつも心弱さから流す涙と表裏一体のものがあると感じたということ。

② 思わずもらした微笑は、小学生たちの踊る姿に驚く子供の様子に反応したものだが、そこには無邪気な子供の将来を思う不安から流す涙につながるものがあると感じたということ。

③ 思わずもらした微笑は、子供の振る舞いのかわいらしさに反応したものだが、そこには純真さをいつまでも保ってほしいと願うあまりに流れる涙に結びつくものがあると感じたということ。

④ 思わずもらした微笑は、幸せそうな子供の様子に反応したものだが、そこにはこれまで自分がさまざまな苦労をして流した涙の記憶と切り離せないものがあると感じたということ。

⑤ 思わずもらした微笑は、子供が運動会を見つめる姿に反応したものだが、そこには純粋なものに心を動かされてひとりでにあふれ出す涙に通じるものがあると感じたということ。

問4　傍線部C「こうした雲のような追懐に封じられてる」とあるが、それはどういうことか。その説明として最も適当なものを、次の①～⑤のうちから一つ選べ。解答番号は［17］。

① 絵を見たことをきっかけに、淑子さんや友人たちと同じように無邪気で活発だった自分が、ささいなことにも心を動かされていたことを思い出した。それに引きかえ、長い間の病気が自分の快活な気質をくもらせてしまったことに気づき、沈んだ気持ちに陥っている。

② 絵を見たことをきっかけに、淑子さんをはじめ女学校時代の友人たちとの思い出が次から次へと湧き上がってきた。当時のことは鮮やかに思い出されるのに淑子さんはすでに亡く、自分自身も変化していることに気づかされて、もの思いから抜け出すことができずにいる。

③ 絵を見たことをきっかけに、親しい友人であった淑子さんと自分たちとの感情がすれ違ってしまった出来事を思い出した。淑子さんと二度と会うことができなくなった今となっては、慕わしさが次々と湧き起こるとともに当時の未熟さが情けなく思われて、後悔の念に胸がふさがれている。

④ 絵を見たことをきっかけに、女学校の頃の出来事や友人たちの姿がとりとめもなく次々に浮かんできた。しかし、すでに十年近い時間が過ぎてしまい、もうこの世にいない淑子さんの姿がかすんでしまっていることに気づいて、懸命に思い出そうと努めている。

⑤ 絵を見たことをきっかけに、淑子さんが自分たちに仕掛けたかわいらしい謎によって引き起こされた、さまざまな感情がよみがえり、ふくれ上がってきた。それをたどり直すことで、ささやかな日常を楽しむことができた女学生の頃の感覚を懐かしみ、取り戻したいという思いにとらわれている。

問5　本文には、自分の子供の様子を見守る直子の心情が随所に描かれている。それぞれの場面の説明として最も適当なものを、次の①～⑤のうちから一つ選べ。解答番号は 18 。

① 子供が歩き出すことを直子が想像したり、成長していたずらもするようになったことが示されたりする場面には、子供を見守り続ける直子の心情が描かれている。そこでは、念願だった秋のピクニックを計画する余裕もないほどに、子育てに熱中する直子の母としての自覚が印象づけられている。

② 「かァかァかァ。」と鴉の口まねをするなど、目にしたものに子供が無邪気に反応する場面には、子供とは異なる思いでそれらを眺める直子の心の動きが描かれている。そこでは、長い間病床についていたために、ささいなことにも暗い影を見てしまう直子の不安な感情が暗示されている。

③ 運動会の小学生たちを子供が眺める場面には、その様子を注意深く見守ろうとする直子の心情が描かれている。そこでは、直子には見慣れたものである秋の風物が、子供の新鮮な心の動きによって目新しいものになっている様が表されている。

④ 初めて接する美術品を子供が眺めている場面には、その反応を見守ろうとする直子の心情が描かれている。そこでは、美術品の中に自分の知っているものを見つけた子供が無邪気な反応を示す様を、周囲への気兼ねなく楽しむ直子ののびやかな気分が表されている。

⑤ 「とや、とや。」と言って子供が急に泣き出した場面には、自分の思いよりも子供のことを優先する直子の心の動きが描かれている。そこでは、突然現実に引き戻された直子が、娘時代はもはや遠くなってしまったと嘆く様が表されている。

問6　この文章の表現に関する説明として**適当でない**ものを、次の①～⑥のうちから二つ選べ。ただし、解答の順序は問わない。解答番号は 19 ・ 20 。

① 語句に付された傍点には、共通してその語を目立たせる働きがあるが、1行目「あんよ」、24行目「あらわ」のように、その前後の連続するひらがな表記から、その語を識別しやすくする効果もある。

② 22行目以降の落葉や46行目以降の日本画の描写には、さまざまな色彩語が用いられている。前者については、さらに擬音語が加えられ、視覚・聴覚の両面から表現されている。

③ 38行目「透明な黄色い光線」、55行目「真珠色の柔らかい燻《いぶ》したような光線」のように、秋晴れの様子が室内外に差す光の色を通して表現されている。

④ 43行目「直子は本統《ほんとう》は画《え》の事などは何にも知らぬのである」、44行目「画の具の名さえ委《くわ》しくは知らぬ素人である」は、直子の無知を指摘し、突き放そうとする表現である。

⑤ 55行目「暫時うるさい『品定め』から免れた悦《よろこ》びを歌いながら、安らかに休息してるかのように見えた」は、絵画や彫刻にかたどられた人たちの、穏やかな中にも生き生きとした姿を表現したものである。

⑥ 直子が、亡くなった淑子のことを回想する68行目以降の場面では、女学生時代の会話が再現されている。これによって、彼女とのやり取りが昨日のことのように思い出されたことが表現されている。

第3問

次の文章は『木草物語《きくさ》』の一節で、主人公の菊君（本文では「君」）が側近の蔵人《くろうど》（本文では「主《あるじ》」）の屋敷を訪れた場面である。これを読んで、後の問い（問1～6）に答えよ。（配点　50）

にはかのことなれば、主は「御まうけ（注1）もしあへず、いとかたじけなき御座《おまし》なりや」と、こゆるぎのいそぎ（注2）、さかな求めて、御供の人々もてなし騒ぐに、君は「涼しきかたに」とて端近う寄り臥《ふ》し、うち乱れ給《たま》へる御様、所柄はまいてたぐひなう見え給ふ。

隣といふもいと近う、はかなき透垣《すいがい》（注3）などしわたしたるに、夕顔の花の所せう咲きかかりたる、目馴《な》れ給はaぬものから、をかしと見給ふ。やや暮れかかる露の光もまがふ色なきを、おりたちてこの花一房とり給へるに、透垣の少し空きたるよりさしのぞき給へば、尼のすみかと見えて、閼伽棚《あかだな》（注4）にはかなき草の花など摘み散らしたるを、五十《いそぢ》ばかりの尼の出《い》できて、水すすぎなどす。花皿（注5）に数珠《ずず》の引きやられて、さらさらと鳴りたるもいとあはれなるに、また奥の方よりほのかにゐざり出づる人あり。年のほど、二十《はたち》ばかりと見えて、いと白うささやかなるが、髪のすそ、居丈《ゐたけ》ばかりにこちたく広ごりたるは、これも尼bにやあらむ、たそかれ時のそらめに、よくも見わき給はず。片手に経《きやう》持てるが、何ごとやらむ、この老尼《おいあま》にささやきてうち笑《ゑ》みたるも、かかる葎《むぐら》（注6）の中には(ア)にげなきまで、あてにらうたげなり。いと若きに、何ばかりの心をおこしてかくはそむきcぬらむと、はかなきことに御心とまる癖なれば、いとあはれと見捨てがたう思《おぼ》す。

主、御果物などさるべきさまに持て出でて、「これをだに」と、経営《けいめい》（注7）し騒ぐに、入らせ給うても見入れ給はず。いとあはれなる人を見つるかな、尼ならずは、見ではえやむまじきA御心地して、人なきひまに御前にさぶらふ童《わらは》に問ひ給ふ。「この隣なる人はいかなるものぞ。知りたりや」とのたまへば、「主のはらからの尼となむ申し侍《はべ》りしが、月頃山里に住み侍るを、この頃あからさまにここに出でものして、君のかくにはかに渡らせ給ひたる、折悪《をりあ》しとて、主はいみじうむつかり侍る」と聞こゆ。「その尼は、年はいくつばかりにか」と、なほ問ひ給へば、「五十あまりにもやなり侍らむ。娘のいと若きも、同じさまに世をそむきて、とうけたまはりしは、まことにや侍らむ。身のほどよりはいやしげなくて、こよなう思ひ上がりたる人ゆゑ、おほくは世をも倦《う》んじ果て侍るとかや。げに仏に仕ふる心高さはいみじく侍る」とてうち笑ふ。「あはれのことや。さばかり思ひとりしあたりに、常なき世の物語も(イ)聞こえまほしき心地するを、うちつけなるそぞろごとも罪深かるべけれど、いかがいふぞ、こころみに消《せう》息《そこ》伝へてむや」とて、御畳紙《たたうがみ》(注8)に、

X　「露かかる心もはかなたそかれにほの見し宿の花の夕顔」

童は心も得ず、あるやうあらむと思ひて、懐《ふところ》に入れて行きぬ。

なごりもうちながめておはするに、人々、御前に参り、主も「つれづれにおはしまさむ」とて、さまざま御物語など聞こゆるほど、夜もいたく更け行けば、君はかの御返しのいとゆかしきに、あやにくなる人しげさをわびしう思せば、**B**眠たげにもてない給うて寄り臥し給へば、人々、御前に「いざ、とく臥し給ひ**d**ね」とて、主もすべり入りぬ。

からうじて童の帰り参りたれば、「いかにぞ」と問ひ給ふに、「『すべてかかる御消息伝へうけたまはるべき人も侍らず。所違《ところたが》へにや』と、かの老尼なむ、ことの外に聞こえし」とて、

Y　「『世をそむく葎の宿のあやしきに見しやいかなる花の夕顔

かく申させ給へ』と、おぼめき侍りしかばなむ、帰り参りたる」と聞こゆるに、かひなきものから、ことわりと思し返すに、寝られ給はず。(ウ)あやしう、らうたかりし面影の、夢なら**e**ぬ御枕上《まくらがみ》につと添ひたる御心地して、「間近けれども」(注9)とひとりごち給ふ。

（注）

1 御まうけもしあへず、いとかたじけなき御座なりや――十分なもてなしができずに、蔵人が恐縮していることを表す。

2 こゆるぎのいそぎ――急いで。「こゆるぎのいそ」は神奈川県大磯あたりの海浜。「いそぎ」は「磯」と「急ぎ」の掛詞《かけことば》。

3 透垣――竹や板などで間を透かして作った垣。

4 閼伽棚――仏に供えるための水や花を置く棚。

5 花皿――花を入れる器。

6 葎――蔓《つる》状の雑草のことで、手入れのされていない住みかのたとえ。ここでは、隣家が質素な様子であることを表す。

7 経営――世話や準備などをすること。

8 畳紙――折りたたんで懐に入れておく紙。

9 間近けれども――「人知れぬ思ひやなぞと葦垣《あしがき》の間近けれども逢《あ》ふよしのなき」という古歌を踏まえ、恋しい人の近くにいながら、逢えないつらさをいう。

問1 傍線部(ア)~(ウ)の解釈として最も適当なものを、次の各群の①~⑤のうちから、それぞれ一つずつ選べ。解答番号は 21 ~ 23 。

(ア) にげなきまで 21
① 別人に見えるほど
② 目立ち過ぎるほど
③ 不釣り合いなほど
④ 信じられないほど
⑤ 並ぶ者がないほど

(イ) 聞こえまほしき 22
① うかがいたい
② 聞いてほしい
③ 申し上げたい
④ 話してほしい
⑤ 話し合いたい

(ウ) あやしう 23
① いやしいことに
② 非常識なことに
③ 疑わしいことに
④ 不思議なことに
⑤ 畏れ多いことに

問2　波線部a〜eの助動詞を、意味によって三つに分けると、どのようになるか。その組合せとして最も適当なものを、次の①〜⑤のうちから一つ選べ。解答番号は 24 。

① 〔a〕と〔bce〕と〔d〕
② 〔a〕と〔be〕と〔cd〕
③ 〔ace〕と〔b〕と〔d〕
④ 〔ad〕と〔b〕と〔ce〕
⑤ 〔ae〕と〔b〕と〔cd〕

問3　傍線部A「御心地」とあるが、その説明として最も適当なものを、次の①〜⑤のうちから一つ選べ。解答番号は 25 。

① うらさびしい家にいる二人の尼の姿を見て、どういう事情で出家したのか確かめずにはいられない菊君の好奇心。
② 隣家にいる二十歳くらいの女性の姿を垣間《かいま》見て、尼であるらしいとは思いながらも湧き上がってくる菊君の恋心。
③ 突然やって来た菊君にとまどいながらも、うまく接待をして、良い身分に取り立ててもらおうとする蔵人の野心。
④ 菊君の来訪を喜びつつも、隣家にいる身内の女たちに菊君が言い寄りはしないか心配でたまらない蔵人の警戒心。
⑤ 菊君の姿を目にして、娘にとっては尼として生きるより彼と結婚する方が幸せではないかと思案する老尼の親心。

問4　傍線部B「眠たげにもてない給うて」とあるが、その説明として最も適当なものを、次の①～⑤のうちから一つ選べ。
解答番号は 26 。

① 菊君は、老尼の娘と恋文を交わそうとしていたが、蔵人たちがそうした菊君の行動を警戒してそばから離れないので、わざと眠そうなふりをして彼らを油断させようとした。

② 菊君は、童を隣家へ遣わして、その帰りをひそかに待っていたが、蔵人たちがなかなか自分のそばから離れようとしないので、人々を遠ざけるために眠そうなそぶりを見せた。

③ 菊君は、老尼の娘からの返事が待ちきれず、こっそり蔵人の屋敷を抜け出して娘のもとに忍び込もうと考えたため、いかにも眠そうなふりをして周囲の人を退かせようとした。

④ 菊君は、忙しく立ち働く蔵人の様子を見て、突然やって来た自分を接待するために一所懸命なのだろうと察し、早く解放してあげようと気を利かせて、眠くなったふりをした。

⑤ 菊君は、慣れない他人の家にいることで気疲れをしていたので、夜遅くになってもまだ歓迎の宴会を続けようとする蔵人に、早く眠りにつきたいということを伝えようとした。

問5　X・Yの和歌に関する説明として最も適当なものを、次の①～⑤のうちから一つ選べ。解答番号は 27 。

① Xの歌の「露」は、菊君の恋がはかないものであることを表している。Yの歌は、そんな頼りない気持ちであるならば、一時の感傷に過ぎないのだろう、と切り返している。

② Xの歌の「心」は、老尼の娘に恋する菊君の心情を指している。Yの歌は、恋は仏道修行の妨げになるので、残念ながらあなたの気持ちには応えられない、と切り返している。

③ Xの歌の「たそかれ」は、菊君が老尼の娘を見初めた夕暮れ時を指している。Yの歌は、夕暮れ時は怪しいことが起こるので、何かに惑わされたのだろう、と切り返している。

④ Xの歌の「宿」は、菊君が垣間見た女性のいる家を指している。Yの歌は、ここは尼の住む粗末な家であり、あなたの恋の相手となるような女性はいない、と切り返している。

⑤ Xの歌の「夕顔」は、菊君が垣間見た女性を表している。Yの歌は、この家に若い女性は何人かいるので、いったい誰のことを指しているのか分からない、と切り返している。

問6 この文章の登場人物に関する説明として最も適当なものを、次の①～⑤のうちから一つ選べ。解答番号は 28 。

① 童は、菊君から隣家にいる女性たちの素性を問われ、蔵人のきょうだいの老尼とその娘であることを伝えつつ、娘は気位が高いので出家したのだろうとも言った。菊君から使いに行くように頼まれた時も、その真意をはかりかねたが、何かわけがあるのだろうと察して、引き受けた。

② 菊君は、夕暮れ時に隣家の母娘の姿を垣間見、まだ二十歳くらいの娘までも出家姿であることに驚いて興味を持ち、恋心を抱いた。出家した女性を恋い慕うことに対して罪の意識を強く感じたが、本心からの恋であるならそれも許されるだろうと考えて、娘に手紙を送ることにした。

③ 蔵人は、来訪した菊君に対して精一杯のもてなしをしようとつとめながらも、連絡もなくやって来たことには不満を感じていた。わざわざ用意した食事に手も付けない菊君の態度を目にしてますます不快に思ったが、他人の気持ちを汲《く》み取ることができない菊君をあわれだと思った。

④ 老尼は、ふだんは山里に住んでいるが、娘を連れて久しぶりにきょうだいの蔵人をたずね、そのまま蔵人の隣家に滞在して仏に花をささげるなどしていた。その折、ちょっとした用事で蔵人のところにやって来た菊君に娘の姿を見られてしまったので、蔵人に間の悪さを責められた。

⑤ 老尼の娘は、二十歳くらいとたいそう年は若いが、高貴な身分から落ちぶれたことによってすっかりこの世を厭《いと》い、母の老尼と同様にすでに出家も果たしている。その後、仏に仕える日々を蔵人の屋敷で静かに送っていたが、菊君から歌を贈られたことで心を乱し、眠れなくなった。

第4問

次の文章を読んで、後の問い（問1～6）に答えよ。なお、設問の都合で返り点・送り仮名を省いたところがある。（配点　50）

A 聴《ケバ》二雷《らい》（注1）霆《ていヲ》於百里之外《ニ》一者、如《ク》レ鼓《スルガ》レ（注2）盆《ヲ》、望《メバ》二江河《ヲ》於千里之間《ニ》一者、如《キハ》レ縈《まとフガ》レ帯《ヲ》、以《テ》二其《ノ》相《ヒ》去《ル》之遠《キヲ》一也。故《ニ》居《をリテ》二于千載之下《ニ》一而求《ムルニ》二之《ヲ》于(1)千載之上《ニ》一、以《テ》二相《ヒ》去《ル》之遠《キヲ》一而不《レバ》レ知《ラ》レ有《ルヲ》二其《ノ》変一、則《チ》猶《ホ》《シ》二刻《ミテ》レ（注3）舟《ニ》求《ムルガ》レ剣《ヲ》。今之所《ハ》レ求《ムル》、非《ザルモ》二往者《ノ》所《ニ》レ失《フ》、而謂《おもへリ》下其《ノ》刻《ミシハ》在《リ》レ此《ニ》、是《レ》所《ニ》二従《よリテ》墜《おツル》一也《ト》上。B 豈《ニ》不レ惑《ヒナラや》乎。

今夫《レ》江戸者《は》、世之所《ノ》レ称《スル》名都大《だい》（注4）邑《いふ》、（注5）冠蓋之所レ集《マル》、(2)舟車之所《ニシテ》レ湊《あつマル》、実《ニ》為《たル》二天下之大都会一也。而《レドモ》C 其地之為名、訪之於古、未之聞。豈《ニ》非《ズ》三古今相《ヒ》去《ルコト》日《ひびニ》遠《ク》、而事物之変《モ》亦《まタ》在《ルニ》二于其《ノ》間《ニ》一耶《や》。(ア)蓋知《ル》、後之於《おケルモ》レ今《ニ》、世之相《ヒ》去《ルコト》(イ)愈遠《ク》、事之相《ヒ》変《ズルコト》愈多《ク》、求《ムルモ》二其《ノ》所《ヲ》レ欲《スル》レ聞《カント》而不《ルコト》レ可《カラ》レ得、亦《タ》猶《ホ》《キヲ》二今之於《ケルガ》レ古《ニ》也。

吾竊《ひそかニ》有《リ》レ感《ズル》レ焉《これニ》。D『遺聞』(注6)之書、所ニ由《よリテ》作《ル》一也。

(新井白石『白石先生遺文』による)

(注)　1　雷霆――雷鳴。
2　鼓レ盆――盆は酒などを入れる容器。それを太鼓のように叩《たた》くこと。
3　刻レ舟求レ剣――船で川を渡る途中、水中に剣を落とした人が、すぐ船べりに傷をつけ、船が停泊してからそれを目印に剣を探した故事。
4　大邑――大きな都市。
5　冠蓋――身分の高い人。
6　『遺聞』――筆者の著書『江関遺聞』を指す。

問1　波線部(ア)「蓋」、(イ)「愈」のここでの読み方として最も適当なものを、次の各群の①～⑤のうちから、それぞれ一つずつ選べ。解答番号は 29 ・ 30 。

(ア)「蓋」 29
① なんぞ
② はたして
③ まさに
④ すなはち
⑤ けだし

(イ)「愈」 30
① しばしば
② いよいよ
③ かへつて
④ はなはだ
⑤ すこぶる

問2　傍線部⑴「千載之上」・⑵「舟車之所レ湊」のここでの意味として最も適当なものを、次の各群の①～⑤のうちから、それぞれ一つずつ選べ。解答番号は［31］・［32］。

⑴「千載之上」［31］
① 高い地位
② 遠い過去
③ 重たい積み荷
④ 多くの書籍
⑤ はるかな未来

⑵「舟車之所レ湊」［32］
① 軍勢が集まる拠点
② 荷物を積みおろしする港
③ 水陸の交通の要衝
④ 事故が多い交通の難所
⑤ 船頭や車夫の居住区

問3　傍線部A「聴二雷霆於百里之外一者、如レ鼓レ盆、望二江河於千里之間一者、如レ縈レ帯、以二其相去之遠一也」とあるが、それはどういうことか。その説明として最も適当なものを、次の①～⑤のうちから一つ選べ。解答番号は 33 。

①　聴覚と視覚とは別の感覚なので、「雷霆」は「百里」離れると小さく感じられるようになるが、「江河」は「千里」離れないとそうならないということ。

②　「百里」や「千里」ほども遠くから見聞きしているために、「雷霆」や「江河」のように本来は大きなものも、小さく感じられるということ。

③　「百里」離れているか「千里」離れているかによって、「雷霆」や「江河」をどのくらい小さく感じるかの程度が違ってくるということ。

④　「百里」や「千里」くらい遠い所にいるおかげで、「雷霆」や「江河」のように危険なものも、小さく感じられて怖くなくなるということ。

⑤　空の高さと陸の広さとは違うので、「雷霆」は「百里」離れるとかすかにしか聞こえないが、「江河」は「千里」でもまだ少しは見えるということ。

問4　傍線部B「豈 不レ惑 乎」とあるが、筆者がそのように述べる理由は何か。「刻レ舟 求レ剣」の故事に即した説明として最も適当なものを、次の①～⑤のうちから一つ選べ。解答番号は 34 。

① 剣は水中でどんどん錆《さ》びていくのに、落とした時のままの剣を見つけ出せると決めてかかっているから。
② 船がどれくらいの距離を移動したかを調べもせずに、目印を頼りに剣を探し出せると思い込んでいるから。
③ 大切なのは剣を見つけることなのに、目印のつけ方が正しいかどうかばかりを議論しているから。
④ 目印にすっかり安心して、船が今停泊している場所と、剣を落とした場所との違いに気づいていないから。
⑤ 船が動いて場所が変われば、それに応じて新しい目印をつけるべきなのに、怠けてそれをしなかったから。

問5 傍線部C「其地之為名、訪之於古、未之聞」の返り点の付け方と書き下し文との組合せとして最も適当なものを、次の①～⑤のうちから一つ選べ。解答番号は 35 。

① 其地之為レ名、訪レ之於レ古、未二之聞一
其の地の名を為《な》すに、之を訪ぬるに古《いにしへ》に於《お》いてするは、未だ之《ゆ》くを聞かず

② 其地之為レ名、訪二之於古一、未二之聞一
其の地の名為《た》る、之を古に訪ぬるも、未だ之を聞かず

③ 其地之為レ名、訪二之於一レ古、未レ之聞
其の地の名を為すに、之きて古に於いて訪ぬるも、未だ之かざるを聞く

④ 其地之為レ名、訪二之於一レ古、未二之聞一
其の地の名の為《ため》に、之きて古に於いて訪ぬるも、未だ之を聞かず

⑤ 其地之為レ名、訪二之於古一、未レ之聞
其の地の名為る、之を古に訪ぬるも、未だ之かざるを聞く

問6　傍線部D「『遺聞』之書、所二由作一也」とあるが、『江関遺聞』が書かれた理由として最も適当なものを、次の①～⑤のうちから一つ選べ。解答番号は 36 。

① 江戸は大都市だが、昔から繁栄していたわけではなく、同様に、未来の江戸も今とは全く違った姿になっているはずなので、後世の人がそうした違いを越えて、事実を理解するための手助けをしたいと考えたから。

② 江戸は政治的・経済的な中心となっているが、今後も発展を続ける保証はないし、逆にさびれてしまうおそれさえあるので、これからの変化に備えて、今の江戸がどれほど繁栄しているかを記録に残したいと考えたから。

③ 江戸は経済面だけでなく、政治的にも重要な都市となったが、かつてはそうではなかったので、江戸の今と昔とを対比することで、江戸が大都市へと発展してきた過程をよりはっきり示したいと考えたから。

④ 江戸は大都市のうえに変化が激しく、古い情報しか持たずに遠方からやってきた人は、行きたい場所を見つけるにも苦労するので、変化に対応した最新の江戸の情報を提供し、人々の役に立ちたいと考えたから。

⑤ 江戸は大きく発展したが、その一方で昔の江戸の風情が失われてきており、しかもこの傾向は今後いっそう強まりそうなので、昔の江戸の様子を書き記すことで、古い風情を後世まで守り伝えたいと考えたから。

MEMO

2016

本試験

国　語

（2016年１月実施）

80分　200点

国語

（解答番号 1 ～ 36）

第1問　次の文章を読んで、後の問い(問1～6)に答えよ。なお、設問の都合で本文の段落に［1］～［15］の番号を付してある。
(配点　50)

［1］着せ替え人形のリカちゃん(注1)は、一九六七年の初代から現在の四代目に至るまで、世代を超えて人気のある国民的キャラクターです。その累計出荷数は五千万体を超えるそうですから、まさに世代を越えた国民的アイドルといえるでしょう。しかし、時代の推移とともに、そこには変化も見受けられるようです。かつてのリカちゃんは、子どもたちにとって憧れの生活スタイルを演じてくれるイメージ・キャラクターでした。彼女の父親や母親の職業、兄弟姉妹の有無など、その家庭環境についても発売元のタカラトミーが情報を提供し、設定されたその物語の枠組《わくぐみ》のなかで、子どもたちは「ごっこ遊び」を楽しんだものでした。

［2］しかし、平成に入ってからのリカちゃんは、その物語の枠組から徐々に解放され、現在はミニーマウス(注2)やポストペット(注3)などの別キャラクターを演じるようにもなっています。自身がキャラクターであるはずのリカちゃんが、まったく別のキャラクターになりきるのです。これは、評論家の伊藤剛さん(注4)による整理にしたがうなら、特定の物語を背後に背負ったキャラクターから、その略語としての意味から脱却して、どんな物語にも転用可能なプロトタイプ(注5)を示す言葉となったキャラへと、Aリカちゃんの捉えられ方が変容していることを示しています。

［3］物語から独立して存在するキャラは、「やおい」(注6)などの二次創作と呼ばれる諸作品のなかにも多く見受けられます。その作者たちは、一次作品からキャラクターだけを取り出して、当初の作品のストーリーとはかけ離れた独自の文脈のなかで自由に操ってみせます。しかし、どんなストーリーのなかに置かれても、あらかじめそのキャラに備わった特徴は変わりません。たとえば、いくらミニーマウスに変身しても、リカちゃんはリカちゃんであるのと同じことです。

［4］このような現象は、物語の主人公がその枠組に縛られていたキャラクターの時代には想像できなかったことです。物語を破壊してしまう行為だからです。こうしてみると、キャラクターのキャラ化は、B人びとに共通の枠組を提供していた「大きな

物語」が失われ、価値観の多元化によって流動化した人間関係のなかで、それぞれの対人場面に適合した外キャラを意図的に演じ、複雑になった関係を乗り切っていこうとする現代人の心性を暗示しているようにも思われます。

5 振り返ってみれば、「大きな物語」という揺籃《ようらん》(注7)のなかでアイデンティティの確立が目指されていた時代に、このようにふるまうことは困難だったはずです。付きあう相手や場の空気に応じて表面的な態度を取り(ア)ツクロうことは、自己欺瞞《ぎまん》と感じられて後ろめたさを覚えるものだったからです。アイデンティティとは、外面的な要素も内面的な要素もそのまま併存させておくのではなく、揺らぎをはらみながらも一貫した文脈へとそれらをシュウ(イ)ソクさせていこうとするものでした。

6 それに対して、今日の若い世代は、アイデンティティという言葉で表《あら》わされるような一貫したものとしてではなく、キャラという言葉で示されるような断片的な要素を寄せ集めたものとして、自らの人格をイメージするようになっています。アイデンティティは、いくども揺らぎを繰り返しながら、社会生活のなかで徐々に構築されていくものですが、キャラは、対人関係に応じて意図的に演じられる外キャラにしても、生まれもった人格特性を示す内キャラにしても、あらかじめ出来上がっている固定的なものです。したがって、その輪郭が揺らぐことはありません。状況に応じて切り替えられはしても、それ自体は変化しないソリッド(注8)なものなのです。

7 では、自分の本心を隠したまま、所属するグループのなかで期待される外キャラを演じ続けることは、人間として不誠実であり、いい加減な態度なのでしょうか。現在の日本では、とくに若い世代では、どれほど正しく見える意見であろうと、別の観点から捉え直された途端に、その正当性がたちまち揺らいでしまいかねないような価値観の多元化が進んでいます。自己評価においてだけでなく、対人関係においても、一貫した指針を与えてくれる物差しを失っています。

8 現在の人間関係では、ある場面において価値を認められても、その評価はその場面だけで通じるものでしかなく、別の場面に移った途端に否定されるか、あるいは無意味化されてしまうことが多くなっています。人びとのあいだで価値の物差しが共有されなくなり、その個人差が大きくなっているために、たとえ同じ人間関係のなかにいても、その時々の状況ごとに、平たくいえばその場の気分しだいで、評価が大きく変動するようになっているのです。

9 私たちの日々の生活を(ウ)カエリみても、ある場面にいる自分と別の場面にいる自分とが、それぞれ異なった自分のように感じられることが多くなり、そこに一貫性を見出すことは難しくなっています。それらがまったく正反対の性質のものであることも少なくありません。最近の若い人たちは、このようなふるまい方を「キャラリング」とか「場面で動く」などと表現しますが、一貫したアイデンティティの持ち主では、むしろ生きづらい錯綜《さくそう》した世の中になっているのです。

10 しかし、ハローキティやミッフィーなどのキャラを思い起こせばすぐに気づくように、最小限の線で描かれた単純な造形は、私たちに強い印象を与え、また把握もしやすいものです。生身のキャラの場合も同様であって、あえて人格の多面性を削《そ》ぎ落とし、限定的な最小限の要素で描き出された人物像は、錯綜した不透明な人間関係を単純化し、透明化してくれるのです。

11 また、きわめて単純化された人物像は、どんなに場面が変化しようと臨機応変に対応することができます。日本発のハローキティやオランダ発のミッフィーが、いまや特定の文化を離れて万国で受け入れられているように、特定の状況を前提条件としなくても成り立つからです。C生身のキャラにも、単純明快でくっきりとした輪郭が求められるのはそのためでしょう。

12 二〇〇八年には、ついにコンビニエンス・ストアの売上高が百貨店のそれを超えました。外食産業でもファーストフード化が進んでいます。百貨店やレストランの店員には丁寧な接客態度が期待されますが、コンビニやファーストフードの店員にはそれが期待されません。感情を前面に押し出して個別的に接してくれるよりも、感情を背後に押し殺して定形的に接してくれたほうが、むしろ気をつかわなくて楽だと客の側も感じ始めているのではないでしょうか。店員に求められているのは、一人の人間として多面的に接してくれることではなく、その店のキャラを一面的に演じてくれることなのです。近年のメイド・カ(注9)フェの流行も、その外見に反して、じつはこの心性の延長線上にあるといえます。そのほうが、対面下での感情の負荷を下げられるからです。

13 こうしてみると、人間関係における外キャラの呈示は、それぞれの価値観を根底から異にしてしまった人間どうしが、予想もつかないほど多様に変化し続ける対人環境のなかで、しかし互いの関係をけっして決裂させることなく、コミュニケーションを成立させていくための技法の一つといえるのではないでしょうか。深部まで互いに分かりあって等しい地平に立つことを目指すのではなく、むしろ互いの違いを的確に伝えあってうまく共生することを目指す技法の一つといえるのではないでしょうか。彼らは、複雑化した人間関係の破綻を(エ)カイヒし、そこに明瞭性と安定性を与えるために、相互に協力しあってキャラを演じあっているのです。複雑さを(オ)シュクゲンすることで、人間関係の見通しを良くしようとしているのです。

14 したがって、外キャラを演じることは、けっして自己欺瞞ではありませんし、相手を騙《だま》すことでもありません。たとえば、ケータイの着メロの選択や、あるいはカラオケの選曲の仕方で、その人のキャラが決まってしまうこともあるように、キャラとはきわめて単純化されたものに違いはありません。しかし、ある側面だけを切り取って強調した自分らしさの表現であり、その意味では個性の一部なのです。うそ偽りの仮面や、強制された役割とは基本的に違うものです。

15 キャラは、人間関係を構成するジグソーパズルのピースのようなものです。一つ一つの輪郭は単純明快ですが、同時にそれぞれが異なってもいるため、他のピースとは取り替えができません。また、それらのピースの一つでも欠けると、予定調和の関係は成立しません。その意味では、自分をキャラ化して呈示することは、他者に対して誠実な態度といえなくもないでしょう。**D**価値観が多元化した相対性の時代には、誠実さの基準も変わっていかざるをえないのです。

（土《ど》井《い》隆義《たかよし》『キャラ化する／される子どもたち』による）

（注）
1　リカちゃん――少女の姿形をモチーフにした着せ替え人形。
2　ミニーマウス――企業が生み出したキャラクター商品で、ネズミの姿形をモチーフにしている。「ハローキティ」「ミッフィー」も同様のキャラクター商品として知られており、それぞれネコ、ウサギの姿形をモチーフにしている。
3　ポストペット――コンピューターの画面上で、電子メールを送受信し、管理するためのアプリケーション・ソフトウェアの一つ。内蔵されたキャラクター（主に動物）が、メールの配達などを行う。
4　伊藤剛――マンガ評論家（一九六七～　）。著書に『テヅカ・イズ・デッド――ひらかれたマンガ表現論へ』などがある。
5　プロトタイプ――原型、基本型。
6　「やおい」などの二次創作――既存の作品を原作として派生的な物語を作り出すことを「二次創作」と呼ぶ。原作における男性同士の絆《きずな》に注目し、その関係性を読みかえたり置きかえたりしたものなどを「やおい」と呼ぶことがある。
7　揺籃――ゆりかご。ここでは、比喩的に用いられている。
8　ソリッドなもの――定まった形をもったもの。
9　メイド・カフェ――メイドになりきった店員が、客を「主人」に見立てて給仕などのサービスを行う喫茶空間。

問1　傍線部(ア)～(オ)に相当する漢字を含むものを、次の各群の①～⑤のうちから、それぞれ一つずつ選べ。解答番号は 1 ～ 5 。

(ア)　ツクロう　1
① 収益のゼンゾウを期待する
② 事件のゼンヨウを解明する
③ 建物のエイゼン係を任命する
④ 学生ゼンとしたよそおい
⑤ ゼン問答のようなやりとり

(イ)　シュウソク　2
① 度重なるハンソクによる退場
② 健康をソクシンする環境整備
③ ヘイソクした空気の打破
④ 両者イッショクソクハツの状態
⑤ ソクバクから逃れる手段

(ウ)　カエリみても　3
① コイか過失かという争点
② コシキゆかしき伝統行事
③ 一同をコブする言葉
④ コドクで華麗な生涯
⑤ コリョの末の優しい言葉

(エ)　カイヒ　4
① 海外のタイカイに出場する
② タイカイに飛び込み泳ぐ
③ 方針を一八〇度テンカイする
④ 天使がゲカイに舞い降りる
⑤ 個人の考えをカイチンする

(オ)　シュクゲン　5
① 前途をシュクして乾杯する
② シュクシュクと仕事を進めた
③ シュクテキを倒す日が来た
④ 紳士シュクジョが集う
⑤ キンシュク財政を守る

問2　傍線部A「リカちゃんの捉えられ方が変容している」とあるが、それはどういうことか。その説明として最も適当なものを、次の①～⑤のうちから一つ選べ。解答番号は 6 。

① かつては、憧れの生活スタイルを具現するキャラクターであったリカちゃんが、設定された枠組から解放され、その場その場の物語に応じた役割を担うものへと変わっているということ。

② 発売当初は、特定の物語をもっていたリカちゃんが、多くの子どもたちの「ごっこ遊び」に使われることで、世代ごとに異なる物語空間を作るものへと変わっているということ。

③ 一九六七年以来、多くの子どもたちに親しまれたリカちゃんが、平成になってからは人気のある遊び道具としての意味を逸脱して、国民的アイドルといえるものへと変わっているということ。

④ 以前は、子どもたちが憧れる典型的な物語の主人公であったリカちゃんが、それまでの枠組に縛られず、より身近な生活スタイルを感じさせるものへと変わっているということ。

⑤ もともとは、着せ替え人形として開発されたリカちゃんが、人びとに親しまれるにつれて、自由な想像力を育むイメージ・キャラクターとして評価されるものへと変わっているということ。

問3　傍線部B「人びとに共通の枠組を提供していた『大きな物語』」とあるが、この場合の「人びと」と「大きな物語」の関係はどのようなものか。その説明として最も適当なものを、次の①～⑤のうちから一つ選べ。解答番号は 7 。

①　「人びと」は、社会のなかの価値基準を支える「大きな物語」を共有することで、自己の外面的な要素と内面的な要素とを比べながら、臨機応変に複数の人格のイメージを使い分けようとしていた。

②　「人びと」は、社会のなかの価値基準を支える「大きな物語」を共有することで、自己の外面的な要素と内面的な要素との隔たりに悩みながらも、矛盾のない人格のイメージを追求していた。

③　「人びと」は、社会のなかの価値基準を支える「大きな物語」を共有することで、自己の外面的な要素と内面的な要素とのずれを意識しながらも、社会的に自立した人格のイメージを手に入れようとしていた。

④　「人びと」は、社会のなかの価値基準を支える「大きな物語」を共有することで、自己の外面的な要素と内面的な要素とを重ねあわせながら、生まれもった人格のイメージを守ろうとしていた。

⑤　「人びと」は、社会のなかの価値基準を支える「大きな物語」を共有することで、自己の外面的な要素と内面的な要素とを合致させながら、個別的で偽りのない人格のイメージを形成しようとしていた。

問4　傍線部C「生身のキャラにも、単純明快でくっきりとした輪郭が求められる」とあるが、それはなぜか。その説明として最も適当なものを、次の①～⑤のうちから一つ選べ。解答番号は 8 。

① ハローキティやミッフィーなどは、最小限の線で造形されることで、国や文化の違いを超越して認識される存在になったが、人間の場合も、人物像が単純で一貫性をもっているほうが、他人と自分との違いが明確になり、互いの異なる価値観も認識されやすくなるから。

② ハローキティやミッフィーなどは、最小限の線で造形されることで、その個性を人びとが把握しやすくなったが、人間の場合も、人物像の個性がはっきりして際だっているほうが、他人と交際するときに自分の性格や行動パターンを把握されやすくなるから。

③ ハローキティやミッフィーなどは、最小限の線で造形されることで、特定の文化を離れて世界中で人気を得るようになったが、人間の場合も、人物像の多面性を削ることで個性を堅固にしたほうが、文化の異なる様々な国での活躍が評価されるようになるから。

④ ハローキティやミッフィーなどは、最小限の線で造形されることで、その特徴が人びとに広く受容されたが、人間の場合も、人物像の構成要素が限定的で少ないほうが、人間関係が明瞭になり、様々な場面の変化にも対応できる存在として広く受け入れられるから。

⑤ ハローキティやミッフィーなどは、最小限の線で造形されることで、様々な社会で人びとから親しまれるようになったが、人間の場合も、人物像が特定の状況に固執せずに素朴であるほうが、現代に生きづらさを感じる若者たちに親しまれるようになるから。

問5　次に示すのは、この文章を読んだ五人の生徒が、「誠実さ」を話題にしている場面である。傍線部D「価値観が多元化した相対性の時代には、誠実さの基準も変わっていかざるをえないのです。」という本文の趣旨に最も近い発言を、次の①～⑤のうちから一つ選べ。解答番号は 9 。

①　生徒A――現代では、様々な価値観が認められていて、絶対的に正しいとされる考え方なんて存在しないよね。でも、そんな時代だからこそ、自分の中に確固とした信念をもたなくてはいけないはず。他者に対して誠実であろうとするときには、自分が信じる正しさを貫き通さないと、って思う。

②　生徒B――えっ、そう？　今の時代、自分の信念を貫き通せる人なんて、そんなにいないんじゃないかな。何が正しいか、よく分からない時代だし。状況に応じて態度やふるまいが変わるのも仕方がないよ。そういう意味で、キャラを演じ分けることも一つの誠実さだと思うんだけど。

③　生徒C――たしかに、キャラを演じ分けることは大切になってくるだろうね。でも、いろんなキャラを演じているうちに、自分を見失ってしまう危険がある。だから、どんなときでも自分らしさを忘れないように意識すべきだと思う。他者よりも、まずは自分に対して誠実でなくっちゃ。

④　生徒D――う～ん、自分らしさって本当に必要なのかな？　外キャラの呈示が当たり前になっている現代では、自分の意見や感情を前面に出すのは、むしろ不誠実なことだと見なされているよ。自分らしさを抑えて、キャラになりきることのほうが重要なのでは？

⑤　生徒E――自分らしさにこだわるのも、こだわらないのも自由。それが「相対性の時代」ってことでしょ。キャラを演じてもいいし、演じなくてもいい。相手が何を考えているかなんて、誰にも分からないんだから、他者に対する誠実さそのものが成り立たない時代に来ているんだよ。

問6 この文章の表現と構成・展開について、次の(i)・(ii)の問いに答えよ。

(i) この文章の第1～5段落の表現に関する説明として**適当でないもの**を、次の①～④のうちから一つ選べ。解答番号は 10 。

① 第1段落の第4文の「生活スタイルを演じてくれる」という表現は、「～を演じる」と表現する場合とは異なって、演じる側から行為をうける側に向かう敬意を示している。

② 第2段落の第3文の「評論家の～整理にしたがうなら」という表現は、論述の際には他人の考えと自分の考えを区別するというルールを筆者が踏まえていることを示している。

③ 第4段落の第3文の「～しているようにも思われます」という表現は、「～しています」と表現する場合とは異なって、断定を控えた論述が行われていることを示している。

④ 第5段落の第3文の「揺らぎをはらみながらも」という表現は、「揺らぎ」というものが、外側からは見えにくいが確かに存在するものであることを暗示している。

(ii) この文章の第7段落以降の構成・展開に関する説明として**適当でないもの**を、次の①～④のうちから一つ選べ。解答番号は 11 。

① 第7段落では、まず前段落までの内容を踏まえながら新たな問いを提示して論述の展開を図り、続けて、その問いを考えるための論点を提出している。

② 第10段落では、具体的なキャラクターを例に挙げて第9段落の内容をとらえ直し、第11段落では、第10段落と同一のキャラクターについて別の観点を提示している。

③ 第12段落では、百貨店やコンビニエンス・ストアなどの店員による接客といった具体例を挙げて、それまでとはやや異質な問題を提示し、論述方針の変更を図っている。

④ 第13段落では、「～ないでしょうか」と表現を重ねることで慎重に意見を示し、第14段落では、日常での具体例を挙げながら、第13段落の意見から導き出される結論を提示している。

第2問 次の文章は、佐多稲子《さたいねこ》の小説「三等車」の全文である。この小説が発表された一九五〇年代当時、鉄道の客車には一等から三等までの等級が存在した。「私」は料金の最も安い三等車に乗り込み、そこで見た光景について語っている。これを読んで、後の問い(問1～6)に答えよ。なお、設問の都合で本文の上に行数を付してある。(配点　50)

鹿児島ゆきの急行列車はもういっぱい乗客が詰まっていた。小さな鞄《かばん》ひとつ下げた私は、階段を駆け登ってきて、それでもいくらか空《す》いた車をとおもって、人の顔ののぞく窓を見渡しながら、せかせかと先《さ》きへ歩いていた。人の間をすり抜けてきた若い男が、

「お客さん一人?」

と、斜めに肩を突き出すようにして言った。

「え、ひとり」

「たった、ひとつだけ坐席《ざせき》があるよ」

「いくら?」

「二百円(注1)」

「どこ?」

「ちょっと待ってね」

坐席を闇(注2)で買うのは初めてだった。が話は聞いていたので、私はその男との応対も心得たふうに言って、内心ほっとしていた。名古屋で乗りかえるのだったが、今朝まで仕事をして、今夕先方へ着けばすぐ用事があった。

坐席屋の男はすぐ戻ってきて、私をひとつの車に連れ込んだ。通路ももう窮屈になっている間を割り込んで行き、ひとつの窓ぎわの席にいた男に(ア)<u>目くばせした</u>。

「この席」

「ありがとう」

私はそっと、二百円を手渡して、坐席にいた男の立ってくるのと入れかわった。私は周囲に対して少し照れながら再びほっとした。

長距離の三等車の中は、小さな所帯（注3）をいっぱい詰め込んだように、荷物などもごたごたして、窓から射《さ》し込む朝陽《あさひ》の中に、ほこり立っていた。

前の坐席にいた、五十年配の婦人が、私に顔を差し出して、

「あなたも坐席をお買いになったんですか」

「ええ」

「いくらでした」

「二百円でした」

「ああ、じゃおんなじですよ」

先方も、私も、安心したようになって、そして先方はつづけた。

「つい、遠くへ行くんじゃアね。二百円でも出してしまいますよ」

「そうですね」

発車までには二十分ぐらいはある筈《はず》だった。乗客はまだ乗り込んでいた。もう通路に立つばっかりだった。十二月も半ばになって帰省する学生もいたし、何かと慌ただしい往来もあるのだろう。どうせ遠くまで行くのだろうけれど、諦めたように立ったままの人もあり、通路に自分の坐《すわ》り場所を作る人もある。その中をまた通ってくる乗客は自分の身の置き場を僅か見つけると、そこへ立って荷物を脚の下においたりした。丁度私たちの坐席のそばにきて、そこで足をとめたのも、まあ乗り込んだだけで仕方がない、というように混雑に負けた顔をして、網棚を見上げるでもなく、(イ)無造作に袋や包みを下においた。工員ふうの若い夫婦で、三つ位の男の子を連れ、妻の方はねんねこ（注4）袢纏《ばんてん》で赤ん坊を負ぶっていた。痩せて頭から顔のほっそりした男の子

は、傍らの父親によく似ていた。普段着のままの格好だ。両親に連れ込まれた、汽車の中はこういうものだとでもおもうように、おとなしく周囲を見て突っ立っている。が母親に負ぶわれた赤ん坊は、人混みにのぼせたように泣き出しはじめた。はだけたねんねこの襟の下に赤い色のセーターを見せた母親は、丸い唇を尖《と》がらせたようにして、ゆすり上げたが、（注5）誕生をむかえた位の赤ん坊はいよいよのけ反って、混雑した車内のざわめきをかき立てるように泣く。

妻と対《むか》い合って立っている父親は、舌打ちをし、

「ほら、ほら」

と、妻の肩の上の赤ん坊をあやしながら眉をしかめている。袋の中から一枚のビスケットを取り出して、赤ん坊の口にくわえさせようとするのだが、赤ん坊がのけ反るので、まるで、押し込むような手つきになる。赤ん坊は却《かえ》って泣き立てる。

「何とか泣きやまさせないか」

夫は苛々《いらいら》するように細いかん高い声で言った。妻の方は夫が赤ん坊の口にビスケットをねじり込むようにするときも、視線をはずしたようにしていたが、

「おなかが空いてるのよ」

当てつけるように言って、身体をゆすった。

夫婦の会話は、汽車に乗り込むまでに、もう二人の神経が昂《たかぶ》って、言い合いでもしてきた調子である。男の子はその間のび上《あが》るようにして窓から外を見ている。出がけの忙しかったごたごたを感じさせるように若い妻のパーマネントの髪はぱさぱさして、口紅がはずれてついている。それがつんとしているので、妙に肉感的だ。夫は、妻の口調で一層煽《あお》られたように、

「じゃア、俺アもう行くよ」

と言った。妻は黙って視線をはずしている。

夫婦連れかとおもったが、夫は見送りだけだった。黙っている妻を残して、夫は車を出て行った。出ていったまま窓の外にも顔を出さない。妻もまたそれを当てにするふうでもなく、夫が出てしまうと、彼女はひとりになった覚悟をつけたように、手さ

げ籠の中から何か取り出して、男の子に言った。

「ケイちゃん、ここで待ってなさいね。どこにも行くんじゃないよ。母ちゃん、すぐ帰ってくるからね」

父親の出てゆくときも放り出されていた男の子は、ウン、と、不安げな返事をした。

「ここにいらっしゃい」

私は男の子を呼び、若い母にむかってうなずいた。

「あずかってて上げますわ」

「そうですか、お願いします」

彼女はねんねこ袢纏の身体で、人を分けて出ていったが、そのあとを見て、男の子は低い声で、

「母ちゃん」

と、言った。遠慮がちに心細さをつい声に出したというような、ひとり言のような声だ。

「すぐ、母ちゃん来るわ」

と私が言うと、男の子は窓近くなった興味で、不安をまぎらしたように、ガラスに顔をつけて母を追うのを忘れた。

やがて発車のベルが鳴り出した。母親はどこへ行ったのかまだ帰って来ない。が、それまで姿の見えなかった、若い父親が、ホーム側の窓からのぞき込んで、男の子を呼んだ。

「ケイちゃん、ケイちゃん、じゃ行っておいでね」

その声で男の子は、するすると人の間をホーム側の窓へ渡っていくと、黙って、その窓に小さい足をかけて父親の方へ出ようとした。はき古したズック(注6)の黒い靴が窓ぶちにかかるのを、

「駄目、駄目、おとなしくしてるんだよ」

窓の外からその足を中へおろして、

「握手、ね」

と、父親は子どもの手を握って振った。ベルが止《や》んで汽車が動き出した。

「さよなら」

父の言葉にも、子どもは始終黙っていた。父親の汽車を離れてのぞく姿が見え、すぐそれも見えなくなると、子どもはちゃんと承知したように、反対側の私のそばに戻って、動いてゆく窓の外をのぞいた。母親はどうしたのだろう、と私の方が不安になった頃、彼女はお茶のびんを抱えて戻ってきた。もう私の他に周囲の人もこの親子に注意をひかれている。

「ケイちゃん、おとなしくしてたの」

母親に呼ばれて、男の子はそれで殊更に安心した素ぶりを見せるでもなく、ただ身体を車内に向けた。

彼女は、言い合いのまま車を出ていった夫が、やっぱり発車までホームに残っていたということを知らずにいるのだ。A何か私の方が残念な気がして言い出す。

「汽車が出るとき、子どもさんはお父さんと握手しましたよ」

すると、彼女は伏目《ふしめ》に弱く笑って、

「そうですか」

そしてしゃがんで、手さげ籠の中をごそごそかきまわした。毎日八百屋の買物《かいもの》に下げていたらしい古びた籠である。何かごたごたと入っている。もうひとつの布の袋からも口からはみ出すようにして、おしめなどのぞいている。その二つが彼女の持物《もちもの》だ。

「大変ですね」

と言うと、鼻をすすり上げるようにして、

「父ちゃんがもう少し気を利かしてくれるといいんですけどねえ」

そう言って、ミルクの缶や、小さな薬缶《やかん》や牛乳びんなどを取り出した。彼女は買ってきたお茶で、赤ん坊の乳を作るのだ。私のとなりの坐席にいた会社員らしい若い男も、席を詰めて、彼女の乳作りの道具をおく場所をあけてやった。彼女はうっとうしい表情のまま粉乳をお茶でといた。背中の赤ん坊が、ウン、ウン、と言ってはね上る。私は彼女の背中から赤ん坊をおろさせて、抱いた。

「どこまでいらっしゃるんですか」

「鹿児島まで行くんです」

「赤ちゃんのお乳を作るんじゃ大変ですね」

「え、でも、東京へ来るときは、もっと大変だったんですよ。赤ん坊も、上の子もまだ小さいし、それでもやっぱり私、ひとりで連れてきたんですよ」

やがて彼女は三人掛けの端《は》しに腰をおろして、赤ん坊に乳をのませた。乳をのませながら、彼女は胸につかえているものを吐き出すように言い出した。

「男って、勝手ですねえ。封建的ですわ」

三人がけのそばの会社員の男は、おとなしそうな人で、彼女の、封建的ですわ、という言葉で、好意的に薄笑《うすわらい》をした。

「去年、お父ちゃんが東京で働いているので、鹿児島から出てきたんですけど、東京は暮《くら》しにくいですわねえ。物価が騰《たか》くて、どうしてもやってゆけないんですよ。お父ちゃんが、暫《しばら》く田舎に帰っておれ、というので帰るんですけど」

私の前の中年の婦人も身体を差し出してうなずいている。男の子は母親から貰《もら》ったビスケットを食べていたが、いつか震動の継続に誘われて私の膝で居ねむりを始めた。

「すみませんねえ」

と言いながら母親は話しつづけて、

「何しろ、子どもが小さいから、私が働きに出るわけにもゆかないし、しょうがないんですよ。正月も近くなるでしょう。田舎に帰れば、うちが農家だから、お餅ぐらい食べられますからねえ」

彼女は気が善いとみえ、(ウ)見栄《みえ》もなくぼそぼそと話す。三等車の中では、聞《きこ》えるほどのものは同感して聞いているし、すぐその向《むこ》うではまたその周囲の別の世界を作って、関《かかわ》りがない。B彼女は二人の子どもを連れ、明日までの汽車の中にようやく腰をおろしたふうだ。

ホームで妻子にあのような別れ方をした夫の方は、あれからどうしただろう。男の子とそっくりの、痩せて、顔も頭もほっそりした男だった。今日の気分の故か癇性《かんしょう》（注7）な男に見えた。彼は外套《がいとう》（注8）のポケットに両手を突っ込んで、今日一日、行き場を失ったように歩きまわるのかもしれない。彼は気持《きもち》の持ってゆき場もなくて、無性に腹が立っているかも知れない。彼は映画館に入るだろうか。焼酎をのみにはいるだろうか。部屋へ帰れば、この朝、慌ただしく妻子の出て行ったあとがまだそのまま残って、男の子のメンコ（注9）などが散らばっているかもしれない。彼はそれを片づけながら、ちょっと泣きたくなるかもしれない。口紅がずれてついていた妻の、つんと口を尖がらして横を向いていた顔が、苛々と目の前に出てくるだろうか。彼はひとりでふとんを引きずり出して転がり込む。ふとんの襟に妻子の臭いも残っている。彼は、彼の方に出ようとして、汽車の窓に片足をかけた小さい息子のズックをおもい出すだろうか。その時もうこの汽車は、山陽線のどこかを走っている。彼はもうすっかりひとりになった実感におそわれて、ふとんの襟をやけに頭の上にずり上げるだろうか。

私は闇の坐席を買った罪ほろぼしのようにせめて男の子を膝に抱いている。男の子のこっくりこっくりしていた頭を、私の胸にもたせかけておいた。が、子どもの眠りもやはり浅かったとみえ、少し経《た》つと彼は頭を上げた。眠りから覚めても、この男の子は何も言わず、母親の居るのを安心したように外を眺める。この男の子のおとなしさは、まるでこの頃からの我が家の空気を感じ取って、気兼ねをしていたようだ。

「ケイちゃん、おむすび食べる？」

母親は片手に赤ん坊を抱いている身体を曲げて、片方の手だけで籠の中からおむすびを探し出した。母親に声をかけられると、男の子はにやっと笑って、それを受け取った。そして、丁度海の見えている窓に立ったまま、そのむすびを食べていた。

列車の箱の中全体が、少し疲れてきて、あまり話し声もしなくなっていた。汽車の音も単調に慣れて私には見なれた東海道沿

22 岸の風景が過ぎてゆく。

ふと男の子の何か歌うように言っているのが耳に入ってきた。小さな声でひとり言のつぶやきのように、それを歌うように言っている。汽車の音響に混じって、それは次のように聞えてきた。

「C父ちゃん来い、父ちゃん来い」

しかし視線は、走り去る風景が珍《めず》らしいというように、みかんの木を追い、畑の鶏を見たりしているのだ。可憐《かれん》に弱々しく無心なつぶやきだけで、男の子は、その言葉を歌っていた。

(注) 1 二百円――当時、駅で売られていた一般的な弁当が百円程度、お茶が十五円程度だった。これらのことから、私が運賃とは別に男に支払った二百円は現在の二千円から三千円にあたると考えられる。
2 闇――闇取引の略。正規の方法によらずに商品を売買したり、本来は売買の対象ではないものを取り引きしたりすること。
3 所帯――住居や生計をともにする者の集まり。
4 ねんねこ袢纏――子どもを背負うときに上から羽織る、綿入れの防寒着。
5 誕生――ここでは生後満一年のことを指す。
6 ズック――厚地で丈夫な布で作ったゴム底の靴。
7 癇性――激しやすく怒りっぽい性質。神経質な性格を指すこともある。
8 外套――防寒、防雨用に着るコート類。
9 メンコ――厚紙でできた円形または長方形の玩具。相手のものに打ち当てて裏返らせるなどして遊ぶ。

問1　傍線部(ア)～(ウ)の本文中における意味として最も適当なものを、次の各群の①～⑤のうちから、それぞれ一つずつ選べ。解答番号は 12 ～ 14 。

(ア)　目くばせした　12
① 目つきですごんだ
② 目つきで制した
③ 目つきで頼み込んだ
④ 目つきで気遣った
⑤ 目つきで合図した

(イ)　無造作に　13
① 先の見通しを持たずに
② いらだたしげに荒っぽく
③ 慎重にやらず投げやりに
④ 先を越されないように素早く
⑤ 周囲の人たちを見下して

(ウ)　見栄《みえ》もなく　14
① 相手に対して偉ぶることもなく
② 自分を飾って見せようともせず
③ はっきりした態度も取らず
④ 人前での礼儀も欠いて
⑤ 気後れすることもなく

問2　本文1行目から30行目までで、闇で買った座席に着くまでの私の様子が描かれているが、そのときの心情の説明として最も適当なものを、次の①～⑤のうちから一つ選べ。解答番号は 15 。

① 闇で座席を買ったことをうしろめたく思いながらも、その座席が他の乗客と同じ金額であったことや、混雑した車中で座っていられることに安堵《あんど》している。

② 見知らぬ男に声をかけられてためらいながらも、座席を売ってもらったことや、前に座っているのが年配の女性であることに安心している。

③ 闇で座席を買わされたことを耐えがたく思いながらも、座席を買えたことや、自分と同じ方法で座席を買った人が他にもいることで気が楽になっている。

④ 闇で座席を買ってしまったことに罪の意識を感じながらも、前に座っている女性と親しくなって、長い道中を共に過ごせることに満足している。

⑤ 闇で座席を買ったことを恥ずかしく思いながらも、満員の急行列車の中で座っていられることや、次の仕事の準備ができることにほっとしている。

問3　傍線部A「何か私の方が残念な気がして言い出す。」とあるが、このときの私の心情はどのようなものか。その説明として最も適当なものを、次の①～⑤のうちから一つ選べ。解答番号は 16 。

① 座席を買えずに子どもや荷物を抱えて汽車に乗る母親の苦労が思いやられたので、夫婦が険悪な雰囲気のまま別れることに耐えられなくなり、父親の示した優しさを彼女に伝えて二人を和解させたいと思った。

② 車内でいさかいを起こすような他人と私とは無関係なのに、父親と男の子が別れを惜しむ場面に共感してしまい、家族に対する夫の無理解を嘆くばかりの彼女にも、単身で東京に残る夫のことを思いやってほしいと訴えたくなった。

③ 自分が座っていられる立場にある以上、座席を買う余裕もなく赤ん坊の世話に追われる夫婦のいざこざを放っておいてはいけないように思え、せめて男の子が父親と別れたときのけなげな姿を母親に伝えたいと思った。

④ 偶然乗り合わせただけの関係なのに、その家族のやりとりを見ているうちに同情心が芽生え、妻子を放り出して行ったように見えた夫にも、男の子を見送ろうとする父親らしさがあることを、彼女にも知らせたいと思った。

⑤ 父親と別れて落ち着かない男の子を預かっているうちに、家族の様子が他人事とは思えなくなり、おとなしくするように言うばかりの母親に、周囲の物珍しさで寂しさを紛らわそうとする男の子の心情を理解してほしくなった。

問4　傍線部B「彼女は二人の子どもを連れ、明日までの汽車の中にようやく腰をおろしたふうだ。」とあるが、私の推察している彼女の心情はどのようなものか。その説明として最も適当なものを、次の①～⑤のうちから一つ選べ。解答番号は 17 。

① 子育てに理解を示さない夫のぶっきらぼうな言い方にいらだちを募らせていたが、周囲の乗客に励まされたことで冷静になることができた。今は、日ごろからいさかいを繰り返している夫のことを忘れ、鹿児島での生活に気持ちを向けている。

② 混雑する三等車で座席を確保する余裕もなく、日ごろから子育てを一人で担っていることへの不満も募っていたが、赤ん坊の世話をしていると席を空けてもらえた。偶然乗り合わせたに過ぎない周囲の人たちの優しさと気遣いに感激している。

③ 夫の無理解に対する不満を口にしてしまったが、その思いを周囲の乗客が同調するように聞いてくれたことでいらだちが多少和らいだ。今は、二人の小さな子どもを抱えて長い距離を移動する気苦労を受け入れるくらいに、落ち着きを取り戻している。

④ 出発前の慌ただしい時間の中で、赤ん坊のミルクを作るためのお茶を買いに列車の外へ出たが、発車の直前に何とか車内へ戻ることができた。乗り込むのさえ困難な三等車に乗り遅れることもなく母子三人で故郷に帰れることにほっとしている。

⑤ 周囲の人たちの協力もあり、むずかっていた赤ん坊にミルクを飲ませ、じっとしていられない男の子も眠り始めたので、やっと一息つくことができた。今は、鹿児島に戻らなければならない事情や夫婦間の不満をまくし立てるほど、周囲に気を許している。

問5　傍線部C「父ちゃん来い、父ちゃん来い」とあるが、この男の子の様子や声をめぐって私はどのようなことを考えているか。本文全体もふまえた説明として最も適当なものを、次の①～⑤のうちから一つ選べ。解答番号は 18 。

① 男の子は父親がいなくなった寂しさを抱えながらも、車内の騒がしさに圧倒されておとなしくしていた。次第に静まった車内で聞こえてきた歌声には、その寂しさが込められているかのようだ。私は、男の子の素直な言葉に、この家族が幸せになってほしいという願いを重ね合わせている。

② 男の子はまだ幼いので、両親や周囲の大人に対して気持ちをうまく言葉にできないでいる。窓の外の風景に気を取られながら発した弱々しい声は、父親に自分のそばにいてほしいという願望を表しているかのようだ。私は、男の子の様子をいじらしく感じて、この家族のことを気がかりに思っている。

③ 男の子は父親の怒りっぽい性格のために家族がしばしば険悪な雰囲気になることを感じ、車外の風景でその悲しみを慰めている。男の子の弱々しいつぶやきは、父親に対する恋しさを伝えようとしているかのようだ。私は、男の子の様子や声を通じて、この家族の悲哀を感じている。

④ 男の子は両親の不和に対してやるせない思いを抱えているが、珍しい風景を眺めることでそれを紛らわしている。男の子の弱々しい声には、父親に家族と一緒にいてほしいという思いが表れているかのようだ。私は、かわいそうな男の子の様子を見かねて、家族に対する父親の態度が改まることを願っている。

⑤ 男の子は父親のことだけは信頼しているようだが、まだ三歳くらいなので自分のその思いをはっきりと伝えられるわけではない。男の子のつぶやきは、そうした父親と男の子との絆《きずな》を表しているかのようだ。私は、無邪気にはしゃぐ男の子の姿を通じて、父親が家族に愛情を注ぐことを祈っている。

問6　この文章の表現に関する説明として**適当でないもの**を、次の①～⑥のうちから二つ選べ。ただし、解答の順序は問わない。解答番号は［19］・［20］。

①　三等車内の描かれ方を見ると、20行目「小さな所帯をいっぱい詰め込んだように」では車内全体が庶民的な一体感に包まれていることが表されているが、135行目「列車の箱の中全体が、少し疲れてきて」では、そのような一体感が徐々に壊れ始めていることが表されている。

②　汽車に乗り込んできた家族について、37行目「普段着のままの格好」、73行目「はき古したズックの黒い靴」、89行目「毎日八百屋の買物に下げていたらしい古びた籠」のようにその身なりや持ち物を具体的に描くことは、この家族の生活の状態やその暮らしぶりが私とは異なることを読者に推測させる効果を持っている。

③　夫婦が車内で一緒にいる場面では、「人混みにのぼせたように泣き出しはじめた」「いよいよのけ反って、混雑した車内のざわめきをかき立てるように泣く」など、赤ん坊の泣く様子が詳細に描かれている。これによって、出発前の慌ただしく落ち着かない様子や夫婦の険悪な雰囲気が、より強調されている。

④　99行目から115行目にかけての母親のセリフでは、昨年からの東京暮らしに対する我慢できないいらだちが語られている。ここでは短いセリフと長いセリフを交互に配したり、読点を多用したりすることによって、母親が話をするにつれ次第に気持ちを高ぶらせていく様子が表されている。

⑤　母子と別れた後の父親を私が想像する部分には、「～かもしれない」「～かも知れない」「～だろうか」といった文末表現が立て続けに繰り返されている。これによって、家族を思う父親の心情や状況に私が思いをめぐらせる様子が、効果的に表されている。

⑥　母子と別れた後の父親を私が想像する部分には、「男の子とそっくりの、痩せて、顔も頭もほっそりした男」「口紅がずれてついていた妻」「汽車の窓に片足をかけた小さい息子のズック」という、この部分以前に言及されていた情報がある。これらは私の想像が実際の観察をもとにしていることを表している。

第3問　次の文章は、『今昔物語集』の一節である。京で暮らす男が、ある夜、知人の家を訪れた帰りに鬼の行列を見つけ、橋の下に隠れたものの、鬼に気づかれて恐れおののく場面から始まる。これを読んで、後の問い（問1〜6）に答えよ。（配点　50）

男、「今は限りなりけり」と思ひてある程に、一人の鬼、走り来たりて、男をひかへてゐて上げぬ。鬼どもの言はく、「この男、重き咎《とが》あるべき者にもあらず。許してよ」と言ひて、鬼、四五人ばかりして男に唾《つはき》を吐きかけつつ皆過ぎぬ。その後、男、殺されずなりぬることを喜びて、心地違《たが》ひ頭《かしら》痛けれども、(ア)念じて、「とく家に行きて、ありつる様をも妻《め》に語らむ」と思ひて、急ぎ行きて家に入《い》りたるに、妻も子も皆、男を見れども物も言ひかけず。また、男、物言ひかくれども、妻子、答へもせず。しかれば、男、「あさまし」と思ひて近く寄りたれども、傍らに人あれどもありとも思はず。その時に、男、心得るやう、「早《はや》う、鬼どもaの我に唾を吐きかけつるによりて、我が身の隠れにけるにこそありけれ」と思ふに、A悲しきこと限りなし。我は人見ること元のごとし。また、人の言ふことをも障りなく聞く。人は我が形をも見ず、声をも聞かず。しかれば、人の置きたる物を取りて食へども、人これを知らず。かやうにて夜も明けぬれば、妻子は、我を、「夜前《やぜん》、人に殺されにけるなんめり」と言ひて、嘆き合ひたること限りなし。

さて、日ごろを経るに、せむ方なし。しかれば、男、六角堂(注1)に参り籠《こ》もりて、「観音、我を助け給《たま》へ。年ごろ頼みをかけ奉りて参り候《さぶら》ひつる験《しるし》には、元のごとく我が身を顕《あらは》し給へ」と祈念して、籠もりたる人の食ふ物や金鼓《こんぐ》(注2)の米《よね》などを取り食ひてあれども、傍らなる人、知ることなし。かくて二七日(注3)ばかりにもなりぬるに、夜寝たるに、暁方の夢に、御帳《みちやう》(注4)の辺《ほとり》、尊げなる僧出《い》でて、男bの傍らに立ちて、告げてのたまはく、「汝《なんぢ》、すみやかに、朝ここより罷《まか》り出でむに、初めて会へらむ者の言はむことに従ふべし」と。かく見る程に夢覚めぬ。

夜明けぬれば、罷り出づるに、門のもとに牛飼《うしかひ》(注5)の童《わらは》cのいと恐ろしげなる、大きなる牛を引きて会ひたり。男を見て言はく、「いざ、かの主《ぬし》、我が供に」と。男、これを聞くに、「我が身は顕れにけり」と思ふに、うれしくて、B喜びながら夢を頼みて童の供に行くに、西ざまに十町ばかり行きて、大きなる棟門《むねもん》(注6)あり。門閉ぢて開かねば、牛飼、牛をば門に結びて、扉の迫《はさま》dの人通るべくもなきより入るとて、男を引きて、「汝もともに入れ」と言へば、男、「(イ)いかでかこの迫《はさま》よりは入《い》らむ」と言ふを、童、「ただ入れ」とて男eの手を取りて引き入るれば、男もともに入りぬ。見れば、家の内大きにて、人、極めて多かり。

童、男を具して板敷き(注7)に上りて、内へただ入りに入るに、(ウ)いかにと言ふ人あへてなし。はるかに奥の方に入りて見れば、姫君、病に悩み煩ひて臥《ふ》したり。跡《あと》・枕(注8)に女房たち居並《ゐな》みてこれをあつかふ。童、そこに男をゐて行きて、小さき槌《つち》を取らせて、この煩ふ姫君の傍らに据ゑて、頭を打たせ腰を打たす。その時に、姫君、頭を立てて病みまどふこと限りなし。しかれば、父母、「この病、今は限りなんめり」と言ひて泣き合ひたり。見れば、誦経《ずきやう》を行ひ、また、やむごとなき験者《げんざ》(注9)を請《しやう》じに遣はすめり。しばしばかりありて、験者来たり。病者の傍らに近く居て、心経《しんぎやう》(注10)を読みて祈るに、この男、尊きこと限りなし。身の毛いよたちて、そぞろ寒きやうにおぼゆ。

しかる間、この牛飼の童、この男をうち見るままに、ただ逃げに逃げて外《ほか》ざまに去りぬ。僧は不動の火界の呪《しゆ》(注11)を読みて、病者を加持する時に、男の着る物に火付きぬ。ただ焼けに焼くれば、男、声を上げて叫ぶ。しかれば、男、真頭《まあらは》になりぬ。その時に、家の人、姫君の父母より始めて女房ども見れば、いといやしげなる男、病者の傍らに居たり。あさましくて、まづ男を捕へて引き出だしつ。「こはいかなることぞ」と問へば、男、事のあり様をありのままに初めより語る。人皆これを聞きて、「希有《けう》なり」と思ふ。しかる間、男、顕れぬれば、病者、搔《か》きのごふやうに癒《い》えぬ。しかれば、一家、喜び合へること限りなし。

その時に、験者の言はく、「この男、咎あるべき者にもあらず。六角堂の観音の利益《りやく》を蒙《かうぶ》れる者なり。しかれば、すみやかに許さるべし」と言ひければ、追ひ逃がしてけり。しかれば、男、家に行きて、C事のあり様を語りければ、妻、「あさまし」と思ひながら喜びけり。

かの牛飼は神の眷属《けんぞく》(注12)にてなむありける。人の語らひ(注13)によりてこの姫君に憑《つ》きて悩ましけるなりけり。

（注）

1　六角堂――京にある、観音信仰で有名な寺。

2　金鼓の米――寺に寄付された米。

3　二七日――十四日間。

4　御帳――観音像の周りに垂らしてある布。

5　牛飼の童――牛車《ぎっしゃ》の牛を引いたり、その牛の世話をしたりする者。「童」とあるが、必ずしも子どもとは限らない。

6　棟門――門の一種。身分の高い人の屋敷に設けられることが多い。

7　板敷き――建物の外側にある板張りの場所。

8　跡・枕――姫君の足元と枕元。

9　験者――加持祈禱《かじきとう》を行う僧。

10　心経――『般若心経《はんにゃしんぎょう》』という経典のこと。

11　不動の火界の呪――不動明王の力によって災厄をはらう呪文。

12　眷属――従者。

13　人の語らひ――誰かの頼み。

問1　傍線部(ア)〜(ウ)の解釈として最も適当なものを、次の各群の①〜⑤のうちから、それぞれ一つずつ選べ。解答番号は 21 〜 23 。

(ア)　念じて 21
① 後悔して
② 祈願して
③ 我慢して
④ 用心して
⑤ 感謝して

(イ)　いかでかこの迫《はさま》よりは入《い》らむ 22
① こんな隙間からは入《はい》りたくない
② この隙間からなら入《はい》れるだろう
③ なんとかこの隙間から入《はい》りたい
④ いつからこの隙間に入《はい》れるのか
⑤ この隙間からは入《はい》れないだろう

(ウ)　いかにと言ふ人あへてなし 23
① 見とがめる人は誰もいない
② 面識のある人は誰もいない
③ どの家人とも会えていない
④ 案内してくれる人はいない
⑤ 喜んで出迎える人はいない

問2 波線部a〜eの「の」を、意味・用法によって三つに分けると、どのようになるか。その組合せとして最も適当なものを、次の①〜⑤のうちから一つ選べ。解答番号は 24 。

① 〔a〕と〔be〕と〔cd〕
② 〔ab〕と〔cd〕と〔e〕
③ 〔a〕と〔bc〕と〔de〕
④ 〔ad〕と〔be〕と〔c〕
⑤ 〔a〕と〔bd〕と〔ce〕

問3 傍線部A「悲しきこと限りなし」とあるが、男がそのように感じた理由として最も適当なものを、次の①〜⑤のうちから一つ選べ。解答番号は 25 。

① とくに悪いことをした覚えもないのに、鬼に捕まって唾をかけられるという屈辱を味わったから。
② 鬼に捕まって唾をかけられた後でひどく頭が痛くなり、このままでは死んでしまうと思ったから。
③ 鬼から逃げ帰ったところ妻子の様子が変わり、誰が近くに寄っても返事をしなくなっているから。
④ 自分の姿が、鬼に唾をかけられたことで周りの人々には見えなくなっていることに気づいたから。
⑤ 夜が明けても戻らなかったため、自分が昨夜誰かに殺されてしまったと妻子が誤解しているから。

問4 傍線部**B**「喜びながら夢を頼みて童の供に行く」とあるが、この時の男の行為の説明として最も適当なものを、次の①～⑤のうちから一つ選べ。解答番号は 26 。

① 夢の中に現れた僧に、朝六角堂から出てきた人について行くように言われ、六角堂の門の前で待っていると、牛飼が出てきたため、夢のお告げの内容を話して一緒に連れて行ってくれるように頼んでみたところ、牛飼が快く引き受けてくれたので、喜んでついて行った。

② 夢の中に現れた僧に、朝六角堂を出て最初に出会った者に元の姿に戻る方法を尋ねるように言われたため、六角堂を出た時に出会った牛飼に夢のお告げをあてにして相談したところ、すぐれた験者のもとに連れて行ってやろうと言われたので、喜びながらついて行った。

③ 夢の中に現れた僧に、朝六角堂を出て最初に出会った者の言うことに従うように告げられて外に出ると、現れたのが怪しげな牛飼だったために不安を抱いたが、姿が見えないはずの自分に声をかけてきたことを喜び、半信半疑ながらも牛飼の言葉に従ってついて行った。

④ 夢の中に現れた僧に、朝六角堂を出て最初に出会った者の言うことに従うように告げられ、六角堂を出たところ、門のあたりにいた牛飼が声をかけてきたので、自分の姿が見えるようになったと思って喜び、夢のお告げを信じて、牛飼の言うことに従ってついて行った。

⑤ 夢の中に現れた僧に、朝六角堂を出て牛飼に出会ったらついて行くように告げられたところ、その通りに牛飼に出会ったので、夢のお告げが信用できることを確信して、この牛飼について行けば、きっと妻子と再会することができるだろうと喜び勇んでついて行った。

問5　傍線部C「事のあり様を語りければ」とあるが、その内容として**適当でないもの**を、次の①～⑤のうちから一つ選べ。

解答番号は 27 。

① 鬼に唾をかけられた後、男の姿が周囲の者には見えなくなり、男が言葉をかけても相手には聞こえなくなった。

② 元の姿に戻れなくなった男は、六角堂の観音に対して、長年参詣して帰依していることを訴えて助けを求めた。

③ 男が牛飼に連れられて屋敷に入ると、病気で苦しむ姫君が寝ていて、女房たちが並んで座って看病をしていた。

④ すぐれた験者が読経をしたことによって男は尊い存在となり、姫君の傍らに姿を現すと、姫君の病気が治った。

⑤ 姫君の家の者は男を捕らえたが、験者は男が六角堂の観音の加護を受けた者だと見抜いて、許すように言った。

問6　この文章の内容に関する説明として最も適当なものを、次の①～⑥のうちから一つ選べ。解答番号は 28 。

① 験者は、病に苦しむ姫君を助けるために呪文を唱え、姫君に取り憑《つ》いていた牛飼の正体を暴いて退散させ、さらに男を牛飼から解き放してやった。

② 験者は、読経を聞いて寒がっている男の気配を察して、助けてやろうと不動の火界の呪を唱えたが、加減ができずに男の着物を燃やしてしまった。

③ 六角堂の観音は、男の祈りに応えて、男を姫君に取り憑いていた牛飼と出会わせて、姫君を加持する験者の呪文を聞くことができるように導いた。

④ 六角堂の観音は、牛飼を信頼して男を預けたが、牛飼が男を救わず悪事に利用しただけだったため、験者の姿となって現れ、牛飼を追いはらった。

⑤ 牛飼は、取り憑いて苦しめていた姫君のもとに男を連れて行き、元の姿に戻すことと引き替えに、姫君の病気を悪化させることを男に手伝わせた。

⑥ 牛飼は、指示を受けてやむなく姫君を苦しめていたが、内心では姫君を助けたく思っていたので、験者が来てくれたのを機に屋敷から立ち去った。

第4問

次の文章は、盧文弨《ろぶんしょう》のもとに張荷宇《ちょうかう》が持ってきた一枚の絵について書かれたものである。これを読んで、後の問い（問1～7）に答えよ。なお、設問の都合で返り点・送り仮名を省いたところがある。（配点　50）

荷宇ハ生マレテ十月ニシテ而喪《うしな》フ二其ノ母ヲ一。及ビレ(1)有ルニレ知、A即チ時時念《おも》ヒテレ母ヲ不レ置カ、弥《いよいよ》久シクシテ弥篤《あつ》シ。B哀其身不能一日事乎母也。哀《かな》シム二母之言語動作モ亦《ま》タ未ダレ能ハレ識《し》ルヲ也。

荷宇ハ香《かう》(注1)河《が》ノ人ナリ。嘗《かつ》テ南ニ(2)遊ビテ而反《かへ》ルニ、至ル二乎銭《せん》(注2)唐《たう》ニ一。夢ミル二母ノ来(注3)前スルヲ一、夢中ニ(ア)即チ知ル二其ノ為ルヲレ母也。既ニ覚メ、(イ)乃チ嗷《けう》(注4)然《ぜん》トシテ以テ哭《こく》シテ曰ハク、「此レ真ニ吾ガ母也。C母ヨ、胡《なん》為《す》レゾ乎使ムル下我ヲシテ至リテ二今日ニ一乃チ得上レ見ルヲ也。母ヨ、又タ何ゾ去ルコトヲレ我ヲ之速ヤカナル也。母ヨ、其レ可ケンレ使ムヲ二我ヲシテ継ギテレ此ヲ而得レ見ルヲ也」ト。於イテレ是ニ即シテ二夢ニ所ニレ見ル為《つく》ル二之ガ図ヲ一。D此ノ図ハ吾不ル二之ヲ見一也。E今之図ハ吾見ルニレ之ヲ、則チ其ノ夢ミルレ母ヲ之境ナル而已。

F余因リテ語リテレ之ニ曰ハク、「夫レ人ノ精誠ノ所ニレ感ズル、無キハ二幽(注5)明死生之隔テ一、此レ理之

38

可クレ信ズ不ルレ誣《し》ヒ(注6)者ナリ。况ンヤ子之於ケルレ親ニ、其ノ喘《ぜん》(注7)息《そく》呼吸相モ通ジ、本ヨリ無キヲレ有ル二間《へだ》ツルレ之ヲ

者一乎ト。」

(盧文弨『抱経堂《ほうけいどう》文集』による)

(注) 1 香河――県名。今の北京の東にあった。

2 銭唐――県名。今の杭州。香河からは千キロメートルあまり離れる。

3 来前――目の前にやってくる。

4 噭然――大声をあげるさま。

5 幽明死生――あの世とこの世、生と死。

6 誣――いつわる。ゆがめる。

7 喘息呼吸――息づかい。

問1　波線部(1)「有レ知」・(2)「遊」のここでの意味として最も適当なものを、次の各群の①〜⑤のうちから、それぞれ一つずつ選べ。解答番号は 29 ・ 30 。

(1)「有レ知」 29
① 世に知られる
② 教育を受ける
③ うわさを聞く
④ 知り合いができる
⑤ ものごころがつく

(2)「遊」 30
① 仕事もせずにぶらぶらして
② 気ままで派手な生活を送って
③ 世を避けて独り隠れ暮らして
④ 故郷を離れ遠方の地を訪ねて
⑤ 低い地位にしばらく甘んじて

問2　二重傍線部(ア)「即」・(イ)「乃」はここではそれぞれどのような意味か。その組合せとして最も適当なものを、次の①～⑤のうちから一つ選べ。解答番号は 31 。

① (ア) すぐに　(イ) そこで
② (ア) 意外にも　(イ) まさしく
③ (ア) そこで　(イ) すぐに
④ (ア) すぐに　(イ) まさしく
⑤ (ア) 意外にも　(イ) そこで

問3　傍線部A「時時念レ母不レ置」の解釈として最も適当なものを、次の①～⑤のうちから一つ選べ。解答番号は 32 。

① いつも母のことを思い続けてやむことがなく
② 繰り返し母のことを思っては自らの心を慰め
③ 時折母のことを思うといたたまれなくなり
④ ある日母のことを思ってもの思いにふけり
⑤ ずっと母のことを思いながらも人には言わず

問4　傍線部B「哀其身不能一日事乎母也」の返り点の付け方と書き下し文との組合せとして最も適当なものを、次の①～⑤のうちから一つ選べ。解答番号は 33 。

① 哀二其身一不レ能二一日事乎母一也　其の身を哀《かな》しみ一日の事を母に能《よ》くせざるなり
② 哀二其身一不レ能三一日事二乎母一也　其の身を哀しみ一日として母に事《つか》ふる能《あた》はざるなり
③ 哀二其身不一レ能二一日事乎母一也　其の身の一日の事を母に能くせざるを哀しむなり
④ 哀二其身不一レ能三一日事二乎母一也　其の身の一日として母に事ふる能はざるを哀しむなり
⑤ 哀下其身不レ能二一日事一乎母上也　其の身の一日として事ふる能はざるを母に哀しむなり

問5　傍線部C「母、胡為乎使下我至二今日一乃得上レ見也」の解釈として最も適当なものを、次の①～⑤のうちから一つ選べ。解答番号は 34 。

① お母様、なぜ今日になって私がここにいるとわかったのですか。
② お母様、なぜ今日になって私をここに来させたのですか。
③ お母様、なぜ今日になって私を思い出してくださったのですか。
④ お母様、なぜ今日になって私に会ってくださったのですか。
⑤ お母様、なぜ今日になって私の夢を理解してくださったのですか。

問6　傍線部D「此　図」と、実際に見たE「今　之　図」とは、どのように異なっているか。その説明として最も適当なものを、次の①～⑤のうちから一つ選べ。解答番号は 35 。

① Dは荷宇が母の夢を見る場面の描かれた絵であるが、Eは荷宇が夢を見た土地の風景が描かれた絵である。
② Dは荷宇が母の夢を見る場面の描かれた絵であるが、Eは荷宇の夢に現れた母の姿が描かれた絵である。
③ Dは荷宇の夢に現れた母の姿が描かれた絵であるが、Eは荷宇が母の夢を見る場面の描かれた絵である。
④ Dは荷宇の夢に現れた母の姿が描かれた絵であるが、Eは荷宇が夢を見た土地の風景が描かれた絵である。
⑤ Dは荷宇が夢を見た土地の風景が描かれた絵であるが、Eは荷宇の夢に現れた母の姿が描かれた絵である。

問7　傍線部**F**「余因語レ之曰」以下についての説明として最も適当なものを、次の①～⑤のうちから一つ選べ。解答番号は 36 。

① 「まことの心は生死をも超えて相手に通じるものであり、まして親が我が子を見捨てるはずはない。」と言って、そうであれば荷宇の母が夢に現れたのは事実だと、夢の神秘を分析し納得している。

② 「まことの心は生死をも超えて相手に通じるとはいえ、やはり子が親と離れるのはつらいことだ。」と言って、まったくあなたが夢でしか母に会えないとは痛ましいと、荷宇の境遇に同情し悲しんでいる。

③ 「まことの心は生死をも超えて相手に通じるものであり、まして親が我が子から離れることはない。」と言って、やはり子に対する母の思いにまさるものはないと、母の愛情を評価したたえている。

④ 「まことの心は生死をも超えて相手に通じるとはいえ、やはり子は親と固く結ばれるべきだ。」と言って、それなのに荷宇が幼くして母を失ったのはむごいことだと、運命の非情を嘆きつつ憤っている。

⑤ 「まことの心は生死をも超えて相手に通じるものであり、まして子は親と固く結ばれている。」と言って、だから母に対するあなたの思いは届いたのだと、荷宇の心情に寄り添いつつ力づけている。

MEMO

2015
本試験

国　語

（2015年１月実施）

80分　200点

国　語

（解答番号 1 ～ 37 ）

第1問　次の文章を読んで、後の問い（問1〜6）に答えよ。なお、設問の都合で本文の段落に 1 〜 11 の番号を付してある。

（配点　50）

1 ネット上で教えを(ア)タれる人たちは、特にある程度有名な方々は、他者に対して啓蒙《けいもう》的な態度を取るということに、一種の義務感を持ってやってらっしゃる場合もあるのだろうと思います。僕も啓蒙は必要だと思うのですが、どうも良くないと思うのは、ともするとネット上では、啓蒙のベクトルが、どんどん落ちていくことです。これはしばしば見られる現象です。たとえば掲示板やブログに「○○について教えてください」などという書き込みをしている「教えて君」みたいな人がよくいますが、そこには必ず「教えてあげる君」が現れる。自分で調べてもすぐにわかりそうなのに、どういうわけか他人に質問し、そして誰かが答える。そして両者が一緒になって、川が下流に流れ落ちるように、よりものを知らない人へ知らない人へと向かってしまうという現象があり、これはナンセンスではないかと思います。ツイッター(注1)でも、ちょっとしたつぶやきに対して「これこれはご存知《ぞんじ》ですか？」というリプライを飛ばしてくる人がいますが、つぶやいた人は「教えてあげる君」に教えられるまでもなく、それは知っていて、その上でつぶやいたのかもしれない。だから僕はA「教えて君」よりも「教えてあげる君」の方が、場合によっては問題だと思います。自分より知識や情報を持っていない方に向かうよりも、自分が知らないことを新たに知ることができる方向に向かっていった方がいいに決まっている。啓蒙するよりも啓蒙される側に回った方が、自分にとっては利があると思うのです。

2 ところで、ではどうして自分が考えたことをすでに考えた誰かが必ずといっていいほど存在するのか。それは要するに、過去があるから、大袈裟《おおげさ》に言えば、人類がそれなりに長い歴史を持っているから、です。もちろん今だって新しい発想や知見が生まれているわけですが、いろいろな分野において、過去のストックが、ある程度まで溜《た》まってしまった。だから何らかの事柄にかんして考えてみようとすると、タイ(イ)ガイは過去のどこかに参照点がある。しかしわれわれは過去のすべてを知っているわけではない。だからオリジナルだと思ってリヴァイバルをしてしまうことがある。それゆえに生じてくる問題にいかに対すればいいのか。

3 単純な答えですが、順番はともかくとして、自力で考えてみることと、過去を参照することを、ワンセットでやるのがいいのだと思います。先ほども言ったように、知っていることとわかっていることは別物なのだから、独力で理解できた方が、他者の言説を丸呑《まるの》みするよりもましに決まっています。しかしその一方で、人類はそれなりに長い歴史を持っているので、過去には思考のための(ウ)ジュンタクな資産がある。それを使わない手はない。だから自分が考えつつあることと、他人が考えたことを、どこかのタイミングで突き合わせてみればいい。そうすることによって、現在よりも先に進むことができる。

4 「君の考えたことはとっくに誰かが考えた問題」と、ちょっと似ていますが、盗作、パクリをめぐる問題というものがあります。これは多くのひとが気付いていると思うのですが、ある時期以後、たとえば音楽においても、メロディラインが非常に似通った曲が頻出し、しかもそれがヒットしてしまったりするという現象が起こってきました。僕は意図的な盗作よりも、むしろ盗作するつもりなど全然なくて、つまりオリジナルを知らないのにもかかわらず、なぜかよく似てしまう、そのことの方がむしろ問題だと思います。

5 人類がそれなりに長い歴史を持っているということは、当然ながら人類は、これまでに沢山の曲を作ってきたわけです。メロディも沢山書いてきた。だから誰かがふと思いついたメロディが過去に前例があるということは、確率論的にも起き易《やす》くなっていることであって、ある意味で不可避だと言ってもいい。新しいメロディが、なかなか出てこないということは、それだけ過去に素晴らしいメロディが数多く紡ぎ出されたということです。それは別に悪いことではない。もちろんBメロディを書こうとする音楽家にとっては、これはなかなか厳しい問題かもしれません。でも、「君の考えたことはとっくに誰かが考えた問題」と同じように、自分で考えたということは自分にとっては意味のあることだけれど、それでも何かに似てしまうということはあり得る、という(エ)タンテキな事実を認めるしかない。自分の口ずさんだメロディが、見知らぬ過去の誰かによって(オ)カナでられていたとしても、めげる必要はない。でも、それを認めることは必要です。知らなかったんだから何が悪い、誰が何と言おうとこれは自分のものだ、ということではない。知らないより知っていた方がいい、でも知らなかったこと自体は罪ではない、ということです。

6 意識せずして過去の何かに似てしまっているものに、誰かが気付いて「これって○○だよね」という指摘をする。それを自分自身の独創だと思っていた者は、驚き、戸惑う。しかしその一方では、意識的な盗作をわからない人たちもいるわけです。明らかに意識的にパクッているのだけれども、受け取る側のリテラシー(注5)の低さゆえに、オリジナルとして流通してしまう、ということもしばしば起こっている。それが盗作側の利益になっていたりするならば、やはり一定のリテラシーが担保されなければならないとも思います。けれども、無意識的に何かに似てしまうというのは、これはもうしょうがないことだと思います。人類はそれなりに長い歴史を持っているのだから。

7 以上のような問題はいずれも、累積された過去と呼ばれる時間の中で、さまざまなことが行《おこ》なわれてきてしまった、すなわち「多様性」が、ある閾値《いきち》(注6)を超えてしまったということから生じています。何かをしようとした時、何事かを考えはじめようとした時に、目の前に立ちはだかってくるもの、あるいは視線の向こう側に見えてくるものが、あまりにも多過ぎて、どうにもげんなりしてしまう。しかしそれを無視することはできないし、だったら知らなければいいということでもない。しかしだからといって、それらは今、突然、一気に現れたわけではありません。これまでに短くはない時間が流れてきたがゆえに、つまり人類がそれなりに長い歴史を持っているがゆえに、それだけ多くのコト／モノが積み重なったということに過ぎない。しかし、われわれが「多様性」を、何らかの意味でネガティヴに受け取ってしまうのは、時間の流れとは別に、それがひと塊のマッス(量)として、いきなり自分の前に現れたかのように思えるからではないでしょうか。それはナンセンスなことだと思うのです。

8 われわれは、ある事象の背後に「歴史」と呼ばれる時間があると考えるわけですが、特にネット以後、そういった「歴史」を圧縮したり編集したりすることが、昔よりもずっとやり易くなりました。というよりも、そういう圧縮や編集が、どんどん勝手に起きてしまうようになった。何事かの歴史を辿《たど》る際に、どこかに起点を設定して、そこから現在に連なっていく、あるいは現在から遡行していって、はじまりに至る、ということではなくて、むしろ時間軸を抜きにして、それを一個の「塊＝マッス」として、丸ごと捉えることが可能になった。そういう作業において、ネットは極めて有効なツールだと思います。

9 ただ、そのことによって、たとえば「体系的」という言葉の意味が、決定的に変わってしまった。フランス語で「歴史＝histoire」が「物語＝histoire」という意味でもあるということは、もはや使い古されたクリシェ(注7)ですが、しかし「物語」としての「歴史」の記述／把握という営みは、少なからず行なわれてきたし、今も行なわれている。もちろん実証的な観点から、そういうアプローチに対する批判もある。事実の連鎖は物語的な整合性やドラマツルギー(注8)とは必ずしも合致しないからです。しかしそれでも「歴史」を「物語」的に綴《つづ》る／読むことはできてしまう。なぜならば、そこには「時間」が介在しているからです。過去から現在を経て未来へと流れてゆく「時間」というものが、そのあり方からして「物語」を要求してくる。「物語」とは因果性の別名です。だからひとは「歴史」を書くつもりで、ついつい「物語」を書いてしまう。

10 しかしネット以後、このような一種の系譜学的な知よりも、「歴史」全体を「塊」のように捉える、いわばホーリスティック(注9)な考え方がメインになってきたのではないかと思うのです。これはある意味ではC「歴史」の崩壊でもあります。まず「現在」という「扉」があって、そこを開けると「塊」としての「歴史」がある。その「歴史」を大摑《おおづか》みに摑んでしまって、それから隙間を少しずつモザイク状に埋めていくことが、「歴史」の把握の仕方としては、今やリアルなのではないかと思うのです。

11 先ほど「リテラシー」という言葉を出しましたが、リテラシーが機能していないと、何かをわかってもらおうとしても空回りしてしまうことがあるので、最低限のリテラシーを形成するための啓蒙の必要性が、とりわけゼロ年代(注10)になってからよく語られるようになってきました。たとえば芸術にかんしても、ある作家や作品に対する価値判断に一定の正当性を持たせるためには、どうしても啓蒙という作業が必要になってくるという意見があります。時間軸に拘束されない、崩壊した「歴史」の捉え方が、九〇年代以後、少しずつメインになってきて、僕はそれは基本的に良いことだと思っていたのですが、ゼロ年代になってくると、その弊害も起こってきた。そのひとつの例が「意図的なパクリ」だったりします。だから、ここまでくると、啓蒙も必要なのかもしれないという気持ちが、僕にも多少は芽生えてきました。けれども、やはり僕自身は、できれば啓蒙は他の人に任せておきたいのです。啓蒙を得意とする、啓蒙という行為に何らかの責任の意識を持っている人たちがなさってくれればよくて、僕はそれとは異なる次元にある、未知なるものへの好奇心／関心／興味を刺激することの方をやはりしたい。けれどもそれも今や受け手のリテラシーをある程度推し量りながらする必要がある。そこが難しい所であるわけですが。

（佐々木《ささき》敦《あつし》『未知との遭遇』による）

（注）
1　ツイッター——インターネットにおいて「ツイート」や「つぶやき」と呼ばれる短文を投稿・閲覧できるサービス。なお、閲覧したツイートに反応して投稿することを「リプライを飛ばす」などという。
2　先ほども言ったように——本文より前のところで、類似の事柄に関する言及があったことを受けている。
3　「君の考えたことはとっくに誰かが考えた問題」——本文より前のところで言及があった、インターネットにおいて顕著に見られる問題を指している。
4　パクリ——盗作を意味する俗語。「パクる」という動詞の名詞形。
5　リテラシー——読み書き能力。転じて、ある分野に関する知識を活用する基礎的な能力。
6　閾値——限界値。「しきいち」とも読む。
7　クリシェ——決まり文句。
8　ドラマツルギー——作劇術、作劇法。
9　ホーリスティック——全体的、包括的。
10　ゼロ年代——西暦二〇〇〇年以降の最初の十年間。

8

問1　傍線部(ア)～(オ)に相当する漢字を含むものを、次の各群の①～⑤のうちから、それぞれ一つずつ選べ。解答番号は 1 ～ 5 。

(ア) タれる 1
① ベートーヴェンにシンスイする
② 寝不足でスイマにおそわれる
③ ブスイなふるまいに閉口する
④ 親元を離れてジスイする
⑤ 鉄棒でケンスイをする

(イ) タイガイ 2
① ガイハクな知識を持つ
② 不正を行った者をダンガイする
③ 制度がケイガイと化す
④ 故郷を思いカンガイにふける
⑤ 会議のガイヨウをまとめる

(ウ) ジュンタク 3
① 水をジュンカンさせる装置
② 温暖でシツジュンな気候
③ ジュンキョウシャの碑
④ 夜間にジュンカイする警備員
⑤ ジュンドの高い金属

(エ) タンテキ 4
① タンセイして育てた盆栽
② コタンの境地を描いた小説
③ ダイタンな意見の表明
④ 一連の事件のホッタン
⑤ 真相のあくなきタンキュウ

(オ) カナで 5
① 事件のソウサが続く
② ソウガンキョウで鳥を観察する
③ 在庫をイッソウする
④ 国王に意見をソウジョウする
⑤ 工場がソウギョウを再開する

問2　傍線部A「『教えて君』よりも『教えてあげる君』の方が、場合によっては問題だと思います」とあるが、それはなぜか。その理由の説明として最も適当なものを、次の①～⑤のうちから一つ選べ。解答番号は 6 。

① 「教えてあげる君」は「教えて君」に対して無責任な回答をすることによって、質問をただ繰り返すばかりの「教えて君」の態度の安直さを許容してしまっているため、「教えて君」の知的レベルを著しく低下させる弊害をもたらすことにもなるから。

② 「教えてあげる君」は「教えて君」に知識を押しつけるばかりで、その時点での相手の知的レベルに応じた回答をしているわけではないため、「教えて君」をいたずらに困惑させてしまい、自らの教える行為を無意味なものにしてしまうことにもなるから。

③ 「教えてあげる君」は自身の知識を増やそうとすることがなく、「教えて君」の知的好奇心を新たに引き出すこともないため、「教えて君」もまた「教えてあげる君」と同様の状況に陥り、社会全体の知的レベルが向上していかないことにもなるから。

④ 「教えてあげる君」は社会全体の知的レベルを向上させなければならないという義務感にとらわれており、「教えて君」の向学心に直接働きかけようとして教えているわけではないため、自分自身の知的レベルが向上していかないことにもなるから。

⑤ 「教えてあげる君」は「教えて君」を導くことで得られる自己満足を目的として教えているに過ぎず、「教えて君」の知的レベルを向上させることには関心がないため、「教えて君」と「教えてあげる君」との応答がむだに続いてしまうことにもなるから。

問3　傍線部B「メロディを書こうとする音楽家にとっては、これはなかなか厳しい問題かもしれません」とあるが、それはなぜか。その説明として最も適当なものを、次の①～⑤のうちから一つ選べ。解答番号は［7］。

① 音楽家は、新しいメロディを作り出そうとして、豊富な音楽の知識を活用するが、逆にその知識が自由な発想を妨げてしまうため、誰もが口ずさめるような躍動感のあるメロディを生み出せなくなってきているから。

② 音楽家は、新しい曲を作ることを期待されているが、多くの曲が作られてきたことで、自分が考え出したメロディに前例がある可能性が高くなるため、オリジナルな曲を作ることが困難になってきているから。

③ 音楽家は、新しい曲を発表することで社会的な認知を得ていくために、たえず新しい曲を発表しなければならず、過去のメロディを自作の一部として取り込むことが避けられなくなってきているから。

④ 音楽家は、新しい曲を発表しても、社会に多くの曲が出回っているために、曲のオリジナリティを正当に評価されることが難しく、才能がある音楽家ほど不満を抱くことが多くなってきているから。

⑤ 音楽家は、新しいメロディを思いついた時には、過去に作られたメロディとの違いを確認する必要が出てくるため、過去の膨大な曲を確認する時間と労力が大きな負担になってきているから。

問4　傍線部C「『歴史』の崩壊」とあるが、それはどういうことか。その説明として最も適当なものを、次の①～⑤のうちから一つ選べ。解答番号は 8 。

① インターネットによる情報収集の普及にともない、過去の出来事と現在の出来事との類似性を探し出すことが簡便にできるようになったため、両者の本質的な違いに着目することによって得られる解釈を歴史と捉える理解の仕方が成り立たなくなってしまったということ。

② インターネットによる情報収集の普及にともない、累積された過去に内在する多様性を尊重することが要求されるようになったため、多くの出来事を因果関係から説明し、それらから構成された物語を歴史と捉える理解の仕方が人々に共有されなくなってしまったということ。

③ インターネットによる情報収集の普及にともない、過去の出来事を重要度の違いによって分類することができるようになったため、重要であるか否かを問題にすることなく等価なものとして拾い出された過去の出来事の集合体を歴史と捉える理解の仕方が根底から覆ってしまったということ。

④ インターネットによる情報収集の普及にともない、過去の個々の出来事を時間的な前後関係から離れて自由に結びつけられるようになったため、出来事を時間の流れに即してつなぐことで見いだされる因果関係を歴史と捉える理解の仕方が権威を失ってしまったということ。

⑤ インターネットによる情報収集の普及にともない、累積された膨大な情報を時間の流れに即して圧縮したり編集したりすることが容易になったため、時間的な前後関係や因果関係を超えて結びつく過去と現在とのつながりを歴史と捉える理解の仕方が通用しなくなってしまったということ。

問5　この文章全体を踏まえ、「啓蒙」という行為に対する筆者の考えをまとめたものとして最も適当なものを、次の①～⑤のうちから一つ選べ。解答番号は 9 。

①　個々の事象の背後にある知の意味が変質し、累積された過去の知見が軽視される傾向にある現代では、教養を他者に分け与え価値判断の基準を整える啓蒙という行為の重要性は高まり続けている、と筆者は思っている。そのため、単に他者を啓蒙するだけにとどまらず、有効な啓蒙の方法を模索することも必要だと考えている。

②　膨大な情報に取り囲まれ、物事の判断基準が見失われた現代では、正当な価値判断を行うためのリテラシーを形成する啓蒙という行為の必要性は高まり続けている、と筆者は思っている。しかし、みずからその作業を率先して担うよりは、好奇心を呼び起こすことで人が自力で新たな表現を生み出すよう促す側に身を置き続けたいと考えている。

③　知識を求める者と与える者との関係が容易に成立するようになり、自力で考えることの意義が低下した現代では、他者に知識を分け与える啓蒙という行為についての責任を特定の誰かが負う必要はなくなった、と筆者は思っている。しかし、新たな発想が生まれることを促すために、あえて他者を啓蒙する場にとどまり続けたいと考えている。

④　過去に関する情報を容易に圧縮したり編集したりできるようになった結果、外部から影響されることなく独創的な芸術表現を行うことが困難になった現代では、故意による盗作行為を抑止する営みとしての啓蒙は不可欠である、と筆者は思っている。そのため、啓蒙という行為に積極的に関わることで人々の倫理意識を高めたいと考えている。

⑤　長い歴史の中で累積された知見を自在に参照できるようになり、過去を振り返ることが求められつつある現代では、歴史を正しく把握する態度の大切さを人々に教える啓蒙という行為の意義は高まる一方である、と筆者は思っている。しかし、あえて啓蒙の意義を否定し、歴史の束縛から解放されることによって現状を打破すべきだと考えている。

問6　この文章の表現に関する説明として**適当でないもの**を、次の①～⑧のうちから二つ選べ。ただし、解答の順序は問わない。解答番号は 10 ・ 11 。

① 第1段落に出てくる「教えて君」「教えてあげる君」のような「君」付けの呼称は、それらの人たちに対する親しみではなく、軽いからかいの気持ちを示している。

② 第3段落の前半にある丁寧の助動詞「ます」がその段落の後半に出てこなくなるのは、読み手に対する直接的な気配りよりも内容そのものの説明に重点が移っているからである。

③ 第4段落の末尾の文中にある「そのこと」という指示表現は、それを用いず「なぜかよく似てしまうことの方が～」と続けた場合に比べて、次の段落への接続をより滑らかにする働きをしている。

④ 第5段落の後半になって「～ない」という打消し表現が目立つようになるのは、同じ話題に関する議論を深めるために、肯定の立場から否定の立場に転じて論じているからである。

⑤ 第7段落の第4文「しかしだからといって、～ありません。」は、第3文と同じく「しかし」という接続詞で始まっているが、どちらの「しかし」も第2文に対して逆接関係にあることを示している。

⑥ 第8段落の第1文になって初めて「歴史」という語をカギカッコ付きで表示するようになったのは、従来の捉え方による歴史であることを際立たせるためである。

⑦ 第10段落の第2文「これはある意味では～あります。」の「ある意味では」という表現は、何か特定の内容を示すためではなく、一文全体を婉曲《えんきょく》な言い回しにするという働きをしている。

⑧ 第11段落の第7文「啓蒙を得意とする、～したい。」の中の「なさって」という尊敬表現によって示される敬意には、その対象となる人たちに対して距離を置こうとする働きが含まれている。

第2問

次の文章は、小池昌代《こいけまさよ》の小説「石を愛《め》でる人」の全文である。これを読んで、後の問い(問1～6)に答えよ。なお、設問の都合で本文の上に行数を付してある。(配点 50)

趣味といってもいろいろあるが、山形さんの場合は、「石」であった。「石」を愛でることであった。そのようなひとを、一般に「愛石家」と呼ぶらしい。愛猫家とか愛妻家とか、考えてみれば、世の中には何かを愛して一家を構えるほどの人が結構いる。しかしアイセキカと聞いて、即座に石を愛するひととは、ちょっと思い浮かばなかった。

山形さんから「アイセキカ」友の会に入会しましたよ、と聞いたときは、えっ？ 愛惜？ と聞き返してしまった。山形さんは、そのころ奥さんを、病気でなくしたばかりのころだったから。山形さんが、石を愛するようになったのが、奥さんをなくしたことと関係があるのかないのかは、よくわからない。

わざわざ表明したことはないが、実はわたしも石が好きである。どこかへ行くと、自分の思い出にと、石を持ち帰ることが今までにもよくあった。

子供のころも、海や川へ行くたびに、小石を拾っては家に持ち帰ったが、当時は石よりも、石を持ち帰るという行為そのもののほうに、特別の意味があったようだ。部屋に持ち込まれた石はきまって急速に魅力を失い、がらくたの一つになってしまった。そもそも水辺にある小石は、川や海の水に濡《ぬ》れているときは妙に魅力があるのに、乾いてしまうと、ただの石だ。濡れている色と乾いた色って、同じ石でも随分違う。水辺の石の魅力をつくっているものが、実は、石そのものでなく、水の力であったということなのか。

今、わたしの机の上には、イタリアのアッシジで拾ってきた、大理石のかけらが四つある。イタリアの明るい陽《ひ》に、きらきらと微妙な色の差を見せてくれた、薄紅、薄紫、ミルク色、薄茶の四つの石は、これは日本に持ち帰っても、不思議なことに色あせることがなかった。

一人でいる夜、疲れて心がざらついているようなとき、その石をてのひらのなかでころがしてみる。石とわたしは、どこまでも混ざりあわない。あくまでも石は石。わたしはわたしである。石のなかへわたしは入れず、石もわたしに、侵入してこない。その無機質で冷たい関係が、かえってわたしに、不思議な安らぎをあたえてくれる。

人間関係の疲労とは、行き交う言葉をめぐる疲労である。だから、**A**言葉を持たない石のような冷《ひや》やかさが、その冷たいあたたかさが、とりわけ身にしみる日々があるのだ。こうしてみると、わたしだって、充分、アイセキカの一人ではないか。

そういえば、生まれて初めて雑誌に投稿した詩が、「石ころ」というタイトルだった。夜の公園に残された石ころが、まるで、なにかをつかみそこねた、握りこぶしのように見えた。それだけのことを書いた幼稚な詩だったが。

子供のときは、道に石があれば、とりあえずは、足で蹴ってみた。武器として、なにものかに向かって投げつけたり、水のなかに意味もなく、ぽちゃっと落としてみたり、拾って、それに絵を描いてみたり、積み上げたり、地面に印のかわりに、置いてみたり……。石ころとは、随分、多方面に渡って、つきあってきたものだ。

ひとと石との、こうしたあらゆる関係の先に、石をただ見つめるという、アイセキカたちの、(ア)透明な行為がひろがっているのだろう。

さて、そのアイセキカ、山形さんは、普段も石のように無口なひとである。ある地方テレビ局の制作部門に勤務している。おいくつですか、と尋ねたことはないが、五十歳はとうに過ぎているはずだ。

山形さんの担当するインタビュー番組に、わたしが出演させてもらったのが知り合うきっかけだった。実はわたしは、テレビのない生活をして、十年くらいになる。見たい番組というのが、ほとんどないし、たまに、人の家でテレビがついていると、テレビとは、こんなに騒がしいものであったかとびっくりする(特にコマーシャルが、ひどい)。

わたし、テレビ持ってませんから。――しかしそれは出演を断る理由にはならなかった。

わたしはこんな仕事をしてますが、テレビを持ってないのは、今では普通のことです、と山形さんは言った。しかし、見るのと出るのでは、また違う。まあ、一度くらい、遊びにいらっしゃってはいかがです?

結局、その十五分番組に、わたしは出ることを決めた。オペラ歌手と評論家のインタビュアーを相手に、とても緊張しつつ、一生懸命になって、詩のことをしゃべり、朗読までして、収録を終えたのだ。

終わったあと、暗い夜道を一人で帰りながら、テレビとは、恐ろしく、自分を消費するものだと思った。インタビュアーたちとの関係も、あまりにも希薄で一時的・図式的なものであり、そんなことは彼らにとって、仕事のひとつなのだから当たり前のことなのに、その当たり前のことに傷ついてしまった。

そのうえ、自分の言ったことが、終わったあとも、わんわんと自分のなかで反響している。詩人という肩書きで得意になってしゃべった自分――これは一種の詐欺であると思った。そのことを自覚したうえで、玄人としてりっぱに騙《だま》せたのならそれでもいいが、わたしは半分素人の様な顔をして、詩とは……とか、詩との出会いは……なんて遠慮がちに、そのくせ内心、(イ)とくとくとしゃべっていたのだから、なんだか、タチが悪いような気がした。

わたしのそんな落ち込みを、山形さんは、まあ、テレビに初めて出た人間はそんなもんですよ、と石のように表情のない顔で、のんびりとなぐさめてくれた。ここを通過するとね、もう怖くはありません。気をつけてくださいよ、テレビに出ることには、けっこう魅力があるようですからねえ。みんな、そう言いますよ。こいけさんもそのうちね――と山形さんは言った。――ぜったいテレビにどんどん出たくなりますよ。そう、自信を持って決めつけるのだった。

その山形さんから、「石を出品しましたので、ぜひごらんください」という、薄いぺらぺらのはがきの案内状が届いたのは、東京に梅雨入り宣言が出された日のことだった。さらに(ウ)追い討ちをかけて電話までかかってきて、石はいいですよ、ぜひ、見にきてくださいよ、何日と何日なら、わたしも行ってますから、と。

その、動かぬ大山のような山形さんの言い方には、断《こと》わられることなど、おのれの辞書にはないというようなずうずうしさがあった。

「わかりました、じゃあ行きますよ(行けばいいんでしょ)。わかりましたよ(まったくもう)」

このわたしの返答も、充分すぎるほど失礼な言い方ではあったが、山形さんは、ともかくもわたしが行くと答えると、うむ、と満足げにうなずいて日取りを決め、それじゃあ、と言って電話を切った。

B 当日は雨だった。しかし石を見に行くのにはいい日のように思われた。傘というものがわたしは好きだ。ひとりひとりの頭のうえに開き、ひとりひとりを囲んでいる傘が。そういえば、寂しい、独りきりの傘のなかを、華やかな世界と表現した女性の詩人がいたなあ。彼女もまた、雨の日と、傘が、好きだったのだろう。五十を過ぎて、彼女は突然自殺してしまった。顔に刻まれた深い皺《しわ》が、とりわけ素敵な美しいひとだった。

そんなことを思い出しながら、会場についた。表参道の小さなアトリエである。傘の露をふりはらって、ドアを開けた。

期待したとおり、ずらっと小石どもが並んでいる。それぞれの石の前には、産地の名前と、出品者の名前が毛筆で書いてある。産地というのは、平たく言えば、石を拾った場所、出品者というのは、拾ったひとの名前だろう。そう考えると、石を愛するという趣味は、実にシンプルでいいものだと思った。拾った、拾われた、その一瞬にすべてをかけて展示しているのであるから、ここにあるのは、どれもが人生の瞬間芸のようなものだと言える。

入り口のところには、パンフレットがあって、そのなかに「水石の魅力」という短い文章が書かれてあった。ただの石だと思っていたが、こういうのを、水石《すいせき》というらしい。始めて知った言葉である。

ここは、まるで、河原のようなところだ。石ばかりでなく、言葉も拾うのだ。

さっそく、パンフレットを読んでみた。

「水石は、趣味のなかでも、もっとも深淵《しんえん》で奥の深いものだといわれています。盆栽などとあわせて鑑賞されることも多いのです。

庭石のような大きなものでなく、片手で持てるような小さな鑑賞石をいいます。あなたも、水石の世界に、どうぞひととき、お遊びください」

アトリエは薄暗く、それぞれの石に、柔らかいスポットライトが当てられている。ひとの姿も二、三、ある。どのひとも、みな、一人ぽっちである。石が好きなのだろうか。彼らもまた、アトリエ内に、飛び石のように、存在している。

そこへドアが開いて、山形さんが入ってきた。

(ああ、山形さんだ)

とわたしは思った。思っただけで、声にはならなかった。

(山形さん、わたし、来ましたよ)

これもまた、声にならず、表情だけで、山形さんに訴えることになった。まるで石が、あらゆる声を吸いとってしまったようである。

山形さんも、わたしにすぐに気がついてくれたが、山形さんも、声を出さない。目を細くして、

(ああ、よく来てくれました、むし暑いのに、悪かったですね。ゆっくり見ていってくださいよ、あとでお茶でもいかがですか)

そんなことを言う。違うかもしれない。でも、そのときは、きっとそんな気がしたのである。

沈黙の空気を味わいながら、わたしは、いつしか、山形さんが出品した石の前にいた。

まるまるとした真っ黒な楕円形《だえんけい》。滋賀県瀬田川・山形寛。そんな文字がプレートに書いてある。じっと見ていると、背後から、

「よく来てくれましたね、暑いのに」

と声がした。山形さんだ。なんだかすでに聞いたような言葉をしゃべっている。

その、確かに実在する男の声は、不思議な浸透力を持ってわたしの身体に入ってきた。久しぶりにひとの声を聞いたと思った。まるで、ついさっきまで、わたしは石であり、その声によって、ようやく人間に戻ったというような、どこかほっとする、あたたかい声だった。

山形さんの顔は、日に焼けて、真っ黒だ。おまけに、何をしていたのか、汗だらけの顔である。目があった。出品された石

と、良く似た漆黒の瞳である。雨が降っているせいか、しっとりとしている。こんな目を山形さんは持っていたのだろうか。決して強い目というのではない。疲れはてていて、むしろ気弱な目だ。こんな目を山形さんはしていたのだろうか。石に惹《ひ》かれている山形さんが、そのとき少しだけ、わかったような気がした。

自分でもにわかには信じられないことだが、わたしもそのとき、山形さんに、心を惹かれていたのかもしれない。C何かが何かを少しずつひっぱっている、その日は、そんな感じの日であった。

それから、ドアを押して外に出た。雨はまだ降っている。

「この先のビルの二階に、できたばかりの洋風の居酒屋があるんです。石を見たあとの一杯もいいですよ」

何も答えないでいると、

（じゃあ、いきましょう）

と、山形さんが言った（ように思った）。

言葉を使わないと、わたしたちもまた、石のようなものだ。何を考えているか、わからない。互いにころがっていくほかはない。石もひとも。ころがり、ぶつかりあって、わかりあうしかない。そう考えながら歩いていくと、

「ここですよ」

と山形さんが立ち止まる。古いビルディングの前である。それからくるっと背中を見せ、細く暗い階段をのぼっていった。わたしも彼の後に続いた。

足元がようやく確かめられるほどの、ぼんやりとした光線がふりそそいでいる。いま、この階段をのぼっていることを、覚えておこうとわたしは思った。やがて山形さんが、店のドアを押す。中から、サックスとピアノの音が、あふれるように、外へ流れ出た。

問1 傍線部(ア)〜(ウ)の本文中における意味として最も適当なものを、次の各群の①〜⑤のうちから、それぞれ一つずつ選べ。解答番号は 12 〜 14 。

(ア) 透明な 12
① ぬくもりのない
② 悪意のない
③ まじり気のない
④ 形のない
⑤ 暗さのない

(イ) とくとくと 13
① 意欲満々で
② 充分満足して
③ 利害を考えながら
④ 始めから順番どおりに
⑤ いかにも得意そうに

(ウ) 追い討ちをかけて 14
① 無理に付きまとって
② 強く責め立てて
③ しつこく働きかけて
④ 時間の見境なく
⑤ わざわざ調べて

問2　傍線部A「言葉を持たない石のような冷《ひや》やかさが、その冷たいあたたかさが、とりわけ身にしみる」とあるが、それはどういうことか。その説明として最も適当なものを、次の①～⑤のうちから一つ選べ。解答番号は 15 。

① 周囲の人の慰めや励ましより、物言わぬ石がもたらす緊張感の方が、自分が確かな存在であることを実感させ、それが人としての自信を取り戻させてくれるということ。

② 石と互いに干渉せずに向き合うことは、言葉を交わす人間関係の煩わしさに疲れていらだった心を癒やし、ほっとするような孤独を感じさせてくれるということ。

③ 物言わぬ石の持つきびしい拒絶感に触れることで、今では失ってしまった、周囲の人との心の通い合いの大切さがかえって切実に思えてくるということ。

④ 現実の生活では時に嘘《うそ》をつき自分を偽ることがあるのに対し、物言わぬ石と感覚を同化させていく時は、虚飾のない本当の自分を強く実感できるということ。

⑤ 乾いて色あせてしまった水辺の石でも、距離を置いて見つめ直してみることによって、他人の言葉に傷ついたわたしを静かに慰めてくれるように思えてくるということ。

問3 わたしの山形さんへの見方は、この文章全体を通してみると変わっていくが、29行目から57行目までに描かれた山形さんの人物像はどのようなものか。その説明として最も適当なものを、次の①～⑤のうちから一つ選べ。解答番号は 16 。

① 初めてのテレビ収録で傷つき落ち込んでいるわたしを励まし、テレビ業界の魅力を説くことで希望を与えてくれる明るさを持つ一方で、繊細な内面に図々しく入り込んでくる人物。

② 初めてのテレビ収録で傷つき落ち込んでいるわたしにテレビ出演の楽しさを説いて自信を持たせようとする度量の大きさを持つ反面、自分の要求はすべて通さずにはいられない人物。

③ 初めてのテレビ収録で傷つき落ち込んでいるわたしを無表情なままに慰めてくれる不思議な優しさを持ちながら、揺るぎない態度でわたしの心情や行動を決めてかかる強引な人物。

④ テレビの仕事で自己嫌悪に陥ったわたしの心を気遣うふりをして、自身の趣味である石の魅力に引き込もうとする自信家であり、わたしの戸惑いをくみ取ろうとしない無神経な人物。

⑤ テレビの仕事で自己嫌悪に陥ったわたしの心を見通したうえで話題をそらしてごまかし、当初のインタビューとは関係のない個人的な趣味の世界に引き込もうとする無責任な人物。

問4　傍線部**B**「当日は雨だった。しかし石を見に行くのにはいい日のように思われた。」とあるが、それはなぜか。その説明として最も適当なものを、次の①～⑤のうちから一つ選べ。解答番号は 17 。

① わたしは今までにも水辺の石を持ち帰ったりすることがあった。この日は雨が降っており、様々な状況によって魅力を増す石を観賞したくなる雰囲気だと感じられ、しかも、傘が石と同じように自分だけの世界を心地よいものにしてくれるように思われたから。

② わたしにとって、石と傘は見方によって様々に姿を変えるため、これまでも気分を高揚させる鑑賞対象だった。そのうえ、河原のようなアトリエにも水石の世界があることを知ってからは、石の魅力を味わううえで、雨が思わぬ演出効果をもたらすと気づいたから。

③ わたしが以前から好きだった女性詩人の顔の皺《しわ》には精神的な陰影が刻まれ、水や光によって微妙に表情を変える石に似た魅力があった。この日は雨が降っていたので、五十を過ぎて自殺した彼女も傘を愛していたことを思い出し、孤独な詩人としての共感を覚えたから。

④ わたしは日頃から、じめじめした人間関係の悩みを忘れさせてくれる乾いた石に愛着を覚えていた。しかし、テレビに出演して自己嫌悪に陥ってからは、濡《ぬ》れた石や雨が自分の心を慰め、傘もまた一人一人の孤独な空間を守ってくれるように感じられたから。

⑤ わたしは亡くなった女性詩人と同じように、昔から誰にも邪魔されない孤独を愛していたため、傘に囲まれた空間に安らぎを感じている。そのため、雨の日はかえって外出の億劫《おっくう》さが和らぎ、他人の目を気にせず石を見に行くことができると気づいたから。

問5　傍線部C「何かが何かを少しずつひっぱっている、その日は、そんな感じの日であった。」とあるが、わたしはどのようなことを感じはじめているのか。わたしの中で起こった変化を踏まえた説明として最も適当なものを、次の①～⑤のうちから一つ選べ。解答番号は 18 。

① 強引で何事にも動じない山形さんが、一方では疲れて自信のない人物でもあったことにわたしは意外さを覚えている。強さと弱さが同居した山形さんの人間としての奥行きを垣間見《かいまみ》たわたしが、自分にもそうした両面があることを発見し、石との出会いを契機として似たもの同士の孤独な二人が惹《ひ》かれ合っていることを感じはじめている。

② 冷たい石と向き合う沈黙のひとときに安らぎを感じていたわたしが、山形さんの声は違和感なく受け入れられたことに意外な安堵《あんど》を覚えている。山形さんのしっとりとした瞳の中に弱さを発見したわたしは、山形さんとの人間らしい相互関係を自覚し、石を媒介として二人の心の距離が近付きつつあることを感じはじめている。

③ 石が水の湿り気を得て輝きを増すように、山形さんの生身の声がわたしの身体に浸透し、人間関係に疲れ切ったわたしを生き生きとさせたことに驚いている。寡黙な山形さんに石の世界のおもしろさを教えられ、彼の見識の高さに感動したわたしは、自分も同じように石を出品してみたいと感じはじめている。

④ 山形さんの落ち着いた人柄に惹かれ、石ではなく生身の人間である山形さんに愛情が芽生えはじめたことにわたしは驚いている。山形さんが石を愛するようになったことで孤独から脱するきっかけを得たように、山形さんとの接触が、わたしを今までの自分とは違う人間に変えるかもしれないと感じはじめている。

⑤ 言葉を介した人間関係に困難を感じていたからこそ保たれていた石との関係が、穏やかな山形さんと関わるうちに少しずつ壊れてきていることにわたしは気づいている。静まりかえったアトリエの中で生身の人間との言葉による心の交流が成立した結果、孤独な詩人であることから脱しつつあることを感じはじめている。

問6　この文章の表現に関する説明として適当なものを、次の①～⑥のうちから二つ選べ。ただし、解答の順序は問わない。解答番号は 19 ・ 20 。

①　「愛石家」という語は、3行目から29行目まで一貫して「アイセキカ」とカタカナ表記である。3行目と4行目の「アイセキカ」はわたしが意味を取れずに音だけ理解したことを示しており、これ以後の「アイセキカ」は漢字表記の「愛石家」の意味に限定されないことを表している。

②　山形さんについては一貫して「山形さん」という表記がなされ、わたしの名前については48行目で「こいけさん」というひらがな表記がなされている。48行目の「こいけさん」は、ここでの山形さんの語りかけが、わたしの後悔を他人事として突き放すような、投げやりなものであることを表している。

③　63行目の「小石ども」の「ども」は、通常、名詞の後ろに付いてそれを見下す気持ちを表す。この場面で「小石」に「ども」を使用しているのは、わたしが子供の頃、石を好き勝手に扱ったことを受けており、他人が拾った「小石」を軽んじる気持ちが生じたことを表している。

④　98行目には「こんな目を山形さんは持っていたのだろうか」、99行目には「こんな目を山形さんはしていたのだろうか」と、類似の表現が連続して出てくる。これはわたしが山形さんに徐々に惹かれていくにつれて、石からは次第に心が離れつつあることを表している。

⑤　77行目以降最後まで、山形さんとわたしが発する言葉には、カッコで示されるものとカギカッコで示されるものがある。カッコを使うものはわたしの思念や、わたしが山形さんの思念を推測したものを表しているが、カギカッコを使うものはわたしにはっきり届いた声であることを表している。

⑥　114行目の「サックスとピアノの音が、あふれるように、外へ流れ出た」に使われている「あふれる」「流れ出る」という動詞は、通常「サックスとピアノの音」のような主語には使われないものである。ここではこれらの動詞を「音」に対して使うことによって、詩人であるわたしの表現技巧が以前と比べて洗練されたことを表している。

第3問　次の文章は『夢の通ひ路物語』の一節である。男君と女君は、人目を忍んで逢《あ》う仲であった。やがて、女君は男君の子を身ごもったが、帝に召されて女御となり、男児を出産した。生まれた子は皇子（本文では「御子《みこ》」）として披露され、女君は秘密を抱えておののきつつも、男君のことを思い続けている。その子を自分の子と確信する男君は人知れず苦悩しながら宮仕えし、二人の仲介役である清さだと右近も心を痛めている。以下の文章は、それに続くものである。これを読んで、後の問い（問1～6）に答えよ。（配点　50）

かたみに恋しう思《おぼ》し添ふことさまざまなれど、夢ならで通ひぬべき身ならねば、現《うつつ》の頼め絶えぬる心憂さのみ思しつづけ、大空をのみうち眺めつつ、もの心細く思しわたりけり。男の御心には、まして恨めしう、(ア)あぢきなき嘆きに添へて、御子《みこ》の御気配もいとつつましう、（注1）鏡の影もをさをさ覚ゆれば、いよいよ「(イ)あきらめてしがな」と思しわたれど、ありしやうに（注2）語らひ人さへ聞こえねば、「人わろく、今さらかかづらひ、をこなるものに思ひまどはれむか」と心置かれて、（注3）清さだにだにも御心とけてものたまはず、いとどしき御物思ひをぞし給《たま》ひける。

こなたにも御心に絶えず思し嘆けど、何かは漏らし給はむ。（注4）御宿直《とのゐ》などうちしきり、おのづから御前がちにて、(ウ)御こころざしのになきさまになりまさるも、よに心憂く、恐ろしう、人知れず悩ましう思して、いささか御局《つぼね》に下り給へり。人少なう、しめやかにながめ給へる夕暮れに、右近、御側《そば》に参りて、御かしらなど参るついで、かの御事をほのかに聞こえ奉る。

「この程見奉りしに、（注5）御方々《かたがた》思しわづらふも（注6）むべに**a**侍《はべ》り。げに痩せ痩せとならせ給ひ、こよなく御色のさ青《を》に見奉り候《さぶら》ひぬ。清さだも、久しううちおこたり侍りしを、いかに思しとぢめけむと、日頃いぶかしう、恐ろしう思ひ給へられしに、なほ忍びはて給はぬにや、昨日文おこせし中《うち》に、かかるものなむ侍りける。『まことに、うち悩み給ふこと、日数へて言ふ甲斐《かひ》なく、見奉るも心苦しう。（注7）東宮のいとかなしうまつはさせ給へば、とけても籠らせ**b**給はぬを、この頃こそ、えうちつづきても参り給はで、ひとへに悩みまさらせ給へ』と侍りし」

とて、御消息取う出《とで》たれど、なかなか心憂く、そら恐ろしきに、

「いかで、かくは言ふにかあらむ」

とて、泣き給ひぬ。

「こたびは、とぢめにも侍らむ。御覧ぜざらむは、罪深きことにこそ思ほさめ」

とて、うち泣きて、

「昔ながらの御ありさまならましかば、かくひき違《たが》ひ、いづこにも苦しき御心の添ふべきや」

と、忍びても聞こゆれば、**X**いとど恥づかしう、げに悲しくて、振り捨てやらで御覧ず。

A「さりともと頼めし甲斐もなきあとに世のつねならぬながめだにせよ
　雲居(注8)のよそに見奉り、さるもの(注9)の音調《ね》べし夕べより、心地も乱れ、悩ましう思ひ**c**給へしに、ほどなく魂の憂き身を捨てて、君があたり迷ひ出《い》でなば、結びとめ給へかし。惜しけくあらぬ命も、まだ絶えはてねば」

など、あはれに、つねよりはいとど見所ありて書きすさみ給ふを御覧ずるに、来《き》し方行く先みなかきくれて、御袖いたう濡《ぬ》らし給ふ。うち臥《ふ》し給へるを、見奉るもいとほしう、「いかなりし世の御契りにや」と、思ひ嘆くめり。

「人目なき程に、あはれ、御返しを」

と聞こゆれば、御心も慌《あわた》しくて、

B「思はずも隔てしほどを嘆きてはもろともにこそ消えもはてなめ
　遅るべうは」

とばかり、書かせ給ひても、え引き結び給はで、**Y**深く思し惑ひて泣き入り給ふ。「かやうにこと少なく、節《ふし》なきものから、いとどあはれにもいとほしうも御覧ぜむ」と、方々《かたがた》思ひやるにも、悲しう見奉りぬ。

（注）1　鏡の影もをさをさ覚ゆれば――鏡に映った男君自身の顔も御子の顔にそっくりなので、ということ。
2　語らひ人――相談相手となる人。ここでは女君の侍女の右近を指す。
3　清さだ――男君の腹心の従者。右近とはきょうだい。
4　御宿直などうちしきり――女君が帝の寝所にたびたび召されて、ということ。
5　御方々――男君の両親。
6　いかに思しとぢめけむ――どのようにあきらめなさったのだろうか、ということ。
7　東宮――帝の子。
8　雲居のよそに見奉り――女君が入内して男君の手の届かないところに行ってしまって、ということ。
9　さるものの音調べし夕べ――男君はかつて帝と女君の御前で、御簾《みす》を隔てて笛を披露したことがあった。そのときのことを指す。

人物関係図（┆は表向きの親子関係）

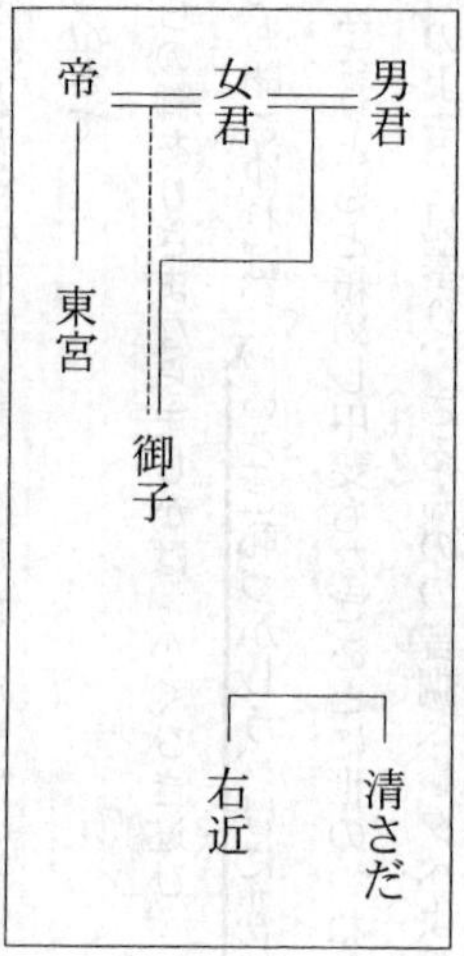

問1　傍線部(ア)～(ウ)の解釈として最も適当なものを、次の各群の①～⑤のうちから、それぞれ一つずつ選べ。解答番号は 21 ～ 23 。

(ア)　あぢきなき嘆き　21
① 頼りない仲介役二人への落胆
② 御子に対する限りない憐《あわ》れみ
③ 帝に対する押さえがたい憎しみ
④ 女君へのどうにもならない恋の苦悩
⑤ ふがいない自分自身へのいらだち

(イ)　あきらめてしがな　22
① 宮仕えを辞めてしまいたい
② 真実をはっきりさせたい
③ 思いを断ち切りたい
④ 胸の内を聞いてほしい
⑤ 私のことを忘れてほしい

(ウ)　御こころざしのになきさまになりまさる　23
① 帝のご愛情がこの上なく深くなっていく
② 帝のご寵愛《ちょうあい》がいっそう分不相応になっていく
③ 帝のお気持ちがいよいよ負担になっていく
④ 帝のお気遣いがますます細やかになっていく
⑤ 帝のお疑いが今まで以上に強くなっていく

問2 波線部a～cの敬語の説明の組合せとして正しいものを、次の①～⑤のうちから一つ選べ。解答番号は 24 。

①
a……右近から女君への敬意を示す丁寧語
b……御方々から男君への敬意を示す尊敬語
c……男君から女君への敬意を示す謙譲語

②
a……右近から女君への敬意を示す丁寧語
b……御方々から男君への敬意を示す尊敬語
c……男君から女君への敬意を示す尊敬語

③
a……右近から男君への敬意を示す謙譲語
b……御方々から男君への敬意を示す尊敬語
c……男君から女君への敬意を示す謙譲語

④
a……右近から男君への敬意を示す謙譲語
b……清さだから男君への敬意を示す尊敬語
c……男君から女君への敬意を示す尊敬語

⑤
a……右近から女君への敬意を示す丁寧語
b……清さだから男君への敬意を示す尊敬語
c……男君から女君への敬意を示す謙譲語

問3　傍線部X「いとど恥づかしう、げに悲しくて」とあるが、このときの女君の心情の説明として最も適当なものを、次の①～⑤のうちから一つ選べ。解答番号は 25 。

① 右近に、男君の病状が悪くなったのは自分のせいだと責められて恥ずかしくなり、また、男君が自分への気持ちをあきらめきれずに手紙をよこしたと告げられて、悲しく感じている。

② 右近に、仲介役とはいえ世に秘めた二人の仲を詳しく知られて恥ずかしくなり、また、右近が声をひそめて話すことから二人の仲が公にできないと思い知らされて、悲しく感じている。

③ 右近に、男君からの手紙を見ないのは罪作りなことだと諭されて恥ずかしくなり、また、昔の間柄のままであったら二人とも苦しまなかっただろうと言われて、悲しく感じている。

④ 右近に、死を目前にした男君が送ってきた罪深い内容の手紙を渡されて恥ずかしくなり、また、男君の姿が元気だった頃とは一変したので心苦しいと嘆かれて、悲しく感じている。

⑤ 右近に、子どもの面倒を見ないのは罪深いことだと説かれて恥ずかしくなり、また、子どもさえなければ帝も男君もここまで苦しまなかっただろうと咎《とが》められて、悲しく感じている。

問4　本文中の手紙A（男君の手紙）、手紙B（女君の手紙）の内容の説明として最も適当なものを、次の①～⑤のうちから一つ選べ。解答番号は 26 。

① 男君は、私が生きる甲斐《かい》もなく死んだら悲しんでほしいと思うが、迷い出そうな魂もあなたのことを考えるとこの身にとどまって死にきれない、と言っている。それに対して、女君は、あなたと離れてしまったことが苦しく、あなたに遅れず私もこの嘆きとともに消えてしまいたい、と応えている。

② 男君は、あなたに逢えずに死んだらせめて心を痛めることだけでもしてほしいが、死にきれないので私を受け入れてはくれないものか、と言っている。それに対して、女君は、もはやあなたを愛することはできないが、前世からの因縁と思えばつらく、一緒に死んでしまいたい、と応えている。

③ 男君は、私は逢瀬《おうせ》の期待もむなしく死ぬだろうが、それまでに魂がこの身から離れてあなたのもとにさまよい出たときは引き留めてほしい、と言っている。それに対して、女君は、心ならずも離ればなれになってしまったことが悲しく、あなたが死んだら私も死に遅れはしない、と応えている。

④ 男君は、あなたを恨みながら死ぬだろうが、そのときには魂を引き留めて、誰のせいでこうなったのか悩んでほしい、と言っている。それに対して、女君は、意に反してあなたと距離ができてしまったことが情けなく、あなたが死んだら私も遅れずに死ぬから待っていてほしい、と応えている。

⑤ 男君は、私がこのまま死んだら、私のことを思って空を眺めてほしい、そうすれば魂はあなたのもとに行くので、そばに置いてほしい、と言っている。それに対して、女君は、今逢えないことでさえもどかしく、あなたが死んだら魂の訪れなど待たずに私も消えてしまいたい、と応えている。

問5　傍線部Y「方々《かたがた》思ひやるにも、悲しう見奉りぬ」とあるが、このときの右近の心情の説明として最も適当なものを、次の①～⑤のうちから一つ選べ。解答番号は 27 。

① 女君は立場上、簡単な手紙しか書けないが、気持ちは男君にきっと伝わるだろうと、離ればなれになった二人を思っては、悲しく感じている。

② 病のせいで言葉少ない男君の手紙を見て、女君はいっそう気の毒に思っているだろうと、二人のやりとりを振り返っては、悲しく感じている。

③ 言葉足らずの女君の手紙を見て、男君は女君をいとしく思いつつもいよいよ落胆するだろうと、二人の別れを予感しては、悲しく感じている。

④ 短く書くことしかできない女君の手紙を見て、男君はさらに女君への思いを募らせるだろうと、二人の気持ちを考えては、悲しく感じている。

⑤ 控えめな人柄がうかがえる女君の手紙を見れば、男君は女君への愛をますます深めるだろうと、二人の将来を危ぶんでは、悲しく感じている。

問6　この文章の内容の説明として最も適当なものを、次の①～⑤のうちから一つ選べ。解答番号は 28 。

①　男君は、女君のことを恋しく思い続けているが、未練がましく言い寄っても女君が不快に思うのではと恐れて、誰にも本心を打ち明けられず、悩みを深めていた。

②　女君は、男君への思いを隠したまま、帝と過ごす時間が長くなっていくことに堪えられず、ついには人目を忍んで男君への手紙を右近に取り次がせようとした。

③　清さだは、右近から手紙が来ないことを不審に思い、帝が真相に気づいたのではないかと心配になり、事情を知らせるようにと、急いで右近に手紙を送った。

④　男君は、女君への思いに加えて、東宮のもとに無理に出仕をしたため病気が重くなり、男君の様子を清さだから聞いた女君は、男君は死ぬに違いないと思った。

⑤　女君は、男君の手紙を見せられて恐ろしく感じ、手紙を取り次いだ右近を前に当惑して泣いたが、無視もできずに手紙を読んだところ、絶望的な気持ちになった。

第4問

次の文章を読んで、後の問い（問1～7）に答えよ。なお、設問の都合で送り仮名を省いたところがある。（配点　50）

家蓄《やしなフ》一老狸《り》（注1）奴《ど》。（ア）将誕子矣（a）。一女童誤触之、而堕。日夕嗚《を》（注2）嗚《を》然《ぜん》。会《たまたま》有餽《おくル》両小狸奴者。其始、蓋漠（注3）然不相能也。老狸奴者、従而撫之、傍《はう》（注4）徨《くわう》焉《えん》、蹢《てき》躅《ちよく》焉《えん》。臥則擁之、行則翊《たすク》之。舐《なメテ》其氄《じよう》（注5）而譲之食。両小狸奴者、亦久而相忘也。稍《やうやク》即之、遂承其乳（1）焉。（イ）自是欣《きん》（注6）然《ぜん》以為良《まことニ》己之母。老狸奴者、亦居（注7）然以為良己出（b）也。A吁《ああ》、亦異哉《かな》。

昔、漢明（注8）徳馬后無子。顕（注9）宗取他人《じん》子、命養之曰、B「人子何必親生。但恨愛之不至耳（c）。」后遂尽心撫育、而章帝亦恩性（注10）天至。母子慈孝、始終無繊《せん》（注11）芥《かい》之間。狸奴之事、（2）適有契《かなフ》（d）焉。然

C 則チ世之為ニ人親与レ子、而有ニ不慈不孝者一、豈独愧ニ于古人一。亦タ愧《はヅル》ニ此ノ異類ニ一(e)已。

（程敏政《ていびんせい》『篁墩文集《こうとんぶんしゅう》』による）

（注）
1 貍奴――猫。
2 嗚嗚然――嘆き悲しんで鳴くさま。
3 漠然――無関心なさま。
4 徬徨焉、躑躅焉――うろうろしたり足踏みをしたりして、落ち着かないさま。
5 毦――うぶ毛。
6 欣然――よろこぶさま。
7 居然――やすらかなさま。
8 明徳馬后――後漢の第二代明帝（顕宗）の皇后。第三代章帝の養母。
9 顕宗取ニ他人子一、命レ養レ之――顕宗が他の妃《きさき》の子を引き取って、明徳馬后に養育を託したことをいう。
10 恩性天至――親に対する愛情が、自然にそなわっていること。
11 無ニ纖芥之間一――わずかな隔たりさえないこと。

問1　傍線部⑴「承」・⑵「適」の意味として最も適当なものを、次の各群の①～⑤のうちから、それぞれ一つずつ選べ。解答番号は 29 ・ 30 。

⑴ 「承」 29
① 授けた
② 認識した
③ 納得した
④ 差し出した
⑤ 受け入れた

⑵ 「適」 30
① ゆくゆく
② わずかに
③ ちょうど
④ ほとんど
⑤ かならず

問2 二重傍線部(ア)「将」・(イ)「自」と同じ読み方をするものを、次の各群の①～⑤のうちから、それぞれ一つずつ選べ。解答番号は 31 ・ 32 。

(ア) 「将」 31

① 当
② 盍
③ 応
④ 且
⑤ 須

(イ) 「自」 32

① 如
② 以
③ 毎
④ 従
⑤ 雖

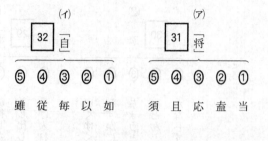

問3　波線部(a)「矣」・(b)「也」・(c)「耳」・(d)「焉」・(e)「已」の説明の組合せとして最も適当なものを、次の①～⑤のうちから一つ選べ。解答番号は 33 。

① (a)「矣」は「かな」と読み、詠嘆の意味を添え、(b)「也」は「なり」と読み、断定の意味を添える。
② (a)「矣」は「かな」と読み、感動の意味を添え、(e)「已」は「のみ」と読み、限定の意味を添える。
③ (b)「也」は「なり」と読み、伝聞の意味を添え、(c)「耳」は「のみ」と読み、限定の意味を添える。
④ (c)「耳」は「のみ」と読み、限定の意味を添え、(d)「焉」は文末の置き字で、断定の意味を添える。
⑤ (d)「焉」は文末の置き字で、意志の意味を添え、(e)「已」は「のみ」と読み、限定の意味を添える。

問4　傍線部A「吁、亦 異 哉」とあるが、筆者がそのように述べる理由の説明として最も適当なものを、次の①～⑤のうちから一つ選べ。解答番号は 34 。

① 子猫たちと出会った時は「嗚嗚然」としていた老猫が、「欣然」と子猫たちと戯れる姿を見せるようになったため。
② 互いに「漠然」として親子であることを忘れていた猫たちが、最後には「居然」と本来の関係をとりもどしたため。
③ 老猫と出会った初めは「漠然」としていた子猫たちが、ついには「欣然」と老猫のことを慕うようになったため。
④ 子猫たちが「居然」として老猫になつき、老猫も「嗚嗚然」たる深い悲しみを乗り越えることができたため。
⑤ 子猫たちが「欣然」と戯れる一方で、老猫は「居然」たるさまを装いながらも深い悲しみを隠しきれずにいるため。

問5　傍線部B「人子何必親生」の解釈として最も適当なものを、次の①～⑤のうちから一つ選べ。解答番号は 35 。

① 子というものは、いつまでも親元にいるべきではない。
② 子というものは、必ずしも親の思い通りにはならない。
③ 子というものは、どのようにして育ててゆけば良いのか。
④ 子というものは、自分で産んだかどうかが大事なのではない。
⑤ 子というものは、いつまでも親の気を引きたいものだ。

問6　傍線部C「世之為二人親与一レ子、而有二不慈不孝者一、豈独愧二于古人一」の書き下し文として最も適当なものを、次の①～⑤のうちから一つ選べ。解答番号は 36 。

① 世の人親《じんしん》と子との為にして、不慈不孝なる者有るは、豈に独り古人のみを愧《は》づかしめんや
② 世の人親の子に与ふと為すも、不慈不孝なる者有るは、豈に独り古人に愧づるのみならんや
③ 世の人親の子に与ふるが為に、不慈不孝なる者有るは、豈に独り古人のみを愧づかしめんや
④ 世の人親と子との為にするも、不慈不孝なる者有るは、豈に独り古人のみを愧づかしめんや
⑤ 世の人親と子と為りて、不慈不孝なる者有るは、豈に独り古人に愧づるのみならんや

問7　この文章全体から読み取れる筆者の考えの説明として最も適当なものを、次の①～⑤のうちから一つ選べ。解答番号は［37］。

① 猫の親子でも家族の危機を乗り越え、たくましく生きている。悲嘆のあまり人間本来の姿を見失った親子も、古人が言うように互いの愛情によって立ち直ると信じたいものだ。

② 血のつながらない猫同士でさえ実の親子ほどに強く結ばれることがある。人でありながら互いに愛情を抱きあえない親子がいることは、古人はおろか猫の例にも及ばないほど嘆かわしいものだ。

③ 子猫たちとの心あたたまる交流によっても、ついに老猫の悲しみは癒やされることはなかった。我が子を思う親の愛情は、古人が示したように何にもたとえようがないほど深いものだ。

④ 老猫は子猫たちを憐《あわ》れんで献身的に養育し、子猫たちも心から老猫になつく。その一方で、古人のように素直になれず、愛情がすれ違う昨今の親子を見ると、誠にいたたまれなくなるものだ。

⑤ もらわれてきた子猫でさえ老猫に対して孝心を抱く。これに反して、成長しても肉親の愛情に恩義を感じない子がいることは、古人に顔向けできないほど恥ずかしいものだ。

MEMO

2014
本試験

国　語

（2014年１月実施）

80分　200点

国語

(解答番号 1 ～ 36)

(2014年11月実施)

80分 200点

第1問　以下は、十八世紀末から十九世紀にかけて、幕府の教学制度が整備され、さらにこれをモデルとした学問奨励策が各藩に普及していくことに伴って、漢文を読み書きする行為が士族階級を主な担い手として日本全国に広まったことを述べた後に続く文章である。これを読んで、後の問い(問1～6)に答えよ。(設問の都合で本文の段落に[1]～[20]の番号を付してある。)(配点　50)

[1] 漢文学習の入り口は素読《そどく》です。初学者はまず『論語』や『孝経《こうきょう》』(注1)などを訓点に従ってただ(ア)ボウヨみする素読を叩《たた》きこまれました。漢籍を訓読するというのは、一種の翻訳、つまり解釈することですから、解釈の標準が定まっていないと、訓読もまちまちになってしまいます。そうすると、読み方、つまり素読を統一することはできなくなります。「素読吟味」という試験は素読の正確さを問うものでしたから、素読、すなわち訓読はおおまかにせよ統一されていることが前提となりましたし、さらにその前提として、解釈の統一が必要でした。つまり、解釈の統一は、カリキュラムとしての素読の普及と一体のものであったと言えるのです。やや極端な言い方ですが、異学の禁(注2)があればこそ、素読の声は全国津々浦々に響くことになったのです。

[2] このように歴史の流れを理解すれば、十九世紀以降の日本において、漢文が公的に認知された素養であったということも、納得しやすいのではないでしょうか。

[3] さて、こうした歴史的な環境の中で、漢文は広く学ばれるようになったのですが、多くの人々は儒者(注3)になるために経書《けいしょ》を学んだのではありませんし、漢詩人になるために漢籍をひもといたのではありませんでした。そうした専門家になるためでなく、いわば基礎学問としての漢学を修めたのです。もちろん、体制を支える教学として、身分秩序を重んじる朱子学が用いられたという側面を無視することはできません。しかし、現実に即して見れば、漢学は知的世界への入り口として機能しました。訓読を叩きこまれ、大量の漢籍に親しむことで、彼らは自身の知的世界を形成していったのです。

[4] となると、その過程で、ある特定の思考や感覚の型が形成されていったことにも、注意を向ける必要があります。といっても、忠や孝に代表される儒教道徳が漢文学習によって身についたと言いたいのではありません。そうした側面がないとは言え

ないのですが、通俗的な道徳を説く書物なら、漢籍を待たずとも、巷《ちまた》に溢《あふ》れていました。何も漢文を学ばなければ身につかないものでもなかったのです。

5 **A**もう少し広く考えてみましょう。

6 そもそも中国古典文は、特定の地域の特定の階層の人々によって担われた書きことばとして始まりました。逆に言えば、その書きことばによって構成される世界に参入することが、すなわちその階層に属することになるわけです。どんなことばについてもそうですが、**B**人がことばを得、ことばが人を得て、その世界は拡大します。前漢から魏晋《ぎしん》にかけて、その書きことばの世界は古典世界としてのシステムを整えていき、高度なリテラシー（読み書き能力）によって社会に地位を(イ)シめる階層が、その世界を支えました。それが、士人もしくは士大夫と呼ばれる人々です。

7 『論語』一つを取ってみても、そこで語られるのは人としての生き方であるように見えて、士としての生き方です。「学んで時に習う…」と始められるように、それは「学ぶ」階層のために書かれています。儒家ばかりではありません。無為自然(注4)を説く道家にしても、知の世界の住人であればこそ、無為自然を説くのです。乱暴な言い方ですが、農民や商人に向かって隠逸(注5)を説くのではないのです。

8 思想でなく文学にしても、同じことが言えます。たしかに、中国最古の詩集である『詩経《しきょう》』(注6)には民歌に類するものが含まれていますが、その注釈や編纂《へんさん》が士人の手になるものである以上、統治のために民情を知るという視線はすでに定まっています。まして、魏晋以降、士人が自らの志や情を託しうるものとして詩を捉《とら》え、ついには詩作が彼らの生を構成するほとんど不可欠の要素になったことを見れば、唐代以降の科挙による詩作の制度化を待たずとも、古典詩はすでに士人のものだったことは、あきらかです。

9 こういう観点からすれば、古典詩文の能力を問う科挙は、士大夫を制度的に再生産するシステムであったのみならず、士大夫の思考や感覚の型――とりあえずこれをエトスと呼ぶことにします――の継承をも保証するシステムだったことになります。

10 日本の近世社会における漢文の普及もまた、士人的エトスもしくは士人意識――その中身については後で述べます――への志向を用意しました。漢文をうまく読み、うまく書くには、字面だけを追って真似《まね》ても限界があります。その士人としての意識に同化してこそ、まるで唐代の名文家韓愈《かんゆ》が乗り移ったかのような文章が書けるというわけです。あるいは、彼らの詩文を真似て書いているうちに、心の構えがそうなってしまうと言ってもよいでしょう。文体はたんに文体に止《とど》まるものではないのです。

11 そういうふうにして、古典文の世界に自らを馴染《なじ》ませていくこと自体は、中国でも日本でもそれほどの違いがあるわけではありません。ただ、誰《だれ》がどのようにして、というところには注意が必要です。もう一度、近世日本に戻って考えてみましょう。

12 繰り返しになりますが、日本における近世後期の漢文学習の担い手は士族階級でした。となると、中国の士大夫と日本の武士が漢文を介してどのように繋《つな》がるのか、見ておく必要があります。

13 グン(ウ)コウを競う中世までの武士とは異なり、近世幕藩体制下における士族はすでに統治を維持するための吏僚(注7)であって、中国の士大夫階級と類似したポジションにありました。その意味では、士人意識には同化しやすいところがあります。一方、中国の士大夫があくまで文によって立つことでアイデンティティを確保していたのに対し、武士は武から外れることは許されません。抜かなくても刀は要るのが太平の武士です。文と武、それは越えがたい対立のように見えます。

14 しかしそれも、武を文に対立するものとしてでなく、忠の現れと見なしていくことで、平時における自己確認もヨウ(エ)イになります。C刀は、武勇でなく忠義の象徴となるのです。これは、武への価値づけの転換であると同時に、そうした武に支えられてこその文であるという意識が生まれる(オ)ケイキにもなります。

15 やや誇張して言えば、近世後期の武士にとっての文武両道なるものは、行政能力が文、忠義の心が武ということなのです。武芸の鍛錬も、総じて精神修養に眼目があります。水戸《みと》藩の藩校弘道館《こうどうかん》を始め、全国各地の藩校が文武両道を標榜《ひょうぼう》したことは、こうした脈絡の中で捉えてこそ意味があるでしょう。たとえば、幕末の儒者佐藤一斎《さとういっさい》(注8)の『言志晩録』にはこんな一節があり

6

ます。

刀槊之技、懐怯心者衄、頼勇気者敗。必也泯勇怯於一静、忘勝負於一動、[…]如是者勝矣。心学亦不外於此。

(刀槊《とうさく》の技[剣術]は、怯心《きょうしん》[臆病《おくびょう》な心]を懐《いだ》く者は衄《じく》し[負け]、勇気に頼る者は敗《やぶ》る。必ずや勇怯を一静に泯《びん》し[消し]、勝負を一動に忘れ、[…]是《か》くの如《ごと》き者は勝つ。心学も亦《ま》た此《こ》れに外ならず。)

16 臆病も勇猛も勝負も超越してこそ、勝つことができる。武芸はすでに技術でなく精神が左右するものになっています。だからこそ、精神修養の学である「心学」が、武芸の鍛錬になぞらえられているのです。注意したいのは、武芸を心学に喩《たと》えているのではないことです。その逆です。心学を武芸の鍛錬によって喩えるほどに、武芸は精神の領域に属する行為となっていたというわけです。

17 そして寛政以降の教化政策によって、学問は士族が身を立てるために必須の要件となりました。政治との通路は武芸ではなく学問によって開かれたのです。もちろん「学問吟味」という名で始まった試験は、中国の科挙制度のような大規模かつ組織的な登用試験とは明らかに異なっていますし、正直に言えば、ままごとのようなものかもしれません。けれども、「学問吟味」や「素読吟味」では褒美が下され、それは幕吏(注9)として任用されるさいの履歴に記すことができました。武勲ならぬ文勲です。そう考えれば、むしろあからさまな官吏登用試験でないほうが、武士たちの感覚にはよく適合したとも言えるのです。

18 もう一つ、教化のための儒学はまず修身(注10)に始まるわけですが、それが治国・平天下に連なっていることも、確認しておきましょう。つまり、統治への意識ということです。士大夫の自己認識の重要な側面がここにあることは、言うまでもありません。武将とその家来たちもまた、その意識を分かちもつことで、士となったのです。経世(注11)の志と言い換えることもできるでしょう。「修身・斉家・治国・平天下」とは、四書の一つ『大学』の八条目《はちじょうもく》のうち、後半の四つです。『大学』は朱子学入門のテキストとして重んじられ、倫理の基本でもありました。

19 細かく言えば、八条目の前半、「格物(注12)・致知・誠意・正心」との思想的連関はどうなのか、とか、昌平黌《しょうへいこう》や藩校でのむやみな政談はご法度《はっと》だったのではないか、とか、いくらでも議論や検証を行う余地はあります。単純に統治意識の一語ですませられないところがあるのは事実です。近世の思想史をていねいに見ようとすれば、右の捉え方は、ややおおづかみに過ぎるかもしれません。

20 しかし当の学生たちにとってみれば、漢文で読み書きするという世界がまず目の前にあり、そこには日常の言語とは異なる文脈があったことこそが重要なのです。そしてそれは、道理と天下を語ることばとしてあったのです。D漢文で読み書きすることは、道理と天下を背負ってしまうことでもあったのです。

（齋藤《さいとう》希史《まれし》『漢文脈と近代日本』による）

（注）
1 孝経――儒教の基本文献の一つ。
2 異学の禁――「寛政異学の禁」のこと。寛政の改革の一環として、一七九〇（寛政二）年以降実施された、幕府の教学政策。儒教の学説の一つである朱子学を正統の学問とし、それ以外の学説を幕府の儒者が講じることを禁じた。中国に範をとって「学問吟味」と「素読吟味」という試験制度が設けられ、幕府直轄の学問所（昌平坂《しょうへいざか》学問所＝昌平黌《しょうへいこう》）も正式に定められた。
3 儒者――儒学を学び、修めた人。また儒学を講じる人。儒家。
4 無為自然を説く道家――「無為自然」は、『老子』『荘子』の教えの基本理念で、人為を排し、自然の理法に従って生きること。「道家」は『老子』『荘子』の学説を奉じる人。
5 隠逸――無為自然の理念のもと、俗世を離れて暮らすこと。
6 詩経――経書の一つ。古代中国の殷《いん》・西周から春秋時代にかけての詩三〇五編を収める。
7 吏僚――役人、官吏。
8 佐藤一斎――一七七二年～一八五九年。大学者として知られ、一八四一年には昌平黌の教授となった。
9 幕吏――江戸幕府の役人。

10 修身――代表的な経書である『大学』で説かれている八つの項目の一つ。自分の行いを律し、我が身を正しく保つこと。人を治める（斉家・治国・平天下）にあたっての根本に位置づけられる。なお、「斉家」は家を正しくととのえること、「治国」は国を正しく治めること、「平天下」は天下すなわち世の中を平穏に保つこと。

11 経世――世の中を治めること。

12 格物・致知・誠意・正心――「修身」に先立つとされる、物事の理解や心構え。

問1　傍線部(ア)～(オ)に相当する漢字を含むものを、次の各群の①～⑤のうちから、それぞれ一つずつ選べ。解答番号は［1］～［5］。

(ア) ボウヨみ［1］
① 生活がキュウボウする
② お調子者にツウボウを食らわす
③ 人口のボウチョウを抑える政策
④ ムボウな計画を批判する
⑤ 国家のソンボウにかかわる

(イ) シめる［2］
① センパクな言動に閉口する
② 新人選手がセンプウを巻き起こす
③ 建物が違法にセンキョされる
④ 法廷で刑がセンコクされる
⑤ センザイ的な需要を掘り起こす

(ウ) グンコウ［3］
① つまらないことにコウデイする
② 彼の意見にはシュコウできない
③ 出来のコウセツは問わない
④ コウザイ相半ばする
⑤ ごつごつしてセイコウな文章

(エ) ヨウイ［4］
① 事のケイイを説明する
② カンイな手続きで済ませる
③ イサンを相続する
④ イダイな人物の伝記
⑤ イサイは面談で伝える

(オ) ケイキ［5］
① ケイコウとなるも牛後となるなかれ
② リサイクル活動をケイハツする
③ これまでのケイヤクを見直す
④ 豊かな自然のオンケイを受ける
⑤ 経済の動向にケイショウを鳴らす

問2　傍線部A「もう少し広く考えてみましょう。」とあるが、それはなぜか。その説明として最も適当なものを、次の①～⑤のうちから一つ選べ。解答番号は 6 。

① 中国に目を転じて時代をさかのぼり、中国古典文に見られる思想と文学の共通点を考慮に入れることで、近世後期の日本において漢籍が知的世界の基礎になった根拠が把握できるから。

② 中国に目を転じて時代をさかのぼり、科挙を例に学問の制度化の歴史的起源に関する議論を展開することで、近世後期の日本において漢学が素養として公的に認知された理由が把握できるから。

③ 中国に目を転じて時代をさかのぼり、儒家だけでなく道家の思想も士大夫階級に受け入れられた状況を踏まえることで、近世後期の日本において漢文学習により知的世界が多様化した前提が把握できるから。

④ 中国に目を転じて時代をさかのぼり、中国古典文と士大夫階級の意識との関係を考察することで、近世後期の日本において漢文学習を通して思考や感覚の型が形成された過程が把握できるから。

⑤ 中国に目を転じて時代をさかのぼり、中国古典文に示された民情への視線を分析することで、近世後期の日本において漢学の専門家以外にも漢文学習が広まった背景が把握できるから。

問3　傍線部B「人がことばを得、ことばが人を得て、その世界は拡大します」とあるが、中国では具体的にどのような展開があったのか。その説明として最も適当なものを、次の①～⑤のうちから一つ選べ。解答番号は 7 。

① 無為自然を説く道家のことばに導かれ、上昇志向を捨てた人々がいる一方で、身分秩序を説く中国古典文が社会規範として広く支持されるにつれて、リテラシーの程度によって階層を明確に区分する社会体制が浸透していった。

② 中国古典文の素養が士大夫にとって不可欠になると、リテラシーの獲得に対する人々の意欲が高まるとともに、中国古典文が書きことばの規範となり、やがてその規範に基づく科挙制度を通して統治システムが行き渡っていった。

③ 高度な教養を持つ士大夫がそのリテラシーによって中国古典文の世界を支えるようになると、その世界で重視された儒家の教えが社会規範として流布し、結果的に伝統的な身分秩序を固定化する体制が各地に形成されていった。

④ 中国古典文のリテラシーを獲得した人々が自由に自らの志や情を詩にするようになると、支配階層である士人が編む経書の中にも民情を取り入れたものが出現し、科挙制度のもとで確立した身分秩序が流動化していった。

⑤ 中国古典文のリテラシーを重視する科挙が導入され、古典詩文への関心が共有されるようになると、士大夫が堅持してきた書きことばの規範が大衆化し、人々を統治するシステム全体の変容につながっていった。

問4　傍線部C「刀は、武勇でなく忠義の象徴となる」とあるが、それによって近世後期の武士はどういうことが可能になったのか。その説明として最も適当なものを、次の①～⑤のうちから一つ選べ。解答番号は 8 。

① 近世後期の武士は、刀が持つ武芸の力を忠義の精神の現れと価値づけることで、理想とする中国の士大夫階級の単なる模倣ではない、日本独自の文と武に関する理念を打ち出すことができるようになった。

② 近世後期の武士は、単なる武芸の道具であった刀を、漢文学習によって得られた吏僚としての資格と、武士に必須な忠義心とを象徴するものと見なすことで、学問への励みにすることができるようになった。

③ 近世後期の武士は、刀を持つことが本来意味していた忠義の精神の中に、武芸を支える胆力と、漢文学習によって獲得した知力とを加えることで、吏僚としての武士の新たな価値を発見できるようになった。

④ 近世後期の武士は、武芸の典型としての刀を忠義の精神の現れと見なし、その精神を吏僚として要求される行政能力の土台と位置づけることで、学問につとめる自らの生き方を正当化できるようになった。

⑤ 近世後期の武士は、常に刀を携えることで、統治のためには忠義で結ばれた関係が最も重要であることを自覚し、出世のための学問を重んじる風潮に流されず、精神の修養に専念できるようになった。

問5　傍線部D「漢文で読み書きすることは、道理と天下を背負ってしまうことでもあった」とあるが、それはどういうことか。本文全体の内容に照らして最も適当なものを、次の①～⑤のうちから一つ選べ。解答番号は 9 。

① 武士の子弟たちは、漢文を学ぶことを通して、幕府の教化政策を推進する者に求められる技能を会得するとともに、中国の科挙制度が形成した士人意識と同様のエリートとしての内面性を備えるようになったということ。

② 武士の子弟たちは、漢文を学ぶことを通して、行政能力としての文と忠義の心としての武とを個々の内面において調和させるとともに、幕吏として登用されるために不可欠な資格を獲得するようになったということ。

③ 武士の子弟たちは、漢文を学ぶことを通して、身を立てるのに必要な知識を獲得するとともに、士人としての思考や心の構えをおのずから身に付け、幕藩体制下の統治者としてのあり方を体得するようになったということ。

④ 武士の子弟たちは、漢文を学ぶことを通して、幕府の教化政策の根幹に据えられている修身を実践するとともに、士人としての生き方を超えた、人としての生き方にかなう経世の志を明確に自覚するようになったということ。

⑤ 武士の子弟たちは、漢文を学ぶことを通して、中国の士人が継承してきた伝統的な思考法に感化されるとともに、それに基づき国家を統治するという役割を天命として引き受ける気になったということ。

問6　この文章の表現と構成について、次の(i)・(ii)の問いに答えよ。

(i)　この文章の表現に関する説明として最も適当なものを、次の①〜④のうちから一つ選べ。解答番号は 10 。

① ある程度の長さの段落と段落の間に、第2、第5、第9段落のように、読み手に問いかけるような、一文のみから成る短い段落をはさむことにより、論理の展開に緩急のリズムが付き、読み進めやすくなっている。

② 「やや極端な言い方ですが」(第1段落)、「逆に言えば」(第6段落)、「正直に言えば」(第17段落)などの表現により、それぞれの前の部分と、それに続く部分との関係があらかじめ示され、内容が読み取りやすくなっている。

③ 第1、第3、第4、第7段落などにおいて、その最後の文が「〜のです」という文末表現で終わることにより、それぞれそこまでの内容についての確認・念押しが行われ、次の話題に移ることが明らかになっている。

④ 「です・ます」という優しい調子の書き方の中に、「漢籍を待たずとも」(第4段落)、「文武両道なるものは」(第15段落)などの学術的な言い回しも交えることにより、内容に見合う観念的なスタイルが確保されている。

(ii) この文章の構成に関する説明として最も適当なものを、次の①～④のうちから一つ選べ。解答番号は 11 。

① 第1段落～第4段落に示された全体の骨子について、第5段落～第10段落と、第11段落～第20段落との二つの部分が、それぞれの観点から具体的に説明するという構成になっている。

② 第1段落～第2段落が前置き部分に相当し、第3段落～第16段落が中心部分となり、それに対して、第17段落～第20段落が補足部分という構成になっている。

③ 第1段落～第10段落と、第11段落～第20段落という、大きく二つの部分に分けられ、同一の話題に対して、前半が概略的な説明部分、後半が詳細な説明部分という構成になっている。

④ 第1段落～第2段落、第3段落～第11段落、第12段落～第19段落、そして第20段落という四つの部分が、起承転結という関係で結び付く構成になっている。

第2問　次の文章は、岡本かの子の小説「快走」の全文である。これを読んで、後の問い(問1～6)に答えよ。なお、本文の上の数字は行数を示す。(配点　50)

中《なか》の間《ま》で道子は弟の準二の正月着物を縫い終《お》って、今度は兄の陸郎の分を縫いかけていた。

「それおやじのかい」

離れから廊下を歩いて来た陸郎は、通りすがりにちらと横目に見て訊《き》いた。

「兄さんのよ。これから兄さんも会社以外はなるべく和服で済ますのよ」

道子は顔も上げないで、忙《いそ》がしそうに縫い進みながら言った。

「国策(注1)の線に添ってというのだね」

「だから、着物の縫い直しや新調にこの頃《ごろ》は一日中大変よ」

「はははははは、一人で忙がしがってら、だがね、断って置くが、銀ぶら(注2)なぞに出かけるとき、俺《おれ》は和服なんか着ないよ」

そう言ってさっさと廊下を歩いて行く兄の後姿《うしろすがた》を、道子は顔を上げてじっと見ていたが、A ほーっと吐息をついて縫い物を畳の上に置いた。すると急に屈託《くったく》(注3)して来て、大きな脊伸《せ》びをした。肩が凝って、坐《すわ》り続けた両腿《りょうもも》がだるく張った感じだった。

道子は立上《たちあが》って廊下を歩き出した。そのまま玄関で下駄《げた》を履くと、冬晴れの午後の戸外へ出てみた。陽《ひ》は既に西に遠退《とおの》いて、西の空を薄桃色に燃え立たせ、眼《め》の前のまばらに立つ住宅は影絵のように黝《くろ》ずんで見えていた。道子は光《ひか》りを求めて進むように、住宅街を突っ切って空の開けた多摩川(注4)脇《わき》の草原に出た。一面に燃えた雑草の中に立って、思い切り手を振った。

冬の陽はみるみるうちに西に沈んで、桃色の西の端《はず》れに、藍色《あいいろ》の山脈の峰を浮き上《あが》らせた。秩父《ちちぶ》(注5)の連山だ！　道子はこういう夕景色をゆっくり眺めたのは今春女学校(注6)を卒業してから一度もなかったような気がした。あわただしい、始終追いつめられて、縮こまった生活ばかりして来たという感じが道子を不満にした。

ほーっと大きな吐息をまたついて、彼女は堤防の方に向《むか》って歩き出した。冷たい風が吹き始めた。彼女は勢い足に力を入れて草を踏みにじって進んだ。道子が堤防の上に立ったときは、輝いていた西の空は白く濁って、西の川上から川霧と一緒に夕靄《ゆうもや》が迫って来た。東の空には満月に近い月が青白い光りを(ア)刻々に増して来て、幅三尺(注7)の堤防の上を真白な坦道《たんどう》(注8)のように目立たせた。道子は急に総毛立ったので、身体をぶるぶる震わせながら堤防の上を歩き出した。途中、振り返っていると住宅街の窓々には小さく電灯がともって、人の影も定かではなかった。ましてその向《むこ》うの表通りはただ一列の明《あか》りの線となって、川下の橋に連なっている。

　誰《だれ》も見る人がない……よし……思い切り手足を動かしてやろう……道子は心の中で呟《つぶや》いた。膝《ひざ》を高く折り曲げて足踏みをしながら両腕を前後に大きく振った。それから下駄を脱いで駈《か》け出してみた。女学校在学中ランニングの選手だった当時の意気込みが全身に湧《わ》き上って来た。道子は着物の裾《すそ》を端折《はしょ》って堤防の上を駆けた。髪はほどけて肩に振りかかった。ともすれば堤防の上から足を踏み外しはしないかと思うほどまっしぐらに駆けた。もとの下駄を脱いだところへ駈け戻って来ると、さすがに身体全体に汗が流れ息が切れた。胸の中では心臓が激しく衝《う》ち続けた。その心臓の鼓動と一緒に全身の筋肉がぴくぴくとふるえた。——ほんとうに溌剌《はつらつ》と活《い》きている感じがする。女学校にいた頃はこれほど感じなかったのに。毎日窮屈な仕事に圧《おさ》えつけられて暮《くら》していると、こんな駈足《かけあし》ぐらいでもこうまで活きている感じが珍《めず》らしく感じられるものか。いっそ毎日やったら——

　道子は髪を束ねながら急ぎ足で家に帰って来た。彼女はこの計画を家の者に話さなかった。両親はきっと差止《さしと》めるように思われたし、兄弟は親し過ぎて揶揄《からか》うぐらいのものであろうから。いやそれよりも彼女は月明の中に疾駆する興奮した気持ちを自分独りで内密に味わいたかったから。

　翌日道子はアンダーシャツ(注9)にパンツを穿《は》き、その上に着物を着て隠し、汚れ足袋《たび》も新聞紙にくるんで家を出ようとした。

「どこへ行くんです、この忙がしいのに。それに夕飯時じゃありませんか」

母親の声は鋭かった。道子は(イ)腰を折られて引返《ひきかえ》した。夕食を兄弟と一緒に済ました後でも、道子は昨晩の駈足の快感が忘れられなかった。外出する口実はないかと頻《しき》りに考えていた。

「ちょっと銭湯に行って来ます」

道子の思いつきは至極当然のことのように家の者に聞き流された。道子は急いで石鹸《せっけん》と手拭《てぬぐい》(注10)と湯銭を持って表へ出た。彼女は着物の裾を蹴《け》って一散に堤防へ駈けて行った。冷たい風が耳に痛かった。堤防の上で、さっと着物を脱ぐと手拭でうしろ鉢巻《はちまき》をした。凜々《りり》しい女流選手の姿だった。足袋を履くのももどかしげに足踏みの稽古《けいこ》から駈足のスタートにかかった。爪先立《つまさきだ》って身をかがめると、冷たいコンクリートの上に手を触れた。(注11)オン・ユアー・マーク、ゲットセッ、道子は弾条仕掛《ばねじかけ》のように飛び出した。昨日の如《ごと》く青白い月光に照らし出された堤防の上を、遥《はる》かに下を多摩川が銀色に光って淙々《そうそう》(注12)と音を立てて流れている。

次第に脚の疲れを覚えて速力を緩めたとき、道子は月の光りのためか一種悲壮な気分に衝たれた——自分はいま溌剌と生きてはいるが、違った世界に生きているという感じがした。人類とは離れた、淋《さび》しいがしかも厳粛な世界に生きているという感じだった。

道子は着物を着て小走りに表通りのお湯屋へ来た。湯につかって汗を流すとき、初めてまたもとの人間界に立ち戻った気がした。道子は自分独特の生き方を発見した興奮にBわくわくして肌を強くこすった。

家に帰って茶の間に行くと、母親が不審そうな顔をして

「お湯から何処《どこ》へまわったの」と訊いた。道子は

「お湯にゆっくり入ってたの。肩の凝り(注13)をほごすために」

傍《そば》で新聞を読んでいた兄の陸郎はこれを聞いて「おばあさんのようなことをいう」と言って笑った。道子は黙って中の間へ去った。

道子はその翌晩から出来るだけ素早くランニングを済まし、お湯屋に駆けつけて汗もざっと流しただけで帰ることにした。だ

が母親は娘の長湯を気にしていた。ある晩、道子がお湯に出かけた直後

「陸郎さん、お前、直《す》ぐ道子の後をつけてみて呉《く》れない。それから出来たら待ってて帰るところもね」

と母親は頼んだ。陸郎は妹の後をつけるということが親し過ぎるだけに妙に照れくさかった。「こんな寒い晩にかい」彼は別な言葉で言い現しながら、母親のせき立てるのもかまわず、ゆっくりマントを着て帽子をかぶって出て行った。陸郎はなかなか帰って来なかった。母親はじりじりして待っていた。そのうちに道子が帰って来てしまった。

「また例の通り長湯ですね。そんなに叮嚀《ていねい》に洗うなら一日置きだってもいいでしょう」

「でもお湯に行くと足がほてって、よく眠れますもの」

兎《と》も角《かく》、眠れることは事実だったので、道子は真剣になって言えた。母親は

「明日は日曜でお父様も家においでですから、昼間私と一緒に行きなさい」

と言った。道子は何て親というものはうるさいものだろうと弱って

「なぜそう私の長湯が気になるの。眠る前に行く方がいいけれど、それじゃ明日は昼間行きましょう」

道子は一日ぐらいは我慢しようと諦《あきら》めた。それが丁度翌日は雨降りになった。道子は降り続く雨を眺めて——この天気、天祐《てんゆう》(注14)っていうもんかしら……少《すくな》くとも私の悲観を慰めて呉れたんだから……そう思うと何だか可笑《おか》しくなって独りくすくす笑った。

お昼過ぎに母親と傘をさして済《すま》した顔でお湯に行った。

「そんなに長くお湯につかってるんじゃありませんよ」

母親が呆《あき》れて叱《しか》ったけれど、道子は自分の長湯を信用させるために顔を真赤《まっか》にしてまで堪《こら》えて、長くお湯につかっていた。

やがて洗《なが》し場《ば》に出て洗い桶《おけ》を持って来るときは、お湯に逆上《のぼ》せてふらふらしたが、額を冷水で冷《ひや》したり、もじもじしているうちに癒《なお》った。

「いい加減に出ませんか」

母親は道子のそばへ寄って来て小声で急《せ》き立てるので、やっと身体を拭《ふ》いて着物を着たが、家へ帰るとまた可笑しくなって奥座敷へ行って独りくすくす笑った。

「道子はこの頃変ですよ。毎晩お湯に行きたがって、行ったが最後一時間半もかかるんですからね。あんまり変ですから今日は私昼間連れて行ってみました」

母親は茶の間で日記を書き込んでいた道子の父親に相談しかけた。

「そしたら」

父親も不審そうな顔を上げて訊いた。

「随分長くいたつもりでしたが四十分しかかかりませんもの」

「そりゃお湯のほかに何処かへ廻《まわ》るんじゃないかい」

「ですからゆうべは陸郎に後をつけさせたんですよ。そしたらお湯に入ったというんですがねえ、その陸郎が当てになりませんのよ。様子を見に行ったついでに、友達の家へ寄って十二時近くまで遊んで来るのですから」

「ふーん」

父親はじっと考え込んでしまった。

雨のために響きの悪い玄関のベルがちりと鳴って止《や》むと、受信箱の中に手紙が落《おと》された音がした。母親は早速立って行って手紙を持って来たが

「道子宛《あ》ての手紙だけですよ。お友達からですがねえ、この頃の道子の様子では手紙まで気になります。これを一つ中を調べて見ましょうか」

「そうだね、上手に開けられたらね」

父親も賛成の顔付きだった。母親は長火鉢(注15)にかかった鉄瓶(注16)の湯気の上に封じ目をかざした。

「すっかり濡《ぬ》れてしまいましたけれど、どうやら開きました」

母親は四つに折った書簡箋《しょかんせん》(注17)をそっと抜き出して拡《ひろ》げた。

「声を出して読みなさい」

父親は表情を緊張さした。

勇ましいおたより、学生時代に帰った思いがしました。毎晩パンツ姿も凜々しく月光を浴びて多摩川の堤防の上を疾駆するあなたを考えただけでも胸が躍ります。一度出かけて見たいと思います。それに引きかえこの頃の私はどうでしょう。風邪ばかり引いて、とてもそんな元気が出ません……

「へえ、そりゃほんとうかい」

父親はいつもの慎重な態度も忘れて、頓狂《とんきょう》な声を出してしまった。

「まあ、あの娘《こ》が、何ていう乱暴なことをしてるんでしょう。呼び寄せて叱ってやりましょうか」

母親は手紙を持ったまま少し厳しい目付きで立上りかけた。

「まあ待ちなさい。あれとしてはこの寒い冬の晩に、人の目のないところでランニングをするなんて、よくよく屈托したからなんだろう。俺だって毎日遅くまで会社の年末整理に忙殺されてると、何か突飛なことがしたくなるからね。それより俺は、娘の友達が言ってるように、自分の娘が月光の中で走るところを見たくなったよ……俺の分身がね、そんなところで走ってるのをね」

「まあ、あんたまで変に好奇心を持ってしまって。でも万一のことでもあったらどうします」

「そこだよ、場合によったら弟の準二を連れて行かせたら」

「そりゃ準二が可哀《かわい》そうですわ」

「兎も角、明日月夜だったら道子の様子を見に行く」

「呆れた方ね、そいじゃ私も一緒に行きますわ」

「お前もか」

C 二人は真剣な顔をつき合《あわ》せて言い合っていたが、急に可笑しくなって、はははははと笑い出してしまった。二人は明日の月夜が待たれた。

道子には友達からの手紙は手渡されなかったし、両親の相談なぞ知るよしもなかった。ただいつも晩飯前に帰らない父親が今日は早目に帰って来て自分等《ら》の食卓に加わったのが気になった。今晩お湯に行きたいなぞといえば母親が一緒に行くと言うかも知れぬ。弱った。今日は午前中に雨が上って、月もやがて出るであろう。この好夜、一晩休んで肉体が待ち兼ねたようにうずいているのに。段々遅くなって来ると道子はいらいらして来て遂々《とうとう》母親に言った。

「お湯へやって下さい。頭が痛いんですから」

母親は別に気にも止めない振りで答えた。

「いいとも、ゆっくり行ってらっしゃい」

道子は(ウ)われ知らず顔をほころばした。こんなことってあるかしらん——道子は夢のような気がした。夢なら醒《さ》めないうちにと手早く身支度をし終って表へ出た。寒風の中を一散に堤防目がけて走った。——今夜は二日分、往復四回駆けてやる——

道子は堤防の上に駆け上って着物を脱いだ。青白い月の光が彼女の白いアンダー・シャツを銀色に光らせ、腰から下は黒のパンツに切れて宙に浮《うか》んだ空想の胸像の如く見えた。彼女は先《ま》ず腕を自由に振り動かし、足を踏んで体ならしを済ました。それからスタートの準備もせずに、いきなり弾丸のように川上へ向って疾走した。やがて遥かの向うでターンしてまた元のところへ駆け戻って来た。そこで狭い堤防上でまたくるりとターンすると再び川上へ向って駆けて行った。

このとき後から追っかけて来た父親は草原の中に立って遥かに堤防の上を白い塊が飛ぶのを望んだ。

「あれだ、あれだ」

父親は指さしながら後を振り返って、ずっと後れて駈けて来る妻をもどかしがった。妻は、はあはあ言いながら
「あなたったら、まるで青年のように走るんですもの、追いつけやしませんわ」
妻のこの言葉に夫は得意になり
「それにしてもお前の遅いことったら」
妻は息をついで
「これでも一生懸命だもんで、家からここまで一度も休まずに駈けて来たんですからね」
「俺達は案外まだ若いんだね」
「おほほほほほほほほ」
「あはははははははは」
二人は月光の下を寒風を切って走ったことが近来にない喜びだった。**D**二人は娘のことも忘れて、声を立てて笑い合った。

（注）1　国策——国家の政策。この小説が発表された昭和一三（一九三八）年前後の日本では、国家総動員法が制定されるなど国民生活に様々な統制が加えられた。
2　銀ぶら——東京の繁華街銀座通りをぶらぶら散歩すること。
3　屈托——「屈託」に同じ。
4　多摩川——山梨県に発し、南東へ流れて東京湾に注ぐ川。
5　秩父の連山——東京、埼玉、群馬、山梨、長野の都県境にまたがる山地。秩父は埼玉県西部の地名。
6　女学校——旧制の高等女学校の略。
7　幅三尺——一尺は約三〇・三センチメートル。
8　坦道——平坦な道。

24

9 パンツ——運動用のズボン。

10 湯銭——入浴代のお金。

11 オン・ユアー・マーク、ゲットセッ——競走のスタートの際のかけ声。

12 淙々——よどみなく水の流れるさま。

13 ほごす——「ほぐす」に同じ。

14 天祐——天のたすけ。

15 長火鉢——長方形の箱火鉢。火鉢は、手先を暖めたり湯を沸かしたりするために炭火を入れる調度。

16 鉄瓶——湯を沸かす鉄製の容器。

17 書簡箋——手紙を書く用紙。便箋。

問1　傍線部(ア)〜(ウ)の本文中における意味として最も適当なものを、次の各群の①〜⑤のうちから、それぞれ一つずつ選べ。解答番号は 12 〜 14 。

(ア)　刻々に 12
①　突然に
②　あっという間に
③　順番通りに
④　ときどきに
⑤　次第次第に

(イ)　腰を折られて 13
①　下手《したて》に出られて
②　思わぬことに驚いて
③　やる気を失って
④　途中で妨げられて
⑤　屈辱を感じて

(ウ)　われ知らず 14
①　自分では意識しないで
②　あれこれと迷うことなく
③　人には気づかれないように
④　本当の思いとは逆に
⑤　他人の視線を意識して

問2　傍線部A「ほーっと吐息をついて縫い物を畳の上に置いた」とあるが、このときの道子の心情はどのようなものか。その説明として最も適当なものを、次の①～⑤のうちから一つ選べ。解答番号は 15 。

① 家族のための仕事をひたすらこなすよう強いられているにもかかわらず、兄にその辛い状況を理解してもらえず、孤独を感じている。

② 家族のための仕事を精一杯こなしていたつもりが、その仕事の使命感に酔っていると兄に指摘され、恥ずかしさにいたたまれなくなっている。

③ 家族のための仕事に精一杯取り組んできたのに、その苦心が兄には真剣に受け止められていないことに気づき、張りつめた気持ちが緩んでいる。

④ 家族のための仕事は正しいものであると信じてきたので、その重要性を理解しようとしない兄に対して、憤りを抑えがたくなっている。

⑤ 家族のための仕事が自分には楽しいものとは思えないうえ、兄に冷やかされながらその仕事を続けなければならないので、投げやりな気分になっている。

問3　傍線部B「わくわくして肌を強くこすった」とあるが、この様子からうかがえる道子の内面の動きはどのようなものか。その説明として最も適当なものを、次の①～⑤のうちから一つ選べ。解答番号は 16 。

① 月光に照らされて厳かな雰囲気の中を「走る」うちに、身が引き締まるような思いを抱くとともに自分の行為の正しさを再認識し、その自信を得たことで胸の高鳴りを抑えきれずにいる。

② 月光に照らされた堤防を人目につかないように「走る」うちに、非常時では世間から非難されるかもしれないことに密《ひそ》かな喜びを感じ始め、その興奮を自分一人のものとしてかみしめようとしている。

③ 月光に照らされて「走る」という行為によって、まるで女学校時代に戻ったような気持ちになり、窮屈に感じていた生活が変わるかもしれないという明るい予感を繰り返し味わっている。

④ 月光の下を一人で「走る」という行為によって、社会や家族の一員としての役割意識から逃れた別の世界を見つけられたことに胸を躍らせ、その発見をあらためて実感しようとしている。

⑤ 月光の下を一人で「走る」という行為によって、他者とかかわりを持てないことの寂しさを強く実感しつつも、社会や家庭の中で役割を持つ自分の存在を感覚的に確かめようとしている。

問4　本文90行目までで、陸郎と道子とはお互いをどのように意識し合う関係として描かれているか。その説明として最も適当なものを、次の①～⑤のうちから一つ選べ。解答番号は 17 。

①　陸郎は誠実な道子の性格をいとおしく感じており、その妹の後をつけてほしいという母親に反発を覚えている。一方、道子は自分の発見した喜びを兄に伝えても、照れ隠しから冗談めかして受け流されるだろうと予感している。二人は表には出さないが心の底では信頼し合っている。

②　陸郎は道子を妹として大切に思ってはいるが照れ隠しから突き放すような接し方になり、妹の面倒を見てほしいと母親に頼まれても素直に従えない。一方、道子も奔放な陸郎への憧れを率直に表現できず、共感してもらえそうな話題も伝えないでいる。二人は年ごろの兄妹らしい恥じらいと戸惑いを感じている。

③　陸郎はきまじめな道子を気安く冷やかしたりもするが、その妹の後をつけてほしいという母親の指図には素直に応じる気にはならない。一方、道子も走ることで感じる喜びを親し過ぎる兄に伝えてからかわれるより、その興奮を自分だけで味わおうとしている。二人は近しさゆえにかえって一定の距離を保っている。

④　陸郎は内心では道子が融通の利かない性格だと思っているので、母親の言うように妹の後をつけたところで何の意味もないと感じている。一方、道子は陸郎の奔放な性格をうらやましく感じるが、自分の発見した喜びを伝えて興奮を共有したいとは思えないでいる。二人はそれぞれの性格を熟知しているためにかえってぎこちなくなっている。

⑤　陸郎は道子の大人びた振る舞いを兄として信頼しており、心の中では妹の面倒を見てほしいという母親の頼みは的外れだと感じている。一方、道子はこだわりのない兄の態度に親しみを感じており、あえて自分の発見を伝えなくても兄には理解してもらえると思っている。二人は言葉にしなくても共感し合える強い絆《きずな》で結ばれている。

問5　傍線部C「二人は真剣な顔をつき合せて言い合っていたが、急に可笑しくなって、ははははと笑い出してしまった。」と、傍線部D「二人は娘のことも忘れて、声を立てて笑い合った。」の、それぞれの笑いの説明として最も適当なものを、次の①～⑤のうちから一つ選べ。解答番号は 18 。

① 傍線部Cでは、隠し事をする娘の様子を心配し監視しようとしていたはずの二人が、娘の走る姿を見に出かけるという行為に魅力を感じ始めたことにおかしさを抑えきれないでいる。傍線部Dでは、娘を保護すべき親としての立場を離れ、夜道を全力で走ったことによる充実感を彼ら自身の喜びとして感じ笑い合っている。

② 傍線部Cでは、娘が自分たちにうそをついていることを二人で心配していたが、たかだかランニング程度にあまりに深刻になっていたと気がつきおかしさをこらえられないでいる。傍線部Dでは、日頃から世間の批判ばかり気にして、無理に縮こまった生活を送っていた自分たちの勇気のなさを互いに笑い飛ばそうとしている。

③ 傍線部Cでは、娘への不信感から手紙を盗み見るという行為にまで及んだ二人が、余計な取り越し苦労をしたことに気がつき苦笑し合っている。傍線部Dでは、夜の堤防の上を疾走する娘を心配のあまり追うことさえしたが、そこまで娘を心配した互いの必死さにあきれてそれを笑い飛ばそうとしている。

④ 傍線部Cでは、いつまでも娘や息子を子ども扱いしている自分たちに気がつき、保護者としての互いの思い入れの強さに苦笑し合っている。傍線部Dでは、自分たち自身が道子と同じように夜道を全力で走ったことではじめて娘の気持ちが理解できたことを喜び、それを互いに確かめ合うように笑い合っている。

⑤ 傍線部Cでは、本音では娘の行動に興味をそそられながら、それを隠そうとして娘を諭す親としての建て前を互いに言い募っていたことにおかしさを抑えられないでいる。傍線部Dでは、家で仕事に追われている様子とは違って生き生きした娘の姿から、暗い世相の中に明るい未来を予感し笑い合っている。

問6　この文章は、第一場面（1行～47行）、第二場面（49行～55行）、第三場面（57行～119行）、第四場面（121行～145行）の四つに分けられる。四つの場面の表現に関する説明として適当なものを、次の①～⑥のうちから二つ選べ。ただし、解答の順序は問わない。解答番号は 19 ・ 20 。

① 第一場面では、母親の心情が37行目の「母親の声は鋭かった。」のように外部の視点から説明されているが、道子の心情は24行目の「よし……思い切り手足を動かしてやろう」のように、心内のつぶやきのみで説明されている。

② 第二場面では、母親の問いかけに対し、道子が倒置法の返答をしている。この不自然な返答とその直後の兄の誇張した言い回しが母親の不審を呼び、第三場面以降の話が急展開する。

③ 第三場面後半の父親と母親の会話には「まあ」という言葉が三回出てくる。この三つの「まあ」はその直後の読点の有無に違いがあり、読点のあるものは驚きの気持ちを表し、読点のないものはあきれた気持ちを表している。

④ 第二場面終わりと第四場面半ばの道子が堤防を走るシーンは、勢いよく走り出す様子を描くのに直喩《ちょくゆ》を用いたり、情景を描くのに色彩表現を用いたりして、イメージ豊かに表現されている。

⑤ 5行目までの兄との会話に見られるように、道子の台詞《せりふ》は、四つの場面を通じて、家族からの問いへの応答から始まっている。これは家族とかかわり合いを持つことについて、道子が消極的であることを表している。

⑥ 第一場面から道子に焦点を当てて描かれていた話が、第三場面途中から夫婦に焦点を当てて描かれ始める。このことは、第四場面終わりで、両親を示す表現が「父親」「母親」から「夫」「妻」へ変化することではっきり示されている。

第3問

次の文章は『源氏物語』(夕霧の巻)の一節である。三条殿(通称「雲居雁《くもいのかり》」)の夫である大将殿(通称「夕霧」)は、妻子を愛する実直な人物で知られていたが、別の女性(通称「落葉宮《おちばのみや》」)に心奪われ、その女性の意に反して、深い仲となってしまった。以下は、これまでにない夫の振る舞いに衝撃を受けた三条殿が、子どもたちのうち、姫君たちと幼い弟妹たちを連れて、実家へ帰る場面から始まる。これを読んで、後の問い(問1～6)に答えよ。(配点　50)

三条殿、「限り **a** なめり」と、「『さしもやは』とこそ、かつは頼みつれ、『まめ人の心変はるは名残なくなむ』と聞きしは、まことなりけり」と、世を試みつる心地して、「(ア)いかさまにしてこのなめげさを見じ」と思《おぼ》しければ、大殿(注1)へ「方違《かたたが》へむ」とて渡り給《たま》ひにけるを、女御(注2)の里におはするほどなどに対面し給うて、少しもの思ひ晴《は》るけどころに思されて、例のやうにも急ぎ渡り給はず。

大将殿も聞き給ひて、「さればよ、いと急にものし給ふ本性《ほんじやう》なり。このおとども(注3)、はた、おとなおとなしうのどめたるところさすがになく、いとひきりに(注4)、はなやい(注5)給へる人々にて、『めざまし、見じ、聞かじ』など、ひがひがしきことどももし出《い》で給うつべき」と、驚か **b** れ給うて、三条殿(注6)に渡り給へれば、君たち(注7)も片《かた》へはとまり給へれば、姫君たち、さてはいと幼きとをぞ率《ゐ》ておはしにける、見つけて喜び睦《むつ》れ、あるは上(注8)を恋ひ奉りて愁へ泣き給ふを、**X**「心苦し」と思す。

消息たびたび聞こえて、迎へに奉れ給へど、御返りだになし。「かくかたくなしう軽々しの世や」と、ものしうおぼえ給へど、おとどの見聞き給はむところもあれば、暮らしてみづから参り給へり。「寝殿(注9)になむおはする」とて、例の渡り給ふ方(注10)は、御達《ごたち》(注11)のみさぶらふ。若君たちぞ乳母《めのと》に添ひておはしける。

A「今さらに若々しの御まじらひや。かかる人を、ここかしこに落とし置き給ひて、など寝殿の御まじらひは。ふさはしからぬ御心の筋とは年ごろ見知りたれど、さるべきにや、昔より心に離れがたう思ひ聞こえて、今はかくくだくだしき人の数々あはれなるを、『かたみに見棄《す》つべきにやは』と頼み聞こえける。はかなき一ふしに、かうはもてなし給ふべくや」と、いみじうあはめ恨み申し給へば、

B「何ごとも、『今は』と見飽き給ひにける身なれば、今、はた、直《なほ》るべきにもあらぬを、『何かは』とて。あやしき人々は、思し棄てずは嬉《うれ》しうこそはあらめ」

と聞こえ給へり。

C「なだらかの御答《いら》へや。言ひもていけば、誰《た》が名か惜しき」

とて、強《し》ひて「渡り給へ」ともなくて、その夜は独り臥《ふ》し給へり。

「あやしう中空《なかぞら》(注12)なるころかな」と思ひつつ、君たちを前に臥せ給ひて、かしこに、また、いかに思し乱るらんさま思ひやり聞こえ、やすからぬ心づくしなれば、「いかなる人、かうやうなること、をかしうおぼゆらん」など、Yもの懲《ご》りしぬべうおぼえ給ふ。

明けぬれば、「人の見聞かむも若々しきを、『限り』とのたまひはcてば、さて試みむ。かしこなる人々も、(注13)(イ)らうたげに恋ひ聞こゆめりしを、選《え》り残し給へる、『様《やう》あらむ』とは見ながら、思ひ棄てがたきを、ともかくももてなし侍《はべ》りなむ」と、威《おど》し聞こえ給へば、「すがすがしき御心にて、この君たちをさへや、知らぬ所に率て渡し給はん」と、あやふし。

姫君を、「(ウ)いざ、給へかし。見奉りにかく参り来ることもはしたなければ、常にも参り来じ。かしこにも人々のらうたきを、同じ所にてだに見奉らん」と聞こえ給ふ。まだいといはけなくをかしげにておはす、「いとあはれ」と見奉り給ひて、「母君の御教へにな叶《かな》ひ給うそ。いと心憂く、思ひとる方なき心あるは、いと悪《あ》しきわざなり」と、言ひ知らdせ奉り給ふ。

(注) 1 大殿——三条殿の父(本文では「おとど」)の邸宅。

2 女御——三条殿の姉妹。入内《じゆだい》して宮中に住むが、このとき、里下がりして実家(大殿)にいた。

3 おとど——三条殿の父。

4 いとひききりに——ひどくせっかちで。

5 はなやい給へる人々——派手にふるまって事を荒立てなさる人たち。「はなやい」は「はなやぎ」のイ音便。

6　三条殿――ここでは大将殿夫妻の邸宅を指す。
7　君たち――大将殿と三条殿の子どもたち。
8　上――三条殿。
9　寝殿――寝殿造りの中央の建物。女御の部屋がある。
10　例の渡り給ふ方――三条殿が実家でいつも使っている部屋。
11　御達――女房たち。
12　中空なる――落葉宮には疎まれ、妻には家出されるという、身の置き所のない様。
13　かしこなる人々――大将殿夫妻の邸宅(三条殿)に残された年長の息子たち。

人物関係図　主要登場人物は□で囲んだ。(　)内は通称。

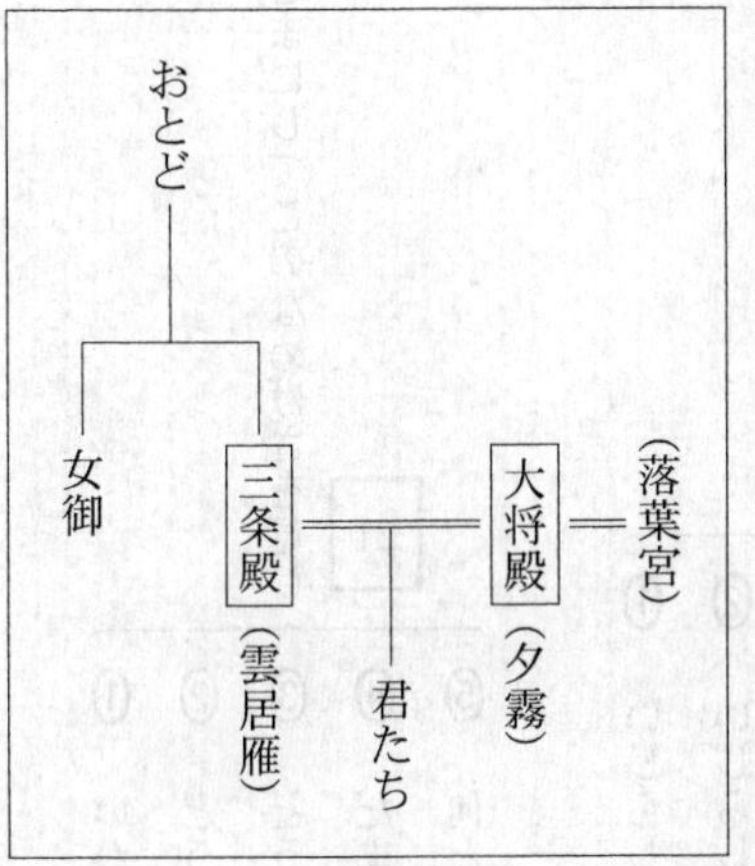

問1 傍線部(ア)〜(ウ)の解釈として最も適当なものを、次の各群の①〜⑤のうちから、それぞれ一つずつ選べ。解答番号は 21 〜 23 。

(ア) いかさまにしてこのなめげさを見じ 21
① いかなる手段を用いても私はみじめな目に会うまい
② どうすれば私への失礼な態度を見ずにすむだろう
③ どうしてこの冷淡な振る舞いを見ていられよう
④ だましてでも夫にひどい目を見せずにおくまい
⑤ 何としても夫の無礼なしうちを目にするまい

(イ) らうたげに恋ひ聞こゆめりしを 22
① いじらしい様子でお慕い申し上げているようだったが
② いじらしげに恋い焦がれているらしいと聞いていたが
③ かわいらしげに慕う人の様子を聞いていたようだが
④ かわいらしいことに恋しいと申し上げていたようだが
⑤ かわいそうなことに恋しくお思い申し上げているようだったが

(ウ) いざ、給へかし 23
① まあ、あれをご覧なさいよ
② まあ、そこにおすわりなさいよ
③ まあ、あなたの好きになさいよ
④ さあ、こちらへおいでなさいな
⑤ さあ、わたしにお渡しなさいな

問2　波線部a～dの文法的説明の組合せとして正しいものを、次の①～⑤のうちから一つ選べ。解答番号は 24 。

① a 断定の助動詞　b 受身の助動詞　c 完了の助動詞　d 使役の助動詞
② a 形容動詞の活用語尾　b 受身の助動詞　c 完了の助動詞　d 尊敬の助動詞
③ a 断定の助動詞　b 自発の助動詞　c 完了の助動詞　d 使役の助動詞
④ a 形容動詞の活用語尾　b 自発の助動詞　c 動詞の活用語尾　d 尊敬の助動詞
⑤ a 断定の助動詞　b 自発の助動詞　c 動詞の活用語尾　d 使役の助動詞

問3　傍線部X「『心苦し』と思す」とあるが、誰《だれ》が、どのように思っているのか。その説明として最も適当なものを、次の①～⑤のうちから一つ選べ。解答番号は 25 。

①　三条殿が、姫君と幼い子どもたちを実家に連れてきたものの、両親の不和に動揺する子どもたちを目にして、愚かなことをしたと思っている。

②　三条殿が、我が子を家に置いて出てきてしまったものの、子どもたちが母を恋い慕って泣いていると耳にして、すまないことをしたと思っている。

③　大将殿が、三条殿にとり残されてしまった我が子の、父の姿を見つけて喜んだり母を求めて泣いたりする様子に心を痛め、かわいそうだと思っている。

④　大将殿が、置き去りにされた子の、母に連れて行かれた姉妹や弟をうらやんで泣く姿を見て、我が子の扱いに差をつける三条殿をひどいと思っている。

⑤　姫君たちが、父母の仲たがいをどうすることもできないまま、母三条殿の実家に連れてこられ、父のもとに残された兄弟たちを気の毒だと思っている。

問4　傍線部Y「もの懲りしぬべうおぼえ給ふ」とあるが、このときの大将殿の心情の説明として最も適当なものを、次の①～⑤のうちから一つ選べ。解答番号は 26 。

① 三条殿をずっと実家に居座らせるわけにもいかず、一方でおとなしく自邸に戻りそうにもないので、どうしてこんな女を良いと思ったのかと、三条殿をいまいましく思っている。

② 三条殿には出て行かれ、落葉宮は落葉宮で傷ついているだろうと想像されて、心労ばかりがまさるため、恋のやりとりを楽しいと思っている人間の気が知れないと、嫌気がさしかけている。

③ 眠っている我が子の愛らしさに、この子を残して家を出て行った三条殿の苦悩を思いやって心が痛み、自分はつくづく恋愛には向いていないのだと悟り、自分の行動を反省している。

④ 落葉宮と深い仲になったものの、不思議と落葉宮と三条殿との間で心が揺れ、三条殿の乱れる心の内を思うと気持ちが落ち着かず、自分の行動を後悔して、死にそうなほど苦悩している。

⑤ 落葉宮を愛していても、三条殿がいる限り先が見えず、落葉宮も現状に悩んでいるかと思うと心穏やかでなく、世間の目も気になって、三条殿との生活が嫌になり、別れたいと望んでいる。

問5　本文中の会話文A～Cに関する説明として最も適当なものを、次の①～⑤のうちから一つ選べ。解答番号は 27 。

① Aは大将殿の言葉で、三条殿の年がいのなさを責め、多くの子をなすほど深い仲なのに、少しの出来心ぐらいで実家に帰るなんてと非難している。Bは三条殿の言葉で、大将殿のお心が離れた自分は変わりようもなく、何をしようと勝手だ、子どもたちのことは後はよろしくと言っている。

② Aは大将殿の言葉で、子どもたちをほったらかして女御のもとに入り浸っている軽率さをたしなめ、子育ての苦労ぐらいで実家に帰る無責任さを非難している。Bは三条殿の言葉で、浮気者との間の子を育てるのに今は飽き飽きしており、子どもたちはそちらで世話してくださいと言い返している。

③ Aは三条殿の言葉で、年がいもなく恋にうつつを抜かして子どもたちのことを忘れていると大将殿をなじり、親のくせに無責任ではないかと非難している。Bは大将殿の言葉で、私の気持ちはもはやもとに戻りそうにないが、子どもたちだけは見捨てずにいてくれれば嬉《うれ》しいと応じている。

④ Bは三条殿の言葉で、大将殿に愛想を尽かされた自分であるし、今さら性格を直すつもりもない、私のことはともかく、子どもたちだけは面倒を見てほしいと言っている。Cは大将殿の言葉で、三条殿の言い分に理解を示して機嫌をとりつつも、最後には、私の名誉も考えてほしいと頼んでいる。

⑤ Bは三条殿の言葉で、私に飽きたあなたのお気持ちがもはやもとに戻るはずもなく、お好きになさればよいが、子どもたちへの責任は負っていただきたいと言っている。Cは大将殿の言葉で、穏やかなお返事ですねと皮肉をにじませつつ、このままでは、あなたの名折れになるだけだと反論している。

問6 この文章の内容に関する説明として最も適当なものを、次の①～⑤のうちから一つ選べ。解答番号は 28 。

① 三条殿は、心変わりしてしまった大将殿に絶望して実家に戻り、おとどと語ることで、やっと「少しもの思ひ晴るけどころ」を見つけ、もはや大将殿とは暮らせないと、このまま別れる決心をした。

② おとどは、三条殿のことを心配して、大将殿に「消息たびたび聞こえ」たが、大将殿は全く返事をしないので、「かたくなしう軽々しの世や」と、大将という立場にそぐわない軽薄さを不愉快に思った。

③ 大将殿は、三条殿の家出を知り、三条殿父娘の短気で派手な性格を考えると、「ひがひがしきこと」をしでかしかねないと驚いて、「暮らしてみづから参り給へり」と、すぐさま大殿へ迎えに行った。

④ 三条殿は、強気に帰宅を拒みながらも、思い切りのよい「すがすがしき御心」の大将殿ならば、ここにいる子どもたちまでも自分の手の届かない場所に連れて行ってしまいかねず、「あやふし」と危惧《きぐ》した。

⑤ 大将殿は、説得に耳を貸さない頑固な三条殿の手もとで育つことになる姫君の将来を心配して、「母君の御教へになひ給うそ」などと、せめて教訓を言い聞かせることで、父の役割を果たそうとした。

第4問 次の文章を読んで、後の問い（問1〜7）に答えよ。（設問の都合で返り点・送り仮名を省いたところがある。）（配点 50）

江（注1）南ニ多レシ竹。其ノ人習(1)ニ於食ラフヲ筍《たけのこ》ヲ。毎《ごと》ニレ方《あタル》ニ春ノ時ニ、苞《はう》（注2）甲《かふ》出デレ土ヨリ、頭（注3）角繭《けん》栗《りつ》、率《おほむネ》以テ供ス採食ニ。或イハ蒸《じよう》（注4）瀹《やく》シテ以テ為シレ湯ト、茹《じよ》（注5）介《かい》茶《ちや》荈《せん》以テ充《あツ》レ饋《きニ》。」㋐ A好事者目以清嗜（注6）不斬方長。故ニ雖《いへどモ》（注7）園林豊美、複《ふく》垣《ゑん》重《ちよう》扃《けい》ニシテ、主人居《きよ》（注8）嘗《しやう》愛護シテ、及ブ其ノ甘キニ於食ラフニ之ヲ也《や》、剪《せん》伐《ばつ》シテ不レ顧ミ。」㋑ 独リ其ノ味苦クシテ而不レ入ラニ食品ニ者ノミ、筍常ニ全《まつたシ》。」㋒ 毎《つねニ》当タリテ渓谷巌《がん》（注9）陸《りく》之間ニ、散漫シテ於地ニ而不レ収メラレ者ハ、必ズ棄《すテラルル》ニ於 Ⅰ 者ニ也。而ルニ Ⅱ 者ハ至リテ取レ之ヲ或イハ尽クスニ其ノ類ヲ。然ラバ Ⅲ 者ハ近シ自ラ戕《そこなフニ》。而ルニ Ⅳ 者ハ雖モレ棄テラルト、B猶ホ免ルニ於剪伐ヲ。」㋓ 夫レ物類ハ(2)尚レ甘キヲ、而苦キ者ハ得タリレ全キヲ。」㋔

C 世莫不貴取賤棄也。然《レドモ》亦《まタ》知《ル》三取《ラルル》者之不《シテ》レ幸《ヒナラ》、而偶《たまたま》幸《ヒナルヲ》二於棄《テラルル》者《ニ》一。

D 豈荘子所謂以無用為用者比耶。

（陸樹声《りくじゅせい》『陸文定公集《りくぶんていこうしゅう》』による）

（注）1　江南――長江下流の地域。
2　苞甲――タケノコの身を包む一番外側の皮。
3　頭角繭栗――子牛の生えたばかりの角のような形をしたタケノコの若芽。「繭栗」は「まゆ・くり」のような小さな形をいう。
4　蒸瀹以為レ湯――蒸したり煮たりして、スープにすること。
5　茹介茶荈以充レ饋――「茹介」はタケノコの穂先の柔らかい皮、「茶荈」は茶。それらを食卓にならべることをいう。「饋」は食事のこと。
6　清嗜――清雅なものへの嗜好《しこう》。
7　園林豊美、複垣重扃――幾重もの垣根や門扉をしつらえた美しい庭園。
8　居嘗――平常。
9　巌陸――山の中。

問1　傍線部(1)「習」・(2)「尚」の意味として最も適当なものを、次の各群の①～⑤のうちから、それぞれ一つずつ選べ。解答番号は 29 ・ 30 。

(1)「習」 29
① 学習する
② 弊習としている
③ 習得する
④ 習慣としている
⑤ 習練する

(2)「尚」 30
① 誇示する
② 思慕する
③ 尊重する
④ 保全する
⑤ 崇拝する

問2　傍線部A「好事者目以清嗜不斬方長」の返り点の付け方とその読み方として最も適当なものを、次の①～⑤のうちから一つ選べ。解答番号は 31 。

① 好レ事者目二以清嗜一不レ斬レ方レ長
　事を好む者以て清嗜《せいし》なるを目し長きに方《なら》ぶを斬《と》らず

② 好レ事者目以清嗜不レ斬二方長一
　事を好む者目して以て清嗜なるも方《まさ》に長ずるを斬らず

③ 好レ事者目下以二清嗜一不上斬二方長一
　事を好む者清嗜を以て方に長ずるを斬らずと目す

④ 好レ事者目以二清嗜一不レ斬レ方レ長
　事を好む者目は清嗜を以てし長きに方ぶを斬らず

⑤ 好レ事者目以二清嗜一不レ斬二方長一
　事を好む者目するに清嗜を以てし方に長ずるを斬らず

問3　空欄 Ⅰ ・ Ⅱ ・ Ⅲ ・ Ⅳ に入る語の組合せとして最も適当なものを、次の①～⑤のうちから一つ選べ。解答番号は 32 。

① Ⅰ 苦キニ　Ⅱ 甘キ　Ⅲ 甘キ　Ⅳ 苦キ
② Ⅰ 甘キニ　Ⅱ 苦キ　Ⅲ 苦キ　Ⅳ 甘キ
③ Ⅰ 苦キニ　Ⅱ 苦キ　Ⅲ 甘キ　Ⅳ 苦キ
④ Ⅰ 苦キニ　Ⅱ 甘キ　Ⅲ 苦キ　Ⅳ 甘キ
⑤ Ⅰ 甘キニ　Ⅱ 甘キ　Ⅲ 苦キ　Ⅳ 甘キ

問4　傍線部B「猶レ免二於剪伐一」の解釈として最も適当なものを、次の①～⑤のうちから一つ選べ。解答番号は 33 。

① きっと切り取られるのを避けるにちがいない
② 依然として切り取られることには変わりない
③ 切り取られることから逃れようとするだろう
④ まだ切り取られずにすんだわけではないのだ
⑤ 切り取られずにすんだのと同じようなことだ

問5　傍線部C「世莫不貴取賤棄也」の書き下し文として最も適当なものを、次の①～⑤のうちから一つ選べ。解答番号は 34 。

① 世に取るを貴び棄《す》つるを賤《いや》しまざるは莫《な》し
② 世の貴を取り賤《せん》を棄てざること莫かれ
③ 世に貴は取られ賤は棄てられざるは莫し
④ 世の貴を取らず賤を棄つること莫かれ
⑤ 世に貴は取られず賤は棄てらるること莫し

問6　本文を論旨の展開上、三つの部分に分けるならば、㋐～㋔のどこで切れるか。最も適当なものを、次の①～⑤のうちから一つ選べ。解答番号は 35 。

① ㋐と㋓
② ㋐と㋔
③ ㋑と㋓
④ ㋑と㋔
⑤ ㋒と㋔

問7　傍線部**D**「豈 荘 子 所 謂 以 無 用 為 用 者 比 耶」の読み方と筆者の主張の説明として最も適当なものを、次の①～⑤のうちから一つ選べ。解答番号は 36 。

① この文は、「豈に荘子の所謂以て無用の用を為す者をば比《たと》へんや」と訓読し、「これがどうして『荘子』のいわゆる『無用ノ用ヲ為ス』ことに喩《たと》えることができようか」と述べる筆者は、この苦いタケノコがたどった運命は、無用のはたらきかけを戒める『荘子』の考え方と正反対のものであったと指摘している。

② この文は、「豈に荘子の所謂無用の用たる者を以て比《たと》ふるか」と訓読し、「これこそ『荘子』のいわゆる『無用ノ用タル』ことによって喩えたものであることよ」と述べる筆者は、この苦いタケノコが、役に立たないことを自覚してこそ世間の役に立つという『荘子』の考え方を体現したものだとたたえている。

③ この文は、「豈に荘子の所謂以て無用の用を為す者の比《たぐ》ひなるか」と訓読し、「これがどうして『荘子』のいわゆる『以テ無用ノ用ヲ為ス』もののたぐいであるだろうか」と述べる筆者は、この事例を根拠に、無用のものを摂取しないことが天寿をまっとうする秘訣《ひけつ》だという『荘子』の考え方に反論している。

④ この文は、「豈に荘子の所謂無用を以て用を為す者をば比《くら》べんや」と訓読し、「これがどうして『荘子』のいわゆる『無用ヲ以テ用ヲ為ス』ものに比較することができようか」と述べる筆者は、この事例から、無用のようにみえるものこそ役に立つという『荘子』の考え方が見失われがちなことを嘆いている。

⑤ この文は、「豈に荘子の所謂無用を以て用と為す者の比《たぐ》ひなるか」と訓読し、「これこそ『荘子』のいわゆる『無用ヲ以テ用ト為ス』もののたぐいではなかろうか」と述べる筆者は、この苦いタケノコのなかに、世間で無用とされるものこそ天寿をまっとうするのだという『荘子』の考え方を見いだしている。

MEMO

MEMO

MEMO

MEMO

MEMO

MEMO

2024大学入学共通テスト過去問レビュー

――どこよりも詳しく丁寧な解説――

書名			掲載年度											数学Ⅰ・Ⅱ, 地歴A				掲載回数
			23	22	21①	21②	20	19	18	17	16	15	14	23	22	21①	21②	
英語		本試	●	●	●	●	●	●	●	●	●	●	●	リスニング	リスニング	リスニング	リスニング	10年19回
		追試	●	●										リスニング	リスニング			
数学Ⅰ・A Ⅱ・B	Ⅰ・A	本試	●	●	●	●	●	●	●	●	●	●	●	●	●	●		10年32回
		追試	●	●														
	Ⅱ・B	本試	●	●	●	●	●	●	●	●	●	●	●	●	●	●		
		追試	●	●														
国語		本試	●	●	●	●	●	●	●	●	●	●	●					10年13回
		追試	●	●														
物理基礎・物理	物理基礎	本試	●	●	●	●	●	●	●	●	●							10年22回
		追試		●														
	物理	本試	●	●	●	●	●	●	●	●	●	●	●					
		追試		●														
化学基礎・化学	化学基礎	本試	●	●	●	●	●	●	●	●	●							10年22回
		追試		●														
	化学	本試	●	●	●	●	●	●	●	●	●	●	●					
		追試		●														
生物基礎・生物	生物基礎	本試	●	●	●	●	●	●	●	●	●							10年22回
		追試		●														
	生物	本試	●	●	●	●	●	●	●	●	●	●	●					
		追試		●														
地学基礎・地学	地学基礎	本試	●	●	●	●	●	●	●	●	●	●						9年20回
		追試		●														
	地学	本試	●	●	●	●	●	●	●	●								
		追試		●														
日本史B		本試	●	●	●	●	●	●	●	●	●	●	●	●	●	●	●	10年15回
		追試																
世界史B		本試	●	●	●	●	●	●	●	●	●	●	●	●	●	●	●	10年15回
		追試																
地理B		本試	●	●	●	●	●	●	●	●	●	●	●	●	●	●	●	10年15回
		追試																
現代社会		本試	●	●	●	●	●	●	●	●								7年8回
		追試																
倫理, 政治・経済	倫理	本試	●	●	●	●	●	●	●	●								7年24回
		追試																
	政治・経済	本試	●	●	●	●	●	●	●	●								
		追試																
	倫理, 政治・経済	本試	●	●	●	●	●	●	●	●								
		追試																

・［英語（リスニング）］の音声は、ダウンロードおよび配信でご利用いただけます。